böhlau

meine herzallerliebste Freundin Silot

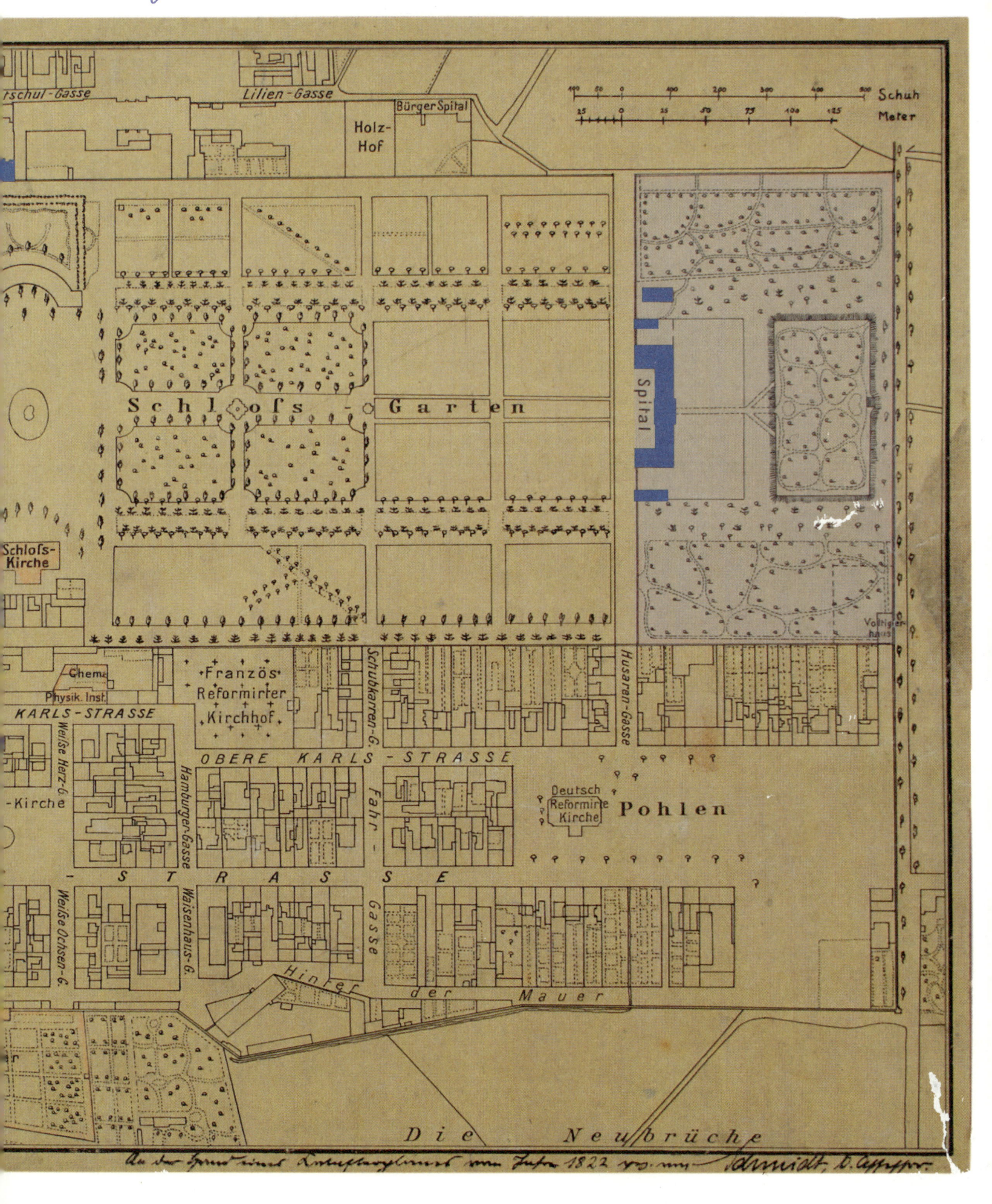

-schul-Gasse | Lilien-Gasse | Bürger Spital | | 10 50 0 100 200 300 400 500 Schuh
| | Holz-Hof | | 25 0 25 50 75 100 125 Meter

Schloſs - Garten

Schloſs-Kirche

Spital

Chem. Physik. Inst.

KARLS-STRASSE

Weiſse Herz-G.-Kirche

Französ. Reformirter Kirchhof

Hamburger-Gasse

Schubkarren-G.

Husaren-Gasse

OBERE KARLS - STRASSE

Fahr-Gasse

Deutsch Reformirte Kirche

Pohlen

Weiſse Ochsen-G. Waisenhaus-G.

- S T R A S S E

Hinter der Mauer

Voltigierhaus

Die Neubrüche

KARL-HEINZ LEVEN · ANDREAS PLÖGER (HG.)

200 Jahre
UNIVERSITÄTSKLINIKUM ERLANGEN, 1815–2015

MIT BEITRÄGEN VON · Renate Wittern-Sterzel · Fritz Dross · Andreas Frewer · Wolfgang Frobenius · Leyla Fröhlich-Güzelsoy · Karl-Heinz Leven · Andreas Plöger · Philipp Rath · Philipp Rauh · Marion Maria Ruisinger · Ramona Schuffenhauer · Susanne Ude-Koeller · Clemens Wachter

Böhlau Verlag Köln Weimar Wien · 2016

Bibliografische Information der Deutschen Nationalbibliothek:
Die Deutsche Nationalbibliothek verzeichnet diese Publikation in der
Deutschen Nationalbibliografie; detaillierte bibliografische Daten sind
im Internet über http://portal.dnb.de abrufbar.

Umschlagabbildung:
Collage, »Vor der großen Operation«, Gemälde von Wendelin Kusche (mit freundlicher
Genehmigung von Frau Sonja Gabriel-Kusche) unter Verwendung von Abbildungen
des Kopfklinikums, des Internistischen Zentrums (Universitätsklinikum Erlangen),
des Clinicum Chirurgicum in der Wasserturmstraße (Institut für Geschichte und Ethik
der Medizin) und des Schriftzuges eines Schriftsatzes (Universitätsarchiv Erlangen-Nürnberg,
vgl. Abb. 8, S. 30) Idee und Gestaltung: Karl-Heinz Leven, Andreas Plöger, Alexander Jakin.
Vorsatz:
Die Neustadt Erlangen mit den Universitätsgebäuden, ca. 1810, Handschriftenabteilung
der Universitätsbibliothek Erlangen-Nürnberg.
Nachsatz:
Universitätsklinikum Erlangen, Luftbild Mai 2015, Foto: Hajo Dietz/Nürnberg Luftbild.

© 2016 by Böhlau Verlag GmbH & Cie, Köln Weimar Wien
Ursulaplatz 1, D-50668 Köln, www.boehlau-verlag.com

Alle Rechte vorbehalten. Dieses Werk ist urheberrechtlich geschützt.
Jede Verwertung außerhalb der engen Grenzen des Urheberrechtsgesetzes ist unzulässig.

Korrektorat: Patricia Simon, Langerwehe
Layout und Herstellung: Franziska Creutzburg, Köln
Satz: synpannier. Gestaltung & Wissenschaftskommunikation, Bielefeld
Reproduktionen: Satz + Layout Werkstatt Kluth, Erftstadt
Druck und Bindung: Westermann Druck, Zwickau
Gedruckt auf chlor- und säurefreiem Papier
Printed in the EU

ISBN 978-3-412-22543-8

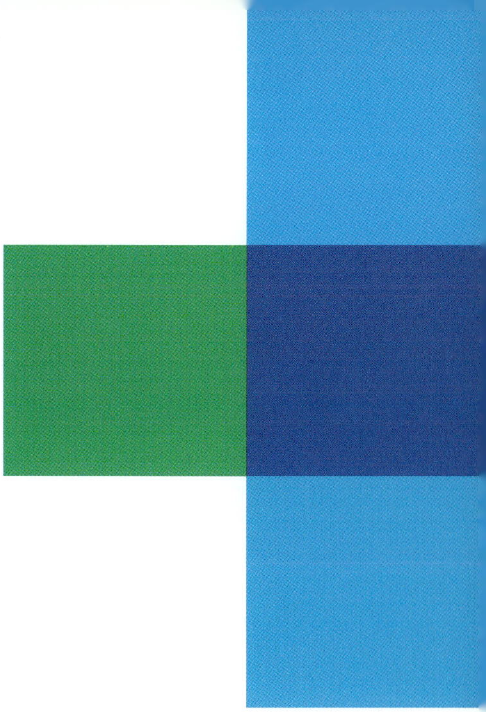

Inhaltsverzeichnis

Grußwort 11
Einleitung 12
Benutzungshinweis, Abkürzungsverzeichnis, Zitierweisen 19

1743–1840 Die Anfänge 21

Vom Beginn der Ärzteausbildung zum Collegium Clinicum 23
  - 28 Friedrich von Wendt und sein Unterricht am Krankenbett
  - 32 Samuel Hahnemann in Erlangen

Das Clinicum Chirurgicum: Erlangens erstes Krankenhaus und sein Gründer Bernhard Schreger 34
  - 38 Bernhard Schreger und seine Patienten
  - 42 Chirurgische Instrumentensammlung

Die Eröffnung des Universitätskrankenhauses und die ersten Jahre seines Bestehens 47
  - 52 Die Naturhistorische Schule Johann Lukas Schönleins
  - 62 Die Gesellschaft Deutscher Naturforscher und Ärzte in Erlangen 1840

1840–1900 Der Aufbruch in die Moderne 67

Das naturwissenschaftliche Denken erobert die Medizin 69
  - 85 Die Gorups-Kapelle
  - 89 Eine Intrige erschüttert die Universität
  - 96 Carl Thiersch und der Thiersch-Preis

Von der Entbindungsanstalt zur Frauenklinik 100

Die Spezialisierung in den klinischen Fächern im 19. und frühen 20. Jahrhundert 110

Die Psychiatrie – der lange Weg zur Selbstständigkeit 131

1900–1933 Von der Jahrhundertwende bis zum Ende der Weimarer Republik 143

Eine Universität macht mobil – zum Erlanger Lazarettwesen im Ersten Weltkrieg 145
  - 154 »Krieg und Geistesstörung«. Eine Rede von 1913
  - 160 Die Behandlung psychisch kranker Soldaten in Erlangen
  - 166 Leichen für den medizinischen Unterricht

Die Medizinische Poliklinik und ihr Beitrag zur Tuberkulosebekämpfung 170

Medizin und Technik: ein sehr erfolgreiches Joint Venture 184
      185   Diskriminierung von Patienten

Röntgenkater 199

Erlangen und die völkische Studentenbewegung der Weimarer Republik 207

Der Erlanger Psychiater Berthold Kihn als Vordenker der NS-»Euthanasie« 214

1933–1945 Medizin unter dem Hakenkreuz 219

Die Erlanger Medizin im Nationalsozialismus 221
      224   Ein Denkmal wird geschändet und zerstört

Erlanger Kliniker und der Nationalsozialismus 226
      238   Erlangen und Nürnberg 1943/44 – ein gescheitertes Projekt mit Folgen

»Normale« Wissenschaft im Nationalsozialismus. Erlanger Medizinpromotionen zwischen 1932 und 1948 ... 242
      244   (K)eine Naturheilklinik für Erlangen
      254   Entwicklung und Erprobung der Elektrokrampftherapie

Medizinverbrechen in Erlangen 262
      274   Schwangerschaftsabbrüche an NS-Zwangsarbeiterinnen

Hubert D. – ein Opfer von Zwangssterilisation und NS-»Euthanasie« in Erlangen 285
      286   NS-»Euthanasie« in Erlangen – T4-Aktion und B-Kost

1945–2015 Zeitgeschichte der Universitätskliniken 295

Entwicklung der Universitätskliniken nach 1945 297

»Wir sind hier in der Tat am Ende«: die Nachkriegszeit 300
      307   Zusammenprall der Biografien an der Kinderklinik
      310   »Unhaltbare Zustände«: Konflikt um die Geburtshilfe und Frauenheilkunde

Medizin im Hightech-Zeitalter ... 325

- 328 Der »Erlanger Professorenstreit« 1963/64
- 336 Zur Frühgeschichte der Ethik-Kommission an der Universität Erlangen-Nürnberg
- 342 Stichwort »Patientenfürsprecher«
- 348 Die Ausdifferenzierung der klinischen Fächer nach dem Zweiten Weltkrieg
- 354 Der Einzug der Computertechnologie
- 360 Zum »Medical Valley – EMN« (Europäische Metropolregion Nürnberg)
- 364 Chirurgie im Bild – Wendelin Kusches »Vor der großen Operation« 1974
- 372 Medizinische Studiengänge, Fachschulen, Ausbildungsberufe
- 388 Pionier in Deutschland: zur Entwicklung des Ethikkomitees
- 400 »Erlanger Baby« und »Erlanger Junge« – Grenzfragen der Medizinethik
- 406 In-vitro-Fertilisation

Ein Krankenhaus braucht Pflege – zur Geschichte der Krankenpflege in Erlangen ... 409

- 432 Die Hebammenschule: aus Baracken in die »Zahnsche Villa«

Von Universitätskliniken zu Universitätsklinikum ... 438

- 448 Auftritt der Ökonomen
- 452 Ein Vorbild für Bayern? Das »Erlanger Modell«
- 458 Größenverhältnisse – das Universitätsklinikum Erlangen in Zahlen

1815–2015 Baugeschichte ... 461

Zur Entwicklung der Klinikbauten ... 463

- 490 Ein »Generalplan« für die Kliniken

Ein Blick in die Zukunft ... 494

(K)ein Schlusswort ... 499

Dekane der Medizinischen Fakultät ... 502
Chronologisches A–Z des Universitätsklinikums Erlangen ... 504
Anmerkungen ... 528
Literaturverzeichnis ... 566
Abbildungsnachweis ... 601
Autorinnen und Autoren ... 607
Personenregister ... 608

Grußwort

Ein Universitätsklinikum ist sicher kein Museum, sondern eine Einrichtung, in der für die Gesundheit und für die Heilung kranker Menschen geforscht, behandelt und gelehrt wird. Innovationen und Initiativen, alles, was dem Fortschritt im sensiblen Gebiet von Gesundheit und Krankheit dient – dies sind die Aufgaben des Erlanger Universitätsklinikums.

Anlässlich des 200. Jahrestags der Begründung des Universitätsklinikums Erlangen ist es mir ein Anliegen, die lange Tradition der Erlanger klinischen Medizin aus historischer Sicht zu beleuchten; das Erlanger Klinikum ist eben auch ein »musealer Ort« im besten Sinne: ein Ort, an dem die lebendige, vergegenwärtigte Vergangenheit als Geschichte auf Gegenwart und Zukunft trifft.

Am 20. November 1815 ging in der Wasserturmstraße 14 ein Clinicum Chirurgicum zunächst bescheidenen Ausmaßes in Betrieb. Aus kleinen Anfängen entwickelte sich, in den vergangenen 50 Jahren mit großer Dynamik, eines der leistungsfähigsten Klinika Deutschlands mit weltweiter Reputation. Die 200. Wiederkehr der Gründung einer klinischen Universitätsmedizin nimmt das Universitätsklinikum Erlangen zum Anlass, eine kritische Gesamtschau seiner historischen Entwicklung vorzulegen. Mit dieser Aufgabe hat der Vorstand des Klinikums das hiesige Institut für Geschichte und Ethik der Medizin betraut. Innerhalb von etwas mehr als zwei Jahren haben Herr Professor Dr. med. Karl-Heinz Leven, Inhaber des Lehrstuhls für Geschichte der Medizin, und seine Kolleginnen und Kollegen eine Darstellung der Geschichte von 1815 bis 2015 erarbeitet. Diesen Band übergebe ich hiermit allen interessierten Mitarbeiterinnen und Mitarbeitern des Klinikums, ebenso dem weiterem Fachpublikum sowie der allgemeinen Öffentlichkeit.

Inhaltlich bietet der Band eine Fülle an Geschichte und Geschichten, Einblicke in vergangene und aktuelle Fragen der Heilkunde, Wege, zuweilen auch Irrwege, Personen, Charaktere, Strukturen und Entwicklungen der Erlanger Universitätsmedizin. Diese von der Medizingeschichte vorgelegte Darstellung ist geeignet, das Selbstbild und das Außenbild des Universitätsklinikums Erlangen fortzuentwickeln, indem sie vergangene, gegenwärtige und zukünftige Problemstellungen der Erlanger Hochschulmedizin in ein Beziehungsgefüge stellt.

Erlangen, 24. August 2015

Professor Dr. med. Dr. h. c. Heinrich Iro
Ärztlicher Direktor des Universitätsklinikums Erlangen

Einleitung

Am Montag, dem 20. November 1815, dem Tag, an dem der sogenannte »Zweite Pariser Frieden« unterzeichnet wurde, der die europäische Staatenwelt nach dem Sieg über Napoleon bei Waterloo neu ordnen sollte, begann für die 1743 in Erlangen begründete Universitätsmedizin eine neue Epoche ihrer Geschichte. Der Chirurg Bernhard Nathanael Gottlob Schreger (1766–1825), der seit 1797 in Erlangen tätig war, eröffnete an diesem 20. November 1815 ein »stabiles und ambulantes chirurgisches Clinicum« in der heutigen Wasserturmstraße 14.[1] Dieses Haus war die bescheidene Keimzelle des heutigen Universitätsklinikums. Die Besonderheit, die Schregers Gründung auszeichnete, war die Tatsache, dass acht Betten für stationär aufzunehmende Kranke vorhanden waren. Dort konnten erstmals an der Erlanger Medizinischen Fakultät Medizinstudenten am Krankenbett ausgebildet werden. Von der Wasserturmstraße 14 sind es nur wenige Hundert Meter zum gegenwärtigen Universitätsklinikum Erlangen (Postadresse: Maximiliansplatz 2), das 2015 auf eine 200-jährige Geschichte blickt.

Der vorliegende Band versucht, die reiche 200-jährige Geschichte des Erlanger Universitätsklinikums in ihren Grundzügen darzustellen. Die Abfolge der Kapitel ist chronologisch geordnet, sodass sich beim Lesen eine Entwicklungsgeschichte der Erlanger Universitätsmedizin – in ihren Strukturen, handelnden Akteuren, politischen und gesellschaftlichen Kontexten – darbietet. Die Entwicklung verläuft von der Gründung der Medizinischen Fakultät im Rahmen der Gesamtuniversität (1743) zur Entstehung der ersten klinischen Anstalten im beginnenden 19. Jahrhundert mit ihrem regulären stationären und ambulanten Betrieb (Kapitel 1). Eine Reihe markanter Gestalten mit ihren jeweiligen Arbeitsschwerpunkten prägt diese Epoche. Ein besonderes Augenmerk der Darstellung richtet sich auf die Lehre der Medizin. Mit dem 1824 fertiggestellten Universitätskrankenhaus am östlichen Ende des Schlossgartens entsteht erstmals eine Klinik, die diesen Namen verdient und einen enormen Aufschwung der medizinischen und chirurgischen Tätigkeit ermöglicht.

Chronologisch folgt der »Aufbruch in die Moderne«, womit die Phase der beginnenden naturwissenschaftlichen Medizin in der zweiten Hälfte des 19. Jahrhunderts gemeint ist (Kapitel 2). Hier interagieren retardierende Momente und stürmisch der neuen Medizin zugewandte Fachvertreter. Es kommt zu einer ersten Ausdifferenzierung klinischer Fächer, zur Errichtung weiterer Klinikbauten. In diese Zeit fällt auch die erste Äthernarkose (1847), für die Erlangen im deutschsprachigen Raum die Priorität hat.

Im Ersten Weltkrieg zeigt die Erlanger Universitätsmedizin, ebenso wie vergleichbare Einrichtungen an anderen Standorten, im Sinne einer »geistigen Mobilmachung« hohe Bereitschaft, einen als patriotische Pflicht verstandenen Beitrag zum Krieg zu leisten. In dieser Phase, die mit dem Kriegsende 1918 nicht einfach zu Ende ist, entwickeln sich auch zukunftsweisende technische Innovationen, so in der weit über Erlangen hinaus wirkenden Strahlentherapie. Das zeitliche Ende dieses Abschnitts ist die späte Weimarer Republik, die Erlangen und insbesondere dessen Studentenschaft in einem nationalistischen Taumel hin zur aufziehenden NS-Diktatur sieht (Kapitel 3).

Die Geschichte von Medizinischen Fakultäten und Universitätskliniken im Nationalsozialismus ist unterdessen an vielen Hochschulstandorten (u. a. Berlin, Bonn, Düsseldorf, Freiburg, Gießen, Hamburg, Tübingen) thematisiert worden.[2] Obwohl hier keine umfassende Darstellung der Erlanger Entwicklung von 1933 bis 1945 vorgelegt werden kann, vertieft der vorliegende Band diese Thematik nun für ausgewählte Bereiche (Kapitel 4). Hier werden die ideologisch angepasste Haltung der Kliniker dargestellt und das Spektrum der in den Jahren 1933 bis 1945 veröffentlichten medizinischen Dissertationen ausgeleuchtet, um einen Eindruck von der gewöhnlichen klinischen Forschung zu erhalten. Innovative Behandlungsverfahren werden ebenso in den Blick genommen wie die Medizinverbrechen der Zwangssterilisation und NS-»Euthanasie«.

Abb. 1 Haus Wasserturmstr. 14 (Juli 2015).

Mit dem Kriegsende 1945 beginnt die »Zeitgeschichte« der Medizin (Kapitel 5); für Erlangen geht es hierbei um die von der US-Militärregierung initial versuchte »Reinigung« der Universität und der Kliniken von politisch belasteten Amts- und Funktionsträgern. Zugleich beginnt, ausgehend von einer nicht wirklich auszumachenden »Stunde Null« in Erlangen eine Aufholjagd, um den in den Jahren der Diktatur verlorenen Boden in der Forschung wiedergutzumachen und Anschluss an die internationale Wissenschaft zu gewinnen. Dies vollzieht sich vor dem Hintergrund der – im Gegensatz zu den anderen bayerischen Hochschulstandorten – weitgehend unzerstörten Klinikbauten. Dass diese auf den ersten Blick nur positiv erscheinende Ausgangslage auch langfristig wirkende Probleme erzeugt, wird eindrucksvoll klar. Mit der Medizin im »Hightech-Zeitalter« ist Erlangen in der Gegenwart der dynamisch sich entwickelnden, fortschrittsorientierten Hochleistungsmedizin angekommen. Die Entwicklung der letzten Jahrzehnte mit z. T. staunenswerten Erfolgen, die in zahlreichen Bereichen, so der medizinischen Bildgebung, dauerhaft weltweit ausstrahlen, hat auch neue Grenzen und Probleme hervortreten lassen. Chronologisch und inhaltlich fügt sich in die neuere Phase der Universitätsmedizin die Ausdifferenzierung der Krankenpflege mit einem inzwischen auch akademisch geprägten Berufsbild. Zur neuesten Entwicklungsstufe der Erlanger Universitätsmedizin gehört die seit den 1990er Jahren sich vollziehende Verselbstständigung des Universitätsklinikums mit entsprechenden strukturellen und ökonomischen Entwicklungsschüben.

Die komplizierte bauliche Entwicklung der Erlanger Universitätsmedizin lässt von Anfang an die enge Verzahnung mit der Stadt topographisch erkennen (Kapitel 6). Phasen intensiver Bautätigkeit, die sich in teils imposanten Gebäuden abbilden, wechseln mit

Abb. 2 Universitätsklinikum Erlangen (2015), Blick von Süden auf das Internistische Zentrum, links im Hintergrund das Kopfklinikum, links im Vordergrund das Verwaltungsgebäude.

eher improvisierten Lösungen. In der jüngsten Vergangenheit hat sich durch die Realisierung des Internistischen Zentrums und die Fertigstellung des Chirurgischen Bettenhauses ein Masterplan durchgesetzt, der in den kommenden Jahren mit der Fertigstellung des Funktionsgebäudes des Chirurgischen Zentrums einen ersten Abschluss finden wird.

Die chronologische Anlage des vorliegenden Bandes wird durch ein dem Text folgendes »Chronologisches A–Z« akzentuiert; hier sind alle Einrichtungen der Medizinischen Fakultät und des Universitätsklinikums von 1743 bis 2015 mit den Daten ihrer Entwicklung aufgeführt. Eine Bibliographie listet die in den Endnoten verwendete Literatur auf, das Personenregister ermöglicht das gezielte Nachschlagen.

Diese Skizze des Inhalts bezieht sich auf den chronologischen Hauptstrang der Darstellung. Allerdings wird nicht eine einzige »Geschichte« der Erlanger Universitätsmedizin erzählt. Vielmehr besteht das Bild aus einer Art Mosaik, zusammengesetzt aus einzelnen Beiträgen zu ausgewählten Kapiteln, die teils längerfristige Entwicklungen, teils kurzfristige Ereignisse thematisieren. Neben die Chronologie tritt die Systematik; so wird die Baugeschichte des Klinikums in vielen Kapiteln beiläufig erwähnt, zusammenhängend jedoch im abschließenden Kapitel dargestellt. Die Vielzahl der Themen verlangt nach häufigem »Maßstabwechsel«. Wird gelegentlich eine jahrzehntelange Entwicklung auf einigen Seiten skizziert, so kann ein einzelnes Ereignis – z. B. die erste Äthernarkose 1847, das »Erlanger Baby« 1992 – eine nahezu gleich lange Darstellung beanspruchen. Unter Bewahrung einer konsistenten Gesamtstruktur sind in die fortlaufende Darstellung zahlreiche Exkurse eingeschaltet. Nach der Art von »Vignetten«, die den Haupttext gleichsam umranken, handeln sie Spezialthemen vertieft ab. Um beim Lesen die Orientierung behalten zu können, sind diese Exkurse, auf die auch in der Randspalte verwiesen wird, graphisch vom Haupttext abgehoben. Ihre Endnoten und ihre Abbildungen sind jeweils gesondert gezählt, was anzeigt, dass sie auch unabhängig vom Haupttext gelesen werden können. Als weiteres Darstellungselement finden sich im Wortlaut zitierte Originalquellen, die wie die Exkurse graphisch abgesetzt sind. Die beigegebenen Abbildungen illustrieren zum einen den Text, sind jedoch auch geeignet, komplexe Sachverhalte zu visualisieren. Naturgemäß ist die Liste der nicht bearbeiteten Themenfelder mindestens ebenso lang wie die tatsächlich abgehandelten. Der unausweichlichen und erwünschten Kritik mag hier, vielleicht ein wenig keck, mit Bertold Brechts »Dreigroschenoper« entgegnet sein: »Es geht auch anders, aber so geht es auch.«

Den Anstoß zu dem vorliegenden Band gab im Herbst 2013 der Klinikumsvorstand, allen voran dessen Vorsitzender und Ärztlicher Direktor des Klinikums, Herr Professor Dr. Heinrich Iro. Den an die Erlanger Medizingeschichte herangetragenen Wunsch habe ich gerne aufgenommen und ein kompetentes Team von Autorinnen und Autoren zusammengebracht. Ein Glücksfall war die Tatsache, dass sich Frau Professor Dr. Renate Wittern-Sterzel, die ehemalige Direktorin des Instituts für Geschichte und Ethik der Medizin und die beste Kennerin der Erlanger Medizingeschichte, zur Mitarbeit bereitfand; sie hat wesentliche Teile des Bandes, so die beiden ersten Kapitel nahezu komplett, verfasst, wofür ihr herzlich gedankt sei. Der Klinikumsvorstand hat das von ihm angestoßene Projekt großzügig ausgestattet, sodass mit Andreas Plöger, M. A., ein Zeithistoriker für das Vorhaben eingestellt werden konnte. Herr Plöger hat sich an der Konzeption und Organisation des Projekts sowie an der inhaltlichen Arbeit für einen begrenzten Zeitraum maßgeblich beteiligt, weshalb er als Mitherausgeber figuriert.

Wertvolle Beiträge zum vorliegenden Band lieferten Mitarbeiterinnen und Mitarbeiter des Erlanger Instituts für Geschichte und Ethik der Medizin, die neben den laufenden Verpflichtungen des Semesters engagiert an dem Projekt mitwirkten. Mit großem Dank zu erwähnen sind Herr PD Dr. Fritz Dross, Herr Professor Dr. Andreas Frewer, M. A., Frau Dr. Leyla Fröhlich-Güzelsoy, Herr Philipp Rauh, M. A., und Frau Dr. Susanne Ude-Koeller. Herr PD Dr. Wolfgang Frobenius, ehemals Oberarzt der Frauenklinik des Universitätsklinikums Erlangen und unterdessen freier Mitarbeiter am Lehrstuhl für Geschichte der Medizin, steuerte mehrere innovative Beiträge bei; ebenso engagierte sich Frau Professor Dr. Marion Maria Ruisinger, Leiterin des Deutschen Medizinhistorischen Museums in

Ingolstadt. Herr Dr. Clemens Wachter, Leiter des Universitätsarchivs Erlangen-Nürnberg, verfasste einen Beitrag zur Baugeschichte des Klinikums. Außerdem war er in jeder Phase des Projekts ein sicherer Rückhalt für Fragen aller Art, Wünsche nach Archivalien und Abbildungen und hat mit seinem freundlichen Entgegenkommen die Arbeit stets erleichtert. Herr cand. med. Philipp Rath übernahm wichtige Recherchen zur Chronologie der Medizinischen Fakultät und des Klinikums. Frau Dipl.-Ing. Ramona Schuffenhauer, Leiterin der Stabsstelle Baukoordination des Klinikumsvorstandes des Universitätsklinikums Erlangen, verfasste einen Beitrag zur zukünftigen baulichen Entwicklung des Klinikums. Frau cand. phil. Lisa Felendler erstellte sachkundig das Personenregister.

Ein besonderer Dank geht an den Klinikumsvorstand, der im Verein mit Herrn Professor Dr. Heinrich Iro das historische Projekt nachhaltig förderte und unterstützte. Namentlich genannt seien der Dekan der Medizinischen Fakultät, Herr Professor Dr. Jürgen Schüttler, der auch für wertvolle Hintergrundgespräche zur Verfügung stand, der Erste Prodekan, Herr Professor Dr. Michael Wegner und Herr Professor Dr. Rainer Fietkau. Herr Professor Dr. Reinhold Eckstein war mit einem genuin historischen Einfühlungsvermögen eine große Unterstützung, ebenso ist Herrn Professor Dr. Michael Uder und Herrn Professor Dr. Dr. Friedrich Neukam herzlich zu danken. Der Kaufmännische Direktor, Herr Dr. Albrecht Bender, stand den Anforderungen des historischen Projekts außerordentlich hilfreich und aufgeschlossen gegenüber. Herr Reiner Schrüfer, Pflegedirektor des Klinikums, und sein Stellvertreter, Herr Ludger Kosan, unterstützten die Arbeit an der Geschichte des Klinikums mit wertvollen Materialien aus ihrem Fundus. Im Dekanat der Medizinischen Fakultät waren Frau Marlies Schulz und Frau Christina Gloßner außerordentlich hilfsbereit. Frau Anke Förster, Referentin des Ärztlichen Direktors, und Frau Marion Stadter im Sekretariat leisteten organisatorischen Beistand.

Die Stabsabteilung Kommunikation des Universitätsklinikums war während der gesamten Projektdauer permanenter Ansprech- und Kooperationspartner; die Zusammenarbeit mit dem Leiter der Abteilung, Herrn Johannes Eissing, war stets erfreulich und effektiv; der produktive Kontakt mit ihm vollzog sich zuweilen im Minutentakt. Ebenso herzlich gedankt sei seinen Mitarbeiterinnen und Mitarbeitern, Frau Barbara Mestel, Herrn Michael Rabenstein, Herrn Stefan Hahn und Frau Carmen Brückner. Alle (Sonder-)Wünsche und Fragen aus der Medizingeschichte wurden innerhalb kürzester Zeit freundlich bearbeitet und beantwortet.

In der Pflegedienstleitung war Frau Petra Müller eine höchst interessierte und engagierte Helferin. Herzlicher Dank geht ebenso an die Leitung der Akademie für Gesundheits- und Pflegeberufe, Herrn Armin Leibig, M. A., und Frau Elke Schmidt. Frau Professor Dr. Christine Fiedler, Qualitätsmanagement im Pflegedienst, stellte wichtige Materialien für die historische Bearbeitung zur Verfügung. Organisatorische Handreichungen leistete Frau Kathrin Piecha, Universitätspressestelle der FAU.

Zahlreiche Kolleginnen und Kollegen in der Medizinischen Fakultät und im Universitätsklinikum standen für Hintergrundgespräche, gelegentlich auch mehrfach, bereitwillig zur Verfügung; gedankt sei hier Frau Professor Dr. Kerstin Amann, Herrn PD Dr. Georg Breuer, Herrn Professor Dr. Robert Cesnjevar, Herrn Professor Dr. Werner

Daniel, Herrn Professor Dr. Sven Dittrich, Herrn Professor Dr. Ralf Dittrich, Herrn Professor Dr. Arnd Dörfler, Frau Professor Dr. Diana Dudziak, Herrn Professor Dr. Reinhold Eckstein, Frau Professor Dr. Ursula Hirschfelder, Herrn Professor Dr. Werner Hohenberger, Frau Professor Dr. Margareta Klinger, Herrn Professor Dr. Andreas Mackensen, Herrn Professor Dr. Harald Mang, Herrn Professor Dr. Markus Metzler, Herrn Professor Dr. Markus Neurath, Herrn Professor Dr. Christoph Ostgathe, Herrn Professor Dr. Michael Sticherling, Herrn PD Dr. Richard Strauss, Herrn PD Dr. Christian Stumpf, Herrn Professor Dr. Bernd Wullich und Frau Professor Dr. Martina de Zwaan.

Zeitzeugengespräche über die innere Entwicklung des Universitätsklinikums seit den 1960er Jahren durfte ich führen mit Herrn Professor Dr. Jürgen von der Emde, Herrn Professor Dr. Friedrich Franke, Herrn Professor Dr. Herbert Grimm, Herrn Professor Dr. Thomas Pasch (+ 2015), Herrn Professor Dr. Konrad Schwemmle und Herrn Professor Dr. Günter Heinrich Willital.

In der Rechtswissenschaftlichen Fakultät konnte ich dankenswerterweise von Herrn Professor Dr. Max-Emmanuel Geis und Herrn Professor Dr. Heinrich de Wall fachlichen Rat einholen; kunsthistorische Expertise steuerten Herr Professor Dr. Hans Dickel, Herr PD Dr. Thomas Flum und Frau Stephanie Zeitelhack, M. A. bei.

In der Handschriftenabteilung der Universitätsbibliothek war Frau Sigrid Kohlmann außerordentlich hilfreich bei der Beschaffung von Dokumenten und Bildvorlagen. Ein besonderer Dank geht an Frau Sonja Gabriel-Kusche, die Witwe des fränkischen Künstlers Wendelin Kusche; sie gab großzügig eine Abbildungserlaubnis und teilte mir wertvolle Einzelheiten aus dem Werktagebuch Wendelin Kusches mit.

Frau Dr. Inga Ebermann, Wissenschaftliche Koordinatorin des Studienprogramms Molekulare Medizin, war ebenso auskunftsfreudig wie Herr Karl Louis, Leiter der Studierendenverwaltung.

Aus der Stadt Erlangen wirkten zahlreiche Persönlichkeiten als fördernde Ansprechpartner für dieses Projekt; gedankt sei hier Frau Sabine Auer, Herrn Dr. Siegfried Balleis, Herrn Johannes Georg Bücking, Frau Dr. Hanne Kittel, Herrn Dr. Peter Lohfert, Herrn Dr. Hans-Ludwig Siemen, Herrn Dr. Jan van Uem und Herrn Dr. Franz Wolf.

Im Stadtarchiv war Herr Dr. Andreas Jakob ein stets hilfsbereiter und mit allen Belangen der Erlanger Geschichte bestens vertrauter Ansprechpartner; ein herzlicher Dank geht auch an seine Mitarbeiterinnen, Frau Dorothea Rettig, M. A., Frau Ute Riedel und Frau Renate Wünschmann. Herr Marcel Michels, M. A., Siemens MedArchiv, war

Abb. 3 Zwei Jahrhunderte Erlanger Klinikbauten – Blick vom Hörsaalzentrum zum Gebäude der früheren Heil- und Pflegeanstalt, links angeschnitten das neue Internistische Zentrum, rechts das Translational Research Center als modernstes Gebäude im Klinikbereich (2015).

außerordentlich hilfsbereit und stellte wertvolle Archivalien und Bildvorlagen zur Verfügung. Vielen anderen Mitarbeiterinnen und Mitarbeitern von Archiven und Bibliotheken kann hier nur pauschal und ohne Namensnennung gedankt werden.

Frau Agnes Luk, M. A., las dankenswerterweise Teile des Manuskripts. Aus Freiburg empfing ich Anregungen und Rat von Herrn Professor Dr. Friedrich Kluge (+ 2015), der die Fertigstellung des Bandes leider nicht mehr erlebte. Konstruktive Kritik und wichtige Ratschläge erteilte mein verehrter Lehrer, Herr Professor Dr. Eduard Seidler.

Innerhalb des Instituts für Geschichte und Ethik der Medizin standen mir hilfreich mit Rat und Tat Frau Dr. Nadine Metzger und Frau Dr. Angelika Kretschmer jederzeit zur Seite. Hervorgehoben sei Frau Renate Rittner, die wie immer alle auflaufenden Anfragen, Korrespondenzen und abstimmungspflichtigen Aktivitäten unaufgeregt und effektiv koordinierte. Die studentischen Mitarbeiterinnen Frau Sara Fried, Frau Cornelia Geisler, Frau Martina Rummel und Frau Theresa Schulte erfüllten mit der gewohnten Präzision und Hilfsbereitschaft sämtliche Aufträge. Über die gesamte Projektdauer war Frau Lisa Felendler, als studentische Mitarbeiterin ebenfalls finanziert aus Mitteln des Universitätsklinikums, außerordentlich engagiert und effektiv tätig, wofür ihr herzlich gedankt sei. In der intensiven Schlussredaktion von August bis November 2015 mit einem pausenlosen Austausch von Korrekturen und Ergänzungen konnte ich mich auf die vielfach bewährte Unterstützung durch die Mitarbeiterinnen und Mitarbeiter des Instituts verlassen.

Das Vorhaben »200 Jahre Universitätsklinikum Erlangen« war seit seinem Beginn 2013 als Buchprojekt beim Böhlau Verlag Köln angesiedelt; Frau Dorothee Rheker-Wunsch, Programmplanung, Frau Julia Beenken, Editing sowie Frau Franziska Creutzburg und Frau Sandra Hartmann, Abteilung Herstellung, waren durchgehend höchst engagiert und innovativ tätig, um ein möglichst interessantes und ansprechend gestaltetes Buch vorzulegen. Frau Patricia Simon war als Korrektorin überaus fleißig und unermüdlich im Auffinden von Fehlern und Inkonsistenzen.

Die Zusammenarbeit mit den Mitarbeiterinnen des Böhlau Verlags war bis in die notwendigerweise zeitlich gedrängte Schlussphase stets erfreulich und ergiebig.

Gewidmet ist der Band dem Andenken an den Freiburger Feuerwehrmann Bernhard Keller (1965–2010), von dem zu lernen war, was es heißt, krank zu sein, und wie man kämpft.

Erlangen, 19. September 2015
Karl-Heinz Leven

Benutzungshinweis

Im Text und in den Endnoten häufiger verwendete Abkürzungen

ADB	Allgemeine Deutsche Biographie	NSDÄB	Nationalsozialistischer Deutscher Ärztebund	StAE	Stadtarchiv Erlangen
AStA	Allgemeiner Studierenden Ausschuss			StAN	Stadtarchiv Nürnberg
BAB	Bundesarchiv Berlin	NSDAP	Nationalsozialistische Deutsche Arbeiterpartei	StANu	Staatsarchiv Nürnberg
BHStA	Bayerisches Hauptstaatsarchiv München			TechFak	Technische Fakultät
		NSDDozB	Nationalsozialistischer Deutscher Dozentenbund	TU	Technische Universität
DÄB	Deutsches Ärzteblatt			UAE	Universitätsarchiv Erlangen-Nürnberg
DFG	Deutsche Forschungsgemeinschaft	NSKK	Nationalsozialistisches Kraftfahrkorps		
FAU	Friedrich-Alexander-Universität Erlangen-Nürnberg			UBE	Universitätsbibliothek Erlangen-Nürnberg
		NSV	Nationalsozialistische Volkswohlfahrt		
Gestapo	Geheime Staatspolizei	OMGUS	Office of Military Government for Germany (U. S.)	UBaE	Universitätsbauamt Erlangen
GzVeN	Gesetz zur Verhütung erbkranken Nachwuchses			UK	Universitätsklinikum
		o.O.	ohne Ort	UK ER, Jb.	Universitätsklinikum Erlangen, Jahresbericht
IfH	Institute for the Analysis of Function in Hospital Planning	PD	Privatdozent		
		RRZE	Regionales Rechenzentrum Erlangen	Uni-K	Unikurier. Zeitschrift der Universität Erlangen-Nürnberg
JCS	Joint Chiefs of Staff	RZMF	Rechenzentrum der Medizinischen Fakultät		
KLIMA	Planspiel Klinikmanagement			Uni-K-akt	Unikurier aktuell
LA	Leopoldina-Archiv	s.	Siehe	WiSe	Wintersemester
LMU	Ludwig-Maximilians-Universität München	SA	Sturmabteilung	WiSo	Wirtschafts- und Sozialwissenschaftliche Fakultät
		SEKORA	Senatskommission für Rechenanlagen		
MdB	Mitglied des Bundestages			Zit.	Zitiert
		SoSe	Sommersemester	ZKV	Zentrale Klinikumsverwaltung
MMW	Münchener Medizinische Wochenschrift	SRW	Siemens-Reiniger-Werke AG	ZUV	Zentrale Universitätsverwaltung
		SS	Schutzstaffel		
NDB	Neue Deutsche Biographie	SSW	Siemens-Schuckert-Werke AG		

Querverweise, Verweise auf Exkurse und Zitierweise von Quellen und Literatur

Querverweise auf den Text anderer Kapitel und Verweise auf Exkurse erfolgen in der Randspalte. Die Namen der Autorinnen und Autoren von Kapiteln, Unterkapiteln oder Exkursen finden sich jeweils am Textende und in den Kolumnentiteln auf jeder Seite. Im Inhaltsverzeichnis wurden die Namen aus Gründen der Übersichtlichkeit fortgelassen.

In den Endnoten, die sich gesammelt im Anschluss an den Text finden, sind Quellenbelege und Verweise auf die benutzte Literatur enthalten. Die gesondert gezählten Endnoten der Exkurse sind graphisch hinterlegt. In den Literaturangaben der Endnoten werden Kurztitel verwendet. Die vollständigen Angaben finden sich in der alphabetisch geordneten Bibliographie am Ende des Bandes. Um das Auffinden der Endnoten zu erleichtern, sind am Ende des Bandes in den Kolumnentiteln die Seitenzahlen des Textes angegeben, auf die sich die Endnoten beziehen.

Die Anfänge

1743
1840

SIGILLUM FACULTATIS THEOLOGICÆ

SIGILLUM FACULTATIS IURIDICÆ

SIGILLUM PROFESSORUM UNIVERSITATIS FRIDERICIANÆ ERLANGENSIS

SIGILLUM FACULTATIS MEDICÆ

SIGILLUM FACULTATIS PHILOSOPHICÆ

A. Nunzer fc.

1743

Vom Beginn der Ärzteausbildung zum Collegium Clinicum

Als am 4. November 1743 die Erlanger Universität durch das Markgrafen-Ehepaar Friedrich und Wilhelmine mit einem mehrtägigen Festakt eröffnet wurde, traten in der Medizinischen Fakultät fünf ordentliche Professoren ihren Dienst an, eine stattliche Zahl, wenn man sie etwa mit der nur wenige Jahre zuvor gegründeten Universität Göttingen vergleicht, die zunächst mit nur einem Vertreter der Medizin begann, dem dann allerdings sehr bald zwei weitere folgten. Doch der Schein trügt. Die Strahlkraft der ersten Vertreter, denen es nun oblag, die künftigen Ärzte für das Land auszubilden, war eher schwach. Bis auf Casimir Christoph Schmiedel (1718–1792), der bereits nach Bayreuth, in die nur kurzfristig bestehende Vorgängerinstitution von Erlangen, berufen worden war, wies keiner von ihnen Lehrerfahrung an einer Universität auf. Zudem waren drei von ihnen noch blutjung, zwischen 24 und 27 Jahren, hatten also auch in ihrer ärztlichen Praxis, aus der sie kamen, noch kaum Erfahrung vorzuweisen. Demgegenüber war der einzige, der als langjähriger Stadtphysicus von Erlangen über diese verfügte, nämlich Johann Friedrich Weismann (1678–1760), bei seinem Dienstantritt bereits 65 Jahre alt.[1]

Das zu absolvierende Lehrprogramm deckte notwendigerweise alle Gebiete der damaligen Medizin ab, weshalb die Professoren, deren Lehrstühle noch nicht fachspezifisch definiert waren, jeweils für mehrere Bereiche zuständig waren. Diese Aufgabe wurde ihnen allerdings dadurch erleichtert, dass sie nicht nach eigenen Skripten unterrichteten, sondern die Vorlesungen teilweise noch bis in den Beginn des 19. Jahrhunderts nach gedruckten Werken vorgetragen wurden, die von der Obrigkeit genehmigt werden mussten.

Vorlesungen der »ersten Mannschaft«

Johann Friedrich Weismann	Materia medica | Chemie | Gerichtliche Arzneikunde | Rezeptierkunst | Kinderkrankheiten | Weiberkrankheiten | Praxis medica | De regno animali | Collegium practicum | Krankheiten bei Schwangeren | Anatomie | Physiologie | Semiotik
Casimir Christoph Schmiedel	Osteologie | Botanik mit Exkursionen | Anatomie mit Demonstrationen | Physiologie | Pathologie | Semiotik | Mineralogie | Allgemeine und spezielle Therapie | Arzneimittellehre | Allgemeine Naturgeschichte | Entwicklung des Foetus und Sektionen Später: gerichtliche Medizin | allgemeine Übersicht der Naturreiche und Diätetik, einmal auch Chirurgie

Abb. 1 Das Universitätssiegel mit den Siegeln der vier Fakultäten, links unten das der Medizin. Abgebildet ist Hygieia, die Göttin der Gesundheit, die in der linken Hand eine Schlange hält, um sie aus einer Schale in der rechten Hand zu tränken. Kupferstich, 1744.

Matthias Georg Pfann	Diätetik	Pathologie	Medizinische Disputatorien	Medizinische Methodologie	Institutiones medicae	Semiologie	Theoretisch-medicinisches Kollegium	Osteologische Demonstrationen	Physiologie	Entbindungskunst	Praktische Übungen in schweren medicinischen und gerichtlichen Fällen	Methodus medendi generalis	Medizinische Klinik	Chemie	Chirurgie und Bandagenlehre	Augenkrankheiten	Casuale	Über Wunden	Materia medica	Rezeptierkunst
Christian Samuel Gebauer	Diätetik	Physiologie	Pathologie	Chirurgie	Allgemeine und spezielle Therapie	Semiologie	Praxis clinica	Rezeptierkunst	Fieberlehre
Johann Adam Hoffmann	Materia medica	Semiologie	Anthropologie	Pathologie	Spezielle Pathologie	Spezielle Therapie	Fieberlehre	Rezeptierkunst	Collegium casuale	Physiologie

Da Erlangen zum Zeitpunkt der Universitätsgründung noch kein Krankenhaus besaß, war der Unterricht weitgehend theoretisch. Praktischen Unterricht am Krankenbett erhielten die Erlanger Studenten in der Frühzeit der Universität allerdings durch Christian Samuel Gebauer (1716–1764). Dieser kündigte seit dem Sommersemester 1744 im Lektionskatalog an, die Medizinstudenten der höheren Semester mit ans Bett der Kranken seiner Privatpraxis zu nehmen, die er wie damals üblich neben dem Professorenamt betrieb.[2] Nachdem Gebauer 1748 zum Leibarzt des Markgrafen in Bayreuth berufen und damit von seiner Vorlesungspflicht entbunden worden war, übernahm sein Nachfolger Heinrich Friedrich Delius (1720–1791) diese Aufgabe. Delius war es dann auch, der im Jahre 1763 für ein Semester alleiniger Vertreter der Medizinischen Fakultät war, nachdem alle anderen durch Wegberufung, durch Rückkehr in die Praxis oder durch Tod ausgeschieden waren. In diesem Jahr – es war das Jahr, in dem Markgraf Friedrich starb – zählte die Fakultät allerdings auch nur vier Studenten.

Erste Lehr- und Forschungsstätten

Für das Erlernen der Medizin ist nicht nur die Praxis am Krankenbett zentral, sondern auch auf anderen Gebieten ist der Student auf die eigene Anschauung angewiesen. Dies betrifft insbesondere die Anatomie. Doch auch hier gestalteten sich die Anfänge als schwierig.

Schmiedel, dessen Lehrstuhl als einziger neben der Arzneikunde noch die spezifische Denomination »für Anatomie und Botanik sowie Naturgeschichte« aufwies und der deshalb für den anatomischen Unterricht zuständig war, hatte zunächst keinen eigenen Raum für anatomische Sektionen und Demonstrationen. So führte er diese unter erheblichen Schwierigkeiten zunächst in einem »dumpfigen und niedrigen Zimmer« in der ehemaligen Ritterakademie durch.[3] 1754 wurde auf seine Anregung hin ein Anbau an das Universitätsgebäude, gegenüber der Hofapotheke, geschaffen mit »einem Saal für die anatomischen Vorlesungen, […] einem Präparirzimmer, einer Todtenkammer und einer Küche«.[4] Zur Unterstützung bei den anatomischen Sektionen wurde bereits ein Jahr später ein Prosektor eingestellt; es war der erste besoldete Assistent der Universität. Angesichts der geringen Zahl von Studenten reichte diese Ausstattung der Anatomie in den ersten Jahrzehnten des Bestehens der Universität vorerst aus.

Für die Beschaffung der Leichen war bereits im Stiftungsbrief für die Vorgängerinstitution in Bayreuth eine Regelung getroffen worden, der zufolge alle Verbrecher der Markgrafschaft nach ihrer Hinrichtung den Professoren der Universität zu überlassen seien. Nachdem sich die Zahl der Straftäter jedoch als zu gering erwiesen hatte, wurde der Kreis der Betroffenen auf mittellose Arme, die auf öffentliche Kosten begraben werden mussten, auf Selbstmörder, auf alle toten Findlinge sowie auf die verstorbenen unehelichen Kinder erweitert.

Schmiedel verließ 1763 aufgrund von Auseinandersetzungen mit Delius die Universität, um Leibarzt des Markgrafen Alexander in Ansbach zu werden. An seine Stelle trat Jacob Friedrich Isenflamm (1726–1793), der zugleich mit seiner Berufung zum Vorstand des »Anatomischen Theater(s)« ernannt wurde. Isenflamm führte 1770 den anatomischen Präparierkurs in den Unterricht ein und gab so den Medizinstudenten die Möglichkeit zu aktiver Erforschung des menschlichen Körpers. Er betrieb die Anatomie sowohl in enger Anbindung an die Physiologie als auch an die praktische Medizin, indem er die einzelnen Organe und Gewebe insbesondere in ihrer Beziehung zu deren Krankheiten untersuchte; sein Unterricht kann somit auch als eine Form der Unterweisung in die Praxis angesehen werden.

Abb. 2 Heinrich Friedrich Delius (1720–1791).

Abb. 3 Das Anatomische Theater in Erlangen um 1745.

▶ **Exkurs** Leichen für den medizinischen Unterricht, S. 166.

Abb. 4 Die Statuta Facultatis Medicae, Bayreuth, 6. November 1755.

Eine weitere Lehr- und Forschungseinrichtung der Medizin, die wie das Anatomische Theater den Studenten ihr Wissen über die Anschauung vermittelte, war der »Hortus medicus«, ein Heilpflanzengarten, der seit der Mitte des 16. Jahrhunderts an den bedeutenderen Ausbildungsstätten der Medizin integraler Bestandteil der Universitäten war. Er bildete die Grundlage für den Unterricht in der »Materia medica«. In Erlangen standen die Versuche, einen botanischen Garten einzurichten, allerdings unter einem ungünstigen Stern.[5] Zwar erwarb die Universität 1747 ein Gartengrundstück am Nürnberger Tor und stellte auch schon einen Gärtner ein. Ein Jahr später wurde das Areal jedoch wieder verkauft, sodass Schmiedel, dessen Lehrverpflichtung auch die Botanik einschloss, darauf angewiesen war, selbst Pflanzen zu ziehen, die er dann im Unterricht vorführte und mit Bezug auf ihre Heilwirkungen besprach. Erst 1770/71 wurde infolge der Berufung des Linné-Schülers Johann Christian Daniel von Schreber (1739–1810) derselbe Garten vor dem Nürnberger Tor erneut erworben und mit Schreber als seinem Direktor eingerichtet. Der Garten, der sich unter diesem nicht zuletzt aufgrund seiner weitreichenden Tauschbeziehungen prächtig entwickelte und dessen Bestände sich stetig vermehrten, wurde 1825 aufgrund einer ministeriellen Entschließung in den Schlossgarten transferiert, wo er sich noch heute befindet.

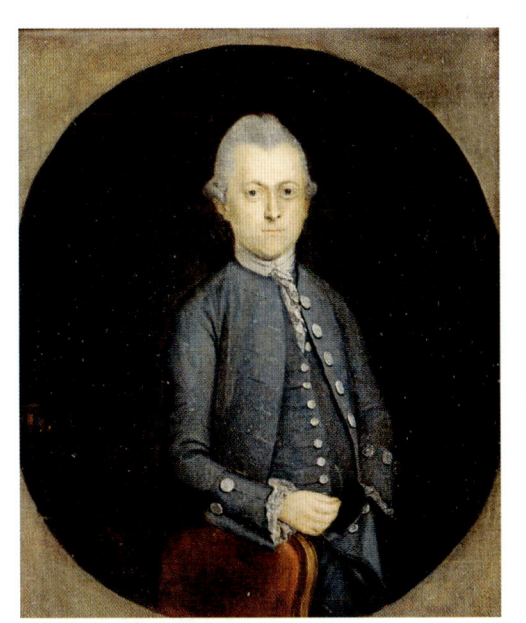

Vorgeschichte des Klinikums: ein verheißungsvoller Beginn mit Hindernissen

Den ersten entscheidenden Schritt zur Einführung eines systematischen klinischen Unterrichts in Erlangen machte Friedrich von Wendt (1738–1818) im letzten Drittel des 18. Jahrhunderts. Wendt, der 1778 nach Erlangen berufen worden war, gründete bereits kurz nach seiner Berufung ein Ambulatorium, das 1779 vom Markgrafen als »Institutum clinicum« bestätigt und in bescheidenem Ausmaß auch bezuschusst wurde.[6] Die Anregung zu dieser Initiative verdankte er offenkundig seinem Lehrer Johann Juncker, der ab 1717 über vierzig Jahre lang an der kurz zuvor von den Franckeschen Stiftungen gegründeten »Anstalt zur Verpflegung der Krancken« in Halle den praktischen Unterricht für Studenten durchführte.[7] Die Hallenser Gründung war die erste dieser Art in Deutschland und wurde in den nächsten Jahrzehnten Vorbild für weitere klinische Lehrstätten an deutschen Universitäten, und so auch für Erlangen.[8]

Die Akzeptanz des neuen Erlanger Instituts war bei Studenten und Patienten gleichermaßen groß, sodass Wendts Privatwohnung, in der er das Ambulatorium zunächst betrieben hatte, schon bald zu klein wurde. 1785 wurde es deshalb in einige Räume der Südlichen Stadtmauerstraße 28 verlegt. In den Jahresberichten, die Wendt regelmäßig herausgab, sind im ersten Vierteljahrhundert über 40.000 Behandlungsfälle dokumentiert.[9] Die Universität selbst profitierte von Wendts Aktivitäten insofern, als die Zahl derjenigen Studenten, die sich in Erlangen in der praktischen Medizin ausbilden lassen wollten, nicht unerheblich wuchs.

Die Gründung des Ambulatoriums war für Wendt jedoch nur ein erster Schritt. Sein weitergehendes Ziel war die Errichtung einer stationären Klinik, das er auch sogleich beherzt in Angriff nahm. Schon 1781 legte er dem Senat der Universität eine Denkschrift vor, in der er einen detaillierten Plan für die Errichtung eines Krankenhauses entwickelte.[10] Der Senat befürwortete den Plan, und auch die Regierung brachte ▸

Abb. 5 Johann Christian Daniel von Schreber (1739–1810).

Abb. 6 Der Botanische Garten der FAU Erlangen-Nürnberg, 2015.

FRIEDRICH VON WENDT UND SEIN UNTERRICHT AM KRANKENBETT

Die Einrichtung des Clinicum Chirurgicum als Lehranstalt für ärztliche Zöglinge im Jahre 1815 gilt als der Beginn der klinischen Medizin in Erlangen. Doch bereits 1780 mit der Gründung des Klinischen Instituts durch Friedrich Wendt waren wesentliche Prinzipien des Unterrichts am Krankenbett verwirklicht und in der seit 1780 erscheinenden *Nachricht von der gegenwärtigen Einrichtung und dem Fortgang des Instituti Clinici* formuliert worden.

So ließ Wendt trotz der »Bedenklichkeit und unzeitige[n] Schamhaftigkeit der Kranken, ihre Zufälle in Gegenwart mehrerer junger Ärzte zu erzehlen«, die Krankengeschichte der Patienten stets vor einer Gruppe von Ärzten erfragen, gäbe doch diese Art der Befragung allen Mitgliedern der Gruppe Gelegenheit, mitzudenken.[1] Bei wichtigen Krankheiten und Unklarheiten wurden auch alle Mitglieder nach ihrer Meinung gefragt. Nur bei Zeitknappheit berichtete Wendt allein.

Auch bei der Therapie, bei der möglichst individuell auf das tatsächliche Krankheitsbild eingegangen werden sollte, setzte Wendt auf ein breites Mitspracherecht der angehenden Ärzte. Zwar schlug er aufgrund seiner langjährigen Erfahrung eine Arznei vor, war aber durchaus für Alternativen offen: »Ich verlange aber deswegen nicht, daß diese Mittel und keine andre sollen gebraucht werden«.[2] Unabhängig von Rang und Reputation des Vorschlagenden wählte er unter den von den angehenden Ärzten vorgeschlagenen Arzneien dasjenige Mittel aus, das ihm angemessen erschien. Bei Meinungsverschiedenheiten sollte die andere Meinung sachlich und offen geprüft, das eigene Nachdenken gefördert und nicht unterdrückt werden.

Die Berichte der Studierenden über die besuchten Kranken sollten nicht als Einzelberichte an Wendt gehen, sondern bei den täglichen Zusammenkünften allen mitgeteilt werden. Nach Wendt würden die einzelnen Studierenden von den Krankenberichten der anderen profitieren und so die Geschichten mehrerer Krankheiten hören. Wendts didaktisches Ziel: Durch zusammenhängenden Vortrag und die Beschreibung einer Krankheit sollten die Zuhörer lernen, aus der Erzählung die Gründe des Verfahrens zu erkennen.

Bereits 1778 hatte Wendt *Vorschläge zu künftig anzustellenden practischen Übungen an seine Herren Zuhörer gerichtet*, mit denen er die geplante Einrichtung des Clinicum Chirurgicum erstmals offiziell ankündigte.[3]

Abb. 1 Friedrich von Wendts »practische Uebungen«.

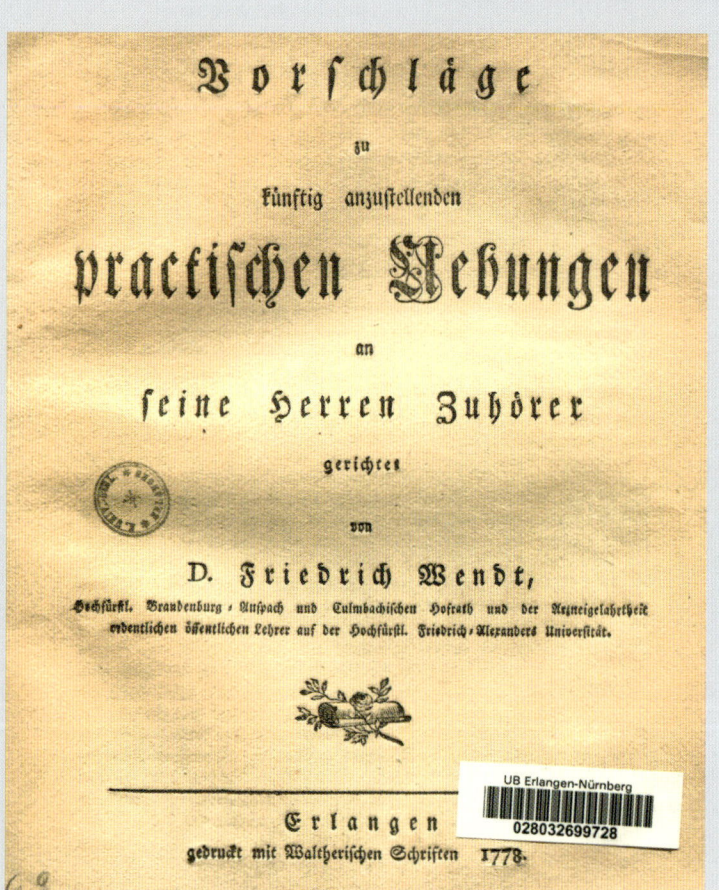

Seine hier angestellten Überlegungen untermauerten theoretisch die von ihm geforderte Ausbildung am Krankenbett und nahmen vieles von dem vorweg, was er später im Klinischen Institut auch in die Praxis umsetzen konnte. Wendt beklagte in seinen Ausführungen vor allem die fehlende Einbindung der Sinne in die ärztliche Ausbildung. Der fehlende Unterricht am Krankenbett führe unter anderem dazu, dass Ärzte bei der Benennung und Bestimmung der Krankheit häufig zu sich widersprechenden Meinungen kämen. Dies wiederum veranlasse den »Pöbel [...] in dem Wahn zu beharren, als wäre in der Heilkunde alles ungewiß«.[4]

Um diesem Mangel abzuhelfen, habe man an verschiedenen Orten öffentliche Anstalten und Hospitäler errichtet. Hier würden angehende Ärzte in Gegenwart erfahrener Lehrer Kranke sehen, sie untersuchen und unter Anleitung Arzneien verordnen. Die erwiesene Nützlichkeit der praktischen Anleitung habe – so Wendt – nun auch die Lehrer der Erlanger Akademie veranlasst, den Mangel an öffentlichen Krankenanstalten durch praktische Anleitung bei ihren ambulanten Patienten zu ersetzen. Diese Übungen hätten auch den Nebenzweck, den armen Kranken zu helfen. So sollte die Behandlung kostenlos erfolgen und die notwendigen Arzneien sollten von den Ärzten entrichtet werden. Zwar sei der Besuch der Wohnung der Armen oft unangenehm (die »Stimme zu hören, die in den Hütten ächzt«), aber diese Hausbesuche hätten ihren didaktischen Sinn. Sie stärkten »die Tugend, Elend zu fühlen«.[5] Susanne Ude-Koeller

Abb. 2 Friedrich von Wendts erster Rechenschaftsbericht über die Arbeit des Institutum clinicum, 1780.

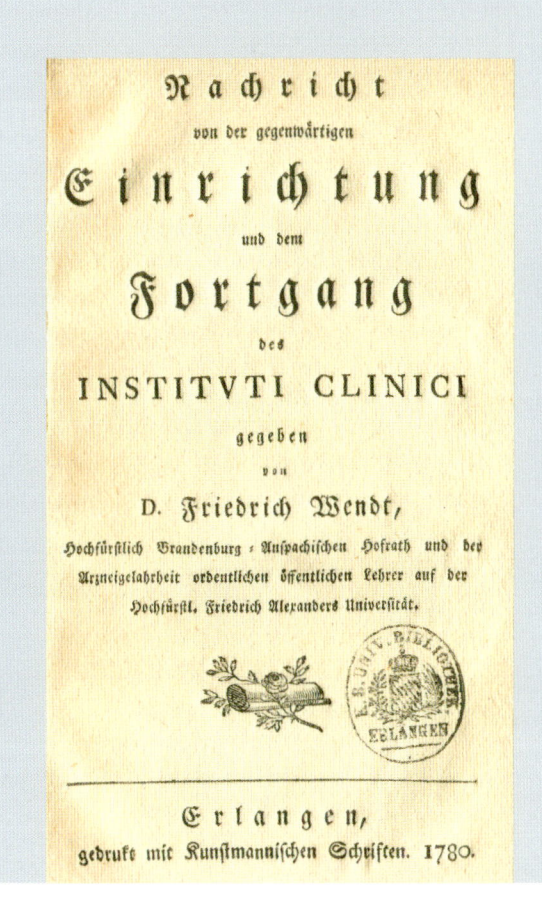

Abb. 7 Friedrich von Wendt (1738–1818).

Abb. 8 Bestätigung der Einrichtung des Institutum clinicum von Friedrich von Wendt durch den Markgrafen, 1779.

ihm Interesse entgegen, unternahm aber nichts. Erst etliche Jahre, nachdem Markgraf Alexander abgedankt und Karl August Freiherr von Hardenberg als Abgesandter des Preußenkönigs Friedrich Wilhelm II. die Geschicke der markgräflichen Lande in seine tatkräftigen Hände genommen hatte, kam Bewegung in die Krankenhausfrage.

1801 wurden die Baupläne genehmigt, sodass 1803 im östlichen Teil des Schlossgartens, den die Markgräfin Sophie Caroline, die Witwe des Markgrafen Friedrich, an die Universität abgetreten hatte, mit den Arbeiten begonnen werden konnte. Geplant war ein großzügiger Bau, der nach einer raschen Vollendung der Medizinischen Fakultät einen bedeutsamen Schub in der Entwicklung der Medizin hätte geben können. Doch die Politik setzte dem ehrgeizigen Vorhaben schon 1806 ein jähes Ende: Nach der siegreich beendeten Schlacht Napoleons bei Austerlitz kam Erlangen zunächst für kurze Zeit unter französische Herrschaft, 1810 ging das Fürstentum Bayreuth an das Königreich Bayern über. Dieser doppelte Regierungswechsel bedeutete für die Universität Jahre der Unsicherheit und Sorge um ihren Fortbestand, sodass der Krankenhausbau für ein Jahrzehnt zum Erliegen kam. Erst 1816 wurde das Projekt wieder aufgenommen und weitergeführt. Renate Wittern-Sterzel

Friedrich von Wendt, wie ein Zeitgenosse ihn sah

Auch der Herr Geheimehofrath von Wendt war eine Zierde der Universität, der er seit 1778 angehörte. [...] Eine schöne, stattliche Gestalt und eine edle Gesichtsbildung nahmen schon im ersten Augenblick für ihn ein. Er war früher viel mit vornehmen Personen umgegangen, und wußte sich daher mit Hohen und Höchsten gar gut zu benehmen. Auch in seiner Tracht war er ein vornehmer Mann. Er gieng stets im Hofrocke und in seidenen Strümpfen umher, und zu Hause, eh' er seine Toilette gemacht, in einem seidenen Schlafrock. Aber dieses vornehmen Wesens ungeachtet, verschmähte er nicht in die schmutzigen Wohnorte des menschlichen Elends hinabzusteigen, und Trost, Rath und Hülfe dahin zu bringen.

Seine Menschenliebe kannte keine Grenzen; Leiden zu mildern war sein Bedürfniß, und da er ein äußerst glücklicher, angenehmer Arzt war, so verbreitete sich sein Ruf alsbald durch die ganze Umgegend. Seiner Fürsprache gelang es, Mittel zu der ambulanten Klinik herbeizuschaffen, welche er hier einrichtete und bis an sein Lebensende (1818) dirigierte. Die Honorarien, die er von den Studierenden im Klinikum während einer langen Reihe von Jahren einnahm, wurden mit der größten Generosität für die Arzneien und andere Bedürfnisse der armen Stadtkranken verwendet. Die Beiträge der Wohltäter, der Innungen und des Magistrats wurden alljährig in einer offenen Rechnung dem Publikum bekannt gemacht.

In seiner Wohnung hielt er täglich zwei Stunden lang mit seinen Zuhörern Consultationen über die aus der Stadt und Nachbarschaft herbeiströmenden Kranken. Die Schüler konnten von ihm nicht blos viele praktische Erfahrungen, sondern auch Menschenkenntniß gewinnen; denn er war ein feiner Kenner und Beobachter des menschlichen Herzens. [...] Darauf fuhr er zum Krankenbesuch aus, wo er, wie gesagt, auch vor den elendsten Wohnungen ausstieg. Bis ins späteste Alter blieb er sich in diesem menschenfreundlichen Tagewerk gleich, und wo immer ein gefährlicher Kranker lag, da ließ er sich's nicht nehmen, die Behandlung der Assistenten zu überwachen. [...]

Seinen dringenden Vorstellungen beim Minister von Hardenberg war es auch gelungen, die Errichtung eines Universitäts-Krankenhauses durchzusetzen. Das Gebäude ward in den letzten Jahren der preußischen Herrschaft im Schloßgarten unter Dach gebracht, aber erst unter der königlich bayerischen Regierung ganz ausgebaut, dotirt und bezogen. Wendts feines Benehmen machte ihn auch zu dem geeignetsten Mann, um während der französischen Occupation die Interessen der Universität zu vertreten. So wurde er einmal mit dem thätigen und gewandten Herrn Hofrath Mehmel committirt, um über den Schutz der Universität mit dem in der Stadt commandierenden französischen Obersten Ruittny zu verhandeln. Die Transaction hatte Wirkung und möglichste Schonung trat ein.

Aus: Martius: 1847. S. 147–150.[11]

SAMUEL HAHNEMANN IN ERLANGEN

Samuel Hahnemann (1755–1843), der spätere Begründer der Homöopathie, ließ sich am 11. April 1779, einen Tag nach seinem 24. Geburtstag, in das Promotionsbuch der Medizinischen Fakultät Erlangen eintragen. Am darauffolgenden Tag wurde sein Name in der Universitätsmatrikel verzeichnet. Damit gehört Erlangen zu den 28 Städten, in denen er im Laufe seines langen Lebens wohnte.

Sein Weg hatte den jungen Sachsen zunächst von seiner Heimatstadt Meißen zum Medizinstudium nach Leipzig geführt. Dort hielt es ihn nur zwei Jahre. Frustriert von der wenig praxisbezogenen Ausbildung wechselte er nach Wien, wo der Leibarzt der Kaiserin, Joseph von Quarin (1733–1814), den begabten jungen Mann förderte. Doch Geldsorgen zwangen ihn schon bald, sich nach einem Broterwerb umzusehen. Quarin verschaffte ihm eine Anstellung in Hermannstadt, wo Hahnemann die Bücher- und Münzsammlungen des Barons von Brukenthal ordnete und ärztlich tätig war. Im Herbst 1777 wurde er in die Hermannstädter Freimaurerloge »Sankt Andreas zu den Drei Seeblättern« aufgenommen. Doch auch hier blieb er nicht lange. Im Frühjahr 1779 reiste Hahnemann von Siebenbürgen nach Erlangen. Was ihn lockte, war nicht etwa der Ruf der Medizinischen Fakultät, sondern wohl eher die Aussicht auf eine rasche und kostengünstige Promotion.[1] Die Rechnung ging für ihn auf: Bereits am 10. August 1779 verteidigte er seine Dissertation zum Thema *Conspectus adfectum spasmodicorum aetiologicus et therapeuticus* (Betrachtung der Ursachen und der Behandlung von Krampfleiden).[2]

Abb. 1 Samuel Hahnemann (1755–1843).

Die Doktorarbeit war für Hahnemann eine reine Pflichtübung, die ihn nicht zufriedenstellte. Das geht aus seinem Schlusswort klar hervor: »Ich bin mir der Unzulänglichkeit dieser meiner Abhandlung sehr wohl bewusst, und ich muss es offen aussprechen: Die kurze Spanne weniger Tage, die mir zur Ausarbeitung meiner Dissertation zur Verfügung stand, ließ mich nur einzelne Punkte mit ein paar Worten andeuten. [...] Ich für meinen Teil gelobe: wo immer sich mir hinfort eine Gelegenheit zu Beobachtungen und Feststellungen bietet, will ich meine ganze Kraft einsetzen, sie zu nützen«.[3] Der dünnen Schrift ist nicht einmal zu entnehmen, welcher der Erlanger Professoren ihm das Thema überlassen hatte und für seine Betreuung verantwortlich zeichnete. Auch Hahnemanns eigener Rückblick auf seine Zeit in Erlangen gibt darüber keinen Aufschluss. Er bietet nicht viel mehr als eine Aufzählung der damals an der Medizinischen Fakultät tätigen Professoren: »Dem Herrn geheimen Hofrath

Delius, den Herren Hofräthen Isenflamm, Schreber und Wendt habe ich viel Güte zu verdanken. Herr Hofrath Schreber lehrte mich noch, was mir an der Kräuterkunde mangelte«.[4] Vermutlich konnte Hahnemann unter Schrebers Anleitung den Botanischen Garten nutzen, den dieser neun Jahre zuvor gegründet hatte.[5]

Auch sonst ist über Hahnemanns Aufenthalt in Erlangen kaum etwas bekannt.[6] Wir wissen nicht, wo er sich einquartiert hatte und ob er, was naheliegend gewesen wäre, Kontakte zur Erlanger Freimaurerloge pflegte. Der einzige aus dieser Zeit erhaltene Brief dokumentiert lediglich die Bemühungen des sprachbegabten jungen Mannes, sich durch die Übersetzung ausländischer Fachliteratur seinen Lebensunterhalt zu finanzieren.[7]

Samuel Hahnemann verließ Erlangen vermutlich bald nach der Verleihung des Doktorgrades, und er kam nie wieder zurück. Doch einige Jahrzehnte später erreichte das von ihm erdachte, neue Prinzip der Arzneimitteltherapie die Regnitzstadt: die Homöopathie. 1796 hatte Hahnemann der Fachwelt die neue Heilmethode in einem Artikel in *Hufelands Journal* erstmals vorgestellt. 1810 ließ er das *Organon der rationellen Heilkunde* folgen, das Grundlagenwerk der Homöopathie. Etwa zu dieser Zeit führte der spätere Anatomieprofessor Gottfried Fleischmann (1777–1850) als praktischer Arzt bei einer in Erlangen grassierenden Scharlachepidemie einen homöopathischen Feldversuch mit Belladonna durch – vermutlich der erste Versuch dieser Art in Bayern. Sein Neffe Friedrich Ludwig Fleischmann (1806–1886) bot ab 1833 fast zehn Jahre lang als erster Dozent der Erlanger Alma Mater eine Vorlesung an, die sich ausschließlich der Homöopathie widmete.[8] Dies blieb jedoch ohne Auswirkung auf die klinische Praxis an der Universität, denn für öffentliche Krankenanstalten war die Anwendung der Homöopathie zu diesem Zeitpunkt gesetzlich verboten. Als die Landesregierung 1848 das Verbot aufhob, erfolgte dies mit Zustimmung der Professoren in München und Würzburg, aber gegen das einstimmige Votum der Medizinischen Fakultät in Erlangen.[9] Marion Maria Ruisinger

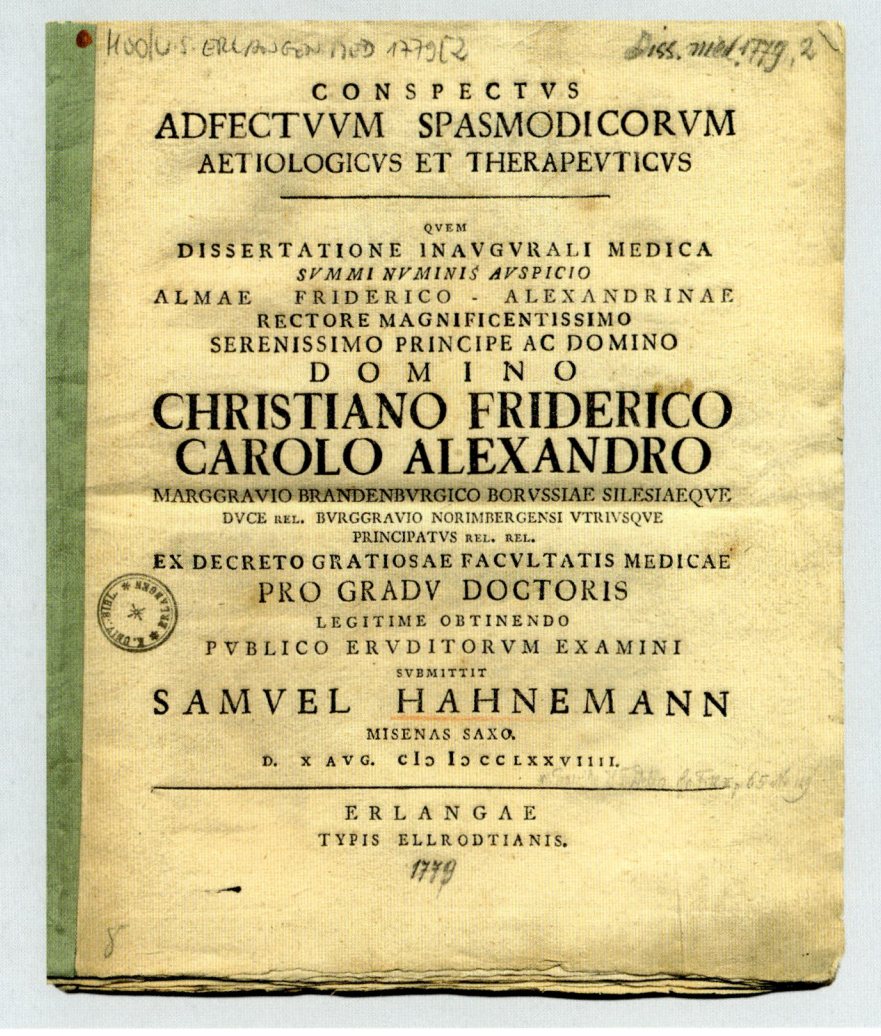

Abb. 2 Hahnemanns Dissertation, die er binnen weniger Tage verfasst und am 10. August 1779 in Erlangen verteidigt hat.

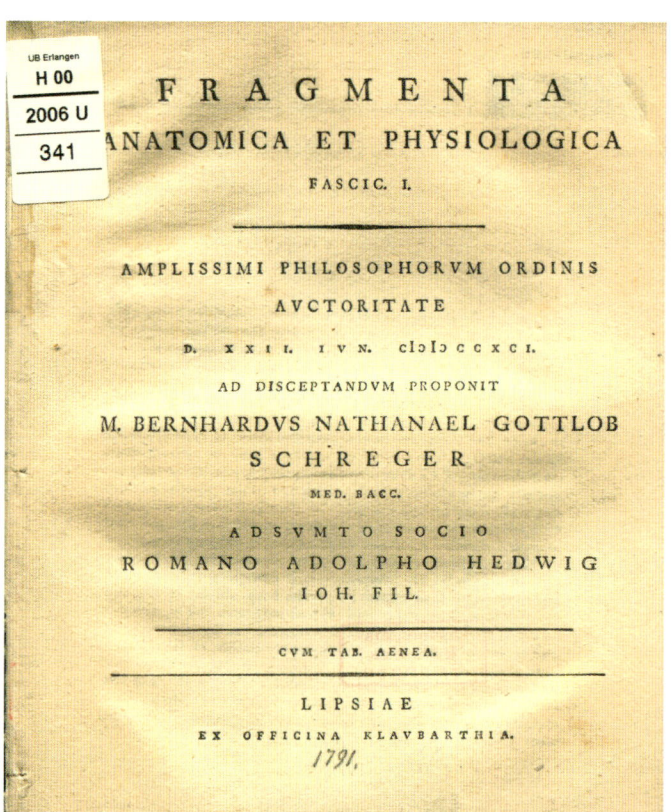

Abb. 9 Bernhard Nathanael Gottlob Schreger (1766–1825).

Abb. 10 Dissertation von Bernhard Schreger, 1791.

Das Clinicum Chirurgicum: Erlangens erstes Krankenhaus und sein Gründer Bernhard Schreger

Mit der Einrichtung des Institutum Clinicum im Jahre 1779 hatte Friedrich Wendt (1738–1818) das Tor zur praktischen Unterweisung der Studenten am Krankenbett aufgestoßen. Da diese Einrichtung aber nur ein Ambulatorium war und die bettlägerigen Patienten nach wie vor in ihren Privatunterkünften besucht werden mussten, hatte er sich sogleich nach dessen Eröffnung für den nächsten Schritt, nämlich die Gründung eines akademischen Krankenhauses, eingesetzt. Unterstützung fand er, nachdem die Markgrafschaft Ansbach-Bayreuth 1791 an Preußen gekommen war, in Minister Karl August Freiherr von Hardenberg, der Anfang des neuen Jahrhunderts eine beträchtliche Summe zu diesem Zweck bereitstellte. Hintergrund für dieses starke preußische Engagement könnten die beiden Klinikneubauten in den unter geistlicher Herrschaft stehenden Universitätsstädten Bamberg (1789) und Würzburg (1793) gewesen sein, denen von Hardenberg mit einem Erlanger akademischen Krankenhaus eine entsprechende sich moderner Hochschulpolitik verdankende Einrichtung entgegenstellen wollte.

Aufgrund der napoleonischen Kriege und der französischen Besatzung wurde der 1803 begonnene Bau schon drei Jahre nach Beginn unterbrochen und erst ein Jahrzehnt später wieder aufgenommen. Obwohl aber die Bemühungen Wendts durch diese unruhigen Zeitläufte zu scheitern drohten, so resignierte er doch nicht, sondern stellte nach dem

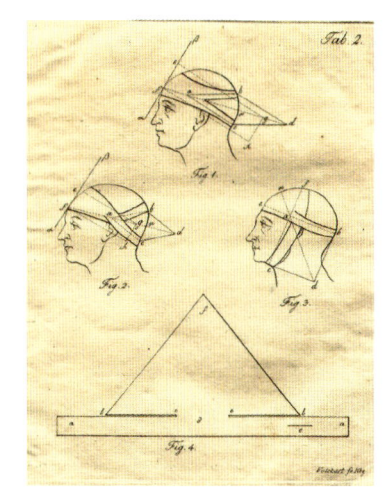

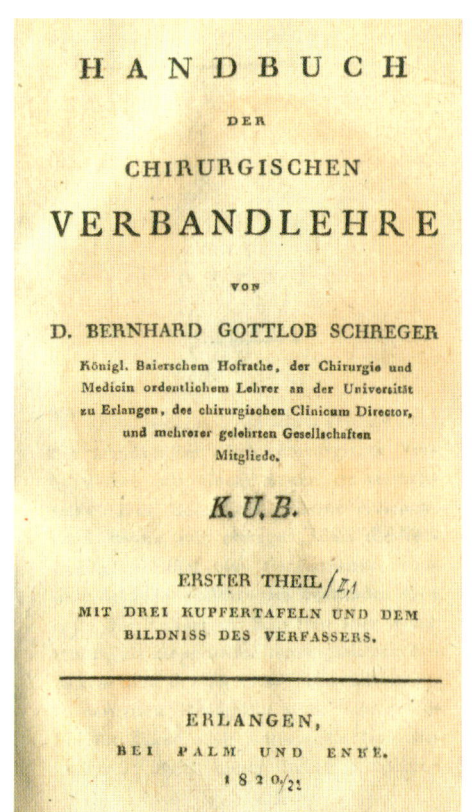

Abb. 11 Beispiele für Verbände aus Bernhard Schregers *Plan einer chirurgischen Verbandlehre*. Erlangen, 1810.
Abb. 12 Erster Band des insgesamt drei Bände umfassenden *Handbuchs der Chirurgischen Verbandlehre*. Erlangen 1820.
Abb. 13 Johann Philipp Julius Rudolph sen. (1729–1797).

vorläufigen Ende der Bauarbeiten seine Fähigkeiten und Energien in den Dienst eines um eine Generation jüngeren Kollegen, der sich um dieselbe Zeit die Errichtung eines chirurgischen Krankenhauses zum Ziel gesetzt hatte. Die Rede ist von Bernhard Nathanael Gottlob Schreger (1766–1825).[12] Schreger hatte ab 1784 an der Universität Leipzig Philosophie, Mathematik, Physik, Literatur und Medizin studiert und diese breite Ausbildung 1790 mit dem Mag. phil. und 1791 mit dem Dr. med. et chir. abgeschlossen. Sein prägender Lehrer war dort der durch seine weit gespannten Interessen und seine Persönlichkeit hoch angesehene Mediziner Christian Friedrich Ludwig (1751–1823), dem er aus Dankbarkeit für die in ihm entfachte Begeisterung für die Anatomie und Chirurgie im Jahre 1810 sein in Erlangen erschienenes Werk Plan einer chirurgischen Verbandlehre mit den Worten »seinem unvergesslichen Lehrer« widmete.

1793 wurde Schreger Professor für Anatomie, Chirurgie und Geburtshilfe an der Universität Altdorf, wo er sich sowohl als akademischer Lehrer als auch als erfolgreicher Arzt bewährte. Zwei Rufe nach Greifswald und Wittenberg lehnte er ab. Als aber die Universität Erlangen ihn 1797 gewinnen wollte, folgte er dem Ruf und blieb der Friderico-Alexandrina bis zu seinem Tod im Jahre 1825 als ordentlicher Professor für »Arzneikunde, insbesondere für Chirurgie« treu.

Schregers Vorgänger auf dem Lehrstuhl war der im März 1797 verstorbene Johann Philipp Julius Rudolph sen. (1729–1797), dessen fast abenteuerlich zu nennende Karriere für einen Universitätslehrer eher untypisch war.[13] Er hatte zunächst in seinem Geburtsort

Abb. 14 Das Gebäude Wasserturmstraße 14, in dem Bernhard Schreger am 20. November 1815 das Institutum clinicum chirurgicum eröffnete, 1840.

Marburg eine Wundarztlehre absolviert und war danach fast zwei Jahrzehnte lang als Feldscher in französischen Diensten und als Schiffschirurg in Ostindien tätig gewesen, bevor er 1765 – bereits 36jährig – im WS 1765/66 auf Drängen von Heinrich Friedrich Delius, der sich der Bürde des studentischen Unterrichts in der Chirurgie entledigen wollte, das Studium der Medizin in Erlangen begann. Schon drei Jahre später wurde er hier zum Dr. med. promoviert und zu Beginn des Jahres 1770 zum außerordentlichen, vier Jahre später zum ordentlichen ‚Professor Medicinae, in Specie Chirurgiae' ernannt. Rudolph blieb auch nach seiner Berufung der Praktiker, zu dem ihn seine Tätigkeiten im Feld und in verschiedenen Hospitälern im Osten gemacht hatten. Er publizierte fast nichts, umso erfolgreicher war er als Operateur, aber vor allem ließ er seine Studenten so oft wie möglich an seinen immens reichen Erfahrungen teilhaben: »Er geht mit seinen Schülern nicht nur bei Vorlesungen so viel als möglich praktisch zu Werke und benutzt dazu tode (sic) und lebendige Körper, sondern läßt sie auch bei Amputationen und andern merkwürdigen Fällen Augenzeugen seiner Behandlungsmethode und wirkliche Theilnehmer an seiner Heilart seyn«.[14]

Als Schreger seinen Dienst in Erlangen antrat, war der chirurgische Unterricht hier also bereits recht gut etabliert, sodass er auf der Arbeit seines Vorgängers aufbauen konnte. Und er gewann sich auch hier als begeisterter und begeisternder Lehrer und durch sein praktisches Geschick rasch höchste Anerkennung; daneben verfasste er eine

Abb. 15 Das Gebäude Wasserturmstraße 14 im Jahr 2014.

beträchtliche Zahl von grundlegenden Werken zur Chirurgie und zur Geburtshilfe, die unter seinen Zeitgenossen große Beachtung fanden. Sein drei Bände umfassendes *Handbuch der Chirurgischen Verbandlehre* erlebte mehrere Auflagen.[15]

Seine bedeutendste und nachhaltigste Leistung war jedoch die Gründung des Clinicum Chirurgicum, das 1815 eröffnet wurde. Bis es dazu kam, musste er allerdings fast zwei Jahrzehnte kämpfen, wobei er tatkräftig von Friedrich Wendt unterstützt wurde. Ihr Arbeitsbündnis, das sie sehr rasch nach Schregers Eintritt in die Universität gründeten, galt zunächst der Errichtung des akademischen Krankenhauses mit den damals noch geplanten drei Abteilungen für Innere Medizin, Chirurgie und Geburtshilfe. Für die chirurgische Abteilung legte Schreger als deren designierter Direktor 1805/06 nach Aufforderung Hardenbergs einen in seinen Details beeindruckenden Plan vor, der zeigt, wie sehr er sich bereits mit den Anforderungen an eine derartige Institution auseinandergesetzt hatte.[16]

Als dann aber, wie berichtet, die Bauarbeiten hierfür ins Stocken gerieten, setzten sich die beiden unermüdlichen Kämpfer gemeinsam für eine ‚kleine Lösung', nämlich ein teils ambulatorisches, teils stationäres Clinicum Chirurgicum, ein.[17] Wendt steuerte sogar zur Beschaffung der nötigsten Einrichtungsgegenstände Mittel aus den Einnahmen seines Ambulatoriums für innere Krankheiten bei.

Nach zähen Verhandlungen mit dem Senat wegen geeigneter Räume und mithilfe einer finanziellen Zuwendung des bayerischen Königs war es dann 1815 tatsächlich so weit: Am 20. November wurde das »Institutum clinicum chirurgicum« in der Wasserturmstraße 14 in einem ehemals markgräflichen Haus eröffnet. Es verfügte über drei Krankenzimmer mit acht Betten für stationäre Patientinnen und Patienten, daneben noch über Räume für Untersuchung, Behandlung und Verköstigung der Kranken sowie zur Aufbewahrung der Instrumente, Apparate und anderer Materialien.[18] Die Bettenzahl war im Vergleich zu Berlin und Göttingen zwar klein, aber immerhin – es war ein Anfang.

BERNHARD SCHREGER UND SEINE PATIENTEN

1815 wurde das Chirurgische Clinicum – teils als Lehranstalt, teils als wohltätige Anstalt – unter der Leitung von Bernhard Nathanael Gottlob Schreger eröffnet. Seine ein Jahr später erstmals veröffentlichten *Annalen des chirurgischen Clinicums* enthalten eine monatliche Auflistung der vorkommenden Krankheiten einschließlich einer numerischen Auflistung der durchgeführten Operationen sowie die Rubrik »Specielle Erfahrungen«.[1] Die hier verzeichneten, nach Krankheitsbildern geordneten Fallgeschichten vermitteln weitreichende Einblicke in den medizinischen Versorgungsalltag, aber auch in zeitgenössische Methodendebatten. So werden häufig unter Einbezug der damals aktuellen Fachliteratur Operationstechniken vorgestellt und die Vor- und Nachteile einzelner Verfahren diskutiert. In seinem 1818 erschienenen zweiten Band *Chirurgische Versuche* hat Schreger drei ihm wichtige Faktoren für die Bewertung von chirurgischen Operationen genannt: erstens die möglichste Ersparnis von Schmerzen, zweitens die Nichtgefährdung des Patienten und die Gewissheit des Heilungserfolges sowie drittens die Heilung des Operierten.[2]

Von November 1815 bis Dezember 1816 wurden im Clinicum Chirurgicum insgesamt 269 Kranke behandelt. Zwar sind die überlieferten Fallschilderungen aus der Perspektive des Chirurgen und Direktors Schregers verfasst, die drei folgenden, exemplarisch ausgewählten Fälle geben jedoch auch Hinweise auf die Sichtweisen der Patienten und ihre (partielle) Mitbestimmung an Therapieentscheidungen.

Hinter »Fall Nr. 11 Eingealteter Dammriß mit Scheiden – und Mastdarmfistel« verbirgt sich die Krankengeschichte einer Frau, die bei der Geburt ihres Kindes »durch unvernünftiges Handwirken bei der Wendung eines Kindes« einen Dammriss mit Scheiden- und Mastdarmvorfall erlitten hatte. Als sie im Februar 1816 Schregers Patientin wurde, klagte sie über bereits seit drei Jahren anhaltende unerträgliche Schmerzen. Wohl auf ihre Bitte (»So gab man doch dem dringenden Wunsche der Kranken endlich nach«) wurde sie schließlich von Schreger operiert.[3]

Fünf Tage nach der Operation traten Komplikationen durch eine Infektion der Wunde auf. Ein zweiter Versuch, die Wunde operativ zu behandeln, wurde »von der Kranken nicht gestattet«, da sich ihre Schmerzen trotz der eingetretenen Komplikationen bereits erheblich verbessert hätten. Für Schreger hatte die Operation zumindest den Erfolg, dass die Patientin schmerzfrei und ohne die bisherigen Beschwerden war.

Auch in einem medizinisch ähnlich gelagerten Fall einer weiteren Patientin (Fall Nr. 12 Blasen-Scheidenfistel und deren chirurgische Behandlung) war offensichtlich, dass ihr persönlicher Wunsch die Entscheidung

Abb. 1 Der erste Band von Bernhard Schregers *Chirurgischen Versuchen*. Nürnberg 1811.

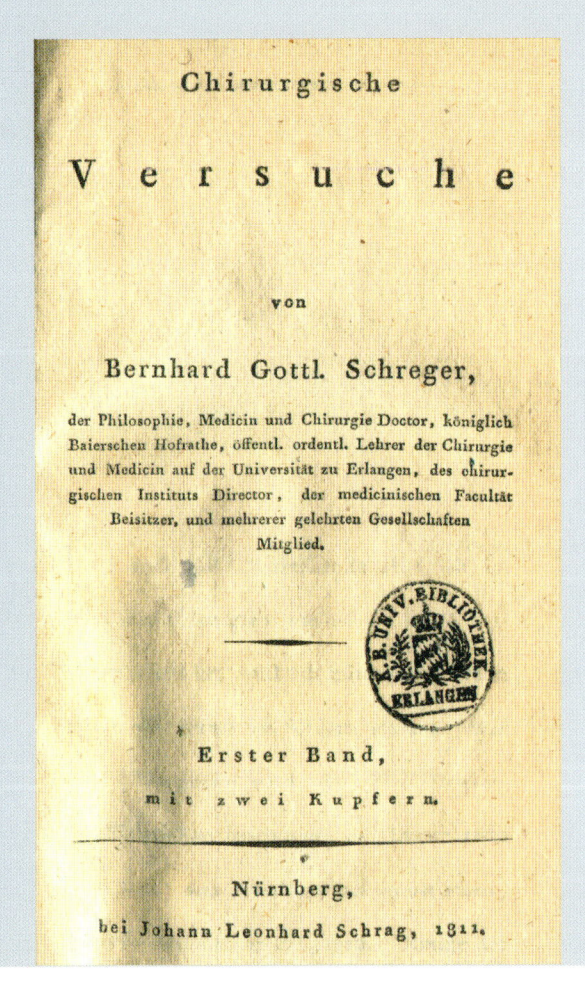

Schregers zu einer Operation zumindest beeinflusst hat. Zwar schätzte Schreger die Erfolgsaussichten eher gering, entschied sich dann aber doch für eine Operation, denn »nichts vermogte [sic!] die Hoffnung und den Muth der Kranken niederzuschlagen, welche dringend die Operation verlangte«.[4]

Der folgende Fall dokumentiert die negativen Folgen einer Therapieverweigerung (Fall Nr. 14 Lähmung der untern Gliedmaasen). Ein 18-Jähriger aus Erlangen, von »zärtlicher, sensibler Constitution«, litt unter beginnenden Lähmungserscheinungen in den Beinen.[5] Nach anfänglicher Besserung der Beschwerden unter der Therapie und »im Gefühle der freien Beweglichkeit seiner Extremitäten« lehnte der junge Patient jegliche weitere Behandlung ab. Schreger warnte zwar vor den zu erwartenden Rückfällen, ihm blieb jedoch »also nichts übrig, als ihn seinem Schicksale zu überlassen«.[6] Auch als sich der Zustand des Patienten massiv verschlechterte und Schreger vom Vater des 18-Jährigen um Hilfe gebeten wurde, blieb der junge Mann bei seiner Entscheidung: »hartnäckig that er auch jetzt noch auf alle medicinische Behandlung Verzicht«.[7] Ein Grund für diese Haltung wurde in der Fallbeschreibung nicht genannt.   Susanne Ude-Koeller

»So gab man doch dem dringenden Wunsch der Kranken endlich nach«

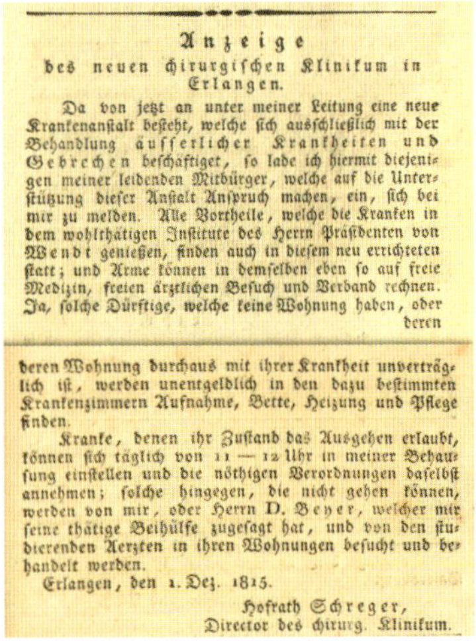

Anzeige
des neuen chirurgischen Klinikum in Erlangen.

Da von jetzt an unter meiner Leitung eine neue Krankenanstalt besteht, welche sich ausschließlich mit der Behandlung äusserlicher Krankheiten und Gebrechen beschäftiget, so lade ich hiermit diejenigen meiner leidenden Mitbürger, welche auf die Unterstützung dieser Anstalt Anspruch machen, ein, sich bei mir zu melden. Alle Vortheile, welche die Kranken in dem wohlthätigen Institute des Herrn Präsidenten von Wendt genießen, finden auch in diesem neu errichteten statt; und Arme können in demselben eben so auf freie Medizin, freien ärztlichen Besuch und Verband rechnen. Ja, solche Dürftige, welche keine Wohnung haben, oder deren

deren Wohnung durchaus mit ihrer Krankheit unverträglich ist, werden unentgeldlich in den dazu bestimmten Krankenzimmern Aufnahme, Bette, Heizung und Pflege finden.

Kranke, denen ihr Zustand das Ausgehen erlaubt, können sich täglich von 11 — 12 Uhr in meiner Behausung einstellen und die nöthigen Verordnungen daselbst annehmen; solche hingegen, die nicht gehen können, werden von mir, oder Herrn D. Beyer, welcher mir seine thätige Beihülfe zugesagt hat, und von den studierenden Aerzten in ihren Wohnungen besucht und behandelt werden.

Erlangen, den 1. Dez. 1815.

Hofrath Schreger,
Director des chirurg. Klinikum.

Abb. 16 Bekanntmachung zur Eröffnung des Institutum clinicum chirurgicum im *Erlanger Intelligenzblatt*, 1. Dezember 1815.

Anzeige des neuen chirurgischen Klinikum in Erlangen

Da von jetzt an unter meiner Leitung eine neue Krankenanstalt besteht, welche sich ausschließlich mit der Behandlung äusserlicher Krankheiten und Gebrechen beschäftiget, so lade ich hiermit diejenigen meiner leidenden Mitbürger, welche auf die Unterstützung dieser Anstalt Anspruch machen, ein, sich bei mir zu melden. Alle Vortheile, welche die Kranken in dem wohlthätigen Institute des Herrn Präsidenten von Wendt genießen, finden auch in diesem neu errichteten statt; und Arme können in demselben eben so auf freie Medizin, freien ärztlichen Besuch und Verband rechnen. Ja, solche Dürftige, welche keine Wohnung haben, oder deren Wohnung durchaus mit ihrer Krankheit unverträglich ist, werden unentgeldlich in den dazu bestimmten Krankenzimmern Aufnahme, Betten, Heizung und Pflege finden. Kranke, denen ihr Zustand das Ausgehen erlaubt, können sich täglich von 11–12 Uhr in meiner Behausung einstellen und die nöthigen Verordnungen daselbst annehmen; solche hingegen, die nicht gehen können, werden von mir, oder Herrn D. Beyer, welcher mir seine thätige Beihülfe zugesagt hat, und von den studierenden Aerzten in ihren Wohnungen besucht und behandelt werden.

Erlangen, den 1. Dez. 1815
Hofrath Schreger,
Director des chirurg. Klinikum

Aus: Erlanger Intelligenzblatt, 1815. S. 540–541. Stadtarchiv Erlangen.

Gleichwohl wird man den Erlanger Versuchen im Vergleich mit der generellen Entwicklung kaum eine besondere Rückständigkeit nachsagen dürfen. Das Krankenhaus, und insbesondere die Klinik als universitäre Einrichtung, die gleichzeitig mit der Krankenbehandlung auch Forschungs- und Unterrichtsinteressen dient, war noch für das erste Drittel des 19. Jahrhunderts eher die Ausnahme als die Regel. Ausgerechnet innerhalb der Ärzteschaft und hier besonders der akademischen Medizin waren Krankenhäuser durchaus umstritten. Kein Geringerer als Christoph Wilhelm Hufeland (1762–1836), Leibarzt der preußischen Könige und erster Arzt der Charité, befand 1809 vielmehr die Praxis des durch Studenten begleiteten Hausbesuchs im Rahmen sogenannter »Besuchsanstalten« für die lehrsamere Unterrichtspraxis: »Im Hospital sehen sie, wie es seyn sollte, hier [sc. im Haus der Erkrankten], wie es ist, dort [im Hospital/Krankenhaus] werden sie blos [sic!] zu Künstlern gebildet, hier auch zu fühlenden, und dadurch erst ihre Kunst heiligenden Menschen, und der Sinn der Menschenliebe und Humanität, der dort so leicht erstirbt, wird genährt, und innigst mit der Kunst verwebt«.[19]

Erkrankte, die den Hausbesuch eines Arztes und sogar eines Universitätsprofessors bezahlen konnten, hatten indes üblicherweise kein Verständnis, wenn dieser in Begleitung seiner Studenten zur Konsultation erschien. Das seit Mitte des 18. Jahrhunderts zu beobachtende gestiegene Interesse der Universitätsmedizin an einer Ausbildung am oder wenigstens in der Nähe des Krankenbettes war mithin auf die Versorgung armer Patienten angewiesen, die gleichsam mit ihrem Einverständnis, von Studenten untersucht und behandelt zu werden, die Kur bezahlten. In dieser Klientel allerdings waren die einer angemessenen Behandlung vorauszusetzenden häuslichen Verhältnisse regelmäßig nicht gegeben. Das Erlanger Clinicum diente daher wie viele vergleichbare Einrichtungen dazu, in diesem Fall einer kleineren Zahl von entweder fremden oder aber unzureichend untergebrachten Patienten für die Zeit der Behandlung eine Unterkunft zu bieten.

Über seine chirurgische Praxis sowohl in der Zeit vor 1815 als auch nach der Eröffnung des Clinicums hat Schreger in verschiedenen Publikationen und in seinen 1816 erstmals erschienenen Annalen des chirurgischen Clinicums berichtet. Diese Berichte enthalten nicht nur ausführliche Krankengeschichten, sondern auch Diskussionen über die jeweiligen Eingriffe, die er teilweise bis in die klassische Antike zurückführt, und ausführliche Begründungen für seine häufig innovativen Methoden.[20]

▸ **Exkurs** Bernhard Schreger und seine Patienten, S. 38.

Das größte Defizit, mit dem er und seine chirurgischen Kollegen nach wie vor konfrontiert waren, war die fehlende Möglichkeit zur Anästhesie. Dieses Problem wurde gerade in den ersten Jahrzehnten des 19. Jahrhunderts immer drängender. Wichtigste Ursache hierfür war der sich in dieser Zeit vollziehende Wandel von der traditionellen Humoralpathologie zur sogenannten Solidarpathologie, der zufolge Krankheit nicht mehr in einer Störung der im Körper fluktuierenden Säftemischung bestand, sondern als lokal eingrenzbare Veränderung verstanden wurde. Dieses neue lokalistische Krankheitskonzept und die zur gleichen Zeit kontinuierlich wachsenden Kenntnisse vom menschlichen Körper durch Anatomie, Pathologie und Physiologie erweiterten das Spektrum der Chirurgie erheblich und ermutigten gerade die innovationsfreudigeren Chirurgen zunehmend zu größeren und eingreifenderen Operationen, durch die allerdings auch die Belastungen für die Patienten wuchsen.[21] Gefordert war daher immer noch, wie schon in der klassischen Zeit eindrücklich formuliert, das Prinzip »cito, tuto et iucunde« (schnell, sicher und angenehm), dem sich Schreger auch ausdrücklich verpflichtet fühlte. Dazu kam das bei umfangreicheren Operationen steigende Risiko von postoperativen Komplikationen, das in Zeiten der fehlenden Asepsis hoch und unkalkulierbar war. Diese schwierige Ausgangssituation stellte insofern eine besondere Herausforderung für das Arzt-Patient-Verhältnis dar, als eine Operation zu Schregers Zeit für den Patienten immer noch fast stets die Ultima Ratio war; und nicht selten geschah es, dass ein Patient sich einem nötigen Eingriff trotz großen Leidensdrucks entzog.

Dass Schreger dennoch in vielen Fällen das Vertrauen der Patienten gewinnen konnte, beweist die Zahl an Operationen: So wurden nach dem Zeugnis seines Schülers und Assistenten Friedrich Trott (1798–1882), der später seit 1833 für fast ein halbes Jahrhundert als außerordentlicher Professor die Pharmakologie vertrat, in achteinhalb Jahren 2265 Kranke – also ca. 270 pro Jahr – aus der Stadt und Umgebung behandelt und versorgt.[22] Das Spektrum der Eingriffe war beeindruckend: Neben vielen Routinemaßnahmen wie Abszesseröffnungen und der Versorgung von Wunden sowie der Einrichtung von Brüchen und Verrenkungen stehen beispielsweise die Entfernung von äußerlichen Tumoren, die operative Entfernung von beweglichen Knorpelkonkrementen in der Schulter, die er als Erster beschrieb, die Parazentese der Bauchwassersucht, Penisamputationen, der Schenkelbruchschnitt und der Blasenstich. In vielen Operationen modifizierte er die gängigen Methoden oder entwickelte neue, die er vorher in der Anatomie an Leichnamen gründlich erprobt hatte. Bei etlichen Patienten, die nach der Operation verstorben waren, nahm er ▸

CHIRURGISCHE INSTRUMENTEN-SAMMLUNG

Die Medizinische Fakultät Erlangen musste viele Jahrzehnte ohne Universitätskrankenhaus zurechtkommen. Man möchte meinen, dass es deswegen auch keinen Bedarf an chirurgischen Instrumenten oder medizinischen Apparaturen gegeben haben dürfte. Doch weit gefehlt: Die Universität nannte vom ersten Tag an eine medizinische Instrumentensammlung ihr Eigen. In diese Sammlung wurden in der Folge immer wieder Geld und Zeit investiert, sodass die 1824 eröffnete Universitätsklinik über einen ansehnlichen Instrumentenbestand verfügen konnte.

Der Ursprung der Sammlung liegt, wie dies auch für andere Sammlungen in Erlangen zutrifft, nicht bei der Initiative von Universitätsprofessoren, sondern beim Engagement der Universitätsgründer.[1] Markgraf Friedrich und seine Gattin Wilhelmine überließen ihrer Landesuniversität das in Bayreuth befindliche Kunst- und Naturalienkabinett und ihre Privatbibliotheken; Daniel de Superville (1696–1773), Arzt und erster Kanzler der Universität Erlangen, trennte sich zugunsten der Universität gegen eine jährliche Leibrente von seiner Bibliothek und seiner Sammlung physikalischer, chirurgischer und anatomischer Instrumente.[2] Diese »Instrumenta chirurgica« wurden zunächst in der Universitätsbibliothek aufbewahrt. 1749, im Jahr seiner Berufung, übernahm der 29-jährige Heinrich Friedrich Delius die Instrumente für seine chirurgischen Vorlesungen.[3]

40 Jahre später, am 17. September 1789, traf man sich in Delius' Wohnung, um die Übergabe der Sammlung an Johann Philipp Julius Rudolph zu regeln. Dieser bekleidete seit 1774 die Professur für Chirurgie, hatte bislang aber nur wenig Interesse an den Instrumenten gezeigt. Vermutlich waren sie in keinem allzu ansehnlichen Zustand. Dies legt zumindest das von Delius mehrfach formulierte Angebot nahe, seinem Kollegen »die Kosten, welche das Puzen, und Renoviren, der Instrumente erfordert«, sowie dessen Ausgaben »zu einem Behältniß gedachter Instrumenten« von medizinischen Fakultätsgeldern zu erstatten.[4] Bei dem Übergabetreffen wurde ein Inventarverzeichnis erstellt, das uns heute einen aufschlussreichen Einblick in den Charakter der Sammlung und damit auch in die Aufgabenbereiche der Chirurgie dieser Zeit gibt.

Demnach umfasste die Kollektion damals rund 70 Objekte, die teils noch von Superville stammten, teils später von Delius auf Kosten der Fakultät angeschafft worden waren. Das Verzeichnis beginnt mit den Requisiten der großen operativen Eingriffe: Schädelöffnung (Bogentrepan und Zubehör), Amputation (Säge und Messer) und Blasensteinschnitt (Steinzangen, Sonden und Katheter). Auffällig ist das Fehlen von Starstichinstrumenten, die Augenheilkunde ist lediglich durch Instrumente zur Behandlung

Abb. 1 Daniel de Superville (1696–1773).

der Tränenfistel vertreten (»Annellische Sonden«, feine Brenneisen). Ein »Troicar, mit einer silbernen Röhre« ermöglichte die Behandlung von Bauchwassersucht, größere Eingriffe in der Bauchhöhle und im Brustkorb waren damals nicht üblich. Unterschiedlich geformte Brenneisen (»Cauteria«) vervollständigten das Handwerkszeug der blutigen Chirurgie. Eine weitere Instrumentengruppe diente zur Extraktion von Fremdkörpern aus der Speiseröhre (»ein langes Fischbein mit dem Schwammen«) oder aus Wunden (Kugelbohrer, Kugelzange, Storchschnabel). Zum Aufgabengebiet der Chirurgie gehörten ferner das Zahnreißen (Pelikan, Geißfuß, Zahnzange) sowie die Geburtshilfe (Geburtszangen, scharfer Haken, »ein altes fantom um die Geburt zu zeigen, nebst einem knöchernen pelvi«). Die Sammlung umfasste auch Instrumente zur Untersuchung von Körperöffnungen (Spekula für Ohr, Scheide und Enddarm) sowie zur Applikation von Wund- und Darmspülungen und Arzneimitteln (diverse Spritzen aus Zinn oder Elfenbein). Kurios mutet uns heute der Selbstklistierstuhl an (»eine Zinnerne Clystier Maschine um sich das Clystier selbst zu geben, mit dem Stuhl«), ebenso wie das Tabakrauchklistier (»die Tobaks Rauchs Clystier Machine, vom Herrn Dr. Schäffer, in Regensburg, nebst Zugehör«) – beides damals durchaus übliche und zur Klistiergabe bzw. zur Behandlung von Koliken aller Art hoch geschätzte Hilfsmittel. Auch eine »Zange, um Löcher in die Ohren zu stechen, mit einer Nadel« sowie eine »blecherne Dunst Maschine mit Röhren« und eine »zinnene Bett Schüßel« sind gelistet – dagegen fehlt die Objektfamilie der Humoralchirurgie (Aderlass-Schnäpper, Schröpfköpfe, Haarseilzangen etc.) trotz der großen Verbreitung der betreffenden Maßnahmen völlig.

Dieser historisch gewachsene, inhomogene und lückenhafte Bestand konnte die Anforderungen einer zeitgemäßen, praxisnahen chirurgischen Lehre nicht erfüllen. Dies wurde besonders deutlich, nachdem mit der 1797 erfolgten Berufung Bernhard Nathanael Gottlob Schregers auf die Professur für Chirurgie auch dessen umfangreiche private Instrumentensammlung in Erlangen Einzug hielt. Als 1805 – Stadt und Universität waren inzwischen preußisch – der Bau eines Universitätskrankenhauses geplant wurde, kam aus Berlin die Aufforderung an die Fakultät, die Schregersche Sammlung durch Sachverständige begutachten zu lassen, da man geneigt sei, »zum Gebrauch bei dem clinico chirurgico den Apparat des P. Schreger von chirurgischen Instrumenten, Bandagen und Maschinen anzuschaffen«.[5] Die gewünschte Begutachtung erfolgte am 21. April 1806 in Schregers Wohnung durch Friedrich Heinrich Loschge. Dieser zeichnete in seinem Bericht ein ausgesprochen positives Bild der gepflegten, als Schaudepot inszenierten Sammlung: »Die Instrumente waren in einem geräumigen Zimmer, einige in besondern Etuis, die mehrsten in dazu gehörigen roth ausgeschlagenen Kästen, zur bequemen Ansicht

Abb. 2 In der von Delius 1789 übergebenen Chirurgischen Universitätssammlung befand sich auch ein Exemplar des Tabakrauchklistiers, das der Regensburger Arzt Johann Gottlieb Schäffer entwickelt hatte.

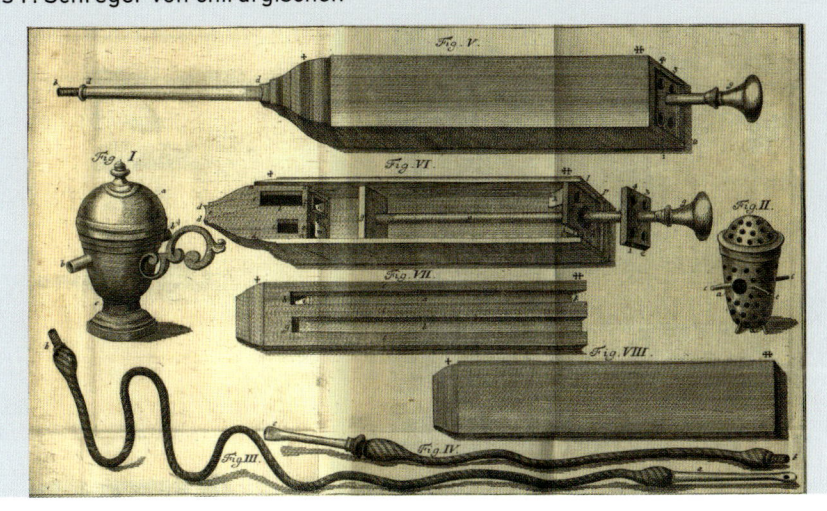

aufgestellt. [...] Es sind darunter Viele noch ganz neue, alle aber rein und wohl gehalten. Überhaupt habe ich sie sämtlich von der besten Qualität und im vollkommen guten brauchbaren Zustande gefunden«.[6]

Übersichtlichkeit und Ordnung strahlt auch das von Schreger vorgelegte und von Loschge als korrekt befundene *Verzeichniß meiner Sammlung chirurgischer Instrumente* aus. Schreger gruppierte die 348 Positionen, die zum Teil mehrere Einzelstücke beinhalteten, in 28 Abschnitten, von »I. Nadeln« bis »XXVIII. Spritzen«. Jeder Position ist ein Preis beigefügt, denn das Verzeichnis sollte als Grundlage für den Ankauf der Sammlung durch die Universität dienen. Zusammen mit zwölf rot ausgeschlagenen Präsentationskästen, sechs verschieden großen Etuis und einem Schrank ergab sich ein Sammlungswert von 1.030 Gulden [fl] und 38 Kreuzern. Besonders wertvoll waren Instrumentensets zur Schädelbohrung (44 fl), zum Blasensteinschnitt (31 fl) und zur Behandlung der Tränenfistel (16 fl). Die 28 Gruppen umfassen die Aufgaben der allgemeinen Chirurgie (Schneiden, Blutstillen, Nähen, Verbinden etc.), der speziellen Chirurgie (Schädelbohrung, Staroperation, Lippenspalte, Steinschnitt, Amputation etc.) sowie die auf dem Prinzip der Humoralchirurgie basierenden ausleitenden Verfahren (Aderlass, Haarseil etc.). Im Gegensatz zur Universitätssammlung wies die Schregersche eine große Vielfalt an augenärztlichen Instrumenten auf. Der Abschnitt »IX. Augeninstrumente« ist mit rund 70 Posten so umfangreich, dass Schreger ihn als Einzigen weiter untergliederte, und zwar in Instrumente »für die Augenlieder«, »für entzündete Coniunctiva«, »zur Staaroperation«, »zum Eiterauge«, »zur Wassersucht des Auges« und »zur Thränenfistel«. Die auffallende Ausdifferenzierung des augenchirurgischen Instrumentariums lässt die dynamische Entwicklung in diesem Bereich der Chirurgie erahnen, der sich im 19. Jahrhundert als erste operative Disziplin zu einem selbstständigen Fach emanzipieren sollte.

Der Ankauf der qualitätsvollen Schregerschen Kollektion erfolgte jedoch erst Jahre später, als das Krankenhausprojekt wieder vorangetrieben wurde. Zwischenzeitlich war die Universitätssammlung durch die Instrumente des Altdorfer Professors Traugott Adolph (1728–1771) bereichert worden, die von der 1809 geschlossenen Universität Altdorf übernommen werden konnten.[7] Einem Bericht von 1786 zufolge bestand diese »vortrefliche und kostbare« Sammlung aus »352 chirurgischen und einigen optischen Instrumenten«, war mithin ähnlich umfangreich wie die Sammlung Schregers.[8]

Mit der Eröffnung des Universitätskrankenhauses im Jahr 1824 brach für die Chirurgische Instrumentensammlung eine neue Ära an. Sie wurde gesichtet, systematisch geordnet und in einem großformatigen Band neu verzeichnet. Diese Aufgabe lag in den Händen von Michael Jäger (1795–1838), der seit 1826 die chirurgische Abteilung leitete. Nach fünfjähriger Arbeit legte Jäger 1832 den *Catalog der*

Abb. 3 Deckblatt von Michael Jägers Instrumenten-Katalog, 1832.

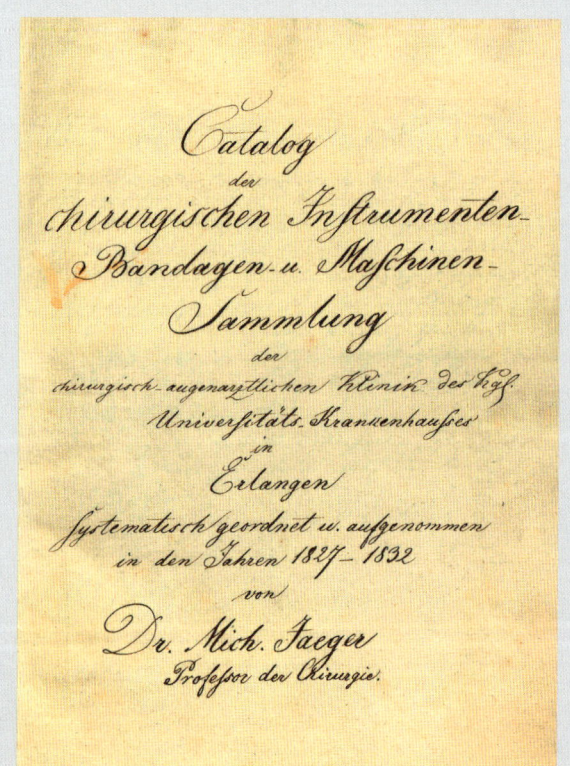

chirurgischen Instrumenten- Bandagen- u. Maschinen Sammlung der chirurgisch-augenarztlichen Klinik des Kgl. Universitäts-Krankenhauses in Erlangen vor.[9] Die Instrumente sind in dem tabellarischen Verzeichnis nach Gruppen geordnet. Die Rubriken verzeichnen Provenienz, Erwerbsjahr, Hersteller, Brauchbarkeit, Ankaufspreis und aktuellen Wert. Unter »Bemerkungen, Citate, Abgänge« finden sich Literaturhinweise zu den betreffenden Objekten sowie diverse andere Notizen.

Jäger nahm »die verloren gegangenen Instrumente« der »alten Erlanger-Instrumenten-Sammlung« sowie der Adolphschen und der Schreger'schen Sammlung ausdrücklich nicht in den Katalog auf, »sondern nur jene Gegenstände welche sich wirklich vorfinden«. Er war weniger an der Geschichte der Sammlung interessiert als vielmehr an ihrem Nutzen für die Lehre und den klinisch-chirurgischen Betrieb. In der Rubrik »Brauchbarkeit« wurde bei jedem Instrument verzeichnet, ob es für diese Zwecke brauchbar (br.), unbrauchbar (unbr.) oder von historischem Wert (hist.) war. Viele Instrumente aus der Schreger'schen Sammlung wurden mit »hist.« eingestuft, was die große Bedeutung widerspiegelt, die Schreger der Geschichte der Chirurgie in seinen Vorlesungen gegeben hatte.

Angesichts der bereits erfolgten Verluste war es Jäger offensichtlich sehr wichtig, den Katalog zukünftig immer auf dem aktuellen Stand zu halten. Verloren gegangene, vertauschte oder neu angekaufte Instrumente wurden nun in eigenen Verzeichnissen gelistet, die jedes Jahr durch den Direktor der Chirurgischen Klinik dem Senat in Abschrift zu übergeben waren. Durch den Einzug in das Universitätskrankenhaus wandelte sich die Sammlung, die noch von ihren Gründervätern Superville, Delius, Adolph und Schreger geprägt war, endgültig zu einer öffentlichen Einrichtung, die von unterschiedlichen Personen genutzt und einem klaren Verwaltungsprocedere unterworfen wurde.

Aber wie nüchtern eine Sammlung auch strukturiert und organisiert sein mag, sie wird doch immer die Handschrift der für sie verantwortlichen Personen tragen. So auch in diesem Fall: 1831 tauschte Jäger vier urologische Instrumente gegen einen Trepanationsbohrer und zwei augenärztliche Messer.[10] Tauschpartner war »das Julius-Spital«, also das Universitätskrankenhaus in Würzburg, Jägers Heimatstadt. Hier hatte er seine akademische Laufbahn begonnen, hier übernahm er 1832 die Leitung der chirurgischen Klinik. Offensichtlich kannte Jäger aus seiner früheren Tätigkeit am Juliusspital die dortige Sammlung – und die dafür Verantwortlichen – gut genug, um diesen Vorgang erfolgreich abzuwickeln. Auch die Ankäufe wickelte Jäger überwiegend mit Würzburg ab. Viele der unter ihm erfolgten Neuerwerbungen aus den 1830er Jahren stammen von dem renommierten Würzburger Instrumentenmacher Bernhard Heine. Marion Maria Ruisinger

Abb. 17 Friedrich Heinrich Loschge (1755–1840).

auch eine Obduktion vor, wobei nicht überliefert ist, ob oder auf welche Weise er jeweils die Einwilligung des Patienten oder seiner Angehörigen erhalten hatte.

Im Urteil seiner Zeitgenossen war Bernhard Schreger einer der ganz großen Vertreter seines Faches, ein herausragender Exponent der akademischen Chirurgie, in dem sich theoretische und praktische Medizin, wissenschaftliche Begabung und praktisches Geschick aufs Glücklichste verbanden. Seine Reputation spiegelt sich nicht nur in neun Rufen an andere deutsche Universitäten, die er alle ablehnte, sondern auch in ehrenvollen Mitgliedschaften in verschiedenen Akademien und gelehrten Gesellschaften wider. Dass er dennoch von der Nachwelt weitgehend vergessen wurde, liegt vermutlich in der Ungnade seiner frühen Geburt: Schregers Wirken fiel in die vornaturwissenschaftliche Zeit, in der die wesentlichen Voraussetzungen für die moderne Chirurgie – Anästhesie und Asepsis – noch nicht zur Verfügung standen, weshalb seine Tatkraft und sein Ideenreichtum auf einen gegenüber den späteren Möglichkeiten noch eher engen Kreis von Operationen beschränkt waren.

In Erlangen jedoch lebt sein Name weiter. Denn mit der Errichtung des Clinicum Chirurgicum im Jahre 1815 schuf er die Keimzelle des Universitätsklinikums, das nunmehr auf eine zweihundertjährige Geschichte zurückblicken kann. Dass eine chirurgische Institution den Beginn eines akademischen Krankenhauses markiert, hat an den Universitäten Deutschlands keine Parallele. Diese besondere Situation lässt sich jedoch mit den geschilderten politischen Verwerfungen erklären, die den bereits ein Vierteljahrhundert früher einsetzenden einschlägigen Bemühungen Wendts entgegenstanden, sodass das Universitätskrankenhaus erst ein Jahrzehnt nach Schregers Pioniertat realisiert werden konnte. Renate Wittern-Sterzel

Charakterisierung Bernhards Schregers durch Ernst Wilhelm Martius

>> Ein Mann von ganz anderem Caliber war der geistreiche, sarkastische Hofrath Bernhard Schreger, welcher 1795 von Altdorf als Professor der Chirurgie und Geburtshülfe hierherkam, und 1825 starb. Er trug seine beträchtliche Corpulenz auf niedlichen Füßen mit trippelndem Gang einher, und schoß aus den blauen Augen des runden Gesichtes gar schalkhafte, feine Blitze ab. Vergeblich brauchte der heitere Lebemann allerlei Mittel gegen das Fettwerden. Ein feiner Beobachter, gewandter, glücklicher Operateur und Accoucheur hatte er, dieser körperlichen Beschwerde ungeachtet, die ausgedehnteste Praxis. Auf seinem Sopha am runden Tische meditirte er die geistvollsten Vorträge, die seine Zuhörer ganz bezauberten. Sie flossen ihm in natürlicher Ungezwungenheit vom Munde, gar oft ohne daß ein geschriebenes Blättchen zu Grund gelegen wäre. (Von Zeit zu Zeit that er dann einem seiner Lieblingsschüler, unter die auch mein älterer Sohn und dessen Freund der Herr Medizinal-Rath Hoffmann, jetzt in Landshut, gehörten, die Ehre an, sich ihre Hefte zu weiterer Benützung geben zu lassen.) Er war ein Mann vom glücklichsten Humor, und, wenn ihm das Herz aufgieng, ein unvergleichlicher Gesellschafter. Die Nachmittage saß er gern in dem schönen Berggarten seines Freundes und Collegen, meines theuren Vetters, Herrn Professors Anatomiae Fleischmann, und wenn er aus den grünen Kirschbäumen auf das lachende Thal der Rednitz hinabsah, fielen ihm allerliebste Epigramme ein. <<

Aus: Martius: 1847. S. 150.

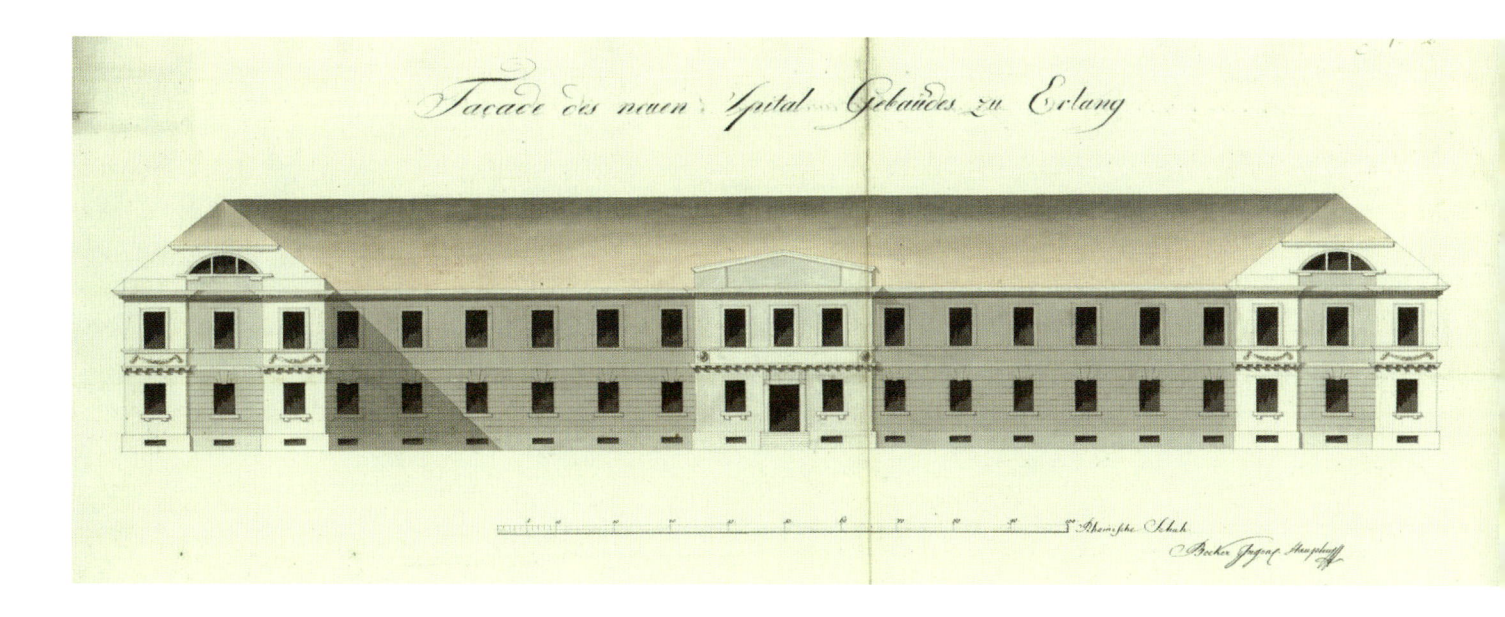

Abb. 18 Plan des Erlanger Universitätskrankenhauses, 1810.

Die Eröffnung des Universitätskrankenhauses und die ersten Jahre seines Bestehens

Schon wenige Wochen vor der Eröffnung des Schreger'schen Institutum Chirurgicum am 20. November 1815 gab es einen erneuten Vorstoß in Richtung eines akademischen Krankenhauses, dessen Bau durch den Ausbruch des Dritten Napoleonischen Krieges 1806 unterbrochen worden war. Die Initiative ging von Friedrich Heinrich Loschge (1755–1840) aus, der seit 1793 Vorstand des Erlanger Anatomischen Theaters war.[23] Loschge verwies in seiner Eigenschaft als Prorektor in einer Eingabe an den Senat auf die Notwendigkeit des akademischen Krankenhauses sowohl im Hinblick auf die medizinische Versorgung der Bevölkerung als auch auf den studentischen Unterricht. Schon 1812 hatte Friedrich Wendt in einem Schreiben an den Senat berichtet, dass das Vorhandensein einer solchen Einrichtung für viele Medizinstudenten bei der Wahl ihres Studienorts inzwischen ein entscheidendes Kriterium geworden sei (»Kommen Mediziner von fremden Akademien, so ist ihre erste Frage nach einem Spital und andern Instituten«),[24] und auch Gottlieb Albrecht Freudel, der Ende 1819 infolge der Karlsbader Beschlüsse zur Eindämmung der angeblichen revolutionären Umtriebe an den Universitäten zum außerordentlichen Ministerialkommissar an der Universität Erlangen ernannt worden war, beklagte in seinen Semesterberichten des Jahres 1820 die »Unvollkommenheiten der medizinischen Anstalten« und begründete damit die niedrige Zahl von nur 21 Medizinstudenten. In der Theologie waren zur selben Zeit 151, in der juristischen Fakultät 89 Studenten immatrikuliert. Die Studenten gingen, wie Freudel berichtete, nachdem sie die theoretischen Vorlesungen gehört hätten, »fort, obwohl sie bei so ausgezeichneten Gelehrten wie Schreger und Henke viel besseres finden würden als anderswo.«[25] Der Ministerialkommissar Freudel schaltete sich auf verschiedenen Ebenen in die Gestaltung der Universität ein und empfahl auch die Einrichtung von Reisestipendien, mit denen der akademische Nachwuchs sich für das akademische Lehramt qualifizieren sollte.

48 Renate Wittern-Sterzel

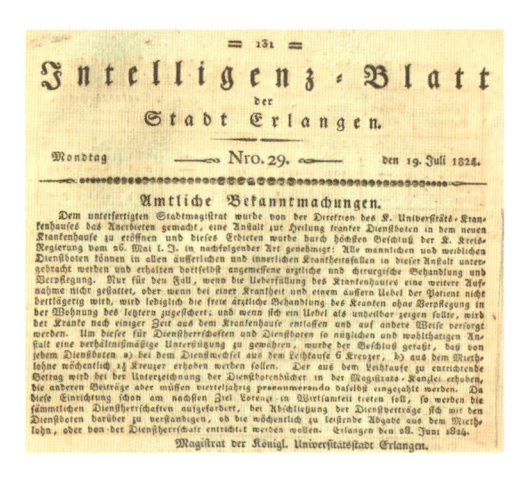

Abb. 19   Erste Seite der Inventarliste des Erlanger Universitätskrankenhauses, 1824.
Abb. 20   Bekanntmachung der Stadt Erlangen über die unentgeltliche Behandlung kranker Dienstboten im Erlanger Universitätskrankenhaus vom 19. Juli 1824.
Abb. 21   Christian Heinrich Adolph Henke (1775–1843).

Anregungen zu Reisestipendien für junge Doktoren

> Dazu leitet mich meine Wahrnehmung, daß für die Bildung zur Professur weder genug gefordert wird, noch gewöhnlich geschieht. Ein Tentamen und Examen – der Öffentlichkeit entzogen, dessen Resultate die Fakultät für sich behält, eine Dissertation, die keine Bürgschaft des ipse feci aufweist, eine öffentliche Disputation im nothdürftigen Latein und unter zuweilen sehr seichten Oppositionen vertheidigt – und der Doctor – der Doctor legens, der Professor ist fertig. Vom Auditorium, vom Commerßhauß weg eilt der vielleicht mehr lehr- als lernbegierige Neucreirte auf den Catheder, um aus seinen kaum trockenen Collegienheften nun selbst Vorlesungen zu halten. Ob der junge Docent die zum Lehren, außer der speziellen Kenntniß seines Faches erforderlichen Eigenschaften besitzt, ob er sich auf einen gründlichen, präcisen deutlichen Vortrag versteht, ob er die nöthige und feinere Bildung und Würde besitzt, die man billig von einem als öffentlichen academischen Lehrer auftretenden Manne erwartet – von dem allen scheint keine Frage zu seyn. – Daß der Gewinn eines den wissenschaftlichen und übrigen Forderungen entsprechenden tüchtigen Universitätslehrers aus solchen unvollkommenen [sic!] Vorbedingungen eine sehr zufällige Sache sey, möchte nicht geläugnet werden können. Der blos Stubengelehrte füllt aber die Bestimmung eines Professors an der Universität nicht mehr aus; dieser muß auch Welt- und Menschenkenntniß besitzen, praktisch seyn, Anstand und Würde sich aneignen, um an der wissenschaftlichen Bildung, an der väterlichen und vormundschaftlichen Aufsicht über die Studierenden mit Erfolg teilnehmen zu können. Darum sollte nach meiner Meinung jeder diesem Fache sich widmende junge Mann nicht eher zur Ausübung des Lehramts zugelassen werden, als bis er über den Besuch mehrerer der vorzüglichsten Universitäten und sonstiger literarischer Institute, sowie durch andere Reisen sich über erlangte Vielseitigkeit in seiner Ausbildung ausgewiesen hat.

Zitiert nach Kolde: 1910. S. 255 f.

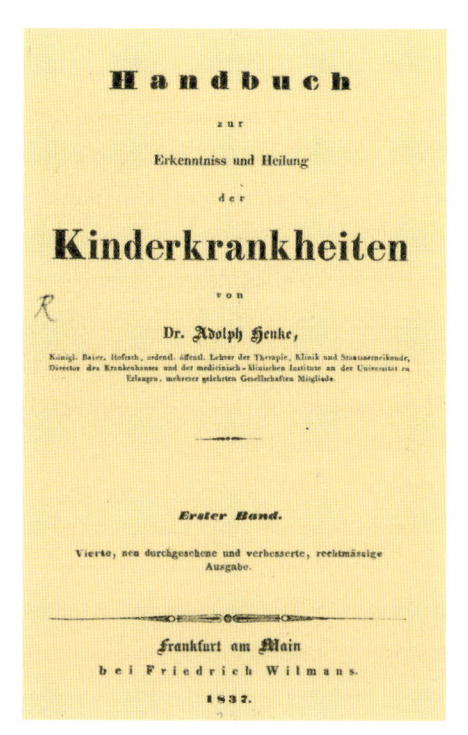

Abb. 22–24 Titelblätter der beiden bedeutendsten Publikationen Henkes aus den Jahren 1809 und 1812 und des ersten Bandes der von ihm herausgegebenen *Zeitschrift für die Staatsarzneikunde*, 1821.

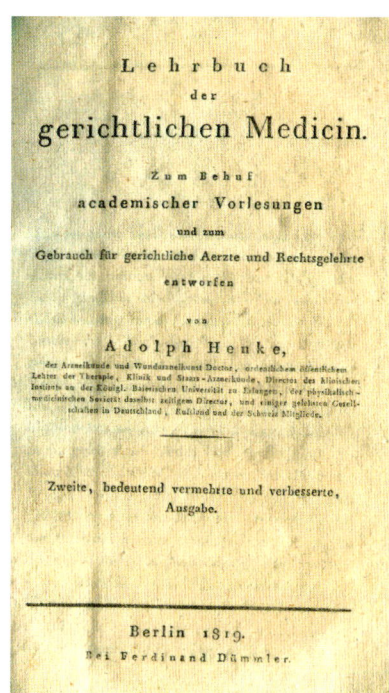

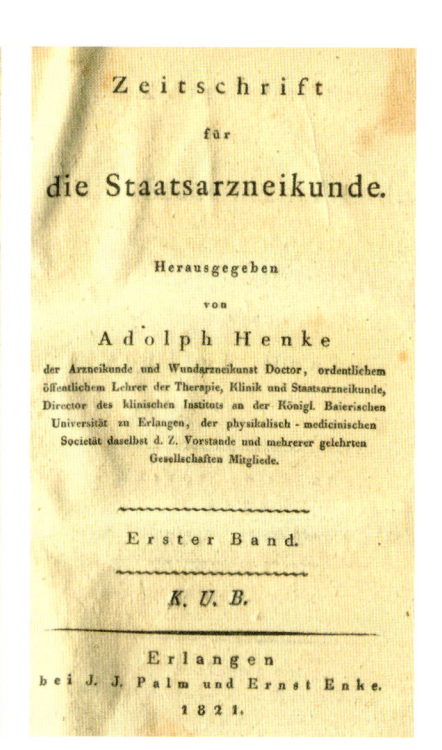

Tatsächlich wurde der Bau des Krankenhauses 1818 nach der Bereitstellung von Geldern durch die Erlanger Bürgerschaft, die großmütig die Entschädigungssumme vom König für die Unbilden des Krieges für diesen Zweck stiftete, wieder aufgenommen.[26] Es dauerte aber noch einmal etliche Jahre, bis es endlich im Mai 1824 mit einer medizinischen und einer chirurgischen Abteilung, der drei Räume für die Geburtshilfe angegliedert waren, und mit zunächst 25 Betten für heilbare Kranke eröffnet werden konnte. Für Friedrich Wendt, den geistigen Vater des Krankenhauses, der fast vier Jahrzehnte lang für diese Institution gekämpft hatte, kam die Eröffnung allerdings – und dieser Tatsache haftet durchaus eine Tragik im Leben dieses bedeutenden Mannes an – zu spät. Er war bereits 1818, hochgeehrt, in seinem 80. Lebensjahr gestorben. Zum Direktor der gesamten Klinik und zum Vorstand der medizinischen Abteilung wurde Christian Heinrich Adolph Henke (1775–1843) gewählt, die Leitung der chirurgischen Abteilung, mit der das Clinicum Chirurgicum verbunden wurde, übernahm Bernhard Schreger. Zudem wurde noch eine Assistentenstelle eingerichtet, mit der zunächst Dr. Philipp Anton Bayer betraut wurde. Bayer war schon seit 1810 mehrere Jahre als Gehilfe bzw. wissenschaftlicher Assistent am Institutum Clinicum und am Institutum Chirurgicum tätig gewesen und wurde später Direktor der Entbindungsanstalt.

▶ **Kapitel** Von der Entbindungsanstalt zur Frauenklinik, S. 100.

Die Direktoren der Medizinischen Abteilung des Universitätskrankenhauses bis zur Jahrhundertmitte

Adolph Henke war 1805, in der Phase der größten finanziellen Not der Universität, als außerordentlicher Professor der Arzneikunde berufen worden mit der Zusicherung Hardenbergs, dass das nächste frei werdende Ordinariat ihm zufallen würde.[27] Die

Abb. 25 Carl Friedrich Canstatt (1807–1850).

Anfangsjahre gestalteten sich für ihn als äußerst schwierig, und in dieser Zeit ahnte wohl niemand, dass Henke in den folgenden drei Jahrzehnten zu einem der wichtigsten Fakultätsmitglieder seiner Zeit werden sollte. Doch sein Beginn stand unter keinem guten Stern. Da die Universität aufgrund der politischen Unruhen in diesem ersten Jahrzehnt des 19. Jahrhunderts die Gehälter nicht auszahlen konnte und auch die zahlenden Studenten ausblieben, versuchte sich Henke zunächst mit publizistischer Tätigkeit über Wasser zu halten. So entstanden mehrere größere Werke, unter denen das Handbuch zur Erkennung und Heilung der Kinderkrankheiten (Frankfurt 1809) und das Lehrbuch der gerichtlichen Medizin (Berlin 1812) zweifellos die bedeutendsten waren. Henke erwies sich in beiden als guter Kenner dieser Gebiete, die erst mehr als ein Jahrhundert später als Spezialfächer in der Medizin etabliert werden sollten, und konnte mit Genugtuung erleben, dass beide Werke mehrere Auflagen erlebten und auch weitere einschlägige Beiträge in der wissenschaftlichen Welt breit rezipiert wurden.[28] Auch begründete er 1821 die *Zeitschrift für die Staatsarzneikunde*, die er 23 Jahre als Herausgeber betreute,[29] und galt bis zu seinem Tode 1843 als »die erste Autorität auf dem Gebiete der gerichtlichen Medizin in Deutschland«.[30]

Es dauerte insgesamt über zehn Jahre, bis das Versprechen auf ein Ordinariat eingelöst und Henke 1816 endlich zum ordentlichen Professor für Physiologie, Pathologie und Staatsarzneikunde ernannt wurde. Zwei Jahre später – nach der Wegberufung von Christian Friedrich Harless (1773–1853) an die neu gegründete Universität Bonn[31] – erhielt sein Lehrstuhl die Denomination »Therapie, Medizinische Klinik und Staatsarzneikunde«. Ihm selbst wurde die Leitung des nach Friedrich Wendts Tod verwaisten Institutum Clinicum übertragen. Damit waren die Weichen für Adolph Henke als erstem Krankenhausdirektor gestellt.

Mit der Eröffnung des Krankenhauses, in dem Medizin und Chirurgie unter einem Dach vereint waren, erhielt Erlangen nach langem Anlauf schließlich Anschluss an die allgemeine Entwicklung der deutschen Universitätsmedizin. Für den Unterricht gab die neue Einrichtung endlich die Möglichkeit, dass in der stationären Klinik den Studenten der Überblick über Pathologie und Therapie durch die Demonstration der entsprechenden bettlägerigen Patienten gegeben wurde, in der Poliklinik mit ihren zusätzlichen Hausbesuchen erhielten die Studenten dann das Rüstzeug für die eigene Praxis.

Henke wirkte in der Position als Krankenhausdirektor nicht so sehr als praktisch tätiger Arzt, sondern vor allem als ebenso tatkräftiger wie talentierter Administrator, dem es gelang, die Bettenzahl trotz keineswegs üppiger Ausstattung durch sparsame Haushaltsführung und Einwerbung von zusätzlichen Mitteln schon bald auf 48 zu erhöhen. Um auch die Belegungszahl zu erhöhen, schloss er Verpflegungsverträge mit den Gesellenintituten und Nachbargemeinden und nahm die Dienstboten aus der Stadt gegen einen geringen Betrag ins Krankenhaus auf, wodurch er nicht nur die Finanzlage, sondern auch den Unterricht durch die größere Vielfalt von Krankheiten verbessern konnte. Die Medizinische Fakultät würdigte seine Leistungen nicht zuletzt dadurch, dass sie ihn zwischen 1819 und 1833, wenn es an ihr war, einen Kandidaten zu benennen, viermal zum Prorektor wählte. 1825 und 1828 war Henke Vertreter der Universität in der Zweiten Kammer des Bayerischen Landtags. Rufe nach Marburg, Würzburg, Halle und Freiburg lehnte er ab.

Henke starb am 8. August 1843. Zu seinem Nachfolger wurde im selben Jahr Carl Friedrich Canstatt (1807–1850) berufen, der zu diesem Zeitpunkt Amts- und Gerichtsarzt in Ansbach war. Canstatt war ein vielseitig begabter Mann, dessen Lebenszeit in die Umbruchphase der Medizin fiel, in der das alte Humoralkonzept sich überlebt hatte und neue Systeme und Schulen, wie die Homöopathie, der Brownianismus und die Romantische Medizin, miteinander im Wettstreit lagen und neue Wege zum Verständnis von Gesundheit und Krankheit suchten.

Canstatt entstammte einer alten jüdischen Ärztefamilie.[32] Sein Vater führte eine gut gehende Praxis in Regensburg und war eine angesehene Persönlichkeit in der Stadt. Er war kein orthodoxer Jude, sorgte vielmehr dafür, dass seine Kinder auch in den christlichen Religionen unterwiesen wurden, damit sie, falls es die Verhältnisse ratsam erscheinen lassen würden, konvertieren könnten. Canstatts Jugend war geprägt von der Musik. Bereits im frühen Kindesalter erhielt er Cellounterricht und brachte es darin bis zur Konzertreife, sodass er nur widerstrebend dem Willen seines strengen Vaters folgte und 1823/24 zum Studium der Medizin nach Wien aufbrach, obwohl er schon als Sechzehnjähriger das Angebot hatte, als Cellist in der Königlichen Hofkapelle in München mitzuwirken. Er blieb fünf Jahre in Wien. Das Medizinstudium der Vorklinik empfand er als wenig inspirierend. Umso leidenschaftlicher widmete er sich der Musik, angeleitet von dem in seiner Zeit berühmten Cellisten und Komponisten Joseph Merk, der das außergewöhnliche Talent Canstatts rasch erkannte und ihn förderte. So durfte er seinen Lehrer gelegentlich bei Opernaufführungen vertreten und trat auch schon als Solist auf. Erst in der klinischen Ausbildung fing Canstatt schließlich Feuer für die Medizin. Der Augenarzt Friedrich Jäger von Jaxtthal, einer der berühmtesten Augenärzte seiner Zeit, war es vor allem, der ihn faszinierte und den Grund für seine spätere Neigung zur Augenheilkunde legte.

1828 ging Canstatt nach Würzburg, wo seit 1824 Johann Lukas Schönlein die Innere Medizin lehrte. Durch ihn erhielt Canstatt seine wichtigste Prägung. Schönlein gilt als Begründer der sogenannten naturhistorischen Schule, einer Richtung, die heute als Wegbereiterin der naturwissenschaftlich ausgerichteten Medizin angesehen wird.[33] Schönlein selbst beschrieb seine Lehre folgendermaßen: »Wir gehen zurück auf jene Basen, jene Säulen, von denen die Medicin ausgegangen ist. Sich stützen auf die Naturbücher, ist unsere Absicht – eine naturhistorische Richtung. Die Naturwissenschaften sollen uns Führer sein und zeigen, wie man beobachten müsse, um daraus Erfahrungen zu bilden und diese wieder zur That ausbilden zu können. Also vor allem die Methode«.[34]

Canstatt promovierte 1829 mit einer Arbeit über ein ophthalmologisches Thema. Nach dem Staatsexamen und dem vorgeschriebenen zweijährigen Praktikum arbeitete er kurzzeitig in der väterlichen Praxis. Während dieser Zeit konvertierte er zum Zwecke ▶

DIE NATURHISTORISCHE SCHULE JOHANN LUKAS SCHÖNLEINS

Die Naturhistorische Schule, die eng mit der Person des Klinikers Johann Lukas Schönlein (1793–1864)[1] verbunden ist, hat ihren Namen von der Naturgeschichte, der Historia naturalis, die in ihrer ursprünglichen Form als das »beschreibend vorgetragene Wissen von der Natur« auf die griechische »Historia« und besonders auf Aristoteles zurückgeht. Am Beginn des 19. Jahrhunderts hat dann der Naturforscher Georges Cuvier (1769–1832) eine für die Folgezeit wichtige Definition gegeben. Danach ist Naturgeschichte streng von der Naturlehre, unter denen Physik und Chemie zu verstehen sind, zu trennen. Versuchen Letztere isolierte Eigenschaften der Naturkörper zu verstehen und von ihnen ausgehend allgemeine Sätze zu formulieren, so ist die Naturgeschichte zunächst eine Wissenschaft der reinen Beobachtung, die die Naturkörper in ihrer Komplexität, als Ganze, zu erfassen trachtet. Zu Gesetzen gelangt sie auf dem Wege der Vergleichung. Diese besteht darin, dass man einen Körper »successiv in verschiedenen Lagen, in welche ihn die Natur versetzt, oder die verschiedenen Körper unter sich, vergleicht, bis man zwischen ihrem Bau und den damit zusammenhängenden Phänomenen, welche sie darbieten, beständige Verhältnisse erkannt hat«.[2] Die so gewonnenen Ergebnisse können nach Cuvier ebenso angewendet werden wie die Gesetze der Naturlehre. Zur Interpretation der Daten bedient sich die Naturgeschichte zwar der Ergebnisse von Physik und Chemie, sie geht aber bezüglich der untersuchten Objekte über sie hinaus. Hinzu kommt der Aspekt der Entwicklung, der Faktor Zeit. Die Objekte der Natur haben eine Geschichte, sind veränderlich. Naturgeschichte beschreibt also einen Prozess, einen Ablauf in der Zeit und wird damit aus einer ursprünglichen Naturbeschreibung zu einer tatsächlichen »Geschichte der Natur«.

Ziel der naturhistorischen Bemühungen ist die Aufstellung von sogenannten »natürlichen« Systemen, welche im Gegensatz zu »künstlichen« Systemen mit üblicherweise nur einem Klassifikationsmerkmal ihre Gegenstände aufgrund mehrerer wesentlicher Merkmale rubrizieren. Die Naturgeschichte verfügte also über eine Methode, komplexe Phänomene zu erforschen, allein auf der Basis von Beobachtungen, unter Verzicht auf Theorien.

Diese Methode hat Schönlein auf die Medizin übertragen. In der Vorrede zu einer Vorlesung über den »Keichhusten«, die als Manuskript in der Universitätsbibliothek Würzburg liegt und die er vermutlich im Wintersemester

Abb. 1 Johann Lukas Schönlein (1793–1864).

1818/19 gehalten hat, nennt er als einen Grund für die Wahl seines Themas: »Ich wünschte an dieser einzelnen Krankheitsform zu zeigen, wie jene Methode, welcher sich der Mineraloge, der Botaniker und Zoologe zu so großem Frommen seiner Wissenschaft bedient, auch in der Medizin möglich sey, wie aus der naturhistorischen Forschung sich leicht der bestimmte und entsprechendste Kurplan ergebe, wie überhaupt die naturhistorische Methode einzig und allein imstande sey, das Chaos in der praktischen Medizin zu ordnen«.[3]

Nimmt man hierzu noch Schönleins Vorrede zu seiner Dissertation, dass er nämlich »blos Thatsachen zusammengereiht« und sich »wohl gehütet« habe, »lächerliche, hinkende Gesetzt daraus zu entwickeln«, da »endlich von allen Seiten die Ueberzeugung« hervordringe, »daß ganz allein ein contemplatives Wissen, daß blos die Anschauung Wahrheit und Gültigkeit besitze«,[4] so ergibt sich hieraus, was Schönlein mit der Einführung der naturhistorischen Methode in die Klinik anstrebte: Die Medizin sollte sich aus der Theorieabhängigkeit befreien und zu einer empirischen Wissenschaft werden. Mithilfe der naturhistorischen Methode, das heißt durch sorgfältigste Beobachtung und Untersuchung der Kranken mit allen zur Verfügung stehenden diagnostischen Hilfsmitteln, und mit der Kontrolle der Diagnose durch die pathologische Sektion hoffte Schönlein, das Wesen und die Natur der Krankheit ermitteln zu können. Damit wurde die Klinik zum Zentrum und Ausgangspunkt des wissenschaftlichen Vorgehens.

Dieser klinische Ansatz war es, der Schönlein seinen ungeheuren Ruf unter seinen Zeitgenossen einbrachte, der Würzburg, seinen ersten Wirkungsort, an dem auch Carl Canstatt zu seinen Füßen saß, zu einem »Wallfahrtsort« für die deutschen Ärzte machte, und der ihm auch in Berlin 1840 einen triumphalen Beginn bescherte, den Rudolf Virchow in seiner Gedächtnisrede auf ihn im Jahre 1865 mit dem Satz kommentierte: »Nie zuvor hatte ein innerer Kliniker hier eine solche Wirkung geübt«.[5] Renate Wittern-Sterzel

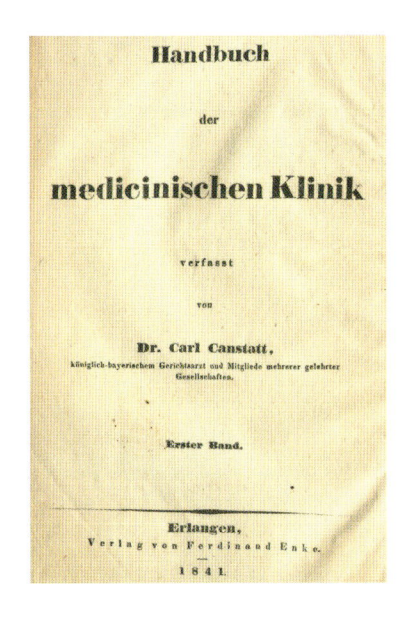

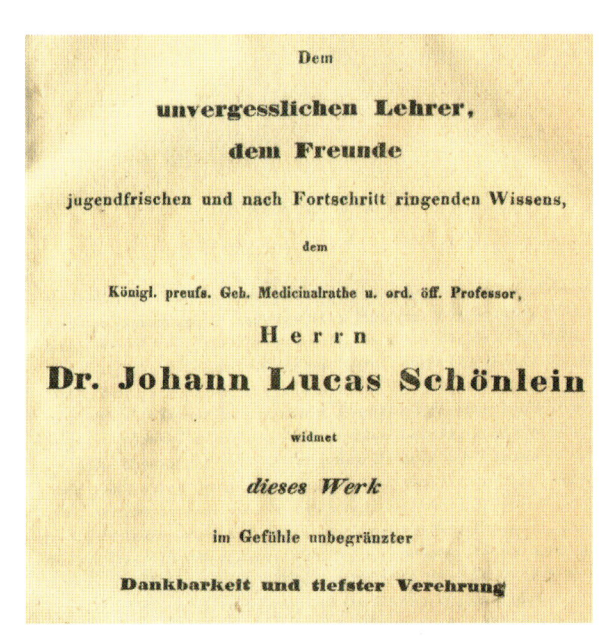

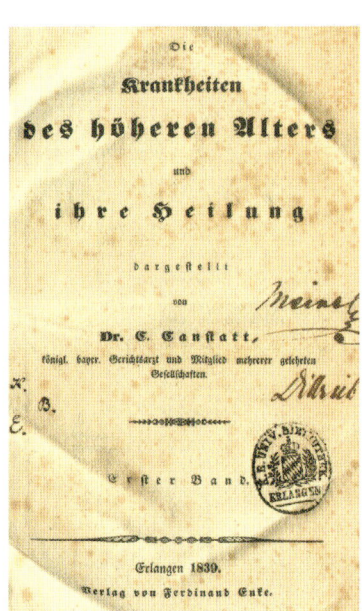

Abb. 26   Über etliche Jahre galt Canstatts *Handbuch der medicinischen Klinik*, dessen erster Band 1841 erschien, als ›Bibel der Medizin‹.

Abb. 27   Widmung Canstatts für seinen verehrten Lehrer Johann Lukas Schönlein in dem 1842 erschienenen *Handbuch der medicinischen Klinik*.

Abb. 28   Canstatts breit rezipierte erste Gesamtdarstellung der Krankheiten des höheren Alters von 1839.

▸ seiner Verlobung zum protestantischen Glauben. Anfang 1832 ging er zunächst, in Begleitung seines Cellos, nach Paris und stürzte sich dort mit ganzer Seele und voller Begeisterung ins Musikleben, wo er Chopin, Liszt, Mendelssohn-Bartholdy, Paganini und anderen großen Musikern begegnete.[35] Wohin sein Lebensweg ihn führen würde, war in dieser musikerfüllten Phase noch völlig unklar. Doch die Medizin holte ihn nach kurzer Zeit ein. Am 26. März 1832 brach in Paris die Cholera aus. Canstatt stellte sich sofort in den Dienst zur Versorgung der Kranken und erkannte in den Wochen des Chaos und des Elends, das Paris befallen hatte, dass er zum Arzt berufen war. Auf Paris folgten verschiedene Stationen in Belgien als Choleraarzt. Seine Versuche, sich nach Abklingen der Seuche in Belgien als Augenarzt niederzulassen und sich mit ophthalmologischen Beiträgen in belgischen Zeitschriften bekannt zu machen, scheiterten jedoch, sodass er nach mancherlei Umwegen schließlich am 1. März 1838 Gerichtsarzt in Ansbach wurde.

In den folgenden Jahren entstanden grundlegende Werke, die Canstatt als einen ungeheuer belesenen und schreibbegabten Menschen erweisen. 1839 erschienen *Die Krankheiten des höheren Alters und ihre Heilung* in zwei Bänden. Diese erste Gesamtdarstellung der Alterskrankheiten, die zum literarischen Vorläufer des Spezialfachs Geriatrie wurde, fand überwiegend positive Kritiken. Das Werk wurde auch im Ausland rezipiert; Jean Martin Charcot schrieb beispielsweise: »Nous trouvons dans l'ouvrage de Canstadt des idées ingénieuses et souvent fraies, qui lui assurent une place honorable dans la science«.[36]

Noch größere Anerkennung fand das *Handbuch der medicinischen Klinik*, dessen erster Band 1841 erschien und so rasch vergriffen war, dass schon im folgenden Jahr eine zweite Auflage herauskam. Canstatt widmete dieses Werk seinem verehrten Lehrer Schönlein, dessen naturhistorischer Lehre er sich uneingeschränkt verpflichtet fühlte. Das Handbuch sollte den Ärzten Schönleins Methode näherbringen und Wege aufzeigen, wie sie weiterentwickelt werden könnte. Es wurde mit großem Beifall von der Ärzteschaft

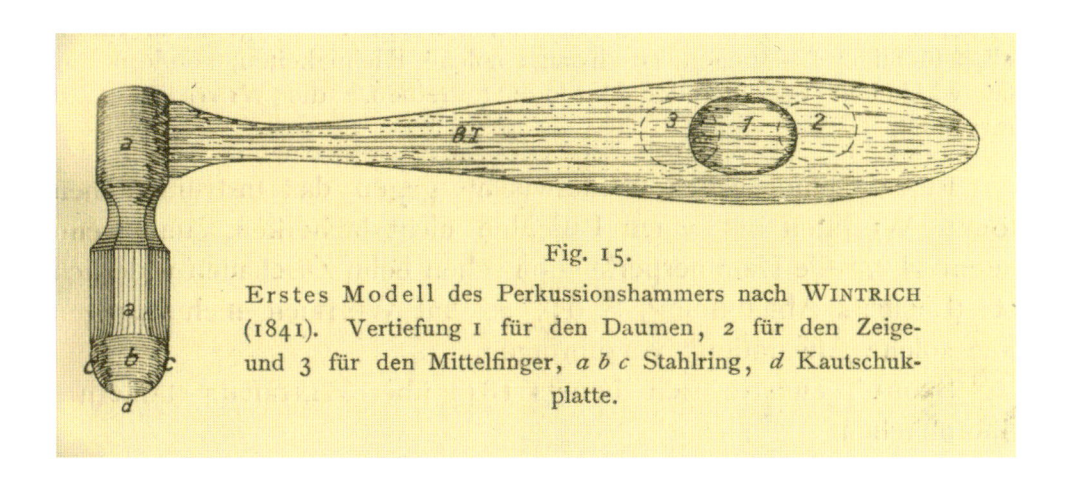

Fig. 15.
Erstes Modell des Perkussionshammers nach WINTRICH (1841). Vertiefung 1 für den Daumen, 2 für den Zeige- und 3 für den Mittelfinger, *a b c* Stahlring, *d* Kautschukplatte.

Abb. 29 Der von Anton Wintrich 1841 entwickelte Perkussionshammer.

aufgenommen und galt für zwei Jahrzehnte als »Bibel der Medizin«.³⁷ Canstatt war zu diesem Zeitpunkt 34 Jahre alt. Im selben Jahr startete er ein weiteres Unternehmen, die *Jahresberichte über die Fortschritte der gesammten Medicin in allen Ländern*, in denen er, zusammen mit einer großen Zahl von Kollegen, neben einer möglichst vollständigen Übersicht über die neueste in- und ausländische Literatur wichtige Entdeckungen sowie neuere Entwicklungen und Methoden bekannt machte, um ihnen auf diese Weise Eingang in die medizinische Praxis zu verschaffen. Die Jahresberichte wurden ebenfalls ein großer Erfolg. Nach seinem frühen Tod erhielten sie den Titel *C. Canstatt's Jahresberichte* und wurden bis 1876 fortgeführt. Von 1851 bis zum Ende fungierte Rudolf Virchow als einer der Herausgeber.

Bereits einen Monat nach Henkes Tod im August 1843 erhielt der durch seine Publikationen inzwischen weithin bekannte Canstatt den Ruf auf die ordentliche Professur für Therapie, Medizinische Klinik und Staatsarzneikunde in Erlangen, mit der die Direktion des Universitätskrankenhauses und die Leitung der Medizinischen Abteilung verbunden waren. Canstatt trat seinen Dienst am 1. Oktober 1843 an. Dass die Fakultät mit ihm einen begehrten Kandidaten berufen hatte, zeigt die Tatsache, dass Canstatt kurz darauf Rufe nach Dorpat, Zürich, Gießen und St. Petersburg erhielt, die er jedoch alle ablehnte.

Canstatt begann seine Tätigkeit mit großem Elan, erfüllt von einem starken pädagogischen Eros und überzeugt davon, dass die naturhistorische Methode zur Erneuerung der Medizin beitragen werde. Die Studenten folgten ihm willig, manche seiner Kollegen, die noch in den traditionellen Bahnen dachten, waren allerdings eher zurückhaltend.³⁸ In der Klinik unterwies er seine Schüler besonders in der Auskultation und Perkussion, die damals noch keineswegs überall Eingang gefunden hatten. Sein Lehrer Schönlein hatte großen Wert auf diese erstmals in Frankreich systematisch angewandten Untersuchungsmethoden gelegt und sie bereits 1827 in Würzburg in den klinischen Unterricht eingeführt. Canstatt folgte auch hierin seinem Lehrer und legte in seiner Senatsrede von 1844 dar, welche Bedeutung diesen Methoden in allen Krankheiten der Brustorgane für die Praxis zukomme.³⁹

Abb. 30 Gedenktafel für Carl Canstatt in Erlangen am Gebäude Hauptstraße 21.

Abb. 31 Aufruf im *Erlanger Intelligenzblatt* an die Erlanger Bevölkerung, dem Krankenhaus Materialien für chirurgische Verbände zu spenden, 1. Mai 1824.

Sein Assistent Anton Wintrich (1812–1882) war im Frühjahr 1843 noch unter Henke eingestellt worden und hatte nach dessen Tod kurzfristig die Medizinische Abteilung kommissarisch geleitet.[40] Er hatte die Auskultation und Perkussion ebenfalls bei Schönlein in Würzburg gelernt und habilitierte sich 1844 unter Canstatt mit einer Arbeit über die Verwandlung der physikalischen Zeichen bei der croupösen lobären Lungenentzündung. Am 28. Juni desselben Jahres wurde er zum Privatdozenten für »Perkussion, Auskultation und Kinderkrankheiten« ernannt. Wintrich hat die physikalische Diagnostik danach zu seinem Lebensthema gemacht und neben vielen Aufsätzen dazu auch etliche neue Instrumente oder Modifikationen der schon bekannten entwickelt und vorgestellt. Der Wiener Arzt Gustav von Gaal würdigte in seinem 1846 erschienenen Lehrbuch zur physikalischen Diagnostik den von Wintrich entwickelten Perkussionshammer als das beste auf dem Markt befindliche Modell.[41] Noch zu Wintrichs 100. Todestag im Jahre 1912 erinnerte sich sein ehemaliger Student Wilhelm Mayer: »Den Wintrich'schen Hammer haben wir alle noch in der Westentasche getragen«.[42]

Durch die Berufung auf die Erlanger Professur mit der Möglichkeit zu klinischer Tätigkeit an einer Universitätsklinik und zu studentischem Unterricht hatte sich für Canstatt ein Traum erfüllt. Er sollte diesen aber nicht lange genießen dürfen. Schon mit 17 Jahren hatten sich bei ihm die ersten Anzeichen einer Tuberkulose gezeigt, die ihn von da an in großen Intervallen begleitete.[43] Im Sommer 1845, also kaum zwei Jahre nach seiner Ankunft in Erlangen, brach die Krankheit erneut aus, sodass er seine Tätigkeit unterbrechen musste. Seine zunächst für kürzere Zeit geplante Reise nach Italien brachte nicht die erwünschte Besserung, sodass er den König am 5. Oktober 1845 in einem langen Schreiben um eine Beurlaubung von sechs Monaten bat.

Es wurden indes zwei Jahre, in denen Wintrich die Vertretung in Klinik und Unterricht übernahm. Danach kehrte Canstatt zwar zurück und nahm auch den Unterricht wieder auf, aber seine Kräfte schwanden zusehends, sodass er schließlich am 10. März 1850 in seinem 43. Lebensjahr starb.[44] In der Stadt erinnert eine Gedenktafel in der Hauptstraße 21 an diesen begabten, früh verstorbenen Kliniker.

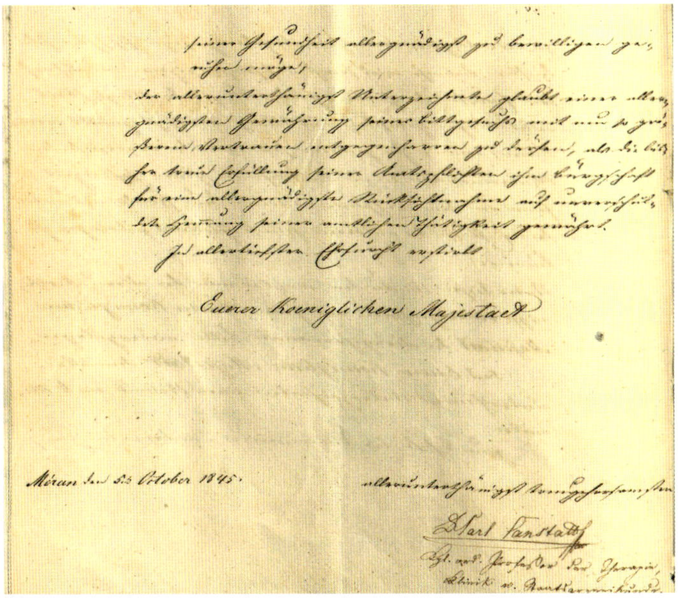

Euerer koeniglichen Majestaet

D. Carl Canstatt

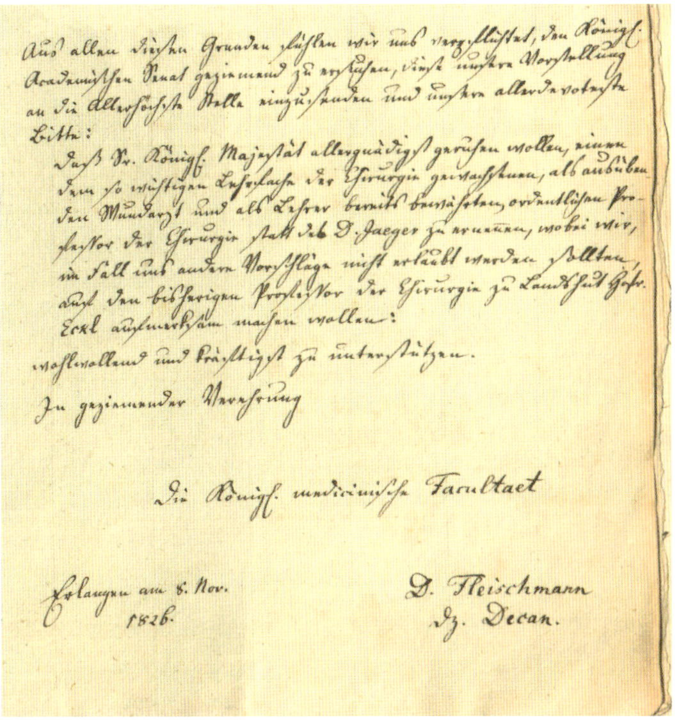

Die Königl. medicinische Facultaet

Erlangen am 8. Nov. 1826.

D. Fleischmann dz. Decan.

Die Direktoren der Chirurgischen Abteilung des Universitätskrankenhauses bis zur Jahrhundertmitte

Für Bernhard Schreger, dem nach der Eröffnung des Krankenhauses die Leitung der chirurgischen Abteilung übertragen worden war, brachte die neue Aufgabe eine erwünschte Erweiterung seines Tätigkeitsfeldes sowohl im praktischen Unterricht als auch in der Versorgung seiner Patienten. Der Unterricht war klar strukturiert. Die Studenten wurden je nach ihrer chirurgischen Vorbildung in »Hörer« und »Praktikanten« unterteilt. Letztere hatten ihre verschiedenen Aufgaben in der Krankenbehandlung, deren Ausführung von Schreger sorgfältig überwacht wurde.

Um die Akzeptanz des Krankenhauses in der Stadt zu erhöhen, schloss Schreger, ähnlich wie sein internistischer Kollege Henke, einen Vertrag mit dem Erlanger Stadtmagistrat ab, der vorsah, dass im Krankenhaus eine Abteilung zur unentgeltlichen Behandlung kranker Dienstboten eröffnet werden sollte, deren Finanzierung durch regelmäßige Abgaben von den Löhnen oder durch die Dienstherrschaften erfolgte.

Diese Art von »Dienstbotenkrankenkassen« oder »Dienstboteninstituten« wurde seit dem Ende des 18. Jahrhunderts in verschiedenen Städten diskutiert und mit unterschiedlichen Erfolgen eingerichtet.[45] Entsprechende Verträge mit den Strumpfwirkern und Handschuhmachern schlossen sich an. Nicht zuletzt hierdurch erhöhte sich die Krankenzahl gegenüber dem Clinicum Chirurgicum auf das Doppelte: In den ersten sechzehn Monaten nach der Eröffnung des Krankenhauses wurden 620 Kranke in der Chirurgischen Abteilung behandelt, von denen 70 stationär aufgenommen wurden.

Abb. 32 Carl Canstatts Bitte um Beurlaubung vom 5. Oktober 1845.

Abb. 33 Schlussabsatz der Eingabe der Medizinischen Fakultät an den König vom 8. November 1826, mit der sie gegen die Berufung Michael Jägers protestierte.

Abb. 34 Briefkopf des Schreibens von Michael Jäger an den König mit der Bitte um Verleihung der ordentlichen Professur für Chirurgie, 6. Oktober 1829.

Abb. 35 Johann Simon Dietz (1803–1877).

Schreger, der für die Etablierung der Chirurgie in Erlangen so viel getan hatte, durfte sich jedoch nicht lange an der Tätigkeit in der neuen Institution erfreuen. Schon im Oktober 1825 erlag er einem chronischen Leiden. Sein Tod fiel in eine Zeit heftigster Turbulenzen in der Fakultät, die durch die Vakanz des chirurgischen Lehrstuhls noch verstärkt wurden und ein bezeichnendes Licht auf das Verhältnis von Universität und Obrigkeit in dieser Zeit werfen.[46] Da Schreger seit 1805, mit kurzer Unterbrechung von einem Jahr, auch die Geburtshilfe vertreten hatte, waren nun zwei Positionen neu zu besetzen. Der erste Versuch der Fakultät, für den Lehrstuhl für Chirurgie Franz Reisinger aus Landshut, der eigentlich für die Geburtshilfe vorgesehen war, zu gewinnen, schlug fehl. Die Zeit drängte. Der Unterricht in den grundständigen praktischen Fächern war infrage gestellt, und die Studenten drohten nicht nur, Erlangen zu verlassen, sondern hatten im Sommersemester 1826 tatsächlich mit Ausnahme von Zweien und denjenigen, die ein Stipendium erhielten, der Friderico-Alexandrina bereits den Rücken gekehrt.

Die Fakultät schlug nun Anton Eckl vor, der seit 1824 den chirurgischen Lehrstuhl in Landshut innehatte. Das Ministerium, das in diesen Jahren mit der Umsiedlung der Landshuter Universität nach München beschäftigt war, ging jedoch auf diesen Vorschlag nicht ein, sondern berief im November 1826 den Würzburger Privatdozenten Michael Jäger (1795–1838) nach Erlangen. Die Fakultät war über diesen autoritären Akt empört und lehnte den in ihren Augen chirurgisch völlig unerfahrenen Kandidaten als Nachfolger für Schreger in einer Eingabe an den Senat ab, indem sie nicht nur auf die hohen Anforderungen in theoretischer und praktischer Lehre und in der Krankenversorgung verwies, sondern auch die Bedeutung Erlangens als Anlaufstation für die gesamte Region in Fällen komplizierter operativer Eingriffe betonte. Henke, der zu diesem Zeitpunkt Prorektor war und daher die missliche Lage seiner Fakultät bestens kannte, machte sich das Anliegen zu eigen und leitete den Einspruch der Fakultät mit einem Begleitschreiben an den König weiter, in dem er mit bemerkenswerter Deutlichkeit auf die Konkurrenzsituation der drei bayerischen Universitäten verwies und sich gegen eine Vernachlässigung der Bedürfnisse Erlangens verwahrte: »Es kann nicht in der Absicht eines königlichen Staatsministeriums des Innern liegen, es kann noch weniger der Wille unseres allergnädigsten Königs, des Beschützers der Wissenschaft und Kunst sein, zu einer Zeit, wo die nach München verlegte Schwesteruniversität die Anstellung ausgezeichneter Männer des In- und Auslandes verdankt, unserer hohen Schule die Ernennung tüchtiger Lehrer für die erledigten Lehrämter zu versagen, ohne welche dieselbe die ihr gestellte Aufgabe nicht zu lösen vermöchte und ohne ihre Verschuldung gegen die beiden übrigen Landesuniversitäten in Schatten gestellt und zurückgesetzt werden würde«.[47]

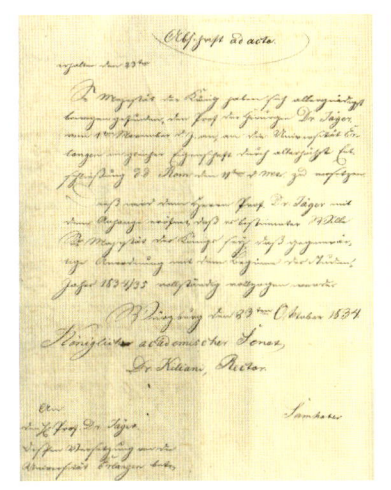

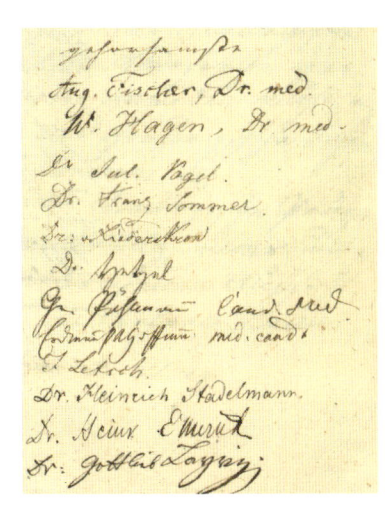

Zur Bekräftigung seines Willens, die Berufung Jägers nicht zu akzeptieren, ging der Senat sogar noch einen Schritt weiter: Als Jäger der Universität mitteilte, dass er beabsichtige, sein Amt Ende November anzutreten, versuchte der Senat dies eigenmächtig zu verhindern, indem er ihm schrieb, dass vor der Übernahme der Stelle noch eine allerhöchste Entschließung abzuwarten sei. Doch das Ministerium blieb unnachgiebig. Mit einem Schreiben, in dem die in Erlangen geäußerten Zweifel an der chirurgischen Befähigung Jägers mit Verweis auf dessen Ausbildung bei dem angesehenen Chirurgen Cajetan Textor in Würzburg zurückgewiesen wurden, war die Berufung endgültig, und Jäger wurde – allerdings nach Rückstufung der Stelle – Extraordinarius für Chirurgie und Vorstand der Chirurgischen Abteilung am Universitätskrankenhaus in Erlangen.[48] Nachdem diese Abteilung schon seit ihrem Beginn auch Augenkranke chirurgisch versorgt hatte, wurde sie 1827 in Chirurgisch-Augenärztliche Abteilung umbenannt.

Der Amtsantritt in einer Fakultät, die den Berufenen nicht in ihren Reihen wissen wollte, war naturgemäß nicht leicht. Doch Michael Jäger setzte sich, ungeachtet des Misstrauens, das ihm anfangs entgegenschlug, durch. Mit hohem Arbeitseinsatz und offenkundig erheblich größerer Expertise in der Chirurgie, als erwartet wurde, erwarb er sich in kurzer Zeit die Anerkennung der Studenten, die seinen Demonstrationen und den mit größter Sorgfalt und kenntnisreich vorbereiteten Vorlesungen von Beginn an fasziniert beiwohnten. Und auch seine Kollegen vermochte er allmählich sowohl durch sein chirurgisches Können als auch durch seine Geschicklichkeit in der Leitung der Klinik zu überzeugen. Kontinuierlich stieg die Zahl an Patienten, die von ihm chirurgische Hilfe erhofften und sie auch sehr oft fanden. Unter seinen Operationen ragten neben Trepanationen, Staroperationen, Tränen- und Mastdarmfisteln, »Hasenscharten«, Wolfsrachen, Lippenkrebs, Nasenpolypen und Wasserbrüchen vor allem Resektionen und Amputationen hervor, bei denen er sehr gute Ergebnisse zu verzeichnen hatte.[49] Neben seiner praktischen Wirksamkeit entfaltete Jäger auch eine reiche Publikationstätigkeit.[50]

Ermutigt durch seine Erfolge in allen Bereichen seiner Tätigkeit bemühte sich Jäger, nunmehr mit der vollen Unterstützung der Fakultät, 1829 um die ordentliche Professur.

Abb. 36   Schreiben, in dem die Versetzung Michael Jägers nach Würzburg rückgängig gemacht wird, 23. Oktober 1834.

Abb. 37   Ehrung der Stadt Erlangen für Michael Jäger durch die Benennung einer Straße am Fuße des Burgbergs.

Abb. 38   Die Unterschriften der Studenten unter der Eingabe für die Ernennung Franz Jordan von Rieds auf den Lehrstuhl für Chirurgie, 1838.

Abb. 39 Georg Friedrich Louis Stromeyer (1804–1876).

Abb. 40 Die von Stromeyer 1829 in Hannover gegründete orthopädische Anstalt.

Er hatte ein Jahr zuvor schon einen Ruf nach Greifswald abgelehnt. Zwei weitere nach Halle und Bonn folgten kurz darauf. Dennoch gab das Ministerium seinem Gesuch erst 1831 mit der Ernennung zum ordentlichen Professor für Chirurgie und Augenheilkunde nach. Damit schien Jäger endlich sein Ziel erreicht zu haben, um nun, als vollgültiger Kollege, geschätzt von der Erlanger Fakultät, seine uneingeschränkte Kraft der chirurgischen Klinik und ihren Patienten zu widmen. Doch das Schicksal oder genauer: das Ministerium bzw. der König wollten es anders. Nur ein Jahr nach seiner Ernennung wurde Jäger ohne vorherige Ankündigung nach Würzburg versetzt, um den Posten seines ehemaligen Lehrers Textor zu übernehmen, der wegen angeblicher staatsgefährdender Umtriebe im Umfeld des Hambacher Festes an die Chirurgenschule in Landshut versetzt worden war. So energisch sich Fakultät und Senat gegen die Berufung Jägers zur Wehr gesetzt hatten, ebenso energisch versuchten sie nun, seine Versetzung zu verhindern. Aber alle Bemühungen waren vergeblich. Jäger musste zum Wintersemester in Würzburg antreten – und die Erlanger Fakultät war erneut auf der Suche nach einem Chirurgen.

Die Wahl fiel auf Johann Simon Dietz (1803–1877), einen in Nürnberg niedergelassenen Chirurgen und Augenarzt.[51] Er wurde auch tatsächlich im März 1833 vom Ministerium als Extraordinarius in Jägers Stelle eingewiesen. Doch die Willkür der Obrigkeit war noch nicht zu Ende. Ebenso unerwartet und plötzlich, wie die Versetzungen von Textor nach Landshut und diejenige von Jäger nach Würzburg angeordnet worden waren, wurden sie auch wieder rückgängig gemacht: Textor wurde 1834 rehabilitiert und wieder nach Würzburg beordert, Jäger wieder zurück nach Erlangen. Da hier allerdings die Stelle bereits durch Dietz besetzt war, wurde zugleich dessen Versetzung als »Textorersatz« nach Landshut verfügt. Diese entwürdigende Behandlung ließ Dietz aber denn doch nicht mit sich machen: Er verzichtete auf die Professur und ließ sich wieder in Nürnberg nieder, wo er 1845 Direktor der Chirurgischen Abteilung des neuen Städtischen Krankenhauses wurde.

Jäger kehrte also 1834 aus Würzburg zurück, und in Erlangen hoffte man, dass er nun an seine glanzvollen Leistungen vor der Versetzung anknüpfen würde. Doch diese

Hoffnung erfüllte sich nicht. Jäger kam als kranker Mann zurück, wurde 1836 beurlaubt und starb am 3. Februar 1838, in seinem 43. Lebensjahr. So endete ein Leben, das unter glücklicheren Umständen von einer erfolgreichen Karriere hätte gekrönt werden können und das stattdessen zum Spielball der Obrigkeit wurde und den Widerständen und Widrigkeiten verschiedenster Art nicht gewachsen war. Die Stadt würdigte Jägers Leistung 1889 durch die Benennung der Jägerstraße.

Auch die nun wiederum notwendig gewordene Besetzung des chirurgischen Lehrstuhls gestaltete sich anders als von der Fakultät vorgesehen. Diese sprach sich für Jägers langjährigen Assistenten Dr. Franz Jordan von Ried (1810–1895) aus. Ried hatte sich nicht nur als Assistent bestens bewährt, sondern hatte auch Anfang der Dreißigerjahre schon kurzfristig die Entbindungsanstalt kommissarisch geleitet. Da die Fakultät mit seiner Arbeit sehr zufrieden war, sah sie in ihm den geeigneten Nachfolger für die Chirurgie und wurde hierin von den Studenten unterstützt, die sich mit einem Gesuch beim Senat für ihn einsetzten.[52]

Abb. 41 Titelblatt eines der frühesten Werke zur Orthopädie von Jacques Mathieu Delpech, 1828.

Abb. 42 Stromeyers erste Veröffentlichung über seine Methode der subkutanen Tenotomie des Klumpfußes, 1833.

Doch wiederum kam es anders: Das Ministerium berief den durch seine Operationen bereits national und international bekannten Georg Friedrich Louis Stromeyer (1804–1876) aus Hannover. Aber obwohl sich die Regierung hier ein weiteres Mal über den Wunsch der Fakultät hinweggesetzt hatte, protestierte die Universität in diesem Fall nicht. Im Gegenteil: Sie hatte angesichts der beschränkten Mittel für die Professur nicht erwartet, den Posten mit einem Mann von Rang und Namen besetzen zu können, und war daher über das Eingreifen des Königs hocherfreut: »Die Ernennung des Dr. Stromeyer zum Professor der Chirurgie und Augenheilkunde hat an unserer Universität die lebhafteste und allgemeinste Freude hervorgerufen«.[53] Der durch diese Berufung zurückgesetzte Ried ließ sich daraufhin als praktischer Arzt und Wundarzt in Erlangen nieder und wurde 1846 Direktor der Chirurgischen Klinik in Jena, wo er trotz mehrerer Rufe bis zu seiner Emeritierung im Jahre 1884 blieb.

Stromeyer, der einer großen niedersächsischen Ärzte- und Gelehrtenfamilie entstammte, kam am 1. Oktober 1838 nach Erlangen.[54] Sein Vater war Chirurg in Hannover gewesen und hatte sich durch die Einführung der Jennerschen Kuhpockenimpfung in Deutschland im Jahre 1799 einen Namen gemacht. Louis Stromeyer trat in die Fußstapfen seines Vaters und ließ sich ebenfalls als Chirurg ausbilden. Nach ersten Studien auf dem »Collegium Anatomico-Chirurgicum«, der königlichen Chirurgenschule in Hannover, ging er zunächst nach Göttingen und dann nach Berlin, wo er 1826 zum Dr. med. promoviert wurde. Es folgten längere Studienreisen sowohl innerhalb Deutschlands als auch in die internationalen Hochburgen der Medizin Wien, London und Paris, wo er ▸

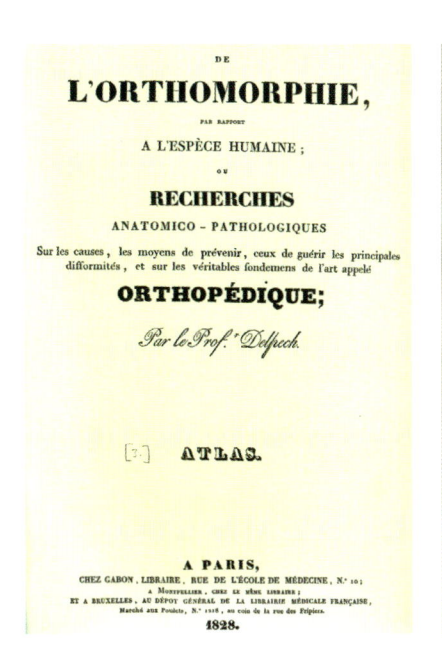

DIE GESELLSCHAFT DEUTSCHER NATURFORSCHER UND ÄRZTE IN ERLANGEN 1840

Einmal im Jahr trafen sich die Mitglieder der Gesellschaft Deutscher Naturforscher und Ärzte zur Kontaktpflege und zum wissenschaftlichen Austausch in einer Stadt des Deutschen Bundes. Die Gesellschaft war 1822 durch den Jenaer Naturforscher und -philosophen Lorenz Oken (1779–1851) ins Leben gerufen worden. Als Ort der 18. Versammlung, die vom 18. bis 26. September 1840 stattfand, wählte man die Universitätsstadt Erlangen. Unter den 182 eingeschriebenen Teilnehmern waren auch die ehemaligen Erlanger Doktoranden Justus von Liebig (Professor für Chemie und Pharmazie in Gießen), Georg Simon Ohm (Rektor der Polytechnischen Schule in Nürnberg) und Martin Ohm (Professor für Mathematik in Berlin).

Ein Ziel der Versammlungen war es, wissenschaftliche Projekte zu initiieren. So hatte der frühere Erlanger Ordinarius für Spezielle und Generelle Therapie, Johann Christian Friedrich Harless, schon 1830 vergeblich die Erarbeitung einer – in England und Frankreich bereits realisierten – nationalen deutschen *Pharmacopoea* angeregt, die Normen für die Arzneimittelherstellung festlegen sollte. Allerdings hatte dieses Bemühen auch nach der Erlanger Versammlung noch kein konkretes Ergebnis gezeitigt, sodass im Vorwort zu deren Berichtsheft als Desiderat festgehalten wurde: »Zu den schönsten Früchten dieser Versammlung würden wir aber vollends einen günstigen Erfolg der getroffenen Einleitung behufs der Vereinigung der Naturforscher zum Gebrauche von einerlei Maas und Gewicht, sowie der Herstellung und Einführung einer allgemeinen deutschen Pharmakopöe rechnen[...]«.[1]

Nicht nur das Anbahnen von Projekten, sondern auch der Austausch unter Wissenschaftlern gehörte zum Programm der Versammlung. So konnten die Teilnehmer beispielsweise verschiedentlich Operationen des Erlanger Chirurgen Georg Louis Stromeyer, aber auch auswärtiger Fachkollegen beiwohnen.

Obwohl sich die Gesellschaft zunehmend Fragestellungen der empiristischen Forschung zuwandte und die Ansichten der romantischen Naturforschung, wie sie ihr Gründer Lorenz Oken und Friedrich von Schelling geprägt hatten, in den Hintergrund traten, blieben die

Abb. 1 Der Amtliche Bericht über die Versammlung der Naturforscher und Ärzte zu Erlangen, 1840.

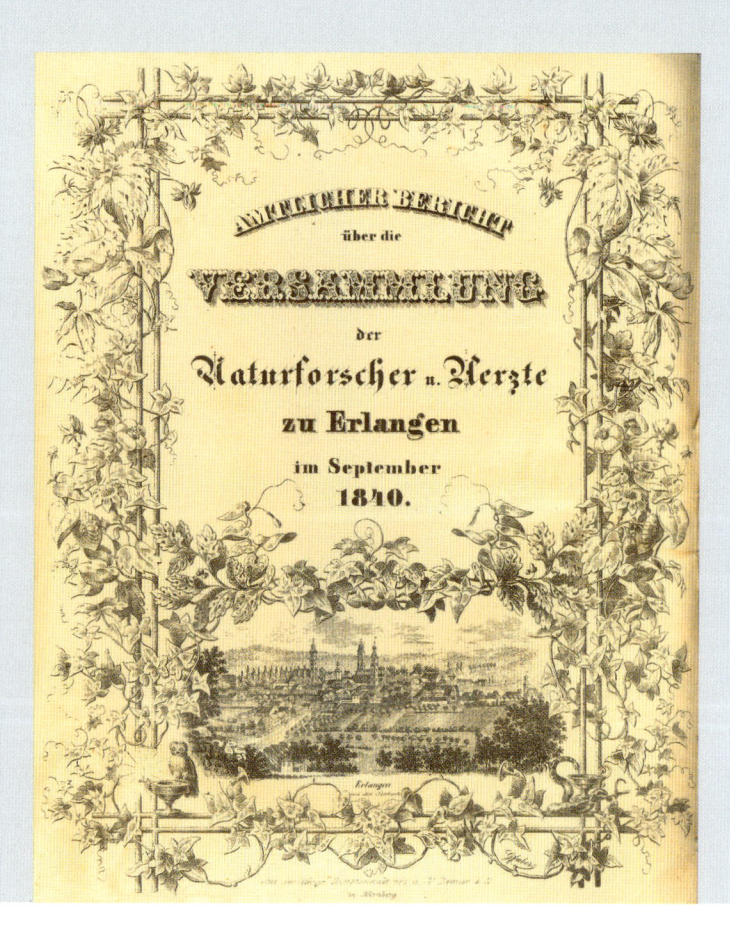

Versammlungen aber nicht zuletzt aufgrund personeller Kontinuitäten weiterhin durch die letztere Gedankenwelt geprägt – so auch diejenige in Erlangen.[2] Auf der Erlanger Versammlung wurden überdies religiöse Vorstellungen miteingebunden, etwa bei der Eröffnungsrede Leupoldts, der die Scheidung des Wissens vom Glauben als ein großes zeitgenössisches Übel betrachtete und postulierte, Wissen und Glaube müssten sich vielmehr »nothwendig in steter Wechselwirkung und gegenseitiger Durchdringung begreifen«.[3]

Die Versammlung bot der Universität eine gute Chance zur Selbstdarstellung, konnte man doch dabei die neuen Räumlichkeiten des im Schlossgarten gerade fertiggestellten »Museums« den wissenschaftlichen Fachkollegen präsentieren. Es handelte sich um die umgebaute ehemalige Schlosskirche gegenüber der Orangerie, die, abgesehen vom Schloss, fortan wichtigstes Universitätsgebäude sein würde. So fanden hier die Versammlungen der einzelnen fachlichen Sektionen statt. Die allgemeinen Veranstaltungen hingegen, die von durchschnittlich etwa 600 Hörern besucht waren, wurden in der Aula des Schlosses ausgerichtet. Außerdem hatte der erste Geschäftsführer der Erlanger Versammlung, der Ordinarius für Theoretische Medizin Johann Michael Leupoldt, die Konservatoren der akademischen Sammlungen und Institutsleiter gebeten, ihre Einrichtungen für die Teilnehmer der Versammlung zu öffnen. Unter anderem waren dies die Mineralogische und die Zoologische Sammlung im Schloss, die Chemisch-Pharmazeutische Sektion und die Pharmakognostisch-Pharmazeutische Sammlung im Museumsgebäude und das Anatomische Theater und die Anatomischen Sammlungen in der Orangerie sowie die Medizinische und Chirurgische Abteilung des Krankenhauses, die Geburtshilfliche Anstalt und der Botanische Garten. Noch nicht vollendet, sondern erst im Ausbau begriffen war seinerzeit die Kreisirrenanstalt als eine weitere für die Teilnehmer fachlich bedeutsame Institution.

Abgerundet wurde das Programm durch eine Exkursion nach Nürnberg sowie einen Besuch der kurzlebigen, im Vorjahr gegründeten Kaltwasserheilanstalt zu Schallershof. Die Empfehlung an die Teilnehmer, hierfür den »ganz ebenen Weg, welcher dicht neben dem neuangelegten Ludwigskanal fortläuft«, zu nehmen, betonte eine damals neue Sehenswürdigkeit Erlangens.[4] Clemens Wachter

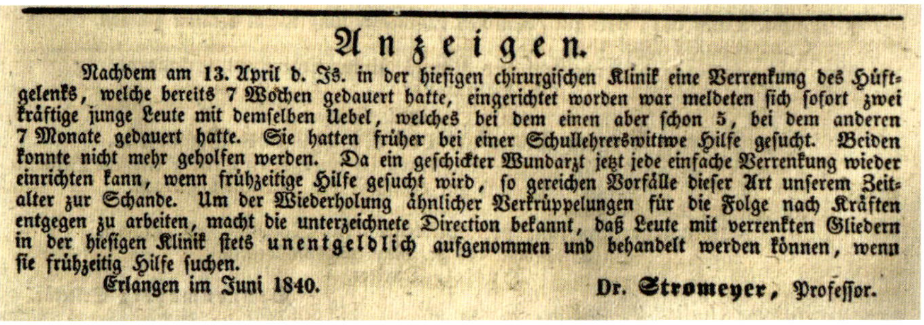

> **Anzeigen.**
>
> Nachdem am 13. April b. Js. in der hiesigen chirurgischen Klinik eine Verrenkung des Hüftgelenks, welche bereits 7 Wochen gedauert hatte, eingerichtet worden war meldeten sich sofort zwei kräftige junge Leute mit demselben Uebel, welches bei dem einen aber schon 5, bei dem andern 7 Monate gedauert hatte. Sie hatten früher bei einer Schullehrerswittwe Hilfe gesucht. Beiden konnte nicht mehr geholfen werden. Da ein geschickter Wundarzt jetzt jede einfache Verrenkung wieder einrichten kann, wenn frühzeitige Hilfe gesucht wird, so gereichen Vorfälle dieser Art unserem Zeitalter zur Schande. Um der Wiederholung ähnlicher Verkrüppelungen für die Folge nach Kräften entgegen zu arbeiten, macht die unterzeichnete Direction bekannt, daß Leute mit verrenkten Gliedern in der hiesigen Klinik stets **unentgeldlich** aufgenommen und behandelt werden können, wenn sie frühzeitig Hilfe suchen.
>
> Erlangen im Juni 1840.   Dr. **Stromeyer**, Professor.

Abb. 43 Anzeige Stromeyers im *Erlanger Intelligenzblatt*, mit der er, zur Vermeidung dauerhafter Schäden, kostenlose Behandlung für Hüftgelenks- und andere Verrenkungen im Frühstadium anbietet, Juni 1840.

jeweils die Bekanntschaft mit den Koryphäen der Chirurgie und Augenheilkunde suchte. Den größten Eindruck machte der damals bedeutendste französische Chirurg Guillaume Dupuytren auf ihn: »Er war der erste, den ich in Paris kennen lernte, und wird der letzte sein, den ich je vergesse«.[55]

Nach seiner Rückkehr nach Hannover wurde Stromeyer in seiner Heimatstadt in verschiedenen Funktionen tätig. Sein größtes Verdienst war aber die 1829 erfolgte Gründung einer orthopädischen Anstalt, zu der er durch die Lektüre des ein Jahr zuvor erschienenen Werks von Jacques Mathieu Delpech mit dem Titel L'orthomorphie par rapport à l'espèce humaine angeregt worden war.[56] Damit wurde Stromeyer einer der Wegbereiter der Orthopädie in Deutschland, die ihren Ursprung im 18. Jahrhundert zum einen Nicolas Andry, der auch 1741 den Begriff prägte, und zum andern Jean-André Venel verdankt, der 1780 das erste orthopädische Institut in Orb in der Schweiz gründete.

Stromeyers Versuche mit der 1816 erstmals von Delpech entwickelten subkutanen Tenotomie bei Klumpfüßen fallen in die Jahre 1831 und 1832.[57] Ihre Veröffentlichung in Johann Nepomuk Rusts Magazin für die gesammte Heilkunde wurde indes in Deutschland zunächst kaum rezipiert.[58] Dies änderte sich jedoch 1836 nach seiner erfolgreichen Behandlung des Londoner Wundarztes William John Little, der an einem schmerzhaften Spitzklumpfuß litt. Little hatte sich zuvor an den schon damals durch seine genialen Operationen bekannten Berliner Chirurgen Johann Friedrich Dieffenbach gewandt, der ihn jedoch als hoffnungslosen Fall nach Hannover zu Stromeyer schickte.[59] Als sein Patient dann wider Erwarten nach einigen Wochen geheilt nach Berlin zurückkehrte, war Dieffenbach begeistert, führte selbst mit Erfolg etliche Tenotomien durch und trug damit auch zur Einführung der neuen Methode bei.[60]

Auf dem Höhepunkt der Publizität dieser von ihm in Deutschland etablierten Operationsmethode kam Stromeyer nach Erlangen, um das Ordinariat für Chirurgie und Augenheilkunde zu übernehmen. Sein Hauptinteresse galt auch hier der Behandlung orthopädischer Leiden, insbesondere der Klumpfüße. Sein erster erfolgreicher Eingriff sprach sich rasch in Erlangen und Umgebung herum, sodass die Kapazität der Klinik bald nicht mehr ausreichte: »Wir hatten oft zwanzig bis dreißig Klumpfüßige zu gleicher Zeit zu behandeln, die Erlanger sagten, sie schienen aus der Erde zu wachsen«.[61] Die Operierten wurden daraufhin in einem benachbarten Haus untergebracht. Seine Erfahrungen mit Hüftgelenksverrenkungen, die je nach Zeitpunkt der Behandlung zur völligen Wiederherstellung oder zur dauerhaften Verkrüppelung führten, veranlassten Stromeyer im Juni 1840, in einer Anzeige im Erlanger Intelligenzblatt auf die Gefahren der Verschleppung hinzuweisen und allen Menschen mit verrenkten Gliedern unentgeltliche Behandlung in der Chirurgischen Klinik anzubieten.

Ein besonderes Augenmerk legte Stromeyer auf die Krankenhaushygiene. Ihm fiel auf, dass in der Klinik viele Wunden nach Operationen vereiterten, die er in seiner Privatpraxis viele Male ohne Eiterung hatte verlaufen sehen. Daraufhin versuchte er, die

Verhältnisse im Krankenhaus denen der Privatpraxis möglichst anzugleichen. Das bedeutete, dass die Krankenzimmer nicht zu stark belegt sein durften, sie mussten außerdem gut gelüftet werden können und Kranke, deren Ausdünstungen für die Bettnachbarn gefährlich sein konnten, mussten isoliert werden. Die unzureichenden Latrinen, die alle anderen Bemühungen zunichtezumachen drohten, ließ er mit den Mitteln, die ihm sein zweiter Ruf nach Freiburg im Jahre 1840 einbrachte, erneuern.

Schon 1839 hatte die Freiburger Fakultät versucht, Stromeyer für sich zu gewinnen. Den drohenden Verlust hatte der Erlanger Senat beim Ministerium mit einem Schreiben abzuwenden versucht, in dem die große Wertschätzung, die sich der begabte Chirurg schon nach kurzer Zeit erworben hatte, deutlich zum Ausdruck kommt: »Mit einer ausgezeichneten Gelehrsamkeit verbindet Prof. Dr. Stromeyer eine bewundernswerte Fertigkeit und Erfahrung in allen chirurgischen Operationen sowie eine vortreffliche Lehrgabe und Unterrichtsmethode. Mit Glück und staunenerregender Geschicklichkeit hat er in der kurzen Zeit seines Hierseyns die überraschendsten Kuren und Operationen vollzogen […] und ist hierdurch nicht nur eine Zierde unserer Universität, sondern zugleich ein Segen für die ganze Umgegend geworden«.[62] Stromeyer hatte diesen Ruf abgelehnt und war auch nicht gewillt, dem zweiten Angebot der Freiburger ein Jahr später zu folgen. Mit den Mitteln, die das Ministerium ihm dafür zur Verfügung stellte, konnte er aber einige bauliche Verbesserungen in der Klinik, wie beispielsweise die Vergrößerung des Operationssaales, durchführen.[63]

Als im September 1840 die Versammlung Deutscher Naturforscher und Ärzte zum ersten Mal seit ihrer Gründung durch Lorenz Oken im Jahre 1822 in Erlangen tagte, hatte Stromeyer die willkommene Gelegenheit, die Mitglieder der chirurgischen Sektion allmorgendlich in seiner Klinik zu empfangen und seine Kranken und Geheilten vorzustellen. Danach demonstrierten einige Gäste ihr Können. So machte Textor verschiedene Resektionen, wobei ihm der Erfinder des Osteotoms Bernhard Heine assistierte, Dietz führte Katarakt-Extraktionen durch und Bernhard Langenbeck demonstrierte die Operation einer komplizierten »Hasenscharte«.[64]

In dieser Zeit begann Stromeyer, sich nach eigenem Bekenntnis innerlich auf einen langen Aufenthalt in Erlangen einzurichten. Er fühlte sich wohl in der Stadt und im Kreise der Kollegen und begann nach einem geeigneten Haus Ausschau zu halten. Doch wiederum wurde ein Erlanger Chirurg zum Spielball der Obrigkeit. Als am 20. Dezember 1840 Philipp Wagner, der Münchener Ordinarius für Chirurgie, plötzlich starb, wurde Stromeyer von König Ludwig nach München abberufen – »ob ich wolle oder nicht, kam nicht in Betracht, es handelte sich nicht um eine Vocation, sondern um eine Versetzung«.[65] Der Dienstantritt in München war bereits auf den 1. Februar 1841 festgesetzt. Auf Erlangen und seine Studenten, die sich mitten im Semester befanden, wurde keine Rücksicht genommen. Stromeyer aber, »der schönste Mann in Gestalt und Haltung«, wie Kussmaul ihn 1857 beschrieb, als er ihn in Bonn auf der Naturforscherversammlung traf,[66] hielt es nicht lange in München. Schon im Herbst 1842 folgte er dem dritten Ruf nach Freiburg, 1848 ging er nach Kiel und 1854 nach Hannover, wo er zum bedeutenden Förderer der modernen Kriegschirurgie und des Militärsanitätswesens wurde. Renate Wittern-Sterzel

Der Aufbruch in die Moderne

1840
1900

Gruss aus Erlangen.

1840

Das naturwissenschaftliche Denken erobert die Medizin

Wenngleich es problematisch ist, ein historisches Phänomen wie die Entstehung eines neuen Konzepts in der Medizin mit dem Verweis auf einzelne Persönlichkeiten oder auf einen Zeitpunkt oder engeren Zeitraum festzulegen, so gibt es doch bestimmte Marksteine und Archegeten, die der Medizin Ende des 18. und dann besonders in der ersten Hälfte des 19. Jahrhunderts nachweisbar eine neue Richtung gegeben haben.[1] Für die Einführung des naturwissenschaftlichen Denkens in die Medizin waren das in Frankreich vor allem Marie François Xavier Bichat (1771–1802) mit seiner Gewebepathologie und François Magendie (1783–1855), der als Protagonist der französischen Experimentalphysiologie anzusehen ist.

In Deutschland ist hier insbesondere Johannes Müller (1801–1858) zu nennen, mit dessen Namen sich der Beginn einer naturwissenschaftlich orientierten Physiologie verbindet, die sich der physikalischen und chemischen Methoden bediente und sich zunehmend als Experimentalwissenschaft verstand.

Müllers Schüler entwickelten seine Anregungen in unterschiedliche Richtungen weiter und lieferten entscheidende Beiträge zu dem zweifellos bedeutendsten Paradigmenwechsel in der abendländischen Medizin.[2] Zu nennen sind hier unter vielen anderen Theodor Schwann (1810–1882), der 1839 mit seinen *Mikroskopischen Untersuchungen über die Übereinstimmung in der Struktur und dem Wachstume der Tiere und Pflanzen* zum Begründer der Zelltheorie wurde, Rudolf Virchow (1821–1902), der Verfasser der 1858 erschienenen *Cellularpathologie*, des richtungweisenden Werks der Pathologie, Emile du Bois-Reymond (1818–1896), der führende Vertreter der Elektrophysiologie, und Carl Ludwig (1816–1895), der sich besonders um die grafische Aufzeichnung physiologischer Vorgänge verdient gemacht hat und 1846 den ersten Kymografen (»Wellenschreiber«) konstruierte, mit dem erstmals physiologische Bewegungsprozesse aufgezeichnet werden konnten.

Sie alle und manche andere, die hier nicht im Einzelnen erwähnt werden können, gaben in dem Jahrzehnt vor der Jahrhundertmitte ein klares Bekenntnis zum naturwissenschaftlichen Konzept des Körpers ab, in dem allein die Gesetze der Physik und Chemie gelten sollten. So schrieb beispielsweise der junge du Bois-Reymond im Mai 1842 an seinen Jugendfreund Eduard Hallmann (1813–1855), der ebenfalls Schüler von Johannes Müller war: »Brücke [gemeint ist Ernst Wilhelm Brücke, RWS] und ich, wir haben uns verschworen, die Wahrheit geltend zu machen, daß im Organismus keine anderen Kräfte wirksam sind, als die genauen physikalisch-chemischen«,[3] und Virchow

Abb. 1 »Gruss aus Erlangen« – Postkartenfächer mit Ansichten von Universitätsgebäuden, im Mittelteil mit Darstellungen verschiedener Universitätskliniken, um 1900.

konstatierte am 3. Mai 1845, wie du Bois-Reymond ebenfalls erst in seinem 24. Lebensjahr stehend, in seiner berühmten Rede mit dem Titel *Über das Bedürfnis und die Richtigkeit einer Medizin vom mechanischen Standpunkt*: »Die neueste Medizin hat ihre Anschauungsweise als die mechanische, ihr Ziel als die Feststellung einer Physik der Organismen definiert. Sie hat nachgewiesen, dass Leben nur ein Ausdruck für eine Summe von Erscheinungen ist, deren jede einzelne nach den gewöhnlichen physikalischen und chemischen (d. h. mechanischen) Gesetzen von statten geht.«[4]

Die Leiter der Medizinischen Abteilung des Universitätskrankenhauses bis zur Jahrhundertwende

Franz von Dittrich (1815–1859)

Nachdem Carl Friedrich Canstatt schon wenige Jahre nach seiner Berufung nach Erlangen an einem Lungenleiden erkrankt und bald darauf verstorben war, wurde der aus Böhmen stammende Franz von Dittrich zum 1. November 1850 zum ordentlichen Professor für Therapie und Innere Klinik und zum Vorstand der Medizinischen Klinik im Universitätskrankenhaus in Erlangen ernannt.[5] Dittrich hatte seine Ausbildung an der deutschen Karls-Universität in Prag absolviert und ging danach im Rahmen einer Studienreise 1841/42 nach Wien. Es war dies die Zeit, in der Carl Rokitansky (1804–1878) den ersten Band seines Handbuchs der allgemeinen Pathologie herausgab, mit dem er seinen herausragenden Ruf als Pathologe begründete und einen wesentlichen Grundstein dafür legte, dass die Pathologie zur Leitwissenschaft der Medizin im 19. Jahrhundert wurde. Rokitanskys Überzeugung, dass die pathologische Anatomie die Grundlage nicht nur des ärztlichen Wissens, sondern auch des ärztlichen Handelns sein müsse, fiel bei seinem Schüler Franz von Dittrich auf fruchtbaren Boden. Nach Prag zurückgekehrt wurde Dittrich bald darauf Prosektor am dortigen anatomisch-pathologischen Institut und dessen interimistischer Direktor, bis ihn der Ruf nach Erlangen erreichte.

Als Dittrich sein Amt in Erlangen antrat, war die pathologische Anatomie noch kein selbstständiges Fach. Die einschlägige Vorlesung und die Obduktionen wurden daher entweder vom Anatomen oder vom Kliniker durchgeführt. Mit der Berufung Dittrichs wurde die Zuständigkeit in Erlangen neu geregelt. Dittrich übernahm die alleinige Verantwortung für beides und versuchte, durch die enge Verbindung von eigenhändig vorgenommener Sektion und klinischer Symptomatik dem pathologisch-anatomischen Gedanken in Erlangen Eingang und Geltung zu verschaffen. Die Studenten zeigten sich von diesem »modernen« Unterricht begeistert, ihre Zahl verdoppelte sich innerhalb weniger Jahre. Die wissenschaftliche Welt reagierte auf seine offenkundig außerordentliche Begabung an Krankenbett und Sektionstisch und bedachte ihn mit Rufen nach Heidelberg (zweimal), Tübingen, Rostock, Jena und Würzburg, die Dittrich aber alle ablehnte. Auch seine Heimatuniversität in Prag versuchte, ihn mit einem überaus attraktiven Angebot zurückzugewinnen. Der Prager Lehrstuhl für pathologische Anatomie war für Dittrich ursprünglich das Ziel seiner sehnlichsten

Wünsche gewesen, und so stand er, wie er selbst bekannte, vor der schwierigsten Entscheidung seines Lebens. Aber er blieb in Erlangen. Einer seiner Gründe dafür, dass er Erlangen die Treue hielt, war, wie er in seinem ausführlichen Antwortschreiben an den Unterrichtsminister in Wien darlegte, das Verhältnis zu seinen Schülern: »Ich hatte mich meinen Schülern nicht bloß als Lehrer, sondern als Freund gegenübergestellt, hatte in sie den Eifer, die Liebe zur Wissenschaft, ebenso den Sinn für Humanität zu pflanzen gesucht und, ich kann offen sagen, ich habe mich in meinen Schülern wiedergefunden. Diese Überzeugung ist mir der einzige Lohn für mein Wirken. Nach diesem Lohn hatte ich mich gesehnt, und er befriedigt mich mehr als es die äußere Stellung in irgendeiner Weise zu tun vermag.«[6] Der König honorierte Dittrichs Treue zu Erlangen mit der Ernennung zum Ritter des Civilverdienstordens der bayerischen Krone.

Dittrich hat nur wenige wissenschaftliche Arbeiten publiziert. Sein »bleibendes Verdienst aber«, so urteilte der Erlanger Pathologe Volker Becker, »besteht darin, daß er die Beteiligung der inneren Organe bei der Syphilis, vor allem der Lebersyphilis, erkannte«.[7] Die Universität bewies ihre Wertschätzung seiner Tätigkeit dadurch, dass sie ihn schon 1852 erstmals zum Prorektor wählte. Seine zweite Wahl in dieses ehrenvolle Amt im Jahre 1855 war wohl als eine Art Wiedergutmachung zu verstehen, zu welcher sich die Fakultät nach der durch den Chirurgen Johann Ferdinand Heyfelder eingefädelten infamen Intrige veranlasst fühlte. Die Stadt Erlangen ernannte Dittrich 1856 zum Ehrenbürger.

Ein besonderes Verdienst, das erst in jüngster Zeit im Zusammenhang mit der neuen Wertschätzung der Universitätssammlungen ins Zentrum der Aufmerksamkeit gerückt ist, erwarb sich Dittrich zudem dadurch, dass er 1854 zusammen mit dem Anatomen Joseph von Gerlach (1820–1896), einem entschiedenen Verfechter der

Abb. 2 Franz von Dittrich (1815–1859).
Abb. 3 Blick in die Pathologische Sammlung der FAU Erlangen-Nürnberg, 2015.

Abb. 4 Friedrich Albert von Zenker (1825–1898).

Abb. 5 Das alte Pathologisch-anatomische Institut, um 1907.

naturwissenschaftlich-experimentellen Methode, der nur wenige Tage vor Dittrich nach Erlangen berufen worden und mit dem dieser seit seinem Wienaufenthalt freundschaftlich verbunden war, die pathologischen Präparate aus der Anatomischen Sammlung aussonderte und sie zusammen mit eigenen Stücken und denen seiner klinischen Vorgänger im Krankenhaus im neu gegründeten »Museum pathologico-anatomicum« aufstellte. So wurde die Trennung von Anatomie und Pathologie bereits etliche Jahre, bevor die Pathologie ihre institutionelle Selbstständigkeit erhielt, auf der Ebene der Objekte vollzogen.[8]

Der endgültige Durchbruch der pathologischen Anatomie erfolgte dann nach der Veröffentlichung von Virchows epochemachender Abhandlung über die *Cellularpathologie* 1855 bzw. 1858[9], welche die Einrichtung von Ordinariaten und die Gründung von pathologisch-anatomischen Instituten in rascher Folge nach sich zog. Erlangen war hier unter den ersten Universitäten. Schon 1862 wurde Friedrich Albert von Zenker (1825–1898) auf den neu geschaffenen Lehrstuhl berufen.[10] Die Gründung des entsprechenden Instituts ließ dann allerdings noch über zehn Jahre auf sich warten. Es wurde an der Krankenhausstraße 4 zwischen dem Krankenhausgebäude und der damaligen Entbindungsanstalt errichtet und am 31. Oktober 1873 eröffnet.[11]

Mit Zenker gewann Erlangen einen der hervorragendsten Vertreter des Faches, mit dessen Namen bedeutende Erkenntnisse verbunden sind. Die Entdeckung der Trichinen und der Trichinose gelang ihm bereits in der Zeit vor seiner Berufung nach Erlangen, als er noch an der Dresdner Medicinisch-Chirurgischen Akademie tätig war.[12] 1865 erhielt er dafür den renommierten Montyon-Preis der Pariser Akademie der Wissenschaften. Weitere wichtige Arbeiten waren seine Untersuchungen über die Staubinhalationskrankheiten[13] und die Erstbeschreibung des Ösophagus-Divertikels, das später seinen Namen erhielt,¹⁴ ferner seine Studien über die Veränderungen der willkürlichen Muskeln beim Typhus abdominalis sowie über die akute Leberatrophie. Zenker lehrte 33 Jahre lang in Erlangen und wurde 1895 emeritiert. Er verkörpert damit ein Prinzip der Kontinuität, das sich auch bei fast allen seinen Nachfolgern findet. Sein Name lebt fort in dem Eponym »Zenkersches Divertikel«. Im Jahre 1949 wurde die Zenkerstraße in Erlangen nach ihm benannt.

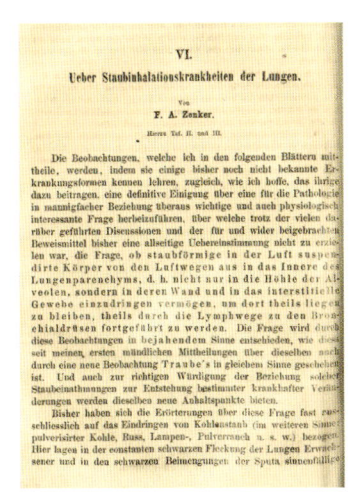

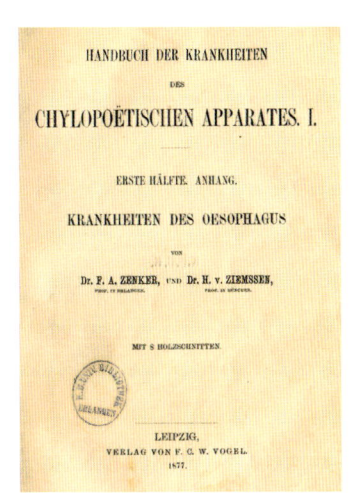

Franz von Dittrich war es nicht vergönnt, die Erhebung der Pathologischen Anatomie zu einem selbstständigen Fach, für die er sich sehr eingesetzt hatte, zu erleben. Er erkrankte 1857 an einem Hirnleiden, musste im Juni 1858 seine Lehrtätigkeit aufgeben und starb am 29. August 1859 in seiner Heimat in Böhmen.

Adolf Kußmaul (1822–1902)

Nach diesem unerwartet frühen Verlust eines begnadeten Klinikers, machte sich die Fakultät auf die Suche nach einem geeigneten Nachfolger. Sie war sich der Bedeutung dieser Berufung bewusst und betrachtete sie »als eine Lebensfrage der ganzen Medizinischen Fakultät«.¹⁵ Dass ihre Wahl auf den noch am Anfang seiner Karriere stehenden Adolf Kußmaul fiel, der zu diesem Zeitpunkt außerordentlicher Professor in Heidelberg war, ging auf einen Vorschlag des Anatomen Joseph von Gerlach zurück. Gerlach hatte Kußmaul 1857 in Bonn auf der Versammlung der deutschen Naturforscher und Ärzte kennengelernt und ihn schon damals als möglichen Nachfolger für den bereits schwer erkrankten Dittrich vorgemerkt. Kußmaul demonstrierte auf der Tagung »mittels des Tierversuchs die Augenbewegungen, die bei wechselnder Sperre und Wiederkehr der Blutströmung durch die Schlagadern am Halse gesetzmäßig sich ablösen«.¹⁶ Dieser Versuch interessierte Gerlach, wie Kußmaul selbst später berichtete, sehr: »er unterhielt sich darüber längere Zeit auf das liebenswürdigste mit mir, und auf einem Ausflug nach dem Siebengebirge wußte er mich an seiner Seite zu behalten; er erkundigte sich auf das Genauste (sic) nach meiner Vergangenheit, meinen Studien, Vorlesungen und Aussichten in Heidelberg. Wie er mir später sagte, faßte er mich damals schon ins

Abb. 6 Friedrich Albert von Zenkers Arbeit über die Staubinhalationskrankheiten der Lunge, 1867.

Abb. 7 Originalpräparat der von Friedrich Albert von Zenker beschriebenen Staublunge, um 1865.

Abb. 8 Friedrich Albert von Zenkers Arbeit über die Krankheiten des Ösophagus mit der Beschreibung des später nach ihm benannten Divertikels, 1877.

Abb. 9 Joseph von Gerlachs Gedächtnisrede auf Franz von Dittrich, 1859.

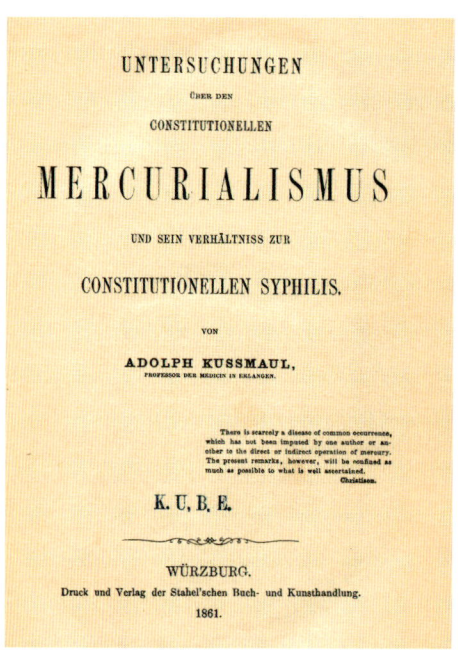

Abb. 10 Adolf Kußmaul (1822–1902).

Abb. 11 Adolf Kußmauls Abhandlung über den »constitutionellen Mercurialismus«, 1861.

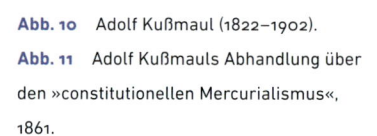

Auge als möglichen künftigen Kollegen in Erlangen, falls der Kliniker Dittrich, der einem unheilbaren Siechtum verfallen war, ersetzt werden müßte.«[17]

Die Erlanger Medizinische Fakultät folgte dem Vorschlag Gerlachs, sodass Kußmaul im Alter von 37 Jahren zum 1. Oktober 1859 zum ordentlichen Professor für Arzneimittellehre und Staatsarzneikunde sowie zum Vorstand der Medizinischen Klinik im Universitätskrankenhaus ernannt wurde. Kußmaul hatte sein Studium in Heidelberg in den Jahren von 1840 bis 1846 absolviert, wo die naturwissenschaftliche Medizin bereits Einzug gehalten hatte. Er feierte dort auch seinen ersten wissenschaftlichen Erfolg, als er eine von der Medizinischen Fakultät gestellte Preisfrage löste und dabei einen Augenspiegel konstruierte, der allerdings das Hauptziel, den Augengrund sichtbar zu machen, verfehlte.[18] Auf seiner sich ans Studium anschließenden Studienreise nach Wien und Prag hatte er nicht nur Gelegenheit, mehrere Monate die beiden Wiener Koryphäen Carl Rokitansky und Joseph Skoda zu erleben, sondern lernte in Prag auch Franz von Dittrich kennen, der dort die klinischen Sektionen als Prosektor leitete und dessen reiche klinische Erfahrung ihn sehr beeindruckte.[19] Dass er dann ein Jahrzehnt später sein Nachfolger in Erlangen werden sollte, ahnte er damals natürlich noch nicht.

Wie vielen autobiografischen Berichten oder Briefen namhafter Professoren nach ihrer Berufung nach Erlangen zu entnehmen ist, war der erste Eindruck, den die fränkische Universitätsstadt im 19. Jahrhundert auf einen jungen Gelehrten machte, oft nicht eben vorteilhaft, ihre Qualitäten enthüllten sich erst dem zweiten Blick. Nicht anders erging es Kußmaul, der sich wenige Monate nach seinem Dienstantritt in einem Brief an den damaligen Leiter der Heidelberger Medizinischen Klinik Karl Ewald Hasse folgendermaßen äußerte: »Seit 2ten October bin ich hier. Das Städtchen von ca. 12000 Seelen ist sehr arm und macht auf einen Heidelberger einen sehr deprimierenden Eindruck. In der ersten Zeit hatte ich öfter großes Heimweh nach dem Neckar, seinen Bergen und noch mehr nach so manchem treuen Freunde, den ich dort zurücklaßen muste. Zum Glück bekam ich so reichlich zu tun, daß ich wenig Zeit hatte, Gefühlen nachzugehen, […] Allgemach gewöhnten sich auch meine Augen an die elenden Miethwohnungen, die schmutzigen Häuser […], meine Ohren an das Gebettel, und bald überzeugte ich mich, daß in Collegialität die hiesige Hochschule einen sehr hohen Rang einnehme. Es sind hier viele höchst ehrenvolle Männer, die Universität hält zusammen wie ein Mann, Parteien sind keine da, die Autonomie der Körperschaft wird möglichst gewahrt.«[20]

Zum Eintritt in die Erlanger Fakultät hielt Kußmaul seine Antrittsvorlesung zum Thema *Zwei Fälle von Paraplegie mit tödlichem Ausgange ohne anatomisch nachweisbare oder toxische Ursache*. Er beschrieb hierin zeitgleich mit Jean Baptiste Landry, aber unabhängig von diesem, die akute, aufsteigende, schlaffe symmetrische Lähmung, die als »Kußmaul-Landry-Lähmung« Eingang in die Terminologie gefunden hat.

Kußmaul blieb nur dreieinhalb Jahre in Erlangen, das somit gewissermaßen das Sprungbrett für seine nachmalige glanzvolle Karriere wurde. Immerhin entstand in dieser Zeit seine groß angelegte Studie *Untersuchungen über den constitutionellen Mercurialismus und sein Verhältnis zur constitutionellen Syphilis*, in der er zeigen konnte, dass die Quecksilberkrankheit, eine chronische Vergiftung, und die Infektionskrankheit Syphilis zwei klar voneinander geschiedene Krankheiten sind.[21] Die Anregungen für die Bearbeitung dieses Themas gewann Kußmaul aus seiner Heidelberger Zeit, in der er über Toxikologie und gerichtliche Medizin gelesen hatte sowie aus seiner Erlanger Vorlesung über die Staatsarzneikunde, die er entsprechend der Denomination seines Lehrstuhls hielt. Unmittelbarer Anlass aber war die Häufung von Erkrankungen an chronischen Quecksilberintoxikationen bei den Arbeitern in der Spiegelfabrik von Erlangen, die zur Behandlung ins Universitätskrankenhaus kamen. Die weiteren wissenschaftlichen Leistungen Kußmauls und seine wichtigen Beiträge zu Diagnostik und Therapie – erwähnt sei hier nur die berühmte Magenpumpe – stammen alle aus seiner späteren Zeit in Freiburg und Straßburg.

Hugo von Ziemssen (1829–1902)

Kußmaul folgte im Frühjahr 1863 einem Ruf an die Universität Freiburg. Auch sein Nachfolger Hugo von Ziemssen stand noch am Beginn seiner Laufbahn, als er am 1. April 1863 seine Tätigkeit als Professor für Spezielle Pathologie und Therapie in Erlangen aufnahm.[22] Und auch er sollte, ebenso wie Kußmaul, in den folgenden Jahrzehnten zu einer der bedeutendsten Persönlichkeiten der deutschen Medizin der zweiten Hälfte des 19. Jahrhunderts werden. Der aus Greifswald stammende Ziemssen erhielt seine erste und prägende Ausbildung zum medizinischen Forscher in den Jahren 1850 bis 1852 bei Rudolf Virchow, dessen Privatassistent er zeitweilig war. In der sich anschließenden Assistentenzeit in Greifswald profitierte er dann insbesondere von der reichen Erfahrung des Klinikers Felix Niemeyer (1820–1871), bei dem er sich mit einer Arbeit über *Die Electricität in der Medicin* habilitierte.

Sein Lehrer Niemeyer war es dann auch, der Ziemssen der Erlanger Fakultät als Nachfolger für Kußmaul empfahl. Die Arbeitsbedingungen an der Klinik, die in den 1850er Jahren in vielerlei Hinsicht noch äußerst unzulänglich gewesen waren – »die Räumlichkeiten waren ungenügend, das Material spärlich, die Inventare und Sammlungen lückenhaft, das Hilfspersonal unzureichend«[23], – hatten sich am Beginn der 1860er Jahre durch eine erhebliche Erhöhung der Staatszuschüsse für die Universität nach Ziemssens Aussage beträchtlich verbessert. So waren 1863 das Krankenhaus um ein Geschoss aufgestockt und das Inventar dem Bedarf angemessen ergänzt worden. Diese Erweiterung führte dazu, dass sich innerhalb von fünf Jahren die Zahl der stationären Kranken verdoppelt

Abb. 12 Hugo von Ziemssen (1829–1902).

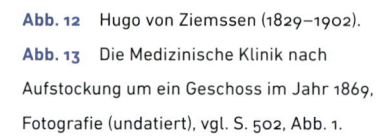

Abb. 13 Die Medizinische Klinik nach Aufstockung um ein Geschoss im Jahr 1869, Fotografie (undatiert), vgl. S. 502, Abb. 1.

hatte. Insgesamt wurden vom 1. April 1863, dem Dienstbeginn Ziemssens, und dem 31. März 1868 knapp 11.000 Patienten in der Medizinischen Klinik und Poliklinik versorgt. Entsprechend hoch war auch die Zahl der Obduktionen, die dank der Bemühungen Dittrichs und Kußmauls von den Einwohnern Erlangens »als etwas Selbstverständliches« angesehen und akzeptiert wurden, was dem Unterricht eine besondere Qualität gab.[24]

Trotz der Aufstockung des Krankenhauses mangelte es jedoch noch an der Möglichkeit, Kranke mit ansteckenden Krankheiten zu separieren. Trotz intensiver Debatten um die richtige Belüftung, Beleuchtung und Beheizung der Krankenzimmer stellte die Formierung möglichst kleiner architektonischer Einheiten durch das Pavillonsystem immer noch den Königsweg dar, um Probleme zu lösen, die wir heute nachbakteriell als hygienische Probleme fassen.[25] Um dem Missstand abzuhelfen, wurde, in Anlehnung an die Pavillonkrankenhäuser, die in dieser Zeit in Deutschland entstanden,[26] 1870 eine Holzbaracke im Krankenhausgarten errichtet; außerdem wurden die »Canalisierung des Krankenhausareals« durchgeführt und ein Wasserwerk gebaut, das die Räume des Krankenhauses mit kaltem und warmem Wasser versorgte.

Ziemssens studentischer Unterricht war außerordentlich vielfältig: Neben seinen Kernfächern Medizinische Klinik und Poliklinik sowie Spezielle Pathologie und Therapie hielt er Kurse und Übungen in physikalischer Diagnostik, in Auskultation und Perkussion und in Laryngo- und Pharyngoskopie ab; ferner las er über Dermatologie und Syphilis, über physikalische Heilmittel, über Hydrotherapie und Elektrotherapie sowie über Heilquellen und klinische Kurorte.[27]

Sein Bemühen um die Verbesserung der klinischen Ausbildung seiner Studenten führte auch zur Einrichtung der sogenannten Unterärzte. Dies waren Studenten der höheren Semester, die für ein halbes Jahr im Krankenhaus wohnten und von den Assistenten in der täglichen Untersuchung und Betreuung der Patienten angeleitet wurden.[28] Unter Ziemssens Ägide fand auch das Thermometer Eingang in den Alltag der Klinik, das zunächst kritisiert worden war, weil es angeblich in der Handhabung zu umständlich sei. Ziemssen, der in Greifswald die systematische rektale Fiebermessung bei Kindern bereits 1859 und bei Erwachsenen ab 1862 eingeführt hatte,[29] wies 1870 die Vorbehalte gegen dieses neue Instrument energisch zurück: »Man muß über diese Kurzsichtigkeit erstaunen […] Übung und Gewöhnung sind bei der Aneignung der Thermometrie ebenso unentbehrlich, wie bei anderen Untersuchungsmethoden. Ich erachte es deshalb für unerläßlich, daß jeder Praktikant in der Poliklinik mit einem guten Thermometer versehen und jederzeit über den Stand des Fiebers bei seinen Kranken orientirt sei.«[30]

Ebenso wie in der Lehre war auch das Spektrum von Ziemssens Publikationen breit. In seiner Erlanger Zeit dominierten zahlenmäßig die Arbeiten über neurologische Themen, gefolgt von gastroenterologischen. Außerdem veröffentlichte Ziemssen im Jahre 1871 auch eine medizinhistorische Arbeit über »die salernitanische Schule und die Ärzte des Mittelalters«. Ein für seine Erlanger Zeit bedeutendes Datum war das Jahr 1866, in dem er zusammen mit seinem Kollegen Friedrich Albert von Zenker, das *Deutsche Archiv für klinische Medicin* gründete. Wie die Herausgeber im Vorwort des ersten Bandes hervorhoben, sollte ihre Zeitschrift ausschließlich dem Gebiet der inneren Medizin gewidmet sein: »Wir sind der Überzeugung, dass es für die heutige klinische Medicin in der That ein Bedürfniss ist, ein Organ zu besitzen, das sie ganz ihr eigen nennen kann«.[31] Das Archiv erlebte bis zum Jahr 1965 über 211 Bände. Ein zweites groß angelegtes Unternehmen Ziemssens war die Herausgabe des 17 Bände umfassenden *Handbuchs der speciellen Pathologie und Therapie*. Der erste Band erschien zwar erst 1874, also im Jahr seiner Wegberufung, basierte aber in hohem Maße auch auf den Arbeiten seiner Erlanger Jahre.

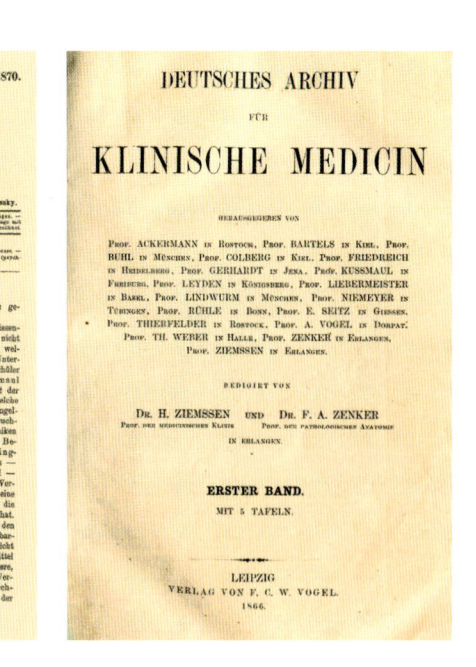

Abb. 14 Hugo von Ziemssens Bericht über die Arbeit der Medizinischen Klinik in den 1860er Jahren, 1870.

Abb. 15 Erster Band des von Hugo von Ziemssen und Friedrich Albert von Zenker gegründeten *Deutschen Archivs für klinische Medicin*, 1866.

Die elf Jahre seines Wirkens in Erlangen wurden nicht nur intern hochgeschätzt, sodass er 1867 zum Direktor des Universitätskrankenhauses ernannt und im Wintersemester 1873/74 zum Prorektor gewählt wurde, sondern seine Leistungen wurden auch jenseits der Grenzen der fränkischen Universität wahrgenommen. Äußerer Beleg dafür sind insgesamt acht Rufe nach Greifswald, Basel, Bern, Dorpat, Jena, Königsberg, Gießen und Breslau, die er alle ablehnte. Als ihn jedoch München – der nach Berlin zweite Sehnsuchtsort der deutschen Mediziner dieser Zeit – als Nachfolger für den plötzlich verstorbenen Joseph von Lindwurm rief, da konnte er nicht widerstehen und gestand, dass es ihn mit Stolz erfüllte, »dass seine Berufung von der gesammten medicinischen Fakultät, der so hervorragende Männer angehörten, gewünscht worden war«.[32] In München stieg Hugo von Ziemssen dann zu einem der bedeutendsten Internisten der zweiten Hälfte des 19. Jahrhunderts auf, der mit Auszeichnungen und Ehrungen geradezu überhäuft wurde.[33]

Wilhelm Olivier von Leube (1842–1922)

Für Erlangen bedeutete Ziemssens Weggang, dass es wiederum einen Nachfolger für den zentralen Lehrstuhl der Medizinischen Fakultät finden musste. Die Wahl fiel auf Wilhelm Olivier von Leube, der in Erlangen kein Unbekannter war. Er war bereits seit 1868 an der Erlanger Klinik tätig gewesen, zunächst als wissenschaftlicher Assistent von Ziemssen, nach seiner im gleichen Jahr erfolgten Habilitation für Innere Medizin dann als Privatdozent und zuletzt, ab 1872, als Extraordinarius für Arzneimittellehre,

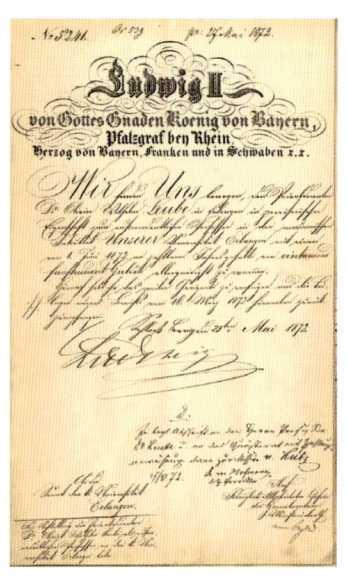

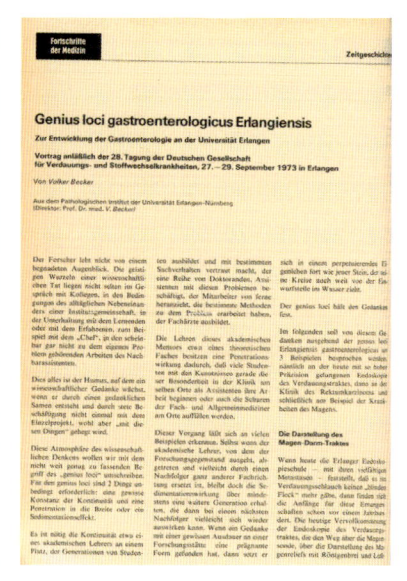

Abb. 16 Wilhelm Olivier von Leube (1842–1922).

Abb. 17 Wilhelm Olivier von Leubes Ernennungsurkunde zum außerordentlichen Professor, 1872.

Abb. 18 Volker Beckers Aufsatz, in dem er den gastroenterologischen Schwerpunkt der Erlanger Medizinischen Klinik vom 19. Jahrhundert bis in die Gegenwart nachgezeichnet hat, 1973.

Rezeptierkunst und Diagnostik, bevor er Direktor der Medizinischen Klinik in Jena wurde. Das sollte er indes nicht lange bleiben, da die Erlanger Fakultät ihn zum Nachfolger Ziemssens auserkoren hatte. Diesem Wunsch widersetzte sich zunächst das Ministerium, weil es den Münchener Alfred Vogel (1829–1890) nach Erlangen berufen wollte, der ehemals für einige Jahre in München Assistent bei Karl von Pfeufer gewesen war und seit Mitte der 1860er Jahre die medizinische Klinik in Dorpat leitete. Die Fakultät lehnte diesen Vorschlag ab. Sie ließ das Ministerium wissen, dass Vogel bereits bei der Nachfolge von Dittrich und Kußmaul im Gespräch gewesen sei und dass man ihn beide Male für nicht hinreichend geeignet befunden habe. Im Übrigen wusste sie sich mit dieser Beurteilung in Einklang mit der Münchener Fakultät, die Vogel bei der Frage der Nachfolge Lindwurms ebenfalls nicht in Betracht gezogen hatte.[34] Daraufhin lenkte das Ministerium ein und ernannte Leube zum 1. August 1874 zum ordentlichen Professor für Spezielle Pathologie und Therapie sowie zum Vorstand der Medizinischen Klinik in Erlangen.

Leube war ein vielseitig interessierter Mann, der seine medizinische Ausbildung sehr breit angelegt hatte. Nach dem Studium in Tübingen und Zürich, wo besonders Theodor Billroth und Wilhelm Griesinger großen Eindruck auf ihn gemacht hatten, verbrachte er seine anschließenden Jahre teils in München im chemischen Laboratorium von Justus von Liebig, teils in Berlin, wo er sich bei Rudolf Virchow und Friedrich Theodor von Frerichs weiter ausbilden ließ. In seiner Habilitation, die er in Erlangen absolvierte, bearbeitete er unter dem Titel *Beiträge zur Kenntnis des Dünndarmsaftes und seiner Wirkungen* die Frage der Physiologie der Verdauung. Und diese Arbeit stellt gewissermaßen den Beginn dessen dar, was der Erlanger Pathologe Volker Becker (1922–2008) in einem Artikel über die Entwicklung der hiesigen Gastroenterologie sehr treffend den »Genius loci gastroenterologicus Erlangensis« genannt hat.[35]

Leube publizierte danach in seiner Erlanger Zeit etliche Beiträge zur Diagnostik und Therapie von Magen- und Darmkrankheiten; herausragend unter diesen war seine

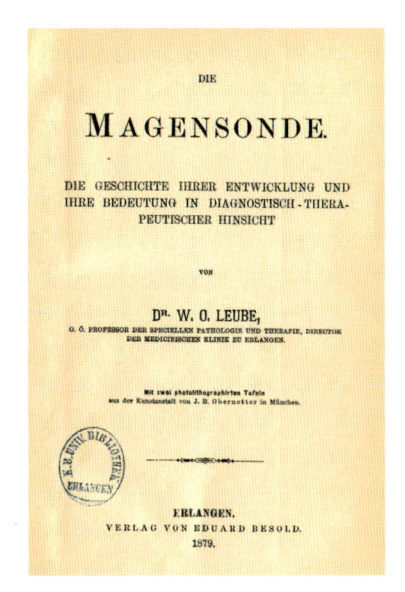

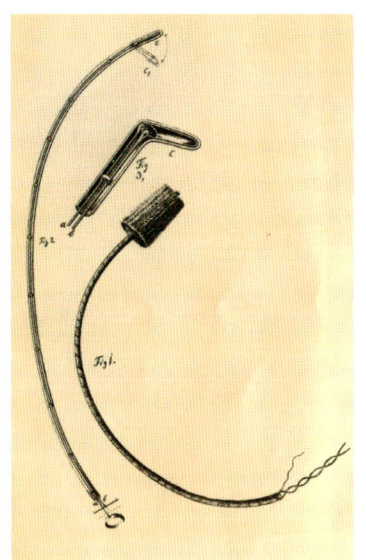

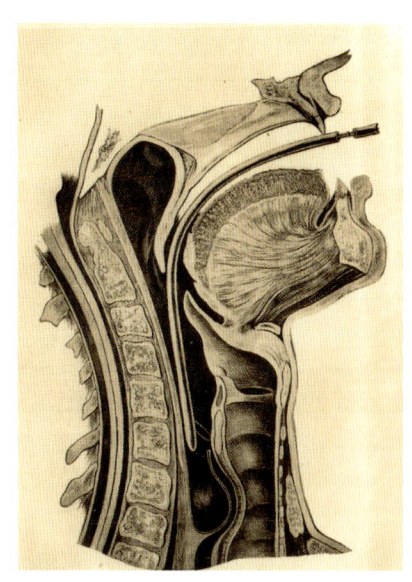

Arbeit über *Die Krankheiten des Magens und Darms*, die 1876 als siebter Band des von Ziemssen herausgegebenen *Handbuchs der speciellen Pathologie und Therapie* erschien. Bedeutsam war auch seine Monografie *Die Magensonde. Die Geschichte ihrer Entwicklung und ihre Bedeutung in diagnostisch-therapeutischer Hinsicht* aus dem Jahr 1879, in der er nach einem Rückblick über Vorläuferinstrumente die diagnostischen und therapeutischen Indikationen der Sonde beschrieb, die als Vorläufer der modernen Endoskopie betrachtet werden kann. Einen Platz in der Medizingeschichte hat sich Leube auch dadurch verdient, dass er 1879 den noch heute gebräuchlichen Begriff der »nervösen Dyspepsie« prägte. Mit seiner Fokussierung auf die Gastroenterologie war Leube zudem der erste Kliniker in Erlangen, der sich auf ein Teilgebiet innerhalb der Inneren Medizin konzentrierte.

Wie schon seine Vorgänger hielt es auch Leube nicht sehr lange in Erlangen. Im Oktober 1885, also nach wenig mehr als einem Jahrzehnt, ereilte ihn der Ruf nach Würzburg, wo der Lehrstuhl für Medizinische Klinik frei geworden war, nachdem Carl Gerhardt, der nachmals einer der Begründer der Pädiatrie werden sollte, an die Charité berufen worden war. Erlangen verlor mit Leube nicht nur einen bedeutenden Forscher, dem später noch viele Ehrungen zuteilwerden sollten, sondern auch und vor allem seinen berühmten, beliebten und von weither konsultierten »Magenarzt«,[36] den die Nachwelt zu Recht als einen der Pioniere auf dem Gebiet der Gastroenterologie feiert.

Adolf von Strümpell (1853–1925)

Bei der Suche nach einem geeigneten Nachfolger für Leube kam der ehemalige Kollege Adolf Kußmaul der Fakultät zu Hilfe und empfahl ihr Adolf von Strümpell,[37] der zu diesem Zeitpunkt die Medizinische Poliklinik in Leipzig als Extraordinarius leitete. Die Fakultät folgte dem Rat und gab diesen Vorschlag auf einer Unico-loco-Liste ans Ministerium weiter. Trotz der großen Anerkennung, die eine derartige Empfehlung des damaligen

Abb. 19 Titelblatt zu Wilhelm Olivier von Leubes Monografie über die Magensonde, 1879.

Abb. 20 Fig. 2: Oesophagus-Divertikel-Sonde, Fig. 3: Unterstes Stück der Sonde in natürlicher Größe, Fig. 1.: »Magenbürste« aus dem Anfang des 18. Jahrhunderts (v. l. n. r.).

Abb. 21 Einführung der Sonde in das Divertikel.

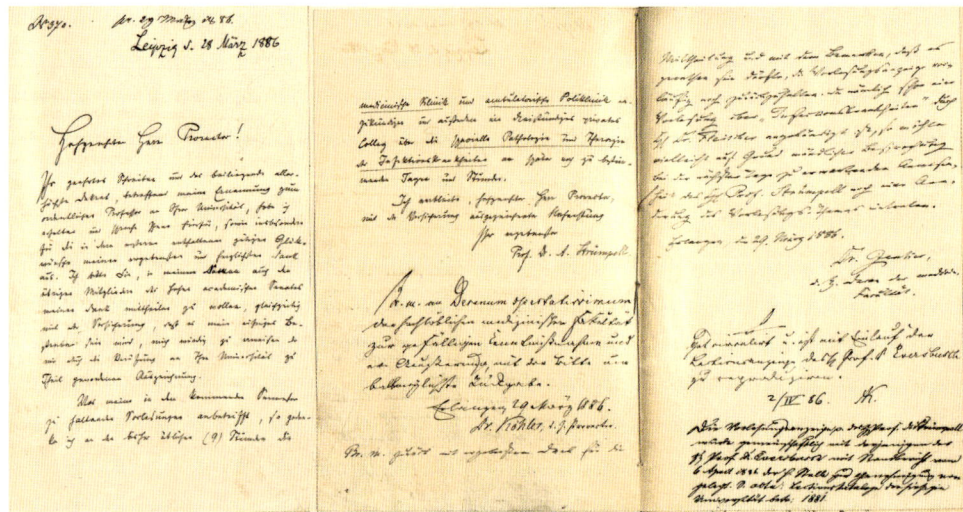

Abb. 22 Adolf von Strümpell (1853–1925).

Abb. 23 Briefwechsel zwischen Adolf von Strümpell und Friedrich Albert von Zenker im Vorfeld der Berufung Strümpells auf den Erlanger Lehrstuhl für Innere Medizin, 1886.

Nestors der Inneren Medizin in Deutschland für Strümpell bedeutete, war seine Freude darüber eher verhalten. Zu sehr bedrückte ihn die Vorstellung, die ihm vertraute und ans Herz gewachsene Stadt Leipzig mit ihrem wissenschaftlich anregenden und künstlerisch regen Leben, in das er voll integriert war, gegen das kleine fränkische Erlangen zu tauschen. Und so reagierte er zunächst auf die Anfrage des Erlanger Dekans Zenker, ob er einem Ruf folgen würde, zurückhaltend. Da aber die Leipziger Universität seinen Wunsch nach einer selbstständigen Nervenabteilung nicht erfüllen konnte, machte er sich im Winter 1886 schweren Herzens zu ersten Besprechungen auf den Weg nach Erlangen:

»Man kann nicht behaupten, daß Erlangen auf den neuen Ankömmling zunächst einen besonders stattlichen oder anmutigen Eindruck macht. Man behauptet sogar, daß wiederholt Studenten, die sich Erlangen zu ihrer Alma mater ausersehen hatten, ja einmal sogar ein nach Erlangen neuberufener Professor nach dem ersten Gange vom Bahnhof durch die Stadt am Marktplatz wieder still umgekehrt seien und die Stadt mit dem nächsten Zug auf Nimmerwiedersehen verlassen hätten. Ob dies der Wahrheit entspricht oder nur eine böswillige Erfindung ist, weiß ich nicht. Ich muß aber gestehen, daß der erste Eindruck, den Erlangen auch auf mich machte, nicht geeignet war, meine, wie gesagt, etwas trübe Stimmung zu erheitern. […] Am andern Vormittage besah ich mir die medizinische Klinik, einen grauen Sandsteinbau, der auf mich natürlich auch keinen überwältigenden Eindruck machte.«[38]

Nach seiner Rückkehr gab Strümpell seinen Eltern einen Bericht über das Gesehene und gestand ihnen seine Bedenken und sein Zögern, den Ruf anzunehmen. Sein Vater jedoch, seinerseits Professor der Philosophie und mit den akademischen Gepflogenheiten bestens vertraut, beendete kurzerhand die Diskussion mit den klaren, keinen Widerstand duldenden Worten: »Dummes Zeug! Einen ersten Ruf als Ordinarius und Kliniker schlägt man nicht ab!«[39] Damit war die Entscheidung gefallen, Strümpell nahm den Ruf an und trat zwei Monate später, am 1. Mai 1886, sein Amt als ordentlicher Professor für Innere Medizin und als Direktor der Medizinischen Klinik an. Er blieb 17 Jahre und hat seinen Entschluss nach eigener Aussage nicht nur nie bereut, sondern die Erlanger Zeit nach seiner Eheschließung im Jahre 1889 sogar als die glücklichsten Jahre seines Lebens bezeichnet.⁴⁰

Strümpell hatte zunächst in Dorpat und dann in Leipzig studiert, das in der zweiten Hälfte des 19. Jahrhunderts durch Koryphäen wie Karl August Wunderlich, Carl Thiersch und Werner Erb, um nur einige Namen zu nennen, unter den Medizinischen Fakultäten Deutschlands einen vorderen Rang einnahm. Strümpell, der schon im Studium eine Neigung zur Neurologie entwickelt hatte, betrachtete es als großes Glück, dass er – zunächst als Assistent und dann als Privatdozent an der Medizinischen Klinik – in engem Kontakt mit Erb stand, einem der ersten und damals bedeutendsten Neurologen in Deutschland, durch den Leipzig im letzten Drittel des 19. Jahrhunderts zu einer der Hauptstätten neurologischer Forschung wurde. Von Erb erhielt Strümpell viele Anregungen für seine eigenen Arbeiten, was sich beispielsweise in seiner Habilitationsschrift *Über ausgedehnte Anästhesien und ihren Einfluß auf die willkürliche Bewegung und das Bewußtsein* niederschlug.

Diese Richtung seiner Forschungen setzte Strümpell dann in Erlangen mit großem Erfolg fort, wobei ihm »in der kleinen Erlanger Klinik ein verhältnismäßig reichhaltiges Beobachtungsmaterial an chronischen Nervenkranken zur Verfügung stand,«⁴¹ die aus einem weiten Umkreis, der bis Coburg und Meiningen reichte, kamen. So entstanden hier zahlreiche Publikationen zu neurologischen und neuropsychiatrischen Problemen wie beispielsweise zur traumatischen Neurose, zu hysterischen und neurasthenischen Krankheitszuständen und zur nervösen Dyspepsie. In denselben Umkreis gehört auch seine Prorektoratsrede 1892 zum *Einfluß der Vorstellungen auf die Entstehung und Heilung von Krankheiten*, in der er dem psychogenen Ursprung von Krankheiten nachzuspüren versuchte und auf Möglichkeiten ihrer Heilung auf psychischem Wege hinwies.⁴²

Weitere Themen waren die akute Enzephalitis, die hereditäre spastische Spinalparalyse, die Poliomyelitis der Erwachsenen und ihr Verhältnis zur Polyneuritis und die Myasthenie. Sein Name lebt noch in der Bechterew-Strümpell-Marie-Krankheit, der – in moderner Terminologie – Spondylarthritis ankylosans, in der älteren Bezeichnung Westphal-Strümpell'sche Pseudosklerose, der Wilson'schen Krankheit, und im Strümpell-Zeichen bzw. Strümpell-Reflex weiter. Mit seinem Vortrag *Über die Alkoholfrage vom ärztlichen Standpunkt aus*, den er 1893 auf der 65. Versammlung deutscher Naturforscher und Ärzte hielt und in dem er nachdrücklich auf die schädlichen Folgen des chronischen Alkoholmissbrauchs hinwies, machte er zwar großen Eindruck auf seine anwesenden Fachkollegen, erregte aber den Zorn der bayerischen Brauereibesitzer und wurde selbst im Landtag öffentlich dafür gescholten, dass er »diesen durch Ruhm und Sitte geheiligten Zweig der bayerischen Industrie schädigen« wolle.⁴³

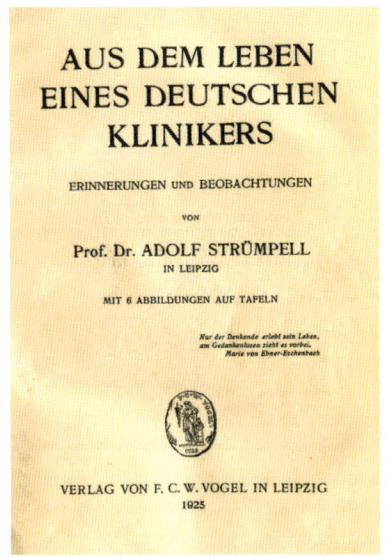

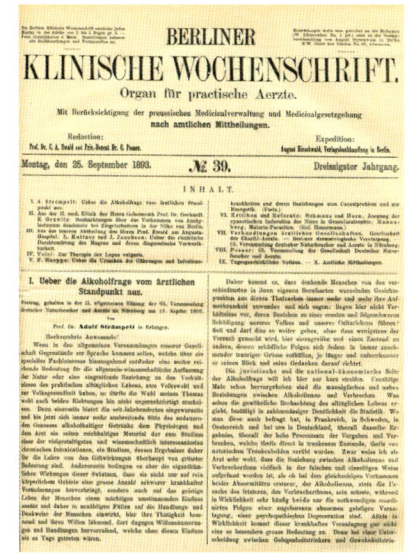

Abb. 24 Titelblatt der Autobiografie Adolf von Strümpells, in der eine ausführliche Schilderung seiner Erlanger Zeit gewidmet ist.

Abb. 25 Adolf von Strümpells Vortrag über die Alkoholfrage von 1893, in dem er vor den schädlichen Folgen des chronischen Alkoholmissbrauchs warnte.

Die »Pfarrerstöchter«

>> Am 3. Mai 1886 hielt ich meine erste klinische Vorlesung über einen Fall von Coma diabeticum [...] Der Hörsaal war dicht gefüllt. Wenn ich mich recht erinnere, hatte ich im ersten Semester wohl gegen 70–80 Zuhörer. Als ich den Hörsaal betrat, stutzte ich zuerst, da die auf der ersten Stuhlreihe sitzenden Zuhörer auf mich jungen, zweiunddreißigjährigen Kliniker fast durchweg den Eindruck älterer, würdiger Herren machten. Es waren dies die Medizinstudierenden unter den damals sogenannten ›Pfarrerstöchtern‹, d.h. alte Korpsstudenten aus fast allen anderen deutschen Universitäten, die nach einem meist recht bewegten, vieljährigen akademischen Leben nach Erlangen kamen, um hier ungestört ihr Studium zu beenden. Sie alle fanden sich in einer Art Vereinigung zusammen und nannten sich wohl im Hinblick auf die stark theologische Färbung der Stadt und Universität Erlangen, wie gesagt, die »Pfarrerstöchter«. Neben manchen recht verbummelten Existenzen gab es unter ihnen auch viele tüchtige und intelligente Leute, die das früher Versäumte durch Fleiß nachholten und aus denen zum Teil später vortreffliche Ärzte wurden. Der alte Korpsstudent in ihnen machte sich natürlich immer bemerklich, und als ich einmal einen von ihnen, der sich nicht gerade durch großes Wissen auszeichnete, etwas gutmütig spöttisch behandelt hatte, fühlte sich dieser hierdurch in seiner Ehre so gekränkt, daß er mich nach der Klinik – fordern ließ! Ich bat den beleidigten Kommilitonen zu mir in mein Zimmer, sagte ihm, meine Worte wären ja nicht so ernst gemeint gewesen, und ein Student müsse sich schon einmal von dem älteren Professor so etwas gefallen lassen. Da stieß der Beleidigte noch immer voll Zorn die Worte heraus: ›Aber Sie sind ja gar nicht älter als ich, Herr Professor!‹ und in der Tat stellte sich heraus, daß er nicht unerheblich älter war als ich. Schließlich gelang es mir aber doch, den Erzürnten zu besänftigen, und wir schieden ohne blutigen Zweikampf als gute Freunde. Er hat später bei mir ein ganz gutes Examen gemacht. <<

Aus: Strümpell: 1925. S. 162 f.

Im Jahre 1891 gründete Strümpell zusammen mit drei weiteren Kollegen der Inneren Medizin, unter ihnen auch Wilhelm Erb, die *Deutsche Zeitschrift für Nervenheilkunde*. Vorrangiges Ziel der Herausgeber war es, zum Ausdruck zu bringen, dass »die Nervenheilkunde auch fernerhin als ein Teil der inneren Medizin anzusehen sei«.[44] In seinen späteren Jahren revidierte Strümpell indes diese Auffassung. Unter dem Eindruck der rasanten Entwicklung der Bakteriologie, der Serologie und der physiologischen und physikalischen Chemie sah er das Aufgabengebiet der Inneren Medizin zu stark erweitert, als dass ein so breites Gebiet, wie es die Neurologie war, noch in der Inneren Medizin verbleiben könne. Er plädierte daher – gegen Erb, der nun die Verselbstständigung der Neurologie mit eigenen Spezialkliniken anstrebte – für die Vereinigung der Neurologie mit der Psychiatrie.

Wenngleich der Schwerpunkt von Strümpells Arbeiten in seiner Erlanger Zeit auf neurologischem Gebiet lag und er ohne Zweifel als einer der Begründer der deutschen Neurologie zu gelten hat, hat er sich dennoch stets auch intensiv mit allen anderen Gebieten der inneren Medizin befasst. Beredtes Zeugnis dafür ist sein schon in der Leipziger Zeit begonnenes *Lehrbuch der speziellen Pathologie und Therapie innerer Krankheiten*, dessen erster Band 1883 erschien. Das Werk erfuhr insgesamt 32 Auflagen – die Letzte erschien 1934 und wurde von Strümpells Schwiegersohn C. Seyfarth herausgegeben – und wurde in mehrere Sprachen übersetzt. Es hat nicht nur etlichen Studentengenerationen zur Vorbereitung ihres Staatsexamens gedient, sondern auch viele Ärzte in ihrer Praxis als willkommener Ratgeber begleitet.

Im Frühjahr des Jahres 1903 erhielt Strümpell einen Ruf nach Breslau. Obwohl er die Jahre an der fränkischen Alma Mater in vielerlei Hinsicht als sehr befriedigend und schön empfunden hatte, fühlte er dennoch nach immerhin siebzehnjähriger Tätigkeit allmählich den Drang nach einem Wechsel in einen größeren Wirkungskreis und den Wunsch nach einer Großstadt mit ihrem besonderen Flair. So nahm er den Ruf an und ging zum 1. Oktober nach Breslau.

Betrachtet man die fünf Jahrzehnte nach dem Einzug der naturwissenschaftlichen Medizin in Erlangen im Überblick, so fällt auf, dass die Vertreter der Inneren Medizin bei ihrer Berufung alle noch am Anfang ihrer Laufbahn standen und dass alle, mit Ausnahme von Franz von Dittrich, der durch eine Krankheit zu früh aus dem Leben gerissen wurde, im Laufe ihres weiteren Wirkens zu den bedeutendsten Klinikern dieser Epoche wurden. Dank einer klugen Berufungspolitik für diesen wichtigsten Lehrstuhl der Fakultät hatte Erlangen somit das Glück, in dieser entscheidenden Phase der Medizin am Beginn ihrer Karriere stehende und innovationsfreudige Vertreter in ihren Reihen zu haben, die enthusiastisch mit den Möglichkeiten, die die naturwissenschaftlichen Methoden boten, neue Horizonte in der Forschung, Lehre und Patientenversorgung eröffneten.

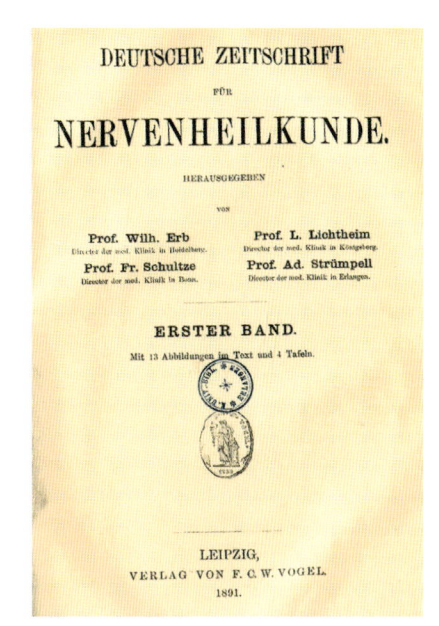

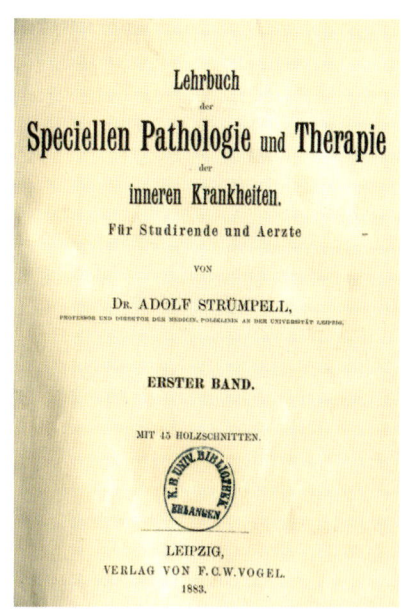

Abb. 26 Der erste Band der von Adolf von Strümpell zusammen mit Wilhelm Erb herausgegebenen *Deutschen Zeitschrift für Nervenheilkunde*, 1891.

Abb. 27 Der erste Band des *Lehrbuchs der speciellen Pathologie und Therapie innerer Krankheiten*, dessen Bearbeitung Adolf von Strümpell zeit seines Lebens begleitet hat, 1883.

Die Leiter der Chirurgischen Abteilung des Krankenhauses bis zur Jahrhundertwende

Johann Ferdinand Heyfelder (1798–1869)

Im Gegensatz zur Inneren Medizin, deren Neuausrichtung auf die Naturwissenschaften ein vielgestaltiger Prozess mit unterschiedlichen Vorstufen war, erlebte die Chirurgie ihren ersten großen Aufschwung im 19. Jahrhundert durch ein neues Verfahren, das einer »Revolution« gleichkam. Das Verdienst, dieses Verfahren als der Erste in Deutschland an der Erlanger Klinik angewendet zu haben, gebührt dem Chirurgen Johann Ferdinand Heyfelder. Doch bevor näher auf die Einzelheiten dieser Pioniertat eingegangen werden kann, sollen zunächst noch die Hintergründe seiner Berufung geschildert werden, die Theodor Kolde zu Recht als »skandalöse Geschichte« bezeichnet hat.[45] Nachdem schon die beiden Vorgänger Heyfelders auf dem chirurgischen Lehrstuhl, Michael Jäger und Louis Stromeyer, gegen das Votum der Medizinischen Fakultät nach Erlangen berufen worden waren und auch die Versetzung Stromeyers nach München ein

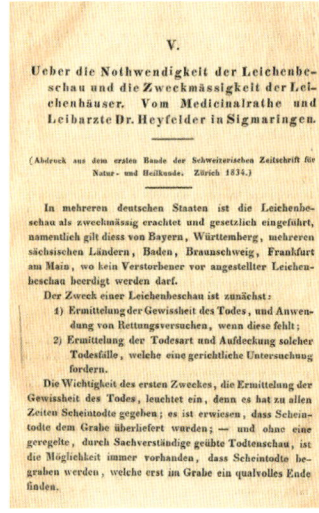

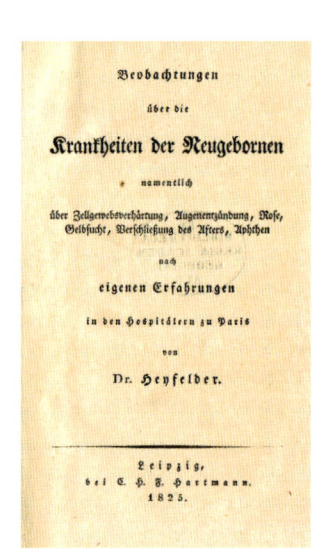

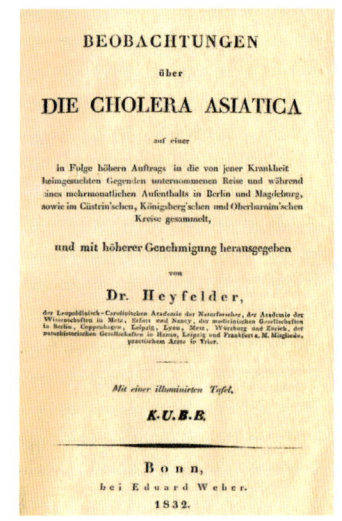

Abb. 28 Johann Ferdinand Heyfelder (1798–1869).

Abb. 29–31 Titelblätter von Arbeiten aus der Frühzeit Johann Ferdinand Heyfelders, an denen man die Breite seiner Interessen erkennen kann.

Akt obrigkeitlicher Willkür gewesen war, konnte sich auch bei dessen Nachfolgeregelung die Fakultät nicht mit dem von ihr vorgeschlagenen Kandidaten durchsetzen.

Die Fakultät hatte sich auf Empfehlung Stromeyers für den noch jungen Bernhard Langenbeck entschieden, der kurze Zeit vorher auf der Naturforscherversammlung in Erlangen Beweise für sein chirurgisches Talent geliefert hatte und der in der zweiten Hälfte des 19. Jahrhunderts die chirurgische Klinik der Charité zu einem weltberühmten Zentrum der Chirurgie machen sollte. Der König stimmte dieser Wahl zu, und Stromeyer wurde gebeten, die Verhandlungen mit Langenbeck zu führen. Langenbeck war bereit, einem Ruf nach Erlangen schon zum Sommersemester 1841 zu folgen. Doch der Ruf kam nicht. Stattdessen wurde ein anderer berufen, der als Leibarzt beim Fürsten Karl von Hohenzollern-Sigmaringen in Ungnade gefallen war und zur Einsparung der Pension anderweitig versorgt werden musste, wozu sich familiäre und freundschaftliche Beziehungen zwischen dem Fürsten und dem Minister des Inneren und der Finanzen Karl Abel als hilfreich erwiesen.[46]

Dieser »andere« war also Johann Ferdinand Heyfelder. Heyfelder hatte zum Zeitpunkt seiner Berufung nach Erlangen schon ein bewegtes Leben hinter sich: Nach seinem Medizinstudium promovierte er 1820 in Breslau und begab sich danach auf ausgedehnte Studienreisen, die ihn vor allem nach Süddeutschland, Österreich und Frankreich führten. Schon während dieser Jahre publizierte er eine stattliche Anzahl von Aufsätzen zu medizinischen Themen unterschiedlichster Art, die nicht nur von der Breite seiner Interessen Zeugnis ablegen, sondern die ihn auch wissenschaftlich als auf der Höhe seiner Zeit stehend zeigen.

1831 ließ er sich als praktischer Arzt in Trier nieder, wurde aber schon bald darauf beim drohenden Herannahen der Cholera im Auftrag der königlichen Regierung in Trier zum Studium der verheerenden Seuche nach Berlin und Königsberg geschickt. 1832 reiste er im Auftrag des Oberpräsidenten der Rheinprovinz in das Mosel-, Maas-, Marne- und Seine-Gebiet bis nach Paris. 1833 trat er in den Dienst des oben genannten Fürsten, mit dem er sich jedoch nach einigen Jahren überwarf und der ihn deshalb auf die geschilderte Weise auf den Erlanger Lehrstuhl lancierte. ▶

DIE GORUPS-KAPELLE

Das 1858 in der Wasserturmstraße 5 eröffnete Chemische Laboratorium ist nach dem ersten Erlanger Ordinarius für Chemie Eugen Franz Freiherr von Gorup-Besánez (1817–1878) benannt und erhielt wegen seiner an gotische Sakralbauten erinnernden Form den Namen »Gorups-Kapelle«. Die Fassaden wurden vom Münchener Oberbaurat Georg Friedrich Christian Bürklein (1813–1872) ausgeführt, der in den 1840er und 1850er Jahren etliche Bahnhofsbauten in Bayern (z. B. München, Bamberg, Nürnberg) und das Rathaus von Fürth gestaltet hat.

Der in Graz geborene Gorup-Besánez wurde nach einer klinisch-chemischen Ausbildung in München bei Johann Andreas Buchner (1783–1852) und einer Weiterbildung am Institut für Organische und Analytische Chemie bei Friedrich Wöhler (1800–1882) in Göttingen am 28. November 1846 zum Privatdozenten für Physiologie und Pathologie in Erlangen ernannt, wo er sich ein chemisches Privatlabor einrichtete und es mit eigenen Mitteln unterhielt. Bis 1855 vertrat er die Klinische Chemie in Forschung und Lehre, zunächst als Privatdozent, ab Mai 1849 als Extraordinarius für organische und analytische Chemie. Im Mai 1855 wechselte er in die Philosophische Fakultät, um dort das Ordinariat für Chemie zu übernehmen. Am 14. Juli 1857 wurde er zum Direktor des noch im Bau befindlichen Chemischen Instituts, der »Gorups-Kapelle«, ernannt. Gorup-Besánez gehörte zu den frühen Vertretern der klinischen Chemie in Deutschland, deren Bestreben es war, die Chemie für die Erklärung der physiologischen und pathologischen Vorgänge im Organismus nutzbar zu machen.[1] Die »Gorups-Kapelle« ist nach eingreifenden Umbauten im Jahre 1953 heute in das Institut für Mikrobiologie integriert und in ihren ursprünglichen Formen nicht mehr erkennbar.

Renate Wittern-Sterzel

Abb. 1 Die »Gorups-Kapelle« auf einer Postkarte, um 1900.

Abb. 2 Eugen Franz Freiherr von Gorup-Besánez (1817–1878).

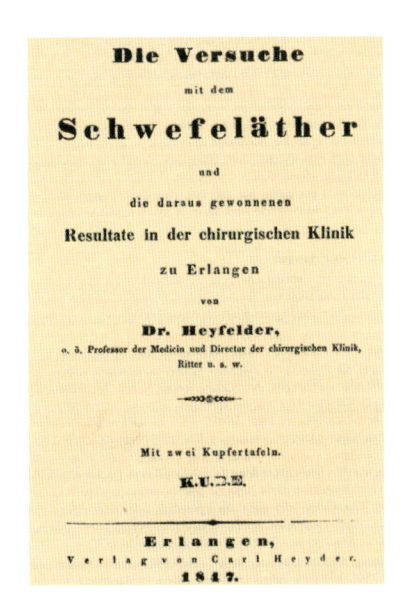

Abb. 32 Johann Ferdinand Heyfelders Abhandlung über die Versuche mit der Schwefeläthernarkose in Erlangen, 1847.

▸ Die Erlanger Fakultät fand sich mit der Entscheidung aus München ab, und Heyfelder, der am 14. August 1841 seinen Dienst als Ordinarius für Chirurgie und Augenheilkunde und als Vorstand der Chirurgisch-Augenärztlichen Abteilung antrat, erwies sich in den folgenden Jahren hinsichtlich seiner wissenschaftlichen Leistungen und praktischen Erfolge als ein durchaus würdiger Nachfolger Stromeyers. Er entfaltete sogleich eine rege Aktivität, über die er in jährlichen ausführlichen Berichten Rechenschaft ablegte. Diese zeigen Heyfelder als einen Vertreter der sich in diesen Jahren entwickelnden naturwissenschaftlichen Medizin, der sich aller zur Verfügung stehenden neuen Methoden und Hilfsmittel bediente, ohne jedoch deren Grenzen zu verkennen: »Darum wolle man doch die diagnostischen Hilfsmittel nicht von der Hand weisen, welche uns in der neuern Zeit geboten worden sind. Mögen die Auscultation, die Percussion, die Microskopie und die organische Chemie auch nicht allen sanguinischen Erwartungen entsprechen, mögen sie auch von manchen Seiten her überschätzt werden, verkennen kann niemand, der redlich und ernst zu forschen den Willen hat, daß durch sie die Gränzen unserer Beobachtung erweitert und das Gebiet der ärztlichen Erfahrung wesentlich vergrößert wurde.«[47]

Die größte Leistung Heyfelders in seiner Erlanger Zeit war aber zweifellos die erste Durchführung der Äthernarkose am 24. Januar 1847.[48] Nachdem der Bostoner Chirurg John Collins Warren am 16. Oktober 1846 erstmals eine schmerzfreie Operation mithilfe von Schwefeläther durchgeführt hatte, gelangte diese aufsehenerregende Neuigkeit zunächst nach England, wo Robert Liston bereits am 21. Dezember in London eine Amputation des Unterschenkels an einem ätherisierten Patienten vornahm. Von dort verbreitete sich die Nachricht über die Möglichkeit der Schmerzausschaltung durch Schwefeläther »mit der Theilbarkeit des Aetherdunstes oder wie eine große politische Neuigkeit über Frankreich und Deutschland«.[49]

In Frankreich berichtete der Pariser Chirurg Joseph François Malgaigne nach einer öffentlichen Demonstration einer Äthernarkose am 12. Januar 1847 der Académie de Médecine von seinen Ergebnissen. Heyfelder, der nach seinem längeren Aufenthalt in Paris weiterhin enge Kontakte zu Frankreich unterhielt, erfuhr davon durch das Januarheft der »Revue médico-chirurgicale« und durch die »Gazette médicale de Paris« vom 16. Januar und kündigte sogleich in seiner Vorlesung an, die Wirksamkeit des Äthers in der Erlanger chirurgischen Klinik durch eine Reihe von Experimenten prüfen zu wollen. So wie es nach Erkenntnissen der neueren Forschung aussieht, wurde dieser Entschluss entscheidend durch einen »höchsten Ministerial-Erlaß vom 19. Januar« befördert, in dem »die Anwendung dieses Mittels dem Professor der Chirurgie thunlichst aufgegeben wurde«.[50] Die Regierung von Mittelfranken hatte demnach größtes Interesse daran, dass Heyfelder Erfahrungen mit dem Schwefeläther sammelte, und forderte in den nächsten Monaten die Gerichtsphysikate ihres Bezirks mehrfach auf, »geeignete operative Fälle der chirurgischen Klinik zu Erlangen zur Fortsetzung ihrer Versuche zuzuweisen«.[51]

Nachdem Heyfelder einen entsprechenden Apparat konstruiert hatte, begann er seine Versuche am Sonntag, dem 24. Januar 1847.[52] Er war damit in Deutschland zwar der Erste, musste sich diesen Ruhm aber mit den beiden Leipziger Zahnärzten Heinrich

Weikert und Carl Obenaus teilen. Einen Tag später folgten dann Franz Christoph von Rothmund in München und Victor von Bruns in Tübingen. Im deutschsprachigen Raum war allerdings Hermann Demme in Bern, der bereits am 23. Januar 1847 einen Versuch mit Äther unternommen hatte, dem Erlanger Chirurgen zuvorgekommen.

Über die ersten Versuche in der Erlanger Klinik berichtete Jacob Herz (1816–1871), der zu dem Zeitpunkt Assistent in der chirurgischen Klinik war, am 6. Februar 1847 in der Beilage der Augsburger Allgemeinen Zeitung.

Jakob Herz über die ersten Erlanger Äthernarkosen

> Erlangen. Bei dem Interesse welches Sie für den bezeichneten Gegenstand in den Spalten Ihres Blattes beurkunden, dürfte es Ihnen nicht unlieb sein, das Resultat derjenigen Versuche zu erfahren welche in ziemlicher Ausdehnung in der Klinik der hiesigen Hochschule angestellt worden sind. Um so mehr dürfte dies der Fall sein als der Erfolg ein durchschnittlich günstiger und befriedigender genannt werden kann. [...]
>
> Ich theile Ihnen im folgenden die bis jetzt am deutlichsten hervorgetretenen Resultate desselben mit, mir vorbehaltend über Einzelnes später genauer zu berichten und naheliegende Bemerkungen anzuknüpfen. Die Zahl der angestellten Versuche beträgt bereits mehr als vierundzwanzig; sie betrafen Personen männlichen und weiblichen Geschlechts in verschiedenem Alter, an denen kleinere Operationen, wie die Oeffnung von Eitergeschwülsten, das Ausziehen von einem oder mehreren Zähnen, die Thränenfistel-Operation und ähnliches vorgenommen wurden. Alle verfielen durch Einathmung des Schwefeläthers in einen Zustand nach dessen Verschwinden sie nicht das Geringste von irgendeinem erlittenen Schmerz wußten. Die Versuche der ersten Tage zwar befriedigten weniger, allein es lag der Grund entweder in der mangelhaften Anwendungsweise oder in Fehlern der Apparate. Seit die Erfahrung dieser Tage uns eines Bessern belehrt hat, sind die Resultate weit sicherer, und Personen die bei den ersten Versuchen der Einwirkung widerstanden, werden jetzt wie die anderen afficirt. [...]
>
> Sehr verschiedener Natur ist der eigentliche Zustand in den die Kranken versetzt werden. Die einen werden wenn sie einige Minuten eingeathmet haben schlaftrunken, schlafen ein, erwachen später wie aus einem wirklich Schlafe, blicken erstaunt und verwundert um sich, ermuntern sich allmählich ohne zu wissen was mit ihnen vorgegangen und daß sie operirt worden sind. Macht man sie darauf aufmerksam, so greifen sie nach der bezeichneten Stelle, sind höchst überrascht, z.B. eine Zahnlücke zu fühlen, oder Blut zu sehen, oder zu bemerken daß an irgendeiner Körperstelle eine Operationswunde bereits verbunden ist. Sie wissen weder von irgendeinem Vorgang noch von einem Schmerz. Einzelne sind nunmehr ganz munter, andere benehmen sich noch wie im leichten Rausche, wanken, sind fröhlich, lachen, jauchzen, schütteln den Umstehenden die Hände, und werden erst nach 5, 10, 15 Minuten ganz nüchtern.
>
> Andere werden bereits vor dem Einschlafen sehr heiter, lachen, oder wollen sich erheben, springen zuweilen auf, doch zurückgehalten werden sie ruhiger und gleichgültig. Man nimmt nun die Operation vor, und später wissen sie weder von dieser noch von einem erlittenen Schmerze. Ein paar kräftige junge Leute wurden nach einiger Zeit fortgesetztem Einathmens in hohem Grade ungestüm, sprangen auf, schlugen um sich und konnten nur mit Gewalt auf ihren Sitz zurückgebracht werden. Bei diesen enthielt man sich zu operiren, doch verschwand der Zustand ohne alle Folgen. Es ist wahrscheinlich, daß auch bei ihnen ein Moment der Ruhe, und zwar bei kräftigem Entgegentreten sehr bald eintritt der die Vornahme der Operation möglich macht.
>
> Andere wieder schlafen gar nicht ein, sondern behalten stets einen gewissen Grad des Bewußtseins, aber hernach befragt, erklären sie keinen Schmerz bei der Operation gefühlt zu haben.

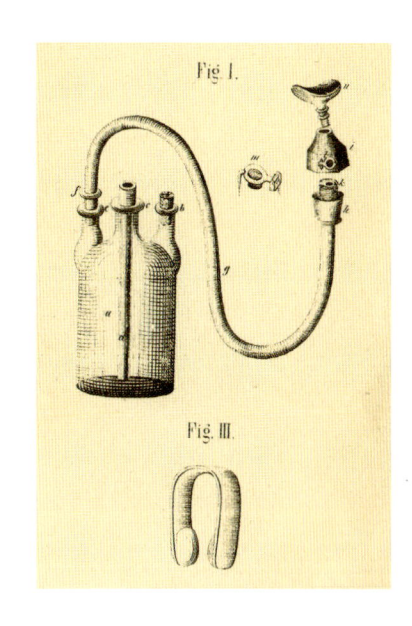

Abb. 33 Skizze des Ätherapparates von Johann Ferdinand Heyfelder, 1847.

Abb. 34   Jakob Herz (1816–1871).

Ueberhaupt schwindet die Reaction auf äußere Eindrücke selten ganz. Selbst Schlafende hören auf ihren Namen, öffnen den Mund, wenn man es ihnen befiehlt und dergl. Dennoch wissen dieselben nach dem Erwachen nichts davon noch von Schmerz, während andere sich nur einzelner Acte, wie des Anlegens des Zahnschlüssels und ähnlicher Umstände, erinnern. In seltenen Fällen erhielt sich das Bewußtsein vollkommen, ohne daß jedoch im geringsten Schmerz gefühlt wurde. Ein Mann athmete den Aether einige Zeit lang ein, und es wurde ihm ein Zahn ausgezogen, er hörte und sah alles was um ihn vorging, er wußte wenn man ihn mit einer Nadel stach, er erzählte später wie man den Zahnschlüssel eingeführt, wo ihn angelegt hatte, er beschrieb alles aufs genaueste, aber bei den empfindlichen Vorgängen zuckte er nicht, er hatte gar keinen Schmerz gefühlt.

Andere dagegen griffen, trotzdem daß sie in Schlaf verfallen waren, während der Operation nach dem Instrumente, schrien laut auf, aber sie wußten später weder davon noch von irgendeinem Schmerze. Die einen erinnerten sich gar keiner Träume, andere bezeichneten sie als sehr angenehm, einige wenige als beängstigend, und das ungestüme Benehmen dieser schien damit im Zusammenhang zu stehen. Mit Einem Worte, die Zustände welche die Einathmung hervorruft, sind die verschiedenartigsten, aber darin stimmten alle überein: daß sie keinen Schmerz gefühlt hätten, wenn sie auch in den Momenten der Operation einen noch so lauten Schrei ausstießen.

Ueber alle diese Verhältnisse muß eine längere Erfahrung Aufschluß geben, besonders darüber ob es gelingen wird bestimmte Regeln in Bezug auf die Anwendung bei verschiedenen Constitutionen, unter verschiedenen Umständen [...] aufzufinden, oder ob wir dem Spiel des Zufalls uns überlassen müssen.

Ueble Folgen, bedenkliche Zufälle haben sich nie eingestellt, selten etwas Eingenommenheit des Kopfes oder leichte Müdigkeit während einiger Stunden; das gewöhnliche Befinden kehrt sehr rasch zurück, und im Durchschnitt ist es ein besseres als sonst unter gleichen Verhältnissen.

Aus: Anonymus: Schwefeläther. Versuche in der chirurgischen Klinik zu Erlangen. In: Allgemeine Zeitung, Augsburg, 1847. Beilage zu Nr. 37, S. 290 f. [»von einem Arzte« = Jakob Herz]. Bereitstellung: Staats- und Stadtbibliothek Augsburg.

Schon nach wenig mehr als sechs Wochen legte Heyfelder seine ersten Erfahrungen mit der neuen Substanz in seiner Schrift *Die Versuche mit dem Schwefeläther und die daraus gewonnenen Resultate in der chirurgischen Klinik zu Erlangen* nieder, wobei er sich bei der Interpretation seiner Ergebnisse methodisch auf die sogenannte numerische Methode des französischen Klinikers Pierre Charles Alexandre Louis (1787–1872), einen der Gründungsväter der medizinischen Statistik, bezog.[53] Er hatte in dieser Zeit 121 Versuche mit dem Schwefeläther vorgenommen, wobei 90 Inhalationen zur Extraktion von Zähnen gedient hatten. An größeren Operationen waren unter anderen die Operation eines Lippenkrebses und einer »Hasenscharte«, die Exstirpation einer Ohrspeicheldrüse, eine Humeruskopfresektion sowie eine Herniotomie vorgenommen worden.[54]

Um die Neben- und möglichen Folgewirkungen des Äthers einschätzen zu können, erprobten Heyfelder sowie einige seiner Studenten die Inhalationen des Schwefeläthers auch an sich selbst. Zudem ließ Heyfelder bei mehreren Patienten nach der Operation Blut und Urin durch den Chemiker Eugen Franz Freiherr von Gorup-Besánez (1817–1878) untersuchen, der sich ein Jahr zuvor für Physiologie und Pathologie in Erlangen habilitiert hatte und hier ein chemisches Privatlabor betrieb. Gorup-Besánez wurde 1849 Extraordinarius für Organische und Analytische Chemie und 1855 Ordinarius für ▸

EINE INTRIGE ERSCHÜTTERT DIE UNIVERSITÄT

Am Ende stand eine fristlose Entlassung – und sie traf Johann Ferdinand Heyfelder, den langjährigen Vorstand der Chirurgischen Abteilung des Universitätskrankenhauses. Wie konnte es zu diesem singulären Akt kommen? Welche Beweggründe hatte König Maximilian II., einen ebenso wissenschaftlich wie klinisch erfolgreichen Vertreter der Chirurgie, der als Erlanger Pionier der Anästhesie noch heute seinen festen Platz in der Medizingeschichte hat, ehrlos zu verabschieden?

Um diese Fragen beantworten zu können, ist ein Blick hinter die Kulissen nötig, wo sich der Alltag der betroffenen Personen mit ihren wissenschaftlichen Überzeugungen, charakterlichen Besonderheiten und zwischenmenschlichen Beziehungen abspielt. Dass vor allem Letztere im Falle von Heyfelder, vorsichtig ausgedrückt, schwierig waren, wird in den biographischen Skizzen über ihn mehr oder weniger deutlich: Bei Hans Killian lesen wir: »Johann Ferdinand Heyfelder war ein großer Mann von universeller Bildung und erstaunlichem Gedächtnis. Seine Biographen schildern ihn als mehr interessant als angenehm und mehr bedeutend als wohltuend. Er war unbeugsam und hatte manchen Konflikt.«[1] Demgegenüber fiel Theodor Koldes Urteil erheblich schärfer aus: »er war ein rechthaberischer Charakter von seltener Unverträglichkeit«.[2] Franz von Dittrichs Biograf Otto Nitzsche schrieb 1937: »Aber er war von solch hochfahrendem Stolze und unverträglichem Charakter, daß er bald mit allen Kollegen zerfallen war und als ewig unzufriedenes und nörgelndes Element in der Fakultät wirkte. Vor allem aber war er eifersüchtig auf alle Kollegen, die sich hervortaten.«[3]

Die Unverträglichkeit Heyfelders haben seine Erlanger Kollegen und insbesondere die beiden Internisten Carl Canstatt und Franz von Dittrich immer wieder schmerzlich zu spüren bekommen. Vor allem Dittrich hatte unter dem fast zwanzig Jahre älteren Kollegen schon bald nach seinem Dienstantritt zu leiden. Aus Dittrichs Tagebucheintragungen, die Otto Nitzsche in seiner ausführlichen Biographie teilweise wörtlich wiedergegeben hat,[4] geht hervor, dass Heyfelder spätestens seit 1852 mehr oder weniger offen gegen Dittrich agierte.[5] Auslöser der Feindschaft war vermutlich Dittrichs rasch wachsende Popularität, die sich nicht nur in der Verdoppelung der Studentenzahlen, sondern auch in mehreren ehrenvollen Rufen an ihn und in der Verleihung des Ritterkreuzes des Verdienstordens vom heiligen Michael am Silvesterabend 1852 ausdrückte – eine Auszeichnung, die üblicherweise erst nach einer längeren Amtszeit verliehen wurde.

Nach verschiedenen Vorfällen, durch die Heyfelders offenkundiger Hass auf Dittrich sich kontinuierlich steigerte – »Heyfelder wird immer leidenschaftlicher und eine ruhige Besprechung mit ihm wird immer schwerer und unangenehmer« –, kam es im Sommer 1854 zum Eklat.[6]

Am 10. Juni dieses Jahres machte die Medizinische Fakultät eine Eingabe über den Senat an den König, in der sie Dittrichs Lehre einer massiven Kritik unterzog. Der Hauptvorwurf war die starke Betonung der Pathologie in der Klinik, wodurch »in den letzten Jahren ein Studium der Medizin in Erlangen jedenfalls mit verursacht worden ist, das an sich und durch seine Resultate die ernstlichsten Bedenken erregt«. Und weiter hieß es: »Das Lehrverfahren Dittrichs ist ein solches, durch welches das Studium der einzelnen medizinischen Disziplinen beeinträchtigt, ein wissenschaftliches Studium der Heilwissenschaft untergraben, die Universität zu einer Abrichtungsschule erniedrigt, die bestehenden gesetzlichen Bestimmungen neutralisiert und dem Staat keine wissenschaftlichen Ärzte, sondern nur einseitige Routiniers zugeführt werden, für welche die pathologische Anatomie einziges Prinzip, die Kranken höchstens Objekte der Naturforschung, die Heilung der Kranken aber Nebensache ist.«

Dies war nicht nur eine Grundsatzerklärung gegen die Pathologische Anatomie, die zu dieser Zeit als eine der wichtigsten Methoden zur Objektivierung von krankhaften Prozessen galt und damit am Beginn der Neuorientierung der Medizin stand, sondern vor allem eine öffentliche Verunglimpfung und Demütigung eines Kollegen, der bei den Studenten und Patienten gleichermaßen beliebt und geachtet war, der im Jahr zuvor die Universität als Prorektor geleitet hatte und der, wie die inzwischen sechs Rufe bewiesen, Wunschkandidat von etlichen Universitäten war. Der Text der Eingabe stammte mit an Sicherheit grenzender Wahrscheinlichkeit aus der Feder Heyfelders, da in ihm Vorwürfe formuliert wurden, die schon in den Jahren zuvor Gegenstand von Auseinandersetzungen zwischen den beiden Kontrahenten gewesen waren. Alle Mitglieder der Medizinischen Fakultät – sie zählte im Jahre 1854 sechs Ordinarien und zwei Extraordinarien – hatten mit Ausnahme des Anatomen Gerlach die Eingabe unterschrieben. Dieser hatte stattdessen sofort mit einem separaten Votum gegen die Anklage protestiert.

Dittrich selbst wendete sich mit einem Promemoria an den König, in dem er diesen bat, seine durch diese Eingabe verletzte Ehre wiederherzustellen. Zugleich kündigte er an, den Sitzungen der Fakultät bis auf Weiteres fernbleiben zu wollen, was unter den Kollegen, insbesondere beim konservativen Leupoldt, der die naturwissenschaftliche Medizin und damit auch Dittrich aus tiefstem Herzen ablehnte, Entrüstung hervorrief. Ein Ruf aus Rostock, der in diesen Tagen einging, ließ den Entschluss in Dittrich reifen, Erlangen zu verlassen, falls ihm nicht volle Genugtuung gegenüber Heyfelder gewährt würde. Und auch Gerlach bereitete sich darauf vor, Erlangen sobald wie möglich den Rücken zu kehren. Die Medizinische Fakultät stand vor der größten Zerreißprobe seit Gründung der Universität.

Die Lösung bahnte sich auf der Senatssitzung am 23. Juni unter der Leitung des Prorektors Johann Hofmann an.[7] Zuvor hatte allerdings die Medizinische Fakultät schon einen ersten Schritt zur Befriedung

Abb. 1 Dittrichs Mitteilung, dass er während der Auseinandersetzung um seine Person nicht an den Fakultätssitzungen teilnehmen wird, 1854.

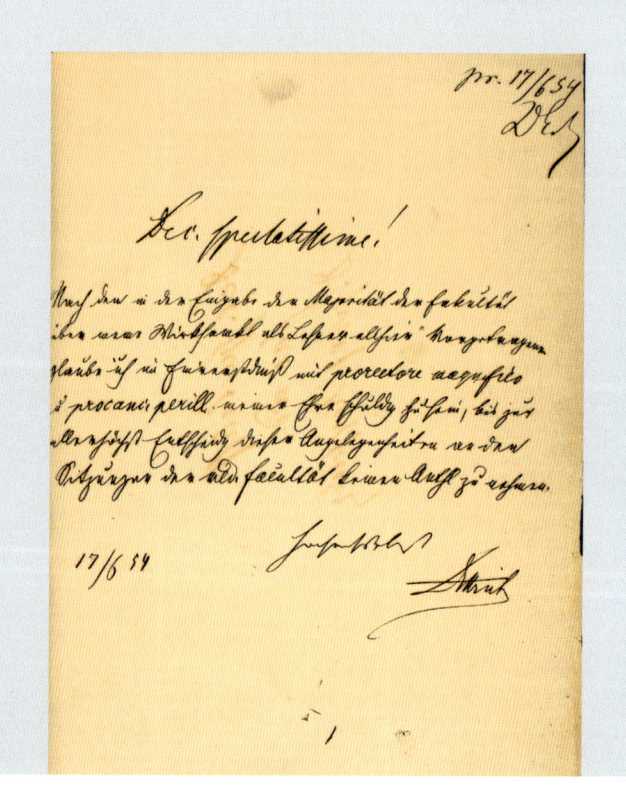

unternommen. Nachdem nämlich die Kollegen, die Heyfelder zu der Anklage gegen Dittrich angestiftet hatte, von der Eingabe Dittrichs an den König Kenntnis erlangt hatten, schienen sie plötzlich zu begreifen, dass sie sich für eine persönliche Intrige hatten missbrauchen lassen, und schickten einen Brief hinterher, in dem sie ihre Vorwürfe mit gewissen Einschränkungen zurücknahmen. Auf der Sitzung, auf der die drei anderen Fakultäten über die Medizinische Fakultät gewissermaßen zu Gericht saßen, wurde dann offenbar Klartext geredet. In der Universität war Dittrich ein hoch geachteter Kollege. Die Vorwürfe gegen ihn wurden einhellig als infames Werk Heyfelders angesehen, dessen Unverträglichkeit und Neid allen Senatoren genugsam bekannt waren. Der einstimmige Beschluss lautete deshalb dahin, dass der Prorektor Hofmann und der Prokanzler Schmidtlein persönlich im Ministerium die sofortige Versetzung Heyfelders in den Ruhestand beantragen sollten.[8]

In der tags darauf formulierten Eingabe an den König brachte der Senat unmissverständlich zum Ausdruck, dass der Vorgang eine ungeheure Schmach für die Universität sei, gegen die er mit allen Mitteln zu kämpfen bereit sei: »Daß eine Fakultät gegen einen der berühmtesten und verdientesten Lehrer unserer Universität solche Anklage an Eure königliche Majestät nur überhaupt hat richten können, ist eine wohl kaum je erhörte Entwürdigung unserer wissenschaftlichen Körperschaft, welche nicht, soviel an uns liegt, wieder gut gemacht zu haben, unseren gottlob bisher wohlbewahrten guten Namen unter den deutschen Hochschulen zugrunderichten müßte.«

Eine Deputation der Medizinstudenten wandte sich zudem wenige Tage später mit der dringlichen Bitte an den Prorektor, »der Senat möge alles unternehmen, was nötig und dienlich sein könnte, ihren so allgemein und hoch geehrten und geliebten Lehrer, Professor Dittrich, der Erlanger Universität zu erhalten«.

So rasch, wie erhofft, wurde die Sache jedoch nicht erledigt. Aus München kam vorerst keine Antwort, sodass der Senat am 19. Juli noch einmal darüber verhandelte. Mit noch größerem Nachdruck wurde nun eine weitere Eingabe an den König gesandt, die vor allem auf die Folgen verwies, die ein Verbleiben Heyfelders in Erlangen haben würde. Für Dittrich, das war allen klar, wäre eine weitere Zusammenarbeit mit Heyfelder nicht möglich. Aber wie sähe es danach aus? »Und wer würde, wenn Dittrich auf solche Weise einem Heyfelder hätte weichen müssen, es über sich gewinnen, an seine Stelle zu treten und sich den Mißhandlungen auszusetzen, welche ihn die allerwärts bekannte Gemütsart und Sinnesweise dieses Mannes erwarten ließe?«

Dieses Argument überzeugte den König, und er unterzeichnete umgehend das Schreiben, mit dem Johann Ferdinand Heyfelder mit Wirkung vom 27. Juli 1854 fristlos in den Ruhestand entlassen wurde. **Renate Wittern-Sterzel**

Abb. 2 Entlassungsurkunde für Johann Ferdinand Heyfelder zum 27. Juli 1854.

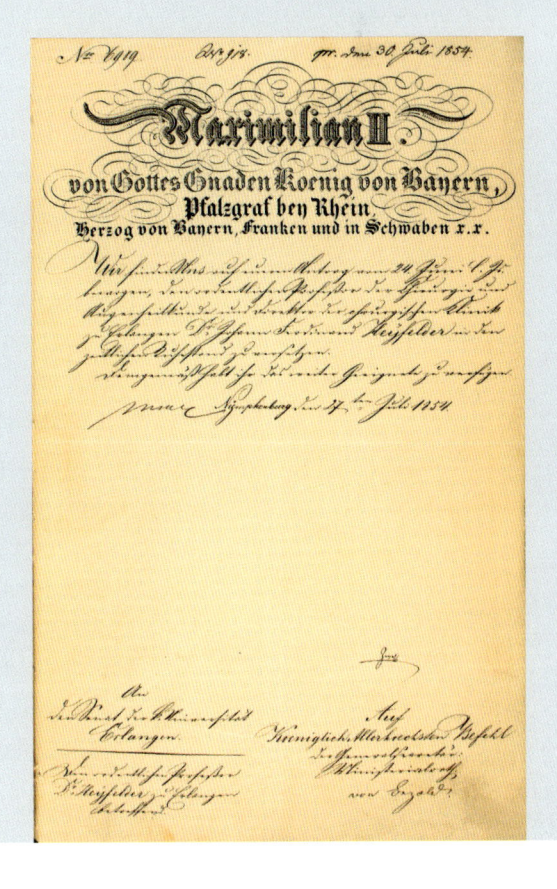

Chemie an der Philosophischen Fakultät, die die naturwissenschaftlichen Fächer bis 1928 beherbergte.

Heyfelders Versuche dienten zudem zwei jungen Wissenschaftlern, nämlich dem Physiologen Emil Harless (1820–1862) und dem Chemiker Ernst von Bibra (1806–1878),[55] die in Nürnberg gemeinsam ein Labor betrieben,[56] als wichtige Grundlage für ihre Studie *Die Wirkung des Schwefeläthers in chemischer und physiologischer Beziehung*, die im April 1847 in Erlangen erschien. Die beiden waren bei den meisten größeren Operationen Heyfelders anwesend und machten auch etliche Selbstversuche mit dem Schwefeläther. Außerdem führten sie eine größere Reihe von Versuchen an Kaninchen, Katzen, Ratten und Fröschen durch. Heyfelder hatte vor der Publikation seines ersten Berichts sowohl deren Analysen als auch die zeitgenössischen Berichte zur Kenntnis genommen. Sein Fazit lautete vor diesem Hintergrund, dass die Ätherinhalationen ein »grosses Mittel« seien, das sich in der Zukunft aber nur segensreich würde auswirken können, wenn es von »rationellen und gewissenhaften Ärzten« angewendet würde; allen Heilpersonen, die nicht approbiert waren, müsste die Anwendung strikt verboten werden; denn »der Aether, welcher den Schmerz vernichtet, kann auch das Leben vernichten und darum sagen wir mit Florens: ›l'agent nouveau, que vient d'acquerir la chirurgie, est à la fois merveilleuse et terrible!‹«[57]

»Kaum ist der allgemeine Jubel verhallt, unter welchem Europa des Amerikaners Jackson Entdeckung des Schwefel-Aetherismus aufgenommen, noch wie in den Flitterwochen freuen wir uns jenes Zaubermittels, das nun Angstgestöhn und Schmerzgeschrei für immer vom Operationstische bannt und die Kranken nach kurzem Traume wie in einem Wundermährchen mit den Wohltaten der vollendeten Operation überrascht, – da macht schon wieder ein neues Mittel zu ähnlichem Zwecke die Runde durch die ärztliche Welt, das Chloroform als Nebenbuhler des Schwefeläthers.« Dieser Ausruf in der neuen medizinisch-chirurgischen Zeitung gibt sehr anschaulich die Stimmung der sich überstürzenden Ereignisse des Jahres 1847 wieder. Er bezieht sich auf eine Mitteilung des Professors für Geburtshilfe in Edinburgh James Young Simpson (1811–1870), der im November 1847, also kaum ein Jahr nach der ersten Äthernarkose in Boston, das Chloroform als neues, wirkungsvolles Anästhetikum empfohlen und auch sogleich Nachahmer in Deutschland gefunden hatte.

Und wieder war Heyfelder einer der Ersten, die das neue Mittel erprobten. Er begann seine Versuche am 1. Dezember 1847 und führte bis zum 14. April des nächsten Jahres 48 größere und kleinere Operationen unter Chloroformnarkose in der Klinik durch. Die ersten Versuche schlugen zwar fehl, weil er denselben Inhalationsapparat wie bei der Äthernarkose eingesetzt hatte. Nachdem er aber dazu übergegangen war, Chloroform auf ein Tuch zu tröpfeln, das dann dem Patienten auf Mund und Nase gehalten wurde, erwies sich das Chloroform als dem Äther überlegen, sodass er ihm in jeder Beziehung den Vorzug vor dem Äther gab.[58] Die wichtigsten Vorteile des Chloroforms lagen im geringeren Verbrauch, in der rascheren und zuverlässigeren Wirkung und in einer längeren und tieferen Narkose, die kompliziertere Operationen zuließ.

So erfolgreich Heyfelder auf seinem Gebiet ohne jeden Zweifel war und so sehr er damit auch den wissenschaftlichen Ruf der Erlanger Klinik und der Fakultät förderte, so schwierig war seine Persönlichkeit, in der Ehrgeiz, Eifersucht und Hochmut eine für die Umwelt äußerst unerquickliche Mischung bildeten. Etliche Zwistigkeiten mit seinen engeren Kollegen sorgten immer wieder für eine Atmosphäre des Unfriedens. Diese erreichte ihren Höhepunkt im Sommer 1854, als der Kliniker Franz von Dittrich durch eine Intrige Heyfelders bei König Maximilian diffamiert wurde. Um den Konflikt, der inzwischen den Frieden in der gesamten Universität bedrohte, beizulegen, bat der Senat den König um Heyfelders vorzeitige Versetzung in den Ruhestand. Der König folgte dem Wunsch der Universität, und Heyfelder verließ am 27. Juli 1854 die Universität. Sein weiterer Lebensweg führte ihn dann noch für fast eineinhalb Jahrzehnte in russische Dienste, wo er zunächst als Generalstabsarzt der russischen Truppen in Finnland und danach als Professor für Chirurgie und Hospitalarzt in St. Petersburg tätig war.

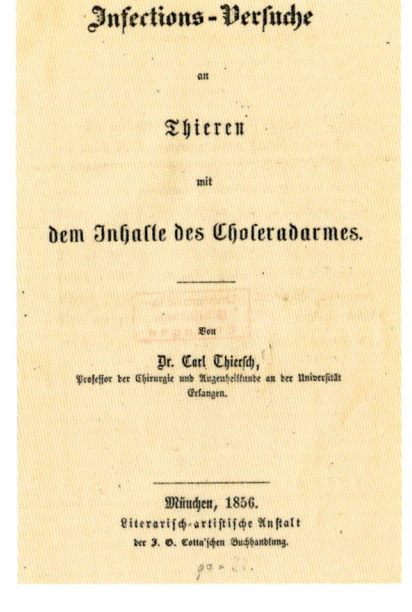

Abb. 35 Carl Thiersch (1822–1895).
Abb. 36 Carl Thierschs innovative Abhandlung über die Übertragung der Cholera im Tierversuch, 1856.

▶ **Exkurs** Eine Intrige erschüttert die Universität, S. 89.

Carl Thiersch (1822–1895)

Nach Heyfelders Weggang kehrte wieder Ruhe in der Fakultät ein. Die Leitung der chirurgischen Klinik wurde interimistisch dem Prosektor Jakob Herz übertragen, und die Fakultät musste wieder einmal einen Nachfolger für den chirurgischen Lehrstuhl suchen. Ihre Wahl fiel auf Carl Thiersch (1822–1895),[59] den Sohn des berühmten klassischen Philologen, der als »Praeceptor Bavariae« und als Vater der humanistischen Bildung in die Geschichte eingegangen ist. Seine Ausbildung erhielt Thiersch nach dem Studium in München insbesondere in Berlin, wo er die Medizinische Klinik bei Johann Lukas Schönlein absolvierte und sich unter Johann Friedrich Dieffenbach erste chirurgische Sporen verdiente, indem er bereits selbstständig verschiedene Operationen ausführen durfte.

Auf seinen sich anschließenden Studienreisen besuchte er die damaligen beiden Hochburgen der Medizin Wien und Paris und kehrte dann nach München zurück. Der erste Schleswig-Holsteinische Krieg gab ihm 1850 Gelegenheit, unter Louis Stromeyer, der ihn schon während seines Studiums für die Chirurgie begeistert hatte, in einem Lazarett in Rendsburg Erfahrungen in der Kriegschirurgie zu sammeln und seinen Wunsch, Chirurg zu werden, zu festigen. Nach München zurückgekehrt wurde er 1853 zum Extraordinarius für Chirurgie ernannt. Im Jahr darauf widmete er sich der verheerenden Choleraepidemie, die München kurz nach der Eröffnung der »Ersten Allgemeinen Deutschen Industrieausstellung« heimsuchte. An der Seite von Max von Pettenkofer und Karl von Pfeufer beteiligte sich Thiersch an der Erforschung dieser Seuche des 19. Jahrhunderts, wobei ihm zum ersten Mal ihre Übertragung im Tierexperiment gelang.⁶⁰ Die Pariser Académie des Sciences verlieh Thiersch für diese Arbeit 1867 den Bréant-Preis.

Ende Oktober 1854 siedelte Thiersch nach Erlangen über, um das hiesige Ordinariat für Chirurgie und Augenheilkunde und die Leitung des Chirurgischen Klinikums zu übernehmen. In den 13 Jahren seiner Zugehörigkeit zur Erlanger Fakultät legte er den Grund für seinen späteren Ruf als einer der bedeutendsten Chirurgen des 19. Jahrhunderts. Als er die Klinik übernahm, standen ihm 50 Betten zur Verfügung. Für die erste Zeit konnten diese den Bedarf decken. Zu gering waren jedoch die laufenden Etatmittel, die nicht ausreichten, um alle unbemittelten Patienten von auswärts aufzunehmen und zu verpflegen. Die meisten chirurgischen Patienten kamen aus den Regierungsbezirken Ober- und Mittelfranken. Im Rechnungsjahr 1856/57 betrug die Zahl dieser Patienten 108, die durchschnittliche Zahl der Verpflegungstage 40.⁶¹ Nicht wenige Patienten kamen zudem aus der Oberpfalz, etliche auch aus entfernteren Gebieten. Mit der Zunahme der Patienten wurde die Versorgungslage immer prekärer. In einem Brief an seine Mutter klagte er 1857: »Die Mittel meiner Klinik, welche immer dürftig sind, während die Nahrung im Preise steigt, reichen nicht aus. Ich habe in den 3 Jahren meiner Tätigkeit 4000 Gulden mehr auf die Kost verwendet, als dieß bei den früheren Preisen notwendig gewesen wäre. Dadurch kam das Inventar in Verfall, und wenn ich für das nächste Jahr nicht wenigstens 1000 Gulden Zuschuß bekomme, so muß ich zum Schaden der Universität die Zahl der Kranken beschränken. Jedermann sieht dieß ein, aber die Universität hat kein Geld [...]«.⁶² Ende der 1850er Jahre entspannte sich die Lage etwas dadurch, dass die Zuschüsse aus Mittel- und Oberfranken für die unbemittelten Patienten aus ihren Bezirken angehoben wurden. Im Frühjahr 1860 ließ Thiersch dann eine Bekanntmachung durch die Regierungen von Ober- und Mittelfranken veröffentlichen, in der er die Aufnahme für die Patienten grundsätzlich zu regeln versuchte.

Bekanntmachung der Chirurgischen Klinik vom 6. März 1860

Chirurgische und Augenkranke werden in diesseitiger Anstalt gegen eine Vergütung von täglich 36 Kr. behandelt und verpflegt. Bei syphilitischen Kranken werden für den Tag 48 Kr. berechnet. Bei Kranken, welche in Separatzimmern der Anstalt behandelt werden wollen, kommen höhere Verpflegungsansätze in Rechnung (und wird deren Betrag auf Verlangen mitgeteilt). Ein teilweiser oder vollkommener Nachlaß der Kurkosten kann bei Chirurgischen- und Augenkranken nur dann bewilligt werden, wenn folgende drei Voraussetzungen sämtlich gegeben sind, nämlich wenn das Leiden der Kranken eine größere Operation erfordert, oder sonst von Wichtigkeit für den klinischen Unterricht ist; wenn die Mittellosigkeit des Kranken amtlich festgestellt ist; wenn die etatsmäßigen Mittel der Anstalt einen solchen Nachlaß gestatten.

Immerhin aber bleibt die Bewilligung eines Nachlasses dem Ermessen der königlichen Direktion der chirurgischen Klinik anheimgestellt und es muß daher in jedem einzelnen Falle, in welchem auf Nachlaß Anspruch gemacht wird, der Aufnahme des Kranken selbst eine Verständigung zwischen der zahlungspflichtigen Partei (Gemeinde oder Privatperson) und der benannten Direktion über die Bewilligung und Größe des Nachlasses vorausgehen. Um eine solche Verständigung herbeizuführen, wird von der unterfertigten Direktion verlangt die Vorlage eines amtlichen Armutszeugnisses, eines ärztlichen Zeugnisses, welches über die Natur der Krankheit möglichst genauen Aufschluß gibt. Steinkranke und Starblinde haben am meisten Aussicht auf Nachlaß der Kurkosten, ebenso Kranke mit frischen und veralteten Verrenkungen.

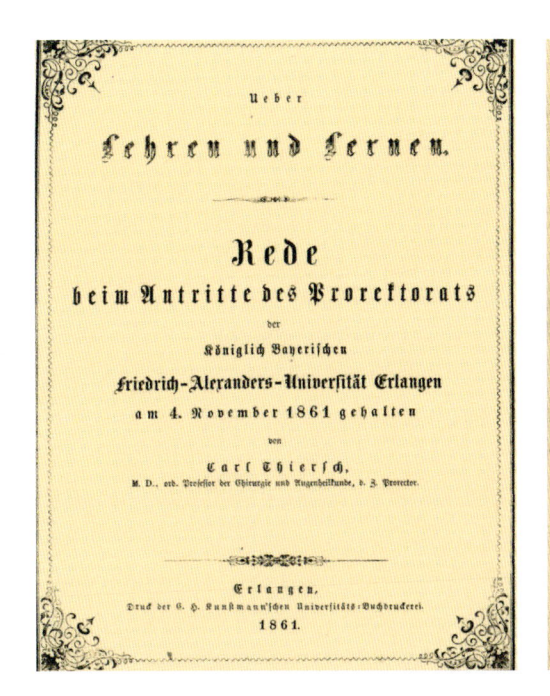

Irrtümlich ist die häufige wiederkehrende Annahme, als ob [es Verpflichtung der Klinik sei, erg. RWS], jeden mit einem Armutszeugnis versehenen chirurgischen Kranken ohne weiteres aufzunehmen und unentgeltlich zu verpflegen. Eine derartige Verpflichtung würde keine chirurgische Klinik, wenn sie auch noch so reich dotiert wäre, übernehmen können, umso viel weniger die hiesige, deren Mittel ein bescheidenes Maß nicht übersteigen.

Kgl. Direktion der Chirurg. Klinik
der königl. Universität Erlangen
Prof. Dr. C. Thiersch

Zitiert nach: Heidacher: 1960. S. 85 f.

Abb. 37 Carl Thierschs Antrittsrede als Prorektor im Wintersemester 1861/62.

Abb. 38 Anonyme Anekdote, die ein Licht auf Carl Thierschs Selbstbewusstsein und seinen Humor wirft, 1959.

Thiersch galt als überaus geschickter Operateur, war unentwegt auf der Suche nach geeigneteren Operationsmethoden und Verbesserungen der Verbandstechnik und entwarf neue chirurgische Instrumente. Einer seiner Schwerpunkte war die plastische Chirurgie, für die ihn Dieffenbach in Berlin begeistert hatte. Seine Rekonstruktionen der Nase und die operative Behandlung der Epispadie sind Entwicklungen der Erlanger Zeit, die er später in Leipzig vervollkommnete. Die Universität würdigte seine Leistungen dadurch, dass sie Thiersch für das Jahr 1861/62 zum Prorektor wählte, die Stadt ehrte ihn 1996 durch die »Carl-Thiersch-Straße«, in der Fakultät aber ist der Name Carl Thiersch in dem Fakultätspreis für die beste Habilitation des Jahres noch immer gegenwärtig.

CARL THIERSCH UND DER THIERSCH-PREIS

Präzise und kein Wort vergeudet. Der Blick für das Wesentliche war das Markenzeichen der wissenschaftlichen Veröffentlichungen von Carl Thiersch (1822–1895), einem »der bedeutendsten Chirurgen des 19. Jahrhunderts«.[1] Seit 1968 verleiht die Medizinische Fakultät in Erlangen daher den Carl-Thiersch-Habilitationspreis für »die beste und prägnanteste Habilitationsschrift eines Jahres«.[2]

Thiersch ist 1854 zum ordentlichen Professor für Chirurgie und Augenheilkunde nach Erlangen berufen worden, wo er bis zu seinem Weggang nach Leipzig 1867 blieb. Zu diesem musste ihn unter anderem sein Schwiegervater überreden. Dieser insistierte, dass Erlangen für die »ausgezeichneten Collegen [... immer] nur eine Etappe« gewesen sei.[3] Thierschs Talente waren zu dieser Zeit in internationalen Fachkreisen bereits hinlänglich bekannt.

Durch »die jahrelange Beschäftigung mit den Zweigen der [v. a. pathologischen] Anatomie, Histologie [und] Entwicklungsgeschichte« hatte sich Thiersch eine Beobachtungsgabe und Genauigkeit angeeignet, die sich in seiner Arbeitsweise als Chirurg deutlich niederschlugen.[4] Seine Schwerpunkte lagen neben der plastischen Chirurgie, der Kriegsmedizin und der Krebsforschung in der Tumorchirurgie. In seiner 1865 erschienenen und gespannt erwarteten Abhandlung mit dem Titel *Der Epithelkrebs, namentlich der Haut* widerlegte Thiersch Virchow, indem er den Mutterboden des Epithelialkrebses der Haut in den Epithelzellen und eben nicht im Bindegewebe lokalisierte. In Erlangen unternahm er zudem die für sein späteres Werk so zentralen Untersuchungen zur Wundheilung. In Leipzig überführte Thiersch diese dann in eine neue Methode primär autogener Hauttransplantation. Anders als die stark risikobehaftete »greffe épidermique« des Schweizers Jacques Louis Reverdin (1842–1929) transplantierte Thiersch nur sehr dünne Hautstreifen, was nicht nur die Erfolgsaussichten drastisch erhöhen, sondern auch eine deutlich schnellere Regeneration ermöglichen sollte.   Andreas Plöger

Abb. 1 Urkunde des ersten verliehenen Thiersch-Preises, 1968.

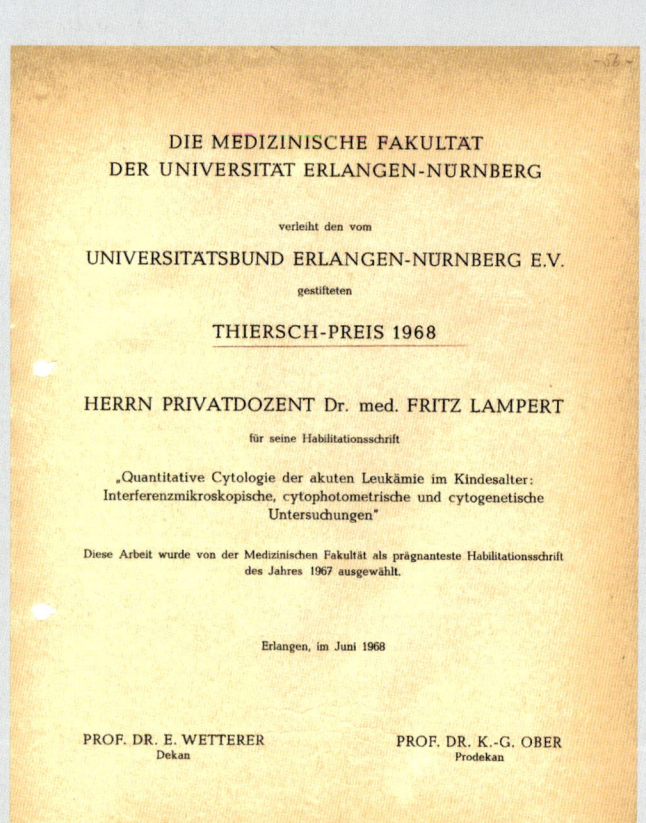

Preisträger des Carl-Thiersch-Habilitationspreises in chronologischer Reihenfolge waren bis 2013:

Jahr	Name	Jahr	Name
1968	Fritz Lampert	1991	Manigé Fartasch
1969	Hermut Warnatz	1992	Michael Buchfelder
1970	Karl Theodor Schricker / Manfred Spreng	1993	Thomas Schnalke
1971	Kurt Alexander Flügel	1994	Klaus Tschaikowsky
1972	Eduard David	1995	Brigitte Biesinger-Zwosta
1973	Heinrich Schulte-Holthausen	1996	Herbert Feistel
1974	Wolfram Domschke	1997	Frank Kirchhoff
1975	Herbert Feustel	1998	Ursula Schlötzer-Schrehardt
1976	Rudi Busse	1999	Thomas Brabletz
1977	Peter Ludwig	2000	Jörg Dötsch
1978	Christian Gammert	2001	Steffen Stenger
1979	Klaus Richter	2002	Carla Nau
1980	Gerd Lux	2003	Anita Rauch
1981	Matthias Korth	2004	Bernd Michael Spriewald
1982	Christine Kaschka-Dierich	2005	Marion Maria Ruisinger
1983	Kurt Bauereiß	2006	Sybille Thoma-Uszynski
1984	Walter Bodemer	2007	Oliver Zolk
1985	nicht vergeben	2008	Johannes Jacobi
1986	Gerhard Lang	2009	Markus Metzler
1987	Christian Ell	2010	Katharina Zimmermann
1988	Michael Eichhorn	2011	Christian Thiel
1989	Erich Platzer	2012	Ralf Linker
1990	Roland Kalb	2013	Christiane Zweier

Walter Hermann von Heineke (1834–1901)

Wie so oft in der zweiten Hälfte des 19. Jahrhunderts musste Erlangen auch im Fall von Carl Thiersch einen Arzt, Forscher und Lehrer, der im oder kurz vor dem Zenit seines Lebens stand, an eine andere Stätte ziehen lassen, da Klinik und Universität ihm nicht den Wirkungskreis bieten konnten, wie es eine größere Stadt – in diesem Falle Leipzig – versprach. Thiersch verließ also Erlangen 1867, um seine in Erlangen begonnene glanzvolle Karriere in der Sachsenmetropole fortzusetzen. Die Fakultät schlug Walter Hermann von Heineke[63] als seinen Nachfolger vor, den sowohl Hugo von Ziemssen als auch der Chirurg Adolf Bardeleben in Greifswald empfohlen hatten. Heineke hatte sich 1861 in Greifswald für Chirurgie und Anatomische Chirurgie habilitiert und folgte dem Ruf zum Sommersemester 1867. Mit ihm erwarb die Universität nach Schreger wieder einen Vertreter der Chirurgie, der in Erlangen seine chirurgische Heimat fand und hier über 30 Jahre bis zu seinem Tod tätig war.

Heineke hat sich sowohl als überaus gewissenhafter und geschickter Operateur, als auch als aufopfernder Arzt, als vorbildlicher Lehrer und als unermüdlicher Kämpfer für Verbesserungen der von ihm geleiteten Klinik in die Annalen der Universität eingeschrieben. Vor allem Letzteres war ihm ein zentrales Anliegen. Die kontinuierlich wachsende Zahl an Patienten in Ambulanz und Klinik, die auch räumlich nicht mehr angemessen untergebracht werden konnten, und die Zunahme an größeren Eingriffen, die sich insbesondere den verbesserten Möglichkeiten der Narkose und dann vor allem auch der Antisepsis und Asepsis verdankte, überforderten seit den späten 1860er Jahren zunehmend den Etat, sodass die Verpflegung der Patienten neben den Erfordernissen des Unterrichts nicht mehr gewährleistet werden konnte.

In dieser schwierigen Situation, die durch eine zeitgleiche Verteuerung der Lebensmittelkosten noch verschärft wurde, verbündeten sich Heineke und Ziemssen, Vorstand der Medizinischen Abteilung und Direktor des Gesamtklinikums, und verfassten eine Denkschrift, die mit Datum des 15. März 1873 über den Senat ans Ministerium ging. Nach einer ebenso ausführlichen wie anschaulichen Schilderung der unhaltbaren Zustände im Klinikum, die auch nachdrücklich auf den Verlust der Konkurrenzfähigkeit Erlangens mit den anderen deutschen Universitätskliniken hinwies, gipfelte das Memorandum in der Forderung nach einem Neubau »zweier Pavillons für die medizinische und chirurgische Abteilung für je 40 Kranke mit Hör- und Operationssälen, je einem Assistentenzimmer und Poliklinikum, mit Gaseinrichtung, Wasserleitung etc.«.[64] Zusätzlich beantragten die beiden Klinikleiter noch Funktionsräume für die Bewirtschaftung sowie die Erhöhung der Assistenzgehälter, zusätzliches Personal und eine bessere Ausstattung des chemischen und experimentell-therapeutischen Laboratoriums. Der Klinikneubau wurde im folgenden Jahr bewilligt und konnte bereits 1877 bezogen werden. Er bestand aus einem einstöckigen Hauptgebäude und vier großen, durch Korridore miteinander verbundenen Krankensälen im Pavillonstil.[65]

Auch dieser Neubau wurde aber schon bald nach der Eröffnung zu klein. Die wesentlichsten Gründe hierfür waren zum einen die sich durch rasche Fortschritte in der Forschung kontinuierlich erweiternden Operationsindikationen und die beginnende

▶ **Kapitel** Krankenhaus mit Medizinischer und Chirurgischer Klinik, S. 470.

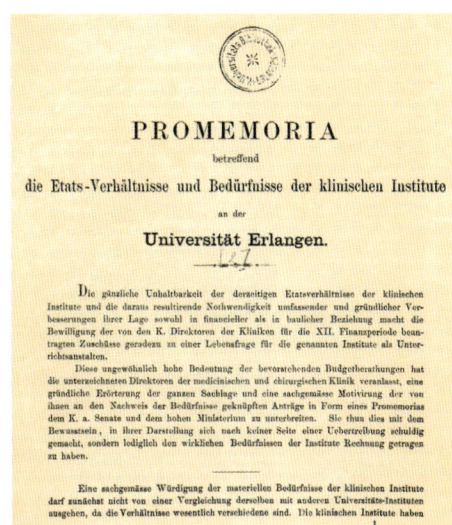

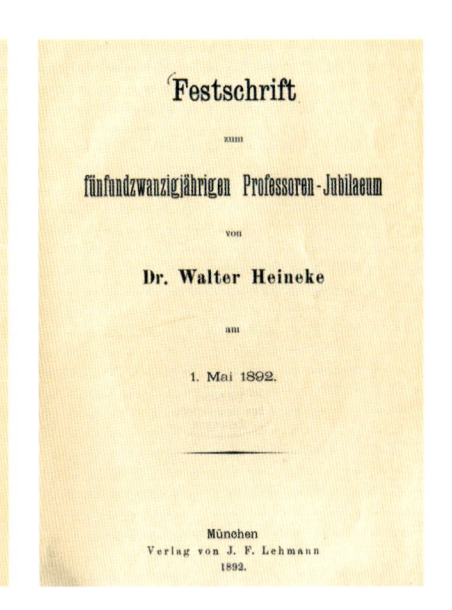

Spezialisierung der Augenheilkunde und der Otologie, deren Patienten zunächst noch in den Räumen der allgemeinen Chirurgie untergebracht werden mussten, zum andern der Anstieg der Einwohnerzahl Erlangens, die zwischen 1885 und 1900 von 14.876 auf fast 23.000 wuchs,[66] und nicht zuletzt die im Zuge der bismarckschen Sozialgesetzgebung 1883 erfolgte Einführung der Krankenversicherung, die alle zusammen eine verstärkte Nachfrage nach chirurgischen Leistungen nach sich zogen.

Heineke, der nach Ziemssens Weggang 1874 zum Vorstand des Universitätsklinikums ernannt worden war, konnte zwar im Verlaufe der folgenden Jahrzehnte noch einige An- und Umbauten zur Vergrößerung der neuen chirurgischen Klinik durchsetzen, etliche Wünsche wurden aber erst nach mehrfachen Anträgen erfüllt. Dies betraf beispielsweise einen Anbau für die Otorhinologie, der 1888 genehmigt wurde und damit den unzulänglichen Zustand, dass die Kurse und die ohrenärztlichen Untersuchungen im kleinen Wartezimmer der chirurgischen Klinik abgehalten werden mussten, beendete. 1895 erhielt die Klinik auch einen dringend benötigten aseptischen Operationssaal. Heinekes letzte Eingabe mit Vorschlägen für eine Erweiterung der chirurgischen Klinik stammte aus dem Jahr 1899; sie wurde 1900 genehmigt. Den Abschluss des Baues hat Heineke aber nicht mehr erlebt; er starb am 28. April 1901 in seinem 67. Lebensjahr.

»Selten dürfte es einen Professor gegeben haben, der so ausschließlich seinem Berufe als Forscher, Lehrer und Arzt lebte wie Heineke. Von Natur die Liebenswürdigkeit selbst und voll zarter Rücksicht, der Freund seiner Kranken, konnte er nur unwirsch werden, wenn ihm bei den Studierenden Faulheit und Indolenz entgegentrat.« Mit diesen Worten leitete der Universitätshistoriker Theodor Kolde seine Würdigung des Chirurgen Heineke ein,[67] dessen breites chirurgisches Spektrum und vielseitiges Wissen seine Zeitgenossen ebenso beeindruckte wie seine Bescheidenheit und Zurückhaltung. Der Dank der Stadt Erlangen für seine nie erlahmende Zuwendung zu den Kranken fand 1899 Ausdruck in der Verleihung der Ehrenbürgerwürde. Renate Wittern-Sterzel

Abb. 39 Walter Hermann von Heineke (1834–1901).

Abb. 40 Die Denkschrift der beiden Klinikdirektoren Hugo von Ziemssen und Walter Hermann von Heineke über den finanziellen und baulichen Zustand des Erlanger Universitätskrankenhauses, 1873.

Abb. 41 Festschrift für Walter Hermann von Heineke anlässlich seines 25-jährigen Professorenjubiläums, 1892.

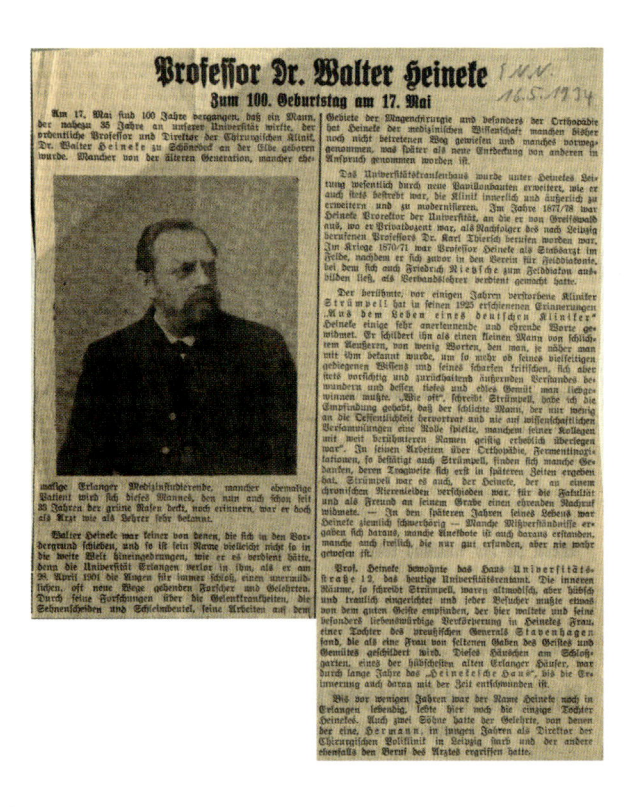

Abb. 42 Erinnerung an Walter Hermann von Heineke zu seinem 100. Geburtstag in den Nürnberger Nachrichten, 1934.

Abb. 43 Collage von Straßenschildern mit Namen Erlanger Kliniker

Von der Entbindungsanstalt zur Frauenklinik

Die Geburtshilfe war seit alters eine Domäne der Frauen und wurde seit der Frühen Neuzeit durch Hebammenordnungen geregelt. Sie enthielten zunächst vor allem allgemeine Anweisungen zum Verhalten vor, während und nach der Geburt. Ein zentraler Punkt war die Bindung an die Kirche, die sich unter anderem in der Berechtigung von Hebammen zur Nottaufe manifestierte. Die später obligatorische Verpflichtung, bei komplizierten Geburten einen Wundarzt oder Arzt hinzuzuziehen, fand sich zwar auch in den frühen Hebammenordnungen schon in manchen Fällen. Von diesen Berufen war aber zur damaligen Zeit keinerlei praktische Hilfe zu erwarten. Die Betreuung von Schwangerschaft und Geburt lag damit faktisch bis zum 16. Jahrhundert in den Händen der Frauen.[68]

Seit dem 17. und verstärkt im Laufe des 18. Jahrhunderts gab es hier einen grundlegenden Wandel. Anachronistische Auswahlkriterien für den Zugang zum Hebammenberuf, lautstarke Klagen von Wundärzten über die schlechte Ausbildung der Hebammen und ihre mangelhafte Berufsausübung, der viele Säuglinge angeblich zum Opfer fielen, die Entwicklung instrumenteller Hilfsmittel, deren Benutzung den Hebammen grundsätzlich untersagt war, und die zunehmende Verwissenschaftlichung der Medizin waren nur einige Gründe dafür, dass die Hebammen im Laufe des Jahrhunderts der Aufklärung ihre führende Rolle am Gebärstuhl mehr und mehr an männliche Geburtshelfer verloren. Die Entwicklung wurde noch verstärkt durch die bevölkerungspolitischen Bemühungen der Obrigkeit im 18. Jahrhundert und beförderte die Einrichtung von »Accouchierhäusern« zur praktisch-klinischen Unterweisung, zu denen neben Hebammen auch Medizinstudenten Zugang erhielten.

Die erste Anstalt dieser Art in Europa wurde 1728 in Straßburg im städtischen Bürgerspital gegründet.[69] Johann Jakob Fried (1689–1769), auf dessen Initiative die Einrichtung der »Kindbetterstuben« zurückging, wurde vom Magistrat zum Hebammenmeister ernannt und durfte auf seinen Wunsch hin auch »denen angehenden Medicis und Chirurgicis Collegia Publica sowohl als auch Privata über die Heb-Ammen-Kunst [zu] halten«.[70] Und er erhielt zugleich die Erlaubnis, bei Geburten ein oder zwei Studenten »mit Hand anlegen zu lassen«. Wenn auch dieses Zugeständnis des Magistrats von Straßburg nicht dem Interesse entsprang, den universitären Unterricht in der Geburtshilfe zu fördern, sondern möglichst gute Hebammenlehrer heranzubilden, so bedeutete es dennoch einen entscheidenden Schritt auf dem Weg zur Akademisierung der Geburtshilfe. Denn das Vorbild strahlte aus und ließ Straßburg für einige Jahrzehnte zur »Pilgerstätte« aller derjenigen jungen Mediziner werden, die sich in der Geburtshilfe auszubilden trachteten.

Die im weiteren Verlauf des 18. und am Beginn des 19. Jahrhunderts entstehenden universitären Entbindungsanstalten, die an vielen Orten die ersten stationären Kliniken waren, generierten dann den neuen Beruf des männlichen Geburtshelfers, der nun mehr und mehr die Hebammen als weibliche Experten verdrängte und das Geschehen rund um die Geburt zu dominieren begann. Die Geburtshilfe selbst wurde durch die Aufnahme in die Fakultäten als eigenes Fach nobilitiert.

Die Entbindungsanstalten standen grundsätzlich allen Schwangeren offen, waren also bereit, verheiratete und unverheiratete sowie einheimische und auswärtige Frauen aufzunehmen.[71] Tatsächlich suchten dort aber bis ins 19. Jahrhundert überwiegend arme, unehelich Schwangere für die Zeit vor und nach der Geburt Unterschlupf, die keine Möglichkeit zu der damals üblichen Hausgeburt hatten. Die Fürsorge für diese Zielgruppe hatte jedoch nicht nur humanitäre Gründe. Sie diente vielmehr auch dem bevölkerungspolitischen Ziel, das Leben von Müttern und Kindern zu schützen, die ohne fachkundige Hilfe bei der Geburt in hohem Maße gefährdet waren. Außerdem sollte dem häufigen Kindsmord vorgebeugt werden. Aufgrund ihrer Klientel standen die Anstalten dieser Art bis ins 19. Jahrhundert hinein in bürgerlichen Kreisen im Ruch der Lasterhaftigkeit, weshalb sie auch nur ausnahmsweise von verheirateten Frauen aufgesucht wurden.

Für die ledigen Schwangeren aus der Unterschicht bot die Entbindungsanstalt neben medizinischer Hilfe freie Unterkunft und Verpflegung für die Zeit rund um die Geburt. Als Gegenleistung mussten sie sich nicht nur einer rigiden Hausordnung unterwerfen und dem Personal zur Hand gehen, sondern insbesondere auch – und das war ein hoher Preis – den Studenten als Anschauungsobjekt und für die körperliche Untersuchung zur Verfügung stehen. Der praktische Unterricht in der Entbindungsanstalt hatte üblicherweise zwei Teile, zum einen die Demonstration möglicher Krankheitssymptome am lebenden Menschen, also hier an den schwangeren Frauen, zum anderen die technische Ausbildung durch aktives Untersuchen, die Leitung der Geburten und das Erlernen des Gebrauchs der geburtshilflichen Instrumente.

Die größte Bedeutung für die Diagnostik kam der vaginalen Untersuchung zu, dem sogenannten »Touchieren«, und dies war für die Schwangeren die schlimmste Zumutung, da damit traditionelle Schamgrenzen und Tabus überschritten wurden. Den meisten

Geburtshelfern war dies durchaus bewusst, und in vielen Entbindungsanstalten wurde deshalb versucht, die Schwangeren durch Vorhänge oder andere Vorrichtungen vor den Blicken der Untersucher zu schützen. Zugleich wurden die Studierenden auch von den Leitern mancher Anstalten zur Rücksicht auf das weibliche Schamgefühl angehalten. Damit wollte man zum einen dem schlechten Ruf der Anstalten entgegentreten, zum anderen sollten die angehenden Geburtshelfer auch mit der Einübung von Dezenz und Einfühlsamkeit auf die Bedingungen in der Privatpraxis vorbereitet werden.[72] Dass die Realität jedoch zumeist anders aussah und die Frauen in der Mehrzahl der Fälle zutiefst unwürdig behandelt wurden, lässt sich durch zahlreiche Quellen belegen.[73]

Das Angebot der Entbindungsanstalten an die unehelich schwangeren Frauen war also durchaus ambivalent. Es bewahrte sie zwar davor, in aller Heimlichkeit entbinden zu müssen und bei etwaigen Komplikationen ohne Beistand zu sein. Gleichzeitig verpflichtete es sie aber dazu, sich nicht nur sehr strikten Regeln zu unterwerfen, sondern sich auch als »klinisches Material«, als »lebende Fantome«, wie der Direktor des Göttinger Entbindungshospitals Friedrich Benjamin Osiander sie menschenverachtend nannte,[74] den Medizinstudenten zur Verfügung zu stellen. Die Angst vor der Anstalt war deshalb offenbar so groß, dass viele unverheiratete Schwangere diese von vornherein mieden und ihr Kind stattdessen allein auf Heuböden, in Ställen oder auf dem freien Feld zur Welt brachten. Andere ergriffen kurz vor der Geburt die Flucht aus dem Gebärhaus. Mit dieser Problematik hatten auch die ersten Vertreter der Geburtshilfe an der Erlanger Universität noch zu kämpfen.

Der theoretische Unterricht in Geburtshilfe setzte an den meisten deutschsprachigen Universitäten bereits vor der Einrichtung der Entbindungshäuser ein. In Erlangen waren es in der ersten Phase nach der Gründung der Universität Christian Samuel Gebauer (1716–1764) und Matthias Georg Pfann (1719–1762), die ein spezifisches Interesse an geburtshilflichen und gynäkologischen Problemen hatten.[75] Gebauer hatte schon seine Dissertation einem geburtshilflichen Thema gewidmet (*Über das Wochenbett als häufiger Auslöser vieler Krankheiten*, 1739) und auch danach als Lehrer an der Universität noch mehrere Arbeiten zu Schwangerschaft und Kindbett publiziert.[76] In seinen Vorlesungen findet sich zwar kein Titel, der speziell der Geburtshilfe gewidmet ist, aber man kann vermuten, dass er die Studenten höherer Semester, die ihn im Rahmen seiner *Praxis clinica* ans Krankenbett seiner Patienten begleiten durften, auch zu Besuchen von Schwangeren mitnahm. Die theoretische Lehre in der Geburtshilfe übernahm seit 1744 Pfann mit einem »Collegium de arte obstetricandi«, dem er den *Traité général des accouchments* von Pierre Dionis (erstmals erschienen 1718) zugrunde legte. Pfann war hierzu besonders prädestiniert, da er sich vor seiner Berufung nach Erlangen in Straßburg einschlägige Kenntnisse in der Geburtshilfe erworben hatte. Seine besondere Hinwendung zur Praxis bewies er zudem mit einer Vorlesung über die manuellen und instrumentellen Eingriffe, die bei widernatürlichen Geburten vorzunehmen seien.

Nachdem sowohl Gebauer als auch Pfann schon nach wenigen Jahren die Universität wieder verlassen hatten, übernahm Heinrich Friedrich von Delius (1720–1791) als der für die Chirurgie Zuständige auch den geburtshilflichen Unterricht. Zwei Jahrzehnte lang hat Delius sich dieser Aufgabe unterzogen, wobei es jedoch offenkundig bei der Theorie blieb, da es nach dem Urteil Heidachers nur »im äußersten Notfall gelang, ihn ans Krankenbett zu ziehen«.[77] Die Ursache hierfür lag in der Tatsache begründet, dass Delius, abgesehen von seinem Interesse für Chemie, dem er in einem kleinen Privatlaboratorium nachging, in erster Linie Büchermensch war und seine Berufung offenkundig in einer möglichst großen Zahl an Publikationen sah.[78] Immerhin aber machte er sich durch den Aufbau einer fakultätseigenen Instrumentensammlung verdient, die bedauerlicherweise nicht erhalten ist, zu der aber nachweislich »ein altes Fantom um die Geburt zu zeigen, nebst einem knöchernen pelvi« und »zwey Zangen zur Geburtshülfe« gehörten.[79]

▶ **Exkurs** Chirurgische Instrumentensammlung, S. 42.

Seit 1770 wurde der Chirurg Johann Philipp Julius Rudolph (1729–1797), der nicht zuletzt auf Betreiben von Delius an die Universität berufen worden war, für die Unterweisung der Studenten in Geburtshilfe zuständig. Auch er hatte vor seiner Berufung eine Reise nach Straßburg genutzt, um seine geburtshilflichen Kenntnisse zu vertiefen. Rudolph, der ohne Übertreibung der erfahrenste Praktiker der Erlanger Fakultät in der ersten Phase ihres Bestehens genannt werden kann, sah es als seine vordringliche Aufgabe an, die Praxis in der Lehre stark zu machen, und gab auch Hebammen die Möglichkeit, seine Vorlesungen zu hören. Nur weniges ist bedauerlicherweise bekannt über ein »Krankenhospital und Accouchierhaus«, zu dessen Errichtung Markgraf Alexander Rudolph 12.000 Gulden zugesagt haben soll und das vermutlich als ambulante Einrichtung bis 1813 existiert hat. Rudolph selbst hat gegen Ende seines Lebens zufrieden und stolz festgestellt, dass diese Accouchieranstalt allen Studenten der Medizin und Chirurgie neben der theoretischen Unterweisung auch die Möglichkeit zu praktischer Übung gegeben habe, »woran vor mir hier niemand gedacht hat«.[80]

Nachdem in den Jahren von 1792 bis 1796 Rudolphs gleichnamiger Neffe auf Anregung von Rudolph sen., aber ohne offiziellen Auftrag, die Geburtshilfe gelesen hatte, wurde nach dessen Weggang und einigen Verwirrungen in der Fakultät[81] mit der Berufung von Christian Friedrich Deutsch (1768–1843), der zu diesem Zeitpunkt als praktischer Arzt in Erlangen lebte, eine neue Epoche der Geburtshilfe in Erlangen eingeleitet.[82] Mit der Schaffung einer außerordentlichen Professur für Arzneikunde und Hebammenkunst war ein wichtiger Schritt zur Loslösung der Geburtshilfe von der Chirurgie getan – dass es nur ein vorläufiger werden sollte, konnte damals niemand ahnen. Die erste Irritation erfolgte schon wenige Monate nach Deutschs Dienstantritt. Als Rudolph sen. im Frühjahr 1797 starb, bewarb sich Deutsch, obgleich in der Chirurgie wohl noch weitgehend kenntnisfrei, für das Ordinariat der Chirurgie und Augenheilkunde, wobei er offenkundig hoffte, dass sein Schwager Gottlieb Mehmel, Philosophieprofessor und in enger Beziehung zum Minister von Hardenberg stehend, ein gutes und erfolgreiches Wort für ihn einlegen würde. Der Plan misslang, und der chirurgische Lehrstuhl wurde mit Bernhard Nathanael Gottlob Schreger (1766–1825), dem Begründer des Clinicum Chirurgicum, besetzt.

Nachdem dieser Versuch, rasch an ein Ordinariat zu kommen, fehlgeschlagen war, besann sich Deutsch auf seine eigentliche Aufgabe und setzte sich für die Errichtung einer Entbindungsanstalt in Erlangen ein. Deutsch hatte in Halle und Göttingen studiert und in Letzterem den Neubau des 1785–1791 errichteten »Accouchir-Hospitals«

Abb. 44 Christian Friedrich Deutsch (1768–1843).

Abb. 45 Ernennungsurkunde des Königs von Preußen für Christian Friedrich Deutsch, 1796.

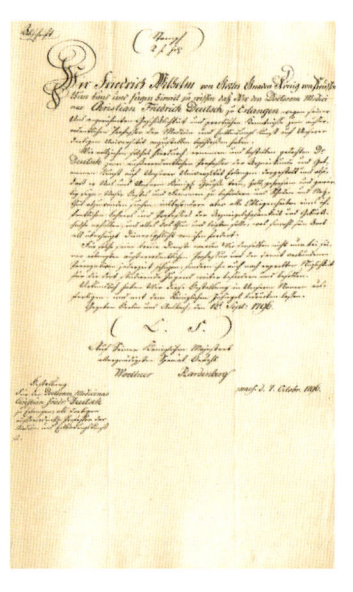

miterlebt. Im Vergleich damit war der Zustand der geburtshilflichen Lehre in Erlangen nur als kümmerlich zu bezeichnen. In einer Eingabe an den Senat von 1801 schilderte er anschaulich das für die Geburtshilfe spezifische Problem, dass nämlich die meisten Frauen während ihrer Schwangerschaft nicht bereit waren, sich für eine körperliche Untersuchung ihrer intimsten Regionen durch Studenten zur Verfügung zu stellen. »Nur mit vieler Mühe konnte man Weibspersonen bekommen, die sich während der Schwangerschaft untersuchen und nachmahls zur Zeit des Gebärens entbinden ließen. Viele, auch noch so Arme hielt falsche Schaam davon zurük […], diese wenigen, die man mit vieler Mühe bekam, musten durch Geld angelobt werden.«[83]

Trotz des finanziellen Anreizes standen im Sommersemester 1801 für die 20 Hörer seiner geburtshilflichen Lehrveranstaltung nur neun schwangere Frauen zur Untersuchung zur Verfügung, zur Entbindung sogar nur fünf. Zudem war die Situation in den Privatwohnungen der Schwangeren durchweg nicht geeignet für eine Demonstration der entsprechenden Untersuchungen. Vor diesem Hintergrund bat Deutsch darum, »daß bei dem neuen Hospitalbau zugleich für eine kleine Entbindungsanstalt Sorge getragen werde«.[84] Nach seiner Überzeugung sollte dieses Gebäude aus hygienischen, sittlichen und ökonomischen Gründen vom Krankenhaus getrennt sein. Die preußische Regierung nahm die Eingabe Deutschs zwar zustimmend auf, beschloss jedoch, entsprechende Räume im Obergeschoss des geplanten Krankenhauses als Entbindungsstation einzurichten.

Deutsch folgte 1805 einem Ruf nach Dorpat auf die dortige Professur für Entbindungskunde, Weiber- und Kinderheilkunde und Vieharzneikunde. Bei der Suche nach einem geeigneten Nachfolger prüfte die Fakultät nicht nur die wissenschaftliche und praktische Befähigung der Bewerber, sondern man diskutierte auch über die besondere körperliche Robustheit und die charakterliche Eignung, die der Kandidat aufweisen müsse.[85] Die Wahl fiel auf den Helmstedter Extraordinarius für Anatomie Ernst Daniel August Bartels (1774–1838), der den Ruf zunächst annahm, für das Sommersemester 1806 auch schon eine einschlägige Vorlesung ankündigte,[86] dann aber doch nicht kam, was angesichts seiner Vorbildung und Publikationen, die keine irgendwie geartete Nähe zur Geburtshilfe aufweisen, für Erlangen vermutlich keine schlechte Lösung war.

Die durch die Absage entstandene Lücke füllte Bernhard Schreger, und zwar nicht nur übergangsweise, sondern für die folgenden 16 Jahre. Damit waren Chirurgie und Geburtshilfe wieder vereint. Für die Universität Erlangen, die in diesen beiden ersten Jahrzehnten des 19. Jahrhunderts aufgrund der politischen Verwerfungen in finanzieller Hinsicht ihre schwierigste Zeit erlebte, war diese Lösung aber nicht nur aus wirtschaftlichen Gründen überaus günstig, sondern sie verfügte mit Schreger auch über einen Lehrer, der schon vor seiner Berufung nach Erlangen im Jahre 1797 die Hebammenkunst als eines seiner bevorzugten Gebiete angegeben und zudem während der Ära Deutsch regelmäßig geburtshilfliche Lehrveranstaltungen durchgeführt hatte.

Schreger trat 1821 den Unterricht in Geburtshilfe an seinen Lieblingsschüler Carl Richard Hoffmann (1797–1877)[87] ab, der sich im Wintersemester 1818/19 habilitiert hatte und 1821 zum Extraordinarius für Physiologie, Pathologie und Allgemeine Therapie ernannt worden war. Doch bevor dieser die Lehre aufnahm, ging er nach Göttingen und Berlin, um sich dort in Chirurgie und Geburtshilfe weiterzubilden. Ermöglicht wurde ihm dies durch ein Stipendium, für das sich der für Erlangen zuständige Ministerialkommissar Gottfried Albrecht Freudel, der einen dringenden Verbesserungsbedarf bei der Ausbildung der Professoren sah, eingesetzt hatte.

▸ **Quelle** Anregungen zu Reisestipendien für junge Doktoren, S. 48.

Während der Vorbereitungen zur Eröffnung des akademischen Krankenhauses kam es bei dem Versuch, die Stelle des Geburtshelfers nun endlich erneut und möglichst auch längerfristig zu besetzen, zu Schwierigkeiten, die im Nachhinein fast komische Züge tragen, die aber die Medizinische Fakultät für einige Semester in nicht geringe Verlegenheit brachten. Zunächst wurde Hoffmann, der sich für die geburtshilfliche Professur in Erlangen beworben hatte, 1824 ohne Vorankündigung nach Landshut auf das Ordinariat für Pathologie, Materia medica und Hygiene versetzt. Im Gegenzug sollte Franz Reisinger (1787–1855), seit 1822 Ordinarius der Chirurgie in Landshut, laut einem Dekret Ludwigs I. nach Erlangen versetzt und zum Ordinarius für Geburtshilfe ernannt werden. Den Hintergrund für diesen obrigkeitlichen Eingriff bildete offenkundig eine erbitterte Kollegenfehde in Landshut. Reisinger wehrte sich jedoch gegen die Zwangsversetzung und konnte weder durch Bitten noch Befehle des Ministeriums zur Übersiedelung gebracht werden. Doch Erlangen brauchte dringend eine Lösung, zumal da im Oktober 1825 Schreger starb. Damit waren zwei Lehrkanzeln verwaist, und die Studenten kehrten Erlangen den Rücken. In ihrer Not versuchte die Fakultät, Reisinger für den chirurgischen Lehrstuhl zu gewinnen. Doch dieser schützte gesundheitliche Probleme vor und bat schließlich den König, ihn in den Ruhestand zu versetzen. Ende des Jahres wurden dann endlich die beiden Erlanger Vakanzen besetzt, allerdings unter Rückstufung der Ordinariate in außerordentliche Professuren: Michael Jäger (1795–1838) wurde zum Extraordinarius der Chirurgie, Philipp Anton Bayer (1791–1832) zum Extraordinarius für Entbindungskunst ernannt.

Bayer war für die Erlanger Fakultät kein Unbekannter.[88] 1814 in Erlangen promoviert, hatte er sich als praktischer Arzt niedergelassen und zeitweilig als Assistent bei Friedrich von Wendt (1738–1818) und Schreger in deren klinischen Instituten gearbeitet. Bereits im Jahre 1821, als Schreger die geburtshilfliche Lehre niederlegte, bat er in einer Eingabe ans Ministerium erfolglos um die Verleihung dieser Professur. Nach Schregers Tod übernahm er interimistisch die Leitung der chirurgischen Abteilung und bewarb sich nun beim König um die chirurgische oder geburtshilfliche Professur. Die Fakultät erkannte zwar die praktischen Leistungen Bayers an, verwies aber auf ihr bereits 1821 erstelltes Gutachten, in dem sie die wissenschaftliche Befähigung Bayers infrage gestellt und vor allem seine unzureichende klassische Bildung bemängelt hatte.[89] Dennoch erhielt Bayer 1826 die außerordentliche Professur, allerdings mit dem ungewöhnlichen und wenig ehrenvollen Zusatz, »unter Aufsicht der Fakultät den Vortrag über Entbindungskunst zu halten«.

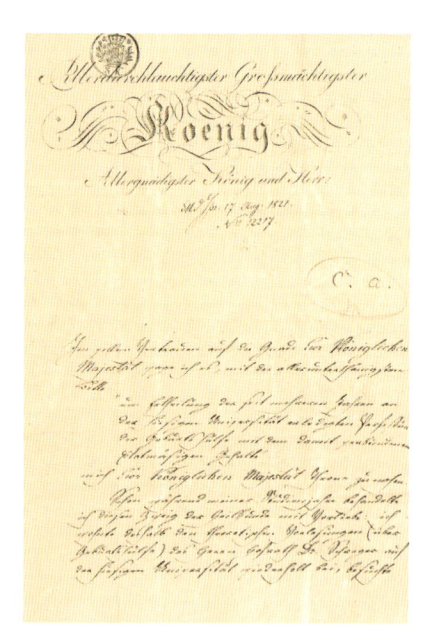

Abb. 46 Philipp Anton Bayers Bewerbungsschreiben um die Verleihung der Professur für Entbindungskunst, 1821.

Abb. 47 Das Marchandsche Haus in der Nürnberger Straße 36, in dem die erste Entbindungsanstalt Erlangens eröffnet wurde, kolorierter Stich, 1828.

Bayer nahm sogleich das noch immer nicht realisierte Projekt Gebäranstalt tatkräftig in die Hand.[90] Bereits im folgenden Jahr mietete die Universität das schon früher für diesen Zweck ins Auge gefasste Marchandsche Haus in der Nürnberger Straße 36, das sich, einst als Landsitz erbaut, im Besitz der französisch-reformierten Gemeinde befand. Durch seine Lage am Rande der Stadt erfüllte es die schon von Deutsch erhobene Forderung der sicheren Entfernung vom Krankenhaus mit seiner Ansteckungsgefahr. Weitere Vorteile aus damaliger Sicht waren weniger medizinischer als vielmehr sozialer Natur: Zum einen gab die Abgeschiedenheit des Hauses Frauen, die ihre Schwangerschaft verheimlichen wollten, die Möglichkeit, unbemerkt von der Öffentlichkeit zu entbinden; zum anderen sah man darin aber auch gewissermaßen einen Schutz für die Bevölkerung, da die Häuser dieser Art, wie bereits oben dargelegt, immer noch als ein Hort der Liederlichkeit und Lasterhaftigkeit galten. Um derartigen Vorbehalten zu begegnen, verfasste Bayer zur Eröffnung der Anstalt, die am 30. März 1828 erfolgte, eine Broschüre, in der er sehr detailliert Ziel und Einrichtung des Hauses sowie das von ihm entworfene Reglement sowohl für die Patientinnen als auch für die Hebamme und die Praktikanten beschrieb.[91] Die Erlanger Bürgerschaft scheint dennoch eher mit Zurückhaltung auf die Eröffnung reagiert zu haben, und das katholische Pfarramt weigerte sich in mehreren Fällen, ein dort zur Welt gekommenes Kind zu taufen.[92]

Das Haus verfügte über 12 Betten. Zwei bis drei Betten waren für zahlende Schwangere reserviert, 9 für die Armen. Unentgeltlich aufgenommen wurden unbemittelte Schwangere aus Erlangen und von auswärts, sofern Letztere ein amtliches Zeugnis ihrer Armut vorweisen konnten. Als Gegenleistung mussten sie, wie oben geschildert und auch andernorts üblich, Verrichtungen im Haushalt übernehmen. Vor allem aber waren sie verpflichtet, sich ungeachtet der allgemeinen Scheu und Angst vor körperlichen Untersuchungen für den studentischen Unterricht zur Verfügung zu stellen. Auch in Erlangen haben deshalb einzelne Schwangere trotz des strengen Verbots und der Überwachung durch die Hebamme[93] die Anstalt noch vor der Geburt heimlich wieder verlassen.[94] An Personal gab es neben dem ärztlichen Leiter und der Hebamme einen Hausmeister und eine Magd.

Bayer war im Hinblick auf den großzügigen Einsatz der Geburtszange, der seit Anfang des 19. Jahrhunderts insbesondere durch Johann Friedrich Osiander (1759–1828) in Göttingen propagiert, von anderen Geburtshelfern aber kritisch diskutiert bzw. abgelehnt wurde, eher zurückhaltend.[95] Seine Erfolge, die sich aus den von ihm sorgfältig geführten Diarien ablesen lassen, waren sehr gut.[96] Von den 139 Frauen, die im Zeitraum von November 1827 bis Januar 1833 stationär entbunden wurden, blieben alle am Leben, ebenso die Mütter bei 13 poliklinischen Entbindungen; 14 Kinder kamen tot zur Welt oder starben kurz nach der Geburt. Unter den 103 Frauen, die einen Beruf angegeben hatten, waren 79 vermutlich unverheiratete Dienstmägde. Einzelheiten über die Privatpatientinnen sind nicht überliefert; Bayer hatte für sie ein geheimes Diarium angefertigt, die entsprechenden Seiten aber aus Diskretion vor seinem Tode entfernt.[97]

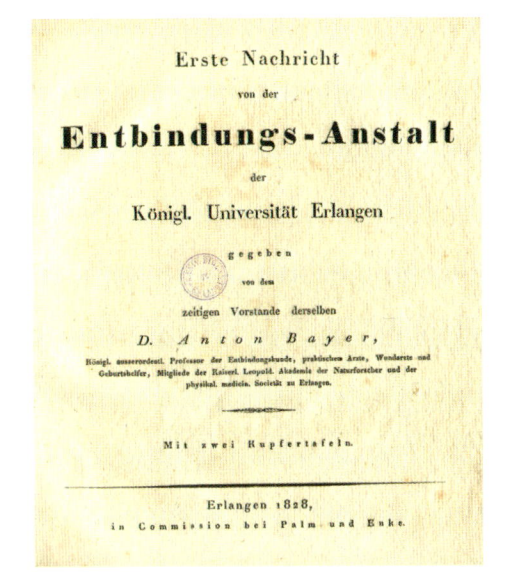

Bayer starb am 11. Juni 1832 im Alter von 40 Jahren, nachdem er schon mehrere Monate vorher nicht mehr in der Lage gewesen war, die Entbindungsanstalt angemessen zu betreuen. Nach einer kurzen Interimsphase, in der der Chirurg Michael Jäger die Aufgaben der vakant gewordenen Stelle versah, wurde Eugen Rosshirt (1795–1872) im Januar 1833 nach Erlangen berufen.[98] Mit ihm bekam die hiesige Fakultät nun endlich den ersten ordentlichen Professor für Geburtshilfe. Rosshirt hatte in Würzburg bei Adam Elias von Siebold,[99] einem der damals bekanntesten Lehrer der Geburtshilfe in Deutschland, studiert und mit einer geburtshilflichen Arbeit promoviert, war dann einige Jahre als Prosektor an der Chirurgenschule in Bamberg tätig und danach zeitweilig Lehrer an der Königlichen Hebammenschule, bevor er nach Erlangen kam. Er blieb hier 35 Jahre.[100]

Im Zeitraum von 1833 bis 1868 wurden 2016 Frauen in die Entbindungsanstalt aufgenommen; 22 von ihnen gingen auf eigenen Wunsch, auf den ihrer Angehörigen oder aufgrund einer eingebildeten Schwangerschaft unentbunden aus der Anstalt, 6 entfernten sich heimlich, einige andere wurden aus verschiedenen Gründen ausgewiesen. Unter den 1974 Kindern, die geboren wurden, waren 1053 Knaben und 921 Mädchen, 1845 Kinder kamen lebend zur Welt, 62 starben kurz nach der Geburt, 16 Frauen überlebten das Wochenbett nicht.[101] Rosshirt war wie sein Vorgänger ein Anhänger der natürlichen Geburt und machte, ebenso wie dieser, nur relativ selten Gebrauch von der Zange. Im Gegensatz zu Bayer konnte er aber seit 1847 auf das neue Narkosemittel Chloroform zurückgreifen.

Abb. 48 Titelblatt der Broschüre von Philipp Anton Bayer zur Eröffnung der Entbindungsanstalt, 1828.

Abb. 49 Eugen Rosshirt (1795–1872).

Abb. 50 Der Neubau der Geburtshilflichen Klinik in der Krankenhausstraße, die im Wintersemester 1854/55 in Betrieb genommen wurde.
Abb. 51 Karl Ludwig Ernst Friedrich Schröder (1838–1887).

Insgesamt betrachtet ist Rosshirts geburtshilfliche Tätigkeit durchaus als erfolgreich zu beurteilen. Seine Geschicklichkeit bei schwierigen Geburten sprach sich in Erlangen und Umgebung herum, sodass er oft bei Komplikationen in Privathäuser gerufen wurde. Gleichwohl wirkte sich sein guter Ruf nicht entsprechend auf die Belegungszahl der Entbindungsanstalt aus. Die Anzahl der Schwangeren, die für den praktischen Unterricht zur Verfügung standen, war angesichts steigender Studentenzahlen eindeutig zu niedrig; ein Grund dafür lag auch in dem viel zu niedrigen Etat, der schon zu Bayers Zeit Gegenstand zahlreicher Eingaben gewesen war.

Die Unterfinanzierung der Anstalt nahm wenige Jahre nach Rosshirts Amtsantritt so bedrohliche Ausmaße an, dass er 1836 in einem Brief an den Senat drohte, den geburtshilflichen Unterricht einzustellen, wenn der Etat nicht angehoben würde.[102] Trotz der dringend nötigen Erhöhung der Belegungszahl sah Rosshirt sich damals sogar mehrfach in der misslichen Lage, Schwangere, die um Aufnahme nachsuchten, abweisen zu müssen, weil er ihre Verpflegung nicht bezahlen konnte. Hinzu kam, dass die Entbindungsanstalt in Bamberg offenbar eine Konkurrenz für Erlangen bedeutete. Um diese zu entschärfen, machte Rosshirt 1843 den Vorschlag, die Bamberger Hebammenschule, die er ja aus seiner eigenen Vergangenheit gut kannte, und die damit verbundene Entbindungsanstalt nach Erlangen zu verlegen, wogegen sich die Bamberger allerdings mit Erfolg verwahrten. Auch ein zweiter Versuch im Jahre 1859 scheiterte.[103]

1853 lief der Pachtvertrag des Marchandschen Hauses aus. Dies nutzte Rosshirt, um seinen schon länger gehegten Wunsch nach einem Neubau für die Entbindungsanstalt durchzusetzen. Da sich die große Entfernung von der alten Anstalt zum Universitätsklinikum insbesondere für die Studenten als hinderlich erwiesen hatte, sollte der Neubau nun möglichst in der Nähe errichtet werden. Die Universität unterstützte das Vorhaben, sodass der Neubau in der Krankenhausstraße dort, wo sich heute das Pathologische

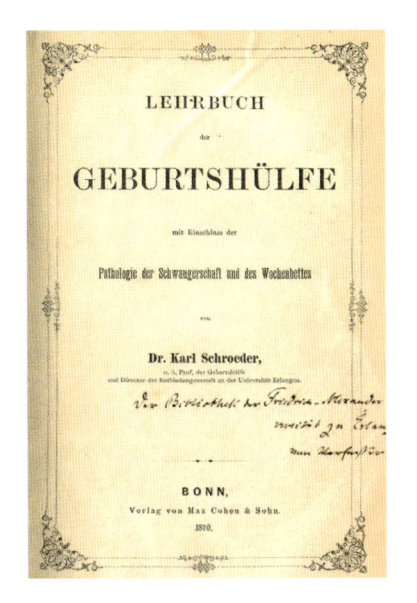

Institut befindet, bereits im Wintersemester 1854/55 bezogen werden konnte. Es war für die Aufnahme von 24 Frauen ausgelegt.

Rosshirt erwarb sich im Laufe seiner Dienstzeit große Anerkennung in der Fakultät und trug entscheidend dazu bei, dass die Geburtshilfe seit der Mitte des 19. Jahrhunderts eine allseits anerkannte Disziplin der Medizin in Erlangen wurde. Die Stadt dankte ihm 1867 für die ihren Frauen und Kindern erwiesenen Dienste mit der Verleihung der Würde eines Ehrenbürgers.

Rosshirt schied auf eigenen Wunsch zum 7. Oktober 1868 aus seinem Amt. Schon wenige Wochen später wurde der damals 30 Jahre alte Karl Ludwig Ernst Friedrich Schröder (1838–1887)[104] als sein Nachfolger berufen – zunächst noch als Extraordinarius für Geburtshilfe. Die Ernennung zum ordentlichen Professor für Gynäkologie und Geburtshilfe erfolgte am 22. Juli 1869. Mit Schröder hielt also das Fach Gynäkologie Einzug in Erlangen, auch praktisch dadurch erkennbar, dass er 1870 die Gynäkologische Abteilung und Poliklinik an der Geburtshilflichen Klinik begründete. Schröder, der trotz seines viel zu frühen Todes im Jahr 1887 als einer der bedeutendsten deutschen Frauenärzte gilt, veröffentlichte in seiner Erlanger Zeit zwei grundlegende Lehr- bzw. Handbücher der Geburtshilfe und Gynäkologie und betrieb mit Nachdruck einen Neubau der Klinik,[105] der jedoch erst 1878 unter seinem Nachfolger Paul Zweifel (1848–1927) vollendet wurde, da Schröder bereits 1876 nach Berlin ging. Im Erdgeschoss des noch heute »Schröder-Zweifel-Bau« genannten Gebäudes entlang der Universitätsstraße hatte der Klinikdirektor seinen Wohnbereich, in den beiden oberen Geschossen waren die Krankenzimmer der Gynäkologie und Geburtshilfe und zugleich jeweils ein Hörsaal untergebracht.[106]

Mit der 1828 erfolgten Einrichtung der Entbindungsanstalt, die als Keimzelle der Frauenklinik anzusehen ist, war die erste Phase der Schaffung von klinischen Institutionen beendet. Es hatte seit der Gründung der Universität immerhin 85 Jahre gedauert, bis die Erlanger Medizinische Fakultät ihren Studenten überall dort praktischen

Abb. 52 Titelblatt des Lehrbuchs der Geburtshilfe, 1870.

Abb. 53 Der sogenannte Schröder-Zweifel-Bau, der 1878 an der Universitätsstraße vollendet wurde.

Anschauungsunterricht anbieten konnte, wo es der zeitgenössische Standard erforderte. Da aber der Zeitraum vom Beginn der Bemühungen bis zur Realisierung der Institutionen durchweg sehr lang war, konnte es nicht ausbleiben, dass die Gebäude meist schon sehr bald nach ihrer Eröffnung den sowohl quantitativ als auch qualitativ steigenden Ansprüchen nicht mehr genügten. Der Kampf um immer bessere Ausbildungsstätten blieb so ein Dauerproblem von Fakultät und Klinikum.　Renate Wittern-Sterzel

Die Spezialisierung in den klinischen Fächern im 19. und frühen 20. Jahrhundert

»Es gibt gegenwärtig kaum noch Ärzte, fast nur Specialisten« – mit diesem Satz gab Ernst von Leyden, zu diesem Zeitpunkt Direktor der 2. Medizinischen Klinik der Charité und einer der bedeutendsten Internisten seiner Epoche, im Jahre 1881 auf der ersten Sitzung des Berliner Vereins für Innere Medizin seiner Besorgnis Ausdruck, dass die Auffächerung der Medizin in Spezialfächer auf dem Wege sei, die eigentliche ärztliche Aufgabe zu verdrängen.[107] Noch eindeutiger und drastischer brachte 15 Jahre später der praktische Arzt Jacob Wolff in seinem Vademecum für angehende Praktiker seine Vorbehalte gegenüber der zeitgenössischen Entwicklung zum Ausdruck: »Eine Nasenmuschel, die Ovarien oder der Uterus sind bald entfernt. Der Spezialist denkt nicht daran, dass an der Nase auch noch ein Mensch hängt. Es wird das Spezialorgan nach allen Regeln der Kunst verarztet, ob es hilft oder nicht. Auf den Seelenzustand des zu Operierenden wird keine Rücksicht genommen.«[108]

Formuliert in den ersten Jahrzehnten nach dem epochalen Paradigmenwechsel in der Medizin um die Mitte des 19. Jahrhunderts, in dem das lokalistische, organbezogene Denken in der Medizin zum Programm wurde, reflektieren diese beiden zeitgenössischen Zitate die eine Seite des Wandels, indem sie wesentliche Elemente des traditionellen abendländischen Arztbildes und des Arzt-Patient-Verhältnisses durch die Ausdifferenzierung der Medizin in Einzeldisziplinen in den Hintergrund gedrängt oder gar schon verloren sahen.

Noch drastischer hatte allerdings schon in den 1860er Jahren der vor allem durch seine gründlichen medizinhistorischen Forschungen bekannt gewordene Arzt Heinrich Rohlfs das Gespenst der »totalen Zergliederung« des Menschen durch die Medizin an die Wand gemalt, wobei er unverhohlen und voll bitterer Ironie den ökonomischen Aspekt der befürchteten Zersplitterung der Medizin in den Vordergrund rückte: »Weiße und rote Blutkörperchenärzte, Fett-, Knorpel- und Nervenärzte werden nächstens ebenso ›en vogue‹ sein, wie jetzt die Kehlkopf-, Gebärmutter-, Augen-, Ohren- und Herzkrankheitenärzte, und die Spezialisten sind eigentlich verpflichtet, Herrn Professor Virchow als dem Begründer der Cellularpathologie einen öffentlichen Dank zu votiren, da jetzt ihre und ihrer Nachfolger Zukunft mehr denn gesichert erscheint.«[109]

Diese drei Äußerungen von kritischen Zeitgenossen lassen die Dramatik der Entwicklung der Medizin in der zweiten Hälfte des 19. Jahrhunderts erahnen, in der die

Ausdifferenzierung der Medizin einen ersten Höhepunkt erlangte. Frühformen von Spezialisierung und Spezialärzten hatte es zwar schon in früheren Zeiten gegeben – erinnert sei etwa an die Spezialärzte im alten Ägypten, an die Ausdifferenzierung der Medizin im Hellenismus, also in der Epoche von Alexander dem Großen bis ca. 30 v. Chr., oder an die Spezialisten unter den umherziehenden Heilern, wie Starstecher und Stein- und Bruchschneider, im späten Mittelalter und in der Frühen Neuzeit –, aber die Ausbildung von neuen akademischen Disziplinen mit dem Ziel der vollen Selbstständigkeit, die in der Mitte des 19. Jahrhunderts begann und, in unterschiedlicher Intensität, bis heute anhält, war doch ein grundsätzlich anderer Vorgang mit jeweils weitreichenden Folgen für Forschung, Praxis und Patientenversorgung. Gleichwohl hatte sie einen nicht unerheblich langen Vorlauf, der die Ausdifferenzierung vorbereitete.

Unter den externen gesellschaftlichen Einflussfaktoren ist vor allem die Arbeitsteilung zu nennen, die als zentrales Moment der Modernisierung im Zuge der Industrialisierung immer weiter um sich griff. Die Übertragung dieses Konzepts auf die Wissenschaften unternahm um die Mitte des 18. Jahrhunderts Albrecht von Haller (1708–1777), der, obgleich selbst einer der letzten Universalgelehrten Europas, die Spezialforschung zum Programm der Göttinger Gesellschaft der Wissenschaften erhob, da Fortschritte in der Wissenschaft und in der Medizin nur noch durch die Konzentration auf einzelne Gebiete möglich seien. An den medizinischen Fakultäten blieb diese Forderung allerdings zunächst noch ohne breiteres Echo, da die Universitäten vor der Humboldtschen Bildungsreform vorrangig Stätten des Sammelns, Ordnens und Vermittelns von Wissen, nicht aber Institutionen des Forschens und der Erzeugung von Wissen waren.

Veränderungen bahnten sich hier im Verlauf des späteren 18. Jahrhunderts insbesondere in den Grundlagenfächern Anatomie, Physiologie und Pathologie an, die sich dann auch in der Struktur der Medizinischen Fakultät niederschlugen, indem in den Denominationen der Lehrstühle neben dem allgemeinen Terminus der »Arzneikunde« einzelne Fächer auftauchten. So entstanden in dieser Zeit die ersten Lehrstühle für Anatomie, Chirurgie und Geburtshilfe, wobei die Anatomie noch die Physiologie und die Pathologische Anatomie einschloss und die Chirurgie üblicherweise die Augenheilkunde, die aber auch schon früh im Titel der Professur eigens genannt wurde.

Eine andere Form der »Präspezialisierung«, die ebenfalls gegen Ende des 18. Jahrhunderts stattfand, hatte gänzlich andere Wurzeln und vollzog sich auch zunächst weitgehend außerhalb der Universitäten. Hierbei handelte es sich um Initiativen, die sich dem sozialen und philanthropischen Impuls der Aufklärung verdankten, zugleich aber auch als ein Aspekt des zu dieser Zeit einsetzenden Medikalisierungsprozesses zu deuten sind, in dessen Verlauf Personengruppen, die vorher nicht im Fokus der ärztlichen Tätigkeit gestanden hatten, nun als medizinische Problemfälle wahrgenommen wurden.[110] Hierher gehören etwa Aktivitäten in der Orthopädie und Pädiatrie sowie in der Psychiatrie. Allen drei Fächern ist gemeinsam, dass bereits am Ende des 18. Jahrhunderts spezielle Krankenanstalten entstanden und reiche einschlägige wissenschaftliche Literatur publiziert wurde, dass sie aber erst erheblich später zu einem Spezialfach an der Universität wurden.

Abgesehen von diesen frühen Entwicklungen erfolgte der eigentliche Durchbruch des Spezialisierungsgedankens in der Medizin in den 1840er und 1850er Jahren in der Folge des naturwissenschaftlichen Konzepts, dessen Konzentration auf das einzelne Organ auch in der Kritik der oben zitierten Zeitgenossen zu einem der wichtigsten Faktoren für die Diversifizierung der Medizin wurde. Überblickt man das gesamte Feld der Medizin, so erweist sich das Phänomen der Spezialisierung als überaus vielschichtig. Denn es gab nicht nur große Unterschiede zwischen den Fächern, sondern auch innerhalb desselben Faches war die Entwicklung, bezogen auf die einzelnen Universitäten, nicht einheitlich. Dennoch lassen sich im jeweiligen Prozess der Ausdifferenzierung einige typische Merkmale und strukturelle Gemeinsamkeiten erkennen.

Voraussetzung zur Einleitung eines solchen Prozesses war die rasche Vermehrung von Kenntnissen sowie die Entwicklung neuer Instrumente und Methoden, die Arbeitsfelder auf bisher unbekanntem Terrain eröffneten und dadurch vielfach entscheidende Durchbrüche in der Grundlagenforschung brachten. Der erste Schritt auf dem Weg zur Etablierung eines neuen Faches war dann das regelmäßige Angebot von entsprechenden Lehrveranstaltungen. Dies erfolgte überwiegend durch die jüngeren Dozenten, die sich mit Innovationsfreudigkeit und wissenschaftlichem Elan auf die sich neu eröffnenden Tätigkeitsfelder begaben. Dass diese Entwicklung nicht ohne Argwohn verfolgt wurde, beweist das folgende Zitat von Emile du Bois-Reymond (1818–1896), einem der nachdrücklichsten Verfechter der naturwissenschaftlichen Medizin: »In dem Maße wie eine Disciplin neue Zweige treibt, was in der Medicin und Naturwissenschaft dauernd geschieht, bemächtigen sich dieser die jüngeren Lehrkräfte, und während der ordentliche Lehrer den Stamm der Disciplin in seiner gesicherten Gestalt und langsamen Wandlung vertritt, werfen in den Anschlägen bahnbrechender junger Docenten die an jenem Stamme knospenden Disciplinen der Zukunft oft bereits ihre Schatten über das schwarze Brett.«[111]

Wenn dann erste Erfolge in Diagnostik und/oder Therapie den Wunsch nach eigenen Behandlungsräumen sowie Lehr- und Forschungsstätten laut werden ließen, kam es an diesem Punkt oft zu Konflikten mit dem jeweiligen Vertreter des Mutterfaches, sodass sich der Spezialisierungsprozess im 19. Jahrhundert auch unter dem Blickwinkel des Generationenkonfliktes lesen ließe. Parallel zu den lokalen Aktivitäten gab es verschiedene überregionale Initiativen: Zum einen wurden Zeitschriften gegründet, die das Selbstverständnis der neuen Fachrichtung artikulieren, Ergebnisse und Forschungsziele bekannt machen und vor allem die Bedeutung des Faches öffentlich machen sollten. Zum anderen versuchte man, eine eigene Sektion auf den Versammlungen der Naturforscher und Ärzte einzurichten. Dies war zumeist die Vorstufe zur Gründung einer eigenen Gesellschaft, die als Interessen- und Kampfgemeinschaft eine der wichtigsten Etappen auf dem Weg in die Selbstständigkeit war. Mit ihr im Rücken konnte dann auch auf der Ebene der Verwaltung die Aufnahme des Faches in die Prüfungsordnung angestrebt werden.

Die letzte Stufe war dann die Einrichtung eines planmäßigen Ordinariates, dem in vielen Fällen ein Extraordinariat und/oder ein persönliches Ordinariat als weitere Zwischenstufen vorausgingen, und, damit verbunden, die Schaffung einer entsprechenden

Arbeitsstätte, worauf die neuen Fachvertreter im Falle eines notwendigen Klinikneubaus oft aus Gründen fehlender Finanzmittel lange warten mussten. Vergleicht man die mit viel Engagement ausgefochtenen Kämpfe um die Anerkennung und Autonomie neuer Fächer, so lassen sich nur sehr schwer allgemeine Aussagen über den Verlauf der Konfliktlinien machen. Denn die Allianzen der beteiligten Personen wechselten je nach den spezifischen Bedingungen des Faches und den Persönlichkeiten, die auf die jeweiligen Entscheidungsprozesse Einfluss geltend machten.

Und auch die Motive des Widerstandes waren durchaus unterschiedlich. Im Vordergrund stand bei vielen Medizinern die allgemeine Sorge um die Einheit der Medizin; die Vertreter der Mutterfächer wehrten sich aber vor allem auch gegen den drohenden Verlust des vom sich neu konstituierenden Faches abgedeckten Bereichs, den sie vormals selbst repräsentiert hatten; die Fakultäten sahen die Probleme vor allem in der Aufblähung und Zersplitterung des Lern- und Prüfungsstoffes sowie in der Schwierigkeit, die Zuständigkeiten neu zu definieren; vonseiten der Regierung schließlich waren die Mittel, die für die Ausweitung der Fakultäten bei der Einrichtung neuer Fächer und Kliniken notwendig wurden, durchweg ein entscheidendes Hemmnis oder zumindest ein retardierender Faktor.

So heftig diese hier in ihrer Typologie geschilderte erste Spezialisierungswelle des 19. Jahrhunderts die Gemüter auch bewegte und erregte, so sehr war sie doch noch ein eher bescheidener Anfang, wenn man sie mit der rasanten Entwicklung seit der Mitte des 20. Jahrhunderts vergleicht. Im Folgenden werden drei Beispiele aus dieser ersten Phase vorgestellt, wobei die Darstellung jeweils mit der Einrichtung von Ordinariat und Klinik, also mit der Erlangung der vollständigen Autonomie, endet.

▶ **Exkurs** Die Ausdifferenzierung der klinischen Fächer nach dem Zweiten Weltkrieg, S. 348.

Augenheilkunde

Ein frühes Beispiel für den Spezialisierungsprozess, den die Medizin seit der Mitte des 19. Jahrhunderts erlebte, stellt die Augenheilkunde dar. Indessen handelt es sich hierbei in gewisser Hinsicht um eine Spezialisierung zweiter Stufe; denn der »Augenarzt« ist ein altes Phänomen und hatte seit frühesten Zeiten einen festen Platz in der medizinischen Versorgung. Schon das alte Ägypten kannte ihn als Spezialisten, und für die römische Kaiserzeit geben zahlreiche schriftliche Quellen und spezifische archäologische Funde Auskunft darüber, dass es bereits eine beträchtliche Zahl an derartigen Spezialärzten gegeben haben muss. Ihr Aufgabengebiet war vielfältig. Entzündliche Augenleiden mit ihren mannigfachen Folgen auf der einen Seite, die verschiedenen Formen der Katarakt auf der anderen waren seit alters die wichtigsten Probleme, die es zu bewältigen galt. Seit dem Mittelalter kam dann mit der Entwicklung der Brille die Korrektur der Sehfähigkeit hinzu.[112]

Die einschlägigen Operationen und anderen Therapieformen verlangten große Erfahrung und vor allem handwerkliches Geschick und wurden im Laufe des Mittelalters eine Domäne der Okulisten, die umherzogen und dem Publikum ihre Dienste anboten. Erfolgreiche Eingriffe an diesem ebenso verletzlichen wie dem Menschen teuren Organ haben so manchem dieser außerhalb der akademischen Medizin stehenden Spezialisten

Abb. 54 Titelblatt der *Ophthalmodouleia* von Georg Bartisch, 1583.

großen Ruhm eingetragen. Erinnert sei nur an Georg Bartisch (1535–1607) mit seiner 1583 in Dresden veröffentlichten *Ophthalmodouleia das ist Augendienst*, dem ersten Lehrbuch für Augenheilkunde, und Johannes Andreas (Dr.) Eisenbarth (1663–1727), den Handwerkschirurgen und Starstecher, der aufgrund seiner augenärztlichen Erfolge Hofaugenarzt des Soldatenkönigs Friedrich Wilhelm I. wurde.

Erst im Laufe des 18. Jahrhunderts fasste die Augenheilkunde, stets in engem Zusammenhang mit der Verwissenschaftlichung der Chirurgie, mit der sie auch zunächst verbunden blieb, an den Universitäten Fuß. Abgesehen von Wien und Prag, wo bereits 1812 bzw. 1820 die ersten Universitäts-Augenkliniken der Welt gegründet wurden und die Augenheilkunde zum selbstständigen Fach mit eigenem Ordinariat wurde,[113] begann ihre Emanzipation von der Chirurgie an den anderen Universitäten des deutschen Sprachraums erst in den späten 1840er Jahren.[114] Auslöser dieser Entwicklung waren entscheidende Fortschritte sowohl im sogenannten Mutterfach, der Chirurgie, als auch in der Augenheilkunde selbst, die fast zeitgleich abliefen und beiden Fächern starke Innovationsschübe gaben.

In der Chirurgie schuf die Einführung der Narkose 1847 die Möglichkeit, das Spektrum der Eingriffe erheblich zu erweitern, sodass die Operationszahlen anstiegen, die Chirurgen auf ihrem eigentlichen Gebiet daher erheblich mehr gefordert wurden als vorher. In der Augenheilkunde eröffnete der am 6. Dezember 1850 von Hermann von Helmholtz (1821–1894) in der Berliner Physikalischen Gesellschaft vorgestellte Augenspiegel[115] den Ärzten eine neue Welt und brachte ihnen in kürzester Zeit so viele neue Erkenntnisse, dass der Ruf nach Verselbstständigung des Faches lauter wurde. Und er wurde – zumindest partiell – schon bald erhört: 1852 erhielt Christian Georg Theodor Ruete in Leipzig das erste deutsche Ordinariat für Augenheilkunde, München folgte 1863, Würzburg 1866. Drei Jahre später wurde die Augenheilkunde obligatorisches Prüfungsfach in Preußen, 1871 im gesamten Reich.

Und doch ist gerade die Augenheilkunde ein eindrucksvolles Beispiel dafür, wie die Entwicklung eines Spezialfaches durch Widerstände von außen gehemmt werden konnte. In diesem Fall traf es ausgerechnet Albrecht von Graefe (1828–1870), der heute mit Recht als der Begründer der modernen Ophthalmologie gefeiert wird. Von Graefe hatte 1850 eine Privataugenklinik in Berlin gegründet und sich ebendort 1852 mit einer ophthalmologischen Arbeit habilitiert. Seine danach gezeigten herausragenden wissenschaftlichen Leistungen und seine organisatorischen Aktivitäten ließen ihn rasch zum Haupt der ophthalmologischen Bewegung werden. So gründete er 1854 das *Archiv für Ophthalmologie* und regte drei Jahre später eine erste Zusammenkunft von Augenärzten in Heidelberg an, aus der dann 1863 die »Ophthalmologische Gesellschaft« hervorging.[116] 1866 wurde von Graefe zwar zum Ordinarius ernannt, aber es war ihm trotzdem zu seinen Lebzeiten nicht vergönnt, für sein Fach die Selbstständigkeit und volle Gleichberechtigung mit einer staatlichen Klinik in Berlin durchzusetzen. Dies verhinderten die Vertreter der Chirurgie und das preußische Kultus- und Finanzministerium. Nicht zuletzt hatte sich auch Rudolf Virchow noch Mitte der 1860er Jahre gegen die Einrichtung entsprechender Ordinariate ausgesprochen.[117]

In Erlangen hatte zunächst Matthias Georg Pfann von 1746 bis zu seinem Weggang 1750 über die Krankheiten der Augen gelesen, wobei er das damals führende, 1722 erstmals in Paris erschienene Lehrbuch *Nouveau traité des maladies des yeux* von Charles Saint-Yves, gleichermaßen berühmt als Operateur des Stars und als Begründer einer Heilanstalt für Augenkranke, zugrunde gelegt hatte. Erst zwanzig Jahre später taucht dann die Augenheilkunde im Lehrangebot des Chirurgen Rudolph wieder auf, um dann wiederum für etliche Jahrzehnte zu verschwinden. Erst kurz vor der Jahrhundertwende las dann Schreger zwar nicht jedes Semester, aber in kurzen Abständen über die Krankheiten der Augen. Parallel zu ihm gab es seit 1803 auch mehrfach ophthalmologische Veranstaltungen von Georg Friedrich Hildebrandt (1764–1816), der aufgrund seiner Beschäftigung mit der Chemie und Physik eine Doppelprofessur in der Medizinischen und Philosophischen Fakultät innehatte. Nach der Eröffnung des Schregerschen Clinicum Chirurgicum

Abb. 55 Hermann von Helmholtz (1821–1894).

Abb. 56 Monokularer Augenspiegel (»Ophthalmoskop«) nach Hermann von Helmholtz, 1850.

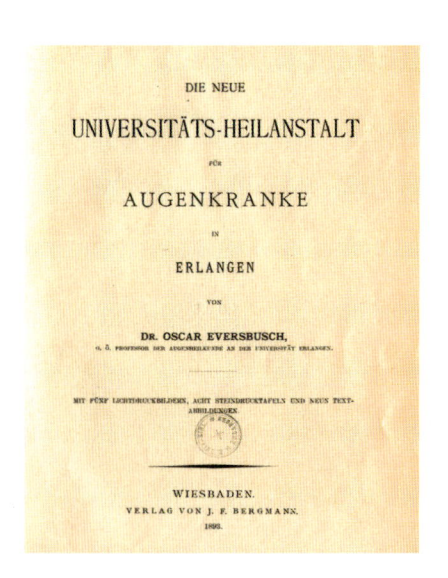

Abb. 57 Julius Michel (1843–1911).

Abb. 58 Oscar Eversbusch (1853–1912).

Abb. 59 Abhandlung von Oscar Eversbusch aus Anlass der Eröffnung der Erlanger Augenklinik, 1893.

übernahm Dr. Johann Friedrich Küttlinger, Schüler des Direktors der ersten Wiener Augenklinik Georg Joseph Beers (1763–1811) und danach Kreisphysicus und Medizinalrat in Erlangen, den augenärztlichen Teil der Behandlungen und schuf damit gewissermaßen eine Frühform der Augenklinik in Erlangen. Dass diese frühe Spezialisierung überaus sinnvoll war, beweisen die Patientenzahlen: Bereits im ersten Jahr des Clinicum Chirurgicum betrafen über zwanzig Prozent der behandelten Krankheitsfälle Augenleiden.[118]

Michael Jäger, der 1826 Nachfolger von Schreger wurde, hielt 1827 eine Vorlesung über »Ophthalmologie« und übernahm damit den Begriff, den Karl Gustav Himly (1772–1837) im Jahre 1800 geprägt hatte. Himly ist auch die erste augenheilkundliche Zeitschrift, die *Ophthalmologische Bibliothek*, zu verdanken, die er 1802 zusammen mit Johann Adam Schmidt gründete. Ab 1827 wurde die Augenheilkunde auch offiziell im Namen der Erlanger chirurgischen Abteilung des akademischen Krankenhauses geführt, die jetzt entweder »Chirurgisches und Augenkranken-Clinicum«, »Clinicum chirurgico-ophthalmiatricum« oder »Chirurgisch-augenärztliche Abteilung« hieß. Neben einigen eigenen Beiträgen zur Augenheilkunde hat Jäger auch etliche Dissertationen zu ophthalmologischen Themen betreut.[119]

Nach Jägers Tod vertraten alle Chirurgen bis in die frühen 1870er Jahre weiterhin auch die Augenheilkunde in Lehre, Praxis und Forschung. Einer Statistik Heyfelders über die Operationstätigkeit seiner Vorgänger können wir entnehmen, dass im Zeitraum von 1825 bis 1844 insgesamt 314 Augenoperationen am Erlanger Klinikum vorgenommen worden waren. Er selbst hat in seiner Zeit von 1841 bis 1853 ebenfalls etwas mehr als 300 Operationen an den Augen durchgeführt.[120] Sein Sohn Oscar Heyfelder (1828–1890), der zwar Privatdozent für urologische Chirurgie war, aber seit dem Wintersemester 1854/55 eine private Augenklinik in Erlangen betrieb, gab im Sommersemester 1855 als Erster einen *Curs über den Gebrauch des Augenspiegels*.

Die Trennung der Augenheilkunde von der Chirurgie erfolgte dann 1873 unter der Ägide Walter Heinekes. Auf das neu geschaffene Extraordinariat wurde im Frühjahr

1873 Julius Michel (1843–1911) berufen und zugleich zum Leiter des neuen »Augenheilkundlich-klinischen Instituts« an der Chirurgischen Abteilung ernannt.[121] Zum Beginn des folgenden Jahres erfolgte seine Erhebung zum Ordinarius. Michel hatte sich nach seiner Promotion 1866 bei von Graefe in Berlin und auch in Wien in der Augenheilkunde fortgebildet und wurde anschließend zunächst wissenschaftlicher Assistent an der Augenklinik in Zürich, danach ging er zum intensiven Studium der anatomischen und physiologischen Gegebenheiten des Auges in gleicher Funktion ans Physiologische Institut in Leipzig, wo er sich 1872 mit einer Arbeit über die hinteren Lymphbahnen des Auges für Augenheilkunde habilitierte. Im Jahr darauf kam er nach Erlangen. Michels wissenschaftliches Œuvre ist durchaus stattlich zu nennen; dessen größter Teil entstand jedoch erst in Würzburg und Berlin, wohin er 1879 bzw. 1900 ging.[122]

Abb. 60 Neubau der Augenklinik an der Universitätsstraße, um 1900.

Eine eigene Klinik stand der Ophthalmologie bei Michels Dienstantritt in Erlangen noch nicht zur Verfügung. Die Patienten wurden stattdessen in gemieteten Räumen in der Sieglitzhofer Straße 6 und 8 untergebracht, einem Provisorium, das er zwar schon 1876 mithilfe eines Antrags auf Errichtung eines eigenen Gebäudes zu beenden trachtete, das jedoch – wie so oft in Erlangen – auch noch Michels Nachfolger Hubert Sattler (1844–1928), der von 1879 bis 1886 in Erlangen lehrte, überdauerte. Erst 1893 konnte dann unter Oscar Eversbusch (1853–1912) der stattliche Neubau der Augenklinik an der Universitätsstraße 27, in dem sich heute die Strahlenklinik befindet, bezogen werden. Eversbusch, der das Erlanger Ordinariat von 1886 bis 1900 bekleidete, hatte bereits in seiner Assistentenzeit in München unter August von Rothmund (1830–1906) am Umbau des ehemaligen Wilhelm-Gymnasiums zur ersten Münchener Universitäts-Augenklinik tatkräftig mitgewirkt und schuf hier in Erlangen auf der Basis der in München gemachten Erfahrungen zusammen mit dem Universitätsarchitekten Friedrich Wilhelm Scharff einen auch im Ausland bewunderten Klinikbau, dem er im Jahr seiner Eröffnung aus Anlass der 150-Jahrfeier der Universität eine ausführliche Beschreibung widmete.[123]

Hals-Nasen-Ohrenheilkunde

Einen relativ langen Weg hat die Hals-Nasen-Ohrenheilkunde bis zu ihrer vollständigen Autonomie zurücklegen müssen.[124] Zudem weist sie, ähnlich wie die Dermatologie, die aus der Vereinigung der Hautleiden und der Venerologie entstand, eine Besonderheit auf: Sie ist das Produkt einer zweistufigen Entwicklung und trägt die Erinnerung an diese in ihrem etwas schwerfälligen Namen noch mit sich. Nachdem sich nämlich seit den 1860er Jahren die Otologie aus der Chirurgie und die Laryngologie aus der Inneren Medizin heraus entwickelt hatten, kam es gegen Ende des Jahrhunderts zu Bestrebungen, diese Subspezialitäten unter der Vermittlung der Rhinologie zu einem Gesamtfach zu vereinigen. Die Argumente für einen derartigen, der Tendenz der Zeit eigentlich zuwider laufenden Zusammenschluss waren zunächst eher organisatorischer Art. Die spezialärztliche Praxis war schon aus ökonomischen Gründen auf eine Vereinigung der Fächer angewiesen, zudem arbeitete man in den schwer zugänglichen Körperhöhlen Ohr, Nase und Kehle mit ähnlichen Instrumenten. Daher erschien auch eine entsprechende gemeinsame Vertretung an der Universität in der Aus- und Weiterbildung sinnvoll und wünschenswert. Doch sowohl die Spezialisierung der Einzelfächer als auch der Prozess der Vereinigung vollzogen sich an den deutschen Universitäten nur allmählich und waren von manchen, teilweise heftigen Kontroversen begleitet.

Beiden Fächern war gemeinsam, dass ihre Spezialisierung mit der Entwicklung neuer Inspektionsinstrumente begann. Für die Ohrenheilkunde hatte der praktische Arzt Friedrich Hofmann aus Burgsteinfurt schon 1841 einen in der Mitte perforierten Hohlspiegel entworfen, dessen Anwendung er auch für die Untersuchung der Rachen- und Nasenhöhle empfahl.[125] Doch seine Idee wurde zunächst nicht rezipiert. Erst 1855 wurde sie von Anton von Tröltsch (1829–1890), der neben Adam Politzer (1835–1920) in Wien zu den Begründern der modernen Ohrenheilkunde gehört, wieder aufgegriffen und fand danach Eingang in die ohrenärztliche Praxis.[126] Die hierdurch erweiterten Möglichkeiten in Diagnostik und Therapie gaben der Ohrenheilkunde einen kräftigen Schub in Forschung, Lehre und Krankenversorgung. Erste bedeutsame Folgen waren das *Lehrbuch der Ohrenkrankheiten* von Tröltsch, das 1862 erschien, und die Begründung des *Archivs für Ohrenheilkunde* durch Tröltsch, Politzer und den Pionier der Oto-Chirurgie Hermann Schwartze (1837–1910) in Halle. 1872 wurde die Sektion für Ohrenheilkunde auf der Versammlung der Naturforscher und Ärzte in Leipzig gegründet.[127]

Der Kehlkopfspiegel, mit dessen Einführung die Namen des spanischen Gesangslehrers Manuel Garcia (1805–1906) in London, Ludwig Türck (1810–1868) und Johann Nepomuk Czermak (1828–1873), beide in Wien, verbunden ist, fand ebenfalls in den späten 1850er Jahren Eingang in die Laryngologie und verhalf auch ihr zu ersten Schritten auf dem Weg zu einem Spezialfach. So wurden seit dieser Zeit an vielen Universitäten regelmäßige Kurse zur Kehlkopfspiegelung angeboten, und Türck schuf in Wien, das im letzten Drittel des 19. Jahrhunderts zum Eldorado für die frühen Spezialfächer wurde, die erste einschlägige Klinik, die 1870 offiziell den Namen »Klinik für Laryngoskopie« erhielt.[128]

Seit den 1870er Jahren gab es erste Bestrebungen, die beiden Fächer mit Einschluss der Rhinologie zusammenzuführen. Ein Beleg hierfür ist die 1875 erfolgende Erweiterung der 1867 gegründeten *Monatsschrift für Ohrenheilkunde* durch den Zusatz *sowie für Nasen-, Rachen-, Kehlkopf- und Luftröhrenkrankheiten*; zwei Jahre später kam es 1877 auf der Versammlung der Naturforscher und Ärzte in München zur ersten gemeinsamen »Sektion für Otiatrie, Laryngologie«, die danach von 1878 bis 1882, erweitert um die Rhinologie, jeweils gemeinsam tagte. Doch der Frieden währte nicht lange. Widerstände gegen die Verschmelzung kamen von beiden Seiten, und sie dauerten teilweise bis weit ins neue Jahrhundert an.[129] Ab 1883 trennten sich deshalb die Sektionen wieder und blieben es, mit einer Unterbrechung von 1900 bis 1902, bis ins zweite Jahrzehnt des 20. Jahrhunderts.[130] In München wurde die endgültige Vereinigung von Otologie und Laryngologie sogar erst 1934 vollzogen.

Erlangen blieb von diesen teilweise erbitterten Kämpfen verschont. Dies ist ohne Zweifel das Verdienst von Wilhelm Kiesselbach, der die Zeichen der Zeit früh erkannte und die Institutionalisierung einer unabhängigen Hals-, Nasen- und Ohrenheilkunde durch seinen engagierten und zielstrebigen Einsatz in die Wege leitete.[131] Doch wie in allen Fällen der Spezialisierung gab es auch in diesem Fall einen längeren Vorlauf.

Die Anfänge otologischer Vorlesungen lagen bereits am Beginn des 19. Jahrhunderts, blieben aber über einen langen Zeitraum sporadisch. Georg Friedrich Hildebrandt (1764–1816), einer der bedeutendsten Köpfe der Erlanger Universität um die Wende vom 18. zum 19. Jahrhundert, der vor allem für die Chemie verantwortlich war und seit 1796 auch ein Ordinariat an der Philosophischen Fakultät innehatte, las im Wintersemester 1803/04 über vergleichende Anatomie, Physiologie und Pathologie des Auges und des Ohres (*Anatomiam, physiologiam ac pathologiam oculi et auris, tum humanam, tum comparatam docebit*). Der Klinikgründer Bernhard Schreger kündigte im Sommersemester 1811 eine Vorlesung über die Krankheiten der Augen, der Zähne und der Ohren an (*morbos oculorum, dentium et aurium explicabit*).

Danach dauerte es zweieinhalb Jahrzehnte, bis die Studenten wieder ein Kolleg über die Ohrenkrankheiten hören konnten: Michael Jäger, der Nachfolger Schregers, las im Wintersemester 1836/37 *theoretische Chirurgie in Verbindung mit Augen-Ohren- und syphilitischen Krankheiten*. Drei Jahre später bot Franz Ried, der Assistent des Chirurgen Louis Stromeyer, eine öffentliche Vorlesung über die Krankheiten des Gehörgangs an und las privat über die *Krankheiten der Knochen oder des Larynx und der Trachea*. Der unbestimmte Titel dieser Veranstaltung lässt keinen sicheren Schluss darauf zu, ob Ried tatsächlich in diesem Semester über Kehlkopf und Luftröhre vortrug; sollte es der Fall gewesen sein, so wäre dies ein erstaunlich früher Zeitpunkt.

Regelmäßigere Vorlesungen zur Laryngologie gab es in Erlangen erst nach der Einführung des Kehlkopfspiegels. Sie wurden erstmals im Wintersemester 1862/63 von dem Extraordinarius für Innere Medizin Anton Wintrich angeboten, der eine *praktische Erläuterung der Laryngoskopie* ankündigte. Im Sommersemester 1864 las er über *die Krankheiten der Nase, des Schlundes und des Kehlkopfes mit klinischen Demonstrationen* und kündigte außerdem Übungen in der »Rhino-, Pharyngo- und Laryngoskopie« an. Zudem experimentierte Wintrich, der sich schon seit den 1840er Jahren intensiv mit den Instrumenten zur Perkussion und Auskultation beschäftigt und etliche Geräte hierfür entwickelt hatte, seit 1863 auch mit dem Kehlkopfspiegel. Sein Ziel war es, die Lichtstärke durch die Benutzung vieler Spiegel, die als Reflektoren dienen sollten, zu erhöhen.[132] In der Folgezeit boten dann die Internisten kontinuierlich Kurse zur Laryngoskopie an, ohne dass einer von ihnen Ambitionen entwickelt hätte, die Laryngologie als Spezialfach

Abb. 61 Georg Friedrich Hildebrandt (1764–1816).

Abb. 62 Wilhelm Kiesselbach (1839–1902).

zu vertreten. Dies öffnete der Universität Erlangen den Weg, das Gesamtfach der Hals-Nasen-Ohrenkunde unter der Ägide Wilhelm Kiesselbachs allmählich ohne Widerstände von Laryngologen aus der Ohrenheilkunde herauswachsen zu lassen.

Der als Sohn einer Arztfamilie 1839 in Hanau geborene Wilhelm Kiesselbach (1839–1902) hatte seine medizinische Ausbildung in Göttingen, Marburg und Erlangen erhalten und war hier mit mehrjähriger, krankheitsbedingter Verspätung 1875 promoviert worden. Anschließend unternahm er eine Studienreise nach Wien, um sich an der ersten, 1873 eröffneten Universitätsohrenklinik weiterzubilden, die unter der gemeinsamen Leitung von Josef Gruber (1827–1900) und vor allem Adam Politzer stand, dem wohl bedeutendsten Otologen des 19. Jahrhunderts, dem die Otiatrie nicht nur grundlegende Werke zu allen ihren Spezialgebieten verdankt, sondern auch eine umfassende Geschichte ihres Faches. Nach seiner Rückkehr wurde Kiesselbach zunächst wissenschaftlicher Assistent an der Medizinischen Poliklinik in Erlangen und bot im Wintersemester 1876/77 zusammen mit dem Internisten Wilhelm Olivier Leube einen Kurs im Kehlkopfspiegeln an. Eine Studienreise in dieser Zeit führte ihn nach Halle in den Wirkungskreis von Hermann Schwartze, einem der Pioniere der Ohrenheilkunde in Deutschland. Derart vorbereitet wurde Kiesselbach dann 1878 Assistenzarzt für »ohrenärztliche Untersuchungen« an der Erlanger Chirurgischen Klinik unter der Leitung von Walter Heineke (1834–1901).[133]

Abgesehen von der moralischen Unterstützung, die Heineke ihm zuteilwerden ließ, war Kiesselbach bei dem Versuch, die Otologie in Erlangen zu etablieren, auf seinen Idealismus und Enthusiasmus verwiesen; denn staatliche Mittel wurden ihm weder für die Lehre noch für die Patientenversorgung zur Verfügung gestellt. So musste er in seine eigene Tasche greifen, um wenigstens die notwendigsten Instrumente und Materialien zu beschaffen. Und auch die räumlichen Verhältnisse waren mit einem Kursraum in der chirurgischen Klinik, der zugleich als Warteraum diente, überaus beengt. Doch diese Widrigkeiten konnten Kiesselbachs Impetus nicht bremsen. Schon 1880 habilitierte er sich mit einer Arbeit über die normale und pathologische Anatomie des Schläfenbeins mit besonderer Rücksicht auf das kindliche Schläfenbein und wurde daraufhin zum Privatdozenten für Ohrenheilkunde ernannt.[134]

Mit dieser Verbesserung seines akademischen Status, aber ohne jede finanzielle Unterstützung setzte Kiesselbach seine Bemühungen um die Konsolidierung des Faches fort. Wie groß die Behinderungen seiner Arbeit tatsächlich waren, zeigt eindrucksvoll die Schilderung seiner Arbeitsbedingungen, mit der er einer Eingabe um eine bessere Ausstattung beim Ministerium 1881 Nachdruck zu verleihen versuchte: »Dieses Wartezimmer ist ein kleiner Raum von nicht ganz 18 Quadratmeter Bodenfläche. Nachdem von 10 Uhr vormittags an die poliklinischen Patienten sich in demselben aufgehalten haben, kann derselbe zwar gereinigt, aber, wenigstens im Winter, nicht gelüftet werden, da um diese Zeit nicht geheizt werden kann. Es muss dann also zunächst die Vorlesung in dem eben aufgewaschenen Zimmerchen in der schon vorher verdorbenen Luft abgehalten werden, und in einem Raume, welcher kaum hinreichend Platz hat, um auch noch die zur Erlernung der Untersuchung nöthigen Patienten unterbringen zu können.«[135]

Die Eingabe blieb ohne jeden Erfolg. Kiesselbachs Tätigkeit wurde dennoch in den folgenden Jahren gewürdigt, indem er 1883 auf Vorschlag Heinekes zum Oberarzt der ohrenärztlichen Poliklinik und 1888 zum außerordentlichen Professor ernannt wurde. Dieses Datum markierte den Höhepunkt seiner akademischen Laufbahn. Mit der Ernennung war die Verpflichtung »zur Vertretung der Ohrenheilkunde und zur Leitung der otriatischen Klinik und Poliklinik«[136] verbunden – eine Verpflichtung, die den lokalen Bedingungen Hohn sprach. Denn von einer otriatrischen Klinik konnte bis zu diesem Zeitpunkt allenfalls in ideellem Sinn gesprochen werden. Nach wie vor waren alle ohrenheilkundlichen Behandlungen und Eingriffe räumlich und organisatorisch eng an die Chirurgie gebunden. Dies änderte sich erst ein Jahr später, als endlich die ersten eigenen Räume – ein Hörsaal, der zugleich Ambulatorium war, ein Laboratorium, ein Dunkelzimmer und ein Operationszimmer – bezogen werden konnten. Damit war 1889 die Gründung der Erlanger Ohrenklinik vollzogen.

Die Anfänge blieben bescheiden, und immer noch fehlte ein wesentliches Moment: die Klinik mit eigenen Betten. Obwohl Kiesselbach in der Folgezeit immer wieder versuchte, diesen Mangel zu beheben, blieb ihm der Erfolg versagt. Die Aufnahme von stationären Patienten war nur unter Schwierigkeiten in der chirurgischen Klinik möglich, sodass Kiesselbachs Aktionsradius in der operativen Ohrenheilkunde empfindlich eingeschränkt blieb und er, der begabte Operateur, weitgehend tatenlos zusehen musste, wie gerade dieser Zweig seines Faches in Erlangen stagnierte.

Trotz dieses Defizits hat Wilhelm Kiesselbach dennoch in Praxis, Lehre und Wissenschaft Entscheidendes für die Entwicklung der Hals-Nasen-Ohrenheilkunde geleistet. Wenngleich offiziell nur für die Otiatrie zuständig, hat er schon früh auch die Rhino-Pharyngologie berücksichtigt und auf diese Weise die spätere Vereinigung der Fächer vorbereitet; allein die Kurse mit dem Kehlkopfspiegel wurden noch von den Internisten durchgeführt. Sein Name lebt heute noch in dem Eponym »Locus Kiesselbachii« fort, mit dem jene Schleimhautregion im knorpeligen Nasenseptum bezeichnet wird, die zu häufigem spontanem Bluten neigt.

Als Wilhelm Kiesselbach im Juli des Jahres 1902, erst 63-jährig, starb, stellte die Fakultät, die noch im gleichen Monat die Nachfolgeregelung in Angriff nahm, den Antrag, die nominelle Beschränkung der Kiesselbachschen Professur auf die Ohrenheilkunde aufzuheben und sie in eine Professur für Ohren-, Nasen- und Kehlkopfkunde umzuwandeln. Dies käme lediglich einer nachträglichen offiziellen Bestätigung von faktisch bereits Gegebenem gleich, da Kiesselbach schon seit Langem auch die Nasen- und Kehlkopfkrankheiten theoretisch und praktisch mitvertreten habe. Die Erlanger Medizinische Fakultät stellte sich mit diesem Antrag in der Frage der Trennung oder Vereinigung der Teilgebiete also eindeutig auf die Seite derer, die den Zusammenschluss befürworteten. Diese Stellungnahme hatte umso mehr Gewicht, als sie ihre Begründung aus den positiven Erfahrungen mit Kiesselbachs Tätigkeit zog und damit rückwirkend und indirekt deren große Bedeutung für die Schaffung des vereinigten Faches Hals-Nasen-Ohrenheilkunde bestätigte.

Die Suche nach einem geeigneten Nachfolger wurde dadurch allerdings schwieriger. Denn die Auswahl an entsprechend breit ausgebildeten und ausgewiesenen Kandidaten

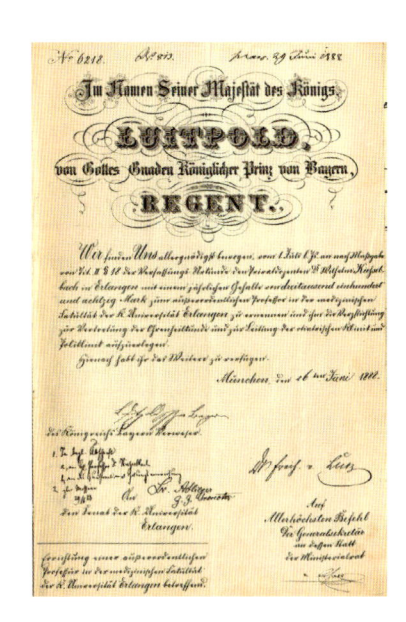

Abb. 63 Ernennungsurkunde für Wilhelm Kiesselbach zum ersten außerordentlichen Professor der Ohrenheilkunde in Erlangen, 1888.

Abb. 64 Alfred Denker (1863–1941).

war aufgrund der jungen Entwicklung noch relativ schmal. Dennoch gelang der Fakultät mit der Berufung Alfred Denkers ein Glücksgriff. Alfred Denker (1863–1941) war nach Staatsexamen, Promotion und Militärdienst für einige Zeit als Schiffsarzt in Südamerika gewesen und trat nach seiner Rückkehr als Assistent in das 1878 gegründete und von Friedrich Bezold (1842–1908) geleitete Ambulatorium für Ohrenkranke in München ein. Hier erhielt er eine gründliche otologische Ausbildung; die Laryngologie studierte er bei Philipp Schech (1845–1905) und Joseph Oertel (1835–1897) in einem besonderen Ambulatorium für Laryngologie, das Teil der Medizinischen Poliklinik in München war. Derart vorbereitet ließ er sich Ende 1891 in Hagen in Westfalen als Spezialarzt für Ohren-, Nasen- und Kehlkopfkrankheiten nieder, publizierte daneben aber auch etliche wichtige Arbeiten, sodass die wissenschaftliche Welt, wie die Erlanger Berufungsliste beweist, ihn als einen ausgewiesenen Fachmann wahrnahm. Denker nahm das Angebot, die Nachfolge Kiesselbachs anzutreten, sofort an und wurde am 14. Oktober 1902 zum Extraordinarius für Ohren-, Nasen- und Kehlkopfheilkunde sowie zum Direktor der Abteilung für Ohren-, Nasen- und Kehlkopfkrankheiten an der Chirurgischen Klinik ernannt. Damit war die Vereinigung der Fächer nun auch offiziell anerkannt, was zu diesem Zeitpunkt neben Erlangen nur an fünf anderen deutschen Universitäten erreicht war.

Die Erfahrungen, die Denker als Praktiker erworben hatte, kamen nun der Erlanger Klinik zugute: Die Patientenzahlen stiegen rasch an. Doch dies schuf auch Probleme, und hier erwies es sich zunächst als ein Nachteil, dass mit Denker ein Mann ohne Universitätserfahrung berufen worden war. Denker hatte es nämlich versäumt, die Arbeitsbedingungen in Erlangen vor seiner Zusage in Augenschein zu nehmen und entsprechende Ausstattungswünsche anzumelden. Nicht gering war daher sein Erstaunen, als er nach seinem Amtsantritt feststellen musste, dass er eine Klinik ohne Betten übernommen hatte. Die Bemühungen, diesen unhaltbaren Zustand zu beseitigen, prägten Denkers Erlanger Jahre. Er stellte zwischen 1903 und 1910 insgesamt sechs Bauanträge für eine neue Klinik; sie blieben alle ohne Wirkung. Seine stationären Patienten wurden, falls die Bettenkapazität dort ausreichte, in der chirurgischen Klinik aufgenommen, andernfalls mussten sie in Gasthöfe oder Pensionen überwiesen oder von vornherein abgewiesen werden.

Obwohl Alfred Denker mit seinem Hauptanliegen eines Klinikneubaus scheiterte, waren seine Erlanger Jahre dennoch sowohl für ihn selbst als auch für die Hals-, Nasen- und Ohrenheilkunde durchaus von Erfolgen begleitet. So konnte er die Arbeitsbedingungen durch Aufstockung des Kliniketats und Einstellung eines Assistenten erheblich verbessern. Denker selbst erhielt die Auszeichnung, als Prüfer für die Otologie fungieren zu dürfen, was neben ihm nur noch Otto Körner (1858–1935), dem »Altmeister der Otologie«[137] in Rostock, zustand. Auch dies gab dem Fach einen weiteren Schub hin zur vollen Selbstständigkeit. Es folgten mehrere verlockende Angebote aus Köln, Frankfurt am Main und Halle. Die ersten beiden konnte die Fakultät, die Denkers Bedeutung rasch erkannt hatte, abwenden, obwohl das Ministerium den Klinikbau nur vage in Aussicht stellte. Immerhin wurde Denker aber 1906 zum persönlichen Ordinarius mit Sitz und Stimme in der Fakultät ernannt, womit Erlangen den ersten ordentlichen Professor für

Otorhinolaryngologie in Bayern erhielt. Dem dritten Ruf widerstand Denker jedoch nicht und ging 1911 nach Halle.

Die Nachfolgeregelung in Erlangen ließ die in Deutschland noch keineswegs beendete Kontroverse zwischen Otologen und Laryngologen noch einmal aufflammen. Sie entzündete sich an der Person Arno Scheibes (1864–1937), der in München eine ohrenärztliche Praxis unterhielt und daneben als unbesoldeter Assistent am ohrenärztlichen Ambulatorium in München tätig war, um seinen wissenschaftlichen Ambitionen nachzugehen. Die Fakultät hatte mehrere Kandidaten in die nähere Wahl genommen, die wie Denker eine entsprechend breite Ausbildung vorweisen konnten, die aber alle nicht verfügbar waren. Daraufhin wollte das Ministerium einen bayerischen Bewerber und erteilte, letztlich gegen den Willen der Fakultät, Arno Scheibe den Ruf auf das Extraordinariat. Die Laryngologen reagierten voller Empörung gegen diese Missachtung der Laryngologen und die »Auslieferung der Laryngologie an die Otologie«.[138]

Doch der Sturm legte sich schnell, da Scheibe sich sehr rasch als guter Vertreter des Gesamtfaches erwies. Unter seiner Ägide wurde mitten im Ersten Weltkrieg der Klinikneubau an der Waldstraße verwirklicht und am 6. Mai 1916 feierlich als »Kgl. Universitäts-Klinik und Poliklinik für Ohren-, Nasen- und Kehlkopfkrankheiten« eröffnet.[139] Und nachdem Scheibes Extraordinariat zum 1. April 1923 zu einem planmäßigen Ordinariat umgewandelt worden war, hatte die Hals-Nasen-Ohrenheilkunde in Erlangen ihre volle Souveränität erlangt.

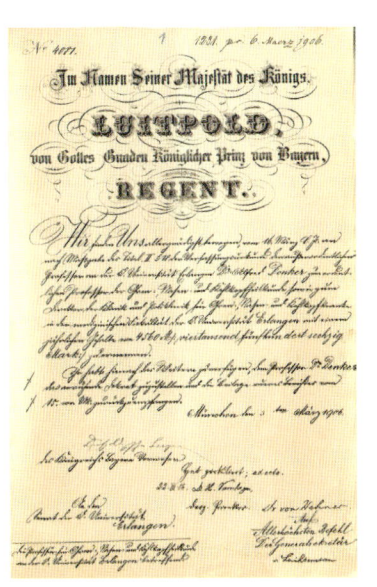

Abb. 65 Berufungsurkunde für Alfred Denker zum ersten ordentlichen Professor für Otorhinolaryngologie in Bayern, 1906.
Abb. 66 Arno Scheibe (1864–1937).

Kinderheilkunde

Die Kinderheilkunde als Spezialfach ist ein gewisser Sonderfall in der Medizin. Denn ihre Ausgliederung aus dem Mutterfach Innere Medizin verdankt sich weder der Konzentration auf ein einzelnes Organ oder Organsystem, wie es etwa bei der Augenheilkunde oder der Kardiologie der Fall ist, noch arbeitet sie mit besonderen und neuartigen diagnostischen oder therapeutischen Methoden, die eine Spezialisierung erforderlich machten, wie beispielsweise im 20. Jahrhundert die Radiologie oder die Nuklearmedizin. Ihr Fokus richtet sich vielmehr auf ein besonderes Lebensalter. Sie kann insofern mit der sehr viel jüngeren Geriatrie verglichen werden. Beide Disziplinen setzen die Erkenntnis voraus, dass sich die Physiologie und Pathologie des Menschen im Laufe des Lebens wandeln und dass sowohl an seinem Beginn als auch in der Phase, wenn es sich seinem Ende zuneigt, eigene Gesetzmäßigkeiten herrschen, die eine besondere Forschung und Praxis erfordern.

Diese Erkenntnis ist nicht neu. Schon die Ärzte der griechisch-römischen Antike reflektierten über die spezifischen Gesundheitsgefährdungen des Kindes in seinen

Abb. 67 Erlanger Universitätsklinik und Poliklinik für Ohren-, Nasen- und Kehlkopfkrankheiten in der Waldstraße, die 1916 eröffnet wurde, in einem Aquarell des bekannten Erlanger Künstlers Oskar Stanik, 1976, vgl. S. 477, Abb. 30.

verschiedenen Entwicklungsstufen, und die Überzeugung von einer besonderen Fürsorgepflicht für die Schwächsten der Gemeinschaft wurde im Laufe der abendländischen Tradition immer wieder diskutiert und in einschlägigen Schriften zum Ausdruck gebracht.[140] So hat beispielsweise der bedeutende humanistische Arzt und Gelehrte Geronimo Mercuriali im 16. Jahrhundert in seinem berühmten Traktat *De morbis puerorum* in geradezu anrührender Weise die Unwirtlichkeit der Welt, in die das Neugeborene geworfen wird, kontrastiert zu der rundum Schutz bietenden Behaglichkeit des Mutterleibes, um mithilfe dieses Kontrastes die Notwendigkeit der besonderen ärztlichen Zuwendung für die Säuglinge zu begründen. Sein engagiertes Plädoyer richtete sich gegen zahlreiche Zeitgenossen, die der Überzeugung waren, dass der Arzt die Krankheiten kleiner Kinder nicht behandeln, sondern dass man deren Schicksal der Natur anheimgeben solle.

Die antike und mittelalterliche Tradition wirkte über die Renaissanceautoren bis in die Mitte des 18. Jahrhunderts fort. Einen ersten wichtigen Schritt zu einem Neuanfang für die Pädiatrie machte der Schwede Nils Rosen von Rosenstein (1706–1773) in Uppsala mit seiner 1764 in schwedischer Sprache veröffentlichten und viele hundert Seiten umfassenden *Anweisung zur Kenntniß und Cur der Kinderkrankheiten*, die schon zwei Jahre später von seinem Landsmann und Schüler Johann Andreas Murray (1740–1791) ins Deutsche übersetzt wurde und in den folgenden Jahren Übertragungen in alle wichtigen europäischen Sprachen und etliche weitere Auflagen erfuhr.[141] Die große und innovative Bedeutung dieses Werks liegt darin, dass von Rosenstein seine eigenen reichen

Erfahrungen und Beobachtungen fast ausschließlich ohne Rückgriff auf die antiken Vorbilder niederlegte. Zusammen mit Michael Underwood (1737–1820), dem Autor des zwei Jahrzehnte später erschienenen ersten modernen englischen Lehrbuchs über die Kinderkrankheiten,[142] stellt von Rosenstein die erste wichtige Etappe auf dem Weg zu einer wissenschaftlichen Pädiatrie dar.

Einen weiteren Schub erhielt die Kinderheilkunde im Zeitalter der Aufklärung mit seinen sozialen, philanthropischen und pädagogischen Impulsen. Diese setzten seit der Mitte des 18. Jahrhunderts einen öffentlichen Diskurs über die Gesundheit in Gang, in dem das gesunde und kranke Kind ein zentrales Thema war. Wichtiger Vordenker war hier nicht zuletzt Jean-Jacques Rousseau (1712–1778) mit seinem Roman *Émile ou De l'éducation*. Über 150 Monographien zur »physischen Erziehung« des Kindes, die allein im Zeitraum von 1750 bis 1820 publiziert wurden, sind ein eindrucksvoller Beleg für dieses neue Interesse am Kind.[143] Auch an manchen Universitäten wurden seit dem 18. Jahrhundert die Krankheiten der Kinder zum Gegenstand von Spezialvorlesungen; in Jena und Marburg weisen die Lektionskataloge sogar schon im späten 17. Jahrhundert einschlägige Titel auf.[144] Gleichwohl waren die Erfolge dieser Bemühungen eher begrenzt.[145] Deutliches Zeichen hierfür war die hohe Kindersterblichkeit, deren Ursachen, wie Kinderarbeit, elende Wohnquartiere, allgemeine Armut und Mangelernährung sowie die Ambivalenz von »Fürsorge« in den Waisenhäusern, nur stichwortartig angedeutet werden können.[146]

Die Not der Kinder, die am Rande der Gesellschaft standen, ließen seit dem späten 18. Jahrhundert erste private Institutionen zur Behandlung und medizinischen Betreuung kranker Kinder entstehen. In der Nachfolge dieser von Beginn an stark nachgefragten Einrichtungen wurden dann im Laufe des 19. Jahrhunderts in Deutschland und anderen europäischen Ländern etliche Kinderkrankenhäuser gegründet, die auch zu wichtigen Ausbildungsstätten für Ärzte wurden. Von besonderer Bedeutung war hier das 1802 eröffnete »Hôpital des enfants malades« in Paris mit 300 Betten für Kinder im Alter von 2 bis 15 Jahren, das von Lernwilligen aus ganz Europa besucht wurde und in dessen Umfeld der 1828 erschienene, über 650 Seiten umfassende *Traité des Maladies des Enfant nouveaunés et à la mamelle* von Charles-Michel Billard (1800–1832) entstand, den der Historiograph der Kinderheilkunde Albrecht Peiper an den Beginn der wissenschaftlichen Kinderheilkunde gesetzt hat.[147] 1830 folgte Berlin, wo eine Abteilung mit 30 Betten für kranke Kinder in der Charité als erste deutsche Universitäts-Kinderklinik eröffnet wurde.[148]

Weitere Kinderkrankenhäuser entstanden seit den 1840er Jahren in etlichen Städten Deutschlands. Die meisten dieser Gründungen wurden aber nicht mit öffentlichen Mitteln errichtet, sondern durch die Initiative einzelner Ärzte geplant und durch wohltätige Stiftungen oder Vereine unterhalten. Daher waren sie auch nur in wenigen Fällen mit einer Universität verbunden. Vor diesem Hintergrund ist es dann auch nicht verwunderlich, dass der entscheidende Anstoß zur Begründung eines eigenständigen Spezialfachs Kinderheilkunde nicht aus den Reihen der akademischen Medizin kam, sondern von August Steffen (1825–1910), dem Leiter einer privaten Kinderheilanstalt.

Steffen hatte 1853 die Leitung der kurz zuvor von seinem Vater in Stettin gegründeten Kinderheilanstalt übernommen. Von Stettin aus wurde er zum Propagator der Etablierung

Abb. 68 August Steffen (1825–1910).

der Kinderheilkunde als eines selbstständigen Faches an den Universitäten in Deutschland. Eine erste wichtige Initiative in diese Richtung war der Aufruf zur Gründung der »Section für Pädiatrik« auf der 42. Versammlung der Deutschen Naturforscher und Ärzte 1868 in Dresden, aus der 1883 die »Gesellschaft für Kinderheilkunde« hervorging.[149] Steffen hatte in beiden Gremien über einen langen Zeitraum den Vorsitz und wurde 1868 auch Mitherausgeber des *Jahrbuchs für Kinderheilkunde und physische Erziehung*. Auf der Basis dieser Funktionen wurde er »schnell und unangefochten zur strategischen Leitfigur in der Entwicklung der Pädiatrie zur Fachdisziplin«.[150] 1874 forderte er in einer Denkschrift, die er an die medizinischen Fakultäten Preußens richtete, u. a. die Einrichtung von Professuren und Kinderkliniken sowie die Erhebung der Kinderheilkunde zum Prüfungsfach im Staatsexamen.[151]

Die Widerstände vonseiten der Vertreter des Mutterfaches Innere Medizin gegen die Emanzipationsbestrebungen der Kinderärzte waren groß und führten in den folgenden Jahrzehnten zu teilweise erbitterten Diskussionen. Neben der naheliegenden Furcht, einen großen Teil ihrer Patienten an die Pädiatrie zu verlieren, trieb die Internisten auch die Sorge um, dass der allenthalben sich abzeichnende Trend zur Spezialisierung die Einheit der Medizin gefährde. In dieser Situation kam der Kinderheilkunde die Politik in Gestalt des Ministerialdirektors Friedrich Althoff zu Hilfe. Althoff, der unerschrockene und weitsichtige Stratege, der in den Jahren um 1900 in der preußischen Hochschulpolitik wichtige Akzente setzte, berief 1894 gegen den erklärten Willen der Berliner medizinischen Fakultät Otto Heubner (1843–1926) zum ersten Ordinarius in Deutschland, der allein für das Fach Kinderheilkunde zuständig war;[152] an einigen anderen Universitäten wurde das Fach zu diesem Zeitpunkt in unterschiedlichen Kombinationen mit anderen Fächern vertreten. Mit Althoffs Entscheidung, bei der vermutlich bevölkerungspolitische Überlegungen die rein wissenschaftlichen überwogen, war zwar ein wichtiger Schritt in der Etablierung der Pädiatrie in Deutschland erfolgt, die Widerstände an den Universitäten, eine Infrastruktur für das Fach zu schaffen, blieben jedoch bestehen.

Hieran änderte auch die Prüfungsordnung von 1901 mit ihrer Forderung nach einem einsemestrigen Besuch einer Kinderklinik nichts. Da zu diesem Zeitpunkt nur acht Universitäten über entsprechende Einrichtungen verfügten, stieß diese Bestimmung vorerst ins Leere. Der entscheidende Durchbruch kam in den beiden folgenden Jahrzehnten. Wenn auch die pädiatrische Forschung seit den 1890er Jahren wichtige Fortschritte erzielt hatte, so erhielt der Kampf für die Autonomie des Faches nach der Jahrhundertwende doch seine besondere Schubkraft durch die nach wie vor alarmierend hohe Kinder- und Säuglingssterblichkeit, die, zusammen mit den großen Menschenverlusten des Ersten Weltkriegs, den Ausbau der Kinderheilkunde aus bevölkerungspolitischen Gründen dringend erforderte. Genau darauf berief sich auch die Resolution mit dem Titel »Unterricht in der Kinderheilkunde und seine Bedeutung für die Bevölkerungspolitik«, die auf der sogenannten Kriegstagung der Gesellschaft für Kinderheilkunde im Jahre 1917 formuliert und an den Reichskanzler und die zuständigen Ministerien versandt wurde.[153] Sie traf offenkundig den Nerv der Nachkriegszeit: Zwischen 1919 und 1921 wurden insgesamt 14 Ordinariate für Kinderheilkunde geschaffen, zwei weitere folgten 1924.

Damit war innerhalb kürzester Zeit an allen deutschen Universitäten, mit Ausnahme von zweien, die Kinderheilkunde zum selbstständigen Fach erhoben. Die beiden Ausnahmen waren Gießen, das 1933 einen Lehrstuhl erhielt, und Erlangen.

Begonnen hatte es in Erlangen wie auch an den anderen Universitäten mit Vorlesungen über Krankheiten der Kinder (*de morbis infantum*). Diese bot der Senior der Fakultät, Johann Friedrich Weismann (1678–1760), seit dem Wintersemester 1744/45 sechsstündig in unregelmäßigen Abständen an, wobei er seit 1754 das einschlägige Lehrbuch seines Jenaer Lehrers Wolfgang Wedel aus dem Jahre 1717 zugrunde legte. Nach Weismanns Tod lasen dann Heinrich Friedrich von Delius (1720–1791) sowie die beiden Anatomen Jacob Friedrich Isenflamm (1726–1793) und Friedrich Heinrich Loschge (1755–1840) über kinderspezifische Themen. Letzterer legte sein besonderes Augenmerk auf die Knochen der Kinder (*de infantum ossibus disseret*), las aber auch über die *diaeta infantum*. Insgesamt war das Lehrangebot noch eher spärlich, sodass sicher viele Erlanger Studenten die Universität verließen, ohne ein pädiatrisches Kolleg gehört zu haben. Auch der Internist Friedrich von Wendt (1738–1818) hielt nur eine einzige Vorlesung über Kinderkrankheiten. Wie aber seinen Berichten über sein 1778 eingerichtetes klinisches Ambulatorium zu entnehmen ist, war unter seinen Patienten eine große Zahl Kinder, die nicht nur von ihm behandelt wurden, sondern auch dem studentischen Unterricht dienten.

Ab dem Beginn des 19. Jahrhunderts wurde das Vorlesungsangebot reichhaltiger. So las der Geburtshelfer Christian Friedrich von Deutsch (1768–1843) über die Krankheiten der Kinder aus der Sicht des Geburtshelfers und parallel zu ihm Johann Christian Friedrich Harless (1773–1853) aus derjenigen der Inneren Medizin. Harless publizierte außerdem 1810 eine Abhandlung über Entzündungskrankheiten der Kinder und gab darin – bemerkenswert früh – die der »Pariser Schule« geschuldete Anregung, die pathologische Sektion auch bei Kindern einzuführen, um für die Beurteilung der Krankheitsursachen eine sichere Basis zu gewinnen: »Die Kinderkrankheits- und heilkunde würde durch dieses wichtigste Subsidium unendlich mehr, als durch alle gelehrten Discussionen über die möglichen Ursachen […] gewinnen.«[154]

Einen ersten Höhepunkt erlebte die Kinderheilkunde unter Adolph Henke (1775–1843). Henke verfasste im Jahr 1809 ein zweibändiges Handbuch über Kinderkrankheiten und 1810 einen Ratgeber für Mütter über die physische Erziehung der Kinder in den ersten Lebensjahren und über die Verhütung, Erkenntnis und Behandlung der gewöhnlichen Kinderkrankheiten – zwei Werke, die sich als Verkaufsschlager erwiesen und ihren Autor während der französischen Besatzung Erlangens, als die Universität nicht mehr in der Lage war, die Professorengehälter auszuzahlen, finanziell über Wasser hielten. Aufgrund dieser Werke und seiner regelmäßigen über drei Jahrzehnte währenden pädiatrischen Vorlesungstätigkeit darf Henke getrost als einer der wichtigsten Vorkämpfer der Pädiatrie Erlangens genannt werden.[155]

Die durch Henkes Tod entstandene Lücke füllte Anton Max Wintrich (1812–1882),[156] der 1844 zum Privatdozenten für Perkussion, Auskultation und Kinderkrankheiten ernannt und damit als erster Erlanger Lehrer mit dem offiziellen Lehrauftrag

▶ **Kapitel** Die Eröffnung des Universitätskrankenhauses und die ersten Jahre seines Bestehens, S. 47.

Abb. 69 Franz Penzoldt (1849–1927).
Abb. 70 Das zur Kinderklinik umgebaute Privathaus des Historikers Karl Hegel (1813–1901), nach 1914.

für Kinderkrankheiten betraut wurde. Er erfüllte diesen über ein Vierteljahrhundert und wurde 1876 durch Franz Penzoldt (1849–1927) abgelöst, den eigentlichen »Promotor« und »Aktivator« der Erlanger Pädiatrie,[157] dessen Laufbahn einen interessanten Einblick in die in dieser Zeit noch fließenden Grenzen der verschiedenen Fächer der Medizin gibt, die sich erst in der Zukunft klarer herausbilden und voneinander abgrenzen sollten.

Penzoldt, seit 1874 Assistent von Wilhelm Leube (1842–1922) und von den Studenten wegen seiner ungewöhnlichen Körpergröße »der lange Franz« genannt,[158] habilitierte sich 1875 in Erlangen für Innere Medizin, las seit 1876 über Krankheiten des Kindesalters mit klinischen Demonstrationen und wurde 1878 Oberarzt am Ambulatorium der Medizinischen Klinik. Auf der Grundlage der dort gemachten Erfahrungen bot er seit 1882 regelmäßig »ambulante Kinderklinik« an. Im selben Jahr wurde er Extraordinarius für Klinische Propädeutik. Nach dem Weggang des bedeutenden Pharmakologen Wilhelm Filehne (1844–1927), der maßgeblich an der Entwicklung des Antipyrins beteiligt war,[159] wurde Penzoldt 1886 zusätzlich zu seiner Oberarzttätigkeit in der Poliklinik zum Ordinarius für Pharmakologie ernannt und übernahm 1893 die Direktion des im Bau befindlichen Pharmakologisch-Poliklinischen Instituts.[160] 1903 erlangte er dann mit der Ernennung zum Ordinarius für Medizinische Poliklinik und Innere Medizin die letzte Stufe seiner Karriere.

Schon zwei Jahre vorher, am Anfang des Jahres 1901 – Penzoldt war gerade zum Prorektor gewählt worden – machte er einen wichtigen Vorstoß zur Institutionalisierung der Pädiatrie, indem er einen Plan für eine Universitätskinderklinik entwarf und diesen über den Senat ans Ministerium weiterleiten ließ.[161] Der Bau dieser Klinik war aus seiner Sicht nicht nur wegen der seit 1901 gültigen Prüfungsordnung notwendig, sondern auch aufgrund seiner Erfahrungen in der Poliklinik, in der die Kinder zeitweilig über 50 Prozent des Patientenguts stellten.[162] Sein Plan sah zunächst vor, dass die Klinik in einem neu zu errichtenden Pavillon auf dem Krankenhausgelände untergebracht würde. Als dieser

Vorschlag bei seinen Kollegen der Inneren Medizin, Chirurgie und Frauenheilkunde ebenso wie im Ministerium auf Ablehnung stieß, versuchte es Penzoldt mit einer kleinen Lösung und bat um einen Saal in einer der drei großen Kliniken. Aber auch dies rief allseits heftigsten Widerstand hervor.

Penzoldt ließ jedoch nicht locker und setzte schließlich durch, dass das Privathaus des kurz zuvor verstorbenen Erlanger Historikers Karl Hegel (1813–1901), Sohn des Philosophen Georg Wilhelm Friedrich Hegel, von der Universität erworben und an die Bedürfnisse einer Kinderklinik mit 28 Betten angepasst wurde. Ihr Direktor wurde jedoch nicht Penzoldt selbst, da dieser es vorzog, 1903 die Nachfolge von Adolf Strümpell als Ordinarius für Innere Medizin anzutreten. An seiner Stelle kam noch im selben Jahr Fritz Voit (1863–1944) aus München, der nun zum Ordinarius für Medizinische Poliklinik, Kinderheilkunde und Pharmakologie ernannt wurde. Damit war die Kinderheilkunde erstmals in Erlangen als eigenes Fach in eine Lehrstuhlbezeichnung aufgenommen, wenn auch einschränkend festgestellt werden muss, dass Voits Laufbahn bis zum Zeitpunkt seiner Berufung keinerlei Nähe zur Pädiatrie aufgewiesen hatte.

Die Kinderklinik wurde am 1. Februar 1905 unter Voit eröffnet. Schon ein Jahr später verließ dieser Erlangen und ging nach Basel. Die Hoffnung aufseiten einiger deutscher Pädiater, dass die Neubesetzung des Ordinariats nun zur Trennung der Kinderheilkunde von der Inneren Medizin und der Pharmakologie führen würde, erfüllte sich nicht. Stattdessen wurde der ehemalige Erlanger Dietrich Gerhardt (1866–1921), der zwischenzeitlich nach Jena gegangen war, auf den nach wie vor die drei Fächer umfassenden Lehrstuhl berufen. Gerhardt lehnte jedoch ab und ging stattdessen nach Basel, und auch Oskar de la Camp (1871–1925), der für Gerhardt einsprang, folgte nach nur einem Semester einem Ruf nach Freiburg.

Nach diesen Jahren der Unruhe und Turbulenz begann im November 1907 mit der Berufung von Friedrich Jamin (1872–1951) eine Phase der Kontinuität.[163] Jamins beide Qualifikationsschriften zur Promotion (1896) und zur Habilitation (1904) waren von Adolf von Strümpell (1853–1925) angeregt worden und demzufolge neurologischen Themen gewidmet. Aber da seine Habilitation schon unter Strümpells Nachfolger Penzoldt stattfand, verlagerte sich in der Folgezeit der Fokus von Jamins Tätigkeit. So widmete er sich der Röntgentechnik, übernahm verschiedene Funktionen innerhalb der Erlanger Medizinischen Fakultät und wurde 1906 zunächst Oberarzt an der Poliklinik und Extraordinarius für Klinische Propädeutik und Geschichte der Medizin, bevor er am 1. November 1907 als Ordinarius für Medizinische Poliklinik, Pharmakologie und Kinderheilkunde Nachfolger von Oskar de la Camp wurde.

Dieser Berufung, die trotz versuchter Einflussnahmen von auswärtigen Pädiatern den Lehrstuhl mit der Dreifächerkombination beibehielt, gingen längere Diskussionen in der Fakultät voraus, aus denen deutlich wird, dass zwar die Abtrennung der Pharmakologie schon ernsthaft erwogen, die Verbindung von Poliklinik und Pädiatrie aber nachdrücklich verteidigt wurde.[164] Die Berufungsliste wies demzufolge auch keinen speziell für die Kinderheilkunde ausgewiesenen Kandidaten aus, sodass Jamin, der zuvor bei dem mehrfachen Wechsel der Lehrstuhlinhaber in den Zeiten der Vakanz jeweils die

▶ **Kapitel** Adolf von Strümpell (1853–1925), S. 79.

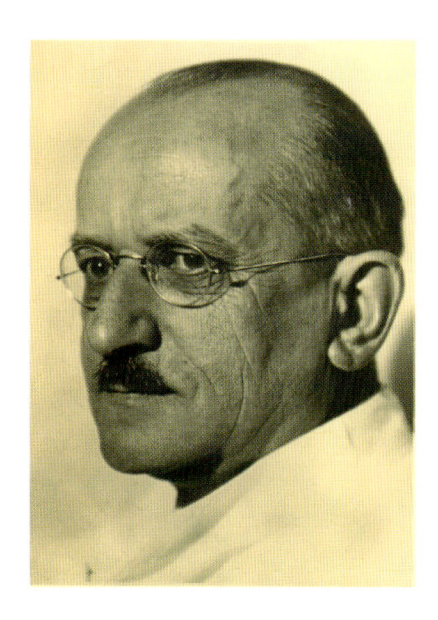

Abb. 71 Friedrich Jamin (1872–1951).

pädiatrische Lehre übernommen hatte, der Fakultät als hinreichend geeignet für diese Position erschien. Jamin hat dann, nachdem er die Pharmakologie im Jahre 1910 an den Extraordinarius Robert Heinz (1865–1924) abtreten durfte, über 30 Jahre lang als Pädiater und Polikliniker in Erlangen gewirkt und sich während dieser Zeit laut Hans Liermann den Titel »Armeleutedoktor«[165] verdient.

Unter Jamins Leitung wurde die Kinderklinik mehrfach erweitert und umgebaut. Im Jahre 1920 habilitierte sich bei ihm Ernst Melchior Stettner (1885–1963) für das Fach Kinderheilkunde und wurde damit der erste pädiatrische Privatdozent Erlangens. 1920 wurde Jamin die Ehre zuteil, nach dem Ende der Monarchie in Bayern zum ersten Rektor der Universität gewählt zu werden. 1952 würdigte der Stadtrat Erlangens Jamins langjährige Tätigkeit für die Kranken und insbesondere die kranken Kinder der Stadt mit der Benennung der Jaminstraße im Neubaugebiet der Siemens-Schuckert-Werkssiedlung im Stadtsüden.

Friedrich Jamin wurde 1938 emeritiert und vertrat danach noch den pädiatrischen Lehrstuhl bis zur Amtsübernahme seines Nachfolgers Albert Viethen (1897–1978), die am 1. Oktober 1939 erfolgte. Die Medizinische Poliklinik leitete er noch bis 1942 kommissarisch und nach dem Ende des Krieges ließ er sich – inzwischen 73-jährig – noch einmal reaktivieren, um beide Kliniken nach der Entlassung der beiden Direktoren im April bzw. Mai 1945 für ein Jahr interimistisch zu leiten.

Bei der Nachfolgeregelung für Jamin war es für die Fakultät angesichts der Entwicklung der letzten zwei Jahrzehnte und der Situation an den anderen deutschen Universitäten selbstverständlich, dass es keinen Doppellehrstuhl mehr geben dürfte; dies brachte sie in einem Schreiben vom 26. August 1938 an den Rektor unmissverständlich zum Ausdruck: »An allen anderen deutschen Hochschulen ist nunmehr dieses Fach durch einen eigens für diese Lehraufgabe vorgebildeten kinderärztlichen Fachmann vertreten. Es ist daher auch hier fernerhin nicht mehr möglich, die Verbindung der beiden Fächer an dieser Lehrstelle aufrecht zu erhalten.«[166] Die Berufungsliste enthielt deshalb konsequenterweise auch nur ausgewiesene Fachvertreter der Pädiatrie, unter denen das Reichsministerium für Wissenschaft, Erziehung und Volksbildung den Drittplatzierten Albert Viethen (1897–1978) vermutlich aus politischen Gründen berief. Damit hatte die Pädiatrie am 1. Oktober 1939 mit großer Verspätung auch in Erlangen die volle Selbstständigkeit erlangt. Renate Wittern-Sterzel

Die Psychiatrie – der lange Weg zur Selbstständigkeit

Wie im Abschnitt über die Spezialisierung dargelegt, wird in der Historiographie der Medizinischen Fakultäten üblicherweise der Beginn einer Disziplin mit der Errichtung eines Ordinariats und der Begründung eines eigenständigen Instituts oder einer Klinik gleichgesetzt. Dies hat seinen nicht nur pragmatischen Grund. Denn in der Tradition der deutschen Hochschulen stand die Einrichtung einer ordentlichen Professur gewöhnlich am Ende einer längeren Entwicklung, während der sich ein Spezialgebiet allmählich ausdifferenzierte, bis es dann über verschiedene Schritte der Emanzipation von seinem »Mutterfach« die vollständige Selbstständigkeit mit der Errichtung eines Lehrstuhls errang. Vor diesem Hintergrund können wir den Beginn der Erlanger Psychiatrie auf den 1. Oktober 1903 festlegen: An diesem Tag trat Gustav Specht (1860–1940)[167] seinen Dienst als erster ordentlicher Professor für Psychiatrie und als Direktor der neuen Psychiatrischen Klinik an, womit die Psychiatrie zum vollgültigen Fach der Fakultät wurde. Insoweit entspricht also die Entwicklung der Psychiatrie derjenigen der anderen Disziplinen der Medizin, die seit der Mitte des 19. Jahrhunderts entstanden.[168]

Dennoch ist die Psychiatrie ein Sonderfall der Medizin, und sie ist es vor allem aus wissenschaftstheoretischer, anthropologischer und sozialpolitischer Sicht. Denn obgleich schon die antike rationale Medizin die verschiedenen Spielarten von psychischen Erkrankungen somatisch zu erklären und zu therapieren versuchte – die berühmte Melancholie als »Schwarzgalligkeit« sei als ein Beispiel hierfür in Erinnerung gerufen –, lebte parallel im griechisch-römischen Denken wie auch in allen anderen archaischen Kulturen die Auffassung vom Wahnsinn als einem göttlich oder dämonisch verursachten Leiden, das menschlicher Einflussnahme entzogen war, fort. Die Unbegreiflichkeit der Symptome und die Unzugänglichkeit der Betroffenen ließen das Phänomen der psychischen Aberration im allgemeinen Bewusstsein als ein von der Medizin nicht lösbares Rätsel erscheinen.

Diese Überzeugung blieb in der abendländischen Tradition dominant. Für die Medizin des Mittelalters und der Frühen Neuzeit galt das sogenannte Irresein als nicht therapierbar, gehörte demzufolge auch nicht zum genuinen Tätigkeitsbereich des Arztes. Gleichwohl stellten die Betroffenen ein öffentliches und soziales Problem dar, und hierauf reagierten die Obrigkeiten im Rahmen ihrer Fürsorgepflicht für die Gesellschaft seit dem Mittelalter mit Einsperrung und notdürftiger Versorgung.

Dies änderte sich im Zeitalter der Aufklärung, das mit seiner Philanthropie und der optimistischen Überzeugung, dass eine aus dem Gleis geratene Vernunft mit richtiger Steuerung wieder auf die rechte Bahn geführt werden könne, die »Irren«, wie sie damals hießen, erstmals seit der Antike auch wieder in den medizinischen Blick nahm. Psychische Krankheit ist, so lautet die Ende des 18. Jahrhunderts von Frankreich ausgehende Botschaft, heilbar. Bedeutende französische Ärzte wie Philippe Pinel und Jean-Etienne-Dominique Esquirol begannen sich demzufolge intensiv mit Ursachen, Wesen und Therapie der sogenannten Geisteskrankheiten zu beschäftigen und setzten sich für die Errichtung humaner Anstalten ein, in denen die Kranken nicht nur versorgt, sondern auch unterschiedlichsten Therapien unterzogen werden sollten.

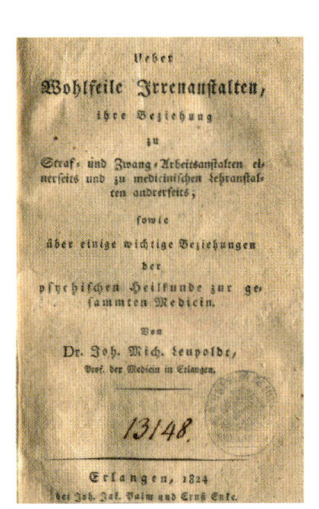

Abb. 72 Johann Michael Leupoldt (1794–1874).

Abb. 73 Titelblatt der Habilitationsschrift von Johann Michael Leupoldt *Über die Natur der menschlichen Seele*, 1818.

Abb. 74 Johann Michael Leupoldts Reisebericht über das Irrenhauswesen in Deutschland, 1824.

Die Länder Deutschlands griffen diese Anregungen ihres westlichen Nachbarn auf, und so setzte am Beginn des 19. Jahrhunderts die Zeit der großen »Heil- und Pflegeanstalten« ein. Diese Entwicklung fand jedoch zunächst nicht nur außerhalb, sondern zumeist auch örtlich fern von den Universitäten statt. Die neuen Anstalten lagen durchweg in ländlicher Umgebung, da die dortige Ruhe zugleich als ein Therapeutikum für die erregten Gemüter angesehen wurde. An einen klinischen Unterricht in Psychiatrie war hierbei noch nicht gedacht, und es bedurfte großer Anstrengungen, um das Phänomen mentaler und affektiver Störungen als ein Aufgabengebiet der universitären medizinischen Forschung und Praxis zu erkennen und durchzusetzen. Wilhelm Griesinger, der seine praktische psychiatrische Ausbildung in der universitätsfernen »Irrenheilanstalt« in Winnenden in Württemberg erhalten hatte, wurde hier insofern zum Pionier, als er 1845 in seinem Werk *Die Pathologie und Therapie der psychischen Krankheiten* die Psychiatrie aus der Physiologie und Pathologie zu begründen versuchte und erklärte, dass alle psychischen Krankheiten Erkrankungen des Gehirns seien. In der Folge setzte sich die Verwissenschaftlichung der Psychiatrie allmählich durch, sodass dieser Prozess um die Wende vom 19. zum 20. Jahrhundert weitgehend abgeschlossen war.

Die Erlanger Situation mit ihrer Schaffung eines psychiatrischen Lehrstuhls fügt sich somit in die allgemeine Landschaft der deutschen Psychiatrie. Es ist jedoch festzuhalten, dass die Errichtung des hiesigen Ordinariats im Jahre 1903 im Vergleich mit den anderen deutschen Universitäten eher als verspätet angesehen werden muss; allein Greifswald mit dem Gründungsdatum 1906 kam noch später. Doch in der langfristigen Vorbereitung auf die Etablierung der Psychiatrie als Universitätsfach hatte Erlangen durchaus eine gewisse Vorreiterrolle. Diese verdankt sie nicht zuletzt einem Gelehrten, der der Medizinischen Fakultät über ein halbes Jahrhundert gedient hat und dennoch heute fast vergessen ist. Es handelt sich um Johann Michael Leupoldt (1794–1874), der 1818 in Erlangen mit einer Arbeit *Über die Natur der menschlichen Seele* (De animae humanae natura) die Venia Legendi erhielt und noch im selben Jahr eine Vorlesung über »psychische Krankheiten« ankündigte, die in der Folgezeit unter wechselnden Titeln zum

Standardrepertoire wurde, in einer Phase also, in der Lehrangebote zur Psychiatrie an etlichen deutschen Universitäten noch eher eine Seltenheit waren.

Leupoldt, der 1826 zum ordentlichen Professor für Theoretische Medizin ernannt wurde, war hier nicht einmal der Erste. Schon seit 1811 hatten sich der sonst nicht weiter hervorgetretene Privatdozent Jacob Zimmermann und dann seit 1814 auch Johann Christian Harless (1773–1853), der Begründer der *Physico-medica Erlangensis*, an Vorlesungen über *Krankheiten des Geistes* (Morbi Animi, Morbi psychici, Morbi Mentis) versucht. Aber unter Leupoldt wurde das Angebot verstetigt. Sein Interesse für die Psychiatrie verschaffte ihm 1820 ein Reisestipendium der bayerischen Regierung zum Studium des Irrenhauswesens in Deutschland. Das Ergebnis dieser Reise war zum einen die Veröffentlichung mit dem bezeichnenden Titel *Über wohlfeile Irrenanstalten, ihre Beziehung zu Straf- und Zwangsarbeits-Anstalten einerseits, und zu medicinischen Lehranstalten anderseits* (Erlangen, 1824), in der er seine Ideen für eine zeitgemäße Ausstattung derartiger Einrichtungen darlegte, zum anderen veranlassten ihn auch die Erfahrungen seiner Studienreise, sogleich nach seiner Rückkehr den Hauptteil seiner Schaffenskraft auf die Errichtung einer fränkischen »Irrenanstalt« in Verbindung mit einer psychiatrischen Universitätsklinik zu setzen.[169]

Dass diese dann, als sie endlich ein Vierteljahrhundert später tatsächlich eröffnet werden konnte, nicht Leupoldt zum Direktor erhielt, sondern seinen Schüler Karl August von Solbrig (1809–1872), war sicher die größte Enttäuschung seines Lebens und Ursache dafür, dass er nach dieser Zurücksetzung für anderthalb Jahrzehnte nicht mehr über Psychiatrie las und sich anderen Gebieten der Medizin zuwandte. Seine Tragik war zudem, dass er, geprägt von der romantischen Medizin und in späteren Jahren dem Mystizismus zuneigend, den Anschluss an den naturwissenschaftlichen Aufschwung verpasste und so im letzten Drittel seines Lebens in einer sich galoppierend verändernden Zeit manchen seiner Fakultätskollegen, die er als zu einseitig materialistisch und empirisch ausgerichtet ablehnte, wie ein Fossil erschien. Für die Geschichte der Psychiatrie Erlangens ist er gleichwohl der wichtigste Vorkämpfer gewesen.[170] Die Stadt Erlangen ehrte ihn im Jahre 1868 aus Anlass seines 50. Doktorjubiläums für seine Verdienste als Vorsitzender des Vereins für Armenpflege mit der Würde eines Ehrenbürgers.

Erste Diskussionen über die Errichtung einer eigenen Irrenanstalt in Erlangen hatte es, angeregt durch Leupoldts Veröffentlichungen, bereits in den 1820er Jahren im bayerischen Landtag gegeben,[171] 1834 war dann auch schon der Grundstein gelegt worden, aber Probleme der Finanzierung führten dazu, dass der Bau erst zwölf Jahre später vollendet war. Am 1. August 1846 wurde die »Kreis-Irren-Anstalt Erlangen« auf dem Gebiet des heutigen Nichtoperativen Zentrums und des Kopfklinikums eröffnet. Sie lag innerhalb der Stadtmauern, aber dennoch in gewisser Distanz zur Stadt und war umgeben von Wiesen und Äckern, erfüllte somit nicht nur das Postulat Leupoldts, in räumlicher Nähe zur Universität zu liegen, sondern auch dasjenige der ländlichen Idylle mit ihrer beruhigenden Wirkung auf die Gemüter, die in »Unordnung« geraten waren.

Die Erlanger Anstalt war als einzige in Deutschland nach dem panoptischen Konzept gebaut, mit vier lang gestreckten Gebäuden, die kreuzförmig um ein zentrales

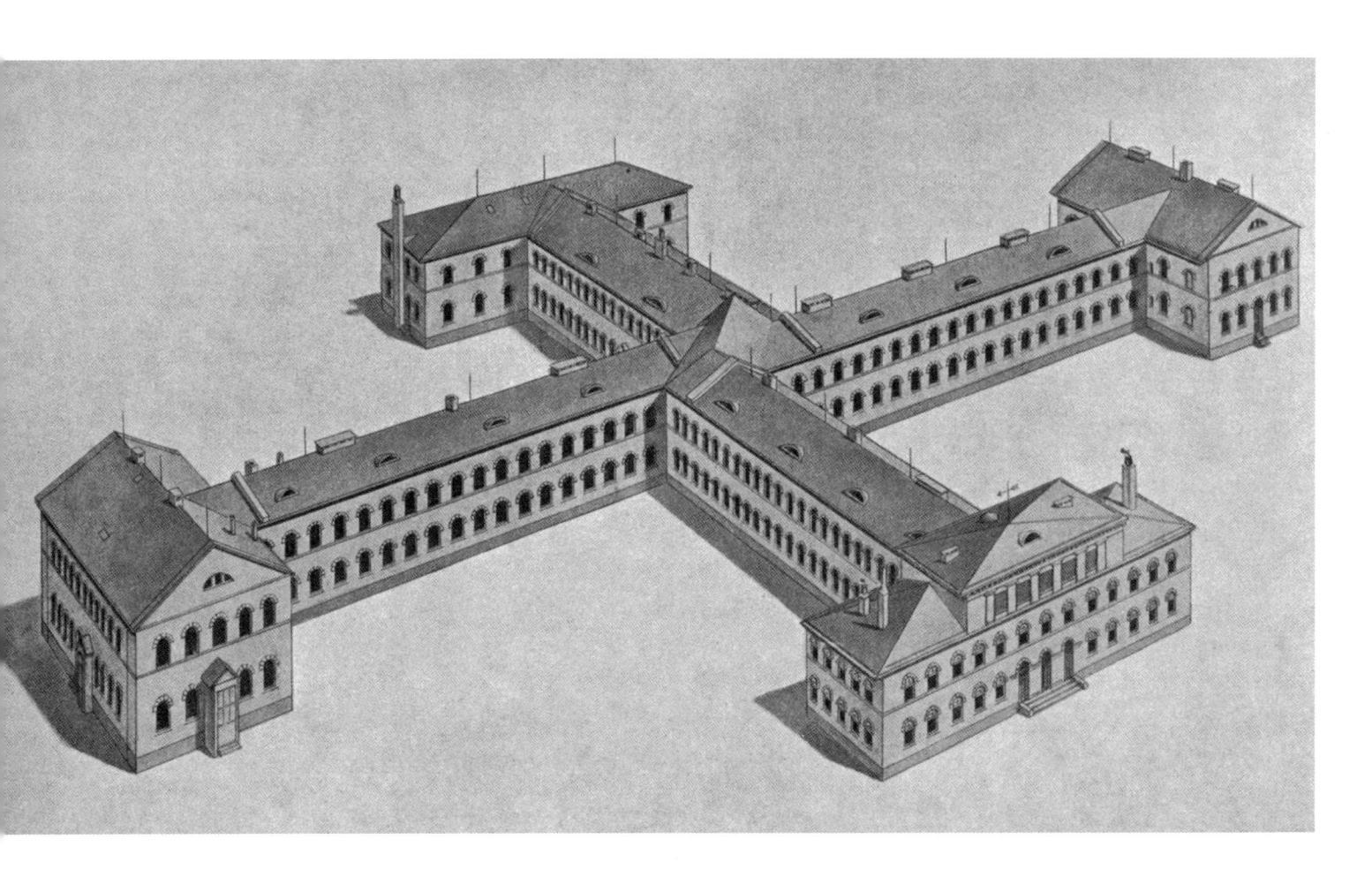

Rondell angelegt sind.¹⁷² Bei diesem Bautypus, der auf die Gefängnisarchitektur zurückgeht, hatten englische Anstaltspläne als Vorbilder gedient, er galt jedoch zur Zeit seiner Umsetzung in Erlangen schon als überholt. Die Bauform der zweiten Hälfte des 19. Jahrhunderts sollte dann das Pavillonsystem werden. Als einzige panoptische Anstalt in Deutschland stellte die Erlanger Heil-und Pflegeanstalt in ihrer ursprünglichen Gestalt dennoch eine architektonische Besonderheit dar.

August von Solbrig¹⁷³, »Oberarzt und Vorstand« der neu errichteten Kreis-Irrenanstalt, hatte sein Interesse schon im Studium auf die Psychiatrie gerichtet, und als er, ebenso wie sein Lehrer Leupoldt, nach dem Studium ein Staatsstipendium für eine Studienreise erhielt, besuchte er die psychiatrischen Anstalten in Deutschland, Belgien und Frankreich und verbrachte danach mehrere Monate in Berlin bei Karl Wilhem Ideler, der zu diesem Zeitpunkt ärztlicher Leiter der Abteilung für Geisteskranke an der Charité war. Die Frucht dieser Reise war ein Reisebericht mit Vorschlägen für die sinnvolle Gestaltung der Irrenfürsorge und für die Einrichtung des psychiatrischen Unterrichts, der im Ministerium mit großem Interesse aufgenommen wurde und letztlich wohl den Ausschlag für seine Ernennung zum Anstaltsdirektor in Erlangen gab.

Solbrigs Interesse war aber nicht nur auf die ärztliche Fürsorge für die Kranken gerichtet,¹⁷⁴ sondern insbesondere auch auf die Integration der Psychiatrie in den klinischen Unterricht. Seine Hoffnung, zu diesem Zweck eine ordentliche Professur für Psychiatrie in Erlangen zu erhalten, schlug allerdings fehl. Dem Senat erschien es nicht ratsam, »die Direktion einer der Universität fremden Anstalt mit ihr in amtliche Verbindung zu setzen, und zwar in eine solche, welche lediglich auf jener Anstalt selbst beruht. Es ist immer schon im höchsten Grade wünschenswert, daß, wer der Universität angehört, ihr auch ganz und ausschließlich angehöre, damit er nicht in die Lage komme, abwägen zu müssen, wie viel er ihr und wie viel er einem anderen Lebensberufe schuldig sei«.[175] Immerhin erhielt Solbrig aber 1849 die Ernennung zum Honorarprofessor für Psychiatrie und konnte somit in dieser Funktion psychiatrischen Unterricht für Studenten in der Kreisirrenanstalt durchführen.

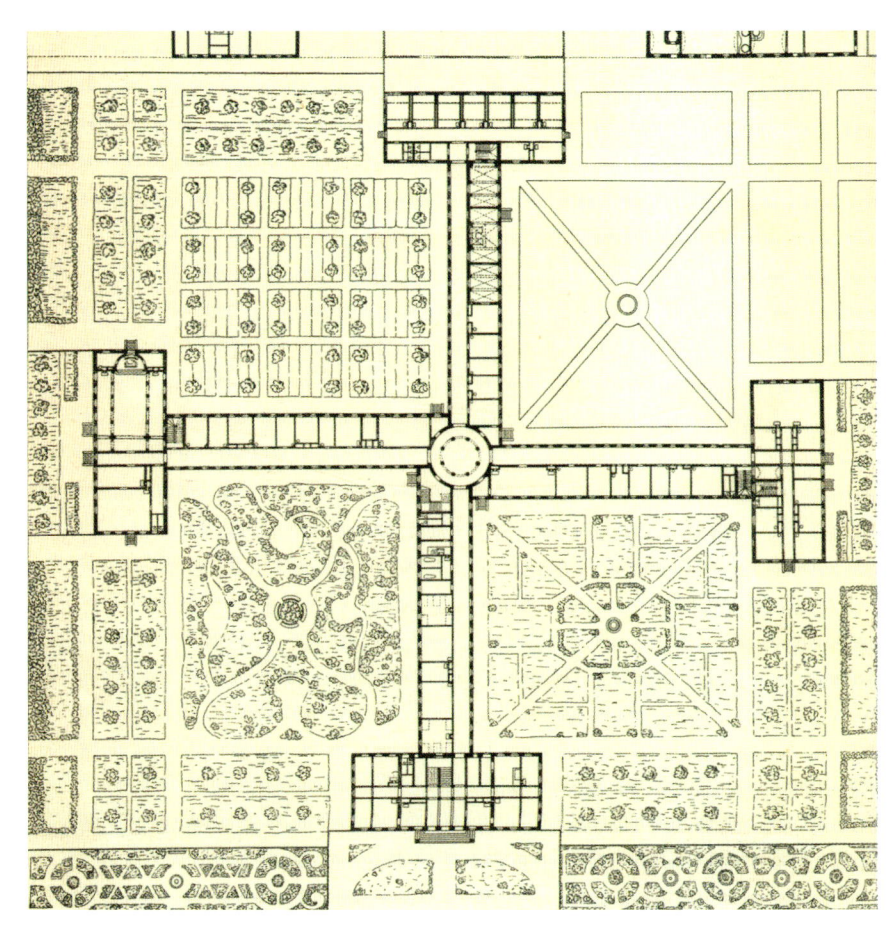

In der Folgezeit kämpfte Solbrig auf verschiedenen Wegen mit Eingaben, Denkschriften, Veröffentlichungen und Vorträgen dafür, dass die Psychiatrie in Bayern gefördert und dass alle Ärzte mit den Problemen dieses in seiner Art besonderen Faches vertraut sein müssten, dass Psychiatrie demzufolge Teil der Lehre und der Prüfungen werden müsste. Zudem war er maßgeblicher Ratgeber für den Neubau der Kreisirrenanstalt in München, die 1859 eröffnet wurde. Auf der Versammlung der Naturforscher und Ärzte 1861 in Speyer hielt Solbrig im Auftrag der »Vereinigung Deutscher Irrenärzte« einen Vortrag, in dessen Folge die Versammlung den Beschluss fasste, »daß bei allen deutschen

Abb. 75 | 76 Außenansicht und Grundriss der Kreisirrenanstalt Erlangen, der einzigen panoptischen Anstalt Deutschlands, zum Zeitpunkt ihrer Gründung, 1846.
Abb. 77 Karl August von Solbrig (1809–1872).

Abb. 78 Friedrich Wilhelm Hagen (1814–1888).

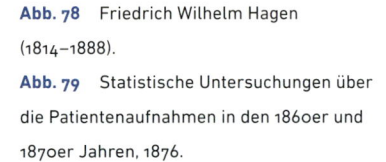

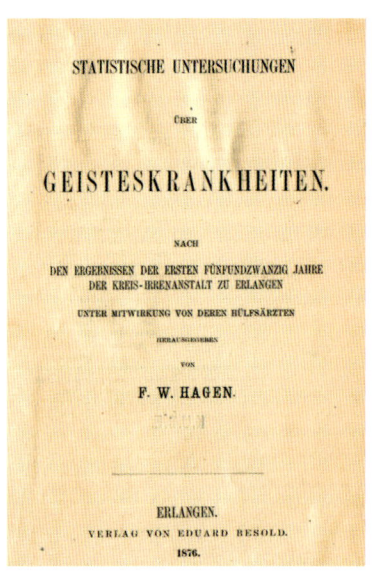

Abb. 79 Statistische Untersuchungen über die Patientenaufnahmen in den 1860er und 1870er Jahren, 1876.

Universitäten baldmöglichst psychiatrische Lehrstühle und Kliniken eingerichtet werden und daß die Psychiatrie zum obligatorischen Unterrichtsgegenstand erhoben werde«.[176] Tatsächlich wurde die Psychiatrie in Bayern bereits 1862 Prüfungsfach; 1872 wurde diese Bestimmung jedoch aufgrund der Reichseinigung wieder aufgehoben, sodass die Psychiatrie erst 1901 reichseinheitlich den Status eines Pflicht- und Prüfungsfaches erhielt.[177]

Solbrig ging 1859, wiederum in der Funktion eines Honorarprofessors, nach München, wo er fünf Jahre später aufgrund einer Rufabwendung nach Berlin zum Ordinarius für Psychiatrie ernannt wurde. Sein Nachfolger in Erlangen wurde Friedrich Wilhelm Hagen (1814–1888). Hagen war sogleich bei der Eröffnung der Erlanger Anstalt klinischer Assistent unter Solbrig geworden und leitete in dieser Funktion die Überführung der ersten Kranken aus dem Irrenhaus in Schwabach, das dort Teil des Zucht- und Arbeitshauses war und nach der Überführung aufgelöst wurde. Hagen fand dort die 41 Geisteskranken in erschütterndem Zustand vor, teilweise nackt, auf dem Stroh liegend und mit Ketten um den Hals[178] – in einem Zustand also, der in den Verwahranstalten des 18. Jahrhunderts durchaus üblich gewesen war, der sich ihm aber ein halbes Jahrhundert nach Philippe Pinels Appell, die Geisteskranken von ihren Ketten zu befreien, als ein empörender Anachronismus darstellte. Für Hagen wurde diese Erfahrung zum Schlüsselerlebnis und bestärkte ihn in seinem Wunsch, sich fortan mit ganzer Kraft für ein menschenwürdiges Leben der Kranken einzusetzen.

Die erste Möglichkeit dazu fand er 1849 in der Anstalt in dem säkularisierten Kloster Irsee bei Kaufbeuren, die er zehn Jahre leitete, bevor er nach Erlangen zurückkehrte. Hier konnte er sich 1860 aufgrund seines schon damals reichen wissenschaftlichen Œuvres habilitieren und wurde zwei Jahre später zum Extraordinarius für Psychiatrie an der Universität ernannt. Die Fakultät war jetzt trotz der Doppelbelastung, die diese Aufgabe zumal bei steigenden Krankenzahlen für Hagen bedeutete, sehr an der Fortsetzung der Lehre interessiert, zumal die Psychiatrie ja in Bayern inzwischen obligatorisches Prüfungsfach geworden war. Als Leupoldt, der in seinem letzten Lebensjahrzehnt wiederum den theoretischen Teil der psychiatrischen Lehre bestritten hatte, 1874 starb, schlug die Fakultät Hagen für das frei gewordene Ordinariat vor. Doch der Senat lehnte dies mit den schon im Zusammenhang mit Solbrig vorgetragenen Argumenten ab.[179]

Seit der Mitte der 1860er Jahre wurden in der Anstalt in kurzen Abständen immer wieder Erweiterungsbauten notwendig, da sich die Anzahl der Aufnahmen kontinuierlich erhöhte. Dies war ein allgemeiner Trend der zweiten Jahrhunderthälfte in ganz Deutschland, der bis zum Ende des Jahrhunderts und darüber hinaus anhielt. 1876 wurde zusätzlich auf dem Gelände der Kreisirrenanstalt eine weitere Anstalt als reine Pflegeanstalt

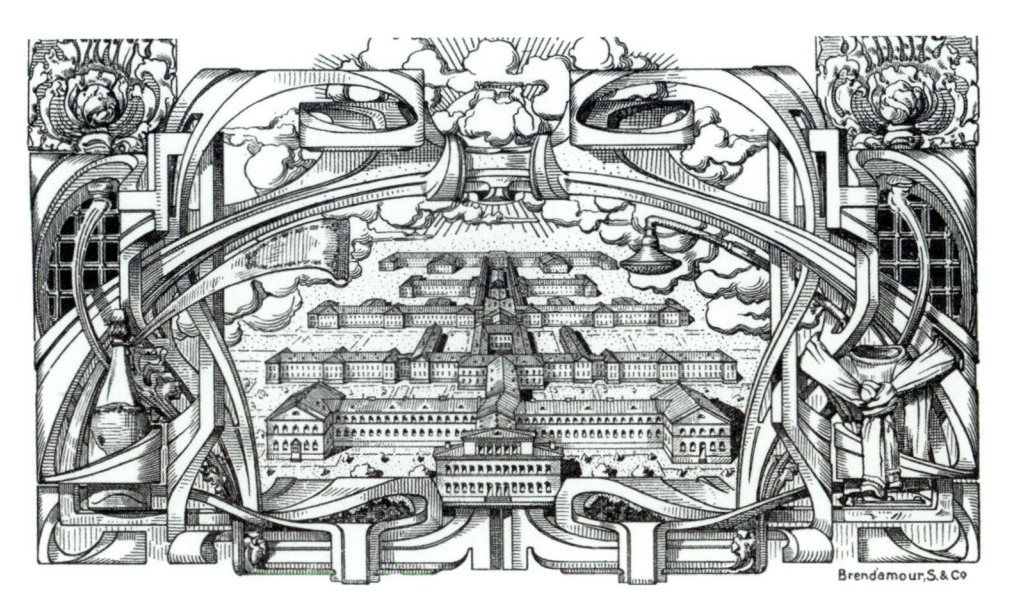

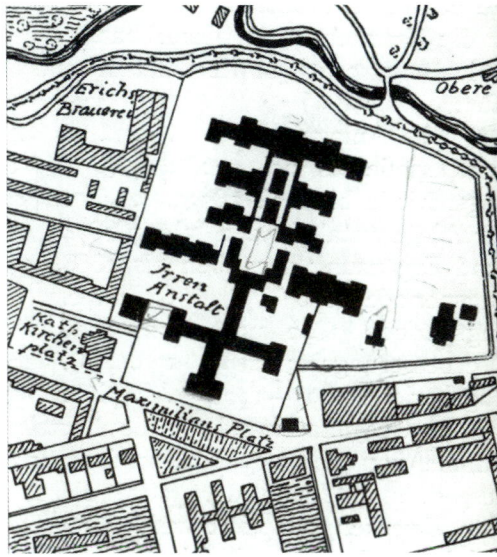

Abb. 80 | 81 Außenansicht und Grundriss der erweiterten Kreisirrenanstalt, 1902.

eröffnet, nachdem sich die gemeinsame Unterbringung von unheilbaren und heilbaren Geisteskranken nicht bewährt hatte – eine Problematik, über die vor allem in der ersten Hälfte des 19. Jahrhunderts intensiv und kontrovers diskutiert worden war.[180] Mit dem Jahr 1896 war der Anstaltsbau im Großen und Ganzen vollendet.

Der Name Hagens hatte aufgrund seiner erfolgreichen Tätigkeit als Anstaltsleiter und seiner zahlreichen wissenschaftlichen Publikationen in der psychiatrischen Fachwelt einen guten Klang. Dies war vermutlich auch der Grund dafür, dass er einer der vier Gutachter war, die das Gutachten vom 8. Juni 1886 über den Geisteszustand des bayerischen Königs Ludwig II. unterzeichnet hatten. Die Diagnose Paranoia und Geistesschwäche, die dem König attestiert wurde und die die Grundlage seiner Absetzung und Entmündigung bildete, wurde allerdings kürzlich in einem interdisziplinären Forschungsprojekt der Heidelberger Akademie der Wissenschaften in Zusammenarbeit mit dem Zentralinstitut für Seelische Gesundheit in Mannheim unter der Federführung von Heinz Häfner als nicht haltbar erwiesen.[181]

Friedrich Hagen wurde 1887 in den Ruhestand versetzt und starb wenige Monate später. Sein Nachfolger wurde Anton Bumm (1849–1903), Sohn eines Taubstummenlehrers und jüngerer Bruder des Gynäkologen Ernst Bumm. Anton Bumm war zunächst ab 1877 klinischer Assistent von Bernhard von Gudden an der Kreisirrenanstalt in München und danach in derselben Funktion in Erlangen. 1884 wurde er Direktor der Irrenanstalt in Deggendorf und aus dieser Stellung wurde er im Frühjahr 1888 als Nachfolger Hagens zum Direktor der mittelfränkischen Kreisirrenanstalt in Erlangen berufen und zugleich als Extraordinarius für Psychiatrie und Psychiatrische Klinik in die Medizinische Fakultät aufgenommen. Bumm war, entsprechend den Entwicklungen der allgemeinen Medizin seiner Zeit, reiner Naturwissenschaftler, der sich insbesondere für die Gehirnanatomie interessierte, gleichwohl erkannte er die Bedeutung der Psychologie für die Psychiatrie und versuchte sie in der psychiatrischen Klinik nutzbar zu machen.

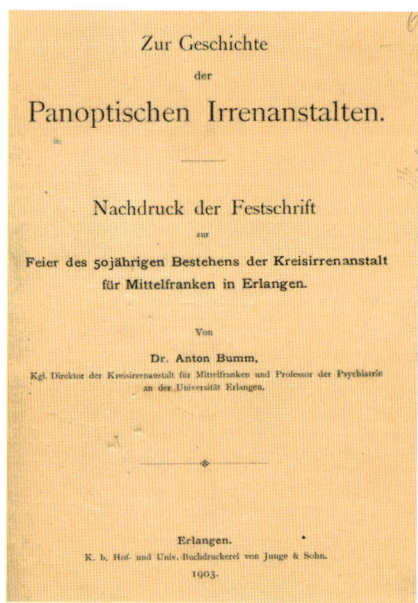

Abb. 82 Anton Bumm (1849–1903).

Abb. 83 Anton Bumms Arbeit über die Geschichte der panoptischen Irrenanstalten, die 1896 erstmals als Festschrift aus Anlass des 50-jährigen Bestehens der Kreisirrenanstalt in Erlangen erschien, Nachdruck von 1903.

Abb. 84 Gustav Specht (1860–1940).

Bumm verließ 1896 Erlangen und ging nach München, um dort noch einmal das Doppelamt des Anstaltsleiters und Professors zu übernehmen, jetzt allerdings als Ordinarius. Die Nachfolgeregelung in Erlangen gestaltete sich als schwierig. Die für die Anstalt zuständige Kreisregierung hatte Gustav Specht vorgeschlagen, der schon seit 1885 an der hiesigen Heil- und Pflegeanstalt tätig war, und zwar zunächst als klinischer Assistent, ab 1891 als Oberarzt. Das Ministerium betraute jedoch den Bayreuther August Würschmidt, Oberarzt an der Kreisirrenanstalt Bayreuth, als den älteren Anwärter mit der Direktoratsstelle, dem wir eine ausführliche Beschreibung der Erlanger Anstalt verdanken.[182] Würschmidt versah das Amt vom April 1897 bis September 1911. Die Fakultät hielt jedoch Würschmidt nicht für den akademischen Unterricht geeignet, sodass für sie die bisherige Doppelfunktion von Anstaltsdirektor und psychiatrischem Lehrer in diesem Fall nicht in Frage kam. Stattdessen setzte sie durch, dass Gustav Specht (1860–1940) unter Aufrechterhaltung seiner Oberarztstelle in der Anstalt zum außerordentlichen Professor ernannt wurde. Diese komplizierte Konstruktion trug jedoch von Beginn an den Keim zu Differenzen in sich, sodass nach einer Lösung gesucht werden musste. Die Dringlichkeit einer Änderung der Situation ergab sich auch dadurch, dass in der Prüfungsordnung von 1901 die »Irrenheilkunde« obligatorischer Bestandteil der Lehre und des Examens wurde, die Fakultät jedoch angesichts fehlender Mittel keinerlei Möglichkeit sah, dass eine eigene psychiatrische Klinik errichtet würde.[183]

In dieser Situation entwarf Specht einen Vorschlag zur Neuorganisation der akademischen Psychiatrie innerhalb der Heilanstalt, der von allen verantwortlichen Stellen Zustimmung fand und am 2. Juni 1903 genehmigt wurde. Der Plan sah vor, dass im nördlichen, an der Schwabach gelegenen Teil, dem sogenannten Pflegebau der Irrenanstalt, der Universität zwei Geschosse als Psychiatrische Klinik überlassen wurden und regelte in insgesamt 12 Paragraphen die verschiedenen Zuständigkeiten von Anstaltsdirektor und universitärem Klinikvorstand. Die Zahl der Kranken in der Psychiatrischen Klinik sollte zwischen 160 und 210, mit möglichst ausgewogenem Verhältnis der Geschlechter, betragen. Am 1. Oktober 1903 wurden 170 Patientinnen und Patienten in die neue Psychiatrische Universitätsklinik überführt. Am gleichen Tag wurde Specht zum ersten ordentlichen Professor für Psychiatrie an der Erlanger Universität ernannt. Damit war die Trennung von Direktorat der Anstalt und Professur der Universität endgültig vollzogen.

So positiv dieser Schritt der Verselbstständigung auch war – er war doch ein Provisorium und bot mancherlei Einschränkungen für den Klinikdirektor und seine verschiedenen Aufgaben. Das größte Problem waren die Patientinnen und Patienten, die, wie in den Anstalten damals üblich, zunehmend Langzeitkranke oder Unheilbare waren. Für den Unterricht, für die Forschung und für die Praxis hätte Specht jedoch, wie er in einem Bericht an das Ministerium schrieb, insbesondere Patienten in den Anfangsstadien geistiger Erkrankungen, Patienten in psychopathischen Grenzzuständen, Patienten mit Vergiftungspsychosen und anderen psychiatrischen Leiden gebraucht.[184] Da aber vertraglich festgelegt war, dass die Aufnahme aller Kranken durch den Anstaltsleiter erfolgen sollte, hatte Specht keine Möglichkeit, sich selbst um entsprechende, der Lehre dienliche Kranke zu bemühen. Dazu kam, dass die enge Verbindung der Psychiatrischen Klinik mit der Irrenanstalt für potenzielle psychiatrische Patienten durchaus etwas Abschreckendes hatte, was dem Ansehen des Faches nicht zuträglich war. Angesichts dieser Probleme sah Specht eine Lösung nur in der Errichtung einer selbstständigen Klinik in einem von der Anstalt entfernten Gebäude und arbeitete etliche Jahre an diesem Projekt, das jedoch vor allem aus finanziellen Gründen scheiterte.

▶ **Kapitel** Friedrich Meggendorfers Haltung zur »Aktion T4«, S. 281.

Psychiatrie und Neurologie – eine Verbindung auf Zeit

In der Zwischenzeit hatte es auch in der Neurologie einige Bewegung gegeben. Die Neurologie war traditionsgemäß von den Vertretern der Inneren Medizin betrieben worden. Schon seit der Mitte des 19. Jahrhunderts hatte es aber verschiedene Aktivitäten gegeben, die auf eine Verbindung von Psychiatrie und Nervenheilkunde zielten. Schon 1865 war Wilhelm Griesinger nicht nur als Psychiater nach Berlin berufen worden, sondern auch als Direktor einer neu eingerichteten Klinik für Nervenkrankheiten, 1868 wurde das *Archiv für Psychiatrie und Nervenkrankheiten* begründet und acht Jahre später konstituierte sich auf der 49. Versammlung deutscher Naturforscher und Ärzte in Hamburg die »Sektion für Psychiatrie und Nervenkrankheiten«, die ab 1879 als »Sektion für Psychiatrie und Neurologie« bzw. »Neurologie und Psychiatrie« tagte.[185]

Trotz dieser ersten Zeichen einer Spezialisierung der Neurologie und des Zusammengehens mit der Psychiatrie gab es im letzten Drittel des Jahrhunderts Versuche, der drohenden »Vereinnahmung« der Neurologie durch die Psychiatrie entgegenzuwirken. Diese drückte sich nicht zuletzt in der auf Initiative von Adolf Strümpell 1891 erfolgten Gründung der *Deutschen Zeitschrift für Nervenheilkunde* aus, hinter der vier Internisten standen, die damit ihrer Überzeugung, dass die Neurologie als Teil der inneren Medizin anzusehen sei, Nachdruck verleihen wollten.[186] Der Heidelberger Wilhelm Erb

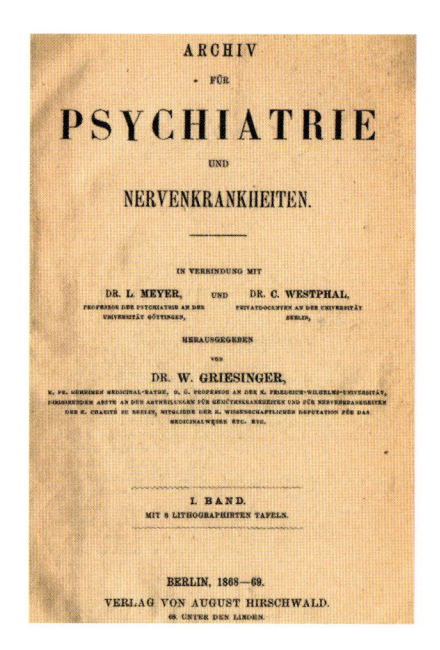

Abb. 85 Erster Band des *Archivs für Psychiatrie und Nervenkrankheiten*, 1868.

ging sogar noch weiter und forderte 1905 auf der Eröffnung des Kongresses für Innere Medizin in Wiesbaden in einer programmatischen Rede unter Verweis auf die Entwicklung, die das Fach Neurologie inzwischen genommen habe, die volle Selbstständigkeit der Neurologie.

Strümpell, der für Erlangen als Internist der erste große Vertreter der Neurologie war, revidierte gegen Ende seines Lebens seine frühere Stellungnahme und sah nun angesichts der ungeheuren Erweiterung des Aufgabenkreises der inneren Medizin eine Loslösung der Neurologie von dieser als notwendig und ihre Verbindung mit der Psychiatrie als die sachlich angemessenste Lösung an: »Ich persönlich halte diese Verbindung für die einzig naturgemäße Lösung der Frage; denn es kann keinem Zweifel unterliegen, daß jede Trennung der Neurologie von der Psychiatrie eine künstliche ist und höchstens durch die aus äußeren Gründen erforderliche Verschiedenheit in der Unterbringung der Kranken, einerseits in offene, andererseits in geschlossene Anstalten, gerechtfertigt werden kann. […] Auch im größeren Publikum soll die Anschauung, daß auch die Geisteskranken nicht etwas Besonderes, sondern Nervenkranke sind, immer mehr Boden gewinnen.«[187] Und an anderer Stelle, anlässlich der Verleihung der Wilhelm-Erb-Gedenkmünze 1923 in Danzig, sagte er: »Wo soll die Grenze zwischen Neurologie und Psychiatrie gesteckt werden? Können wir uns einen wissenschaftlichen Neurologen denken, der nichts von Psychiatrie versteht, und einen Psychiater, der nicht auch die neurologischen Untersuchungs- und Beobachtungsmethoden vollkommen beherrscht? Das Verlangen nach einer Trennung der Neurologie von der Psychiatrie kommt mir wie das Verlangen an einen Geigenspieler vor, er dürfe nur auf der G- und D-Saite spielen, weil die A- und E-Saite für einen anderen Spieler bestimmt seien.«[188]

Die Erlanger Entwicklung entsprach dieser Auffassung: Im Jahr 1927 wurde die noch unter der Leitung Spechts stehende Psychiatrische Klinik in »Psychiatrische und Nervenklinik der Universität Erlangen« umbenannt. Die Umbenennung in »Nervenklinik«, um die die Münchener Universität im Jahre 1934 das Ministerium bat, das daraufhin Stellungnahmen der Klinikdirektoren von Erlangen und Würzburg erbat, lehnte Specht mit Verweis auf die Erlanger Verbindung der Universitätsklinik mit der Heil- und Pflegeanstalt ab, indem er betonte, dass »unsere Klinik eine nicht kleine Anzahl von Geisteskranken akuter und chronischer Art ärztlich zu betreuen« habe, »auf die der beschönigende Ausdruck ›nervenkrank‹ auch bei weitester Fassung schlechterdings nicht paßt«.[189]

Die Vereinigung von Psychiatrie und Neurologie blieb auch unter Spechts Nachfolgern Friedrich Meggendorfer (1880–1953, in Erlangen von 1935 bis 1945 tätig) und Heinrich Scheller (1901–1972, in Erlangen von 1947 bis 1951 tätig), die beide den »Lehrstuhl für Psychiatrie« innehatten, bestehen. Unter Fritz Eugen Flügel (1897–1971), dem Nachfolger Schellers, erhielt der Lehrstuhl die Denomination »Psychiatrie und Neurologie«, der Name der Klinik lautete jedoch, trotz der überzeugenden Spechtschen Argumentation, seit 1947 »Universitäts-Nervenklinik«, seit 1951 dann wieder »Psychiatrische und Nervenklinik« und ab 1959 schließlich »Nervenklinik mit Poliklinik«. Die Trennung der Klinik vom Bezirkskrankenhaus, der ehemaligen Heil- und Pflegeanstalt, wurde am Beginn des Jahres 1974 vollzogen.

Als Flügel 1966 nach Erreichen der Altersgrenze die Universität verließ, wurde zwar schon über die Trennung des Lehrstuhls in zwei Ordinariate diskutiert, den Beratungen folgten aber keine Taten, da die entsprechenden Räumlichkeiten fehlten. Zu diesem Zeitpunkt hatte sich an etwa der Hälfte der bundesrepublikanischen Universitäten die Neurologie bereits als selbstständiges Fach durchgesetzt. Daher konnte es auch keinen Zweifel mehr geben, dass es nach dem zu frühen Tod von Hans-Heinrich Wieck im Jahre 1980, der 1967 die Nachfolge von Flügel angetreten hatte, einen weiteren Lehrstuhl geben musste. Dieser wurde am 24. Januar 1980 von der Fakultät beantragt und schon wenige Monate danach vom Ministerium genehmigt. Der Lehrstuhl für Psychiatrie wurde am 1. Juli 1982 mit Eberhard Lungershausen, der Lehrstuhl für Neurologie am 1. November 1984 mit Bernhard Neundörfer besetzt.

Die neurologischen Stationen der damals noch für beide Bereiche zuständigen Nervenklinik hatten bereits Ende 1977, zusammen mit der Augen- und der Neurochirurgischen Klinik, in den ersten Bauabschnitt des neu errichteten Kopfklinikums auf dem bislang unbebauten Gelände der Heil- und Pflegeanstalt übersiedeln können, die neue Psychiatrische Klinik folgte nach Fertigstellung des 2. Bauabschnitts 1985. Die ehemalige Heil- und Pflegeanstalt wurde 1977 mit Ausnahme des Eingangsgebäudes am Maximiliansplatz und des nördlich, an der Schwabach gelegenen Traktes abgerissen und zog als »Klinikum am Europakanal« 1978 in einen Neubau um.[190] Renate Wittern-Sterzel

**Von der Jahrhundertwende
bis zum Ende der Weimarer Republik**

1900
1933

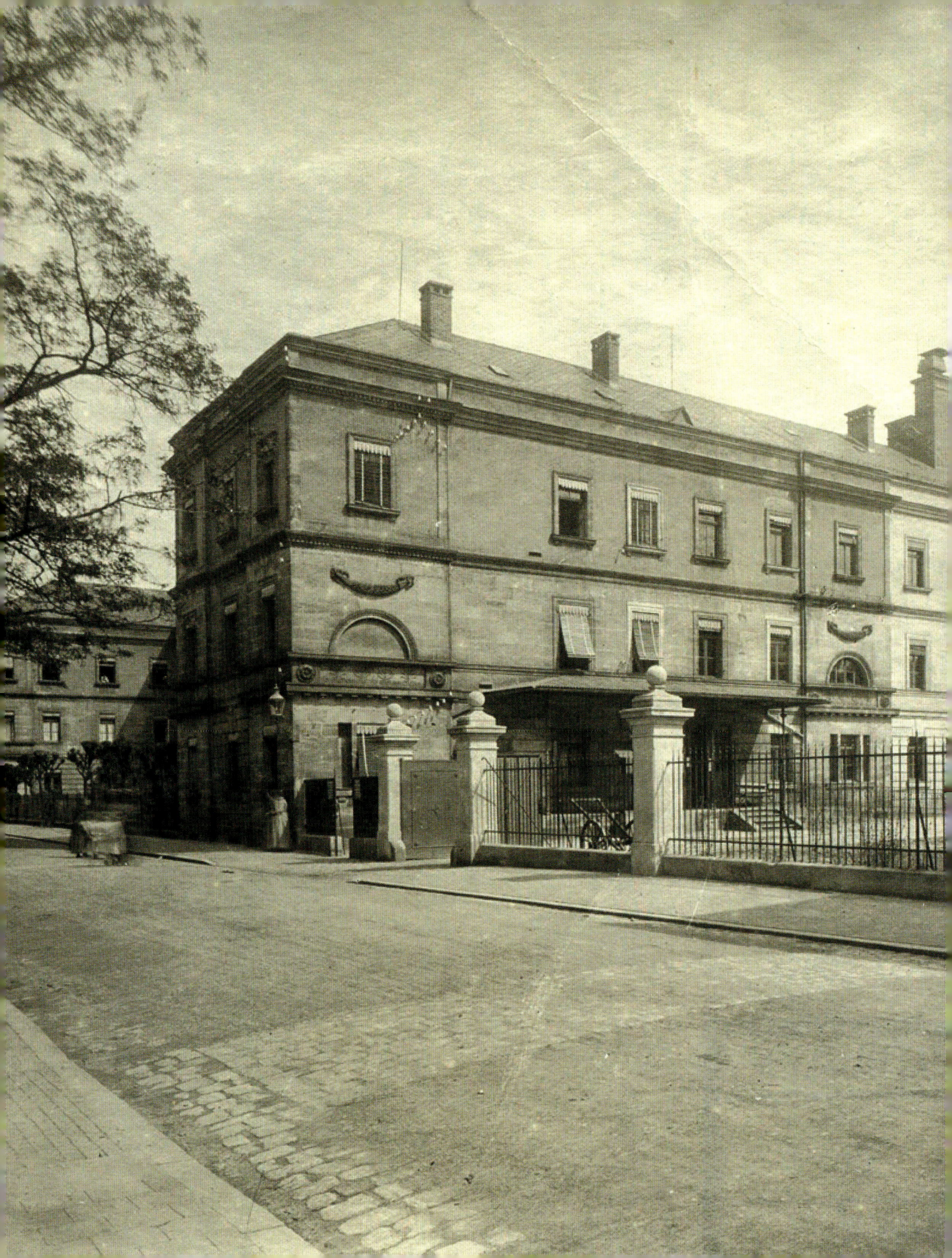

Eine Universität macht mobil – zum Erlanger Lazarettwesen im Ersten Weltkrieg

»Während draußen auf dem Kriegsschauplatz in einem Ringen, wie es die Welt noch nicht gesehen, unsere Millionenheere um unseres Vaterlandes Ehre und Bestand kämpfen, schicken wir uns hier an, unsere friedliche Arbeit wieder aufzunehmen«.[1] Mit diesen Worten kommentierte der Königliche Prorektor der Universität und Professor für Psychiatrie Gustav Specht (1860–1940) den Kriegsausbruch 1914, der von Stadt und Universität zunächst freudig begrüßt wurde. Am Beispiel des Erlanger Lazarettwesens sollen der räumlich und personell weitreichende Kriegseinsatz der Universität vorgestellt und die zentrale Rolle insbesondere der Kliniken für die medizinische Versorgung der verwundeten Soldaten erörtert werden. Bereits 1890 hatte der Philosoph und Historiker Friedrich Engels in der Zeitschrift *Die neue Zeit* für den Fall eines kommenden Krieges eine neue Dimension des Sterbens angedeutet.[2]

Tatsächlich konfrontierte der Erste Weltkrieg als einer der ersten technisch-industriellen Kriege die kriegführenden Länder mit Verlusten in bis dato unbekannter Größe. Weltweit starben ca. 9 Millionen Soldaten, 15 Millionen Soldaten wurden verwundet. Die Zahl der zivilen Todesopfer ist nicht bestimmbar.[3] Jörn Leonhardt zufolge symbolisieren denn auch Krücken und Prothesen über alle nationalen Unterschiede und patriotischen Aufladungen hinweg eine elementare Gemeinsamkeit der soldatischen Kriegserfahrung: »die Teilnahme an dem Krieg mit einem verletzten Körper oder einer beschädigten Psyche bezahlen zu müssen«.[4] Eine zeitnahe Bilanz über die im Ersten Weltkrieg gemachten medizinischen Erfahrungen aus der Perspektive der deutschen Heeresmediziner präsentieren vor allem zwei Werke: das vom Chef des deutschen Sanitätswesens, Otto von Schjerning, herausgegebene *Handbuch der Ärztlichen Erfahrung im Weltkriege 1914/1918*[5] und der erst 1934 publizierte *Sanitätsbericht über das Deutsche Heer im Weltkriege 1914/18*. Der mehrbändige Sanitätsbericht, der alle vorkommenden kriegsbedingten Verletzungen und Erkrankungen nach Ursache, Lokalisation, Häufigkeit und Grad der Einwirkung auf den menschlichen Körper erfasste, bezifferte die Zahl der Toten aufgrund der amtlichen Statistik vom 31. Dezember 1933 mit 1.900.876.[6] 700.000 Soldaten waren als »dienstunbrauchbar« aus dem Heer entlassen worden, unter ihnen viele schwer- und schwerstbeschädigte »Verstümmelte«.[7] Allerdings galten die bis Ende des Krieges eingereichten Zahlen über »verstümmelt anerkannte Heeresangehörige« den vorgesetzten Behörden bereits bei Kriegsende als derart unvollständig, »daß sie für statistische Zwecke nicht verwendet werden können«.[8]

Vielen Ärzten stellte sich der Krieg als »hygienisch-bakteriologisches Laboratorium und Erfahrungsfeld« dar, das ihnen in einer Art In-vivo-Experiment Gelegenheit bot, in

Abb. 1 Das Universitätskrankenhaus mit Erweiterungsbau, um 1900.

Abb. 2 Lazarettzug am Erlanger Bahnhof, undatiert.

Friedenszeiten seltene Krankheiten und Verletzungsarten an nun ausreichend vorhandenem »Material« zu studieren.[9] So konnte beispielsweise der Chefarzt des Erlanger Reservelazaretts, Gustav Hauser, auf den Sitzungen der Vereinigung der freien Militärärzte interessante »mazerierte Knochenpräparate von Schussverletzungen des Schädels«[10] und seltene »Typhusdärme«[11] demonstrieren. Auch der Erlanger Stabsarzt Karl Kleist, nutzte die Erfahrungen seiner nervenärztlichen und psychiatrischen Kriegstätigkeit in belgischen Kriegslazaretten für Forschung und Lehre: »Die Gehirnverletzungen brachten mir aber auch eine Fülle rein wissenschaftlicher Belehrung auf dem Gebiete, das mich seit Beginn meiner wissenschaftlichen Tätigkeit am meisten gefesselt und beschäftigt hat […] Da hat nun der Krieg in einer unerhörten und furchtbaren Mannigfaltigkeit am Menschenhirn Experimente angestellt. […] und ich denke heute schon mit Freude daran, wenn ich wieder vor meinen Hörern stehen werde, um das lehrend weiterzugeben, was ich vom Krieg gelernt habe.«[12] Kleist war auch Autor des vierten Bandes der *Ärztlichen Erfahrungen im Weltkriege*, seine über 1000 Seiten umfassende Abhandlung über *Kriegsverletzungen des Gehirns in ihrer Bedeutung für die Hirnlokalisation und Hirnpathologie* vermittelt mit ihren Fallvorstellungen heutigen Lesern eine ungefähre Ahnung von den gravierenden motorischen, sensorischen und psychischen Folgen der Gehirnschussverletzungen.[13]

Bewegten sich die für die Versorgung der deutschen Soldaten zuständigen ca. 25.000 Truppen- und Lazarettärzte mit der Versorgung der körperlich »Kriegsversehrten« noch auf vergleichsweise vertrautem Terrain, stellten die äußerlich meist unverletzten »Kriegshysteriker« mit ihrem höchst komplexen Krankheitsbild der »Kriegsneurosen« eine besondere Herausforderung dar. Es schien, als hätte der Krieg vielen Soldaten die »Sprache verschlagen« oder das »Zittern gelehrt«, andere Kriegsteilnehmer waren vor »Angst wie gelähmt«, der Schreck war ihnen in die Glieder gefahren und Vorgesetzte stießen mit ihren Angriffs- und Durchhalteparolen auf »taube Ohren«. Das im Krieg erlebte Grauen als Ursache für das »unsoldatische« Verhalten mochten die führenden Militärpsychiater allerdings nicht gelten lassen. Ihre ideologisch aufgeladene Prämisse von einer »neurotischen Fixierung« hob vielmehr auf die konstitutionell angelegte »Verweichlichung« und »Minderwertigkeit« des betroffenen Soldaten ab. Suggestive Therapieformen wie die »scharfen Kuren« des Psychiaters Ferdinand Kehrer (1883–1966) oder die nach dem Psychiater Fritz Kaufmann (1875–1941) genannte »Kaufmann-Kur« waren bewusst angstauslösend gestaltet, um den »Frontversagern« den unterstellten Krankheitsgewinn zu entziehen und vermeintliche innere Widerstände gegen eine bevorstehende Rückkehr an die Front zu beseitigen.[14]

Dass auch Erlanger Militärärzte – wenn nicht unbedingt den drakonischen Therapieformen – so doch dem vorherrschenden Konzept einer anlagebedingten »Schwäche« anhingen, zeigen die drei folgenden Fallvorstellungen Gustav Spechts zur Psychopathologie der Fahnenflucht auf der Sitzung der freien militärärztlichen Vereinigung vom 15. Januar 1915. Im ersten Fall handelte es sich um eine schon im Zivilleben »abnorme psychische Persönlichkeit«, im zweiten Fall um einen »psychopathisch Minderwertigen« aus der Gruppe der haltlosen »Streuner« und im dritten Fall war der »Davonläufer« ein »moralisch schwer defekter und überdies alkoholdegenerierter Imbeziller«.[15] Vier Wochen später wurden wiederum auf der Sitzung der Militärärzte eine bisher erfolglos behandelte »hysterische Beugekontraktur« eines 36-jährigen Landwehrmannes sowie eine durch »Suggestion« geheilte »hysterische Nackenstarre« bei einem 20-jährigen Rekruten vorgestellt.[16] Charakteristisch für die hier nur in wenigen Beispielen umrissene Berichterstattung der Militärärzte in der medizinischen Fachpresse war oft eine Darstellungsweise, die Behandlungserfolge an medizintechnische Innovationen knüpfte und überdies die Leistungsfähigkeit der Medizin als Zeichen der Überlegenheit des deutschen Geistes wertete.[17]

Voraussetzung der propagierten Effizienz der militärärztlichen Versorgung war ein straff organisiertes Sanitätswesen, das als zentraler Bestandteil der deutschen Kriegsfürsorge nicht nur medizinische, sondern auch kriegsstabilisierende Funktionen zu erfüllen hatte. In einem komplexen, in sich gestaffelten Versorgungssystem folgte der Erstversorgung auf den frontnahen Verbandsplätzen in unmittelbarer Nähe der Kampflinien der Transport in die Feldlazarette. Diese stellten die Basis der medizinischen Versorgung dar. Für jedes deutsche Armeekorps gab es bei Kriegsbeginn zwölf solcher Feldlazarette. Daneben existierten – zumeist weiter entfernt von der Front – Kriegslazarettabteilungen, die sich teilweise zu größeren Krankenhauskomplexen mit chirurgischen und internistischen Stationen, aber auch zu Spezialabteilungen entwickelten. Trotz dieser verbesserten Infrastrukturen der militärmedizinischen Versorgung nahm die Anzahl der tödlichen Verwundungen zu. Insbesondere Artilleriegeschosse mit Sprengwirkung führten zu tödlichen Verletzungen oder infolge der weiträumigen Zerstörung des Gewebes zu lebensgefährlichen Wundinfektionen wie Tetanus (Wundstarrkrampf) und Gasbrand.[18]

Neben der ärztlichen Akutversorgung war die Kriegsinvalidenfürsorge wichtigste militärärztliche Aufgabe, die laut königlich bayerischer Kriegsministerialerschließung vom 11. März 1915 schon in den Lazaretten zu beginnen hatte. Da politische Instanzen fürchteten, dass das Massenphänomen »Kriegsbeschädigung« die Zustimmung der Bevölkerung zur deutschen Kriegspolitik gefährden könnte, propagierten sie über die medizinische Versorgung hinaus einen weitreichenden Inklusions- und Solidaritätsanspruch: Zumindest die körperlich versehrten Soldaten sollten als »beschädigte Helden« Anspruch auf eine optimale medizinische Versorgung und berufliche und soziale Integration in eine ihnen zu Dank verpflichtete Gesellschaft geltend machen können.

Die oft von hohem Disziplinierungsethos geprägten Militärärzte waren eng in den medizinisch und innenpolitisch bedeutsamen Versorgungsdiskurs eingebunden, der »Verkrüppelung« als Willensschwäche interpretierte: »Es gibt kein Krüppeltum, wenn der eiserne Wille vorhanden ist, es zu überwinden.«[19] Um das beschädigte »Menschenmaterial« für den Fronteinsatz, zumindest aber für die Arbeit an der Heimatfront wieder einsatzfähig zu machen, wurden die »verstümmelten« Soldaten noch im Lazarett nach diagnostischen und prognostischen Gesichtspunkten kategorisiert und eine »medicomechanische Behandlung« zur Wiederherstellung der Arbeitsfähigkeit begonnen.[20] Hierzu wurde, wie z. B. im orthopädischen Reservelazarett in Nürnberg, eine Übungswerkstatt speziell für Handwerker eingerichtet. Diese frühe Intervention in den Lazaretten zu einem Zeitpunkt, wo der Patient noch im »Soldatenstand« war, schien auch insofern Erfolg versprechend, da viele Kranke nach Ansicht der Militärmediziner des äußeren Druckes, z. B. in Form des Entzugs von Ausgang oder Urlaub, bedürften, um die schon im Lazarett angebotenen Ausbildungsmöglichkeiten optimal zu nutzen.[21]

Über die Einrichtung spezieller Lazarettwerkstätten hinaus arbeiteten die Lazarette eng mit den örtlichen Arbeitgebern zusammen, die aufgefordert waren, geeignete Arbeitsplätze als Ausdruck der uneingeschränkten Solidarität der Heimatfront mit den kriegsverletzten Soldaten zur Verfügung zu stellen: »Jeder denke daran, daß Einarmigenfürsorgearbeit national-soziale Arbeit ist, die uns, nach Beendigung des Weltkampfes, allen ohne Ausnahme zu Gute kommt.«[22] Viele der für die Arbeitsaufnahme erfolgreich nachbehandelten Patienten wurden als Beleg der in Lazaretten geleisteten Integrationsaufgaben in militärärztlichen Fachkreisen vorgestellt, häufig mit dem Hinweis versehen, dass die Wiederherstellung der Arbeitskraft nicht nur dem Einzelnen, sondern »durch die Verminderung der zu gewährenden Renten«[23] der Allgemeinheit nützte.

Neben der Plastischen Chirurgie und der Prothetik spielte für die »kriegswichtigen« Fächer Chirurgie und Orthopädie die moderne Diagnostik eine zentrale Rolle.[24] So ermöglichte der von Albert Hasselwander (1877–1954), Professor für Anatomie an der Universität Erlangen, entwickelte Stereoskiagraph erstmalig eine präzise Lokalisation von Schädelsteckschüssen. Das Verfahren wurde von Hasselwander in zahlreichen Veröffentlichungen vorgestellt und als beste Lokalisationsmethode in der Steckschusschirurgie intensiv beworben. »So kann wohl ohne Uebertreibung behauptet werden, daß jene universelle Verwendung, welche […] schon seit Jahren für das Stereoskopverfahren gefordert wird, durch die objektiv arbeitende Ausgestaltung nun erreicht ist, welche wir den Untersuchungen Professor Hasselwanders verdanken.«[25]

Insbesondere die Röntgentechnik aber ermöglichte es den Ärzten, innere Verletzungen und Brüche in bislang unbekannter Präzision nachzuweisen. Entsprechend überschwänglich fiel das Lob der Vertreter der medizintechnischen Industrie aus, die ihr Lob der innovativen Röntgentechnik mit dem Lob deutscher Leistungsfähigkeit verbanden. Die in Erlangen ansässige Reiniger, Gebbert & Schall AG, die für den frontnahen Einsatz spezielle Feldröntgenmobile herstellte, betonte die im Krieg besonders notwendige enge Zusammenarbeit von Technik und Wissenschaft: »Dieser Völkerkrieg hat in erhabener Weise Deutschlands wunderbare Größe zum Ausdruck gebracht […] Technik und Wissenschaft gehen in höchster Vollendung Hand in Hand. Kraftvoll schlagen wir Wunden. Aber in ebenso geistiger Weise wissen wir die Verletzungen zu heilen, die unseren braven Truppen im Felde von feindlichen Waffen geschlagen werden. Unsere moderne Heilwissenschaft steht in der höchsten Blüte ihrer Entwicklung. Und unter all den modernen Heilmitteln, die unsere Ärzte anzuwenden wissen, ragt als besonders wichtig das Röntgenverfahren hervor.«[26] Um eine flächendeckende Ausstattung mit den neuen Apparaten finanzieren zu können, wurde die »Heimatfront« zu Spenden aufgefordert: »Wollt Ihr, die Ihr zuhause geblieben seid und nicht draußen kämpfen könnt fürs Vaterland[,] dazu beitragen, dass […] sie [die Verletzten] in kürzester Zeit möglichst unvermindert felddienst- oder erwerbsfähig entlassen werden können[,] […] so sorgt dafür, daß den Ärzten in den Lazaretten Röntgenapparate zur Verfügung stehen und Ärzte und Verwundete und das ganze Vaterland werden es Euch zu danken wissen.«[27]

Im Oktober 1914 erklärte sich Reiniger, Gebbert & Schall darüber hinaus bereit, die Einrichtung eines modernen Lazarettzuges zu finanzieren, der unter dem Namen Bayerischer Vereinslazarettzug V3 der Heeresverwaltung zur Verfügung gestellt wurde. Eingegliedert in das große System der Vermittlung zwischen »kämpfendem Heer und arbeitendem Volk« gehörte der Zug zu den bestausgerüsteten Zügen Deutschlands und wurde in Erlangen entsprechend »mit größter Freude und Dankbarkeit begrüßt«.[28] Das aus Angehörigen der Erlanger Freiwilligen Sanitätskolonne und dem Erlanger Hochschulverband für freiwillige Krankenpflege im Krieg zusammengesetzte Personal des Zuges berichtete

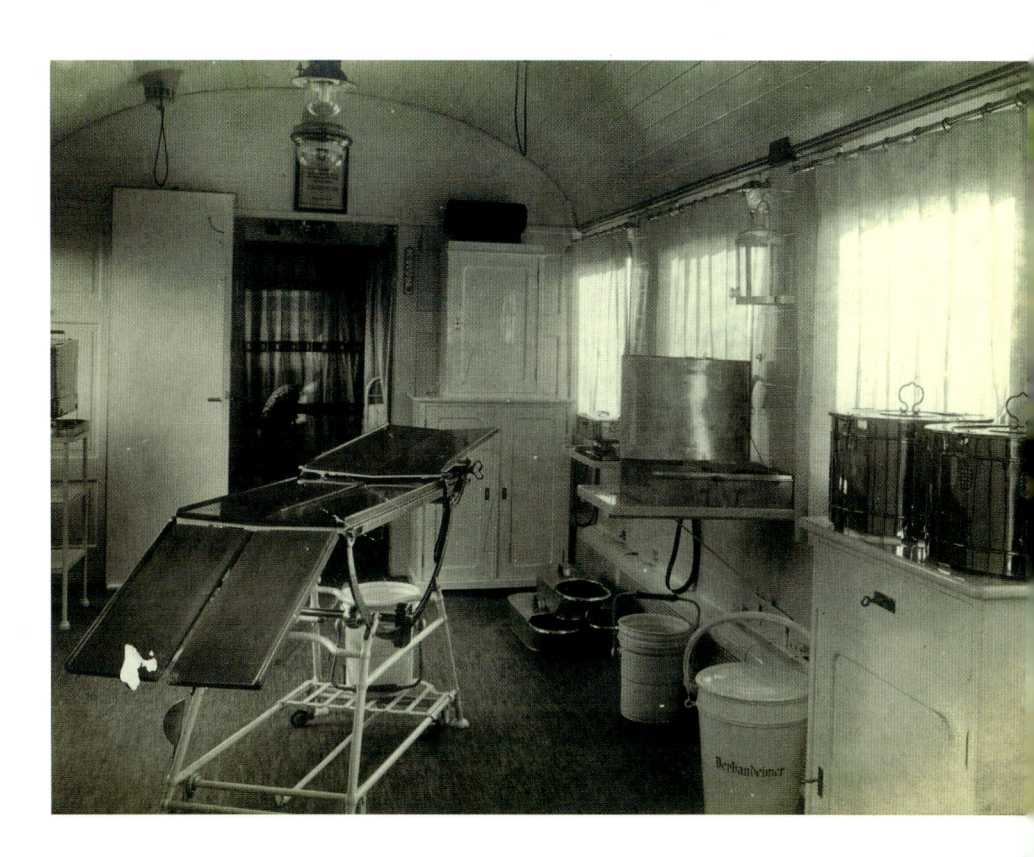

Abb. 3 Operationssaal im Lazarettzug V3, undatiert.

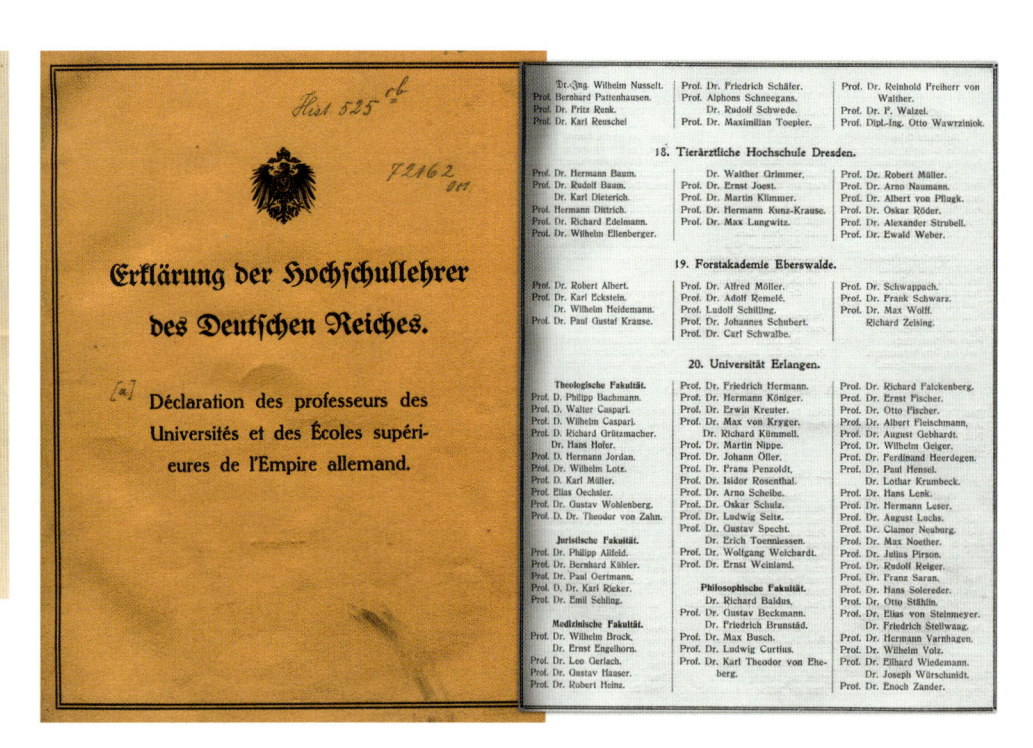

Abb. 4 Bekanntgabe der Mobilmachung, 1914.

Abb. 5 Die Erklärung der Hochschullehrer des Deutschen Reiches befürwortete den Kriegsgang.

im 1916 erschienenen *Zweiten Gruß der Erlanger Universität* über die erfolgreiche Arbeit des Zuges, die es als »lebendig-organisierten Zusammenhang des Ganzen unserer nationalen Gemeinschaft« lobte.[29]

»In begeisterter Stimmung« – Erlangen im Ersten Weltkrieg

Der Mobilmachungsbefehl aus München traf am Abend des 1. August 1914 in Erlangen ein: »Mobilmachung befohlen. 1. Mobilmachungstag der 2. August 1914«. Der Ausbruch des Ersten Weltkrieges hatte auf die Garnisonsstadt Erlangen weitreichende Auswirkungen.[30] Acht Tage nach der von Universität und Militär mehrheitlich begrüßten Mobilmachung rückten die in Erlangen stationierten Regimenter, das 10. Bayerische Feldartillerie-Regiment und das 19. Bayerische Infanterie-Regiment, aus, nur wenig später folgten die Reservisten. Die Mobilisierung der Jugend durch staatstragende Propaganda und Indoktrination seitens der Schulen, Universitäten und wilhelminisch-kaisertreuen Elternhäusern zeigte auch in Erlangen Erfolg: Von den 1117 im Wintersemester 1916/17 eingeschriebenen Studenten waren 926 Kriegsteilnehmer, von den 445 Medizinstudierenden nahmen 342 am Krieg teil.[31]

Der Marsch zum Kriegerdenkmal, ein Zug durch die Stadt »in hellodernder Begeisterung« und »immer unter dem Absingen patriotischer Lieder«[32] sowie eine anschließende »patriotische Feier« der Erlanger Studenten war Ausdruck ihrer Begeisterung, die auch von der Dozentenschaft nahezu einhellig geteilt wurde.[33] Während die kriegsbejahende *Erklärung der Hochschullehrer des Deutschen Reiches* des Berliner Historikers Dietrich Schäfer von fast allen Dozenten unterschrieben wurde, unterzeichnete die auf einen internationalen Verständigungsfrieden plädierende Eingabe der Berliner Professoren Hans Delbrück und Adolf von Harnack 1915 keiner der Erlanger Hochschulangehörigen.³⁴ Aggressive Nationalstereotype fanden sich auch in den Ausführungen des bayerischen Kultusministers Eugen von Knilling, die im 1916 erschienenen *Gruß der Erlanger Universität an ihre Studenten* im Wortlaut abgedruckt wurden. Knilling lobte den Mut und Kampfesgeist der jungen Regimenter, die von den Schulbänken zu den Fahnen geströmt seien. »Und mit welch geistig und sittlich minderwertigen Gegnern mußten unsere prächtigen Jungmannschaften sich häufig messen! Mit stumpfen Steppenbewohnern aus dem dunkelsten Rußland […] und tierisch farbigen Horden.«³⁵ Die politische Auffassung des Pathologen Gustav Hauser, der die Revolution von 1918 als das größte »Verbrechen der Weltgeschichte« beschrieb, und jetzt »marxistischen Materialismus« und die »Ausbreitung niedriger Instinkte« fürchtete, dürften viele Erlanger Universitätsangehörige geteilt haben.³⁶

Angesichts der hohen Verlustzahlen sank auch in Erlangen die anfängliche Kriegsbegeisterung rasch. Für die Erlanger Toten, insbesondere für die gefallenen Studenten war seitens der Universität und Stadt ein umfangreiches »Gedenkwerk« geplant. Gedacht werden sollte der an den deutschen Universitäten herangewachsenen Jugend, die zum »größten Teil so unegoistisch und hingebend, so vaterlandsliebend und bis ins Mark deutsch, so sittlich unverdorben und im tiefsten Sinne auch religiös gläubig war«.³⁷ Die Toten standen auch in Erlangen somit im Mittelpunkt eines politischen Gedenk- und Heldenkultes, der nach Kriegsende zunehmend auf die »Schmach des verlorenen Krieges« fokussierte. Auch Gustav Hauser bediente sich in seinem Nachruf auf ein im Krieg getötetes Mitglied der Burschenschaft Germania dieses gängigen Versatzstückes: »Du hast noch an den Sieg geglaubt, sahst nicht mehr den deutschen Verrat«.³⁸

Wie die Toten trugen auch die vielen Kriegsinvaliden, die körperlich und psychisch traumatisiert in die Garnisonsstadt zurückkehrten, zur Desillusionierung der Bevölkerung bei, die trotz Unterstützung der Erlanger Stadtverwaltung vor allem im »Kohlrübenwinter« 1916/17 unter der katastrophalen Ernährungslage litt.³⁹ Da sich eventuelle Rentenansprüche von Invaliden und Kriegerwitwen nicht nach dem früheren Einkommen, sondern dem militärischen Dienstgrad der Soldaten richteten, waren es vor allem Kriegerfamilien, die zunehmend auf Spenden und anderweitige Formen der Unterstützung angewiesen waren. Initiatoren der zumeist mit einem Lob der »Heimatfront« verbundenen Hilfsaktionen waren die Erlanger Eliten aus Wirtschaft, Universität und Militär.

Vor allem das national ausgerichtete *Erlanger Tagblatt* veröffentlichte zahlreiche Spendenaufrufe und forderte Solidarität mit den Frontsoldaten und ihren Familien. So

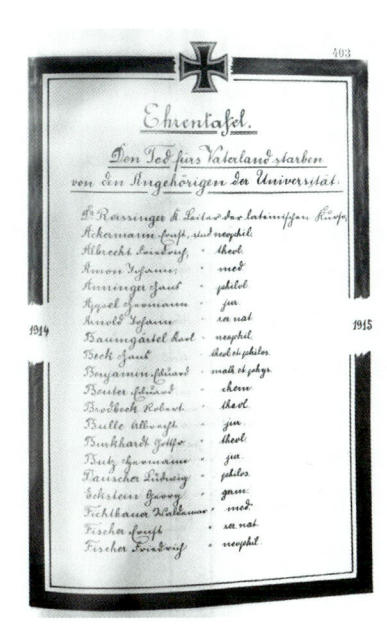

Abb. 6 Erster Abschnitt der Ehrentafel für die Gefallenen der Universität Erlangen in den Jahren 1914 und 1915, 1915.
Abb. 7 Franz Penzoldt (1849–1927).

erschien bereits kurz nach Kriegsausbruch ein offensichtlich erfolgreicher Aufruf des Bürgermeisters Theodor Klippel (1865–1929), in dem die Fürsorge für die Familien der Soldaten als vaterländische Pflicht definiert wurde, denn »wer sein Leben einsetzt für das ganze Volk, der soll frei werden von der Sorge, daß die Seinen Not leiden«.[40] Franz Penzoldt (1849–1927), Erlanger Generalarzt und Chef des Reservelazaretts, initiierte noch im Dezember 1914 auf der zehnten Sitzung des Kriegsfürsorge-Komitees die Einrichtung eines Unterausschusses zur Unterstützung der Erlanger Familien von Kriegsinvaliden und -gefallenen. Unter dem Vorsitz Klippels sollten neben einer punktuellen materiellen Unterstützung vor allem die berufliche Wiedereingliederung der Kriegsinvaliden gefördert und in enger Zusammenarbeit mit dem örtlichen Reservelazarett die Bereitstellung »geeigneter« Arbeitsplätze in Erlanger Firmen und Betrieben forciert werden.[41] De facto gestaltete sich die Arbeitsvermittlung der Kriegsinvaliden laut Magistratsbericht der Stadt Erlangen jedoch schwierig, so wurden Invalide in der Industrie sowie in kommunalen und staatlichen Behörden oft nur schlecht bezahlt und erst nach langen Verhandlungen wieder eingestellt.[42]

Auch in der medizinischen Versorgung setzte Penzoldt auf die private Spendenbereitschaft Erlanger Bürger und veröffentlichte im Erlanger Tagblatt einen Spendenaufruf zur Finanzierung der hohen Behandlungskosten bei Tetanuserkrankungen. Penzoldt kannte die tödlichen Folgen der unzureichenden Versorgung der Lazarette mit dem neuen Tetanusheilserum und ließ die Leser wissen, dass die Infektionen ohne die teure Behandlung mit dem Antiserum in 80–90 Prozent der Fälle zum qualvollen Tode führen würden: »Hoffentlich gelingt es dann den Aerzten, manche von unseren braven Kämpfern vom Tode zu retten«.[43] »Wichtige Gesichtspunkte in der Tetanusfrage« waren auch Thema der ersten Sitzung der Freien Militärärztlichen Vereinigung zu Erlangen, deren Vorsitzender Penzoldt war. Der Erfolg des Spendenaufrufs und insbesondere die über Erlangen hinausragende Vorbildfunktion der angestrebten Cofinanzierung wurden positiv hervorgehoben. Penzoldt sei es gelungen, die »allgemeine Liebesthätigkeit« erweckt zu haben, sodass nun erhebliche Summen für die Behandlung zur Verfügung stünden.[44] In den Lazarettabteilungen der Kliniken durchgeführte Behandlungsversuche mit dem neuen Serum wurden dann auf der sechsten Sitzung am 30. Oktober 1914 thematisiert. Mit 31 Tetanusfällen nach Kriegsverletzungen in nur zwei Monaten hatte man ein »Material, das man in Friedenszeiten aus manch grosser Klinik nicht in 10 Jahren sammeln kann« und das jetzt die Möglichkeit einer Versuchsreihe bot, mit der man die experimentelle Forschung voranzubringen hoffte.[45]

Die Arbeit der Hilfs- und Reservelazarette wurde in Erlangen nicht nur finanziell, sondern auch durch zahlreiche Sachspenden aus der Bevölkerung unterstützt. Allerdings wurden Lebensmittelspenden der wohlhabenden Erlanger Frauen laut eines im Erlanger Tagblatt erschienenen Berichtes »über die ungleiche Verteilung der Liebesgaben an die Hilfs- und Nebenlazarette« offensichtlich in sehr unterschiedlichem Umfang verteilt. Während vor allem die Genesungshäuser für Leichtkranke von den Erlangerinnen mit »Zukost« gut versorgt wurden, profitierten die Schwerkranken des Reservelazaretts trotz geringer Etatausstattung und schlechterer Verpflegungssituation von ihrer

Spendenbereitschaft deutlich weniger.⁴⁶ Koordiniert wurden viele Hilfsaktionen der sozialen Kriegshilfe von Anna Rosenthal (1841–1928), der Ehefrau von Isidor Rosenthal (1836–1915), die als Gründerin des Erlanger »Zweigvereins vom Roten Kreuz« u. a. die Lazarett- und Bahnhofsdienste organisierte.⁴⁷

Dass die Spendenbereitschaft für die Verwundeten auch unter der selbst notleidenden, ärmeren Bevölkerung hoch war, soll »eine Kriegsplauderei aus Erlangen« ihren Lesern nahelegen: »Wie rührend ist es, wenn eine arme Hökerin, deren Verdienst durch den Krieg stark beschnitten ist, einen Teil ihres schönsten Obstes täglich dem Lazarett bringt als verschämte Gabe, oder wenn eine dürftig gekleidete Frau beim Durchzug der Sanitätskolonne durch die Straßen jedem Verwundeten heimlich zwei Zigarren zwischen die Kissen des Tragbettes schiebt.«⁴⁸ Nicht nur Erwachsene, sondern bereits Kinder und Jugendliche waren u. a. durch »musikalisch deklamatorische« Schuldarbietungen »ernsten und weihevollen Charakter[s]« in die Betreuung derjenigen eingebunden, »die ihre Wunden in blutigen Kämpfen für uns davongetragen hatten«.⁴⁹

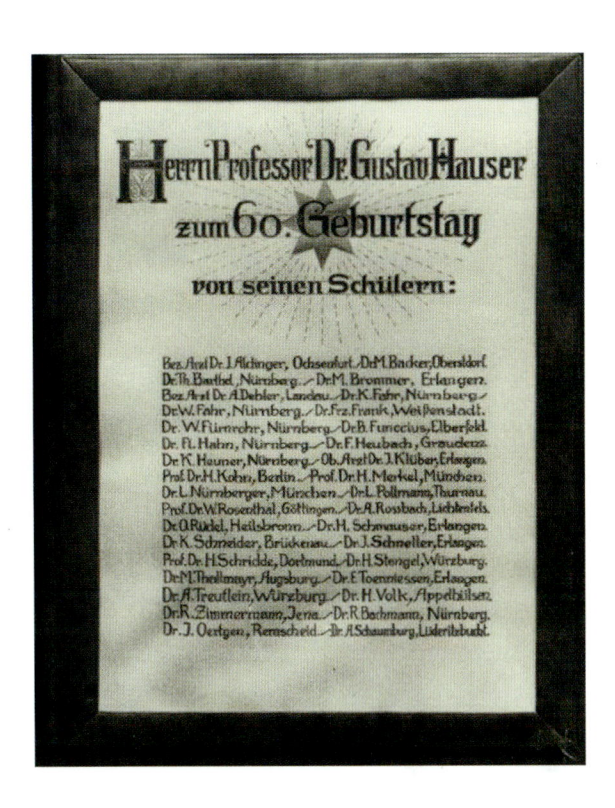

Abb. 8   Geburtstagsgruß an Gustav Hauser zu seinem 60. Geburtstag, 1916.

▶ **Exkurs**   »Krieg und Geistesstörung«. Eine Rede von 1913, S. 154.

»[...] beehre mich, dem verehrl. Komitee mitzuteilen, dass [...] wiederum eine Reihe Verstümmelter mit eintraf«⁵⁰

Die besonderen Aufgaben der Medizin »unter dem Druck der kriegerisch gefärbten Zeitverhältnisse der Wissenschaft« wurden schon 1913 von Gustav Specht (1860–1940) bei Antritt seines Prorektorats hervorgehoben. »Wenn ein Krieg ausbricht, da ist es freilich zuallererst die rasch zugreifende praktische Hilfstätigkeit, die die Ärzteschaft in die vordersten Reihen ruft«.⁵¹ Trotz der in der Rede zum Ausdruck gebrachten hohen Bedeutung der Kriegsmedizin ist die konkrete medizinische Versorgungspraxis der verwundeten Soldaten in den (Erlanger) Lazaretten quellenbedingt bislang wenig erforscht. Die im Universitätsarchiv überlieferten Quellen bieten zwar einen Zugang zu den strukturellen Bedingungen der mit Kriegsbeginn eingerichteten Reservelazarettabteilungen, lassen aber aufgrund fehlender Krankenblätter keine oder nur wenige Aussagen über einzelne Patienten und praktische Behandlungsabläufe im Lazarett zu.⁵²

Mit der Mobilmachung wurde Gustav Hauser (1856–1935) Chefarzt des Garnisonslazaretts Erlangen.⁵³ Der Umstand, dass schon bei Übernahme der Position des Chefarztes am Tag der Mobilmachung alle aktiven Sanitätsoffiziere, Beamten, Unteroffiziere und Mannschaften das Garnisonslazarett bereits verlassen hatten, hatte allerdings dazu geführt, dass »manches aus Unkenntnis versäumt oder unrichtig ausgeführt wurde«. Weitere Punkte, die Hauser ansprach, bezogen sich auf eine Verringerung des Schriftverkehrs und eine »Verschlankung« von bürokratischen Verwaltungsabläufen; so sollte es den Chefärzten erlaubt sein, kleinere Anschaffungen wie Instrumente und Arzneimittel ohne oder mit nachträglicher Genehmigung zu tätigen.⁵⁴ ▶

»KRIEG UND GEISTESSTÖRUNG«. EINE REDE VON 1913

>»Je weniger Irreseinskandidaten man mit in den Krieg ziehen lässt, destoweniger Geisteskranke wird es im Krieg geben. Das ist ein einfaches Rechenexempel.«

»Kriegsneurosen« stellten im Ersten Weltkrieg ein in Quantität und Qualität bis dato weitgehend unbekanntes Phänomen dar. Laut *Handbuch der Ärztlichen Erfahrungen im Weltkriege* hätten die präzedenzlose Zerstörungskraft des Ersten Weltkriegs, die Trommelfeuer und Fliegerbomben, die Gasgranaten und Flammenwerfer »zu einer Häufung heftigster Schreckwirkungen« geführt, »wie sie sicher noch kein Krieg auf der Erde gesehen hat«.[1]

Für die Militärpsychiater waren »Kriegsneurosen« ein höchst komplexes Krankheitsbild, das mit unterschiedlichen Therapieverfahren behandelt wurde, die allerdings zum Teil eher militärischen Strafaktionen glichen. Da den »Kriegsneurotikern« als Dienstbeschädigten ein – oft angezweifelter – Rentenanspruch zustand, kam der Versorgung der erkrankten Soldaten nicht nur eine medizinische, sondern auch hohe wirtschaftliche Bedeutung zu. Die jährliche Rentenlast wurde von Fachleuten auf ein bis drei Milliarden Mark geschätzt.[2]

Vor diesem Hintergrund erscheint der Ende 1913 an der Universität Erlangen gehaltene Vortrag *Krieg und Geistesstörung* des Prorektors und Professors der Psychiatrie, Gustav Specht (1860–1940), geradezu als Menetekel.[3] Die kriegerische Spannung der Zeit hätte dazu geführt, so Specht, dass sich viele Fragen an den Arbeitstisch des Gelehrten drängten, »deren Bearbeitung nun aber unter dem Druck der kriegerisch gefärbten Zeitverhältnisse der Wissenschaft geradezu als eine allgemein menschliche wie vaterländische Pflicht erwächst. Insbesondere ist es die Medizin, die sich vor Aufgaben solcher Art gestellt sieht.«[4] Unter Rückgriff auf deutsche und internationale kriegspsychiatrische Publikationen führte er zahlreiche Belege für »psychopathische Begleit- und Folgeerscheinungen« zurückliegender kriegerischer Ereignisse im In- und Ausland an. Bezeichnend für den (noch) fehlenden Chauvinismus ist Spechts Anerkennung der Verdienste des russischen Kriegssanitätswesens um die Versorgung der Geisteskranken im Krieg: »Zum ersten Mal in der Kriegsgeschichte wurde hier der Weg gezeigt, wie man den psychiatrischen Aufgaben im Krieg gerecht wird«.[5]

Von zentraler Wichtigkeit sei die Frage, so Specht, wie viele Geisteskranke in einem modernen Krieg überhaupt zu erwarten seien. Zwar konnten noch keine konkreten Zahlen genannt werden, aber man wisse, dass unter der »Summation der Strapazen einerseits und der Heranziehung minderwertigen Menschenmaterials andererseits« der Krankenzugang rasch anwachsen würde.[6] Es käme daher darauf an, die Geisteskranken baldmöglichst vom Kriegsschauplatz zu entfernen, einer ärztlichen Behandlung zuzuführen und in die Heimat zurückzubefördern. Wie überall in der praktischen Medizin sei aber auch hier die Prophylaxe das Beste. »Je weniger Irreseinskandidaten man mit in den Krieg ziehen lässt, destoweniger Geisteskranke wird es im Krieg geben. Das ist ein einfaches Rechenexempel.«[7]

Susanne Ude-Koeller

▶ Dass Hauser willens war, seine Vorstellungen von den Erfordernissen eines geordneten Klinikbetriebs unter Kriegsbedingungen auch gegenüber vorgesetzten Stellen zu vertreten, verdeutlicht auch seine umstrittene Entscheidung, nachts ankommende Transportzüge entgegen den Vorschriften nicht zu entladen: In der Nacht zum 26. April 1916 hatte ein Zug mit über 300 Verwundeten nach 30-stündiger Fahrt Erlangen erreicht und war erst am Morgen entladen worden. Dieses Vorgehen stieß nach Bekanntwerden auf harsche Kritik der übergeordneten Medizinalabteilung des Kriegsministeriums in München. Hauser, schriftlich um Aufklärung gebeten, verteidigte seine Entscheidung mit Hinweis auf das Wohl von Mitpatienten und Personal. Da es nicht zu verantworten sei, bei Transporten aus dem Osten die neu ankommenden, verlausten und verschmutzten Patienten ohne Baden und Neueinkleidung auf der Station aufzunehmen, dies aber nur unter Ruhestörung der anderen Patienten möglich gewesen wäre und zudem eine Übermüdung des Personals zur Folge gehabt hätte, wären die Kranken im Zuge besser aufgehoben gewesen. Hausers Schreiben zufolge verfügte das Reservelazarett über ein Sanitätsauto, das »wegen dem herrschenden Mangel an Gummi […] in der letzten Zeit überhaupt nicht mehr« benutzbar sei, drei Krankenwagen, fünf Behelfskrankenwagen und sechs Fahrbaren.[55]

Mit Ausbruch des Krieges waren von der Universität in großem Umfang zusätzliche Lazarettäume außerhalb der Kliniken bereitzustellen. So war innerhalb kurzer Zeit aus dem Schloss, dessen Eröffnung als Verwaltungs- und Seminargebäude für den Oktober 1914 vorgesehen war, »wie wenn es hätte so sein sollen, auf einmal ein Interimslazarett für unsere verwundeten und kranken Krieger daraus geworden«, so Prorektor

Abb. 9 Der Erste Weltkrieg war ein industrialisierter Massenkrieg, angewiesen auf die modernste Technik: Krankenwagen auf dem Hof der Siemens-Schuckert-Werke in Erlangen.

Abb. 10 | 11 Soldaten vor dem Reservelazarett im Kollegienhaus, 1914 und 1915.

Specht rückblickend.⁵⁶ Im Rahmen der Mobilmachung wurde dem Universitätsausschuss am 2. August 1914 mitgeteilt, dass auch das Kollegienhaus für die Einrichtung eines Reservelazaretts zu räumen und im Erdgeschoss sowie im ersten und zweiten Stock Räumlichkeiten bereitzustellen seien, einschließlich der Hörsäle, Professorenzimmer, des Fakultätszimmers und des Lesesaals. Die Betriebskosten für das »Reserve-Lazarett Erlangen, Abteilung Kollegienhaus« trug die Militärverwaltung, allerdings sollten die Kosten für »bauliche Adaptierungsarbeiten« wie elektrische Leitungen oder Wasserleitungen auf die Baupositionen der Universität übernommen werden.⁵⁷

Räumliche, funktionelle und personelle Strukturen des Reservelazaretts, Abteilung Kollegienhaus, werden in einem 1916 verfassten Bericht des verantwortlichen Stabsarztes Hetzel deutlich. So wurde der im zweiten Stock gelegene bisherige Tagungs- und Unterhaltungsraum von Hetzel als Unterrichtsraum für seine Krankenpflegekurse genutzt, bis 1916 hatte er in neun Kursen bereits 425 Pflegerinnen und Pfleger ausgebildet. Dem hohen Stellenwert der orthopädischen Versorgung entsprechend war die orthopädische Station im Kollegienhaus mit Pendel- und Torsionsapparaten zur Durchführung der orthopädischen Übungen ausgestattet. Zwischen dem 12. April 1915 und dem 1. Mai 1916 hatten insgesamt 439 Patienten an diesen Übungen teilgenommen, davon wurden nur sieben Patienten als feldfähig entlassen. 390 Patienten galten bei ihrer Entlassung immerhin als garnisonsdienstfähig und 114 Patienten wurden nach zwischenzeitlicher Verwendung im Garnisonsdienst später wieder frontfähig geschrieben.⁵⁸

Ein zeit- und milieutypischer »Blick in das Innerste« des als Lazarett umgebauten Kollegienhauses bietet auch eine Abhandlung, die 1915 im *Gruß an die Studenten* veröffentlicht wurde. »Wunderlich verwandelt ist unser Kollegienhaus […] Drin in den Sälen reiht sich Bett an Bett, und wo sonst der Geist zu wissenschaftlichen Höhen strebte, da spielen sich jetzt die Kämpfe der Seele ab, die zwischen Gesundheit und Krankheit, Krieg und Frieden, Leben und Tod schwebt […] So spiegelt sich im kleinen und besonderen Leben unseres Kollegienhauslazaretts die sittliche Erhebung zu mutigem Leiden, willigem Opfer, treuem Dienst, die dieser Krieg unserem ganzen Volk gebracht hat.«⁵⁹ Der *Gruß an die Studenten* enthält auch einen Überblick über die gesamte Beteiligung der Universität Erlangen an der »Verwundeten- und Krankenpflege in der Heimat«. Demnach standen ein Jahr nach Kriegsausbruch in Erlangen ca. 1800 Lazarettbetten zur Verfügung, seit Kriegsbeginn waren 12.000 Verwundete und Kranke behandelt worden. Die Chirurgische, Medizinische, Innere und Frauenklinik hätten mit über 350 Betten mehr Plätze zur Verfügung gestellt als in Friedenszeiten geplant und mit ihren vorzüglichen Einrichtungen gerade den »schwersten unter den schwergetroffenen Kriegern Hilfe gebracht«, so der Lazarettleiter Franz Penzoldt. Damit habe sich die Universität in der Heimat bemüht, so Penzoldt am Ende seiner Positivbilanz, »nach besten Kräften einen kleinen Teil des unauslöschlichen Dankes abzutragen, den sie den Kämpfern draußen schuldet«.⁶⁰ Anlässlich der Ehrung von 54 Helferinnen der Erlanger Lazarette dankte Penzoldt den Kriegspflegerinnen, die alle geholfen hätten, dem Tod seine Beute zu entreißen: »Sie haben die Kranken weich gebettet, sauber gekleidet, liebevoll gespeist, für Ordnung und Reinlichkeit gesorgt […] Seien Sie eingedenk[,] daß jede Hilfe, die Sie einem kranken Krieger bringen, ein Baustein ist für den langen, steilen, opfervollen Weg, auf dem Deutschland zum Siege schreiten muß, und auf dem, davon sind wir überzeugt, es einen glorreichen Sieg erringen wird.«⁶¹ Die Helferinnen galten laut Ausführungsbestimmungen des Zentralkomitees des Bayerischen Frauenvereins vom Roten Kreuz als brauchbares Glied der weiblichen Kriegskrankenpflege, erwartet wurden selbstlose Hingabe an den Kriegssanitätsdienst und unbedingte Unterordnung unter dessen besondere Erfordernisse.

Neben den Reservelazarettabteilungen im Kollegienhaus und im Schloss hielten die Kliniken selbst ca. 350 Lazarettbetten vor. Bereits am 6. August 1914 waren die Direktionen der Kliniken aufgefordert worden, »möglichst viele Räume ihrer Kliniken nebst

Abb. 12 *Erlangen in der Kriegszeit. Ein Gruss der Universität an ihre Studenten*, 1915.
Abb. 13 Das Reservelazarett Bayernhaus, 1916.

Abb. 14 Die Chirurgische Station des Reserve-Feldlazaretts 10, undatiert.

Betten für die Aufnahme verwundeter und kranker Krieger zur Verfügung zu stellen«.[62] Kapazitäten für die Versorgung der Verwundeten sollten vor allem in der Chirurgie (80–100 Betten), in der Medizinischen Klinik (100 Betten), in der Augenklinik (80 Betten) und in der Frauenklinik (50–60 Betten) freigemacht werden. Weitere 30 Reservelazarettbetten sollte die 1916 eröffnete Ohrenklinik vorhalten. Der zwischen dem Verwaltungsausschuss der Universität Erlangen und dem Reservelazarett Erlangen 1914 geschlossene Vertrag berechnete bei freier ärztlicher Behandlung drei Mark täglich für Verpflegung, Pflege und Medikamente. Röntgenaufnahmen und -bestrahlungen sowie die Gabe von Heilserum wurden allerdings gesondert in Rechnung gestellt.[63]

Darüber hinaus konnten die studentischen Korporationshäuser wie z. B. Germania, Bavaria oder Frankonia nach Begehung durch eine Sanitätskommission und Bereitstellung der notwendigen Einrichtungen auf der Basis von »Privatwohltätigkeit« zusätzliche Betten für Leichtkranke zur Verfügung stellen.[64] Allerdings entsprach die Tatsache, dass die zunächst als »Privatpflegestätten« deklarierten Korporationshäuser nicht nur Rekonvaleszenten, sondern auch behandlungsbedürftige Verwundete und Kranke aufnahmen, nicht den geltenden Vorschriften. Nach entsprechenden Eingaben der zuständigen Stellen des 3. Armeekorps an das Prorektorat der Universität wurden die Häuser ab Dezember 1914 organisatorisch zum »Vereinslazarett Erlangen« zusammengefasst.[65]

Dass jenseits der »Sonntagsreden« sowohl die Inanspruchnahme von universitären Räumlichkeiten als auch die Nutzung von Kliniken für Lazarettzwecke von durchaus konkurrierenden, sich im Verlauf des Krieges verschärfenden Nutzungsinteressen seitens der Universität, der Militärverwaltung, des übergeordneten bayerischen Staatsministeriums des Inneren für Kirchen- und Schulangelegenheiten sowie der Königlichen Regierung Mittelfranken geprägt waren, sollen folgende Konflikte zeigen. Schon die Überlassung des Kollegienhauses 1914 selbst war nicht unumstritten. Da im Schloss bereits 150 Betten und von den Kliniken ca. 350 Betten bereitgestellt worden seien, bezweifelte man im Staatsministerium des Inneren für Kirchen- und Schulangelegenheiten die Notwendigkeit weiterer Bettenkapazitäten und verwies auf die Bedeutung der Räume für den Universitätsbetrieb im kommenden Wintersemester. Allerdings hatte man in Erlangen offensichtlich bereits Fakten geschaffen. Das um Antwort gebetene Protektorat teilte am 7. September 1914 lediglich mit, dass die Einrichtung der Räume vollendet und die Betten bereits mit Verwundeten belegt seien, die angekündigten Vorlesungen könnten trotzdem gehalten werden.[66]

Die Teilnutzung der Erlanger Heil- und Pflegeanstalt als Lazarett, konkret die Auslegung des 1914 zwischen der Militärverwaltung und der Königlichen Regierung

Mittelfranken, vertreten durch die Direktion der Heil- und Pflegeanstalt Erlangen, geschlossenen Nutzungsvertrages war Anlass einer weiteren Auseinandersetzung. Aus Sicht der Heil- und Pflegeanstalt waren die vertraglich vereinbarten Leistungen z. B. durch freiwillige Mehrleistungen des Personals bzw. durch die Bereitstellung weiteren Personals auf eigene Kosten 1917 mehr als erfüllt. Aufgrund der völligen Kapazitätsausschöpfung – seit Beginn des Krieges stünden für 850 bis 900 Patienten nur noch drei Assistenzärzte zur Verfügung – seien darüber hinausgehende und zu Unrecht erhobene Ansprüche nicht zu erfüllen, so die klare Absage der Direktion an die zuständige Militärbehörde, das stellvertretende Generalkommando III. A. K. in Nürnberg.[67]

Weitere Interessenskonflikte zwischen Universität und Militär gab es hinsichtlich des Verhältnisses von militärisch zu belegenden Betten und verbleibenden Betten für Zivilpatienten. So ließ die Direktion des Universitätskrankenhauses den Verwaltungsausschuss der Universität am 30. September 1916 in einer ausführlichen Positionsbestimmung wissen, dass man nicht bereit sei, der Forderung des Kriegsministeriums nachzukommen, wonach alle für militärische Belegungen vorgesehenen Betten auch tatsächlich in jedem Fall freizuhalten seien. Zu Beginn des Krieges hätten die Kliniken über ihre Verpflichtungen hinaus Betten zur Verfügung gestellt. Dies sei möglich gewesen, da die Zivilbevölkerung erfahrungsgemäß bei Kriegsausbruch »ärztliche Hilfe in auffallend geringem Masse beansprucht hat, indem die Patienten in der Sorge um das Wohl des Vaterlandes die eigenen Leiden weniger empfunden haben«. Diese Zurückhaltung habe aber eine drastische Zunahme verschleppter Krankheiten zur Folge gehabt: »Der Andrang der Civilkranken (Kassenpatienten, zu deren Aufnahme wir verpflichtet sind, und Kranke, die aus Mangel anderweitiger Behandlungsmöglichkeiten in den Kliniken Hilfe suchen) hat seit Mitte des Jahres 1915 derart zugenommen, dass nicht selten die grössten Schwierigkeiten mit ihrer Unterbringung bestanden und sehr oft solche Kranke zurückgewiesen werden mussten, die dringend der Aufnahme bedurften.«[68]

Konkurrenzdenken gegenüber Lazaretteinrichtungen an anderen bayerischen Universitätsstädten prägt die Diskussion um die Errichtung von sogenannten Akademikerlazaretten in Erlangen. Offensichtlich auch aus einer Sorge vor einer möglichen Benachteiligung des Lazarettstandortes Erlangen setzte sich Gustav Specht Anfang 1918 dem Akademischen Senat gegenüber für die Einrichtung von Hochschullazaretten für verwundete Akademiker ein, die so ihre Genesungsphase zu Vorlesungsbesuchen nützen könnten. Es wäre eine »große Unbilligkeit«, so Specht, »wenn auch hierbei wiederum nur München sich einer besonderen Bevorzugung erfreuen dürfe«. Im März beschloss der Akademische Senat, diesbezüglich beim Kriegsministerium vorstellig zu werden, und richtete daher zunächst an das zuständige Staatsministerium des Inneren für Kirchen- und Schulangelegenheiten eine entsprechende Anfrage, wie viele verwundete Akademiker andernorts in bayerischen Reservelazaretten untergebracht seien.[69]

Auch die Einführung verkürzter Kriegssemester als Reaktion auf den Ärztemangel wurde an der medizinischen Fakultät Erlangen anders gesehen als an den Universitäts- und Lazarettstandorten München oder Würzburg. Mit den verkürzten Semestern waren die Prüfungsanforderungen gesenkt und Zulassungsbedingungen zur Approbation ▸

DIE BEHANDLUNG PSYCHISCH KRANKER SOLDATEN IN ERLANGEN

Der Erste Weltkrieg offenbarte nicht nur das Vernichtungspotenzial industriell geführter Massenkriege auf eine zutiefst verstörende Art und Weise. Auch die Kämpfe an der Front bekamen einen neuen Charakter. Vor allem das passive Ausharren und die permanente Todesbedrohung in den Schützengräben während des Stellungskrieges wurden für den massenhaften Ausbruch einer ungewöhnlichen Krankheitsform verantwortlich gemacht.[1] Eine Vielzahl der Soldaten war vom Kriegsgeschehen seelisch vollkommen überfordert und reagierte auf das Erlebte mit Lähmungen einzelner oder mehrerer Gliedmaßen, sie wurden blind oder taub, zuckten, zitterten, verstummten oder brachen psychisch zusammen. Die Militärpsychiatrie fasste diese Symptome unter Bezeichnungen wie »Kriegsneurose«, »Kriegshysterie« oder »Nervenschock« zusammen.[2]

Um das epidemische Auftreten der »Kriegsneurose« einzudämmen, wandten die Psychiater für die Soldaten äußerst schmerzhafte Therapieformen, wie zum Beispiel Elektrosuggestivbehandlungen, an. In der Forschungsliteratur wurde bisher stets eine Dominanz dieser drakonischen Behandlungsmethoden unterstellt. Die empirische Auswertung von Lazarettakten des Ersten Weltkriegs verdeutlicht jedoch, dass die Bandbreite im ärztlichen Umgang mit psychisch kranken Soldaten größer war, als bisher angenommen.[3] Dieser Befund trifft, wie zu zeigen sein wird, auch auf die Tätigkeit der Erlanger Universitätsmediziner zu. Mit dem Ordinarius für Psychiatrie Gustav Specht vertrat die zentrale militärpsychiatrische Figur in Erlangen sogar eine dezidierte Gegenposition zu den therapeutischen Ansichten vieler seiner Fachkollegen.

Zur Ätiologie und Behandlung der »Kriegsneurose«

Die Frage nach den Ursachen dieses neuen Phänomens führte unter den Militärpsychiatern zu einer Kontroverse. Im Gegensatz zu dem insbesondere vom Berliner Neurologen Max Oppenheim vertretenen Konzept der traumatischen Neurose, das einen kausalen Zusammenhang zwischen Kriegserlebnis und Ausbruch der seelischen Erkrankung durchaus anerkannte, sahen andere Psychiater den Grund für die psychischen Symptome in dem fehlenden Willen der »Kriegshysteriker«, den Frontalltag auszuhalten, und attestierten ihnen eine oftmals unbewusste Flucht in die Krankheit. Sie betonten in diesem Zusammenhang zudem die erbliche Belastung der Betroffenen sowie ihre gemütslabile Konstitution.[4] Die Verfechter des psychogenen Erklärungsansatzes sollten sich schließlich gegenüber der Ansicht Oppenheims klar und deutlich durchsetzen.[5] Für die psychisch kranken Soldaten hatte diese Weichenstellung mitunter furchtbare Folgen. Unter Verweis auf die notwendige »Willenskraft« des Patienten zur Überwindung der Kriegsneurose entwickelten die Militärpsychiater äußerst schmerzvolle Therapiemethoden.

Ziel der »aktiven Kriegsneurotikertherapie« war es, den Behandelten mit einem noch massiveren Schock als dem Kriegserlebnis zu konfrontieren, um ihn an die vergleichsweise erträglichere und weniger schmerzhafte Front zurückzuführen.

Das oberste Prinzip des Psychiaters Fritz Kaufmann (1875–1941) war die »Heilung« des »Kriegsneurotikers« in einer Sitzung. Die Behandlung begann mit einer suggestiven Vorbereitung, in der dem Patienten unmissverständlich die Entschlossenheit des Therapeuten signalisiert wurde. Daraufhin verabreichte Kaufmann dem Soldaten »kräftige Wechselströme« in 3- bis 5-minütigen Intervallen. Sie wurden durch Suggestion in scharfem militärischem Befehlston begleitet. »Der gewaltige Schmerzeindruck«, so gab sich Kaufmann überzeugt, würde den Patienten »in die Gesundung hinein zwingen«.[6] Viele Experten, die während des Krieges Kaufmanns Therapie übernommen hatten, wollten durch sie über 95 Prozent der Patienten von ihren Symptomen befreit haben.[7] Tatsächlich jedoch scheint die Rückfallquote bei den Soldaten hoch gewesen zu sein. Zudem traten bei diesem Verfahren auch Todesfälle auf.[8] Soldaten wiederum, die unter einer funktionellen Stummheit litten, erwartete die sogenannte Mucksche Kehlkopftherapie, benannt nach dem Essener Neurologen Otto Muck (1871–1942). Hierbei wurde den verstummten Kriegsteilnehmern eine metallische Kugel in den Kehlkopf eingeführt. Durch die dadurch verursachte Erstickungsangst sollte der Patient seine Sprachfähigkeit wiedererlangen.[9]

Betrachtet man die medizinischen Fachjournale während der Kriegsjahre, so scheint es, als hätten die rigiden kriegspsychiatrischen Konzepte in hohem Maße Eingang in den Behandlungsalltag gefunden. Neue, auf der Auswertung von Lazarettakten basierende Forschungsprojekte haben jedoch herausgearbeitet, dass die »aktive Kriegsneurotikertherapie« an der Basis nur zu einem gewissen Teil umgesetzt wurde.[10] Oftmals blieb es in den Lazaretten bei einer konventionellen Form der Therapie, die sich im Wesentlichen auf Ruhe und Erholung beschränkte. Doch wie sah in Erlangen der medizinische Umgang mit den psychisch kranken Soldaten des Ersten Weltkriegs aus?

Abb. 1 Die Krankenakte von Jakob D., 1915.

Epilepsie oder hysterische Anfälle? – Der Fall des Soldaten Jakob D.

Der 21-jährige Ersatzrekrut Jakob D. erlitt am 13. April 1915 während seines Kriegsdienstes in den Karpaten einen Krampfanfall, woraufhin er in das ungarische Kriegslazarett Miskolc eingewiesen wurde.[11] Da dort weitere Anfälle auftraten und eine baldige Besserung seines Gesundheitszustandes nicht zu erwarten war, verlegte man den Soldaten am 3. Mai in das Reservelazarett nach Erlangen. Vor

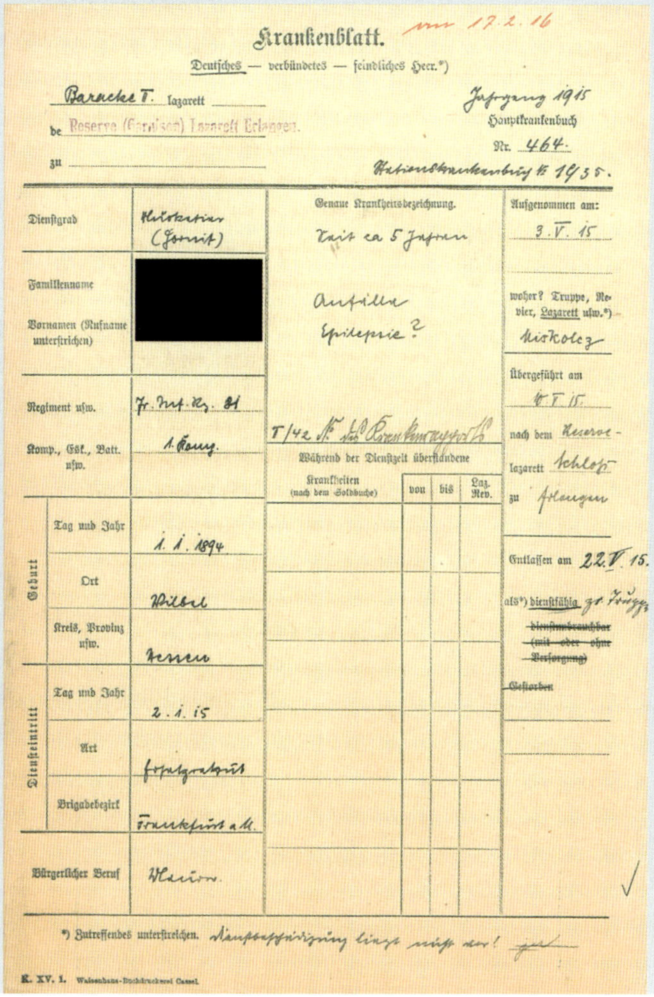

Ort gelangte D. dann in das Schlosslazarett, wo er – da es keine gesonderte Abteilung für psychisch Kranke gab – auf der Station des Internisten Hermann Ludwig Königer beobachtet und behandelt wurde.[12] Bei der Anamnese gab der junge Soldat an, er leide bereits seit fünf Jahren an Anfällen, die alle ein bis zwei Wochen aufträten und ca. 15 Minuten andauern würden. Die behandelnden Ärzte verordneten D. zunächst einmal kräftigende Kost inklusive Bier- und Wurstzulagen und beobachteten ihren neuen Patienten.

In der Nacht vom 11. auf den 12. Mai erlitt D. einen neuerlichen Anfall. Den Schilderungen seines Zimmernachbarn zufolge schlug er plötzlich in seinem Bett um sich und musste von seinem Kameraden im Bett festgehalten werden. Während des zehnminütigen Anfalls sei D. nicht bewusstlos gewesen, sondern habe sich in einer Art Dämmerzustand befunden. Obwohl die Anfälle auch in den nächsten Tagen noch wiederholt auftraten, stuften die Ärzte den Soldaten nicht als dienstuntauglich ein. Im ärztlichen Entlassungszeugnis vom 22. Mai vertrat Königer die Ansicht, D.s Anfälle böten das Bild rein hysterischer Anfälle, Epilepsie sei hingegen »wahrscheinlich auszuschließen«. Er empfahl, dem Soldaten »zunächst einen Erholungsurlaub zu gewähren« und ihn »erst allmählich zu schwerem Dienst heranzuziehen«. Jakob D. wurde noch am gleichen Tag aus dem Erlanger Lazarett entlassen und kehrte als »garnisondienstfähig« zu seinem Truppenteil zurück.

Ganz offensichtlich hegten die Ärzte Zweifel an D.s Angaben zu seiner Vorgeschichte. Denn einen Soldaten, der bereits geraume Zeit vor seinem Militärdienst an epileptischen Anfällen litt, hätte man aus dem Militär entlassen müssen; ganz zu schweigen davon, dass er gar nicht erst hätte rekrutiert werden dürfen. Stattdessen attestierte Königer ihm eine hysterische Neigung und somit eine innere Abwehr gegen den Kriegsdienst bzw. eine (unbewusste) Flucht in die Erkrankung. Für Jakob D. hatte das ärztliche Urteil aus Erlangen weitreichende Folgen, musste er doch bis zum Ende der Kampfhandlungen Soldat bleiben. Sein Kriegsdienst wurde jedoch auch in der Folgezeit immer recht schnell durch das Auftreten seiner Anfälle unterbrochen. Er sollte bis September 1918 weitere viermal hospitalisiert werden. Jakob D. war den militärischen Anforderungen gesundheitlich schlichtweg nicht gewachsen, wurde jedoch ein ums andere Mal an die Front zurückbeordert.

Der ärztliche Umgang mit dem Soldaten D. zeigt, dass auch die Erlanger Mediziner das in jenen Tagen ausführlich diskutierte »Hysterie«-Konzept adaptiert hatten. Man war allerdings nicht geneigt, die mit dieser Theorie häufig einhergehenden brachialen Therapiemethoden anzuwenden. Stattdessen bekam D. kräftigende Kost und Zeit zur Erholung zugesprochen. Diese Vorgehensweise entsprach dabei exakt der therapeutischen Haltung des obersten militärpsychiatrischen Repräsentanten Erlangens: Gustav Specht.

Gustav Spechts »Erfahrungen mit den psychogenen Kriegsstörungen«

Der Ordinarius für Psychiatrie Gustav Specht hatte bereits 1913 in einem Vortrag über »Krieg und Geistesstörung« sowohl auf den bevorstehenden Weltkrieg als auch auf die psychischen Folgen für die Soldaten hingewiesen. Im Ersten Weltkrieg bestimmte er den Umgang mit den psychisch kranken Soldaten, die im Erlanger Reservelazarett behandelt wurden. Sein Wirkungsbereich erstreckte sich dabei über die Stadt seiner Alma Mater hinaus, fungierte er doch mit Beginn des Jahres 1916 als »psychiatrischer Beirat« im 3. Bayerischen Armeekorps, sodass er auch die militärpsychiatrischen Richtlinien in Bayern mitbestimmte.[13]

▶ **Exkurs** »Krieg und Geistesstörung«. Eine Rede von 1913, S. 154.

Allem Anschein nach stand Gustav Specht der »aktiven Kriegsneurotikertherapie« ausgesprochen kritisch gegenüber. In einem 1919 publizierten Beitrag, in dem er seinen Lesern »einige historische und ästhetische Nebengedanken über die Erfahrungen mit den psychogenen Kriegsstörungen« mitteilte, übte er ungewöhnlich scharfe Kritik an den rigiden Behandlungsmethoden seiner Kollegen.[14] Er hielt nicht nur die propagierten Heilungsaussichten für vollkommen überschätzt, sondern sah in jenen »Gewaltkuren« eine »von den üblichen Grundsätzen bedenklich abweichende Behandlungsethik«. Specht forderte eine Abkehr von dem in den Kriegsjahren häufig angewandten Grundsatz, »dass der Zweck die Mittel heilige«, und eine Rückbesinnung auf traditionelle medizinethische Standards. Der Erlanger Ordinarius traf mit seiner Kollegenschelte einen wunden Punkt, denn trotz aller therapeutischen Anstrengungen und propagierten Behandlungserfolge bekam die Militärpsychiatrie des Ersten Weltkriegs das Problem der Kriegsneurotiker letztlich nie in den Griff. Die massenhafte Anwendung brutaler Therapiemethoden führte nach Kriegsende vielmehr zu einem Ansehensverlust der Psychiatrie. Philipp Rauh

▸ erleichtert worden. Zur Behebung der dadurch entstandenen Wissenslücken diskutierten die medizinischen Fakultäten der bayerischen Universitäten, das Kriegsministerium und das bayerische Staatsministerium des Innern für Kirchen- und Schulangelegenheiten das Für und Wider von Ergänzungs- und Wiederholungskursen für Ärzte, die im Krieg approbiert wurden. In dieser Angelegenheit um Stellungnahme gebeten, formulierte die Medizinische Fakultät Erlangen im Februar 1918 in erstaunlicher Deutlichkeit die gravierenden Folgen der kriegsbedingt eingeschränkten Wissensvermittlung: »Die medizinische Fakultät hat die Ueberzeugung, dass die Ausbildung[,] welch diejenigen Herren genossen haben, die in den beiden letzten Kriegsjahren unter mancherlei Dispensen das medizinische Examen gemacht haben, eine nicht sehr tiefgehende ist, und bei der Mehrheit derselben einer Ergänzung dringend bedarf […] Die auf 2 Monate oder noch kürzere Zeit zusammengedrängten Vorlesungen, oder darf man wohl sagen ›Abrichtungskurse‹, haben natürlich hauptsächlich diejenigen Gebiete eindringlich den Studierenden nahzubringen gesucht, welche als unbedingt notwendig angesehen werden müssen […] Aber diese mit einer bis ans Unerlaubte grenzenden Zeitausnützung und grösster Hingabe erledigten Vorbereitungen für das Examen können unmöglich ein fester haftendes, innerlich ausgereiftes und ausgeglichenes Wissen geben.« Anders als die gleichfalls befragten medizinischen Fakultäten in München und Würzburg warnte man in Erlangen jedoch davor, die dringend gebotene Fortbildung von vornherein in die Ferienzeit zu legen, stattdessen sollte sie mit der regulären Semesterarbeit verbunden werden.[70]

Anhand der in Erlangen herrschenden militärmedizinischen Vorschriften soll im Folgenden die medizinische Versorgungspraxis vor Ort erörtert werden. Quellenbedingt lassen diese Regularien aufgrund ihres normativen Charakters nur bedingte Rückschlüsse für die konkrete Umsetzung zu. Dennoch beleuchten sie die Spezifika eines vom Krieg beherrschten medizinischen Versorgungsalltags, der auch für Erlangen als typisch gelten kann. Gegenstand vieler Verordnungen waren mögliche Maßnahmen gegen die »Einschleppung« von Infektionskrankheiten und endemisch auftretende Erkrankungen. Angeführt werden in diesem Zusammenhang vor allem Pockenerkrankungen, Cholera, Diphtherie und Fleckfieber. Das hohe Ansteckungsrisiko bei Fleckfieber wurde auch von Hauser in dem erwähnten *Erfahrungsbericht* von 1917 angesprochen. Hauser plädierte dafür, die für Kranke und Verwundete aus verseuchten Kriegsgebieten geltenden Quarantänevorschriften auch auf Urlauber auszudehnen: Der konkrete Fall eines aus Galizien kommenden Soldaten, der in seinem Heimaturlaub mit Verdacht auf Fleckfieber erkrankt sei, habe ihm gezeigt, wie leicht Epidemien auch durch heimreisende Mannschaften hätten entstehen können.[71] Im Reservelazarettbefehl vom 3. Juni 1917 wurde auf aktuelle Vorschriften verwiesen, wonach bei Diphtherie neben der Absonderung der Bazillenträger und gründlicher Desinfektion die Schutzimpfung des ganzen Truppenteils empfohlen wurde. Eine weitere Vorschrift bezog sich auf den Umgang mit ansteckenden Augenkrankheiten wie dem Trachom. Da diese in den östlichen Provinzen gehäuft vorkämen, sollten Verdachtsfälle gründlich untersucht und Erkrankte möglichst schnell einer fachärztlichen Behandlung zugeführt werden.[72]

In anderen Bestimmungen wurde auf die gravierende Zunahme des Gasbrands nach Wundinfektionen hingewiesen und den Ärzten die Anwendung des von der Firma

Hoechst entwickelten Gasödemschutzserums erläutert. Da dies allerdings nur bedingt wirksam sei, müsse jedoch mit weiteren Krankheitsfällen gerechnet werden. Für dringend erforderliche Forschungsarbeiten zur Verbesserung des Serums sollten in jedem Fall Gewebsproben der betroffenen Soldaten an die bakteriologische Abteilung des medizinischen Untersuchungsamtes bei der Kaiser-Wilhelm-Akademie Berlin eingeschickt werden.[73] Weitere Dokumente verdeutlichen den eingangs erwähnten besonderen Status, den staatliche und militärmedizinische Instanzen den Lazaretten in der Behandlung und Frührehabilitation der Kriegsinvaliden zuschrieben. So wurden die Ärzte nachdrücklich daran erinnert, dass »geeignete Fälle« zur intensiven Nachbehandlung in die als vorbildlich geltende orthopädisch-medico-mechanische Abteilung des Reservelazaretts in Nürnberg zu verlegen seien.

Abb. 15 Eine der Erlanger Werkstätten zur beruflichen Wiedereingliederung von Frontsoldaten.

In den Akten finden sich auch Anweisungen der Truppenärzte an die Chefärzte der Lazarette, die Verwundeten möglichst rasch als dienstfähig zu entlassen. Hintergrund ihrer Anordnung war ihre Kritik an den vermeintlich zu langen Liegezeiten nur leicht erkrankter Soldaten. Da es oft keine objektiven Befunde gäbe, vermuteten die Truppenärzte in vielen Fällen Krankheitsvortäuschung.[74] Ob diese interessensgeleiteten Vorgaben der Truppenärzte auf die Liegezeiten in Erlanger Lazaretten Einfluss hatten, lässt sich aus den Akten nicht feststellen. Allerdings führte Hauser in seinem Erfahrungsbericht das Beispiel eines Mannes an, der aufgrund regelmäßiger Blutdruckmessungen »als Nephritis mit erhöhtem Blutdruck« im Reservelazarett für dienstunbrauchbar erklärt, vom Truppenarzt dann aber in Unkenntnis des Bluthochdrucks zum Arbeitsdienst geschickt wurde.[75]

In Ergänzungen zu den allgemeingültigen Vorschriften spiegeln die von Gustav Hauser in seiner Funktion als Generalarzt gezeichneten Reservelazarettbefehle die konkrete Situation vor Ort recht präzise wider. Sie dokumentieren für das vorhandene Personal Diensteinteilungen, Beurlaubungen und Versetzungen, enthalten Nachforschungen nach verschwundenen Patienten des Reservelazaretts und verzeichnen die Anforderungen von landwirtschaftlichen Arbeitern seitens der bäuerlichen Arbeitgeber im Erlanger Umland. In einer Art praktischem »Arbeitsversuch« sollten arbeitsfähige Lazarettpatienten die in der Landwirtschaft kriegsbedingt fehlenden Arbeitskräfte ersetzen, da insbesondere für die Frühjahrsbestellungen der Arbeitskräftemangel durch den alleinigen Einsatz von Kriegsgefangenen nicht mehr kompensiert werden konnte. Die Ärzte waren daher angewiesen, alle »sich eignenden Patienten« sofort zu melden. ▸

LEICHEN FÜR DEN MEDIZINISCHEN UNTERRICHT

»Im Interesse der leidenden Menschheit an der Ausbildung der Ärzte«

Von Anatomen geleitete Präparierkurse waren ab dem 18. Jahrhundert regulärer Bestandteil des Medizinstudiums. Noch heute untersuchen Medizinstudierende in der Vorklinik Leichen, um Kenntnisse in der makroskopischen Anatomie zu gewinnen. Während die Leichen heute ausschließlich von freiwilligen Körperspendern stammen, die ihre Körper zu Lebzeiten einem anatomischen Institut vermacht haben, regelten bis in das 20. Jahrhundert behördliche Vorschriften die Leichenablieferung an die anatomischen Institute. Diese Bestimmungen definierten für Angehörige bestimmter Gesellschaftsgruppen eine »Anatomiepflichtigkeit«, d.h. dass die Körper nach dem Tod der Anatomie zu übergeben seien. Danach mussten vor allem Leichen von Insassen der Gefängnisse und Armenhäuser sowie von Hingerichteten, aber auch die Leichen von tot aufgefundenen Kindern den anatomischen Instituten der Universitäten zur Verfügung gestellt werden.

Trotz dieser geregelten Leichenbeschaffung hatte an den anatomischen Instituten fast immer eine Mangel an Leichen bestanden. Noch zu Beginn des 20. Jahrhunderts klagten Vorsteher und Direktoren der anatomischen Institute wiederholt darüber, dass zu wenige Leichen für den studentischen Unterricht zur Verfügung stünden. Auch in Erlangen traten die Institutsinhaber mehrfach an das damalige Staatsministerium des Inneren mit der dringenden Bitte heran, dem Leichenmangel abzuhelfen, so z.B. auch 1910. Zwar bestätigten die vorgesetzten Behörden das berechtigte Interesse der Institute an einer ausreichenden Leichenversorgung, sahen sich aber nicht in der Lage, dem Leichenmangel an den Landesuniversitäten, insbesondere in Erlangen und Würzburg, abzuhelfen. Das in München reichlicher vorhandene »Leichenmaterial« könne nicht nach Erlangen abgeben werden, da es vor Ort für die größere Anzahl der in München Studierenden benötigt würde. Man appellierte daher an die Vertreter der medizinischen Wissenschaften, durch genaueste Erfüllung und strengste Anweisung der Studierenden und der Universitätsbediensteten selbst dazu beizutragen, den in der Bevölkerung stark verbreiteten Widerwillen gegen diese Vorschriften abzubauen.[1]

Gleichzeitig wurden die örtlichen Polizeistellen aufgefordert, bei jeder Leiche, die auf Kosten der Armenpflege zu beerdigen sei, auf die Ablieferung der Leichen an die Universitäten hinzuwirken. Um Vorbehalten entgegenzuwirken, sollte besonders auf das Interesse der leidenden Menschheit an der Ausbildung der Ärzte verwiesen werden. Die Vertreter der Armenpflege wiederum seien daran zu erinnern, dass sie mit der Ablieferung der Leichen ihrer gesetzlichen Pflicht genügten, da die Universitäten verpflichtet seien, für die kirchliche Aussegnung und ordnungsgemäße Beisetzung der Leichen zu sorgen. Auch die Kreisanstalten, die ebenfalls Leichen an die Universität abzuliefern hatten, wurden an ihre Ablieferungspflicht erinnert. Laut Anweisung an die Anstaltsverwaltungen habe das konkurrierende Interesse der Anstaltsärzte an Leichenöffnungen hinter den Bedürfnissen des anatomischen und chirurgischen Universitätsunterrichts zurückzutreten.[2]

Dennoch nahm der Leichenmangel in Erlangen offensichtlich weiter zu. 1919 sah sich der Vorstand des anatomischen Instituts Erlangen erneut genötigt, das Staatsministerium für Unterricht und Kultus offiziell davon in Kenntnis zu setzen, dass aufgrund der ständig sinkenden Zahl der abgelieferten Leichen die für die Ausbildung von Ärzten unbedingt nötige Arbeit am menschlichen Körper nicht mehr garantiert werden könne und auch der chirurgische Unterricht stark gefährdet sei.[3]

Eine in der Anatomiegeschichte seltene Phase der ausreichenden Leichenablieferungen stellt die NS-Zeit dar. Unter den Bedingungen der NS-Justiz wurden im Deutschen Reich an ausgewählten Vollzugsstandorten 22 zentrale Hinrichtungsstätten errichtet und ca. 16.500 Todesurteile durch Enthauptung vollstreckt. Im Zusammenhang mit der Neuregelung des Vollzugs der Todesstrafe machte eine Bestimmung des Reichsministers für Wissenschaft und Erziehung und Volksbildung vom 18.2.1939 die Hinrichtungsstätten zu »Hauptlieferant[en]« der anatomischen Institute. Nach diesem als vertraulich gekennzeichneten Schreiben, das auch der Erlanger Anatomie vorlag,[4] wurde ein Verteilungsmodus festgelegt, nach dem die Leichen an die jeweils nächstgelegene Anatomie abzuliefern waren. Danach erhielten die bayerischen Anatomieinstitute Erlangen, Würzburg und München die Leichen der im Gefängnis München-Stadelheim Hingerichteten. Die Vollstreckungsbehörde informierte das jeweils zuständige Institut von der bevorstehenden Hinrichtung. Die Leichen konnten dann unmittelbar nach der Hinrichtung zu Forschungs- und Unterrichtszwecken in Empfang genommen werden, sofern die Angehörigen keine Herausgabe der Leichname forderten.[5]

Offensichtlich verlief die Zuteilung dennoch nicht zur Zufriedenheit der Erlanger Anatomie. Sowohl Albert Hasselwander (1877–1954) als auch Johannes Hett (1894–1986) stellten bei den zuständigen Instanzen mehrfach die Forderung nach Beschleunigung der Leichenzufuhr von Hingerichteten an die Erlanger Anatomie. 1947 informierte der neue Direktor des Anatomischen Instituts, Friedrich Karl Bauer (1904–1985), das bayerische Ministerium, dass menschliche Präparate von Hingerichteten zurzeit noch in Erlangen verwendet würden, machte darüber hinaus aber keine näheren Angaben.[6] Da das Leichenbuch »durch Einwirkung großer Feuchtigkeit vollständig zu Grunde gegangen« sein soll, kann die Frage nach der Herkunft der Leichen auch heute nicht geklärt werden.

Nicht geklärt werden konnte auch der Vorwurf einer »Hinrichtung auf Bestellung«. Im Zuge der von gegenseitigen Schuldzuweisungen und Exkulpationen geprägten Entnazifizierungsmaßnahmen wurde gegen Hasselwander wegen des Verdachtes, einen polnischen Zwangsarbeiter ermordet zu haben, ermittelt. Sein Entlastungszeuge sagte allerdings aus, dass es Hett gewesen sei, der eine »lebendige« Leiche bestellt habe, um an »lebenswarmes Material« zu gelangen. Vor dem Hintergrund der in den Institutsunterlagen bezeugten massiven Rivalität der Konkurrenten Hett und Hasselwander scheinen die gegenseitigen Beschuldigungen nur folgerichtig. Ihre Gegnerschaft hatte sich u. a. an der von Hett angestrebten Zweiteilung des Anatomischen Institutes sowie in der Frage des jeweiligen Anspruches auf Leichen entzündet.[7] Auch Hett wurde von einem Kollegen entlastet. Unbestritten zu sein scheint, dass der Zwangsarbeiter in der Nähe Erlangens getötet wurde und dann in die Anatomie gekommen ist.[8]

Ende 2013 bekannte sich die Anatomische Gesellschaft als Fachgesellschaft der Anatomie »zu der historischen Tatsache, dass zahlreiche Mitglieder der Anatomischen Gesellschaft Leichname von Opfern des Nationalsozialismus bereitwillig im Unterricht und in der Forschung verwandt und auf diese Weise mit dem Unrechtsregime de facto kooperiert haben«.[9] Mittlerweile haben die meisten der anatomischen Institute ihre erfolgreiche »Zusammenarbeit« untersucht und dokumentiert. In Erlangen wurden alle aus der NS-Zeit stammenden Präparate, die aus diesem Unrechtskontext stammen könnten, Ende der 1980er Jahre eingeäschert und bestattet.[10]   Susanne Ude-Koeller

▶ Eine bedingte biografische Annäherung an die in den Erlanger Lazaretten behandelten Soldaten ist zumindest für die Patienten des Reservelazaretts der Frauenklinik möglich, dessen vier Aufnahmeregister von 1914/15 bis 1918/19 mit alphabetischen Namenslisten erhalten sind. Die Register erfassen zwar bis auf die eigens angeführten Röntgenuntersuchungen, die gesondert abgerechnet und daher unter der Rubrik Ausgabe vermerkt wurden, keine medizinischen Daten, ermöglichen aber zumindest quantitative Aussagen über die Anzahl der Patienten, ihre Liegedauer und Beurlaubungen. Neben den Patientennamen sind jeweils Alter, Wohnort und Beruf und militärischer Rang erfasst. Als Berufsbezeichnungen wurden häufig (Fabrik-)Arbeiter oder Lagermann, als Dienstgrad Infanterist angegeben, sodass sich die offizielle Statistik des Sanitätsberichtes, derzufolge sich die unteren Dienstränge besonders häufig unter den verwundeten Kriegsteilnehmern befanden, hier bestätigt.

Laut vergebenen Rezeptionsnummern wurden im Lazarett Frauenklinik insgesamt 1744 Patienten aufgenommen und medizinisch versorgt (1914: 254, 1915: 300, 1916: 351, 1917: 328, 1918: 447 und 1919: 64 Patienten).[76] Die verzeichneten Aufnahmedaten lassen indirekte Rückschlüsse auf die »Transportbewegung« der Lazarettzüge zu: Bereits am 28. August 1914 wurden mit einem der ersten Transporte insgesamt 48 Soldaten aufgenommen. Während die meisten von ihnen im Laufe des Septembers wieder entlassen wurden, blieben der 21-jährige A. B. aus Lahn (1914, Nr. 28) und der gleichaltrige B. D. aus Geckenheim (1914, Nr. 40) noch bis Mitte Oktober im Lazarett. Als einer der letzten Patienten des Jahres 1918 wurde der in Augsburg geborene, in Erlangen ansässige 30-jährige O. K., Angehöriger des 9./25. bay. Infanterie-Regiments, vom 9. bis 20. Dezember im Lazarett behandelt (1918, Nr. 446). Auch der in Großgeschaid geborene, vor dem Krieg in Erlangen ansässige ehemalige Gefreite K. R. (1918–19, Nr. 368) wurde noch Oktober und November 1918 behandelt. Fünf Jahre nach der Mobilmachung wurde als letzter Patient am 8. August 1919 der 28-jährige Kanonier H. S., in Emmendingen bei Freiburg geboren, nach dreiwöchiger Behandlungszeit entlassen (1919, Nr. 64).

Viele der im Lazarett behandelten Soldaten stammten aus Franken oder der näheren und weiteren Umgebung Erlangens, u. a. aus Herzogenaurach, Röttenbach, Forchheim und Nürnberg. Ende 1918 wurden allerdings auch drei Angehörige eines ungarischen Infanterieregiments sowie ein französischer Regimentsangehöriger im Lazarett versorgt.

Für die ersten Kriegsmonate 1914/15 finden sich nur vereinzelt Urlaubsvermerke, so z. B. im Frühjahr 1915 für nur 8 Patienten. Für 1916 und 1917 ist eine deutliche Zunahme der wiederholten Beurlaubungen zu verzeichnen. Eine nochmalige Steigerung der Urlaubsbewilligungen zeigt sich gegen Kriegsende bzw. nach Ende des Krieges, so waren J. Z. (1918, Nr. 290) 19 Jahre alt, und J. K., 24 Jahre alt (1918, Nr. 298), zwischen August und Januar 1919 insgesamt jeweils siebenmal beurlaubt.

Mit ihrer räumlichen Dichte haben die Erlanger Lazaretteinrichtungen das Bild der Universität und Stadt Erlangen im Ersten Weltkrieg geprägt. Mehr als die Frontlazarette, die dem Grauen des Krieges unmittelbar ausgesetzt waren, konnten die Erlanger Lazarette den verwundeten Soldaten ein gewisses Maß an medizinischer Versorgung und Nachbetreuung bieten. Den Klinikern des Universitätskrankenhauses vor Ort bot sich mit den verwundeten Soldaten interessantes »Material« für Forschung und Lehre. Zugleich dienten die auf Unterstützung dringend angewiesenen Lazaretteinrichtungen dem Erlanger Bürgertum als patriotische Bühne für ihre vielfachen »Wohltätigkeiten«, hier konnten sie zumeist öffentlichkeitswirksam ihren Dienst an der Heimatfront leisten. Über die konkreten Patientenschicksale der in Erlangen behandelten Soldaten und ihre Kriegserfahrungen ist erst wenig bekannt, die in der Forschung geforderte »Nahsicht« auf das Spannungsfeld von Krieg und Medizin im Ersten Weltkrieg bleibt weiteren Untersuchungen vorbehalten. Susanne Ude-Koeller

Die Medizinische Poliklinik und ihr Beitrag zur Tuberkulosebekämpfung

»[…] weil gerade diese Stelle den innigsten Kontakt mit der ärmeren Bevölkerung unserer Stadt hat« – die Fürsorgestelle für Tuberkulosekranke, die von der Stadt Erlangen und dem Universitätsklinikum in der ersten Hälfte des 20. Jahrhunderts gemeinsam getragen wurde, zeigt beispielhaft das Aufgabengemenge von universitärer Hochschulmedizin und kommunaler Gesundheitspolitik. Die gemeinsame Ausgestaltung dieses Handlungsfeldes war für den Standort Erlangen insofern von besonderem Interesse, als dass Erlangen bis in die zweite Hälfte des 20. Jahrhunderts kein eigenes städtisches Krankenhaus besaß. Diese innerstädtische Problemlage wurde stets beklagt, sollte sich aber erst mit dem Marienhospital (1945) bzw. dem Waldkrankenhaus St. Marien (1959) verbessern.

Das Verhältnis von Stadt und Gesundheit ist in der Sozial- und Medizingeschichte ausführlich untersucht worden. Zahlreiche Forschungen zur Fürsorgegeschichte haben dabei inzwischen die Bedeutung der »im Souterrain des Sozialstaates« wirkenden kommunalen Fürsorgepolitik erörtert.[77] In einer Untersuchung der Nürnberger Wohlfahrtspflege wurde zum Beispiel unter anderem die städtische Wohlfahrtspolitik des durchaus reformfreudigen Nürnberg mit der restriktiven Politik des bayerischen Staates verglichen.[78] Speziell der Ausformung des kommunalen Gesundheitswesens in einer kleineren Universitätsstadt widmet sich eine Untersuchung der kommunalen Gesundheitsfürsorge Marburgs als Handlungsfeld von Stadt und Hochschule für die Jahre 1918 bis 1935.[79] In Marburg waren mit Ausnahme der Trinkerfürsorge noch Anfang der 1920er Jahre alle gesundheitsfürsorgerischen Stellen, also auch die Tuberkulosefürsorge, an den Universitätskliniken angesiedelt. In ihrer Studie macht die Autorin Esther Krähwinkel deutlich, dass die Medizinische Fakultät an der Besetzung dieser für die städtische Gesundheit relevanten Positionen mit Universitätsmedizinern durchaus ein hohes Interesse hatte. Zum einen sicherten sich die Kliniker auf diese Weise das für die Lehre und Forschung wichtige »Patientenmaterial« und damit ihren »Expertenstatus«, zum anderen sahen sie im Vorhalten kostenloser poliklinischer Beratungsangebote eine Möglichkeit, einer »Abwanderung« der seit der Einführung der Sozialversicherung jetzt krankenversicherten Patienten zu praktischen Ärzten entgegenzuwirken. Da die Stadt keine eigenen fürsorgerisch tätigen Ärzte, sondern lediglich eine geringe Aufwandsentschädigung bzw. Raummiete zahlen musste, profitierte sie gleichfalls von der Situation. Auch nach der »Vereinheitlichung« des Gesundheitswesens und Einrichtung eines staatlichen Gesundheitsamtes in der NS-Zeit verblieben die gesundheitsfürsorgerischen Instanzen unter Verantwortung der dortigen Ärzte den jeweiligen Polikliniken zugeordnet. Krähwinkel geht in ihrem Fazit davon aus, dass vergleichbare Strukturen kommunaler Gesundheitsfürsorge in anderen Universitätsstädten ähnlich zur universitären Standortsicherung genutzt wurden wie in Marburg. Ob und in welchem Ausmaß diese Vermutung für Erlangen zutrifft, soll hier zumindest ansatzweise überprüft werden. Am Beispiel der Tuberkulosefürsorge sollen die personellen, räumlichen und infrastrukturellen Verflechtungen von kommunaler und universitärer Krankenversorgung aufgezeigt und die Frage nach der Motivation der beteiligten Akteure aufgeworfen werden.

In der Geschichte der Erlanger Kliniken lassen sich schon früh Vorläufer gemeinsamer Tätigkeitsfelder kommunaler und universitärer Gesundheitsversorgung finden. So lagen bereits der 1780 erfolgten Errichtung des Institutum clinicum Bemühungen des Gründers, Friedrich Wendt, zugrunde, die medizinische Versorgung der armen Bevölkerungsschichten zu verbessern. Wendt hatte seit 1778 in seiner Privatwohnung ambulante Sprechstunden abgehalten, in denen Studierende der Medizin unter seiner Anleitung Kranke untersuchten und kostenlos behandelten. Der häufig erhobene Vorwurf, »daß nur alles eilig abgethan werde, daß man weder Aufmerksamkeit noch Sorgfalt genug für einzele Kranke habe«, träfe auf sein Institut nicht zu, so Wendt, hier bemühe man sich ernsthaft, »niemand unbefriedigt von uns gehn zu lassen, er sei einheimisch oder fremd« und den »Bitten und Wünschen der Hülflosen und Dürftigen zuvor zu kommen«.[80] In seinen Berichten über die zahllosen Hausbesuche bei seinen Patienten beklagte Wendt häufig die verdorbene Luft und die finsteren und elenden Treppen der Häuser.[81] Er beschrieb damit desolate Wohnverhältnisse, die sich für einen Großteil der Erlanger Bevölkerung auch zu Beginn des 20. Jahrhunderts kaum verbessert hatten.

▶ **Exkurs** Friedrich von Wendt und sein Unterricht am Krankenbett, S. 28.

Weitere Beispiele für die Beteiligung von Hochschulmedizinern an Aufgaben kommunaler Gesundheitspolitik lassen sich daher auch im Umfeld der um 1900 intensivierten Assanierung Erlangens finden. So nutzte der Physiologe Isidor Rosenthal (1836–1915) sein kommunalpolitisches Mandat, um den Bau eines modernen Wasserleitungsnetzes sowie eines städtischen Schlachthofes voranzutreiben.[82] Auch Ludwig Heinrich Wilhelm Heim (1857–1939), Professor für Hygiene und Bakteriologie und ab 1911 Leiter der Staatlichen Bakteriologischen Untersuchungsanstalt in Erlangen vertrat als Mitglied des städtischen Gesundheitsrats häufig Belange der öffentlichen Gesundheitsfürsorge.[83]

Zu diesem Zeitpunkt wurden die Zusammenhänge von sozialer Lage und Krankheit zum zentralen Thema der sich an der Wende zum 20. Jahrhundert konstituierenden Sozialmedizin.[84] Dass der Gesundheitszustand der Bevölkerung in hohem Maße von sozialen Faktoren wie Arbeits- und Wohnbedingungen abhing, wurde von ihren Vertretern besonders am Beispiel der Tuberkulose in die öffentliche Diskussion gebracht. Letalitäts- und invaliditätsbedingt – die Lungentuberkulose war im frühen 20. Jahrhundert die epidemiologisch bedeutendste Todesursache bei Erwachsenen – stellte die Tuberkulose eines der zentralen Gesundheitsprobleme dar. Als skandalisierte Krankheit und Indikator sozialer Ungleichheit ist die Tuberkulose Thema zahlreicher sozial- und medizinhistorischer, auch

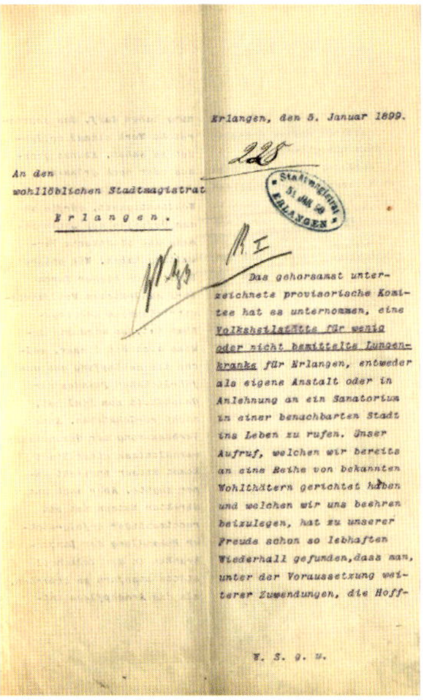

Erlangen, den 5. Januar 1899.

An den
wohllöblichen Stadtmagistrat
Erlangen.

Das gehorsamst unterzeichnete provisorische Komitee hat es unternommen, eine Volksheilstätte für wenig oder nicht bemittelte Lungenkranke für Erlangen, entweder als eigene Anstalt oder in Anlehnung an ein Sanatorium in einer benachbarten Stadt ins Leben zu rufen. Unser Aufruf, welchen wir bereits an eine Reihe von bekannten Wohlthätern gerichtet haben und welchen wir uns beehren beizulegen, hat zu unserer Freude schon so lebhaften Wiederhall gefunden, dass man, unter der Voraussetzung weiterer Zuwendungen, die Hoff-

W. S. g. u.

Abb. 16 Gründungsaufruf des Erlanger Vereins zur Gründung einer Volksheilstätte für Lungenkranke in Erlangen, 1899.

ländervergleichender Arbeiten, die z. B. den unterschiedlichen Patientenstrukturen und medizinischen Diskursen über jeweilige Behandlungskonzepte nachgehen oder den Grad der Institutionalisierung der Tuberkulosebekämpfung untersuchen.[85]

Vereinsgründung

Wie vielfach üblich waren es auch in Erlangen Vertreter der Vereinswohltätigkeit, die Anfang 1899 einen »Verein zur Gründung einer Volksheilstätte für Lungenkranke in Erlangen« gründeten. Schon diese erste Initiative war durch den Unterzeichner des Gründungsaufrufs, Franz Penzoldt (1849–1927), Professor für Innere Medizin in Erlangen und ab 1903 Direktor der Medizinischen Klinik, eng mit dem Universitätskrankenhaus verbunden. Als Vorkämpfer der (freiwilligen) Anstaltsbehandlung und Mitglied des Provisorischen Komitees trat Penzoldt entschieden für die Gründung von Volksheilstätten ein. Da die positive Wirkung einer rechtzeitigen hygienisch-diätetischen Behandlung in einem Sanatorium unzweifelhaft erwiesen sei, so die Botschaft des Aufrufs, sei es eine »Ehrenpflicht der in günstigeren Verhältnissen Lebenden[,] das Leiden ihrer ärmeren Mitmenschen zu verhüten oder zu lindern«.[86]

Zwar wiesen die Initiatoren damit die geplante Volksheilstätte »für wenig oder nicht bemittelte Lungenkranke« als Gegenstand privater Wohltätigkeit aus, appellierten aber darüber hinaus an die Verantwortung der Stadt bei der Bekämpfung »des gefährlichsten Feindes der Gesundheit«. In einem an den »Wohllöblichen Stadtmagistrat« gerichteten Schreiben vom Januar 1899 argumentierten sie, dass eine rechtzeitige Behandlung in einer Volksheilstätte für die Stadt insofern von Vorteil sein, »als die Armenpflege entsprechend weniger in Anspruch genommen werden dürfte«. An privaten Spenden seien bislang 10.000 Mark eingegangen, mit einer Beteiligung der Stadt in ähnlicher Höhe könnte die Anstalt ihren Betrieb bereits aufnehmen, so die Kalkulation der Initiatoren.[87] Wie viele seiner Kollegen setzte Penzoldt angesichts der volkswirtschaftlichen Belastungen durch die Tuberkulose bei der Unterhaltung der Volksheilstätten neben der kommunalen Unterstützung zusätzlich auf eine weitgehende Kostenbeteiligung der zuständigen sozialpolitischen Körperschaften.[88]

Die Planung der Vereinsgründer sollte sich als zu optimistisch erweisen, ihre identitätsstiftende Gründungsidee einer eigenen Volksheilstätte konnte erst 1914 mit der Eröffnung der Lungenheilstätte Spardorf realisiert werden. Bis dahin musste sich der Verein mit der finanziellen Unterstützung von Heilbehandlungen in den nahe gelegenen Heilstätten Engelthal und Fürth sowie der Gewährung eines Baukostenzuschusses für das Sanatorium für weibliche Lungenkranke in Fürth begnügen. 1908 weitete der Verein den Kreis der unterstützungsbedürftigen Lungenkranken noch einmal aus. Da für Patienten aus dem Mittelstand weder die Unterbringung in einer Volksheilstätte noch der Aufenthalt in einem teuren Privatsanatorium infrage kämen, sah Penzoldt hier akuten Handlungsbedarf.[89]

Trotz erheblicher Anstrengungen des Vereins war die Realisierung des ehrgeizigen Projektes nur durch die Beteiligung namhafter Wirtschaftskreise, der Ortskrankenkasse und des Erlanger Stadtrates möglich geworden. Zur öffentlichkeitswirksamen Bewerbung des geplanten Erholungsheims nutzte die städtische Elite Erlangens 1913 den am 7. und 8. Juni in ganz Bayern unter der Schirmherrschaft des Prinzregenten Ludwig von Bayern stattfindenden Aktionstag zur Bekämpfung der Tuberkulose. In einem im Mai 1913 im *Erlanger Tagblatt* veröffentlichten Aufruf kündigten die lokalen Organisatoren an, mit den erhofften Spendengeldern den ins Stocken geratenen Plan der Errichtung einer Walderholungsstätte verwirklichen zu wollen: »Darum sei um Beteiligung aller gebeten, damit der Erfolg ein ganzer sei!« In der geplanten Walderholungsstätte in der Spardorfer Straße sollten diejenigen, »die sich am wenigsten selbst helfen können«, in frischer gesunder Luft genesen und wieder neue Kräfte zur Arbeit sammeln können. Zu den Unterzeichnern des Aufrufes gehörten zahlreiche lokale Wirtschaftsvertreter sowie die Universitäts- und Klinikleitung.[90]

Die Wohltätigkeitspolitik des Vereins entsprach vollkommen Penzoldts medizinischer Lehrmeinung, wonach eine Methodenkombination aus Luft, Überernährung, Ruhe, gemäßigter Bewegung und Abhärtung das Mittel der Wahl darstelle. Allerdings könnten Patienten von den so zu erzielenden Behandlungserfolgen nur dann profitieren, wenn sie finanziell in die Lage versetzt würden, »auf Monate und Jahre das hygienisch-diätetische Verfahren« durchzuführen, ohne »die unbedingt notwendige Ruhe zu früh aufzugeben«.[91] Entsprechend der Wertschätzung einer hygienisch-diätetischen Behandlung therapierte Penzoldt auch seine eigene Tuberkulose mit einer Freiluftliegekur und der Gabe von Tuberkulin, das auch bei Patienten der Erlanger Poliklinik angewendet wurde.[92]

Während der Weimarer Republik

Zum Zeitpunkt der Errichtung der Erholungsstätte war auch die Stadt verstärkt in die institutionalisierte Tuberkulosefürsorge eingetreten und unterhielt neben einer Beratungsstelle eine von Diakonissen aus Neuendettelsau bewirtschaftete Milchabgabestelle für Lungenkranke.[93] Darüber hinaus war sie im Deutschen Zentral-Komitee zur Bekämpfung der Tuberkulose und seit 1925 im Reichs-Tuberkulose-Ausschuss organisiert.[94] Wie der parallel existierende Volksheilstättenverein war auch die städtische Auskunfts- und Fürsorgestelle eng mit der Medizinischen Klinik verbunden. Ärztlicher Leiter der Beratungsstelle und neuer Direktor der Poliklinik war Penzoldts Nachfolger, Friedrich Jamin (1872–1951). Damit standen sowohl die städtischen als auch die vereinsgeführte Institutionen der Tuberkulosebekämpfung unter der Leitung von Vertretern der Medizinischen Poliklinik.

Mitte der 1920er Jahre arbeiteten neben Jamin zwei weitere Ärzte sowie eine Fürsorgeschwester in der städtischen Fürsorgestelle, deren Versorgungsangebote in der unentgeltlichen ärztlichen Hilfe und fürsorgerischen Beratung sowie der Unterstützung der häuslichen Pflege durch Abgabe von Wäsche und Desinfektionsmittel bestanden. Finanziert wurde die Arbeit im Wesentlichen von der Landesversicherungsanstalt für Mittelfranken, den Krankenkassen und dem Bayerischen Landesverband zur Bekämpfung der Tuberkulose. Zum fortlaufenden Ausbau der Fürsorge wurden darüber hinaus Gelder aus Staatsmitteln beantragt.[95]

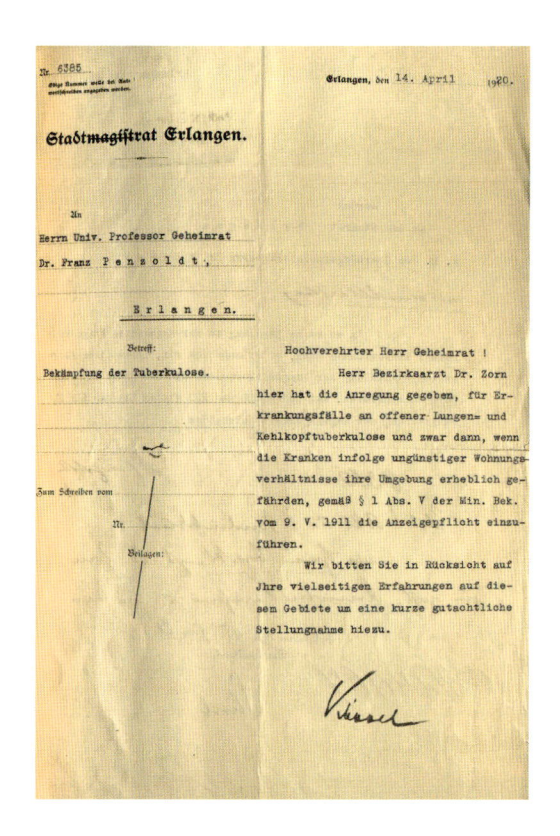

Abb. 17 Zur Bekämpfung der Tuberkulose führten viele Städte eine Meldepflicht ein, hier eine diesbezügliche Anfrage des Stadtmagistrats Erlangen an Franz Penzoldt, 1920.

Unterstützt wurde der laufende Betrieb der Fürsorgestelle für Lungenkranke auch vom Bayerischen Landesverband zur Bekämpfung der Tuberkulose. Dessen Förderung aus Reichsmitteln sollte z. T. speziell den Kriegsbeschädigten und Kriegshinterbliebenen zugutekommen, die in Fürsorge der städtischen Lungenfürsorge standen. Um genaue Verwendungsnachweise gebeten, oblag Jamin als Direktor der Medizinischen Poliklinik und Leiter der städtischen Fürsorgestelle die jährliche Meldung dieser besonderen Patientengruppe. 1926 wurden zehn Kriegsbeschädigte sowie zwei Frauen und ein Kind als Hinterbliebene versorgt; fünf Jahre später waren es 28 Kriegsbeschädigte und fünf Kriegerwitwen.[96]

In der um 1920 aufgebrachten Diskussion um Zwangsmaßnahmen durch die ortspolizeiliche Erfassung derjenigen Personen, die »infolge ungünstiger Wohnungsverhältnisse ihre Umgebung erheblich gefährden«, setzte der Magistrat der Stadt auf die Erfahrung der benachbarten Städte, aber zugleich auch auf die Expertise des Volksheilstättenvereins.[97] Um gutachterliche Stellungnahme gebeten, verwies Penzoldt auf seine einschlägigen Veröffentlichungen zur Tuberkulose, in denen er Zwangsmaßnahmen in nur wenigen Fällen befürwortete. Zwangsmaßnahmen könnten die häufige Frühansteckung nicht verhindern, führten zur »Verheimlichung« von Krankheitszeichen und zu einem falschen Sicherheitsgefühl in der Bevölkerung. Stattdessen setzte Penzoldt klar auf die erzieherische Wirkung einer intensiven Gesundheitsaufklärung.[98] Die Umfrage unter den benachbarten Städten ergab eine uneinheitliche, tendenziell aber restriktive Handhabung. Während z. B. in Nürnberg, Hof, Kempten und Landshut Anzeigepflicht bestand, hatte der Magistrat Augsburg bislang auf die Einführung einer Meldepflicht verzichtet.[99]

Anfang der 1930er Jahre stellten die Kostenträger – trotz programmatischer Bemühungen der städtischen Fürsorgestelle – deren praktische Umsetzungserfolge zunehmend infrage. Verursacht durch die hohe Arbeitslosigkeit und den Verlust an Beitragseinnahmen sei man zur Einschränkung der Zuschussleistungen bzw. zur Überprüfung der korrekten Verwendung der Fördermittel gezwungen, so der Tenor eines Schreibens der Landesversicherungsanstalt. Da die Landesversicherungsanstalt der Fürsorgestelle Erlangen mangelnde Nachsorge und sachfremde Ausgaben zu Last legte, machte sie ihre weitere Unterstützung von einer dringend notwendigen Restrukturierung abhängig und empfahl die Gründung eines Zweckverbandes für Erlangen Stadt und Land. Nach dem Muster von Nürnberg und Ansbach sollten Stadt, Bezirk, Landesversicherungsanstalt, Krankenkassen und Ortsverein ihre Aktivitäten in enger Zusammenarbeit mit der Direktion der Medizinischen Universitätspoliklinik zukünftig gemeinsam koordinieren.[100]

Offensichtlich teilte Jamin die Kritik an der ungenügenden Arbeit der Fürsorgestelle. Im Herbst 1930 teilte er dem Vorstand der Landesversicherungsanstalt Mittelfranken in Ansbach mit, er könne kaum darauf hoffen, aus dem Etat der Klinik weitere dringend benötigte Mittel für die Fürsorgestelle zu erhalten. Als Grund führte er den zu geringen »Mehrwert« der Fürsorgestelle an, die als bloße Angliederung an die Medizinische Klinik für die Erfüllung seiner Lehraufgaben entbehrlich und der Forschung nur wenig dienlich sei. Eine Aufstockung von Mitteln, Räumen und Personalstellen, die in etwa der umfangreichen und vorbildlich ausgestatteten Fürsorgestelle an der Poliklinik Jena entspräche, sei dringend erforderlich. Dringendstes Personalbedürfnis wäre insbesondere eine geschulte Fürsorgerin.[101]

Trotz Jamins an dieser Stelle erhobener Behauptung, die Fürsorgestelle könne dem Forschungsinteresse der Medizinischen Poliklinik nur wenig dienen, schienen die Bedingungen für den wissenschaftlichen Nachwuchs attraktiv gewesen zu sein; immerhin waren im frühen 20. Jahrhundert zahlreiche von Penzoldt und Jamin betreute Dissertationen zur Tuberkulose entstanden, deren Bearbeiter teilweise auf das »Material« zurückgriffen, das ihnen Poliklinik und Fürsorgestelle zur Verfügung stellten.[102] Da die Patienten der Poliklinik zumeist aus den unteren, überproportional häufig von der Erkrankung betroffenen Schichten kämen, gäbe es in der Poliklinik viele Fälle von aktiver Lungentuberkulose, so Hans Koch in seiner 1928 verfertigten Dissertation zum Einfluss konstitutioneller Faktoren. Zudem wäre die Quellenlage günstig, da die »Behandlungsfälle« der Medizinischen Klinik und der Poliklinik treu ergeben seien und die Vorgeschichten der langjährigen Patienten sich anhand der gut geführten Krankenbücher und -journale exakt rekonstruieren ließen.[103] Zwar machte auch Koch die schlechten Wohnbedingungen in Erlangen für die hohe Verbreitung der Tuberkulose verantwortlich, formulierte aber keine direkte Kritik an den Erlanger Verantwortlichen. Keinerlei diesbezügliche Zurückhaltung legte sich dagegen Ernst Dieter Reineke auf, der die Wohnungslage in seiner gleichfalls von Jamin betreuten Arbeit in erstaunlicher Offenheit kritisierte.[104]

Der Autor, der für seine Dissertation Akten und Berichte des Staatlichen Gesundheitsamtes und der Städtischen Lungenfürsorge-Stelle nutzte, stellte eingangs unmissverständlich fest, dass die sozial schlecht gestellten Schichten in Erlangen im Vergleich zu anderen Städten überproportional häufig an Tuberkulose erkrankt seien. Für bestimmte Bezirke und Straßen machte Reineke regelrechte »Tuberkulosenester« aus. Zu diesen besonderen Häufungsherden gehörten Häuser in der Bismarckstraße und vor allem die maroden »Werker«, die seit 1918 als »Notwohnungen« im städtischen Besitz waren: »Wer einmal in diesen Wohnungen gewesen ist, dem wird es klar sein, daß in diesen zum Teil menschenunwürdigen Räumen ein Kranker nicht gesund werden kann.« Wenn auch ihr Abriss ein »großer Beitrag zur Tuberkulose-Bekämpfung« wäre, seien die Aussichten, dass sich die Wohnverhältnisse in Erlangen grundlegend änderten, ziemlich gering, denn »man müsste ja die halbe Stadt abreißen«.[105]

Besonders Kinder waren unter solchen Wohnbedingungen in hohem Maße ansteckungsgefährdet, zumal nach Ansicht der Ärzte ihren Eltern häufig jegliche Krankheitseinsicht fehle: »Welche Gefahr bedeutet z. B. der Patient Lo. für seine Umgebung! Ein Mann mit offener Tuberkulose mit Frau und 6 Kindern zusammen in einem einzigen Schlafraum! Die Kinder sind größtenteils noch klein, das Jüngste erst ¾ Jahr alt. Und wieder kommt man zu der Tatsache, daß all dieses abzuändern wäre, wenn die Leute die nötigen Geldmittel hätten.«[106] In diesem Zusammenhang kritisierte Reineke auch die neue Wohnungspolitik der Stadt, die zwar neue Siedlungsbauten geschaffen habe, sich aber weigere, die Kranken hier

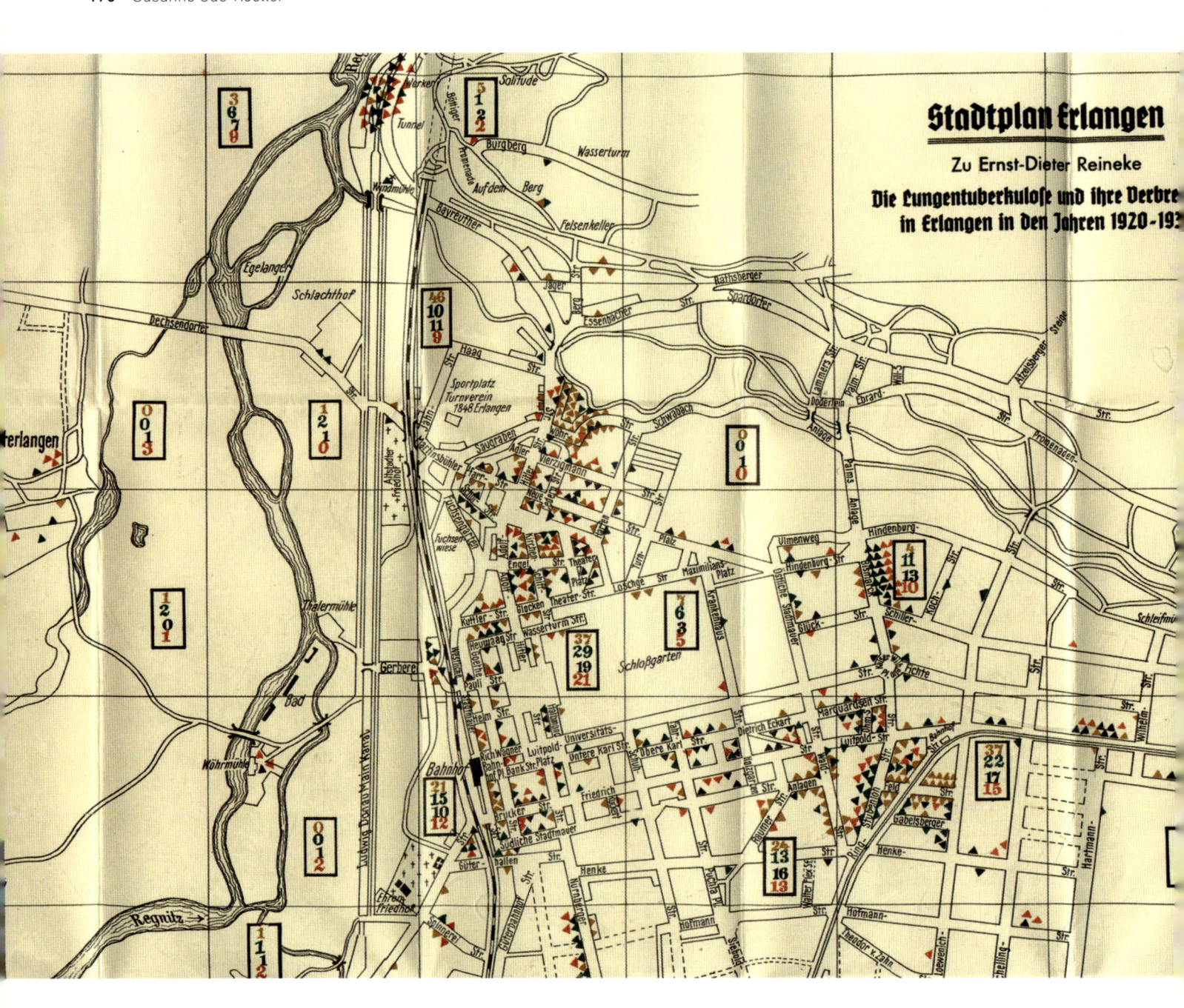

Abb. 18 Die Tuberkulose trat in manchen Bezirken Erlangens besonders häufig auf. Besonders auffällige »Tuberkulosenester« waren die Alte Kaserne, Bismarkstraße 1 und die »Werker«. Übersichtskarte zu »Tuberkulosenestern« in Erlangen zwischen 1920 und 1935, 1936.

unterzubringen, da diese sogenannten »erbgesunden« Familien vorbehalten seien. Allerdings hielt er die Bevorzugung von »Erbgesunden« grundsätzlich für gerechtfertigt und monierte lediglich die Theorie, der Tuberkulose läge »eine minderwertige Erbmasse« zugrunde.[107]

Entwicklung in der NS-Zeit

Die Arbeit der Tuberkulose-Fürsorgestelle, die seit 1933 nur noch beratende Funktion hatte, beurteilten Reineke – wie auch sein Lehrer Jamin – durchaus skeptisch. Nach Rückzug der Poliklinik aus der Fürsorgestelle stünde sie jetzt unter der Leitung des Staatlichen Gesundheitsamtes, der Bezirksarzt könne sich allerdings aufgrund von Arbeitsüberlastung nur ungenügend um diese kümmern. Des Weiteren merkte Reineke Organisationsmängel wie lückenhafte Dokumentation und mangelnde häusliche Nachsorge durch die Fürsorgestelle an. Vor allem aber die Aufgabentrennung von (ungenügender) Beratung durch die Fürsorgestelle und Behandlung durch die Polikliniken hielt Reineke für wenig sinnvoll und plädierte daher für eine Zusammenführung von Behandlung, Untersuchungen und sozialer und hygienischer Fürsorge unter der Verantwortung der Poliklinik. Diese von Poliklinik und Fürsorgestelle favorisierte Lösung war bislang aber an der fehlenden finanziellen Beteiligung der Stadt gescheitert: »[E]s wäre sehr bedauerlich, wenn eine segensreiche Maßnahme durch eine solche rein geldliche Schwierigkeit zunichte gemacht würde.«[108] Die schwere Hypothek der Stadt Erlangen, die unterdurchschnittlich geringen Verdienste sowie die überdurchschnittlich schlechte Wohn- und Ernährungslage bedeuteten zugleich die Chance, durch eine die äußeren Faktoren der Tuberkuloseverbreitung stärker berücksichtigende Bekämpfung der Krankheit mehr Erfolg zu erzielen, so das vorsichtige optimistische Fazit Reinekes.[109]

Zur Durchsetzung der nationalsozialistischen Tuberkulosepolitik übernahmen die neu gebildeten staatlichen Gesundheitsämter 1934 alle Tuberkulosefürsorgestellen. Dabei verstärkten Politik und Behörden die in den Behandlungskonzepten der Weimarer Republik latent angelegte Stigmatisierung der Tuberkulosepatienten und erhoben die »asoziale« Lebensweise zum krankheitsauslösenden Faktor. Im Zuge der Radikalisierung des Umgangs mit Tuberkulosepatienten fielen sie unter die Eheschließungsverbote, wurden zum Schutz der »Volksgesundheit« »zwangsasyliert« und waren Opfer von Zwangssterilisationen und »Euthanasie«.[110]

Auf die geplante Zentralisierung der Tuberkulosebekämpfung im Zuge des Übergangs der Tuberkulosebekämpfung an das Amt für Volkswohlfahrt, Gau Franken, reagierte Jamin positiv. Vom Gaudozentenführer und Assistenzarzt der Frauenklinik Hans Albrecht Molitoris (1905–1988) als nationalsozialistischer Kämpfer gelobt, der mit Herz und Verstand das Wollen des Führers verstanden habe, stellte er 1937 seine Mitarbeit zur Verfügung.[111] Jetzt beginne »in Erlangen eine neue Entwicklung in diesem wohl noch nicht bald aufzugebenden Kampf gegen eine bedrohliche Volksseuche. Ich werde gerne nach Kräften und Möglichkeiten dazu mitarbeiten, dass diese Entwicklung eine recht erfolgreiche in dem Sinne werde, dass die Tuberkulose mit den Jahren noch immer mehr ihren Schrecken als Volksseuche verliert.«[112]

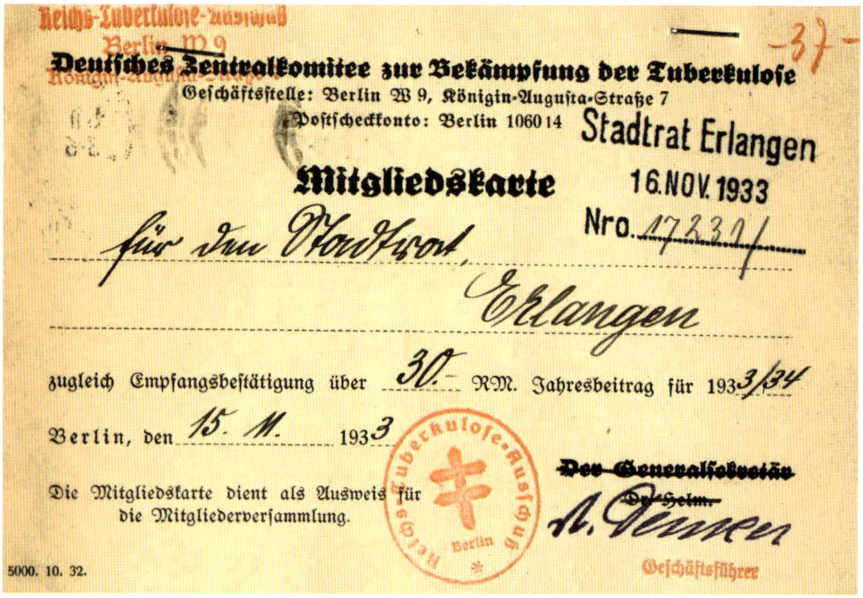

Reichs-Tuberkulose-Ausschuß
Berlin W 9

-37-

Deutsches Zentralkomitee zur Bekämpfung der Tuberkulose
Geschäftsstelle: Berlin W 9, Königin-Augusta-Straße 7
Postscheckkonto: Berlin 106014

Stadtrat Erlangen
16. NOV. 1933

Mitgliedskarte

Nro. 17231

für den Stadtrat Erlangen

zugleich Empfangsbestätigung über 30.– RM. Jahresbeitrag für 1933/34

Berlin, den 15. 11. 1933

Der Generalsekretär
A. Nemmen
Geschäftsführer

Reichs-Tuberkulose-Ausschuß Berlin

Die Mitgliedskarte dient als Ausweis für die Mitgliederversammlung.

5000. 10. 32.

Abb. 19 Mitgliedskarte für den Reichs-Tuberkulose-Ausschuß, das frühere Deutsche Zentralkomitee zur Bekämpfung der Tuberkulose, 1933/34.

Leider sei die Lungenfürsorgestelle bislang nicht in der Lage, alle »Ansteckungsherde« zu erfassen, um »die schönen neuen Wohnungsgebiete auch künftig wirklich seuchenfrei in Hinsicht auf Tuberkulose« zu halten. Nur eine vollständige Überwachung des Volksgesundheitsstandes mit sofortigen Vorkehrungen an den eben ausbrechenden Seuchenherden könnten größere Kosten für Heilbehandlung und Invalidenfürsorge verhüten. Jamin war aber zuversichtlich, dass die neue Gesundheitsgesetzgebung und -überwachung rascher und sicherer als bisher »erfreuliche Lösungen« herbeiführen würden. Zur Mitarbeit in dieser »neuen grösseren und weitergreifenden Arbeitsgruppe« wollte Jamin sich »mit Freuden jederzeit bereit halten«.[113] Gegen die Auflösung des Volksheilstättenvereins durch das Amt für Volkswohlfahrt erhob Jamin keine Bedenken; am 16. November 1937 wurde der Verein offiziell aus dem Vereinsregister der Stadt gestrichen. Das Vermögen ging an die NSV über.[114]

Eine auf Anregung des Hauptamtes für Volkswohlfahrt und des Reichstuberkuloseausschusses neu gebildete Arbeitsgemeinschaft (AG) sollte eventuell im Gau Franken noch bestehende Versorgungslücken schließen. Vorsitzender dieser AG war Julius Streicher, der AG gehörten neben den Mitgliedern der Bezirksfürsorgeverbände u. a. Vertreter des Hauptamts für Volkswohlfahrt, der Reichsversicherungsanstalt und Krankenkassen sowie der Kreisfursorge der Kriegsbeschädigten und Kriegshinterbliebenen an. Laut Aussage des Geschäftsführers der AG, Dr. Will, beruhten die Erfolge des »Dritten Reiches« auf einer ganz neuen Arbeitsmethodik, der Gemeinschaftsarbeit und Unterordnung persönlicher Wünsche unter die höheren Ziele der Volksgemeinschaft. Vordringlichste Aufgaben seien neben der Schließung von Finanzierungslücken vor allem die Vereinheitlichung der Einweisungspraxis im Gau Franken.[115]

Auch auf Reichsebene wurde die Tuberkulosebekämpfung seit 1933 zentralisiert und das Deutsche Zentralkomitee zur Bekämpfung der Tuberkulose unter »enger Angliederung an das Reichsministerium des Inneren« in einen Reichs-Tuberkulose-Ausschuss umgewandelt, da »die neue Zeit eine andere als die bisherige Organisation verlangt« und »vielleicht auch andere Wege beschritten werden müssen«.[116] Seitens des Reichs-Tuberkulose-Ausschusses, dem der Stadtrat Erlangen angehörte, waren die Mitglieder aufgerufen, »gestützt auf den Aufbauwillen der nationalen Regierung« dafür zu sorgen, »dass überall das Notwendige planmässig durchgeführt wird, andererseits Uebertreibungen oder Leerlauf wirksam verhindert werden«.[117] Zur Kontrolle seiner Mitglieder führte der Reichs-Tuberkulose-Ausschuss regelmäßig Umfragen durch. Danach hielt Erlangen

1935 für Tuberkulosekranke in der Medizinischen Klinik 30 Betten, in der Kinderklinik acht Betten und in der Lungenheilstätte der AOK Erlangen in Spardorf 30 Betten vor.[118]

Schon 1931 hatte das Präsidium des Deutschen Zentralkomitees zur Bekämpfung der Tuberkulose in einer Entschließung vor dem voreiligen Abbau der Tuberkulosefürsorge, z. B. durch Abbau von Fürsorgepersonal, gewarnt. Ein Rückbau sei für die Volksgesundheit gefährlich und zudem wirtschaftlich unzweckmäßig. Tüchtige Fürsorgerinnen und gut vorgebildete Ärzte würden in erheblichem Maße dazu beitragen, die zukünftigen Wohlfahrtslasten zu verringern, da die Zahlen der aktiven Tuberkulösen durch die schlechte wirtschaftliche Lage wieder stiegen. Das Bayerische Staatsministerium des Innern stimmte dieser auch auf andere Gebiete der Gesundheitsfürsorge zutreffenden Warnung zu, denn »was einmal abgebaut ist, läßt sich wenn überhaupt nur mit den größten Schwierigkeit wieder aufbauen«.[119]

Zahlreiche Anweisungen des Staatsministeriums des Innern an die zuständigen Behörden spiegeln die radikale Ausgrenzung der Tuberkulosekranken in der NS-Zeit deutlich wider. So erging am 17. Februar 1937 eine an die Bezirkspolizeibehörden und die Gesundheitsämter gerichtete Aufforderung, von der Möglichkeit der Absonderung »asozialer« Tuberkulosekranker in einer Krankenanstalt mehr Gebrauch zu machen als bisher. Parallel dazu waren seit 1933 die Maßnahmen zum Schutz vor Ansteckung verstärkt worden. So verfügte das Staatsministerium des Innern am 14. Dezember 1933 beispielsweise, dass die außerhalb der Kasernen wohnenden Reichswehrangehörigen vor Ansteckung durch Zivilpersonen durch einen Abgleich der Wohnungsliste geschützt werden sollten.[120]

Hier sei auch kurz die weitere Entwicklung seit Beginn des Zweiten Weltkrieges skizziert. Ein besonderes Ansteckungsrisiko ging vorgeblich von den polnischen Zwangsarbeitern aus.[121] Das Staatsministerium des Innern gab daher den Gesundheitsämtern präzise Verfahrensweisen zur Kontrolle des Gesundheitszustandes vor: Vor Eintritt der Polen in das Reichsgebiet sei bereits eine zuverlässige ärztliche Untersuchung und »Sanierung« erfolgt, der eine Entlausung des »Polentransportes« in Deutschland folge. Die Kosten für die »Entlade-Untersuchung« gingen auf Rechnung der Arbeitseinsatzbehörde, die weitere gesundheitliche Überwachung, zu der auch die Fahndung nach Bazillenträgern infektiöser Darmerkrankungen und nach Tuberkulosekranken gehörte, würde von der Gesundheitsverwaltung getragen. Alle Polen müssten durch die zuständigen Fürsorgestellen geröntgt werden.[122]

Neben der Ausweitung der Zwangsmaßnahmen setzte man weiterhin auf Gesundheitsaufklärung im nationalsozialistischen Sinne. So wurde im Erlanger »Kolosseum« – das 1894 in der Henkestraße 28 als Restaurationsbetrieb errichtete Kolosseum fungierte in der NS-Zeit als zentraler Versammlungs- und Veranstaltungsort der NSDAP – 1943 das Aufklärungsschauspiel »Halt Gevatter Hein« von Kurt Walden aufgeführt. Wahl des Ortes und die erwartet positive Berichterstattung in den »Erlanger Neuesten Nachrichten«, nach denen die zahlreichen Besucher ergriffen vom Geschehen den Saal »besinnlich« verließen, verdeutlichen den Stellenwert, den man dieser Propaganda beimaß.[123]

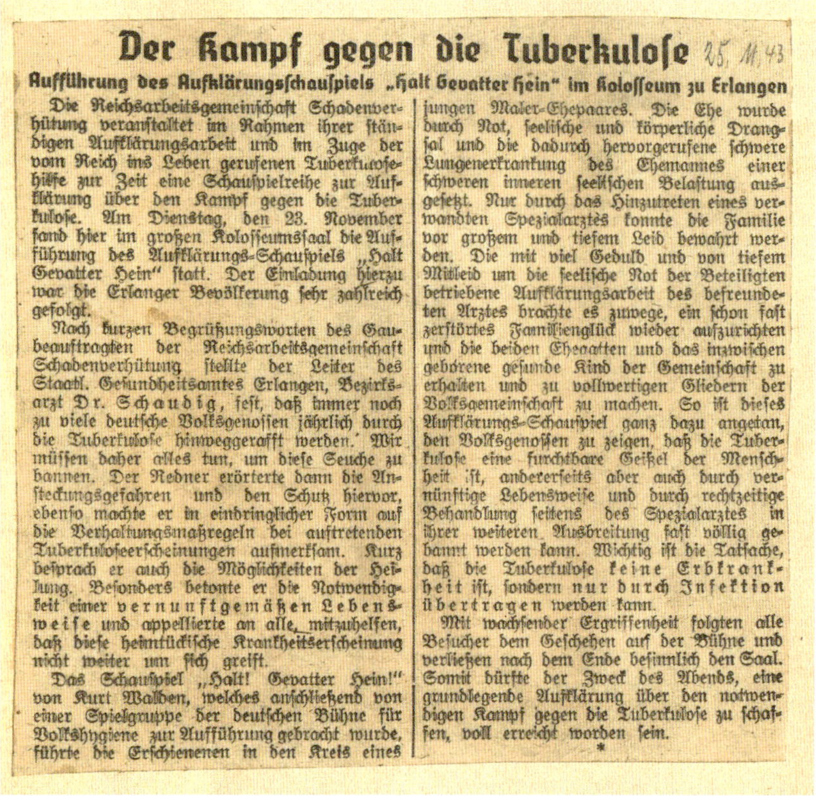

Der Kampf gegen die Tuberkulose 25. 11. 43

Aufführung des Aufklärungsschauspiels „Halt Gevatter Hein" im Kolosseum zu Erlangen

Die Reichsarbeitsgemeinschaft Schadenverhütung veranstaltet im Rahmen ihrer ständigen Aufklärungsarbeit und im Zuge der vom Reich ins Leben gerufenen Tuberkulosehilfe zur Zeit eine Schauspielreihe zur Aufklärung über den Kampf gegen die Tuberkulose. Am Dienstag, den 23. November fand hier im großen Kolosseumssaal die Aufführung des Aufklärungs-Schauspiels „Halt Gevatter Hein" statt. Der Einladung hierzu war die Erlanger Bevölkerung sehr zahlreich gefolgt.

Nach kurzen Begrüßungsworten des Gaubeauftragten der Reichsarbeitsgemeinschaft Schadenverhütung stellte der Leiter des Staatl. Gesundheitsamtes Erlangen, Bezirksarzt Dr. Schaudig, fest, daß immer noch zu viele deutsche Volksgenossen jährlich durch die Tuberkulose hinweggerafft werden. Wir müssen daher alles tun, um diese Seuche zu bannen. Der Redner erörterte dann die Ansteckungsgefahren und den Schutz hiervor, ebenso machte er in eindringlicher Form auf die Verhaltungsmaßregeln bei auftretenden Tuberkuloseerscheinungen aufmerksam. Kurz besprach er auch die Möglichkeiten der Heilung. Besonders betonte er die Notwendigkeit einer vernunftgemäßen Lebensweise und appellierte an alle, mitzuhelfen, daß diese heimtückische Krankheitserscheinung nicht weiter um sich greift.

Das Schauspiel „Halt! Gevatter Hein!" von Kurt Walden, welches anschließend von einer Spielgruppe der deutschen Bühne für Volkshygiene zur Aufführung gebracht wurde, führte die Erschienenen in den Kreis eines jungen Maler-Ehepaares. Die Ehe wurde durch Not, seelische und körperliche Drangsal und die dadurch hervorgerufene schwere Lungenerkrankung des Ehemannes einer schweren inneren seelischen Belastung ausgesetzt. Nur durch das Hinzutreten eines verwandten Spezialarztes konnte die Familie vor großem und tiefem Leid bewahrt werden. Die mit viel Geduld und von tiefem Mitleid um die seelische Not der Beteiligten betriebene Aufklärungsarbeit des befreundeten Arztes brachte es zuwege, ein schon fast zerstörtes Familienglück wieder aufzurichten und die beiden Ehegatten und das inzwischen geborene gesunde Kind der Gemeinschaft zu erhalten und zu vollwertigen Gliedern der Volksgemeinschaft zu machen. So ist dieses Aufklärungs-Schauspiel ganz dazu angetan, den Volksgenossen zu zeigen, daß die Tuberkulose eine furchtbare Geißel der Menschheit ist, andererseits aber auch durch vernünftige Lebensweise und durch rechtzeitige Behandlung seitens des Spezialarztes in ihrer weiteren Ausbreitung fast völlig gebannt werden kann. Wichtig ist die Tatsache, daß die Tuberkulose keine Erbkrankheit ist, sondern nur durch Infektion übertragen werden kann.

Mit wachsender Ergriffenheit folgten alle Besucher dem Geschehen auf der Bühne und verließen nach dem Ende besinnlich den Saal. Somit dürfte der Zweck des Abends, eine grundlegende Aufklärung über den notwendigen Kampf gegen die Tuberkulose zu schaffen, voll erreicht worden sein.

*

Abb. 20 Bericht zur Aufführung des Aufklärungsschauspiels »Halt Gevatter Hein« im November 1943 im Kolosseum aus den *Erlanger Neuesten Nachrichten* vom 25. November 1943.

In der Nachkriegszeit

Im Nachkriegsdeutschland hatten die Tuberkuloseerkrankungen wieder stark zugenommen. Laut Karl Hohenner, Lungenspezialist der Erlanger Universität und Leiter der Walderholungsstätte Spardorf, wurden 1947 von den rund 47.000 Einwohnern Erlangens über 1800 Lungenkranke vom Gesundheitsamt überwacht, während es 1938 bei einer Bevölkerung von 32.000 Menschen 289 Personen gewesen seien.[124] Zwar existierte in Erlangen schon ein halbes Jahr nach Kriegsende in den Räumen des Gesundheitsamtes wieder eine städtische »Tuberkulosefürsorgestelle«, die unter fachärztlicher Leitung kostenlose Beratung bot. Ihr Angebot »Spreche mit Deinem Arzt und suche, wenn nötig, unsere Sprechstunde auf« konnte aber an den Ursachen des Anstiegs, der katastrophalen Wohnungsnot, der Mangelernährung und medizinischen Unterversorgung ebenso wenig ändern wie wohlmeinende Spendenaufrufe zur Wohnraumbeschaffung für Tuberkulöse durch den Kauf von Weihnachtssiegelmarken.[125]

Die Versorgungsmängel der frühen Nachkriegsjahre beförderten auch die Diskussion um die überfällige Einrichtung eines städtischen Krankenhauses, als dessen favorisierter Standort die Spardorfer Straße 32 galt. Das frühere NS-Schwesternheim wurde seit September 1945 als Krankenhaus von den katholischen Franziskusschwestern betrieben und war mit Anordnung der Militärregierung vor allem für die Aufnahme von Tuberkulosekranken bestimmt. Als ehemaliger NS-Besitz unterlag es dem Landesamt für Vermögensverwaltung und Wiedergutmachung und damit konkurrierenden Anträgen auf Erwerb seitens des Mutterhauses der katholischen Schwesternschaft, der Universität sowie des Altherrenverbands des Fridericiana Studentengesangsvereins, der ursprünglicher Eigentümer vor der NSV gewesen war.[126]

Dieses begehrte Gebäude in den Blick nehmend, bat die Stadt 1947 den ehemaligen Direktor des Universitätskrankenhauses, Ludwig Robert Müller (1870–1962) darum, die Dringlichkeit eines eigenen Krankenhauses zu bestätigen, wohl wissend, dass Müller die Einrichtung eines städtischen Krankenhauses zur Versorgung ortsansässiger Personen schon seit Langem gefordert hatte. Der Anstieg der Bevölkerung auf jetzt nahezu 50.000 Personen, die ungeheure Zusammendrängung der Familien und die Überfüllung der Universität machten es jetzt zur unabweisbaren Pflicht, ein städtisches Krankenhaus einzurichten, so die Argumentation des Oberbürgermeisters Georg Michael Poeschke (1901–1959). Für Pflegebedürftige, an »deren Behandlung die Kliniken nicht interessiert seien, stünde kein einziges Bett zur Verfügung«. Vorsorglich ließ er durchblicken, dass geplant sei, die ärztliche Betreuung dieses Krankenhauses den Ärzten der medizinischen Poliklinik zu überlassen, »weil gerade diese Stelle den innigsten Kontakt mit der ärmeren Bevölkerung unserer Stadt hat«.[127]

Die Antwort Müllers ließ keinen Zweifel an der Prioritätensetzung seitens der Universitätskliniken. Da diese die Krankenauswahl für den medizinischen Unterricht zu garantieren hätten und die Versorgung hilfsbedürftiger Kranke der Stadt obläge, befürwortete er den Plan und empfahl in der Leitungsfrage eine offizielle Anfrage der Stadt an die Klinik.

Der daraufhin von der Stadt beim Landesvermögensamt im Oktober 1947 gestellte Antrag griff die im Vorfeld benutzten Argumente auf. Danach habe der Mangel an städtischen medizinischen Versorgungsstrukturen bereits zu unliebsamen Reibereien und groben Missständen geführt, gerade den ärmeren Kreisen der Bevölkerung, die von dem herrschenden Elend am stärksten betroffen seien, könnte nur mit einem städtischen Krankenhaus geholfen werden. Das soziale Gebot, »den Armen und Gebrechlichen [...] durch kürzere oder längere Aufnahme in ein Krankenhaus« zu helfen, sei daher auch die Grundlage des erhobenen Nutzungsanspruchs. Im Fall des Zuschlags verpflichtete sich die Stadt, die Pflege und Bewirtschaftung weiterhin der Schwesternschaft, die ärztliche Betreuung den Universitätskliniken zu überlassen.[128]

Insbesondere der Gesundheitszustand der Kinder war verheerend. Nach einer 1946 durchgeführten Untersuchung der Erlanger Schuljugend waren 60 Prozent der Kinder in schlechtem, 30 Prozent in unbefriedigendem und nur 10 Prozent in gutem Ernährungs- und Kräftezustand, etwa 30 Prozent aller Schulkinder wiesen rachitische Merkmale am Skelett auf. Die Tuberkulosefürsorgestelle des Staatlichen Gesundheitsamtes betreute zu diesem Zeitpunkt 192 Kinder mit aktiver Lungentuberkulose und 278 gefährdete Kinder. Vor diesem Hintergrund sollte nach dem Willen der amerikanischen Militärregierung das ehemalige Waldschießhaus in der Spardorfer Straße nach seiner Nutzung als Klubhaus für die amerikanischen Truppen umgehend als Erholungsheim für Tbc-gefährdete Kinder fungieren.[129]

Auch die mit offizieller Genehmigung der amerikanischen Behörden am 31.7.1948 erfolgte Wiederbegründung des 1937 aufgelösten Volksheilstättenvereins als Verein zur Bekämpfung der Tuberkulose Erlangen e.V. wurde mit der alarmierenden Zunahme der Tuberkulose und der Gefährdung der Volksgesundheit begründet. Das Verzeichnis der Mitglieder des bis 1963 existierenden Vereins enthielt auch Vermerke über die jeweiligen Spruchkammerentscheide, danach waren alle Vorstandsmitglieder, als »nicht betroffen«, 15 der weiteren 50 Mitglieder als »Mitläufer« eingestuft worden. Vorrangiges Ziel des Vereins war neben der allgemeinen Förderung der Heilbehandlung die Wiederinbesitznahme der Walderholungsstätte Spardorf, deren wechselvolle Nutzungsgeschichte durch unklare Eigentumsverhältnisse und konkurrierende Ansprüche geprägt war.[130]

Nach seiner Nutzung für Displaced Persons (DP) und Flüchtlinge unmittelbar nach Ende des Krieges wurde das Tuberkuloseheim Spardorf ab 1946 im Einvernehmen von Verein, Universität und Stadt der Medizinischen Klinik zunächst pachtweise überlassen. Zuvor hatte der Rektor der Universität die Stadt über entsprechende Pläne des

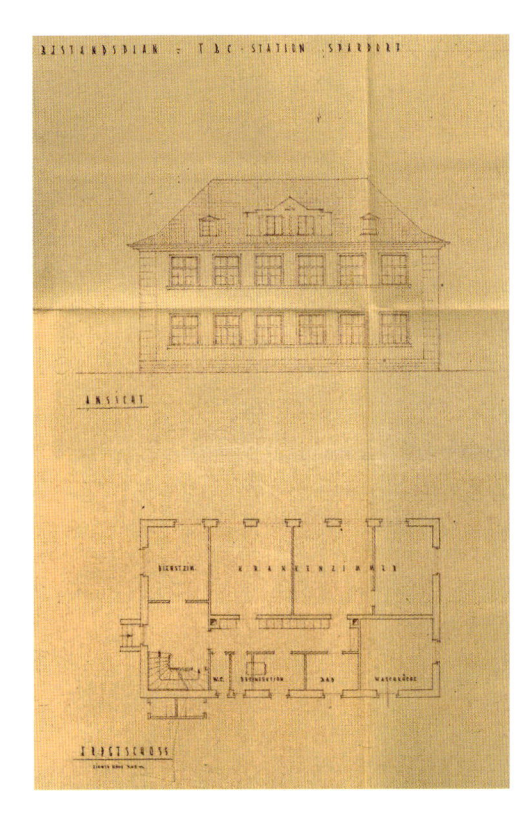

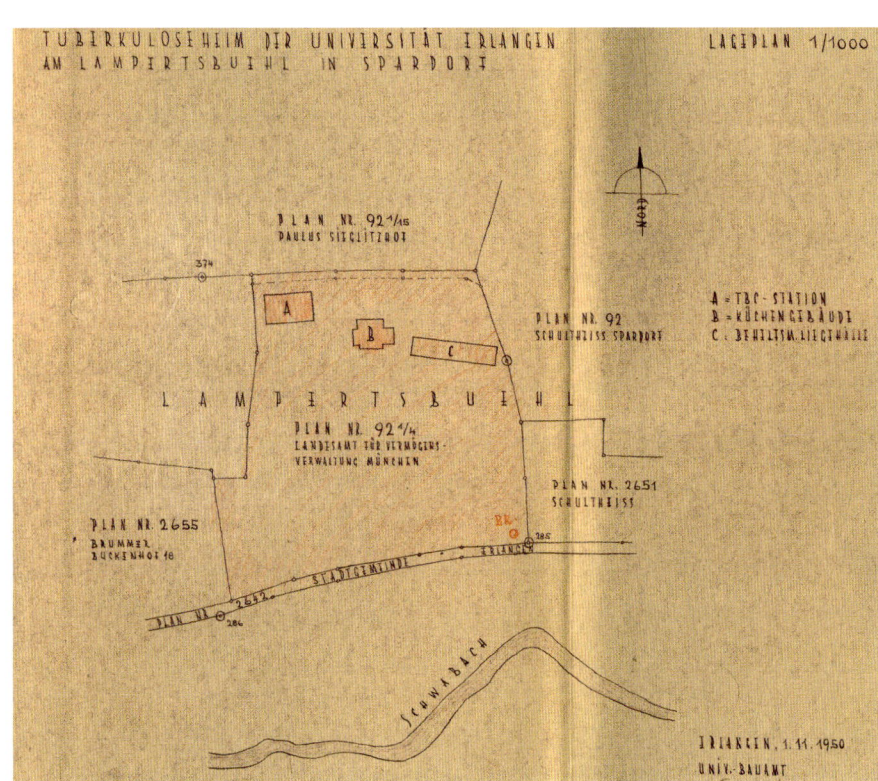

Abb. 21 | 22 Bauzeichnungen für das Tuberkuloseheim in Spardorf.

Ministeriums, das ehemalige Spardorfer Kinderheim in ein Tuberkuloseheim umzubauen, informiert und um Befürwortung des Vorhabens gebeten. Die Stadt signalisierte umgehend die erhoffte Unterstützung, zumal die amerikanische Militärregierung darauf bestehe, möglichst rasch ein Tuberkuloseheim zu errichten: »Da die Angelegenheit bisher unliebsame Verzögerungen erfuhr, würde ich sehr raten, den Befehl der Militärregierung auszuführen, damit unangenehme Konsequenzen vermieden werden.«[131]

Eine entsprechende Verfügung des Kontrollratsgesetzes Nr. 2 gab der Universität 1947 dann zwar zunächst Handhabe, das Grundstück für die Universität anzufordern, de facto wurde es aber verwaltungsmäßig 1948 im Auftrage des Bayerischen Staatsministeriums für Finanzen vom Finanzamt Erlangen übernommen. Ende 1949 bat der Dekan der Medizinischen Fakultät über den langen Dienstweg, d. h. über den Rektor der Universität, mit der Bitte um Weiterleitung an das Bayerische Staatsministerium für Unterricht und Kultus um die Überlassung des Grundstückes: »Für Unterricht und Forschung wäre es ein großer Gewinn, wenn die Tuberkuloseheilstätte Spardorf weiterhin als Aussenstation der Medizinischen Klinik bestehen bleiben könnte.« Begründet wurde der Antrag mit der traditionell engen Verbindung der Einrichtung zur Klinik, da das Tbc-Heim aus einer von Penzoldt gegründeten Einrichtung hervorgegangen sei. Befürwortet wurde der Antrag auch seitens der Chirurgie, die »für Forschung und Unterricht Krankenmaterial aus dem Heim dringend benötige«.[132]

1950 unterbreitete die Medizinische Klinik dem Staatsministerium für Unterricht und Kultus einen neuen Vorschlag hinsichtlich der Weiterverwendung des Tuberkuloseheimes

Spardorf als Außenstelle der Klinik. Laut Gutachten des Universitätsbauamtes vom 30. Oktober 1950 hatte das etwa 1000 qm große Waldgelände einschließlich aller Baueinrichtungen einen Wert von über 44.000 Mark. Da dem Verein eine Übernahme aufgrund von Kapitalmangel nicht möglich sei, wäre er bereit, alle Ansprüche aus seinem Vorbesitz an die Universität bzw. an das Bayerische Staatsministerium für Unterricht und Kultus abzutreten, falls das frühere Walderholungsheim Spardorf weiter als Tuberkulosekrankenhaus geführt würde. Untermauert wurde der erneute Vorstoß wiederum mit dem Hinweis auf die Wichtigkeit der Außenstation für Lehre und Forschung. Da »initiale und aussichtsreiche Fälle« heute in speziellen Heilstätten behandelt würden, blieben der Klinik nur die »Endstationen der Tuberkulose«, die »ein völlig ungeeignetes Unterrichtsmaterial« darstellten. Die Heilstätte läge so nahe, dass seine »Insassen beim Unterricht uneingeschränkt« verwendet werden könnten. Da sich mit der Abwanderung der therapeutisch aussichtsreicheren Tuberkulosefälle in die Heilstätten auch die Forschung in diese verlagere, solle ähnlich wie in Freiburg und Marburg auch in Erlangen das »Material« den Kliniken mit ihren neuen Labormöglichkeiten zugänglich gemacht werden.[133]

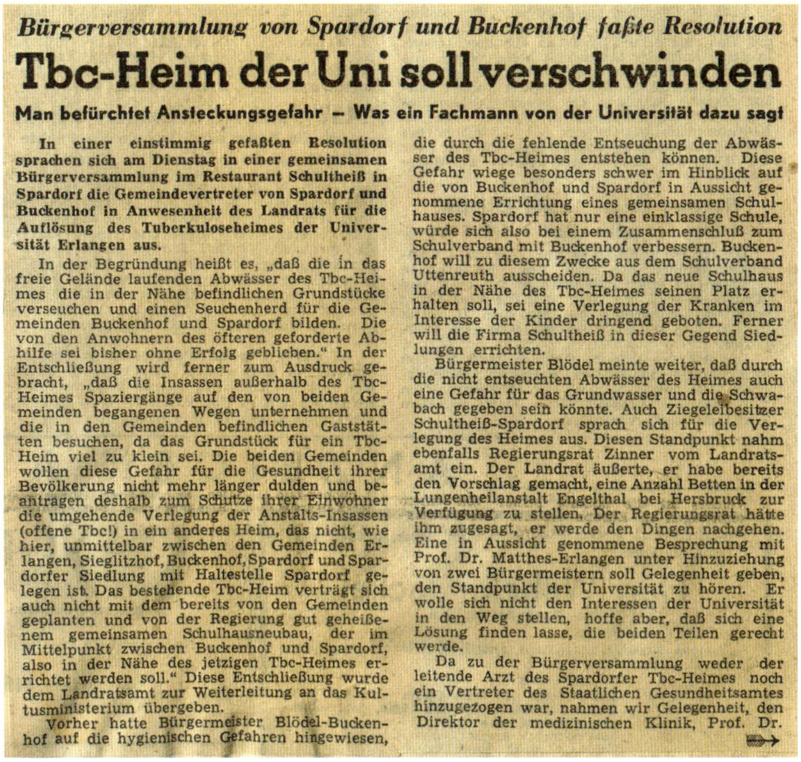

Bürgerversammlung von Spardorf und Buckenhof faßte Resolution

Tbc-Heim der Uni soll verschwinden

Man befürchtet Ansteckungsgefahr – Was ein Fachmann von der Universität dazu sagt

In einer einstimmig gefaßten Resolution sprachen sich am Dienstag in einer gemeinsamen Bürgerversammlung im Restaurant Schultheiß in Spardorf die Gemeindevertreter von Spardorf und Buckenhof in Anwesenheit des Landrats für die Auflösung des Tuberkuloseheimes der Universität Erlangen aus.

In der Begründung heißt es, „daß die in das freie Gelände laufenden Abwässer des Tbc-Heimes die in der Nähe befindlichen Grundstücke verseuchen und einen Seuchenherd für die Gemeinden Buckenhof und Spardorf bilden. Die von den Anwohnern des öfteren geforderte Abhilfe sei bisher ohne Erfolg geblieben." In der Entschließung wird ferner zum Ausdruck gebracht, „daß die Insassen außerhalb des Tbc-Heimes Spaziergänge auf den von beiden Gemeinden begangenen Wegen unternehmen und die in den Gemeinden befindlichen Gaststätten besuchen, da das Grundstück für ein Tbc-Heim viel zu klein sei. Die beiden Gemeinden wollen diese Gefahr für die Gesundheit ihrer Bevölkerung nicht mehr länger dulden und beantragen deshalb zum Schutze ihrer Einwohner die umgehende Verlegung der Anstalts-Insassen (offene Tbc!) in ein anderes Heim, das nicht, wie hier, unmittelbar zwischen den Gemeinden Erlangen, Sieglitzhof, Buckenhof, Spardorf und Spardorfer Siedlung mit Haltestelle Spardorf gelegen ist. Das bestehende Tbc-Heim verträgt sich auch nicht mit dem bereits von den Gemeinden geplanten und von der Regierung gut geheißenem gemeinsamen Schulhausneubau, der im Mittelpunkt zwischen Buckenhof und Spardorf, also in der Nähe des jetzigen Tbc-Heimes errichtet werden soll." Diese Entschließung wurde dem Landratsamt zur Weiterleitung an das Kultusministerium übergeben.

Vorher hatte Bürgermeister Blödel-Buckenhof auf die hygienischen Gefahren hingewiesen, die durch die fehlende Entseuchung der Abwässer des Tbc-Heimes entstehen können. Diese Gefahr wiege besonders schwer im Hinblick auf die von Buckenhof und Spardorf in Aussicht genommene Errichtung eines gemeinsamen Schulhauses. Spardorf hat nur eine einklassige Schule, würde sich also bei einem Zusammenschluß zum Schulverband mit Buckenhof verbessern. Buckenhof will zu diesem Zwecke aus dem Schulverband Uttenreuth ausscheiden. Da das neue Schulhaus in der Nähe des Tbc-Heimes seinen Platz erhalten soll, sei eine Verlegung der Kranken im Interesse der Kinder dringend geboten. Ferner will die Firma Schultheiß in dieser Gegend Siedlungen errichten.

Bürgermeister Blödel meinte weiter, daß durch die nicht entseuchten Abwässer des Heimes auch eine Gefahr für das Grundwasser und die Schwabach gegeben sein könnte. Auch Ziegeleibesitzer Schultheiß-Spardorf sprach sich für die Verlegung des Heimes aus. Diesen Standpunkt nahm ebenfalls Regierungsrat Zinner vom Landratsamt ein. Der Landrat äußerte, er habe bereits den Vorschlag gemacht, eine Anzahl Betten in der Lungenheilanstalt Engelthal bei Hersbruck zur Verfügung zu stellen. Der Regierungsrat hätte ihm zugesagt, er werde den Dingen nachgehen. Eine in Aussicht genommene Besprechung mit Prof. Dr. Matthes-Erlangen unter Hinzuziehung von zwei Bürgermeistern soll Gelegenheit geben, den Standpunkt der Universität zu hören. Er wolle sich nicht den Interessen der Universität in den Weg stellen, hoffe aber, daß sich eine Lösung finden lasse, die beiden Teilen gerecht werde.

Da zu der Bürgerversammlung weder der leitende Arzt des Spardorfer Tbc-Heimes noch ein Vertreter des Staatlichen Gesundheitsamtes hinzugezogen war, nahmen wir Gelegenheit, den Direktor der medizinischen Klinik, Prof. Dr.

Abb. 23 »Gefahr für die Gesundheit der Bevölkerung« – Öffentlicher Protest und Forderung nach Auflösung des Tuberkuloseheimes, 1950.

Nachdem die Universitätsklinik den zuvor massiv eingeforderten Betrieb 1954 eingestellt hatte, kam es erneut zu Streitigkeiten um die jetzt vom Verein geforderte Rückübertragung des Gebäudes. Die Ablehnung eines entsprechenden Antrags des Vereins durch das Finanzministerium rief 1955 heftigen Protest des Vorsitzenden hervor: »Die Berufung auf eine amerikanische Ermächtigungsvorschrift widerspricht m. E. dem deutschen Rechtsempfinden und erscheint mir in höchstem Maße unmoralisch. Ich bin der Auffassung, dass dieses Vorgehen leider symptomatisch ist für die Behandlung der Verfolgten der Nazizeit in der heutigen Zeit.«[134] 1958 stellte der Verein schließlich als Rechtsnachfolger des aufgelösten Vorgängers Antrag auf Rückerstattung des Vermögens. Nach seiner Auflösung im Jahre 1963 wurde das restliche Vereinsvermögen auf bedürftige Familien der Stadt verteilt.[135]

Die von der Universität angestrebte Nutzungsverlängerung des Geländes als Tuberkuloseheim löste heftigen Protest der Anwohner und Gemeindevertreter aus, die in einer einstimmigen Resolution die Auflösung forderten. Ihre Angst vor Ansteckung begründeten sie mit dem sachlich richtigen Hinweis auf die fehlerhafte Abwasserbeseitigung des Heimes und dem Verhalten der »Anstalts-Insassen«, die öffentliche Wege benutzten und Gaststätten aufsuchten und daher eine »Gefahr für die Gesundheit der Bevölkerung« darstellten.[136]

Die Medizinische Klinik hielt trotz der Widerstände und dem Einbringen neuer Vorschläge an der von ihr als ideal angesehen Kombination der Klinik mit einer nahen, klimatisch günstig gelegenen Heilstätte fest. Matthes lehnte die von übergeordneten Stellen in die Diskussion gebrachte Empfehlung der Unterbringung von Tuberkulosekranken in dem neu errichteten Infektionsgebäude der Klinik kategorisch ab. Nach ärztlicher Erfahrung könne nicht verantwortet werden, aussichtsreiche Fälle in den Städten zu halten. Diese gehörten nicht in ein Stadtmilieu, sondern in ein Heilstättenmilieu in waldiger Umgebung, die Einrichtung einer größeren Tuberkuloseabteilung in der Klinik hätte zur Folge, dass dort nur »hoffnungslose Pflegefälle« gehalten werden könnten, »an einer derartigen Tuberkuloseabteilung besteht weder im Sinne der Lehre noch der Forschung irgendein Interesse«.

Mit Verfügung des Bayerischen Staatsministeriums vom 1. April 1954 endete die Nutzung des Gebäudes als Außenstelle der Medizinischen Klinik, die seit Beginn der zunächst vereinsmäßig, dann städtisch organisierten Tuberkulosefürsorge personell, räumlich und infrastrukturell eng mit dieser verbunden war. Die Beteiligung an der kommunalen Versorgung der Tuberkulosekranken wurde in der Anfangszeit von Penzoldt weitgehend als (soziale) Aufgabe der Medizin praktiziert, arbeitete in der NS-Zeit der Radikalisierung der Tuberkulosepolitik zu und wurde durchgängig – wenn auch mit tendenziell zunehmender Gewichtung zur Sicherung des interessanten »Materials« für Forschung und Lehre genutzt. Interessant war ein Patient vor allem dann, wenn seine günstige Prognose den Einsatz neuer diagnostischer und therapeutischer Möglichkeiten rechtfertigte. Der eingangs zitierte Friedrich Wendt wollte die Beurteilung seines ärztlichen Handelns den Patienten selbst überlassen, die hierzu befugter seien. Susanne Ude-Koeller

Medizin und Technik: ein sehr erfolgreiches Joint Venture

Von der Mitte des 19. Jahrhunderts an begann die Technik, in der Medizin eine immer größere Rolle zu spielen. Zunächst diente sie vor allem der Diagnostik, indem sie beispielsweise den Blick ins Körperinnere von Patientinnen und Patienten ermöglichte. Zu den entsprechenden Instrumenten zählten der Augenspiegel (1850, Erfinder Hermann von Helmholtz), erste Apparaturen zum Studium des hinteren Rachenraums und des Kehlkopfes sowie das Zystoskop (1877, Erfinder Max Nitze). Was Erlangen anbelangt, so hielt Oskar Heyfelder, der Sohn des Chirurgen Johann Ferdinand Heyfelder, 1855 erstmals einen *Curs über den Gebrauch des Augenspiegels* ab. Der bedeutende Internist Hugo (von) Ziemssen (1829–1902), der sich in Greifswald mit einer Schrift über »Die Elektrizität in der Medizin« habilitiert hatte, bot schon zwischen 1864 und 1874 Lehrveranstaltungen zur Laryngo- und Pharyngoskopie an.[137] Und der Frauenarzt Walter Stoeckel (1871–1961), im 20. Jahrhundert über fünf Dekaden die dominierende Persönlichkeit unter seinen deutschen Fachkollegen, vollendete während eines kurzen Gastspiels an der Fakultät 1903/04 sein *Lehrbuch der Zystoskopie für Gynäkologen*.[138] Für das bei der beschriebenen Diagnostik benötigte Instrumentarium sorgten feinmechanische Werkstätten, die sich an den Vorgaben der Ärzte orientierten. ▸

DISKRIMINIERUNG VON PATIENTEN

Haut- und Geschlechtskrankheiten galten als Folge eines »unsittlichen Lebenswandels« und damit als »selbst verschuldet«. Die moralische Ächtung hatten weitreichende Folgen für die Patienten. Die Gesellschaft, aber auch die Ärzte begegneten den Patienten mit erheblichen Vorbehalten. Bezeichnend hierfür ist die in der Fachliteratur des 19. Jahrhunderts häufig vertretene Vorstellung, dass Patienten mit Geschlechtskrankheiten keine Krankheitseinsicht zeigten, sondern vielfach versuchten, die Ärzte zu belügen: »Nicht weniger kommt der Umstand vor, dass die Syphilitischen lügen wie hysterische Weiber, dass sie oft mit einer [...] widersinnigen Ausdauer gegen das eigene Interesse den Arzt irre leiten.«[1] Die Krankenversicherungen verweigerten bis 1901 die Kostenübernahme für medizinische Behandlungen, die staatlichen Gesundheitsbehörden drohten den ihnen als »Infektionsquelle« gemeldeten Geschlechtskranken mit Zwangsmaßnahmen.

Unter den Medizinern waren oft nicht nur die Patienten, sondern auch das Fach selbst, die Dermato-Venerologie, wenig angesehen. Selbstständige Abteilungen für Haut- und Geschlechtskrankheiten bestanden in der Mitte des 19. Jahrhunderts lediglich in Berlin, München und Würzburg. Andernorts waren Patienten mit Haut- und Geschlechtskrankheiten vor der Einrichtung eigener Lehrstühle für Dermatologie in der Inneren Medizin, seltener in der Chirurgie der Krankenhäuser behandelt worden.

Auch in Erlangen wurden Hautkranke bis 1923 ambulant und stationär in einigen Zimmern der Männer- und Frauenstation der medizinischen Klinik behandelt. Der Direktor der Medizinischen Klinik, Franz Penzoldt, hatte sich seit 1910 immer wieder erfolglos um die Errichtung einer eigenen dermatologischen Klinik bemüht. Erst die enorme Zunahme der Haut- und Geschlechtskrankheiten während und nach dem Ersten Weltkrieg überzeugte die Verantwortlichen von der Notwendigkeit einer eigenen Klinik. 1923 konnte schließlich nach langen Verhandlungen die Klinik für Haut- und Geschlechtskrankheiten im ehemaligen Garnisonslazarett eröffnet werden. Direktor der Klinik wurde Leonhardt Hauck (1874–1945), der schon in der Medizinischen Klinik die ambulante und stationäre Versorgung der Patienten mit Haut- und Geschlechtskrankheiten übernommen hatte.

Im Einklang mit der damals weitverbreiteten Diskriminierung der Patientengruppe hatte Penzoldt seinen Antrag auf Errichtung einer eigenen dermatologischen Klinik unter anderem damit begründet, dass von dem ekelerregenden Erscheinungsbild und Betragen der Haut- und Geschlechtskranken, insbesondere der »vielfach widerspenstigen« Prostituierten, eine nicht hinnehmbare Belästigung für andere Patienten ausgehe.[2] Zwar gehören moralische Schuldzuweisung Patientengruppen gegenüber seitens der Medizin der Vergangenheit an, doch stellen viele Hauterkrankungen immer noch eine hohe psychosoziale Belastung für die Betroffenen dar. Susanne Ude-Koeller

»Eine nicht hinnehmbare Belästigung für andere Patienten«

Abb. 24 Conrad Röntgen (1845–1923).

▸ Therapeutisch waren medizintechnische Geräte zunächst von eher untergeordneter Bedeutung, sieht man von »Elektrisierungsbehandlungen« ab. Dies änderte sich allerdings rasant, nachdem der Physiker Wilhelm Conrad Röntgen (1845–1923) Ende des Jahres 1895 im benachbarten Würzburg die »X-Strahlen« beschrieben hatte. Hinzu kamen im folgenden Jahr in Frankreich die Entdeckung der Radioaktivität durch Henry Becquerel (1852–1908) sowie 1898 die des Radiums durch das Ehepaar Pierre (1850–1906) und Marie Curie (1867–1934). Weitere Radioelemente folgten, darunter das Mesothorium, das der Chemiker Otto Hahn (1879–1968) im Jahr 1907 darstellte und das wegen der fehlenden Verfügbarkeit von ausreichend Radium in Deutschland für die Therapie längere Zeit eine besondere Rolle spielen sollte.

In Bezug auf die Röntgenstrahlen standen zwar auch da die diagnostischen Möglichkeiten zunächst im Fokus. Schließlich hatte Röntgen seiner ersten Publikation eine Aufnahme der Hand seiner Frau beigefügt, um an der Darstellung der Knochen die Durchdringungsfähigkeit der entdeckten Strahlen zu dokumentieren. Und schon 1898 veröffentlichte der Orthopäde Hermann Gocht (1869–1938), der 1893 in Erlangen promoviert worden war,[139] das erste deutschsprachige *Lehrbuch der Röntgenuntersuchung für Mediziner*. Aber auch die Zahl der Berichte über erste Therapieversuche, die bis zum Beginn des 20. Jahrhunderts aus technischen Gründen eine Domäne der Dermatologen waren, nahm rasch zu. Der Wiener Leopold Freund (1868–1943), der knapp ein Jahr nach der Entdeckung der Röntgenstrahlen mit der Behandlung einer kosmetisch störenden Anomalie der Haut auf dem Rücken eines kleinen Mädchens (Tierfell-Nävus) begonnen hatte, wird heute zu den Begründern der Röntgentherapie gezählt. Die Anfänge der Behandlung mit Radium, die man damals allgemein als »Bequerel- oder Curiestrahlen-Therapie« bezeichnete, gehen auf das Jahr 1901 zurück.[140]

Innovativ und prosperierend: Reiniger, Gebbert & Schall

An der Entwicklung der Röntgentechnik und ihrem Einsatz in der medizinischen Diagnostik und Therapie waren von Anfang an neben Physikern und Ärzten unterschiedlicher Fachrichtungen auch Biologen, Chemiker und Techniker maßgeblich beteiligt. Die Nachfrage nach immer mehr und immer besseren Apparaten überforderte feinmechanische Werkstätten früherer Prägung und begünstigte die Expansion ohnehin schon kräftig prosperierender Unternehmen der elektromedizinischen Industrie. Eines davon war die Erlanger Firma Reiniger, Gebbert & Schall AG (RGS), die später in der Firma Siemens aufging.[141] Max Gebbert (1856–1907), seit Juni 1895 bereits Alleininhaber von RGS, besaß offenbar ein enormes Gespür für zukunftsträchtige Entwicklungen. Schon wenige Tage nach der Veröffentlichung von Röntgens Entdeckung schickte er einen Mitarbeiter nach Würzburg, um sich genauer informieren zu lassen. In der Folge engagierte RGS zwei promovierte Physiker, stieg mit ihrer Hilfe noch im Frühjahr 1896 in die Weiterentwicklung der Röntgentechnik ein und begann, Röhren sowie die dazugehörigen Apparaturen für den medizinischen Gebrauch zu bauen. Um die neue Technik bekannt zu machen und einen Markt dafür zu schaffen, rüstete RGS bereits im Herbst 1896 drei

Abb. 25 Das Fabrikgebäude der Firma Reiniger, Gebbert & Schall (RGS) an der Luitpoldstraße, um 1928.

»Expeditionen« aus Vertretern, Technikern und Ärzten mit kompletten Röntgenanlagen aus, die zu Demonstrationen ganz Deutschland bereisten. 1911/12 hatte das Unternehmen bereits 780 Beschäftigte, verfügte über Niederlassungen in vielen europäischen Städten und ein Aktienkapital von 3,5 Millionen Mark.

Bei der Ausweitung ihres Geschäftes durch die Entwicklung und den Verkauf von Röntgengeräten suchte RGS von Anfang an die Zusammenarbeit mit universitären Fachleuten aus Physik und Medizin. In Erlangen war zunächst der Physiker Arthur Wehnelt (1871–1944) ein Kooperationspartner. Wehnelt hatte sich 1898 in seiner Promotion bereits mit Fragen der Röhrentechnik befasst und war 1901 mit einer Schrift zu *Strom- und Spannungsmessungen an Kathoden in Entladungsröhren* habilitiert worden.[142] Eine wichtige Erfindung im Zusammenhang mit der Weiterentwicklung der Röntgentechnik stellte der »Wehnelt«-Unterbrecher dar, der für viele Jahre beim Betrieb von Röntgenanlagen nach dem »Klassischen System« einen Standard setzte. Der Physiker, der 1906 einem Ruf nach Berlin folgte, war darüber hinaus auch an der Konstruktion des ab 1905 weltweit vertriebenen »Rekord-Röntgenapparates« von RGS beteiligt. Im selben Jahr beschrieb er in den Sitzungsberichten der Physikalisch-Medizinischen Sozietät zu Erlangen ein »elektrisches Ventilrohr«, in dem das Prinzip der später so erfolgreichen Glühkathoden-Konstruktion von Coolidge bereits verwirklicht war.[143] Die Bedeutung dieser Erfindung speziell für Röntgenröhren wurde jedoch erst später erkannt.[144]

Bis 1913: Chancen von den Erlanger Kliniken kaum genutzt

In den Erlanger Universitätskliniken wurden bis 1913 die Chancen kaum genutzt, die sich aus der unmittelbaren Nachbarschaft zu dem innovativen medizintechnischen Unternehmen ergaben. Zwar erwarben die Chirurgen bereits 1896 ein Röntgengerät bei RGS; 1904 beschafften die Internisten ihre erste eigene Apparatur und 1905 folgte die Frauenklinik. Hinweise darauf, dass mit diesen Geräten Forschung in größerem Umfang betrieben wurde, fanden sich aber bisher nicht. Einer Darstellung von Michael Wittmann zufolge betreiben die Chirurgen ihr Gerät bis Ende 1903 gemeinsam mit den Internisten in einem Raum, den man als »Museum« bezeichnete und in dem »Gipsabdrücke, Instrumente und Bandagen« aufbewahrt wurden. Bis 1914, so heißt es weiter, seien sämtliche Röntgenaufnahmen und die therapeutischen Tiefenbestrahlungen »ausschließlich vom ersten klinischen Diener Herrn Hühnerkopf« ausgeführt worden.[145] Die Installation einer eigenen Röntgeneinrichtung in der Medizinischen Klinik ab 1904 wurde damit begründet, dass die Methode für die Diagnostik innerer Erkrankungen unentbehrlich geworden sei.[146] Die Internisten behandelten mit ihrem Gerät damals auch Hauterkrankungen, ein Ordinariat für Dermatologie und Venerologie wurde in Erlangen erst 1924 eingerichtet.[147]

In der Frauenklinik, die in der ersten Dekade des 20. Jahrhunderts einen fünfmaligen Wechsel im Ordinariat sowie erhebliche Aus- und Umbauarbeiten erlebte, zeigte man zunächst ebenfalls wenig Neigung, mit der sperrigen und komplizierten Röntgenapparatur zu arbeiten, obwohl es gerade für dieses Fach erste, sehr verheißungsvolle Berichte über die Behandlung bösartiger Erkrankungen gab. Daran änderte auch nichts, dass die Notwendigkeit der Anschaffung des Instrumentariums damit begründet worden war, es sei »für die Behandlung von Carcinomkranken nicht zu entbehren«.[148] Berichte über frühe Therapieversuche finden sich erst mit dem Amtsantritt von Ludwig Seitz (1872–1965), der ab 1910 für Kontinuität in der Klinikleitung sorgte. Der wissenschaftliche Schwerpunkt der Klinik lag bis 1913 aber weiterhin bei der als neues Arbeitsgebiet ebenfalls sehr attraktiven Lehre von den Hormonen (Endokrinologie).

Im Gegensatz dazu hatten sich andere Universitätskliniken schon früher viel stärker für die Strahlentherapie engagiert. Im Hinblick auf die Erlanger Situation ist von Interesse, dass RGS deshalb vor 1913 eng mit den Frauenkliniken in Freiburg, München und Berlin kooperierte. In Freiburg, wo die Röntgen-Grundausstattung 1904 von einer Firma im nahe gelegenen Basel bezogen worden war, begann die Zusammenarbeit etwa um 1910. An der Errichtung des »Radiologischen Institutes der Universität Freiburg«, das auf Betreiben des gynäkologischen Ordinarius Bernhard Krönig (1863–1917) gegründet und am 25. Juli 1914 direkt gegenüber der Frauenklinik eröffnet wurde, hatte RGS erheblichen Anteil. In München finanzierte die Firma der 1. Universitätsfrauenklinik die neuesten Apparate, als der damalige Klinikchef Albert Döderlein (1860–1941) im Keller des Altbaus in der Sonnenstraße eine Strahlenabteilung gründete. Informationen zum genaueren Ausmaß der Kooperation mit dem Berliner Ordinarius Ernst Bumm (1858–1925) ließen sich nicht finden. Es kann aber gesagt werden, dass alle genannten Kliniken schon am Ende der ersten Dekade des 20. Jahrhunderts von RGS mit einem erheblichen

Aufwand an Geld und Personal bei ihrer Arbeit unterstützt wurden. Allen voran gehörten sie mit Freiburg in dieser Zeit auch zu den Wegbereitern der Strahlentherapie.[149]

Äußere Bedingungen des Aufstiegs der Radiologie in der Frauenklinik

Nach 1913 allerdings änderte sich die Situation in Erlangen grundlegend. Trotz Weltkrieg, politischer Umwälzungen, Inflation und Wirtschaftskrise entwickelte sich in der Frauenklinik ein radiologisches Forschungs- und Behandlungszentrum, das in den 1920er und 1930er Jahren Wissenschaftler sowie Patientinnen und Patienten aus aller Welt anzog. Promotor war der vielseitig begabte und später sehr umstrittene Hermann Wintz (1887–1945), der damals in die Klinik eintrat und es in einer rasanten Karriere bis 1921 vom Praktikanten bis zum Ordinarius brachte.[150] Unterstützt von seinem Lehrer Seitz profilierte er sich zunächst mit experimentellen Untersuchungen sowie einer Reihe patentierter technischer Verbesserungen an Röntgenröhren und den dazugehörigen Apparaten. 1920 publizierten Seitz und Wintz die Monografie *Unsere Methode der Röntgen-Tiefentherapie und ihre Erfolge*.[151] Das Buch, das als Sonderband der Zeitschrift »Strahlentherapie« erschien, stellte eine Zusammenfassung der bis dahin geleisteten Arbeit dar – auch im Bereich klinischer Studien.

Einen wichtigen Impuls für die Neudefinition des wissenschaftlichen Schwerpunktes in der Frauenklinik gaben sicherlich die äußeren Umstände: Nicht nur die von der Laienpresse reichlich mit Berichten zu angeblichen Wunderwirkungen der neuen, unsichtbaren Strahlen versorgte Öffentlichkeit, sondern auch viele Ärzte glaubten, dass insbesondere in der Krebsbehandlung eine Wende zu erwarten war. Besonders deutlich wurde dies auf dem Kongress der Deutschen Gesellschaft für Gynäkologie (DGG) im Mai 1913 in Halle, bei dem die Präsentation erster strahlentherapeutischer Behandlungserfolge in Freiburg, München und Berlin Stürme der Begeisterung unter den Teilnehmern auslöste. Walter Stoeckel beschrieb dies in seinen Erinnerungen wie folgt:

»Ein sehr bekannter Operateur sprang auf, hochrot im Gesicht, und rief pathetisch: ›Gestern habe ich zum letzten Mal ein Messer angefasst!‹ Ein Dozent der hinter mir saß, verkündigte feierlich: ›Die Krebsgefahr ist gebannt, die Menschheit darf aufatmen.‹«[152]

Die großen Operationen des Faches, von den Wiener Gynäkologen Ernst Wertheim (1864–1920) und Friedrich Schauta (1849–1919) zur Behandlung von bösartigen Erkrankungen der Gebärmutter eben erst entwickelt, erschienen damit schon wieder überholt. Alles deutete auf einen Paradigmenwechsel »vom Stahl zum Strahl«.

Unter den Tagungsteilnehmern befanden sich auch der Erlanger Klinikdirektor Seitz und sein Oberarzt Ernst Engelhorn. Die radiologischen Präsentationen auf dem Kongress, dessen Mittelpunkt eigentlich der von Seitz in einem großen Referat zusammengefasste Stand der gynäkologischen Endokrinologie darstellen sollte, beeindruckten beide offensichtlich sehr. Jedenfalls begann man in Erlangen schon einen Monat später mit einer ersten Serie von Krebsbestrahlungen. Auch Wintz, der als Anfänger in der Klinik nicht nach Halle gereist war, erkannte die Radiologie sehr rasch als vielversprechendes Forschungsgebiet, das zudem seiner technischen Begabung und manuellen

Abb. 26   Hermann Wintz (1887–1947).

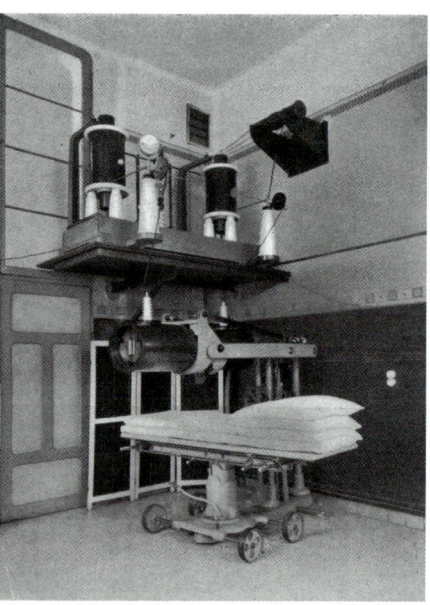

Abb. 27–29 Blicke in das Strahleninstitut der Frauenklinik von 1918 bis in die 1920er Jahre.

Geschicklichkeit in besonderem Maße entsprach. Unterstützt von Seitz verschaffte er sich zunächst das erforderliche theoretische und praktische Rüstzeug. Für Ersteres sorgte der damalige Physikordinarius Eilhard Wiedemann (1852–1928), der den Erlanger Lehrstuhl von 1886 bis 1926 innehatte.[153] Kenntnisse im praktischen Umgang mit Röntgenröhren und -apparaten vermittelte der RGS-Ingenieur Leonhard Baumeister (1874–1953), den Wintz bereits vor dem Beginn der offiziellen Kooperation mit der Firma für eine Zusammenarbeit gewinnen konnte.[154] Die Ergebnisse dieser interdisziplinären Teamarbeit, an der auch andere RGS-Mitarbeiter beteiligt waren, schlugen sich bis 1917 in einer Reihe von Publikationen, Erfindungen und Patenten nieder, mit denen sich Wintz als erfolgreich forschender gynäkologischer Radiologe profilieren konnte. Für RGS war dies zunächst Anlass, sich durch vertragliche Vereinbarungen die industriellen Nutzungsrechte zu sichern.

Auf einen besonders günstigen Umstand für die Entwicklung der Radiologie in der Frauenklinik hat Wintz später selbst immer wieder hingewiesen: Während der Erste Weltkrieg »vielerorts die Röntgenlaboratorien leerte und auf lange Zeit stilllegte«[155], wurde in der Frauenklinik die Röntgenstation des III. Bayerischen Armeekorps etabliert. Sie diente ab 1917 auch als Bestrahlungseinrichtung des Militärs. Wintz, der nach kurzem Kriegseinsatz wegen einer chronischen Erkrankung in die Frauenklinik zurückbeordert worden war, schrieb über jene Zeit, in der die Behandlung gynäkologischer Patientinnen nur einen Teil seiner täglichen Arbeit ausmachte, er habe damals große diagnostische und therapeutische Erfahrungen mit Kranken machen können, die »sonst nie nach Erlangen gekommen wären«.[156]

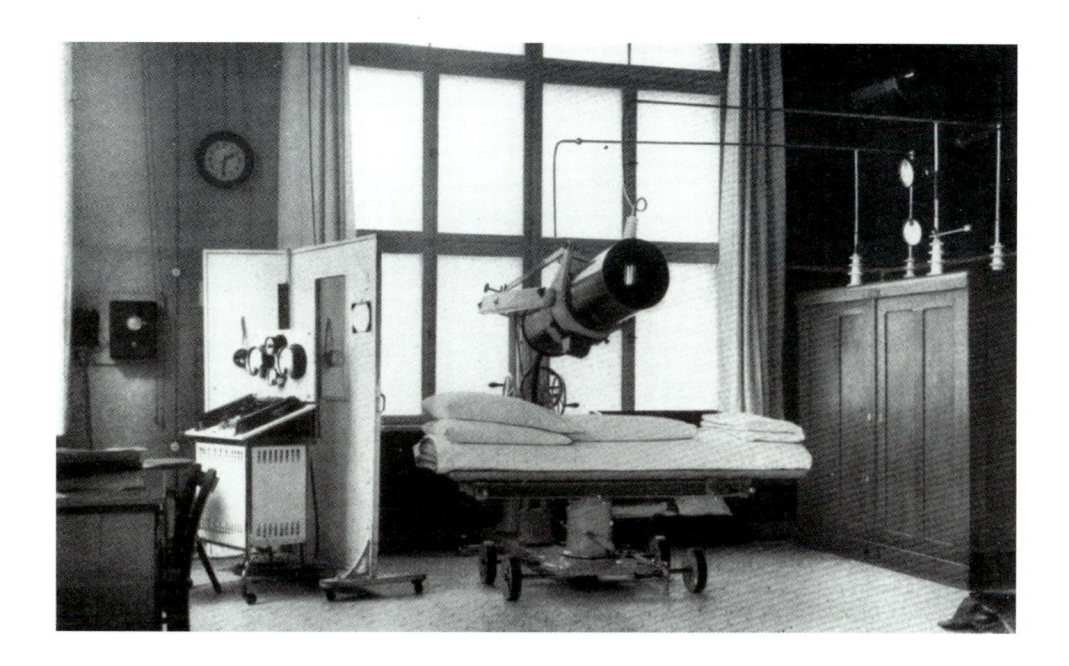

Das Röntgeninstitut der Frauenklinik in der Weimarer Republik

Der Aufschwung der Radiologie in der Frauenklinik vollzog sich offenbar fast ausschließlich auf der Basis vertraglicher Vereinbarungen zwischen RGS und Wintz. Eine Stiftung der Firma für den Neubau und die Erstausstattung eines Röntgeninstitutes der Universität, wie es in Freiburg bereits existierte, wurde – wohl vor allem bedingt durch Krieg und Inflation – nie realisiert, obwohl bereits erhebliche Mittel dafür bereitgestellt waren. Mit der Stiftung sollte 1917/18 vermutlich ein Ruf für Seitz auf den Lehrstuhl des überraschend verstorbenen Freiburgers Krönig abgewehrt werden, um die vielversprechende Entwicklung in Erlangen nicht zu gefährden – eine Maßnahme, die zunächst ihren Zweck erfüllte und ab 1921 mit der Übernahme des Erlanger Ordinariates durch Wintz gegenstandslos wurde.[157]

In den Räumen der Frauenklinik war nämlich offensichtlich weitgehend unbeeinflusst von den Diskussionen um die Stiftung der Ausbau der Radiologie vorangeschritten. In rascher Folge hatte man zusätzliche Geräte angeschafft und Räumlichkeiten für die Röntgentherapie umgewidmet. Im Mai 1919 übermittelte Wintz der RGS u. a. mit Hinweis auf seine Erfindungen einen umfangreichen Forderungskatalog, der nach längeren Verhandlungen ab 1920 zu einem Höhepunkt des Joint Ventures zwischen Wintz und der Firma führte. Die entsprechenden Vereinbarungen, die erst 1926 als nicht mehr finanzierbar aufgekündigt wurden, sahen die Einrichtung und Finanzierung eines Forschungslaboratoriums vor. Hinzu kam eine nicht unerhebliche Beteiligung an der Ausstattung und dem Unterhalt der klinischen Radiologie in der Frauenklinik, aus der das Militär 1919 abgezogen war. Wintz seinerseits verpflichtete sich, RGS die Ergebnisse der Forschungsarbeit zur Verfügung zu stellen und in seinem Institut Röntgenassistentinnen und Ärzte im Auftrag der Firma aus- bzw. weiterzubilden.

Abb. 30 Die Erlanger Frauenklinik in den 1930er Jahren.

Welches Ausmaß die Förderung durch RGS erreichte, zeigt eine Gehaltsliste aus dem Jahr 1920. Danach finanzierte die Firma zu diesem Zeitpunkt für das Forschungslaboratorium zwei promovierte Physiker, einen Assistenzarzt, drei Techniker, drei Verwaltungsangestellte und eine Sekretärin. 1921 bezifferte Wintz die von RGS und ihm persönlich für die Strahlentherapie aufgebrachten Mittel gegenüber der Universitätsverwaltung auf rund 900.000 Mark, davon jeweils zur Hälfte Gehälter für 21 Angestellte und Neuinvestitionen für das Institut. Im Oktober 1922 verfügte das Röntgeninstitut über 18 Therapie- und Diagnostikapparate, von denen bis zu 14 täglich für Bestrahlungszwecke in Gebrauch waren.

Bereits zu Beginn der 1920er Jahre hatte das Strahleninstitut der Frauenklinik auch international Reputation erworben. Dies veranlasste allein 1921 über 400 Ärzte und Physiker zu einem Besuch in Erlangen – nicht nur zur Freude von Wintz, der die Verpflichtung zur Betreuung und Weiterbildung zeitweise auch als Last empfand. Im August des genannten Jahres veranstaltete die Deutsche Gesellschaft für Strahlentherapie in der Frauenklinik unter Leitung von Wintz einen einwöchigen Kurs für Fortgeschrittene in diesem Fachgebiet. Unter den vielen Patientinnen und Patienten, die sich auch aus dem Ausland einfanden, befanden sich wohlhabende Selbstzahler, die Wintz trotz der schwierigen wirtschaftlichen Rahmenbedingungen dieser Zeit ein hohes Einkommen garantierten.

Bei seinen Bemühungen um den Ausbau der Radiologie und die Verbesserung der baulichen Gegebenheiten in der während des Ersten Weltkriegs stark belasteten Klinik nahm Wintz, der vieles auch aus seiner Privatschatulle finanzierte, wenig Rücksicht auf Vorschriften und den Dienstweg. Dies trug ihm nicht nur mit der Universitätsverwaltung, sondern auch mit dem Kultusministerium wiederholt erheblichen Ärger ein. Er strebte deshalb ab 1921 eine Privatisierung des Röntgeninstitutes an, die schließlich am 9. November 1923, dem Tag des Hitler-Putsches in München und auf dem Höhepunkt der Inflation, genehmigt wurde. Zu einem Rückkauf des Institutes durch den Staat kam es erst nach dem Tod von Wintz in den 1950er Jahren.

Die Form der Kooperation mit RGS erscheint rückblickend nicht unproblematisch. Schon von Fachkollegen wurde in dem Konstrukt ein möglicher Interessenkonflikt gesehen. Wintz ließ sich deshalb seine Unabhängigkeit in der Forschung von unternehmenspolitischen Erwägungen vertraglich garantieren. Besonders delikat ist, dass er ab 1919 um die Tochter von RGS-Generaldirektor Karl Zitzmann (1871–1956) warb und nicht zögerte, schon vor der Hochzeit den »lieben Schwiegervater« für seine akademische Karriere zu instrumentalisieren. Auch die Abrechnungen des Röntgeninstitutes mit RGS gestalteten sich offensichtlich sehr informell, wobei zumindest gelegentlich private Anschaffungen von Wintz mit Kenntnis von Zitzmann über die Firma abgerechnet wurden. Andererseits sind die finanzielle Großzügigkeit und das Mäzenatentum von Wintz vielfach dokumentiert.[158]

Die Allianz Wintz–Zitzmann endete 1924, als der einst so erfolgreiche Generaldirektor wegen einer auf längere Sicht ruinösen Firmenpolitik entlassen, später der Untreue angeklagt und in einem aufsehenerregenden Prozess schließlich 1930 letztinstanzlich verurteilt wurde. Die Vorwürfe, die man gegen ihn erhob, standen allerdings in keinerlei Zusammenhang mit dem Röntgeninstitut in der Frauenklinik. Die »Affäre Zitzmann« tat der Entwicklung des Institutes auch keinen Abbruch. Selbst die erwähnte drastische Einschränkung der Zuwendungen von RGS nach 1926 blieb – soweit erkennbar – bis zum Zweiten Weltkrieg ohne nennenswerten Einfluss auf die Prosperität.

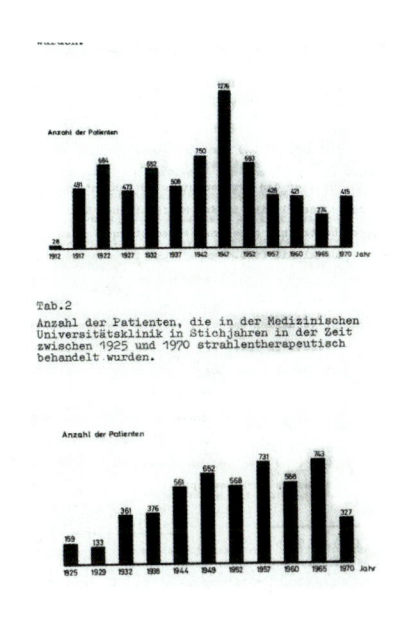

Abb. 31 Behandlungszahlen der Radiologie in Erlangen zwischen 1912 bzw. 1925 und 1975.

Radiologie an anderen Kliniken der Universität

Die Entwicklung der Radiologie an anderen Kliniken der Erlanger Universität in der Weimarer Republik ist bisher nicht eingehender untersucht worden. Auf die Vorgeschichte wurde bereits hingewiesen. In der Chirurgie fristete die Methode auch nach 1914 eher ein Schattendasein, weil die finanziellen Mittel für einen adäquaten Ausbau fehlten. Eine grundsätzliche Änderung der Situation trat auch nicht ein, als Klinikchef Ernst Graser (1860–1929) RGS zu Beginn der 1920er Jahre zur kostenlosen Überlassung von zwei Symmetrie-Apparaten bewegen konnte. 1925 erwarb der damalige Leiter der Urologie in der Chirurgie einen Ventilröhren-Diagnostikapparat der Firma Siemens-Halske. Insgesamt aber blieb die Röntgenabteilung in einem beklagenswerten Zustand, der – wie Graser 1928 kurz vor seiner Emeritierung in einem Schreiben an den Verwaltungsausschuss der Universität erklärte – keine adäquate Diagnostik, geschweige denn wissenschaftliches Arbeiten zuließ und darüber hinaus die Sicherheit von Patienten, Ärzten und Bedienungspersonal gefährdete.[159] Im selben Jahr traf Wintz dann mit dem neuen chirurgischen Ordinarius, Otto Goetze (1886–1955), eine Vereinbarung, wonach künftig alle chirurgischen Patienten in der Frauenklinik bestrahlt werden sollten.[160] Entsprechende Verabredungen waren zuvor bereits von Fall zu Fall getroffen worden.

Innere Medizin: ärztliche Leitung ab Mitte der 1920er Jahre

Über die Entwicklung der Radiologie in der Medizinischen Klinik nach ihrem Auszug aus dem gemeinsamen Röntgenkabinett mit der Chirurgie im Jahr 1904 ist ebenfalls nicht viel bekannt. Ab 1913 existierte in dem um die Jahrhundertwende errichteten Ostflügel der Klinik ein Raum für die Röntgentiefentherapie, der in der Folgezeit von RGS zunächst mit einem Symmetrie-Apparat und später mit einer »Wintz-Kanone«[161] ausgestattet wurde. Einen speziellen ärztlichen Leiter der Radiologie gab es zunächst nicht. Bestrahlungen und diagnostische Maßnahmen führte eine medizinisch-technische Assistentin unter ärztlicher Aufsicht durch. Erst 1924 beauftragte man einen Assistenzarzt mit der Leitung, 1925 wurde schließlich Werner Teschendorf (1895–1984) aus Königsberg/Preußen zum Chef der nunmehr als »Röntgenabteilung« bezeichneten Einrichtung ernannt. Teschendorf blieb nur zwei Jahre, habilitierte sich allerdings in dieser Zeit und führte auf Anregung von Wintz Ganzkörperbestrahlungen durch, die in die Röntgenliteratur eingingen und von denen noch kurz die Rede sein wird.[162]

Auch die Dermatologie / Venerologie wurde nach ihrer Verselbstständigung und dem Einzug in das ehemalige Erlanger Garnisonslazarett 1923 von RGS mit zwei Röntgengeräten ausgestattet – einem für die Diagnostik und einem für die Halbtiefentherapie. Das Bestrahlungskabinett befand sich zunächst im Parterre des Verwaltungsgebäudes. 1930 wurde die Radiologie dann in den ersten Stock verlegt und dabei räumlich erweitert.[163]

Die Beiträge der Erlanger Schule zur Radiologie: die »Erlanger Methode«

Ziel der Radiotherapie bösartiger Erkrankungen ist es unter anderem, an mehr oder weniger tief im Körperinneren liegende Tumorherde eine zur Behandlung ausreichende Strahlendosis zu bringen. Die zu Beginn des 20. Jahrhunderts zur Verfügung stehenden Gasentladungs-Röntgenröhren sowie die dazugehörigen Funkeninduktoren waren dazu nur bedingt geeignet. Ihre inkonstante Strahlung besaß größtenteils nur geringe Eindringtiefe, erreichte das Wirkungsmaximum im Hautniveau und konnte deshalb leicht zu schweren Verbrennungen führen, ohne den gewünschten Effekt in der Tiefe zu erzielen. Abgesehen davon fehlten zuverlässige Methoden zur Messung der applizierten Strahlendosen sowohl an der Haut als auch am Tumorherd.

Erste Ansätze zur Lösung dieser Probleme waren allerdings bereits vorhanden. So hatte die Freiburger Arbeitsgruppe bis 1912 ein Verfahren entwickelt, mit dem Patientinnen mit gutartigen Gebärmuttergeschwülsten (Myomen) durch Ausschaltung der Eierstockfunktion (Radiomenolyse) relativ zuverlässig behandelt werden konnten. Die Freiburger bedienten sich dabei nach umfangreichen experimentellen Studien einer durch Aluminium gefilterten Röntgenstrahlung, bei der die Eierstöcke (Ovarien) über zahlreiche Hauteinfallsfelder in einer »Kreuzfeuertechnik« mit der erforderlichen Dosis belegt wurden. Durch das Aluminiumfilter wurde der hautschädliche (»weiche«) Strahlenanteil weitgehend zurückgehalten. Dies ermöglichte einen relativ geringen Fokus-Haut-Abstand (FHA) der Röntgenröhre mit entsprechend besserer Ausnutzung der erzeugten Energie in der Tiefe. Die »Kreuzfeuertechnik« ließ eine Konzentration dieser Energie im »Herd« zu, ohne die einzelnen Hautfelder übermäßig zu belasten. Zur erfolgreichen Radiomenolyse waren wegen der hohen Strahlensensibilität der Ovarien freilich nur vergleichsweise geringe Dosen erforderlich.

Die Entwicklung der »Erlanger Methode« stellte eine konsequente Fortsetzung der Untersuchungen der Freiburger Arbeitsgruppe dar, die durch Einberufungen von Mitarbeitern zu Kriegsbeginn und den frühen Tod Krönigs 1917 fast völlig zerschlagen wurde. Grundlage waren die einleitend erwähnten technischen Verbesserungen an Röntgenröhren und -apparaten, mit denen eine konstantere und tiefer wirksame Strahlung erzielt werden konnte. Im Detail handelte es sich um eine automatische Regeneriervorrichtung für die Röhren und um einen neuartigen Funkeninduktor, der als »Symmetrieapparat« bezeichnet wurde. Die neue Regeneriertechnik wurde beim Bau einer Röntgenröhre angewandt, die als »Selbsthärtende Siederöhre« (SHS) in die radiologische Literatur einging und noch relativ lange mit den damals langsam an Bedeutung gewinnenden modernen Elektronenröhren nach dem Prinzip des Amerikaners William David Coolidge (1873–1972) konkurrieren konnte. Zusammen mit dem Symmetrieapparat entwickelte sich die SHS für RGS zu einem Verkaufsschlager, weil die komplette Apparatur eine recht konstante Strahlung (180 kV und 2–3mA) entwickelte.[164]

Die Hauteinheitsdosis (HED) nach Wintz

Von Bedeutung für die Etablierung der »Erlanger Methode« waren auch Fortschritte in der Dosismessung (Dosimetrie). Die Arbeitsgruppe um Wintz modifizierte dafür ein Instrument des Physikers und Chemikers Bela Szilard, das RGS bereits seit 1914 herstellte. Mithilfe dieses veränderten »Iontoquantimeters« wurden zunächst umfangreiche Untersuchungen zur Ermittlung von Tiefendosen an Phantomen und Leichen durchgeführt. Da die Messkammer des Instrumentes stark verkleinert worden war, konnten schließlich auch bei Frauen mit Gebärmutterkrebs durch den Enddarm bzw. die Scheide die bei einer Bestrahlung tatsächlich applizierten Herddosen ermittelt werden.

Da auch die mit der neuen Röhrentechnik erzeugte Strahlung noch zu einem erheblichen Anteil stark oberflächenwirksam und damit hautschädlich (»weich«) war, untersuchten die Erlanger neben dem in Freiburg verwendeten Aluminium weitere Metalle darauf, ob sie als Filter geeigneter waren. Gleichzeitig experimentierte man mit unterschiedlich großen Bestrahlungsfeldgrößen und Fokus-Oberflächen- bzw. Hautabständen, die ebenfalls einen Einfluss auf Menge und Qualität der wirksam werdenden Röntgenstrahlen haben. Dabei stellte sich heraus, dass mit einem Filter von 0,5 mm Zink, einem FHA von 23 cm und einer Feldgröße von 6 × 8 cm auf der

Oberfläche bzw. Haut in einer Tiefe von 10 cm bei vertretbar längerer Bestrahlungsdauer eine im Vergleich zum Aluminiumfilter doppelt so große Dosis gemessen werden konnte. In der klinischen Anwendung bezeichneten Seitz und Wintz diese Technik als »Zinkfilterintensivbestrahlung«.

Die Dosimetrie mit dem Iontoquantimeter erwies sich allerdings für den klinischen Routineeinsatz als zu kompliziert. Seitz und Wintz schlugen deshalb die Hauteinheitsdosis (HED) als neue biologische Maßeinheit vor. Sie unterschied sich auf den ersten Blick nicht wesentlich von der bereits eingeführten Hauterythemdosis: Applikation einer Strahlung, die auf der Haut im Verlauf von 8 bis 14 Tagen zunächst zu einer leichten Rötung und etwa vier Wochen später zu einer leichten Bräunung führt. Neu war allerdings, dass in der Erlanger Klinik die apparativen und bestrahlungstechnischen Voraussetzungen für das Erreichen der HED mithilfe von Iontoquantimetermessungen genau standardisiert worden waren. Entsprechend geeichte Anlagen konnten also unter diesen Bedingungen mit relativ hoher Sicherheit nur nach Zeit betrieben werden.

Im Rahmen ihrer Untersuchungen hatten Seitz und Wintz empirisch auch Dosierungen ermittelt, die sie zur erfolgreichen Behandlung definierter Erkrankungen für erforderlich hielten. Danach lag die erforderliche Dosis für die Radiomenolyse bei 35 Prozent der HED. Beim Karzinom hielten Seitz und Wintz 110 Prozent sowie beim Sarkom 60 bis 70 Prozent der HED für ausreichend. Aus – wie sich später herausstellte – irrigen strahlenbiologischen Erwägungen sollten die genannten Dosen bei den bösartigen Erkrankungen möglichst in einer Sitzung appliziert werden (»Einzeitbestrahlung«). In der Praxis fand jedoch fast immer eine mehr oder weniger ausgeprägte Verteilung der Dosen über mehrere Sitzungen statt.

Der »Röntgen-Wertheim«

Auf der Basis dieser Forschungsergebnisse wurden im Oktober 1919 jene Arbeiten veröffentlicht, in denen die Prinzipien der »Erlanger Methode« erstmals umfassend dargestellt sind. Als klassisch gilt dabei die Publikation mit dem für Fachleute sehr eingängigen Titel *Die ausschließliche Bestrahlung des Gebärmutterkrebses, der Röntgen-Wertheim*. In der Arbeit wird das Behandlungskonzept von den pathophysiologischen Erkenntnissen abgeleitet, die zuvor bei der chirurgischen Therapie zu immer radikaleren Operationsmethoden geführt hatten. Seitz und Wintz schrieben dazu: »Viel tausendfältige Erfahrungen […] lehrten uns […], dass […] nicht selten auch bei kleinen Karzinomen bereits die Lymphgefäße und Lymphdrüsen der näheren und weiteren Umgebung infiziert sind.« Deshalb dürfe man sich keinesfalls mit der Bekämpfung der Geschwulst allein zufriedengeben. Entsprechend der Wertheimschen Operation müsse auch bei der Strahlentherapie das Gewebe mit den Lymphbahnen rings um die Gebärmutter getroffen werden, die seitlich und nach hinten in den Haltebändern des Organs verliefen (Parametrien und Ligamenta sacrouterina). Zusätzlich sei es erforderlich, die Lymphabflussgebiete im Bereich der großen Beckengefäße mitzuerfassen.

Besonders nachdrücklich wiesen Seitz und Wintz darauf hin, dass die dargestellten Anforderungen an eine effektive Strahlentherapie von Gebärmutterkrebs durch die bis dahin vor allem übliche Kontakttherapie mit Radium allein auf keinen Fall erfüllt werden könnten. Unter Berufung auf eigene Untersuchungen begründeten sie dies mit dem ungünstigen Dosenquotienten der Substanz: In drei Zentimetern Entfernung von der Oberfläche eines Radiumpräparates sei bei der üblichen Filterung nur noch ein Hundertstel der ursprünglichen Strahlung nachweisbar. »Bei entfernter gelegenen Tumorzellen und bei Metastasen wird und muss das Radium versagen«, schrieben Seitz und Wintz, die der Substanz aber durchaus sehr gute lokale Wirkung zugestanden und sie in Kombination mit Röntgenstrahlen selbst einsetzten.

Für die praktische Durchführung des »Röntgen-Wertheims« teilten sie das Bestrahlungsgebiet in drei Zonen ein, die in einem Zeitintervall von sechs bis acht Wochen jeweils mit der Karzinomdosis belegt werden mussten. Die erste Zone galt dem Tumor, die beiden anderen den Lymphabflussgebieten rechts und links (Parametrien und Beckengefäße). In jeder Zone wurde über sechs Felder von 6 × 8 cm Größe bestrahlt – je drei an der Körpervorder- und -rückseite. Bei korpulenten Patientinnen empfahlen Seitz und Wintz, ein zusätzliches Feld von vorne auf das äußere Genitale zu legen.

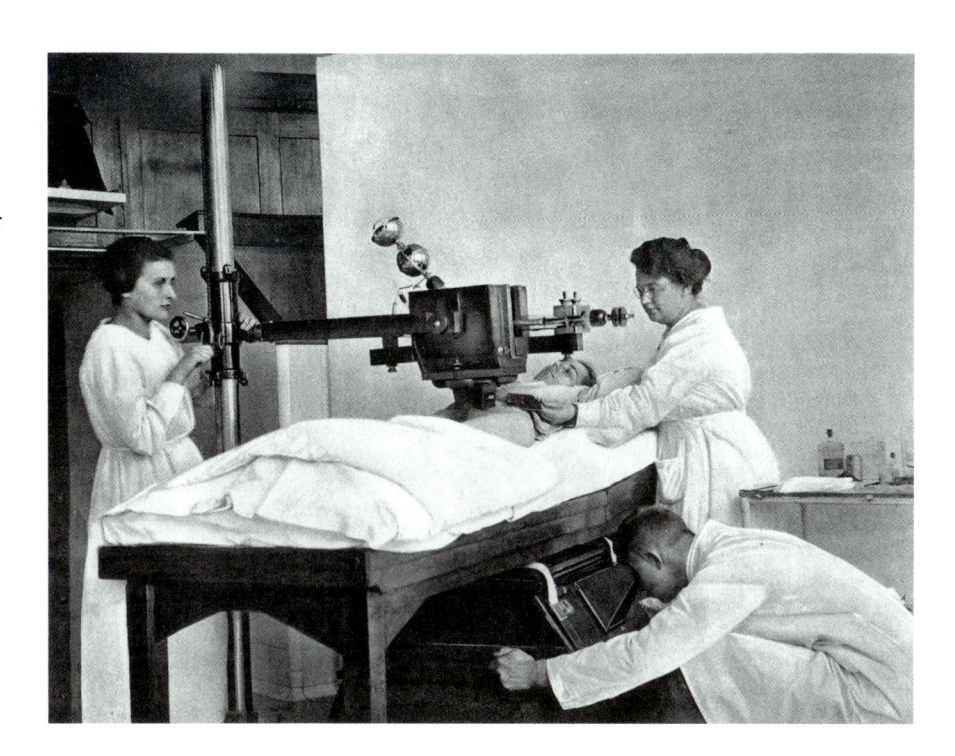

Abb. 32 Strahlenbehandlung eines Gebärmutterkrebses nach dem Prinzip des »Röntgen-Wertheim«, 1924.

Auch für die Behandlung von Patientinnen mit Brustkrebs, die damals noch eine Domäne der Chirurgen war, entwickelten Seitz und Wintz ein eigenes Konzept. Aufgrund der relativ oberflächlichen Lage sowie der Nähe von Herz und Lungen ließ sich das Prinzip der Kreuzfeuerbestrahlung nicht anwenden. Unter Berücksichtigung eigener und fremder Untersuchungen über den Einfluss des FHA und der Feldgröße auf die Tiefendosis entschieden sie sich für eine Methode, die sie als Fernfeldbestrahlung bezeichneten und die die axillären Lymphabflussgebiete einbezog. Empfohlen wurden alternativ Felder von 15 × 15 cm und ein FHA von 80 cm oder Felder von 9 × 12 cm und ein FHA von 100 cm. Wintz ergänzte dieses Konzept später durch den Einsatz von Ausgleichsblenden, mit denen der seitliche Dosisabfall bei großem FHA und großen Feldern kompensiert werden konnte. Außerdem empfahl er zusätzlich die Radiomenolyse.

Skepsis gegenüber der fraktionierten Bestrahlungstechnik

Die »Erlanger Methode« der einzeitigen Zinkfilterintensivbestrahlung von Krebserkrankungen war um 1920 in ihren Grundzügen etabliert. Sie stellte erstmals ein in sich schlüssiges radiologisches Gesamtkonzept für die Behandlung häufiger Krebserkrankungen der Frau dar. Das Konzept gab feste Dosierungen vor, konnte auch bei inoperablen Fällen eingesetzt werden und war zumindest theoretisch relativ problemlos auf andere Institutionen übertragbar. Als Nachfolger von Seitz hat Wintz dieses Konzept über fast ein Vierteljahrhundert gepflegt, ohne es grundlegend zu verändern. Getragen von der enormen Reputation, die ihm die gemeinsamen Arbeiten mit Seitz sowie seine eigenen Erfindungen in der Röntgentechnik eingebracht hatten, spielte Wintz und mit ihm die Erlanger Frauenklinik für fast zwei Jahrzehnte in der Radiologie eine herausragende Rolle. Zusammen mit seinen Mitarbeitern konnte er durch viele Kongressauftritte, Auslandsreisen sowie Lehr- und Handbuchbeiträge bis in die 1930er Jahre meinungsbildend wirken, obwohl damals die besonders innovative Phase der Radiologie in der Frauenklinik bereits vorbei war.

Wintz hat die Ergebnisse seiner Behandlungen stets wissenschaftlich evaluiert. Er hielt die Röntgentherapie nie für ein Allheilmittel. Nicht der Strahlentherapeut, sondern letztlich nur der Körper selbst mit seinen Abwehrkräften könne Krebs heilen, erklärten Seitz und er bereits in ihren ersten Publikationen. Deshalb spielten für die Erklärung von Versagern der »Erlanger Methode« zunächst vor allem Überlegungen eine Rolle, die wenig spezifisch von einer allgemeinen Schwäche des betroffenen Organismus sowie von einer unzureichenden Vor- und Nachbehandlung ausgingen. Außerdem, so Wintz, müsse immer an eine mangelhafte Bestrahlungstechnik gedacht werden.

Den ab Mitte der 1920er Jahre zunehmend Bedeutung erlangenden neuen strahlenbiologischen Erkenntnissen, der Einführung der Dosiseinheit »Röntgen« und der fraktionierten Bestrahlung nach Vorgaben des Franzosen Henri Coutard (1876–1950) mochte Wintz zumindest offiziell nicht folgen. Er konnte sich offenbar nie ganz von der Theorie freimachen, wonach Röntgenstrahlen in kleinen »Reizdosen« unter Umständen das Wachstum von bestehenden Tumoren stimulierten. Der fraktionierten Behandlung lastete er außerdem an, dass der Körper dadurch rechnerisch einer deutlich höheren Gesamtdosis des »Röntgengiftes« ausgesetzt werde, als dies bei der Einzeittherapie der Fall sei. Allerdings behandelte auch Wintz gelegentlich fraktioniert, ohne dies explizit so zu bezeichnen, und stellte die Methode nie öffentlich komplett infrage.

Ganzkörperbestrahlungen in der Inneren Medizin

Auch die erwähnten Ganzkörperbestrahlungen, die Teschendorf auf Anregung von Wintz Mitte der 1920er Jahre in der Inneren Medizin durchgeführt hat, werden von Fachleuten zu den Pioniertaten der Radiologie gezählt.[165] Das Prinzip dieser Behandlung wird bei Leukämien bzw. Lymphomen in Form der Total Body Irradiation (TBI) noch heute angewandt. Teschendorf war u. a. aus Untersuchungen von Wintz bekannt, dass Blutzellen auf Strahlenexposition besonders sensibel reagieren. Ebenso wusste er um die positiven Effekte von Milzbestrahlungen bei bestimmten Formen dieser Erkrankungen, kannte aber auch deren Limitationen. »Das Bestreben, die Röntgenstrahlen an allen Leucozytenbildungsstätten bei den Leukämien zur Wirkung zu bringen, führten mich zu dem Gedanken, den ganzen Körper des Leukämikers der Wirkung der Röntgenstrahlen auszusetzen«, schrieb er in seiner 1927 publizierten Arbeit.[166]

Für die Behandlungen an insgesamt 13 Patientinnen und Patienten, die er ausdrücklich als Therapieversuche bezeichnete, benutzte Teschendorf den damals zur Verfügung stehenden Wintzschen Symmetrieapparat mit der Selbsthärtenden Siederöhre (SHS) sowie einem Zink-/Aluminiumfilter. Bestrahlt wurde mit einem FHA von 150 cm von vorne und von hinten. Die applizierte Dosis, die unter Berücksichtigung von Tierversuchen und speziellen Berechnungen festgelegt worden war, gab Teschendorf mit 2 bis 3 Prozent der HED an. Mit der Therapie konnte eine bestehende starke Leukozytose rasch reduziert werden. Es sei aber nicht gelungen, die pathologischen Zellformen aus dem Blut zu beseitigen, berichtete Teschendorf und appellierte an seine Fachkollegen, Nachprüfungen vorzunehmen. Auch er selbst hat sich nach seinem Wechsel auf eine Chefarztstelle in Köln (ab 1. Januar 1927) weiter mit der »Röntgenteletherapie« befasst und darüber 1953 sogar eine Monografie verfasst, sein Hauptinteresse galt jedoch der Röntgendiagnostik.[167] Wolfgang Frobenius

Röntgenkater

Die neue Technik der Herstellung von Bildern mittels X- bzw. Röntgenstrahlung war bereits kurz nach ihrer Publikation durch Conrad Wilhelm Röntgen (1845–1923) im November und Dezember 1895 eine Sensation, die das Laienpublikum ebenso faszinierte wie die Wissenschaft. Die *Münchner Medicinische Wochenschrift* berichtete bereits im Januar 1896 in ihren Ausgaben 2, 3 und 4 über nach dem »Röntgen'schen Verfahren hergestellte Photogramme«. Diese rasante Translation von Grundlagenforschung überrascht umso mehr, als es dem Würzburger Physiker Röntgen in der Sache gar nicht um die Anwendung ging: Für ihn stellten die Bilder lediglich den Beweis dafür dar, dass die X-Strahlung existierte.

Im Gegensatz zur hochkomplexen Strahlenphysik, die hinter der Entstehung der Röntgenbilder steckte, war die Apparatur leicht zu verstehen und nachzubauen. Sie wurde von ihrem Erfinder auch nie patentiert. Der Röntgenpionier Friedrich Dessauer (1881–1963), der 1900 sein Studium in München abbrach, um eine sehr erfolgreiche eigene Firma zum Bau und Vertrieb von Röntgenapparaten (Veifa, Aschaffenburg) zu eröffnen, erzählte später, er habe unmittelbar nach der Zeitungslektüre über Röntgens Entdeckung bereits um die Jahreswende 1895/96 als Gymnasiast erste Röntgenapparate gebaut.[168] Noch vor der medizinischen Anwendung avancierte dieses Ergebnis der Grundlagenforschung zu einer Varietéattraktion. In Erlangen wurde es erstmalig am 5. Mai 1896 im Redoutensaal durch das Ehepaar Lané vorgeführt, um »das geehrte Publikum« mit den faszinierenden Schattenbildern »in die großen Geheimnisse des Spiritismus einzuweihen«.

Die mit Sensationslust gepaarte Technikeuphorie der Jahrhundertwende hielt sich bis in die 1920er Jahre. Sie ist zu berücksichtigen, wenn der für Begriffe des frühen 21. Jahrhunderts zumindest sorglose Umgang mit dem neuen Verfahren darzustellen ist. Die X-Strahlen durchdrangen menschliches Gewebe und bewiesen ihre Wirksamkeit auf der Bildplatte. Doch mussten sie dann nicht auch im Gewebe eine Wirkung entfalten? Tatsächlich waren an einem 17-Jährigen ebenfalls bereits 1896 nach mehrwöchigen

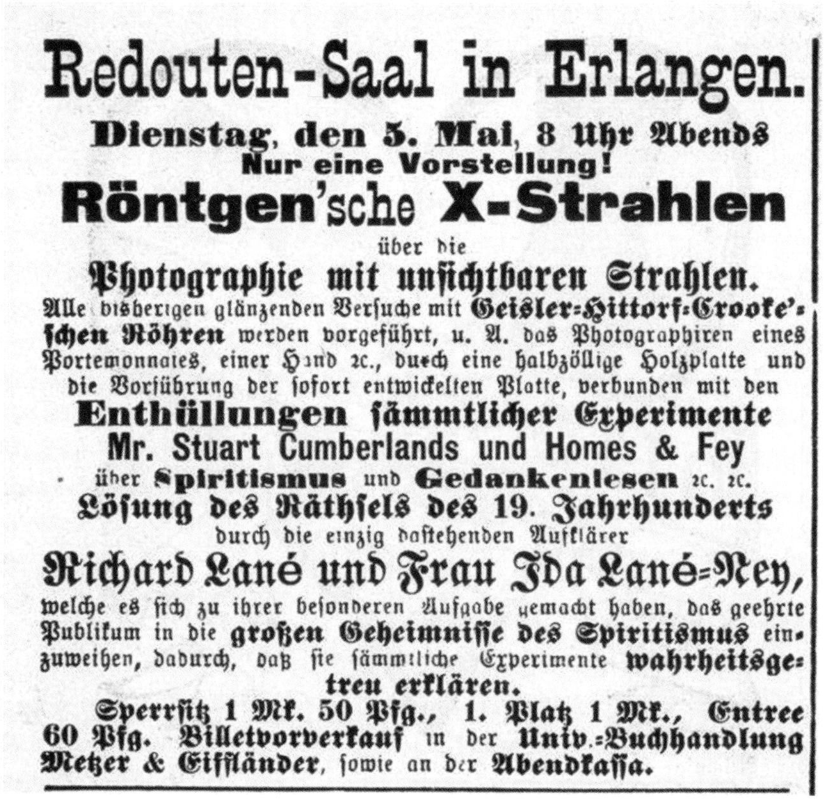
Redouten-Saal in Erlangen.
Dienstag, den 5. Mai, 8 Uhr Abends
Nur eine Vorstellung!
Röntgen'sche X-Strahlen
über die
Photographie mit unsichtbaren Strahlen.
Alle bisherigen glänzenden Versuche mit Geisler-Hittorf-Crooke'schen Röhren werden vorgeführt, u. A. das Photographiren eines Portemonnaies, einer Hand ꝛc., durch eine halbzöllige Holzplatte und die Vorführung der sofort entwickelten Platte, verbunden mit den
Enthüllungen sämmtlicher Experimente
Mr. Stuart Cumberlands und Homes & Fey
über Spiritismus und Gedankenlesen ꝛc. ꝛc.
Lösung des Räthsels des 19. Jahrhunderts
durch die einzig dastehenden Aufklärer
Richard Lané und Frau Ida Lané-Rey,
welche es sich zu ihrer besonderen Aufgabe gemacht haben, das geehrte Publikum in die großen Geheimnisse des Spiritismus einzuweihen, dadurch, daß sie sämmtliche Experimente wahrheitsgetreu erklären.
Sperrsitz 1 Mk. 50 Pfg., 1. Platz 1 Mk., Entree 60 Pfg. Billetvorverkauf in der Univ.-Buchhandlung Metzer & Eiffländer, sowie an der Abendkassa.

Abb. 33 Zeitungsannonce des Ehepaars Lané für eine Vorstellung von »Photographie mit unsichtbaren Strahlen«, 1896.

»Durchleuchtungsversuchen mit Röntgenstrahlen« Haarausfall und verschiedene Hautirritationen beobachtet worden. »Es kann wohl kein Zweifel sein, dass es sich hier bei allen geschilderten Veränderungen um eine Dermatitis handelt, die auffallend der nach Verbrennung oder Besonnung ähnelt«, schrieb der Arzt Wilhelm Marcuse in einem Beitrag für die *Deutsche Medicinische Wochenschrift*. Fraglich sei nur, »welche der bei diesen Versuchen hervortretenden Kräfte das eigentliche Agens ist«.[169] Es war also bereits innerhalb weniger Monate in damit befassten Kreisen weitgehend unstrittig, *dass* die neuartige Strahlung spezifische Wirkungen im menschlichen Körper zeitigte – unklar blieb allerdings noch geraume Zeit, *warum* und *wie* sie dies tat.

Die ebenso frühzeitig wie regelmäßig beobachteten Schädigungen der Hände insbesondere von Technikern und Entwicklern, aber auch von Röntgenschwestern gingen nicht zuletzt auf die Praxis zurück, die Qualität der Strahlung (»Härte«) von Röntgengeräten zu prüfen, indem sie ihre eigene Hand mehrfach und regelmäßig in den Strahlengang hielten. Das dabei erzielte Bild gab vor geplanten medizinischen Maßnahmen Aufschluss über eventuell nötige Korrekturen der Röhren- bzw. Geräteeinstellung.

1905 kam der in Erlangen promovierte Arzt Theodor Schilling aus Nürnberg auf die Idee, eine Skeletthand in einen mit Wachs ausgegossenen Lederhandschuh zu stecken, um die »Röntgenarbeiter« vor der regelmäßigen Strahlenbelastung zu schützen. Diesen »Härtegradmesser für Röntgenröhren« stellte er im Dezember auf dem mittelfränkischen Ärztetag in Nürnberg vor. Eine Anmerkung im Bericht der *Münchner Medizinischen Wochenschrift* dazu wies bereits darauf hin, dass die Firma Reiniger, Gebbert & Schall (RGS) die »Röntgenhand« in den Handel bringen werde.[170] Schillings Vorstellung der Testhand berichtet von dem bis dato gängigen Verfahren, die eigene Hand zur Prüfung zu benutzen, bereits 1906 wie aus grauer Vorzeit; dies sei »*früher*, als der Röntgenarbeiter die Gefahr noch nicht kannte«,[171] gängige Praxis gewesen; die Gefahren waren also durchaus bekannt. Aus der Erlanger Frauenklinik ist ein Exemplar einer solchen Testhand überliefert. Sie wurde der Medizinischen Sammlung der Universität übergeben und befindet sich als Leihgabe im Siemens MedMuseum.

Für viele in der Strahlendiagnostik und -therapie Tätige kamen »Testhand« und erste Warnungen allerdings damals schon zu spät. Wer 300 bis 400 Röntgenaufnahmen monatlich machte und sich dabei zum Gerätetest der eigenen Hand bediente, hatte den Schaden für die Entwicklung eines Röntgenkarzinoms rasch gelegt.[172]

Röntgenhände

Das tragische Schicksal von Otto Schreiber offenbart erschütternde Details einer Lebens- und Leidensgeschichte, wie sie in den Anfängen der Radiologie nicht selten war. Der 1882 in Apolda geborene Schreiber war ursprünglich Fotograf. Diese damals wie die Radiologie noch junge Methode wurde von versierten und oft technisch hochbegabten Spezialisten ausgeübt, die sich schnell für das neue Darstellungsformat durch Röntgenstrahlen interessierten – so auch Schreiber, der im Mai 1904 eine Stelle als Röntgentechniker bei der Firma Hirschmann in Berlin angenommen hatte. Nach deren Übernahme durch RGS 1907 wurde Schreiber nach Erlangen versetzt, wo er weiterhin im Röntgenlabor arbeitete. Den RGS-Akten zufolge musste ihm 1913 die linke Hand abgenommen werden, er suchte sich jedoch keine andere Beschäftigung. Im Dezember 1922 stand erstmals die Amputation auch der rechten Hand zur Debatte, konnte jedoch vorerst vermieden werden. Erst zum 1. Januar 1923 – knapp 13 Jahre nach dem Verlust seiner linken Hand! – wurde Schreiber Dienstunfähigkeit attestiert, und am 9. Dezember 1924 war die Amputation des rechten Arms nicht mehr zu umgehen.[173]

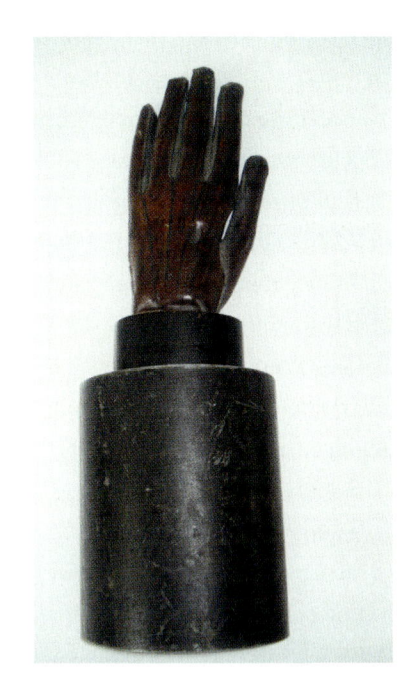

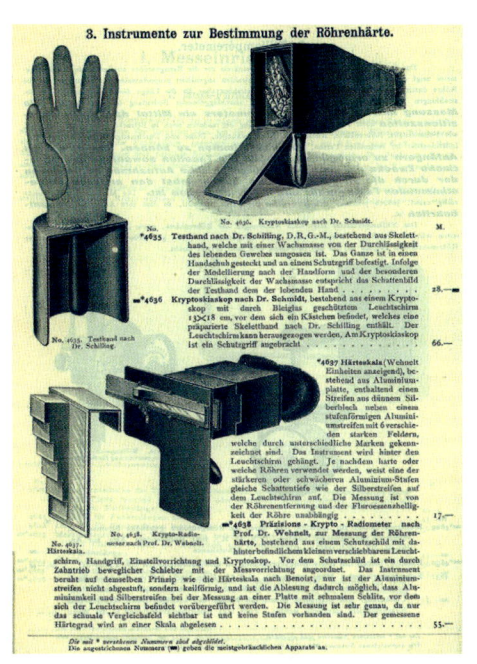

Behandelt haben Schreiber der Oberarzt Willy Haas (1890–1969) in der Chirurgie sowie schließlich in der Hauptsache Hans Dehler (geb. 1893) im Röntgeninstitut der Frauenklinik. Haas hatte sich 1921 in Erlangen habilitiert und wurde 1929 Direktor und chirurgischer Chefarzt des Städtischen Krankenhauses in Offenbach/Main.[174] Von Dehler ist bekannt, dass er 1926 im Rahmen eines Assistentenaustauschs an die Universitätsfrauenklinik Gießen ging, sich in mehreren Publikationen mit strahlentherapeutischen Fragen befasste und schließlich als Facharzt für Gynäkologie, Geburtshilfe und Röntgenologie in Nürnberg niedergelassen war.[175]

Schreibers Behandlung in der Erlanger Frauenklinik ermöglichte die detaillierte Dokumentation seiner Krankengeschichte und damit nicht zuletzt wiederum medizinische Forschung. Die medizinischen Erkenntnisse zur Strahlenwirkung im menschlichen Körper resultieren zu einem nicht unwesentlichen Teil aus der Beobachtung und Analyse der Krankheitsverläufe von Geschädigten. In diesem Sinne regte der Chef der Frauenklinik, Hermann Wintz, Mitte der 1920er Jahre seinen Mitarbeiter Wilhelm Flaskamp (1891–1979) zu einer größeren Arbeit über »Röntgenschäden« an. Flaskamp konnte sich dort nach eigenem Bekunden weit über die Gynäkologie und ihre Patientinnen hinaus »an die große Erfahrung [seines] Chefs anlehnen […], in dessen Klinik Kranke aller Zweige der Heilkunde zusammenströmen«.[176] Mit seiner Arbeit auf der Basis der in Erlangen vorhandenen Krankenakten sowie anderweitig publizierter Fälle und der wissenschaftlichen Literatur

Abb. 34 | 35 Die »Schilling-Hand« aus der Medizinischen Sammlung der FAU Erlangen-Nürnberg und eine zeitgenössische Werbeanzeige für das Produkt der Firma Reiniger, Gebbert & Schall AG.

hat sich Flaskamp 1928 in Erlangen für Frauenheilkunde, Geburtshilfe und Röntgenologie habilitiert, 1934 wurde er zum ao. Professor ernannt. Von 1935 bis zu seiner Versetzung in den Ruhestand 1956 war Flaskamp Chefarzt der Frauenklinik und des Röntgeninstitutes des Evangelischen Krankenhauses in Oberhausen.[177]

Flaskamps 1930 als Monografie publizierte Habilitationsarbeit *Über Röntgenschäden und Schäden durch radioaktive Substanzen. Ihre Symptome, Ursachen, Vermeidung und Behandlung* führt sämtliche Krankengeschichten selbstverständlich anonym an. Bis in die Details hinein ist aber eine der dort berichteten Krankengeschichten in den Otto Schreiber betreffenden Akten der Firma Reiniger, Gebbert & Schall ergänzend überliefert. Anhand der Doppelüberlieferung ist die Identifikation des bei Flaskamp erwähnten »Röntgeningenieurs« mit dem Fotografen Otto Schreiber möglich.

Flaskamps Dokumentation über den »typischen Verlauf einer gewerblichen Röntgenschädigung von der Bildung der Röntgenhand bis zum Ulcus und Carcinom« beschreibt die Krankheitsgeschichte eines »Röntgeningenieurs«, der ab 1904 »Diagnostik betrieb« und schon nach einem halben Jahr erstmals eine Rötung und leichte Schwellung beider Hände bemerkte, dies jedoch auf »Chemikalien beim photographischen Prozess zurückführte«. Ab 1910 sind dann in 17 Abbildungen Lokalbefunde bis zum Tod des Patienten im Dezember 1925 fotodokumentiert. Die ersten Bilder zeigen noch die – wie es heißt – »charakteristische Röntgenhand« rechts und links mit trockener, spröder Haut und rissigen Fingernägeln. Im Juli 1911 findet sich dann im Bereich des linken Handgelenks ein kleines Geschwür, das bis zum Februar 1913 immer größer wurde und sich zu einer krebsigen, chronisch infizierten, verjauchenden Wunde entwickelte, sodass die linke Hand und das untere Drittel des Unterarms amputiert werden mussten. Ein späterer Kommentar der Firma RGS an das Direktorium der Reichsversicherungsanstalt bemerkte dazu: »An seiner Tätigkeit ab 1913 war kein Nachlassen der Arbeitskraft bemerkbar.«[178]

Ab 1918 verschlimmerte sich auch der Zustand der rechten Hand, obwohl der Patient seit seiner ersten Operation unter Bedingungen arbeitete, »welche den strengsten Anforderungen hinsichtlich Strahlenschutzes genügten«.[179] Es zeigte sich ebenfalls ein Geschwür, in dem im April 1923 Krebs diagnostiziert wurde. Erst zum 1. Januar 1923 war Schreibers Dienstunfähigkeit attestiert worden. Eine Metastase oberhalb des Ellbogengelenks zwang nach einem längeren Intervall schließlich zum Absetzen des ganzen Arms unterhalb des Schultergelenks im Dezember 1924. Rasch entwickelten sich jedoch Metastasen in der Achselhöhle, die sich oberflächlich in Form eines großen, wiederum verjauchenden Geschwürs unaufhaltsam ausbreiteten, bis der Patient im Dezember 1925 an krebsbedingter Auszehrung (Kachexie) starb. Ein derartiger Befund erklärt, weshalb ein Besucher an Schreibers Krankenbett im November 1925 schrieb: »Es kostet wirklich Ueberwindung, sich nur einige Minuten in dem Krankenzimmer aufzuhalten.«[180]

Kurz vorher hatte ein über fünf Jahre sich hinziehender Streit begonnen. Beteiligt waren zuerst Schreiber, dann seine Witwe Lina, die Firma Reiniger, Gebbert & Schall, die Reichsversicherungsanstalt sowie die Berufsgenossenschaft der Feinmechanik und Elektrotechnik, die sich über die Versorgung Schreibers und vor allem seiner Witwe nicht einigen konnten. Unter Verweis darauf, dass seine derzeitige Rente 30 Mark monatlich

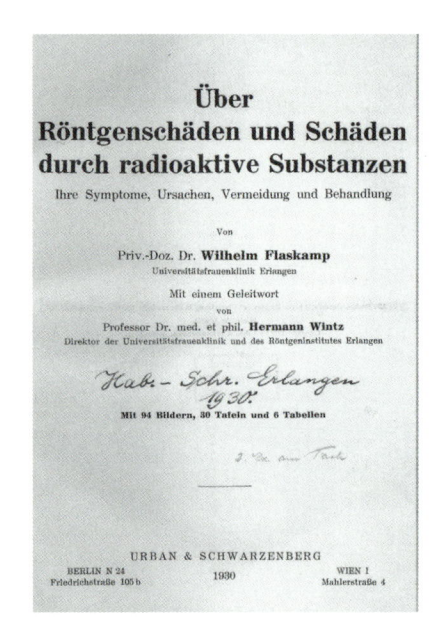

Abb. 36 Wilhelm Flaskamps Habilitationsschrift *Über Röntgenschäden und Schäden durch radioaktive Substanzen*, 1930.

betrage und seiner Frau daraus eine Witwenrente von nur 18 Mark in Aussicht stehe, gleichzeitig sein baldiges und plötzliches Ableben durchaus nicht ausgeschlossen sei, richtete Schreiber im Mai 1925 ein Schreiben an seine Firma, um »durch die Festsetzung einer auskömmlichen Rente für meine Frau deren Zukunft sichergestellt [zu] sehen«.[181] Die Berufsgenossenschaft verwies darauf, es könne sich »hier nur um eine allmähliche bzw. dauernde Einwirkung durch Röntgenstrahlen handeln«, die bis auf Schreibers Tätigkeit bei Hirschmann seit dem Jahr 1904 zurückginge, »sodaß ein Betriebsunfall im Sinne des Gesetzes nicht vorliegt«.[182]

Tatsächlich wurde 1925 die Unfallversicherung auf »Erkrankungen durch Röntgenstrahlen und andere Strahlen der Energie« ausgeweitet, welche Maßgabe allerdings erst für seit dem 1. Januar 1925 aufgetretene Erkrankungen galt. Die – am Ende erfolglose – Strategie in den Korrespondenzen mit den Versicherungsbehörden lief nun darauf hinaus, zu belegen, dass Schreiber im Laufe des Jahres 1925 erneut durch Strahlung geschädigt wurde. Mit der Amputation seines rechten Armes im Dezember 1924 sei er gesundet, tatsächlich ist er anschließend noch mehrfach in der Firma und dort auch in den im Keller befindlichen Röntgenlabors gewesen.[183]

Die Gefahren der ionisierenden Strahlung wurden noch in den 1920er Jahren unterschätzt. Davon zeugt eine Warnung des unglücklichen Otto Schreiber. Bereits schwer erkrankt, berichtete er im Dezember 1922 in einem Routinegeschäftsbrief über Qualität und technische Details von »Aufnahmen mit gashaltigen Röhren«, dass er mit Sorge auf den kommenden Tag sehe, in dem über die Amputation auch seines rechten Armes entschieden werden solle. Er schloss mit der Mahnung: »Also, lieber Herr Doktor, Vorsicht!!! Vermeiden Sie jede direkte Bestrahlung Ihrer Hände, Auch Frl. Jacobsen soll recht vorsichtig sein. – Sonst hätte ich nichts Neues zu melden […]«[184]

Die Namen und Biografien vieler, die ein Opfer der neuen, so verheißungsvollen Technik wurden und zum Teil qualvoll zugrunde gingen, sind bekannt. Das *Ehrenbuch der Röntgenologen und Radiologen aller Nationen* erinnert an 359 von ihnen. Die Namen finden sich auch in einen Gedenkstein eingemeißelt, der auf dem Gelände des Allgemeinen Krankenhauses St. Georg in Hamburg seinen Platz gefunden hat. Unter ihnen sind der Ingenieur Leonhard Baumeister (1874–1953) und Otto Schreiber (1882–1925). Wie Schreiber war auch Baumeister in der Frühphase der Radiologie für das Erlanger Unternehmen Reiniger, Gebbert & Schall tätig. Er wies damals den Assistenzarzt und späteren Direktor der Frauenklinik, Hermann Wintz, in die Röntgentechnik ein und war mit ihm zusammen auf dem Gebiet der Röhren- und Apparateentwicklung innovativ tätig.[185]

Im »Ehrenbuch« fehlt Else Bindewald, die ebenfalls mit den Anfängen der Radiologie in Erlangen verbunden ist. Sie hatte am 1. April 1914 in der Erlanger Frauenklinik eine Tätigkeit aufgenommen. Else Bindewald war die erste Röntgenassistentin von Wintz und genoss offensichtlich sein besonderes Vertrauen. Er übertrug ihr beispielsweise im Jahr 1919 die selbstständige Eichung einer neuen Röntgenanlage im Krankenhaus Weiden, damit dort nach der »Erlanger Methode« Bestrahlungen durchgeführt werden konnten. Am 10. Februar 1921 starb sie »infolge einer schweren Blutschädigung, die sie sich durch jahrelanges Arbeiten mit Röntgenstrahlen zugezogen hatte«.[186] Einen Tag vor ihrem Tod

Abb. 37 Todesanzeige für die Röntgenassistentin Else Bindewald, 1921.

wurde in der Privatstation der Erlanger Frauenklinik eine Verwandte »zur Beobachtung« aufgenommen. Auf ihrem Krankenblatt sind keinerlei Behandlungen vermerkt. Es heißt dort lediglich: »Pat. wird nur […] in der Klinik aufgenommen, da sie einer Pflege bedarf und sie zu Hause nicht hat.«[187]

Bei Erscheinen des Röntgenarztes: Brechreiz

Häufig im Dunklen bleiben die Schicksale der vielen Patientinnen und Patienten, die – teils akzidentell, teils im Rahmen von Dosisfindung, manchmal aber auch durch übergroße Risikobereitschaft ihrer Ärzte – zu Opfern der neuen Technik wurden. Details dazu können insbesondere in den Akten der Schadenersatzprozesse gefunden werden, die vor allem in den ersten Dekaden des 20. Jahrhunderts geführt wurden. Die erwähnte Monografie von Flaskamp, in der auch die Krankengeschichte Schreibers dokumentiert ist, stellte die erste systematische Aufarbeitung der wissenschaftlichen Literatur zu möglichen Strahlenschäden dar. Daneben konnte Flaskamp auf Behandlungserfahrung vor Ort zurückgreifen: Als deutschlandweit renommierte Einrichtung für Strahlentherapie behandelte die Erlanger Frauenklinik regelmäßig auch Folgeprobleme.

Störungen des Allgemeinbefindens nach der Bestrahlung wurden seit 1912 mit dem damals in Freiburg tätigen Gynäkologen Carl Joseph Gauß als »Röntgenkater« bezeichnet.[188] Unter den Strahlentherapeuten war diese Bezeichnung indes ebenso umstritten wie gleichwohl verbreitet;[189] noch 1955 musste der Arzt Kurt Breitländer eingestehen: »Diese Störungen des Allgemeinbefindens unterschiedlicher Stärke sind objektiv schwer faßbar und auch labormäßig bekanntlich kaum oder nur zum Teil nachweisbar. Immerhin sind sie da und in Rechnung zu stellen und können dem Betroffenen recht erheblich zu schaffen machen. Sie können bekanntlich so stark auftreten, daß sie gelegentlich zur Unterbrechung der Behandlung und zu besonderen Maßnahmen zwingen.« Dies mit den Folgewirkungen von übermäßigem Alkoholgenuss gleichzusetzen, sei allerdings strikt abzulehnen, da – so Breitländer – »ausgesprochen unärztlich« sowie »dazu angetan, die Anwendung strahlender Energien in ein falsches Licht zu rücken, zu bagatellisieren und zu diskreditieren.«[190]

Ein Blick in die Patientenakten der Wintzschen Privatabteilung bestätigt die aus heutiger Perspektive zumindest leichtfertig zu nennende euphorische Stimmung hinsichtlich der neuen, verglichen mit chirurgischen Eingriffen seinerzeit als besonders schonend erachteten Option der Behandlung mit ionisierender Strahlung. Unter den Wintzschen Patienten der Privatabteilung befanden sich Damen aus der besten Gesellschaft, aber auch zum Teil prominente Männer – keine Selbstverständlichkeit in einer Frauenklinik. Der Klinikchef sah sich dabei gelegentlich mit merkwürdigen Wünschen konfrontiert, denen er im einen oder anderen Fall auch nachgab. Einige Beispiele sollen die Vielfalt der Wintzschen Klientel illustrieren, zu der sich später auch NS-Prominenz gesellte – ein Umstand, der Wintz nach 1945 als große Nähe zum Regime angelastet wurde.[191]

Ein 42-jähriger Kaufmann aus Nürnberg war in Karlsbad, Nürnberg, München und Berlin wegen eines Bauchtumors in Behandlung. Aus Berlin vermerkt die Krankenakte »Prof. Israel lehnte Operation ab nur Bestrahlung bei Wintz Erlangen«. Die gewünschte Therapie in den Jahren 1924 und 1925 gestaltete sich allerdings langwierig, weil sie »auf mehrere Tage verteilt werden muss, da der Patient jedesmall [!] ziemlich stark mitgenommen wird, der hinterher und während der Bestrahlung auftretende Kater verschwand immer sehr schnell.«[192]

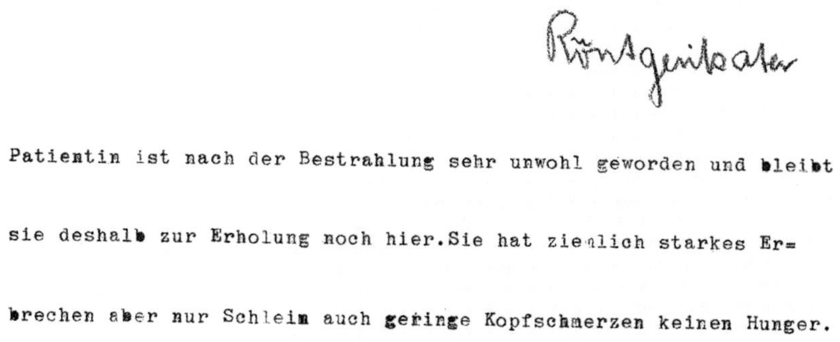

Ein 45-jähriger Kaufmann aus Breslau kam im April 1924 für die Behandlung von Folgeschäden nach Erlangen, die nach der extern durchgeführten Bestrahlung einer Operationsnarbe »zur besseren Verheilung der Innennähte« aufgetreten waren.[193] Von 1920 bis 1926 ließ ein Spandauer Dermatologe bei Wintz einen Tumor im Oberschenkel behandeln. Zwischen den Bestrahlungen erholte er sich in Oberhof, im Sanatorium Scharmützelsee bei Berlin, in St. Moritz und Meran sowie in Oberitalien, da ihm die Behandlungen ebenfalls nicht gut bekamen: »Patient fühlt sich hinterher sehr elend, leidet unter starken [!] Brechreiz, der allein schon durch das Erscheinen des Römtgenarztes [!] ausgelöst wird.«[194]

Im Unterschied zu den eben genannten männlichen Patienten auf der Privatstation der Erlanger Frauenklinik ließ sich ein Wiener Baron mit einer Grippe im Dezember 1920 für vier Tage auf der Privatstation der Erlanger Frauenklinik behandeln – allerdings nicht mit Strahlen. Er war in Begleitung seiner Frau gekommen, die nach mehreren Operationen eines Vulvakarzinoms nun eine radiologische Behandlung bei Wintz bekommen sollte. Einmal vor Ort, verlangte der ebenfalls anwesende Sohn der adligen Familie dringend auch die Durchleuchtung der Lunge seiner Mutter, die allerdings keinen pathologischen Befund erbrachte.[195]

Hochrangigen Besuch erhielt die Wintzsche Klinik im Jahr 1920 auch durch eine monarchische Hoheit mit klimakterischen Problemen. Ohne »eigentliche Beschwerden«, wie das Krankenblatt vermerkt, und nach Ausschluss einer Krebserkrankung durch mikroskopische Untersuchung, wurde die Dame auf ihr Verlangen gleichwohl mit einer Strahlenkastration behandelt, wenn auch vorsichtiger als üblich: »Um eine Hautreizung sicher zu vermeiden, werden 6 Felder gegeben und auf jedes nur ¾ der HED [Hauteinheitsdosis] verabreicht.«[196]

Auch aus weniger blaublütigen Kreisen kamen Anfragen an Wintz, ihre Leiden mittels Strahlen zu behandeln. So meldete sich die Witwe eines Unternehmers aus Sulzbach im August 1918 handschriftlich bei ihm. Unter Hinweis auf eine Bekannte aus Wildenau, »die mit den gleichen Leiden behaftet war und in der dortigen Klinik durch Röntgen Behandlung von ihrem Uebel befreit wurde«, heißt es in dem Brief: »Gestatten sehr geehrter Herr Professor, wenn ich mit diesen Zeilen an Sie die Bitte richte mir gütigst mitzuteilen, ob

Röntgenkater

Patientin ist nach der Bestrahlung sehr unwohl geworden und bleibt sie deshalb zur Erholung noch hier. Sie hat ziemlich starkes Erbrechen aber nur Schleim auch geringe Kopfschmerzen keinen Hunger.

Abb. 38 »Röntgenkater«: Notiz auf einem Patientenblatt.

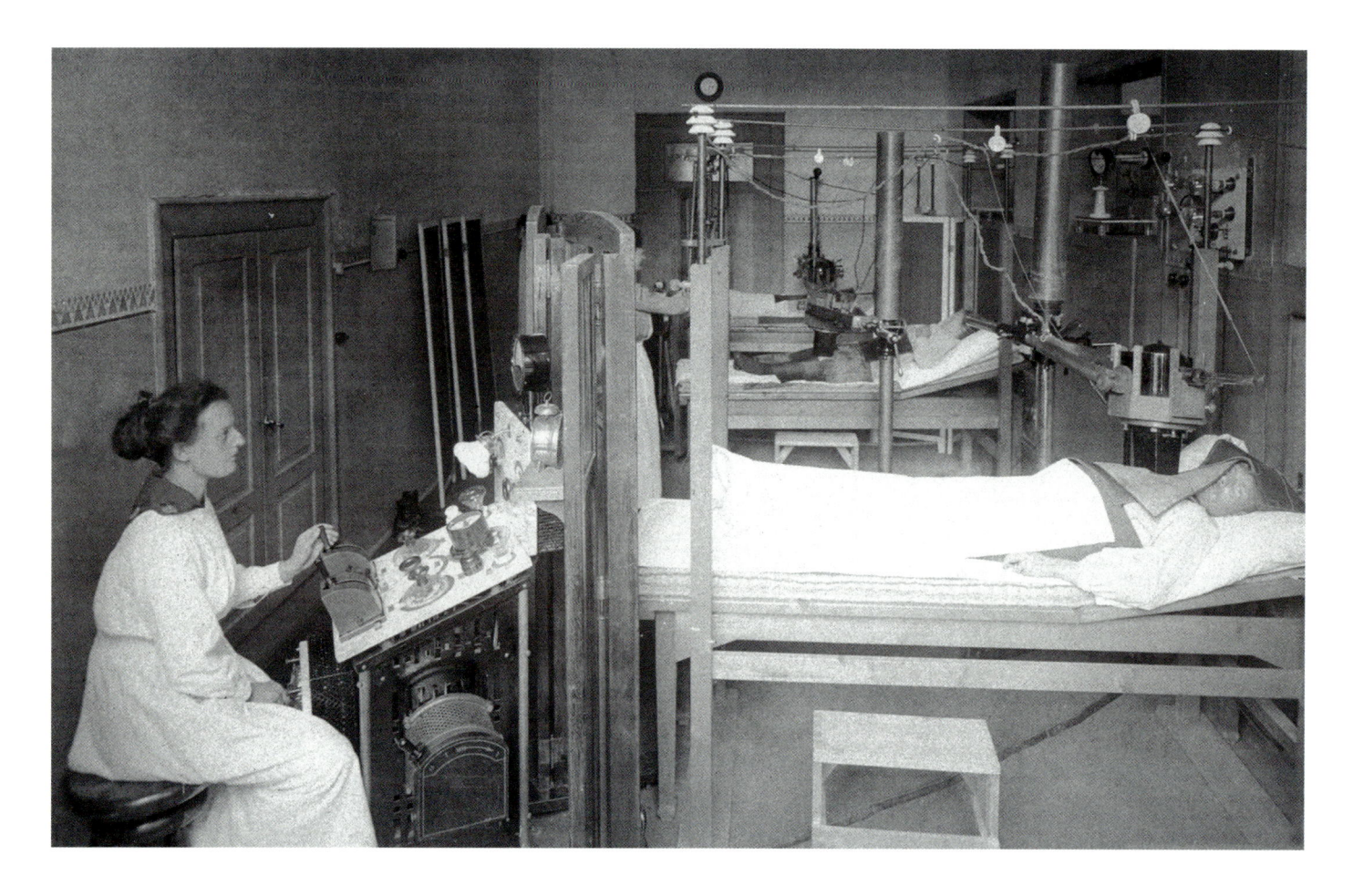

Abb. 39 Bestrahlungsraum in der Erlanger Frauenklinik, undatiert.

mein Leiden auf gleiche Weise geheilt werden kann und ob ich im gegebenen Falle Aufnahme zweiter Klaße sofort finden könnte.« Nach ihrer Ankunft in Erlangen wurden mehrere, zum Teil »kindskopfgroße« Tumoren diagnostiziert und eine Operation aufs Dringendste empfohlen. Dies lehnte die offenbar noch rüstige Oberpfälzerin allerdings kategorisch ab und setzte eine Bestrahlung mit der Kastrationsdosis durch. Zwei Tage später verlangte sie die Entlassung gegen ärztlichen Rat und trotz der Warnung, »dass bei ihr wahrscheinlich die Therapie damit noch nicht abgeschlossen ist«.[197]

Zu den von Wintz behandelten Patientinnen und Patienten aus dem Umkreis von NS-Prominenz gehörten offenbar der Vater des Hitler-Stellvertreters Rudolf Hess (1894–1987), die Gattin des Herausgebers des antisemitischen Hetzblattes »Der Stürmer«, Julius Streicher (1885–1946, hingerichtet), sowie die Frau von Karl Holz (1895–1945, gefallen), der nach der Entmachtung von Streicher als Gauleiter dessen Nachfolge angetreten hatte. Der Vater von Rudolf Hess litt an einem Larynxkarzinom und Frau Streicher an einer schweren Unterleibsentzündung. Frau Holz wurde zunächst wegen Infertilität behandelt, später leitete Wintz ihre Geburten und betreute sie schließlich auch wegen einer Lungentuberkulose.[198]

Im Rückblick ärztliche Selbstkritik

Der allzu sorglose Umgang mit ionisierender Strahlung zur Diagnostik und Therapie in der Medizin hat zahlreiche Menschen ihre Gesundheit, manche auch ihr Leben gekostet. Betroffen sein konnte jeder, der mit der Energie aus Röntgenröhren oder mit radioaktiven Substanzen wie Radium in Kontakt kam. Deshalb befanden sich unter ihnen Wissenschaftler, Techniker, medizinische Assistenten oder Assistentinnen, Ärzte sowie natürlich Patientinnen und Patienten, an denen die Strahlung angewandt wurde. Die mittel- und langfristig schädigenden Folgen der unangemessenen Exposition dieser Strahlung standen vorerst kaum im Fokus. Später wurden sie, teils aus Bequemlichkeit, teils um des Fortschritts willen, verdrängt oder sogar bewusst in Kauf genommen. Es dauerte lange, ehe sich die Einsicht in die Notwendigkeit wirksamer Strahlenschutzmaßnahmen allgemein durchsetzte.

Wintz und sein klinischer Lehrer Ludwig Seitz (Direktor der Erlanger Frauenklinik von 1910 bis 1921) haben bestimmte frühe Formen der Röntgentherapie, die sie bei Frauen mit Brustkrebs oder bösartigen Hauterkrankungen im Bereich des äußeren Genitale durchgeführt hatten, wegen ihrer dramatischen Folgeschäden später selbst als »furchtbaren Irrweg« bezeichnet. In größerem zeitlichem Abstand sprach Wintz sogar von einer »barbarischen Methode«. Gerechtfertigt wurde diese Behandlung ursprünglich damit, dass für die betroffenen Frauen mit einer tödlichen Erkrankung keine Alternative bestanden habe. Allerdings konnten und wollten sich anfangs offenbar weder die behandelnden Ärzte noch die Patientinnen und Patienten die Folgen ausmalen, die diese Therapien später zeigten.[199] Fritz Dross | Wolfgang Frobenius

Abb. 40 Alfred Kantorowicz (1899–1979).

Erlangen und die völkische Studentenbewegung der Weimarer Republik

Das Studium von Alfred Kantorowicz (1899–1979), der nach dem Zweiten Weltkrieg zu den bedeutendsten deutschen Literaturwissenschaftlern und Publizisten zählte, befand sich im Frühjahr 1922 in einer Sackgasse.[200] Wesentlich stärker als die Jurisprudenz interessierten ihn nämlich die schönen Künste, weswegen er sich auch deutlich häufiger in den Lokalitäten der Schwabinger Bohème als in den Hörsälen der Münchener Universität aufhielt. Nach einigen Semestern mit überschaubarem juristischem Lernerfolg machte sich bei Kantorowicz die Gewissheit breit, dass für einen erfolgreichen Studienabschluss ein Ortswechsel unausweichlich sei. Er entschied sich ganz bewusst für Erlangen, wo man »gar nichts anderes tun konnte als arbeiten, als aufs Examen hinarbeiten«. Mit dem festen Vorsatz, nun wirklich zu studieren, kam er im Wintersemester 1922 in Erlangen an; Unterkunft fand er in »einer elenden, dreckigen Bude bei einer Feldwebelswitwe«. Für Kohle reichte sein Geld nicht aus, sodass seine Studentenwohnung den ganzen Winter über unbeheizt blieb. Seine angespannte finanzielle Situation sollte sich im darauffolgenden Jahr mit dem Einsetzen der Hyperinflation noch verschärfen. Im Krisenjahr 1923 verlor, wie so viele andere auch, Kantorowiczs Vater »seine Ersparnisse bis auf die letzte Mark«.

Doch mehr noch als die eigene miserable finanzielle Situation machte ihm die Atmosphäre in Erlangen zu schaffen. Der jüdische Student Alfred Kantorowicz erlebte sein (akademisches) Umfeld in einem permanenten völkisch-militaristischen Ausnahmezustand, so zumindest seine Erinnerungen aus dem Jahre 1948, d. h. nach dem Ende der NS-Zeit:

»Der ›Deutschen Tage‹ war kein Ende mehr, jedes Reserveregiment feierte irgendein Jubiläum, jeder Kriegerverein […] fand einen Anlaß oder einen Vorwand[,] zu ›patriotischer‹ Feier einzuladen; jede Einweihung eines der unzähligen Kriegerdenkmäler oder Gefallenendenkmäler wurde Anlaß zu Racheschwüren fanatisierter Spießer. […] Jede dieser Demonstrationen fand ihren Höhepunkt in unflätigem Geschimpf auf die Republik, die Juden, die Sozialisten, die Demokraten. Man war in einem ständigen und mit allen Narkotika der Massensuggestion gesteigerten Rausch. Es war, als feierte das ganze Frankenland […] die gewaltigsten Siege, die das deutsche Volk je errungen.«

Auch der Name Adolf Hitlers war den Erinnerungen Kantorowicz zufolge bereits Anfang der 1920er Jahre in aller Munde. In Erlangen begrüßte man sich »in den Straßen und in der Universität mit seinem Namen: ›Heil Hitler‹. Es war ein Tollhaus.« Insbesondere an der Universität wurde Kantorowicz seine jüdische Herkunft schmerzlich bewusst. In der Mensa »rückten die anderen weg, als ob man aussätzig wär«, einzelne Mitstudenten »versuchten sogar manchmal, handgreiflich zu werden«. Einmal prügelte er sich auch »mit den Nazistudenten«. Alles in allem war »das Jahr 1923 in Erlangen«, so Kantorowicz im Rückblick auf seine fränkische Studentenzeit, »in nuce bereits ein fertiges Modell der Naziherrschaft, so wie sie zehn Jahre später in totaler Ausführung über das Land kommen würde«.

Alfred Kantorowicz war, ohne es vorher zu ahnen, im Epizentrum der sogenannten völkischen Studentenbewegung gelandet.[201] Die massenhafte Hinwendung erst zum völkischen und später auch dezidiert zum nationalsozialistischen Lager erfolgte unter den Erlanger Studenten früher und nachhaltiger als an den übrigen deutschen Hochschulen.[202] Bevor nun im Detail die spezifische Entwicklung in Erlangen, insbesondere bei den Medizinstudenten, geschildert wird, soll zunächst kurz auf die generelle sozioökonomische Situation der deutschen Studentenschaft und ihre Haltung zu Antisemitismus und Rassenhygiene eingegangen werden.

Sozioökonomische Situation und ideologische Haltung der Nachkriegsstudenten

Die Studentengeneration, die quasi aus den Schützengräben des Ersten Weltkrieges direkt an die Universitäten gelangte bzw. dorthin zurückkehrte, begriff sich dezidiert als Elite der Nation – ungleich universaler und politischer, als dies etwa heute der Fall ist. Der elitäre und selbstbewusste Führungsanspruch korrespondierte allerdings in keiner Weise mit der konkreten Alltagssituation. Weite Teile der Studentenschaft befanden sich seit dem Ende des Ersten Weltkrieges in einem chronischen Zustand ökonomischer und sozialer Existenzgefährdung, der im Vergleich zu anderen Berufs- und Sozialgruppen beispiellos war.²⁰³ Der wenig erquickliche Alltag führte bei vielen Studenten jedoch nicht etwa zu einer demütigen Haltung, sondern ganz im Gegenteil zu einem noch forscheren und selbstbewussteren Auftreten – und er bewirkte insbesondere auch eine zunehmend radikalere Ablehnung der demokratischen Staatsform, die man einmütig für die wirtschaftliche Misere verantwortlich machte. Neben den Politikern der Weimarer Republik gab es noch einen weiteren Sündenbock: Die Aversion vieler Studenten richtete sich gegen ihre jüdischen Kommilitonen. Zwar besaß der Antisemitismus an den deutschen Universitäten eine lange Tradition, er nahm jedoch im Hinblick auf das studentische Selbstverständnis ab 1918/19 innerhalb kürzester Zeit eine zentrale Stellung ein.²⁰⁴

An den Universitäten gelang es dem »Deutschen Hochschulring« recht schnell, die unübersichtliche rechtsradikale Studentenszene zu einen. Da sich ihm beinahe sämtliche Korps und Burschenschaften wie auch viele nichtkorporierten Studenten anschlossen, avancierte der Hochschulring zur einflussreichsten hochschulpolitischen Organisation der Nachkriegsjahre. Das Weimarer Staatsbürgerprinzip ablehnend strebte er mit Macht den Ausschluss der Juden aus den deutschen Studentenvertretungen an, währenddessen er sich intensiv um die Integration von Studenten der »volksdeutschen« Minderheiten in Mittel- und Osteuropa sowie vor allem aus Österreich bemühte. Die Programmatik des Deutschen Hochschulringes lässt sich demzufolge auf die Formel »antisemitisch und großdeutsch« bringen.²⁰⁵ Seine Zielvorstellungen wurden von einem Großteil der Studenten goutiert, errang er doch ab 1921 bei den AStA-Wahlen – deren Wahlbeteiligungen für gewöhnlich zwischen 60 und 80 Prozent lagen – reihenweise absolute Mehrheiten.²⁰⁶

Stellt man sich die Frage, welche Fachrichtungen bei den AStA-Wahlen der Weimarer Republik besondere Präferenzen für das völkische Lager offenbarten, so zeichneten sich bei den Medizinstudenten die höchsten Zustimmungsraten für die rechtsradikalen Studentenvertretungen ab.²⁰⁷ An diesem Wahlverhalten sollte sich auch nichts ändern, als die Hochschulringbewegung mehr und mehr an Bedeutung verlor und zu großen Teilen in den »Nationalsozialistischen Deutschen Studentenbund« (NSDStB) überging, der ab 1926/27 die Studentenszene dominierte.²⁰⁸ Die angehenden Ärzte stellten auch hier von Beginn an die natürliche Stammwählerschaft. Mehr noch als ihre Kommilitonen anderer Fachrichtungen zeigten sich die Medizinstudenten für eine antisemitische Propaganda empfänglich, die das Bild eines regelrechten Sturmlaufs jüdischer Studenten auf die deutschen Hochschulen zeichnete. Das seit dem beginnenden 19. Jahrhundert stark in den akademischen Berufen vertretene deutsche Judentum wurde für die drohende berufliche Misere verantwortlich gemacht.²⁰⁹ Diese Konstellation traf allen voran auf die zukünftigen Mediziner zu, galt doch der Arztberuf in den Jahren der Weimarer Republik einerseits als das bevorzugte Ziel jüdischer Studenten und andererseits als überfüllter Berufsstand.²¹⁰

Abb. 41 Spendenaufruf für notleidende Studenten, 1922.

Rassenhygienisches Denken innerhalb der Studentenschaft

Neben dem Antisemitismus fand vor allem das eugenische Gedankengut Eingang in das gesellschaftsbiologische Weltbild der jungen rechtsradikalen Intelligenz. Die deutsche Rassenhygiene, deren Entwicklung bis weit in die 1930er Jahre hinein im Kontext der internationalen Eugenik-Bewegung zu verstehen ist, hatte ihren Ausgangspunkt in den Degenerationsängsten des späten 19. Jahrhunderts. Die damaligen Diskussionen kreisten länderübergreifend um die Sorge, dass Alkohol, Syphilis sowie die Ausschaltung der natürlichen Selektion durch moderne Hygiene und Krankenversorgung die natürliche Evolution konterkarieren und zu einer rapiden Verschlechterung des kollektiven Erbgutes eines Volkes führen würden. Aus dieser als bedrohlich empfundenen Situation leiteten die Rassenhygieniker bzw. Eugeniker ihre Forderungen ab, durch (finanzielle) Anreize die Fortpflanzung der Erbgesunden zu fördern sowie durch repressive Maßnahmen, wie zum Beispiel Heiratsverbot oder Sterilisation, die Fortpflanzung der »erblich Minderwertigen« einzugrenzen, um damit das »Erbgut« insgesamt entscheidend zu verbessern.[211]

Die bereits vorhandenen Degenerationsängste wurden durch die Folgen des Ersten Weltkrieges noch zusätzlich befeuert. So beklagte der Student Ernst Strahlmann in den *Akademischen Blättern* – dem Publikationsorgan des »Vereins deutscher Studenten«, des sogenannten Kyffhäuserverbandes – die Folgen der Kriegsjahre, nämlich dass »Hunderttausende unserer besten und kräftigsten Männer im fähigsten Zeugungsalter […] dahingerafft« seien. Doch damit nicht genug, auch andere Übel, wie zum Beispiel die Zunahme von Geschlechtskrankheiten und Alkoholismus, »saugen an dem Mark unseres Volkes«. Dieser bedrohlichen Entwicklung Einhalt gebieten, so der Verfasser, könne nur die konsequente Anwendung der Rassenhygiene, ihr komme eine »nationale Bedeutung« zu.[212] Im Deutschen Hochschulring wie auch im Kyffhäuserverband lässt sich seit Beginn der 1920er Jahre eine rege rassenhygienische Schulungstätigkeit nachvollziehen.

Besonders intensiv wurden rassenhygienische Lösungsansätze von den Medizinstudenten diskutiert. Dies wird nicht zuletzt daran deutlich, dass der »Verband deutscher Medizinerschaften« sich bereits 1922 für die Rassenhygiene als Lehrfach aussprach. In diesem Zusammenhang wies er auf die »außerordentliche Bedeutung der Rassenhygiene für das Schicksal unserer Rasse und unseres Volkes« hin.[213] Dass die eugenische Weltanschauung, die soziale Abweichungen vom postulierten Normalzustand auf naturwissenschaftlich feststellbare, biologische Ursachen zurückführte, vor allem bei der jungen, akademisch ausgebildeten Elite von Natur- und Gesellschaftswissenschaftlern einen derartigen Zuspruch fand, überrascht nicht. Passte doch die junge Forschungsrichtung mit ihrem wissenschaftlichen Anspruch sehr gut in das von elitär-avantgardistischer Sachlichkeit geprägte Denken der völkischen Studentenschaft. Zudem kamen die von den Rassenhygienikern verkündeten Ansätze zur Behebung gesellschaftsbiologischer Probleme der Sehnsucht der Studenten nach umfassenden und radikalen Lösungen entgegen, mit deren Hilfe der völkische Befreiungsschlag gelingen und der »Volkskörper« revitalisiert werden sollte.[214]

Stellvertretend für die hohe Bedeutung, die die Studenten der Rassenhygiene beimaßen, mag der AStA der Universität Erlangen stehen. Dieser forderte in einem

Schreiben vom 20. Januar 1931 das bayerische Kultusministerium – wenn auch erfolglos – dazu auf, an ihrer Universität einen Lehrstuhl für »Rassenforschung, Rassenkunde, Rassenhygiene und Vererbungslehre« einzurichten.[215] Doch nicht nur aus diesem Grund zählte die Friedrich-Alexander-Universität zweifelsohne zu den Hochburgen der rechtsradikalen Studentenszene.

Erlangen und die völkische Studentenbewegung[216]

Unter der Hegemonie der in Erlangen traditionell sehr einflussreichen Korporationen fuhr die organisierte Studentenschaft von Beginn der Weimarer Republik an einen strikten völkisch-antirepublikanischen Kurs. Mit dem Jurastudenten und Mitglied der Burschenschaft Bubenruthia Edgar Stelzner kristallisierte sich früh ein unumstrittener Studentenführer heraus, dessen Einflussbereich weit über Erlangen hinausreichte. Auf seine Initiative hin konstituierte sich im Sommersemester 1920 auch in Erlangen der Hochschulring, der bereits kurze Zeit später die absolute Mehrheit der Studentenschaft hinter sich vereinte. Von Stelzer maßgeblich forciert verlor der Erlanger AStA sein eigentliches Ziel, nämlich die Repräsentation studentischer Interessen in hochschul- und sozialpolitischen Fragen, mehr und mehr aus den Augen und avancierte stattdessen zu einem Zentrum politischer, nicht selten auch antisemitischer Agitation. Bemerkenswert an dem unter Erlanger Studenten weitverbreiteten Antisemitismus ist, dass er beinahe vollständig ohne Juden auskam. Der Anteil jüdischer Studenten war an der Friedrich-Alexander-Universität in den Jahren der Weimarer Republik mit unter 2 Prozent verschwindend gering und nicht nur reichsweit, sondern auch im Vergleich mit den anderen beiden bayerischen Hochschulen Würzburg und München weit unter dem Durchschnitt. Der propagandistisch unentwegt heraufbeschworene Ansturm jüdischer Studenten auf deutsche Hochschulen fand in Erlangen in keiner Weise statt.

Seit Mitte der 1920er Jahre machte sich unter den Korporationen eine zunehmende Unzufriedenheit mit dem bisher dominierenden Hochschulring bemerkbar. Dem Drängen der Korporationen auf eine noch stärkere und radikalere politische Agitation konnte oder wollte dieser nicht entsprechen. Die Erlanger Korporationen gingen deshalb mehr und mehr dazu über, im NSDStB ihre Interessenvertreter zu sehen. Der Hochschulring zog aus der fortschreitenden Annäherung zwischen NSDStB und den Korporationen sowie dem drohenden eigenen Bedeutungsverlust Konsequenzen. Im Dezember 1928 löste er seine Fraktion im AStA auf und machte damit den Weg für den NSDStB frei. Bei den AStA-Wahlen im November 1929 errang der NSDStB mit 14 von 25 Sitzen erstmals die absolute Mehrheit. Erlangen war zwar deutschlandweit die erste deutsche Hochschule, deren Studenten dem NSDStB zu einer absoluten Mehrheit verholfen hatten, sie blieb aber beileibe nicht die Einzige. Zwischen 1930 und 1932 erfolgte die Machtübernahme durch NS-Studentenvertretungen an zahlreichen weiteren Universitäten.

Fragt man nun nach den Gründen, warum gerade die Studenten der Friedrich-Alexander-Universität zu derart unheilvollen Trendsettern wurden, so gilt es, neben der unheilvollen Rolle der Korporationen auch eine regionale Besonderheit zu

Abb. 42 Wahlplakat des Nationalsozialistischen Deutschen Studentenbundes, 1928.

berücksichtigen. Die Universität Erlangen war die Hochschule des fränkischen Protestantismus. Über die Hälfte der Studenten stammten aus Ober-, Unter- und vor allem Mittelfranken und somit aus Regionen, die sich früher und entschiedener als alle anderen der NSDAP zugewandt hatten.[217] Diese Affinität im evangelischen Bayern entwickelte, so Manfred Kittel, »eine Eigendynamik, in deren Folge Franken und der Nationalsozialismus in der Außen- wie in der NS-Binnenperspektive fast zu einer Einheit verschmolzen«.[218] Auf ein Gros der Erlanger Studenten dürfte der Nationalsozialismus demnach bereits vor Studienbeginn eine hohe Anziehungskraft ausgestrahlt haben.

Erlanger Medizinstudenten

In den unmittelbaren Nachkriegsjahren war der Jurastudent Edgar Stelzner der unumschränkte Studentenführer der Friedrich-Alexander-Universität. Als Stelzner sich ab 1924 sukzessive aus der Hochschulpolitik zurückzog, um den »Völkischen Block« im bayerischen Landtag zu vertreten, waren es vor allem zwei Nationalsozialisten, die fortan die Erlanger Studentenszene dominierten. Zwar war es mit Ludwig Franz Gengler ein Student der Geschichte, Kunstgeschichte und klassischen Philologie, der Ende 1923 sowohl den Vorsitz der neu gegründeten »Nationalsozialistischen Studentengruppe«, dem Vorläufer des NSDStB, als auch den des AStA übernahm, doch wäre sein Aufstieg ohne die tatkräftige Unterstützung des Medizinstudenten Fritz Hülf kaum möglich gewesen. Hülf fungierte als eine Art studentischer Propagandaminister, wobei er vor keiner Diskussion und wohl auch keinem antisemitischen Ausfall zurückschreckte. Sein Wirkungsbereich beschränkte sich jedoch nicht nur auf seine Alma Mater, sondern er avancierte zu einem der einflussreichsten NS-Propagandisten in ganz Mittelfranken.[219] Bei seiner aggressiven (hoch)schulpolitischen Agitation konnte sich Hülf auf den Rückhalt seines großen Förderers, den berüchtigten fränkischen Gauleiter Julius Streicher, verlassen. Dass es sich bei den beiden um Brüder im Geiste handelte, wird nicht zuletzt daran deutlich, dass Hülf 1924/25 neben seinem Medizinstudium als Chefredakteur des von Streicher herausgegebenen antisemitischen Hetzblattes »Der Stürmer« fungierte.[220]

Die Machtübernahme des NSDStB 1929 scheint bei manchem Erlanger Medizinstudenten eine – im schlechtesten Sinne – enthemmende Wirkung im Umgang mit seinen jüdischen Mitbürgern gehabt zu haben. Zumindest weist hierauf eine Begebenheit hin, die sich am 4. Februar 1932 in einer Vorlesung des Gynäkologen Rudolf Dyroff zugetragen hatte. Als dort eine jüdische Praktikantin aufgerufen wurde, fühlten sich Teile des Auditoriums davon provoziert, wie einer der Studenten in einer Stellungnahme an das Rektorat vom 9. Mai 1932 unumwunden zugab:

»Seit langem ist einer großen Anzahl von Kommilitonen zuwider, fremdrassige Elemente in ihrer Mitte sitzen zu sehen. Deshalb scheuen wir uns auch nicht, unser Mißfallen bei deren Erscheinen durch Scharren kundzutun. Dies war auch an dem genannten Tage der Fall, als ein gewisses Fräulein Buchheim aufgerufen wurde. Da ich nun die Anschauung dieser Kollegen teile, befand ich mich unter denen, die bei der Aufrufung dieser Praktikantin scharrten.«

Da einer der anwesenden Medizinstudenten jedoch über das antisemitische Verhalten seiner Kommilitonen empört war und sich darüber beim Rektor beschwerte, sah sich Prokanzler Friedrich Lents am 17. Mai 1932 zu der folgenden bemerkenswerten Beurteilung des Vorganges bemüßigt: »Zur Einleitung eines Disziplinarverfahrens besteht kaum ein Anlass. Das Scharren beim Aufrufen einer – wie ich annehme – jüd. Praktikantin ist ungehörig, hält sich aber in Grenzen des herkömmlichen Verhaltens.«

Durch derlei nachsichtiges Verhalten der Universitätsspitze offensichtlich bestärkt, wagte sich kurze Zeit später auch die Medizinische Fachschaft, in Erlangen »Klinikerschaft« genannt, aus der Deckung. Sie fasste den Beschluss, mittels einer Satzungsänderung fortan »Juden, Judenstämmige[n] und nichtdeutschstämmige[n] Ausländer[n]« den Zutritt zu ihrer Organisation zu verweigern. »Der Arzt von morgen« – so die Begründung – »könne an den rassenpolitischen Fragen gar nicht mehr vorübergehen«. Es sei deshalb untragbar, »daß in Zeiten einer Überfüllung unseres Berufes fremdstämmige Ärzte in Deutschland bezahlte Positionen bekleiden«.[221] Der Vorstoß der »Klinikerschaft« rief allerdings deutliche Kritik hervor. Insbesondere für die Medizinische Fakultät war hier, bei allem sonstigen Verständnis für die völkischen Ziele ihrer Studenten, eine rote Linie überschritten. Dementsprechend harsch fiel auch die Reaktion des Dekans, des Pathologen Eugen Kirch, aus. In einer Stellungnahme vom 20. Mai 1932 distanzierte er sich deutlich vom rassischen Exklusivitätsanspruch der Medizinischen Fachschaft und betrachtete das »Band, das bisher zwischen Professorenschaft und Klinikerschaft« bestanden habe, solange als gelöst, »bis die ›Erlanger Klinikerschaft‹ der einzigen richtigen Bestimmung einer Fachschaft wieder treu sein« würde.[222] Und auch der Universitätsrektor ergriff dieses Mal entschlossen Partei, indem er der »Klinikerschaft« die Anerkennung als offizielle Vertretung der medizinischen Fachschaft entzog.

Allem Anschein nach war die Erlanger »Klinikerschaft« von der massiven Ablehnung ihres Vorstoßes überrascht. Und die unnachgiebige Haltung von Medizinischer Fakultät und Rektorat verfehlte ihre Wirkung nicht. Zwar trat mit dem »Verein klinischer Studenten« zunächst einmal eine Organisation die Nachfolge der »Klinikerschaft« an, die auf die Anwendung des Rassenprinzips pochte, doch löste sich diese bereits kurze Zeit später wieder auf. Als wäre nichts geschehen, konstituierte sich ab dem Wintersemester 1932/33 eine neue Medizinische Fachschaft, die – zumindest offiziell – wieder alle Medizinstudenten repräsentieren wollte.

Ausblick

Die völkische Wende an den deutschen Hochschulen ließ vor allem perspektivisch wenig Gutes ahnen, wenn – wie Ulrich Herbert treffend bemerkt – Studenten, »die in den 30er Jahren in die Führungspositionen der deutschen Gesellschaft einrücken würde[n], zu über 70 % der ›völkischen Studentenbewegung‹ anhing[en], die ein radikal antirepublikanisches, großdeutsch-nationalistisches und antisemitisches Weltbild propagierte[n]«.[223] Die Zustimmungsraten der Medizinstudenten dürften noch deutlich höher gewesen sein. Ihre Affinität zu den Zielen der völkischen Studentenbewegung suchte unter den jungen Akademikern ihresgleichen. Sie waren es auch, die sich besonders intensiv mit rassenhygienischem Gedankengut auseinandersetzten. Frappierend ist darüber hinaus, wie tief der Antisemitismus bereits in der Weimarer Republik verankert war. Besieht man sich diesen virulenten Judenhass, so verwundert die »repressive Toleranz« (Harald Welzer), mit der die meisten Ärzte ab 1933 auf die Ausschaltung ihrer jüdischen Kollegen aus dem deutschen Gesundheitswesen reagierten, nur wenig. Es gibt demnach gute Gründe, die völkische Studentenbewegung als Avantgarde des Nationalsozialismus zu bezeichnen; die Medizinstudenten bildeten dabei ihre Speerspitze.

Der eingangs erwähnte Alfred Kantorowicz scheint diese unheilvolle Entwicklung ein Stück weit vorhergesehen zu haben. Er, der sich als jüdischer Student an der Friedrich-Alexander-Universität »wie im Exil« fühlte, wurde in Erlangen zum Zionisten, was sich auch in seiner Dissertation widerspiegelte, die er dort 1923 unter dem Titel: »Die völkerrechtlichen Grundlagen des national-jüdischen Heims in Palästina« verfasste.[224] Philipp Rauh

Abb. 43 Berthold Kihn (1895–1964).

Der Erlanger Psychiater Berthold Kihn als Vordenker der NS-»Euthanasie«

1932 hielt der Psychiater Berthold Kihn (1895–1964) vor der Erlanger Universitätsvortragsgesellschaft ein bemerkenswertes Referat. In seinem Vortrag über *Die Ausschaltung der Minderwertigen aus der Gesellschaft* propagierte Kihn, Privatdozent und Oberarzt an der psychiatrischen Universitätsklinik in Erlangen, die Tötung von geistig behinderten und psychisch kranken Menschen.[225] Sieht man einmal von der 1920 erschienenen Schrift des Juristen Karl Binding und des Psychiaters Alfred Hoche »Die Freigabe der Vernichtung lebensunwerten Lebens. Ihr Maß und ihre Form« ab,[226] gibt es wohl kaum eine veröffentlichte Stellungnahme, die bereits vor der Machtübernahme der Nationalsozialisten derart vehement die Beseitigung von Psychiatriepatienten einforderte wie Kihns Pamphlet.[227] Auch was die scharfe und herabwürdigende Rhetorik den eigenen Patienten gegenüber angeht, stand der Erlanger Psychiater seinem Freiburger Kollegen Hoche in nichts nach. All dies weist Berthold Kihn sicherlich als einen radikalen Arzt und Wissenschaftler aus, gleichwohl waren seine Ansichten unter seinen psychiatrischen Kollegen weit verbreitet und wurden dort kontrovers diskutiert. Die von Kihn vertretenen Radikalpositionen werden somit nur im Kontext des rassenhygienischen Diskurses und der Debatten um die »Euthanasie« in den Jahren der Weimarer Republik verständlich. Bevor nun sein Vortrag unter dieser Prämisse eingehend dargestellt wird, richtet sich der Blick zunächst auf Kihns Werdegang.[228]

Völkische Studentenzeit und psychiatrische Lehrjahre

Berthold Kihn wurde am 10. März 1895 im mainfränkischen Schöllkrippen in eine Arztfamilie hineingeboren. Sein Medizinstudium, mit dem er 1914 in Würzburg begann, wurde durch den Beginn des Ersten Weltkriegs unterbrochen, an dem er ab August 1914 als Kriegsfreiwilliger teilnahm. Nach Kriegsende kehrte er nach Würzburg zurück, um sein Studium wieder aufzunehmen. In der Folgezeit sollte sich Kihn aktiv in der völkischen Studentenbewegung engagieren. So schloss er sich 1920 dem radikal-antisemitischen »Deutschvölkischen Schutz- und Trutzbund« an, dessen hochschulpolitisches Ziel die »Ausscheidung« der Juden aus der deutschen Wissenschaft war. Berthold Kihn zählte somit zu jener Avantgarde des völkischen Gedankens, die dafür sorgte, dass in den Jahren der Weimarer Republik Antisemitismus und Arierparagraphen die Diskussionen der Studenten dominierten.[229]

Mit Beendigung seines Studiums beteiligte er sich zunächst nicht mehr aktiv in der völkischen Szene, er konzentrierte sich stattdessen auf seine Karriere als Psychiater. Nach Forschungsaufenthalten in angesehenen Institutionen wie dem Kaiser-Wilhelm-Institut für Hirnforschung in Berlin oder der Deutschen Forschungsanstalt für Psychiatrie in München wurde er 1923 Assistent an der psychiatrischen Uniklinik in Erlangen unter Geheimrat Gustav Specht, wo er sich 1927 auch habilitierte. Auch wenn Specht Kihns politische Ansichten sicherlich nicht teilte, galt er doch als liberaler Republikaner, förderte er den jungen Psychiater nach Kräften.[230] Vier Jahre später stieg Kihn innerhalb der Nervenklinik zum Oberarzt auf. Zeitgleich mit diesem Aufstieg engagierte sich Kihn auch wieder politisch, indem er – für einen ambitionierten Erlanger Wissenschaftler durchaus üblich – in die »Deutschnationale Volkspartei« (DNVP) eintrat, die ab 1928 eine rechtsradikale und dezidiert antisemitische Programmatik vertrat. Die Kooperationsbereitschaft der DNVP mit Hitler sollte auch die Machtübernahme der Nationalsozialisten am 30. Januar 1933 ermöglichen. Die DNVP wiederum wurde im Mai 1933 zur Selbstauflösung gezwungen.[231]

Berthold Kihn trat im April 1933 in die SA Franken und im Mai 1937 in die NSDAP ein. Der Schritt von der DNVP zur NSDAP dürfte ihm, wenn man seine frühe völkisch-antisemitische Betätigung bedenkt, nicht schwergefallen sein. Seine Ausführungen über die *Ausschaltung der Minderwertigen aus der Gesellschaft* machen zudem deutlich, dass auch auf dem Gebiet von Rassenhygiene und Krankenmord seine Vorstellungen mit denen der NS-Ideologen nahezu deckungsgleich waren.

Kihns Vortrag im Kontext von Rassenhygiene-Diskurs und »Euthanasie«-Debatten der Weimarer Republik

Berthold Kihn gab sich in seiner Rede zunächst davon überzeugt, dass »unser Volkstum zurzeit auf das höchste bedroht« sei. Die grundlegenden Ursachen hierfür verortete er im Ersten Weltkrieg, in diesem hätten, »Männer der besten Lebensalter […] vaterländischer Ziele wegen […] ihr Leben dahingegeben. Es waren nicht die schlechtesten, die es traf. Und wenn auch manch wertvolles erhalten wurde, ein anderer Teil unseres Volkes lebt sicher neben diesem Wertvollen weiter. Rentensüchtige, Etappenhelden, Unabkömmliche, Schieber. Wohl haben die Hungerzeiten von vier Kriegsjahren in den Irrenanstalten unter den Insassen gehörig aufgeräumt, aber wir haben doch eine Menge geistiger Invaliden durch den Krieg gebracht und die Todesernte war hier bei weitem nicht so gewaltig wie draußen im Felde unter den Gesunden, die berufen gewesen wären Deutschland zu erhalten und einer besseren Zukunft entgegenzuführen.«

Kihn bezog sich hier auf das Hungersterben in den Heil- und Pflegeanstalten während des Ersten Weltkriegs, dem mindestens 70.000 Menschen zum Opfer fielen.[232] Anders als im »Dritten Reich« war das psychiatrische Massensterben im Ersten Weltkrieg keine zentral initiierte Vernichtungsmaßnahme, sondern es handelte sich dabei um nicht intendierte Folgeerscheinungen der allgemeinen tief greifenden Versorgungskrise in Deutschland ab 1916. Besieht man sich die zeitgenössischen Reaktionen der Psychiater, dann herrschte unter ihnen weitgehender Konsens darüber, dass es extreme Situationen gebe, in denen die eigene Patientenschaft ihre Daseinsberechtigung verwirkt habe.[233] Berthold Kihn ging dabei jedoch noch einen Schritt weiter. Er akzeptierte das Geschehene nicht nur als notwendiges Opfer für eine im Krieg befindliche Nation, sondern er begrüßte den massenhaften Hungertod der Psychiatriepatienten gleichermaßen zynisch wie nachdrücklich (»gehörig aufgeräumt«) und bedauerte gleichzeitig, dass die Todesrate nicht noch drastischer ausgefallen sei. Sein freimütiges Bekenntnis, das sich in dieser Form – zumindest nach jetzigem Forschungsstand – in keiner anderen psychiatrischen Verlautbarung jener Tage auffinden lässt, weist Kihn als einen radikalen Vertreter seiner Zunft aus. Das hinter seiner Argumentation stehende Degenerationstheorem war hingegen weit verbreitet.

Der Erste Weltkrieg, so die Überzeugung vieler Mediziner, habe eine verheerende Wirkung auf den Fortbestand des deutschen Volkes gehabt. Weite Kreise der Ärzteschaft vertraten die Auffassung, der Krieg hätte die »Zuchtwahl Darwins« regelrecht konterkariert, seien doch auf dem Schlachtfeld millionenfach »hochwertige« und leistungsfähige Männer gestorben, während sich die »Untauglichen« und »Minderwertigen« zu Hause in Sicherheit gewogen hätten.[234] Zwar hatten bereits vor 1914 rassenhygienische Lösungsansätze Eingang in die Medizin, insbesondere in die Psychiatrie gefunden, doch erst die Erfahrungen des verlorenen Krieges bescherten diesem Gedankengut einen rapiden Bedeutungszuwachs. Sie schienen den postulierten Grundsätzen eine Art empirische Grundlage zu verleihen und verschafften ihnen eine ungleich größere Anhängerschaft.[235] Die Rassenhygieniker sahen sich in Anbetracht der als bedrohlich empfundenen Nachkriegssituation in ihren Forderungen bestärkt, durch Maßnahmen der »positiven« bzw. »negativen« Eugenik die Fortpflanzung der als »höherwertig« betrachteten Gruppen zu fördern, diejenige der als »minderwertig« erachteten hingegen zu verhindern.[236]

Parallel zum Aufschwung der Rassenhygiene wurde auch der Ruf nach der gezielten »Freigabe der Vernichtung unwerten Lebens« laut. War es vor dem Krieg bei der Auseinandersetzung um den »Gnadentod« primär um die Gewährung der Tötung auf Verlangen gegangen, so kennzeichnete die 1920 erschienene Schrift des Juristen Karl Binding und des Psychiaters Alfred Hoche *Die Freigabe der Vernichtung lebensunwerten Lebens* eine neue Qualität der Debatte, wurde darin doch nachdrücklich die Vernichtung psychisch kranker und geistig behinderter Menschen gefordert.[237] Das Pamphlet von Binding und Hoche wurde nach seinem Erscheinen hitzig und kontrovers diskutiert, wobei sich allerdings unter den Psychiatern keine deutliche Mehrheit für die »Freigabe der Vernichtung unwerten Lebens« abzeichnete.[238] Und dennoch war in dieser Hinsicht Pandoras Büchse geöffnet. Daran änderte auch ein Abebben der Debatte in den weiteren Jahren der Weimarer Republik nichts. Mit Beginn der Wirtschaftskrise 1929 wurden wieder vermehrt rassenhygienische Optionen zur Lösung der Kostenfrage im Anstaltswesen diskutiert. Im Zuge dessen kamen erneut Forderungen nach der »Vernichtung unwerten Lebens« auf. Und genau in diesem Kontext ist auch Berthold Kihns Referat zu sehen, das er 1932 und damit auf dem Höhepunkt der ökonomischen und politischen Agonie der Weimarer Republik hielt.

Kihn gab sich im weiteren Verlauf seines Vortrags überzeugt, dass auch in den Jahren der Weimarer Republik »die Gegenauslese in unserem Volke weiter [ging]«. Verantwortlich hierfür seien die Politiker der Weimarer Republik, denn ihr »vielgepriesene[s] Netz sozialer Überkultur« führe zu einem »Aufstieg der Minderwertigkeit, wie man ihn sich schlimmer kaum denken konnte«. Nachdem der Erlanger Privatdozent sich ausführlich am verhassten Weimarer Fürsorgestaat abgearbeitet hatte, betrat er mit der Rassenhygiene und Erbbiologie ihm bestens vertraute Themenfelder, die ihn – wie er in einem selbst verfassten Lebenslauf von 1934 anmerkte – »bereits zu einer Zeit aktiv beschäftigten, in der es noch nicht Sitte war, dass ein Jeder darüber redete«.[239] Kihn trat vehement für eine qualitative Höherzüchtung des »Volkskörpers« ein. Um diese zu bewerkstelligen, forderte er neben Eheverbot, Asylierung und Sterilisation erblich »Minderwertiger« schließlich auch die Tötung »lebensunwerter« Psychiatriepatienten, sei doch »im Kampf gegen die Minderwertigkeit [...] jede Maßnahme erlaubt, die billig erscheint und wirksam ist«. Er befürwortete entschieden die »Freigabe der Vernichtung« von Personen, »die eigentlich nie etwas anderes getan haben als gegessen, geschrien, Wäsche zerrissen und das Bett beschmutzt«. Insbesondere in wirtschaftlichen Krisenzeiten gelte es, unnötige Ausgaben, wie sie »die Forterhaltung aller Ballastexistenzen« zweifelsohne darstelle, zu verhindern, da dadurch »eine Menge brauchbarer Arbeitskraft zu anderen Zwecken verfügbar und von den Schultern der Steuerzahler eine nicht geringe Last genommen« werde.

Obwohl Kihn wegen des »überzüchteten ethischen Empfinden« in weiten Teilen der Bevölkerung die Realisierungschancen eines Tötungsprogrammes skeptisch beurteilte, schloss er seinen Vortrag mit der vagen Hoffnung, dass sich zukünftig einmal ein grundlegender eugenischer Wandel vollziehen werde, denn es käme »auf uns selbst gar nicht an, wir glauben gegen den Strom zu schwimmen und merken nicht, wie wir von ihm getrieben werden«. Die Realität sollte Kihn indes schneller als erhofft einholen. Ein knappes Jahr nach seinem Vortrag kam der von ihm und vielen seiner Fachkollegen ersehnte Umschwung, und mit der NS-Machtübernahme einer ging der Aufstieg der Rassenhygiene zur medizinischen, sozial- und gesellschaftspolitischen Leitwissenschaft. Diese Entwicklung ist eng mit einer nunmehr systematischen Stigmatisierung der Träger angeblich minderwertigen Erbgutes verknüpft, die als »Volksschädlinge« oder »nutzlose Esser« verunglimpft und deren Lebensrecht dabei auch ganz konkret infrage gestellt wurde.

Dass Berthold Kihn an dieser Entwicklung im »Dritten Reich« regen Anteil nahm, ist in Anbetracht seiner frühen Überlegungen über die »Ausschaltung der Minderwertigen aus der Gesellschaft« keine Überraschung, sondern folgerichtig. 1936 verließ er Erlangen, um zunächst als Direktor die Heil- und Pflegeanstalt im thüringischen Stadtroda zu leiten und 1938 den Lehrstuhl für Psychiatrie an der Universität Jena zu übernehmen. In jenen Jahren zeichnete er als Beisitzer am Erbgesundheitsobergericht in Jena und als Gutachter der »Aktion T4« für die Durchführung sowohl der Zwangssterilisation als auch der NS-»Euthanasie« mitverantwortlich. Nach dem Zweiten Weltkrieg kehrte Berthold Kihn in seine fränkische Heimat zurück und wurde 1951 Honorarprofessor an der Universität Erlangen. Philipp Rauh

Medizin unter dem Hakenkreuz

1933
1945

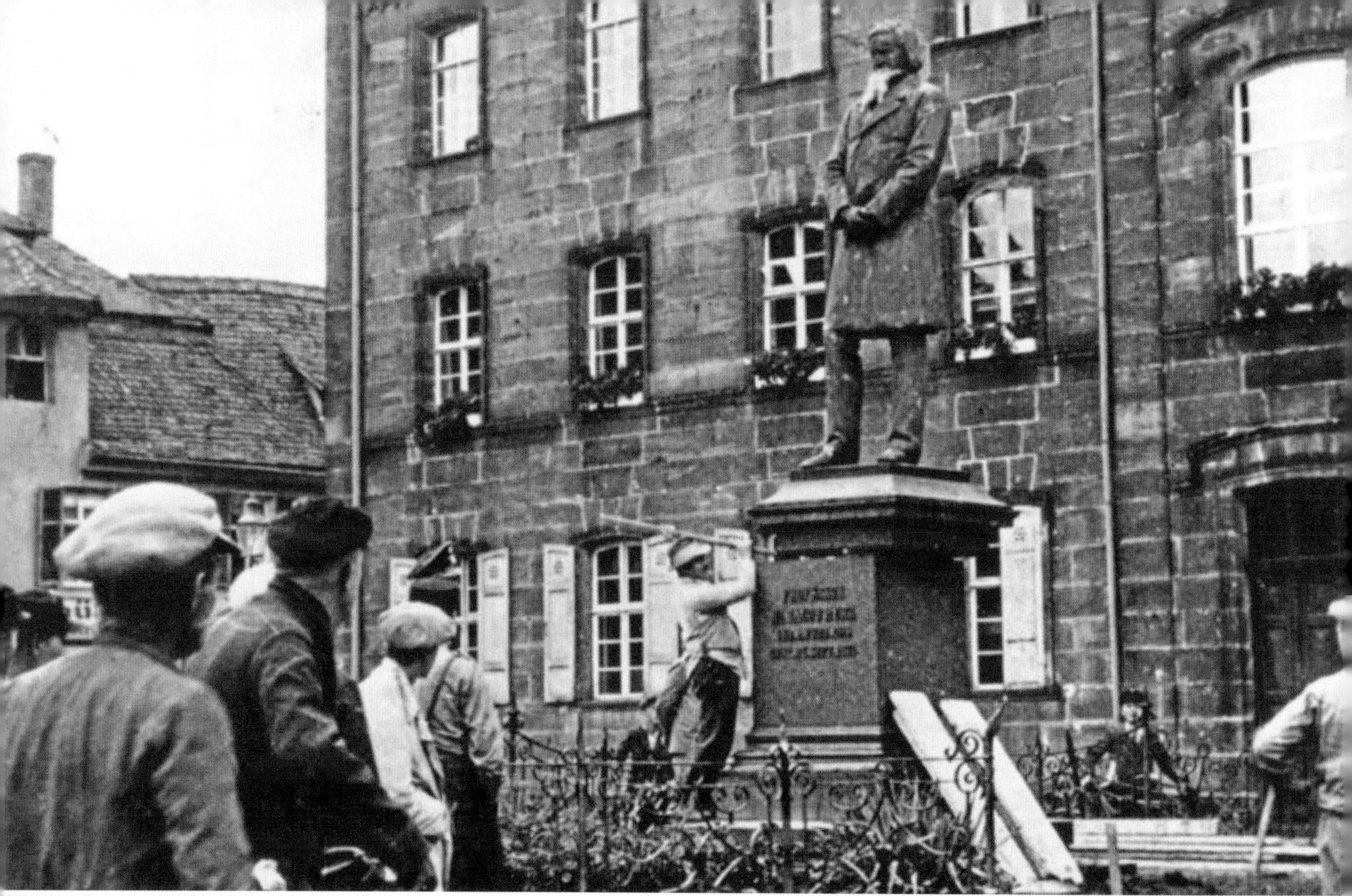

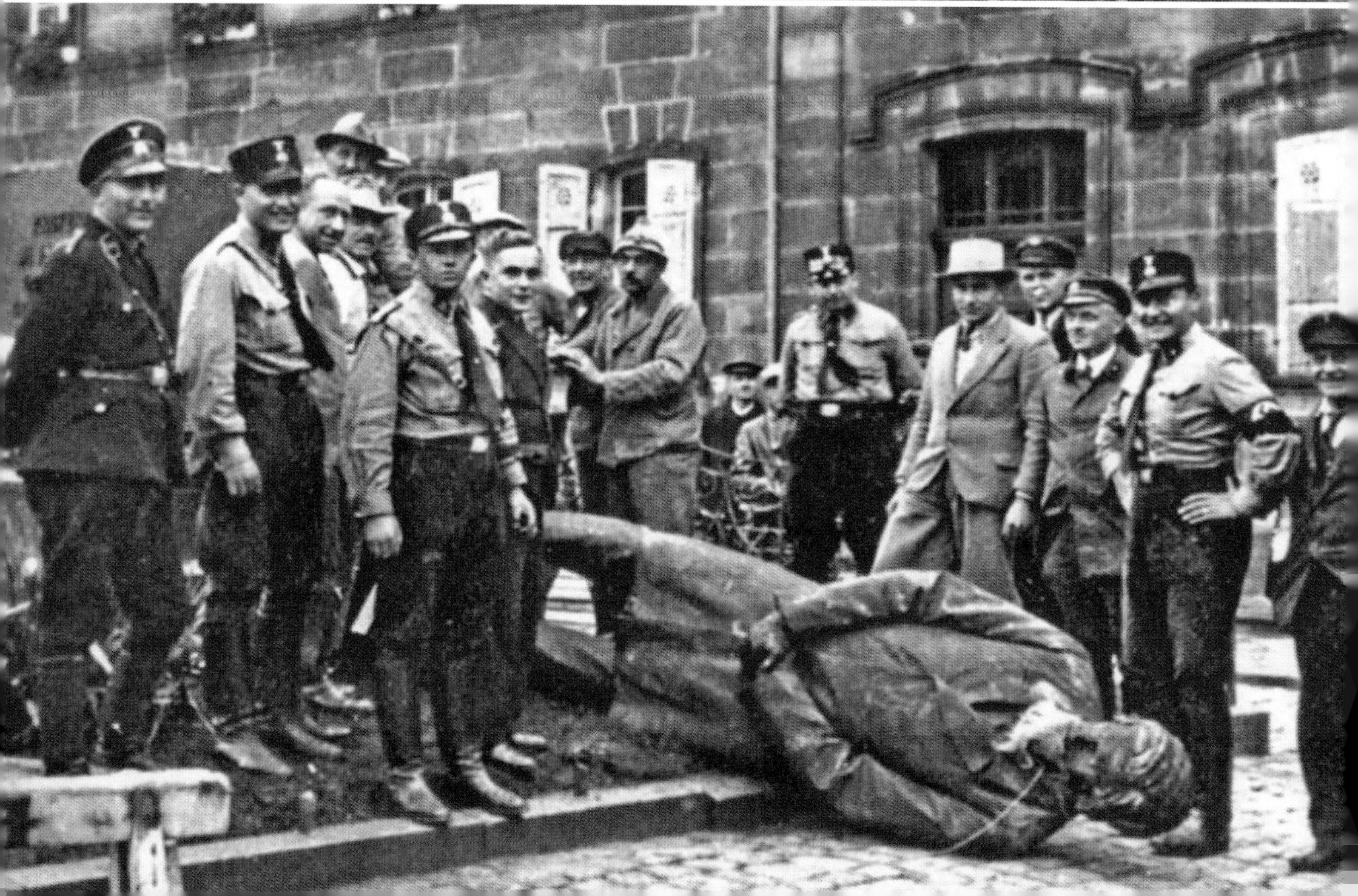

1933

Die Erlanger Medizin im Nationalsozialismus

Die deutsche Ärzteschaft war eine Funktionselite, die sich wie keine andere empfänglich für die nationalsozialistische Ideologie zeigte[1]. Das hohe Maß an Zustimmung zum Nationalsozialismus wurde formal daran erkennbar, dass die Ärzteschaft die Berufsgruppe mit dem höchsten Organisationsgrad in NS-Parteigliederungen war. Knapp 50 % aller Mediziner traten bis zum Ende des »Dritten Reiches« in die Partei ein.[2] Einer der Gründe für die hohe Affinität zum seit 1933 entstehenden NS-Staat lag in der verbesserten sozioökonomischen Situation für weite Teile der Ärzteschaft. War in den 1920er Jahren häufig von der Überfüllung des Arztberufes die Rede, so ergaben sich mit der nationalsozialistischen Machtübernahme – insbesondere durch die Vertreibung der jüdischen Kollegen und die Ausweitung der Gesundheitsdienste von Staat, Wehrmacht und Partei – ungeahnte Berufschancen.[3] Damit einhergehend lässt sich für das »Dritte Reich« eine grundlegende Aufwertung des Arztberufes konstatieren, die die ärztliche Akzeptanz für das NS-Regime weiter förderte.

Ärzte waren von nun an dazu auserkoren, als »Gesundheitsführer« an exponierter Stelle bei der Realisierung des erbgesundheits- bzw. rassenpolitischen Programms mitzuwirken. Die Medizin lieferte die zentralen Argumente für ein biologistisches Weltbild, das »rassisch und erblich Minderwertigen« letztlich das Lebensrecht absprach.[4]

Insofern überrascht es auch nicht, dass keine andere Profession in einem solchen Ausmaß in die Vernichtungspolitik des NS-Regimes involviert war wie die Mediziner.[5] So beteiligten sich Ärzte federführend an den Zwangssterilisationen und »Euthanasiemorden«. Und auch die Selektion an der Rampe sowie das Aufdrehen des Gashahnes in den Konzentrations- und Vernichtungslagern Auschwitz und Majdanek wurden stets von SS-Medizinern vorgenommen. Sie waren auch für die grausamen Humanexperimente verantwortlich, die in vielen Konzentrationslagern durchgeführt wurden. Ohne die tatkräftige und fast ausnahmslos freiwillige Mithilfe von Ärzten wäre die Ermordung von sechs Millionen Juden, einer halben Million Sinti und Roma sowie 300.000 geistig Behinderten und psychisch Kranken nicht möglich gewesen.

Die große Nähe der Ärzteschaft zum Nationalsozialismus und die tiefe Verstrickung vieler Mediziner in die Verbrechen des Regimes wurde lange Zeit verdrängt. Genauer gesagt herrschte in den ersten Nachkriegsjahrzehnten innerhalb der Ärzteschaft – wie in allen anderen gesellschaftlichen Bereichen auch – ein »kommunikatives Beschweigen« (Hermann Lübbe) der NS-Vergangenheit. Zwar wurden vonseiten der Ärztevertretungen die Medizinverbrechen im NS-Staat öffentlich verurteilt. Die Verantwortlichkeit hierfür wurde jedoch einer kleinen Gruppe randständiger, scheinbar sadistischer SS-Mediziner zugeschoben. Dass es sich bei der großen Nähe weiter Teile der Ärzteschaft zum

Abb. 1 Verspottung und Zerstörung des Erlanger Denkmals von Jakob Herz, 1933.

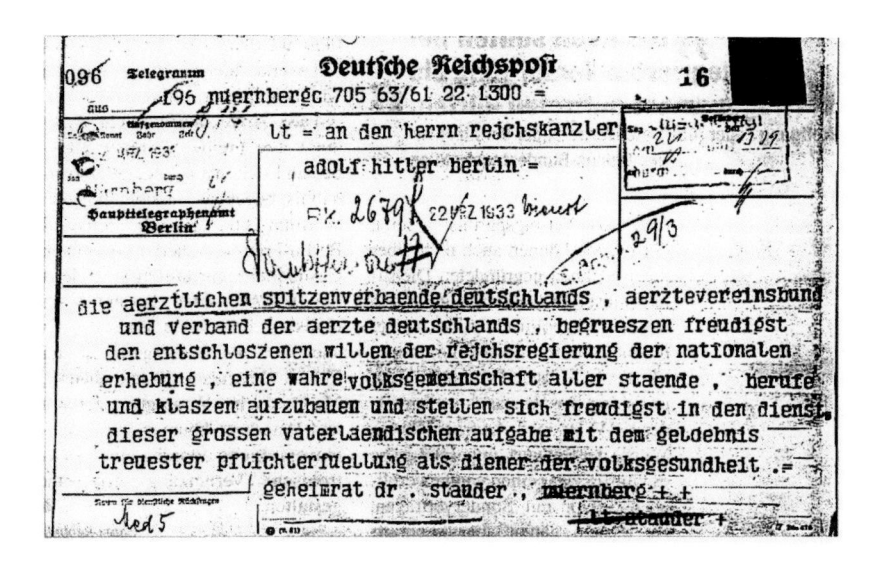

Abb. 2 Ergebenheitstelegramm des Deutschen Ärztevereinsbundes und des Hartmannbundes an Adolf Hitler vom 22. März 1933.

NS-Regime um eine gewissermaßen strukturelle Anfälligkeit handelte, davor verschloss man die Augen. Wer dennoch bohrende Fragen nach einer grundsätzlichen Verantwortung der Ärzteschaft stellte, dies wurde am Beispiel Alexander Mitscherlichs deutlich, verletzte ein Tabu.[6] An dieser Vergangenheitspolitik sollte sich erst mit Beginn der 1980er Jahre grundlegendes ändern.[7] Die allgemein tragende Rolle der Medizin – Strukturen, Personen und wissenschaftliche Inhalte – für die NS-Diktatur ist seitdem durch Medizinhistoriker im In- und Ausland differenziert herausgearbeitet worden. Mit diesen Ergebnissen konfrontiert, begann auch auf professionspolitischer Ebene ein Umdenkprozess; seit Ende der 1980er Jahre nehmen die ärztlichen Standesvertretungen aber auch medizinische Fachgesellschaften und Fakultäten die Forschungen zur NS-Medizin nicht nur zur Kenntnis, sondern fördern sie auch aktiv.[8] Von einigen wenigen Rückzugsgefechten einmal abgesehen, herrscht unter den Medizinern mittlerweile eine recht große Offenheit (bis hin zur Unbedarftheit), teilweise auch regelrechtes Interesse vor, was die NS-Vergangenheit der eigenen Profession betrifft.

Die Rolle der Erlanger Universitätskliniker im »Dritten Reich« wird im vorliegenden Band vielfältig thematisiert. Dabei ist auffällig, wie reibungslos, um nicht zu sagen: unaufgeregt die nationalsozialistische Machtübernahme innerhalb der Universitätsmedizin vonstatten ging. Von den Maßnahmen gegen jüdische und politisch missliebige Akademiker war in Erlangen kaum jemand betroffen. Zwar gab es unter den Erlanger Gelehrten Antisemitismus, jedoch keine Juden. Innerhalb der Medizinischen Fakultät kam es nach 1933 zu keinem personellen Umbruch. Über das gesamte »Dritte Reich« hinweg leitete eine seit der Kriegsniederlage 1918 revanchistisch gestimmte, deutschnational und völkisch gesonnene Professorenschaft die Geschicke der Universitätsmedizin – und dies zur vollen Zufriedenheit der NS-Wissenschaftspolitik. Die Diskussionen um einen Lehrstuhl für Naturheilkunde zeigten überdies, dass die Medizinische Fakultät nicht gewillt war, sich jedem politischen Wunsch zu beugen. Anders als nach 1945 behauptet, hatte sich die Universität jedoch keineswegs ständiger Versuche der Einflussnahme durch die fränkische Gauleitung zu erwehren. Es herrschte insbesondere unter dem Rektorat des Gynäkologen Hermann Wintz bestes Einvernehmen zwischen Universität und Gauleitung vor.

Im Sinne der NS-Ideologie schlossen sich die Erlanger Universitätskliniker konsequent dem rassenhygienischen Forschungstrend an. Derlei Fragestellungen standen nach 1933 vermehrt im Zentrum universitätsmedizinischer Forschung und Lehre. Als angewandte Rassenhygiene war das »Gesetz zur Verhütung erbkranken Nachwuchses« vom 14. Juli 1933 anzusehen. Die Zwangssterilisation als »erbkrank« stigmatisierter Menschen hatte in dem Ordinarius für Psychiatrie, Friedrich Meggendorfer, einen entschiedenen

Abb. 4 »Universitätsstadt Erlangen – Blick v. d. Nürnbergerstraße«; Transparent »Der Jude ist unser Todfeind!« Postkarte 1935.

Republik an einer Hand abzählen.¹³ Darüber hinaus fanden auch nur sehr wenige Gelehrte den Weg zu einem »Vernunftrepublikanismus« (ein von dem Historiker Friedrich Meinecke [1862–1954] geprägter Begriff), der sie zwar nicht zu leidenschaftlichen Demokraten werden ließ, es ihnen jedoch zumindest ermöglichte, »mit der Republik zu leben und deren Kommen als historische Notwendigkeit anzusehen«;¹⁴ anders das Gros der Erlanger Professorenschaft. Hier wünschte man sich die untergegangene Monarchie zurück und blieb einem antidemokratischen Denken verhaftet.¹⁵

In dieses Bild fügt sich ein, dass die Professoren mehrheitlich mit der vor allem in Bayern rechtsradikalen und antisemitischen Deutschnationalen Volkspartei (DNVP) sympathisierten, deren übergeordnetes Ziel die Abschaffung der Republik war.¹⁶ In Erlangen herrschte eine – auch im Vergleich zu den anderen bayerischen Universitäten – eigentümliche deutschnationale Fixierung vor.¹⁷

Unter den Klinikern war der Zahnmediziner Johannes Reinmöller sicherlich der fanatischste Gegner der Weimarer Republik. Als er 1921 als ordentlicher Professor für Zahnheilkunde und Direktor der zahnärztlichen Poliklinik nach Erlangen kam, konnte er bereits auf bewegte politische Zeiten in Rostock, wo er seit 1919 Ordinarius gewesen war, zurückblicken. So gehörte er der DNVP seit ihrer Gründung im November 1918 an, saß für sie zeitweilig im mecklenburgischen Landtag und gab in den Jahren 1920/21 das völkische Kampfblatt *Mecklenburger Warte* heraus.[18] Vor allem aber ließ er auch innerhalb der Universität kaum eine Gelegenheit der politischen Agitation aus. Selbst ihm ansonsten wohlgesonnene Rostocker Kollegen bezeichneten ihn in dieser Hinsicht als »provozierende[n] Hetzer«.[19] Auch in Erlangen hielt Reinmöller sich mit politischen Äußerungen nicht zurück. Die Novemberrevolution 1918 stellte für ihn das »erbärmlichste und größte Verbrechen« überhaupt dar.[20] Und auch aus der von ihm präferierten Staatsform machte er keinen Hehl. In dieser Hinsicht lautete sein Credo: »Ich war Monarchist, ich bin Monarchist und ich bleibe Monarchist.«[21] Was nun seine zukünftige politische Standortbestimmung betrifft, so sollte er sich irren. Wie noch zu zeigen sein wird, blieb er nicht Monarchist, sondern wurde ab 1933 überzeugter Nationalsozialist.

Es suchten bei Weitem nicht alle Erlanger Wissenschaftler derart konsequent die Öffentlichkeit wie Johannes Reinmöller, um ihre republikfeindlichen Parolen zu verbreiten.[22] Der Beamtenstatus bzw. das Streben danach wirkten in dieser Hinsicht sicherlich mäßigend. Dies änderte jedoch nichts daran, dass die Mehrheit unter ihnen die neue demokratische Staatsform ablehnte. Ganz gleich ob Versailler Vertrag, Massenarbeitslosigkeit oder universitäre Kalamitäten wie überfüllte Hörsäle – beinahe reflexartig wurden die Politiker der Weimarer Republik für sämtliche Missstände verantwortlich gemacht. Nicht selten war diese Sündenbockfunktion auch antisemitisch konnotiert, in diesem Fall war von der angeblich »vollkommen verjudeten« politischen Führungsschicht der Weimarer Republik die Rede.[23]

Mit der scharfen Ablehnung der demokratischen Staatsform einher ging eine nostalgische Verklärung des Kaiserreichs. Auch für viele Erlanger Professoren war »die Monarchie das verlorene Paradies«, in das man sich zurücksehnte.[24] So äußerte beispielsweise der langjährige Ordinarius für Innere Medizin, Franz Penzoldt, kurz vor seinem Tod 1927 den Wunsch, er wolle mit der alten Reichsfahne begraben werden.[25]

An der festen politischen Bindung vieler Erlanger Akademiker zur DNVP sollte auch der Aufstieg der NSDAP nichts ändern. Es lässt sich vielmehr eine ambivalente Haltung den Nationalsozialisten gegenüber ausmachen. Zwar stimmte die DNVP mit nahezu allen inhaltlichen Punkten der NS-Programmatik überein, sodass weitgehender Konsens herrschte über die Abschaffung des Parlamentarismus, den Aufbau einer autoritären Regierungsform, die Revision des Versailler Vertrages, die Aussonderung der (erb)kranken, schwachen und delinquenten Teile aus dem »Volkskörper« und die Verabschiedung antijüdischer Gesetze.[26] Und trotzdem sahen viele Deutschnationale in den Nationalsozialisten nur schwerlich einen akzeptablen Partner. Es herrschte auch unter der akademischen Elite in Erlangen eine »gefühlsmäßige Abneigung« vor gegen die rohe Ungeistigkeit der NSDAP und ihrer Führer, gegen den »lärmenden Mob in […] braungelben Uniformen, gegen ordinäre, brutale und kriminelle Krawallmacher« aus deren Reihen.[27] Wenngleich es hier also eher um Stilfragen denn um inhaltliche Diskrepanzen ging, fiel es der NSDAP lange Zeit schwer, innerhalb der Erlanger Wissenschaftsriege Fuß zu fassen. Vor der NS-Machtübernahme schloss sich lediglich der Historiker und Privatdozent Helmut Weigel der NSDAP an.[28] Diese reservierte Haltung sollte sich nach dem 30. Januar 1933 grundlegend ändern.

Abb. 5 Flaggenhissung am Schloss, 10. März 1933.

Geräuschlose Machtübernahme und Gleichschaltung

Die Machtübergabe an die Nationalsozialisten traf die Friedrich-Alexander-Universität nicht gänzlich unvorbereitet, war sie innerhalb der Studentenschaft doch bereits vier Jahre vorher erfolgt. Seit 1929 wurde der Erlanger AStA mit absoluter Mehrheit vom Nationalsozialistischen Deutschen Studentenbund (NSDStB) regiert. Es gab somit für die NS-Ideologie bereits eine mehrjährige Inkubationszeit. Doch ganz so euphorisch wie ihre Studentenschaft reagierten die Erlanger Professoren nicht auf den politischen Wechsel. Hätten sie es sich denn aussuchen können, so hätten sich die Gelehrten mehrheitlich lieber den Kaiser zurück denn Hitler an die Macht gewünscht.

Doch waren aus ihrer Sicht die Nationalsozialisten im Vergleich zu den verhassten Parteien der Weimarer Republik allemal die bessere Alternative. Und deshalb wurde die neue Regierung auch wohlwollend begrüßt. Besondere Eilfertigkeit legte hierbei der Dekan der Medizinischen Fakultät, der Ordinarius für Chirurgie Otto Goetze, an den Tag.

Anfang Juli 1933 warb Goetze innerhalb von Medizinischer Fakultät und Senat erfolgreich für das Verfassen einer Loyalitätserklärung an die neuen Machthaber. Ein von ihm vorgelegter und von Fakultät wie auch Erlanger Dozentenschaft einstimmig verabschiedeter Text wurde am 3. Juli an den bayerischen Kultusminister, Hans Schemm, versandt. Spectabilis Goetze verkündete hierin, dass bei »95 % aller deutschen Professoren« die NS-Ideologie als ein »von den Vätern überkommenes Erbgut« vorzufinden sei.[29] Nach dieser bemerkenswerten These zur biologischen Ausstattung

▶ **Kapitel** Erlangen und die völkische Studentenbewegung der Weimarer Republik, S. 207.

des deutschen Gelehrten schloss das Unterstützerschreiben mit den Worten: »Die Erlanger Universität stellt alle ihre Kräfte freudig dem nationalsozialistischen Staat zur Verfügung.«[30] Otto Goetze, ab 1934 förderndes Mitglied der SS und ab 1937 Mitglied der NSDAP, symbolisiert wie kaum ein anderer Erlanger Kliniker den Typus des politischen Wendehalses, der 1933 voller Inbrunst die NS-Machtübernahme begrüßt hatte, um nach 1945 problemlos seine universitäre Karriere fortzusetzen. 1951 wurde er Rektor der Friedrich-Alexander-Universität.[31]

Eines der vorrangigen Ziele der NS-Hochschulpolitik war die Vertreibung jüdischer bzw. »nichtarischer« und politisch unliebsamer Hochschullehrer.[32] Handhabe hierzu boten vor allem das *Gesetz zur Wiederherstellung des Berufsbeamtentums* vom 7. April 1933 sowie die noch im gleichen Jahr erlassene neue Reichshabilitationsordnung. Musste infolgedessen an manchen Hochschulen, wie zum Beispiel in Berlin, Frankfurt am Main oder Heidelberg, bis zu einem Drittel der Akademiker aus dem Lehrkörper ausscheiden, so fand in Erlangen keine nennenswerte personelle Fluktuation statt. Bereits am Vorabend der NS-Machtübernahme gab es an der Universität Erlangen keinen einzigen verbeamteten jüdischen Wissenschaftler und nur sehr wenige Akademiker, die als politisch unzuverlässig galten. In diesem Zusammenhang wies der Dekan der naturwissenschaftlichen Fakultät, Julius Schwemmle, darauf hin, dass die »arische Abstammung« bereits vor 1933 »bei der Aufstellung von Berufungslisten [...] immer eine ausschlaggebende Rolle gespielt« habe.[33] Unter den Klinikern war einzig der Internist Werner Schuler von der Säuberungswelle betroffen. Der Privatdozent wurde 1938 wegen seiner »nichtarischen« Ehefrau entlassen. Das bereits mehrfach erwähnte deutschnationale Profil der Professorenschaft bürgte in den Augen des NS-Regimes für politische Zuverlässigkeit und sorgte dafür, dass in Erlangen lediglich 7 Prozent (bei einem reichsweiten Durchschnitt von knapp 20 Prozent) des Lehrkörpers ausgetauscht wurden.[34]

Die Entwicklungen an der Universität Erlangen in den Jahren 1933/34 sind kaum als »nationalsozialistische Revolution« zu bezeichnen, es handelte sich vielmehr um einen weitgehend bruchlosen Übergang.[35] Machtübernahme und Gleichschaltung durch die Nationalsozialisten vollzogen sich bemerkenswert geräuschlos, eher unspektakulär, gleichzeitig jedoch auch ungemein effizient.[36]

Dass NS-Hochschulpolitiker mit Erlangen sehr zufrieden waren, erweist das Berufungsverfahren über die Nachfolge Gustav Spechts als Ordinarius für Psychiatrie. Der Favorit der Medizinischen Fakultät war Gottfried Ewald, der einige Jahre unter Specht an der psychiatrischen Universitätsklinik gearbeitet hatte und mittlerweile Ordinarius in Greifswald war. Den zweiten Listenplatz belegten gemeinsam der Grazer Maximilian de Crinis, der Hamburger Friedrich Meggendorfer sowie Egon Küppers aus Freiburg.[37] Über die von der Fakultät am 12. Mai 1934 zusammengestellte Liste sollte sich in der Folgezeit eine rege Diskussion verschiedener hochschulpolitischer Stellen entspannen, die allesamt versuchten, ihren Einfluss auf die universitäre Berufungspraxis geltend zu machen. Zunächst äußerte sich der bereits erwähnte Johannes Reinmöller, mittlerweile zum Rektor aufgestiegen. Für ihn war Maximilian de Crinis der geeignetste Kandidat, verfügte dieser doch neben seinen fachlichen Fähigkeiten auch über einen herausragenden politischen Leumund. De Crinis sei, so Reinmöller, »ein bekannter und tapferer Kämpfer des Nationalsozialismus in Österreich«.[38] Der Umstand, dass sich der »alte Kämpfer« de Crinis während der Dollfuß-Regierung in Österreich in einer schwierigen Lage befand, bestärkte den Rektor darin, sich für seine Berufung nach Erlangen auszusprechen.[39]

Andere relevante Stellen sahen jedoch Friedrich Meggendorfer als beste Option an. Insbesondere die Hochschulkommission der NSDAP, die angeführt von Reichsärzteführer Gerhard Wagner machtvoll um die Dominanz in der universitätsmedizinischen Berufungspolitik kämpfte, ergriff massiv Partei für den Hamburger Psychiater.[40] Meggendorfer entspreche, so die Kommission in einem Schreiben an das bayerische Kultusministerium vom 6. Juni 1934, nicht nur exakt dem, »was wir weltanschaulich u. politisch fordern müssen«.[41] Sondern er sei vor allem auch durch seine wissenschaftliche Ausrichtung für einen Lehrstuhl prädestiniert, habe er doch als einer der wenigen Psychiater »erbbiologisch gearbeitet […] und es scheint uns von ganz besonderer Bedeutung zu sein, auch Spezialkliniker mit erbbiologischen Kenntnissen an der Hochschule als Ordinarius wirken zu lassen«.[42] Die NS-Hochschulkommission wollte, daran lässt ihr Eintreten für Meggendorfer keinen Zweifel, einen erbbiologisch orientierten Psychiater und somit einen Repräsentanten der im »Dritten Reich« zur Leitwissenschaft auserkorenen Rassenhygiene. Bemerkenswert ist dabei, wie sie versuchte, das von Rektor Reinmöller zugunsten von de Crinis aufgeworfene Argument des »Alten Kämpfers« zu entkräften. In einem neuerlichen Schreiben an das Kultusministerium, diesmal vom 14. Juni, gab Professor Dr. Franz Wirz von der NS-Hochschulkommission Einblick in seine strategische Gedankenwelt: »In Erlangen sind unsere weltanschaulichen Belange in ganz hervorragender Weise durch Professor Molitoris sen. als unser Vertrauensmann in der Fakultät und durch […] Molitoris jun. als Dozentschaftsführer gewahrt. In Erlangen würde demnach de Crinis als nationalsozialistischer Kämpfer überflüssig sein.«[43]

Aus dem Brief von Wirz geht eindeutig hervor, wie zufrieden die NS-Hochschulpolitiker mit der ideologischen und personellen Entwicklung an der Universität Erlangen, insbesondere innerhalb der Medizinischen Fakultät waren: Hier musste nicht mehr um die Deutungshoheit gekämpft werden, befand man sich doch schon längst auf nationalsozialistischer Linie. Schließlich schlossen sich bayerisches Kultusministerium wie auch das für die Berufungen in letzter Instanz verantwortliche Reichsministerium für Wissenschaft, Erziehung und Volksbildung (REM) dieser Sichtweise an und erteilten Friedrich Meggendorfer den Ruf nach Erlangen. Für Max de Crinis wiederum sah man im nach wie vor katholisch geprägten Rheinland ein wirkungsvolleres Betätigungsfeld. An der Universität Köln sei nämlich, so Wirz, »für die Partei und für die Bewegung […] noch ausserordentlich viel zu tun und wir würden es sehr begrüssen, wenn wir einen Kämpfer wie de Crinis gerade hier einsetzen könnten«.[44] Ende 1934 wurde Max de Crinis Ordinarius für Psychiatrie in Köln.

Abb. 6 Hans Albrecht Molitoris.

Garanten für die Umsetzung nationalsozialistischer Hochschulpolitik

Bei den von der NS-Hochschulkommission lobend erwähnten Vater und Sohn Molitoris handelte es sich um den Gerichtsmediziner Hans Molitoris und seinen Sohn Hans Albrecht, Assistenzarzt an der Frauenklinik unter Hermann Wintz. Der 1874 in Siebenbürgen in eine deutschstämmige Familie hineingeborene Molitoris senior trat mit Beginn seines Medizinstudiums in Innsbruck in die antisemitische Partei Georg Ritter von Schoenerers ein.[45] 1919 wechselte er zunächst als außerordentlicher (ab 1922 als ordentlicher) Professor für Gerichtliche Medizin und Kriminalistik nach Erlangen. Als einer der wenigen dortigen Professoren stand Hans Molitoris von Anfang an der NSDAP nahe, indem er sie seit ihrer Gründung mit regelmäßigen finanziellen Beiträgen unterstützte. 1933 wurde er dann Parteimitglied und schloss sich zudem der SA an. Zusammen mit seinen Fakultätskollegen, dem Anatomen Albert Hasselwander, dem emeritierten Pathologen Gustav Hauser und Johannes Reinmöller unterzeichnete er den Aufruf deutscher Professoren und Hochschullehrer, bei der Wahl am 5. März 1933 für die Hitlerpartei zu stimmen.[46] Neben seinen hochschulpolitischen Aktivitäten als Vertrauensmann der NSDAP innerhalb der Medizinischen Fakultät und als Mitglied des NS-Dozentenbundes wurde Molitoris senior 1934 noch Wehrwissenschaftler Beauftragter der Universität Erlangen.

In politischer Hinsicht fiel im Hause Molitoris der Apfel nicht weit vom Stamm. Hans Albrecht Molitoris war bereits während seines Medizinstudiums in Erlangen (hochschul)politisch aktiv.[47] Er engagierte sich innerhalb der völkischen Studentenbewegung und war 1926/27 AStA-Vorsitzender. Nach seinem Studium blieb er in Erlangen und wurde Assistenzarzt an der Frauenklinik. Auch Molitoris junior schloss sich früh der nationalsozialistischen Bewegung an. Er trat 1931 in die SA und ein Jahr später in die NSDAP ein. Seine Vergangenheit als völkischer Studentenführer in Verbindung mit seinem Status als »alter Kämpfer« prädestinierte ihn offensichtlich für wichtige hochschulpolitische Ämter. So wurde er 1934 zum NS-Dozentenbundsführer der Universität Erlangen ernannt. Seine Aufgabe war die Wahrung nationalsozialistischer Interessen innerhalb der Universität. Als wichtigstes Instrumentarium verfügte er dabei über das Vetorecht bei Berufungsverfahren, mit dessen Hilfe er die Berufung politisch missliebiger Wissenschaftler verhindern konnte.

Nach allem, was man bisher weiß, machte Dozentenführer Molitoris von seinem Vetorecht eher selten Gebrauch. Augenscheinlich herrschte zwischen ihm und den Fakultäten weitgehende Einigkeit darüber, dass die neuen Ordinarien über politische Zuverlässigkeit *und* fachliche Expertise zu verfügen hatten.[48] Dieser Befund lässt sich wohl auch auf die Berufungspraxis der Medizinischen Fakultät übertragen. Auch hier wurden nach 1933 zwar nur Professoren berufen, die sich in der einen oder anderen Weise der NSDAP bzw. ihren Parteigliederungen angeschlossen hatten. Gleichzeitig waren sie in der überwiegenden Mehrheit seriöse Wissenschaftler. Die Berufung Friedrich Meggendorfers mag hier beispielhaft stehen. Überzeugter Nationalsozialist und angesehener Gelehrter – dies schloss sich keineswegs aus, sondern war im »Dritten Reich« eine nicht nur in Erlangen häufig anzutreffende Kombination.

Überdies scheint der junge Molitoris über glänzende Kontakte zur fränkischen Gauleitung verfügt zu haben. Anders ist es nämlich nicht zu erklären, dass er ab 1936 auch noch das Amt des Gaudozentenführers ausführte. Dadurch zum Stab des Gauleiters gehörend, avancierte er zum universitären Sprachrohr der fränkischen Gauleiter Julius Streicher und später Karl Holz. Zwar legte insbesondere Streicher einen robusten Antiintellektualismus an den Tag, welcher dafür sorgte, dass er sich für gewöhnlich vom universitären Milieu fernhielt.[49] Von Zeit zu Zeit ließ er es sich jedoch nicht nehmen, wichtige universitäre Personalentscheidungen zu forcieren. Das Gleiche gilt auch für seinen Nachfolger Holz. Einen Universitätsrektor gegen den Willen des fränkischen Gauleiters im Amt zu halten bzw. einen neuen zu ernennen, war in Erlangen undenkbar.[50]

Bei ihrem Unterfangen, die Universität Erlangen auf nationalsozialistischer Linie zu halten, wurde die Familie Molitoris ab Mitte der 1930er Jahre wirkungsvoll vom Dekan der Medizinischen Fakultät, Richard Greving, unterstützt.[51] Greving hatte sich 1922 in Erlangen für Innere Medizin habilitiert, war dann als Oberarzt und ao. Professor noch einige Jahre in der Medizinischen Universitätsklinik tätig, bevor er 1931 als Chefarzt der Inneren Abteilung an das Städtische Krankenhaus in Schweinfurt wechselte. Dort trat Greving im April 1933 in die SA und nur kurze Zeit später, am 1. Mai 1933, in die NSDAP ein. Er gehörte damit zu den auch innerhalb der Medizinischen Fakultät in Erlangen zahlreich vertretenen »Märzgefallenen«, jener großen Gruppe also, die zunächst noch den Ausgang der Reichstagswahlen im März 1933 abgewartet und sich somit von der Konsolidierung der neuen Machtverhältnisse überzeugt hatte, bevor sie dann der NSDAP beitrat.[52] 1936 kehrte Richard Greving als Lehrstuhlinhaber für Innere Medizin nach Erlangen zurück. Ein Jahr später übernahm er das Dekanatsamt, das er bis 1944 ausführen sollte. Als Fakultätsführer des NS-Dozentenbundes und stellvertretender Gaudozentenführer verfügte Dekan Greving über weitere einflussreiche Posten, die ihn vollends zum starken Mann der Fakultät werden ließen. Auf hochschulpolitischer Ebene arbeitete der Internist eng und allem Anschein nach auch vertrauensvoll mit Hans Albrecht Molitoris zusammen, der sich 1936 auch vehement für eine Rückkehr Grevings nach Erlangen ausgesprochen hatte.[53]

Mediziner wie Vater und Sohn Molitoris oder Greving hatten ihren Anteil daran, dass unter den Erlanger Fakultäten die Medizinische Fakultät das eindeutigste nationalsozialistische Profil hatte.[54] Und so verwunderte es auch nicht, dass aus ihren Reihen beinahe über das gesamte »Dritte Reich« hinweg die Rektoren rekrutiert wurden. Dabei handelte es sich ausschließlich um Kliniker.

Erlanger Kliniker als Hochschulführer.
Die Rektoren Reinmöller, Specht und Wintz

Die Position der Universitätsrektoren erfuhr im Nationalsozialismus eine beträchtliche Aufwertung.[55] Die Übertragung des Führerprinzips auf die Wissenschaft entzog den Hochschulen das Recht, ihre Rektoren durch den Senat wählen zu lassen. Stattdessen wurden sie zunächst von den Kultusministerien der Länder, ab Mai 1934 durch das Reichserziehungsministerium (REM) ernannt. Als bevorzugte Kandidaten galten dabei – wegen ihrer politischen Linientreue und der hohen Bedeutung, die die Nationalsozialisten Fächern wie Rassenhygiene oder Rassenanthropologie beimaßen – Mediziner, waren doch bis 1945 knapp 60 Prozent aller Rektorenposten von ihnen besetzt.[56] Formal nur dem REM unterstellt, verfügten die Universitätsrektoren im »Dritten Reich« über eine beträchtliche Machtfülle. Zum Beispiel bestimmten die »Rektorenführer« von nun an eigenhändig die Mitglieder des Senats und die Dekane.

Zu Beginn des Wintersemesters 1933/34 wurde der Zahnmediziner Johannes Reinmöller zum Rektor der Universität Erlangen ernannt. Mit Reinmöller wurde zwar kein NSDAP-Parteimitglied (Pg. wurde er »erst« 1937), wohl aber – wie eingangs beschrieben – ein »alter Kämpfer« für die »völkische Revolution« und der wohl radikalste Gegner der Weimarer Republik innerhalb der Erlanger Professorenschaft zum Rektor ernannt. In seiner Antrittsrede am 4. November 1933 ließ Reinmöller denn auch keinen Zweifel daran, welche Stunde es geschlagen hatte:

»Den 190. Geburtstag unserer Friedrich-Alexander-Universität begehen wir in einer großen Zeit, wo der Klöppel der Glocke ›Deutschland‹ mit gewaltigem Schlag gegen das Erz wuchtet, mit lautem Klang durch die deutschen Gaue kündend, daß wieder einmal Zeitenwende im deutschen Schicksal gekommen ist. Höre es, Volk der Deutschen! Nütze die Zeit; denn der Baum tausendjährigen deutschen Sehnens zeigt Früchte im Morgentau des Dritten Reiches, die der Ernte harren. […] Dem deutschen Volk ist in tiefster Not ein Held entstanden, scharen wir uns um ihn, werfen wir alles ab, was undeutsch ist […]. Einzig und allein diese deutsche Faust hat uns vor dem Sturz in den Abgrund bewahrt, in dessen Tiefe das Teufelswerk des Bolschewismus in Blut und unermeßlichem Elend brodelt. […] Der deutsche Aar war gefesselt, Siegfried kam und zerhieb mit gewaltigem Schlag die schweren Ketten. Nun aber wissen wir, daß einem Volk der Retter nur dann ersteht, wenn es des Retters würdig ist und würdig bleibt. Wir wollen würdig sein und würdig bleiben. In diesem heiligen Versprechen und erfüllt von diesem Geist, in tiefer Verantwortung vor deutscher Vergangenheit und Zukunft treten wir in das zwanzigste Jahrzehnt unserer Friedrich-Alexander-Universität.«[57]

Die Rede des neuen Rektors – ein Sammelsurium aus schwülstiger Ehrerbietung Hitlers, gepaart mit penetrantem Germanenkult und aggressivem Antibolschewismus – war sicherlich als Fanal gedacht. Doch blieben derartige völkische Tiraden in Erlangen die Ausnahme.[58]

Dessen ungeachtet gefiel sich Reinmöller sichtlich in der Rolle des »Hochschulführers« und ließ dabei kaum eine Gelegenheit aus, als oberster Repräsentant der Universität öffentlich den Schulterschluss mit dem neuen Regime zu üben.[59] Die neuen Machthaber zeigten sich auch durchaus von ihm angetan, erachteten seine Mission in Erlangen jedoch schon bald als beendet. Nachdem Reinmöller die Friedrich-Alexander-Universität »zielbewusst im Sinne des nationalsozialistischen Staates« in das »Dritte Reich« hinübergeführt hatte, sollte er nach Meinung des bayerischen Kultusministeriums als Universitätsrektor nach Würzburg wechseln, um dort »das notwendige Vertrauensverhältnis mit der jungen und aktiveren Gruppe der Dozenten zu erreichen, unter dessen Mangel die gegenwärtige Führung […] leitet«.[60] Ähnlich wie bei dem »alten Kämpfer« de Crinis sah man auch für den Vorkämpfer der »völkischen Bewegung« Reinmöller in Erlangen keine zwingende Verwendung (mehr). Aus Sicht der NS-Hochschulstrategen hatten sich dort die Dinge bestens entwickelt. Andere Universitäten sollten ihnen da weitaus mehr Kopfzerbrechen bereiten. Johannes Reinmöller übernahm ab dem Sommersemester 1935 das Rektorat in Würzburg. Sein Nachfolger in Erlangen wurde der Ordinarius für Hals-, Nasen- und Ohrenheilkunde Fritz Specht.

Abb. 7 Rektor Reinmöller.

Mit Specht, NSDAP-Parteimitglied seit 1932, wurde ein »alter Kämpfer« zum Rektor ernannt.[61] Will man Aufschluss über sein Amtsverständnis erhalten, so lohnt auch hier der Blick auf seine Antrittsrede als Rektor, die er am 1. April 1935 mit den folgenden Worten begann: »Das schwere und verantwortungsvolle Amt, das mir auferlegt worden ist, trete ich an als Nationalsozialist! Und ich will es führen als ein Soldat Adolf Hitlers! Deswegen kann meine Rede […] keine akademische Rede über eine medizinische Facharbeit sein, sondern nur eine politische, obwohl oder weil ich weiß, dass unsere Universitäten heute noch keine im Ernst politische Anstalten sind.«[62]

Seine Antrittsrede war eine Kampfansage an die alten Eliten. Der neue Rektor machte keinen Hehl daraus, dass ihm die bisherige »Nationalsozialisierung« der Universität Erlangen nicht weit genug ging. Sein Vorgänger Reinmöller hatte sich zwar nach außen hin als überzeugter, ja fanatischer Nationalsozialist geriert. Nach innen war sein Wirken allerdings eher von einem traditionellen Amtsverständnis geprägt gewesen. In Senat und Fakultäten hatte er nicht auf tiefgreifende Änderungen gedrungen, sondern in erster Linie auf personelle Kontinuität gesetzt.[63]

Bei der Durchsetzung seiner ambitionierten Agenda sah Specht in dem fränkischen Gauleiter Julius Streicher einen wichtigen Verbündeten. Bereits vier Tage nach seinem Amtsantritt schrieb der neue Rektor an Streicher einen Brief, in dem er ihm seine Zielvorstellung mitteilte, »aus der Hochschule ein Instrument gestalten zu helfen, das ganz im

Abb. 8 Streicher mit Wintz und Specht bei Amtsübergabe, 1938.

nationalsozialistischen Geist wirksam werden soll. Als Feind jeglichen Bonzentums und aller alten Zöpfe will ich den Geist der Bewegung jederzeit mit aller Kraft vertreten, denn ich fühle mich als Nationalsozialist der Partei unmittelbar verpflichtet«.[64]

Letztlich sollte Fritz Specht mit seinem Ansinnen, an der Universität Erlangen die nationalsozialistische Revolution nachzuholen, allerdings scheitern. Es gehört zur Spezifik des »Dritten Reiches« und seiner undurchschaubaren Strukturen und widersprüchlichen Bündnisse, dass ausgerechnet der fränkische Gauleiter dem Ansinnen des »alten Kämpfers« Spechts diametral entgegenstand. Der neue Rektor hatte eindeutig auf den falschen Verbündeten gesetzt. Streicher hatte keinerlei Interesse an dem von Specht angemahnten Kampf gegen »Bonzentum und alte Zöpfe«; der »Frankenführer« war nämlich nicht nur ein perfider Demagoge und radikaler Antisemit, sondern auch ein über alle Maßen korrupter Politiker, der 1940 wegen persönlicher Bereicherung in einer Vielzahl an Fällen aller Ämter enthoben wurde.[65] Davon abgesehen hatte Streicher an einer personellen Runderneuerung der Universität Erlangen, wie sie dem neuen Rektor vorschwebte, keinerlei Interesse. Der Gauleiter beschränkte seinen universitären Einfluss auf die Durchsetzung einiger weniger Schlüsselpositionen. Dabei ging er jedoch unerbittlich vor, wie auch Specht erfahren musste.

Als im Februar 1936 der bisherige Erlanger Studentenschaftsführer Erich Mottel zurücktrat, entbrannte ein zäher und erbittert geführter Kampf um seine Nachfolge. Der Favorit der NSDStB-Reichsleitung war Erich Höllfritsch, der allerdings von Rektor Specht als ungeeignet angesehen wurde. Anfänglich dabei vom REM unterstützt, das formal auch für die Ernennung eines Nachfolgers zuständig war, versuchte Specht, Höllfritsch zu verhindern und stattdessen einen eigenen Kandidaten durchzusetzen. Höllfritsch wurde jedoch neben dem NSDStB auch von der fränkischen Gauleitung unterstützt, die in dieser Angelegenheit massiven Druck ausübte. Als Specht sich auch weiterhin weigerte, den Günstling der Gauleitung als neuen Studentenführer anzuerkennen, wurde der Rektor im Herbst 1936 nach Nürnberg zitiert. Dort machte ihm Julius Streicher deutlich, dass die Nachfolgeregelung einzig von der Gauleitung entschieden werde. Specht habe als Nationalsozialist lediglich deren Anordnungen Folge zu leisten. Als schließlich das REM vor dem Machtanspruch des fränkischen Gauleiters zurückwich, musste sich auch der Rektor geschlagen geben und die Personalie Höllfritsch akzeptieren.[66]

Für Fritz Specht sollte die »Causa Höllfritsch« ein Nachspiel haben. Er war durch seine widerspenstige Haltung bei Streicher untragbar geworden. Bereits Ende 1936 wurde der stellvertretende Gauleiter Frankens, Karl Holz, beim REM vorstellig. Er forderte an der

Universität Erlangen einen Rektoratswechsel, da eine weitere Zusammenarbeit mit Specht nicht mehr möglich sei. Erneut wollte oder konnte das REM dem Ansinnen der Gauleitung nichts entgegensetzen. Und auch wenn bis zur Demission Spechts noch einige Zeit vergehen sollte, stand bereits in jenen Tagen sein Nachfolger fest. Die Gauleitung hatte entschieden, dass der bekannte Gynäkologe und Radiologe Hermann Wintz neuer Universitätsrektor werden sollte. Schließlich registrierte auch Specht, dass seine Tage als Rektor gezählt seien. In gewisser Weise sah er in seinem Nachfolger auch eine gute Lösung, werde doch der persönliche Einfluss von Wintz und seine »Kunst, jede Lage vorteilhaft auszunutzen«, der Universität, »wie die Dinge liegen, vermutlich nützlicher sein als die harte und deshalb manchmal anstoßende Haltung eines alten Kämpfers«. Auch wenn es sich hier um ein vergiftetes Lob handelte, so traf Specht mit seiner Prophezeiung doch genau ins Schwarze.[67]

Hermann Wintz, Ordinarius für Geburtshilfe und Frauenheilkunde in Erlangen, war über viele Jahre hinweg das Aushängeschild der Medizinischen Fakultät.[68] Unter seiner Ägide avancierte die Frauenklinik zu einem radiologischen Forschungs- und Behandlungszentrum von internationalem Rang. Bereits bei seinem fulminanten wissenschaftlichen Aufstieg, der ihn 1921 zum jüngsten Lehrstuhlinhaber seiner Fachrichtung werden ließ, erwies sich Wintz als gewiefter Taktiker, der noch dazu über ein glänzendes, über den universitären Bereich hinausreichendes Netzwerk verfügte. Damit ging einher, dass Wintz nicht nur ein bedeutender Wissenschaftler war, sondern auch eine Art früher Prominentenarzt, der immer wieder von bekannten Persönlichkeiten konsultiert wurde. Während der Jahre 1933 bis 1945 waren dies unter anderem die fränkischen Gauleiter Streicher und Holz sowie der zeitweilige Stellvertreter Hitlers, Rudolf Hess. Wie bereits erwähnt, kamen Wintz die glänzenden Kontakte zur Gauleitung bei seiner Inthronisierung als »Universitätsführer« zupasse.

▶ **Kapitel** Äußere Bedingungen des Aufstiegs der Radiologie in der Frauenklinik, S. 189.

In der Forschungsliteratur wird die Amtszeit von Wintz, der von 1938 bis 1944 das Rektorenamt ausüben sollte, übereinstimmend als Zäsur und in gewisser Hinsicht als Wende zum Guten bezeichnet.[69] Dem ist insofern zuzustimmen, dass innerhalb des Rektorats ein anderer, und zwar gemäßigter und weitgehend ideologiefreier Ton einzog. Anders als seine Vorgänger verzichtete der neue Rektor darauf, sich durch lärmende politische Stellungnahmen zu exponieren. Und dennoch greift es zu kurz, Wintz als politisch nonkonformen »Grandseigneur« zu bezeichnen, der als Rektor mit großer Umsicht die Universität vor den Eingriffen der Partei, insbesondere der Gauleiter geschützt hätte.[70] Formal spricht dieser Behauptung zunächst einmal entgegen, dass Wintz am 1. August 1935 in die NSDAP eintrat. Des Weiteren wird an der Amtszeit von Wintz deutlich, dass es eine generelle Frontstellung zwischen Universitätsführung auf der einen und der fränkischen Gauleitung auf der anderen Seite nicht gab. Die Gauleitung sah in einem Rektor Wintz von Beginn an die Ideallösung; nach allem, was man bisher weiß, arbeitete sie mit ihrem Wunschkandidaten bis zu dessen Rücktritt 1944 außerordentlich harmonisch zusammen. Schließlich steht dem positiven Urteil über Wintz dessen Haltung zur NS-Erbgesundheitspolitik entgegen. Wie in diesem Kapitel noch im Detail zu zeigen sein wird, hatte Wintz in diesem Zusammenhang medizinethische Grenzüberschreitungen zu verantworten. ▶

ERLANGEN UND NÜRNBERG 1943/44 – EIN GESCHEITERTES PROJEKT MIT FOLGEN

In den Jahren 1943/44 hielt eine von Rektor Hermann Wintz vorangetriebene Idee die Erlanger Kliniker in Atem: Seit Mai 1943 trat Wintz für eine Fusion der Medizinischen Fakultät Erlangens mit den Nürnberger Krankenhäusern ein. Das »Wintz-Projekt« hatte im fränkischen Gauleiter Karl Holz, dem Nürnberger Oberbürgermeister Willy Liebel und dem Stabsleiter im bayerischen Kultusministerium Emil Klein einflussreiche politische Fürsprecher. In starker Frontstellung zu den Fusionsplänen und damit zum Rektor der eigenen Universität befand sich hingegen die Medizinische Fakultät Erlangen.[1] Auch wenn die Pläne von Wintz letztlich nicht umgesetzt worden sind, werfen sie doch ein interessantes Schlaglicht auf die ewig jungen Diskussionen, welche Gestalt eine Kooperation bzw. Zusammenführung der Erlanger Universitätsmedizin mit den Nürnberger Kliniken anzunehmen habe. Ebenfalls deutlich wird, dass der Wunsch Nürnbergs nach einer eigenen Medizinischen Fakultät (mindestens) bis in die 1940er Jahre zurückreicht. Davon abgesehen sind die Vorgänge um das »Wintz-Projekt« noch aus einem anderen Grund von großem Interesse. Die heftigen Meinungsverschiedenheiten zwischen dem Erlanger Rektor und einigen Fakultäten, allen voran der Medizinischen, sorgten auf der universitären Führungsebene für einen tief greifenden Personalwechsel.

Abb. 1 Hermann Wintz' *Denkschrift über die Vereinigung der Nürnberger medizinischen Anstalten und Kliniken mit der Universität Erlangen*, 1943.

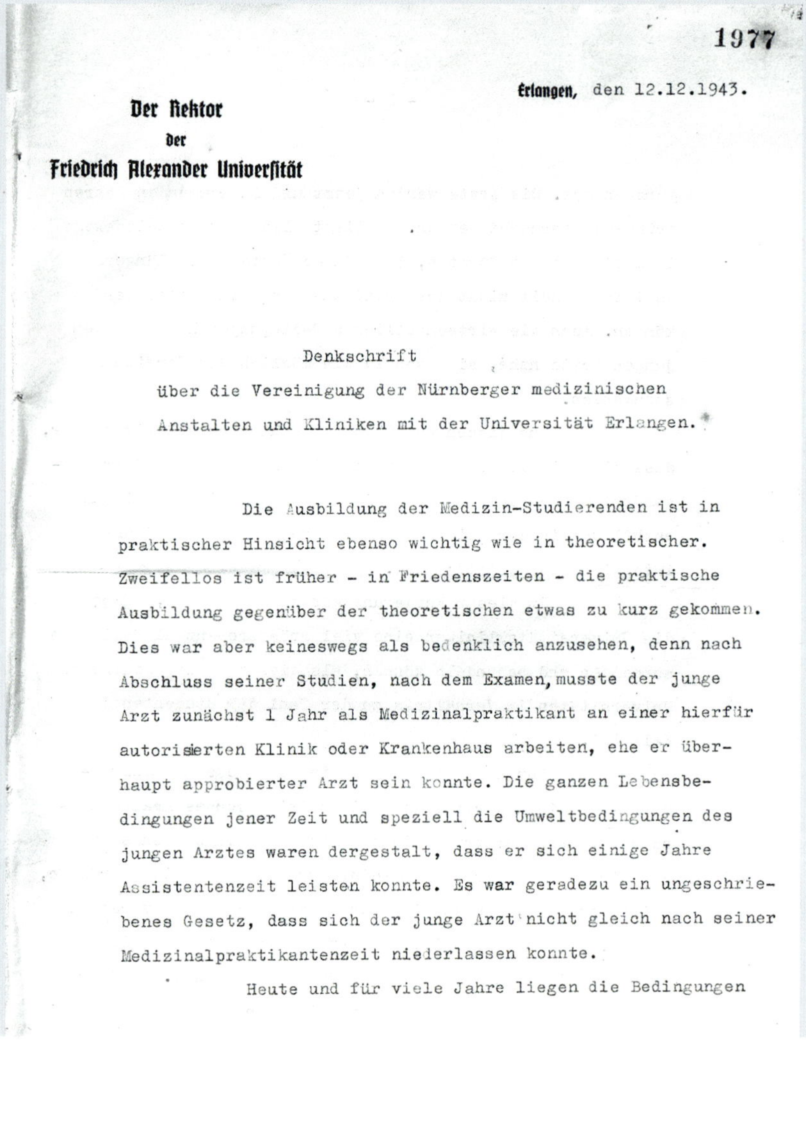

1977

Der Rektor
der
Friedrich Alexander Universität

Erlangen, den 12.12.1943.

Denkschrift
über die Vereinigung der Nürnberger medizinischen
Anstalten und Kliniken mit der Universität Erlangen.

Die Ausbildung der Medizin-Studierenden ist in praktischer Hinsicht ebenso wichtig wie in theoretischer. Zweifellos ist früher – in Friedenszeiten – die praktische Ausbildung gegenüber der theoretischen etwas zu kurz gekommen. Dies war aber keineswegs als bedenklich anzusehen, denn nach Abschluss seiner Studien, nach dem Examen, musste der junge Arzt zunächst 1 Jahr als Medizinalpraktikant an einer hierfür autorisierten Klinik oder Krankenhaus arbeiten, ehe er überhaupt approbierter Arzt sein konnte. Die ganzen Lebensbedingungen jener Zeit und speziell die Umweltbedingungen des jungen Arztes waren dergestalt, dass er sich einige Jahre Assistentenzeit leisten konnte. Es war geradezu ein ungeschriebenes Gesetz, dass sich der junge Arzt nicht gleich nach seiner Medizinalpraktikantenzeit niederlassen konnte.

Heute und für viele Jahre liegen die Bedingungen

Hermann Wintzs *Denkschrift über die Vereinigung der Nürnberger medizinischen Anstalten und Kliniken mit der Universität Erlangen*

Detailgetreuen Aufschluss über die Fusionsabsichten liefert eine Denkschrift von Wintz, die er am 12. Dezember 1943 vorlegte und die innerhalb der fränkischen Gauleitung wie auch des bayerischen Kultusministeriums zirkulierte.[2] Hierin monierte er, dass aufgrund der beschränkten Bettenkapazität in den Erlanger Universitätskliniken eine praxisnahe, am »Krankengut« orientierte

Ausbildung der Medizinstudenten kaum mehr möglich sei. Dementsprechend schlecht vorbereitet verließen die angehenden Ärzte die Universität. Dieser Mangel an praktischen Fertigkeiten habe es bisher oft verhindert, dass sich junge Mediziner direkt nach dem Ende ihres Studiums als Ärzte niederließen. Stattdessen wäre eine mehrjährige Assistentenzeit »ein ungeschriebenes Gesetz«. Ein derartiger Zwischenschritt sei jedoch nicht mehr zeitgemäß. Es müsse vielmehr im Interesse des Staates liegen, dass junge Ärzte schneller zur »Praxisausübung eingesetzt werden können«. Indem Wintz an dieser Stelle auf den während der zweiten Kriegshälfte vorherrschenden Ärztemangel anspielte, der kaum mehr eine ausreichende Versorgung der Zivilbevölkerung gewährleistete, maß er seinen Plänen nichts weniger als eine kriegswichtige Bedeutung bei.[3]

Um die Ausbildungsmisere zu beheben, plädierte der Erlanger Rektor für einen Zusammenschluss der Medizinischen Fakultät mit den großen Krankenhäusern der Nachbarstadt Nürnberg, verfüge man dort doch über ein großes Reservoir an »Krankenmaterial«, das für eine effiziente und praxisnahe Ausbildung der Medizinstudenten nutzbar gemacht werden könnte. Eine Eingliederung der Nürnberger Krankenhäuser hätte nach dem Dafürhalten von Wintz noch weitere Vorteile für die Friedrich-Alexander-Universität. Zum einen würde durch das verbesserte Lehrangebot die Nachfrage, in Erlangen zu studieren, über alle Fachrichtungen hinweg zunehmen. In diesem Zusammenhang gab der Rektor zu bedenken, dass ein fester Standort in Nürnberg sich generell positiv auf die Strahlkraft der Universität Erlangen auswirken würde. Zum anderen hätte eine Fusion auch für die Universitätsmediziner positive Begleiterscheinungen. Ihnen stünden fortan mehr Ressourcen für die Forschung zur Verfügung, da sie in der Lehre durch die Nürnberger Kliniker entlastet würden.

Wintz hob in seiner Denkschrift hervor, dass sich die Fusionspläne nur dann erfolgreich umsetzen ließen, wenn sich Erlanger Universitätsmediziner und Nürnberger Kliniker auf Augenhöhe begegnen würden. Aus diesem Grund schlug er vor, die Vorstände der einzugliedernden Nürnberger Krankenhäuser in die Medizinische Fakultät Erlangens aufzunehmen, »ob dies in Form von ordentlichen Professoren oder von Honorarprofessoren oder ausserplanmässigen Universitätsprofessoren geschieht, das könnte von Fall zu Fall entschieden werden«. Auch sonst blieb Wintz, was das konkrete Zusammenspiel zwischen Erlangen und Nürnberg betrifft, ausgesprochen vage. »Sicherlich«, so sein optimistisch-nichtssagender Blick in die Zukunft, »wird die Praxis nach ganz kurzer Zeit einen geeigneten Weg der Zusammenarbeit finden lassen«. Generell wirkt die gesamte Denkschrift mehr wie ein hastig verfasstes Plädoyer und weniger wie ein rhetorisch ausgefeiltes, detailliert durchdachtes Konzept. Mit der Schrift dürfte Hermann Wintz wohl die Befürworter der Fusion zufriedengestellt, aber kaum einen Gegner zum Einlenken gebracht haben.

Auf Konfrontationskurs. Die Gründe für die ablehnende Haltung der Medizinischen Fakultät

Als Hermann Wintz im Mai 1943, also mehr als ein halbes Jahr vor seiner »Denkschrift«, seine Fusionspläne erstmals der Medizinischen Fakultät vorstellte, hatte er offensichtlich nicht mit einem derart hartnäckigen Widerstand gerechnet. Der Phalanx der Vereinigungsgegner gehörte auch Gaudozentenbundführer Hans Albrecht Molitoris an, der bis dato ein treuer Vasall von Wintz war, sich in dieser Frage aber zu einem entschiedenen Gegner der Pläne seines Chefs aus der Frauenklinik aufschwang. Da sich dem Protest der Mediziner zunächst auch die anderen Fakultäten mehrheitlich angeschlossen hatten, konnte Wintz nicht, wie beabsichtigt, die Fusion mit den Nürnberger Klinikern anlässlich der 200-Jahrfeier der Friedrich-Alexander-Universität im November 1943 bekanntgeben.[4]

Die Medizinprofessoren sahen durch das »Wintz-Projekt« den Fortbestand ihrer Medizinischen Fakultät Erlangen bedroht. Der Internist Richard Greving, der als Dekan in jenen Tagen an exponierter Stelle gegen den Zusammenschluss kämpfte, befürchtete, dass durch die Fusion »im Hinblick auf das politische und finanzielle Uebergewicht der Stadt Nürnberg« zunächst eine Schwerpunktverlagerung der Medizinischen Fakultät nach der fränkischen Metropole stattfinden würde.[5] Doch sei dies nur der erste Schritt, der zweite wäre eine Verlagerung der gesamten Fakultät nach Nürnberg. Darüber hinaus sah Greving durch die geplante Zusammenlegung nicht nur die Existenz seiner Fakultät, sondern auch die Einheit und somit letztlich das weitere Bestehen der Universität Erlangen in Gefahr.[6] Im Endeffekt kumulierten hier zwei tief sitzende Ängste Erlanger Professoren: zum einen die latente Furcht vor einem Bedeutungsverlust der eigenen Alma Mater gegenüber der Metropole Nürnberg und zum anderen die fortwährende Angst vor einer Schließung der Universität. Dies mag auch die Vehemenz erklären, mit der sich die Medizinische Fakultät dem »Wintz-Projekt« verweigerte.

Im bayerischen Kultusministerium wiederum, das den Fusionsplänen sehr aufgeschlossen gegenüberstand, vermutete man hinter der Verweigerungshaltung der Erlanger Mediziner noch andere Gründe. In seiner Stellungnahme zur Wintz-Denkschrift von Anfang 1944 warf Ministerialrat Siegfried von Jan den Erlanger Klinikern vor, ihr Protest basiere vornehmlich auf egoistischen finanziellen Erwägungen. Durch eine Fusion mit den Nürnberger Kliniken sähen sie sich in einem unerwünschten Wettbewerb insbesondere um die Privatpatienten, »die eine sehr erhebliche Einnahmequelle bedeuten«.[7]

Personelles Nachbeben

Zur Verweigerungshaltung der Erlanger Mediziner hat sicherlich auch das taktisch unkluge Vorgehen des Rektors beigetragen. So warf der Ordinarius für HNO und frühere Rektor Fritz Specht seinem Nachfolger vor, dieser sei mit seinen Fusionsplänen zunächst an die Öffentlichkeit gegangen und habe sie erst danach der Medizinischen Fakultät präsentiert.[8] An der Kritik von Specht wird deutlich, dass sich Wintz nicht mehr an ein traditionelles Amtsverständnis, das den

Rektor als Primus inter Pares innerhalb des Kollegenkreises ansah, gebunden fühlte, sondern das autoritäre NS-Führerprinzip bereits weitgehend verinnerlicht hatte. In dieses Bild passt, dass der »Rektorführer« dann auch mit radikalen Personalentscheidungen auf den Ungehorsam der Fakultäten reagierte. Auf dem Höhepunkt der Friktionen entband Wintz Ende 1943 die drei fusionskritischen Dekane der Theologischen, Naturwissenschaftlichen und Medizinischen Fakultät Werner Elert, Julius Schwemmle und Richard Greving von ihren Aufgaben und ersetzte sie durch – wie er hoffte – gefügigeres Personal.[9] Auch die Gauleitung zog aus dem Widerstand gegen das von ihr unterstützte »Wintz-Projekt« Konsequenzen und setzte den langjährigen Gaudozentenbundführer Hans Albrecht Molitors ab.

Nachdem fast über das gesamte »Dritte Reich« hinweg Rektorat, Senat und Dekane auf NS-Linie weitgehend konfliktfrei, effizient und ohne gravierende personelle Umbrüche zusammengearbeitet hatten, kam es Ende 1943 zu tief greifenden Verwerfungen. Ob die Frage der Klinikfusion tatsächlich der einzige Grund für eine derartig harsche Auseinandersetzung war oder ob sich unter den Protagonisten bereits in den Jahren zuvor einiges an Missstimmungen aufgestaut hatte, lässt sich anhand der Quellenlage nicht beurteilen. Davon abgesehen hat dieser Konflikt sicherlich seinen Teil dazu beigetragen, dass die »Ära Wintz« als Rektor nach dem Sommersemester 1944 endete. Von dem Gedanken einer Umsetzung seines Projektes hatte er sich bereits vorher verabschiedet. Durch die anhaltenden Luftangriffe der Alliierten auf Nürnberg waren die meisten Krankenhäuser bereits im Frühjahr 1944 derart zerstört, dass eine Klinikfusion nicht mehr infrage kam. Philipp Rauh

Abb. 9 Frauenklinik; Eingang mit Hakenkreuzfahne anlässlich des Reichsparteitages 1934.

▸ Ungeachtet dessen zeigte Hermann Wintz in den letzten Wochen des »Dritten Reiches« eine bemerkenswerte Zivilcourage. So setzte er sich mutig für eine kampflose Übergabe der Stadt Erlangen ein. Anfang April 1945 wurde er bei Karl Holz vorstellig, der Erlangen als Bastion gegen die in Richtung Nürnberg vorrückenden US-Truppen verteidigen wollte, und versuchte, den Gauleiter von diesem Plan abzubringen. Dabei wies Wintz auch auf die Situation in den Erlanger Kliniken und Lazaretten hin. In den 10 Universitätskliniken, der Heil- und Pflegeanstalt sowie in den 12 Militärlazaretten befanden sich in den letzten Kriegstagen rund 6.000 Patienten. Eine Evakuierung der meisten Kranken erschien unmöglich. Wie groß der Einfluss von Wintz tatsächlich war, dass am 16. April 1945 die Übergabe der Stadt Erlangen an die US-Truppen ohne Blutvergießen glückte, lässt sich zwar nicht mit Bestimmtheit sagen. Gleichwohl ist zu konstatieren, dass der berühmte Arzt seine glänzenden Kontakte zur Gauleitung in diesem Fall für die richtige Sache einsetzte. Philipp Rauh

»Normale« Wissenschaft im Nationalsozialismus. Erlanger Medizinpromotionen zwischen 1932 und 1948

In den vergangenen Jahrzehnten waren die gravierenden Medizinverbrechen, die von Ärzten während des NS-Regimes in Form völlig entgrenzter Forschung begangen worden sind, bevorzugter Gegenstand intensiver historischer Untersuchungen. Dies gilt auch für die inhumanen Praktiken, mit denen von Medizinern die rassenhygienischen Vorgaben der Machthaber in Form von Gesetzen und Verordnungen an weitgehend hilflosen Opfern kritiklos umgesetzt wurden.[71] Inwieweit Erlanger Universitätsmediziner im Bereich des Klinikums und darüber hinaus daran beteiligt waren, wird an anderer Stelle des vorliegenden Bandes erörtert.

▸ **Kapitel** Medizinverbrechen in Erlangen, S. 262.

Neben dieser Thematik rücken im Zusammenhang mit dem Einfluss der NS-Ideologie auf die Medizin neuerdings zunehmend auch andere Fragen in den Fokus. Dazu gehört die Entwicklung der »normalen« Forschung an den Hochschulkliniken. Darunter kann Wissenschaft verstanden werden, die aus dem regulären Etat der Kliniken finanziert wurde, sich überwiegend klassischer Mittel und Methoden bediente sowie in ihren Zielen im Wesentlichen durch die allgemeine Entwicklung der Fächer bedingt war. Beispielhaft sei hier nur die Forschung im Bereich der Radiologie und der Endokrinologie genannt.

Diese »normale« Wissenschaft steht jenseits durch Drittmittel geförderter Großprojekte, die besonderen Zielen dienten und häufig aus den Universitäten in die Kaiser-Wilhelm-Institute oder spezielle Einrichtungen der SS ausgelagert waren.[72]

Anstöße zu einem genaueren Blick auf die »normale« Forschung gaben zuletzt Duckheim und Roelcke. Als bisher noch kaum genutzten Zugang empfehlen sie eine systematische Untersuchung der Dissertationen, die im NS und in den unmittelbar angrenzenden Zeitabschnitten entstanden sind.[73] Von der Betrachtung des »wissenschaftlichen Alltags« an den Kliniken sei nicht nur ein breiterer Überblick über Themen, Methoden und Praktiken zu erwarten, die für die damals dort durchgeführten Forschungsvorhaben charakteristisch waren. Entsprechende Untersuchungen ließen vielmehr auch Rückschlüsse darauf zu, »wie die wissenschaftliche Sozialisation sehr vieler Ärzte aus der frühen Bundesrepublik ausgesehen hat«. Die Absolventen aus der Zeit zwischen 1933 und 1945 seien ja im Anschluss etwa 30 bis 40 Jahre in der medizinischen Versorgung oder Forschung der Nachkriegsgesellschaft tätig gewesen.

Im Folgenden wird in diesem Sinne ein erster Blick auf die Erlanger medizinischen Dissertationen geworfen werden, die im Hochschulschriftenverzeichnis für den Zeitraum zwischen 1932 und 1948 aufgelistet sind.[74] Das gewählte Intervall erklärt sich dadurch, dass der Blick auf die Dissertationen vor der Machtübernahme beginnen und auch die ersten Nachkriegsjahre umfassen sollte. 1932 waren zudem die *Richtlinien für neuartige Heilbehandlungen und für die Vornahme wissenschaftlicher Versuche am Menschen* des Reichsinnenministeriums bereits gültig geworden, die den »für damalige Verhältnisse international denkbar besten Patienten- und Probandenschutz« (W. U. Eckart) gewährleisteten. Diese Richtlinien wurden in der NS-Zeit nicht formal außer Kraft gesetzt. Inwieweit man sie aber kommunizierte und damit letztlich ihre Einhaltung einforderte, wird unterschiedlich beurteilt.[75]

Vor der Darstellung der Ergebnisse soll kurz auf das Arztbild der Nationalsozialisten eingegangen werden. Ferner erscheint ein Hinweis auf die von der NS-Ideologie und -Hochschulpolitik geprägten Entwicklungen in der Lehre an der Erlanger Fakultät hilfreich, die Renate Wittern bereits genauer untersucht hat.[76]

Zum Arztbild der Nationalsozialisten

Das Arztbild der Nationalsozialisten basierte auf einem Konzept des Danziger Chirurgen Erwin Liek (1878–1935) aus den 1920er Jahren.[77] Liek, dessen in zahlreichen Schriften »vom Kulturpessimismus der 1920er Jahre inspirierte Kritik des Medizinbetriebes in Deutschland« damals sehr populär war, teilte Ärzte in zwei Kategorien ein: die Mediziner und die wahren Ärzte.[78] Die Mediziner seien das Produkt einer einseitigen, »entseelten« naturwissenschaftlichen Universitätsmedizin, die wahren Ärzte widmeten sich dagegen »ganzheitlich« dem Wohle des »Volkskörpers«. Die Nationalsozialisten nahmen dieses Konzept auf und ergänzten es durch wenige eigene Versatzstücke. Dabei grenzten sie den zum Leitbild erkorenen wahren Arzt auch dadurch von der Schulmedizin ab, dass sie Letztere in ihrem rassistischen Kontext als jüdischen Ursprungs diffamierten. ▸

(K)EINE NATURHEILKLINIK FÜR ERLANGEN

Im Juli 1947 erreichte eine merkwürdige Anfrage das Dekanat der Medizinischen Fakultät. Emil Weise aus Jacksonville (Florida), naturheilkundlicher Arzt und Irisdiagnostiker, bat um Studienordnungen und Lehrerfahrungen im Fach Naturheilkunde. Diese sollten helfen, einen naturheilkundlichen Lehrstuhl nach deutschem Vorbild in den USA zu etablieren. Pikiert, aber höflich wurde Weise mitgeteilt: »Die Einrichtung besonderer Lehrstühle für naturgemäße Heilmethoden etc. war eine nationalsozialistische Errungenschaft des ›Dritten Reiches‹. Sie sind Gottseidank wieder abgeschafft oder vielmehr umgewandelt worden in ergänzende Professuren der Schulmedizin.«[1]

Tatsächlich besaß die Erlanger Medizinische Fakultät seit 1935 einen gewissen Ruf in Sachen Naturheilkunde. Zum Abschluss der feierlichen Gründungsveranstaltung der »Reichsarbeitsgemeinschaft für eine Neue Deutsche Heilkunde« in Nürnberg am Sonntag, dem 26. Mai 1935, hatte Reichsärzteführer Gerhard Wagner feierlich angekündigt, »daß der Rektor der Universität Erlangen, Prof. Dr. med. Specht, den Entschluß gefaßt habe, eine Naturheilklinik zu errichten«.[2] Die breit in der Presse annoncierte Kompetenz in Sachen Naturheilkunde sprach sich schnell herum: Im Juni 1935 erkundigte sich der Obertelegrafensekretär Clasen aus Bensberg (bei Köln), ob dem »Pyrmoor-Naturheil-Institut« in München die erfolgreiche Kur seiner an Multipler Sklerose erkrankten Frau zuzutrauen sei.[3]

Weniger bekannt wurde das zurückhaltende Dementi, das Rektor Specht gleich in die Dienstagsausgabe des »Fränkischen Kuriers« einrücken ließ.[4] Am Freitag, dem 31. Mai 1935, hatte er sich vor der Fakultät zu rechtfertigen. Dekan Jamin zeigte sich verstimmt, nicht unmittelbar informiert worden zu sein, sondern der Presse, und zwar aus dem Dementi, die überdies fehlerhafte Erklärung entnehmen zu müssen, »daß die Fakultät geschlossen schon anfangs des Semesters den Beschluß gefaßt habe, einen ›Lehrstuhl für Naturheillehre‹ hier zu errichten«.[5] Der Sache nach war sich die Fakultät durchaus einig, der Naturheilkunde gegenüber der Schulmedizin (»hie glauben, hie wissen«) keinen besonderen Platz einzuräumen. Es käme vielmehr darauf an, das Publikum

Abb. 1 Gründung der »Reichsarbeitsgemeinschaft für eine Neue Deutsche Heilkunde«, Nürnberg 25. Mai 1935, Franz Wirz und Karl Kötschau mit Streicher und zwei SA-Vertretern.

der Naturheilkunde als »zuverlässige Glaubensgefolgschaft« des Nationalsozialismus zu erkennen und es »unter ärztliche Führung zu bekommen«; entscheidend sei allein die richtige Haltung: »Weltanschauung als Einstellung auf Blut – Auslese und Boden = naturgerechte Lebensweise u. Körperpflege«.[6]

Die Angelegenheit ruhte damit vorerst – ganz im Sinne der Fakultät. Aus Berlin wurde dem neuen Dekan Richard Greving dann 1939 empfohlen, den inzwischen am Klinikum Nürnberg tätigen Führer der Reichsarbeitsgemeinschaft für eine Neue Deutsche Heilkunde, Karl Kötschau, um eine zweistündige Vorlesung in Erlangen zu bitten.[7] Kötschau forderte daraufhin »ausreichende Lehrmöglichkeiten«, insbesondere eine Vorsorgeberatungsstätte mit Badehaus und Luftpark innerhalb der Stadt sowie ein größeres Übungslager »in bewaldetem Gebiet am Rande der Stadt« für 100 Männer und 100 Frauen sowie 10 Privatbetten.[8] Schließlich ginge es nicht um eine Marginalie, sondern um nicht weniger als »die Hochentwicklung des gesunden deutschen Menschen im Sinne des Tausendjahrplans des ewigen deutschen Volkes«. »Nicht die Schonungsidee, nicht faulenzerische Ruhe und Erholung sind die Grundlagen der Behandlung, sondern Kraft und Gesundheit durch Übung und Training. […] Am Ende der Übungskur soll Körper und Geist gekräftigt, gestählt und abgehärtet sein. Der deutsche Mensch soll wieder Vertrauen zur Kraft seines Körpers bekommen. Er soll wissen, dass er keine Angst vor irgenswelchen [!] Krankheiten zu haben braucht.«[9]

Die Fakultät hat dieses weit überzogene Unterfangen nicht ernsthaft diskutiert. Karl Kötschau hingegen wurde noch 1972 vom Vizepräsidenten der Bundesärztekammer und MdB Gerhard Jungmann im Ärzteblatt als Spiritus Rector der Präventivmedizin gefeiert.[10] Kötschaus 1954 geäußerten Worte »je besser die Fürsorge, um so größer der Verfall der Leistungsfähigkeit« stellen geradezu das Motto seiner im gleichen Jahr publizierten »Auftakte einer Gesundheitslehre« dar,[11] die eine um nur wenige rassistische Kraftformulierungen bereinigte Neuauflage seiner 1939 in Nürnberg gedruckten Schrift *Kämpferische Vorsorge statt karitative Fürsorge* darstellen.[12]   Fritz Dross

Abb. 2 »Erlangen eröffnet eine Naturheilklinik«, Erlanger Zeitung, 27. Mai 1935.

Abb. 3 Dementi, Erlanger Zeitung, 28. Mai 1935.

▸ Die fachliche Ausrichtung dieses neuen Arztes sollte erbbiologisch-rassenhygienisch und naturheilkundlich sein. Zentral war das Bild des »volksverbundenen« Hausarztes als »Gesundheitsführer«.[79] In diesen Zusammenhang gehörten auch die Forderung nach staatlicher Förderung von Naturheilmitteln sowie deren Weiterentwicklung und die Gründung der »Reichsarbeitsgemeinschaft für eine Neue Deutsche Heilkunde« im Mai 1935 in Nürnberg.[80]

Bei der Gründung dieser Reichsarbeitsgemeinschaft anlässlich der »Reichstagung der Deutschen Volksheilbewegung« äußerte sich der Fürther Frauenarzt und später hauptamtliche NS-Ärztefunktionär Arnulf Streck (1891–1936) in einem Vortrag zum Thema *Nationalsozialistische Evolution und Arzttum* indirekt, aber umso plakativer zum NS-Arztbild, indem er der Schulmedizin einen ideologisch eingefärbten Spiegel vorhielt: »›Schulmedizin‹ beinhaltet nach der negativen Seite hin: Liberalismus, Individualismus, mechanistisch-materialistisches Denken, jüdisch-kommunistische Menschheitsideologie, Abkehr vom Natürlich-Urtümlichen und Gottgewollten, Mißachtung von Blut- und Boden, Vernachlässigung von Rasse und Erbmasse, Überbewertung des Körpers und der Einzelorgane, Unterbewertung der Seele und Konstitution.«[81] Diese Mängel galt es zu beseitigen. Dass man freilich nicht ganz ohne die kritisierte Schulmedizin auskommen wollte, hatte der Reichsärzteführer, Gerhard Wagner (1888–1939), schon zwei Jahre zuvor klargestellt: »Diese Generation wird die ernsthafte wissenschaftliche Facharbeit nicht vernachlässigen, wird aber ihr Wissen ganz in den Dienst der Nation stellen und die Idee, daß Gemeinnutz vor Eigennutz geht, wird ihr in Fleisch und Blut übergegangen sein. Dann wird der Arzt nicht mehr als egoistischer Geldverdiener abseits vom Volke stehen, sondern Hüter der Volkszukunft sein.«[82]

Neuorientierung der Lehre in Erlangen

Die Realisierung des neuen Arztbildes und damit auch die inhaltliche Gleichschaltung der Hochschulmedizin hatte für die Nationalsozialisten hohe Priorität. Entsprechend dem ideologischen Unterbau spielten erbbiologisch-rassenhygienische Gesichtspunkte dabei eine dominierende Rolle. Nach der erwähnten Darstellung von Wittern waren in Erlangen vor allem der Anatom und Anthropologe Andreas Pratje (1892–1963),[83] der Hygieniker und Bakteriologe Karl von Angerer (1883–1945, Selbstmord) sowie der Neurologe und Psychiater Friedrich Meggendorfer (1880–1953) Exponenten dieses Unterrichtes. Auf die genannten Hochschullehrer, die in ihrer Vorlesungstätigkeit von vielen Fakultätskollegen durch eigene Veranstaltungen unterstützt wurden,[84] wird an anderer Stelle näher eingegangen, ebenso auf die gescheiterten Versuche, ein rassenbiologisches Institut bzw. einen Lehrstuhl für Rassenpolitik einzurichten, um das Fach zu institutionalisieren.

▸ **Kapitel** Rassenhygienische Aktivitäten in Erlangen, S. 263.

Im Zusammenhang mit anderen Veränderungen des Lehrangebotes nach 1933, die als »Ausdruck einer stetig zunehmenden Militarisierung« gedeutet werden können,[85] sind vor allem Veranstaltungen zu chemischen Kampfstoffen, zur Luftfahrtmedizin sowie schließlich auch zur »Wehrmedizin« zu nennen, die im Juli 1939 Prüfungsfach wurde. Unter letzterem Begriff wurde alles subsumiert, was zur traditionellen »Schädenheilung und -verhütung« diente, zusätzlich aber nun auch Maßnahmen »zur Leistungssteigerung des Einzelnen, ganzer Verbände oder des Volkes«.[86]

Ähnlich ergebnislos wie die Bemühungen um die Institutionalisierung der Rassenpolitik blieben die Versuche, einen Lehrstuhl für »Naturheillehre« einzurichten. Auch die Bemühungen um einen qualifizierten Lehrbeauftragten für das Fach scheiterten. Renate Wittern wertet dies als Folge eines schwachen Engagements für die Sache, die nicht als Zeichen politischen Widerstandes betrachtet werden dürfe, sondern lediglich das traditionell gespannte Verhältnis zwischen Schulmedizin und Naturheilkunde spiegele. Insgesamt, so resümiert sie, habe die Fakultät die Intentionen des nationalsozialistischen Regimes im Hinblick auf die Lehre voll umgesetzt. In den speziellen Bereichen Rassenhygiene und Wehrmedizin seien entsprechende Lehrangebote bereits gemacht worden, bevor das Ministerium dies gefordert habe.[87]

▶ **Exkurs** (K)eine Naturheilklinik für Erlangen, S. 244.

Die Dissertationen

Im Hochschulschriftenverzeichnis finden sich für die Zeit zwischen 1932 und 1948 insgesamt 1612 Einträge aus der Medizinischen Fakultät Erlangen, 1596 Dissertationen und 16 Habilitationsschriften. Betrachtet man die Zahlen der einzelnen Jahrgänge, so zeigen sich deutliche Schwankungen, die sicherlich zu einem wesentlichen Teil den politischen Verhältnissen geschuldet sind.

Jahr	Studierende	Dissertationen	Habilitationen
1932	814	70	2
1933	781	13	1
1934	578	34	-
1935	589	33	-
1936	438	137	2
1937	365	153	1
1938	304	127	2
1939	801	114	2
1940	259	94	1
1941	338	62	
1942	473	55	
1943	610	59	3
1944	597	150 (1944 bis Mai 45)	2
1945	1238		
1946	1661	495 (Juni 1945–1948)	
1947	1643		
1948	1359		
Gesamt		1596	16

Tab. 1: Dissertationen, Habilitationen, Studierende 1932–1948.[88]

Mit den ebenfalls sehr unterschiedlich hohen Studentenzahlen alleine lassen sie sich auf keinen Fall erklären, selbst wenn man berücksichtigt, dass Promotionsarbeiten in der Regel einige Semester in Anspruch nehmen, bis sie zum Abschluss kommen – die Zahl der Promotionen und die Zahl der Studierenden in einem Jahr also nicht direkt verglichen werden können. Negativ auf die wissenschaftliche Arbeit wirkten sich sicherlich die Veränderungen des beruflichen und privaten Lebens aus, die sich im Zusammenhang mit den politischen Umwälzungen 1933 kurzfristig u. a. aus den vielfältigen Ansprüchen des NS-Staates an das Individuum und die Institutionen ergaben. So führten beispielsweise gynäkologische Ordinarien beredt Klage darüber, dass wissenschaftliche Arbeit nach der Machtübernahme zeitweise kaum möglich war: Der Tübinger August Mayer (1876–1968) schrieb noch 1935 in einem Brief an den Berliner Walter Stoeckel (1871–1961), seine Assistenten hätten »neben ihren wichtigen nationalen Aufgaben« nur noch »knapp Zeit zur klinischen Arbeit, aber nicht zur Wissenschaft«. Stoeckel seinerseits erklärte 1936: »[…] Die vergangenen Jahre waren politische Sturmjahre, in denen es um Größeres ging als um Facharbeit, […] und es blieb für viele von uns nicht so viel Zeit wie früher, um die Wissenschaft in Wort und Schrift zu pflegen. Jetzt sind wir durch diese Zeit hindurch […].«[89]

Die Jahre zwischen 1936 und 1939 erwecken tatsächlich den Eindruck einer Konsolidierung in der wissenschaftlichen Arbeit der Fakultät, soweit sie sich in der Zahl der abgeschlossenen Dissertationen manifestiert. Für die Kriegsjahre bis 1943 sank die Zahl der Promotionen wieder, nun sicherlich mitbedingt durch den – allerdings nur kurzfristigen – deutlichen Rückgang der Immatrikulierten. Im Gegensatz zu den beiden Vorjahren fanden 1943 drei Habilitationen statt. Von 1944 bis zum Mai 1945, als die Universität geschlossen wurde, nahm die Zahl der Promotionen ebenso wie die Zahl der Studierenden wieder erheblich zu, wobei sogar nach der Einnahme der Stadt durch die Amerikaner am 16. April 1945 noch mündliche Prüfungen abgehalten wurden.[90]

Auch der im Hochschulschriftenverzeichnis insgesamt erfasste unmittelbare Nachkriegszeitraum von 1945 bis 1948 überrascht auf den ersten Blick mit einer relativ großen Zahl von Promotionen. Hatten sich doch Hochschullehrer und Studierende lange über die Wiederaufnahme des Lehrbetriebes in der Medizinischen Fakultät im Wintersemester 1945/46 hinaus gleichermaßen in einer Situation befunden, die jeglicher Forschungsarbeit kaum zuträglich sein konnte: Erstere sahen sich einem zuvor nie da gewesenen Massenansturm von Studierenden gegenüber, während in den Kliniken nur mit größter Mühe die Krankenversorgung adäquat zu gewährleisten war und Entnazifizierungsmaßnahmen der Amerikaner den ohnehin bestehenden Mangel an qualifizierten Hochschullehrern mehrfach aggravierten. Die Studierenden ihrerseits konnten wegen der Überfüllung der Universität kaum davon profitieren, dass die Erlanger Alma Mater im Gegensatz zu den anderen bayerischen Hochschulen unzerstört geblieben war. Auch fehlte es selbst an den simpelsten Materialien für das Studium, und das Bemühen um die bloße Existenzsicherung bestimmte den Alltag.[91]

Dass zwischen 1945 und 1948 dennoch 495 Promotionen abgeschlossen werden konnten, dürfte zum einen auf die »Rettung« von Daten zurückzuführen sein, die

▶ **Tabelle** Dissertationen, Habilitationen, Studierende 1932–1948, S. 247.

Erlanger Studierende bereits in den letzten Kriegsjahren erhoben hatten. Dafür sprechen viele der Titel der Dissertationen. Es ist zu vermuten, dass damals auch die eine oder andere Arbeit bereits in einer Roh-, wenn nicht sogar schon in der Endfassung vorlag. Zum anderen wurden Studierende promoviert, deren Dissertationen an anderen Universitäten des Deutschen Reiches angefertigt worden waren. Hinweise dafür, z. B. auf Breslau oder die Charité Berlin, finden sich im Hochschulschriftenverzeichnis, aber auch in den Dissertationen selbst. Sicher ist damit, dass die in den ersten Nachkriegsjahren abgeschlossenen Promotionen nur zu einem Teil als Ergebnis der »normalen Forschung« jener Zeit in der Medizinischen Fakultät Erlangen betrachtet werden können.

Ein Beispiel für eine Dissertation, die durch die Kriegswirren schließlich nach Erlangen gelangte, ist die Arbeit von Walter Kley *Zur Klinik des Mongolismus*. Der Autor war während des Studiums in Würzburg 1941 zum Militär einberufen und an der Ostfront dreimal verwundet worden. Daraufhin konnte er in Würzburg das Studium wieder aufnehmen und das 9. Semester abschließen, geriet dann aber in Kriegsgefangenschaft. Nach seiner Entlassung absolvierte er in Erlangen das 10. Semester und das Staatsexamen. Die Daten seiner Arbeit hatte er in Würzburg erhoben, Initiator und Referent war der dortige Ordinarius für Frauenheilkunde und überzeugte NS-Parteigänger Carl Joseph Gauß (1875–1957), den die amerikanischen Militärbehörden am 10. 8. 1945 seiner Ämter enthoben hatten. Die Promotionsprüfung von Kley in Erlangen fand fast ein Jahr später statt.[92]

Die kursorische Betrachtung aller Arbeiten anhand ihrer Titel zeigt für den gewählten Zeitraum ein ausgesprochen breites wissenschaftliches Spektrum, das Anteile aus der Grundlagenforschung ebenso aufweist wie statistische Auswertungen von Krankenakten, klinische Studien, Tierversuche sowie soziologische, epidemiologische oder medizinhistorische Untersuchungen. Auch thematisch ist der Bogen weit gespannt: Er reicht beispielsweise von einem Beitrag zur *Strahlenempfindlichkeit von Bakterien* (1933) über eine *Studie zur Umwandlung von Carotin zu Vitamin A in der Säugetierleber* (1939) bis zu einer Untersuchung über *Wert und Gefahr der Errichtung von Bordellen* (1946).[93]

Rassenhygienische Fragestellungen

Richtet man das Augenmerk auf die Themen, mit denen besonders offensichtlich Zielen des NS-Regimes in der Gesundheits- und Forschungspolitik Rechnung getragen werden sollte, so fällt erwartungsgemäß eine Häufung von Dissertationen auf, die sich mit rassenhygienischen Fragen befassen. Die meisten Titel dieser Art finden sich in den Jahren zwischen 1936 und 1939. Hier liegt ihr Anteil an den Promotionsarbeiten nach der kursorischen Betrachtung mindestens zwischen sieben und acht Prozent. In den Kriegsjahren spielten solche Arbeiten keine Rolle mehr. Allerdings tauchen zwischen 1945 und 1948 wieder einige Titel auf, die zumindest für eine eingeschränkte Kontinuität in diesem Forschungsbereich sprechen. Manche Titel wecken auf den ersten Blick Assoziationen zu den Menschenversuchen in Konzentrationslagern, erweisen sich beim näheren Hinsehen aber als reine Literaturübersichten. Ein Beispiel dafür ist die Arbeit zur *Hormonalen und medikamentös-chemischen Sterilisierung*.[94]

Inhaltlich bestimmten vor allem das *Gesetz zur Verhütung erbkranken Nachwuchses* (GzVeN) und rassenanthropologische Aspekte die Fragestellungen. Häufig wurde dabei neben der Auswertung von Krankenjournalen aus den Kliniken auch mit Akten der Erbgesundheitsgerichte gearbeitet. Konkret ging es etwa um diagnostische Schwierigkeiten bei der erbgesundheitlichen Begutachtung des »angeborenen Schwachsinns«, der Schizophrenie und des »schweren Alkoholismus«. Auch die *Epilepsie in der Rechtsprechung eines Erbgesundheitsgerichtes* wird thematisiert.[95] Alle genannten Diagnosen stellten Indikationen für eine Zwangssterilisierung nach dem GzVeN dar. Eine Arbeit aus dem Jahr 1937 befasst sich mit den Auswirkungen des GzVeN auf den Krankenbestand der Psychiatrischen und Nervenklinik Erlangen. Unter rassenanthropologischen Gesichtspunkten untersuchten Promovenden beispielsweise Das Rassenbild des mittelfränkischen Jurabauern im Bezirksamt Weißenburg i. B., den Sturmbann III/24 der Erlanger SA oder *Mißbildungen des Zungenbändchens; unter besonderer Berücksichtigung ihres Vorkommens bei Schwachsinnigen und Geisteskranken*.[96]

Die in der Erlanger Universitätsfrauenklinik vom Januar 1933 bis zum Kriegsende 1945 nach dem GzVeN durchgeführten 513 Zwangssterilisationen, deren äußere Umstände an anderer Stelle ausführlicher besprochen werden, waren auch Gegenstand einer Dissertation, die 1940 abgeschlossen wurde. Auf diese Dissertation soll an dieser Stelle etwas näher eingegangen werden, weil sie zeigt, wie sich »normale Forschung« im NS nicht nur außerhalb der Vorgaben des GzVeN, sondern auch jenseits der eingangs erwähnten *Richtlinien für neuartige Heilbehandlungen und für die Vornahme wissenschaftlicher Versuche am Menschen* bewegen konnte. Sie beleuchtet ferner einen speziellen Aspekt der für Patientinnen und Patienten unheilvollen Allianz zwischen Psychiatern und Gynäkologen in der NS-Zeit.[97]

Die fragliche Arbeit, angefertigt von Max Koch, trägt den Titel *Die Modifikation der Madlenerschen Tubensterilisierung nach Dyroff und ihre Ergebnisse* und wurde bereits von Edith Krüger im Rahmen ihrer Dissertation von 2007 zu den Zwangssterilisationen in der Frauenklinik ausgewertet.[98] Rudolf Dyroff (1893–1966), damals Oberarzt der Frauenklinik und schon seit seiner Promotion im Jahr 1919 sehr an reproduktionsmedizinischen Fragen interessiert,[99] benutzte das GzVeN, um sich wissenschaftlich weiter zu profilieren. Aus der Arbeit von Koch geht hervor, dass er zum Nachweis der Sicherheit und damit zur Propagierung seiner Sterilisationsmethode an »bisher 20« danach behandelten Patientinnen nicht ungefährliche und darüber hinaus unter Umständen sehr schmerzhafte »Kontrolluntersuchungen« vornahm bzw. vornehmen ließ. Diese Kontrollen wurden auf »mindestens 2 Jahre zurückliegende Sterilisierungsfälle« beschränkt.[100]

Bei diesen Untersuchungen handelte es sich um Hysterosalpingographien, für die über den Muttermund ein Kontrastmittel in die Gebärmutter eingespritzt wurde. Mithilfe der Röntgentechnik ließ sich dann feststellen, ob das Kontrastmittel von dort aus über die Eileiter in die freie Bauchhöhle austreten konnte. Im negativen Fall galt eine Sterilisation als erfolgreich bzw. eine Frau wegen eines nachgewiesenen Eileiterverschlusses als

▶ **Exkurs** Schwangerschaftsabbrüche an NS-Zwangsarbeiterinnen, S. 274.

unfruchtbar. Für die betroffenen Frauen bedeutete diese Untersuchung erneut einen traumatischen Eingriff, der neben möglichen Schmerzen eine sicherlich nicht unerhebliche Strahlenbelastung sowie Risiken für einen Kontrastmittelzwischenfall oder eine schwere Infektion beinhaltete. Die genannten Komplikationen konnten unter Berücksichtigung der damals sehr limitierten Behandlungsmöglichkeiten durchaus tödlich enden. Für die Untersuchungen wurden Frauen ausgewählt, »die zufällig noch oder neuerdings wieder in der Heil- und Pflegeanstalt Erlangen untergebracht waren«.[101]

Ärztlicher Ethik widersprechend

Bei den geschilderten Untersuchungen, von denen für die Frauen nicht der geringste Vorteil zu erwarten war, handelte es sich sicherlich um Eingriffe zu Forschungszwecken im Sinne der Richtlinien für die Vornahme wissenschaftlicher Versuche am Menschen von 1931, die aufklärungs- und einwilligungspflichtig waren. In der Dissertation wird aber an keiner Stelle darauf eingegangen, ob die untersuchten Frauen über die Natur, den Sinn und die Risiken informiert waren und ihr Einverständnis dazu gegeben hatten. Angesichts der Tatsache, dass es sich um Patientinnen der Heil- und Pflegeanstalt handelte, muss sogar davon ausgegangen werden, dass in vielen Fällen eine Einwilligungsfähigkeit überhaupt nicht bestand. Vielmehr wurde offensichtlich eine Notlage der fremdbestimmten Frauen ausgenutzt, was auch den Richtlinien der zeitgenössischen ärztlichen Ethik widersprach. Zur Realisierung dieser also in mehrfacher Hinsicht unzulässigen Eingriffe bedurfte es der aktiven Unterstützung der Ärzte in der Heil- und Pflegeanstalt, denn ohne ihre Mithilfe hätte Dyroff die Frauen für seine Untersuchungen kaum rekrutieren können.

Eckart hat in seinem 2012 publizierten Überblick zur Geschichte der Medizin im Nationalsozialismus die Frage aufgeworfen, ob wenigstens die »normale« klinische Forschung, die er jenseits der »verbrecherischen ›Peripherie‹ der Konzentrations- und Kriegsgefangenenlager« ansiedelt, den Richtlinien von 1931 gefolgt ist.[102] Dies kann für den geschilderten Fall sicherlich verneint werden. Er ist zudem in der Erlanger Fakultät nicht singulär: Schon bei der kursorischen Durchsicht der Dissertationen stößt man rasch auf eine zweite Arbeit, die dies zeigt.

Die fragliche Untersuchung trägt den Titel *Zur experimentellen Auslösung epileptischer Anfälle* und gehört zu den Promotionen des Jahres 1937.[103] Ein Ziel der Arbeit war es, die Wirksamkeit verschiedener bereits andernorts evaluierter Methoden zur Auslösung von Anfällen bei Epileptikern und einer Kontrollgruppe nachzuuntersuchen. Damit sollte unter anderem die eventuelle Wertigkeit der Anfallsprovokation für die Differenzialdiagnose zwischen epileptischen Anfällen und nur scheinbar epileptiformen Krankheitsbildern anderer Ursache ermittelt werden. Die Untersuchung ist aber auch im Kontext des Paradigmenwechsels zu sehen, der sich in der Psychiatrie in den 1930er Jahren mit der Abwendung von der bloßen »Verwahrung« zur Hinwendung zu einer somatischen »Schock-Therapie« vor allem bei Schizophrenen vollzog. Zum Konzept gehörte die Auslösung epileptischer Anfälle durch Insulin-Überdosen,

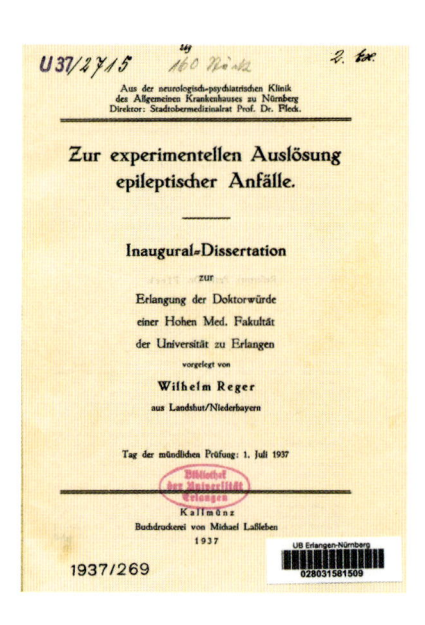

Abb. 10 Dissertation zur *Experimentellen Auslösung epileptischer Anfälle*, 1937.

Elektrizität und auch Cardiazol[104]. Ausgangspunkt waren Beobachtungen, wonach sich schizophrene Erkrankungen nach dem Auftreten eines Schocks bessern konnten. Zur Cardiazol-Schocktherapie lag bereits 1935 eine Studie des ungarischen Psychiaters Ladislas Joseph Meduna (1896–1957) an 26 Patienten vor.[105] Meduna gilt als Erfinder der Cardiazolbehandlung in der Psychiatrie, die zunächst weite Verbreitung fand, dann aber von der Elektroschocktherapie abgelöst wurde.

Die Daten für die Dissertation wurden vermutlich 1936 an der neurologisch-psychiatrischen Klinik des Allgemeinen Krankenhauses in Nürnberg erhoben. Ulrich Konrad Fleck (1890–1990), seit Ende 1935 Direktor der Klinik, betreute die Arbeit. Fleck hatte sich 1936 aus Göttingen nach Erlangen für das Fach Psychiatrie und Neurologie umhabilitiert und trug seitdem hier Titel und Rang eines ao. Professors. Von 1935 bis 1945 war er als Beisitzer am »Erbgesundheitsobergericht« in Nürnberg tätig. Nach Entlassung aus seinem Amt als Klinikdirektor, Entziehung der Venia Legendi und zeitweiliger Internierung 1945 durch die Militärbehörden ließ Fleck sich 1948 als Nervenarzt in Nürnberg nieder. 1954 wurde er zum Professor wiederernannt und schließlich 1964 von der Vorlesungspflicht entbunden.[106]

Auch die in dieser Arbeit beschriebenen Untersuchungen hatten – wie jene zur Eileiterdurchgängigkeit – offensichtlich keine direkten therapeutischen Implikationen. Jedenfalls fehlt jeder Hinweis auf eine derartige Intention nicht nur im Titel. Im Mittelpunkt stand – wie oben erwähnt – die Überprüfung verschiedener in der Literatur angegebener »Verfahren zur künstlichen Erzeugung von epileptischen Anfällen bei Epileptikern«. Offenbar dem speziellen Interesse von Fleck geschuldet, der sich in der Vergangenheit mit dem Druck der Gehirn- und Rückenmarkflüssigkeit beschäftigt hatte, dem manche Autoren einen Einfluss auf die Entstehung epileptischer Anfälle zusprachen, wurde bei einigen Patienten im Rahmen der Experimente auch der Liquordruck gemessen. Inwieweit die dafür nötige Punktion des Rückenmarkkanals aus für die Patienten selbst relevanten anderen Gründen ohnehin nötig war, geht aus der Arbeit nicht klar hervor.

Zu den fraglich anfallsauslösenden Verfahren, die geprüft werden sollten, gehörte die Reaktion von 40 Epileptikern sowie 40 Nichtepileptikern auf eine »Pulsvereisung der Arteria radialis« mit Chloräthyl. Die entsprechenden Versuche verliefen für die Patienten harmlos: Wie bereits in einer zuvor andernorts publizierten Studie konnte in keinem Fall ein Anfall ausgelöst werden. Die begleitende Diagnostik, Puls- und Blutdruckmessungen sowie bei 10 Patienten zusätzlich die erwähnte Messung des Liquordrucks, erbrachte ebenfalls kaum verwertbare Ergebnisse.

»[...] ich versinke, ich sterbe!«

Wesentlich dramatischer gestalteten sich dagegen Versuche mit dem Cardiazol, das zur Provokation von Anfällen 42 Patienten (22 Epileptikern und 20 Nichtepileptikern, meist mit der Diagnose Schizophrenie) rasch intravenös gespritzt wurde: Bei den Epileptikern kam es in der Folge in mindestens zehn Fällen zu typischen großen Anfällen, deren Verläufe – wohl unter Medizinern als bekannt vorausgesetzt – in der Regel nicht näher beschrieben wurden; bei den Nichtepileptikern war dies nur einmal der Fall. Zwei der ausführlicheren Schilderungen aus der Arbeit vermitteln auch dem medizinischen Laien einen Eindruck davon, welche Folgen diese Experimente für die Patienten haben konnten. So heißt es einmal: »Er [ein 26jähriger Mann] bekam sofort nach der Injektion […] einen heftigen Angstzustand, krümmte sich zusammen, schrie mit weit aufgerissenem Mund ›Jetzt kommts‹ und hatte im nächsten Augenblick einen sehr schweren Anfall, der einen durchaus bedrohlichen Eindruck machte […].«[107] Die Reaktion einer 46-jährigen Frau wurde wie folgt beschrieben: »Reagierte […] mit einem sehr starken Erregungszustand. Wälzte sich angstvoll schreiend im Bett umher, schrie: ›Ich sehe nichts mehr, ich versinke, ich sterbe!‹ Nach ca 1 Minute allmähliches Abklingen dieses Zustandes.« Dies war nun keineswegs Anlass, bei dieser Epileptikerin auf weitere Experimente zu verzichten: »Einige Tage nachher bot sich [auf eine höhere Dosis] dasselbe Bild«, heißt es in der Katamnese abschließend.[108]

Auch in dieser Arbeit ist an keiner Stelle die Rede davon, dass die Patienten nach Aufklärung ihr Einverständnis für die Versuche erteilt hatten. In Anbetracht des Charakters der Untersuchung wäre dies auch kaum zu erwarten gewesen. Singulär bleibt die Reaktion eines 33-jährigen Epileptikers nach starkem Schwindel- und Angstgefühl infolge einer Cardiazolapplikation: »Verbat sich jede weitere Injektion, da er das Gefühl hatte, nur mit knapper Not einem drohenden Anfall entronnen zu sein«, notierte der Autor der Untersuchung lakonisch.[109] Auf die oben zitierte Arbeit von Meduna wird nirgends Bezug genommen, sie fehlt auch im Literaturverzeichnis.

Zwangssterilisationen und Abtreibungen als antinatalistischen Maßnahmen standen in der Frauenheilkunde zahlreiche Untersuchungen gegenüber, die sich mit anderen Aspekten der Reproduktion im weitesten Sinne befassten und deshalb auch den pronatalistischen Intentionen der Machthaber entgegenkamen. Das Themenspektrum reichte von der Erörterung *Für und Wider [!] den Sport in der Pubertät der Mädchen* über *Aetiologie und Therapie der Sterilität im Wandel der Zeiten* bis zu *Zweckmässige und unzweckmässige Ernährung während der Schwangerschaft*.[110] Inwieweit die Themenwahl aber NS-ideologisch beeinflusst wurde, dürfte für viele der zum Themenkomplex gehörenden Dissertationen nicht so offensichtlich sein wie für *Für und Wider [!] den Sport in der Pubertät der Mädchen*[111], denn die Behandlung der darin angesprochenen Fragestellungen ergab sich häufig sozusagen zwangsläufig aus dem medizinischen Fortschritt. Dass dennoch – gelegentlich sehr mühsam – auch dann häufig versucht wurde, den Kontext zur NS-Ideologie herzustellen, überrascht nicht.

Zu den Arbeiten, die eindeutig durch die pronatalistischen Ziele der NS-Ideologie determiniert waren, gehört die 1937 publizierte Dissertation über *Das Problem der Geburteneinschränkung und Fehlgeburten vor und nach 1933*.[112] Der Autor beschäftigt sich darin zunächst auf der Basis amtlicher Statistiken und der Literatur mit Ausmaß und Ursachen des Geburtenrückgangs in Deutschland. Die ständige Abnahme der Geburtenzahlen seit Beginn des 20. Jahrhunderts, so schreibt er, sei neben wirtschaftlichen Rahmenbedingungen auch dem »religiösen Verfall«, der »modernen Sexualmoral«, der ▸

ENTWICKLUNG UND ERPROBUNG DER ELEKTROKRAMPFTHERAPIE

Die Einführung der Schocktherapien, der Insulinschocktherapie in Wien durch Manfred Sakel (1900–1957) sowie der Cardiazolschocktherapie in Budapest durch Ladislas Joseph Meduna (1898–1964) 1933/34 markierten einen Paradigmenwechsel in der psychiatrischen Behandlungspraxis. Statt »unheilbare« Patienten lediglich zu verwahren, glaubten Psychiater jetzt, ihre Patienten durch eine »aktive« Therapie von ihren Psychosen heilen zu können. Die medikamentös ausgelösten Krampfanfälle führten häufig zu Luxationen und Knochenbrüchen, zudem lösten die Medikamente vor Einsetzen des Krampfes massive, von den Patienten noch lange erinnerte Angstzustände aus. In Italien wurde daher intensiv an der Weiterentwicklung der Schocktherapie gearbeitet. Vor allem Ugo Cerletti (1877–1963) und Lucio Bini (1908–1964) forschten im Tierexperiment an der Auslösung von Krampfanfällen durch elektrischen Strom. Ihre 1938 entwickelte Methode der elektrischen Krampftherapie basierte auf ihrer Beobachtung von Schlachttieren, die nach der elektrischen Betäubung Krampfanfälle bekamen.[2] Mögliche Phänomene der Wirkung von Elektrizität auf den menschlichen Körper, insbesondere die menschliche Psyche waren schon von Franz Anton Messmer (1734–1815) untersucht worden. Die wesentlichen Grundlagen für die experimentelle elektrische Stimulation des Gehirns schufen aber erst die gemeinsamen Versuche des britischen Neurowissenschaftlers David Ferrier (1843–1928) und des Psychiaters und Neurophysiologen Julius Eduard Hitzig (1838–1907) sowie des Anatomen und Physiologen Gustav Theodor Fritsch (1838–1927) an der freipräparierten Großhirnrinde von Hunden.[3]

Als »Befreiung vom dem Alp des therapeutischen Nihilismus« begrüßt, wurden die modernen Schocktherapien auch im nationalsozialistischen Deutschland an nahezu allen neuropsychiatrischen Universitätskliniken eingeführt. In die Programmatik der Gleichzeitigkeit von »Heilen« und »Vernichten« der NS-Medizin eingebunden, gehörte sie zu den Fortschrittsnachweisen der führenden NS-Psychiater.[4] Im September 1939 fragte der Oberarzt der Psychiatrischen und Nervenklinik Erlangen, Adolf Bingel (1901–1982), bei den Erlanger Siemens-Reiniger-Werken (SRW) an, ob dort zur Nachprüfung der kurz zuvor in Kopenhagen einem internationalen Fachpublikum vorgestellten Arbeiten von Cerletti und Bini eine entsprechende Apparatur gebaut werden könnte. Daraufhin stellte SRW Bingel noch im November ein Testgerät zur praktischen Erprobung an Patienten der Psychiatrischen und Nervenklinik Erlangen zur Verfügung, dessen (elektrisches) Potenzial von Bingel sofort an »aussichtslosen Fällen« erprobt wurde. Am 6. Dezember 1939 informierte der Oberarzt SRW über seine positiven Erfahrungen. Die Anfälle träten mit »phantastischer Bestimmtheit« auf und würden von den Patienten ausgezeichnet vertragen. Auch der Direktor der Psychiatrischen und Nervenklinik Erlangen, Friedrich Meggendorfer (1880–1953), der das Verfahren zunächst »an Hunden

»Der Ehrgeiz [...] geht nun dahin, als erstes Institut Deutschlands über das Verfahren zu berichten«[1]

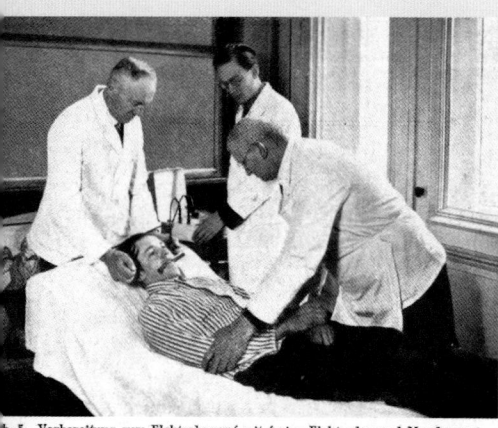

Abb. 5. Vorbereitung zum Elektrokrampf mit freien Elektroden und Mundgummi

hatte erproben wollen und Bedenken gegen eine sofortige Erprobung an aussichtslosen Patienten« geäußert hatte, zeigte sich angesichts der Erfolge Bingels begeistert.[5]

Die Vorteile des in enger Zusammenarbeit mit den Klinikern entwickelten Siemens-»Konvulsators« gegenüber der italienischen Konstruktion lagen, so der verantwortliche Konstrukteur und Leiter des elektromedizinischen Forschungslaboratoriums, Johannes Pätzoldt (1907–1980), in der zuverlässigen Dosierbarkeit der Behandlungsstromstärke bei dennoch einfacher Handhabung sowie seiner automatisch wirkenden Schutzeinrichtungen.[6] Bis zum 31. August 1941 wurden an der Erlanger Klinik 171 Patienten mit dem Elektroschock behandelt. Schwere Nebenwirkungen wie Knochenbrüche und Luxationen waren seltener als anderswo. Meggendorfer führte dies auf die von Bingel vorgeschlagene spezielle Lagerung des Patienten zurück, vor allem aber auf die individuelle und genaue Dosierbarkeit des Stromes, sah im Elektrokrampf aber dennoch kein Allheilmittel.[7]

Eine zweite praktische Erprobungsphase des Gerätes lief nahezu zeitgleich auf der 1936 eröffneten Insulinstation der Heil- und Pflegeanstalt Eglfing-Haar. Der Anstaltsleiter und spätere Gutachter der »Aktion T4«, Hermann Pfannmüller (1886–1961), galt als konsequenter Vertreter fortschrittlicher Therapien für »heilbare« Kranke bei gleichzeitiger »Ausmerzung« »unheilbar« kranker Gesellschaftsmitglieder.[8] Da die Anstalt im Vergleich zu Erlangen über das »sehr viel grössere Patientenmaterial« verfügte, erhoffte sich Siemens von der Zusammenarbeit eine raschere Rückmeldung über die dort gemachten therapeutischen Erfahrungen mit der Elektrokrampftherapie. Wie auch in Erlangen schienen diese überaus positiv zu sein, konnten doch »zahlreiche mit de[r] Elektrokrampftherapie behandelte Patienten bereits nützlicher Arbeit wieder zugeführt werden«.[9] Der Leiter der Insulinstation, Anton von Braunmühl (1901–1957), hatte durch seine praktische Arbeit auch die zentrale Frage der richtigen Dosierung der Stromstärke klären können. Gewonnen hatte er seine Erkenntnis laut vertraulicher Mitteilung an SRW am 17. Juni 1941 »in Serienuntersuchungen an alten Kranken«.[10]

Den Vertretern der Antipsychiatriebewegung der 1970er Jahre galten die Schocktherapien als Ausdruck des rigiden Disziplinierungswillens der Psychiatrie. Der US-amerikanische Psychiater Thomas Szasz (1920–2012) bezeichnete in seinem Essay *From the slaugtherhouse to the madhouse* den Elektroschock als eine Reinform des »therapeutischen Totalitarismus«.[11] Heute wird die Elektrokrampftherapie in Kurznarkose und Muskelrelaxation u. a. zur Behandlung bei Depressionen eingesetzt. Der wissenschaftliche Beirat der Bundesärztekammer vertritt in seiner 2003 veröffentlichten Stellungnahme die Position, dass die Elektrokrampftherapie wissenschaftlich begründet ist und für bestimmte psychiatrische Erkrankungen die bestmögliche Behandlung darstellt.[12] Ihr Wirkmechanismus wurde auch an der Universität Erlangen weiter erforscht.[13] Susanne Ude-Koeller

Abb. 1 | 2 Durch eine entsprechende Lagerung des Patienten sowie die Dosierung der Stromstärke sollten die häufig auftretenden Knochenbrüche vermieden werden. Die Elektrokrampftherapie galt als »schonend«.

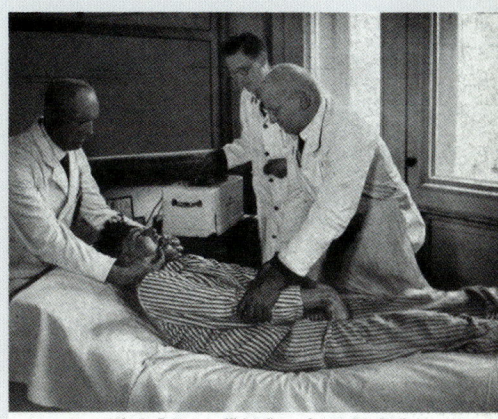

Abb. 6. Patient im Elektrokrampf, tonisches Stadium

Frauenemanzipation sowie steigenden Fehlgeburten- und Abtreibungsraten geschuldet. Es folgt dann die Erörterung der Auswirkungen des Geburtenrückgangs unter den Stichworten »Rasseverschlechterung und Umvolkung«, »Verpöbelung des Volkes« und »gelbe Gefahr«. Der Autor bezieht sich dabei u. a. auf den Bevölkerungswissenschaftler Friedrich Burgdörfer (1890–1967), der dem NS-Regime in vielerlei Hinsicht dienstbar war.[113]

Im letzten Teil der Arbeit unter der Überschrift »Bekämpfung des Geburtenrückgangs im neuen Reich« stellt der Autor die »Maßnahmen des nationalsozialistischen Staates« auf bevölkerungspolitischem Gebiet dar: Ehestandsdarlehen, Bekämpfung der Wohnungsnot sowie Fehlgeburtenbekämpfung und deren Erfolge. Im Zusammenhang mit Letzterem verweist er zusätzlich auf eine »kürzlich« eingeführte Meldepflicht für alle Gebärmutterausschabungen, die dazu beitrage, dass als Fehlgeburt getarnte kriminelle Aborte häufiger erkannt und verfolgt werden könnten.[114] Als weiterer Punkt werden – thematisch nicht ganz passend – »biologisch-qualitative Maßnahmen« dargestellt – die Beschränkung der Geburtenzahl der »Erblich-Minderwertigen auf das äußerste [!]« sowie die Erfassung der »erbgesunden« Familien durch ein »Ehetauglichkeitszeugnis« nach dem Eheschutzgesetz von 1935. Abschließend konstatiert der Autor anhand von Krankenkassendaten einen Rückgang der Fehlgeburten sowie auf der Basis von Daten des Statistischen Jahrbuchs des Deutschen Reichs eine Zunahme der Geburtenzahlen von 1934 bis 1936. Dabei lässt sich die Abnahme der Fehlgeburten durch das vorgelegte Zahlenmaterial nur schwer nachvollziehen.[115]

Krebsforschung und Prävention

Unter den Dissertationen finden sich auch viele Arbeiten zur Krebsforschung, die zu den zentralen Anliegen der Nationalsozialisten in der Medizin zählte.[116] Themen waren beispielsweise *Die medikamentöse Behandlung des Krebses*, die *Vererbung des Karzinoms* oder die *Neoplastische Blutreaktion*.[117] Da die Krebsforschung in der NS-Zeit »zur Spitzenreiterin unter den medizinischen Förderprojekten der DFG [Deutschen Forschungsgemeinschaft] avancierte«[118], wäre es interessant zu sehen, inwieweit und unter welchen Bedingungen Erlanger Forscher hier eine Beteiligung anstrebten oder tatsächlich realisierten. Auch dazu müsste freilich neben der grundlegenden Analyse der Promotionsarbeiten einschließlich der dazugehörigen Gutachten die eigene wissenschaftliche Arbeit der Betreuer untersucht werden.

Im Zusammenhang mit Krebs spielten für den NS-Staat Prävention und Früherkennung eine wichtige Rolle. Nachdem sich Ende der 1920er/Anfang der 1930er Jahre die Hinweise darauf gemehrt hatten, dass das Rauchen für die damals rasch steigende Zahl von Lungenkrebserkrankungen verantwortlich zu machen war, startete das Regime nach der Machtübernahme die weltweit erste große staatliche Kampagne gegen den Tabakgenuss. Dazu gehörten Maßnahmen der öffentlichen Gesundheitserziehung und Verbote des Rauchens in bestimmten öffentlichen Bereichen sowie gewisser Formen der Zigarettenwerbung. Neben regelmäßigen Arztbesuchen wurde auch die Früherkennung von Brustkrebs durch Selbstuntersuchung und von Gebärmutterkrebs durch Reaktion auf Blutungsanomalien propagiert.[119]

In der Erlanger Medizinischen Fakultät führte dies Anfang der 1940er Jahre zu zwei Promotionsarbeiten: *Vom Rauchen. Eine Sucht und ihre Bekämpfung* (1940) und *Warum raucht der Mensch? Eine Studie der Geschichte, der physiologischen und pathologischen Organwirkungen sowie der Gründe des Rauchens* (1942). Die erstgenannte Arbeit von Wolfgang Klarner[120] hat knapp 60 Jahre nach ihrer Verfassung eine gewisse Berühmtheit erlangt: Der Historiker Robert N. Proctor zitiert sie mehrfach in seiner Monographie *The Nazi War on Cancer*. So stellt er dem Kapitel »The Campaign against Tobacco« den ersten Satz der Dissertation Klarners voran: »Die ›Tabakdämmerung‹ hat begonnen.«[121] Klarners Arbeit ist von der NS-Ideologie geprägt. Die Tabakindustrie wird darin als »stark von jüdischen Elementen besetzt« bezeichnet[122]. Im beigefügten Lebenslauf betont der Autor, »Schon im Jahre 1929 gehörte ich dem NS.-Studentenbund an, nach der Machtübernahme bin ich ohne Unterbrechung Angehöriger des NSKK.«[123]

Die Thematik taucht auch nach dem Zusammenbruch des NS-Regimes noch in drei weiteren Dissertationen auf: *Die Zigarettenraucherin*, *Der Tabakgenuss und seine Wirkung auf den Magen* sowie *Tabakgenuss und Krebsentstehung. Unter besonderer Berücksichtigung der Krebserkrankungen des Verdauungs- und Respirationstraktes*.[124] Alle drei Arbeiten wurden bereits 1946 abgeschlossen, beruhen also mit großer Wahrscheinlichkeit auf Daten, die vor Kriegsende erhoben wurden. Tatsächlich ist diese erste deutsche Kampagne gegen das Rauchen wenn nicht schon in den letzten Kriegsjahren, so doch auf jeden Fall mit dem Untergang des »Dritten Reiches« in sich zusammengebrochen – sicherlich nicht zuletzt deshalb, weil viele der entscheidenden Unterstützer zu den Exponenten des Regimes gezählt hatten und sie mit NS-Ideologie hoch aufgeladen war.[125]

Abb. 11–13 Die Anti-Raucher-Kampagne des Regimes war stark mit anderen Elementen der nationalsozialistischen Ideologie befrachtet, beispielsweise dem Antisemitismus. Abbildungen aus der Zeitschrift »Reine Luft« aus den 1930er Jahren.

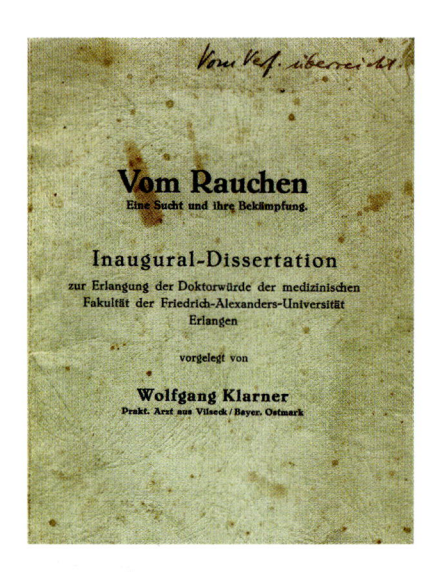

Abb. 14 Wolfang Klarners Dissertation *Vom Rauchen*, 1940.

Naturheilkunde

Die von den NS-Ideologen gewünschte Hinwendung zur Naturheilkunde stieß im Forschungsalltag der Fakultät offensichtlich auf keine große Resonanz. Zum Thema fielen bei der Durchsicht der Hochschulschriften nur wenige Arbeiten auf. An dieser Stelle kann nur auf eine Dissertation aus dem Jahr 1942 eingegangen werden. Sie trägt den Titel: *Inwieweit sind die Maßnahmen der Naturheilkunde in der Frauenheilkunde und Geburtshilfe anwendbar?*.[126] Dieser kritische Literaturüberblick, angeregt vom Direktor der Frauenklinik und damaligen Rektor der Universität, Hermann Wintz, zeigt schon in der Einleitung deutliche Distanz zu den kompromisslosen Vertretern der Naturheilkunde und deren Anspruch. »In Wirklichkeit aber«, so heißt es da, seien die Mittel der Schulmedizin »weit stärker […] als die Reize der Naturheillehre oder gar der Homöopathie«. Begrenzt kompromissbereit fährt der Autor fort, die »gegenseitige Kampfstellung« zwischen Naturheilkunde und der Schulmedizin müsse aber abgelehnt werden: »Wir nehmen das Gute, wo wir es finden können […].«[127]

In der Arbeit werden dann nach einer Darstellung der Prinzipien und Methoden der Naturheillehre wichtige Krankheitsbilder aus Geburtshilfe und Gynäkologie hinsichtlich ihrer Behandlungsmöglichkeiten mit naturheilkundlichen Verfahren diskutiert. Auch dabei bleiben deutliche Worte nicht aus. So zitiert der Autor im Zusammenhang mit der Diskussion der Behandlung einer Patientin mit Brustkrebs den Berliner Gynäkologen Stoeckel, die damals sicherlich dominierende Persönlichkeit des Faches. Danach hätten die Naturheilkundigen auf keinen Fall das Recht, »ein Karzinom von vornherein in Behandlung zu nehmen. Es zu unterlassen[,] eine Karzinomkranke der Frühoperation bzw. der Bestrahlung zuzuführen, ist und bleibt ein Verbrechen am Leben der einzelnen Frau, an der Familie und nicht zuletzt am Volke selbst.«[128] Zusammenfassend heißt es in der Dissertation, »dass die naturheilerischen Maßnahmen in der Frauenheilkunde und Geburtshilfe in der Hauptsache nur für die Prophylaxe und die Nachbehandlung Wert haben«.[129]

Wenig »kriegswichtige« Forschung

Auch die von den Erlanger Hochschullehrern teils in vorauseilendem Gehorsam praktizierte, teils von den Nationalsozialisten später explizit eingeforderte neue Schwerpunktbildung in der Lehre hinsichtlich potenziell kriegswichtiger Themen z. B. über Kampfgase findet in der Forschung, soweit sie sich in den Dissertationen widerspiegelt, kaum ein Pendant. Bei der kursorischen Durchsicht der Titel fiel bis einschließlich 1939 lediglich die Arbeit *Über die Wirkung von gelbkreuzlösenden und gelbkreuzzerstörenden Stoffen auf das Kaninchenauge* auf.[130] Selbst nach Kriegsbeginn änderte sich dies relativ wenig. Themen waren dann *Die neuzeitliche Behandlung der Gonorrhoe in einem Kriegslazarett in Frankreich* oder in je einer Einzelarbeit *Die Sicherung des Schlafes innerhalb der Wehrmacht* bzw. *der Luftwaffe*, wobei – Ironie des Schicksals – zumindest die Arbeit über die Wehrmacht erst nach der Besetzung Erlangens durch die Amerikaner abgeschlossen werden konnte.[131] Eine weitere Arbeit mit dem Titel *Versuche über den Tod des Erfrierens* beschrieb 16 Tierexperimente, mit denen u. a. Voraussetzungen für eine erfolgreiche Wiederbelebung bei normaler Ernährung und im Hungerzustand ermittelt werden sollten.[132]

Kontinuitäten

Neben den bereits erwähnten Kontinuitäten im Hinblick auf das Thema Rauchen fallen unter den fast 500 bis Ende 1948 abgeschlossenen Promotionen einige Titel auf, die thematisch noch den rassenhygienischen Konzepten des NS zugeordnet werden können: *Beitrag zur klinischen und eugenischen Beurteilung der Puerperalpsychosen, Der Mongolismus, Zur Frage des Zusammenhangs zwischen Geisteskrankheit und Verbrechen* sowie die bereits erwähnte Arbeit von Kley, *Klinik des Mongolismus*.[133] All diese Arbeiten wurden 1946 abgeschlossen. Zwei der vier Dissertationen stammen aus der Psychiatrischen Klinik von Friedrich Meggendorfer, der auch als Referent angegeben ist, obwohl er bereits am 22. August 1945 von der amerikanischen Militärregierung entlassen worden war und erst am 15. Oktober 1947 zum ordentlichen Professor wiederernannt wurde (bei gleichzeitiger Versetzung in den Ruhestand).[134] Auf sie soll kurz eingegangen werden.

Eine der Dissertationen, die Untersuchung zu den Puerperalpsychosen, steht ganz offensichtlich im Dienst des Gesetzes zur Verhütung erbkranken Nachwuchses (GzVeN). Mit Hinweis darauf, dass die psychiatrischen Erkrankungen im Wochenbett ätiologisch keine Einheit darstellten, heißt es hier: »Durch die Schaffung des Erbgesetzes jedoch ist eine eindeutige Abgrenzung der einzelnen Psychoseformen [im Wochenbett] als Voraussetzung der eugenischen Beurteilung notwendig geworden.«[135] Diese Abgrenzung versucht die Autorin dann auch anhand der Krankengeschichten von 11 Patientinnen – wohl wissend, dass das GzVeN für bestimmte dieser Diagnosen eine Zwangssterilisation vorsah.

Veränderten Verhältnissen angepasst?

In der Arbeit zum *Zusammenhang zwischen Geisteskrankheit und Verbrechen* ist die Kontinuität mit der NS-Ideologie schwieriger zu erkennen.[136] Der Autor stellt hier auf 35 Seiten in Maschinenschrift 12 psychiatrische Krankengeschichten dar (10 eigene sowie zwei aus der Literatur) und kommentiert sie jeweils mit einigen Sätzen. Eine Gliederung der Dissertation, zu der es kein Inhaltsverzeichnis gibt, ist nur insofern vorhanden, als auf den ersten beiden Textseiten ohne Überschrift eine Art Einleitung erscheint, in der sich der Autor auch kurz zu Absichten und Methoden seiner Untersuchung äußert. Nach der Präsentation der Krankengeschichten endet die Arbeit mit einer dreiseitigen Schlussbetrachtung unter dem Titel »Ergebnis«.

Zu den Zielen der Arbeit heißt es im Detail: »Im Folgenden soll nun eine Reihe von Krankengeschichten vorgeführt werden, aus denen hervorgeht, daß nicht selten bei nicht ganz eindeutigen [!] Krankheitsgebilde [!] im Strafverfahren die Anwendung des § 51 unterbleibt, in Fällen[,] wo sie durchaus angebracht wäre. Mögen diese Beispiele die zuständigen Stellen zu noch größerer Vorsicht veranlassen!« Die Methode der Untersuchung wird wie folgt beschrieben: »Ich habe aus 200 mir vorliegenden Krankengeschichten 10 herausgegriffen, in denen unzweifelhaft ein Fehlurteil gefällt wurde. Man könnte daran noch etwa 10 Beispiele anreihen, in denen mit ziemlicher Wahrscheinlichkeit ein

Fehlurteil angenommen werden kann.« Die Übernahme der zwei Fälle aus der Literatur begründet er mit ihrer »überzeugenden Deutlichkeit«.[137]

In seiner Schlussbetrachtung auf drei Seiten erläutert der Autor »nochmals […], warum viele Geisteskranke als solche verkannt, vor Gericht angezeigt werden und jahrelang die Strafanstalten bevölkern, bevor sie als offiziell Kranke in die Irrenanstalt aufgenommen werden«. Abschließend heißt es, die rechtzeitige Identifikation »verbrecherischer Geisteskranker würde allein schon den Vorteil eintragen, dass das Gericht mit den unverbesserlichen Elementen garnichts [!] mehr zu tun hätte, vor allem jedoch würde unzähligen Geisteskranken, die sonst in den Strafanstalten dahinleben, der Schutz zukommen, den sie als Kranke verdienen«.[138]

Abgesehen von der Wahl der Adjektive für die Beschreibung der Geisteskranken könnte man als unbefangener Leser der Arbeit zu dem Ergebnis kommen, hier stehe die Sorge um das Wohlergehen psychiatrischer Patienten im Mittelpunkt. Dem war aber mit großer Wahrscheinlichkeit nicht so. Der zitierte § 51 des Strafgesetzbuches, den der Autor in seiner Arbeit nur ein einziges Mal erwähnt und dann auch nicht näher erläutert, regelte im Strafgesetzbuch für das Deutsche Reich von 1871 »Gründe, welche die Strafe ausschließen oder mildern«. Derartige Gründe lagen unter anderem vor, wenn bei einem Täter zum Zeitpunkt der Tat eine krankhafte Störung der Geistestätigkeit vorlag. Dieser über Jahrzehnte aus vielerlei Gründen sehr kontrovers diskutierte Paragraph wurde dann von den Nationalsozialisten mit Wirkung vom 1. Januar 1934 modifiziert und ergänzt. Von besonderer Bedeutung war aber die gleichzeitige Verankerung des sogenannten »Maßregelrechts« im Strafgesetzbuch, das bei Anwendung der Bestimmungen des § 51 die zeitlich unbegrenzte Einweisung der betroffenen Person in eine Heil- und Pflegeanstalt vorsah.

Die Details dieser Gesetzesänderungen bzw. -ergänzungen und deren Auswirkungen sind eingehend beschrieben und untersucht worden.[139] Danach wurden die Gründe für den im § 51 vorgesehenen Strafausschluss bzw. deren Milderung um das Kriterium der »Geistesschwäche« erweitert. Ferner regelte ein ergänzender zweiter Absatz die »verminderte Zurechnungsfähigkeit«. Das Maßregelrecht wies dem Richter die Aufgabe zu, »die Volkgemeinschaft vor gemäß § 51 vermindert oder nicht zurechnungsfähigen gefährlichen Personen zu schützen«.[140] Da bekannt ist, dass der Maßregelvollzug von den Nationalsozialisten als Instrument unter anderem zur Umsetzung ihrer rassenhygienischen Vorstellungen benutzt wurde, liegt die Vermutung nahe, dass die beschriebene Dissertation ursprünglich eine ganz andere Intention hatte und nach dem Zusammenbruch des NS-Regimes nur rasch den geänderten Verhältnissen angepasst wurde. Dies könnte auch erklären, weshalb die Arbeit formalen Anforderungen eigentlich in keiner Weise entspricht.

Schließlich setzten sich einige der zwischen 1944 und 1948 abgeschlossenen Dissertationen auch mit Kriegsfolgen auseinander. Untersucht wurden hier so unterschiedliche Themen wie *Psychische Störungen nach Bombenangriffen*, *Die Zunahme des Magengeschwürs in der Kriegs- und Nachkriegszeit in Abhängigkeit von äußeren, zeitbedingten Faktoren*, *Menstruationsstörungen der arbeitenden Frau im Kriege* oder einfach nur die *Rauchvergiftung*.[141] Es konnte aber auch wieder eine medizinhistorische

Studie über einen jüdischen Arzt angefertigt werden: Sie beschäftigt sich mit dem bedeutenden Erlanger Hygieniker und Physiologen Isidor Rosenthal (1836–1915), dessen Büste in der NS-Zeit aus dem Institut entfernt worden war, das er Jahrzehnte zuvor gegründet hatte.[142] Davon freilich findet sich in der Arbeit kein Wort, obwohl sie am Physiologischen Institut angefertigt wurde.

Schluss

An der Medizinischen Fakultät der Universität Erlangen sind zwischen 1932 und 1948 fast 1600 Promotionen und 16 Habilitationen abgeschlossen worden. Der kursorische Blick auf die Titel der Dissertationen zeigt ein breites wissenschaftliches Spektrum. In Kongruenz zu dem erbbiologisch orientierten neuen Arztbild der NS-Ideologie und dem reichhaltigen einschlägigen Lehrangebot der Fakultät fallen vor allem für die Jahre zwischen 1936 und 1939 rassenhygienische Themen mit einem Anteil zwischen sieben und acht Prozent besonders auf. Die von den Nationalsozialisten ebenfalls propagierte Hinwendung zur Naturheilkunde, deren wünschenswert starke Verankerung im Curriculum in der Fakultät offenbar auf weit weniger Begeisterung stieß, schlug sich dagegen auch in Promotionsarbeiten kaum nieder. Ähnlich verhielt es sich mit Themen, die der »Wehrforschung« zuzuordnen sind, obwohl im Zeichen einer zunehmenden Militarisierung kriegswichtigen Fächern in der Lehre wachsende Bedeutung zugemessen wurde.

Bei der genaueren Betrachtung einiger Dissertationen aus der klinischen Forschung zeigte sich, dass das *Gesetz zur Verhütung erbkranken Nachwuchses* dazu benutzt wurde, Forschungsvorhaben durchzuführen, die der persönlichen wissenschaftlichen Profilierung dienten, den Grundregeln ärztlicher Ethik zuwiderliefen und gegen die auch in der NS-Zeit gültigen *Richtlinien für neuartige Heilbehandlungen und für die Vornahme wissenschaftlicher Versuche am Menschen* von 1931 verstießen. Gleiches muss für bestimmte pharmakologische Versuche an Psychiatriepatienten angenommen werden. Allerdings dürfte dieses Verhalten auch noch Folge einer wissenschaftlichen Sozialisation gewesen sein, die lange vor der Machtübernahme der Nationalsozialisten begonnen hatte.[143]

Erwartungsgemäß finden sich unter den in der unmittelbaren Nachkriegszeit abgeschlossenen Promotionen thematisch zumindest einige Kontinuitäten. NS-spezifische Fragestellungen und Erörterungen wurden aus bereits fertiggestellten Arbeiten offenbar grob entfernt, das Grundgerüst jedoch beibehalten. Folgt man dem eingangs beschriebenen Ansatz von Duckheim und Roelcke, so ist mit den hier dargelegten Beobachtungen ein erster, orientierender Blick auf den »normalen« Wissenschaftsbetrieb an der Medizinischen Fakultät Erlangen im Nationalsozialismus und in der unmittelbar angrenzenden Nachkriegszeit geworfen worden. Das insgesamt relativ aufwendige Gesamtkonzept der beiden Autoren erscheint jedoch sehr vielversprechend und könnte bei seiner konsequenten Umsetzung sicherlich dazu beitragen, diesen Aspekt der Geschichte des Klinikums und der Fakultät weiter zu erhellen. Wolfgang Frobenius

Medizinverbrechen in Erlangen

Nationalsozialistische Erbgesundheits-und Rassenpolitik an den Erlanger Universitätskliniken

Der NS-Staat war ein Rassenstaat, der die Schaffung einer rassisch homogenen, leistungsstarken und wehrhaften »Volksgemeinschaft« anstrebte.[144] Das anvisierte Ziel sollte auf der einen Seite durch (finanzielle) Förderung des rassisch erwünschten, erbgesunden und leistungsbereiten Teils der Bevölkerung erzielt werden. Auf der anderen Seite forcierte das NS-Regime die »Reinigung des deutschen Volkskörpers« von allen »rassefremden«, »erbkranken« und »asozialen Elementen«. Diese wurden als »Parasiten« oder »Ballastexistenzen« verunglimpft und stigmatisiert.

Bei ihrer Erbgesundheits- und Rassenpolitik wandten die Nationalsozialisten zentrale Bestandteile der Rassenhygiene bzw. Rassenanthropologie an. Die rassenhygienische Programmatik richtete sich primär gegen »Erbkranke« der eigenen Rasse – psychisch Kranke und geistig Behinderte – und gegen gesellschaftliche Randgruppen wie Kriminelle, Alkoholiker und Fürsorgebedürftige, deren normbrechendes Verhalten auf genetische Anomalien zurückgeführt wurde. Ging es den Rassehygienikern um »Aufartung«, so stand bei den Rassenanthropologen die »Aufnordung« im Vordergrund. Basierend auf der Annahme einer Ungleichwertigkeit der verschiedenen Rassen wandte sich die Rassenanthropologie gegen fremde Rassen und gegen »rassische« Minderheiten, wie zum Beispiel Juden oder Sinti und Roma, im eigenen Land.[145]

Zwar spielten rassenhygienische Lösungsansätze bereits im Kaiserreich und vor allem nach dem verlorenen Ersten Weltkrieg in der Weimarer Republik eine bedeutende Rolle. Sie waren jedoch weit davon entfernt, innerhalb des noch möglichen Meinungs- und Wissenschaftspluralismus eine Monopolstellung einzunehmen. Dies änderte sich mit der Machtübernahme durch die Nationalsozialisten umgehend. Die Rassenhygiene avancierte ab 1933 zur staatlich sanktionierten Leitwissenschaft, die nicht nur die Medizin, sondern letztlich alle gesellschaftlichen Bereiche des »Dritten Reiches« durchdrang. Dabei wurden die Grenzen zwischen Rassenhygienikern und Rassenanthropologen aufgrund des erweiterten Forschungsgebietes der Rassenhygiene zunehmend aufgehoben.[146] Die Rassenhygiene institutionalisierte sich zudem als universitäres Lehrfach. Im »Dritten Reich« gab es an vielen Hochschulen Initiativen, Lehrstühle oder Forschungsinstitute für Rassenhygiene, Rassenanthropologie oder Rassenbiologie einzurichten.

Mit der Implementierung des rassenhygienischen Paradigmas ging ein Funktionswandel des Arztberufes einher. Der Arzt im »Dritten Reich« war nicht mehr primär dem Individualwohl seiner Patienten, sondern der Heilung des »Volkskörpers« verpflichtet.[147] Die Verantwortung für »Aufartung« und »Aufnordung« der Nation wurde den Medizinern übertragen. Die neuen Anforderungen brachte 1934 der einflussreiche Rassenanthropologe Otmar Freiherr von Verschuer auf den Punkt: »Der Arzt, dessen Sorge dem Erbe unseres Volkes gilt, und der sich die Pflege dieses Erbguts zur Pflicht gemacht hat, ist Erbarzt. Jeder Arzt sollte Erbarzt sein!«[148]

▶ **Kapitel** Rassenhygienisches Denken innerhalb der Studentenschaft, S. 210.

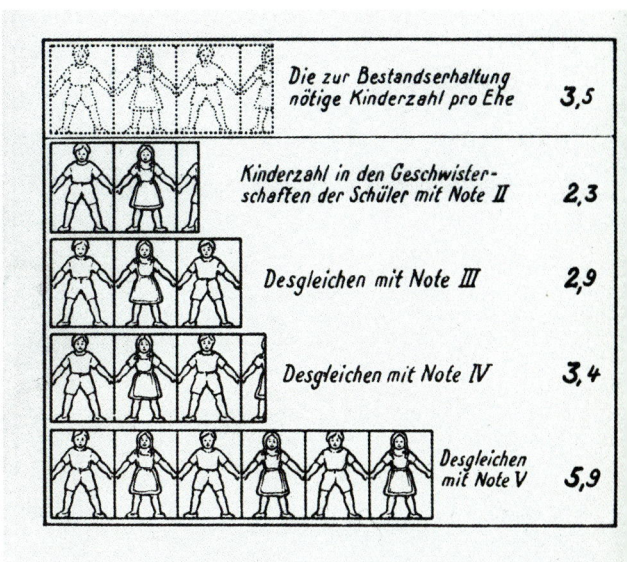

Ihren ersten Niederschlag fand die angewandte Rassenhygiene in dem vom Kabinett Hitler am 14. Juli 1933 verabschiedeten »Gesetz zur Verhütung erbkranken Nachwuchses« (GzVeN), auf dessen Grundlage ca. 400.000 Frauen und Männer zwangsweise unfruchtbar gemacht wurden. An den Zwangssterilisationen wird zudem die grundlegende Bedeutung der rassenhygienischen Ideologie für die mentale Vorbereitung der NS-»Euthanasie« offenkundig. Das GzVeN hebelte nicht nur die ärztliche Schweigepflicht und das Recht auf körperliche Unversehrtheit aus, sondern drängte auch moralische, aus der Tradition des Humanismus oder des Christentums stammende Bedenken gegenüber noch brutaleren Maßnahmen immer weiter zurück.[149] Unter den totalitären Rahmenbedingungen des NS-Staates wurde die rassenhygienische Ideologie Wegbereiter der Krankenmorde. Insgesamt wurden während des Zweiten Weltkrieges ca. 300.000 geistig behinderte und psychisch kranke Menschen getötet.

Hier soll der Frage nachgegangen werden, inwieweit das rassenhygienische Paradigma von den Erlanger Universitätsmedizinern bzw. –klinikern adaptiert und propagiert wurde. Daran anschließend wird exemplarisch die Haltung und auch Beteiligung Erlanger Universitätskliniker an den Zwangssterilisationen und Krankenmorden im »Dritten Reich« untersucht.

Abb. 15 Rassenhygienische Propagandaserie: »Blut und Boden«, 1936.
Abb. 16 Propaganda-Schautafel: »Die Züchtung auf Dummheit«, 1942.

Rassenhygienische Aktivitäten in Erlangen

In Erlangen entfaltete sich in den Jahren nach der NS-Machtübernahme eine rege rassenhygienische Lehr-, Schulungs- und Forschungstätigkeit. Zwar gab es auch an der Friedrich-Alexander-Universität bereits in der Weimarer Republik Vorlesungen über Rassenhygiene und Rassenkunde, das diesbezügliche Lehrangebot nahm jedoch ab 1933 stark zu.[150] Bemerkenswert ist, dass die Ausweitung rassenhygienischer Lehrthemen zumindest anfangs keine Folge gesetzlicher Anordnungen war, sondern von den Erlanger Hochschullehrern eigeninitiativ durchgeführt wurde. Ein Großteil der rassenhygienischen Lehrtätigkeit übernahm dabei der Anatom und Anthropologe Andreas Pratje. So dozierte er unter anderem über »Rasse und Rassenpflege« oder »die Judenfrage, vom rassenbiologischen Standpunkt«.[151] Ebenfalls sehr engagierte Hochschullehrer waren in dieser Hinsicht der Hygieniker und Bakteriologe Karl von Angerer, der Gynäkologe Rudolf Dyroff und ab 1934 auch der neue Ordinarius für Psychiatrie, Friedrich Meggendorfer, ein ausgewiesener Experte für Rassenhygiene und Erbpsychiatrie. Letztlich leistete jedoch die gesamte Erlanger Medizinerschaft ihren Beitrag zur rassenkundlichen Schulung bzw. Aufklärung ihrer Medizinstudenten.

Hatten sich Mediziner wie die genannten Pratje, von Angerer, Dyroff oder Meggendorfer bereits vor der NS-Machtübernahme mit derlei Fragestellungen befasst, so stieg die Anzahl der rassenhygienischen Experten innerhalb der Medizinischen Fakultät nach 1933 geradezu inflationär an.[152] Selbst ein medizinischer Universalgelehrter wie Friedrich Jamin, habilitierter Internist, ao. Professor für klinische Propädeutik und Geschichte der Medizin sowie Ordinarius für Kinderheilkunde, der sich zuvor stets skeptisch gegenüber rassenhygienischen Lösungsansätzen geäußert hatte, ließ es sich nicht nehmen, im »Dritten Reich« plötzlich die Vorzüge einer »völkischen Heilkunde« anzupreisen.[153] Diese müsse »dazu beitragen, einen neuen deutschen Menschen in der Gemeinschaft eines neuen deutschen Volkskörpers zu schaffen«.[154] Wohlgemerkt, Jamin war zum Zeitpunkt seiner Ausführungen 66 Jahre alt und stand unmittelbar vor der Emeritierung. Er hatte somit keinerlei Anlass, sich aus karrieristischen Motiven dem NS-Regime anzudienen. Neben der mit dem rassenhygienischen Postulat einhergehenden Stigmatisierung von geistig Behinderten, psychisch Kranken, Juden und Sinti und Roma als »unnütze Esser«, »Menschenhülsen«, »Schmarotzer« oder »Parasiten« ist dies ein weiterer deprimierender Befund: wie bereitwillig, opportunistisch und unreflektiert sich auch das Gros der Erlanger Wissenschaftler dem neuen Forschungstrend anschloss.

Ein bemerkenswertes Beispiel angewandter Rassenanthropologie lieferte zudem der Dekan der Medizinischen Fakultät, der Internist Richard Greving. Dieser ließ im Frühjahr 1939 an die Tür seines Sekretariats ein Schild mit der Aufschrift »Juden unerwünscht« anbringen.[155]

Die generelle Bedeutung, die man in Erlangen der Rassenhygiene beimaß, sollte sich nach dem Wunsch von Medizinischer Fakultät und Rektorat auch durch die Neueinrichtung eines Institutes für Rassenbiologie bzw. Rassenpolitik manifestieren.[156] Den Anfang machte 1937 Andreas Pratje, der bei der Medizinischen Fakultät die Errichtung eines von ihm geleiteten rassenbiologischen Institutes beantragte. Fakultät wie auch der Gaudozentenbundsführer Hans Albrecht Molitoris befürworteten ein derartiges Universitätsinstitut nachdrücklich, sprachen sich allerdings gegen Pratje als Institutsdirektor aus. Offensichtlich herrschten unter den Medizinordinarien große Zweifel an den wissenschaftlichen Fähigkeiten des Anatomen. Deshalb zog es die Medizinische Fakultät vor, Pratjes Antrag auch nicht an die zuständigen hochschulpolitischen Stellen weiterzuleiten. Zwei Jahre später war eine neuerliche Initiative Chefsache. Universitätsrektor

▸ Abbildung Einschlägige Publikation des 1955 wiederum zum außerplanmäßigen Professor ernannten Andreas Pratje, 1938, S. 308.

Hermann Wintz sprach sich in einer Denkschrift für ein Erlanger »Institut für Rassenpolitik« aus. Dieses sollte »zum Mittelpunkt der wissenschaftlichen Schulung aller mit rassen- und bevölkerungspolitischen Aufgaben betrauten Personen und Dienststellen des Gaugebietes werden«.[157] Das Projekt scheiterte wohl am fehlenden Willen des bayerischen Kultusministeriums bzw. des Reichsministeriums für Wissenschaft, Erziehung und Volksbildung (REM), genügend finanzielle Mittel zur Verfügung zu stellen.

Augenscheinlich verfügte Andreas Pratje unter den Medizinstudenten über weitaus mehr Renommee als innerhalb der Medizinischen Fakultät. Zum einen fand er einige willige Abnehmer seiner rassenanthropologischen Doktorarbeiten. Der Student der Zahnmedizin Friedrich Bodenhausen beispielsweise wurde 1938 von ihm über »rassenkundliche Untersuchungen in der Erlanger SA« promoviert. Erste Ergebnisse oder Zusammenfassungen durften Pratjes Promovenden in der von ihm herausgegebenen Schriftenreihe *Rassenforschung. Fränkische Arbeiten aus den Gebieten der Rassenkunde und der Erblehre* publizieren.[158] Zum anderen übernahm er auch außerhalb des medizinischen Curriculums die rassenhygienische Schulung der Studenten. Zusammen mit der Medizinischen Fachschaft konzipierte er 1934/1935 eine »rassenkundliche Wanderausstellung«, in deren Zentrum »Entstehung und Zusammenhänge der Rassen im deutschen Volke sowie die grundlegende Erörterung der erbbiologischen Fragen« stehen sollten.[159]

Unter der Schirmherrschaft des fränkischen Gauleiters Julius Streicher fand am 6. April 1935 in der Hersbrucker Schweiz das erste »Wissenschaftslager« der Erlanger Studentenschaft statt.[160] Von Pratje und auch von von Angerer angeleitet, erkundeten die Studenten, unter denen die Medizinstudenten das größte Kontingent stellten,[161] die Gegend um Hersbruck und Hartenstein nach »volksgesundheitlichen« und »rassenkundlichen« Gesichtspunkten. Da sämtliche Teilnehmer der »rassenkundlichen Studentengruppe« von Pratje bereits im Vorfeld eingehend in die »anthropologische Meß- und Aufnahmetechnik« eingewiesen worden waren, verlief die »genaue Feststellung der Rassenmerkmale der Hartensteiner Bevölkerung« problemlos.[162] Einige Ergebnisse der rassenanthropologischen Vermessungen flossen wohl auch in die Dissertation des medizinischen Fachschaftsleiters Alfred Aschenbrenner mit ein. Dieser wurde 1936 über »die Inzucht als bevölkerungspolitisches Problem. Dargelegt an der Bevölkerung des fränkischen Dorfes Hartenstein« promoviert.[163]

Mit der Rassenhygiene bzw. -anthropologie hatte Aschenbrenner ganz offensichtlich sein bevorzugtes Forschungsfeld für sich entdeckt und wollte auf diesem Pfad auch weiter

Abb. 17 NS-Propagandabild: »Ausgaben für Erbkranke – Soziale Auswirkung«, 1939.

voranschreiten. So plante er unmittelbar nach seiner Dissertation ein Forschungsprojekt »zur Durchführung einer rassischen und erbbiologischen Bestandsaufnahme der Bevölkerung Erlangens, unter Berücksichtigung der hygienischen Verhältnisse«.[164] Ziel war es, »sämtliche Bewohner der Stadt Erlangen auf das Vorhandensein von Erbleiden zu untersuchen, die rassische Zusammensetzung festzustellen und nachzuweisen, unter welchen hygienischen Verhältnissen die Bevölkerung lebt«. Aschenbrenner schwebte dabei ein interdisziplinäres Forschungsprojekt bestehend aus rassenhygienisch geschulten Medizinern und statistisch versierten Wirtschaftswissenschaftlern vor, in dem verschiedene Arbeitsgruppen (zahn)ärztliche und hygienische Untersuchungen, Intelligenzprüfungen sowie rassenanthropologische Vermessungen durchführen sollten. Zudem war angedacht, sämtliches Aktenmaterial aus dem Gesundheitsamt, der Heil- und Pflegeanstalt und weiteren Fürsorgeeinrichtungen im Hinblick auf den erblichen Gesundheitszustand der Erlanger Bevölkerung auszuwerten und von den erfassten und untersuchten Personen Sippentafeln zu erstellen. Weiterhin waren umfangreiche statistische Erhebungen »über Kinderzahl, Säuglingssterblichkeit, durchschnittliches Lebensalter« vorgesehen. Erlangen wäre solcherart eine »Musterstadt« der angewandten NS-Rassenlehre geworden.

Bereits unmittelbar nach der NS-Machtübernahme überzog eine regelrechte Erfassungswelle das »Dritte Reich«. Innerhalb kürzester Zeit entstand ein effizientes System verschiedener Karteien, Zählungen, Meldegesetze und Kennkarten. Das NS-Regime strebte vor allem auch unter rassischen und erbbiologischen Gesichtspunkten eine restlose Erfassung der Bevölkerung an.[165] Die theoretische Kenntnis über die Beschaffenheit des »Volkskörpers« war jedoch nicht das übergeordnete Ziel der NS-Erfassungsmaßnahmen. Die angestrebte restlose Erfassung sollte vielmehr die Grundlage für die »ausmerzende« NS-Erbgesundheits- und Rassenpolitik bilden.[166] Die Basis für eine umfassende rassenhygienische Bestandsaufnahme bildeten die ab 1934 reichsweit neu geschaffenen rund 650 »Beratungsstellen für Erb- und Rassenpflege«.[167] Anders als der Name suggeriert, stand bei diesen in die Gesundheitsämter integrierten Institutionen nicht die wohlmeinende Beratung der Volksgenossen im Vordergrund, sondern sie dienten hauptsächlich der Erfassung des Ratsuchenden und seiner Familie auf einer Erbkarteikarte. Ergänzt wurde die angelegte Kartei dann durch Informationen aus den Akten von Heil- und Pflegeanstalten, Krankenhäusern oder Fürsorgeämtern. Neben diesen zentral gesteuerten Maßnahmen gab es auch einige lokale Initiativen, die im vorauseilenden Gehorsam »dem Führer entgegenarbeiteten«.[168] So erstellten Rassenhygieniker wie der Gießener Institutsleiter für »Erb- und Rassenpflege« Heinrich Kranz und sein ebenso engagierter Kollege Karl Astel aus Jena bis 1939 jeweils eine halbe Million Erbkarteien.[169]

Genau in diesem Kontext ist auch das geplante Forschungsprojekt von Aschenbrenner zu sehen. Auch der junge Mediziner wollte bei der restlosen Erfassung der Bevölkerung tatkräftig mithelfen, sollte doch laut Projektskizze am Ende seiner Erhebungen über »jeden Erlanger Einwohner eine Karteikarte« vorhanden sein, »die eine genaue erbbiologische und rassische Beurteilung der einzelnen Person zulässt«. Letztlich blieb dem Vorhaben Aschenbrenners die Realisierung verwehrt. Dies hatte jedoch nichts mit inhaltlichen Vorbehalten zu tun. Vielmehr geriet der ehemalige medizinische Fachschaftsleiter in einen Machtkampf zwischen dem Universitätsrektor Fritz Specht und der fränkischen Gauleitung um die Ernennung eines neuen Erlanger Studentenschaftsführers. Aus diesem Grunde wurde ihm die Finanzierung seines Forschungsprojektes verwehrt.[170] Die völlige erbbiologische Durchleuchtung seiner Einwohner blieb Erlangen somit erspart. Gleichwohl geriet auch hier der als »minderwertig« stigmatisierte Teil der Bevölkerung in den Fokus der repressiven NS-Erbgesundheits- und Rassenpolitik.

▶ **Kapitel** Erlanger Kliniker und der Nationalsozialismus, S. 226.

Die Anwendung des »Gesetzes zur Verhütung erbkranken Nachwuchses« an den Universitätskliniken

Eine der ersten Amtshandlungen der NS-Regierung war die Verabschiedung des »Gesetzes zur Verhütung erbkranken Nachwuchses« (GzVeN) am 14. Juli 1933.[171] Nach Paragraph 1 des GzVeN konnte ein Mensch unfruchtbar gemacht werden, »wenn nach den Erfahrungen der ärztlichen Wissenschaft mit großer Wahrscheinlichkeit zu erwarten ist, daß seine Nachkommen an schweren körperlichen oder geistigen Erbschäden leiden werden«.[172] Als Erbkrankheiten im Sinne des Gesetzes galten »angeborener Schwachsinn, Schizophrenie, manisch-depressives Irresein, erbliche Epilepsie, Chorea Huntington, erbliche Blindheit, erbliche Taubheit, schwere körperliche Mißbildung« und »schwerer Alkoholismus«. Das GzVeN verpflichtete alle Ärzte, »Erbkranke« beim Gesundheitsamt anzuzeigen.

Die Amtsärzte sollten dann darüber entscheiden, ob sie eine Zwangssterilisation für angebracht hielten. Neben den Amtsärzten waren auch Klinikleiter, also beispielsweise Direktoren psychiatrischer Einrichtungen oder Strafanstalten sowie Leiter von staatlichen oder konfessionellen Behinderteneinrichtungen legitimiert, Unfruchtbarmachungen zu beantragen. Über die Anträge entschieden eigens eingerichtete, den Amtsgerichten angegliederte Erbgesundheitsgerichte. Sie setzten sich zusammen aus dem jeweiligen Amtsrichter, der den Vorsitz übernahm, einem beamteten Arzt und einem weiteren Mediziner. Vorgenommen wurden die Zwangssterilisationen schließlich von chirurgischen und gynäkologischen Fachärzten in staatlichen oder kommunalen Krankenhäusern sowie in Universitätskliniken.[173]

In der Praxis des GzVeN mischten sich medizinische und soziale Diagnostik. Vor allem die Diagnosen »schwerer Alkoholismus« und »angeborener Schwachsinn« boten die Möglichkeit, auch die Fortpflanzung unerwünschter sozialer Randgruppen einzuschränken. Auf diese Weise liefen auch Schulabgänger, Hilfsschüler, Frauen mit unehelichem Kind, Menschen ohne geregelte Arbeit und festen Wohnsitz Gefahr, sterilisiert zu werden. Nicht zuletzt da einige betroffene Frauen gegen die drohende Unfruchtbarmachung aufbegehrten – auch indem sie versuchten, vor der Operation noch schwanger zu werden, wurde am 26. Juni 1936 eine Novelle zum »Gesetz zur Verhütung erbkranken Nachwuchses« beschlossen, das die Abtreibung aus eugenischer Indikation legalisierte.[174] Insgesamt wurden bis zum Ende des »Dritten Reiches« etwa 400.000 Frauen und Männer zwangsweise unfruchtbar gemacht. Aufgrund von Komplikationen während bzw. nach den Operationen kamen zwischen 4.000 und 5.000 Sterilisierte ums Leben.

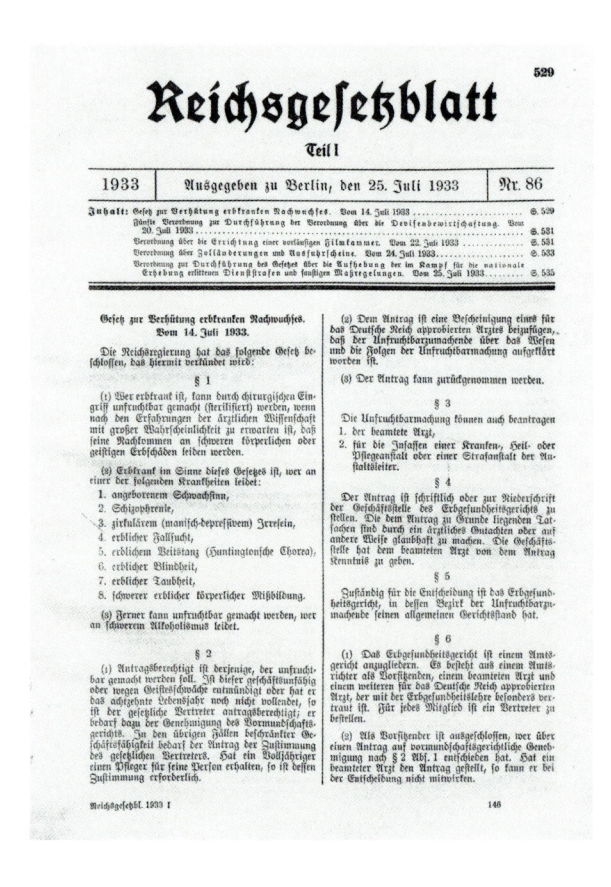

Abb. 18 Veröffentlichung des »Gesetzes zur Verhütung erbkranken Nachwuchses« im Reichsgesetzblatt, 1933.

Die Erlanger Universitätspsychiatrie und das GzVeN

An der Durchführung des GzVeN war die deutsche Psychiatrie federführend beteiligt. Zum einen waren Psychiater verpflichtet, ihre als »erbkrank« eingestuften Schutzbefohlenen zur Unfruchtbarmachung zu melden. Zum Zweiten waren die Leiter psychiatrischer Anstalten auch legitimiert, Zwangssterilisationen selbst zu beantragen. Zum Dritten fungierten viele Nervenärzte als Beisitzer an den Erbgesundheitsgerichten und entschieden in dieser Funktion direkt über eine Zwangssterilisation. Zum Vierten wurden insbesondere die psychiatrischen Universitätskliniken von den Erbgesundheitsgerichten beauftragt, in strittigen Fällen Gutachten über die Sterilisationskandidaten zu verfassen.

Das GzVeN wurde von den Psychiatern wie auch generell von der Ärzteschaft mehrheitlich begrüßt. Zwar wurden die Handlungsspielräume, die das Gesetz den Medizinern bot, durchaus unterschiedlich, teilweise auch im Sinne des von der Unfruchtbarmachung bedrohten Personenkreises ausgelegt.[175] Nennenswerten Protest gegen die Zwangssterilisationen gab es aus ärztlichen Kreisen hingegen nicht. Umso bemerkenswerter ist die Haltung, die der langjährige Ordinarius für Psychiatrie Gustav Specht, allerdings nur in privater Korrespondenz, zum Ausdruck brachte. In einem Brief an Friedrich Jamin vom 10. Dezember 1936 äußerte sich Specht ausgesprochen kritisch über das GzVeN. Insbesondere die dem Gesetz zugrunde liegenden wissenschaftlichen Erkenntnisse hielt der erfahrene Psychiater für wenig belastbar: »So hängen denn die Ergebnisse z. B. der vielmißbrauchten Dementia praecox mit ihren komplizierten mathematischen Berechnungen, die kein Arzt versteht, ganz in der Luft. Und aufgrund solcher ›Ergebnisse‹ erfolgen die Massensterilisationen, gegen die der bethlehemsche (sic) Kindermord ein Kinderspiel war. Aber man darf ja nichts sagen.«[176]

Specht traf mit seiner Kritik an der fehlenden wissenschaftlichen Fundierung des Sterilisationsgesetzes einen wunden Punkt. Denn obwohl spezielle Erbgänge einzelner Erkrankungen, wie zum Beispiel der von Specht genannten Schizophrenie (»Dementia praecox«) oder auch der Epilepsie oder des »Schwachsinns« noch gar nicht hinreichend erforscht waren, wurden diese als »Erbkrankheiten« in das GzVeN aufgenommen.[177] Im Gesetzeskommentar, der zeitgleich mit dem Inkrafttreten des Gesetzes am 1. Januar 1934 veröffentlicht wurde, wollte man von fehlender Wissenschaftlichkeit jedoch nichts wissen und verwies stattdessen auf »systematische erbprognostische Untersuchungen«, die den Beleg für die Vererbung der im Gesetz aufgeführten »Erbkrankheiten« erbracht hätten. Hierbei rekurrierte man auf die vom Mitverfasser des Kommentars, dem Münchener Psychiater Ernst Rüdin, entwickelte Methode der »empirischen Erbprognose«.[178] Mit seinem Verfahren, das auch die von Specht angemerkten »komplizierten mathematischen Berechnungen« enthielt, hatte Rüdin in jahrzehntelanger Arbeit die Wahrscheinlichkeit des Auftretens von Erbkrankheiten in »erblich vorbelasteten« Familien untersucht. Zwar förderten seine Untersuchungen ein – im Vergleich mit den Nachkommen »erbgesunder«

Familien – erhöhtes Aufkommen von Erbkrankheiten in belasteten Familien zutage. Doch war ihm völlig klar, dass hiermit mitnichten ein Beweis für die Heredität aller im GzVeN aufgeführten »Erbkrankheiten« vorliegen würde, sondern seine Befunde erst noch durch weitere statistisch-empirische Untersuchungen belegt werden müssten. Rüdin gab sich jedoch überzeugt davon, durch zukünftige Forschungen die noch fehlenden empirischen Daten liefern zu können.[179] Im Hinblick auf das GzVeN vertrat er die bemerkenswerte Ansicht, »daß wir nicht warten können, bis uns die Wissenschaft in Erblichkeitsfragen 100 proz. Sicherheit gibt«.[180]

Gustav Specht hatte im Laufe seines langen Psychiaterlebens viele Forschungstrends kommen und gehen sehen und sich dabei stets eine skeptische Distanz neuen wissenschaftlichen Modeerscheinungen gegenüber bewahrt. Insofern waren seine Monita an den »Rüdin'schen Zahlen«, wie er sie abschätzig nannte, nur konsequent.[181] Mit seiner, wie erwähnt, privat geäußerten Kritik am GzVeN war Specht innerhalb der Erlanger Universitätsmedizin allerdings eine Ausnahmeerscheinung. Ähnliche Stellungnahmen aus dem Kreis seiner Kollegen sind nicht überliefert. Und auch der Adressat seines Schreibens, der damalige Dekan der Medizinischen Fakultät Friedrich Jamin äußerte sich in seiner umgehenden Replik an Specht durchaus wohlwollend über Rüdins erbpsychiatrisches Konzept.[182] Irgendeinen Einfluss auf Fakultät bzw. Klinikerschaft hatte Gustav Specht zu diesem Zeitpunkt sowieso nicht mehr, war er doch bereits 1934 emeritiert worden. Sein Nachfolger vertrat im Hinblick auf das GzVeN eine völlig andere Sichtweise.

Abb. 19 Gustav Specht (1860–1940).

Mit Friedrich Meggendorfer besetzte ab 1934 ein ausgewiesener Erbpsychiater und Rassenhygieniker den Lehrstuhl für Psychiatrie.[183] Ein Psychiater also, der – wie die Medizinische Fakultät Erlangen auf der Berufungsliste für die Specht-Nachfolge im Mai 1934 anmerkte – »volles Verständnis für das biologische Programm der Regierung hat und auch dem akademischen Nachwuchs Gelegenheit geben wird, sich für die psychiatrischen Aufgaben im neuen Staate mit den erforderlichen gediegenen Kenntnissen auszurüsten«.[184] Bei dieser Stellungnahme bezog sich die Fakultät auf eine Einschätzung von Ernst Rüdin, der Meggendorfer nachdrücklich für den Erlanger Lehrstuhl empfahl. Mit Rüdin setzte sich der zu dieser Zeit mächtigste und einflussreichste Psychiater für Meggendorfer ein. Die von ihm geleitete und von der NS-Wissenschaftspolitik großzügig subventionierte *Deutsche Forschungsanstalt für Psychiatrie* in München bestimmte im »Dritten Reich« entscheidend die Entwicklung des Faches, das nunmehr ganz im Zeichen der Erbforschung und Rassenhygiene stand. Rüdins Forschungen zur Humangenetik lieferten die wissenschaftlichen Grundlagen für die nationalsozialistische Erbgesundheitspolitik.[185]

Rüdin und Meggendorfer kannten und schätzten sich bereits seit langer Zeit, hatten doch beide ihre psychiatrischen Lehrjahre Anfang der 1910er Jahre in München unter Emil Kraepelin verbracht. Auch als Meggendorfer 1913 an die Universität Hamburg wechselte, um dort zunächst als Assistenzarzt unter dem Neurologen Max Nonne zu arbeiten, blieb der fachlich und persönlich enge Kontakt zwischen beiden bestehen. 1920 war Meggendorfer für sieben Monate an der Deutschen Forschungsanstalt für Psychiatrie, an der Rüdin zu dieser Zeit noch die Genealogisch-Demographische Abteilung leitete.[186]

Wieder zurück in Hamburg habilitierte sich Meggendorfer 1921 unter dem Psychiater Wilhelm Weygandt und wurde 1927 zum Extraordinarius ernannt.[187]

In seiner erbpsychiatrischen Ausrichtung bewegte sich Meggendorfer eindeutig in den Spurrinnen Rüdins. Seine Veröffentlichungen befassten sich beispielsweise mit der hereditären Disposition der Progressiven Paralyse oder dem Zusammenhang zwischen »moralischer Minderwertigkeit, Verbrechen und Psychose«.[188] Wenngleich ihm Rüdins Charisma, Machtinstinkt und auch dessen Fähigkeit, (professions)politische Netzwerke zu knüpfen, weitgehend fehlten, war auch Meggendorfer bestrebt, dass seine Forschungsresultate in der gesundheits-, sozial- wie auch gesellschaftspolitischen Praxis umgesetzt würden. Seine 1930 erhobene Forderung einer Scheidungserleichterung, wenn beim Ehepartner eine »minderwertige Erbanlage« entdeckt worden sei, fand nach 1933 Eingang in die Rechtsprechung.[189] Im »Dritten Reich« sorgte Meggendorfer mit zwei radikalen Forderungen für Aufsehen. Zum einen plädierte er für die Zwangskastration von Homosexuellen, bei denen auch eine Psychotherapie zu keiner Änderung ihrer sexuellen Orientierung geführt hatte.[190] Zum anderen schlug er in seiner Funktion als Beratender Psychiater der Wehrmacht vor, therapieresistente Kriegsneurotiker – also Soldaten, die aufgrund ihrer Kriegserlebnisse an einer chronischen psychischen Erkrankung litten – in ein Konzentrationslager einzuweisen.[191]

Aufgrund seiner erbpsychiatrischen Fokussierung und seiner Nähe zu Rüdin verwundert es nicht, dass Friedrich Meggendorfer das GzVeN ausdrücklich begrüßte. Von Beginn an setzte er seine fachliche Autorität dazu ein, die Realisierung des Gesetzes beratend zu begleiten. In diesem Kontext ist auch ein von der Deutschen Forschungsanstalt für Psychiatrie im Januar 1934 durchgeführter erbbiologischer Lehrgang zu sehen, bei dem etwa 120 Psychiater in das GzVeN eingewiesen wurden. Die Referate der dort vortragenden Experten wurden in einem von Rüdin herausgegebenen Sammelband über »Erblehre und Rassenhygiene im völkischen Staat« abgedruckt.[192] Diese Publikation diente fortan allen an der Zwangssterilisation Beteiligten als wichtiges Referenz- und Standardwerk.[193] Einer der Referenten und somit auch Autoren des Sammelbandes war Friedrich Meggendorfer. In seinem Beitrag lieferte er einen Überblick über »die erbbiologischen Ergebnisse in der übrigen Medizin«.[194]

In Erlangen avancierte Meggendorfer zum unumstrittenen Experten für die Frage, welche Art von Alkoholismus unter das GzVeN fiele.[195] Seiner Ansicht nach sollten nicht alle Alkoholiker zwangssterilisiert werden, sondern hauptsächlich diejenigen mit »Anlagebeziehungen zum Verbrechen, zur Verwahrlosung, zur Prostitution«.[196] Unschwer wird hier eine soziale Diagnostik deutlich, die den »asozialen Alkoholiker« vom »Wohlstandstrinker« unterschied. Neben der sozialen ist bei Meggendorfer noch eine geschlechtsspezifische Konnotation frappierend. Denn »bei einer Gruppe von Alkoholikern dürfte es sich empfehlen«, so der Erlanger Psychiater, »die Grenzen des schweren Alkoholismus besonders weit zu ziehen, nämlich bei den trunksüchtigen Frauen. Wenn unter unseren sozialen und kulturellen Verhältnissen eine Frau sich oft oder gewohnheitsmäßig betrinkt, so muß man wohl annehmen, daß dies aus inneren krankhaften Gründen geschieht«.[197]

Neben seinen Beratungs- bzw. Propagandatätigkeiten griff Meggendorfer als psychiatrischer Beisitzer am Erbgesundheitsobergericht Bamberg noch ganz konkret in die Durchführung des GzVeN ein.[198] Dort entschied – analog zu den Erbgesundheitsgerichten – ein Gremium aus zwei Ärzten und einem Juristen über den Einspruch der Betroffenen gegen die erstinstanzlich verhängte Entscheidung zur Zwangssterilisation. In Anbetracht seiner vielfältigen Funktionen und Aktivitäten im Dienste der »Erbgesundheit« mag es überraschen, dass der Erlanger Psychiater bei der Anwendung des GzVeN in seiner eigenen Klinik eher Vorsicht walten ließ. Der eigenen Patientenschaft gegenüber legte er das Gesetz in einem vergleichsweise engen Rahmen aus. Demzufolge wurden »lediglich« die »sicheren Fälle« angezeigt bzw. deren Unfruchtbarmachung beantragt.[199] Friedrich Meggendorfer war kein Sterilisationsfanatiker. Bei aller grundsätzlichen Bejahung dieser rassenhygienischen Zwangsmaßnahme weist die Praxis in seiner Klinik auf eine differenzierte, abwägende Haltung hin. Dies ändert jedoch nichts an der Tatsache, dass auf sein Geheiß geistig behinderte und psychisch kranke Menschen gegen ihren Willen durch ein entwürdigendes, schmerzhaftes und nicht ungefährliches Verfahren ihrer Fortpflanzungsfähigkeit beraubt wurden.

Abb. 20 Friedrich Meggendorfer (1880–1953), 1940.

Im Laufe der Zeit schien Meggendorfer klar geworden zu sein, dass die von ihm nach strengen Maßstäben durchgeführte Mitarbeit am GzVeN beileibe nicht von jedem seiner Ärztekollegen geteilt wurde. Insbesondere in den Anfangsjahren war es, wie der Tübinger Psychiater Robert Gaupp kritisch anmerkte, mancherorten zu einem regelrechten »Konkurrenzrennen um möglichst hohe Sterilisierungszahlen« gekommen.[200] Auch Friedrich Meggendorfer blieb dies nicht verborgen. So forderte er in seiner Funktion als Wehrmachtspsychiater im Januar 1944, das grundlegende Verbot, »daß wegen Erbkrankheit Sterilisierte nicht eingezogen werden dürfen«, teilweise aufzuheben. Dabei dachte er insbesondere an die »wegen Schwachsinn Sterilisierten«, befänden sich unter ihnen doch »verhältnismäßig viele, die nicht wirklich schwachsinnig sind«. So sei man »in der ersten Zeit nach Erlaß des Sterilisationsgesetzes (…) etwas zu scharf vorgegangen. Man hat u. a. ganze Hilfsschulen sterilisiert, obwohl in manchen Städten nur 10 oder 20 % der Hilfsschüler schwachsinnig sind; die übrigen kommen aus sozialer Indikation in die Hilfsschule«.[201]

Der Erlanger Psychiater musste eingestehen, dass das von ihm propagierte GzVeN in der praktischen Anwendung aus dem Ruder gelaufen war. Die von ihm geschilderten Zustände, die zwangsweise Unfruchtbarmachung ganzer Hilfsschulen, waren sicherlich in dieser Form nicht von Meggendorfer beabsichtigt gewesen. Die von ihm aus den Missständen gezogene Schlussfolgerung, nämlich die fälschlicherweise Zwangssterilisierten noch an die Kriegsfront zu schicken, zeigt indes, dass Friedrich Meggendorfer noch im letzten Kriegsjahr pragmatisch keinerlei Bedenken hatte, die Opfer der von ihm zu vertretenen Gesundheitspolitik als letzte Reserve der Wehrmacht zu verwenden. Seine Stellung in der NS-Erbbiologie wurde wenige Jahre früher von Rüdin in dessen Laudatio aus Anlass von Meggendorfers 60. Geburtstag wohl treffend zusammengefasst: Rüdin rühmte den alten Weggefährten als einen »Vorkämpfer für die Rassenhygiene«, »der zwar äußerlich sehr bescheiden, aber mit der Kraft seiner Schriften und seines Unterrichtes zum Gelingen des großen rassenhygienischen Reformprogramms des Führers beizutragen hilft«.[202]

Die Durchführung der Zwangssterilisationen an der Erlanger Universitätsfrauenklinik

In Erlangen wurden die Zwangssterilisationen sowohl an der chirurgischen Universitätsklinik als auch an der Universitätsfrauenklinik durchgeführt. Während die Erforschung der Erlanger Chirurgie im »Dritten Reich« nach wie vor ein Desiderat darstellt, sind die Vorgänge an der Frauenklinik dank der Arbeiten von Wolfgang Frobenius und der Dissertation von Dorothea Krüger sehr gut erforscht.[203] Unter ihrem Leiter Hermann Wintz wurden an der Frauenklinik bis Kriegsende mindestens 513 Zwangssterilisierungen vorgenommen. In 13 Fällen wurde im Rahmen der Sterilisierung eine Schwangerschaft beendet. Betroffen waren vor allem Patientinnen der Heil- und Pflegeanstalt sowie der psychiatrischen Klinik in Erlangen. Vereinzelt wurden auch Gefängnisinsassinnen oder Mädchen aus Erziehungsheimen zur Unfruchtbarmachung in die Klinik gebracht. Die meisten Opfer stammten aus der sozialen Unterschicht. Zwei sterilisierte Frauen verstarben unmittelbar nach der Operation.

Insbesondere der Oberarzt Rudolf Dyroff zeigte bei der Durchführung des GzVeN ein beträchtliches Maß an Eigeninitiative. Dabei nutzte er das Gesetz zur wissenschaftlichen Profilierung, indem er die Daten der ersten 100 an der Frauenklinik durchgeführten Zwangssterilisationen sammelte und seine Ergebnisse im Februar 1935 auf der Tagung der Bayerischen Gesellschaft für Geburtshilfe und Frauenheilkunde (BGGF) in München vorstellte. Das GzVeN bot Dyroff auch die Möglichkeit, seine Forschungen über die Tubendurchgängigkeit zu vertiefen. Hierbei führte er an den sterilisierten Frauen äußerst schmerzhafte und riskante Röntgenkontrastmittel-Untersuchungen durch, die in keiner Weise durch das Gesetz abgedeckt waren. Die Untersuchungsergebnisse präsentierte er 1938 wiederum auf einer BGGF-Tagung.

Bei einer in der Frauenklinik durchgeführten Operation fühlt man sich unweigerlich an die vornehmlich in den Konzentrationslagern durchgeführten NS-Humanexperimente erinnert. Bei der Sterilisation einer Hilfsarbeiterfrau verzichteten die Erlanger Gynäkologen darauf, den Blinddarm der Frau zu entfernen. Stattdessen stülpten sie die Appendix ein, um sie dann mit einem Barium- Röntgenkontrastmittel zu füllen und mit einer Tabaksbeutelnaht sowie Decknähten zu verschließen. Aus der Krankenakte geht hervor, dass in der Folgezeit Röntgenaufnahmen zur Kontrolle der gefüllten Appendix gemacht worden seien. Eine Einverständniserklärung der Frau scheint nicht vorgelegen zu haben. Mit diesem Experiment setzten die Frauenärzte die Patientin einer großen Gefahr aus. Es entbehrte darüber hinaus jeglicher medizinischen Indikation. Einer weiteren medizinethischen Grenzüberschreitung machten sich die Ärzte der Frauenklinik in den letzten Kriegsjahren schuldig. So nahmen sie an mindestens 136 »Ostarbeiterinnen« Schwangerschaftsabbrüche vor, die für einige der betroffenen Frauen tödlich endeten. Formale Grundlage der Abtreibungen war eine Anordnung des Reichsgesundheitsführers Leonardo Conti vom 11. März 1943. Diese sah vor, dass bei Zwangsarbeitern aus der Sowjetunion »auf Wunsch der Schwangeren« ein Abbruch vorgenommen werden konnte. In Anbetracht der fürchterlichen Notlage, in der sich »Ostarbeiterinnen« in Nazideutschland befanden, kann von einer freien Entscheidung zur Abtreibung indes keine Rede sein.

▸ **Kapitel** Ärztlicher Ethik widersprechend, S. 251.

▸ **Exkurs** Schwangerschaftsabbrüche an NS-Zwangsarbeiterinnen, S. 274.

In ihren Ausführungen über die Rolle des Klinikdirektors Hermann Wintz weist Dorothea Krüger darauf hin, dass die Nationalsozialisten ihm Verstöße gegen das GzVeN vorgeworfen hätten. Wintz soll auch eingestanden haben, in »hunderten von Fällen« Frauen »durch Strahlenbehandlung unter Nichtbeachtung der vom Gesetz vorgesehenen Vorschriften« unfruchtbar gemacht zu haben. Krüger bezog sich hierbei auf ein Schreiben des SS-Sicherheitsdienstes an den persönlichen Stab Heinrich Himmlers vom 19. August 1941, in dem davor gewarnt wurde, Wintz in die SS aufzunehmen, da gegen diesen vonseiten der Reichsärztekammer ein Verfahren eingeleitet worden und mit seiner rechtskräftigen Verurteilung zu rechnen sei.[204] Aufgrund des Fehlens weiterer Quellenbelege blieben die Hintergründe dieses Schreibens bisher unklar. Im Zuge der Recherchen zum vorliegenden Beitrag konnte jedoch in den Beständen des Bayerischen Hauptstaatsarchivs in München das relevante Quellenkorpus gefunden werden.[205]

Am 7. Februar 1941 traf beim bayerischen Kultusministerium ein Schreiben des REM ein. In diesem war von »schweren Anschuldigungen« gegen Hermann Wintz die Rede. Das Kultusministerium wurde aufgefordert, den Vorwürfen nachzugehen und Wintz sowie dessen Oberarzt Rudolf Dyroff in dieser Angelegenheit zu befragen. Dem mit den Nachforschungen im »Fall Wintz« betrauten Ministerialrat Siegfried von Jan bot sich der folgende Sachverhalt dar: Die Reichsärztekammer warf Hermann Wintz vor, gegen die »4. und 5. Verordnung zur Ausführung des GzVeN« verstoßen zu haben. Im Kern beinhalteten die Anschuldigungen gegen Wintz Verstöße gegen die pronatalistische Seite des Sterilisationsgesetzes. Diese Aspekte gewannen im Laufe der diversen Ausführungsverordnungen des GzVeN eine immer größere Bedeutung. Das Gesetz sollte demnach nicht nur »krankes Erbgut« verhindern, sondern der Vermehrung der »Erbgesunden« zumindest nicht im Wege stehen.[206] Aus diesem Grunde wurde durch die fünfte Ausführungsverordnung geregelt, dass die Strahlenbehandlung von Frauen unter 45 Jahren, die auf eine Sterilisation bzw. Kastration der Patientin abzielte bzw. diese zur Folge hatte – dies konnte beispielsweise bei einer Tumorbehandlung der Fall sein – von einer Gutachterstelle freigegebenen werden musste. Ähnlich verhielt es sich bei den gesetzlichen Grundlagen von Schwangerschaftsabbrüchen aus medizinischer Indikation. Gemäß der vierten Ausführungsverordnung waren auch hier Gutachterstellen einzuschalten, welche darüber entscheiden sollten, »ob gesundheitliche Gründe die Unterbrechung der Schwangerschaft oder die Unfruchtbarmachung erfordern«.[207]

Die Gutachterstellen, die im Oktober 1935 mit ihrer Tätigkeit begannen, hatten ihren Sitz zunächst bei den Bezirksstellen der Kassenärztlichen Vereinigung. Durch eine Anordnung des damaligen Reichsärzteführers Gerhard Wagner waren sie ab 1937 der Reichsärztekammer angegliedert. Dies erklärt auch, warum es gerade die Reichsärztekammer war, die die Anschuldigungen gegen Wintz erhoben hatte. Denn die Gutachterstellen wurden von Wintz weder bei Strahlenbehandlungen noch bei Schwangerschaftsabbrüchen in seiner Klinik zu Rate gezogen. In Bezug auf seine Strahlentherapie stellte er dies auch gar nicht in Abrede, sondern gab gegenüber von Jan aus dem bayerischen Kultusministerium zu, »in zahlreichen Fällen Strahlenbehandlungen bei Frauen unter 45 Jahren vorgenommen« zu haben, »die teils zum Zwecke der Sterilisation, teils die Sterilisation ▶

SCHWANGERSCHAFTSABBRÜCHE AN NS-ZWANGSARBEITERINNEN

»Ich versuchte einer als unerhört empfundenen Maßnahme eine humane Lösung zu geben«

An der Universitätsfrauenklinik Erlangen wurden unter der Direktion von Herman Wintz (1887–1947) zwischen Juni 1943 und Mai 1945 an mindestens 136 Zwangsarbeiterinnen Schwangerschaftsabbrüche vorgenommen.[1] Formale Grundlage für die Abtreibungen bei »Ostarbeiterinnen« war eine Anordnung des Reichsgesundheitsführers Leonardo Conti vom 1. März 1943, nach der »auf Wunsch der Schwangeren« ein Schwangerschaftsabbruch vorgenommen werden konnte.[2]

Die Schwangerschaftsabbrüche wurden im Frühstadium der Schwangerschaft instrumentell durch Mutterhalskanalerweiterungen und Auskratzung der Gebärmutter, in späteren Stadien der Schwangerschaft durch das Legen eines Gummiballen (Metreuryse) vorgenommen. Im Auftrage des Klinikdirektors wurde eine neue Methode entwickelt, bei der 109 Frauen eine Ethylseifenlösung in unterschiedlicher Konzentration verabreicht wurde. Mindestens eine Zwangsarbeiterin starb nach dem Eingriff. In fünf Fällen kam es zu fraglichen Intoxikationen durch die verabreichte Ethylseifenlösung.

Auf Betreiben der amerikanischen Entnazifizierungsbehörde (Office Military Government for Bavaria Attention) setzte Universitätsrektor Eduard Brenner am 15. Oktober 1946 eine Untersuchungskommission zur Überprüfung der Vorgänge ein. Die amerikanische Behörde interessierte vor allem die Frage, woher die Information über die vermeintliche Einwilligung in den Abbruch komme und wer den formal notwendigen Abtreibungsantrag unterschrieben habe. Brenner beauftragte die Kommission damit, die an den »Ostarbeiterinnen« vorgenommenen Schwangerschaftsabbrüche hinsichtlich ihrer medizinischen, juristischen und ethischen Seite zu überprüfen. Die Kommissionsmitglieder, der Honorarprofessor für Medizingeschichte und Leiter der Heil- und Pflegeanstalt Erlangen Werner Leibbrand, der Theologe Hermann Sasse, der Gynäkologe Robert Ganse und der Jurist Sevold Braga, seien – so Brenner – berechtigt, Zeugen zu vernehmen und in die schriftlichen Vorgänge Einsicht zu nehmen.

Die befragten Ärzte ließen keinerlei Unrechtsbewusstsein erkennen. Laut dem seinerzeitigen Assistenzarzt Max Brandl seien die Anträge zur Durchführung von der Schwangeren und dem entsprechenden Vater unterschrieben und vom zuständigen Gauamtsleiter angenommen worden. Er, Brandl, sei von dem damaligen Leiter Wintz beauftragt worden, eine neue Methode zu entwickeln, um die Mortalität auf ein Minimum zu senken. Er habe dies nach bestem Wissen und Gewissen getan, habe nur geholfen und nicht experimentiert. An anderer Stelle führte er Robert Ganse gegenüber zu seiner Entlastung an, er habe nicht gewusst, dass es sich um Verschleppte gehandelt habe.[3] Auch der gleichfalls befragte Oberarzt Rudolf Dyroff wies jede persönliche Verantwortung von sich, da er keine Möglichkeit gehabt habe, die Rechtmäßigkeit der Anordnung zu überprüfen. Als Gynäkologe habe er bei »fehlendem Willen zum Kind«, der bei den

Ostarbeiterinnen gegeben sei, mit der Abtreibung durch die Schwangere selbst rechnen müssen. Die ärztlich vorgenommenen Abbrüche seien daher das kleinere Übel gewesen. Dies bliebe »unsere seelische Last, ist aber auch unsere moralische Rechtfertigung«, so Dyroff.[4] Wintz führte Leibbrand 1946 gegenüber aus, er sei eigentlich gegen die Abtreibungen gewesen, habe die Klinik dann aber doch zur Verfügung gestellt, um diese »armen Ostarbeiterinnen« vor Gefahren zu bewahren: »Ich versuchte einer als unerhört empfundenen Maßnahme eine humane Lösung zu geben.«[5]

Die Rechtfertigungsversuche der Beteiligten konnten die Mitglieder des Untersuchungsausschusses nicht überzeugen. Sie gingen davon aus, die Ärzte hätten entgegen ihren Aussagen über die Hintergründe der Abtreibungen Bescheid gewusst und es sich allenfalls »aus bürgerlicher Feigheit nicht eingestanden«.[6] Am Ende der Zusammenfassung ihres 14 Seiten umfassenden Berichtes unterbreiteten die Mitglieder des Untersuchungsausschusses den Vorschlag, dass ungeachtet etwaiger strafrechtlicher Konsequenzen die beteiligten Ärzte als wissenschaftliche und standesethische Erzieher der künftigen akademischen Jugend untragbar geworden seien und demzufolge als Universitätslehrer nicht mehr infrage kämen. Die »geistige Unselbstständigkeit«, das widerspruchslose Hinnehmen eines »von oben« kommenden Befehls stellten eine klare Verletzung der ethischen Standespflichten dar.[7]

Eine von der Frauenklinik nach Kriegsende im Auftrag des ermittelnden Untersuchungsrichters erstellte Namensliste der dort vom 1. April 1942 bis zum 16. April 1945 stationär behandelten »Ostarbeiterinnen« erfasste neben den Namen und Geburtsdaten auch die Herkunft der Zwangsarbeiterinnen. 30 der Frauen stammten aus Russland, 75 aus der Ukraine, fünf aus Polen und eine aus Jugoslawien. Bei 25 Frauen war die Staatsangehörigkeit unbekannt. Die zum Schwangerschaftsabbruch eingewiesenen Patientinnen leisteten ihre Zwangsarbeit überwiegend in Erlangen und Nürnberg, aber auch Ansbach und Fürth sowie kleineren Orten der Umgebung. Als »Wohnort« wurden für Erlangen häufig die Zwangsarbeiterlager Röthelheim, Martinshöhe und Siedler-Schule genannt.

Die deutsche Kriegswirtschaft konnte spätestens ab 1941 nur noch durch den massenhaften Einsatz von ausländischen »Fremdarbeitern« aufrechterhalten werden. In der Stadt Erlangen und im Landkreis lebten über 3700 ausländische »Zivilarbeiter« sowie etwa 600 Kriegsgefangene, die Zwangsarbeit leisten mussten. Sie wurden überwiegend in der Landwirtschaft und den kriegswichtigen elektrotechnischen Firmen eingesetzt. Susanne Ude-Koeller

Abb. 1 *Kommissionbericht über die Vorgänge an der Frauenklinik, 1946.*

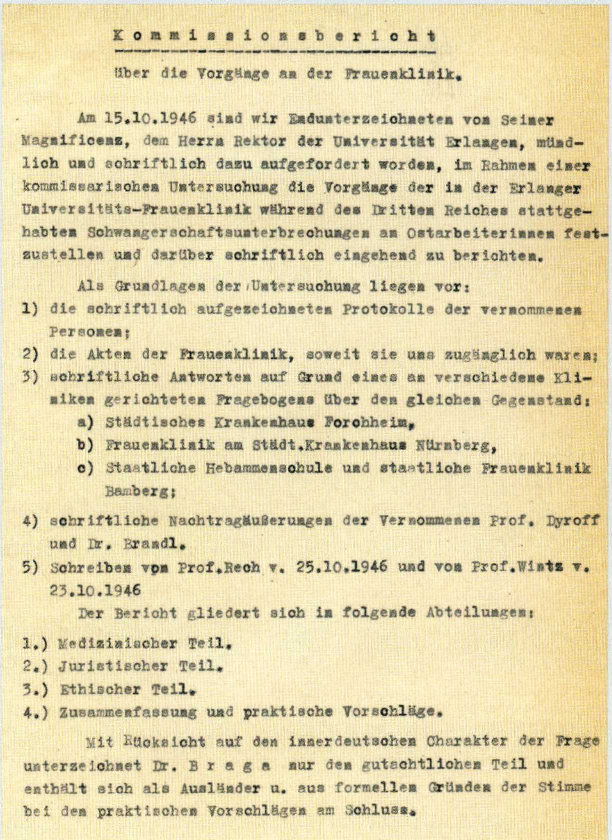

K o m m i s s i o n s b e r i c h t

über die Vorgänge an der Frauenklinik.

Am 15.10.1946 sind wir Endunterzeichneten von Seiner Magnificenz, dem Herrn Rektor der Universität Erlangen, mündlich und schriftlich dazu aufgefordert worden, im Rahmen einer kommissarischen Untersuchung die Vorgänge der in der Erlanger Universitäts-Frauenklinik während des Dritten Reiches stattgehabten Schwangerschaftsunterbrechungen an Ostarbeiterinnen festzustellen und darüber schriftlich eingehend zu berichten.

Als Grundlagen der Untersuchung liegen vor:

1) die schriftlich aufgezeichneten Protokolle der vernommenen Personen;
2) die Akten der Frauenklinik, soweit sie uns zugänglich waren;
3) schriftliche Antworten auf Grund eines an verschiedene Kliniken gerichteten Fragebogens über den gleichen Gegenstand:
   a) Städtisches Krankenhaus Forchheim,
   b) Frauenklinik am Städt.Krankenhaus Nürnberg,
   c) Staatliche Hebammenschule und staatliche Frauenklinik Bamberg;
4) schriftliche Nachtragäußerungen der Vernommenen Prof. Dyroff und Dr. Brandl.
5) Schreiben von Prof.Rech v. 25.10.1946 und von Prof.Wintz v. 23.10.1946

Der Bericht gliedert sich in folgende Abteilungen:

1.) Medizinischer Teil.
2.) Juristischer Teil.
3.) Ethischer Teil.
4.) Zusammenfassung und praktische Vorschläge.

Mit Rücksicht auf den innerdeutschen Charakter der Frage unterzeichnet Dr. B r a g a nur den gutachtlichen Teil und enthält sich als Ausländer u. aus formellen Gründen der Stimme bei den praktischen Vorschlägen am Schluss.

als Folge notwendiger Behandlung mit sich brachten.« Was seine unterlassene Unterrichtung der Gutachterstelle bei Schwangerschaftsabbrüchen betraf, so lavierte Wintz. Doch auch in dieser Hinsicht kam sein Erklärungsversuch gegenüber von Jan einem Eingeständnis gleich. So behauptete der Gynäkologe, »dass er zwar das Gesetz zur Verhütung erbkranken Nachwuchses gekannt habe, nicht aber die 4. und 5. Verordnung zur Ausführung dieses Gesetzes. Auch sein mit der Ausführung der nötigen Meldungen beauftragte Oberarzt Professor Dr. Dyroff habe sie nicht gekannt.«

Sicherlich sind in der Retrospektive die in der Erlanger Frauenklinik aus eugenischer Sicht vorgenommenen Zwangssterilisationen frappierender als die Verstöße von Wintz gegen die pronatalistischen Ausführungsverordnungen des GzVeN. Gleichwohl müssten hier zukünftige medizinhistorische Forschungen einmal genau die Fälle der Frauen analysieren, die von Wintz in diesem Kontext behandelt worden sind. Dessen ungeachtet ist die »Causa Wintz« noch aus zwei weiteren Gründen von Bedeutung. Zum einen zeigen sie ein altbekanntes Muster des Frauenarztes, nämlich die beinahe chronische Neigung, Vorschriften und Dienstwege zu unterlaufen. Angefangen beim Aufbau seines Röntgeninstituts, das er unter weitläufiger Umgehung der Universitätsverwaltung und ihrer Richtlinien bewerkstelligte, zog sich dieses Handlungsmuster durch die gesamte akademische Laufbahn von Wintz. Augenscheinlich färbte die Wintzsche Attitude auch auf die Mitarbeiter der Frauenklinik ab, legte sein Oberarzt Dyroff bei der Durchführung des GzVeN und auch bei den Schwangerschaftsabbrüchen von »Ostarbeiterinnen« ähnliche Handlungsweisen an den Tag, wobei diese dann eindeutig zulasten der körperlichen Unversehrtheit seiner Patientinnen gingen.[208]

Zum anderen macht der Umgang des bayerischen Kultusministeriums mit den Anschuldigungen gegen Wintz deutlich, über welche Machtposition er innerhalb des (bayerischen) Wissenschaftsbetriebes verfügte. Siegfried von Jan ließ nichts unversucht, damit der bekannte Gynäkologe, der zudem noch Universitätsrektor in Erlangen war, halbwegs unbeschadet aus der Angelegenheit herausfand. Bei seiner Exkulpationsstrategie für Wintz überschritt er gelegentlich die Grenze zur intellektuellen Selbstverleugnung. Am 2. April 1941 berichtete er dem REM, dass »Professor Wintz« zwar »gegen den Buchstaben des Gesetzes« verstoßen habe. »Eine Schädigung der Patientinnen oder der Volksgemeinschaft« sei jedoch nach Ansicht von Jans nicht entstanden. »Bei der Sorgfalt, die in der Frauenklinik Erlangen bei der Diagnose und Behandlung angewendet wird, ist mit Sicherheit anzunehmen, dass alle Fälle von der Gutachterstelle genehmigt worden wären. Es erscheint mir daher nicht notwendig, die Gerichte mit der Sache zu befassen, es dürfte vielmehr genügen dem Professor Wintz und dem Professor Dyroff im Dienstverfahren eine Verwarnung oder einen Verweis zu erteilen. Mit Rücksicht darauf, dass Professor Dr. Wintz sich hervorragende Verdienste um die Wissenschaft erworben hat und in seiner Eigenschaft als Rektor dem Staate gute Dienste geleistet hat, spreche ich mich für die Erteilung einer Verwarnung aus«. Die Taktik des Ministerialrates ging auf; anstelle einer drohenden Gefängnisstrafe kam Wintz mit einer Verwarnung sehr glimpflich davon.

▸ **Kapitel** Äußere Bedingungen des Aufstiegs der Radiologie in der Frauenklinik, S. 189.

Waren Erlanger Kliniker an den nationalsozialistischen »Euthanasiemorden« beteiligt?

Mit dem Beginn des Zweiten Weltkrieges wurde die deutsche Psychiatrie zum Schauplatz eines bis zum heutigen Tage singulären Massenmordes. In den Heil- und Pflegeanstalten des deutschen Machtbereichs wurden insgesamt etwa 300.000 psychisch kranke und geistig behinderte Menschen getötet. Im Sprachgebrauch der Täter wurden für diesen Massenmord meistens Tarnbezeichnungen oder euphemistische Begriffe wie »Gnadentod«, gelegentlich auch »Euthanasie« verwendet. Dahinter verbargen sich Vernichtungsmaßnahmen, die teils parallel, teils nacheinander verliefen. Den Auftakt der Krankenmorde bildete die »Kindereuthanasie«. Unter der Tarnbezeichnung »Reichsausschuß zur Erfassung erb- und anlagebedingter schwerer Leiden« wurden von August 1939 bis Kriegsende insgesamt 5.000 Kinder von der Kanzlei des Führers (KzdF) in Berlin erfasst, selektiert und in eigens ausgewählten psychiatrisch und pädiatrischen Einrichtungen, in sogenannte »Kinderfachabteilungen«, mittels überdosierter Medikamentenvergabe ermordet.[209] Ebenfalls von der KzdF aus wurde die »Aktion T4« gesteuert. Im Juli 1939 beschloss die NS-Führung die Ermordung der Insassen von Heil- und Pflegeanstalten.[210] Die KzdF verlegte hierfür die Planungszentrale für den Krankenmord in eine beschlagnahmte jüdische Villa in der Tiergartenstraße 4 (daraus entstand die Bezeichnung T4).

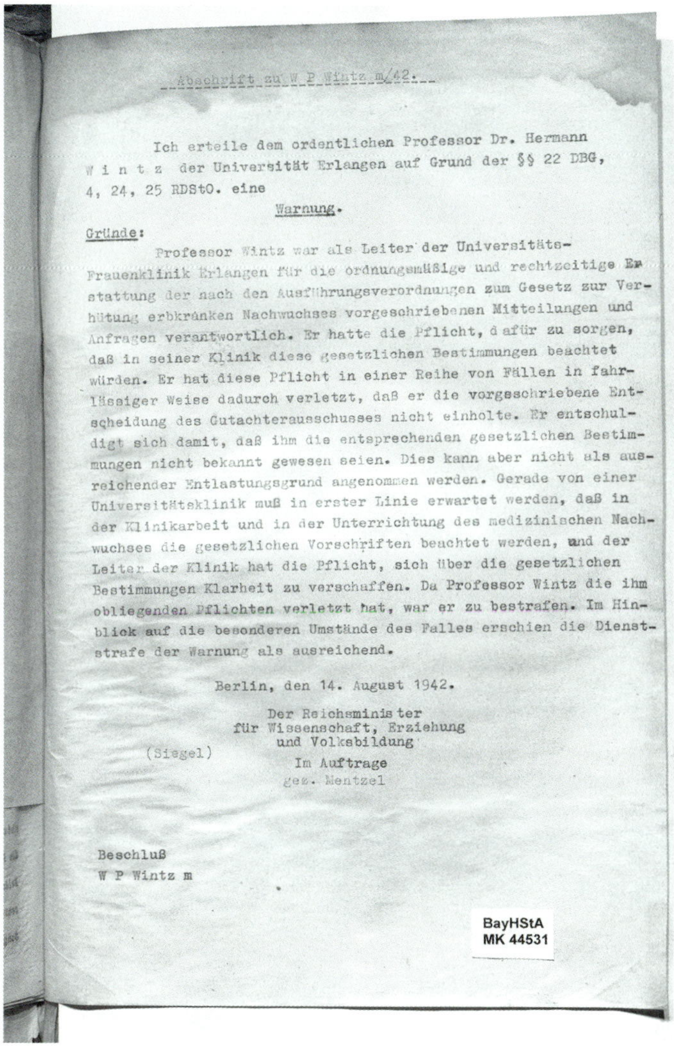

Abschrift zu W P Wintz m/42.

Ich erteile dem ordentlichen Professor Dr. Hermann W i n t z der Universität Erlangen auf Grund der §§ 22 DBG, 4, 24, 25 RDStO. eine

Warnung.

Gründe:

Professor Wintz war als Leiter der Universitäts-Frauenklinik Erlangen für die ordnungsmäßige und rechtzeitige Erstattung der nach den Ausführungsverordnungen zum Gesetz zur Verhütung erbkranken Nachwuchses vorgeschriebenen Mitteilungen und Anfragen verantwortlich. Er hatte die Pflicht, dafür zu sorgen, daß in seiner Klinik diese gesetzlichen Bestimmungen beachtet würden. Er hat diese Pflicht in einer Reihe von Fällen in fahrlässiger Weise dadurch verletzt, daß er die vorgeschriebene Entscheidung des Gutachterausschusses nicht einholte. Er entschuldigt sich damit, daß ihm die entsprechenden gesetzlichen Bestimmungen nicht bekannt gewesen seien. Dies kann aber nicht als ausreichender Entlastungsgrund angenommen werden. Gerade von einer Universitätsklinik muß in erster Linie erwartet werden, daß in der Klinikarbeit und in der Unterrichtung des medizinischen Nachwuchses die gesetzlichen Vorschriften beachtet werden, und der Leiter der Klinik hat die Pflicht, sich über die gesetzlichen Bestimmungen Klarheit zu verschaffen. Da Professor Wintz die ihm obliegenden Pflichten verletzt hat, war er zu bestrafen. Im Hinblick auf die besonderen Umstände des Falles erschien die Dienststrafe der Warnung als ausreichend.

Berlin, den 14. August 1942.

Der Reichsminister
für Wissenschaft, Erziehung
und Volksbildung
(Siegel)
Im Auftrage
gez. Mentzel

Beschluß
W P Wintz m

BayHStA
MK 44531

Abb. 21 Warnung an Hermann Wintz wegen Verstößen gegen das »Gesetz zur Verhütung erbkranken Nachwuchses« durch das Reichsministerium für Wissenschaft, Erziehung und Volksbildung, 1942.

Im Oktober 1939 beauftragte Hitler seinen Begleitarzt Karl Brandt und den Leiter der KzdF Philipp Bouhler »die Befugnisse namentlich zu bestimmender Ärzte so zu erweitern, daß nach menschlichem Ermessen unheilbar Kranken bei kritischster Beurteilung ihres Gesundheitszustandes der Gnadentod gewährt werden kann.«[211] Diese »Führerermächtigung« wurde auf den 1. September 1939, d.h. auf den Tag des Überfalls auf Polen, zurückdatiert. Sie diente für viele am Krankenmord beteiligte Personen als Legitimation. Anders nämlich als für die Zwangssterilisationen existierte für die NS-»Euthanasie« kein Gesetz, sie firmierte stattdessen als »geheime Reichssache«.

Ebenfalls im Oktober 1939 begann die systematische Erfassung der Anstaltspatienten. Die Leiter der Heil- und Pflegeanstalten erhielten die schriftliche Aufforderung, mittels beigefügter Meldebogen bestimmte Anstaltspatienten der T4-Zentrale zu melden. Dieser Meldebogen war das zentrale Dokument der Selektion von Patienten für die »Euthanasie«, aus ihm lassen sich die Selektionskriterien der »Aktion T4« ableiten. Die Fragen bezogen sich auf die dauernde Anstaltsbedürftigkeit bzw. Unheilbarkeit des Patienten, seine Therapiefähigkeit, sein Verhalten, seine Arbeitsfähigkeit, die »Erblichkeit«

Abb. 22 Am historischen Ort der »T4«-Planungszentrale befindet sich seit 2014 ein »Gedenkort für die Opfer der NS-›Euthanasie‹-Morde«, im Hintergrund der Scharoun-Bau der Philharmonie.

seiner Erkrankung sowie seinen Familienanschluss.[212] Die ausgefüllten Meldebogen wurden an sogenannte T4-Gutachter – beinahe ausschließlich renommierte Universitäts- bzw. Anstaltspsychiater – weitergeleitet, die dann allein auf dieser Grundlage über Leben oder Tod der betreffenden Kranken entschieden.

Dabei waren Heilbarkeitsprognose, Pflegeaufwand und Verhalten wichtige Kriterien, doch entscheidende Bedeutung gewann die Frage der Arbeitsleistung des Anstaltsinsassen. Wurde der Patient im Meldebogen als produktiver Arbeiter beschrieben, hatte er mit Abstand die größten Chancen, die »Aktion T4« zu überleben. Die als »lebensunwert« eingestuften Patienten wurden kurze Zeit nach der Begutachtung in sogenannte Tötungsanstalten abtransportiert und dort vergast. Bis zum vorläufigen »Euthanasie«-Stopp im August 1941 kamen auf diese Weise über 70.000 geistig behinderte und psychisch kranke Menschen ums Leben.

Der offizielle Abbruch der »Aktion T4« bedeutete jedoch nicht das Ende der Mordaktionen an geistig Behinderten und psychisch Kranken. Es begann eine regionale Phase der Krankenmorde: Bis Kriegsende starben im Reichsgebiet Anstaltspatienten in verstärktem Maße durch Medikamente und Hunger.[213]

Der Erlanger Pädiater Albert Viethen und die »Kindereuthanasie« in Ansbach

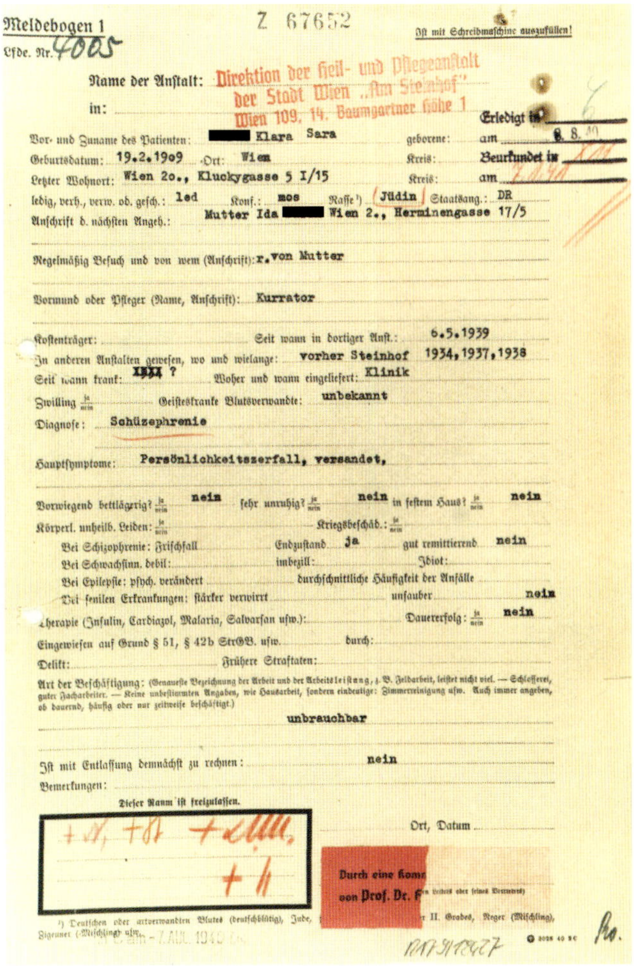

Am 8. Januar 1943 wandte sich Ingeborg K., verheiratet mit dem SS-Unterscharführer Friedrich K., schriftlich an die SS-Einheit ihres Mannes:

»Ich habe im März 1940 als 2. Kind ein Mädchen entbunden, das leider Aufnahme in einer Pflegeanstalt bedarf. Das Kind kam sieben Wochen zu früh an, als Folge einer schweren Erkältungskrankheit die ich im Winter 39/40 durchgemacht habe. (…) Es gelang aber doch es am Leben zu erhalten, und nach fünfmonatiger Heimpflege wurde es mir übergeben, mit der Hoffnung daß doch noch ein normales Kind daraus wurde. Leider erwies sich die Annahme als falsch, (…). Als ich das Kind noch ein Jahr länger pflegte und sich noch keine Fortschritte feststellen liessen, es läuft nicht, spricht nicht und spielt ganz ungeschickt und hat Manieren an sich die ein normales Kind nicht hat, habe ich es in die Universitätsklinik in Erlangen gebracht. Dort erklärte mir der Professor, daß das Kind nie normal wird und ich besser daran täte das Kind in eine Anstalt zu tun, weil der Umgang mit diesem Kind sich auch mit der Zeit nachteilig für das gesunde Kind auswirkt. Da nun die Ärzte versicherten, daß es sich hier um keinen Erbfall sondern Unglücksfall handelt, und ich sowie mein Mann jung und gesund sind möchte ich mir noch mehr Kinder anschaffen. Solange es sich aber keine Lösung mit dem nicht normalen Kind findet ist das unmöglich. Ich weiß wie ungeheuer wichtig es heute ist, daß man viele Kinder hat und bin der Ansicht, daß ich dem Staat mehr dienen würde, indem ich mir mehr Kinder anschaffe als dieses Kind jahrelang pflegen, das doch nie ein vollwertiges Mitglied der Volksgemeinschaft wird. Ich habe mich nun schon an verschiedene Anstalten gewandt, aber nur die Pflegeanstalt in Ansbach nimmt solche Kinder mit ärztlichem Attest. Ich will nun das Kind im Februar nochmals in Erlangen beobachten lassen damit ich nichts versäumt habe, wenn zu helfen ist. Herr Prof. Viethen würde mir dann wenn sein Urteil hoffnungslos ausfällt, eine Überweisung nach Ansbach geben. Nun scheitert das für mich aber an der Kostenfrage, drei Mark am Tag, das sind 90–93 Mark im Monat, das kann ich nicht aufbringen. (…) Kann mir da die SS irgend welchen Rat zur Unterbringung des Kindes geben. (…) Ich erwarte im März meinen Mann aus dem Osten in Urlaub (…), und ich könnte mir dann ein neues Kind anschaffen.«[214]

Fürwahr ein bemerkenswerter Brief; er zeigt zunächst einmal die ideologische Indoktrination der Ehefrau eines SS-Mannes. Ingeborg K.s sehnlichster Wunsch war es, dem »Führer (weitere gesunde) Kinder zu schenken«. Ihre behinderte Tochter Ursula, die nach Meinung der Mutter niemals ein vollwertiges Mitglied der NS-»Volksgemeinschaft« werden würde, stand diesem Ansinnen im Weg. Aus diesem Grund wollte sie ihre

Abb. 23 Bei diesem »T4«-Meldebogen handelt es sich um das bisher einzige aufgefundene Originaldokument, 1940/41.

Tochter in eine Anstalt abschieben, um sich weitere Kinder »anschaffen« zu können. Aus dem Schreiben Ingeborg K.s geht weiterhin hervor, dass ihr Albert Viethen, der Direktor der Erlanger Universitätskinderklinik, mit Rat und Tat zur Seite stand. Viethen, selbst seit 1934 Mitglied der SS,[215] war es auch, an den das Schreiben Ingeborg K.s weitergeleitet wurde. Der Erlanger Pädiater erkundigte sich daraufhin bei dem Leiter der Ansbacher Heil- und Pflegeanstalt, Hubert Schuch. In seinem Antwortschreiben vom 17. Februar 1943 teilte er dem Erlanger Pädiater mit, wie eine Unterbringung von Ursula K. in Ansbach realisiert werden könnte:

»Der gegebene Weg wäre meiner Ansicht nach, wenn Sie auf beiliegendem Formblatt die Meldung – event. unter Beilage eines Gesuchs der Eltern um Kostenübernahme durch den Reichsausschuss – an das zuständige Staatl. Gesundheitsamt Fürth richteten.«

Schuch plädierte in seinem Brief an Viethen, das Kind Ursula K. dem »Reichsausschuss zur Erfassung erb- und anlagebedingter schwerer Leiden« zu melden. Ähnlich wie die »Aktion T4« basierte auch die »Kindereuthanasie« auf einem standardisierten Melde- und Begutachtungsverfahren. Ein Runderlass des Reichsinnenministers vom 18. August 1939 hielt Hebammen, Geburtshelfer und niedergelassene Ärzte an, mittels eines Meldebogens diejenigen Kinder bis zu einem Alter von drei Jahren den Gesundheitsämtern zu melden, die an »Idiotie, Mongolismus, Microcephalie, Hydrocephalus, Mißbildungen jeder Art (besonders Fehlen von Gliedmaßen, schwere Spaltbildungen des Kopfes und der Wirbelsäule), Lähmungen einschließlich Littlescher Erkrankung« litten. Die ausgefüllten Meldebogen wurden über die Amtsärzte an die KzdF weitergeleitet. Dort übernahmen Hauptamtsleiter Hans Hefelmann und sein Stellvertreter Richard von Hegener eine Vorauswahl. Die übrig gebliebenen Meldebogen sandten sie an die drei medizinischen Gutachter des Reichsausschusses. Der Kinderpsychiater Hans Heinze, der Universitätspädiater Werner Catel und der niedergelassene Kinderarzt Ernst Wentzler entschieden allein aufgrund des Meldebogens über eine Einweisung des darauf erfassten Kindes in eine »Kinderfachabteilung«. Die Einweisung in eine »Kinderfachabteilung« konnte aus zweierlei Gründen angeordnet werden. Ihre Leiter wurden vom »Reichsausschuss« darüber informiert, ob die Einweisung zur Beobachtung oder zur »Behandlung«, sprich: zur Durchführung der »Euthanasie« erfolge. Die Eltern wurden darüber im Unklaren gelassen, stattdessen teilte man ihnen mit, die Hospitalisierung erfolge, da in der »Kinderfachabteilung« »die beste Pflege und im Rahmen des Möglichen neuzeitliche Therapie« durchgeführt werden könne.[216]

Der hier beschriebene Weg wurde wohl auch im Falle von Ursula K. eingeschlagen. Viethen scheint dem Rat von Schuch gefolgt zu sein und das Kind tatsächlich per Meldebogen beim Gesundheitsamt Fürth angezeigt zu haben. Denn am 7. April 1943 wurde es in die Heil- und Pflegeanstalt Ansbach aufgenommen. Dort gab es seit April 1941 eine eigene Kinderabteilung, in die ab Ende 1942 eine »Kinderfachabteilung« integriert war, in der bis Kriegsende 154 Kinder ums Leben kamen.[217] Ursula K. starb am 4. November 1943 in der Ansbacher Psychiatrie. Es kann mit großer Sicherheit davon ausgegangen werden, dass das Kind der NS-»Euthanasie« zum Opfer fiel. Ob Viethen genaue Kenntnis darüber hatte, was sich hinter dem von Schuch explizit genannten »Reichsausschuss« verbarg, muss letztlich offenbleiben, genauso wie die Frage, ob er wusste, dass sich in Ansbach eine »Kinderfachabteilung« befand. Entweder er hat, ohne weitere Nachforschungen angestellt zu haben, seine Patientin nichtsahnend dem Gesundheitsamt gemeldet. In diesem Fall handelte er sicherlich grob fahrlässig und verstieß in gewisser Weise auch gegen die ärztliche Sorgfaltspflicht. Oder aber Viethen hatte bereits genaue Kenntnis über das »Reichsausschussverfahren« erlangt. Dann hätte er seine Patientin wissentlich zur Durchführung der »Euthanasie« angezeigt.

Als sich Albert Viethen 1963 wegen der Verlegung von insgesamt 20 Kindern in den Jahren 1942 bis 1944 aus seiner Klinik in die Ansbacher »Kinderfachabteilung« vor Gericht verantworten musste, stritt er eine Beteiligung an der »Kindereuthanasie« ab.[218] Viethen gab an, er habe keinerlei Kenntnis von den Vorgängen in Ansbach gehabt. Und von der Existenz eines Reichsausschusses habe er erst nach 1945 erfahren. Bei den auf sein Geheiß hin vorgenommenen Verlegungen nach Ansbach hätte es sich um gewöhnliche Verlegungen in die dortige Kinderabteilung gehandelt. Dass er nie etwas von einem »Reichsausschuss« gehört haben wollte, ist nachweislich falsch. Dass ein gut vernetzter Universitätsprofessor und Klinikdirektor keinerlei Kenntnisse über die Krankenmorde an Kindern hatte, ist zumindest recht unwahrscheinlich, nicht zuletzt da – wie im nächsten Abschnitt zu zeigen sein wird – die »Euthanasiemorde« innerhalb der Medizinischen Fakultät Erlangen bekannt gewesen sein dürften.

Friedrich Meggendorfers Haltung zur »Aktion T4«

Als Friedrich Meggendorfer 1934 sein Ordinariat in Erlangen antrat, hatte er für die psychiatrische Universitätsklinik große Pläne. Unter seiner Leitung sollte sie sich zu einem Zentrum moderner Therapiemethoden entwickeln, aus dem die Patienten bereits nach kurzer Zeit wieder geheilt und arbeitsfähig entlassen werden könnten. Doch die Situation, die der neue Klinikleiter vor Ort antraf, war für die Verwirklichung seiner ambitionierten Agenda gänzlich ungeeignet. Streng genommen hatte Meggendorfer überhaupt keine eigene Klinik. Zwar gab es Räume, die unter der Bezeichnung »Psychiatrische und Nervenklinik« der Universität Erlangen firmierten. Diese waren jedoch in die Erlanger Heil- und Pflegeanstalt integriert und dieser verwaltungsmäßig unterstellt. Für die Kosten der Heil- und Pflegeanstalt und somit auch der psychiatrischen Universitätsklinik kam die Kreisregierung auf, die Universität Erlangen zahlte lediglich für die Benutzung der Gebäude Miete. Meggendorfer war also nicht Herr im eigenen Hause. Die Entscheidung, welche Patienten in seine Klinik aufgenommen wurden, oblag nicht ihm, sondern dem Direktor der Heil- und Pflegeanstalt, Wilhelm Einsle. Auch die Patienten, die Einsle der psychiatrischen Universitätsklinik zuwies, blieben bis zu ihrer Entlassung, über die wiederum der Anstaltsleiter entschied, formal Patienten der Heil- und Pflegeanstalt.

Friedrich Meggendorfer war sich bei seinem Amtsantritt über die spezifische, zu dieser Zeit einmalige Konstellation sicherlich bewusst. Gleichwohl scheint man ihm im Vorfeld Hoffnungen gemacht zu haben, dass es in absehbarer Zeit zum Bau einer eigenständigen psychiatrischen Universitätsklinik kommen würde. Allerdings war

Meggendorfer in dieser Hinsicht anfangs wohl auch recht naiv und beileibe kein Kenner der Erlanger Psychiatriegeschichte. Denn das Thema einer neuen psychiatrischen Klinik war bereits unter seinem Vorgänger Gustav Specht virulent, ohne dass es zu einer Realisierung gekommen wäre. In jedem Fall ließ Meggendorfer nichts unversucht, an den für ihn unhaltbaren Zuständen in »seiner« Klinik Grundlegendes zu ändern. Beleg hierfür sind zahllose Eingaben, die er an das bayerische Kultusministerium, die Kreisregierung, das Universitätsrektorat und seine eigene Fakultät versandte. Außer Verständnis für seine schwierige Situation und Lippenbekenntnissen, man würde in nächster Zeit einmal über einen Neubau oder zumindest über einen eigenen Kliniketat nachdenken, sollte der Psychiater mit seinen Initiativen nichts erreichen. Die Kliniksituation blieb desolat, sie war von einer latenten Überbelegung, chronischem Personalmangel und vielen Langzeitpatienten geprägt. Meggendorfer wurde darüber immer ungehaltener. In einem Schreiben an den Dekan der Medizinischen Fakultät Richard Greving und den Universitätsrektor Hermann Wintz vom 17. Januar 1939 machte er seinem Ärger Luft und wies in diesem Zusammenhang auch noch einmal nachdrücklich auf die untragbaren Zustände für ihn als Klinikleiter hin. So habe er bezüglich der Neuaufnahmen »überhaupt nichts zu sagen«, was dazu führe, dass »Fälle, die von auswärts, vom Gesundheitsamt usw. für die Klinik bestimmt sind, auf irgend eine Abteilung der Anstalt« verlegt werden würden. In seine Klinik kämen »dagegen Fälle, die für diese, d. h. für Lehre und Forschung, nicht das geringste Interesse haben«.[219] Aus dem Brief geht zudem hervor, dass Meggendorfer die Lage zunehmend als demütigend wahrnahm. »Immer wieder wird dem Klinikdirektor gegenüber betont«, echauffierte sich der Ordinarius für Psychiatrie über Wilhelm Einsle, »daß er eigentlich nichts anderes als ein Abteilungsarzt der Heil- und Pflegeanstalt« sei.[220]

Anfang 1941 sah Friedrich Meggendorfer eine neue Chance, den Wunsch nach einer eigenen Klinik zu verwirklichen. In einem erneuten Schreiben an Dekan und Universitätsrektor vom 17. Februar 1941 teilte er den beiden seine neueste Idee mit:

»Im Zuge der sogen. planwirtschaftlichen Maßnahmen wurde die Heil- und Pflegeanstalt Erlangen zum Teil geleert. Es geht das Gerücht, daß eine der beiden Heil- und Pflegeanstalten Erlangen oder Ansbach geräumt werden soll. Ich habe als Vorstand der Psychiatrischen und Nervenklinik der Universität an sich kein unmittelbares Interesse an dem Bestehenbleiben oder dem Verschwinden der Heil- und Pflegeanstalt Erlangen. Wohl aber habe ich ein Interesse daran, daß die Klinik von der für die Klinik sehr hemmenden Abhängigkeit von der Heil- und Pflegeanstalt Erlangen befreit wird.«[221]

Meggendorfer spielte in seinem Brief zweifelsohne auf die Krankenmorde im Rahmen der »Aktion T4« an. Der Abtransport der Patienten in die Tötungsanstalten wurde den Direktoren der psychiatrischen Anstalten als »planwirtschaftliche Maßnahmen« angekündet. Mit der Zeit war ihnen jedoch klar geworden, was sich hinter dieser Ankündigung wirklich verbarg. Wenn Meggendorfer nun von den »sogen. planwirtschaftlichen Maßnahmen« schreibt, dann handelte es sich hierbei um eine Art Chiffre für die »Aktion T4«. Dass Meggendorfer über die NS-»Euthanasie« im Bilde war, kann nicht überraschen, schließlich spielte sich der Abtransport der Erlanger Anstaltspatienten in die Gasmordanstalten vor seiner Kliniktüre ab. Bemerkenswert ist allerdings, dass er bei seinen Adressaten, Dekan Richard Greving und Universitätsrektor Hermann Wintz, das gleiche Wissen voraussetzen konnte. Dies deutet auf eine weitverbreitete Kenntnis der »Euthanasiemorde« innerhalb der Erlanger Universitätsmedizin hin. Die als »geheime Reichssache« deklarierte »Aktion T4« war auch dort ein offenes Geheimnis.

Davon abgesehen zeigte sich Friedrich Meggendorfer auch sehr gut über die jüngsten Entwicklungen innerhalb der Erlanger Heil- und Pflegeanstalt unterrichtet. Diese sah sich, nachdem bis Anfang 1941 fast 500 ihrer Patienten im Rahmen der »Aktion T4« deportiert und ermordet worden waren, tatsächlich mit einer Auflösungsdiskussion konfrontiert.[222] Dabei war in jenen Tagen nicht nur die Anstalt in Erlangen von der Schließung bedroht; dies galt vielmehr für viele dieser Einrichtungen. Mit Kriegsbeginn setzte ein regelrechter Wettstreit um die Heil- und Pflegeanstalten ein. Wehrmacht und SS, jedoch auch andere Dienststellen bzw. Interessengruppen beanspruchten wie selbstverständlich diese, aus ihrer Sicht am besten vollständig geräumten – d. h. leergemordeten – Gebäude für ihre vornehmlich kriegswichtigen Zwecke.[223] Und auch Friedrich Meggendorfer wollte einer der Profiteure des Krankenmordes sein. Er bat in seinem Schreiben Dekan und Rektor darauf hinzuwirken, dass »der Psychiatrischen und Nervenklinik das bisherige Verwaltungsgebäude der Heil- und Pflegeanstalt nebst einer anliegenden Abteilung als Klinik zur Verfügung gestellt wird«.[224] Seine Idee, in den Gebäuden der – wie er hoffte – bald aufgelösten Erlanger Heil- und Pflegeanstalt seine psychiatrische Klinik einzurichten, ist zynisch. Nicht weniger zynisch ist das Verhalten von Greving und Wintz, die Meggendorfers Anliegen »auf das Wärmste« unterstützten. Wintz leitete das Schreiben am 22. Februar 1941 sogar an das bayerische Kultusministerium weiter, mit der Bitte, das Anliegen des Psychiaters zu unterstützen.[225] Letztlich scheiterte auch dieser Versuch Meggendorfers, eine eigene Klinik zu erhalten. Die Heil- und Pflegeanstalt Erlangen wurde nicht aufgelöst, die freigemordeten Plätze stattdessen durch Patienten aus teils zweckentfremdeten, teils aufgelösten konfessionellen Anstalten wieder aufgefüllt. Sie übernahm für viele dieser Patienten die Funktion einer »T4-Zwischenanstalt«, in der potenzielle »Euthanasie«-Opfer zentral gesammelt wurden, um sie dann in eine Tötungsanstalt weiter zu verlegen. Die Tatsache, dass sich in einem dieser T4-Transporte, die ab März 1941 die Erlanger Anstalt verließen, auch langjährige Patienten der psychiatrischen Universitätsklinik befanden, wirft die Frage auf, ob Meggendorfer nicht nur von den »Euthanasiemorden« profitieren wollte, sondern vielleicht sogar in die »Aktion T4« verstrickt war.

Da die »Aktion T4« in erster Linie auf unproduktive, therapieresistente Langzeitpatienten abzielte, gerieten die Insassen psychiatrischer Universitäten normalerweise nicht in den Fokus des zentral organisierten Krankenmordes. Aus diesem Grund wurden die Klinikdirektoren auch nicht aufgefordert, Meldebogen über ihre Schutzbefohlenen auszufüllen. Doch die psychiatrische Universitätsklinik Erlangen stellte wohl auch in diesem Zusammenhang einen Sonderfall dar. Aufgrund des spezifischen Unterstellungsverhältnisses blieben ihre Patienten formal Patienten der Heil- und Pflegeanstalt. Aus diesem Grunde muss davon ausgegangen werden, dass Klinikpatienten auch auf den Meldebogen erfasst worden sind, die Ende Juli 1940 dem Anstaltsleiter Wilhelm Einsle zugesandt wurden. Ob Einsle, Meggendorfer oder die im August in Erlangen tätige Meldebogenkommission – eine Kommission aus T4-Ärzten, welche die Meldebogen gleich vor Ort ausfüllten – darauf insistiert haben, muss offen bleiben. Einzelne Verlegungen von der psychiatrischen Klinik in die Heil- und Pflegeanstalt in unmittelbarer Nähe zu den Deportationen, lassen jedoch nur einen Schluss zu: Auch die Patienten der psychiatrischen Klinik wurden per Meldebogen erfasst und wurden daraufhin Opfer der »Aktion T4«.

Am 24. Juni 1941 erfolgte der siebte und letzte Abtransport Erlanger Patienten in die T4-Tötungsanstalt Hartheim in Niederösterreich. Unter ihnen befanden sich mit Paul G. und Johann F. auch zwei Patienten, die zuvor jahrelang in der psychiatrischen Universitätsklinik hospitalisiert waren. Sie gehörten als Langzeitpatienten zu jenen Patienten, deren Zugehörigkeit zur Uniklinik Meggendorfer seit jeher kritisiert hatte. Paul G., 1900 als uneheliches Kind geboren, wurde 1928 aus einer Pflegeanstalt der Diakonie Neuendettelsau in die psychiatrische Universitätsklinik Erlangen überwiesen.[226] Bei ihm wurden »tiefstehende Idiotie« und »Verdacht auf Propfhebephrenie« diagnostiziert. Die Einträge in seiner Krankengeschichte – im Übrigen auch die vor Meggendorfers Amtszeit – machen deutlich, dass die Ärzte für G. keine rechte Verwendung hatten, und er den Klinikbetrieb störte. So wurde am 20. Februar 1935 über G. vermerkt, dass sich »in seinem klinischen Zustandsbild (…) nichts geändert« habe, »er bietet nach wie vor das schon öfter beschriebene tölpelhafte Bild.« Noch despektierlicher fällt der Eintrag in seine Krankengeschichte vom 12. August 1936 aus:

»Bei G. ist natürlich im Befinden keine Änderung zu erwarten. Er vegetiert nur so auf der Abteilung dahin, ist sehr furchtsam, zeitweilig erregt, macht dann kleine hüpfende Bewegungen, stösst unartikulierte Laute aus. (…) Die einzige Beschäftigung, für die er Interesse zeigt, ist das Essen. Dabei ist er nicht wählerisch, isst die Heringe mit den Köpfen, die Kartoffeln mit den Schalen.«

In der Folgezeit wird G. s. Zustand als »gänzlich unverändert« beschrieben. Am 12. Juni 1941, nach insgesamt 13 Jahren in der psychiatrischen Uniklinik und lediglich 12 Tage vor der Deportation nach Hartheim wird G. »bei unverändertem Zustandsbild in die Heil- u. Pflegeanstalt Erlangen verlegt«.

In frappierender Weise identisch ist der Werdegang des Arbeiters Johann F., geboren am 29. November 1877.[227] F. wurde im Alter von 36 Jahren aufgrund einer bei ihm diagnostizierten Schizophrenie zunächst in die Heil- und Pflegeanstalt Kutzenberg eingewiesen. Von dort verlegte man ihn 1926 in die psychiatrische Universitätsklinik nach Erlangen. Der Eintrag in seine Krankengeschichte vom 7. Juli 1938 kommt einem bekannt vor:

»Im Übrigen vegetiert F. sein Leben so dahin, kümmert sich um nichts, nur Essen tut er genügend«

Auch die weiteren Vermerke in seiner Krankengeschichte zeigen das gleiche Bild. Am 12. Juni 1941 und damit am gleichen Tag wie Paul G. wurde auch Johann »bei unverändertem Befinden in die Heil- u. Pflegeanstalt Erlangen verlegt«.

Es kann keinen Zweifel darüber geben, dass die beiden Verlegungen von der psychiatrischen Universitätsklinik in die Heil- und Pflegeanstalt im Kontext der »Aktion T4« erfolgten. Offenkundig erfüllte die Erlanger Anstalt auch für die Klinikpatienten die Funktion einer »Zwischenanstalt«. Die psychiatrische Universitätsklinik Erlangen war – so zumindest der aktuelle Forschungsstand – die einzige Universitätspsychiatrie, deren Patienten per Meldebogen erfasst und über eine Zwischenanstalt in die T4-Tötungsanstalten deportiert worden sind.[228] Noch nicht genau benennen lässt sich die Zahl der T4-Opfer aus der psychiatrischen Universitätsklinik. Hier ist zu hoffen, dass das aktuelle Forschungsprojekt »Die NS-›Euthanasie‹ – ›Aktion T4‹ und Hungersterben in der Heil- und Pflegeanstalt Erlangen 1939–1945 im Spiegel der Patientenakten« weiteres Licht ins Dunkel bringen wird.

▶ **Exkurs** NS-»Euthanasie« in Erlangen – T4-Aktion und B-Kost, S. 286.

Welche Rolle Meggendorfer bei der Meldebogenerfassung und bei den Verlegungen der T4-Opfer aus seiner Klinik genau spielte, lässt sich ebenfalls noch nicht abschließend beurteilen. Anhand der Einzelfalldarstellungen ist jedoch auffällig, dass aus Sicht des ärztlichen Personals zwei störende, »dahinvegetierende« Langzeitpatienten deportiert wurden. Dies legt eine zumindest schweigende Zustimmung durch die Klinikleitung nahe – wenn die Verlegungen nicht sogar von ihr vorangetrieben wurden. Philipp Rauh

Hubert D. – ein Opfer von Zwangssterilisation und NS-»Euthanasie« in Erlangen

Am 24. Juni 1941 wurde Hubert D., Patient der Erlanger Heil- und Pflegeanstalt, im Rahmen der sogenannten »Aktion T4« in die österreichische Tötungsanstalt Hartheim deportiert und dort vergast. Bevor er der NS-»Euthanasie« zum Opfer fiel, war er bereits drei Jahre vorher auf ein Gutachten der Universitätsnervenklinik hin zwangssterilisiert worden. Diesen für den Betroffenen entwürdigenden, schmerzhaften und lebensgefährlichen Eingriff hatte man im März 1938 in der Chirurgischen Universitätsklinik vorgenommen. Mit dem psychiatrischen Gutachten aus Erlangen, dass er unter das *Gesetz zur Verhütung erbkranken Nachwuchses* (GzVeN) falle, ging bei D. die Einweisung in die Psychiatrie einher, die er fortan bis zu seinem gewaltsamen Tod kaum mehr verlassen konnte. Über den Zeitraum vom Beginn seiner Hospitalisierung bis zur Deportation nach Hartheim gibt D.s psychiatrische Krankenakte Auskunft.[229] Anhand dieser Quelle soll der Versuch unternommen werden, seine Leidenszeit der Jahre 1937 bis 1941 zu rekonstruieren.[230] Doch vorab wird noch kurz auf D.s Lebensweg vor seiner Hospitalisierung eingegangen.

NS-»EUTHANASIE« IN ERLANGEN – T4-AKTION UND B-KOST

Nach heutigem Kenntnisstand wurden im Rahmen der »Euthanasie« 908 Patienten aus der Erlanger Heil- und Pflegeanstalt in eigens dafür eingerichteten Tötungsanstalten ermordet. Das am hiesigen Institut für Geschichte und Ethik der Medizin durchgeführte Projekt *NS-›Euthanasie‹ in Erlangen – T4-Aktion und B-Kost* arbeitet das Geschehen interdisziplinär auf und untersucht die unterschiedlichen (Tat-)Beiträge der beteiligten medizinischen und kommunalen Akteure und Instanzen. Besonderes Augenmerk richtet sich auf die Schicksale der Opfer.

Gegenwärtig werden die Patientenakten von 704 Patienten der Heil- und Pflegeanstalt Erlangen, 314 Männern und 390 Frauen, die zwischen 1939 und 1941 im Rahmen der »Euthanasie« ermordet wurden, ausgewertet. Viele Patienten kamen direkt aus Erlangen oder Umgebung in die Heil- und Pflegeanstalt im Zentrum der Stadt. Für viele war die Heil- und Pflegeanstalt Erlangen die letzte Station auf dem Weg in die Tötungsanstalten in Sonnenstein-Pirna und Hartheim-Linz. Sie kamen aus den Heil- und Pflegeanstalten der Region, einige auch aus der psychiatrischen Universitätsklinik Erlangen, waren häufig über Jahre, manchmal seit früher Kindheit untergebracht. Ihre Einweisung in die Heil- und Pflegeanstalt beruhte auf ärztlicher Expertise, der Zustimmung der befragten Gerichte, Amtsärzte und Bürgermeister. Die Ärzte hatten die Einweisungen veranlasst, weil sich Kinder nicht »altersentsprechend« entwickelten oder von Geburt an schwachsinnig waren, weil Jugendliche sozial »auffällig« geworden waren, Erwachsene »Stimmen« hörten, »halluzinierten« oder sich einfach nur »merkwürdig« verhielten. In der Sprache der Mediziner, spätestens ab 1939 »Wächter am Ufer des Erbstroms«, litten sie an Schizophrenie oder Epilepsie, waren »schwachsinnig«, »leer« und »katatongebunden«. Für die Pflegenden galten viele Patienten als störend, waren »unrein«, »drängten hinaus« und mussten durch »Wickel« ruhiggestellt werden.

Dem Versuch, 704 individuellen Schicksalen anhand von Krankenakten nachzuspüren, sind enge Grenzen gesetzt, die hier an drei Punkten erläutert seien. Zum Ersten betont die aktuelle Forschung die Schwierigkeit, aus den Akten der Heil- und Pflegeanstalten etwas anderes herauszulesen als den ärztlich-gutachterlichen Blick. Versucht man – zweitens – die biografische Annäherung im Sinne einer zur Zeit geforderten und geför-

▶ web http://www.igem.med.uni-erlangen.de/medizingeschichte/forschung/forschungsprojekte.shtml (14.9.2015)

Abb. 1 Der 1876 geborene Patient wurde am 18.2.41 aus der Pflegeanstalt Gremsdorf in die Heil- und Pflegeanstalt Erlangen aufgenommen. Auf Anfrage der Erlanger Anstaltsdirektion an die Heimatgemeinde teilte der Bürgermeister mit, der von Geburt an Geistesschwache sei zu keiner Arbeit zu gebrauchen gewesen. Die Erlanger Krankenakte endet im Juni 1941. Am 24. Juni 1941 ging der letzte von insgesamt sieben Transporten in die Tötungsanstalt Hartheim-Linz. Der Patient war einer von 908 Ermordeten.

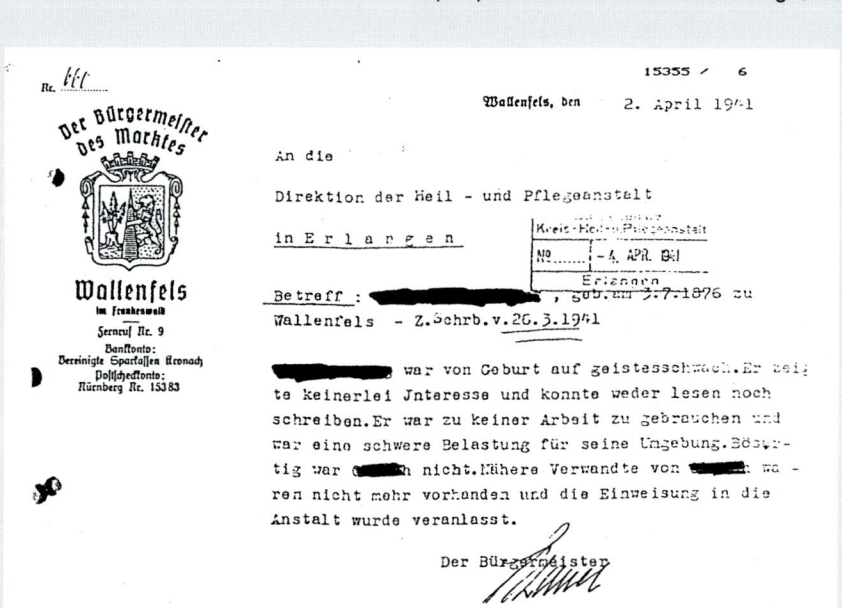

derten Re-Individualisierung und Re-Personalisierung der Opferbiografien, stößt man auf andere Beschränkungen des Forschens, die sich aktuell beispielsweise besonders an der Frage der Namensnennung der ermordeten Patienten im Rahmen der öffentlichen Gedenkkultur oder an der Neubewertung von Krankenakten als Quellen der Forschung entzünden. Die dritte, weniger thematisierte, gleichwohl wichtige Grenze liegt im Forschenden selbst. Wie geht man mit der eigenen Betroffenheit um, gilt sie doch vielen immer noch als unwissenschaftlich, unseriös, ja gefährlich, da zu subjektiv gefärbten Urteilen verleitend.

Jenseits der Tatsache, dass die anonymisierte Nutzung von Akten von »Euthanasie«-Opfern unter Wahrung archivrechtlicher Vorgaben mittlerweile zum geregelten Forschungsalltag gehört, mussten wir uns noch eine weitere Frage stellen. Hätten die ermordeten Patienten der Einsicht und Aufarbeitung »ihrer« Akten zugestimmt? Wohl wissend um die Ambivalenzen gehen wir von ihrer Billigung aus. Die Auswertung der Akten bietet die einzige Chance, den Erlanger Krankenmord unter Beteiligung und Mitwissen zahlreicher Akteure zu analysieren und individuelle Lebensgeschichten von Opfern der »Euthanasie« zu rekonstruieren. Den Förderern des Projektes, der Forschungsstiftung Medizin am Universitätsklinikum Erlangen, der Staedtler Stiftung und dem Bezirk Mittelfranken sei dafür gedankt, dass sie die materielle Basis für das Vorhaben ermöglicht haben. Susanne Ude-Koeller | Karl-Heinz Leven

Abb. 2 Im Hintergrund der Ort des Geschehens: Ein Flügel der früheren Erlanger Heil- und Pflegeanstalt, Juli 2015.

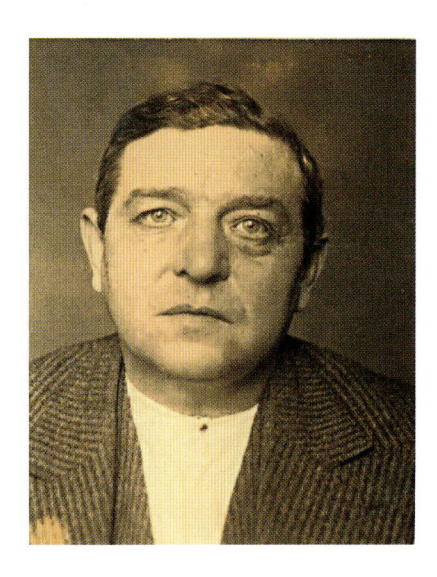

Abb. 24 Foto von Hubert D., undatiert.

Vorgeschichte

Bei seiner ersten Einweisung in die psychiatrische Universitätsklinik in Erlangen am 13. Dezember 1937 gab Hubert D. bei der ärztlichen Anamnese sehr ausführlich Auskunft über sein bisheriges Leben. Dabei erfährt man, dass bereits seine Geburt äußerst kompliziert verlaufen und er am 18. November 1891 mit einem Herzfehler auf die Welt gekommen war. D. wuchs in einer mittelständischen Beamtenfamilie in einer fränkischen Kleinstadt auf. Nach seiner Schulzeit lernte er Brauer. Der Beruf brachte es mit sich, so D.s Einschätzung, dass er immer schon viel Bier getrunken habe, täglich fünf bis sieben Liter. Wegen schlimmer werdender Herzbeschwerden musste er 1912 aufhören, in der Brauerei zu arbeiten. In der Folgezeit verdingte er sich mit diversen Aushilfstätigkeiten. Sein Herzfehler war es auch, der eine Einberufung als Soldat im Ersten Weltkrieg verhinderte, stattdessen war er in den Jahren 1914 bis 1918 als Schreiber im Erlanger Bezirkskommando tätig.

Nach dem Ersten Weltkrieg eröffnete Hubert D. ein Zigarren- und Zigarettengeschäft in seiner Geburtsstadt. Auch diese berufliche Tätigkeit war seinem Alkoholproblem und wohl auch seinen Herzbeschwerden nicht eben zuträglich. Seine (potenziellen) Kunden waren die Gast- und Wirtshausbesitzer in der Umgebung. Bei der Akquise und Lieferung müsse er, »um Geschäfte zu machen, immer Bier trinken«. Zusätzlich nahm auch sein eigener Zigarettenkonsum rasant zu, er rauchte durchschnittlich 30 Zigaretten am Tag. In seiner Krankenakte vermerkten die Ärzte, Hubert D. führe »ein recht eigenartiges Leben«. Er liege bis mittags im Bett, nach dem Aufstehen müsse er häufig erbrechen, danach ginge es wieder in die Wirtschaften, in denen er häufig bis ein Uhr nachts unterwegs sei. Generell laufe sein Zigarrenhandel nur mäßig, und von dem wenigen Geld, das er verdiene, gebe er das Meiste für den eigenen Alkohol- und Zigarettenbedarf aus.

Den Verdacht, geisteskrank zu sein, zog sich Hubert D. durch eine am 8. Mai 1937 lauthals in einem Wirtshaus geäußerte Beleidigung des Propagandaministers Joseph Goebbels zu. In diesem Zusammenhang machte er auch keinen Hehl draus, »dass er nicht alles glaube, was die Reichsregierung schreibe und sage«. Er wurde zwar daraufhin angezeigt, bei den gegen ihn eingeleiteten Ermittlungen kamen der Polizei jedoch Zweifel an seiner Zurechnungsfähigkeit. D. habe zwar bei den Vernehmungen die herabsetzenden Äußerungen dem Propagandaminister gegenüber bestätigt, gleichzeitig aber behauptet, »mit Goebbels gut befreundet zu sein und die Sache mit ihm selbst ausmachen zu wollen«. Ferner gab er sich davon überzeugt, dass er es war, der »die nationalsozialistische Revolution veranlasst hätte«. Als er schließlich auch noch die Rheinlandbesetzung initiiert haben wollte, veranlasste die lokale Polizei eine Untersuchung durch den Bezirksarzt. Dieser diagnostizierte »eine Geisteskrankheit (Schizophrenie) mit schweren Störungen des Denk- und Auffassungsvermögens und Halluzinationen«, woraufhin D. für unzurechnungsfähig erklärt wurde und straffrei blieb. Gleichzeitig beantragte der Bezirksarzt jedoch wegen des Verdachts auf Schizophrenie seine zwangsweise Unfruchtbarmachung.

Erbkrank? Das Verfahren des Erbgesundheitsgerichts und das Gutachten der psychiatrischen Universitätsklinik

In einer Sitzung des Erbgesundheitsgerichts (EGG) Erlangen am 25. November 1937 sollte über die Zwangssterilisation D.s entschieden werden. Die drei Beisitzer, Amtsgerichtsdirektor Weber als Vorsitzender und die beiden Ärzte, Dr. Schneller und Dr. Schuch, berieten an diesem Tag jedoch nicht nur über das Schicksal von Hubert D. In knapp zwei Stunden verhandelten sie über die Unfruchtbarmachung von nicht weniger als 14 Personen.[231] Pro Fall nahmen sich die Beisitzer demnach knapp acht Minuten Zeit. Während der Verhandlung stritt Hubert D. vehement ab, unter das GzVeN zu fallen, da er mitnichten »geisteskrank« sei, sondern eher über »eine Geistesschärfe« verfüge. Sein Vater, der ihn begleitete, argumentierte dagegen sehr pragmatisch, indem er die Beisitzer darauf hinwies, eine Unfruchtbarmachung seines Sohnes wäre nicht nötig, da dieser bereits seit 10 Jahren kinderlos verheiratet sei. Inwieweit die Angaben Hubert D.s und seines Vaters Eindruck auf das EGG gemacht haben, lässt sich nicht sagen. Offensichtlich herrschten unter den Beisitzern allerdings Zweifel an der Richtigkeit der von dem zuständigen Amtsarzt gestellten Diagnose. Aus diesem Grund vertagte man die Entscheidung und beauftragte stattdessen die psychiatrische Universitätsklinik in Erlangen mit einem Gutachten, das Klarheit darüber bringen sollte, ob D. tatsächlich an einer Schizophrenie leide.[232]

Für Hubert D. hatte die gutachterliche Beauftragung der Universitätsnervenklinik die Einweisung in dieselbe zu Beobachtungszwecken zur Folge. Am 13. Dezember 1937 dort angekommen, nahm sich seiner der Assistenzarzt Dr. Hans Stracke an, der vom Direktor Friedrich Meggendorfer mit der Anfertigung des Gutachtens beauftragt worden war. Stracke sollte Hubert D. in den kommenden fünf Wochen intensiv beobachten und zahlreiche Gespräche mit ihm führen. Dabei erwies sich D. als ruhig, zugänglich, freundlich und humorvoll.[233] Zudem verbesserte sich durch die verordnete Alkoholabstinenz sein körperlicher und seelischer Allgemeinzustand zusehends. Bereits nach kurzer Zeit zeigte D. kein Verlangen mehr nach Alkohol und »gab selbst zu, dass es ihm ohne Bier besser ginge«. Auch seinen Zigarettenkonsum schränkte er merklich ein, in der Klinik kam er am Tag mit fünf Zigaretten aus. Nichtsdestotrotz bemerkte Stracke in den häufigen Unterredungen mit D. eine »Unmenge von Wahnideen, Halluzinationen und verschrobenen Ansichten«. Bemerkenswert seien auch D.s Halluzinationen, so der Erlanger Psychiater, »die er als zwei Stimmen in seiner Brust« wahrnehme. Er höre sie tatsächlich miteinander diskutieren und sich nicht einigen, wobei die eine immer behaupte, »ihm würde etwas geschehen und er käme an den Pranger, weil er Hitler beleidigt hätte«, wohingegen die andere ihm versichere, »dass ihm nichts geschehen würde und dass das richtig wäre[,] was er gesagt hätte«. In diesem Zusammenhang äußerte D. auch wiederholt die Furcht, von der Klinik ins Zuchthaus verlegt zu werden.

Seine Ehefrau, die während D.s Aufenthalt in der Universitätsnervenklinik ebenfalls befragt wurde, gab an, dass ihr Ehemann seit 1931 psychisch auffällig, dabei jedoch nie aggressiv oder gefährlich gewesen sei. Im Zentrum seiner Wahnideen stünde immerfort die Auseinandersetzung mit dem NS-Regime, dem er sich einerseits eng zugehörig fühlte, das ihm andererseits jedoch auch gehörige Angst einflößte. Seine Ehefrau machte darüber hinaus noch einige Angaben im Hinblick auf D.s Familienanamnese. So gab sie an, dass ein Onkel von ihm »schwachsinnig gewesen« sei und seine Mutter zudem an »hysterischen Anfällen« gelitten habe. Einer seiner Brüder wiederum sei infolge einer Kriegsverwundung Morphinist geworden, habe an Depressionen gelitten und sich schließlich das Leben genommen.

Die familienanamnestischen Erhebungen fanden auch Eingang in das Gutachten über Hubert D., das Assistenzarzt Hans Stracke am 16. Januar 1938 anfertigte. Hierin sah es der Psychiater als erwiesen an, dass D. »von beiden Eltern her erblich belastet« sei. Sein Krankheitsbild stelle sich demnach »als ein endogenes und erbliches dar«. Es handele sich bei D. um eine sogenannte Paraphrenie, »die zweifellos in den Formenkreis der Schizophrenie gehört«. Sie sei, so der Gutachter weiter, »dadurch gekennzeichnet, dass trotz des Vorhandenseins von Wahnideen und Halluzinationen die Persönlichkeit lange Zeit gut erhalten bleibt«. Im Anschluss an die Diagnosevergabe machte Stracke deutlich, dass an D.s Erbkrankheit kein Zweifel bestehen könne, da es sich sowohl bei seiner Schizophrenie als auch bei seinem schweren Alkoholismus um Krankheiten handele, die unter das GzVeN fielen. Das Gutachten schließt mit der Unterschrift Strackes; gegengezeichnet wurde es vom Klinikdirektor Friedrich Meggendorfer. Am 22. Januar 1938 durfte D. die psychiatrische Universitätsklinik Erlangen verlassen und kehrte zunächst nach Hause zurück. Doch bereits fünf Wochen später wurde er ein weiteres Mal hospitalisiert.

Panik vor der Zwangssterilisation, Angst vor dem Konzentrationslager Dachau

Bei seiner erneuten Aufnahme in der Universitätsnervenklinik Ende Februar 1938 gab Hubert D. an, dass er sich zu Hause zunächst gut gefühlt, keinen Alkohol getrunken und auch nur verhältnismäßig wenig geraucht habe. Als er dann jedoch den Bescheid vom Erbgesundheitsgericht erhalten hatte, der ihn über seine bevorstehende Zwangssterilisation informierte, wurde er unruhig und bekam starke Zuckungen und Weinkrämpfe. Auf diese Weise landete D. ein weiteres Mal in der Erlanger Psychiatrie, die er von nun an – von einem kurzen Intermezzo zu Hause abgesehen – bis zu seiner Ermordung nicht mehr verlassen sollte. Die ersten Tage nach der neuerlichen Einweisung standen für Hubert D. ganz im Zeichen seiner bevorstehenden Unfruchtbarmachung. Dabei hatte D. jedoch nicht nur panische Angst vor dem Eingriff an sich, sondern er befürchtete darüber hinaus, dass er nach der Zwangssterilisation »ins Zuchthaus oder nach Dachau« komme. Nun ist D.s Furcht, in das Konzentrationslager Dachau deportiert zu werden, sicherlich im Kontext seiner, wie es der Psychiater Hans Stracke in seinem Gutachten nannte, »Wahnideen, Halluzinationen und verschrobenen Ansichten« der NS-Regierung gegenüber zu sehen. Doch vollkommen realitätsfern war seine Angst vor Dachau keineswegs.

Arbeit und Leistung gehörten zu den zentralen Topoi während des »Dritten Reiches«.[234] Die Propaganda des NS-Regimes führte diese (vermeintlichen) Tugendbegriffe unentwegt im Munde. Die Implementierung dieses spezifischen Arbeitsethos bot die Handhabe, arbeitsfähige, aber unproduktive Menschen mit staatlich sanktionierter Gewalt »zur Arbeit zu erziehen«. Die Verletzung der Arbeitsdienstpflicht, Selbstverstümmelung, Arbeitsverweigerung, Betteln, Landstreicherei und Trunkenheit rechtfertigten aus Sicht des NS-Staates die Entziehung der eigenen Verfügung über die Arbeitskraft. Im Januar 1938, und damit unmittelbar, bevor Hubert D. seine Angst vor einer Einweisung nach Dachau äußerte, startete Heinrich Himmler mit der »Aktion Arbeitsscheu im Reich« eine große Kampagne gegen »Gewohnheitsverbrecher und Asoziale«.[235] Auf diese Weise landeten mehr als 10.000 Menschen in Konzentrationslagern, wo sie zur Arbeit in den wirtschaftlichen Unternehmen der SS gezwungen wurden.[236] Mit seinem Alkoholproblem und unsteten Lebenswandel galt auch Hubert D. in der Terminologie der NS-Ideologen als »asozial« und »arbeitsscheu«. Mit anderen Worten: Seine Panik vor den Repressionsmaßnahmen der Nationalsozialisten entbehrte nicht einer gewissen Grundlage.

Über die Durchführung der Zwangssterilisation findet sich in der Krankenakte Hubert D.s nur ein sehr kurzer Hinweis. So wurde dort am 14. März 1938 lediglich vermerkt, dass der »Patient heute zwecks Sterilisation der chirurgischen Klinik überwiesen« wurde. Eine knappe Woche später wurde im Hinblick auf D.s Genesung und Gemütszustand lakonisch vermerkt: »Klammern entfernt, Wunde […] geheilt, subjektives Wohlbefinden.« In Anbetracht der großen Furcht, die D. vor dem Eingriff hatte, einer Angst, die seinen seelischen Zustand derart verschlimmerte, sodass letztlich eine erneute Aufnahme in die Universitätsklinik nötig geworden war, wirkt dieser Eintrag in die Krankengeschichte nicht nur äußerst unglaubwürdig, sondern reichlich euphemistisch, ja sogar zynisch. Nach der Zwangssterilisation musste D. noch bis Mitte Juli 1938 in der psychiatrischen Klinik bleiben, dann gab seine Frau seinem Drängen nach und nahm ihn, gegen den Rat der Ärzte, wieder zu sich nach Hause.

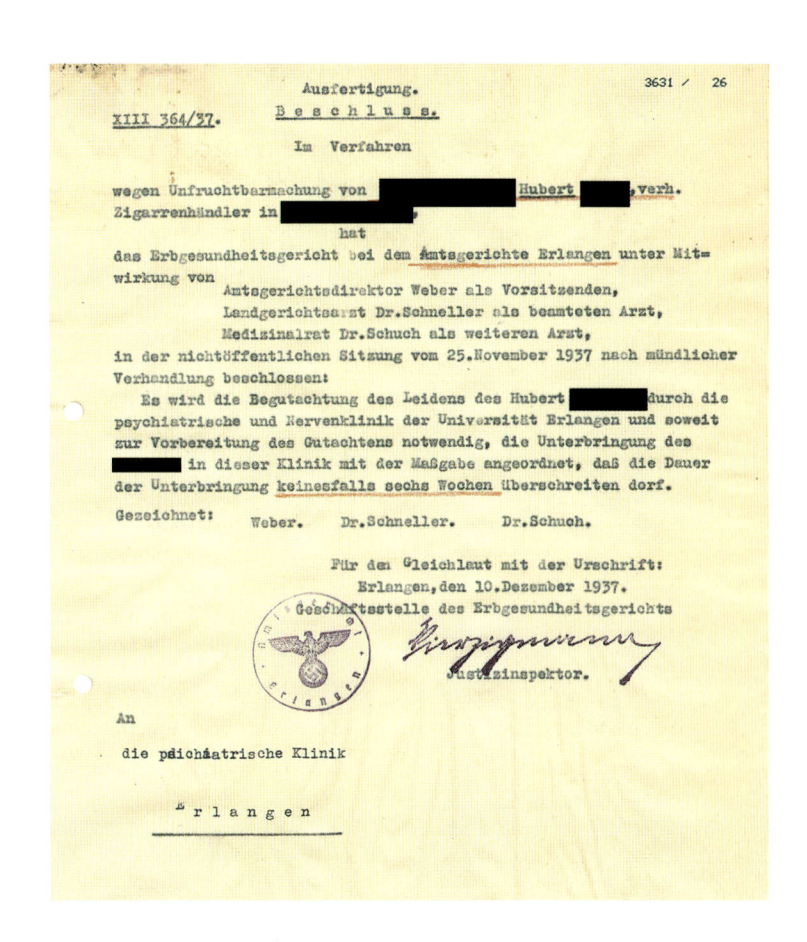

Abb. 25 Gutachterbeauftragung der psychiatrischen Universitätsklinik, 25. November 1937.

Die Pforten der Psychiatrie schließen sich

Bereits am 8. August 1938 wurde Hubert D. ein weiteres und letztes Mal in die psychiatrische Universitätsklinik eingewiesen. In die Klinik wurde er von seinem Bruder gebracht, der dem ärztlichen Personal mitteilte, Hubert D. »sei zu Hause sehr unruhig gewesen«. Diese Einschätzung deckte sich auch mit dem Aufnahmebefund, hier erwähnten die Psychiater ebenfalls die große Unruhe D.s, zudem jammere und weine er ständig und wolle partout nicht in der Klinik bleiben. Dass es sich bei Hubert D. um einen sehr unruhigen Patienten handele, der sich nichts mehr wünsche, als wieder nach Hause zu gehen, zieht sich wie ein roter Faden durch den knapp halbjährigen Aufenthalt in der Psychiatrischen Universitätsklinik. Das Klinikpersonal reagierte auf D.s Verhalten bereits früh mit Zwangsmaßnahmen. So findet sich in seiner Krankenakte am 11. August 1938 der folgende Eintrag: »Muss täglich mehrmals ins Bad gebracht werden, da er noch sehr unruhig ist [...]. Seine stereotypen Redensarten sind immer: ›Warum bin ich nur hier, ich habe doch nichts verbrochen, dass ich hier eingesperrt werde, ich möchte jetzt endlich wissen, wo meine Frau ist. Hier werde ich vom Bad in den Saal und vom Saal ins Bad geschubst, ein Bett habe ich auch nicht, ich will wieder nach Hause‹«.

Da sich an D.s Zustandsbild und Verhalten auch durch die zwangsweise Dauerbadbehandlung in der Folgezeit nichts änderte und die Ärzte der Universitätsnervenklinik keine Anzeichen auf Besserung bei ihm sahen, wurde er am 23. Januar 1939 in die Erlanger Heil- und Pflegeanstalt überwiesen.

Auch nach seiner Verlegung dominierte bei Hubert D. der Wunsch, die Psychiatrie schnellstmöglich zu verlassen, um nach Hause zurückzukehren. In diesem Zusammenhang beklagte er sich auch darüber, dass seine Frau, die sich zu Beginn seiner Hospitalisierung intensiv um ihn gekümmert hatte, ihn bereits seit einiger Zeit nicht mehr besucht habe. Die Nachforschungen vonseiten des Anstaltspersonals ergaben, dass D.s Ehefrau inzwischen von einem anderen Mann ein Kind erwartete und sich daher D. »in diesem Zustand nicht vorstellen« möchte. Darüber hinaus äußerte sie, sie werde ihren Ehemann, sollte dieser noch einmal entlassen werden, nicht mehr bei sich aufnehmen. Das Zuhause, in das Hubert D. so vehement zurückkehren wollte, existierte in dieser Form nicht mehr. D. wollte dies jedoch nicht wahrhaben. Als ihm mitgeteilt wurde, dass seine Frau schwanger sei, erwiderte er lediglich, man solle aufhören »mit dem blöden Geschmarr«; danach fuhr er, wiederum in fränkischer Diktion, mit seinen gewohnten Wünschen fort: »Ich will ham, ich muss ham zu meiner Frau.«

Weitgehend analog zur reichsweiten Entwicklung bestimmten im »Dritten Reich« Überbelegung, Personalknappheit und Mangelernährung den klinischen Alltag der bayerischen Heil- und Pflegeanstalten.[237] Auch in Erlangen wurden die Pflegesätze nach und nach unter das Existenzminimum gesenkt, sodass am Vorabend des nationalsozialistischen Krankenmordes den schwächsten, unruhigsten und pflegebedürftigsten Menschen in den Anstalten die Lebensgrundlage bereits entzogen war.[238] Dass auch Hubert D. in der Heil- und Pflegeanstalt schlichtweg zu wenig zu essen bekam, darauf weist ein Vermerk vom 24. Juni 1939 in der Krankengeschichte hin, in dem man konstatierte, er komme »mit der Zeit körperlich doch etwas herunter«. Davon abgesehen zeichneten die Psychiater der Erlanger Heil- und Pflegeanstalt das gewohnte Bild von Hubert D., wurde er doch als außerordentlich unruhiger, ständig jammernder und sich permanent beklagender Patient beschrieben. Auch hier wussten sich Ärzte und Pfleger oftmals nicht anders als mit Zwangsmaßnahmen, wie Isolation oder Beruhigungsspritzen, zu helfen.

Die Monotonie im Umgang mit D. wurde im Februar 1940 für einige Zeit unterbrochen. Und zwar hatte man beschlossen, bei ihm die neuartige Elektrokrampfbehandlung durchzuführen. Da die Heil- und Pflegeanstalt erst ab 1943 über ein eigenes

Elektroschockgerät verfügte, kann man davon ausgehen, dass die Therapie in den Räumen der psychiatrischen Universitätsklinik zur Anwendung kam.[239] Dafür spricht auch, dass deren Direktor Friedrich Meggendorfer auf dem Gebiet der Elektrokrampfbehandlung als Koryphäe galt. Klangen die Psychiater zu Beginn noch einigermaßen hoffnungsfroh, dass die Therapie bei D. eine heilende Wirkung habe, so äußerten sie Ende März 1940 enttäuscht, dass er »trotz intensiver Behandlung [...] auch weiterhin der Gleiche« sei. Frappierend an diesem Eintrag in die Krankenakte ist der fast beleidigt wirkende Tonfall, der suggeriert, D. wisse die intensiven ärztlichen Bemühungen nicht zu schätzen bzw. trage die Schuld an dem ausbleibenden therapeutischen Effekt. Weiterhin ist es bemerkenswert, dass trotz dieser negativen Rückmeldung die Schockbehandlung noch bis Anfang Juni fortgeführt wurde. Ob die Psychiater in diesem Zeitraum von gut zwei Monaten tatsächlich noch an eine Besserung von D.s Gesundheitszustand glaubten, ist fraglich. Die fortgesetzte Elektrokrampfbehandlung kann auch als sozial disziplinierende Maßnahme interpretiert werden, die D. in erster Linie ruhigstellen sollte.[240] Wenn dies das Kalkül der Ärzte war, dann ging es allerdings nicht auf. So findet sich am 22. August 1940 ein Vermerk, D.s »Gejammer [wurde] in der letzten Zeit wieder so laut [...], dass Leute an der Schwabach stehen blieben und horchten«.

▸ **Exkurs** Entwicklung und Erprobung der Elektrokrampftherapie, S. 254.

Seit Ende 1940 wurden Patienten aus der Erlanger Heil- und Pflegeanstalt abtransportiert und in die Tötungsanstalten der »Aktion T4« deportiert. Insgesamt fielen über 900 psychisch kranke und geistig behinderte Menschen aus Erlangen dieser zentralen NS-»Euthanasiemaßnahme« zum Opfer.[241] Dass unter ihnen auch Hubert D. war, überrascht in der Retrospektive nicht, sondern war in der tödlichen Logik der »Euthanasie«-Ärzte folgerichtig. Als – aus ärztlicher Sicht – therapieresistenter, unproduktiver, unselbstständiger und extrem störender Anstaltsinsasse erfüllte er sämtliche relevanten Selektionskriterien der NS-Krankenmorde.[242] Am 24. Juni 1941 wurden Hubert D. und weitere 143 Erlanger Psychiatriepatienten in die Tötungsanstalt Hartheim deportiert, wo sie noch am selben Tag in einer als Duschraum getarnten Gaskammer mit Kohlenmonoxid getötet wurden. Philipp Rauh

**Zeitgeschichte der
Universitätskliniken**

1945
2015

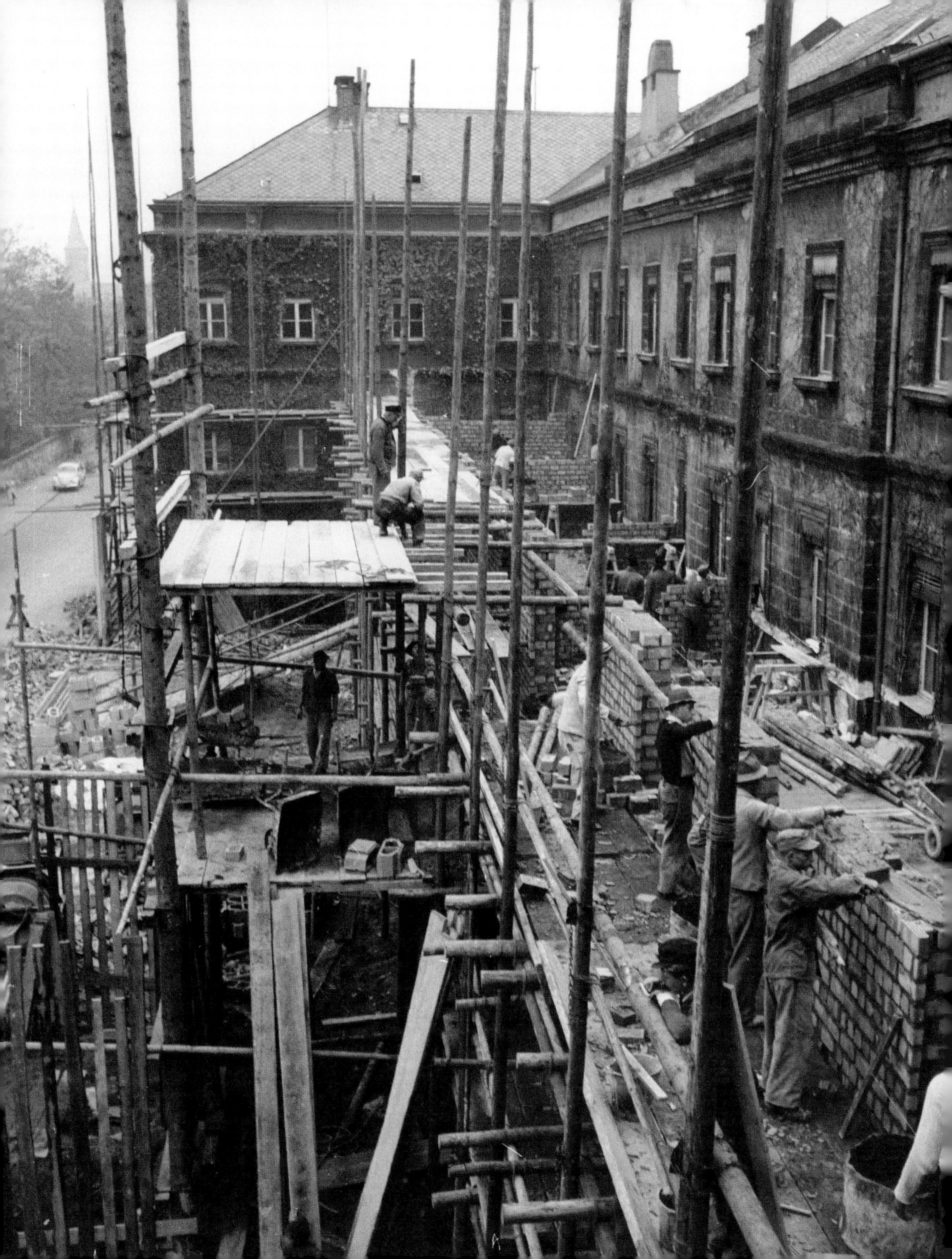

1945

Entwicklung der Universitätskliniken nach 1945

Im letzten Drittel des 20. Jahrhunderts wurde aus den verstreuten Einzelkliniken und Instituten ein modernes Großklinikum mit einem Jahresetat von mehreren Hundert Millionen Euro. Noch um 1970 betrug dieser mit knapp einhundert Millionen DM nur einen Bruchteil davon. Gleichzeitig markieren die 1970er Jahre den Beginn von Entwicklungen, aus denen schließlich das heutige »Universitätsklinikum Erlangen« als jene administrative und wirtschaftliche Gesamtheit hervorgehen sollte, die 2006 institutionell endgültig von der Friedrich-Alexander-Universität getrennt wurde. Verstehen muss man den so facettenreichen Wandel der Kliniken vor dem Hintergrund der sich seit den 1970er Jahren verstärkt verändernden (gesundheits-)ökonomischen Rahmenbedingungen, der Auswirkungen neuer Technologien und Erkenntnisse auf die medizinische Forschung und Praxis, überhaupt des Wandels der Organisationsweise medizinischen Forschens und Arbeitens sowie der demografischen Entwicklung, der lokalen und landespolitischen Entscheidungen, die – stark vereinfacht ausgedrückt – eine langfristige Transformation der Klinikstrukturen, einen massiven Ausbau des Personals sowie eine zunehmende Internationalisierung von Forschung und Lehre in Gang setzten bzw. zum politischen Entwicklungsziel erklärten. Kurzum: In keinem Zeitraum ihres 200-jährigen Bestehens haben sich die Erlanger Kliniken so radikal verändert wie in den letzten 45 Jahren.

Überhaupt bieten die zahlreichen wie verzweigten Entwicklungen im 20. und 21. Jahrhundert Anlass für spannende Entdeckungsreisen: sei es in die Auswirkungen der fundamentalen Umwälzungen in der Medizin und im klinischen Arbeiten oder in die weiter zunehmende Komplexität der Gesundheitssysteme in ihrer Wechselwirkung mit gesellschaftlichen Veränderungsprozessen. Dazu traten und treten immer engmaschigere, grenzüberschreitende Vernetzungen und Transfers. All dies wäre in den jeweiligen wissenschaftlichen, sozialen, ökonomischen und kulturellen Dimensionen auszuleuchten.[1] Dieses offene Feld unterschiedlicher Machtverteilung, von Motiven, Handlungsweisen, Anspruchshaltungen und Interessenlagen erzeugte ebenso vielfältige wie unerwartete Synergien, aber auch lähmende Konflikte. Eine mindestens ebenso große Bedeutung haben und hatten natürlich weiterhin Einzelpersonen ›vor Ort‹, deren Entscheidungen und Engagement wiederum spürbare Auswirkungen

Abb. 1 Auf-, Um- und Abbrüche: Der Erweiterungsbau der Medizinischen Klinik entsteht, 1953.

Abb. 2 Vergangene Zukunft: Skizze zur künftigen Nutzung des Geländes des Bezirkskrankenhauses (»Nordgelände«), 1961.

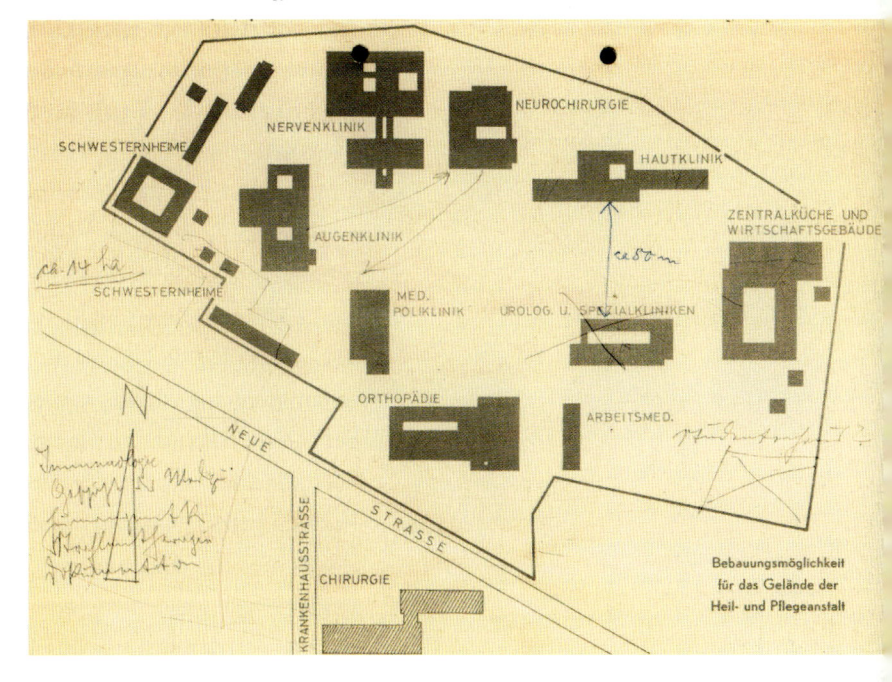

weit über ihren eigentlichen Wirkungsbereich hinaus haben konnten. Man denke nur an die vielen Ärzte und Ärztinnen, Pflegekräfte und Verwaltungsangestellten, die tagtäglich Kranke betreuen, nach Verbesserungsmöglichkeiten suchen und sich mit der Bewältigung einer Vielzahl neuer Erfordernisse und Probleme medizinischer, rechtlicher, ethischer, administrativer, aber auch wirtschaftlicher Natur auseinandersetzen müssen, die zu einem allmählichen Wandel, schleichend im Inneren oder gesellschaftlich und politisch forciert, in den Berufsbildern führen sollten.[2] Dementsprechend unübersichtlich sind die beteiligten Akteursgruppen, zu denen Parteien, Hochschulplaner, der Wissenschaftsrat, die DFG, Krankenversicherungen, Standesorganisationen, Patienten und Patientinnen, Kommunalverwaltungen, zivilgesellschaftliche Gruppen ebenso zählen wie Unternehmen oder andere Krankenhäuser und Universitätskliniken, die alle mit ihren eigenen Mitteln und Methoden auf den unterschiedlichsten Ebenen gezielt oder indirekt Einfluss nahmen und nehmen, beispielsweise durch Gesetze, Standards, Erlasse, Positionspapiere, Infrastrukturprojekte, Haushaltspläne, Gerichtsbeschlüsse, Ausgründungen, Kooperationen und die Beendigung derselben, Gutachten, gezieltem Wettbewerb oder Drittmittelzuweisungen. Einiges ist, soweit überschaubar, typisch für die Entwicklung (west-)deutscher Universitätskliniken, anderes entsprang spezifischen Bedingungen vor Ort.

Zäsuren?

»1945« steht wie »1933« für keinen fundamentalen Bruch in der Geschichte der Erlanger Universitätskliniken. Die Nicht-Einschnitte von 1945 wie auch 1933 bedeuteten zugleich, dass die veraltete Bestandsmasse zum Ausgangs- und Fluchtpunkt weiterer Planung werden musste, wie auch die Kliniken mangels gangbarer Alternativen ohne Ausweichmöglichkeiten in die zunehmend dichtere Topografie der Innenstadt eingezwungen blieben. Angesichts der verheerenden Kriegszerstörungen in München und Würzburg waren sämtliche finanziellen Argumente aus der Hand, grundsätzliche Veränderungen anzugehen. Radikale Reorientierungsprojekte wie der Plan zur Errichtung eines neuen Viertels für die Medizinische Fakultät im Osten der Stadt, wurden nach Kriegsende fallengelassen, wenn sie denn, abgesehen von der Diskussion um die künftige Nutzung des Röthelheimparks nach Abzug der amerikanischen Truppen in der zweiten Hälfte der 1990er Jahre, überhaupt je eine realistische Chance auf Umsetzung gehabt hatten. Ein starkes Kontinuitätsmoment blieb also die Streuung und besonders starke Dezentralisierung. Erst ein 1972/73 entwickelter Generalplan sollte die Medizinische Fakultät und damit die Kliniken und Institute als organisatorischen Gesamtzusammenhang adressieren und nach einer Vorbereitungsphase in der zweiten Hälfte der 1960er Jahre, die zu einem Umdenken hinsichtlich der Strukturplanung auf Bundes- und Landesebene wie dann auch an der Erlanger Universität und Medizinischen Fakultät geführt hatte, erstmals eine grundlegende Richtungsbestimmung vornehmen. Zusammen mit dem Kauf des »Nord-Geländes«, der überhaupt erst Raum für weitere Planungen geschaffen hatte, legt dies als sinnfällige Zäsur die Jahre um 1970 nahe, die zugleich den historischen Fluchtpunkt der Zeitgeschichte der Universitätskliniken darstellt, hier in Anlehnung an Hans Günter Hockerts verstanden als »Problemgeschichte der Gegenwart«.³

Gleichwohl dürfen die 1950er und 1960er Jahre angesichts der Beschleunigung und Verdichtung der 1970er Jahre nicht in Vergessenheit geraten, zumal hier wichtige Weichenstellungen einerseits mit der Schaffung neuer Ordinariate, neuer Abteilungen und Institute erfolgten, andererseits wichtige Schwerpunkte beispielsweise in der Inneren Medizin mit Ludwig Demlings Aufbau einer Endoskopie von Weltrang entstanden.

▶ **Exkurs** Die Ausdifferenzierung der klinischen Fächer nach dem Zweiten Weltkrieg, S. 348.

▶ **Kapitel** Locus gastroenterologicus Erlangensis, S. 380.

Der Forschungsstand

Die Zeit nach 1945 ist jedoch, aus der Perspektive der Geschichtsschreibung, in vielerlei Hinsicht noch eine Terra incognita. Dies beginnt sich erst allmählich zu ändern. Im Hinblick auf Erlangen wurden die Nachkriegsjahre in allgemeinen Darstellungen zur Geschichte von Universität oder Fakultät nur noch kursorisch abgehandelt, da der Fokus zunächst verständlicherweise auf deren Entstehungsgeschichte lag. Während zum 19. und der ersten Hälfte des 20. Jahrhunderts mittlerweile viele Arbeiten vorliegen, wurde die Zeit nach 1945, vor allem aber nach den Nachkriegsjahren zunächst nur überwiegend anhand einzelner Einrichtungen, Personen oder Phänomene thematisiert. Dennoch: Das große Bild fehlt – auch für die Geschichte des Gesundheits- und Krankenhauswesens in der Bundesrepublik allgemein.

Die jüngere Zeitgeschichte der Universitätskliniken in Erlangen und andernorts wird also erst nach und nach aufgearbeitet. Zur Ausleuchtung dieser bewegten Zeit möchte das folgende Kapitel beitragen. Der Bogen zieht sich von der Nachkriegszeit zur Hightech-Medizin, von der Spezialisierung und Ausdifferenzierung über die Entwicklung der Pflege hin zur schrittweisen Trennung von Universität und Kliniken. Wie in den anderen Kapiteln werden kleinere Themenbereiche, Aspekte und Anekdoten in Exkursen beispielsweise zu den medizinethischen Grenzfällen des »Erlanger Babys« und des »Erlanger Jungens«, zur ersten erfolgreichen In-vitro-Fertilisation in Deutschland, zur Geschichte der Hebammenschule, zum Einzug der Computertechnologie an Fakultät und Kliniken oder zu Konflikten wie dem bundesweites Aufsehen erregenden »Erlanger Professorenstreit« in den Jahren 1963/64 kompakt und anschaulich behandelt.

Zeitgeschichte als Herausforderung

Dem immer komplexeren Gegenstand stehen in der Arbeit des Zeithistorikers spezifische Bedingungen, Herausforderungen aber auch Möglichkeiten gegenüber: Sperrfristen auf Archivalien über mindestens 30 Jahre oder Personenschutzrechte bei Patientenakten sind ebenso zu nennen wie eine teils erschlagende Menge unerschlossener Verwaltungsakten, von Selbstzeugnissen, wie auch ganz allgemein von Objekten, Text-, Bild-, Video- und Tonmaterial verschiedenster Herkunft, Quantität und Qualität, dem noch ein Heer lebender Zeitzeugen zur Seite zu stellen wäre; von den klassischen Überlieferungsproblemen ganz zu schweigen.

Für die Erlanger Kliniken und Institute ist die Zeit seit den 1960er Jahren über das Universitätsarchiv zunehmend schwer zu fassen; viel unsortiertes Material liegt weiterhin bei den einzelnen Institutionen oder muss, wo überhaupt schon möglich oder zeitlich umsetzbar, über Sekundärüberlieferung in anderen Archiven und/oder veröffentlichte Quellen eingesehen und überprüft werden. Gleichzeitig haben wir jedoch den Vorteil, vor allem seit den späten 1960er Jahren vermehrt auf Presseausschnittsammlungen, universitäts- und klinikumseigene Veröffentlichungen wie den »Uni-Kurier« (heute »Friedrich« und »Alexander«) oder »amPuls«, Forschungs- und Geschäftsberichte, Einzelveröffentlichungen zu bestimmten Sachverhalten, Gutachten, Broschüren und vieles mehr zurückgreifen zu können – von Pressebeiträgen, den vielen Gesetzestexten und -kommentaren, Empfehlungen des Wissenschaftsrates, Plenarprotokollen und regierungsamtlichen Veröffentlichungen oder Fachzeitschriften ganz zu schweigen. Wir mussten daher Schwerpunkte setzen, Entscheidungen anhand ihrer praktischen Umsetzbarkeit treffen, da Ressourcen und Kapazitäten, also Zeit, Geld und personelle Ausstattung begrenzt waren.

Was also bestehen bleibt, ist das »Vetorecht der Quellen« (Reinhart Koselleck), das künftige Historikergenerationen bei einer klareren Überlieferungslage gerade hinsichtlich innerer Veränderungsprozesse bemühen werden müssen. Als teilnehmender Beobachter steht der Zeithistoriker vor der Herausforderung, dass komplexe Entwicklungen erst mit größerem Abstand überhaupt in ihrer vollen Tragweite erkennbar werden. Jenseits dessen ergibt die Vielfalt an Quellen einen ungeahnten Reichtum an Fragestellungen und Perspektiven, die uns helfen, uns die Welt, in der wir leben, im Großen und Kleinen ein Stück begreifbarer zu machen. Und genau das ist letztlich der Reiz, der die Neueste Geschichte und vor allem auch die Zeitgeschichte ausmacht. Andreas Plöger

»Wir sind hier in der Tat am Ende«: die Nachkriegszeit

Ohne die sich 1945 in der Stadt drängenden Kranken und Verwundeten hätte Erlangen den Krieg nicht unbeschadet überstanden. In letzter Minute – ein Ultimatum der belagernden US-Armee drohte zu verstreichen – konnte der regimetreue Kampfkommandant Werner Lorleberg (1894–1945) zur kampflosen Übergabe der Stadt bewegt werden – »aber nur im Hinblick auf die Kliniken und Lazarette«.[4]

So wie bereits bei der Machtübernahme der Nationalsozialisten 1933 die Kontinuitäten in Erlangen überwogen hatten, so war auch die Einnahme der Stadt am 16. April 1945 alles andere als eine alle Kontinuitätslinien hinwegfegende »Stunde Null«; nicht an der Universität, erst recht nicht an den Kliniken und klinischen Instituten.[5] Den historischen Realitäten entsprechender wäre, von einer seit dem Ersten Weltkrieg andauernden, nur punktuell durchbrochenen »Zeit der Stagnation« (Andreas Jakob) zu sprechen, die erst in den 1950er Jahren allmählich von neuen Dynamiken abgelöst wurde. Diese wurden aus stabilen politischen Verhältnissen und wirtschaftlichem Aufschwung gespeist.[6] Ohnehin bestehende Probleme wurden 1945 daher aktualisiert und im Aufeinandertreffen mit den drängenden Fragen der Zeit weiter verschärft. Mit dem als Niederlage empfundenen

Kriegsende und der amerikanischen Besatzung gingen gesellschaftliche Verwerfungen, Notlagen und das Problem der Folgen des NS-Regimes einher, die selbstverständlich die im Dritten Reich linientreue Universität und die Kliniken befassten; von der Herausforderung ganz abgesehen, wieder Anschluss an die internationale Entwicklung der medizinischen Forschung zu finden.

Nach einer Bestandsaufnahme der Situation 1945 werden in diesem Kapitel einerseits die Entnazifizierung und die spätere Aufarbeitung der NS-Vergangenheit, andererseits die von lähmender Mangelwirtschaft geprägte Nachkriegszeit näher beleuchtet. Die schlaglichtartige Perspektive erklärt sich aus der Forschungslage, die für die Zeit nach 1945 sehr überschaubar ist.[7] Dies gesagt, ist das Folgende als erster, vorläufiger Versuch einer Gesamtschau zu verstehen, die keinen Anspruch auf Vollständigkeit erheben will und kann.

Die Ausgangslage: alte und neue Probleme

Erlangens Unversehrtheit führte in den Nachkriegsjahren zu einer paradoxen Situation. Nachdem die Münchner und Würzburger Universitäten nahezu vollständig zerstört worden waren, war Erlangen 1945 die einzige intakte Universität Bayerns.[8] Dementsprechend groß war der unmittelbare Zustrom an Studenten, der durch die vielen Kriegsheimkehrer noch weiter verstärkt wurde. Dementsprechend klein war aber auch der im Haushalt des Kultusministeriums für die Universität und damit auch die Kliniken vorgesehene Posten, der bei lediglich 10 Prozent der Gesamtausgaben für die bayerischen Universitäten lag.[9] Dem Wiederaufbau in München und Würzburg wurde oberste Priorität eingeräumt, was in Erlangen angesichts der dortigen Lage zunächst auf, wenn auch verhaltenes, Verständnis traf. Gleichwohl: Gemessen an den Studentenzahlen war die einst kleinste Universität Bayerns im Wintersemester 1947/48 die viertgrößte Universität in den westlichen Besatzungszonen.[10] Nach der Einnahme der Stadt war der Universitätsbetrieb auf Befehl der amerikanischen Militärverwaltung zwar unverzüglich eingestellt worden, der Klinikbetrieb ging jedoch weiter.

Der Nicht-Einschnitt von 1945, das heißt der Verbleib der maroden baulichen Infrastruktur, zeichnete gewissermaßen den Entwicklungspfad der folgenden Jahre und Jahrzehnte vor.[11] Auf diesem wurde die Bestandsmasse der Kliniken zum Ausgangs- und Fluchtpunkt weiterer Planung, wie auch die Kliniken mangels gangbarer Alternativen in die zunehmend dichtere Topografie der Innenstadt eingezwungen blieben. Radikale Reorientierungsprojekte wie z. B. die Gründung einer zweiten Medizinischen Fakultät im heillos zerstörten Nürnberg oder die Errichtung eines neuen Viertels für die Medizinische Fakultät im Osten der Stadt wurden fallen gelassen, wenn sie denn überhaupt je eine realistische Chance auf Umsetzung gehabt hatten.[12] Stattdessen entschied man sich später, anliegende Flächen aufzukaufen bzw. zur Bebauung zu verwenden.

Im Zuge der Flüchtlingsströme, von Unterernährung und Hygieneproblemen waren Infektionskrankheiten wie Diphtherie, Typhus und Tuberkulose auf dem Vormarsch, welche die bayernweit ohnehin völlig überforderte medizinische Infrastruktur

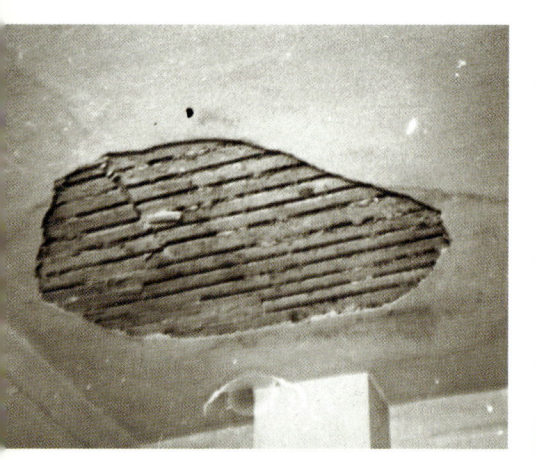

Abb. 3 Ein Loch in der Decke am Physiologischen Institut zeigt die Verfallserscheinungen, undatiert.
Abb. 4 Studenten drängeln sich am Physiologischen Institut, um in den überfüllten Hörsaal zu kommen, undatiert.

herausforderten.[13] Die Überbelastung der Erlanger Kliniken – 1945 befanden sich 7000 bis 8000 Kranke in der Stadt – traf gleichzeitig auf einen allgemeinen Sanierungsstau, da die finanziellen Mittel der Universität in den Vorjahren nur für dringend notwendige, kleinteilige Investitionen gereicht hatten.[14] Die chronische Überbelegung sollte in den kommenden Jahren zu einer merklichen Beschleunigung der Verfallsprozesse an Gebäuden und Einrichtung führen. In den Beschreibungen der baulichen und hygienischen Zustände an den Kliniken und Instituten begegneten einem Adjektive wie »katastrophal« oder »unzumutbar« zusehends häufiger. Schimmel, schadhafte Dächer, behelfsmäßige Reparaturen, enge, schlecht belüftete Räume und kaum mehr funktionsfähige, veraltete Technik prägten in weiten Teilen das Bild. In der Kinderklinik mussten Diphtherieinfizierte wegen Raummangels notgedrungen mit bloßen Verdachtsfällen auf die gleichen Zimmer gelegt werden.[15] Unter den gegebenen Umständen war eine angemessene Krankenversorgung, geschweige denn medizinische Forschung nur unter erheblichen Einschränkungen möglich.

Ein weiterer Faktor für die Verschlechterung der Zustände war die rasante Bevölkerungsentwicklung der Stadt. 1946, noch vor der verstärkten Ansiedlung von Siemens-Mitarbeitern, lebten in Erlangen bereits 9000 mehr Menschen als noch 1939.[16] Hinzu traten zwischen 1000 bis 1500 »Displaced Persons«, also ehemalige Zwangsarbeiter und entlassene Kriegsgefangene. Zusammen mit diesem enormen Bevölkerungszuwachs führten die Konfiszierungen von insgesamt 559 Gebäuden durch die US-Armee zu einer allgemeinen Wohn- und Nutzraumnot. Neben dem Studentenhaus und den Wohnhäusern vieler Professoren wurde auch das Gebäude der Klinik für Haut- und Geschlechtskrankheiten beschlagnahmt. Die Klinik wurde daraufhin bis 1948 in das

›Bubenreuther-Haus‹ der gleichnamigen Studentenverbindung in der Östlichen Stadtmauerstraße verlegt.[17]

Mit der Lebensmittel- und Energiekrise erfuhr der allgemeine Versorgungsnotstand der Nachkriegsjahre in den kalten Wintern der Jahre 1946/47 und in den zunächst negativen Auswirkungen der Währungsreform 1948 dann weitere Zuspitzungen, die auch die Kliniken voll erfassen sollten.

Konfrontation mit der Vergangenheit

Neben dieser komplexen Lage, die sich aus den Dynamiken des Kriegsgeschehens ergaben, drängte 1945 die soziale und politische Frage, wie man mit der personellen Bestandsmasse des untergegangenen nationalsozialistischen Staates umgehen sollte. Für die Kliniken lassen sich zwei zentrale Problemfelder ausmachen: erstens, die Auseinandersetzung mit im weitesten Sinne ›Belasteten‹ inklusive der Frage, wie man mit den von verschiedenen Entnazifizierungsmaßnahmen Betroffenen umgehen sollte, und zweitens die Aufklärung und strafrechtliche Verfolgung der Beteiligung Erlanger Mediziner an Medizinverbrechen, d. h. den Abtreibungen an sogenannten »Ostarbeiterinnen« und der Verstrickung Erlanger Kliniker in die »Aktion T4«. Zu einer Aufarbeitung der Depromotionen an der Medizinischen Fakultät kam es erst knapp 60 Jahre später.[18]

Abb. 5 Konrad Schübel (1885–1978).

1. *Entnazifizierung* – Bis zum sogenannten »Befreiungsgesetz« vom 5. März 1946 zielte die Universitätspolitik der Amerikaner auf die »Sicherung einer minimalen institutionellen Kontinuität« und auf die Entnazifizierung gemäß den sehr weiten Kriterien der Direktive JCS 1067, die bereits die bloße Mitgliedschaft in verschiedenen Parteiorganisationen zum Entlassungskriterium erhob.[19]

Die ersten gezielten Entnazifizierungsmaßnahmen betrafen die »automatischen Verhaftungen« ausgewählter lokaler Funktionsträger und SS-Mitglieder, die bereits im Mai 1945 eingeleitet wurden.[20] Den Anfang machte an den Kliniken der Pädiater und ehemalige SS-Obersturmführer Albert Viethen, gefolgt von der Festnahme des international bekannten Gynäkologen Hermann Wintz wegen seiner Tätigkeit als Rektor der Universität 1938 bis 1944, des Internisten Richard Greving, dem »frühe Parteimitgliedschaft und wohlbekannte politische Betätigung [im Sinne des Nationalsozialismus]« vorgeworfen wurde, ferner des Physiologen Rupprecht Matthaeis, dem seine NSDAP-Mitgliedschaft vor 1933 zur Last gelegt wurde sowie eine Reihe weiterer Mediziner.[21] Der große Paukenschlag folgte am 22. August 1945, als alle medizinischen Ordinarien bei gleichzeitiger Streichung sämtlicher Bezüge aus ihren Ämtern entlassen wurden. Allein der Pharmakologe Konrad Schübel durfte im Amt bleiben und wurde, eigentlich gegen seinen Wunsch, zum Dekan ernannt.[22] Am 6. Januar 1946 stellte ein Gutachten eines Vertreters der Educational Branch der Erlanger Militärregierung zunächst fest, die Säuberungen an der Medizinischen Fakultät durch das zuständige Universitätskomitee seien erfolgreich gewesen. Der bald darauf vollzogenen Wiedereröffnung stünde insofern nichts mehr im Wege, da »keinerlei Gefahr mehr für die Studenten« bestünde, nationalsozialistisch indoktriniert zu werden.[23]

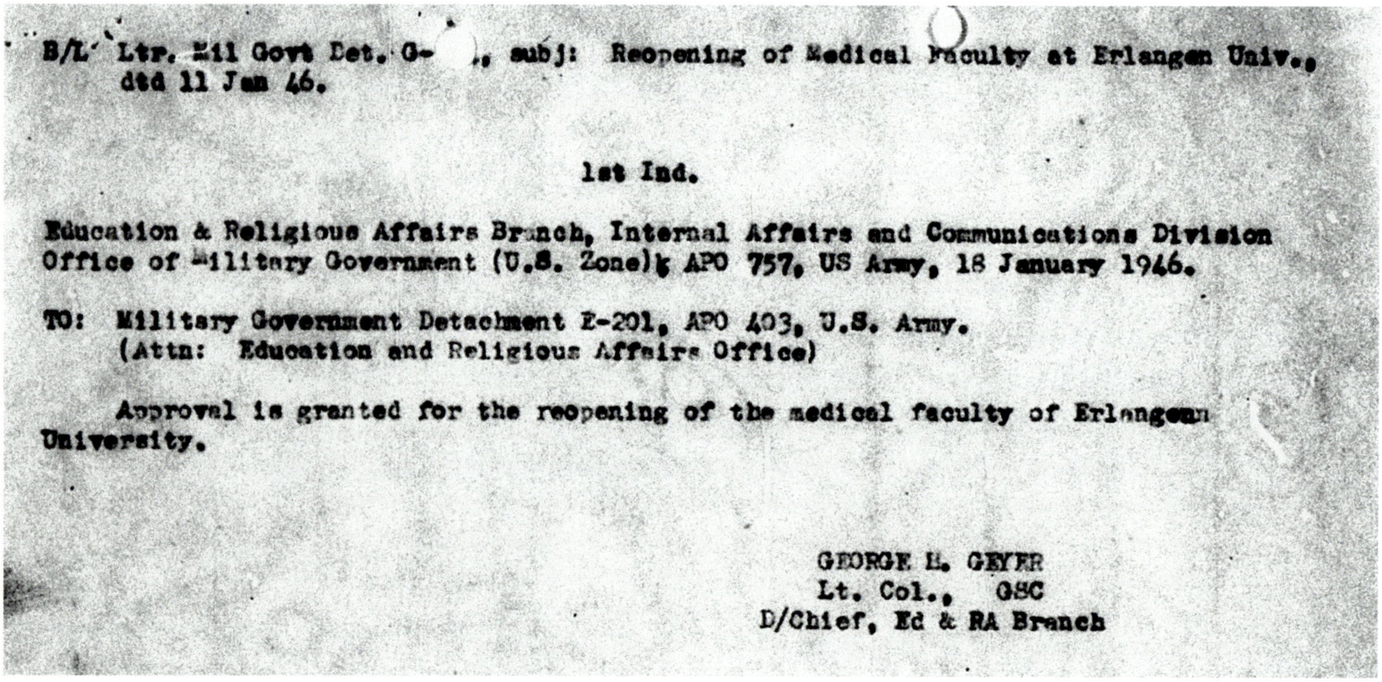

> B/L Ltr. Mil Govt Det. G-   , subj: Reopening of Medical Faculty at Erlangen Univ.,
> dtd 11 Jan 46.
>
> 1st Ind.
>
> Education & Religious Affairs Branch, Internal Affairs and Communications Division
> Office of Military Government (U.S. Zone), APO 757, US Army, 18 January 1946.
>
> TO: Military Government Detachment E-201, APO 403, U.S. Army.
> (Attn: Education and Religious Affairs Office)
>
> Approval is granted for the reopening of the medical faculty of Erlangen
> University.
>
> GEORGE H. GEYER
> Lt. Col., GSC
> D/Chief, Ed & RA Branch

Abb. 6 Offizielle Genehmigung der amerikanischen Militärregierung zur Wiedereröffnung der Medizinischen Fakultät vom 11. Januar 1946.

Bei dieser auffallend positiven Lagebeurteilung blieb man jedoch nicht lange. Erlangen und seine Universität trugen wenige Wochen später mit der sogenannten »Niemöller-Affäre« – selbst die *New York Times* berichtete – in der amerikanischen Öffentlichkeit zu dem verbreiteten Bild bei, die Entnazifizierung sei an einer tief ideologisierten deutschen Gesellschaft gescheitert.[24] Ohnehin bestehende Ressentiments gegen die ehemals als braune Hochburg geltende Stadt wurden durch die erhitzte mediale Debatte über (angeblich) tumultartigen Aufruhr von Erlanger Studenten im Januar 1946 bei einem öffentlichen Vortrag des prominenten Theologen und Vertreters der Bekennenden Kirche, Martin Niemöller, auch in der bayerischen Regierung verschärft.[25] Ab Juli kam es, ungeachtet der universitätsinternen Überzeugung, der »Fall ›Pastor Niemöller‹« könne »als bereinigt gelten«, seitens der Amerikaner daher zu einer grundsätzlichen Neubewertung der Entnazifizierung an Universität und Kliniken.[26]

Die Militärregierung reagierte vor allem auf zahlreiche Presseberichte über »nazistische und militaristische Aktivitäten«.[27] In einem internen Bericht hieß es: »Die Situation ist am schlimmsten im Lehrkörper, dann in der Verwaltung, dann den Kliniken und Instituten.«[28] Da die Universität in den Augen der nun zuständigen Sonderbeauftragten weder willens noch fähig zu einer konsequenten, selbst getragenen Entnazifizierung war, sah man sich zum Eingreifen genötigt: Die Vorbereitung von Entlassungslisten begann im September 1946.[29] Über die von den Amerikanern herausgegebene *Neue Zeitung* wurde dann am 3. Februar 1947 bekannt gegeben, dass man gegenüber dem Kultusministerium »die sofortige Entlassung von 76 Professoren, Assistenten und anderen wissenschaftlichen und administrativen Hilfskräften der Universität Erlangen« unter dem

76 Entlassungen an der Erlanger Universität

Säuberung auf Anordnung der Militärregierung — Eine Unterredung mit Rektor Brenner

NZ ERLANGEN, 2. Februar

In einem Brief an das bayerische Kultusministerium hat die amerikanische Militärregierung für Bayern die sofortige Entlassung von 76 Professoren, Assistenten und anderen wissenschaftlichen und administrativen Hilfskräften der Universität Erlangen angeordnet. Dieser Befehl ist das Ergebnis einer Untersuchung aller Angestellten der Universität durch eine Sonderkommission der Militärregierung, die bereits früher ähnliche Entlassungen an der Münchener Universität angeordnet hat. Den Entlassenen wurde verboten, weiterhin Amtswohnungen, Büros, Laboratorien und andere Einrichtungen der Universität zu benützen.

In ihrem Brief an das Kultusministerium stellt die Militärregierung fest, daß die verantwortlichen Stellen der Universität die Bestimmungen des Säuberungsgesetzes nicht mit der erforderlichen Initiative in die Praxis umgesetzt haben, und ermahnt sie, in Zukunft die Bestimmungen dieses Gesetzes gewissenhafter zu befolgen. Professor J. N. *Van Steenberg*, Leiter der Hochschulabteilung der Militärregierung für Bayern, erklärte einem Mitarbeiter der „Neuen Zeitung", die Universität Erlangen habe die Möglichkeit gehabt, ihren Lehrkörper allmählich zu entnazifizieren und so eine Gefährdung des Unterrichts zu vermeiden. Sie habe jedoch diese Möglichkeit nicht wahrgenommen und dadurch die Militärregierung zum Eingreifen gezwungen. Der größte Teil der Entlassenen fällt unter die Bestimmungen des Artikels 58, § 1, des Säuberungsgesetzes.

Fünf Mitglieder des Lehrkörpers, auf die diese Bestimmung nicht zutrifft, wurden auf Grund einer Direktive der amerikanischen Militärregierung vom 21. September 1946 entlassen, die für bestimmte Berufe neben einer politisch einwandfreien Vergangenheit auch den Nachweis positiver politischer, liberaler und moralischer Qualitäten verlangt, die die Entwicklung der Demokratie in Deutschland unterstützen werden. Für alle auf Grund der Bestimmungen des Säuberungsgesetzes entlassenen Personen besteht die Möglichkeit einer späteren Revision ihrer Fälle, wenn sie von der zuständigen Spruchkammer als Mitläufer, Entlastete oder Nichtbetroffene eingestuft werden.

Von den 76 Entlassenen sind 30 Dozenten. Die nachstehende Liste erläutert ihre Stellung an der Universität und die Gründe, die zu ihrer Entlassung führten:

Prof. Dr. Paul *Althaus*, Theologe. In seinem Buch „Die deutsche Stunde für die Kirche" begrüßte er die Ereignisse des Jahres 1933. Sein Buch „Obrigkeit und Führertum" versucht, den Verrat an der Weimarer Republik zu rechtfertigen und die Demokratie lächerlich zu machen. Als Vorsitzender eines Denazifizierungsausschusses an der Universität Erlangen befürwortete er die Wiedereinstellung von antidemokratischen Professoren.

Dr. Helmut *Bachl*, Jurist, zugleich Syndikus der Universität. Mitglied der SA von 1933 bis 1935, des NS-Rechtswahrerbundes seit 1933, Mitglied zweier weiterer NS-Organisationen. Ungewöhnlich schnelle Beförderung zum Oberregierungsrat. Von 1933 bis 1935 Mitarbeiter von Hans Frank.

Dr. Walter *Benolt*, Pathologe. NSDAP 1937—1939, SA 1937—1939, NS-Dozentenbund 1934—1936.

Prof. Dr. Otto *Berninger*, Geograph. NSDAP seit 1939, Leiter im NS-Dozentenbund seit 1934.

Prof. Dr. Gustav *Clausing*, Nationalökonom. NSDAP seit 1937, Gruppenwalter und Gaukassenwalter im NSDoB.

Prof. Dr. Rudolf *Dyroff*, Gynäkologe. NSDAP seit 1937, SA-Sanitätssturmführer; NSDoB seit 1939.

Dr. Albrecht *Engelhardt*, Physiologe. NSDAP 1938 bis 1944, SA 1935—1939, NSDoB 1943—1944.

Dr. Hans *Flesselmann*, Chemiker. NSDAP seit 1937, SA 1933—1934, NSDoB 1944.

Dr. Konrad *Gauckler*, Botaniker. NSDAP seit 1937, SA 1934—1937, NSLB seit 1938.

Prof. Dr. Otto *Goetze*, Chirurg und Chef der Chirurgischen Klinik. NSDAP seit 1937, SS (förderndes Mitglied) seit 1934, NSDoB seit 1933, NS-Ärztebund seit 1933, NS-Altherrenbund seit 1936, NSLB seit 1933.

Dr. Albert v. *Günther*, Gynäkologe. NSDAP seit 1937, SA seit 1934, NSKK seit 1934 (ist schon vor einigen Monaten ausgeschieden).

Dr. Karl *Hauck*, Historiker. NSDStB 1931—1941, NSDoB 1944—1945, NS-Altherrenbund 1942—1945, HJ 1933—1939 (Zugführer), seit 1944 als „Universitätsnachwuchs" u.k. gestellt.

Prof. Dr. Friedrich *Hauck*, Theologe. Verfasser von Schulgebeten zu Ehren des Führers.

Prof. Dr. Hans *Hellritz*, Jurist. NSDoB, NS-Rechtswahrerbund, NSV, NS-Altherrenbund. Vertrat nationalsozialistische Ideen in seinem Buch „Volk und Staat" (erschienen 1944). Schrieb 1938 eine „Geschichte der Verwaltung der preußischen Armee".

Prof. Dr. Johannes *Hett*, Embryologe. NSDAP seit 1933, NSV-Blockhelfer, NSDoB, NS-Altherrenbund. Soll sich in Halle sehr aktiv für den Nationalsozialismus verwendet haben.

Prof. Dr. Friedrich *Lent*, Jurist. NS-Rechtswahrerbund seit 1933, Mitglied weiterer NS-Organisationen. Sein Buch „Parlamentarismus und Führertum" enthält Angriffe gegen das parlamentarische System. In einem 1932 in der Zeitschrift „Deutschlands Erneuerung" erschienenen Artikel versuchte er, die Fememorde zu rechtfertigen.

Prof. Dr. Hans *Liermann*, Jurist. Förderndes Mitglied der SS seit 1933, NSDoB 1934—1935, Mitglied weiterer NS-Organisationen.

Dr. Walter *Neuhaus*, Zoologe. NSDAP seit 1939, NSFK seit 1937, NSDoB seit 1939.

Prof. Dr. Georg *Noebeling*, Mathematiker. NSDAP seit 1940, SA 1933—1935, Pressewart im NSDoB.

Prof. Dr. Hans *Preuß*, Theologe. Verherrlichte den Nationalsozialismus in seinem Buch „Hitler und Luther". Soll sich an der Bücherverbrennungsaktion beteiligt und die Machtergreifung willkommen geheißen haben.

Prof. Dr. Walter *Rech*, Gynäkologe. NSDAP seit 1939, Mitglied von vier weiteren NS-Organisationen.

Dr. Richard *Richter*, Dermatologe. Trat 1939 der NSDAP, dem NSDoB und zwei weiteren NS-Organisationen nach dem deutschen Einmarsch in die Tschechoslowakei bei. Trotzdem er Offizier der tschechoslowakischen Armee war, wurde er 1942 Arzt bei der deutschen Luftwaffe.

Dr. Heinrich *Saar*, Gerichtsmediziner. NSDAP seit 1939, SA 1933—1934, NSKK-Sanitätstruppführer 1936 bis 1942, NSDoB seit 1941.

Honorarprofessor Eberhard v. *Scheuerl* (auch an der Hochschule Nürnberg tätig). Mitglied des Ehrengerichts des NS-Rechtswahrerbundes seit 1933.

Prof. Dr. Hermann *Strathmann*, Theologe. Schrieb nationalsozialistische Artikel in den „Theologischen Blättern", deren Redakteur er war.

Prof. Dr. Johannes *Straub*, Altphilologe. NSDAP seit 1937, NSKK 1933—1938, NSDoB seit 1933.

Prof. Dr. Friedrich *Stroh*, Germanist. NSDAP seit 1937, SA-Reserve 1933—1939, NSKK-Rottenführer seit 1939, NSDoB seit 1941, Reichsbund deutscher Beamter.

Prof. Dr. Rudolf *Stucken* Nationalökonom. NSDAP seit 1938, SA 1934—1939, NSDoB seit 1939, Mitglied von sechs weiteren NS-Organisationen. Berater von Hjalmar Schacht.

Dr. Helmut *Volz*, Physiker. NSDAP seit 1937, SA seit 1933, NSDoB seit 1940.

Prof. Dr. Hans *Wenke*, Psychologe. Pressewart, Hochschullehrer-Gruppenwalter und Gaukassenwalter im NSDoB (ist bereits aus dem Verband der Universität ausgeschieden).

In Kreisen der Militärregierung glaubt man, daß ein wesentlicher Teil der Schuld an den Zuständen, die die Untersuchung ans Licht gebracht hat, dem früheren Rektor, Professor Dr. Theodor *Süß*, beigemessen werden muß. Professor Süß, dessen Name ebenfalls auf der Liste der zu entlassenden Dozenten geführt wird, war von seinem Posten als Rektor zurückgetreten, als er zum Leiter der Abteilung für höheres Schulwesen ins bayerische Kultusministerium berufen wurde. Aus diesem Posten wurde er im Herbst des vergangenen Jahres entlassen. Die Untersuchung hatte ergeben, daß er seit 1933 Mitglied des NS-Lehrerbundes, Mitglied des NSDoB, Amtswalter im Gaustab des NS-Rechtswahrerbunds Mitglied der NS-Studenten-Kampfhilfe und der SA-Reserve gewesen ist. Außerdem steht er unter dem Verdacht der Fragebogenfälschung. Unter seiner Amtstätigkeit als Rektor wurden Professoren an die Universität Erlangen berufen, die an anderen Universitäten aus politischen Gründen entlassen worden waren. Charakteristisch ist, daß der Erlanger Volksmund dem von Rektor Süß eingesetzten Entnazifizierungsausschuß die Bezeichnung „Verein zur Rettung Schiffbrüchiger" verlieh. Der erste Vorsitzende dieses Ausschusses war der jetzt entlassene Theologe Professor Althaus.

In einer Unterredung mit einem Vertreter der „Neuen Zeitung" nahm der Rektor der Universität, Professor Dr. Eduard *Brenner*, zu den Ereignissen Stellung. Professor Dr. Brenner, der nach dem Ausscheiden von Professor Süß zum Rektor gewählt wurde, ist seit Ende des ersten Weltkrieges Sozialdemokrat. „Ich teile den Standpunkt der Militärregierung vollständig", sagte er, „daß die Universität gereinigt werden muß, wenn eine demokratische Zukunft derselben gewährleistet werden soll. Die Entlassungen bringen die Universität fast zum Erliegen. Die Juristische Fakultät kann in universitätswürdiger Form augenblicklich nicht weiterarbeiten. Die anderen Fakultäten werden nur mit größter Mühe ihren Unterrichtsbetrieb fortsetzen können. Es ist meine Absicht, die Universität als eine Stätte der Wissenschaft, von der die Zukunft von über 5000 Studenten abhängt, unter allen Umständen und bei allen notwendigen Opfern weiterzuführen. Ich werde mich niemals für eine Schließung der Universität aussprechen, wenn der Betrieb nur irgendwie aufrechterhalten werden und ich den Glauben behalten kann, daß nach loyaler Erfüllung der amerikanischen Forderungen mit einer wesentlichen, positiven Unterstützung durch die Besatzungsmacht gerechnet werden kann."

Verschiedene der Entlassungen glaubt Professor Brenner der Militärregierung zur erneuten Prüfung vorlegen zu können. Um einen weiteren reibungslosen positiven Aufbau des gesamten kulturellen Lebens zu beschleunigen, schlägt der Rektor eine Round-Table-Konferenz zwischen den Vertretern der Kulturbezirke und der Militärregierung vor. Diese Konferenz soll zu dem Schlußstrich unter die Denazifizierungsmaßnahmen an den Hochschulen führen im Interesse einer ruhigen, ungestörten wissenschaftlichen Arbeit in Hörsälen und Instituten, ebenso wie im Interesse der Entwicklung eines vertrauenden, zukunftsfreudigen demokratischen Geistes. Für die Demokratisierung der Universität Erlangen hat Professor Brenner verschiedene Vorschläge ausgearbeitet und praktische Einrichtungen geschaffen. Demokratische Debattierklubs unter der Studentenschaft wurden gegründet, unter der Dozentenschaft sind solche im Entstehen, eine eigene Universitätszeitung wirkt im ähnlichen Sinne. In einer Aufbauabteilung können die Studenten in verschiedenen Kursen in selbstgewählten Fächern sachliche, intensiv kritische Mitarbeit leisten und müssen bei der Abschlußprüfung den Nachweis darüber erbringen. In Verhandlungen mit den Gewerkschaften und Jugendverbänden erstrebt Professor Brenner eine soziale Ausdehnung des Studentenkreises. Seine Ansicht ist: „Wir können die Universität nur demokratisieren, wenn wir eine größere Anzahl von Nichtabiturienten zum Studium aufnehmen." Die von den Gewerkschaften und den Jugendverbänden Vorgeschlagenen sollen sofort in den Universitätsbetrieb eingeführt werden. „Diese demokratische Umgestaltung", so unterstrich der Rektor, „kann nur mit zuversichtlicher Geduld zuwege gebracht werden, denn die Wandlung ist viel mehr ein innerlicher als ein äußerlicher Vorgang. Äußerliche Vorgänge können im Gegenteil oft jene stören und zunichte machen."

Abb. 7 Über diesen Artikel in der *Neuen Zeitung* erfuhren die meisten Betroffenen erst von ihrer Entlassung, 3. Februar 1947.

Vorbehalt »einer späteren Revision ihrer Fälle« durch die Spruchkammern angeordnet habe.[30] Die Betroffenen erfuhren erst über diesen Artikel von ihrem Schicksal.

Nicht nur das Vorgehen, sondern auch die Personenauswahl führten von unterschiedlichen Seiten zu erneuter Kritik an der als undifferenziert empfundenen Entnazifizierungspraxis der US-Behörden.[31] Gleichwohl konnten die meisten Entlassenen mit einer erfolgreichen Revision und Rehabilitierung in den seit dem »Befreiungsgesetz« vom 5. März 1946 laufenden Spruchkammerverfahren rechnen. Diese von Deutschen geführten Laieninstitutionen galten schon zeitgenössisch als das, was der Historiker Lutz Niethammer später als »Mitläuferfabrik« bezeichnen sollte.[32]

Wie an den meisten Universitäten galt auch für die Erlanger Medizinische Fakultät und die Kliniken das fatale Dilemma »Entnazifizierung *oder* Wiederaufbau«.[33] Erstere sah sich dem Definitionsproblem ausgesetzt, wer aufgrund welcher Kriterien als »Nazi« zu kategorisieren, aus seinem Tätigkeitsbereich zu entfernen oder sogar strafrechtlich zu verfolgen war.[34] Erschwert wurden die weiteren Entnazifizierungsbemühungen zudem durch die gezielte Vernichtung zentraler Aktenbestände, zum Beispiel des Erlanger NS-Dozentenbundes, dem Hans Albrecht Molitoris vorgesessen hatte, der Assistent an der Frauenklinik war.[35] Ferner konnten selbst eindeutig Belastete in den Spruchkammerverfahren zahlreiche Entlastungsschreiben beibringen, was nicht zuletzt ein Ergebnis der fragilen »Balance der gegenseitigen Abhängigkeit« der deutschen Nachkriegsgesellschaft war.[36] Parallel sahen sich die Amerikaner mit dem Problem konfrontiert, bei einer konsequenten Entfernung all jener, die in ihren Augen belastet waren, den Zusammenbruch der medizinischen Versorgung in Erlangen und Umgebung heraufzubeschwören. Das hätte den eigenen Interessen geschadet. In der Fakultät war man sich dieser Situation bewusst und machte sich noch am 22. August 1945 dafür stark, den aus den akademischen Ämtern Entlassenen die ärztliche und wissenschaftliche Weiterarbeit zu ermöglichen, da diese für die Aufrechterhaltung des Klinikbetriebes »unverzichtbar« seien.[37] Sich des Ärztemangels bewusst willigte die Militärregierung ein. Somit bot die Krankenversorgung einen vorübergehenden Ausweg für die Betroffenen. Vergleichbares geschah an allen Universitätskliniken in Westdeutschland.[38] Gleichwohl waren meist pragmatische und weniger, wie im Zuge der Kurskorrektur nach der »Niemöller-Affäre« unterstellt, politische Erwägungen aufseiten der Fakultät handlungsleitend, wenn auch die Skepsis der Amerikaner keineswegs überraschend war und man durch die Betonung der Wissenschaftlichkeit und Sachlichkeit tatsächlich Fragen nach Schuld, Verantwortung und der Notwendigkeit kritischer Selbstreflexion im öffentlichen Raum wie in der Fakultät weitgehend beiseite schob.[39]

Infolge der beiden Entnazifizierungsschübe waren die Jahre 1945 bis 1947 daher geprägt von unsicheren, weil kommissarischen Beschäftigungsverhältnissen, Wiedereinstellungen und Wiederentlassungen, Anfeindungen, Seilschaften, unverdienten Verurteilungen und noch weniger verdienten Rehabilitierungen. Auf der Ebene der Ordinarien und Lehrstühle verlief der »Neu- bzw. Wiederbesetzungsprozess« in Erlangen »quälend langsam und/oder unter erheblichen Turbulenzen in der Öffentlichkeit« und war verbunden mit Reibereien mit dem Kultusministerium.[40] Viele der 1945 bis 1947 entlassenen Ärzte ließen sich übergangsweise in den umliegenden Städten nieder, gründeten Privatkliniken und -institute, suchten Anstellung an städtischen Krankenhäusern oder an anderen Universitäten. Entstandene Lücken wurden mehrheitlich mit Ärzten aus der Tschechoslowakei (Deutsche Universität Prag), den früheren Ostgebieten (Königsberg, Danzig, Breslau) und der sowjetisch besetzten Zone (Jena, Leipzig), der späteren DDR, gefüllt.

Für manche war die Karriere vorbei, wenn auch eine Rückkehr der zwischen 1945 bis 1947 Entlassenen in vielen Fällen möglich war. Zu den meisten Wiederernennungen kam es bereits 1947/48, wenn die früheren Stellen nicht neu besetzt worden waren.[41] Das lief keinesfalls konfliktfrei. In der Frauenklinik kam es beispielsweise zu einer lähmenden »Lagerbildung« zwischen den Anhängern Rudolf Dyroffs und dessen zwischenzeitigem Nachfolger Walter Rech.[42] Politisch organisierten sich manche der Entlassenen im bundesweiten »Notverband amtsverdrängter Hochschullehrer«, dessen Erlanger Vertretung der Physiologe Matthaei vorsaß, der, wie es in einem Memorandum vom Juni 1951 ▸

ZUSAMMENPRALL DER BIOGRAFIEN AN DER KINDERKLINIK

In Danzig nationalsozialistischen Schikanen ausgesetzt und politisch verfolgt, sah sich der Pädiater Alfred Adam nach seiner Ankunft an der Erlanger Kinderklinik mit Anfeindungen früherer Nationalsozialisten konfrontiert. Adam leitete die Klinik seit Februar 1946 kommissarisch, seit Oktober 1946 dann regulär.[1] Was er in Erlangen vorfand, war betrüblich. Diebstahl, Arbeitsverweigerung, katastrophale Hygienemängel und eine faktisch nicht existente Klinikverwaltung ergaben zusammen mit der NS-Vergangenheit von Teilen des Personals ein düsteres Gesamtbild.[2]

1950 stellte Adam rückblickend fest: »Es hat viel Mühe gekostet, einer demokratischen Gesinnung in dem maßgeblichen Teil der Schwesternschaft Eingang zu verschaffen.«[3] Nach seinem Dienstantritt hatte eine Oberschwester beispielsweise ohne sein Wissen oder gar Zustimmung eine ehemalige NS-Aktivistin eingestellt. In anderen Fällen hatte sie wiederholt versucht, früheren NSDAP-Anhängerinnen zu einer Anstellung zu verhelfen.[4]

In dieser Auseinandersetzung blieben ihm dienstrechtlich oft die Hände gebunden. Die Empfehlung einer Kündigung oder das Ausstellen eines Arbeitszeugnisses ohne persönlichen Kommentar in einem Fall waren die einzigen Mittel, mit denen Adam gegen deutlich belastete Schwestern vorzugehen vermochte. Tatsächlich entlassen wurde nur eine ehemalige BdM-Ärztin, viele waren hingegen Adams Kündigungsempfehlung gefolgt.[5] Mitte 1947 kam es zu einer Auseinandersetzung zwischen Adam und der Gewerkschaft öffentlicher Betriebe. Diese warf ihm vor, er würde die Schwestern überlasten und eine unverhältnismäßige Personalpolitik verfolgen. Zu den Vorwürfen merkte Adam gegenüber Rektor Brenner an, dass die Mehrheit der Beschwerden aus den Reihen ehemaliger »Parteigenossinnen« stammte.[6]

Die Konfrontation wurde infolge seiner Personalpolitik zunehmend aus der Klinik heraus verlagert, die durch Adam bis Anfang der 1950er Jahre eine ›Entnazifizierung von unten‹ erfahren hatte. Außerhalb der Klinikmauern sah sich der frühere Regimegegner indes zunehmend mit »anonyme[n] Drohbriefe[n] und Verleumdungsbriefe[n]« konfrontiert.[7] Mehrere Strafverfahren wurden eingeleitet. Bei einer Anklage gegen einen Stadtmedizinalrat aus Nürnberg unterstützte die Universitätsleitung die Anklage mit einer eigenen Anzeige. Das Verfahren endete mit einem Vergleich. Gegen das Bemühen seines belasteten Amtsvorgängers Albert Viethen um Wiedereinstellung und die Wiederverleihung der Lehrbefugnis konnte Adam unter anderem wegen politischer und medizinethischer Gründe erfolgreich opponieren.[8] Andreas Plöger

Abb. 1 Alfred Adam.

Abb. 8 Einschlägige Publikation des 1955 wiederum zum außerplanmäßigen Professor ernannten Andreas Pratje, 1938.

hieß, erst »auf der ersten Stufe der Wiederherstellung« stand.⁴³ Dieser Lobbyverband versuchte nicht ohne Erfolg, die Wiedereinstellung bzw. die Berechtigung der Bezüge aus politischen Gründen entlassener Hochschullehrer zu forcieren. Matthaeis Übersicht verwies auf insgesamt 18 Mediziner, von denen zehn »noch keinerlei Wiederherstellung« erfahren hätten.⁴⁴ Je weiter man sich jedoch vom Kulminationspunkt der zweiten Entlassungswelle vom Februar 1947 entfernte, umso günstiger waren die Chancen für die erfolgreiche Revision von Spruchkammerurteilen. Dies wiederum erhöhte die Aussicht, offiziell »entlastet« zu werden und damit den beruflichen Wiedereinstieg zu schaffen. Parallel wurde auch die zunächst quotierte Wiedereinstellungspolitik durchlässiger, was durch die Bonner Amnestiegesetze von 1949 und 1954 sogar politisch forciert wurde.⁴⁵

Ein Beispiel für Nutznießer dieser Entwicklung ist der Psychiater Ulrich Fleck, der von 1935 bis 1945 dem »Erbgesundheitsobergericht« beigesessen und 1933 als Mitunterzeichner des »Bekenntnisses der Professoren an den deutschen Universitäten und Hochschulen zu Adolf Hitler und dem nationalsozialistischen Staat« aufgetreten war. Nachdem er sich nach seiner Internierung durch die US-Militärverwaltung 1948 niedergelassen hatte, wurde Fleck 1954 wieder zum außerplanmäßigen Professor ernannt und somit als, wenn auch unbezahlter, Hochschullehrer voll rehabilitiert.⁴⁶ Ähnlich verfuhr man mit dem Rassenbiologen Andreas Pratje, der ein Jahr nach Fleck ebenfalls zum außerplanmäßigen Professor (wieder)ernannt wurde.⁴⁷ Von den 1951 in Matthaeis Memorandum erwähnten 18 Personen fanden lediglich zwei nicht den Weg zurück an die Kliniken.⁴⁸

Die »Bedürfnisfrage bei politisch Entlasteten« blieb bis in die 1950er Jahre ein Dauerthema, das durch großzügige Emeritierungen und Wiederherstellungen der Ansprüche auf Bezüge in der zweiten Hälfte des Jahrzehnts abgeschlossen wurde.⁴⁹ Gesellschaftlichen Widerstand gab es gegen diese Politik personeller Besitzstandswahrung nur bedingt. Ein rares Gegenbeispiel wäre der von Gewerkschaften vorangebrachte Versuch, eine Wiedereinstellung des Pädiaters Albert Viethen zu verhindern, dem eine Beteiligung am »Euthanasie«-Programm zugeschrieben wurde. Kurioserweise stand besagte Wiedereinstellung aber, zumindest in Erlangen, »gar nicht zur Debatte«.⁵⁰

In der Fakultät sah man sich mehrheitlich für eine politische Beurteilung nicht zuständig. Immer wieder wurden bei Berufungsfragen die fachliche Eignung und die politische Beurteilung gegenübergestellt, gerade in Fällen wissenschaftlich hervorragender Leistungen bei gleichzeitiger politischer Belastung. Jene Beständigkeit dieses Gegenübers, verstärkt ab 1947, deutet darauf hin, dass auch hier die Entnazifizierung mindestens als lästiges Ärgernis empfunden wurde, das in den Augen der Akteure die auffällig betont sachorientierte Entscheidungsfindungen unnötig erschwerte.⁵¹ Die politisch passive Haltung der Fachkollegen provozierte wiederum den Unmut einzelner Fakultätsmitglieder. So verließ der frühere Dekan Konrad Schübel 1947 eine Sitzung »unter Protest gegen die Befürwortung einer Wiedereinsetzung politisch belasteter Hochschullehrer«, als Gesuche u. a. des früheren Mitarbeiters des »Hauptamtes für Volksgesundheit« der NSDAP, Edwin Hauberrisser, sowie des früheren Vertrauensmannes der NS-Hochschulkommission, Hans Molitoris, diskutiert wurden.⁵² Nach Schübels wütendem Abgang stellten die Verbliebenen fest, man sei als Fakultät »nicht befugt«, Rehabilitierungen seitens der

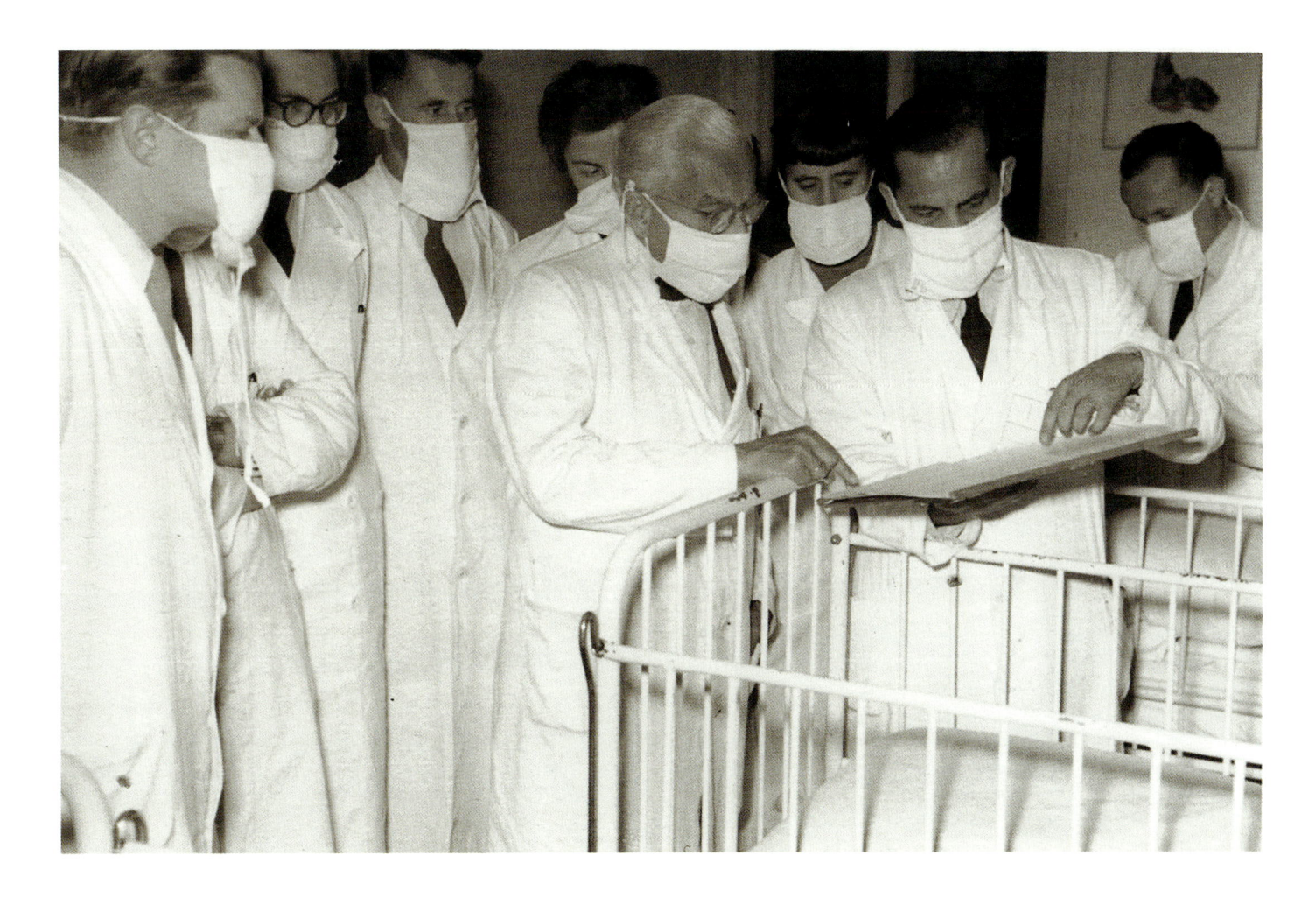

Abb. 9 Alfred Adam und weitere Ärzte auf Visite im Neubau der Kinderklinik, 1954.

Spruchkammern erneut zu überprüfen, »unbeschadet der grundsätzlichen Bedenken gegen die Wiedereinsetzung politisch [nachträglich eingefügt: »stark«] belasteter Professoren«.[53] Der Zahnmediziner Hauberrisser erhielt 1948 die vollen Rechte eines emeritierten Professors, Molitoris im Jahr 1953.[54]

Anhand welcher Kriterien die anderen Erlanger Mediziner sich zwischen Distanzierung und Rehabilitierung entschieden, ist unklar. Offensichtlich ist jedoch, dass der Zusammenprall von Biografien zu teils erheblichen Spannungen und Verwerfungen führte. Als der vom NS-Regime in Danzig bedrohte Alfred Adam im Februar 1946 seinen Dienst als kommissarischer Leiter der Kinderklinik antrat, kam es nicht nur zu einem Konflikt mit den seilschaftsmäßig organisierten früheren Schwestern des »Reichsbundes Deutscher Schwestern« in der von ihm geleiteten Klinik, vielmehr sah sich Adam zudem mit Verleumdungsversuchen konfrontiert.[55]

1945 fand wie zuvor 1933 eine Neuvermessung des Verhältnisses zur nationalsozialistischen Herrschaft statt. Anders als 1933 geschah dies nach 1945 jedoch meist im privaten Rahmen und äußerte sich öffentlich vor allem dann, wenn man Rechenschaft über seine eigene Biografie ablegen musste (oder wollte). Eine passive Selbstdistanzierung und selbstentschuldigende Verantwortungsübertragung auf einen kleinen Kreis hauptschuldiger ▶

»UNHALTBARE ZUSTÄNDE«: KONFLIKT UM DIE GEBURTSHILFE UND FRAUENHEILKUNDE

Groß aufgemacht skandalisierten »DER SPIEGEL« und der »Stern« im Juni 1950 die Vorgänge um die Berufung von Rudolf Dyroff (1893–1966) auf den Erlanger Lehrstuhl für Frauenheilkunde. Im Landtag stellte die Opposition kritische Fragen, die Tagespresse berichtete unter Schlagzeilen. Nichts davon konnte den CSU-Kultusminister Alois Hundhammer (1900–1974) beeindrucken, der diese Berufung einige Monate zuvor gewissermaßen im Handstreich gegen den Willen der Fakultät durchgesetzt hatte. Dyroff, seit 1927 habilitierter Oberarzt der Klinik, blieb trotz seiner Verwicklung in NS-Medizinverbrechen wie Abtreibungen bei Zwangsarbeiterinnen über die Emeritierung hinaus bis zum Mai 1962 zunehmend unangefochten im Amt.[1]

Der Prozess dieser Wiederbesetzung eines medizinischen Lehrstuhls und damit des Direktorates einer Universitätsklinik nach dem Zusammenbruch des NS-Regimes hatte sich konfliktreich über rund fünf Jahre hingezogen. Er zeigt retrospektiv fast alle Facetten, die auch andernorts für die unmittelbare Nachkriegszeit typisch waren: den Frontalzusammenstoß der Biografien von Helfershelfern, Mitläufern, Verfolgten und Flüchtlingen, die Bemühungen um Exkulpation und Verdrängung sowie das Dilemma zwischen Entnazifizierung und Restrukturierung einer personell am Rande der Auflösung agierenden Hochschulklinik.

Zu den Hauptakteuren des Wiederbesetzungsdramas zählten neben Dyroff der Facharzt Robert Ganse (1909–1972) und der Münchner Hochschulmediziner Walter Rech (1896–1975). Dyroff hatte die Klinik nach Internierung des vorherigen Lehrstuhlinhabers und Rektors Hermann Wintz (1887–1947) kurzzeitig geleitet, fiel jedoch noch vor dem frühen Tod von Wintz selbst einer Reinigungsaktion der US-Militärbehörden zum Opfer. Ganse war ein von den Nazis verfolgter Kommunist, der nach seiner Einstellung in der Frauenklinik im Sommer 1945 endlich die von ihm lange angestrebte akademische Karriere realisieren wollte. Rech, einen langjährigen habilitierten Oberarzt der I. Universitätsfrauenklinik München, hatte die Universität mit der Perspektive auf das Erlanger Ordinariat Anfang 1946 nach Franken gelockt und ihm nach der Amtsenthebung von Dyroff die kommissarische Leitung übertragen. Diese Konstellation traf

Abb. 1 Robert Ganse wurde nach seinem Weggang in die DDR zu einem berühmten Frauenarzt, 1952.

im Verlauf auf in sich uneinige, teils nach Neuanfang, teils nach Restauration strebende Gremien der Universität und ein Netzwerk konservativer Politiker in München und Bonn. Eine nicht unerhebliche Rolle spielte ferner die Belegschaft der Frauenklinik – vor allem einige Assistenzärztinnen und -ärzte, die sich offenbar zumindest teilweise für die mit der Wiederbesetzung einhergehenden Lagerkämpfe und Intrigen instrumentalisieren ließen.

Es kann davon ausgegangen werden, dass die Lagerbildung in der Frauenklinik bereits im September 1945 begann. Zunächst war es vor allem der damals 36-jährige Ganse, der durch sein Auftreten polarisierte, dann ab Mitte 1947 der um seinen Karrieresprung kämpfende Rech. Dyroff, lokal bestens vernetzt, aber nach der Amtsenthebung über Jahre hinaus scheinbar ohne Chancen auf eine Fortsetzung seiner universitären Laufbahn, wirkte dagegen weitgehend im Hintergrund – dafür aber, wie sich zeigen sollte, um so effektiver.

Ganse hatte nach seiner Einstellung sehr bald Gleichgesinnte um sich geschart. In der Öffentlichkeit trat er dezidiert antifaschistisch auf, engagierte sich u. a. für die kommunistische Partei (KPD) und war zeitweise als Angehöriger der Spruchkammer Erlangen auch an der »Entnazifizierung« beteiligt. Ferner gehörte er dem universitären Untersuchungsausschuss an, der die Zwangsabtreibungen untersuchte, die zwischen 1943 und 1945 in der Frauenklinik vorgenommen worden waren. Im klinischen Alltag nahm er unerfahrene Assistenzärzte fachlich unter seine Fittiche. Mit seinem Chef Rech, dem er – wie sich später herausstellte – weitgehend zu Unrecht eine dunkle Vergangenheit mit NS-konformer Gesinnung vorwarf und der sich seinen Habilitationsbestrebungen widersetzte, ging Ganse rasch auf Konfrontationskurs. Im Juni 1947 spitzte sich die Lage in der Frauenklinik erstmals derart zu, dass der damalige Rektor Eduard Brenner (1888–1970) sich gezwungen sah, Ganse zu entlassen. Der ging nach Dresden und machte in der späteren DDR die angestrebte Karriere als Klinikdirektor und Hochschullehrer.

Für Rech trat damit jedoch nicht die erhoffte Entspannung ein. Das Berufungsverfahren wurde immer wieder verzögert, sein heimlicher Konkurrent Dyroff arbeitete aus einer von ihm gegründeten Erlanger Privatklinik heraus an seiner Rehabilitation. In der Universitätsklinik war Rech weiterhin starker Opposition ausgesetzt, die an Schärfe noch gewann: Neben fachlicher Kritik sah er sich nun unter anderem mit Indiskretionen über angebliche Taktlosigkeiten gegenüber Patientinnen und ein angebliches außereheliches Verhältnis konfrontiert. Diese Vorwürfe waren von Assistenten der Klinik in einem Beschwerdebrief erhoben worden, den der katholische Stadtpfarrer und

▶ **Exkurs** Schwangerschaftsabbrüche an NS-Zwangsarbeiterinnen, S. 274.

Abb. 2 Rudolf Dyroff.

Dekan Ambros Neundörfer ohne Einschaltung universitärer Gremien persönlich direkt im Kultusministerium abgegeben hatte. Bis zum Sommer 1949 kulminierte die Auseinandersetzung derart, dass der nunmehrige Rektor Friedrich Baumgärtel (1888–1981) nach mehreren Anhörungen und einem gescheiterten Vermittlungsversuch »unhaltbare Zustände« konstatierte und schließlich das Kultusministerium um rasche Entscheidung in der Causa Rech bat.

Inzwischen hatten sich die Chancen Dyroffs auf Fortsetzung seiner akademischen Karriere deutlich erhöht: Ende Dezember 1948 hatte das Landgericht Nürnberg-Fürth ein gegen ihn und drei Assistenten der Klinik laufendes Ermittlungsverfahren wegen der Zwangsabtreibungen mit einer formalen Begründung eingestellt; der überzeugte Sozialdemokrat Brenner, der als Rektor die Wiedereinsetzung von Dyroff als akademischer Lehrer verhindert hatte, war von dem eher am Funktionieren als an der Neuorientierung der Universität interessierten Baumgärtel abgelöst worden. Durch diese Entwicklungen ermutigt, trieb Dyroff seine Bemühungen immer offensiver nicht nur auf offiziellen Wegen voran. Dabei setzte er auch verwandtschaftliche Beziehungen zum späteren Bundesfinanzminister Fritz Schäffer ein, der zusammen mit Kultusminister Hundhammer die CSU gegründet hatte.

Abb. 3 Das Erholungsheim Dyroff in Buckenhof.

Auf das Drängen Baumgärtels nach einer Entscheidung über die Beschwerde gegen Rech beendete Hundhammer schließlich mit Wirkung zum 1. November 1949 das Erlanger Gastspiel des so heftig attackierten kommissarischen Klinikleiters. Schon wenige Tage später sah sich der Minister aber erneut mit dem bei ihm in Ungnade gefallenen Mediziner konfrontiert: Die Fakultät hatte endlich die wiederholt angemahnte Berufungsliste für den gynäkologischen Lehrstuhl übermittelt – mit Rech als Kandidaten an erster Stelle. In der Begründung hieß es, diese Positionierung sei »auch das Ergebnis der Meinungsbildung […] über den Konflikt, der in letzter Zeit zwischen einigen Assistenten der Frauenklinik und Herrn Professor Rech entstanden ist.«[2] Beigefügt war allerdings ein Sondervotum von sechs Professoren mit einem jeweils doppelt besetzten Dreiervorschlag, in dem auf der letzten Position erstmals der Name Dyroff auftauchte. Zusätzlich übermittelte der Rektor eine Stellungnahme des Senates, wonach das Gremium mit Hinweis auf die »monatelange Krise« ernste Bedenken gegen eine Berufung von Rech äußerte.

Die Reaktion des Kultusministers bestand darin, dass Dyroff rund sechs Wochen später wieder zum Privatdozenten und außerplanmäßigen Professor ernannt wurde. Im Februar 1950 folgte dann nach einem persönlichen Gespräch zwischen Hundhammer und Dyroff ohne erneute Einschaltung der Fakultät der Ruf auf den Lehrstuhl, der – als Hintergründe dazu im Frühsommer 1950 durch »SPIEGEL« und »Stern« öffentlich geworden waren – so viel Staub aufwirbeln sollte. Rech, dem der Minister bei seiner Abberufung aus Erlangen noch die charakterliche Eignung für eine Professur in der Frauenheilkunde abgesprochen hatte, konnte auf eine entsprechende Stelle nach München zurückkehren. Eine Klage vor dem Verwaltungsgerichtshof gegen seine Entlassung in Erlangen zog er Ende 1950 zurück. Vier der an Aktionen gegen Rech beteiligten Assistenten erhielten einen Verweis des Rektors »wegen Nichteinhaltung des Dienstwegs«. Eine von Hundhammer angekündigte substanzielle Untersuchung der gegen Rech erhoben Vorwürfe fand nie statt, obwohl der Betroffene sie immer wieder eingefordert hatte. Wolfgang Frobenius

Individuen war die Regel, was gerade unter ehemals politisch Verfolgten auf Unverständnis und heftigen Widerspruch stieß. Wie in anderen Gesellschaftsbereichen verloren die Entnazifizierungsbemühungen ab 1947 zunehmend an Stoßkraft. Der aufziehende Kalte Krieg leistete dem Vorschub. Eine nennenswerte, dauerhafte Unterstützung in Politik und Bevölkerung hatte es aus den verschiedensten Gründen ohnehin nicht gegeben. Im Gegenteil wurden in der jungen Bundesrepublik auf verschiedenen Ebenen politische und legislative Maßnahmen ergriffen, die gravierenderen Entnazifizierungsfolgen für die Mehrheit der Betroffenen rückgängig zu machen.

2. *Medizinverbrechen* – Die Aufarbeitung und strafrechtliche Verfolgung der Schwangerschaftsabbrüche an sogenannten »Ostarbeiterinnen«, der Zwangssterilisationen im Rahmen des »Gesetzes zur Verhinderung erbkranken Nachwuchses« und der Beteiligung an den verschiedenen NS-»Euthanasieprogrammen« fanden lange nur im begrenzten Rahmen und dann primär durch äußere Anstöße statt.[56] 1946 wurde auf Geheiß der Militärregierung von Rektor Brenner ein Untersuchungsausschuss zu den Abtreibungen an den »Ostarbeiterinnen« gegründet, dessen Ergebnisse jedoch nie veröffentlicht wurden.[57] Parallel dazu versuchte der Gynäkologe Robert Ganse, gleichzeitig Mitglied des Untersuchungsausschusses, im Rahmen seiner Habilitationsschrift zum Thema *Methoden der Schwangerschaftsunterbrechungen an der Frauenklinik Erlangen* das Vorgehen der Erlanger Kliniker aufzuklären. Ganses Arbeit wurde jedoch von Lehrstuhl und Fakultät mehrfach zurückgewiesen, er selbst 1947 aus dienstrechtlichen Gründen entlassen.[58] Auch wenn der Streit um die Aufklärung der Medizinverbrechen und ein offener Konflikt mit dem kommissarischen Klinikleiter Rech, der Ganse die Habilitation verwehrte, nicht der Grund für die Entlassung waren, so wurde diese dennoch laut Jürgen Sandweg »insgeheim und offen« von »Konservativen« gebilligt. Rektor Brenner befand sich in dieser Frage in einer Zwickmühle zwischen Sympathie für Ganses Anliegen einerseits und den mit seiner Person zusammenhängenden Problemen andererseits. Ausschlaggebend für Ganses Entlassung war offenbar sein politisches Engagement für die KPD. Für diese hatte Ganse, der aufgrund seiner kommunistischen Überzeugungen von den Nationalsozialisten verfolgt und interniert worden war, auch an der Klinik geworben. Im Ergebnis fiel mit Ganses Entlassung die treibende Kraft hinter internen Aufarbeitungsbemühungen weg.

Zu einer juristischen Untersuchung kam es 1948 in einem Strafverfahren gegen »Dyroff und einige Assistenten«, das jedoch bereits im Dezember desselben Jahres eingestellt wurde.[59] Im Beschluss des Landgerichtes hieß es, die Kliniker hätten »auf eine gesetzmäßig in Ordnung gehende Anweisung vertraut, so daß ihnen das Bewußtsein einer rechtswidrigen Handlung gefehlt« habe.[60] Dyroff, der 1950 Ordinarius für Frauenheilkunde wurde, aber bereits seit 1925 an der Erlanger Frauenklinik tätig gewesen war, sah die Verantwortung für die Abtreibungen allein bei seinem 1947 verstorbenen Amtsvorgänger Hermann Wintz. Die skandalöse, über politische Seilschaften forcierte Berufung Dyroffs wurde von einer medialen Debatte begleitet, in der die Zwangsabtreibungen thematisiert, die Causa Dyroff zum Politikum und er selbst als »›Assistent des Engelmachers bei den Ostarbeiterinnen‹ apostrophiert« wurde.[61]

▸ Exkurs »Unhaltbare Zustände«: Konflikt um die Geburtshilfe und Frauenheilkunde, S. 310.

Jenseits der dunklen Vergangenheit setzte man 1949 eine Ärztekommission für die weiterhin weitestgehend illegalen Schwangerschaftsabbrüche ein, um künftig Rechtssicherheit für die Erlanger Ärzte zu schaffen.[62]

Bezüglich der Zwangssterilisationen im Rahmen des »Gesetzes zur Verhinderung erbkranken Nachwuchses« bleibt unklar, wie viele der in Erlangen betroffenen Frauen und Männer entschädigt wurden. Generell gilt für die Opfer der Zwangssterilisation bis zum heutigen Tage, das ihnen der Status der »rassistisch verfolgten« Personen verwehrt wird und sie somit auch nicht Anspruch auf Leistungen des Bundesentschädigungsgesetzes haben. Allerdings wurde 1980 eine Härtefallregelung erwirkt, durch die Zwangssterilisierte eine Pauschalzahlung von 5.000 DM erhalten konnten. In dieses Bild einer »Entschädigung zweiter Klasse« (Constantin Goschler) passt, dass das NS-Sterilisationsgesetz erst 1968 offiziell außer Kraft gesetzt worden war. Noch wesentlicher länger – und zwar bis 1998 – dauerte es, bis die Beschlüsse der Erbgesundheitsgerichte formal aufgehoben wurden. Schließlich wurde das Gesetz erst 2007 vom Deutschen Bundestag als »nationalsozialistisches Unrecht« geächtet.[63] Insofern überrascht es auch nicht, dass eine strafrechtliche Belangung der an den Zwangssterilisationen beteiligten Ärzte – als Erlanger Kliniker wären hier vor allem der Psychiater Friedrich Meggendorfer und der Gynäkologe Rudolf Dyroff zu nennen – und Juristen nicht stattfand. Ein erstes «Euthanasie«-Ermittlungsverfahren gegen Ärzte der Heil- und Pflegeanstalt Erlangen im Jahr 1949 wurde eingestellt.[64] In den 1960er Jahren kam es infolge des Auschwitz- und des Eichmann-Prozesses zu einem Schub der Aufarbeitung nationalsozialistischer Verbrechen.[65] Im sogenannten »Ansbach-Prozess« wurde 1963 gegen Albert Viethen und andere Mediziner wegen »Beihilfe zum Mord in mehreren Fällen« Anklage erhoben.[66] Viethen musste sich für die Verlegung von 20 Kindern nach Ansbach rechtfertigen, von den sieben im Rahmen der NS-»Kindereuthanasie« getötet wurden. Der frühere Erlanger Pädiater beteuerte vor Gericht seine Unschuld, da er nicht über die Tötungen informiert gewesen sei. Wie genau Viethen über die Vorgänge in Ansbach informiert war, muss letztlich offenbleiben. Dass eine Verlegung seiner Patienten in eine Heil- und Pflegeanstalt während des Zweiten Weltkrieges mit großen Gefahren für diese verbunden war, darüber war sich Viethen sicherlich bewusst. Umso eigentümlicher mutet es an, mit welcher Vehemenz er einige Verlegungen persönlich vorantrieb.[67] Sehr detaillierte Informationen über den Ablauf der NS-»Euthanasie« hatte der damalige Ordinarius für Psychiatrie, Friedrich Meggendorfer. Da sich seine psychiatrische Universitätsklinik auf dem Gelände der Erlanger Heil- und Pflegeanstalt befand, bekam er die Deportation von mehr als 900 Patienten, aus nächster Nähe mit. In diesem Lichte sind auch einige Patientenverlegungen aus der psychiatrischen Uniklinik in die Heil- und Pflegeanstalt zu betrachten, die nur kurze Zeit vor einem Abtransport in eine Tötungsanstalt der »Aktion T4« stattfanden. Darüber hinaus versuchte Meggendorfer aus den »Euthanasiemorden« noch Kapital zu schlagen. Als sich die durch die Patientenmorde kurzzeitig unterbelegte Heil- und Pflegeanstalt mit einer Auflösungsdiskussion konfrontiert sah, versuchte er, dass Anstaltsareal für den langersehnten Neubau einer psychiatrischen Klinik zu beanspruchen. 1996 errichtete man den ermordeten Patienten der Erlanger Heil- und Pflegeanstalt einen

Abb. 10 Eng an eng: Viele Schwestern arbeiteten über 70 Stunden in der Woche, 1954.

Abb. 11 Die Amtliche Bekanntmachung der Stadt Erlangen vom 21. November 1947, in der zur Selbstversorgung auswärtiger Patienten der Kliniken mit Nahrung und Kohlen aufgerufen wurde.

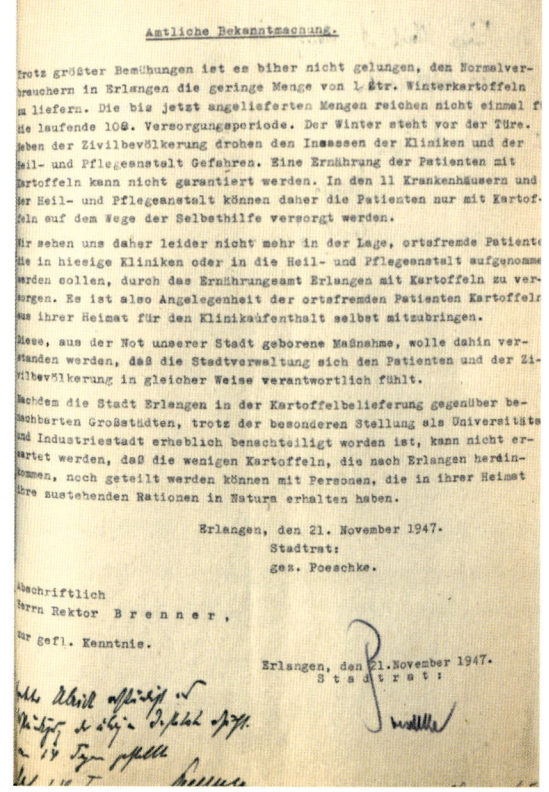

Gedenkstein, und seit 2014 wird die NS-«Euthanasie» in einem Projekt am Erlanger Institut für Geschichte und Ethik der Medizin aufgearbeitet.

Im SPIEGEL wurde zudem 1961 öffentlich gemacht, dass der Erlanger Psychiater und Honorarprofessor Berthold Franz Kihn, der bereits vor der Machtübernahme der Nationalsozialisten die »Ausschaltung von Minderwertigen aus der Gesellschaft« gefordert hatte, in seiner Zeit als Professor und Klinikdirektor in Jena als T4-Gutachter tätig gewesen war. Ein bis Januar 1963 gegen Kihn angestrengtes Gerichtsverfahren wurde seitens der Staatsanwaltschaft mangels Beweisen für eine Beteiligung am Krankenmord eingestellt.[68] Aus Sicht der Forschung gehörte Kihn indes eindeutig zu den »Vordenkern der Vernichtung« (Philipp Rauh). Ganz allgemein lag die Historisierung der nationalsozialistischen Vergangenheit und ihrer Nachwirkung in der deutschen Universitätsgeschichte, so Winfried Müller, »in ein[em] potentielle[n] Spannungsfeld von Apologetik, Vertuschung oder [war] gar mit dem Ruche der Indiskretion« behaftet.[69] Jenseits punktueller medialer Aufmerksamkeit setzte in Erlangen erst in den 1990er Jahren eine Auseinandersetzung mit der Zeit des Nationalsozialismus ein, in der das unrühmliche Verhältnis der Erlanger Universität und ihrer Studenten zum Nationalsozialismus wie auch die Beteiligung von Erlanger Wissenschaftlern an nationalsozialistischen Verbrechen genauer untersucht wurde – zu einem Zeitpunkt also, als die meisten Betroffenen entweder im Ruhestand oder bereits verstorben waren.[70] Eine systematische Aufarbeitung steht jedoch für Erlangen – im Gegensatz zu einem Gros der anderen deutschen Universitäten – weiterhin aus.

Mangel und Mängel verwalten

Welche Rolle spielten andere Faktoren in der Entwicklung der Universitätskliniken in den Nachkriegsjahren? In einem längeren Prozess hatte sich in Erlangen das Beziehungsgeflecht der drei klinischen Funktionsbereiche Forschung, Lehre und Krankenversorgung zeitweilig neu geordnet. Rektor Friedrich Baumgärtel, für den das Kerngeschäft einer Universität die Forschung war, stellte noch 1949 nüchtern fest: »Eine medizinische Klinik ist kein Krankenhaus […] Wo sich die Assistenten in der Krankenbetreuung verzehren müssen, ist die Forschung lahmgelegt und der eigentliche Sinn der Klinik zuschanden gemacht, der Leiter der Klinik ist zum Krankenhausdirektor geworden.«[71]

Tatsächlich hatte wegen der Schließung der Universität und der Überbelastung der Kliniken 1945 zunächst die Rolle als regionales medizinisches Versorgungszentrum im Mittelpunkt gestanden. Angesichts der allgemeinen Personalengpässe auf allen Ebenen, einer gleichzeitigen gesundheitsgefährdenden Überbelastung der unterbezahlten Schwestern, der durch die Entnazifizierung mehrfach gebrochenen Kontinuitäten in den Führungspositionen sowie der grundsätzlichen Ausstattungs- und Versorgungsnöte überrascht das kaum.[72]

Schon vor Kriegsende war die Versorgung mit Kohle zu einem Problem geworden, das sich in den folgenden Jahren – zumal in den strengen Wintern der Jahre 1946/47 – weiter verschärfen sollte. Auch die Lebensmittelkrise machte vor den Toren der Kliniken nicht Halt. Im November 1947 hieß es in einer amtlichen Bekanntmachung des Erlanger Stadtrats: »Es ist also Angelegenheit der ortsfremden Patienten[,] Kartoffeln aus ihrer Heimat für den Klinikaufenthalt selbst mitzubringen.«[73]

Allgegenwärtig waren zudem die Zwänge der Materialknappheit. Für die meisten Waren mussten die Klinikleiter rechtzeitig Bedarf anmelden, um eine Zuteilung zum Beispiel über die Krankenhaus-Versorgungs- und Betreuungsstelle München zu erhalten. Die Wartelisten für Textilien und Einrichtungsgegenstände aller Art waren lang, die Bedarfsanmeldung für öffentliche Institutionen termingebunden und unflexibel.

So sehr punktuelle Um- und Erweiterungsbauten Fortschritte suggerieren, so sind sie geeignet, andere Fragen und die dahinterliegenden genuinen Probleme zu verdecken. Denn ein Klinikbau war zunächst ein nach bestimmten Bedarfskriterien geplantes, aber *leeres* Gebäude. So war 1948 keineswegs gesichert, dass das neue Infektionsgebäude der Medizinischen Klinik auch mit den notwendigen Betten und Matratzen ausgestattet sein würde. Die Münchner Zentrale hatte sich zuvor über die Einzelbestellungen seitens der Kliniken beschwert und brüsk mitgeteilt, dass »der Gesundheitsabteilung Textilkontingente nicht mehr zur Verfügung« stünden, da das »Krankenhausprogramm abgeschlossen« sei.[74] Karl Matthes, Leiter der Medizinischen Klinik, musste daraufhin den Rektor bitten, er möge sich beim Ministerium dafür verwenden, dass die bereits bei einer lokalen Firma bestellten 50 Bettgarnituren zur Verwendung im Infektionsgebäude freigestellt würden. Ohne diesen umständlichen Umweg wäre an eine Inbetriebnahme nicht zu denken gewesen.

Ein weiteres Beispiel für die Nöte der Zeit ist das Bemühen um eine Zentralapotheke für die Universitätskliniken. Mit dieser sollte die Klinikversorgung bei gleichzeitiger

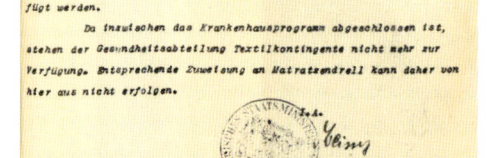

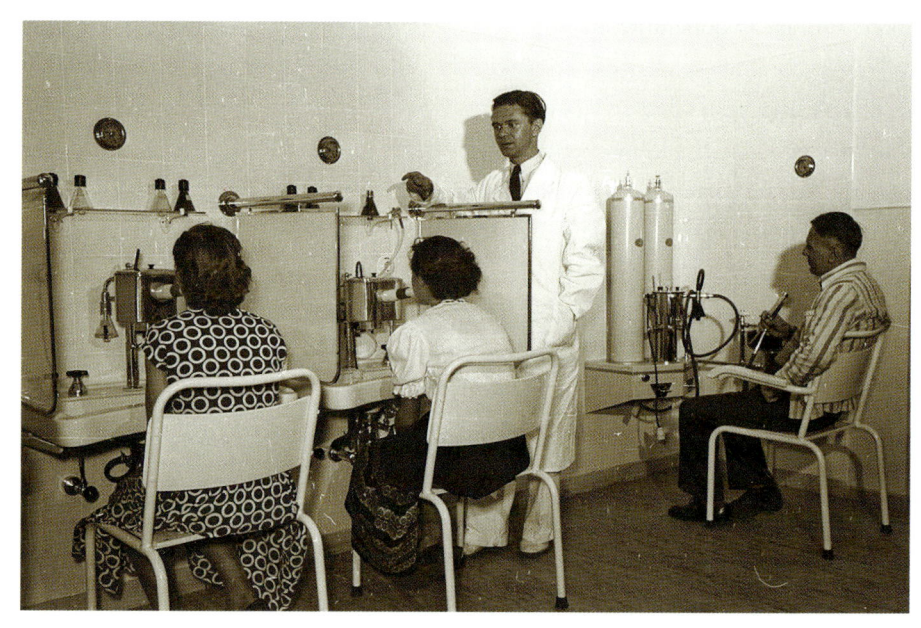

Abb. 12 Bürokratische Hindernisse: Streit um Matratzendrell mit der Münchener Zentrale, 1948.

Abb. 13 Langsam vorwärts: Vorführung des neuen Inhalatoriums an der HNO-Klinik, 1953.

Entlastung der Administration und unter Umgehung privater Zwischenhändler sichergestellt werden. Nach Kriegsende war durch Verbindungen zu einem lokalen Apotheker die Versorgung der Kliniken mit Medikamenten zwar zunächst gesichert gewesen, doch hatte dieser glückliche Zustand nicht lange angehalten.[75] Bald fehlte es an so unterschiedlichen Dingen wie Penicillin, Rohmaterial für Zahnprothesen und Gummihandschuhen. Die Grundausstattung der geplanten Zentralapotheke sollte daher zunächst aus Beständen einer aufgelösten Flüchtlingslagerapotheke in Nürnberg-Langwasser organisiert werden. Zu diesem Zweck entsandte Transporter kehrten jedoch wenig später unverrichteter Dinge zurück, nachdem die Behörden der Stadt Nürnberg ebenfalls Ansprüche geltend gemacht und die Herausgabe des Inventars verweigert hatten. Ungeachtet dessen war zu diesem Zeitpunkt noch völlig offen, wo man die geplante Zentralapotheke überhaupt würde unterbringen können. Sie wurde letztlich erst 1957 eingerichtet.

Der Materialmangel erfasste auch die Forschung. Es fehlte an Therapeutika wie Insulin, an Labormaterialien vom Mikroskop bis zu Petrischalen für Bakterienkulturen, an Büchern und Zeitschriften sowie an hinreichender (internationaler) Vernetzung. Nach Ermessen der Kliniker waren die Bibliotheken schlecht ausgestattet, zumal sich viele Bestände 1945 noch in Schutzunterkünften auf dem fränkischen Land befanden.[76] Für Neuanschaffungen fehlte es an Geldern, was durch Spenden verschiedener, auch ausländischer Institutionen nur minimal kompensiert werden konnte. Viele Professoren bezahlten Einrichtungs- und Arbeitsgegenstände aus privater Tasche.[77]

Klassische Unterstützer wie die Physikalisch-Medizinische Sozietät, der Universitätsbund, der Nürnberger Sonderfonds oder die Notgemeinschaft der deutschen Wissenschaft, aus der später die DFG hervorgehen sollte, mussten erst wieder zugelassen bzw. neu gegründet werden. Die Physico-Medica wurde am 7. Dezember 1947 wieder eingerichtet und bemühte sich im Rahmen ihrer Möglichkeiten um das Knüpfen internationaler Kooperationen, die Organisation von Vorträgen, Druckkostenzuschüsse, die Übernahme von Reisekosten und weitere Maßnahmen, mit denen die Erlanger Medizin unterstützt werden sollte.[78] Erste zaghafte Anfänge einer internationalen Kontaktaufnahme zeigten sich ebenfalls gegen Ende der 1940er Jahre: 1950 freute man sich über »zahlreiche wertvolle Sendungen« aus dem Ausland in den vergangenen Monaten und Jahren.[79] Um auf die Zusendungen mit einem Sammelband als Gegengeschenk reagieren zu können, war man indessen wiederum auf Gelder für die Drucklegung seitens des Kultusministeriums angewiesen.[80]

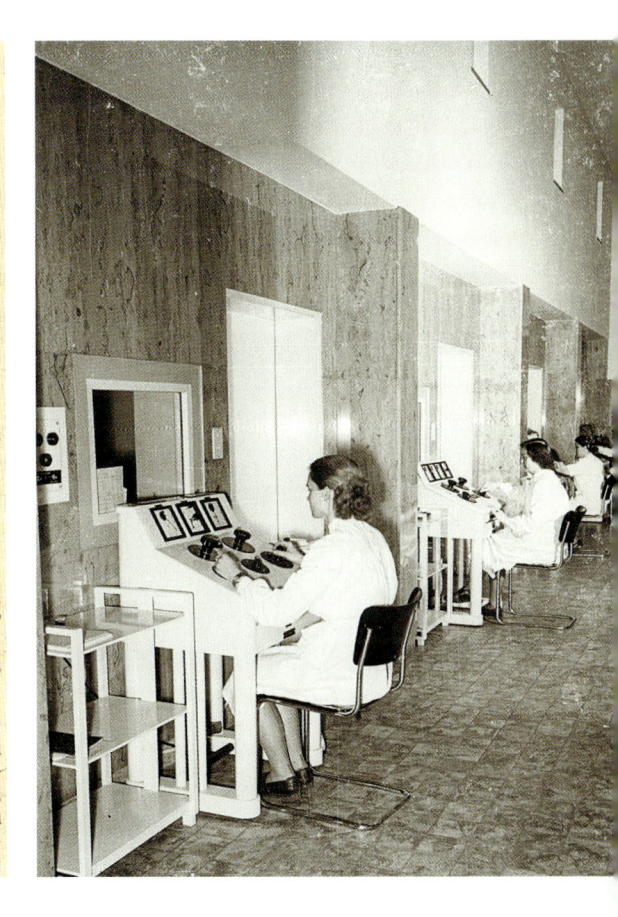

Abb. 14 Bericht über den überregionalen »Röntgentherapeutischen Fortbildungskurs« in Erlangen, 1951.

Abb. 15 Die neue Strahlenabteilung in der aufgestockten Frauenklinik, 1953.

1951 mahnte der bayerische Wirtschaftsminister Hanns Seidel wie manche vor ihm, die deutsche Medizin sei im internationalen Vergleich in der physikalischen Medizin und Radiologie wie auch in der Elektromedizin rückständig.[81] Trotz dieser Diagnose scheiterte die Anfang der 1950er Jahre vorangebrachte Initiative von Franz Anderlohr, Vorstandsmitglied der Siemens-Reiniger-Werke AG und treibende Kraft bei der Einrichtung medizintechnischer Fertigungsanlagen im Bereich der Röntgenologie in Erlangen, zur Einrichtung eines mit einem Lehrstuhl ausgestatteten radiologischen Forschungsinstitutes.[82] Mit der Wiedereingliederung des seit den 1920er Jahren privat geführten »Röntgeninstitutes Hermann Wintz« in die Frauenklinik konnte 1948 zumindest eine direkte Folge staatlicher Unterfinanzierung rückgängig gemacht werden.[83]

Die Zeit von 1945 bis 1949 bildet in der Forschungsbiografie der Erlanger Kliniker, aber keineswegs nur dort, mehrheitlich ein Tief. Überwunden wurde es in den meisten Fällen erst ab 1947 in kleinen, ungleichmäßigen Schritten hin zu einer Normalisierung Anfang der 1950er Jahre. Neben der zweifellos gravierenden Lage an den Kliniken und Instituten waren die unsichere Lebens- und Versorgungssituation der Nachkriegsjahre wie auch der Mangel an Geld-, Papier- und/oder Lizenzen für wissenschaftliche Publikationen mitverantwortlich.[84] Unter den gegebenen Umständen war es vor allem das Engagement einzelner Mediziner wie z. B. Franz Koelschs in der Arbeitsmedizin, welche die Grundlage späterer Entwicklungen und fachlicher Institutionalisierung bildete, im Falle Koelschs, der erfolgreich die Errichtung des ersten deutschen Lehrstuhls für

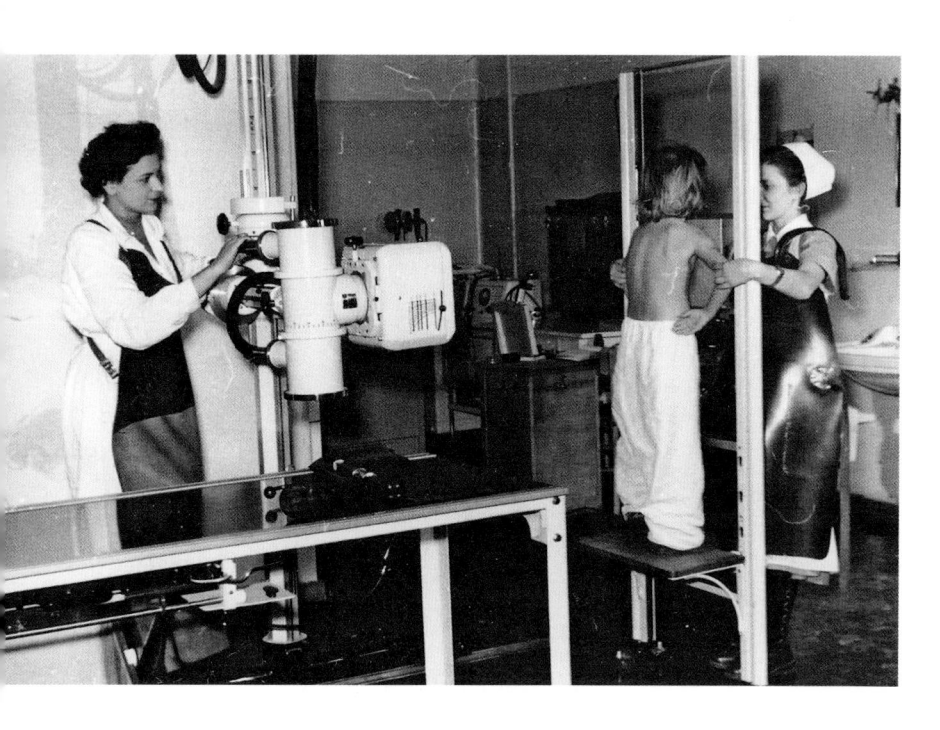

Abb. 16 Langsame Besserung: Ein Patient wird in der Kinderklinik geröntgt, 1954.

Arbeitsmedizin an der Erlanger Universität vorangebracht hatte, sogar weit über Erlangen hinaus.[85] Zu einer grundsätzlichen institutionellen Erweiterung und Ausdifferenzierung der medizinischen Fächer und klinischen Abteilungen kam es allerdings erst seit den 1960er Jahren.[86]

Eine Wiedereröffnung des Lehrbetriebs hatte die Fakultät ursprünglich zum Wintersemester 1945/46 angestrebt, was aus Mangel an Lehrkräften und Heizmaterial jedoch nicht möglich war und deswegen auf Februar 1946 verschoben wurde. Somit war die Medizinische Fakultät nach der Theologischen die letzte in Erlangen, die wiedereröffnet wurde;[87] eine Ironie, bedenkt man, dass die Entscheidung der Amerikaner, die Universitäten in ihrem Sektor entgegen ihrer ursprünglichen Absicht so früh wieder zu öffnen, im Wesentlichen mit der drängenden Ausbildung von Medizinern und Theologen begründet worden war.[88] Wenn auch die reguläre Lehre erst im Februar wieder aufgenommen werden konnte, bot die Fakultät im verkürzten Wintersemester immerhin schon einen Postgraduiertenkurs für insgesamt 200 Ärzte an.[89] In der erzwungenen Unterrichtspause wurde über eine Umstrukturierung des Medizinstudiums debattiert. Diskutiert wurde unter anderem die Einführung eines Studium generale für Ärzte und die Einführung eines fünften vorklinischen Semesters, das aus Sicht der Kliniker aufgrund der angeschwollenen Stoffmenge und ungenügenden Vorbildung der Absolventen des »Notabiturs« notwendig geworden schien.[90] Beide Vorschläge wurden letztendlich verworfen, wie auch die Idee einer »Zurückdrängung des Frauenstudiums« fallen gelassen wurde – 1947 waren knapp 28 Prozent der 1430 Studierenden der Humanmedizin Frauen.[91] Für die Immatrikulation sollten Lateinkenntnisse, die man wiederum nachträglich an der Universität erwerben konnte, die einzige sachliche Zulassungshürde sein. Nicht zugelassen wurden Studenten dann, wenn man ihnen »aktivistisches nationalsozialistisches Verhalten« nachweisen konnte.[92] Analog zum sukzessiven Niedergang der Entnazifizierungsbemühungen wurden diese politischen Ausschlusskriterien aber bereits Ende 1947 gelockert.[93]

Vom nationalsozialistischen Fächerkanon bereinigt, blieb das Curriculum nach Kriegsende im Wesentlichen mit der Ausnahme unverändert, dass zuvor gesondert ausgewiesene radiologische Vorlesungen nicht mehr gehalten wurden.[94] Eine weitere Ausnahme bildete die einstündige Vorlesung über die *Geistige Grundhaltung des Arztes* von Werner Leibbrand, dem Leiter der Heil- und Pflegeanstalt und Gründervater des medizinhistorischen Seminars. Diese berufsethische Vorlesung wurde allerdings nur im Sommersemester 1946 im Rahmen der »Einführung in das Medizinstudium« angeboten und von Leibbrands Kollegen in den kommenden Jahren mindestens in dieser Form nicht weiterverfolgt.[95]

Ungeachtet der Frage der Organisation des Studiums war der Andrang groß. Anfang 1946 kamen auf die für Human- und Zahnmedizin angedachten 1200 Studienplätze 4000 Bewerber.[96] Viele junge Menschen waren noch vor der Bestätigung eines Studienplatzes im gewünschten Fach nach Erlangen gezogen, was die ohnehin problematische Versorgung der Erlanger Studierenden mit Wohnraum verschlechterte. Die Misere setzte sich in völlig überfüllten Hörsälen und Laboren fort, die für den Andrang keinesfalls hinreichend ausgestattet waren. Das Fehlen nach Kapazität und Ausstattung angemessener Unterrichtsräume in den Kliniken wirkte sich zusätzlich negativ aus, da ein anstrengender Transport z. B. schwerkranker Kinder zu Anschauungszwecken für die Lehre in die in anderen Gebäude liegenden Ausweichquartiere nicht praktikabel war und quer zum Patientenwohl stand.[97] Einige an sich ungeeignete Studenten erschlichen sich ihre Zulassung über rechtliche Schlupflöcher und Umwege, was seit 1947 zu einer anhaltenden Diskussion über Zulassungsbeschränkungen im Medizinstudium und qualitative Auswahlverfahren führen sollte. Anfang Dezember 1947 beriet die Fakultät über die »Ausmerzung [sic!] schlechter Studenten«, die man durch verschiedene Maßnahmen wie die Verweigerung der Ausgabe von Praktikumsscheinen aus dem Studium drängen wollte.[98] Die Bamberger Klinik half zwar einerseits bei der Entlastung, vor allem in der geburtshilflichen Abteilung und später in Teilen der ärztlichen Vorprüfung. Andererseits stellte die dortige Lehrtätigkeit die Erlanger vor das Dilemma, dass man auf diese Weise den viel diskutierten wie gefürchteten Plänen zur Gründung einer vierten bayerischen Universität mit eigener Fakultät Vorschub leisten könnte – einem weiteren Wettbewerber um knappe Mittel und Ausstattung, ein wirtschaftlicher Albtraum also.[99] Unter den gegebenen Bedingungen litt die Ausbildungsqualität merklich. Bei einem Treffen von Vertretern zentraler Verbände des westdeutschen Gesundheitswesens kam es Mitte 1950 zu massiver Kritik an der Ärzteausbildung in Bayern. Dieser wurde vorgeworfen, eine »verantwortungslose Produktion von Ärzte[n]«, ja »Stümpern und Pfuschern« zu betreiben.[100] In den Reaktionen der Erlanger Kliniker wurden die Vorwürfe zwar in Teilen entkräftet, gleichwohl gestand man ein, dass die Ausbildungsqualität in den direkten Nachkriegsjahren tatsächlich einen »erschreckenden Tiefstand« erreicht hatte, dieser jedoch zwischenzeitlich überwunden worden sei.[101] Erst zu Beginn der 1950er Jahre kam es zu einem zeitweiligen Rückgang der Studentenzahlen, der zu einer vorübergehenden Entlastung führte.[102]

Neben der angespannten materiellen Versorgungslage bildete die Finanzierung der Kliniken einen weiteren Problemkreis. Erlangen beteiligte sich am Unterhalt der Kliniken nur mit symbolischen Beiträgen – 1951 waren dies gerade einmal 250 DM pro Klinik – und das, obwohl die Bayerische Gemeindeordnung die »Unterhaltung von Krankenanstalten« eigentlich vorschrieb.[103] Da die Stadt weiterhin über kein eigenes Krankenhaus verfügte, blieben die Kliniken in ihrer Doppelfunktion als städtisches Krankenhaus und

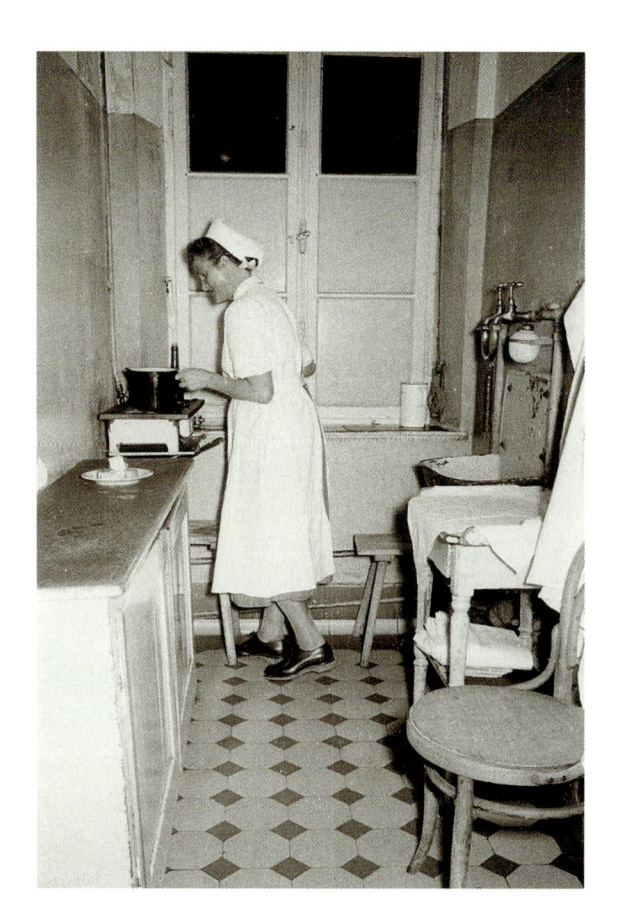

Abb. 17 Zeit der Improvisationen: Krankenschwester in einer »Behelfsküche«, 1952.

Abb. 18 1953 gab es an der Erlanger Universität über zehn größere Baustellen.

universitäre Einrichtung im Niemandsland zwischen der Unterhaltspflicht der Stadt für eine Krankenanstalt und derjenigen des Staates für die Universität gefangen. Die medizinische Versorgung von Stadt und Region blieb somit bis auf Weiteres abhängig vom Etat des bayerischen Kultusministeriums, der nach wie vor zum Großteil für den Wiederaufbau der Universitäten von Würzburg und München verwendet wurde, sowie den Zahlungen der Krankenkassen und Privatpatienten im Tagesgeschäft. Die Krankenkassen litten ihrerseits wiederum unter rückläufigen Einnahmen bei einer ohnehin niedrigen Versichertenquote.[104] Mit ihnen stritt sich die Fakultät um die Pflegesätze, die durch Währungsreform und Inflation in einem aus Sicht der Kliniken nicht mehr tragbaren Missverhältnis zu den Aufwendungen pro Patient und Tag standen, was eine Kündigung der bestehenden Verträge nach sich zog.[105] Zusätzlich erschwert wurde dies durch die weit in die 1960er Jahre hinein defizitäre bayerische Gesundheitspolitik.[106]

Erlangen war in seiner Lage indes nicht allein. Im Jahresbericht der Arbeitsgemeinschaft für das Krankenhauswesen in Bayern von 1949 stellte man eine »finanzielle Not« aller bayerischen Krankenhäuser, insbesondere seit der Währungsreform fest. Zudem herrschte Unklarheit darüber, wer welche Kosten zu welchem Anteil übernehmen müsse: Universität, Kliniken, Patienten, Krankenkassen oder der Staat? Diskutiert wurden beispielsweise die Bezahlung von Röntgenuntersuchungen oder die Frage, inwieweit die Kliniken als Einrichtung der Universität eine kostenlose medizinische Versorgung der Erlanger Studenten oder der »Displaced Persons« anbieten müssten.[107]

Noch Anfang April 1946 wurde mit Begeisterung ein Sofortprogramm des Bayerischen Staates für Neu- und Umbauten diskutiert. Die Rede war von einem Seminargebäude der Medizinischen Fakultät, der Errichtung einer eigenständigen Psychiatrischen Klinik, dem Neubau der Chirurgischen Klinik und der Umverteilung von Mitteln und Vergrößerungen der bestehenden Bausubstanz. Die Begründung: Erlangen würde bis Mitte der 1950er »die« bayerische Universität sein.[108] Der Makel: Die Begeisterung war vorschnell. Sämtliche Bauvorhaben der Universität in den kommenden Jahren sahen sich immer wieder mit Kürzungen von Zuschüssen oder zugesagten Geldern konfrontiert. Im Zuge der wirtschaftlichen Verwerfungen um die Währungsreform wurde 1949 der Bauetat der gesamten Universität erheblich gekürzt.[109] Neubauten waren somit nicht und die Fertigstellung laufender Bauvorhaben nur in deutlich geringerem Umfang als geplant und dies wiederum nur in Etappen realisierbar. Davon betroffen waren unter anderem die Aufstockung der Frauenklinik 1947 und die 1950 in Angriff genommene Erweiterung der Kinderklinik, die 1955 fertiggestellt wurde. Um zwischen den gerade in der Mittelvergabe konkurrierenden Ansprüchen der einzelnen Kliniken zu vermitteln, hatte die Fakultät 1949 in geheimer Wahl eine Kommission eingesetzt, die helfen sollte, zumindest die internen

Zuteilungskonflikte zu moderieren.¹¹⁰ Tatsächlich lagen an den meisten Kliniken und Instituten fertige Um- und Neubaupläne in den Schubladen oder wurden von den neu hinzugekommenen Klinikleitern alsbald entwickelt. Sie scheiterten jedoch in aller Regel an der Finanzlage. 1950 gab es erste Hoffnungsschimmer, als Mittel aus dem »Marshallplan« zugesagt wurden, die man vor allem für die Kinderklinik verwenden wollte.¹¹¹ Gleichwohl warnte Rektor Baumgärtel in einem Artikel vor allzu großer Euphorie.¹¹² Geprägt war diese Zeit daher von Improvisationen und Provisorien, die, wie die Unterbringung der Zahnklinik in einer Behelfsbaracke, dauerhafter als ursprünglich geplant waren. Ein rares Gegenbeispiel bietet der Neubau des Bettenhochhauses der Chirurgie, den der renommierte Chirurg Otto Goetze mit Nachdruck vorangetrieben hatte. Die Genehmigung für den Bau erhielt die Universität kurz vor seiner Emeritierung. Goetze, der 1951 in der Chirurgischen Klinik die erste Blutbank Erlangens eingerichtet hatte, sollte die Fertigstellung »seiner« neuen Chirurgischen Klinik 1955 jedoch nicht mehr erleben.¹¹³

Abb. 19 Otto Goetze (1886–1955).

Neu- und Erweiterungsbauten waren nicht die einzigen Maßnahmen, mit der man der Raumnot Herr werden wollte. So bemühten sich Universität, Fakultät und/ oder einzelne Kliniken um die Übernahme medizinischer Einrichtungen aus dem näheren Umfeld. Ein zentrales Problem war, wer nach Ende des gleichgeschalteten nationalsozialistischen Staates Eigentumsansprüche anmelden konnte. Erschwert wurde dies dadurch, dass viele der früheren Eigentümergesellschaften 1945 nicht mehr existierten oder Neugründungen nicht willens oder fähig waren, die Verantwortung zu übernehmen. Dies betraf etwa das ehemalige »Lernschwesternheim« des »Reichsbundes Deutscher Schwestern« in der Spardorfer Straße, das bis in die Zeit des Nationalsozialismus Heimat der Studentenverbindung Fridericiana gewesen war und nach Kriegsende treuhänderisch von der Bamberger Erzdiözese verwaltet wurde.

Um die Keimzelle des späteren Waldkrankenhauses St. Marien stritt sich die Fakultät zunächst mit der Stadt um die Rückgabe des dortigen Krankenhausinventars, dann mit der Erzdiözese darum, die Räumlichkeiten für die Universität zu übernehmen, was letztlich vom Kultusministerium zugunsten des Erzbischofs abgelehnt wurde.¹¹⁴ Das Marien-Hospital wurde somit keine Körperschaft der Universitätskliniken und ging 1949/50 an die Schwesternschaft über. Im wechselseitigen Einvernehmen wurde es dennoch als Bettenstation für die Medizinische Poliklinik mitgenutzt.¹¹⁵ Seit 1947 bemühte sich die Fakultät um das Spardorfer Tuberkulose-Heim und konnte sich in einer ersten Etappe in diesem Fall gegen den Bamberger Erzbischof durchsetzen.¹¹⁶ Neben der auch hier unklaren Besitzlage spielte vor allem gesellschaftlicher Widerstand gegen die Unterbringung von Tuberkulosekranken eine Schlüsselrolle. Spardorf hatte wie Erlangen in der Nachkriegszeit einen deutlichen Bevölkerungszuwachs erlebt. Eine Bürgerinitiative sorgte sich nun um die Ansteckungsgefahr, zumal auf dem Nachbargelände eine Schule gebaut werden sollte.¹¹⁷ Matthes' öffentliche Stellungnahme, es sei »keine Gefährdung der Volksgesundheit gegeben«, überzeugte die Spardorfer nicht.¹¹⁸ Als auch der Bezirk Mittelfranken ein Problem vor allem in der Abwasserhygiene feststellte und somit die Kosten allein der Instandsetzung des Heimes – vom notwendigen Ausbau ganz zu schweigen – in die Höhe schossen, wurde das Projekt aufgegeben.¹¹⁹

Abb. 20 Frühphase im Bau des neuen Bettenhauses der Chirurgischen Klinik, 1950er Jahre.

Auch die Pläne für eine feste Übernahme des Bubenreuther-Hauses zur Unterbringung der noch zu schaffenden Klinikapotheke und der Bettenstation der mittlerweile selbstständigen chirurgischen Poliklinik sollte letztlich nicht gelingen.[120]

Erlanger Sorgen

Die für Erlangen spezifische Sorge vor einer aktiven Benachteiligung bis hin zu einer möglichen Schließung der Universität seitens des Staates blieb auch an der Schwelle zu den 1950er Jahren virulent. Hinzu kam, dass gerade in Zuteilungsfragen das konfessionell begründete Misstrauen zwischen protestantischen Franken und bayerischen Katholiken zutage trat. Als Deutungsmuster wurde dieser Konflikt immer wieder an Entscheidungen herangetragen, die zuungunsten Erlangens oder der Universität ausgefallen waren.[121] Mit der Währungsreform war die Beschwerde laut geworden, Erlangen würde in den finanziellen Zuwendungen noch deutlicher gegenüber Würzburg und München abfallen und sei ohnehin seit Jahrzehnten im Nachsehen.[122] 1948 verfügten die Erlanger Kliniken über insgesamt 1530 Betten, München über 1535 und Würzburg über 1479.[123] Aus der Binnenperspektive der Kliniken schien die Verärgerung über eine schlechtere finanzielle Ausstattung gegenüber den bayerischen Universitätskliniken also rein rechnerisch nachvollziehbar und begründet, doch herrschte materielle Not an vielen Medizinischen Fakultäten und im Bildungswesen schlechthin.[124] Tatsächlich lag Erlangen hinsichtlich Einnahmen, Personalkosten, Verwaltungsdichte und der Betreuungsdichte im Vergleich mit Universitätskliniken in den anderen westlichen Besatzungszonen im Mittelfeld. Auf einer Konferenz in Heidelberg zeigte sich, dass *sowohl* Erlangen *als auch* Würzburg aus dem noch stark agrarisch geprägten, steuerschwachen Bayern gegenüber anderen westdeutschen Universitätskliniken deutlich geringere staatliche Zuschüsse erhielten.[125]

Das rasante, ebenso ungeplante wie unvorbereitete Wachstum der gesamten Universität verstärkte das Gefühl der Überforderung: »Der jetzige Zustand [...] bedeutet den Zusammenbruch der Forschung und damit [...] auch der Lehre. Wir sind hier in der Tat am Ende.«[126] Das Verdikt von Rektor Baumgärtel zum Zustand an Kliniken und Universität Ende Januar 1949 war eindeutig, während ein Jahr später der Erlanger Oberbürgermeister Poeschke bereits mit vorsichtigem Optimismus meinte, man bewege sich aus den »schwere[n] Zeiten der Not und des Kampfes um den Bestand und den Ausbau der Universität« heraus.[127] Seitens der Universität blieb man indessen skeptisch. Zwar kehrten ab Jahresende 1948 *berechenbarere* Verhältnisse ein, doch der Improvisationsdruck, ein nur in Teilen bewältigter Sanierungsstau, landesweite wie regionale Versorgungsprobleme und die schlechte finanzielle Ausstattung blieben vorerst bestehen. Die Neubauten und

Sanierungen der 1950er Jahre vollzogen primär die Entwicklungen der Vorjahre nach, während viele Missstände an Bausubstanz und Einrichtung, wie die damit verbundenen Folgen auf den Klinikalltag in Teilen sogar bis in die 1980er Jahre fortbestanden.[128] Als im Oktober 1952 der Haushaltausschuss des bayerischen Landtages die Universität und Kliniken besuchte, stellte man erschüttert fest, »nicht nur durch Kriegsschäden« könne eine Universität »schwer mitgenommen sein«, nein, auch an »Altersschwäche könnte sie sterben«.[129]

Dennoch gab es viele Fortschritte und Verbesserungen, so konnte schon im April 1952 die Erlanger Kinderklinik eine der ersten »Eisernen Lungen« in der Bundesrepublik in Betrieb nehmen. Seit Beginn des Jahrzehnts begann eine Verbesserung der finanziellen Rahmenbedingungen, die zusammen mit dem Scheitern der Pläne einer vierten Landesuniversität den Erlanger Ängsten nach und nach vorerst den Boden entzogen.[130]   Andreas Plöger

Medizin im Hightech-Zeitalter

Ambivalenzen des Fortschritts

Als im Mai 1985 der erste Nierenlithotripter (»Nierensteinzertrümmerer«) zur »Extrakorporalen Stoßwellenlithotripsie« (ESWL) im Erlanger Klinikum seiner Bestimmung übergeben wurde, äußerte Hans Maier, bayerischer Kultusminister von 1970 bis 1986, ein Nierensteinpatient müsse das neue Großgerät als »modernes Wunder empfinden, wenn er sich, um von seinem Leiden geheilt zu werden, keiner Operation mehr unterziehen müsse, sondern lediglich ein körperwarmes Bad zu nehmen brauche und dabei auch noch Musik hören könne.«[131]

Abb. 21 Symbol des Aufbruchs: Das neu errichtete Bettenhaus der Chirurgischen Klinik war bei seiner Fertigstellung das höchste Gebäude Erlangens.

Ein weiterer Vorteil, so der Minister, bestünde darin, dass die ESWL-Behandlung »erheblich billiger sei als die bisher notwendige Operation.« Indem bundesweit mit ca. 20.000 Lithotripsie-Behandlungen zu rechnen sei, »dürften die Krankenkassen jährlich mindestens 30 Millionen DM einsparen.« Dies hätten die Krankenkassen der Forschungsarbeit eines »bayerischen Universitätsklinikums [gemeint war dasjenige der LMU München, KHL] zu verdanken«; Maier fügte hinzu: »Forschungsergebnisse der Universitätskliniken wirken kostendämpfend im Gesundheitswesen.« Die Erwartung, ein weiter entwickelter Lithotripter könnte »von den Anschaffungs- und Unterhaltskosten her den öffentlichen Haushalten Ersparnis bringen«, fand sich auch später gelegentlich.

Eine grundsätzliche Problematik der medizinischen Zeitgeschichte besteht darin, dass der Historiker selbst teilnehmender Beobachter ist. Komplexe Entwicklungen werden meist aber erst in einem größeren zeitlichen Abstand – rückschauend – verständlich

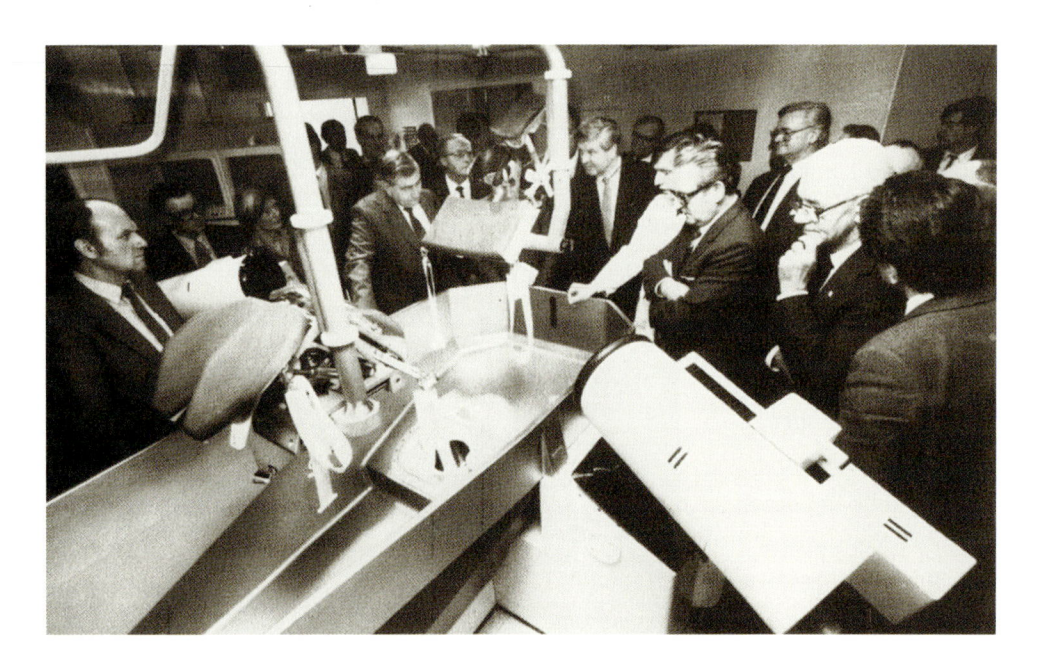

Abb. 22 Feierliche Inbetriebnahme des Erlanger Nierenlithotripters, Mai 1985, Kultusminister Maier in der Bildmitte, am Kopfende der Wanne.

und erklärbar. Dies gilt auch für das Themenfeld der Hochleistungsmedizin. Der einfach scheinende Begriff »Medizin« ist in der Moderne seinem Sinn nach vielgestalig wie der sprichwörtliche Proteus, die wandlungsfähige mythische Meeresgottheit (Homer, *Odyssee* 4, 456–458). In einer ersten Sprechweise bezeichnet »Medizin« Substanzen (Tabletten u. ä.), die dem (eigenen oder fremden) Körper zugeführt werden, in einer nächsten Ebene kann »Medizin« mit der international agierenden Industrie gleichgesetzt werden, die derartige Produkte herstellt. »Medizin« ist auch die Gesamtheit aller Institutionen von Forschung, Ausbildung und Krankenbehandlung – verkörpert in Universitätsklinika, Krankenhäusern, Arztpraxen oder auch dem medizinischen Publikationswesen und Körperschaften (Zeitschriften, Bücher, Fachgesellschaften). Schließlich bezeichnet »Medizin« auch das Gesundheitssystem eines modernen Staates mit seinen komplexen Strukturen. Der medizinische Diskurs ist unweigerlich ein Machtdiskurs: Es geht um Wissen als Macht, aber auch um konkrete (Steuerungs-)Macht in der Hand des einzelnen Arztes, um zunehmende Macht von (potenziellen) Patienten bzw. Betroffenengruppen, um institutionelle Macht von Universitäten, Kliniken, Konzernen, Versicherungen, Kirchen, Wohltätigkeitsverbänden, um wirtschaftliche und politische Macht in Krieg und Frieden.[132]

So vielfältig die Fragestellungen, so vielfältig sind auch die Quellen, auf die sich eine zeithistorische Darstellung stützen kann. Ungedruckte Primärquellen, Akten des Klinikums aus den letzten Jahrzehnten unterliegen gesetzlichen Sperrfristen und sind aus Gründen des Persönlichkeitsschutzes nicht zugänglich. Dafür sind andere Quellen mehr als reichlich vorhanden. Einen gewaltigen Fundus bildet die (internationale) Forschungsliteratur (Bücher, Zeitschriften) der Medizin selbst, zu der Erlanger Mediziner kontinuierlich beitragen. Für einen kursorischen Überblick, wie er hier angestrebt wurde, bieten sich auch Quellen an, die zugleich die Binnensicht auf die klinische Medizin mit einer Außensicht kombinieren. Die Rede ist von den offiziellen Verlautbarungen der Universität Erlangen-Nürnberg, die regelmäßig als »Unikurier« über wesentliche Entwicklungen an der Universität und im Klinikum berichten und von den »Jahresberichten« des Universitätsklinikums. Derartige offizielle Quellen vertreten naturgemäß die Interessen von Universität und Klinikum. Weiterhin ist mit der offiziellen Sicht eine Auswahl verbunden; fortschrittsorientierte Bereiche der Medizin und spektakuläre Erfolge, Zuwächse aller Art stehen im Vordergrund. Gleichwohl handelt es sich für den vorliegenden

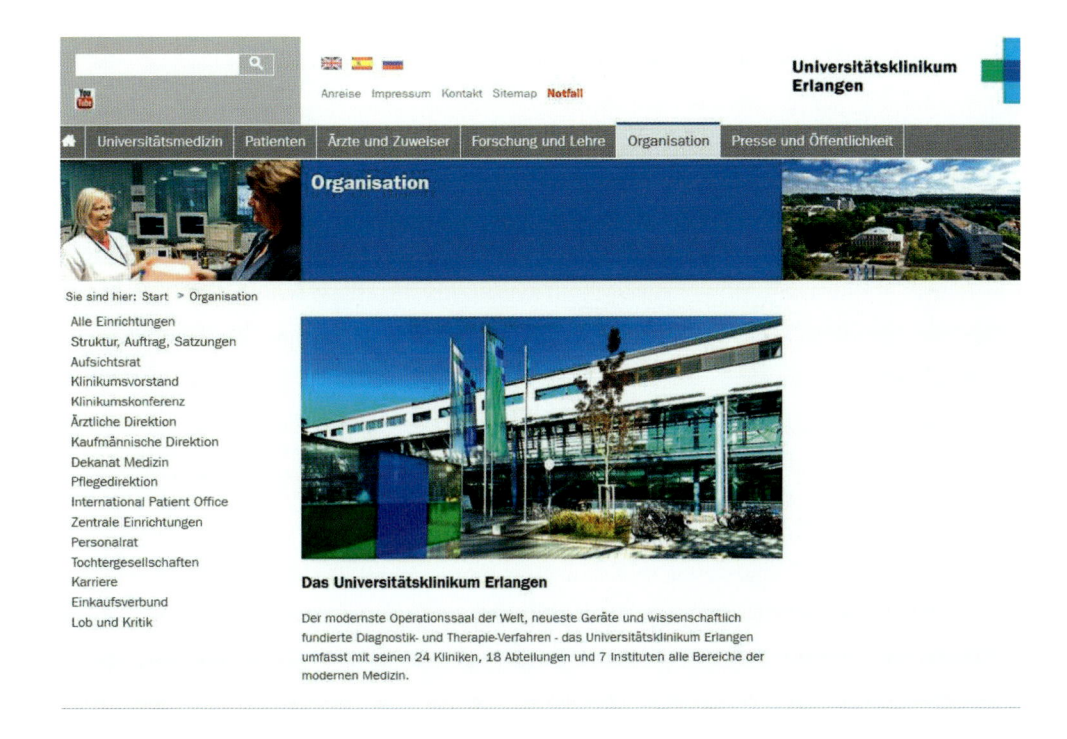

Zweck um nützliche Quellen, da sie, vor dem Hintergrund der medizinhistorischen Forschungsliteratur kritisch gelesen, ein mosaikartiges Bild der Erlanger Universitätsmedizin vermitteln.

Die Forschungsaktivitäten des Klinikums und der Erlanger Universitätsmedizin werden in einem regelmäßig alle zwei Jahren vorgelegten Forschungsbericht ausführlich dokumentiert. Seit den 1990er Jahren ist ein steiler Anstieg von wissenschaftlichen Initiativen, Drittmitteleinwerbungen, DFG-geförderten Sonderforschungsbereichen und anderen Projekten zu verzeichnen. Hatte sich die Medizinische Fakultät 1990 vom Wissenschaftsrat die wenig schmeichelhafte Beurteilung »nicht herausragend« gefallen lassen müssen, wie man in Erlangen seinerzeit selbstkritisch bemerkte,[133] so gehört die Erlanger Universitätsmedizin seit nunmehr zwei Jahrzehnten bayern- und bundesweit zu den führenden Einrichtungen.

Diese Erfolgsgeschichte der Erlanger Medizin lässt sich nicht auf wenigen Seiten darstellen; die Reihe der hier nicht behandelten Themenfelder ist gewiss länger als diejenige der tatsächlich behandelten. Das Hauptgewicht liegt auf der institutionellen Entwicklung der Hochleistungsmedizin in den Jahrzehnten nach 1950. In einzelnen Bereichen ist die Entwicklung bis in die jüngste Zeit berücksichtigt. Exemplarisch betrachtet werden die Bereiche Chirurgie, inklusive Herzchirurgie, Transplantationsmedizin (Niere, Herz, Leber), Anästhesiologie, weiterhin Hämatologie-Onkologie, Gastroenterologie, Palliativmedizin und Reproduktionsmedizin. Im Sinne der Themenstellung Hightech-Medizin werden auch technische Entwicklungen in den Blick genommen, so die für viele Fächer wichtige Bildgebung (CT, MRT, Endoskopie). Doch zahlreiche Fächer, die sich in der Erlanger Universitätsmedizin markant profiliert haben, müssen hier ausgelassen

Abb. 23 Momentaufnahme: Homepage des Universitätsklinikums Erlangen, Startseite (März 2015).

DER »ERLANGER PROFESSORENSTREIT« 1963/64

»Wollen sich die Herren Professoren jetzt duellieren?«, fragte die Nürnberger Boulevardzeitung »8 Uhr-Blatt« in einer Schlagzeile am 21. Januar 1964. Ein in der deutschen Krankenhausgeschichte wohl einzigartiger Konflikt, der in verschiedenen anekdotischen Versionen bis heute am Erlanger Klinikum kursiert, hatte seinen Höhepunkt erreicht.

Die Kontrahenten waren Gerd Hegemann (1912–1999), Lehrstuhlinhaber für Chirurgie und Direktor der Erlanger Chirurgischen Universitätsklinik (1955–1977) und sein Oberarzt Karl Heinz [später: Julius] Hackethal (1921–1997).

Hegemann hatte Hackethal 1956 nach Erlangen geholt, ihr Verhältnis entwickelte sich zunächst vertrauensvoll. Hegemann förderte den innovativen Hackethal, der als Unfallchirurg Furore machte und eine wegweisende Methode der Fixierung (»Bündelnagelung«) entwickelte. Als sich der habilitierte Chirurg Hackethal im September 1961 auf eine Chefarztposition in Bremen bewarb, bescheinigte ihm Hegemann in einem Zeugnis, dass er »hervorragende Forschungsarbeit« leiste, ein »perfekter Bauchchirurg«, »ein guter Arzt und ein tatkräftiger Mann mit einem sauberen klaren Charakter«, außerdem »menschlich absolut zuverlässig« sei.[1] 1962 befürwortete Hegemann die Verleihung des Professorentitels an Hackethal und setzte sich ein Jahr später erfolgreich für dessen Verbeamtung auf Lebenszeit ein. Doch nur kurze Zeit später sollte es zur Eskalation kommen, die seither als »Erlanger Professorenstreit« bekannt ist. Die diesbezüglichen Akten, rund ein laufender Meter im Erlanger Universitätsarchiv, werden hier erstmals für eine historische Darstellung herangezogen.

Als Hegemann im November 1963 einen neuen leitenden Oberarzt ernannte, fühlte sich Hackethal übergangen und griff seinen Chef in beleidigender Weise an. Hackethal forderte ultimativ eine leitende Position und wollte in der Klinikhierarchie unmittelbar nach Hegemann hervorgehoben sein; als ihm Hegemann dies verweigerte, drohte Hackethal (»Das ist Ihr Untergang«)[2] und ging polemisch an die (Universitäts-)Öffentlichkeit. Im Gegenzug beantragte Hegemann ein ministerielles »Dienststrafverfahren« gegen seinen renitenten Oberarzt. Damit waren zumindest die Fronten geklärt, und in den folgenden Monaten entwickelte sich der Konflikt entlang dieser Linie mit stets erhöhtem Einsatz. Der Dekan der Medizinischen Fakultät, der Rektor der Universität und das Ministerium in München standen in pausenlosem Schriftwechsel mit Hegemann und Hackethal. Zunächst sollte noch ein Kompromiss gefunden werden, indem Hegemann anbot, man beachte die Terminologie 20 Jahre nach Ende des »Dritten Reiches«, Hackethal über persönliche Verbindungen »den Übertritt in die Wehrmacht zu ermöglichen«.[3]

Nachdem Hackethal im November 1963 in seiner Vorlesung nach Form und Inhalt massive Vorwürfe gegen Hegemann erhoben und dessen Ablösung gefordert hatte,

»Beide Professoren haben Waffenscheine beantragt«

Abb. 1 »Waffenschein beantragt« – 8-Uhr-Blatt, 21. Januar 1964.

erhielt er vonseiten der Universitätsleitung Anfang Februar 1964 wegen »unwürdigen Verhaltens« ein sofort wirksames Lehrverbot (2/3 der Senatsmitglieder stimmten dafür, 1/3 dagegen) und wurde mit ministerieller Verfügung seines Amtes als Oberarzt der Klinik enthoben.[4]

Hackethal beschuldigte den Direktor der Chirurgischen Klinik, Kunstfehler in größerer Zahl begangen zu haben und suchte dies durch statistische Aufstellungen, die er durch eigene Doktoranden aus den Krankenakten ermittelt haben wollte, zu belegen. Außerdem habe Hegemann schwere Operationen, mitunter tödlich verlaufend, vorgenommen, ohne das Einverständnis der Patienten einzuholen. Gegenüber Studierenden, Klinikmitarbeitern, Schwestern und auch dem Ministerium beanspruchte Hackethal wiederholt offen die Leitung der Chirurgischen Klinik und nannte sich selbst »weniger entbehrlich als Hegemann«, den er »für nicht zurechnungsfähig« hielt.[5] Der solcherart angegriffene Hegemann wehrte sich, indem er die Vorwürfe Hackethals gegenüber dem Rektorat einzeln widerlegte, Solidaritätsbekundungen der Mitarbeiter zu seinen Gunsten vorlegte und nebenbei die Rechtmäßigkeit der Approbation von Hackethal bezweifelte.[6] Assistenten Hegemanns beklagten öffentlich, von Hackethal, der »Untertanengeist wie in der Nazizeit« kritisiert hatte, auf eine Stufe mit »Mordhelfern und KZ-Ärzten« gestellt worden zu sein (»Süddeutsche Zeitung«, 31. Januar 1964).[7]

Das Rektorat und das Ministerium nahmen die Vorwürfe Hackethals, in Anbetracht auch der öffentlichen Aufmerksamkeit, gegen die Qualität der Arbeit Hegemanns durchaus ernst; Hegemann wurde um Stellungnahme gebeten, auswärtige namhafte Chirurgen begutachteten die inkriminierten Fälle und entlasteten Hegemann.[8] Hackethals Angriff gipfelte in einer Anzeige, die er im Februar 1964 bei der Staatsanwaltschaft Nürnberg-Fürth erstattete: es ging um nicht weniger als »Mord« und den Vorwurf von »Menschenversuchen«. Das Ermittlungsverfahren wurde eingestellt.[9]

Hackethal versuchte, Studenten und Patienten, z. T. mit dem Angebot von Bargeldzahlungen, auf seine Seite zu ziehen. Da er nicht mehr innerhalb der Fakultät lehren durfte, hielt er im Saal der Gaststätte »Deutsches Haus« (Luitpoldstraße 25, heute ein griechisches Restaurant) am 4. Februar 1964 und im »Altstädter Schießhaus« am Berg (heute die Osteria »La vita e bella«) am 12. und 19. Februar 1964 eine »Vortragsreihe über Chirurgie« ab; »Eintritt frei« und »Zutritt nur für Medizinstudenten (und Ärzte)«, so warb er mit selbst gemachten Plakaten, die an Bäumen befestigt waren. Die erste Veranstaltung war derart überfüllt, »dass Herr Professor Hackethal den Raum durchs Fenster betreten musste«.[10] Hackethal demonstrierte zwei Patienten, während auf dem Bürgersteig interessierte Laien durch die Fenster schauten; die Polizei war auch anwesend. Der Bierkonsum des Auditoriums

Abb. 2 Das beeindruckende Aktenkonvolut aus dem Universitätsarchiv zum Erlanger Professsorenstreit.

war gewaltig, 70 Flaschen wurden geleert, stellte die »Abendpost« (15./16. Februar 1964) befriedigt fest.[11]

Der »Professorenstreit« zog erhebliche Kreise in der Chirurgischen Klinik, der Medizinischen Fakultät, der Universität und ihren Gremien, der ärztlichen Fachöffentlichkeit (Hochschulverband, Ärztlicher Kreisverband), bei Studierenden und der allgemeinen Öffentlichkeit. Eine Schlüsselrolle spielte hierbei die Presseberichterstattung. Schon die Wortprägung »Professorenstreit« war geeignet, in der Öffentlichkeit bestimmte Assoziationen wachzurufen: insbesondere in der Boulevardpresse (»8 Uhr-Blatt«, »BILD«, »Quick«), aber auch in seriösen Tageszeitungen, Nachrichtenmagazinen (»Süddeutsche Zeitung«, »Die ZEIT«, »SPIEGEL«) und im Rundfunk (BR, 1. Programm) wurde der Eindruck vermittelt, dass innerhalb der rigiden Machtstrukturen einer hierarchisch gegliederten Klinik ein tüchtiger und sehr ehrgeiziger Mitarbeiter von einem möglicherweise nicht ganz so fähigen Chef in seine Schranken gewiesen würde. Mit einer restriktiven Informationspolitik geriet insbesondere das Rektorat in den Ruf, »etwas vertuschen zu wollen«.[12] Diese offene Flanke nutzte Hackethal weidlich aus, indem er ständig neue Vorwürfe lancierte und sich konsequent über eine ministerielle Anweisung hinwegsetzte, bis zur Klärung der Vorwürfe zu schweigen. Die Kioske im Umfeld der Klinik präsentierten stets die neuesten Schlagzeilen zum »Krieg an der Erlanger Uni« (»Quick«), so etwa »Kranke in Angst, weil Professoren streiten« (»8 Uhr-Blatt«, 17. Januar 1964) oder »74 Todesopfer durch Menschenversuche in Erlangen?« (8. Mai 1964).[13] Zwei Suizide von Erlanger Ärzten wurden von der Boulevardpresse, ohne jede Evidenz, mit dem »Professorenstreit« in Verbindung gebracht. Bei den potenziellen Patienten in Erlangen und Umgebung regten sich Unverständnis und Besorgnis, die Universitätsklinik Erlangen aufzusuchen, wie man im Rektorat betroffen notierte.[14]

Hegemann hingegen hielt sich gegenüber der Presse stark zurück, sandte jedoch fast täglich Bulletins an den Rektor, in denen er neue Belege für das unbotmäßige Verhalten Hackethals vorlegte. Hegemann lehnte das Wort »Professorenstreit«, das ein beiderseitiges Engagement implizierte, als »Mißgriff und journalistische Verzerrung« entschieden ab.[15] Ebenso weigerte er sich, irgendeiner Art von »Kompromiss« zuzustimmen.

Eine besondere Rolle spielten die Studierenden, deren Verhalten von den Kontrahenten sehr genau kalkuliert wurde; Hegemann machte einen »Hauptsrädelsführer der Studentenunruhen« aus, der ein Doktorand Hackethals sei.[16] Hackethal selbst versuchte, die Studenten gegen Hegemann auszuspielen und die Fachschaft unter Druck zu setzen. Die Studenten, so das »8 Uhr-Blatt« am 5. Februar 1964 höhnisch, hätten »den Mut nicht gerade gepachtet«, da sie ihre Sympathien für Hackethal »aus Angst vor etwaigen Folgen«

Abb. 3 Werbeaushang der »Quick« zum Professorenstreit.

(Sanktionen, Durchfallen bei Prüfungen) nur versteckt äußerten, wofür die Zeitung kein Verständnis hatte (8 Uhr-Blatt, 13. Februar 1964).[17] Die wackeren Journalisten monierten »Hasenherzen«, »Kadavergehorsam«, »Muckertum« und vermissten den »Geist der Geschwister Scholl«, den »Idealismus der Jugend« und »Männerstolz vor Königsthronen«. Etwas nüchterner kommentierte »Die ZEIT« (28. Februar 1964), dass die Studenten »Mißstände unserer Universität sowie unseres Systems« beklagten.[18] Dass mancher Beteiligte die Maßstäbe ins Weltpolitische verschob, erkennt man auch daran, dass ein Schweigemarsch oder Fackelzug für Hackethal stattfinden sollte. Der Rektor merkte im Dezember 1963 hierzu ironisch an, »die Studenten würden offenbar Herrn Hackethal mit Präsident Kennedy [am 22. November 1963 in Dallas, Texas, einem Attentat zum Opfer gefallen] verwechseln.«[19]

Dass Hackethal im Dezember 1963 und nochmals im Januar 1964 beim Oberstadtdirektor einen »Waffenschein beantragte«, ist aktenkundig.[20] Zur Begründung gab er an, die »BILD«-Zeitung habe ihn interviewt, weswegen er mit einem Angriff Hegemanns rechnen müsse; dieser wurde seinerseits vorstellig, sich bewaffnen zu dürfen. Der Rektor fragte den zuständigen Minister im fernen München sichtlich enerviert, ob »man am Salvatorplatz die Ernsthaftigkeit dieses Vorgangs zu erkennen vermag«.[21] Die Waffenscheine wurden übrigens nicht erteilt.

Das Ende der Affäre kam plötzlich: Hackethal kündigte im Februar 1964 per Telegramm an das Ministerium seine Stelle, womit das Dienststrafverfahren hinfällig und unverzüglich eingestellt wurde.[22] Am 25. Juni 1964 widerrief er schriftlich sämtliche

Abb. 4 »Kranke in Angst, weil Professoren streiten« (und was sonst noch wichtig schien an diesem Tag), 8-Uhr-Blatt, 17. Januar 1964.

Vorwürfe gegen Hegemann und entschuldigte sich beim Rektor der Universität. Einige Tage später verzichtete Hackethal freiwillig auf die Lehrbefugnis (Venia Legendi), da ihm der endgültige Entzug derselben durch den Senat drohte. Im Sinne eines stillschweigenden Handels durfte er im Gegenzug dafür den Titel »Professor« weiterführen; diese Möglichkeit war durch ein Rechtsgutachten im Rektorat im Mai 1964 eigens festgestellt worden.[23] Daher konnte sich Hackethal bis zu seinem Tod 1997 »Professor« nennen, ohne an einer Universität Lehre auszuüben.

Auch aus historischer Perspektive ist festzustellen, dass die von Hackethal gegen Hegemann vorgebrachten Anschuldigungen und Verdächtigungen sämtlich von medizinischen Sachverständigen und staatsanwaltlich widerlegt bzw. für nichtig erklärt wurden. Insofern war Hegemann seinerzeit gut beraten gewesen, jede Art einer »gütlichen Einigung« abzulehnen.

Hackethal hat den »Erlanger Professorenkrieg« in seiner 1995 unter dem bezeichnenden Titel »Der Wahn, der mich beglückt« erschienenen Autobiografie ausführlich geschildert; auf mehr als 200 Seiten geht es in martialischen Tönen einer Weltkrieg-II-Berichterstattung um seinen »Krieg« gegen die »Heldenchirurgie«, der mit seinem »Stalingrad« endete. In der Erlanger Universität wollte man nicht gerne an Hackethal erinnert werden; als der SPIEGEL (1. April 1974) eine Notiz zu seiner Vita brachte, wurde jedoch hellsichtig empfohlen, diese Ausgabe »für die Akten der Fakultät anzuschaffen […] und sei es für die Geschichtsschreibung über die Friedrich-Alexander-Universität«, was hier dankbar quittiert sei.[24] Zum 25-jährigen Jubiläum der von ihm an der Chirurgie gegründeten Schule für Krankenpflege wurde Hackethal 1983 bewusst nicht eingeladen (»Erlanger Nachrichten«, 10./11. September 1983). Wenige Jahre später verkündete Hackethal im SPIEGEL (Heft 4/1986), er habe das Krebsproblem gelöst. Seine Grundannahme, die der herkömmlichen Zellularpathologie nicht mehr ganz entsprach, lautete, dass der Körper ein »Vielmilliarden-Staat von Zellbürgern, wahrscheinlich nur von Zellweibern« sei. Nach Erscheinen des Artikels kam in der Erlanger Medizinischen Fakultät kurzfristig der Gedanke auf, ihm den Titel wegen der Verbreitung »von gravierendem wissenschaftlichem Unsinn« zu entziehen.[25] Karl-Heinz Leven

werden. ▶▶ Die Entwicklungen der letzten Jahrzehnte und Jahre in der Augenheilkunde, Immunologie, Psychiatrie und Psychosomatik, Dermatologie, HNO-Heilkunde, Frauenheilkunde, Orthopädie und Unfallchirurgie, Thorax- und Kinderherzchirurgie, Kinderheilkunde, Kinderkardiologie, Mikrobiologie und Virologie, Transfusionsmedizin, Röntgendiagnostik, Strahlenheilkunde, Plastische und Handchirurgie, Humangenetik, Mund-, Kiefer- und Gesichtschirurgie und der Zahnheilkunde können hier nicht einmal gestreift werden und bleiben einer späteren Darstellung vorbehalten.

Der Text dieses Kapitels ist mit Absicht sparsam bebildert; die mediale Präsenz (Printmedien, TV, Film, Internet) der Hochleistungsmedizin und auch ihr aktives Bestreben, Öffentlichkeit und Interaktion herzustellen, man denke an die seit 2003 in jedem zweiten Jahr veranstaltete Erlanger »Lange Nacht der Wissenschaft« (so auch 2015), sind allgegenwärtig. Schlagworte wie »Apparatemedizin«, »Chemotherapie«, »Schlüssellochchirurgie« wecken bei Zeitgenossen, die sich keiner totalen Abstinenz des Medienkonsums verschrieben haben, eine Vielzahl von bildlichen Assoziationen; hinzukommen jeweils persönliche Erfahrungen im Krankenhaus. Im Folgenden sind auch Abbildungen aus der Frühzeit der Hightech-Medizin aufgenommen, die bereits historische Patina angesetzt haben.

Vom »medizinischen Wunder« zur merkwürdigen Erwartung, mit neuer Diagnostik könnten die Krankenkassen Millionenbeträge einsparen – die Ministerworte bei der Inbetriebnahme des Erlanger Lithotripters 1985 sind ein plastisches Beispiel für die Herausforderungen der medizinischen Zeitgeschichte. Auch (gesundheits)politische Aussagen sind auf eine Weise »wahr«; sie bilden eine Möglichkeit zur Wahrnehmung des klinischen Fortschritts, doch gibt es auch viele andere Möglichkeiten. Der medizinische Fortschritt, so unbezweifelbar er ist, erscheint in der Gegenwart von 2015, zurückblickend auf die vergangenen Jahrzehnte, eigentümlich ambivalent. Damit ist gemeint, dass ein bis in die 1960er Jahre ungebrochener Fortschrittsoptimismus unterdessen stark nachgelassen hat. Die aktuellen Fortschritte der Medizin vollziehen sich charakteristischerweise in einer Phase ohne Fortschrittsoptimismus. Dieser Befund sei hier kurz erläutert.[134]

Abb. 24 Universitätsklinikum Erlangen, Jahresbericht 2009/2010.

Die Liste von Innovationen innerhalb der forschenden und klinisch orientierten Medizin im 20. Jahrhundert ist eindrucksvoll, und sie lässt eine aufsteigende Fortschrittslinie erkennen. Seit der zweiten Hälfte des 19. Jahrhunderts ist die Medizin dem naturwissenschaftlichen Paradigma verpflichtet. Sie hat sich von der Zellularpathologie zur Molekularmedizin differenziert und enorme Erfolge und Fortschritte erzielen können. In vielen Bereichen von Diagnostik und Therapie gelangen der an den Universitäten gelehrten und praktisch angewendeten Medizin Durchbrüche, so hinsichtlich der Infektionskrankheiten durch die Antibiotika, in der Chirurgie oder in der (Kinder-) Onkologie. Das Penicillin wurde von dem britischen Bakteriologen Alexander Fleming (1881–1955) im Jahr 1928 eher zufällig entdeckt. Der wegen seiner jüdischen Herkunft aus Deutschland vertriebene Ernst B. Chain (1906–1979) und Howard W. Florey (1898–1968) erkannten es 1940 als wirksames Mittel gegen bakterielle Infektionen. Seit 1942 betreiben die Amerikaner ein geheimes militärisches Großprojekt zur Gewinnung von Penicillin, das während des Zweiten Weltkriegs dem alliierten Sanitätsdienst einen erheblichen Vorsprung in der Behandlung von Infektionskrankheiten verschaffte. In der Nachkriegszeit schien mit der flächendeckend angewandten Penicillintherapie der Sieg über zahlreiche Infektionskrankheiten in Reichweite zu sein. Krebserkrankungen wurden schon immer durch chirurgische Intervention behandelt; im späten 19. Jahrhundert kam die Bestrahlung hinzu. Erlangen war auf diesem Feld für einige Jahrzehnte an der Weltspitze. Die Chemotherapie des Krebses begann seit 1942 in den USA; Ausgangssubstanz der Zytostatika war das im Ersten Weltkrieg eingesetzte hochgiftige Kampfgas »Lost« (Dichlordiäthylsulfid, »Senfgas«), mit dem man erfolgreich begann, Leukämien zu behandeln.

▸ **Kapitel** Onkologie – »Kampf« gegen den Krebs, S. 394.

Die Chirurgie hat in der naturwissenschaftlichen Ära, geprägt durch Anti- und Asepsis sowie subtile Narkoseformen, weiterhin durch eine Verfeinerung ihrer Operationstechniken die Eingriffsmöglichkeiten vervielfacht; komplexe Zweihöhleneingriffe, Gefäßersatz durch Prothesen etwa beim Aortenaneurysma und schonendere Operationsverfahren bis hin zur »Schlüssellochchirurgie« prägen das Bild der modernen Chirurgie. Die Transplantationschirurgie bietet für komplettes Organversagen (Herz, Leber, Lunge, Niere, Pankreas) eine Art kausaler Therapie.

»Medizin im Hightech-Zeitalter« – nicht zufällig ist die Überschrift dieses Kapitels sprachlich hybrid deutsch-englisch formuliert. Die Medizin des späten 20. und frühen 21. Jahrhunderts ist ein Produkt der globalisierten angloamerikanischen Kultur. Damit ist die bis in die ersten Jahrzehnte des 20. Jahrhunderts dominierende deutsche Medizin in eine eher rezeptive Position gerückt; wissenschaftsgeschichtlich ist dies durch die beiderseitige Kappung der internationalen wissenschaftlichen Kontakte im Ersten Weltkrieg und durch die Verfolgung und Vertreibung deutscher Gelehrter jüdischer Herkunft in der NS-Zeit bedingt. Neben die »Internationalisierung« der Medizin trat in der Moderne ein weiteres Novum; in keiner früheren Zeit der Geschichte hatte die Medizin eine derartige Deutungsmacht und prägte das Leben der Menschen so nachhaltig wie in der zeitgeschichtlichen Epoche.[135] »Medizin« bedeutet in der Moderne stets auch naturwissenschaftliche Methodik und Technik; der Münsteraner Medizinhistoriker und Physiologe Karl Eduard Rothschuh (1908–1984) schuf bereits vor einigen Jahrzehnten das Kunstwort »Iatrotechnik« für die naturwissenschaftlich orientierte Medizin.[136] Dem Begriff nach hat sich das etwas missverständliche »Iatrotechnik« nicht durchgesetzt, der Sache nach jedoch in vollem Umfang.

Als Beispiel für ein medizinisches Handlungsfeld, auf dem die Technik von besonderer Bedeutung ist und auf dem Erlangen eine herausragende Rolle spielt, diene hier die medizinische Bildgebung am lebenden Körper. Seit 1895 wurden die Röntgenstrahlen angewandt; Schnittbilder und Schichtaufnahmen wurden in den 1930er Jahren möglich.

Das Computertomogramm, bei dem die Bilder nicht durch Schwärzung einer fotografischen Platte, sondern durch Berechnung entstehen, wurde 1972 erfunden und seither enorm weiterentwickelt. Die Entwicklung der Ultraschalluntersuchung ist mit dem Untergang der »Titanic« 1912 verknüpft; ursprünglich sollten nach der Schiffskatastrophe mit Ultraschallgeräten Eisberge aufgespürt werden. Im Zweiten Weltkrieg setzten die Alliierten ASDIC-Geräte zur Ortung deutscher U-Boote ein. Erst danach begann die friedliche Nutzung; seit Anfang der 1950er Jahre ist die Sonographie im medizinischen Gebrauch und liefert immer genauere Bilder, ohne dass der Körper einem Risiko ausgesetzt wird. Ebenfalls weitgehend risikolos ist die Magnetresonanztomographie (MRT, Kernspintomographie), die 1973 erstmals projektiert, seit 1982 verwendet wird. An diesen Entwicklungen, die stets zu weiteren technischen Verfeinerungen führen, sind Erlanger Kliniker und Medizintechniker maßgeblich beteiligt gewesen.

Gleichwohl ist eine gewisse Ernüchterung eingetreten. Immer genauere und frühere Bildgebung pathologischer Prozesse bedeutet zum einen, dass durch die Untersuchungen hohe Kosten anfallen. Die eingangs zitierte Hoffnung, Untersuchungen mit kostspieligen Großgeräten könnten Kosten einsparen, hat sich als illusorisch erwiesen. Zum Zweiten bedeutet Früherkennung von krankhaften Vorgängen auch, dass sich die Zahl der Patienten stetig erhöht. Früherkennung, in der Öffentlichkeit viele Jahre als »Vorsorge« beworben, bedeutet in vielen Fällen, dass eine Krankheit wirksamer bekämpft werden kann. Ob damit auch die Lebenszeit verlängert und im Hinblick auf die (schwer messbare) Lebensqualität ein Gewinn erzielt wird oder ob die frühere Diagnose nur die Dauer des Krankseins verlängert, ist für verschiedene Krankheiten unterschiedlich zu beantworten. Schließlich bedeutet Früherkennung durch moderne Bildgebung drittens, dass die Deutungsmacht der modernen Medizin weiter ausgedehnt wird. Im Sinne einer »Medikalisierung« aller Prozesse von Gesundheit und Krankheit wird der kranke Mensch zum Patienten – und zwar immer früher, weil die Bildgebung, um nur diese Form der Diagnostik (neben vielen anderen) beispielhaft zu nehmen, stets leistungsfähiger wird. Diese Ambivalenz des Fortschritts, hier skizziert im Hinblick auf die Diagnostik, gilt auch für viele andere Bereiche der modernen Medizin. Die in der Hightech-Medizin möglichen, teils phantastischen Erfolge müssen nicht nur ökonomisch erkauft werden. Der nichtmaterielle Preis kann mitunter recht hoch sein; der forschungs- und kostenintensive Fortschritt der Hightech-Medizin entwickelt eine Eigendynamik und erzeugt Widerstand, der emotional gefärbt ist.

Die Hochleistungsmedizin wird einerseits öffentlich in vollem Umfang eingefordert, andererseits erweckt sie, nicht selten bei denselben Gruppierungen, ablehnende Gefühle bis hin zur Technophobie.[137] An die Handlungsfelder der Hightech-Medizin knüpfen sich Fragen, die von unterschiedlichen Akteuren und Interessengruppen anhaltend und kontrovers diskutiert werden. Ist der Hirntod der Tod des Menschen? Und warum verwendet eine Richtlinie der Bundesärztekammer von 2015 neuerdings statt des Begriffs »Hirntod« denjenigen des »irreversiblen Hirnfunktionsausfalls«?[138] Welche Beziehungen bestehen zwischen den medizinisch definierten, juristisch, gesellschaftlich, politisch mehr oder weniger akzeptierten Konzepten des Todes und der (Hirn-) ▸

ZUR FRÜHGESCHICHTE DER ETHIK-KOMMISSION AN DER UNIVERSITÄT ERLANGEN-NÜRNBERG

Wie können medizinische Studien an Menschen moralisch beurteilt werden? Welche Experimente sind erlaubt, welche Versuche dürfen aus ethischen Gründen nicht durchgeführt werden? Seit 1980 existiert an der Medizinischen Fakultät der Universität Erlangen-Nürnberg ein Gremium zur Beurteilung ethischer und rechtlicher Aspekte medizinischer Forschung am Menschen: Diese »Ethik-Kommission« bezieht sich auf gesetzliche Bestimmungen – insbesondere Arzneimittel- (AMG) und Medizinproduktegesetz (MPG) – sowie berufsrechtliche Regelungen und die Grundprinzipien der »Deklaration von Helsinki« des Weltärztebundes (WMA) in ihrer jeweils neuesten Fassung.[1]

Mit Schreiben vom 5. Februar 1979 informierte der Vorsitzende des »Medizinischen Fakultätentags der Bundesrepublik Deutschland einschließlich Westberlin« (MFT) über »Ethik-Kommissionen«.[2] Der Vorstand der Bundesärztekammer (BÄK) hatte am 26. Januar 1979 »Richtlinien hinsichtlich der Ethik-Kommissionen« verabschiedet. Allen Landesärztekammern wurde darin explizit empfohlen, Ethik-Kommissionen einzurichten; den medizinischen Fakultäten war es freigestellt, ebenfalls Ethik-Kommissionen zu berufen. Dies war der Startschuss für die Gründung der Ethik-Kommission an der Medizinischen Fakultät der Universität Erlangen-Nürnberg. Die Friderico Alexandrina war in doppelter Hinsicht beteiligt, da Helmut Valentin, Direktor des FAU-Instituts für Arbeits- und Sozialmedizin, seinerzeit auch der korrespondierende Vorsitzende des Medizinischen Fakultätentages war.

Am 18. September 1979 richtete der Präsident der DFG, der Physiker Heinz Maier-Leibnitz (1911–2000), an den Dekan der Medizinischen Fakultät Erlangen, den Biochemiker Walter Kersten, einen Brief, in dem er ausführte, der Weltärztebund habe im Oktober 1975 in Tokio eine revidierte Fassung der Deklaration von Helsinki namens »Recommentations guiding medical doctors in biomedical research involving human subjects« verabschiedet. Nunmehr sollte, so zitierte Maier-Leibnitz aus dieser Deklaration, jeweils ein »specially appointed independent committee for consideration, comment and guidance« von mit Menschenversuchen einhergehenden Forschungen beauftragt werden.[3] Als praktischen Grund fügte er hinzu, Förderorganisationen vieler westlicher Länder würden nur noch Anträge entgegennehmen, die von einer unabhängigen, örtlichen Ethik-Kommission vorgeprüft worden seien. Auch medizinische Zeitschriften gingen dazu über, eine Prüfung eingereichter Arbeiten unter ethischen Gesichtspunkten zu fordern.

Die Bundesärztekammer empfahl in der Folge den Landesärztekammern die Einrichtung von Ethik-Kommissionen, die den außeruniversitären Bereich abdecken, aber auch Forschern solcher Hochschulen zur Verfügung stehen sollten, die sich noch nicht zur Gründung eigener Kommissionen entschließen konnten.[4] Unterdessen holte die DFG im Jahr 1979 ein Meinungsbild bei den medizinischen Fakultäten ein. Am 30. Oktober 1979 berichtete der Erlanger Anästhesiologe Erich Rügheimer Dekan Kersten, dass man bei der Sitzung der Klinikdirektoren am 23. Oktober die Anfrage der DFG über das Thema Ethik-Kommission beraten hatte. Die Erlanger Kliniker hätten sich darauf verständigt, dass neben der ethischen Begutachtung auf der Ebene einzelner Kliniken eine »Ethikkommission auf Fakultätsebene« eingerichtet werden solle, der jeder DFG-Antrag, der Forschung am Menschen implizierte, zur Begutachtung vorzulegen wäre.

Dekan Kersten schrieb daraufhin am 12. November 1979 an die DFG, dass – »wie bei der Antragsbegutachtung des Sonderforschungsbereiches 118 am 24. Oktober 1979 zugesagt« – der Fachbereichsrat Medizin der Universität Erlangen-Nürnberg »in seiner Sitzung am 8. November 1979 [...] eine Ethik-Kommission gegründet« habe. »Ihr gehören an ein onkologisch tätiger Internist, ein onkologisch-chirurgisch tätiger Gynäkologe, der Rechtsmediziner der Medizinischen Fakultät, der Toxikologe der Medizinischen Fakultät, ein Jurist, der zu dem Problemkomplex umfangreiche Erfahrungen hat. Dieser Kommission wird assoziiert ein Theologe, der sich gern mit ethischen Problemen der modernen Biologie befaßt. Für jedes Mitglied der Kommission wurde ein entsprechender Vertreter gewählt. Die Ethik-Kommission wird die Projekte, bei denen in der Diskussion nach der Ethik-Kommission gefragt wurde, kritisch überwachen.«[5]

Der Pharmakologe und Toxikologe Claus-Jürgen Estler bat den Dekan, einen Biomathematiker in das Gremium zu integrieren, was mit der Zuwahl von Lothar Horbach auch geschah. Am 29. Januar 1980 lud der Dekan zur konstituierenden Sitzung der Ethik-Kommission ein, auf der ein erster Meinungsaustausch stattfinden und die Satzung erarbeitet werden sollten. Knappe zwei Wochen später, am 16. Februar 1980, traf sich das Gremium erstmalig im Seminarraum des Instituts für Physiologische Chemie in der Erlanger Fahrstraße 17. Als Mitglieder der Ethik-Kommission wurden namentlich genannt: »Prof. Dr. J. R. Kalden [Immunologie], Stellvertreter: Priv.-Doz. Dr. O. Bartels, Prof. Dr. K.-G. Ober [Gynäkologie und Geburtshilfe], Stellvertreter: Prof. Dr. D. Hohmann [Statistik], Prof. Dr. H.-B. Wuermeling [Rechtsmedizin], Stellvertreter: Prof. Dr. Dr. M. Geldmacher-von Mallinckrodt [Gerichtsmedizinische und Klinische Chemie], Prof. Dr. C.-J. Estler [Toxikologie und Pharmakologie], Stellvertreter: der zu berufende 2. Pharmakologe, Ministerial-Dirigent Dr. [med. h.c.] w. [sic] Weissauer,[6] Stellvertreter: Prof. Dr. G. Arzt. Theologischer Berater: Prof. Dr. W. Joest [Systematische Theologie, FAU].«

Der Auszug aus dem Protokoll über die Sitzung des Fachbereichsrats Medizin am 9. Juni 1982 zeigt, dass ergänzend das Gremium unter die Leitung des Dekans gestellt wurde. Zur Arbeitsweise sah man folgenden Modus vor:

»Die Ethikkommission befaßt sich nur mit den ethischen Aspekten von Versuchen am Menschen und mit Menschen. Unter *Versuchen* [Alle Hervorh. i. O.; AF] werden Maßnahmen verstanden, die angewendet werden, um wissenschaftliche Erkenntnisse und Erfahrungen zu gewinnen, wobei die Wahl der Maßnahme oder die Tatsache ihrer Anwendung durch diesen Zweck mindestens wesentlich mitbestimmt ist. Auch die Nichtanwendung einer sonst gebotenen oder wenigstens üblichen therapeutischen, prophylaktischen oder diagnostischen Behandlung wird in diesem Sinne als Maßnahme verstanden. Versuch *am Menschen* (klinische Forschung, therapeutischer Versuch) ist die Anwendung solcher Maßnahmen am Menschen im Rahmen einer individuell angezeigten Diagnostik, Prophylaxe oder Therapie. Im Versuch *mit dem Menschen* (nichtklinischer Versuch, biomedizinische Forschung) werden solche Maßnahmen ohne individuelle therapeutische, diagnostische oder prophylaktische Anzeige zum Erkenntnis- und Erfahrungsgewinn ausschließlich aus wissenschaftlichem Interesse vorgenommen. Die Mitglieder der Ethikkommission sind verpflichtet, alle Informationen, die sie durch ihre Tätigkeit mit der Ethikkommission erhalten, vertraulich zu behandeln. Sie dürfen solche Informationen nicht für eigene Zwecke verwerten. [...] Die Ethikkommission bewahrt die eingereichten Unterlagen nach der abschließenden Behandlung eines Antragsfalles 10 Jahre lang auf, wenn sie nicht im Einzelfall eine längere Aufbewahrungszeit beschließt.«

Diese Verfahrensordnung wurde auf Vorschlag der Ethik-Kommission von der Medizinischen Fakultät beschlossen. Der Pathologe Volker Becker, mittlerweile neuer Dekan, schrieb am 29. September 1982 an die Mitglieder der Ethik-Kommission und lud zur Sitzung in die Bibliothek seines Instituts ein. Man befasste sich mit der Besetzung und insbesondere mit dem Thema Risikoaufklärung für Patienten; auf der Tagesordnung für den 27. Oktober stand auch ein »Antrag Professor Trotnow«. Trotnow hatte ausgehend von Tierversuchen die In-vitro-Fertilisation entwickelt, die im April desselben Jahres zur Geburt des ersten deutschen »Retortenbabys« in Erlangen geführt hatte. Das Protokoll der Sitzung im Oktober verzeichnete, man sei übereingekommen, »daß mit menschlichen Embryonen und Feten nicht experimentiert werden« dürfe.

▶ **Exkurs** In-vitro-Fertilisation, S. 406.

▶ **Exkurs** »Erlanger Baby« und »Erlanger Junge« – Grenzfragen der Medizinethik, S. 400.

Zur weiteren Professionalisierung vernetzten sich die bundesdeutschen Ethik-Kommissionen in einem eigens dafür gegründeten Dachverband, dem »Arbeitskreis Medizinischer Ethik-Kommissionen«, der im Mai 1983 in Münster gegründet wurde.[7] Zwanzig Jahre später war die Arbeit der Erlanger Ethik-Kommission Routine geworden – und immer umfangreicher. Der Tätigkeitsbericht für das Jahr 2001 etwa verzeichnete einen stetigen Anstieg des Antragsvolumens: »2001 gingen insgesamt 225 Anträge auf Beurteilung von Forschungsvorhaben ein, von denen 85 % im mündlichen Verfahren in den monatlich stattfindenden Sitzungen beraten wurden. 143 Anträge wurden im normalen Begutachtungsverfahren beurteilt (Erstberatung), 82 Anträge wurden auf der Grundlage einer bereits vorliegenden Stellungnahme einer anderen nach Landesrecht gebildeten Ethik-Kommission einer verkürzten Begutachtung unterzogen (Nachberatung).«[8] Zum Ergebnis der Voten vermerkte der Bericht: »31 % der 150 Erstanträge wurden zustimmend bewertet bzw. mit Kommentaren oder

Empfehlungen zustimmend bewertet. In 52 % erteilte die Kommission ein bedingt zustimmendes Votum, bei weiteren 17 % äußerte die Kommission Bedenken, die eine ausführliche Stellungnahme der Antragsteller auf der Basis revidierter Unterlagen erforderlich machten. Bei den 82 Studien, die bereits von einer anderen nach Landesrecht gebildeten Ethik-Kommission beurteilt worden waren, lag der Anteil zustimmend bewerteter Studien erwartungsgemäß höher: In 72 % der Anträge konnte sich die Kommission ohne weitere Auflagen an das Vorvotum anschließen, in 26 % der Fälle war die zustimmende Bewertung an Auflagen gebunden und in 2 % hielt die Kommission eine klärende Stellungnahme des lokalen Prüfarztes für erforderlich, bevor eine zustimmende Bewertung erteilt werden konnte.«

2015 bestand die Ethik-Kommission aus acht Mitgliedern und mittlerweile jeweils zwei Stellvertretern. Für Aufgaben, Zusammensetzung und Arbeitsweise der Ethik-Kommission gibt es eine Satzung. Entscheidungen der Ethik-Kommission werden in der Regel nach mündlicher Erörterung in einer Sitzung getroffen.[9] Mittlerweile gibt es eine stetig gewachsene Geschäftsstelle und eine eigene Homepage der Ethik-Kommission mit einem breiten Informationsangebot sowie interne und öffentliche Fortbildungsveranstaltungen.[10] Auf diese Weise hat sich in den letzten Jahrzehnten eine differenzierte Unterstützung und Folgenabschätzung zur Forschung an der Medizinischen Fakultät etabliert – an der Universität, die durch den Nürnberger Ärzteprozess (1946/47) und den dort verabschiedeten »Code of Ethics« für »zulässige medizinische Menschenversuche« in besonderer Weise mit Geschichte und Ethik des Humanexperiments verbunden ist. Andreas Frewer

Todfeststellung und der Transplantationsmedizin? Die Hochleistungsmedizin hat mit der Intensivtherapie Möglichkeiten der Lebensrettung, -erhaltung und -verlängerung geschaffen, die nicht nur unzählige Erfolge möglich machten, sondern unterdessen auch Unbehagen wecken. Die Rede ist von der öffentlichen Debatte um eine vermeintlich »seelenlose Apparatemedizin«, die angeblich ohne Rücksicht auf Interessen von Patienten ihre technischen Mittel einsetze, um Schwerstkranke und Sterbende gegen deren Willen am Leben zu erhalten. Diese Kritik hat in den letzten 20 Jahren eine erstaunliche Konjunktur; frühere Forderungen nach dem »Abschalten« von lebensverlängernden Apparaten haben sich im Lauf der Zeit gewandelt. Im Zuge einer Debatte um die »Autonomie« von Kranken und Sterbenden wird in jüngster Zeit von Interessengruppen gefordert, die ärztliche Beihilfe zum Suizid freizugeben bzw. als eine ärztliche Leistung zu deklarieren.[139] Nicht zuletzt die historische Erfahrung spezifisch deutscher Prägung, dass die Patiententötung, genauer die Beihilfe zur Selbsttötung, den ärztlichen Auftrag infrage stellen würde, veranlasste verantwortliche Politiker und Ärztevertreter, solchen Forderungen nach »Liberalität« und »Autonomie« zu widerstehen. Dass in dieser sensiblen Frage die Hightech-Medizin weniger Teil des Problems ist, sondern zu dessen Lösung beiträgt, wird zu zeigen sein.

▸ **Kapitel** Am Rand des Lebens – Erlanger Innovationen, S. 398.

Die Reproduktionsmedizin, ein Gebiet, auf dem die Erlanger Universitätsmedizin seit mehr als drei Jahrzehnten zu den führenden Zentren in der Welt gehört, hat zahlreichen ungewollt kinderlosen Frauen zu Nachwuchs verholfen und die hierzu notwendigen Techniken der In-vitro-Fertilisation (IVF) permanent verfeinert. Doch derartige Errungenschaften, die unterdessen in zahlreichen Ländern zum Standard der Medizin gehören, geraten gelegentlich in ein Zwielicht; im Juli 1992 brachte in Italien Liliana Cantadori im Alter von 61 Jahren ihr erstes Kind zur Welt; zuvor war durch eine Hormonbehandlung ihr postmenopausaler Uterus entsprechend stimuliert worden. Der ihr eingesetzte Embryo war durch eine In-vitro-Fertilisation entstanden, und zwar aus einer Eizelle, die von einer anderen Frau stammte. Im Mai 2015, gut zwei Jahrzehnte später, brachte eine Frau in Berlin Vierlinge zur Welt, die als Frühgeburten (26. Schwangerschaftswoche) zwischen 650 und 960 Gramm wogen.[140] Die 65-jährige Frau, die zuletzt im Alter von 55 Jahren Mutter geworden war, hatte sich nunmehr in Kiew (Ukraine) einer Fertilitätsbehandlung unterzogen. In Kiew, in den letzten Jahren als Ziel für einen regelrechten »Reproduktionstourismus« bekannt, waren ihr nach hormoneller Stimulation Embryonen, die aus fremden Ei- und Samenzellen in vitro entstanden waren, eingesetzt worden.[141] Die nunmehr insgesamt siebzehnfache Mutter und siebenfache Großmutter ging exklusiv bei dem privaten TV-Sender RTL unter Vertrag, der die Bulletins über Mutter und Kinder herausgab. Der Fall der 65-Jährigen zeigt deutlich die (technischen) Möglichkeiten der Fortpflanzungsmedizin, zugleich auch die ethischen Grenzlinien, die hier gleich mehrfach überschritten wurden.

Die Schriftstellerin und Büchner-Preisträgerin Sibylle Lewitscharoff hat kürzlich die gesamte Reproduktionsmedizin öffentlich als »Fortpflanzungsgemurkse« von »Frau Doktor und Herrn Doktor Frankenstein« diskreditiert.[142] Diese Polemik möge als ein deutliches Zeichen der Meinungs- und Redefreiheit verstanden werden, mehr aber auch nicht. Die komplexe Materie der Reproduktionsmedizin ist seit einigen Jahren sowohl im öffentlichen Diskurs (Medizin, Politik, Recht) als auch in fiktionaler Ausgestaltung (Film, TV, Literatur) außerordentlich stark präsent; wer hier von »Fortpflanzungsgemurkse« spricht, hat die Vielschichtigkeit des Themenfeldes nicht erfasst.[143]

Erlangen auf dem Weg zur »Medizinhauptstadt«

Die Geschichte der Hightech-Medizin am Erlanger Klinikum ist vor einem außerordentlich komplexen Hintergrund zu erfassen; die vorliegende Darstellung möchte daher nur als ein erster Versuch verstanden werden. Traditionell ist das Erlanger Klinikum in der längsten Zeit seiner Existenz stets ein wesentlicher Teil der Universität gewesen. Im hier betrachteten zeithistorischen Kontext ist das Universitätsklinikum ein Krankenhaus »der höchsten Versorgungsstufe, sozusagen letzter medizinischer Rückhalt für die Kranken in der Region«, zugleich Stadtkrankenhaus für Erlangen, wie dies Universitätspräsident Nikolaus Fiebiger 1984 programmatisch formulierte.[144] Das Erlanger Klinikum hat sich als Zentrum eines Systems von Lehrkrankenhäusern etabliert, deren Chefärzte zum Lehrkörper der Medizinischen Fakultät gehören, und bezieht die Kliniken in Amberg, Bamberg, Bayreuth, Fürth, Hof und Nürnberg (bis 2014) ein.

In den 1960er Jahren begann die Medizintechnik zu expandieren und erforderte in Krankenversorgung und Forschung buchstäblich Raum. Die zu einem größeren Teil noch aus dem späten 19. und frühen 20. Jahrhundert stammenden Klinikgebäude erwiesen sich als unpraktisch und unwirtschaftlich. So musste die Statik der alten Medizinischen Klinik aufwendig ertüchtigt werden, um einen tonnenschweren Computertomographen aufstellen zu können. Der Standard der Erlanger Klinikbauten lag bis in die 1970er Jahre bezeichnenderweise unter demjenigen eines beliebigen Kreiskrankenhauses.

1963 hatte der Freistaat Bayern vom Bezirk Mittelfranken das Gelände der ehemaligen Heil- und Pflegeanstalt erworben, um auf diesen 15 Hektar Bauten der Medizinischen Fakultät zu errichten. Ein entsprechender »Generalplan« wurde 1973 entwickelt; zehn Jahre später mahnte Präsident Fiebiger öffentlich an, diesen Plan endlich zu realisieren, um die Zukunftsfähigkeit der Erlanger Medizin sicherzustellen. Nikolaus Fiebiger (1922–2014), von 1969 bis 1972 Rektor und von 1975 bis 1990 Universitätspräsident, war ein strategischer Kopf der Hochschulentwicklung; er hatte als habilitierter Kernphysiker sämtliche Fakultäten im Blick. Er konnte dies sowohl glaubhaft vermitteln als auch durch seine Entscheidungen unter Beweis stellen. Gemeinsam mit dem langjährigen Universitätskanzler Kurt Köhler (Amtszeit 1966–1988) richtete Fiebiger ein besonderes Augenmerk auf die Entwicklung der Medizinischen Fakultät und des Universitätsklinikums. Zum Ende seiner Amtszeit wurde ihm von der Medizinischen Fakultät respektvoll scherzend urkundlich bescheinigt, dass er sich vom »ungelernten« zum »angelernten« Mediziner fortgebildet habe.[145]

Der aus der spezifischen Erlanger Ausgangssituation, dem Ensemble teils alter und teils uralter Gebäude im Umfeld des Schlossgartens, entstehende Impuls zu einer umfassenden Neubauplanung ist über die Jahrzehnte bis in der Gegenwart unverändert ▸

▸ **Exkurs** Ein »Generalplan« für die Kliniken, S. 490.

STICHWORT »PATIENTEN-FÜRSPRECHER«

Die Rechte von Patienten haben in den letzten Jahren auf internationaler Ebene an Bedeutung gewonnen. Schärfere Gesetze zum Schutz der Kranken rückten die Perspektive und damit auch die Stellung der Patienten in den Mittelpunkt. So finden sich insbesondere im angloamerikanischen Raum gut etablierte und differenziert angelegte Strukturen zur Patientenunterstützung.[1] Auch in Europa gewann die Perspektive der Patienten in den letzten Jahrzehnten immer mehr an Bedeutung. In zahlreichen Ländern sind Patientenfürsprecher als Anlaufstellen für stationär versorgte Patienten im Einsatz. In den Niederlanden beispielsweise wird sehr viel Wert auf ein niederschwelliges und damit patientenfreundliches Beschwerdesystem gelegt. Wie in der landeseigenen Gesetzgebung vorgesehen, sind im stationären Sektor sogenannte Patienten-Vertrauenspersonen aktiv. Sie werden – besonders im psychiatrischen Bereich – durch eine speziell dafür eingerichtete Stiftung rekrutiert, unterstützt und bezahlt.[2] So kann neben der hauptamtlichen Tätigkeit der Fürsprecher auch ihre Unabhängigkeit von der jeweiligen Klinik gewährleistet werden.[3]

In Deutschland wurden, internationalen Vorbildern folgend, in den 1970er Jahren Patientenberatungen in den Einrichtungen der Sozialdienste angeboten. Die vielerorts sogenannten Patientenfürsprecher, Ombudspersonen oder Beschwerdestellen sind mittlerweile etabliert und teilweise auch gesetzlich vorgeschrieben. Mit der Einrichtung des Amtes eines Patientenbeauftragten der Bundesregierung 2004 sowie dem am 26. Februar 2013 in Kraft getretenen Patientenrechtegesetz wurden die Rechte der Patienten in Deutschland deutlich gestärkt.[4] Das Patientenrechtegesetz sieht unter anderem eine Verpflichtung der Kliniken zur Einrichtung eines internen Qualitäts- und Beschwerdemanagements vor (§ 135a SGBV). Somit können Patienten bei kritischen Fragen transparent eingebunden werden, den Krankenhäusern bleibt es überlassen, ob dies durch Vermittlung von Patientenfürsprechern oder Ansprechpartnern des Beschwerdemanagements erfolgt. 2015 hatten sieben Bundesländer die Bestellung von ehrenamtlich tätigen Patientenfürsprechern in den Landeskrankenhausgesetzen verankert. Über die entsprechenden Psychiatrie-Krankenhaus-Gesetze sind Patientenfürsprecher in weiteren vier Bundesländern für psychiatrische Kliniken vorgesehen. Das Bayerische Staatsministerium für Umwelt und Gesundheit (StMUG) hat sich gemeinsam mit der Bayerischen Krankenhausgesellschaft (BKG) auf die freiwillige Einrichtung eines Patientenfürsprechers an bayerischen Kliniken geeinigt. Demnach ist die Berufung eines Patientenfürsprechers für alle bayerischen Krankenhäuser eine freiwillige Angelegenheit. Dennoch haben auch hier viele Kliniken das Amt eines Fürsprechers eingerichtet, der sich aktiv für die Belange der Patienten einsetzt.

Das Universitätsklinikum Erlangen beauftragte im Jahr 1993 Alfred Sigel, den emeritierten Ordinarius der Urologischen Klinik, die er fast drei Jahrzehnte (bis 1988) geleitet hatte, sich ehrenamtlich um die Belange der Patienten zu kümmern.[5] Nach siebenjähriger Amtszeit, in der er vor allem medizinische Fragestellungen bearbeitete, übergab er sein Amt an Rudolf Frank, der die Tätigkeit als Fürsprecher der Patienten von 1999 bis 2009 ausübte. Frank dokumentierte 676 Beratungsfälle und erlangte in diesem Zeitraum große Bekanntheit. 2009/2010 war der Verwaltungswirt Walter J. Ketzinger als Fürsprecher tätig. Im März 2011 wurde Margareta Klinger (* 1943), emeritierte Professorin für Neurochirurgie, zur Patientenfürsprecherin berufen und arbeitet seit März 2012 mit der Psychologin Claudia Gall-Kayser, ihrer Assistentin und Vertretung, eng zusammen. Diese sind ebenso wie ihre Vorgänger ehrenamtlich tätig.

Die Fürsprecher am Universitätsklinikum Erlangen verstehen sich laut Eigenbeschreibung als neutrale Instanz zur freimütigen Aussprache bei Problemen während des Klinikaufenthalts. Darüber hinaus ist Margarete Klinger wie ihre Vorgänger Mitglied im Klinischen Ethikkomitee am Universitätsklinikum und kann auf diese Weise auch einen Einblick in ethische Fragestellungen und aktuelle Entwicklungen nehmen. Als ehrenamtliche Mitarbeiterin agiert sie unabhängig von der Klinikdirektion und ist ihr in keiner Weise verpflichtet. Den Patienten wird so ermöglicht, niedrigschwellig Kontakt aufzunehmen und sich mit ihren Anliegen und Beschwerden an eine neutrale Vertrauensperson zu wenden. Oft wird der Patientenfürsprecher aber auch als »Lotse« beschrieben, der Hilfe suchenden Patienten mit seinem Fachwissen und entsprechenden Kontakten innerhalb des deutschen Gesundheitssystems zur Verfügung steht. Die Einrichtung dieses Ehrenamtes stärkt aber nicht nur die Position des Patienten, auch für die Kliniken selbst ergeben sich Vorteile. So leisten die Patientenfürsprecher einen Beitrag zur Qualitätssicherung im Krankenhaus: Je mehr der Patient im Mittelpunkt steht und umso nachhaltiger Missstände auf diese Weise abgeschafft werden können, desto höher sind die Leistungsfähigkeit sowie damit auch die Qualität des Klinikums und der Patientenversorgung. Durch das Engagement des Fürsprechers wird sich auch die Zufriedenheit der Patienten erhöhen, was sich wiederum positiv auf die Reputation des Krankenhauses und auf die Anzahl der zukünftig zu behandelnden Patienten auswirkt.[6]

Das Amt des Patientenfürsprechers ist von Formen des Beschwerdemanagements der Kliniken abzugrenzen. Im Beschwerdemanagement sind die Mitarbeiter hauptamtlich tätig, sie werden vom Krankenhausträger bezahlt und sind weisungsgebunden. Durch ihre Abhängigkeit vom Arbeitgeber lässt sich ein Vertrauensverhältnis zum Patienten oft nur schwer herstellen und die Problembewältigung erfolgt auf eher bürokratische Art und Weise. Im Mittelpunkt der Betrachtung steht dabei weniger der Patient als das Krankenhaus: Beschwerden und subjektiv wahrgenommene Qualitätsmängel werden benutzt, um klinikinterne Prozesse und Abläufe zu optimieren. Der Patient wird also nicht nur um seinetwillen angehört und zufriedengestellt, sondern auch, um den »guten Ruf« der Klinik zu erhalten oder zu verbessern.[7] Andererseits werden die Mitarbeiter des Beschwerdemanagements innerhalb der klinischen Strukturen oft besser akzeptiert und unterstützt. Neben der grundständigen

Ausbildung erhalten sie vielfältige Fortbildungsmöglichkeiten und sind daher ggf. besser qualifiziert als die ehrenamtlich tätigen Patientenfürsprecher. Zum Wohle des Patienten arbeiten im Idealfall beide Stellen eng zusammen, sodass etwaige Anliegen und Beschwerden schnellstmöglich aufgenommen und zur allgemeinen Zufriedenheit behoben werden können.

Da keine gesetzlichen Regelungen zur konkreten Ausgestaltung dieses Amtes vorliegen, gibt es weder klare Anforderungsprofile noch fest definierte Tätigkeitsfelder.[8] Mögliche Fortbildungen laufen auf freiwilliger Basis, werden vom Klinikträger in der Regel finanziell nicht getragen und von den Fürsprechern daher auch nur sporadisch genutzt. Qualifikation und Arbeitsweise der verschiedenen Patientenfürsprecher können folglich nur schwer verglichen werden. Leyla Fröhlich-Güzelsoy

Abb. 1 Margareta Klinger.

wirksam geblieben; unterdessen sind im Jubiläumsjahr 2015 einstige »Neubauten« der Nachkriegsjahrzehnte, so das Chirurgische Bettenhaus, wieder abgerissen worden. So entstand Raum für einen zeitgemäßen chirurgischen Funktionsbau. Die von Fiebiger in den 1980er Jahren geäußerte Schätzung, die Neubauten würden 20 Jahre in Anspruch nehmen, ist allerdings gegenwärtig bereits um 10 Jahre überzogen. Dies hat einen Grund, den Fiebiger seinerzeit schon erkannt hatte: Da nach dem »Erlanger Konzept« die Neubauten sukzessive errichtet wurden und werden, konnten und können konjunkturbedingt die Bauphasen angehalten werden.[146] Fiebiger wurde nicht müde, gegenüber der Landesregierung, gelegentlich auch öffentlich, mit deutlichen Worten die Notwendigkeit von Baumaßnahmen zu fordern. Als »wichtigen Schritt gegen die drohende Zweitklassigkeit« bezeichnete er den seit 1987 errichteten Verbindungsbau zwischen Chirurgie und Medizinischer Klinik (altes Universitätskrankenhaus); der Anästhesist Erich Rügheimer sekundierte, indem er unmissverständlich »Münchener Verhältnisse« für Erlangen forderte, nämlich die Erlanger Kliniken vergleichbar den Münchner Einrichtungen zu fördern.[147]

Das Vorhaben, Erlangen zur »Bundeshauptstadt der medizinischen Forschung, Produktion und Dienstleistung« zu entwickeln, war eine wirtschaftspolitische Vision.[148] Sie wurde erstmals von Siegfried Balleis in seiner Antrittsrede als Oberbürgermeister 1996 öffentlich vorgestellt und war in die Programmatik der bayerischen Staatsregierung (»Offensive Zukunft Bayern«) eingepasst. Hierzu fügte sich, dass die Siemens AG 1998 entschied, in Erlangen eine große Fertigungsanlage für moderne medizintechnische Geräte zu errichten. Ein neuer Forschungsverbund (FORMED) der Universität, 1998 initiiert vom Institut für Medizinische Physik (Willi Kalender), konzentrierte sich im Verein mit Industriepartnern und einem gleichgerichteten Sonderforschungsbereich auf moderne Verfahren der Bildgebung.[149] Hierdurch gewann die Vorstellung eines »Medical Valley«, bei dem zunächst an die Konzentration medizintechnischer Unternehmen in Erlangen gedacht war, erheblich an Profil und wurde in weiteren Jahren konkret ausgestaltet. Seit Januar 2010 wird das »Medical Valley EMN e. V.« mit Beteiligung des Universitätsklinikums als Spitzencluster aus Bundesmitteln gefördert.[150]

▸ **Exkurs** Zum »Medical Valley – EMN« (Europäische Metropolregion Nürnberg), S. 360.

Dass medizintechnische Neuerungen bevorzugt in Erlangen ihren frühen Einsatz erleben, hat eine jahrzehntelange Tradition. Auf die vielfältigen technischen Innovationen im Bereich der Strahlenheilkunde in den ersten Jahrzehnten des 20. Jahrhunderts wurde bereits hingewiesen. Nach dem Zweiten Weltkrieg verstärkte sich die Zusammenarbeit der Erlanger Kliniken und der Universität mit der Siemens AG in symbiotischer Weise. Die medizinische Bildgebung war und ist bis heute ein Paradestück dieser Kooperation.

▸ **Kapitel** Medizin und Technik: ein sehr erfolgreiches Joint Venture, S. 184.

Am Erlanger Klinikum wurde der von der Firma Siemens entwickelte Computertomograph (CT) »Siretom«, der seit Juni 1974 in Frankfurt als Prototyp klinisch getestet worden war, im Herbst 1975 eingeführt.[151] Die Erlanger Neurochirurgie war nach Frankfurt, München und Berlin die vierte Klinik, in der ein CT verfügbar wurde, um »schonend, rasch und billiger als die üblichen strapaziösen instrumentellen Untersuchungsmethoden« eine Diagnose hirnorganischer Veränderungen zu ermöglichen. Dieses Schädel-CT war acht Jahre ununterbrochen im Einsatz. 1986 erhielt die Neurochirurgische Klinik als Ersatz ein neues Ganzkörper-CT (Somatom DRH, Firma Siemens).[152]

Ende 1999 schlossen das Universitätsklinikum und die Universität, ermuntert von der Hightech-Initiative der Staatsregierung, mit der Siemens AG einen Partnerschaftsvertrag über die verstärkte Zusammenarbeit auf den Gebieten der Medizintechnik, der Informationstechnologie und des Prozessmanagements im Gesundheitswesen.[153] In allen drei Handlungsfeldern, darunter auch der Entwicklung und Erprobung neuer Großgeräte zur bildgebenden Diagnostik, handelte das Klinikum neben einer intensiveren Kooperation auch Sonderkonditionen für eine Bestellung der Siemensprodukte aus. Weiterhin förderte die bayerische Staatsregierung in ihrer »Hightech-Offensive« ab 2000 mit bedeutenden Summen die innovativen medizintechnischen, biotechnologischen und pharmakologischen Projekte bzw. Kooperationen von Erlanger Universitätsinstituten und der Industrie.[154] Ein 2002 angestoßenes Großprojekt »MedBild« sah einmal mehr das Erlanger Institut für Medizinische Physik, für das seit 2002 ein moderner Neubau an der Henkestraße errichtet wurde, im Zentrum einer Kooperation von Siemens Medical Solutions Erlangen und weiteren Partnern in Industrie und Universität.

In welcher Weise die Erlanger Forschungen zur Bildgebung direkte klinische Nutzanwendung ergaben, zeigte der 2002 am Institut für Medizinische Physik installierte Spiral-CT-Scanner, Typ »Somatom Sensation 16« von Siemens, das schnellste und leistungsstärkste Gerät dieser Art weltweit. Innerhalb weniger Sekunden war nunmehr ein Ganzkörper-CT zu erbringen, wodurch auch vulnerable Patienten wie Kinder und Alte einfacher untersucht werden konnten.[155] Im klinischen Routinebetrieb wurde 2003 im Institut für diagnostische Radiologie (Werner Bautz) ein zehnzeiliges CT-Gerät installiert, ferner Angiographiesysteme mit dreidimensionaler Bildgebung für interventionelle Radiologie.[156] Das Tempo der technischen Evolution beschleunigte sich unterdessen; schon ein Jahr später, 2004, wurde im Institut für Medizinische Physik ein Siemens »Somatom Sensation 64« aufgestellt, ein 64-Schicht-Computertomograph, wiederum das weltweit schnellste Gerät mit der höchsten Auflösung.[157] Mit dem von Siemens hergestellten SPECT/Spiral CT wurde es 2005 in der Erlanger Nuklearmedizinischen Klinik und dem Radiologischen Institut möglich, zwei bislang getrennt ablaufende Untersuchungen in einen Arbeitsgang zusammenzuführen.[158]

Das Erlanger Klinikum war einer der ersten Orte, an dem die Magnetresonanztomographie (MRT) eingesetzt wurde. Mitte 1987 wurde ein modernes Großgerät mit einer Stärke von 1,5 Tesla (Tesla = Maßzahl der magnetischen Flussdichte) in einem eigens hergerichteten Gebäude in der Nähe des Kopfklinikums verfügbar.[159] Dieses MRT-Gerät, das zweite dieser Art in Bayern, sollte sowohl in der klinischen Diagnostik durch mehrere Kliniken als auch zur Grundlagenforschung genutzt werden. Der Aussagewert von MRT-Untersuchungen für klinische Fragestellungen, etwa in der Neurologie und Neurochirurgie, war unterdessen weithin anerkannt. Bemerkenswert war eine Nuance der öffentlichen Wahrnehmung des technischen Fortschritts; in den 1980er Jahren wurde eine prinzipielle Skepsis gegen technische Innovationen in der Öffentlichkeit fassbar. Präsident Fiebiger, selbst Physiker und für seine klare Ausdrucksweise bekannt, fand bei der öffentlichen Übergabe des MRT-Geräts 1987 deutliche Worte und »qualifizierte abfällige Urteile über die Nutzung aufwendiger und komplizierter technischer

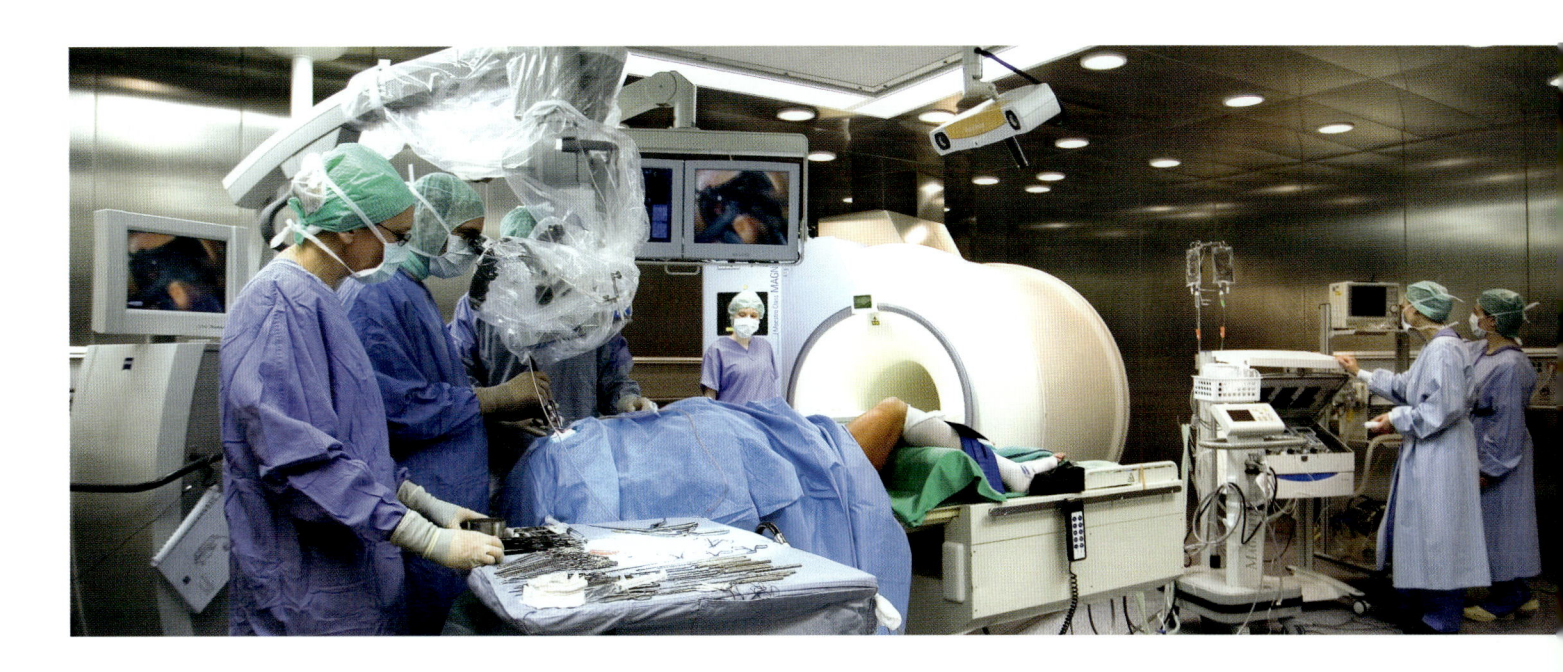

Abb. 25 Hirnoperation in der Neurochirurgischen Klinik mit dem DIVA-Verfahren; im Hintergrund das MRT-Gerät, in das der Operationstisch intraoperativ eingeschwenkt werden kann.

Apparaturen … als Vorurteile derjenigen, die niemals darauf angewiesen waren«.[160] Ende der 1980er Jahre war der in früheren Jahrzehnten noch ungebrochene Fortschrittsoptimismus auch in Erlangen in eine Krise geraten. Die ambivalente Bewertung technischer Innovationen begleitet seither nicht nur am Erlanger Klinikum alle Veränderungen.

Hier sei ein Blick auf die klinische Anwendung der MRT-Technik geworfen. Seit 2002 war ein Magnetresonanztomograph mit einer Feldstärke von 1,5 Tesla im Operationssaal der Neurochirurgischen Klinik verfügbar; der Operationstisch konnte intraoperativ in das MRT-Gerät geschwenkt werden, um bei Tumoroperationen kontrollieren zu können, ob die Resektion gelungen war.[161]

Eine zeitspezifische Steigerungsform der Operationstechnik und -taktik wird seit 2012 in der Erlanger Neurochirurgie mit dem Akronym DIVA bezeichnet.[162] DIVA steht für »Dual Intraoperative Visualisation Approach«; es handelt sich nicht um ein neues Gerät, sondern eine neue Vorgehensweise (»approach«), bei dem zwei bislang unabhängig voneinander benutzte bildgebende Verfahren (MRT und intraoperative Fluoreszenzmikroskopie des Hirngewebes) miteinander kombiniert werden.

Minimalinvasive Eingriffe sind seit den frühen 1990er Jahren in der Chirurgie üblich geworden, beginnend mit der laparoskopischen Operation der Gallenblase. Chirurgische Eingriffe am Universitätsklinikum Erlangen werden sowohl in der Chirurgischen Klinik selbst als auch in anderen chirurgisch aktiven Fächern wie HNO, Frauenheilkunde, Orthopädie, Urologie, Mund-, Kiefer- und Gesichtschirurgie, je nach Indikation minimalinvasiv ausgeführt. Operationsroboter gehören seit den 2000er Jahren zur gehobenen Ausstattung, so das 2001 für die Neurochirurgie entwickelte Gerät eines amerikanischen Herstellers.[163] Eine technische Perfektionierung in diesem Feld stellt der »Da Vinci«-Operationsroboter dar, Produkt eines US-Herstellers, das seit 2013 verfügbar ist und erstmals in der Erlanger Urologie eingesetzt wurde.[164] Es handelt sich ▸

DIE AUSDIFFERENZIERUNG DER KLINISCHEN FÄCHER NACH DEM ZWEITEN WELTKRIEG

Nachdem die deutsche Medizin im 19. und auch noch am Beginn des 20. Jahrhunderts eine führende Rolle in der Welt gespielt hatte, verlor sie diese Rolle aufgrund der politischen Entwicklungen spätestens seit den Dreißigerjahren. Die Wissenschaftsfeindlichkeit des nationalsozialistischen Regimes, die Vertreibung der jüdischen Gelehrten und vieler politischer Gegner des Nationalsozialismus von den Hochschulen und insbesondere die Verluste und Zerstörungen durch den Krieg und der Mangel auf allen Ebenen in der unmittelbaren Zeit danach hemmten die Forschung in Deutschland und koppelten sie für eineinhalb Jahrzehnte, vor allem aber in den Kriegsjahren, von der internationalen Wissenschaft ab.

Für die Bundesrepublik galt es daher, nach der Währungsreform diese Isolation zu überwinden und wieder Anschluss an den internationalen Standard zu gewinnen. Dies führte insbesondere zur Schaffung von Lehrstühlen, die dem gewaltigen Wissenszuwachs in vielen Bereichen der Medizin, richtungweisenden Entdeckungen sowie der Entwicklung neuer Apparate und Methoden Rechnung tragen sollten. Hierbei handelte es sich zum einen um Spezialisierungen und Subspezialisierungen der älteren traditionellen Fächer, zum andern um echte Neugründungen als Folge neuer Erkenntnisse oder auch spezieller sozialer und gesundheitspolitischer Herausforderungen. Im Gegensatz zur ersten Phase von Ausdifferenzierungen im 19. und frühen 20. Jahrhundert, in der der Prozess der Verselbstständigung in seinen einzelnen Stufen einer gewissen Regelhaftigkeit unterlag, waren die Abläufe und Hintergründe der Schaffung neuer Lehrstühle und Einrichtungen seit den 1950er Jahren überaus vielgestaltig.[1]

Die Veränderungen und Erweiterungen des Spektrums der Disziplinen in den Fakultäten beruhten ganz wesentlich auf den Empfehlungen des Wissenschaftsrates, der 1957/58 zur Unterstützung der deutschen Wissenschaft gegründet worden war.[2] Die erste Ausgabe der Empfehlungen, die 1960 erschien und der etliche weitere folgten, leitete einen gewaltigen Ausbau des wissenschaftlichen Personals auf allen Ebenen ein.[3] Dabei sollte die Zahl der Ordinariate um 40 Prozent, d.h. um 1200 neue Stellen, erhöht werden. Zudem legte der Wissenschaftsrat nicht nur allgemeine Richtzahlen für den Ausbau fest, sondern gab auch an, welche Lehrstühle jeweils als Grundbestand vorhanden sein müssten, wenn die Fakultäten den Erfordernissen der Forschung und der Lehre unter Berücksichtigung der allmählich steigenden Studentenzahlen entsprechen sollten.

Die Empfehlungen des neu geschaffenen Gremiums, denen eine gründliche Bestandsaufnahme in allen Bundesländern vorausgegangen war und die zugleich mit

▶ Kapitel Die Spezialisierung in den klinischen Fächern im 19. und frühen 20. Jahrhundert, S. 110.

den Planungen der einzelnen Universitäten abgestimmt waren, dienten den Fakultäten in den folgenden Jahren als Richtschnur bei der Beantragung neuer Ordinariate und wurden in großen Teilen umgesetzt. So wurden von 1961 bis 1964 insgesamt 1091 Lehrstühle neu geschaffen. An manchen Fakultäten wurden aufgrund besonderer Bedingungen auch andere als die empfohlenen Lehrstühle eingerichtet. Dieser enorme quantitative Ausbau in nur wenigen Jahren wurde insbesondere durch den Boom des »Wirtschaftswunders« ermöglicht.

Im Hinblick auf die medizinischen Fakultäten sah der Wissenschaftsrat als Grundbestand 16 Lehrstühle für die theoretischen und 14 für die klinischen Fächer vor. Dazu kamen ein bis drei Lehrstühle für Zahnheilkunde.[4] Für die Erlanger Klinik, die 1960 über zehn Lehrstühle verfügte, lautete die Empfehlung des Wissenschaftsrates auf drei neue Ordinariate, und zwar für Orthopädie, Neurochirurgie und Strahlenheilkunde, und ein Extraordinariat. Die ersten beiden Lehrstühle wurden 1962 genehmigt, konnten aber erst einige Jahre später besetzt werden. Für die Anästhesiologie wurde 1966 ein Extraordinariat – es war das erste in Bayern – geschaffen, das 1970 in ein Ordinariat umgewandelt wurde.

An der Einrichtung des ebenfalls empfohlenen Lehrstuhls für Strahlenheilkunde lässt sich die Dynamik der Entwicklung ablesen, die die Medizin in den 1960er und 1970er Jahren erfuhr: Der Lehrstuhl wurde 1961 beantragt und 1963 bewilligt. Da sich die Besetzung jedoch zu diesem Zeitpunkt als schwierig erwies, wurde die Stelle auf Wunsch der Fakultät 1966 in ein Extraordinariat für Klinische Immunologie umgewandelt. Dass die Erlanger Fakultät hier große Weitsicht bewies, zeigt die Tatsache, dass das Extraordinariat die erste derartige Einrichtung in der Bundesrepublik war. Es wurde drei Jahre später in ein Ordinariat umgewandelt. 1979 erfuhr das Institut eine Namensänderung durch den Zusatz »und Rheumatologie«, womit ein langfristiges und folgenreiches Programm, getragen von zwei klinischen Arbeitsgruppen für Rheumatologie der Max-Planck-Gesellschaft, initiiert wurde. Im Zuge der Neustrukturierung der Erlanger Kliniken in den Neunzigerjahren wurde das Institut in »Medizinische Klinik 3 – Rheumatologie, Immunologie und Hämato-/Onkologie« umbenannt. 2006 wurde der zugehörige Lehrstuhl aufgrund der Breite des Feldes, das er inzwischen abdeckte, in ein Ordinariat für Rheumatologie und Immunologie (Medizinische Klinik 3) und ein Ordinariat für Hämatologie und Internistische Onkologie (Medizinische Klinik 5) geteilt.

Angesichts der zunehmend großen Bedeutung der Strahlentherapie hatte die Fakultät schon 1964 erneut den Lehrstuhl beantragt, wurde aber von der rasanten Entwicklung in Medizin und Technik überholt, sodass sie noch während der Bewilligungsphase die Ausdifferenzierung des zunächst einheitlichen Faches Strahlenheilkunde in die drei Fächer Röntgendiagnostik, Strahlentherapie und Nuklearmedizin für Erlangen anstrebte.[5] Obgleich die Strahlentherapie in der Dringlichkeit an oberster Stelle stand, konnte die Besetzung des 1968 erneut bewilligten Lehrstuhls aufgrund fehlender Räumlichkeiten noch nicht realisiert werden. Aus diesem Grunde wurde jetzt zunächst die Verselbstständigung der Nuklearmedizin eingeleitet und 1973 mit der Begründung der ersten ordentlichen Professur für »Strahlenkunde – Klinische Nuklearmedizin« abgeschlossen. Der Erlanger strahlentherapeutische Lehrstuhl – der erste in Bayern – folgte dann 1977. Ein Ordinariat für Diagnostische Radiologie wurde erst Mitte der Neunzigerjahre geschaffen.

Außer den genannten erhielt die Klinik in den Siebzigerjahren noch mehrere Lehrstühle, die ebenfalls unterschiedliche Facetten im Spezialisierungsprozess aufweisen. So hatte die Urologie, als sie 1970 ihre volle Selbstständigkeit in Erlangen erhielt, bereits eine etliche Jahrzehnte währende Entwicklung hinter sich, in der ihre Vertreter sich erfolglos um die Abtrennung von der Chirurgie bemüht hatten. Demgegenüber ist die Gerontologie/Geriatrie als akademisches Fach noch jung und kämpft immer noch um ihre Anerkennung und Etablierung an den deutschen Universitätskliniken. Der Anstoß zur Errichtung eines Ordinariats für Gerontologie an der Erlanger Universität ging in den 1960er Jahren von der Politik aus und führte 1973 zur Schaffung des ersten bundesrepublikanischen Lehrstuhls für Allgemeine Geriatrie, der allerdings in den Städtischen Krankenanstalten in Nürnberg angesiedelt war, wo sich bereits seit Längerem unter René Schubert (1910–1976) ein Zentrum für Altersforschung entwickelt hatte.

Eine ähnliche Form der Zusammenarbeit von Erlangen und Nürnberg hatte bereits 1966 in der Nephrologie begonnen: Nach der 1965 erfolgten Gründung der Medizinischen Klinik 4 mit Schwerpunkt Nieren- und Hochdruckkrankheiten am Klinikum Nürnberg wurden unter deren Leiter Ullrich Gessler, einem der Pioniere der Nephrologie in Deutschland, in Zusammenarbeit mit der Erlanger Urologie die Nierentransplantationen begonnen. Aufgrund seiner Verdienste für die Erlanger Klinik wurde Gessler 1981 auf den 1979 neu geschaffenen Lehrstuhl für Innere Medizin – Nephrologie berufen. Unter Gesslers Nachfolger wurde 1988 unter Fortführung des erfolgreichen Verbunds von Klinikum Nürnberg und Universitätsklinikum Erlangen mit dem Aufbau der nephrologischen Klinik in Erlangen begonnen.

Die institutionelle Ausdifferenzierung der Zahnheilkunde, die mit einer Unterbrechung am Anfang des 20. Jahrhunderts seit 1887 an der Universität gelehrt wurde und bis in die Nachkriegszeit nur einen Lehrstuhl besaß, erfuhr ihre heute noch gültige Struktur mit vier Ordinariaten in den Jahren um 1970.

Die vielfältigen Kompetenzen, die die Medizinische Fakultät durch die beschriebene Spezialisierung in sich vereinigte, bildeten die Voraussetzung für neue Formate der Zusammenarbeit, und es entwickelten sich in der Folgezeit verschiedene Initiativen zur Bündelung der Kräfte. Schon 1960 hatte der Wissenschaftsrat als Gegengewicht gegen die der Spezialisierung immanenten zentrifugalen Tendenzen die Bildung von Schwerpunkten empfohlen und 1967 nachdrücklich die Einrichtung von Sonderforschungsbereichen angemahnt.[6] In Erlangen wurde 1978 der erste Sonderforschungsbereich eingerichtet, der zugleich eine der Keimzellen des 1984 gegründeten Tumorzentrums war. Außerdem wurden in den letzten Jahrzehnten 24 Interdisziplinäre Zentren gegründet.

Die Expansion der deutschen Hochschulen mit ihrer gewaltigen Erhöhung des wissenschaftlichen Personals endete in der Mitte der 1970er Jahre unter dem Eindruck des Ölpreisschocks, der das Ende des kontinuierlichen Wachstums herbeiführte. Für die Universitäten bedeutete dies einen weitgehenden Stopp neuer Lehrstühle bis in die Neunzigerjahre, es sei denn, es handelte sich um Umwidmungen bereits vorhandener Stellen. Um dennoch den Erfordernissen der Forschung gerecht werden zu können, nutzte die Medizinische Fakultät in den folgenden Jahrzehnten die Möglichkeit, mithilfe von vorhandenen Extraordinariaten selbstständige Abteilungen zu schaffen, und konnte auf diese Weise weitere Spezialgebiete etablieren.

Eine gewisse Erweiterung ihres Gestaltungsspielraums erhielten Fakultät und Klinik dann wiederum ab 1995/96, als das Bayerische Staatsministerium für Unterricht, Kultus, Wissenschaft und Kunst mithilfe von Privatisierungserlösen ein Lehrstuhlerneuerungsprogramm in die Wege leitete, das der Neustrukturierung der Fakultäten im Zusammenhang mit dem damals bevorstehenden Generationswechsel dienen sollte. Die Medizinische Klinik konnte dadurch in den folgenden Jahren die Extraordinariate für Herzchirurgie (1999) und für Plastische und Handchirurgie (2006) in Ordinariate umwandeln. Außerdem wurden jüngst noch die beiden Lehrstühle für Palliativmedizin (2010) und für Allgemeinmedizin (2013) geschaffen.   Renate Wittern-Sterzel

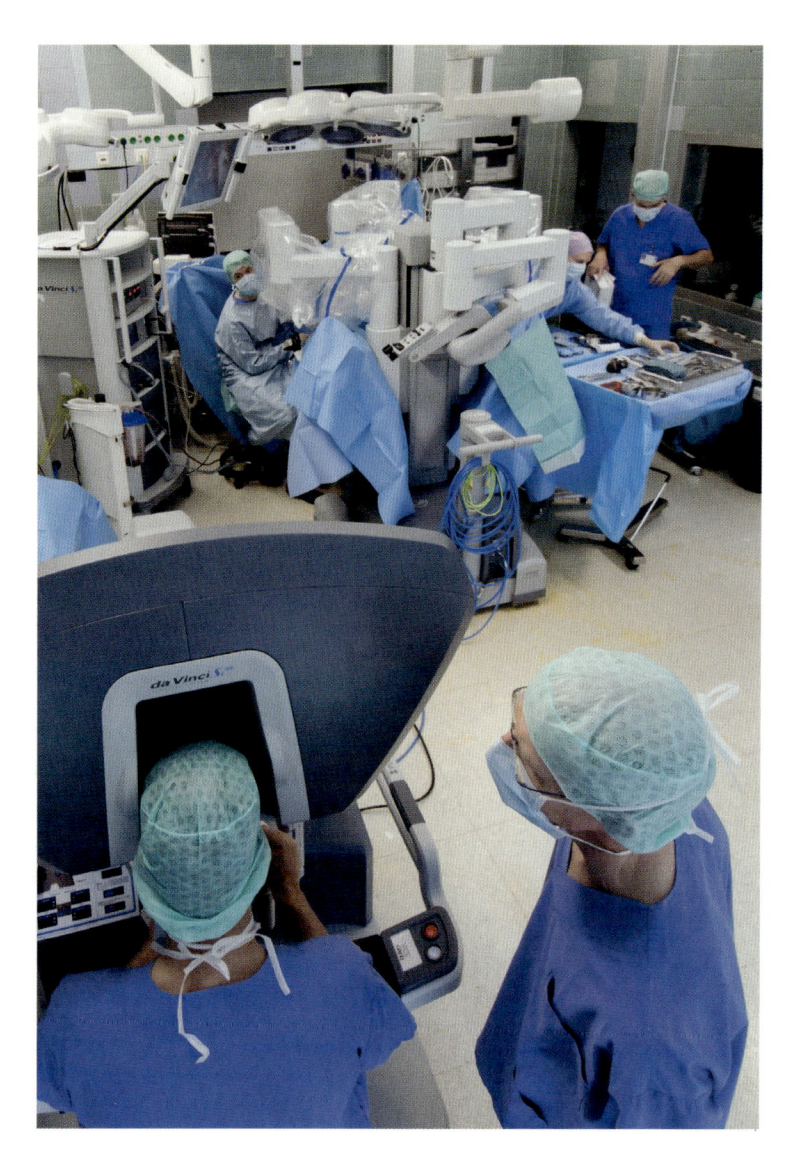

Abb. 26 Operationsroboter »Da Vinci«, Universitätsklinikum Erlangen.

▸ **Kapitel** Das Röntgeninstitut der Frauenklinik in der Weimarer Republik, S. 191.

▸ um ein von Chirurgenhand gesteuertes vielarmiges Operationsgerät; anders als bei herkömmlichen minimalinvasiven Eingriffen bietet »Da Vinci« dem Operateur ein dreidimensionales Bild des Operationsfeldes.

Mit der Berufung von Rolf Sauer auf den seinerzeit einzigen Lehrstuhl für Klinische Strahlentherapie in Bayern zum Wintersemester 1977 begann in Erlangen der Aufbau einer interdisziplinär orientierten Strahlenheilkunde mit onkologischem Schwerpunkt.[165] Erlangen erhielt hierfür einen 20-MeV-Linearbeschleuniger, der nur an wenigen Orten in Deutschland zu diesem Zeitpunkt verfügbar war. Wie auch in anderen Fällen war einer dieser »anderen« Orte die Landeshauptstadt München. Erkennbar wurde bei den meisten Innovations- und Investitionsprogrammen das Bestreben der Staatsregierung, den Standort Erlangen als das zweite Zentrum nach München auszubauen. Durch die grundlegende Sanierung der »Alten Augenklinik« in der Universitätsstraße wurde 1985 die nun dort angesiedelte Strahlenklinik erstmals mit einer 20-Bettenstation ausgestattet. Das Gebäude selbst musste die Strahlenklinik anfänglich mit der Medizinischen Poliklinik und deren Bettenstationen teilen.[166] Im Jahr 2006 wurde ein Ergänzungsbau der Strahlenklinik eingeweiht, der aus Strahlenschutzgründen weitgehend unterirdisch angelegt ist und u. a. zwei Linearbeschleuniger enthält.[167]

In der Strahlentherapie ist die Tradition einer »Erlanger Schule« bis heute lebendig; die Rede ist von den spektakulären, weltweit wahrgenommenen strahlentherapeutischen Innovationen, die in den 1920er Jahren in Erlangen entstanden. Physikalisch haben sich seither die zur Therapie verwandten Strahlungsarten nicht geändert, allerdings hat sich die Technik in den Jahrzehnten ebenso verfeinert, wie sich die Erkenntnisse über Indikationen, Dosierungen, Kombinationen von Strahlen mit anderen Therapieformen exponentiell vermehrt haben. Eine der jüngsten Stufen der Strahlentherapie ist die sogenannte Interventionelle Strahlentherapie bzw. Brachytherapie (griech. brachy- = »kurz«), die seit 2010 in einem eigens errichteten Neubau in der Universitätsstraße betrieben wird.[168] Hierbei werden Tumore verschiedener Organe auf kurze Distanz, daher der Name Brachytherapie, mit speziellen Nadeln, die mit strahlenden Elementen, z. B. Iridium 192 gefüllt sind, bestrahlt. Die Erlanger Brachytherapie steht insofern in der Tradition der »Erlanger Schule«, als dass auch sie Patienten aus ganz Deutschland anzieht und das erste Ausbildungszentrum für Brachytherapie bundesweit gewesen ist.

Dass Hightech-Medizin nicht unbedingt Großgeräte voraussetzt, sondern im Gegenteil Miniaturisierung ein wichtiges Prinzip war und ist, zeigt das Beispiel des Cochlea Implants, eines elektronischen Bauteils, das in der HNO-Heilkunde entwickelt wurde. Die klinische Forschung zum Cochlea Implant reicht in Erlangen bis in die frühen 1980er Jahre zurück; der Physiologe Wolf-Dieter Keidel (1917–2011) erarbeitete im Rahmen eines von der EU geförderten Projekts Möglichkeiten, tauben Menschen durch Implantation von Elektroden in das Innenohr einen Teil ihrer Hörfähigkeit zurückzugeben.[169] Das Cochlear-Implant-Centrum CICERO der HNO-Klinik Erlangen wurde 2009 eröffnet; durch das Einsetzen einer Prothese in die Hörschnecke (lat. Cochlea), die äußerlich mit einem Sprachprozessor verbunden ist, gelingt es, gehörlos Geborenen oder taub Gewordenen das Hörvermögen zurückzugeben. Anders als ein herkömmliches Hörgerät ist das Cochlea-Implantat kein Verstärker, sondern ein künstliches Sinnesorgan, das die Funktion des natürlichen nachahmt; das 500. Cochlea Implant wurde im Oktober 2011 eingesetzt.[170]

Die vielfältigen medizintechnischen Initiativen in Universität und Klinikum waren stets auf eine intensive Zusammenarbeit mit der Industrie gegründet. Hieraus haben sich unterdessen auch neue Studiengänge entwickelt. Das 1971 mithilfe der VW Stiftung gegründete »Zentralinstitut für Biomedizinische Technik« wurde 30 Jahre lang von Max Schaldach geleitet; ein Schwerpunkt der angewandten Forschung dieses Instituts waren Geräte zur Elektrostimulation des Herzens. Schaldach, der auch das Unternehmen »Biotronik« führte, kam 2001 mit 68 Jahren bei einem Flugzeugabsturz in Nürnberg ums Leben. 2003 wurde die Max-Schaldach-Stiftungsprofessur für Biomedizinische Technik am Zentrum für Medizinische Physik und Technik von der Firma Biotronik und der Universität Erlangen-Nürnberg eingerichtet. Ende 2009 wurde das »Zentralinstitut für Medizintechnik« (ZiMT) gegründet; als zentrale Einrichtung der Universität bündelte es die Medizintechnikkompetenz von nunmehr 70 Professuren unterschiedlicher Fakultäten, koordinierte die Forschung und Kooperation mit der Industrie und organisierte die Lehre im Studiengang »Medizintechnik«.[171] Letzterer wurde zum Wintersemester 2009/10 als sechssemestriger Bachelor-Studiengang Medizintechnik eingerichtet. Seit dem Wintersemester 2011/12 besteht die Möglichkeit, einen Masterstudiengang Medizintechnik mit den Richtungen »Medizinische Bild- und Datenverarbeitung«, »Medizinelektronik« und »Gerätetechnik, Produktionstechnik und Prothetik« zu absolvieren. ▶

Abb. 27 Grundsteinlegung des Forschungszentrums in der Glückstraße 6 am 28. November 1996, seit 2001 »Nikolaus-Fiebiger-Zentrum für Molekulare Medizin« genannt; links Kultusminister Hans Zehetmair, rechts Altpräsident Nikolaus Fiebiger.

DER EINZUG DER COMPUTER-TECHNOLOGIE

Die Verbreitung der Computertechnologie und der elektronischen Datenverarbeitung (EDV) markierte einen Bruch revolutionärer Qualität in der Sammlung, Verwaltung, Ordnung, Auswertung, Verknüpfung, Übertragung und Präsentation von Informationen. In kurzer Zeit führte sie zu einer grundlegenden Veränderung der Lebens- und Arbeitswelten.[1] Auch aus dem Klinikalltag waren Computer bald nicht mehr wegzudenken.

Aus klinischer Perspektive eröffneten sie neue Horizonte in Forschung wie Diagnostik, ermöglichten völlig neue Formen der Anwendung quantitativer Methoden, die Schaffung umfangreicher Datenbanken und neue bildgebende Verfahren – um nur wenige Beispiele zu nennen. Aus Sicht der Verwaltungen sollten sie durch zentralisierte und standardisierte Datensätze und klar strukturierte Prozesse eine deutlich effizientere Ablaufplanung, Budgetierung und Kostenkontrolle verwirklichen helfen und dazu beitragen, den Überblick über Ausstattung und Bedarf der Kliniken und Institute zu bewahren, zum Beispiel durch die 1979 u. a. auf Druck der Universitätsleitung erfolgte Einführung einer fakultätsweiten »Großgerätedatei«.[2] Das Aufkommen des »Krankenhausmanagements«, wie es später heißen sollte, war aufs Engste mit der neuen Technologie verknüpft und ohne sie nur schwer denkbar. Trotz dieser neu aufgestoßenen Horizonte darf man sich die Computerisierung jedoch nicht als leuchtende Heilsgeschichte in Maschinensprache vorstellen. Ihre Anfänge waren viel mehr von Improvisationen, Experimenten und Hauslösungen geprägt.

Eine Grundfrage der Computerisierung der Erlanger Universitätskliniken und Medizinischen Fakultät bildete die Spannung zwischen Zentralisierung und Dezentralisierung, die sich ganz praktisch in der nun notwendigen Abstimmung von Anträgen für kostenintensive Rechenanlagen niederschlug, bei denen unkoordinierte Einzelanträge zunehmend geringere Aussicht auf Bewilligung hatten, oder aber bei der Festlegung von Standards in der Erfassung von Patienten. Wo sollten Patientendaten in welchem Umfang gespeichert und verwaltet werden, wo zum Beispiel das Tumor- oder Herzregister untergebracht sein und wem somit ohne größeren Aufwand jeweils zur Verfügung stehen? Aus heutiger Sicht mag auch überraschen, dass der in den 1980er Jahren beginnende Einsatz des Personal Computers (PC), früher »Mikrorechner« genannt, in dieser Frage zwischenzeitlich einen Rückschritt darstellte. Der Grund: Die kostengünstigen und dezentralen, nicht oder kaum vernetzten PCs standen dem in den früheren Zentralrechnersystemen angelegten Prinzip der Integration von Datenspeicherung und Kommunikationsprozessen, auf die eine Vielzahl verschiedener Nutzergruppen für verschiedene Anwendungszwecke zugreifen konnte, zunächst entgegen.[3]

Die Anfänge des Einsatzes von Computern bzw. »Rechenanlagen« an der Fakultät reichen in Einzelfällen bis in die zweite Hälfte der 1950er Jahre zurück. Prinzipiell

▶ **Exkurs** Auftritt der Ökonomen, S. 448.

gab es zwei Möglichkeiten: erstens die Nutzung der Rechenkapazität der Universitätsrechner seit den frühen 1960er Jahren, die allen Fakultäten zur Verfügung standen. Zweitens wurden an einzelnen Instituten und Kliniken selbstständig und zunächst ohne wechselseitige Koordinierung Computeranlagen angeschafft. An der Medizinischen Klinik existierte zum Beispiel ein hauseigenes »Rechenzentrum«, das seit 1967 in einer eigenen Baracke untergebracht war und einen »Prozessrechner 305« von Siemens verwendete.[4] Für die Dauer des Aufenthalts wurde für jeden Patienten im System des Zentralrechners ein Speicherplatz belegt, auf dem die anfallenden Daten vermerkt und von verschiedenen Standorten wie dem Labor, dem Empfang oder der Krankenstation aus bearbeitet, ergänzt oder zwischen diesen ausgetauscht werden konnten. Nach der Entlassung des Patienten oder der Patientin wurden die Daten auf einem Magnetband archiviert. Dank eines neuen Leseverfahrens konnten auf Streifen, die zusammen mit den Basisinformationen zu den Patienten auf den Patientenakten angebracht wurden, notwendige Untersuchungen vermerkt und vom Rechner »gelesen« werden. Diese konnten dann über eine auf dem Zentralrechner verwaltete Auftragsliste an einzelne Arbeitsplätze beispielsweise im Labor zugewiesen werden. Soweit die Theorie. Tatsächlich konnten die Laborergebnisse nur über die Fallnummer auf jener Liste richtig zugeordnet werden, da die Patientendaten mit der vorhandenen Hardware (noch) nicht abgetastet werden konnten, was wiederum eine noch große Störanfälligkeit des Prozesses durch menschliche Flüchtigkeitsfehler aufzeigt.

 Trotzdem handelte es sich im Kleinen um eine Vorform späterer Klinikkommunikationssysteme (KKS), wenn auch noch auf eine Einzelklinik beschränkt und mit vergleichsweise schmalem Leistungsumfang. Die bereits 1974 von der bayerischen Regierung geforderte Einführung einer einheitlichen Patientenverwaltung nach dem Vorbild des Münchener Klinikums Großhadern, das jedoch anders als Erlangen deutlich stärker zentralisiert und integriert war, sowie die Etablierung einer integrierten EDV-Infrastruktur der Fakultät als Ganzes wurde, von der technischen Herausforderung der starken baulichen Streuung einmal ganz abgesehen, zudem von den Einzelwünschen der vielen Kliniken, Institute und Abteilungen deutlich verlangsamt und kompliziert. Eine einheitliche Festsetzung von Zielen wurde erst mit einer zunehmenden Zentralisierung der Verwaltung und Bündelung von Entscheidungskompetenzen möglich. Ein weiteres Problem war ökonomischer Natur, denn die Geschwindigkeit des technologischen Wandels unterlief die traditionell langfristigen Planungszyklen und erforderte zugleich eine höhere Investitionsbereitschaft. Computertechnologie und EDV standen daher in einem vielschichtigen Wechselverhältnis mit der »Kostenexplosion im Gesundheitswesen«, da sie diese sowohl als Teil der kostenintensiven Hightech-Medizin beförderten als auch durch die Ermöglichung effizienterer Planung begrenzen helfen sollten.

 So sehr Einzelinteressen hinderlich sein konnten, so sehr ruhte in den Anfängen der Computerisierung vieles auf Initiativen einzelner Personen, besonders Wolf-Dieter

Keidels am Physiologischen Institut, der schon 1958 eine Einkanal-Mittelungsanlage im Eigenbau einsetzte und von Beginn an mit dem »Vater« der Erlanger Informatik, Wolfgang Händler, zusammenarbeitete, oder aber Otto Hornsteins, Leiter der Klinik für Haut- und Geschlechtskrankheiten, der im Juni 1969 unter Zustimmung der Fakultät ein Kolloquium zu Medizinischer Datenverarbeitung ausrichtete.[5]

Ein deutschlandweites Forum für computergestützte Verfahren bot die 1955 gegründete »Deutsche Gesellschaft für Medizinische Dokumentation, Informatik und Statistik e.V.« (GMDS).[6] Erlangen war in diesem Feld ein Nachzügler. Als dort 1972 schließlich ein Institut für Medizinische Statistik und Dokumentation eingerichtet wurde, verfügte dieses zunächst über keine nennenswerten Rechenanlagen und der Rechner, der dem neu berufenen Lehrstuhlinhaber Lothar Horbach versprochen worden war, war 1976 immer noch nicht angeschafft worden.

Horbachs Berufung sollte sich als Glücksfall für Erlangen herausstellen, engagierte er sich doch in zahlreichen Gremien nicht nur von Amts wegen an der Universität, wo er Keidel 1974 als Vertreter der Fakultät – und damit auch der Kliniken – in der Senatskommission für Rechenanlagen (SEKORA) ablöste, sondern auch in der bayerischen Hochschulpolitik, wo Horbach einem 1977 gegründeten Arbeitskreis vorsaß. Aus diesem ging noch im gleichen Jahr ein erster »Rahmenplan für den Einsatz der elektronischen Datenverarbeitung für die medizinischen Fakultäten« des bayerischen Kultusministeriums hervor.[7] Dessen Ursprung geht auf einen 1974 unter Federführung Horbachs in der SEKORA ausgearbeiteten Entwurf zurück, der kurioserweise trotz mehrfacher Erinnerungsschreiben im Kultusministerium nicht weiter kommentiert wurde, nur um dann zur Überraschung aller im Juli 1975 dem interministeriellen Koordinierungsausschuss im Münchner Finanzministerium als Musterkonzept für ganz Bayern vorgelegt zu werden.[8]

Doch Horbachs Engagement ging noch weiter: 1980 tagte die GMDS erstmals in Erlangen. Abgesehen von München waren andere bayerische Fakultäten in der GMDS seit 1970 nicht bzw. nicht mehr an exponierter Stelle vertreten gewesen.[9] Dies änderte sich, als Horbach 1982 Teil des Präsidiums der GMDS und 1984 schließlich zum Präsidenten der Gesellschaft gewählt wurde.[10] Angesichts dieser Leistungen waren Lothar Horbach wie auch Wolf-Dieter Keidel zweifelsohne Schlüsselfiguren in der Geschichte der Computerisierung der Universitätskliniken, im Falle Horbachs auch der medizinischen Fakultäten in Bayern allgemein, einmal vom Münchner Sonderfall Großhadern abgesehen.

Horbachs Institut war auch die Keimzelle und vorläufiger Standort des 1979 eingerichteten Rechenzentrums der Medizinischen Fakultät.[11] Mit diesem Schritt wurde erstmals ein zentraler EDV-Dienstleistungsbereich für die gesamte Medizinische Fakultät geschaffen. Die Aufgaben des RZMF, das 1984 schließlich in das RRZE eingegliedert wurde, umfassten Dienstleistungen wie Dokumentationen und Statistiken für die Kliniken und Institute, die Verwaltung personenbezogener Daten, ferner die Patienten- und

Personalverwaltung sowie die Finanzbuchhaltung für die Verwaltung(en) der Kliniken.[12] Trotz dieses weiten Aufgabenspektrums war die Personal- und Ausstattungsdecke sowohl des RZMF als auch des RRZE gegenüber vergleichbaren Einrichtungen spärlich, was immer wieder zu Engpässen, Überbelastung und Unzufriedenheiten führte.[13] Dies änderte sich erst langsam und schrittweise. Zudem begleiteten schon damals – lange vor Debatten wie jene um die »Gesundheitskarte« – der Schutz von Patientendaten die Diskussion auf allen Ebenen, da die ärztliche Schweigepflicht von den neuen technologischen Möglichkeiten im Kern berührt wurde.[14] So war der Schutz der Patientendaten ein zentrales Argument für die Anschaffung eines eigenen Zentralrechners für die Medizinische Fakultät und damit für das RZMF.[15] Dieses wurde 1995 im Zuge der zunehmenden Verselbstständigung der Kliniken und wachsenden Aufgaben wieder aus dem RRZE ausgegliedert und an die Medizinische Klinik 4 angeschlossen. Seit 2003 ist es als Medizinisches Zentrum für Informations- und Kommunikationstechnik (MIK) eine zentrale Dienstleistungseinrichtung des Universitätsklinikums.

Der schnelle Bedeutungszuwachs der EDV lässt sich auch an der Organisationsstruktur der Kliniken erkennen. Erst 1979/80 wurde am Universitätskrankenhaus ein EDV-Beauftragter eingesetzt; knapp acht Jahre später stand diese Funktion zusammen mit dem Referat »Organisation und Planung« an der Spitze der neu eingerichteten Zentralen Klinikumsverwaltung (ZKV).[16] Ein zentrales, damit verbundenes Projekt der Computerisierungsgeschichte der Kliniken war die Einführung von Klinikkommunikationssystemen, die 1987 von der bayerischen Regierung gefordert worden war. Doch noch 1991 war für Kanzler Schöck die Vorstellung eines vom Durchschreiten der Kliniktür bis zur Entlassung durchgeplanten Erfassungs- und Berechnungsprozesses von Klinikaufenthalten eine erst zu verwirklichende wie dringend notwendige Zukunftsidee.[17] Auch hier stellte die bauliche Situation eine zusätzliche Hürde für die Umsetzung dar.

Gleichwohl: Was in den 1970er Jahren in Rahmenplänen auf Länderebene als innovative Modernisierungsmaßnahme langsam Fahrt aufnahm, war binnen einer Dekade bereits in vielen Bereichen des Gesundheitssystems zur Voraussetzung, zur erwartbaren Normalität geworden. Andreas Plöger

Abb. 28 Nikolaus-Fiebiger-Zentrum für Molekulare Medizin, Glückstraße 6, Juli 2015.

Abb. 29 Alt und neu: Seitenflügel der 1846 errichteten »Kreisirrenanstalt«, später Heil- und Pflegeanstalt, gegenwärtig Sitz des Humangenetischen Instituts, dahinter rechts das 2014 eingeweihte Translational Research Center als modernstes Forschungsgebäude des Universitätsklinikums, Juli 2015.

▶ Die räumlich meist unzureichende Situation der Erlanger Kliniken im Hinblick auf moderne Forschungen wurde bereits erwähnt. Die Universität hat stets versucht, in Kooperation mit außeruniversitären Partnern (Industrie, Fraunhofer-, Max-Planck-Gesellschaft) eine eigens für die Forschung geeignete Infrastruktur zu schaffen. Ein Beispiel hierfür ist das »Fiebiger-Zentrum« in der Glückstraße 6. Ursprünglich entworfen von Präsident Fiebiger, seit 1994 projektiert und seit 1996 im Bau, trug dieses interdisziplinäre experimentelle medizinische Forschungszentrum in der Planungsphase den sperrigen Namen »Klinisch-Molekularbiologisches Forschungszentrum Erlangen«.

Es wurde aus Privatisierungserlösen des Freistaats Bayern mit 40 Mio. DM finanziert und bei der Eröffnung Ende 2000 »Nikolaus-Fiebiger-Zentrum für Molekulare Medizin« genannt.[172]

Zur zeitgemäßen Ausstattung der forschungsintensiven Medizin gehörte es auch, die dezentral und häufig behelfsmäßig in Kliniken und Instituten untergebrachten tierexperimentellen Einrichtungen in einem modernen Zentrum zusammenzuführen. Die Ausführungsplanung für das neue tierexperimentelle Zentrum begann 1999, die Einweihung des nach Franz Penzoldt (Direktor der Medizinischen Klinik Anfang des 20. Jahrhunderts) benannten Zentrums erfolgte 2005.[173]

Dass Hightech-Medizin auch die praktische Heilkunde planmäßig einbezieht, lässt sich an der Aufwertung des Fachs Allgemeinmedizin ablesen. 2013 wurde ein Lehrstuhl für dieses Fach eingerichtet (Thomas Kühlein); das gleichnamige Institut kooperiert mit über 60 Lehrpraxen in der Metropolregion.[174]

	1952	1981
Operationen	2.364	9.401
Mortalität	133 = 5,6 %	188 = 2 %

Altersverteilung der operierten Patienten		1952		1981	
0 – 10 Jahre		189 = 8 %		1.023 = 10,9 %	
11 – 20 Jahre		300 = 12,7 %		929 = 9,8 %	
21 – 30 Jahre	67,4 %	340 = 14,4 %		819 = 8,7 %	52,3 %
31 – 40 Jahre		325 = 13,7 %		835 = 8,9 %	
41 – 50 Jahre		440 = 18,6 %		1.307 = 14,0 %	
51 – 60 Jahre		350 = 14,8 %		1.824 = 19,4 %	
61 – 70 Jahre		247 = 10,9 %		1.489 = 15,8 %	
71 – 80 Jahre	31,4 %	123 = 5,2 %		957 = 10,4 %	47,7 %
81 – 90 Jahre		12 = 0,5 %		190 = 2 %	
91 – 100 Jahre		0		10 = 0,1 %	
ohne Angaben				28 = 1,2 %	

Entwicklung von Einzelfächern in Erlangen
Chirurgie

»Altersgrenzen scheinen kaum noch zu existieren: vom Neugeborenen bis zum 100jährigen kann praktisch jeder Patient, der – um es einmal überspitzt zu formulieren – noch atmet, mit berechtigter Aussicht auf Erfolg operiert werden.«[175]

Diese 1984 geäußerte markante Einschätzung des Erlanger Anästhesisten Erich Rügheimer charakterisierte treffend einen entscheidenden Wandel der Chirurgie in den Jahrzehnten nach dem Zweiten Weltkrieg. Die verfeinerte Medizintechnik als ein bestimmendes Element der modernen Chirurgie trug dazu bei, dass therapeutische Erfolge insbesondere bei alten und hochbetagten Patienten erzielt werden konnten.[176] Die in der ersten Hälfte des 20. Jahrhunderts übliche Anschauung, für chirurgische Eingriffe eine Art Altersgrenze beim 55. Lebensjahr anzusetzen, wurde damit gegenstandslos. Diese Entwicklung wurde durch eine Operationsstatistik der Erlanger Chirurgie 1952/1981 deutlich vor Augen geführt.

Entscheidend für den Umschwung, dass die (fiktive) »Altersgrenze« in der modernen Chirurgie nicht mehr galt und ein zumindest technischer Operationserfolg auch bei alten und hochbetagten Patienten in der modernen Medizin zur Regel wurde, waren die Differenzierung der Chirurgie selbst und die evolutionäre Entwicklung von neuen Einzelfächern aus der Mutterdisziplin Chirurgie. Diese Entwicklung war in der Erlanger Chirurgischen Universitätsklinik der Sache und den beteiligten Personen nach deutlich fassbar, und sie strahlte bundesweit aus. Zentrale Gestalt war Gerd Hegemann (1912–1999), Direktor der Klinik von 1955 bis 1977. ▸

Abb. 30 Operationen in der Erlanger Chirurgie, 1952 und 1981 im Vergleich, bezogen auf die Lebensalter der Patienten, mit Angabe der Mortalität; die absolute Zahl der Operationen hat sich vervierfacht, die Mortalität ist um zwei Drittel gesenkt, die Zahl der Patienten im höheren Lebensalter hat sich absolut und relativ stark erhöht.

Abb. 31 Gerd Hegemann (1912–1999), Direktor der Chirurgischen Universitätsklinik von 1955 bis 1977, Ausschnitt aus dem Gemälde »Vor der großen Operation« von Wendelin Kusche.

ZUM »MEDICAL VALLEY – EMN« (EUROPÄISCHE METROPOLREGION NÜRNBERG)

»Silicon Valley« ist der Mythos des Hightech-Zeitalters schlechthin. Es steht für Erfindergeist, »Entrepreneurship« und eine besondere Risikokultur. In der Bundesrepublik, in der in den 1990er Jahren über den »Standort Deutschland« debattiert und lamentiert wurde, blickte man argwöhnisch auf die Volkswirtschaften der USA und Japans, die im Hochtechnologiesektor als weitaus fortschrittlicher und schwer einzuholen galten.[1] Die deutsche Wirtschaftsleistung war in der ersten Hälfte des Jahrzehnts von einem Wachstum von 5,5 Prozent im Jahr 1990 auf einen Minusrekord von –1,6 Prozent im Jahr 1994 gefallen. »Standort Deutschland« erreichte 1993 hinter »Sozialabbau« den zweiten Platz bei der Wahl zum Wort des Jahres.[2] Die Entstehung des Medical Valley-Projektes ist im Kontext dieser vielgestaltigen Entwicklung zu sehen.[3]

Vor dem Hintergrund einer zunehmend internationalisierten Wettbewerbssituation wurde »Standort« als ein bestimmtes städtisches oder regionales Profil und eine vermarktbare Identität begriffen, die in Kooperation von Politik, Bildungseinrichtungen und Wirtschaft geschärft werden sollte.[4] Das Ziel war, staatliche Fördergelder, Unternehmen, Gründer, Innovationen und hochqualifizierte Arbeitskräfte, im Falle Erlangens aus der Bio- und Medizintechnik im engeren sowie der Gesundheitsbranche im weiteren Sinne, anzulocken und dauerhaft zu binden.

Die schlechte gesamtwirtschaftliche Situation hatte auch Erlangen empfindlich getroffen, als ab 1993 binnen weniger Jahre fast 5000 Arbeitsplätze verloren gingen.[5] Am folgenreichsten für die Genese dessen, was später »Medical Valley« heißen sollte, war der Entschluss der Siemens AG, den Unternehmensbereich Med (heute Siemens Medical Solutions) nicht, wie diskutiert, in das englische Oxford zu verlegen, sondern in Erlangen zu belassen. Ein Grund für diese Entscheidung war wohl, dass in Erlangen und dessen näherer Umgebung seit Ende des 19. Jahrhunderts eine Vielzahl mittelständischer Betriebe und Zulieferer ansässig waren, die in der Medizintechnik und verwandten Sektoren beheimatet war.[6]

Der neue Blick auf die eigene Umgebung als »Standort« hatte auch in Erlangen zur Suche nach einem eigenen Profil unter Beteiligung von Unternehmen, der Handelskammer, Gewerkschaftsvertretern und der FAU geführt. Unter dem 1996 gewählten Oberbürgermeister Siegfried Balleis bemühte sich die Stadt darum, die lange im Bereich »Umwelt« verankerten Schwerpunkte in der Stadtpolitik um die Bereiche Gesundheit und Medizin zu erweitern, da man ein »hervorragendes Profil [...], nämlich im Bereich der Medizintechnik« sah.[7] Balleis' politisches Ziel war es, Erlangen zur »Bundeshauptstadt der medizinischen Forschung, Produktion und Dienstleistung« zu machen.[8]

Abb. 1 Logo des Medical Valley Europäische Metropolregion Nürnberg (EMN).

Jenseits der Feststellung, dass über 200 Unternehmen aus dieser Branche lokal ansässig waren, sowie der guten Vernetzung der Technischen und Medizinischen Fakultät an der Universität musste dieses Projekt allerdings erst mit Inhalten befüllt werden – zunächst als Netzwerk: 1997 wurde die »Kompetenzinitiative Medizin-Technik-Gesundheit« ins Leben gerufen.[9] 2003 folgte der Bau des Innovationszentrums Medizintechnik und Pharma (IZMP) in der Henkestraße, finanziert aus Mitteln der »Hightech-Offensive« Bayern. 2005 gründeten die Stadt, die FAU Erlangen-Nürnberg und die Siemens AG die »Erlangen AG«. Im gleichen Jahr wurde das Imaging Science Institute für bildgebende Verfahren durch die FAU und Siemens Medical Solutions eingeweiht. Unter Einbeziehung von Siemens Medical Solutions, dem Universitätsklinikum und der Industrie- und Handelskammer wurde 2007 dann der Verein »Medical Valley Bayern e. V.« geschaffen. Der Begriff »Medical Valley« war bereits in den 1990er Jahren aufgekommen und wurde seitdem in politischen Reden aufgegriffen, wurde aber erst später als Dachmarke für die vielen Einzelprojekte aktiv genutzt.[10] 2011 wurde das IZMP dann auch in »Medical Valley Center« umbenannt. Am 11. Mai 2015 erfolgte die Grundsteinlegung für das zweite Medical Valley Center in Forchheim.

Ein Projekt, das über die ohnehin bestehenden Kooperationen der genannten Akteure und eine gemeinsame Markenbildung hinausging, war die Bewerbung im 2008 ausgeschriebenen BMBF-Wettbewerb »Gesundheitsregionen der Zukunft«. Die aus vielen Teilprojekten bestehende Bewerbung wurde von der FAU, der Medizinischen Fakultät und dem Fraunhofer Institut konzipiert. In der zweiten Wettbewerbsphase konnte man sich erfolgreich durchsetzen: 2010 wurde das »Medical Valley« zum einzigen »nationalen Spitzencluster Medizintechnik« erklärt. Das Universitätsklinikum war sowohl auf Forschungsseite als auch als Plattform an diesen Projekten beteiligt, zum Beispiel (1.) bei der Entwicklung zu neuen Techniken in der Computertomografie, die neue Ansätze in der Brustkrebstherapie ermöglichen, (2.) bei der Arbeit an einer digital vernetzten Mikrodosierpumpe für mehr Sicherheit in der Arzneimitteltherapie, die in der postoperativen Phase größerer Herzoperationen für eine Wirkungsverbesserung und geringere Nebenwirkungen sorgte; (3.) wäre die Weiterentwicklung des künstlichen Hüftgelenks (»Revisionshüftgelenk«) zu nennen, bei der auch die Werkstoffwissenschaften der FAU und das Fraunhofer-Institut für Integrierte Schaltungen beteiligt waren. Die Liste ließe sich angesichts der insgesamt 45 Teilprojekte noch lange fortsetzen.

Was mit einem Projekt zu einer Neuausrichtung des Erlanger Standortprofils begonnen hatte, bezog als Netzwerk- und Kooperationsplattform zunehmend auch andere Städte, aber auch internationale Projektpartnerschaften beispielsweise mit China ein. Ohne die enge Kooperation der Universitätskliniken mit lokalen Unternehmen seit dem ausgehenden 19. Jahrhundert wäre diese Entwicklung nicht denkbar gewesen. Andreas Plöger

▸ Die Erlanger Chirurgie galt mit ihrem endgültig 1965 fertiggestellten Bettenhaus als eine der neben Düsseldorf »modernsten chirurgischen Kliniken Deutschlands«[177]; Hegemann verschaffte ihr eine Spitzenstellung in der deutschen Chirurgie. Als chirurgischer Autor trat Hegemann früh als Generalist mit einem Grundlagenwerk »Allgemeine Operationslehre« (1958) hervor.[178]

Hegemann betrieb programmatisch eine transdisziplinär ausgerichtete Chirurgie und bezog internistische Handlungsfelder ein, indem er allgemeinchirurgische perioperative Maßnahmen akzentuierte, so künstliche Ernährung, Infektionsbekämpfung, Blutersatz, Thromboseprophylaxe.[179] Als Klinikchef förderte Hegemann bewusst die Verselbstständigung derjenigen Fächer, die zuvor als Hilfs- oder Teildisziplinen der Chirurgie gegolten hatten, nämlich Anästhesiologie, Herzchirurgie, Neurochirurgie, Orthopädie, Urologie und experimentelle Chirurgie. Ähnlich wie die Anästhesie, auf die weiter unten ausführlicher einzugehen sein wird, erweiterte die Transfusionsmedizin in den Jahren der Ära Hegemann die Möglichkeiten der Chirurgie;[180] und ähnlich wie die Anästhesie verselbstständigte sich die Transfusionsmedizin als Fach. In Erlangen entwickelte sie sich aus den Blutbanken der Medizinischen und Chirurgischen Klinik, die unter Theodor Schricker in den frühen 1970er Jahren vereint und zur Abteilung aufgewertet wurden.[181] Hieraus ging die Transfusionsmedizinische und Hämostaseologische Abteilung hervor, auf deren Bedeutung für innovative Krebstherapien zurückzukommen sein wird.

Angeregt durch Vorbilder in US-Kliniken, die er mit seinem Oberarzt Franz P. Gall (seinem späteren Nachfolger) in den frühen 1960er Jahre besuchte, schuf Hegemann 1969 eine Abteilung für Klinische Pathologie in der Chirurgischen Klinik, geleitet von Paul Hermanek.[182] Insbesondere die intraoperative histologische Diagnose (Schnellschnittdiagnose), die »in der Erlanger Methodik durchschnittlich nur rund 2 ½ Minuten« beanspruchte, verlangte nach der räumlichen Nähe von Chirurgie und klinischer Pathologie. Die Zahl aller histologischen Untersuchungen dieser Abteilung entwickelte sich von anfänglich unter 4000 (1969) zu über 12.000 (1978). In der Rückschau auf das 20-jährige Bestehen der Erlanger klinischen Pathologie (1989) ergaben sich eine erfolgreiche Bilanz und zugleich der Befund, dass es eine vergleichbare Einrichtung, d. h. eine klinische Pathologie innerhalb einer chirurgischen Universitätsklinik, an keinem anderen Standort im deutschsprachigen Raum gab.[183]

Hegemanns Initiativen wurden auch in der Öffentlichkeit gebührend gewürdigt.[184] Dem Klinikchef war diese Entwicklung der Fächer so wichtig, dass er die von ihm nachhaltig betriebene Initiative durch den Künstler Wendelin Kusche auf einem Gemälde 1974 symbolisch darstellen ließ.

Hegemanns Entscheidung, unmittelbar nach seinem 65. Geburtstag aus dem Dienst zu scheiden, anstatt wie erlaubt drei weitere Jahre zu amtieren, trug ihm Respekt und Anerkennung ein. Man sah ihn öffentlich »auf dem Höhepunkt seines beruflichen Erfolgs«.[185] Seine Leistungen umfassten, so die öffentliche Lobrede zu seiner Emeritierung 1978, sowohl die Gliederung, Entwicklung und Differenzierung der Chirurgie als auch die imposanten Bauten.

▸ **Exkurs** Chirurgie im Bild – Wendelin Kusches »Vor der großen Operation« 1974, S. 364.

Das Bettenhaus der Chirurgie, das im Jubiläumsjahr 2015 gerade abgerissen wurde, um Platz für den zukunftsweisenden Funktionsbau Chirurgie zu schaffen, war ein halbes Jahrhundert zuvor symbolisch für den medizinischen Fortschritt gewesen; das Hochhaus »ragte jahrelang wie ein Wahrzeichen aus der einstmals fränkisch-provinziellen Kleinstadt«, Hegemanns Name galt als »Symbol und Qualitätssiegel für die Erlanger Schule der Medizin«. Aus dem »Torso der Erlanger Klinik«, den er vorgefunden habe, sei unter seiner Leitung »eines der führenden Chirurgie-Zentren Europas« geworden. Seine Initiative, eine spezielle Herzchirurgie aufzubauen, sei anfangs auf Skepsis gestoßen, nunmehr gelte Hegemann als »Vater der deutschen Herzchirurgie«, die Erlanger Herzchirurgie als das größte Zentrum ihrer Art in Deutschland. Nur »Kleingeister und Scheuklappen-Spezialisten« seien gewillt, Hegemanns weit gespannte Interessen und Initiativen bis hinein in die Gastroenterologie misszuverstehen. In einem (heute) eigentümlich anmutenden Vergleich sah der Laudator 1978 in Hegemann einen »Avery Brundage der Chirurgie«.[186] Hegemann selbst schien bei Gelegenheit seines Abschieds den kritischen Verstand, den ihm die Lobrede zuschrieb, tatsächlich behalten zu haben und kommentierte feinsinnig: »Man neigt dazu, das alles vorübergehend zu glauben.«[187]

Abb. 32 Chirurgisches Bettenhochhaus, Erlangen, Postkarte, frühe 1960er Jahre; die reizvolle Verzerrung des eher schlichten Quaderbaus ist dem Weitwinkel geschuldet.

Anästhesiologie

Eines der von Hegemann geförderten Fächer war die Anästhesiologie. Die Chirurgie selbst hat die Bedeutung der Anästhesie für die moderne Chirurgie als Forderung an das Mutterfach zurückgespiegelt. Der Heidelberger Chirurg Karl Heinrich Bauer (1890–1978) formulierte 1958: »Die Morgengabe der jungen Anästhesie an die alte Alma mater chirurgiae ist die Humanisierung jeglicher Operation, die Minderung der Risiken und die Steigerung aller Möglichkeiten.«[188]

Der bei Bauer noch erkennbare Grundgedanke einer »Hilfsfunktion« der Anästhesie hat sich in der weiteren Entwicklung dieses Faches allerdings recht bald entscheidend gewandelt, wie sich auch am Universitätsklinikum Erlangen zeigte.[189] In dem maßgeblichen Standardwerk von H. H. Eulner, das die Entwicklung der medizinischen Spezialfächer bis in die späten 1960er Jahre abhandelte, kam die Anästhesie als Fach ▸

CHIRURGIE IM BILD – WENDELIN KUSCHES »VOR DER GROSSEN OPERATION« 1974

Wie ist der dramatische Augenblick vor einem chirurgischen Eingriff künstlerisch zu fassen, und welche Perspektive nimmt der Künstler hierbei ein? Eine mögliche Antwort hierauf gibt das spektakuläre Gemälde von Wendelin Kusche (1926–2003) »Vor der großen Operation« von 1974.[1] Wendelin Kusche, freischaffender Künstler und Kunsterzieher, war von 1972 bis 1991 Dozent an der Erziehungswissenschaftlichen Fakultät der FAU Erlangen-Nürnberg; über Jahrzehnte in Franken tätig, malte er verschiedentlich Personen und Szenen der Erlanger Universität. 1974 schuf er das Gruppenporträt »Vor der großen Operation«.[2] Es zeigt eine (fiktive) Szene, eine Visite besonderer Art in der Chirurgischen Universitätsklinik: Professor Gerd Hegemann im (Halb-)Kreis von Kollegen und einen Patienten im Krankenbett. Das Bild wurde seinerzeit von der Universität Erlangen erworben und 1974 in einer Ausstellung in der Erlanger Orangerie gezeigt.[3] Danach war es viele Jahre im Depot und wurde Mitte der 1990er Jahre wieder in der Chirurgischen Universitätsklinik aufgehängt. 2012 wurde es in einer Kusche-Ausstellung in der Erlanger Orangerie einer weiteren Öffentlichkeit präsentiert.[4]

Das Bild zeigt von links nach rechts insgesamt 12 Ärzte und eine Krankenschwester, die bis auf eine Ausnahme zweifelsfrei zu identifizieren sind. Hinzu kommt ein namenloser Patient. Bei den Ärzten handelt es sich, von links nach rechts, um den Unfallchirurgen Heinrich Beck (1928–2006), am linken Bildrand im Profil angeschnitten, darauf folgt der Herzchirurg Jürgen von der Emde (* 1933). Zwischen den beiden ist der Kopf der Oberschwester Rosemarie Tiefel (* 1940), pflegerische Leiterin der Intensivstation von 1969–1982, eingefügt. Vor Jürgen von der Emde, ihm den Rücken zuwendend, steht der Chirurg Gerd Hegemann (1912–1999), Direktor der Chirurgischen Universitätsklinik, als Hauptperson deutlich hervorgehoben, obwohl nicht im räumlichen Zentrum des Bildes angeordnet. Neben ihm folgt Jürgen Geldmacher (1929–1994), Professor für Plastische und Handchirurgie, danach im Profil der Urologe Alfred Sigel (* 1921). Er ist

Abb. 1 Wendelin Kusche (1926–2003), »Vor der großen Operation« (1974)

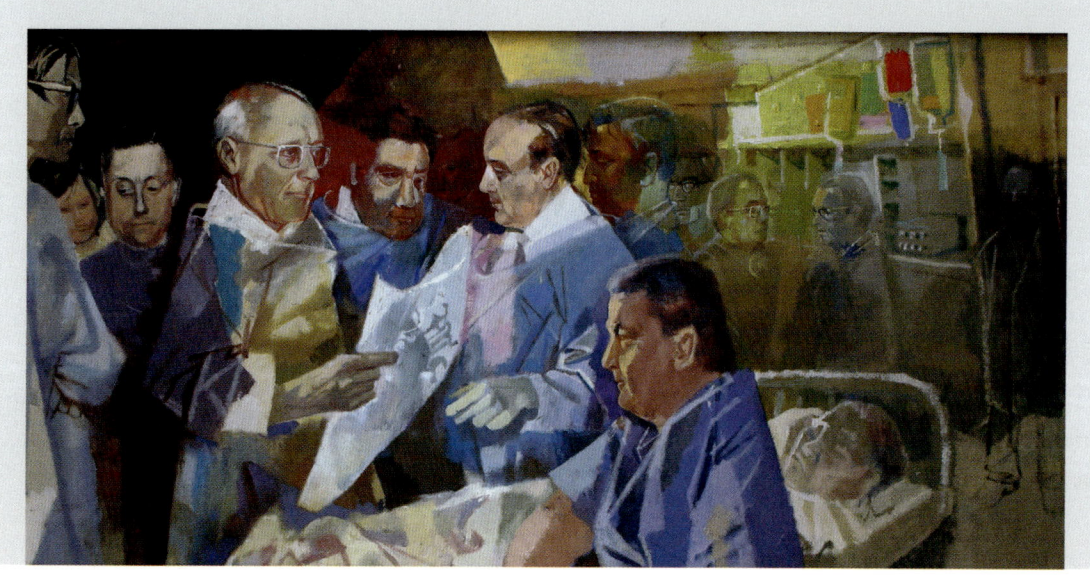

Hegemann zugewandt und scheint mit ihm in einem Dialog zu stehen. Vor den beiden erstreckt sich, diagonal die Mitte des Bildes ausfüllend, ein Krankenbett; der darin liegende Kranke, in bläulich blassen Farben gemalt, scheint bei Bewusstsein. Sein Gesichtsausdruck signalisiert Ergebenheit. Vor dem Bett, am unteren Bildrand, steht bzw. sitzt in Profilansicht der Anästhesist Erich Rügheimer (1926–2007). Während die sechs genannten Ärzte plastisch hervortreten, stehen weitere fünf Ärzte schemenhaft, dennoch als Personen eindeutig erkennbar, in einer zweiten Bildebene im Hintergrund, überwiegend im rechten Drittel des Bildes. Den Anfang macht der Chirurg Konrad Schwemmle (* 1934), der im Profil hinter Sigel sichtbar ist. Hinter ihm und weiter in der Tiefe des Raumes und daher deutlich kleiner sieht man den Kopf des klinischen Pathologen Paul Hermanek (* 1924); von seinem Gesicht scheinen Strahlen auszugehen, die nach links vorne reichen. Hermanek wird zum größten Teil durch zwei vor ihm stehende Kollegen verdeckt, den Kardiologen Roderich Leutschaft (1922–2006) und den Allgemeinchirurgen Reinhard Flesch (1929–2006), die im Gespräch scheinen. Abseits am rechten Bildrand, passenderweise in der Nähe der Infusionsständer, steht der Transfusionsmediziner Karl Theodor Schricker (* 1924). Bislang von allen Betrachtern übersehen und hier erstmals zu benennen ist eine Person, deren Gesicht (mit Brille) zwischen Geldmacher und Sigel aus der hinteren Bildebene, in Rot getaucht, hervorschaut; es handelt sich möglicherweise um den Chirurgen Rainer Decker.[5]

Das Gemälde ist kunstvoll gegliedert und statisch arrangiert. Kusche, der von Cézanne und Matisse beeinflusst war, legte das Bild in der Tradition des niederländischen Gruppenporträts an, insbesondere jener Bilder, die Mitglieder einer Gilde zeigen. Rembrandts »Anatomie des Dr. Tulp« (1632) ist hierfür das klassische Muster, von dem sich »Vor der großen Operation« freilich in mancherlei Hinsicht auch deutlich absetzt.[6] Kusche begann das Bild, das er im Tagebuch die »große Erlanger Komposition« nannte, im Atelier. Von Gerd Hegemann erhielt der Maler Anfang 1974 einschlägige Fotografien, etwa 50 an der Zahl; im März 1974 sah Kusche sich, laut seinem Tagebuch, am »blinden Punkt« und bemerkte »verzweifelt und klar«, dass er auf der Intensivstation weitermalen müsse. Zeitzeugen erinnern sich schemenhaft, ein Maler sei mit seinen Utensilien erschienen. Das Werk machte nun schnell Fortschritte. Kusche notierte im Tagebuch: »Hegemann begeistert«; bereits im April war das Bild fertig. Ein zweites Bild »Die Operation«, im Tagebuch Kusches erwähnt, wurde offensichtlich nicht ausgeführt.

Das Farbenspiel verdient besondere Aufmerksamkeit. Die Gewänder der sechs Ärzte im vorderen linken Bildteil sind in einem

Abb. 2   Wendelin Kusche, »Vor der großen Operation«, Photographie im Entstehungsprozess 1.

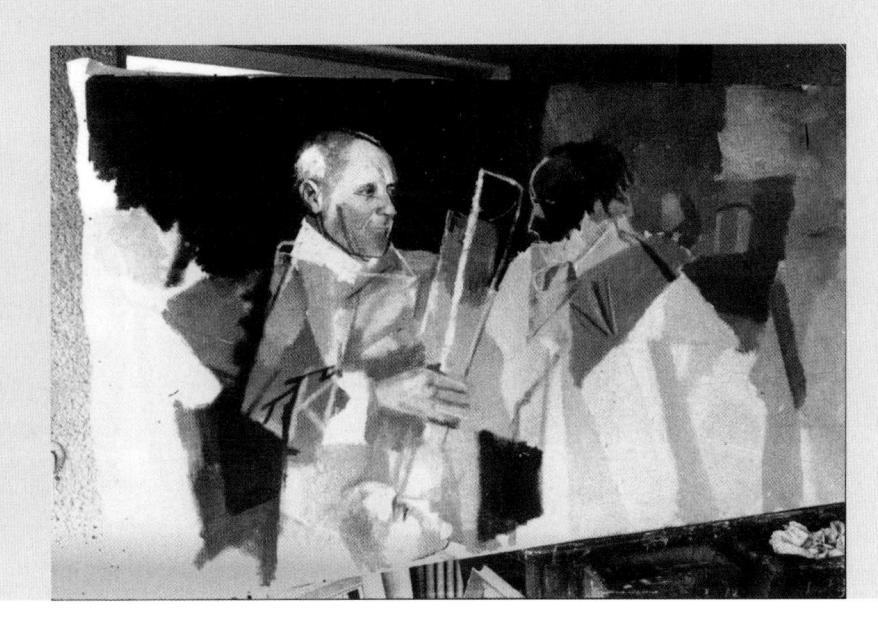

kräftigen Blau, das an Operationskittel erinnert, gemalt; in das Blau schneiden insbesondere bei Hegemann andersfarbige Partien ein. In der Bildebene dahinter dominieren Schwarz und (Blut-)Rot, aus dem der erwähnte Decker hervorlugt. Hingegen stehen die fünf Ärzte im Hintergrund rechts in einer Art gelbem Nebel, der in Ausläufern bis zu Hegemann reicht.

Über den Entstehungsprozess und die Entwicklungsstufen des Bildes im Frühjahr 1974 haben sich im Zuge dieser Arbeit durch Studien am Original, Archivalien aus dem Nachlass von Wendelin Kusche, Befragung von Zeitzeugen und das Tagebuch Kusches einige neue Erkenntnisse ergeben. Das Gemälde in der vorliegenden Fassung ist das Produkt mehrfacher Überarbeitung; an zwei entscheidenden Stellen hat es der Künstler umgestaltet und übermalt. Eine frühe Fotografie, angefertigt während des Entstehungsprozesses im Atelier, zeigt, dass der Patient ursprünglich nach links gelagert war. Der Kopf, möglicherweise eine jüngere Frau darstellend, befand sich unmittelbar vor dem Kittel von Hegemann.[7]

Später hat Kusche das Patientenbett gedreht und schräg in den mittleren Raum verlagert; außerdem hat er die Physiognomie des Patienten umgestaltet, der nun eher einen älteren Mann erkennen lässt. Eine weitere Änderung betraf die Person Rügheimers, die im Endzustand in der vorderen Bildebene im Profil nach links schaut. Eine im Tagebuch Kusches erhaltene Skizze zeigt, dass die Person Rügheimers ursprünglich en face angelegt war;[8] warum sieht man Rügheimer im erhaltenen Gemälde aber in einem wuchtigen Profil? Des Rätsels Lösung ergibt sich aus einer Fotografie, die 1982 an entlegener Stelle veröffentlicht wurde.[9] Dort ist Rügheimer en face porträtiert und schaut als einzige Person des Bildes auf den Betrachter. Die Fotografie, die ebenfalls aus dem Frühjahr 1974 stammt, gibt einen unfertigen Zustand des Bildes wieder; der Zeitpunkt liegt nach demjenigen der ersten Fotografie, denn der Patient ist bereits gedreht.[10] In diesem zweiten Stadium des Bildes sind einige Details an verschiedenen Personen noch nicht ausgeführt, z. B. die Hände von Hegemann, die Person rechts am Rand (Schricker) fehlt. Bei einer genauen Untersuchung des endgültigen Bildes erweist sich, dass die Figur Rügheimers übermalt und hierbei ins Profil gedreht wurde.

Abb. 3 Wendelin Kusche, »Vor der großen Operation«, Photographie im Entstehungsprozess 2.

Übermalungen eines Bildes durch den ausführenden Künstler sind in der Kunstgeschichte allgemein ausgesprochen häufig und werden als »Pentimenti« (ital. eigentlich »Reue«) bezeichnet. In Kusches Bild finden sich deutliche Spuren am Haaransatz des Kopfes von Rügheimer.

Dass eine Überarbeitung stattgefunden hat, ist auch dem Tagebuch Kusches zu entnehmen, allerdings ohne genauere Angabe. Die Bildkomposition selbst gibt die Antwort auf die Frage nach dem Grund der Übermalung:[11] Hegemann als Auftraggeber des Bildes war auf der unfertigen Version, die in der Fotografie dokumentiert ist, nicht die zentrale Figur. Rügheimer dominierte hier, was mit dem Selbstverständnis des Auftraggebers nicht harmonieren konnte. Durch die Drehung ins Profil war die Hierarchie der Dargestellten wieder erkennbar, allerdings um den Preis, dass Rügheimer nun merkwürdig an der Gruppe der Kollegen vorbeischaut. Die Umarbeitungen und Übermalungen erweisen, wie das entstehende Bild in eine Kommunikation mit dem Künstler selbst und den zeitgenössischen Rezipienten trat. Das Endprodukt spiegelt direkt diese Einwirkungen wider.

Die von Kusche gemalte Szene ist nicht »realistisch« in dem Sinne, dass tatsächlich 12 Professoren am Bett eines Kranken zusammengekommen wären. Die Darstellung ist vielmehr idealtypisch und symbolisch, angefangen bei der Zahl der dargestellten Ärzte, zu deuten: Alle im Universitätsklinikum Erlangen zu Anfang der 1970er Jahre entwickelten chirurgischen Fächer und neuen Spezialfächer sind mit ihrem jeweiligen Kopf hier abgebildet, und im Zentrum steht markant der international renommierte Ordinarius Gerd Hegemann, der die Aktion konzertiert. In seinen Händen hält er ein ornamental gestaltetes Blatt, wohl ein Röntgenbild, das jedoch weder er selbst noch die anderen Ärzte anschauen. Alle Personen strahlen Ernst und Konzentration aus. Charakteristisch für die Situation der 1970er Jahre ist die Chirurgie als ein rein männliches Betätigungsfeld dargestellt; die einzige Frau, die Krankenschwester Tiefel, ist kaum sichtbar am äußersten linken Bildrand eingefügt.

Dass der Patient, eigentlich die Hauptperson eines chirurgischen Eingriff, merkwürdig blass im wahrsten Wortsinn erscheint und passiv ergeben, vielleicht ängstlich (?) zwischen den Ärzten, die ihn nicht anschauen, im Bett liegt, mag man als Ironie des Künstlers deuten. Der Eindruck des Künstlers von einer typischen chirurgischen Visite scheint, zumindest für die Entstehungszeit, recht treffend. Der Patient befindet sich gleichsam im leeren Zentrum des Bildes, während die um ihn versammelte Equipe hochrangiger Spezialisten um sein Wohl und Schicksal bemüht ist. Wollte man die Aussage des Bildes auf einen einzigen Begriff bringen, so lautete dieser: »Expertenmacht«. Und der Betrachter mag sich fragen: Wie würde ein Künstler 40 Jahre nach Wendelin Kusche die Situation »Vor der großen Operation« darstellen? Karl-Heinz Leven

Abb. 4 Wendelin Kusche, »Vor der großen Operation«, Detail, Kopf Rügheimer mit Übermalungsspuren.

ALLGEMEINE OPERATIONSLEHRE

VON

GERD HEGEMANN
O. Ö. PROFESSOR DER CHIRURGIE
DIREKTOR DER CHIRURGISCHEN KLINIK DER UNIVERSITÄT ERLANGEN

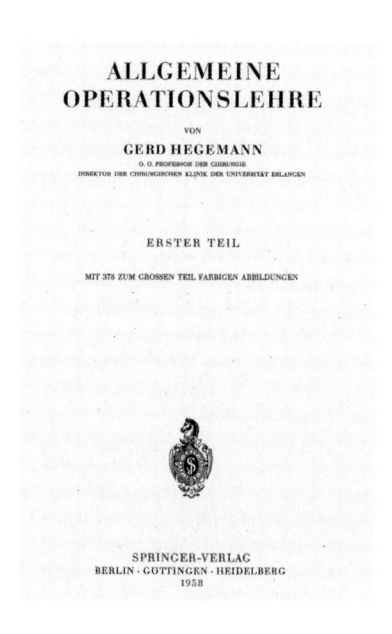

ERSTER TEIL

MIT 378 ZUM GROSSEN TEIL FARBIGEN ABBILDUNGEN

SPRINGER-VERLAG
BERLIN · GÖTTINGEN · HEIDELBERG
1958

Abb. 33 Gerd Hegemann, Allgemeine Operationslehre, 1958, Titelblatt.

▸ überhaupt noch nicht vor.[190] In Erlangen wie andernorts waren chirurgische Kliniken die ersten Orte, an denen Anästhetika eingesetzt wurden; Erlangen ging hier 1847 mit der ersten Äthernarkose voran. Bis zur Mitte des 20. Jahrhunderts verblieb die Anästhesie, die weder begrifflich noch inhaltlich als Fach eindeutig definiert war, als Dienstleistung in der Chirurgie. Technisch und pharmakologisch differenzierte sich die Anästhesie in den Jahrzehnten seit dem Ende des 19. Jahrhunderts enorm.[191] Die inhalatorische Verabreichung von Äther, Chloroform, Stickoxydul/Lachgas und von Narcylen, einem hochgereinigten, explosionsfreudigen Acetylen, war technisch anspruchsvoll und auf mehreren Wegen durchzuführen. Hinzu kamen das Prinzip der Prämedikation, weiterhin die Anwendung von Lokalanästhetika und Infiltrationsanästhesie, ferner von paravertebralen, sakralen, epiduralen und intravenösen Applikationsweisen. Eine wichtige Aufgabe des Anästhesisten während des chirurgischen Eingriffs wurde die Überwachung der Narkose selbst und der Lebensfunktionen (Blutdruck, EKG) des Patienten vermittels entsprechender Apparate.

Diese Entwicklungen vollzogen sich innerhalb weniger Jahrzehnte und waren zu Beginn der 1930er Jahre abgeschlossen. Allerdings verblieb der Anästhesist, der beruflich weiterhin als Chirurg verortet war, in einer unterstützenden Funktion gegenüber dem Operateur. Ein entscheidender formaler Schritt zur Verselbstständigung war die Entscheidung des Deutschen Ärztetages 1953 in Lindau, in der Facharztordnung einen »Facharzt für Anästhesie« vorzusehen.[192] Vorangegangen war wenige Monate zuvor die Gründung der »Deutschen Gesellschaft für Anaesthesie«. Beide Ereignisse markierten einen ersten Endpunkt im jahrzehntelangen Streben der Anästhesisten nach einem Status, der demjenigen der Chirurgen gleichrangig war.[193]

Die technische und pharmakologische Differenzierung der Anästhesie wurde typischerweise schon seit Längerem von dem Versuch begleitet, sich von der Chirurgie zu emanzipieren. Im Ausland war dieser Prozess in den ersten Jahrzehnten des 20. Jahrhunderts bereits wesentlich weiter fortgeschritten. Die in der Weimarer Republik beginnenden Initiativen setzten sich in der Zeit des NS-Regimes fort. Der Freiburger Chirurg Hans Killian (1892–1982) war auf dem Gebiet der Narkose besonders aktiv.[194] Er sandte 1939 ein Memorandum zur inhaltlichen und formalen Aufwertung des Fachbereichs Anästhesie an den Reichsärzteführer und erhielt von der Reichsärztekammer einige Monate später eine ablehnende Antwort.[195] Inhaltlich gründete diese Ablehnung einer vermeintlichen »Überspezialisierung« auf einem Gutachten des Erlanger Ordinarius für Chirurgie Otto Goetze. Der Zweite Weltkrieg verhinderte weitere Entwicklungen auf diesem fachpolitischen Gebiet. Nach dem Krieg, in dem die deutsche Medizin auf zahlreichen Gebieten, so auch der Anästhesiologie, den Anschluss verloren hatte, ging es zunächst darum, die wissenschaftliche Entwicklung inhaltlich nachzuarbeiten und den Rückstand aufzuholen. Führende Vertreter der Deutschen Gesellschaft für Chirurgie befanden sich auf einer eigentümlichen Gratwanderung: Sie votierten entschieden gegen die Einführung eines Facharztes für Anästhesie und wollten zugleich »Narkosespezialisten« als chirurgische Mitarbeiter heranziehen. Der bereits erwähnte Heidelberger Chirurg Karl Heinrich Bauer, wie der Erlanger Chirurg Goetze Gegner einer selbstständigen Anästhesie, formulierte

1955 programmatisch: »Die Pfahlwurzel aller Anaesthesie ist die Chirurgie ... Aus ihr die Anaesthesie auslösen, hieße der allgemeinen Chirurgie ihr Herzstück nehmen.«[196]

Es überrascht nicht, dass in Erlangen erst mit dem Ruhestand von Otto Goetze Bewegung in die Entwicklung der Anästhesiologie kam. Gerd Hegemann, seit 1955 Nachfolger Goetzes als Direktor der Chirurgischen Klinik, richtete erstmals eine Abteilung für Anästhesie ein, die jeweils von einem seiner hierfür qualifizierten Oberärzte geleitet wurde, womit er die Professionalisierung der Anästhesie förderte.[197] Bis Anfang der 1960er Jahre wurde diese Abteilung auch für weitere operative Fächer (HNO, Kiefer-, Augen-, Frauenklinik) zuständig. Unterdessen ging auf professionspolitischer Ebene das Ringen um eine »hierarchische Entflechtung« von Chirurgie und Anästhesie weiter.[198] 1960 hatte der Wissenschaftsrat die Schaffung von Extraordinariaten für Anästhesiologie empfohlen. Dies wurde in Erlangen umgesetzt. Mit der Berufung Erich Rügheimers, der aus der Erlanger Chirurgie kam, wurde 1966 erstmals in Bayern ein Extraordinariat für Anästhesiologie geschaffen, das 1970 zum Ordinariat aufgewertet wurde. Gleichsinnig erhielt die »Anästhesie-Abteilung« den Namen »Institut für Anaesthesiologie der Universität«, da sie unterdessen für zahlreiche Kliniken zuständig war. Die chirurgische Intensivstation, deren Anfänge als »Wachstation« auf die späten 1950er Jahre zurückgingen, unterstand bis 1995 der Chirurgischen Klinik. Mit der gleichzeitigen Neubesetzung der Lehrstühle für Anästhesiologie (Jürgen Schüttler) und Chirurgie (Werner Hohenberger) im Jahr 1995 wurde die organisatorische Leitung der Intensivstation auf die Anästhesie übergeleitet; folgerichtig änderte sich damit die Bezeichnung von »Institut« zur anästhesiologischen »Klinik«. Eine inhaltliche und professionspolitische Abrundung erfuhr die Anästhesiologie durch die Besetzung einer Professur für Experimentelle Anästhesiologie, die Helmut Schwilden (1949-2015) zwei Jahrzehnte inne hatte.

Abb. 34   Abriss des Bettenhauses, Mai 2015; man beachte den emsigen Minibagger auf der obersten Etage.

Abb. 35   Baulücke hinter dem neuen Chirurgischen Bettenhaus, nach Abriss des alten Bettenhauses, im Hintergrund das Internistische Zentrum (Juli 2015).

Die hier grob umrissene Professionspolitik der Anästhesiologie war stets untrennbar verknüpft mit der inhaltlichen Entwicklung und Ausdifferenzierung des Fachs. Ging es anfänglich um die Narkose und deren Steuerung während der Operation, so weitete sich das Betätigungsfeld mit der Einführung neuer Substanzen und Techniken immer mehr, wie hier kurz skizziert sei.[199] Das zeitweilige Zurückbleiben der Anästhesie war in Deutschland nicht nur durch die Jahre der NS-Diktatur und die Isolation während des Zweiten Weltkriegs bedingt; vielmehr hatten einflussreiche Chirurgen wie Ferdinand Sauerbruch bewirkt, dass die Intubationsnarkose erst mit jahrzehntelanger Verzögerung in der deutschen Anästhesie üblich wurde. Grundsätzlich galt es in der Anästhesie wie in allen anderen Fächern, den internationalen Standard auch in Deutschland zu erreichen. Unter den verwendeten Substanzen errangen die Fluorkohlenwasserstoffe (erstmals mit Halothan 1956) als Inhalationsanästhetika immer größere Bedeutung. Die Anästhesiologie wurde im Laufe der Jahre spezifisch herausgefordert, indem die chirurgische Technik immer kühnere Eingriffe ermöglichte, so durch extrakorporale Zirkulation vermittels der Herz-Lungen-Maschine. In den frühen 1960er Jahren wurde das Feld der »Notfallmedizin« auch programmatisch von der Anästhesiologie aufgenommen, indem die Fachgesellschaft »Deutsche Gesellschaft für Anaesthesie« ihren Namen 1966 um die zwei Wörter »und Wiederbelebung« erweiterte.[200] Als ein mindestens ebenso wichtiges Betätigungsfeld erwies sich unterdessen die »Intensivmedizin«; folgerichtig kam es 1978 zur Umbenennung der Gesellschaft in »Deutsche Gesellschaft für Anästhesiologie und Intensivmedizin.« Programmatisch hierbei war nicht nur die Hereinnahme der »Intensivmedizin«, sondern auch die Aufwertung des Handlungsfeldes »Anästhesie« zur Wissenschaft der »Anästhesiologie«. Schließlich erwies sich die »Schmerztherapie« seit den 1980er Jahren als eine vierte Säule der Anästhesiologie.

In Erlangen besteht seit 2002 das interdisziplinäre Schmerzzentrum, in dem die Fächer Anästhesie, Neurologie, Psychiatrie, Psychosomatik und Orthopädie zusammenwirken.[201] In allen Handlungsfeldern, die sich sukzessive an das eigentliche Kerngeschäft der Narkose und Anästhesie anlagerten, kooperiert die Anästhesiologie mit Nachbardisziplinen. In den späten 1990er und frühen 2000er Jahren wurden in Erlangen durch zeitgemäße Großgeräte die operativen Anästhesiearbeitsplätze und die Behandlungsplätze in den Intensivstationen hinsichtlich der Überwachungs- und Therapiemöglichkeiten auf den modernen Standard gebracht.[202] Für die Schmerztherapie wurde ein entsprechendes Zentrum mit Schmerzambulanz eingerichtet. Die Anästhesiologische Klinik entwickelte den zu Anfang der 1970er Jahre entwickelten Notarztdienst fort und implementierte das Leitender-Notarzt-System in der Region. Im Zentrum der anästhesiologischen Forschung standen spezifische klinische Arzneimittel und die Schmerzforschung. Im Rahmen des Nationalen Spitzenclusters »Medical Valley EMN« (Europäische Metropolregion Nürnberg) wurden Strukturen aufgebaut, um technische Innovationen in marktfähige Produkte zu verwandeln.

In der Erlanger Lehre wurden technische Handlungsfelder durch den 1996 beschafften Anästhesiesimulator, den ersten dieser Art in Deutschland, vermittelbar. Im Zentrum befindet sich eine Simulationspuppe, die zahlreiche anästhesierelevante Messdaten

(Physiologie, Pharmakologie, Respiration, Herz-Kreislauf) produziert; entsprechende anästhesiologische Verrichtungen können so realistisch, auf der Ebene der studentischen Lehre und in der ärztlichen Weiterbildung eingeübt werden.[203]

Die wissenschaftlich fundierte und klinisch orientierte universitäre Lehre, die Medizinstudierende mittlerer und höherer Semester am Universitätsklinikum absolvieren, führt an praktische Aufgabenstellungen heran. Die Patienten des Universitätsklinikums dienen in ausgesuchten Kontexten im Kleingruppenunterricht, indem sie sich als »Lehrobjekte« zur Verfügung stellen. Doch nicht alle praktischen Verrichtungen im Umgang mit Patienten können und sollen gleich am (kranken) Menschen eingeübt werden. Das Schlüsselwort einer modernen Lehre ist die Simulation. Seit 2005 besteht am Klinikum, angebunden an die Anästhesiologische Klinik, das »Skills Lab PERLE« (Georg Breuer).[204] Der Begriff bedeutet, dass hier Fähigkeiten (»skills«) eingeübt werden unter dem Motto »Praxis ERfahren und LErnen« (daher PERLE); Unterrichtsmittel sind wirklichkeitsgetreue Phantome und Modelle, ferner auch vom Anatomischen Institut zur Verfügung gestellte Körperspenden. Zunehmend wichtiger für die Medizinerausbildung wird auch der Einsatz von Schauspielpatienten.

Zuweilen werden buchstäblich historische Relikte für die aktuelle Lehre nutzbar gemacht; Präparate des Pathologischen Instituts und sogenannte Moulagen (aus Wachs gebildete Abformungen) von Hautkrankheiten in der Hautklinik, die z. T. aus den Anfängen des 20. Jahrhunderts stammen, sind geeignet, den Studierenden Krankheitsbilder vor Augen zu führen, die in dieser Form nur selten zu sehen sind, ihre Bedeutung aber nicht verloren haben.[205] Virtuelle Darstellungen haben zwar einen festen Platz in der Medizinerausbildung, können jedoch tatsächliche Befunde – und sei es in Form von Präparaten – nicht ersetzen.

Herzchirurgie

Zahlreichen Herzkrankheiten war gemeinsam, dass sie bereits jahrhundertelang pathologisch-anatomisch und physiologisch erfasst waren, währenddessen sie Gegenstand der Inneren Medizin blieben. Die Vorstellung einer routinemäßigen »Herzchirurgie« ist tatsächlich erst seit Mitte des 20. Jahrhunderts aufgekommen und verwirklicht worden.[206] Die sogenannte »Angina Pectoris« (»Brustenge«) als Hauptsymptom einer Minderdurchblutung der Koronararterien wurde im späten 18. Jahrhundert beschrieben und seit dem späten 19. Jahrhundert pathogenetisch zutreffend erkannt.[207] Die Inhalation von Amylnitrat (Thomas L. Brunton 1867) bot ein erstes internistisches Therapeutikum. Chirurgisch wurde im 20. Jahrhundert versucht, die Blutversorgung des Herzmuskels zu verbessern, etwa durch Implantation der Arteria mammaria [Arteria thoracica interna] sinistra, die erstmals 1950 unternommen wurde (Arthur Vineberg, Montreal). Ende der 1950er Jahre war die Nahttechnik für feinste Gefäße vorhanden, allerdings fehlte die Möglichkeit, die Stelle, an der das jeweilige Koronargefäß verengt oder verstopft war, aufzufinden, um gezielt operieren zu können. Hierzu bedurfte es der röntgenologischen Darstellung der Koronararterien unter Kontrastmittelinjektion. Dies gelang 1962 nach vielen vorangegangenen Versuchen F. M. Sones und E. K. Shirey (Cleveland). ▸

MEDIZINISCHE STUDIENGÄNGE, FACHSCHULEN, AUSBILDUNGSBERUFE

»Immer sitzen, meditiren, u. den ganzen Tag studiren ...«

Abb. 1 »Immer sitzen, meditiren, u. den ganzen Tag studiren: dießes ist Studikos« – Alltag eines Studenten; Stammbuch eines (unbekannten) Erlanger Studenten, 1763/64 (vgl. Friederich: 1993. S. 406 f.).

In den frühen Jahren der Universität im 18. Jahrhundert schrieben sich pro Studienjahr zwischen zwei und zehn Studenten in Erlangen für Medizin ein.[1] 200 Jahre nach der Eröffnung der ersten klinischen Einrichtung (1815) sind gegenwärtig über 3.500 Studierende für medizinische Fächer immatrikuliert. Naturgemäß haben sich der Charakter des Studiums und das Selbstverständnis der Studierenden grundlegend gewandelt. In einer Darstellung zur »Erlanger Studentengeschichte« anlässlich des 250. Gründungsjahres der Universität (1993) stellte ein Beobachter nachdenklich fest, dass die Zeit des Studiums kaum mehr als »Lebensabschnitt erster Selbständigkeit und neuer Bildungseinflüsse« erlebt werde, sondern »weithin reduziert gesehen wird auf ihre Funktion als Ausbildungsabschnitt für eine attraktive Berufslaufbahn«.[2] Dies gilt auch für die Gegenwart. Das Studium der Medizin ist seit Erlass der ersten Approbationsordnung (1970) immer stärker strukturiert und organisiert worden, sodass es unterdessen wie ein einziger gewaltiger Algorithmus anmutet; der Studienbeginn, so der Eindruck einer Studierenden, gleiche dem Versuch, »auf einen mit Volldampf fahrenden Zug aufzuspringen«[3]. Gleichwohl gelingt dieser Versuch den Erlanger Studierenden rundweg sehr gut, und ihre Prüfungsergebnisse gehören bayern- und bundesweit zu den besten.

Seit einigen Jahrzehnten ist allgemein und so auch in Erlangen von der »Massenuniversität« die Rede, einer Lehranstalt, in der »Überlast und anonymer Massenbetrieb« herrschen[4]. Nun ist unbezweifelbar, dass die Studierendenzahlen in den 2010er Jahren ständig neue Rekorde aufgestellt haben. Die Zahl der Studierenden der Medizin und der Zahnmedizin ist hierbei vergleichsweise gering über das bereits erreichte hohe Niveau gestiegen. Dies liegt daran, dass die intensive Ausbildung hohe Kosten pro Studienplatz bedingt, die unmittelbar über den vom Freistaat Bayern gewährten Landeszuschuss aufgebracht werden. Gegenwärtig (2015) sind in jedem Semester, d.h. zweimal im Jahr, jeweils ca. 190 Studienanfänger alleine in der Medizin zu unterrichten, in der Zahnmedizin, beläuft sich die entsprechende Zahl auf 110 im Jahr. Hat sich die Zahl der Studierenden in den klassischen medizinischen Studiengängen nur moderat erhöht, so kam es in Erlangen zu einer innovativen Vermehrung um weitere medizinische Studiengänge, darunter »Molekulare Medizin« und »Medical Process Management« (s. Tabelle).

Das Universitätsklinikum ist nicht nur Ausbildungsstätte für den klinischen Abschnitt des Medizin- und Zahnmedizinstudiums, sondern auch Lehrstätte für eine Vielzahl von Berufen und Ausbildungsgängen, wie die beiden Tabellen zeigen.[6] Die Berufsfachschulen unterstehen jeweils einem ärztlichen Leiter oder Kurator und haben eine (geschäftsführende) Schulleitung. Karl-Heinz Leven

Medizinische Studiengänge an der Medizinischen Fakultät der Universität Erlangen-Nürnberg[5]

Studiengang	seit	Abschluss	Studierende 2015
Medizin	1743	Staatsexamen	2404
Zahnmedizin	1887/88–1899 Neubeginn 1911	Staatsexamen	593
Molekulare Medizin	1999/2000	Diplom bis 2007, seit 2007 Bachelor/Master	B. Sc. 100 Master 50
Medical Process Management	2008	Master	94
Logopädie	2011/2012	Bachelor, Modellstudiengang	61
Master in Health and Medical Management	2012	Master berufsbegleitender Fernstudiengang	447

Abb. 2 Erlanger Schlossgarten – auch ein bevorzugter Lernort (2011).

Staatliche Berufsfachschulen am Universitätsklinikum, Zahlen für 2014

Zahl der Schüler/innen	
Hebammen (seit 1874)	58
Kinderkrankenpflege	77
Krankenpflege	193
Masseure und medizinische Bademeister (seit 1953)	30
Physiotherapie	76
Technische Assistenten in der Medizin	124
Logopädie (B. Sc.)	62
Staatlich anerkannte, private Berufsfachschule für Orthoptik	8
Schule für Operationstechnische Assistent(inn)en (OTA) (seit 2002)	62

Ausbildungsberufe am Universitätsklinikum, Zahlen für 2014

Chemielaborant/-in	1
Elektroniker/-in (Energie-/Gebäudewirtschaft)	2
Informatikkaufmann/-frau	13
Kaufmann/-frau für Bürokommunikation	8
Kaufmann für Büromanagement	1
Kaufmann/-frau im Gesundheitswesen	2
Koch/Köchin	3
Medizinische/-r Fachangestellte/-r	18
Metallbauer/-in	1
Pharmazeutisch-kaufmännische/-r Angestellte/-r	2
Tierpfleger/-in	1
Zahnmedizinische/-r Fachangestellte/-r	/

▶ Die Einzelheiten der verschiedenen Operationstechniken können hier nur angedeutet werden.[208] So konnte eine erkrankte Koronararterie der Länge nach eröffnet, ausgeschabt und durch ein aufgenähtes körpereigenes Venentransplantat der Länge nach erweitert werden. Ein anderes Verfahren bestand darin, mit einem körpereigenen Venentransplantat von der Aorta ausgehend und die Engstelle der Koronararterie »umgehend«, daher Bypass, den Blutfluss jenseits der Engstelle wieder in Gang zu bringen. Dieses bis heute geübte Verfahren war innerhalb von Jahrzehnten experimenteller Chirurgie entwickelt worden, wozu auch die 1910 von dem Nobelpreisträger Alexis Carrel (1873–1944) eingeführte Gefäßnahttechnik gehörte.[209] Es dauerte jedoch bis 1964, als Edward Garrett erstmals einen derartigen Bypass mit einer körpereigenen Vene (Vena saphena) erfolgreich durchführte. Die erste diesbezügliche Publikation von R. Favaloro erschien 1968. Die Komplexität der aorto-koronaren Bypassoperation lässt sich auch daraus ablesen, dass die erste (zumindest technisch) erfolgreiche Herztransplantation (Christiaan Barnard, Kapstadt, 1967) bereits ein Jahr zuvor stattgefunden hatte. Die sich weltweit verbreitende Bypasschirurgie wurde in den Jahren modifiziert; seit den 1970er Jahren ging man dazu über, Bypassoperationen am schlagenden Herzen, ohne Einsatz der Herz-Lungen-Maschine, auszuführen. In ausgewählten Indikationen konnte eine »perkutane transluminale Koronarangioplastie« (PTCA), d. h. eine Dehnung verengter Gefäße von innen durch einen Ballonkatheter, erstmals 1977 von Andreas Grüntzig (1939–1985) in Zürich ausgeführt, einen Bypass überflüssig machen.[210] Dieses Verfahren wurde durch die Entwicklung von intrakoronaren Stents seither weiter verfeinert und differenziert, worauf weiter unten einzugehen sein wird.

Eingriffe am Herzen, seinen Kammern und den darin befindlichen Klappen waren selbst im Zeitalter der »heroischen« Chirurgie Ende des 19. Jahrhunderts utopisch geblieben. Die Entwicklung verlief von einer »äußeren« Herzchirurgie über eine »blinde« Chirurgie an Strukturen im Herzinnern zu einer Chirurgie am offenen Herzen.[211] Der Frankfurter Chirurg Ludwig Rehn (1849–1930) setzte 1896 mit einer Herznaht nach Stichverletzung des rechten Ventrikels einen Anfangspunkt für die Chirurgie des Herzens.[212] Das prinzipielle Problem, dass am schlagenden Herzen nicht durchgreifend, d. h. mit Öffnen der Kammern, operiert werden konnte, hemmte die Herzchirurgie über Jahrzehnte. Die Pumpfunktion des Herzens war seit William Harveys Beschreibung des Kreislaufs (1628) medizinisches Grundwissen; bereits im frühen 19. Jahrhundert entstand die Idee einer extrakorporalen Zirkulation, die allerdings in Tierversuchen nur unzureichend umgesetzt werden konnte.[213] Eingriffe an den Herzklappen wurden seit den 1910er Jahren am Menschen versucht, indem Instrumente »blind« in die Ventrikel eingeführt wurden.[214]

Zwischen der prinzipiellen Möglichkeit einer extrakorporalen Zirkulation und der Anwendung in der Chirurgie verging mehr als ein Jahrhundert. Im Jahr 1937 projektierte der amerikanische Chirurg John H. Gibbon (1903–1973) in Philadelphia eine Herz-Lungen-Maschine, die Eingriffe am stillgelegten Herzen ermöglichen sollte; experimentell setzte er sie 1939 am Tier ein. Eine erste Anwendung am Menschen gelang Gibbon am 6. Mai 1953 in Philadelphia. In denselben Jahren wurde auch versucht, vermittels

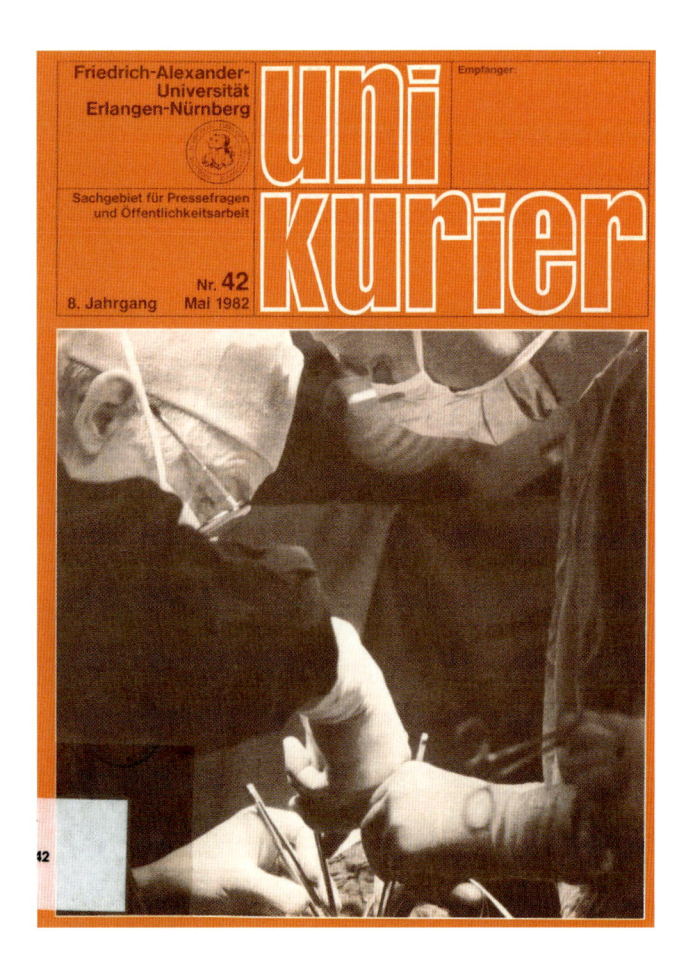

Abb. 36 Erlanger Herzchirurgie, links Jürgen von der Emde, Professor für Herzchirurgie, Titelblatt des Erlanger Unikuriers 8 (1982), Nr. 42.

Hypothermie, bei der Körper auf bis zu 18 Grad heruntergekühlt wurden, das Herz für chirurgische Eingriffe einige Minuten anzuhalten, um am Herzen operieren zu können. Eine riskante, aber ebenfalls geübte Alternative bestand darin, bei der Operation kindlicher Herzfehler eine sogenannte »donor cross-circulation« einzusetzen (1954): Hierbei wurden der Kreislauf der Kinder, d. h. die Herzaktion, angehalten und der Blutumlauf durch eine direkte Verbindung mit einem Erwachsenen (meist ein Elternteil) indirekt aufrechterhalten. Obwohl viele Eingriffe gelangen, bestand grundsätzlich, wie die Operateure selbstkritisch bemerkten, die Gefahr einer 200-prozentigen Operationsmortalität.[215]

Der Durchbruch zur Korrektur intrakardialer Defekte inklusive durchgreifender Klappenchirurgie unter Sicht gelang technisch mit der Herz-Lungen-Maschine, die in Erlangen erstmals 1959 eingesetzt wurde. Von Beginn an eröffnete sich auch die theoretische Möglichkeit, die Herz-Lungen-Maschine nicht nur während der Operation, sondern dauerhaft als eine Art »Ersatz« für die durch Krankheit ausgefallene Pumpfunktion des Herzens zu verwenden; entsprechende Versuche an Schwerkranken waren jedoch erfolglos.[216] In den frühen 1960er Jahren begannen Herzchirurgen um Michael DeBakey (1908–2008) an einem implantierbaren »Kunstherz« zu arbeiten. Zunächst ging es um eine Pumpe, die die Funktion der linken Herzkammer übernahm (»Left ventricular assist device«). Diese wurde erstmals 1966 erfolgreich am Menschen eingesetzt. Zwischen DeBakey und seinem ehemaligen Mitarbeiter Denton Arthur Cooley (* 1920), beide in Houston tätig, entspannen sich in diesen Jahren ein Konflikt und bizarrer Wettlauf um Herztransplantationen und die Implantation von Kunstherzen. Ein Kunstherz, das sowohl die Funktion der linken als auch der rechten Herzkammer übernahm (TAH, »Total artificial heart«), wurde von Robert Jarvik (* 1946) entwickelt; die ersten Versuche an Menschen seit 1982 verliefen nicht sehr vielversprechend.

Im Jahr 1981 konnte die Erlanger Herzchirurgie (Jürgen von der Emde) im Kontext des »Erlanger Herzzentrums«, in dem Chirurgie, Innere Medizin (Kardiologie), Kinderheilkunde und Anästhesie zusammenwirkten, auf eine 25-jährige aufsteigende Linie der Entwicklung zurückschauen.[217] Markante Knotenpunkte waren die »Erstoperationen« bestimmter Herzkrankheiten bzw. -fehler, die hier in Auswahl zu erwähnen sind; den Beginn setzte 1956 Gerd Hegemann selbst mit einer Mitralklappenoperation. 1959 folgte die erste Operation eines Vorhofseptumdefekts mit der Herz-Lungen-Maschine.

1960 wurde erstmals ein komplexer angeborener Herzfehler (Fallotsche Tetralogie) operiert, es folgten Ersatz der Aortenklappe (1962) und Ersatz der Mitralklappe (1963). Die erste Schrittmacherimplantation wurde ebenfalls 1963 vorgenommen. Ein Markstein war weiterhin der erste aortokoronare Venenbypass 1969. Betrachtet man die

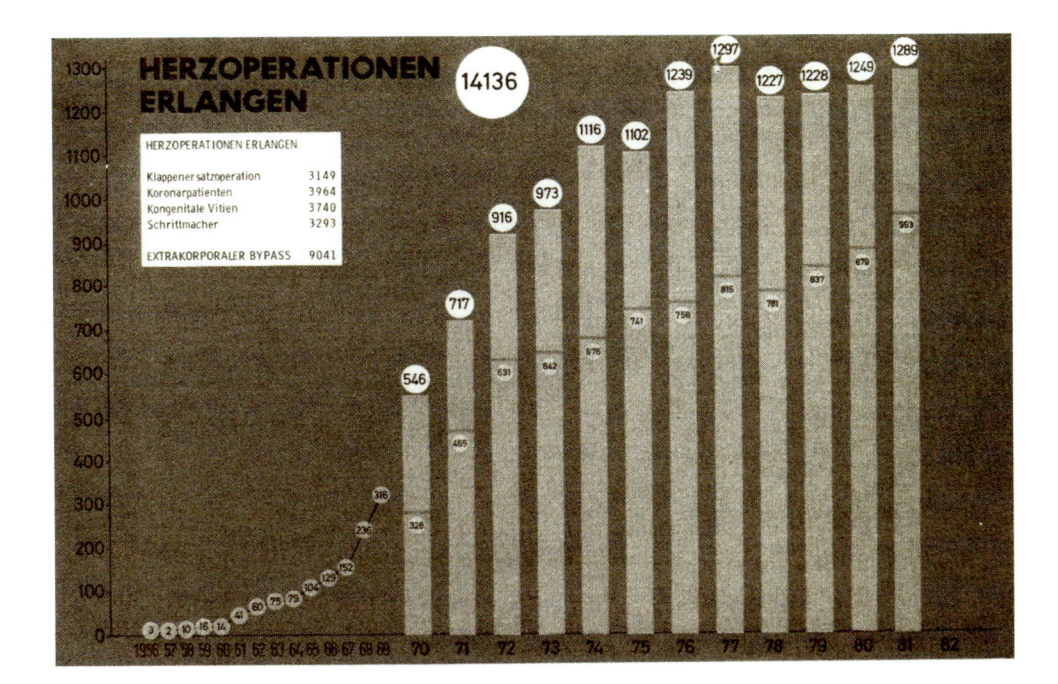

Abb. 37 Zahlenmäßige Entwicklung der Herzoperationen in Erlangen, 1956–1981, untere Zahl: Eingriffe mit Herz-Lungen-Maschine.

Operationsfrequenz, so fällt auf, dass seit den frühen 1970er Jahren die Zahlen enorm in die Höhe schnellten. Handelte es sich zunächst um seltene Eingriffe, so lag die Zahl bereits 1970 bei über 500, von denen mehr als 300 mit der Herz-Lungen-Maschine ausgeführt wurden. Wenige Jahre später wurden über 1000 Herzoperationen jährlich ausgeführt, von ihnen etwa zwei Drittel mit der Herz-Lungen-Maschine. Die Gesamtzahl der Operationen in der Chirurgischen Klinik (einschließlich der Urologie) stieg von 6566 im Jahr 1970 auf 9712 im Jahr 1982, mithin um 50 Prozent.[218] Demgegenüber stieg die Zahl der Herzoperationen in demselben Zeitraum um 500 Prozent (von 544 auf 3146), woraus die enorme Dynamik dieses chirurgischen Faches abzulesen ist. Im Jahr 1981 wurden 1289 Herzoperationen ausgeführt, davon 953 mit der Herz-Lungen-Maschine, durchschnittlich vier am Tag. Die »führende Rolle« der Erlanger Herzchirurgie wurde, so die offizielle Sichtweise der Universität, mit der hohen Zahl der Eingriffe begründet, verglichen mit anderen Herzzentren in der Bundesrepublik. So wurden im Bundesdurchschnitt 1981 nur 576 vergleichbare Operationen an den anderen Zentren durchgeführt. Allerdings blieb hierbei offen, ob einzelne Zentren Erlangen zahlenmäßig auch hinter sich ließen.

Der Anteil der aortokoronaren Bypassoperationen stieg kontinuierlich, von 10 Prozent im Jahr 1970 auf 40 Prozent aller Herzoperationen im Jahr 1981. In diesen Zahlen bildete sich erkennbar die neue Standardtherapie der koronaren Herzkrankheit ab. Die Erlanger Herzchirurgie lag mit ihrer Operationsfrequenz statistisch doppelt so hoch wie der bundesdeutsche Durchschnitt; die statistische Letalität bei Bypassoperationen sank in Erlangen seit 1972 dramatisch, von über 14 Prozent auf 0,55 Prozent im Jahr 1981.

Bei angeborenen Herzfehlern stellte sich die Aufgabe, diese möglichst früh im Kindesalter zu operieren. Es gelang der Erlanger Herzchirurgie, die Kinder zunehmend vor dem vollendeten ersten Lebensjahr zu operieren, was für die weitere

Abb. 38 Zahlenmäßige Entwicklung der Koronaroperationen in Erlangen, 1969–1981; weiße Säule: Operationen in Erlangen, getönte Säule: Durchschnitt der Operationen an allen Herzzentren; durchgezogene Linie: Operationsmortalität in der Erlanger Herzchirurgie.

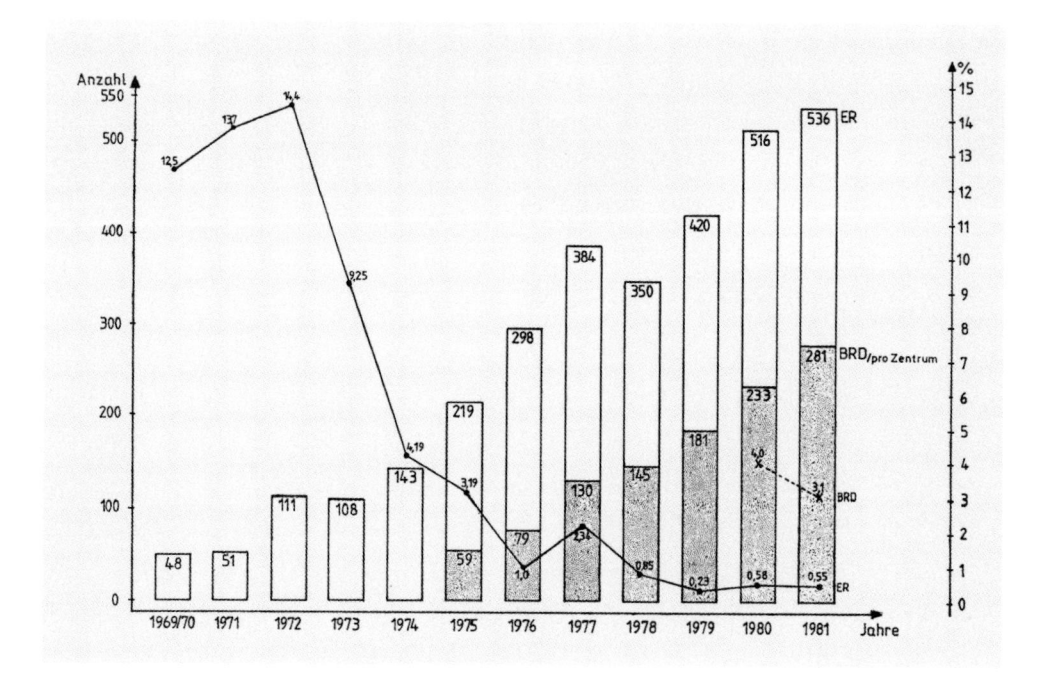

Prognose entscheidend war. Die seit den 1980er Jahren in Erlangen ausgebaute (pädiatrisch-internistische) Kinderkardiologie arbeitete eng mit der Herzchirurgie zusammen; hieraus ergaben sich zunehmend Operationsindikationen für frühe Korrekturen angeborener Herzfehler.[219] Diese Initiativen sollten nach einigen Jahrzehnten im Sinne einer weiteren Ausdifferenzierung in die Verselbstständigung der Abteilungen für Kinderkardiologie (Sven Dittrich, 2007) und Kinderherzchirurgie (Robert Cesnjevar, 2008) münden.

Technische Verfeinerungen, wie die von der Abteilung Transfusionsmedizin entwickelte Autotransfusion, senkten die Infektionsrate von Hepatitis dramatisch. Gleichwohl blieben auch aus der fast euphorischen Perspektive der frühen 1980er Jahre Probleme bestehen:[220] Auf »Wartelisten« für eine Herzoperation stünden alleine in Erlangen »über 500 völlig diagnostizierte Patienten«, von denen statistisch 2 Prozent vor der rettenden Operation verstürben. Es sei daher dringend angezeigt, die Kapazitäten in Erlangen und der Bundesrepublik allgemein zu erhöhen. Gegenläufig zu der veröffentlichten Erfolgsbilanz der Erlanger Herzchirurgie, welche »die höchste Operationszahl« in der Bundesrepublik vorweisen könne, wurde kritisiert, dass sich »die sich darin spiegelnden praktischen Erfahrungen noch nicht in einen entsprechenden wissenschaftlichen Output umsetzen« ließen. Die Sichtbarmachung und Auswertung der enormen Operationszahlen lasse zu wünschen übrig; als erste Abhilfe wurde 1981 ein »Förderverein« zugunsten der Herzchirurgie gegründet.

In der Gesamtbilanz des Vierteljahrhunderts von 1956 bis 1981 – rund 14.000 Eingriffe – waren am wichtigsten neben den Bypassoperationen Klappenoperationen, Korrekturen angeborener Herzfehler und Schrittmacherimplantationen. Diese vier Operationen machten jeweils rund ein Viertel der Gesamtzahl aus. Die spektakulären

Herztransplantationen, in diesen Jahren in Erlangen noch nicht durchgeführt, wurden in der Eigenbilanz der Erlanger Herzchirurgie 1981 völlig zutreffend als »statistisch gesehen bedeutungslos« bezeichnet.[221] Gleichwohl bestand der dringende Wunsch, die Herztransplantation auch in Erlangen zu etablieren, wie dies gegenüber der Landesregierung in den folgenden Jahren wiederholt geltend gemacht wurde.[222]

Die in der Medizin des 20. Jahrhunderts lange Zeit geläufige Scheidung von chirurgischer und internistischer Therapie ist in den letzten Jahrzehnten zunehmend unschärfer geworden. Zwar gibt es weiterhin Handlungsfelder, die tatsächlich überwiegend entweder chirurgisch oder internistisch bearbeitet werden, aber in vielen Bereichen interagieren chirurgische und internistische Vorgehensweise.[223] Die Therapie der Herzkrankheiten, vor allem der Herzkranzgefäßverengung (Angina pectoris) ist hierfür ein besonderes Beispiel. Hier ist einmal mehr die Rolle der Bildgebung hervorzuheben. Neben die routinemäßig durchgeführte Katheteruntersuchung der Koronararterien mittels Angiographie, neuerdings auch kombinierbar mit Ultraschallbildern aus dem Inneren der Koronararterien, trat in den letzten Jahren die für den Patienten wesentlich schonendere CT-Untersuchung des Herzens und seiner Strukturen. Die Erlanger Kardiologie (Stephan Achenbach) ist auf diesem Gebiet seit einigen Jahren weltweit führend.[224] Die subtilen Verfahren der Bildgebung eröffneten neue Therapiewege. Die seit den 1960er Jahren üblichen Bypassoperationen wurden durch die interventionelle Radiologie in vielen Fällen ersetzt: Unter angiographischer Kontrolle werden haarfeine »Stents« (Gefäßstützen) durch einen Katheter in verengte Koronargefäße vorgeschoben und dort entfaltet.[225] Damit sind Bypassoperationen nicht grundsätzlich überflüssig geworden; die Indikation hat sich vielmehr modifiziert. So sind bestimmte Veränderungen der Koronararterien mit Stents gut zu therapieren; doch kann sich in der Folgezeit auch eine Indikation zur konventionellen Bypassoperation ergeben. Der Herzchirurg findet dann, bedingt durch den früheren Einsatz von Stents, ein verändertes Operationsfeld vor, das ihn vor wesentlich andere, meist kompliziertere Aufgaben stellt. Durch die Kombination bzw. sukzessive Anwendung verschiedener Verfahren hat sich die Notwendigkeit der interdisziplinären Absprache und Koordination verstärkt. Ähnliches gilt für durch einen Katheter eingesetzte Herzklappen (Aortenklappe), ein minimalinvasives Verfahren, das 2002 erstmals in Frankreich angewendet wurde und seit 2009 in Erlangen üblich ist. 2010 wurde in Erlangen auf diese Weise die 100. Transkatheter-Herzklappe eingesetzt, ein Jahr später, 2011, war kumulativ schon eine Zahl von 200 derartigen Eingriffen erreicht.[226] Unverzichtbare Voraussetzung für die erfolgreiche Zusammenarbeit von Kardiologie, Herzchirurgie und Anästhesiologie bei einem derartigen Vorgehen ist ein sogenannter »Hybrid-Operationssaal«, wie er in der Medizinischen Klinik 2 seit 2010 verfügbar ist. Falls es nämlich zu Komplikationen kommt, ist unverzüglich eine konventionelle herzchirurgische Operation möglich, inklusive des Einsatzes der Herz-Lungen-Maschine.

▶ **Kapitel** Wilhelm Olivier von Leube (1842–1922), S. 77.

Locus gastroenterologicus Erlangensis

Die Erlanger Medizinische Klinik hat eine in das 19. Jahrhundert zurückreichende Tradition als *locus gastroenterologicus*, d. h. eines Ortes, der sich speziell mit Krankheiten des Magens und des Darms befasst. In der Amtszeit von Ludwig Demling (1921–1995), der von 1966 bis 1986 die Medizinische Klinik leitete, gelangen auf diesem Feld bedeutende Fortschritte;[227] so 1968 die erste Duodenoskopie, 1970 die erste Endoskopisch-Retrograde-Cholangio-Pankreatikographie (ERCP) und erste totale Coloskopie, 1971 die erste endoskopische Polypektomie aus dem Magen und dem proximalen Colon, 1972 die erste totale Enteroskopie vom Mund bis zum After. 1977 wurde erstmals ein Lithotripter zur endoskopischen (Gallen-)Steinzertrümmerung eingesetzt.

Demling, der 1967 in Erlangen die Deutsche Gesellschaft für Endoskopie gründete, veranstaltete in Erlangen, das sich zu einem internationalen Kompetenzzentrum auf diesem Gebiet entwickelte, (internationale) Fortbildungskurse für Endoskopie.[228] Gemeinsam mit dem in der Chirurgie angesiedelten klinischen Pathologen Paul Hermanek betrieb Demling seit Mitte der 1980er Jahre die Videoendoskopie des Gastrointestinaltrakts.[229] Der besondere Schwerpunkt in der internistischen Gastroenterologie wurde durch eine Ballung entsprechender Tagungen eindrucksvoll unterstrichen, so, als Demling im Oktober 1982 eine »Digestive Woche« mit internationalen Tagungen zur Endoskopie und praktischen Gastroenterologie veranstaltete.[230] Die Fortbildungskurse, deren Tradition Demling begründete, richteten sich sowohl an Ärzte als auch an das pflegerische Personal; so fand 1989 bereits der 10. Erlanger Fortbildungskurs für Endoskopieschwestern und -pfleger statt.[231] Der Erlanger »locus gastroenterologicus« behielt so auch unter Demlings Nachfolgern seine Ausstrahlung. Bis in die unmittelbare Gegenwart ist die Erlanger Endoskopie für ihre Innovationen in der Fachwelt anerkannt; die neueste Methode der »Molekularen Endoskopie«, die seit 2011 in Erlangen betrieben wird, benutzt nicht nur technisch ausgereiftere Vorrichtungen, sondern kann auch auf Biopsien (Gewebeentnahmen) verzichten.[232] Stattdessen wird während der Endoskopie selbst die Darmschleimhaut über die Optik mikroskopisch untersucht. Die internationale Pionierfunktion, die Ludwig Demling für die Endoskopie hatte, wird in Erlangen innovativ und forschungsintensiv weitergeführt; in jüngster Zeit wurde Demlings Rolle auch symbolisch noch einmal hervorgehoben, indem an der Medizinischen Klinik 1 (Markus Neurath) das »Ludwig Demling Center für Molekulare Bildgebung« gegründet wurde.[233]

Die feinen Instrumente, die durch die endoskopischen Schläuche geführt werden, werden heute industriell hergestellt. Doch sei hier daran erinnert, dass in der Medizinischen Klinik 1 seit 1985 ein Feinmechanikermeister, Rudolf Bauer (* 1953), als fester Mitarbeiter Präzisionswerkzeuge (Zangen, Schlingen, Körbchen, Katheter, Sondenköpfe) für die Erlanger Endoskopie fertigte.[234] Im direkten Zusammenwirken mit Ärzten, die seine Instrumente einsetzten, verbesserte Bauer, der in einer ausgedienten Baracke auf dem Klinikgelände wirkte, seine Produkte; die hohe Erfolgsrate (»Wir knacken jeden Stein«) der endoskopischen Eingriffe wurde zu einem guten Teil auf Bauers Künste zurückgeführt.

Parallel zu diesen auf neuen Geräten und Fertigkeiten basierenden Entwicklungen wurden in den Laboren der Klinik pathophysiologische Eigenschaften der Magen- und Darmsekrete erforscht und spezifisch einsetzbare Pharmaka entwickelt. Die bereits bezüglich der Therapie von Herzkranken als überwunden skizzierte herkömmliche Grenzlinie zwischen Innerer Medizin und Chirurgie wurde auch in der Erlanger Gastroenterologie überschritten; der Internist Demling galt nach dem Bonmot eines zeitgenössischen Chirurgen als »Begründer der endoskopischen Chirurgie«.[235] Zu diesem Handlungsfeld gehörte auch die »Endoskopische Prothetik«, bei der Stenosen (Verengungen) in Hohlorganen und Gangsystemen durch das Einlegen von Röhrchen und Sonden durchgängig gemacht wurden. Diese maßgeblich in Erlangen entwickelte Technik dient sowohl der Operationsvorbereitung als auch palliativen Zwecken bei nichtoperablen Tumoren.[236]

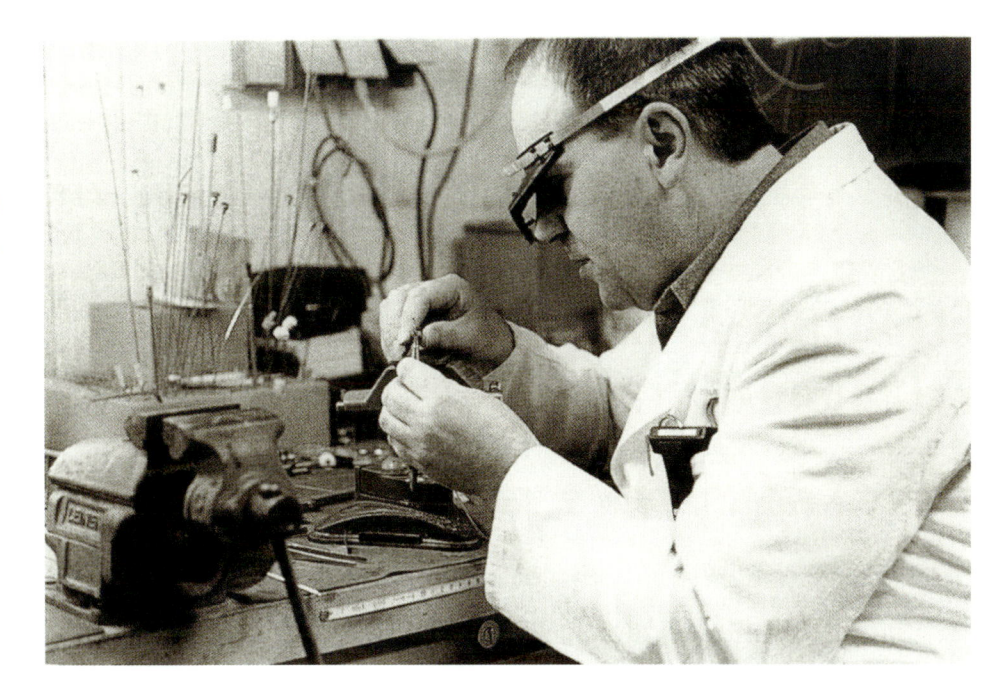

Abb. 39 Rudolf Bauer, Feinmechanikermeister der Medizinischen Klinik 1, bei der Fertigung von Präzisionsinstrumenten für die Endoskopie (1996).

In seinen späteren Jahren trat Demling, obwohl Exponent der Hightech-Medizin, gelegentlich auch skeptisch hervor, womit er der allgemeinen Zeitstimmung entsprach. So fragte er während einer gastroenterologischen Fortbildungsveranstaltung seine Kollegen provokant, »ob aufs Ganze gesehen, Vertrauen und Kamillentee so sehr viel schlechter sind als Antibiotika und seelenloser Massenbetrieb«.[237] Hierzu passte, dass auf derselben Veranstaltung ein Arzt über Erfahrungen mit Akupunktur an der Medizinischen Klinik und in Arztpraxen berichtete. Die Bereitschaft, komplementäre Behandlungsarten in der Universitätsklinik kritisch konstruktiv zu prüfen, bedeutete jedoch nicht, dass Verfahren der Hightech-Medizin vernachlässigt wurden. Die Erlanger gastroenterologische Forschung profitierte nachhaltig von der engen Kooperation mit der Industrie; so war die Medizinische Klinik 1987 der zweite Ort nach Homburg/Saar, an dem ein Lithotripter mit piezoelektrischer Stoßwellenerzeugung zur Behandlung von Gallensteinen zum Einsatz kam.[238]

»Eine sehr spezifische Form von Gesundheit« – Transplantationsmedizin

Die Transplantation ist eine Art Königsdisziplin, ein »Kronjuwel« der naturwissenschaftlich geprägten Universitätsmedizin.[239] Zugleich ist sie ein Beispiel interdisziplinärer Zusammenarbeit einer Vielzahl chirurgischer und internistisch orientierter Fächer von der Immunologie bis zur Virologie, weiterhin einer spezialisierten Krankenpflege und einer psychosozialen Begleitung. Die Transplantationsmedizin ist zudem ein Beispiel für eine gelungene europäische Integration, erfolgt die Verteilung der Organe für die Transplantation in Deutschland und einigen anderen mitteleuropäischen Ländern doch durch die 1967 von dem niederländischen Arzt Jon van Rood gegründete Stiftung »Eurotransplant« mit Sitz in Leiden.

Frühe Transplantationsversuche mit Schilddrüsengewebe hatte der Schweizer Chirurg Theodor Kocher (1841–1917) Ende des 19. Jahrhunderts unternommen.[240] Gewisse technische Probleme der Organtransplantation waren durch die von dem französischen Arzt Alexis Carrel (1873–1944) entwickelte Gefäßnaht (1902) gelöst. Gleichwohl war die Organtransplantation keine Therapieoption, da die Abstoßungsreaktionen nicht beherrschbar waren. Ein Neubeginn umging dieses Problem: 1954 transplantierte der amerikanische Chirurg Joseph E. Murray (1919–2012) in Boston einem Patienten die Niere seines eineiigen Zwillingsbruders. Der Empfänger überlebte acht Jahre. In den folgenden Jahren setzte man zur Immunsuppression Corticosteroide und andere Substanzen, darunter Chemotherapeutika, gelegentlich auch Strahlen ein. Ein durchschlagender Erfolg wurde mit dem seit 1982 verfügbaren spezifischen Wirkstoff Cyclosporin möglich, wodurch sich die Transplantatüberlebenszeiten deutlich verlängerten. Im zeitlichen Zusammenhang mit der ersten Herztransplantation durch den Südafrikaner Christiaan Barnard im Jahr 1967 in Kapstadt wurde das sogenannte »Hirntodkriterium« von der Harvard Medical School 1968 geschaffen. Infolge dieser neuen Definition des Todes wurden Organe von (Hirn-)Toten verfügbar; sie sind bis heute die idealen Organspender und in vielen Ländern, so in Deutschland, die Einzigen, deren Organe überhaupt für eine Transplantation infrage kommen.

Das Hirntodkonzept wurde jedoch, dies sei hier betont, nicht aus der Notwendigkeit geschaffen, lebendfrische Organe für die Transplantation verfügbar zu machen. Gründe waren vielmehr die Fortschritte der Intensivmedizin: Es war möglich geworden, den Ausfall vitaler Systeme durch Medizintechnik auszugleichen, sodass schließlich auch das Erlöschen der Hirnfunktionen (»irreversibler Hirnfunktionsausfall«), woraus unweigerlich der Herz-Kreislauf-Tod folgt, ausgeglichen werden konnte. Dieser irreversible Zustand, aus dem kein »Erwachen« möglich ist und der nicht zu verwechseln ist mit einem Koma, wird nach bestimmten neurologischen Kriterien festgestellt und protokolliert. Biologisch handelt es sich um den Organtod des Gehirns, der durch das Hirntodkonzept als Tod des Menschen gilt. Diese letztere Folgerung ist eine anthropologische, keine biomedizinische Setzung. Die Vorstellung, dass ein an Medizintechnik angeschlossener hirntoter Mensch nicht nur als tot gilt, sondern tatsächlich tot ist, erweist sich mitunter als dialektische Herausforderung, die den Angehörigen von Betroffenen, aber auch der Öffentlichkeit und Interessengruppen schwer zu vermitteln ist. Dies hat auf gesellschaftlicher, medizinischer und politischer Ebene (*Transplantationsgesetz* 1997) zu anhaltenden Kontroversen und Lösungsversuchen geführt, die stets einen kompromisshaften Charakter haben.

Nur wenige Disziplinen der Medizin sind geeignet, das Faszinosum medizinischen Könnens und technischer Fertigkeiten mit dem heroischen Anspruch, »Leben zu schenken«, zu vereinen – die Transplantationsmedizin gehört zweifellos in diese Gruppe. Zugleich umfasst die Transplantationsmedizin in singulärer Weise rechtliche, kulturelle und emotionale Aspekte, geht es doch darum, aus (hirn)toten Menschen eine Lebenschance für Schwerstkranke oder gar Todgeweihte zu generieren mit allen damit zusammenhängenden Problemfeldern, angefangen vom Hirntodkriterium selbst über die »Spendenbereitschaft«, die »Organknappheit« bis hin zu den Hoffnungen der potenziellen Empfänger, die sich auf »Wartelisten« wiederfinden. Die einfache Formel des »neuen Lebens« durch ein empfangenes Organ erweist sich grundsätzlich als eine simplifizierende Verkürzung, kehren doch Organempfänger nicht in ein »normales« Leben zurück, das sie vor ihrer Erkrankung führten, sondern treten in »eine sehr spezifische Form von Gesundheit« ein, eine Existenz, die fortwährender medizinischer Kontrolle und einem strikten Gesundheitsregime unterworfen ist.[241]

Nierentransplantation

Die Transplantation von Nieren ist als einzige Organtransplantation zu einem standardisierten Therapieverfahren geworden, nicht zuletzt im Hinblick auf die Zahl der solcherart behandelten Patienten.[242] In Erlangen begann die Transplantationsmedizin in Kooperation des Lehrstuhls für Nephrologie (Ulrich Gessler), der zugleich Vorstand der 4. Medizinischen Klinik der Städtischen Krankenanstalten Nürnberg war, und der Urologischen Klinik Erlangen (Alfred Sigel). Gessler, von 1965 bis 1987 Klinikchef in Nürnberg, entwickelte aus kleinen Anfängen eines der größten deutschen Nierenzentren, dem insbesondere die Versorgung von Dialysepatienten oblag.[243] In der erwähnten Kooperation Nürnberg-Erlangen erfolgte 1966 – als Lebendspende – die erste Nierentransplantation in Erlangen. Stand im Nürnberger Städtischen Klinikum die klinische Versorgung im Mittelpunkt, so suchte Gessler auch die wissenschaftliche Nephrologie zu stärken. Im Zusammenwirken mit einem eigens hierfür geschaffenen Verein wurde ein Institut für Nephrologie gegründet und der Universität Erlangen-Nürnberg angegliedert. Gessler, Vorstand dieses Instituts, wurde 1980 auch auf einen Lehrstuhl für Nephrologie an der Universität Erlangen-Nürnberg berufen. Diese Personalunion zwischen der klinisch ausgerichteten Nephrologie in Nürnberg und der forschungsorientierten in Erlangen besteht bis in die Gegenwart; auf Gessler folgte mit Ralf Bernd Sterzel (1940–2001), der von 1988 bis 2000 die beiden Funktionen innehatte, ein sowohl klinisch versierter als auch forschungsorientierter Nephrologe. Sterzel initiierte eine DFG-Forschergruppe zu molekularen Mechanismen in der Niere, die von 1993 bis 1999 tätig war.[244] Hieraus entwickelte Sterzel 1999 einen von der DFG geförderten Sonderforschungsbereich (SFB 423 »Nierenschäden: Pathogenese und regenerative Mechanismen«, einer von zehn SFBs an der FAU), an dem sich zwei Kliniken und vier Institute der FAU beteiligten. Nach Sterzels frühem Tod hat die Erlanger Nephrologie die von ihm mit diesem SFB gebahnte Forschungsrichtung fortgesetzt.[245] Der nephrologische Doppelstandort Nürnberg-Erlangen mit zwei Schwerpunktkliniken, der Medizinischen Klinik 4 am Universitätsklinikum Erlangen und der Medizinischen Klinik 4 am Klinikum Nürnberg, vereint unter einem Direktor (Kai-Uwe Eckardt), ist weiterhin das größte Kompetenzzentrum für Nieren- und Hochdruckkrankheiten in Deutschland.

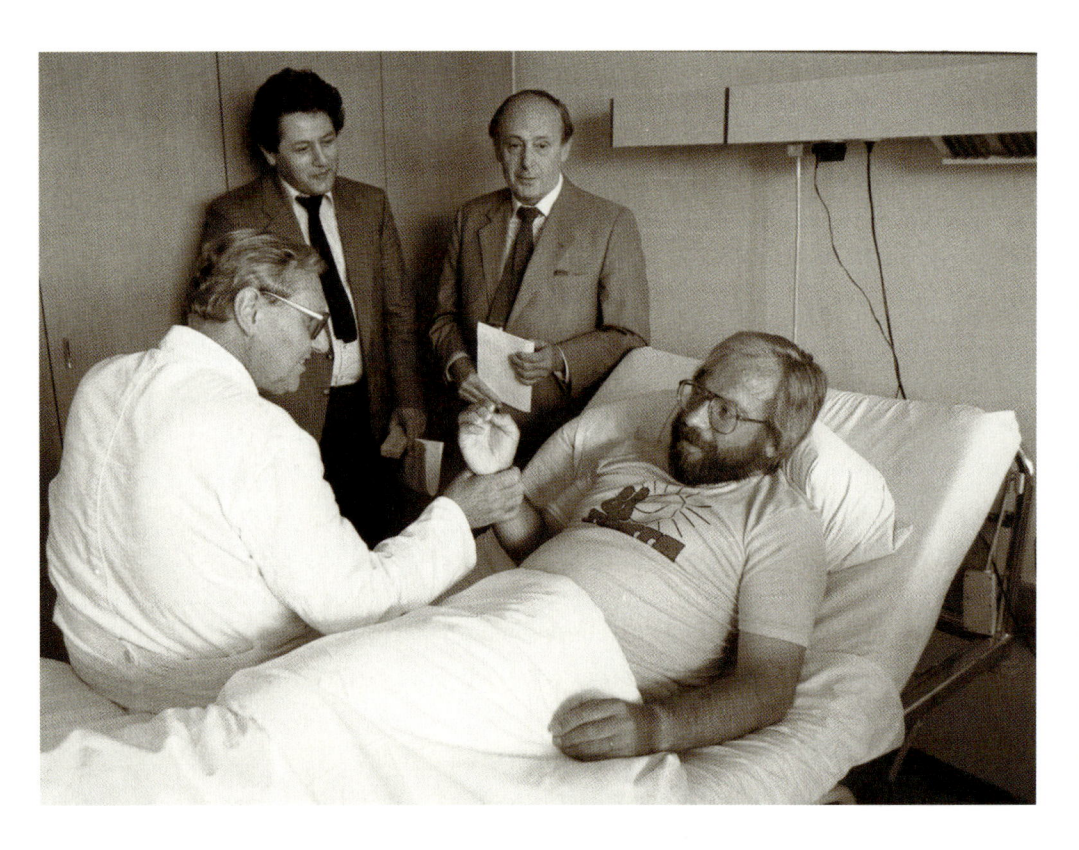

Abb. 40 500. Nierentransplantation in Erlangen, Juli 1986; am Bett des Patienten der Nephrologe U. Gessler und die Operateure K. Schrott und A. Sigel.

Nierentransplantationen bilden innerhalb der Nephrologie nur einen, allerdings spektakulären Schwerpunkt, da der Organersatz die (einzige) kausale Therapie des terminalen Nierenversagens ist. Wichtig ist auch, dass zahlreiche terminal Nierenkranke durch das technische Hilfsmittel der Dialyse unter leidlichen Umständen am Leben erhalten werden können. Dies war und ist die Voraussetzung, dass eine »Warteliste« potenzieller Empfänger entstehen konnte, die nicht unverzüglich ein Organ benötigen, sondern »warten« können.

1979 waren aus der Bundesrepublik bei Eurotransplant 1475 potenzielle Empfänger einer Niere gemeldet; im selben Jahr wurden 564 Transplantationen vorgenommen. Die Übersicht zeigt die über zwei Jahrzehnte kumulierten Zahlen der Transplantationen an 36 der 44 deutschen Nierentransplantationszentren; auf den ersten Blick veranschaulicht die Tabelle die erheblichen Unterschiede zwischen großen und kleinen Transplantationszentren.

Zu Beginn der 1980er Jahre war bei etwa 70 Prozent der Transplantierten das Organ nach zwei Jahren noch funktionstüchtig. Als Kardinalproblem wurde – kurz vor der Einführung des Cyclosporins, das die Transplantatsüberlebenszeiten sprunghaft erhöhen sollte – der Mangel an Organspendern genannt.[246] In einer auch gegenwärtig eigentümlich vertrauten Diktion wurden die Bereitschaft zur freiwilligen Spende angemahnt und der Organspendeausweis als »eine selbstverständliche Ergänzung des Personalausweises« bezeichnet, um die »beschämende ›Schlußlichtposition‹« Deutschlands im Vergleich mit Skandinavien und den Beneluxländern zu verbessern. 1981 gab es in Erlangen 167 Patienten auf der Warteliste. Allerdings gab es auch Erfolgszahlen; so hatte es 1968 nur zwei Spender und vier verpflanzte Nieren gegeben. 1979 gab es bundesweit 310 Spender und 580 verpflanzte Nieren. In dem 10-Jahreszeitraum von 1969 bis 1979 wurden insgesamt 2284 Nieren verpflanzt; in Erlangen wurden von 1966 bis 1982 insgesamt 300 Nieren transplantiert, davon alleine 61 in den ersten Monaten des Jahres 1982.[247] Ende 1984 war die (kumulierte) Gesamtzahl aller in Erlangen transplantierten Nieren auf 400 gestiegen.[248] Bis Juli 1986 belief sich die Gesamtzahl der in Erlangen transplantierten Nieren auf 500.

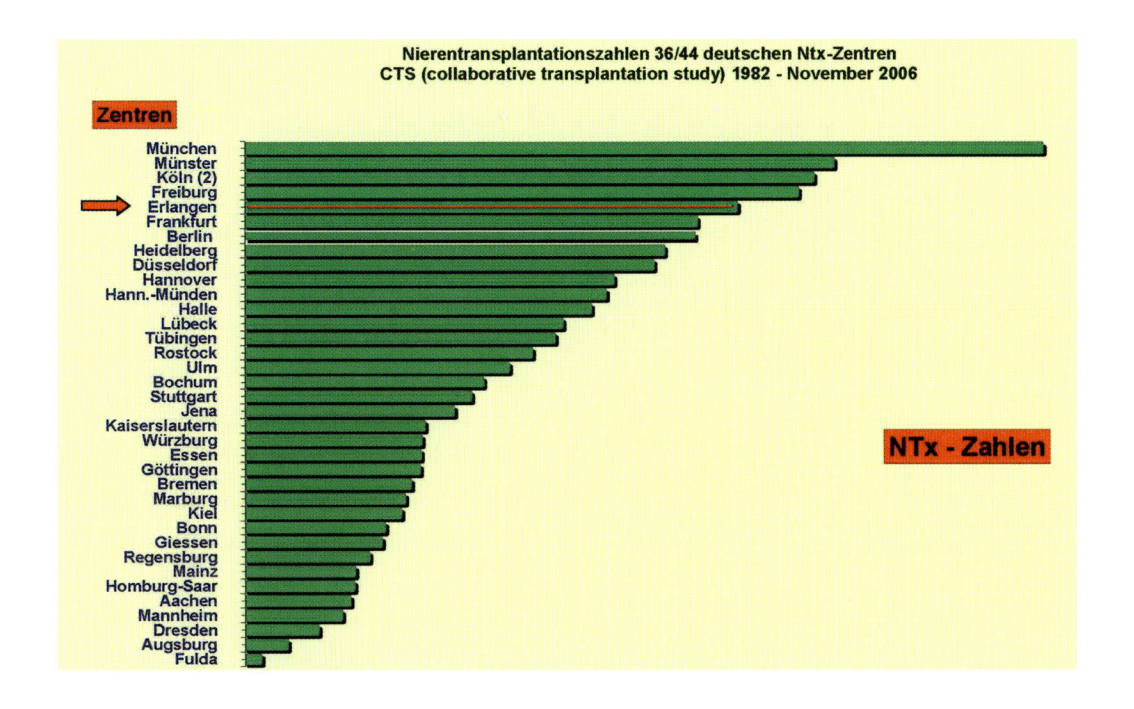

Nierentransplantationszahlen 36/44 deutschen Ntx-Zentren
CTS (collaborative transplantation study) 1982 - November 2006

Die Erwartung, dass sich nunmehr, nicht zuletzt durch das nun verfügbar gewordene Cyclosporin, die Transplantationsfrequenz enorm steigern würde, sollte sich allerdings in den folgenden Jahren weder in Erlangen noch bundesweit erfüllen. Der Wissenschaftsrat schätzte 1987 »für die nächste Zukunft« einen jährlichen »Bedarf« an Transplantationen, der für die Niere 2.200 bis 2.500, für Herzen 500 bis 600, für Lebern 500 bis 800 betrug.[249] Vergleicht man dies mit den tatsächlichen Zahlen, stellt sich Ernüchterung ein.[250] In Deutschland (seit 1990 allerdings größer als die alte Bundesrepublik, die der Wissenschaftsrat 1987 imaginierte) wurden 2014 transplantiert: 1.508 Nieren (postmortale Spende) plus 620 Nieren (Lebendspende); bemerkenswerterweise kommt die Gesamtzahl der gegenwärtigen Nierentransplantationen der für die Zeit vor 30 Jahren erwarteten Zahl nahe, erreicht sie aber nicht. Noch deutlicher ist das Bild bei den Herztransplantationen. 2014 wurden in Deutschland 304 Operationen ausgeführt, der Wissenschaftsrat sah schon vor 30 Jahren einen doppelt so hohen »Bedarf« für die alte Bundesrepublik. Im Jahr 2014 betrug die Zahl der Lebertransplantationen in Deutschland 879 (postmortale Spende) plus 58 (Lebendspende, Teillebern).[251] Hier wurde also der vom Wissenschaftsrat 1987 geschätzte »Bedarf« zahlenmäßig gerade erreicht. Angesichts der in allen medizinischen Bereichen innerhalb von 30 Jahren auffälligen markanten Steigerungsraten wirft dies ein bezeichnendes Licht auf den seit vielen Jahren stagnierenden Status der Transplantationsmedizin insgesamt.

In Erlangen verlief die Entwicklung in einer dem Bundestrend vergleichbaren Weise. Die Zahl der in Erlangen transplantierten Nieren pendelte sich auf 80 bis 100 pro Jahr ein; 1996, 30 Jahre nach Beginn der Nierentransplantation in Erlangen, feierte das Transplantationsteam um den Nephrologen Ralf Bernd Sterzel und den Urologen Karl Schrott die 1500. Transplantation.[252] Im Jahr 2011, einem »durchschnittlichen«

Abb. 41 Nierentransplantationen 1982–2006, deutsche Zentren, ausgewählte Zahlen kumuliert: Fulda 60, Augsburg 169, Regensburg 503, Würzburg 716, Erlangen 2014, München 3272.

Nierentransplantationen und Warteliste 1984 bis 2006 (Stand 24.10.2006)
Transplantationszentrum der Universität Erlangen-Nürnberg

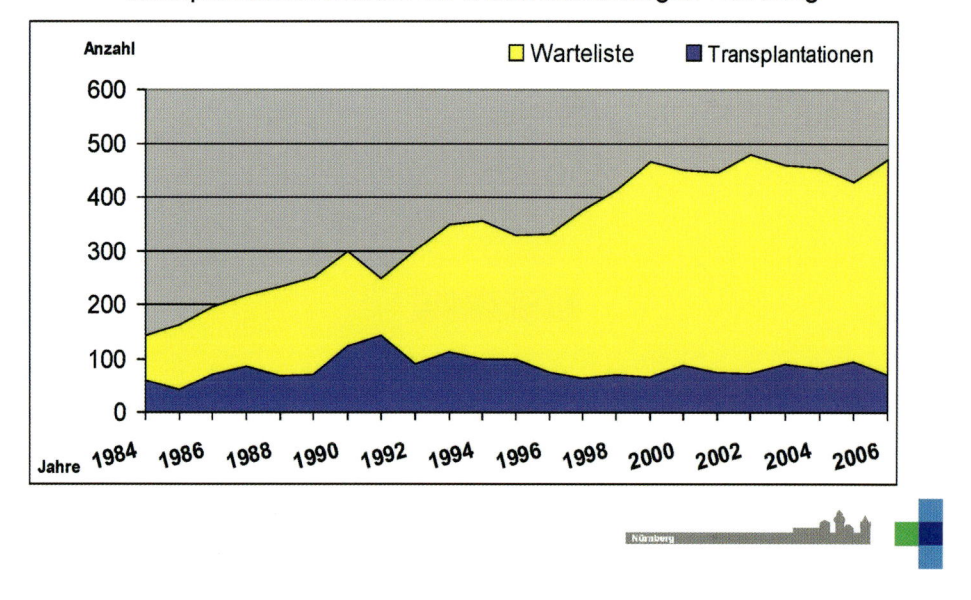

Abb. 42 Nierentransplantationen und Warteliste, 1984–2006.

Jahr, wurden in Erlangen 104 Nieren (außerdem 17 Lebern, neun Herzen und elf Bauchspeicheldrüsen) transplantiert; zugleich waren mehr als 400 Schwerkranke des Erlangen-Nürnberger Zentrums als potenzielle Empfänger einer Niere auf der Warteliste von Eurotransplant aufgeführt.[253] Die Verhältniszahl von einer tatsächlichen Transplantation auf mindestens vier potenzielle Empfänger hat sich in den vergangenen Jahren kaum verschoben. Auch sekundäre Strategien wie das »Old-for-old«-Programm von Eurotransplant, das seit 1999 die Transplantation von alten, aus der jeweiligen Region stammenden Nieren auf über 65-jährige Empfänger vorsieht, war nicht geeignet, den »Organmangel« auszugleichen. Ende 2003 wurde die 2000., im März 2009 die 2500., im Herbst 2014, rund 40 Jahre nach der ersten Transplantation, die 3000. Niere in Erlangen transplantiert.[254] Es handelte sich, wie bei der ersten Transplantation 1966, um eine Lebendspende. Letztere machen gegenwärtig im Bundesdurchschnitt etwa ein Drittel aller Fälle aus.

Die prinzipiell unlösbare Problematik der Nierentransplantation wird durch eine Gegenüberstellung der Zahlen von Transplantationen und potenziellen Empfängern offenkundig; einer absolut und relativ größer werdenden Zahl von Patienten auf der »Warteliste« steht eine vergleichsweise konstante Zahl von Transplantationen gegenüber, die in den letzten Jahren etwa ein Fünftel des tatsächlichen »Bedarfs« deckt. Gewiss ließen sich durch mehr Organspenden mehr Niereninsuffiziente versorgen, doch hieße dies nicht, dass die »Warteliste« damit kleiner würde, da die Operationsindikation zur Nierentransplantation als Therapie der Wahl relativ und veränderlich ist. Eine Nierentransplantation ist umso aussichtsreicher, je früher ein schwer nierenkranker Patient ein Organ erhält. Auch aus medizinischen Gründen ist daher eine tatsächliche Annäherung der Zahlen von Spenderorganen und potenziellen Empfängern nicht möglich. Die Transplantation der Niere ist zwar ein routinemäßiges Verfahren, das durch die Fächer der Nephrologie, Urologie und Gefäßchirurgie perfektioniert werden konnte; sie bleibt allerdings ein extrem knappes Gut, also eine Therapieoption, die auch in Zukunft nur für eine Minderheit der infrage kommenden Patienten möglich sein wird.

Herztransplantation

Die erste Herztransplantation erfolgte in Erlangen im April 2000 durch den Herzchirurgen Michael Weyand, der, 1999 zum Direktor des neuen Herzzentrums Erlangen-Nürnberg (bis 2007 an den beiden Standorten Erlangen und Nürnberg-Süd) berufen, aus seiner Tätigkeit in Kiel und Münster bereits über eine reiche Erfahrung von rund 300 verpflanzten Herzen verfügte.[255] Kaum zwei Monate nach der ersten Herztransplantation wurde in Erlangen erstmals ein Kunstherz (Links-Herz-Unterstützung) eingesetzt; für einige Jahre gingen Herztransplantation und Kunstherzimplantation zahlenmäßig parallel: 2005 wurden beide Operationen zum 50. Mal ausgeführt.[256] 2006 wurde erstmals ein komplettes Kunstherz eingesetzt.[257] In der jüngsten Zeit hat sich die zahlenmäßige Relation zwischen Kunstherzimplantationen und Herztransplantationen eindeutig zugunsten der Kunstherzen verschoben. Die erste Kinderherztransplantation erfolgte im März 2008.[258] Die Zahl der jährlich transplantierten Herzen lag in Erlangen durchschnittlich bei ungefähr 10.[259] Im Mai 2009 war demgemäß kumulativ eine Zahl von 100 transplantierten Herzen erreicht.[260]

Seit den 1980er Jahren wurden die Kunstherzen technisch perfektioniert, dienen jedoch weiterhin vornehmlich zur Überbrückung der Zeit bis zu einer Herztransplantation. Mitunter dauert dies inzwischen Jahre, weil die Kunstherzen die unmittelbare Lebensgefahr bannen und der Patient damit im Hinblick auf die »Dringlichkeit« (engl. urgency) auf der Warteliste nach hinten rückt. Damit zeichnet sich für die »Warteliste« der potenziellen Empfänger eines Spenderherzens in der nahen Zukunft eine ähnliche Entwicklung ab, wie sie für die Nierentransplantation bereits seit Jahrzehnten eingetreten ist: Eine medizintechnische Maßnahme, hier das Kunstherz (dort die Dialyse), kompensiert das Organversagen und vergrößert naturgemäß die Zahl der potenziellen Organempfänger.[261] Bei Kindern, die ein Kunstherz erhalten, wird hingegen die Dringlichkeit nicht herabgesetzt. Lange Wartezeiten entstehen hier, weil ein passendes Herz, d. h. in seiner Gewebeverträglichkeit, seinem Alter und seiner Größe für ein (kleines) Kind sehr schwierig zu finden ist. In der Erlanger Herzchirurgischen Klinik erhielt eine sechsjährige Patientin (Lara) im Juli 2012 ein Spenderherz, nachdem sie 877 Tage mit einem Kunstherz überlebt hatte, das ihr in der kinderherzchirurgischen Abteilung eingepflanzt worden war; Lara lebte mit diesem Kunstherz länger als jeder vergleichbare Patient weltweit.[262]

Lebertransplantation

Der Wissenschaftsrat, das 1957 gegründete föderale Beratungsgremium des Bundes und der Länder, legte 1987 eine Stellungnahme zur Einrichtung von Transplantationszentren in Hochschulkliniken vor, die grundsätzliche Probleme thematisierte.[263] Ausgangspunkt war die Frage des Landes Baden-Württemberg gewesen, ob die Transplantationen von Leber und Pankreas sinnvollerweise auf wenige Zentren zu begrenzen seien. In seiner Antwort gelangte der Wissenschaftsrat zu allgemeinen Empfehlungen. Ausgangsbasis waren Zahlen der unterschiedlichen Transplantationen. Für das Jahr 1986 lauteten die Transplantationszahlen im Bundesgebiet: 1.627 Nieren, 160 Herzen, 109 Lebern, 23 Bauchspeicheldrüsen (z. T. mit Nieren kombiniert). Eine Schwerpunktbildung war ▸

PIONIER IN DEUTSCHLAND: ZUR ENTWICKLUNG DES ETHIKKOMITEES

Wie können moralische Konflikte am Krankenbett gelöst und alle Beteiligten unterstützt werden? – dies sind eine zentrale Aufgabe von »Klinischen Ethikkomitees« im Gesundheitswesen. Die Metropolregion Nürnberg-Fürth-Erlangen hat zur Medizinethik eine besondere Beziehung: Erlangen steht als »BMBF-Spitzencluster« und »Nationales Exzellenzzentrum« für innovative Verfahren und Pionierleistungen etwa in der Bildgebung, Transplantations- und Reproduktionsmedizin: 1966 gab es eine der frühen Nierenverpflanzungen und 1982 kam hier mit der seinerzeit umstrittenen In-vitro-Fertilisation das erste deutsche »Retortenbaby« auf die Welt. Durch den naturwissenschaftlichen und technischen Fortschritt wie auch den gesellschaftlichen Wertepluralismus entstanden und entstehen in der Medizin ethische Kontroversen.[1]

Die noch weiter zurückreichende Entstehungsphase der Medizinethik in Deutschland lässt erkennen, dass die von internationalen Autoren auf den Nürnberger Kodex (1947) oder die 1960er Jahre terminierte »Geburt« der Bioethik (»God Committee« 1962) historisch zu kurz gegriffen ist. Die weltweit erste Zeitschrift zur Medizinethik wurde 1922 in Deutschland gegründet und bis 1938 herausgegeben.[2]

Wichtige Faktoren für die spätere Gründung des Klinischen Ethikkomitees (KEK) in Erlangen waren die Institute für Rechtsmedizin und Geschichte der Medizin (1948) sowie der Studentenverband Ethik in der Medizin (1990); zentrale Impulse für die letztendliche Etablierung kamen aus der Klinikseelsorge und der Leitung des Universitätsklinikums. Kontakte zwischen engagierten Personen aus diesen Bereichen führten im Herbst 2000 zu Gesprächen über die Entwicklung der Medizinethik.[3]

Der ärztliche Direktor und Vertreter der Klinikseelsorge intendierten eine noch stärkere Vernetzung und initiierten einen Gesprächskreis für Ärzte und Pflegende zu ethischen Themen. Dort wurde über Erfahrungen mit Ethikkomitees und Ethikberatung in den USA berichtet; dies wollte man auch für das Erlanger Universitätsklinikum aufgreifen. Anfang des Jahres 2001 fand das erste Treffen zur Gründung des Klinischen Ethikkomitees statt. Es wurden sowohl Modelle zur kurzfristigen Konsultation (»Ethik-Feuerwehr«) als auch zur begleitenden Beratung bei Entscheidungskonflikten diskutiert. Zudem spielten Fragen der Außenwirkung des Klinikums eine Rolle.[4] Für das Ethikkomitee wurden schließlich Fallbesprechungen und programmatische Themen als wichtigste Aufgabenbereiche definiert.[5] Im Rahmen der ersten Treffen erörterte dieser »Arbeitskreis Ethik im Klinikum«, welche Personen als Mitglieder für das Ethikkomitee nominiert werden sollten. Im Mai 2001 stießen der Justiziar des Klinikums und der designierte Professor für Ethik in der Medizin zu dieser Gruppe. Die

Aktivitäten dieses Kreises kamen der Arbeit eines Ethikkomitees bereits sehr nahe: So gab es Fallvorstellungen und strukturelle Inhalte zur Weiterentwicklung der Ethik am Klinikum. Im Laufe des Jahres 2001 kamen infolge einer klinikweiten Ausschreibung noch Interessenten aus Pflege und Sozialdienst sowie Ärzte aus Psychiatrie und Strahlentherapie hinzu, überdies Vertreter aus Theologie, Sozialethik und Philosophie.

Beim sechsten Treffen im November 2001 wurde entschieden, dass der »AK Ethik im Klinikum« das Ethikkomitee (KEK) bildet und die Mitglieder vom Klinikvorstand für jeweils drei Jahre berufen werden. Als zentrale Aufgaben des Gremiums wurden Ethikberatung in Einzelfällen, Leitlinienentwicklung sowie Fort- und Weiterbildung formuliert. Einigkeit bestand über die Notwendigkeit einer interdisziplinären Besetzung. Die Geschäftsführung wurde der Professur für Ethik in der Medizin übertragen; bei den Berufungsverhandlungen konnten hierfür eine Mitarbeiter- und eine Sekretariatsstelle geschaffen werden; mittlerweile sind es fünf Mitarbeiter auf Teilzeitstellen. Die konstituierende Sitzung fand im Januar 2002 statt, wobei die 18 anwesenden Mitglieder des Arbeitskreises den Stamm der 20 Mitglieder des Ethikkomitees bildeten. Bei dieser konstituierenden Sitzung wurden vier Arbeitsgruppen eingesetzt sowie ein Faltblatt »Klinische Ethikberatung (Ethikkonsil)« vorgestellt. Für die Einrichtung des Ethikkomitees waren auf diese Weise sowohl Elemente des Bottom-up-Prozesses als auch Top-down-Initiativen bedeutsam. Hauptziel des Ethikkomitees war ein Forum für differenzierte Debatten zu klinisch-ethischen Fragen. Ethikberatung und Ethikkomitees waren bis dahin zunächst vorwiegend in den USA und in Deutschland erst sukzessive in konfessionellen Kliniken eingerichtet worden. Erlangen war demnach Pionierort für deutsche Universitätskliniken.[6]

Abb. 1 Einladung zum 13. Ethiktag, 2014.

Weiterentwicklung und praktische Arbeit des Ethikkomitees

Die Geschäftsführung des Klinischen Ethikkomitees am Universitätsklinikum Erlangen obliegt der Professur für Ethik in der Medizin;[7] ärztliche und kaufmännische Leitung des Klinikums stellen Personal- und Sachmittel zur Verfügung.[8] Die Mitglieder des Ethikkomitees werden jeweils offiziell vom Klinikvorstand berufen. Das zwanzigköpfige Gremium trifft sich einmal monatlich zu einer Sitzung. Im Mai 2015 fand bereits die 140. Sitzung statt.

Zusätzlich treten spezifische Arbeitsgruppen zur Vertiefung einzelner Themen zusammen; neben der zentralen »AG Ethikberatung« wurden die Themen Therapiebegrenzung, Sterbebegleitung, PID, Palliativmedizin, Aufklärung und Einwilligung eingerichtet; über längere Zeit kamen überdies die Gruppen »Klinische Ethik und Patientenperspektive«, »Fehlerkultur« sowie »Klinische Ethik und Ökonomie« hinzu. Leitlinien wurden zur Therapiebegrenzung auf Intensivstationen und zur Anordnung eines Verzichts auf Wiederbelebung (VaW) verfasst sowie u. a. Stellungnahmen »Zur Diskussion um ›aktive Sterbehilfe‹ und assistierten Suizid« erarbeitet. Bei mehreren internen und auch öffentlichen Foren war das Thema »Patientenverfügung« ein besonderer Schwerpunkt gut besuchter Veranstaltungen.

Wichtigste Aufgaben: Fallberatung und Fortbildung der Klinikmitarbeiter Mittlerweile wurden rund 300 Fallberatungen am Klinikum durchgeführt. Die AG Ethikberatung umfasst zehn Mitglieder, in der Regel gehen zwei oder drei Personen auf die klinischen Stationen. Schwerpunkte lagen bisher an den Lebensgrenzen: Fälle in der Frauenklinik (Schwangerschaftsfragen) wie auch der Kinder- und Jugendklinik (Neonatologie, Kinderkardiologie/-herzchirurgie) sowie auf den Intensivstationen waren am häufigsten.

Jährlich werden im Frühjahr ein Fachworkshop[9] und im Herbst ein »Ethiktag« als öffentliche Foren zu aktuellen Themen durchgeführt. Die folgende Tabelle zeigt die Schwerpunkte und damit auch die Entwicklung medizinethischer Diskussionen in den letzten zehn Jahren:

Jahr	Thema
2006	Klinische Ethikkomitees: Nutzen, Risiken und Nebenwirkungen?
2007	Patientenverfügung und Ethikberatung in der Praxis
2008	Ethik im klinischen Alltag
2009	Hoffnung und Verantwortung in der klinischen Praxis
2010	Ethik in der Medizin zwischen Empathie und Ökonomie
2011	Emotion und Ethik in der Medizin
2012	Risiko – Patient – Medizin. Fehler als Herausforderungen in der Gesundheitsversorgung
2013	Gute oder vergütete Behandlung? Diagnosen zur Medizin unserer Zeit
2014	Demenz und Ethik in der Medizin. Beratung zur guten klinischen Praxis
2015	Wem dient die Medizin wirklich? Interessen, Zielkonflikte und Patientenwohl

Eine wichtige Neuerung seit Wiederbesetzung der Professur für Ethik in der Medizin 2006/07 war die Dokumentation der »Ethiktage« im Rahmen des neu gegründeten »Jahrbuch Ethik in der Klinik«. Dort werden Beiträge der Veranstaltungen sowie weitere Fachartikel und ausgewählte Fallstudien publiziert. Das Ethikkomitee und die Professur für Ethik in der Medizin stellen sich auf diese Weise öffentlichen Debatten. Besondere Foren waren zudem ein »Tag der offenen Tür« mit »Sprechstunde« des Klinischen Ethikkomitees (2008) oder etwa die komparative Beratung mit mehreren anderen Ethikkomitees (2014).[10]

Die strukturelle Förderung der Beschäftigung mit Fragen an den Lebensgrenzen hat sich in besonderer Weise ausgewirkt: Aus dem Ethikkomitee kamen wichtige Impulse zur Besetzung einer neuen Professur für Palliativmedizin. Die Zahl der Ethikberatungen hat sich kontinuierlich erhöht, die Präsenz in der Klinik ist mit einer Vielzahl von Veranstaltungen und Foren gegeben. Das Erlanger Ethikkomitee ist dabei eine viel gefragte Einrichtung bei der Unterstützung der klinischen Ethikberatung in bundesweiter Hinsicht, wie die zahlreichen Vortragseinladungen und Begleitungen von KEK-Einrichtungen zeigen. Der Fall des »Erlanger Jungen« hat dabei sogar internationale Aufmerksamkeit gebracht.[11] Wissenschaftliche Projekte zur Evaluation und

Erforschung der Inhalte klinischer Ethik und Ethikberatung sind wichtig zur fachlichen Fundierung der praktischen Arbeit. Besonders erfolgreiche Projekte waren etwa die Kooperationen mit der Emerging-Fields-Initiative (EFI)-Spitzenforschung »Human Rights in Healthcare« oder die zahlreichen vergleichenden Fallstudien im Sinne des »Inter-KEK«.[12] Andreas Frewer

bei den eher seltenen Transplantationen (Herz, Leber) unverkennbar: von den sechs (für Herz) bzw. sieben (für Leber) zuständigen Zentren übernahmen Hannover und München-Großhadern jeweils den überwiegenden Anteil. Erlangen gehörte 1986 noch nicht zu den Lebern oder Herzen transplantierenden Einrichtungen. Erkennbar war für den Wissenschaftsrat, dass die Erfolgsraten in den Zentren mit höheren Operationszahlen besser waren als in den kleineren Einrichtungen. Hinsichtlich der Lebertransplantation, »eine(r) der schwierigsten Operationen überhaupt«, kritisierte der Wissenschaftsrat, dass für viele Klinika »auch Prestigegründe« eine Rolle spielten, und fügte hinzu: »Vor solch fachfremden Erwägungen ist zu warnen.« Die besonders aufwändige Lebertransplantation bedürfe am jeweiligen Ort vielfacher Voraussetzungen: Genannt wurden fachliche Qualifikation, spezifische Forschung, organisatorische und personelle Ausstattung, schließlich auch das »Angebot an potentiellen Organspenden.« Die jeweilige Fakultät bzw. das Klinikum müssten die Lebertransplantation förmlich zu einem Schwerpunkt erklären. Die minimale personelle Ausstattung schätzte der Wissenschaftsrat 1987 auf rund 30 Stellen. Der Gesamtaufwand sei nur vertretbar, wenn pro Jahr mindestens 20 Lebern transplantiert würden, weshalb eine Zentrenbildung anzustreben sei.

Ähnlich wie die Transplantation der Niere bei terminal Nierenkranken ist die Lebertransplantation bei Leberversagen eine Art kausaler Therapie – und die einzige, wie hinzuzufügen ist. Anders als bei der Niere gibt es keine Medizintechnik, die das Versagen der Organfunktion bei der Leber über einen längeren Zeitraum wirksam kompensieren kann.[264] Seit den späten 1990er Jahren ist, auch im Universitätsklinikum Erlangen, eine Apparatur mit dem Namen MARS (Akronym für: Molecular Adsorbents Recirculating System) verfügbar; in jüngerer Vergangenheit kam das System PROMETHEUS auf den Markt, das mit seinem Namen auf die nachwachsende Leber des mythischen Helden Prometheus (Hesiod, *Theogonie*, 524 f.) Bezug nimmt. Beide Systeme können zwar kurzfristig die Entgiftungsfunktion der Leber nach Art einer Dialyse leisten, nicht jedoch die vielfältige Syntheseleistung des Organs ersetzen und haben im Ergebnis das mittelfristige Überleben der Patienten mit und ohne Transplantation nicht verbessern können. Die »Warteliste« für Lebertransplantationen umfasst Menschen mit chronisch progredientem oder akutem Leberversagen, die nur durch eine Transplantation gerettet werden können. Alternative Therapiemöglichkeiten bestehen nicht. Das Zeitfenster ist sehr eng, die Lebertransplantation, insbesondere bei akutem Organversagen, ist mithin stets ein hochdramatischer Prozess.

Die Möglichkeit, Lebern zu transplantieren, ergab sich am Erlanger Klinikum vergleichsweise spät; die Erlanger Abdominalchirurgie befasste sich seit Jahrzehnten mit der Leberchirurgie, einem besonders anspruchsvollen Feld der operativen Heilkunde. So wurden Lebermetastasen in Erlangen erstmals bereits 1961 operiert.[265] In einem Zeitraum von 20 Jahren ergaben sich bei 74 Patienten mit insgesamt 123 Lebermetastasen beachtliche Erfolge in einer zuvor als infaust angesehenen Lage, statistisch ausgedrückt durch eine 5-Jahresüberlebensrate von 29 Prozent. Nach entsprechenden Vorarbeiten auf dem Gebiet der Leberchirurgie strebte Erlangen seit den späten 1980er Jahren die Lebertransplantation an.[266] Mit Beginn des Jahres 1992 standen ein entsprechend geschultes Team um den Transplantationschirurgen Johannes Scheele und die notwendige technische Ausstattung in der Chirurgischen Klinik zur Verfügung. »Wir fangen jetzt einmal ganz klein an. In erster Linie für Patienten aus dem fränkischen Raum« – mit diesen Worten wurde Scheele in der regionalen Boulevardpresse (»8 Uhr-Blatt«) zitiert.[267] Die Zeitung errechnete flink und in der Sprache der Automechanik »nach einer organmedizinischen Statistik«, dass in Nordbayern »jährlich 320 todkranke Patienten mit einer neuen Leber ausgestattet werden« müssten. Demgegenüber wirkte die von Scheele selbst genannte Zahl von jährlich 50 transplantierten Lebern geradezu bescheiden. Dass zwischen »Bedarf« und Realität in der Medizin mitunter große Lücken klaffen, zeigt die Zahl von ca. 650 potenziellen Empfängern, die 2014 im Einzugsgebiet des Erlanger Klinikums auf eine Spenderleber warteten.[268] Doch zurück zum Anfang: Die von Scheele für Januar 1992 angekündigten Lebertransplantationen fanden statt; zwei Männer erhielten je ein Organ und wurden, so das verhalten-euphorische Presseecho, sieben Wochen nach der Operation »als geheilt entlassen«.[269] Der verantwortliche Chirurg Scheele wurde mit den Worten zitiert, dass »das Projekt jetzt weiter aufwärts geht«.

Die erste Lebertransplantation bei einem Kind in Bayern wurde im Juni 1994 ebenfalls von Scheele durchgeführt.[270] Mit dem Ende der Amtszeit des Chirurgen Franz Gall wechselte Scheele Ende 1994 mit seinem Transplantationsteam an eine Fürther Privatklinik (EuromedClinic, jetzt Schön Klinik Nürnberg Fürth). Die Absichtserklärung, für eine Übergangszeit Lebertransplantationen an dieser Privatklinik durchzuführen, widersprach jedoch einem Ministerratsbeschluss, wonach derartige Operationen den Universitätskliniken vorbehalten seien, und wurde daher nicht in die Tat umgesetzt.[271]

Unter der Leitung des neu berufenen Direktors der Erlanger Chirurgischen Universitätsklinik (Werner Hohenberger) wurde das Lebertransplantationsprogramm ab 1995 weitergeführt. Allerdings erreichten die Zahlen nicht die vom Wissenschaftsrat empfohlenen Werte. Die Lebertransplantation blieb damit eine seltene und höchst aufwendige Therapiemaßnahme. Seit 2013 besteht zwischen dem Erlanger Klinikum, das sämtliche beteiligten Fachrichtungen seit 2014 in einem Leberzentrum vereint, und dem Lebertransplantationszentrum der LMU München ein Kooperationsabkommen, das eine gemeinsame Arbeit in der Transplantation und Nachsorge vorsieht und seine erste Bewährungsprobe bestanden hat.[272]

Wie an den Beispielen von Nieren-, Herz- und Lebertransplantation ausgeführt, besteht in der Transplantation, neben vielen anderen Schwierigkeiten, das grundsätzliche Problem eines knappen Gutes. Die mit der notwendigen Rationierung – ein Wort, das im öffentlichen Diskurs gerne vermieden und durch »Priorisierung« ersetzt wird – einhergehenden Fragen der (Verteilungs-)Gerechtigkeit sensibilisieren Medizin, Politik und Gesellschaft seit vielen Jahren. In jüngster Vergangenheit ist durch den seit 2012 in der Öffentlichkeit thematisierten »Transplantationsskandal« auch die Justiz an den Mechanismen der Transplantationsmedizin, d.h. der Verteilung der knappen Ressource, interessiert. Die Wirkung des »Skandals« war beträchtlich; staatsanwaltliche Ermittlungen mündeten in Gerichtsverfahren gegen einen Transplantationschirurgen in Göttingen. Die Bundesärztekammer veröffentliche offizielle Prüf- und Überwachungsberichte der deutschen Transplantationszentren.[273] Für das Erlanger Zentrum konnte nach der Prüfung aller Nieren-, Herz- und Lebertransplantationen (2007–2011) durch externe Fachleute festgestellt werden, dass keinerlei Unregelmäßigkeiten vorlagen.[274]

Obwohl auch in Göttingen und Regensburg kaum strafrechtlich relevante Tatbestände ermittelt wurden, war der Schaden für das öffentliche Ansehen der deutschen Transplantationsmedizin und sekundär für das Handlungsfeld »Organspende« beträchtlich. Vertrauen, die sensible Währung einer pluralen Gesellschaft, wurde hier verspielt. Der Rückgang der »Spendebereitschaft« wurde und wird mit dem »Skandal« in kausale Beziehung gesetzt, obwohl die Organspende selbst – also das Hirntodkriterium, die Achtung des Willens von Verstorbenen und Angehörigen, die Gewinnung der Organe – zu keiner Zeit Gegenstand des »Skandals« war. Um verlorenes Prestige zurückzugewinnen, wurden zusätzliche Kontrollmechanismen in Kraft gesetzt und die Aufklärungsarbeit der entsprechenden Gremien und Körperschaften intensiviert. Im Jahr 2014 wurden in Deutschland von 864 Hirntoten Organe (knapp 3000) gespendet; in Bayern lauteten die Zahlen: 120 postmortale Organspender mit insgesamt 405 Organen. Verglichen mit den Zahlen von 2010 (190 Spender) bedeutet dies einen prozentualen Rückgang um mehr als ein Drittel. Ein nüchterner Blick auf das Problemfeld zeigt jedoch, dass als Faktoren für den Rückgang der gespendeten Organe neben der sinkenden »Spendebereitschaft« auch der Medizin systemimmanente Faktoren wichtige Rollen spielen, so »die zunehmende Arbeitsverdichtung bei gleichzeitigem Personalmangel in den Krankenhäusern, ein Rückgang an traumatischen Schädelverletzungen sowie eine verbesserte Intensivtherapie«.[275] Die Transplantationsmedizin, eines der Aushängeschilder der Hightech-Medizin, wird durch den technischen Fortschritt einerseits befördert, andererseits auch gehemmt. Mit dieser Ambivalenz des Fortschritts ist auch künftig zu rechnen. Individuelle, gruppenspezifische und gesellschaftliche Vorstellungen und Forderungen werden sich an diese Gegebenheiten anzupassen haben.

Onkologie – »Kampf« gegen den Krebs

Die Hightech-Medizin, die naturwissenschaftlich ausgerichtete Universitätsmedizin, die in Europa und den USA entstanden ist, hat in zahlreichen Handlungsfeldern das im späten 19. Jahrhundert entworfene Fortschrittsszenario verwirklichen können. Ein geradezu ungebrochener Optimismus herrschte bis in die 1960er Jahre; so erschien ein »Sieg« über die Infektionskrankheiten im Weltmaßstab möglich – durch Antibiotika oder prophylaktisch durch Impfungen. Eine agonale Sprechweise, die noch aus dem 19. Jahrhundert stammte, imaginierte die Krankheiten und ihre Auslöser (Bakterien, Viren) als »Feinde«, die man »bekriegte« und zu »besiegen« trachtete.[276] Dieser metaphorische Krieg ist bei keiner anderen Krankheit bis heute so populär wie beim Krebs. Im »Kampf« gegen den Krebs wurden über Jahrzehnte bedeutsame Geländegewinne verzeichnet, um die militärische Sprache einmal zu verwenden. Gleichwohl sind therapeutische Durchbrüche, auf die so viele Hoffnungen gesetzt wurden, nur auf wenigen Gebieten erzielt worden.[277]

Der »Kampf« gegen den Krebs wurde in der Bundesrepublik seit den frühen 1970er Jahren gesundheitspolitisch intensiviert und öffentlichkeitswirksam inszeniert. Vorbild war der von US-Präsident Richard Nixon 1971 propagierte »War on Cancer«; in den US-Expertenausschuss zum »Krieg gegen den Krebs« sollten bezeichnenderweise auch Weltraumforscher berufen werden.[278] Die Kriegsmetapher wurde in der deutschen Sprechweise zum »Kampf« gemildert. Auch in Deutschland sollten Forschungsförderung, Aufklärungskampagnen und Angebote zur Früherkennung (»Vorsorge«) einen Durchbruch gegen Krebserkrankungen ermöglichen. Die Euphorie der Anfangsjahre hat sich unterdessen gelegt, die Hoffnung auf einen schnellen »Sieg« hat sich in ein zähes Ringen gewandelt, das gleichwohl in vielen kleinen Schritten z. T. eindrucksvolle Fortschritte ermöglicht hat.

Am Erlanger Klinikum existierte seit den frühen 1970er Jahren ein Sonderforschungsbereich »Grundlagen der Früherkennung und Verlaufsbeobachtung des Krebses«. 1978 wurde von den Direktoren der Kliniken und Institute, die mit onkologischen Fragen befasst waren, das »Erlanger Krebszentrum e. V. – Verein zur Förderung der Krebsbehandlung im Universitätsklinikum Erlangen« gegründet.[279] Beteiligt waren die Chirurgie, die Klinische Pathologie der Chirurgie, die Frauenklinik, die Medizinische Klinik, die Strahlenklinik, die HNO-Klinik, die Hautklinik, die 5. Medizinische Klinik des Klinikums der Stadt Nürnberg (W. M. Gallmeier), der erwähnte DFG-Sonderforschungsbereich und das Institut für Medizinische Statistik und Dokumentation. Neben einer umfassenden und interdisziplinär angelegten und geleiteten Diagnostik und Therapie individueller Krebserkrankungen war damit der Weg zu einer Dokumentation aller Fälle in einem »Krebsregister« gebahnt. Aus derartigen lokalen Registern sollten seit 1995 für Bayern und die anderen Bundesländer auf entsprechender gesetzlicher Grundlage (Bundeskrebsregistergesetz) flächendeckende epidemiologische Krebsregister hervorgehen.[280] Unterdessen (Stichtag Dezember 2013) hat das am Klinikum angesiedelte Bevölkerungsbezogene Krebsregister Bayern die Zahl von einer Million Fällen erreicht.[281]

Anfang 1985 wurde in Trägerschaft der Universität das »Tumorzentrum der Universität Erlangen-Nürnberg« gegründet, dessen Vorstand aus den Leitern der Chirurgischen Klinik (Franz Gall), der Klinik für klinische Immunologie und Rheumatologie (Joachim Kalden) und der Strahlenklinik (Rolf Sauer) bestand.[282] Aufgaben des Zentrums, dessen Konzeption sich aus dem erwähnten »Erlanger Krebszentrum e. V.« heraus entwickelt hatte, waren, die interdisziplinäre Behandlung von Tumorpatienten zu koordinieren, Forschungen zu fördern, die Zusammenarbeit mit außeruniversitären Krankenhäusern zu verstärken und die Fortbildung von Ärzten in der Region zu stärken.

Die internistische Onkologie begann im Juli 1986, Leukämiekranke mit einer allogenen (d. h. mit Knochenmark von einem Fremdspender) Transplantation zu behandeln.[283] Erlangen war zu dieser Zeit das siebte Zentrum bundesweit und die einzige Klinik in Nordbayern, an der dieses Verfahren möglich war.[284] Die in denselben Jahren aufgebaute Immunologisch-Onkologische Abteilung der Kinderklinik mit 20 Betten führte systematisch zahlreiche Fachrichtungen zusammen, neben der Kinderheilkunde und der internistischen Onkologie auch die Immunologie, Strahlenheilkunde,

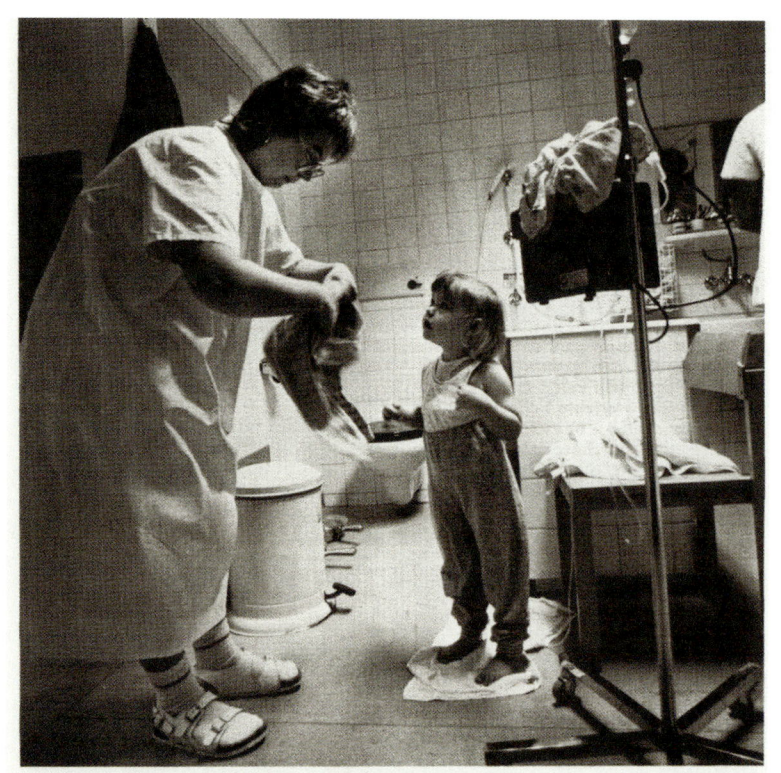

Transfusionsmedizin, Mikrobiologie, Virologie, Pathologie und klinische Psychologie. Diese Kooperation galt Zeitgenossen als eine Form von nachahmenswerter »Ganzheitsmedizin«.[285]

An der Erlanger Kinderklinik hatte man 1981, angeregt durch amerikanische Vorbilder, mit dem Aufbau eines Zentrums für krebskranke Kinder und Jugendliche begonnen. Zu diesem Zeitpunkt lagen die Behandlungszahlen bei rund 400 Kindern pro Jahr.[286] Dass pädiatrisch-onkologische Stationen die personelle Ausstattung einer Intensivstation benötigten, war in Erlangen von Beginn an »allgemein akzeptiert«.[287] Allerdings wird bis heute der klinische und forschende Betrieb der Kinderonkologie nur durch erhebliche Zuwendung von Drittmitteln (Bundesministerium für Arbeit und Soziales, Deutsche Krebshilfe, Wilhelm Sander-Stiftung, Deutsche José Carreras Leukämie-Stiftung) aufrechterhalten, also nicht durch Mittel aus dem ordentlichen Haushalt. 1999 bewilligte die (1985 begründete) Wilhelm Sander-Stiftung eine »Wilhelm Sander-Einheit zur Diagnose und Therapie von Hochrisikoleukämien im Kindesalter« an der Erlanger Kinder- und Jugendklinik, an der die Pädiatrie, die Blutbank und die Genetik beteiligt waren; dieses Zentrum wurde stetig ausgebaut und besteht bis in die Gegenwart.[288] Die Kinderonkologie, in der sich medizinische Fragen der Hochleistungsmedizin mit sozialen, psychologischen und familiären Problemfeldern kritisch überlagern, ist weiterhin auf eine massive Unterstützung durch Stiftungen, Elterninitiativen und (private) Spender angewiesen.[289] Die Erlanger Kinderonkologie begann 1989, durch Fortbildungsveranstaltungen ihren Behandlungsansatz an Ärzte und Schwestern in Nordbayern zu vermitteln, unter Einbeziehung von Elterninitiativen.[290]

Abb. 43 Zwei Gesichter der Kinderonkologie – diese Abbildung aus dem Jahr 1987 kontrastiert eine Szene auf der immunologisch-onkologischen Station effektvoll mit einer Aufstellung über die Drittmittelförderung der Kinderonkologie.

Wichtigstes Krankheitsbild der Kinder- und Erwachsenen-Hämato-Onkologie war und ist die Leukämie, die innovative, forschungsintensive Behandlungsformen erfordert; bei etwa 2 Dritteln der Kinder, so der Stand bereits 1987, waren anhaltende therapeutische Erfolge zu verzeichnen. Auf der neu eingerichteten Station für Knochenmarktransplantationen wurde erstmals im März 1987 eine Knochenmarktransplantation bei einem Kind (mit einem Immundefekt) erfolgreich durchgeführt. Im Juni 1987 erfolgte die gleiche Prozedur erstmals bei einem Kind mit einer Leukämie. In den beiden ersten

Jahren des Bestehens (1987–1989) wurden insgesamt 20 Kinder und Erwachsene behandelt;[291] in diesen frühen Jahren war es besonders schwierig, immunologisch passende Fremdspender zu finden. Die heute bestehenden international vernetzten Datenbanken gab es noch nicht, ebenso wenig sogenannte »Typisierungsaktionen«, bei denen potenzielle Spender registriert werden. In Erlangen wurde auch die sogenannte »autologe Knochenmarktransplantation« ausgeführt, bei der Zellen vom (Leukämie-)Erkrankten selbst gewonnen werden, ein Verfahren, das auch heute bei bestimmten Krebsarten angewendet wird. Bei der Knochenmarktransplantation handelt es sich weiterhin nicht um »Routine«, sondern um ein forschungsintensives, mit äußerstem Einsatz betriebenes Verfahren, das auch experimentelle Therapien einschließt.

Wurde in den ersten Jahren das Material für die Transplantation beim Spender durch eine (schmerzhafte) Knochenmarkspunktion gewonnen, so wurde es seit 1996 möglich, eine sogenannte allogene periphere Blutstammzelltransplantation vorzunehmen, bei der die erforderlichen Stammzellen, nach Stimulation des Knochenmarks, aus dem Blutkreislauf des Spenders gewonnen werden (eine Prozedur in ihrer Art vergleichbar mit einer »Dialyse«). Dieses Verfahren hat sich, da für den Spender wesentlich schonender und nicht mit dem Risiko einer Operation behaftet, weitgehend durchgesetzt. 1996 erfolgten in Erlangen erste Transplantationen von nicht verwandten Fremdspendern. 2010 wurde erstmals die sogenannte »Cord Blood Transplantation« eingesetzt: Hierbei wurden Stammzellkonzentrate, die aus (gespendetem) Nabelschnurblut gewonnen wurden, zur Behandlung der Leukämie verwendet.[292] Erlangen war und ist für dieses Verfahren besonders prädestiniert, da es europaweit über die größte Nabelschnurblutbank verfügt. Letztere gehört zur Transfusionsmedizinischen und Hämostaseologischen Abteilung (Reinhold Eckstein) und wurde seit 1998 als »Plazentarestblutbank« aufgebaut; die heute »Stammzellbank« genannte Einrichtung, die 2004 vom Paul-Ehrlich-Institut die Zulassung zur Herstellung von Stammzellpräparaten erhielt, kooperiert im Universitätsklinikum eng mit der Medizinischen Klinik 5 (Andreas Mackensen), der Klinik für Kinder- und Jugendmedizin (Wolfgang Rascher, Markus Metzler) sowie der Frauenklinik (Matthias Beckmann); die Erlanger Stammzellbank koordiniert zudem (Stand 2010) ein Netzwerk von nunmehr 530 Kliniken in Deutschland.[293]

Die höchst komplexen Probleme, die sich an eine Stammzelltransplantation knüpfen, werden in Erlangen interdisziplinär und translational erforscht und klinisch erprobt. Interdisziplinär bedeutet, dass zahlreiche Fachrichtungen, von der Hämatologie bis zur Virologie, zusammenwirken.

Der Schlüsselbegriff »translational«, programmatisch auch enthalten im Namen des 2014 eingeweihten Translational Research Center (TRC), zeigt an, dass experimentell (Tierversuche, Zellkulturen) gewonnene Erkenntnisse möglichst zeitnah in therapeutische klinische Studien einfließen und für Heilversuche in der benachbarten Universitätsklinik verwandt werden. Eine solche »translationale« Innovation wurde 2014 im Feld der Leukämietherapie erzielt, als nach entsprechenden Tierexperimenten – erstmals weltweit – einem Patienten nicht nur die Stammzellen des Spenders, sondern auch dessen immunologische »Gedächtniszellen« übertragen werden konnten.[294] Auf diesem Weg erwartete man, die riskante Phase einer mangelnden Immunabwehr beim Empfänger wirkungsvoll überbrücken zu können.

Die strukturelle und fachliche Entwicklung der Erlanger Onkologie (»Universitäts-Krebszentrum, UCC«) gipfelte 2010 in der Auszeichnung als Onkologisches Spitzenzentrum, dem einzigen in Bayern, durch die Deutsche Krebshilfe. Die hiermit verbundene Förderung durch die Krebshilfe erlangte das »Comprehensive Cancer Center Erlangen-EMN«, so der nunmehr gültige Name des Zentrums, zunächst in Kooperation mit dem Klinikum Nürnberg und ab 2013 mit neuen Kooperationspartnern, den Kliniken Bamberg und Bayreuth, für weitere drei Jahre.[295]

Am Rand des Lebens – Erlanger Innovationen

Lebensbeginn und Lebensende sind zu allen Zeiten Handlungsfelder der Medizin gewesen, in denen neben den Fähigkeiten und Fertigkeiten der jeweiligen Heilkunde auch gesellschaftliche, politische und religiöse Faktoren wirkten. Für die Zeitgeschichte gilt dies ebenso. Zwei markante Entwicklungsstränge der Erlanger Universitätsmedizin sollen hier skizziert werden – die Palliativmedizin und die Reproduktionsmedizin. In beiden Fächern, die in demselben Klinikgebäude (Frauenklinik) untergebracht sind und die in der jüngsten Vergangenheit einen stürmischen Aufschwung genommen haben, geht es um die heikle Grenze von Leben und Tod und die Frage, welche Eingriffe nicht nur technisch möglich, sondern rechtlich und ethisch angezeigt sind.

Abb. 44 Die Titelseite des Forschungsberichts der Medizinischen Fakultät 2015 zeigt das Translational Research Center (TRC) an der Schwabach; eingeweiht im Herbst 2014.

Palliativmedizin

Die Evolution medizinischer Fächer, die seit den 1960er Jahren in der Erlanger Chirurgischen Klinik eindrucksvoll zu beobachten war, schreitet auch in der Gegenwart fort. Im Binnenraum der Anästhesiologie hat sich innerhalb der 2000er Jahre ein neues medizinisches Spezialfach entwickelt; die Rede ist von der Palliativmedizin.

Sie hat Wurzeln in der Anästhesiologie, Intensiv- und Schmerztherapie, agiert jedoch zunehmend als eigenständiges Fach. In Erlangen wurde 2010 eine Palliativmedizinische Abteilung (Christoph Ostgathe) als Untergliederung der Anästhesiologischen Klinik eingerichtet. Sie feierte im Jubiläumsjahr 2015 ihr fünfjähriges Bestehen in Erlangen.[296]

Die Palliativmedizin ist eine sehr junge medizinische Disziplin; gleichwohl war der Umgang mit Sterbenden in der Medizin seit der Antike geläufig, er wurde von den Ärzten als Problem und Aufgabenstellung stets erkannt und konzeptualisiert.[297] Doch erst in der jüngsten Geschichte etablierte sich die Palliativmedizin als Fach innerhalb der Hochleistungsmedizin. In den Jahren des ungebrochenen Fortschrittsoptimismus bis in die 1960er Jahre hatte es stets einen Punkt gegeben, an dem ein unheilbar kranker Patient als »austherapiert« galt.²⁹⁸ Dieses unschöne Wort markierte den Rückzug der auf Heilung zielenden naturwissenschaftlichen Medizin. Die Palliativmedizin hat hingegen ein umfassendes Konzept entwickelt, das Schwerstkranke und Todgeweihte mit allen Mitteln einer Hightech-Medizin unterstützt. Im Sinne einer Änderung des Therapieziels geht es nicht mehr um Heilung, sondern um Linderung von Schmerzen und Beschwerden, um Begleitung beim Sterben. Die Erlanger Palliativmedizinische Abteilung hat in den fünf Jahren ihres Wirkens mit einer klinischen Station (zehn Betten), einem palliativmedizinischen Konsiliardienst und im Zusammenwirken mit einem ambulanten palliativmedizinischen Dienst erste Ziele erreichen können. Palliativmedizin ist nicht das Ende der Hightech-Medizin, sondern einer ihrer innovativen Bestandteile. Ein weit in die Gesellschaft ausstrahlendes Interesse an der Palliativmedizin und ihre Aufnahme in die curriculare Lehre der Medizin zeigen den Rang dieses integrativen Spezialfachs.

Abb. 45 Festschrift der Erlanger Palliativmedizin 2015.

▶ **Exkurs** »Erlanger Baby« und »Erlanger Junge« – Grenzfragen der Medizinethik, S. 400.

Reproduktionsmedizin

Am frühen Rand des Lebens hat sich die Reproduktionsmedizin etabliert; sie gehört zu den Bereichen, in denen die Erlanger Universitätsmedizin seit Jahrzehnten in der Weltspitze agiert. Hier sei gleich eingangs eine Klarstellung vorgenommen: Das Universitätsklinikum Erlangen wurde seit 1992 mit dem »Erlanger Baby« assoziiert. Dieser spektakuläre Fall, in dem eine hirntote Schwangere über Wochen in der Chirurgischen Klinik an lebenserhaltende Maschinen angeschlossen war, um die Schwangerschaft zu halten und den Fetus zu retten, schlug seinerzeit hohe Wellen und löste grundsätzliche Debatten und Entwicklungen in der Medizinethik aus.

Als 2008 eine komatöse Schwangere in das Erlanger Klinikum gelangte, die später von einem gesunden Jungen entbunden wurde – medizinisch und medizinethisch grundsätzlich anders zu bewerten als der Fall einer hirntoten Schwangeren –, erwiesen sich einige seit 1992 eingezogene Sicherungslinien als wirksam. Die 1992 in Erlangen intendierte Geburt eines Kindes aus einer hirntoten Schwangeren gehörte gleichwohl kaum in den Kontext der Reproduktionsmedizin, was auch daran ablesbar war, dass die Initiative seinerzeit im Wesentlichen von einem Oberarzt der Chirurgischen Klinik ausging (J. Scheele).

Kernaufgabe der Reproduktionsmedizin ist stets gewesen, ungewollt kinderlosen Paaren zu Nachwuchs zu verhelfen. Grundsätzlich sind derartige Bestrebungen bis in die Vormoderne zurückzuverfolgen; sie konnten allerdings mit den zeitgenössischen medizinischen Erkenntnissen und Eingriffsmöglichkeiten kaum erfolgreich sein. Erst nach der naturwissenschaftlichen Aufklärung der Prozesse von Fortpflanzung und Geburt seit dem 19. Jahrhundert hat sich eine Reproduktionsmedizin entwickeln können, die diese Bezeichnung zu Recht trägt. Das 20. Jahrhundert hat wie keines zuvor die menschliche ▶

»ERLANGER BABY« UND »ERLANGER JUNGE« – GRENZFRAGEN DER MEDIZINETHIK

Erlangen steht gleichermaßen für Medizin und Medizintechnik wie für brisante Fälle zur Ethik. Wenn man aus dem 20. Jahrhundert paradigmatische Kasuistiken herausgreifen wollte, so wären es sicherlich dramatische Schwangerschaften, die am meisten Aufmerksamkeit erhielten und die medizinethische Debatte am stärksten beeinflusst haben.[1] Welche Ereignisse haben dabei in Deutschland, aber auch international für Kontroversen gesorgt? Die 18-jährige Zahnarzthelferin Marion P. verunglückte am 5. Oktober 1992 mit dem Auto und erlitt dabei ein schweres Schädel-Hirn-Trauma. Per Rettungshubschrauber wurde sie in das Erlanger Universitätsklinikum gebracht; dort diagnostizierte man wenige Tage später den Hirntod der Patientin und überlegte eine Organspende. Marion P. war zu diesem Zeitpunkt jedoch bereits in der 15. Woche schwanger. Die Ärzte entschieden sich dafür, die intensivmedizinische Betreuung weiterzuführen, um das Leben des Kindes möglicherweise zu retten. Ad hoc wurde von der Klinikleitung eine Art »Ethik-Konsilium« aus fünf Ordinarien der Medizinischen Fakultät eingerichtet, das weitere Schritte und die Öffentlichkeitsarbeit begleiten sollte.

In Deutschland löste der Fall weitreichende Diskussionen zur Medizinethik aus. Die Würde des Sterbens für die Mutter und das Recht eines ungeborenen Kindes standen im Mittelpunkt öffentlicher Kontroversen über die moralische Zulässigkeit wie auch Grenzen ärztlichen Handelns. Hinzu kamen die Grundsatzfragen des Hirntods verbunden mit Problemen von Schwangerschaft und Transplantationsmedizin wie auch feministische Perspektiven: Alice Schwarzer kritisierte in der Frauenzeitschrift »Emma« das Vorgehen als »Männermacht über Frauenkörper«, »Gebärmaschine« und »Erlanger Menschenversuch«. Der ehemalige Erlanger Chirurg Julius Hackethal – u. a. mit alternativen Therapien und Ansichten selbst eine polarisierende Person in zahlreichen Konflikten – erstattete gar Anzeige gegen die behandelnden Ärzte des Klinikums und führte als Gründe »Körperverletzung«, »Vergiftung« und »Misshandlung von Schutzbefohlenen« an.[2]

Moniert wurde in der Öffentlichkeit auch immer wieder das Verhalten der Ärzte bei der Entscheidungsfindung: Sie hätten sich an die »Ethik-Kommission« des Klinikums wenden sollen, stattdessen sei nur in einem kleinen exklusiven Kreis von – lediglich männlichen – Wissenschaftlern und ohne die Pflege hinter verschlossenen Türen über das weitere Vorgehen entschieden worden. Man vermisste Transparenz und demokratisch legitimierte Gremien. Auch wenn die Ethik-*Kommission* – in der Öffentlichkeit ist dies meist wenig bekannt – satzungsgemäß für Fragen der Forschung und Humanexperimente zuständig ist – und ein Klinisches Ethik*komitee* zum damaligen

Zeitpunkt noch nicht existierte, war die Informationspolitik sicherlich von diversen Schwierigkeiten überlagert. Die Eltern der hirntoten Schwangeren fühlten sich offenbar nicht ausreichend beraten und in einzelnen Situationen von den Ärzten übergangen, was den Vater von Marion P. dazu brachte, sich an Presse und Populärmedien zu wenden.[3] Journalisten bedrängten die Klinik und die Angehörigen; sogar lokale Demonstrationen artikulierten das Unwohlsein der Öffentlichkeit beim Vorgehen im Fall des »Erlanger Babys«. An die Klinikwände wurden diffamierende Parolen geschmiert (u.a. »Jetzt Menschen- statt Tierversuche!«, »Leichengymnastik«) und teils sogar vermeintliche Parallelen zur Zeit der NS-Medizin gezogen.[4]

Das angerufene Amtsgericht Hersbruck setzte einen Betreuer für Marion P. ein und kam am 16. Oktober 1992 zu dem Entschluss, dass bei einer Güterabwägung zwischen dem postmortalen Persönlichkeitsschutz der toten Frau und dem selbstständigen Lebensrecht des ungeborenen Kindes das Recht auf Leben vorgehe. Die Schwangerschaft wurde mit intensivmedizinischen Maßnahmen weiter aufrechterhalten. In den folgenden Wochen verschlechterte sich jedoch der Zustand der hirntoten Patientin. Ein verletztes Auge musste entfernt werden, die Versorgung gestaltete sich schwierig, und über das intrauterine Erleben des Kindes wurde in Öffentlichkeit und Fachwelt viel spekuliert.[5] Bei einem Spontanabort in der 19. Schwangerschaftswoche (SSW) starb der Fetus schließlich am 16. November 1992. Alle medizinischen Maßnahmen wurden daraufhin eingestellt.

Die »Akademie für Ethik in der Medizin« veranstaltete ein eigenes Forum zu diesem Fall und brachte einen Band mit Kommentaren von Beteiligten heraus.[6] Eine überaus breite und vielstimmige Debatte in der Öffentlichkeit führte dazu, dass die Gesellschaft für deutsche Sprache den Ausdruck »Erlanger Baby« zu einem der »Wörter des Jahres« wählte.[7] Wichtige Hintergründe bildeten dabei die Debatten über Kriterien des Hirntodes und ein menschenwürdiges Sterben sowie ethische Voraussetzungen und rechtliche Legitimität der Transplantationsmedizin. Erst 1997 wurde letztlich das erste (gesamt)deutsche Gesetz zur Organverpflanzung verabschiedet. Zu dieser Zeit spielten Unsicherheiten wie auch gesellschaftliche Kontroversen zu diesen Themen eine noch wesentlich größere Rolle, als dies später der Fall sein sollte.

Neuerliche Aktualität und in gewisser Hinsicht eine Fortsetzung erhielt der Fall des Erlanger Babys im Jahr 2007: Eine 40-jährige Frau erlitt

Abb. 1 Titelseite und Artikel aus der »Bild«-Zeitung über das »Erlanger Baby«, 14. Oktober 1992.

▶ Exkurs Pionier in Deutschland: zur Entwicklung des Ethikkomitees, S. 388.

Abb. 2 »Männermacht über Frauenkörper«. Auch die Frauenzeitschrift Emma berichtete 1992.

einen schweren Myokardinfarkt mit Herz-Kreislauf-Stillstand und war zu diesem Zeitpunkt in der 13. Schwangerschaftswoche. Die Frau überlebte die kardiopulmonale Reanimation und konnte in der Folge intensivmedizinisch wie gynäkologisch versorgt werden.[8] Die Schwangerschaft ließ sich über einen Zeitraum von 22 Wochen bis in die 35. SSW fortsetzen. Das Klinische Ethikkomitee am UK Erlangen unter der Geschäftsführung des Autors wurde bereits vor der Aufnahme der Patientin eingeschaltet und beriet kontinuierlich alle relevanten ethischen Aspekte. Aufgrund eines vorzeitigen Blasensprungs führte der Leiter der Frauenklinik, Prof. Matthias Beckmann, rund 150 Tage nach dem Infarkt und zahlreichen klinischen Entwicklungen einen Kaiserschnitt durch, der einen gesunden Jungen auf die Welt brachte. Dieses Kind – in der Folge als »Erlanger Junge« bezeichnet – entwickelte sich trotz der schwierigen Umstände von Schwangerschaft und Frühgeburtlichkeit zeitgerecht und ohne Einschränkungen. Nach der Geburt bestätigte sich bei der Patientin, dass die eingetretene neurologische Schädigung irreversibel war; die weitere Versorgung der Mutter in einem persistierenden vegetativen Status (PVS) wurde von einem heimatnahen Pflegeheim übernommen. Am 14.10.2009 richtete das Universitätsklinikum Erlangen eine umfangreiche Pressekonferenz aus: Erstmalig wurde in der Öffentlichkeit über den »Erlanger Jungen« berichtet – die Reaktionen waren in der Folge positiv. Nicht zuletzt aufgrund der differenzierteren Berichterstattung und einer sehr intensiven Zusammenarbeit mit dem Ethikkomitee blieben negative Begleiterscheinungen in diesem Fall aus.[9]

Sehr schnell wurde zwar der Bezug zum »Erlanger Baby« hergestellt (»Oops, they did it again«), auch wenn – bei aller Dramatik beider Verläufe – auch die Unterschiede der beiden Kasuistiken betont werden müssen: Die Mutter des »Erlanger Jungen« war nicht hirntot, trotzdem wirkte die Situation dem äußeren Anschein nach ähnlich – eine tief schlafende Schwangere. Der jüngere Fall barg dabei durchaus noch schwierigere moralische Fragen, da man beim Erlanger Baby der Mutter nicht mehr vital schaden konnte, während die Gratwanderung zwischen dem kindlichen und dem mütterlichen Wohl im Fall des Erlanger Jungen bei schwieriger Herz-Kreislauf-Situation komplexer war. »Die Ärzte kämpften um das Wunschkind« – so titelte die Zeitschrift »Focus« und bildete neben dem Chefarzt der Frauenklinik als Ethiker den Autor ab.[10] Die zahlreichen moralischen Dimensionen des Vorgehens wurden dabei ebenfalls Gegenstand öffentlicher Debatten – national wie international.[11] Entscheidende Unterschiede beim Vorgehen waren, dass die persönlich-familiären Umstände des zweiten Falls bis heute nicht öffentlich wurden, was im Vergleich zu den enormen Belastungen für die Familie in den 1990er Jahren ein Desiderat in Bezug auf Datenschutz und ärztliche Schweigepflicht bedeutet. In gewisser Hinsicht gab der zweite Fall auch den Entscheidungen im Kontext des Erlanger Babys »im Nachhinein recht«: Trotz der schwierigen mütterlichen Umstände kann ein gesundes Kind geboren werden. Zentral waren zudem die – nicht zuletzt in Bezug auf Berufsgruppen und Geschlecht – ausgewogene Beteiligung des interdisziplinären Ethikkomitees sowie das transparente Vorgehen bei der Dokumentation.[12]

Im Oktober 1994 wurde der Film »Das Baby der schwangeren Toten« im Fernsehen ausgestrahlt. Da sich der Privatsender jedoch nicht mit den Eltern von Marion P. einigen konnte, wurde die Geschichte in dieser emotionalen Inszenierung verändert. Der Kindsvater (Heino Ferch) spielte eine andere Rolle; das Kind kam lebend zur Welt – und nahm damit in gewisser Hinsicht auch den Ausgang des »Erlanger Jungen« vorweg. Die »moralischen Lektionen« dieser Ereignisse können hier nur angedeutet werden: Für die öffentliche Wahrnehmung der Heilkunde wie auch aller medizinethischen Implikationen – bis hin zu den Beratungen des Deutschen Ethikrates über Hirntod und Transplantationsmedizin im Jahr 2015[13] – und nicht zuletzt auch die Weiterentwicklung wie auch Institutionalisierung des Faches waren es Schlüsselfälle.[14] Andreas Frewer

Abb. 3   Die »Bild« über das »Baby-Wunder von Erlangen«, 15. Oktober 2009.

Abb. 46 Eingang der Universitätsfrauenklinik, Skulpturengruppe »Ein Symbol menschlichen Lebens« von Stephan Balkenhol (2009).

▶ **Exkurs** In-vitro-Fertilisation, S. 406.

▶ Fortpflanzung zu einem medizinischen Handlungsfeld gemacht; eine der weitreichendsten Erfindungen war die hormonale Kontrazeption, die in Form der »Pille« seit den frühen 1960er Jahren verfügbar wurde.[299] Es handel(e) sich um eine medizinische Revolution, in deren Zentrum der Zugriff der Medizin auf den weiblichen Fortpflanzungsapparat stand und steht.[300] Die Entwicklung der »Pille« markierte bereits die zweite Phase dieser Entwicklung, in der es um Kontrolle im Sinne der Verhütung von Schwangerschaft ging. Vorangegangen war in den Jahrzehnten nach 1900 eine erste Phase, in der die Physiologie des weiblichen Reproduktionsgeschehens entschlüsselt wurde, wobei die Endokrinologie eine entscheidende Rolle spielte. Doch nicht nur unerwünschte Schwangerschaften wurden seit den 1960er Jahren zu einem (lösbaren) medizinischen Problem, sondern auch das Gegenteil. In der dritten Phase, die im letzten Viertel des 20. Jahrhunderts an Dynamik gewann, geriet die unerwünschte Kinderlosigkeit in den Fokus des medizinischen Interesses. Die Frauenklinik des Erlanger Universitätsklinikums ist gerade für dieses letztere Handlungsfeld seit Jahrzehnten eines der führenden Zentren in Deutschland und in der Welt.

Das erste IVF-Kind (»Retortenbaby«) Deutschlands wurde am 16. April 1982 in Erlangen geboren. Bereits einen Monat zuvor wurde dieses spektakuläre Ereignis von der Universität öffentlich angekündigt. Der Gruppe um Siegfried Trotnow (1941–2004) sei es »mit einer vergleichsweise hohen Erfolgsquote gelungen, bei vier Sterilitätspatientinnen… mit Hilfe der extrakorporalen Befruchtung Schwangerschaften zu erzielen. Die Geburt des ersten so gezeugten Kindes wird im April dieses Jahres erwartet.«[301]

Offensichtlich wollte die Universität dem tatsächlich ausbrechenden Echo in der Boulevardpresse mit einer seriösen Nachricht zuvorkommen. In der offiziellen Meldung der Geburt des Erlanger IVF-Kindes (»Ein gesunder fränkischer Bub!«) musste die Universität Erlangen im Mai 1982 dann auf ein Foto der Illustrierten »Quick« zurückgreifen, an die die Eltern die Exklusivrechte der Story verkauft hatten.[302]

Die Geburt des zweiten »Retortenbabys« zwei Monate später war selbst in Erlangen nur noch eine kleine Meldung wert.[303] Die in der ersten Meldung erwähnte »vergleichsweise hohe Erfolgsquote« war so zu verstehen, dass 40 Versuche unternommen worden waren, reife Eizellen zu gewinnen, und bei 18 Frauen Embryonentransfers in die Gebärmutter vorgenommen worden waren, von denen vier schwanger wurden. Interessanterweise wurde dieses weltweit neue Verfahren, noch bevor das erste Erlanger IVF-Baby geboren war, vonseiten der Universität sogleich als eine Art Standardtherapie dargestellt: Aufgrund der »knapp bemessenen personellen Situation« sei es nicht möglich, »diese Art der Sterilitätsbehandlung im größeren Stil durchzuführen«. Die Kapazität reiche für 40 Behandlungen im Jahr, es gebe aber bereits Anfragen von 300 Frauen. Das Personal der Erlanger Gruppe bedürfe dringend der Aufstockung, »um möglichst vielen Sterilitätspatientinnen in der Bundesrepublik zu helfen«. Dies könne und solle auch dadurch ermöglicht werden, dass an der Erlanger Frauenklinik interessierte Teams anderer Universitätskliniken geschult würden. Wichtig war auch der Hinweis, dass die Erlanger Gruppe ihre IVF-Technik angeleitet von einem australischen Team um Alex Lopata (Melbourne) gelernt hatte; die britische Gruppe um Robert G. Edwards, der 2010 für das erste IVF-Baby (1978) mit dem Nobelpreis ausgezeichnet wurde, orientierte sich noch am natürlichen Ovulationszyklus, während in Melbourne und Erlangen Hormone zugeführt wurden, um den Ovulationszyklus zu kontrollieren. Trotnow erhielt 1983 DFG-Mittel im Rahmen des Schwerpunktprogramms »Biologie und Klinik der Reproduktion«; die Zahl der potenziellen Patientinnen wurde im Umfeld dieser Initiative deutschlandweit auf über 100.000 beziffert.[304]

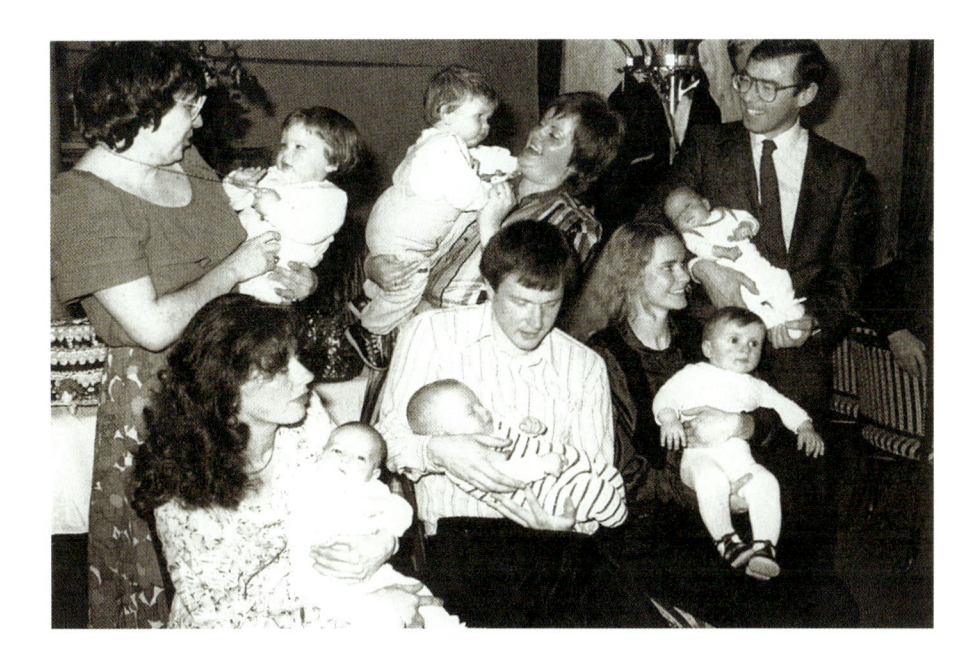

Im Oktober 1985 wurde in Erlangen das 100. Kind nach IVF und Embryotransfer geboren; die Erfolgsrate der Erlanger Reproduktionsmediziner lag bei ca. 20–30 Prozent erzielter Schwangerschaften pro Embryotransfer.[305] Einen technischen Fortschritt bedeutete es, als es 1986 in Erlangen, wiederum erstmals in Deutschland, gelang, eine Schwangerschaft nach Kryokonservierung von Embryonen zu erzeugen, die zur Geburt eines Kindes führte. Dieses (heute weltweit übliche) Verfahren bot die Chance, einer Frau nach einmaliger Entnahme von Eizellen in zeitlich gestaffelter Weise Embryonentransfers anbieten zu können, wenn ein erster Versuch gescheitert ist.[306] Allerdings war (und ist) das Einfrieren von Embryonen (»Tiefkühlbaby«) im Sinne einer »Vorratshaltung« umstritten und rechtlich problematisch. Eine weitere Innovation konnte dieses letztere Dilemma beheben:[307] Im Februar 1987 wurde erstmals in der Erlanger Frauenklinik (und als zweiter Fall weltweit) ein Kind geboren, das in vitro aus einer kryokonservierten Eizelle entstanden war, d. h., hier war nicht der Embryo, sondern die weibliche Keimzelle eingefroren gewesen.

Eingefrorene Eizellen erwiesen sich jedoch in diesen Jahren als wenig geeignet für die IVF-Praktik, weshalb die Erlanger Reproduktionsmediziner, wiederum erstmals in Deutschland, sogenannte »imprägnierte Eizellen« für die Kryokonservierung verwendeten. Bei imprägnierten Eizellen sind die Erbmaterialien der weiblichen Eizelle noch nicht mit denjenigen des – vermittels IVF – eingedrungenen Spermiums verschmolzen, sodass noch kein Embryo entstanden ist. Die erste (Zwillings-)Geburt nach IVF und Kryokonservierung imprägnierter Eizellen fand in Erlangen im März 1989 statt.[308] Seit einigen ▸

Abb. 47 Siegfried Trotnow (rechts mit Brille und Baby auf dem Arm), als Oberarzt Mitte der 1980er Jahre in der Erlanger Frauenklinik, mit Eltern und IVF-Babys; Trotnow wurde 1985 Chefarzt der Frauenklinik des Krankenhauses Nordwest in Frankfurt.

IN-VITRO-FERTILISATION

An der Universitätsfrauenklinik Erlangen kam am 16. April 1982 das erste Baby Deutschlands zur Welt, das aus einer In-vitro-Fertilisation (IVF) hervorgegangen war. Es war das weltweit sechste »Retortenbaby«.[1]

In der Tierzucht war die künstliche Befruchtung damals bereits eine etablierte Methode, um von wertvollen Muttertieren möglichst viele Nachkommen zu erhalten. Mediziner hatten schon länger den Wunsch gehabt, dieses Verfahren auch für Frauen nutzbar zu machen, die wegen einer Verklebung der Eileiter oder anderer Probleme keine Kinder bekommen konnten. An der Frauenklinik Erlangen führte der Assistenzarzt Klaus-Georg Bregulla auf Anregung des damaligen Klinikchefs Karl Günther Ober bereits Mitte der 1960er Jahre Tierversuche zur künstlichen Befruchtung durch und knüpfte Kontakte zu den Veterinären der Hochschule Hannover und der Landesbesamungsanstalt in Neustadt/Aisch. Darauf konnte das Team um Siegfried Trotnow aufbauen, das sich 1979 formierte. Neben Ärzten, Tierärzten und Laborassistentinnen gehörte ihm auch die Biologin Tatjana Kniewald an, die wesentlich zum Gelingen des Projekts beitrug.

Auf das erste Retortenbaby Deutschlands folgten an der Erlanger Frauenklinik rasch weitere erfolgreiche künstliche Befruchtungen. Anfangs musste damals noch vor jedem IVF-Versuch eine Bauchspiegelung in Vollnarkose vorgenommen werden, um die Eizellen zu gewinnen. Es gab keine Möglichkeit, überschüssige Eizellen oder Embryonen für den nächsten Versuch aufzubewahren. Das bedeutete eine große psychische und gesundheitliche Belastung für die Frau. Auch für dieses Problem gab es in der Tierzucht bereits eine Lösung: die Lagerung in flüssigem Stickstoff (Kryokonservierung). Diese Tiefkühlverfahren waren für die medizinische Anwendung aber wenig geeignet, denn die menschliche Eizelle ist so empfindlich, dass sie bereits durch kleinste Temperaturschwankungen zerstört wird.

Das Erlanger IVF-Team entwickelte zusammen mit Ingenieuren vom Lehrstuhl für Regelungstechnik ein schonenderes Verfahren, die sogenannte »Kryokonservierung im offenen System mit automatischer Auslösung des Kristallisationsprozesses«. Dadurch wurde es möglich, die Temperaturschwankung im Eizellbehälter zu minimieren und den Gefriervorgang präzise zu kontrollieren und zu steuern. Dieses »Erlanger Verfahren« bewährte sich in der Praxis. So konnte das reproduktionsmedizinische Team der Frauenklinik zwei weitere Deutschlandpremieren für sich verbuchen: 1986 kam das erste Baby aus einem tiefgefrorenen Embryo zur Welt, und ein Jahr später wurde das erste Baby aus einer tiefgefrorenen Eizelle geboren. Marion Maria Ruisinger

Abb. 1 Titelbild der »Quick« zum ersten IVF-Baby vom 22. April 1982.

In-vitro-Fertilisation 407

QUICK

Nr. 17 München, 22. April 1982 2,50 DM
Printed in West-Germany

Das ist es!
Das erste deutsche Retortenbaby

Alles über
- Geburt
- Mutter
- Befruchtung
- Arzt

Nur in QUICK

Abb. 48 Kryokonservierung und Kreidetafel – Jan van Uem, Leiter des Erlanger Fertilisationsteams, erläutert 1987 eine Skizze zur Befruchtung tiefgefrorener Eizellen.

Jahren ist für die Kryokonservierung mit der sogenannten »Vitrifikation« ein verbessertes Verfahren verfügbar, sodass auch eingefrorene Eizellen mit größerer Erfolgsrate für die IVF verwendet werden können.

Die Gesamtzahl der in Erlangen (Universitäts-Fortpflanzungszentrum Franken, abgekürzt UFF) bislang im Rahmen der assistierten Reproduktion erzielten Geburten belief sich bis 1989, d. h. innerhalb der ersten sieben Jahre, auf 250; bis 2015 ist die Gesamtzahl auf knapp unter 1000 angestiegen; das Verfahren gehört unterdessen zur Routine und wird überwiegend nicht mehr in der Universitätsklinik, sondern in spezialisierten Arztpraxen ausgeführt. Die Gesamtzahl der mittels IVF entstandenen Kinder wird in Deutschland auf ca. 300.000, weltweit auf 5 Millionen geschätzt.

Dass Frauen, die sich wegen einer Krebserkrankung einer eingreifenden Therapie (Operation, Chemotherapie, Bestrahlung) unterziehen müssen, nach Heilung ihrer Krankheit auf natürlichem Weg schwanger werden und Kinder gebären, grenzt an ein Wunder. In der Universitätsfrauenklinik Erlangen ist dies seit 2008 bei mehreren Frauen geglückt. Im Jahr 2015 hat eine solcherart behandelte Frau sogar schon ihr zweites Kind zur Welt gebracht.[309] Die hierfür notwendigen subtilen Techniken, in deren Zentrum die Entnahme und Kryokonservierung von Ovarialgewebe und dessen Retransplantation stehen, wurden von einem Team um Matthias Beckmann und Ralf Dittrich in jahrelanger Forschungsarbeit entwickelt.[310]

Die Methode wurde ursprünglich im Tiermodell (Schaf) von dem schottischen Physiologen Roger Gosden in Edinburgh entwickelt (1994). Ältere auf Tierexperimente zurückgehende Bestrebungen reichen bis in die 1950er Jahre zurück. Der Gynäkologe und Fortpflanzungsmediziner Jacques Donnez in Brüssel war der Erste, der den Schritt zum Menschen unternahm, indem er 1997 Ovarialgewebe entnahm und einfror. An der Erlanger Frauenklinik geschah dies, erstmals in Deutschland, im Jahr 1998, und zwar bei zwei Frauen. Die erste Schwangerschaft überhaupt nach Retransplantation von eingefrorenem Ovarialgewebe verbuchte der erwähnte Donnez im Jahr 2004. In Erlangen gelang dies, wiederum erstmals in Deutschland, im Jahr 2011. Bis 2015 sind insgesamt acht Kinder, deren Müttern in der Erlanger Frauenklinik Ovarialgewebe retransplantiert wurde, geboren worden.

Während die IVF und damit verbundene reproduktionsmedizinische Praktiken zur »Routine« geworden sind, forscht man an der Frauenklinik Erlangen unterdessen an gezielten Verbesserungen bereits etablierter Techniken und richtet sich auf stets neue Fragestellungen ein. In Weiterführung des Problems »Schwangerschaft nach Krebserkrankung« versucht man in Erlangen, auch solchen Frauen zu helfen, bei denen infolge einer Leukämie die Kryokonservierung mit späterer Retransplantation von Ovarialgewebe nach überstandener Krebserkrankung nicht infrage kommt. Stattdessen erscheint es als Möglichkeit, eine Xenotransplantation auszuführen: Hierbei wird Ovarialgewebe entnommen und temporär in einer anderen Spezies (Maus) kultiviert. Gegenwärtig wird experimentell erforscht, wie sich Eizellen in dieser Umgebung entwickeln. Zukünftig wäre es möglich, solcherart zur Reifung gebrachte Eizellen mittels IVF zu befruchten und den entstandenen Embryo einer von einer Krebserkrankung geheilten Frau nach dem heute üblichen Verfahren einzupflanzen. Dieses sensible Verfahren der Xenotransplantation befindet sich international und an der Universitätsfrauenklinik Erlangen gegenwärtig in einer frühen Forschungsphase. Die technischen Schwierigkeiten, Risiken und ethischen Bedenken, etwa hinsichtlich der Übertragung von (unbekannten) Retroviren in das menschliche Genom, des Überschreitens der Speziesbarriere und der möglichen Chimärenbildung, sind erkannt und werden kritisch diskutiert.[311]   Karl-Heinz Leven

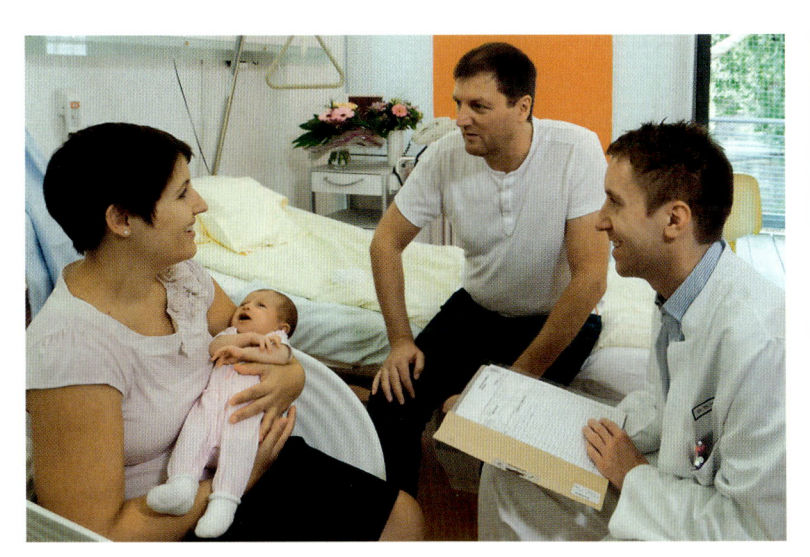

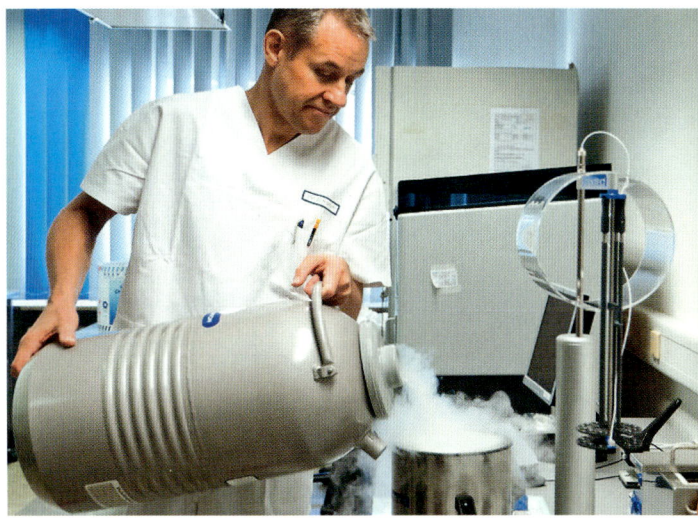

Abb. 49 Sandra G. mit ihrer Tochter Isabel, geboren im August 2012; nach Heilung einer Krebserkrankung wurde ihr das 2008 entnommene Ovarialgewebe retransplantiert. Inzwischen hat Sandra G. ein zweites Kind zur Welt gebracht (2015).
Abb. 50 Kryokonservierung von Ovarialgewebe, Professor Dr. Ralf Dittrich, Universitätsfrauenklinik Erlangen.

Ein Krankenhaus braucht Pflege – zur Geschichte der Krankenpflege in Erlangen

Krankenpflege steht im Spannungsfeld von relativer Autonomie und Weisungsabhängigkeit der Pflegenden sowie der daraus resultierenden unterschiedlichen Kompetenz- und Aufgabenbereichen. Pflege und ärztliches Handeln sind als »nicht voneinander trennbare Elemente eines gemeinsamen Handlungsauftrages« aufzufassen.[312] Während die Pflegegeschichte von der klassischen Medizingeschichte lange ignoriert und in neueren Arbeiten z. T. überwiegend als »Opfergeschichte« beschrieben worden war, hat sie sich mittlerweile zu einem komplexen Forschungsfeld entwickelt.[313]

Bis zum frühen 20. Jahrhundert wurde Krankenpflege in Deutschland nicht von einem einheitlich qualifizierten Berufsstand ausgeübt, sondern von Angehörigen ganz unterschiedlicher Gruppierungen unter konfessionellen (katholische Orden, evangelische

Mutterhausdiakonie) und nichtkonfessionellen Vorzeichen (bürgerliche Krankenpflege). Die Entwicklung der Krankenpflege zur staatlich anerkannten Tätigkeit und der damit verbundene Wandel vom wirkungsmächtig propagierten »Dienst am Nächsten« zu einem weltlichen Beruf – zunächst weiterhin vorwiegend für Frauen – verlief in Deutschland in komplexen Entwicklungs- und Entscheidungssträngen, die durch gesellschaftliche, politische und rechtliche Vorgaben geprägt waren.[314]

Der Beitrag skizziert im ersten, allgemeinen Teil die wesentlichen Merkmale der Entwicklung des Pflegeberufs und der Professionalisierung, insofern sie auch die Rahmenbedingungen für die konkrete Ausgestaltung der Pflege an den Erlanger Universitätskliniken bilden. Der zweite Teil widmet sich in mehreren Unterpunkten jeweils spezifisch der Erlanger Pflegegeschichte. Dabei werden zunächst die Bedeutung der seit den 1880er Jahren in Erlangen wirkenden, konfessionell gebundenen Schwestern der Diakonissenanstalten Augsburg, Neuendettelsau und Hensoltshöhe untersucht und hierbei die Auswirkungen der nationalsozialistischen Gesundheitspolitik auf die Pflege hervorgehoben. Mit der Entwicklung der 1928 errichteten Krankenpflegeschule wird die Ausbildungssituation in den Blick genommen. Eine aktuelle Standortbestimmung der Pflege beschließt den Beitrag.

Berufliche Entwicklung der Krankenpflege im 19. und 20. Jahrhundert

Die Gewerbeordnung von 1869, zunächst für den Norddeutschen Bund, ab 1883 für das Deutsche Reich geltend, regelte zwar die Tätigkeiten von Ärzten und Hebammen, verlangte aber keinerlei Befähigungsnachweise für das Pflegepersonal. Die um diese Zeit im häuslichen oder stationären Umfeld tätigen Pflegenden waren oft nur unzureichend oder gar nicht ausgebildet. Vor dem Hintergrund der entstehenden modernen Krankenhausmedizin im 19. Jahrhundert verstärkte sich die ärztliche Kritik an der mangelnden Ausbildung der Pflegenden. Vor allem die an Universitätskrankenhäusern tätigen Ärzte forderten eine Modernisierung und Institutionalisierung der Krankenpflegeausbildung an eigens errichteten Schulen sowie die Setzung von Mindeststandards in den Lehrbüchern.

Als eines der frühesten Lehrbücher überhaupt gilt der 1784 verfasste »Unterricht für Krankenwärter zum Gebrauche öffentlicher Vorlesungen«. Da die hier formulierte Trias aus charakterlicher Eignung, Altruismus und Gehorsam als »Zugangsvoraussetzung« bis in das 20. Jahrhundert für die Ausübung des Pflegeberufes bestimmend blieb, sollen Inhalt und Intention des Lehrbuches im Folgenden kurz erläutert werden. Der Verfasser, der Arzt und Fürsprecher einer medizinischen Volksaufklärung Franz Anton Mai (1742–1814), hatte sich »entschlossen[,] zum Besten der leidenden Kranken ein Schulmeister für Wartweiber und Krankenwärter zu werden«. In seinem Werk beschrieb er aber nicht nur die Aufgaben der Pflege und das richtige Verhalten in medizinischen Notfallsituationen, sondern an zentraler Stelle auch die notwendigen charakterlichen Eigenschaften: Gesund und stark, unverdrossen, wachsam und verschwiegen, vorsichtig und geduldig sollten die Pflegenden sein. Vor allem aber müssten jene, die den Beruf

»aus Liebe zu ihrem Magen« wählen, »zum Besten der leidenden Menschen vom Wartdienst ausgeschlossen bleiben«. Wichtig war Mai auch, »vernünftige Krankenwärter zu erziehen«, die stets dem Rat des Arztes und Wundarztes folgten, nie aber ihrem »Eigendünkel« oder ihren »eingebildeten« Kenntnissen.[315] Die Vorrangigkeit charakterlicher Eignung vor fachlicher (Ein-)Bildung überdauerte die nächsten 150 Jahre. 1913 hieß es in einem Unterrichtswerk: »Niemals kann die Verstandesbildung durch den Unterricht den sittlichen, inneren Halt ersetzen, der die Pflegerin in gemessener Entfernung von ihrer Umgebung hält und eine feste Schranke um sie aufrichtet.«[316]

Trotz zahlreicher Reformversuche führender Ärzte wie des Chirurgen Johann Friedrich Dieffenbach (1792–1847) und des Pathologen, Sozialmediziners und Gesundheitspolitikers Rudolf Virchow (1821–1902) verlief die Professionalisierung zögerlich.[317] Die Gründe hierfür waren vielfältig: Politisches Desinteresse, Widerstände der eine selbstständige Pflege als Konkurrenz fürchtenden Ärzte, aber auch die fehlende Berufsorganisation der Pflegenden verhinderten einheitliche Ausbildungs- und Qualifikationsvorgaben.

Wichtige Entscheidungen für die Berufsgeschichte der Krankenpflege und gesetzliche Normierungen fielen daher erst in der Zeit der Jahrhundertwende. Zu diesem Zeitpunkt ließen die Expansion des Gesundheitswesens, u. a. bedingt durch die Einführung der Sozialversicherung durch Otto von Bismarck im Jahr 1883, aber auch die Ausweitung diagnostischer und therapeutischer Möglichkeiten Verbesserung in der Krankenpflege unverzichtbar erscheinen. Schon der Naturwissenschaftler Virchow hatte angesichts der Fortschritte der Medizin eine nichtkonfessionelle, berufsmäßige Ausbildung zur Krankenpflege als rein sachliche medizinische Leistung – außerhalb der bestehenden kirchlichen Organisationen – gefordert.[318]

Angestoßen durch die 1900 vom sozialdemokratischen Reichstagsabgeordneten Otto Friedrich Wilhelm Antrick (1852–1924) in den Reichstag eingebrachte Debatte über gravierende Missstände in den Berliner Krankenhäusern, gründete sich 1903 die erste Berufsorganisation der Krankenpflegerinnen Deutschlands (B. O. K. D.).[319] Unter dem Vorsitz von Agnes Karll (1868–1927) setzte sich der Zusammenschluss für eine qualifizierte Ausbildung, vertraglich geregelte Arbeitsbedingungen sowie die Aufnahme der bislang weder gegen Krankheit noch Invalidität abgesicherten Pflegenden in die staatlich geregelte Sozialversicherung ein.[320] Ungeachtet der Modernisierungsbestrebungen galt als wesentliche Voraussetzung immer noch ein ruhiges Wesen und Gewissenhaftigkeit, die sich daran bemessen ließe, »daß sie [die Schwester] alle vom Arzt getroffenen Anordnungen aufs genaueste befolgt und es streng vermeidet, ihre Befugnisse zu überschreiten oder gar selbst kurieren zu wollen«.[321]

1906 wurde mit dem Bundesratsbeschluss erstmalig eine – allerdings freiwillige – staatliche Krankenpflegeprüfung eingeführt, die 1907 in Preußen, in Bayern allerdings erst 1924 übernommen wurde. Die 1913 und 1914 von Sozialdemokraten geforderte reichsgesetzliche Regelung von Ausbildungs- und Prüfungsbedingungen wurde mit dem Hinweis auf die zu große Unterschiedlichkeit der einzelnen Pflegeorganisationen abgelehnt. Die Tatsache, dass Privatpflegerinnen und Schwestern privater Vereine von den großen Pflegegruppierungen zunächst häufig als »wilde Schwestern« bezeichnet wurden, zeigt den hohen Grad der sozialen Binnendifferenzierung innerhalb der z. T. konkurrierenden Krankenpflegeorganisationen.[322] Auch die Tatsache, dass der 1920 unter Reichskanzler Konstantin Fehrenbach ausgehandelte erste Manteltarifvertrag für die Krankenpflege, der eine verkürzte Arbeitszeit bei höherem Einkommen vorsah, weder für die mutterhausgebundenen, noch jüdischen Schwestern, noch die Schwestern der B. O. K. D galt, zeigt diese organisatorische Zersplitterung der Pflegenden. Eine einheitliche Regelung der Krankenpflegeausbildung und -ausübung wurde in der Weimarer Republik nicht mehr erreicht.

Krankenpflege im Ersten Weltkrieg

Während des Ersten Weltkrieges standen nicht länger Ausbildungsdebatten als Maßnahmen zur Deckung des ständig wachsenden Bedarfs an Personal für die Kriegskrankenpflege im Vordergrund. Erstmals ergänzte jetzt in großem Umfang ziviles Pflegepersonal im Rahmen der freiwilligen Krankenpflege den militärischen Sanitätsdienst. Während 1909 ca. 70.000 Personen in der Krankenpflege arbeiteten, waren am Ende des Ersten Weltkrieges etwa 112.000 Schwestern und über 100.000 Männer in der Kriegskrankenpflege beschäftigt, um die Verwundeten und Erkrankten wieder feld- oder zumindest garnisonstauglich zu pflegen. Etwa zwei Drittel von ihnen arbeiteten in den Heimatlazaretten, die anderen in den frontnahen Kriegslazaretten der Etappen.

Zum Sanitätswesen gehörig, wurde ihre Arbeit als patriotischer Dienst für »Volk und Vaterland« von hochrangigen politischen, militärärztlichen und bürgerlichen Instanzen geehrt. Aus der Auswertung von Selbstzeugnissen und zahlreichen gedruckten Quellen lässt sich ableiten, dass die meisten Angehörigen der Kriegskrankenpflege den Krieg als »Verteidigungskrieg« akzeptierten, dabei aber verwundete Soldaten unterschiedslos als Patienten ansahen und ohne Ansehen ihrer nationalen Zugehörigkeit im Rahmen der Möglichkeiten pflegten.[323] Nach Ende des Krieges wurde zur Koordination der Wiedereingliederung des aus dem Heeresdienst entlassenen Pflegepersonals in zivile Berufe vom Zentralkomitee der deutschen Vereine vom Roten Kreuz in Berlin eine Zentralstelle gebildet, die sich um die Vermittlung der nun arbeitslosen Schwestern und Pflegern bemühte.

Krankenpflege im Nationalsozialismus

Die staatliche Gesundheitsverwaltung brauchte zur Umsetzung einer nationalsozialistischen Gesundheitspolitik ein politisch und weltanschaulich zuverlässiges, unter enger Kontrolle des Regimes stehendes Pflegepersonal. Durch zahlreiche organisatorische und bürokratische Maßnahmen wurden die Krankenpflege, im Nationalsozialismus die größte Berufsgruppe im Gesundheitswesen, vereinheitlicht und Pflegende und Pflegeverbände in die Durchsetzung nationalsozialistischer Gesundheitspolitik zentral eingebunden. Krankenpflege war »Arbeit an der Gesundheit des ganzen Volkes«. Mit dem

Kranken sollte nicht nur ein Individuum gepflegt werden, sondern das »Glied einer Sippe, deren viele dein eigenes Volk ausmachen, zu dem du selbst ebenfalls gehörst und ohne das du nichts bist«.[324]

Die Zusammenfassung aller Pflegeverbände zu einem Dachverband, der »Reichsfachschaft Deutscher Schwestern und Pflegerinnen« als Teil der Reichsarbeitsgemeinschaft der Berufe ärztlicher und sozialer Dienste e. V. (RAG) sollte die Durchsetzung gesundheitspolitischer Ziele des Regimes garantieren. Mit dem Ziel, eine verlässliche, auf die nationalsozialistische Weltanschauung eingeschworene Schwesternschaft zu rekrutieren, gründete Erich Hilgenfeldt (1897–1945) 1934 unter dem Dach der Nationalsozialistischen Volkswohlfahrt (NSV) die NS-Schwesternschaft als »Speerspitze der NSDAP«.[325] Die NS-Schwestern, nach der Farbe ihrer Tracht als »Braune Schwestern« bezeichnet, fungierten als Gemeindeschwestern, aber auch in SS-Lazaretten und Konzentrationslagern. Auf Veranlassung des Reichsärzteführers Gerhard Wagner (1888–1939) unterstand ihre berufliche Schulung ausschließlich Ärzten. Freiberufliche Schwestern wurden als »Blaue Schwestern« im »Reichsbund der Freien Schwestern und Pflegerinnen« erfasst. Ab 1936 wurden Pflegende im »Fachausschuß für Schwesternwesen in der Arbeitsgemeinschaft der Freien Wohlfahrtspflege Deutschlands«, ab 1941 zum Nationalsozialistischen Reichsbund Deutscher Schwestern (NSRDS) zusammengeschlossen. Trotz der »Gleichschaltung« und massiver Behinderungen verlor die konfessionelle Pflege der Diakoniegemeinschaft und des Caritasverbandes ihre Bedeutung im nationalsozialistischen Gesundheitswesen nicht völlig.

Mit dem »Gesetz zur Ordnung der Krankenpflege« von 1938, das »deutsches Blut« und politische »Zuverlässigkeit« als Zulassungsbedingungen vorschrieb, wurden die berufsmäßige Ausübung der Krankenpflege reichseinheitlich geregelt und die Träger öffentlicher Krankenanstalten verpflichtet, Krankenpflegeschulen einzurichten. Der einheitlich geregelte Lehrstoff sah jetzt auch die weltanschauliche Schulung der Schwesternschülerinnen vor, insbesondere das Fach »Erb- und Rassenlehre« sollte die »wissenschaftliche« Grundlage für die »Ausmerzung« gefährlicher Erbkrankheiten zum Schutz des deutschen Volkes liefern.[326]

Zwangssterilisationen, Menschenversuche und der Krankenmord der NS-»Euthanasie« wurden durch den Einsatz von Ärzten und die Mitwirkung des medizinischen Personals erst möglich.[327] Pflegekräfte begleiteten die Patienten auf den »Euthanasie«-Transporten bis zur Gaskammer, töteten in der dezentralen Phase der »Euthanasie« durch Gabe von Schlafmitteln und wurden in den Konzentrations- und Vernichtungslagern eingesetzt. Pflegende, die für die Mordaktionen im Rahmen der »Euthanasie« angeworben worden waren, wurden auch »Berliner Schwestern« oder »T4-Schwestern« genannt. Die Freisprüche im Prozess von Obrawalde 1965, in dem die Richter zu der Auffassung gelangten, die angeklagten Krankenschwestern hätten sich bei der Tötung der Patienten auf die Auskünfte der Ärzte verlassen und seien somit nicht verantwortlich zu machen,[328] bestätigen das Bild der Subordination und völlig zurückgenommenen persönlichen Verantwortung für das eigene Tun zugunsten einer ärztlichen Autorität und Weisungsgebundenheit der Pflege: »Damit hatte ich nichts zu tun, diese Sachen gingen ohne uns. Die

Patienten waren dann eben weg [....] Ich hatte wenig oder keine richtige Ahnung, was da in den Anstalten vor sich ging«, so die Exkulpation einer Fürsorgerin der Psychiatrischen und Nervenklinik der Charité.[329]

Politisch zuverlässige NS-Schwestern wurden bevorzugt als Gemeindeschwestern eingesetzt. Mit ihren Meldungen von chronisch und psychisch Kranken, Behinderten, »missgebildeten« Neugeborenen und »auffälligen« Personen an die zuständigen Gesundheitsämter setzten sie oft eine Selektionskaskade in Gang, die von der Zwangssterilisation über die Anstaltseinweisung bis hin zur Ermordung der Patienten im Rahmen der »Euthanasie« reichte. Die Erinnerung der 1914 geborenen NSV-Säuglingsschwester Anneliese Brand folgt dem üblichen Verdrängungsmuster: »Ich war verpflichtet, für jedes Kind einen Bogen auszufüllen: das Geburtsdatum und die Besuche wurden eingetragen […] Von den Unterlagen ist aber nichts erhalten geblieben, denn die verbrannten wir nachher alle, weil wir ja von der NSV waren. Dann war der Krieg aus, es gab keinen NSV mehr, und wir wurden arbeitslos. Ich habe aber einfach weitergemacht.«[330]

Wohl auch als Reaktion auf die jegliche individuelle Verantwortung leugnenden Rechtfertigungsmuster wurde der Kreis der Verantwortlichen für das gesundheitliche Wohl des Individuums im »Nürnberger Kodex '97« deutlich ausgeweitet. Persönliche Verantwortung tragen demnach nicht länger nur die Ärzte, sondern alle Menschen, die »durch ihre berufliche Tätigkeit in Beziehung zu Patienten stehen«.[331] Im Wissen um die Beteiligung der Pflegenden an den Medizinverbrechen im »Dritten Reich« wird seitens der heutigen Pflegeethik für eine ethische Kontrolle der Pflegetätigkeit und Pflegeforschung plädiert.[332] Die von der Vollversammlung der Vereinten Nationen angenommenen »Grundsätze medizinischen Berufsethos'«, die ähnlich wie die Erklärung von Tokio die ärztliche Beteiligung und Duldung von Folter ausschließt, gelten ebenfalls weitgehend nicht nur für Ärzte, sondern auch für das medizinische Personal.[333]

Entwicklung der Krankenpflege ab 1945

Nach 1945 wandelte sich der aufopferungsvolle »Liebesdienst« zum modernen Erwerbsberuf, blieb aber aufgrund geringer Verdienstmöglichkeiten, langer Arbeitszeiten und mangelnder Aufstiegschancen weiterhin wenig attraktiv.[334] Da das Berufsbild der Krankenpflege bis in die 1950er Jahre stark religiös geprägt war, schienen eine entsprechende Motivation und die langjährige pflegerische Erfahrung wichtiger als theoretische Kenntnisse. Auch das Krankenpflegegesetz von 1957, das das reichseinheitliche Gesetz von 1938 ablöste, setzte den Schwerpunkt der Ausbildung auf den hohen Praxisanteil. Die unterschiedliche Entwicklung der Krankenpflege in den beiden deutschen Staaten kann hier nicht weiter erörtert werden kann. Festgehalten werden soll nur, dass beide Staaten vor einem vergleichbaren Problem standen, galt es doch, die berufliche Qualifikation der Pflegekräfte zu erhöhen und gleichzeitig dem Personalmangel entgegenzuwirken.[335]

Als Reaktion auf den Pflegenotstand der 1960er Jahre wurden zur Behebung des eklatanten Schwesternmangels in Westdeutschland in großem Umfang (süd)koreanische

Krankenschwestern angeworben. Angesichts massiver, sich aus unterschiedlichen Motiven speisender Kritik an dieser »Schwestern-Luftbrücke« endete das staatliche Anwerbungsprogramm 1968. Stattdessen propagierten – jetzt erfolgreich – aufwendige Imagekampagnen die Attraktivität des Schwesternberufs, die mit guten Verdienstmöglichkeiten und geregelten Arbeitszeiten um deutsche Frauen warben.[336]

Seit den 1990er Jahren hat die Pflege eine deutliche Professionalisierung und Akademisierung erfahren, u.a. durch die Verankerung der Pflegewissenschaft und Pflegeforschung an medizinischen Fakultäten und Universitätskliniken. Die Stärkung der Interessenvertretungen durch Gewerkschaften und Berufsverbände wie zum Beispiel die 1998 erfolgte Gründung des Deutschen Pflegerats als Bundesarbeitsgemeinschaft zahlreicher Pflegeorganisationen zielt im Wesentlichen auf die politische Durchsetzung von pflegeberuflich relevanten Zielen auf Landes- und Bundesebene.[337]

Laut des geltenden Gesetzes über die Berufe in der Krankenpflege (Krankenpflegegesetz – KrPflG) ist die Pflege unter Berücksichtigung der Selbstständigkeit und Selbstbestimmung des Menschen und »unter Einbeziehung präventiver, rehabilitativer und palliativer Maßnahmen auf die Wiedererlangung, Verbesserung, Erhaltung und Förderung der physischen und psychischen Gesundheit der zu pflegenden Menschen auszurichten«.[338] Dennoch ist die Pflegepraxis vielerorts durch Rationalisierungsmaßnahmen geprägt. Diese Tendenz ist vor allem im Krankenhaus deutlich spürbar. Trotz steigender Patientenzahlen mit arbeitsintensiven, komplexen Bedarfskonstellationen wurden die Personalressourcen für die Pflege in den letzten Jahren stark abgebaut. Die Fallzahl je Krankenhausbett ist in der Zeit von 1991 bis 2012 um knapp 70 Prozent gestiegen: »Ohne entschiedenes Gegensteuern wird in absehbarer Zeit die personelle Basis zur Bewältigung der Herausforderungen, die durch den demografischen Wandel und andere Entwicklungen entstehen, nicht mehr vorhanden sein.«[339] Die 2011 im Medizinhistorischen Museum in Berlin gezeigte Ausstellung »Who cares?«, die den Beitrag der Pflegeberufe zur Entwicklung der modernen Gesundheitsversorgung sichtbar machen und im öffentlichen Bewusstsein verankern möchte, spricht vor allen Dingen den Pflegenden selbst eine hohe Kompetenz in der Schaffung von Rahmenbedingungen zu, die die Versorgungsqualität in der Pflege auch in der Zukunft garantieren.[340]

Zum lokalen Niederschlag der skizzierten Entwicklungen und (berufs)politischen Rahmenbedingungen auf die Pflege an den Erlanger Kliniken liegt bislang keine zusammenhängende Darstellung vor. Die folgenden Ausführungen zur konfessionellen und weltlichen Pflege im ausgehenden 19. und in der ersten Hälfte des 20. Jahrhunderts, zur Errichtung der Krankenpflegeschule sowie zur Pflege in der NS-Zeit basieren überwiegend auf archivalischen Quellen. Für die Darstellung der aktuellen Situation konnte u.a. auf Dokumente zurückgegriffen werden, die von der Pflegedirektion des Erlanger Klinikums dankenswerterweise zur Verfügung gestellt wurden.[341]

Konfessionelle Pflege in den Erlanger Kliniken

Während die Pflege durch die Kongregation der Barmherzigen Schwestern vom Heiligen Vinzenz von Paul in den Krankenanstalten der Stadt München und den klinischen Einrichtungen der Ludwig-Maximilians-Universität historisch aufbereitet wurde, sind das Wirken der in den Erlanger Kliniken tätigen Schwestern der evangelischen Diakonissenanstalten Augsburg, Hensoltshöhe, Neuendettelsau sowie die Arbeit der freien Schwestern des Agnes-Karll-Verbandes bislang wenig thematisiert worden.[342] In den Lebenserinnerungen von Erlanger Ärzten finden sich lediglich vereinzelte, zumeist lobende Erwähnungen der Schwesternschaften. Dabei hatte sich vor allem die Medizinische Poliklinik finanziell und personell schon Ende des 19. Jahrhunderts an der Unterhaltung der von Neuendettelsau gestellten Gemeindeschwestern beteiligt. Zweiter Vorsitzender des »Vereins für Krankenpflege durch Diakonissinnen zu Erlangen« war der spätere Direktor der Medizinischen Klinik, Franz Penzoldt (1849–1927). Mit den erhobenen Mitgliedsbeiträgen konnten ab März 1892 weitere Diakonissen für die Gemeindepflege berufen und z. B. in der städtischen Fürsorge für Lungenkranke eingesetzt werden.[343]

Im Folgenden werden mit der Augenklinik, der Chirurgischen Klinik und der Kinderklinik sowie der Ohrenklinik die hauptsächlichen Einsatzorte der Diakonissen aus Neuendettelsau vorgestellt.[344]

Augenklinik

1875 erhielt die Augenklinik als Erste der Erlanger klinischen Anstalten eine Schwester der 1854 durch den bayerischen Pfarrer Wilhelm Löhe (1898–1872) gegründeten Diakonissenanstalt Neuendettelsau.[345] Im April 1875 hatte sich die »Königliche Direction der ophtalmologischen Klinik zu Erlangen«, Julius (von) Michel (1843–1911), bei der Leitung der Diakonissenanstalt Neuendettelsau nach den Voraussetzungen erkundigt, unter denen eine Diakonissin in »unsere Klinik eintreten würde«. Die pflegerischen Anforderungen wurden seitens der Augenklinik als gering eingeschätzt, außerdem sei für die Hausarbeit eigenes Personal vorhanden. Man bat um rasche Entscheidung, da der Eintritt der Schwestern »binnen längstens 10 Tagen zu erfolgen hätte«. Offensichtlich verzögerte sich der geplante Dienstbeginn, denn im Mai 1875 bat von Michel noch einmal dringend darum, »so bald als thunlich uns eine Schwester zu übersenden«. Auch die zu einem späteren Zeitpunkt von Michel erbetene Übersendung einer weiteren Diakonissin für die männliche Abteilung erforderte seine telegrafische Nachfrage: »bitten umgehend um Antwort ob Diakonissin kommt da wir ohne Nachricht sind«.[346]

Der im Archiv der Diakonie Neuendettelsau überlieferte Schriftwechsel zwischen Mutterhaus und der leitenden Schwester bzw. Direktion der Augenklinik vermittelt auf Verwaltungsebene einen facettenreichen Einblick in den Arbeitsalltag. Laut Erhebung über die Arbeitsverhältnisse des Krankenpflegepersonals in den Universitätsinstituten von 1914 arbeiteten die beiden in der Augenklinik tätigen Schwestern 14 Stunden täglich, ihre nächtliche Hilfe sei »nur« gelegentlich nötig, außerdem könnten sie während ihres Dienstes ihre Mahlzeiten einnehmen. Gelegentliche Störungen während ihrer

Tischzeiten würden eine geordnete Lebensweise der Schwestern nicht infrage stellen. An Sonn- und Feiertagen seien darüber hinaus Kirchgänge möglich. Weitergehende Ansprüche wie z. B. die Gewährung eines halben freien Tages in der Woche dürften – laut Einschätzung der Klinik – weder den Satzungen des Mutterhauses noch dem Selbstverständnis der Schwestern entsprochen haben. Mit dieser Handhabung sei die vom Kaiserlichen Gesundheitsamt angeregte Regelung für Krankenpflegepersonen erfüllt, so die Direktion der Universitätsaugenklinik an den Senat der Universität.[347] Eine entsprechende Umfrage zur Arbeitsbelastung war auch an die Direktion der Chirurgischen Klinik ergangen. Sie bestätigte die (vorgebliche) Zufriedenheit der in der Pflege tätigen Schwestern und Brüder. Alle Grundsätze des Ministerialerlasses vom 18. Februar 1914 würden auch hier erfüllt, so gäbe es eine grundsätzliche Trennung von Tag- und Nachtdienst und eine Ruhezeit von neun Stunden. Über den Besuch von Gottesdienst und Bibelstunden hinaus sei weiterer Ausgang seitens der Schwestern nicht gewünscht.[348] Seitens des Mutterhauses waren vertraglich drei Wochen Urlaub für die Schwestern vereinbart.

De facto stellte die Arbeitssituation zu Beginn des 20. Jahrhunderts häufig ein Risiko für die Gesundheit der Pflegenden dar. Der schlechte Gesundheitszustand vieler Diakonissen war daher auch ständiges Thema der Korrespondenzen zwischen Augenklinik und Mutterhaus in den 1920er und 1930er Jahren. So wurde 1929 der Augenklinik die Leistungsfähigkeit einer neuen Schwester seitens des Mutterhauses eigens brieflich zugesichert, »auch wenn sie gerade etwas bleich aussieht«.[349] 1934 wurde die Direktion der Augenklinik davon in Kenntnis gesetzt, dass eine OP-Schwester unter »Gemütsdruck« leide und um Versetzung gebeten habe. Das entsprechende Gesuch sorgte allerdings für Unstimmigkeiten zwischen Mutterhaus und Klinik, die durch den Personalwechsel eine erhebliche Störung des Stationsalltags befürchtete. Nach einer generellen und zudem öffentlich geäußerten Kritik an der aus ärztlicher Sicht verfehlten, da zu kurzfristigen Einsatzplanung des Mutterhauses stellte dessen Leitung die bisherige vertrauensvolle Zusammenarbeit vorübergehend infrage.[350]

Dass die Augenklinik ihre vereinbarte Fürsorgepflicht für erkrankte Diakonissen grundsätzlich durchaus ernst nahm, zeigt das Beispiel einer erkrankten Schwester, die nach vorangegangener »stark nervöser Störung« mit einem Schlaganfall in die Medizinische Klinik eingeliefert wurde.[351] Aufgrund der Häufung von Erkrankungen regte die Klinik allerdings im Oktober 1927 beim Mutterhaus an, in einem Personalbogen über etwaige Vorerkrankungen informiert zu werden. Das Mutterhaus reagierte ausweichend und verwies auf einen hierzu notwendigen Abstimmungsprozess aller deutschen Diakonissenmutterhäuser.[352]

Um diese Zeit hatte auch die Belegung in der Augenklinik stark zugenommen, sodass die Klinikdirektion um die Zuweisung einer weiteren Schwestern bat, die neben ihren umfangreichen OP- und Ambulanzdiensten weitere Sekretariats- und Verwaltungsaufgaben übernehmen und daher über stenografische Kenntnisse verfügen sollte. Da das Mutterhaus dieser Bitte nicht entsprechen konnte, erneuerte die Augenklinik ein Jahr später ihre Anfrage.[353]

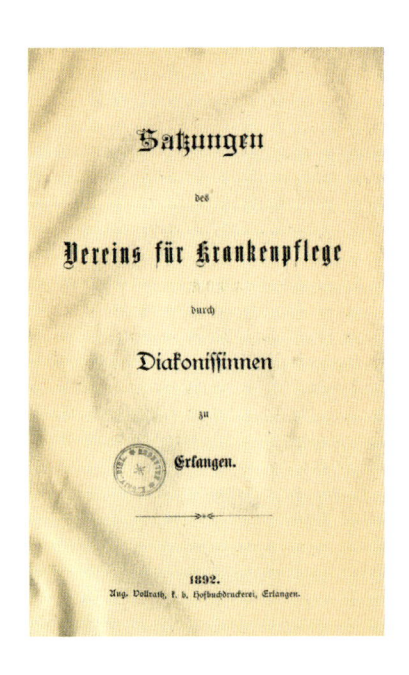

Abb. 51 *Satzungen des Vereins für Krankenpflege durch Diakonissinnen Erlangen, 1892.*

Die zum 1. Januar 1938 erfolgte Ablösung der Diakonissen aus Neuendettelsau durch NSV-Schwestern sorgte wie in allen vom Abzug der Schwestern betroffenen Kliniken auch in der Augenklinik schon im Vorfeld für erhebliche Unruhe. Der politisch gewollte Schwesternwechsel galt besonders für die Schwestern, die »in solch bewegten Zeiten« während der Übergabe mit den NS-Schwestern zusammenarbeiten mussten, als heikel: »Möge Euch Gott auch für diese Aufgabe stärken, daß Ihr immer den rechten Ton und die rechte Weise findet.«[354]

Chirurgische Klinik

Der Einsatz von Diakonissen in der Chirurgischen Klinik war seit 1889 in einem 13 Paragrafen umfassenden Vertragswerk zwischen der königlichen Direktion der Chirurgischen Klinik zu Erlangen und dem Direktorium der Diakonissenanstalt Neuendettelsau geregelt. Danach stellte das Mutterhaus der Chirurgischen Klinik so viele Diakonissen zur Verfügung, wie nötig waren. Die Oberschwester war in ihren dienstlichen Funktionen ausschließlich dem Klinikvorstand untergeordnet. Ihr unterstanden die übrigen Schwestern des Mutterhauses. Bezüglich der Pflege der Kranken waren die Schwestern den leitenden Ärzten »willigen Gehorsam« schuldig, im Gegenzug erbat das Mutterhaus von diesen freundliche Unterstützung sowie Halt und Schutz der Schwestern in ihrem schweren Beruf. Die Klinik hatte Wohnung und freie Station zu stellen sowie für jede Schwester eine jährliche Abgabe von 200 Mark zu zahlen. Die Schwestern hatten Anspruch auf drei Wochen Ferien, freie ärztliche Behandlung und ein christliches Begräbnis im Todesfall.[355]

Ab 1908 arbeiteten zwei in der Krankenpflege ausgebildete Brüder sowie zwei Lernbrüder der seit 1863 in Neuendettelsau existierenden Brüderanstalt in der Chirurgischen Klinik, sie lösten die bis dato tätigen Diakone aus Rummelsberg bei Altdorf ab.[356] Wie auch die Schwestern waren sie in beruflichen Angelegenheiten den Ärzten, sonst aber dem Brüderhaus unterstellt. Die ausgebildeten Brüder erhielten 700 Mark, dazu beteiligte sich die Klinik anteilig an den Kosten für die inzwischen eingeführte Invaliditäts- und Altersversicherung.[357]

Häufige, oft kontrovers verhandelte Themen des Schriftwechsels zwischen Mutterhaus und Chirurgischer Klinik waren, wie schon bei der Augenklinik, der Gesundheitszustand der Schwestern sowie der rasche Personalwechsel, die zu kurzen Einarbeitungszeiten und eine mangelnde fachliche Eignung. Angesichts steigender Bettenauslastung und gestiegener Anforderungen an die Pflege mussten sich die Faktoren inzwischen gravierend auf die Stationsabläufe auswirken: So löste die kurzfristige Ablösung einer geschulten Pflegekraft 1913 bei dem Leiter der Chirurgie, Ernst Graser (1860–1929), massiven Ärger aus: »Ich kann mir ein derartiges Verfahren grundsätzlich nicht gefallen lassen.«[358]

Ähnliche Klagen aus darauffolgenden Jahren zeigen, dass diese Kritik keinen Einzelfall darstellte. So ließ Graser dem Mutterhaus 1917 gegenüber durchblicken, er habe es aufgegeben, die Einsatzplanung der leitenden Schwester vor Ort zu kommentieren, da die

Schwester »sich sofort in Positur setzt«. Zudem verhindere die Schwester, die selbst keine methodische Ausbildung genossen habe und keine tüchtige chirurgische Schwester sei, dass die jüngeren Schwestern auch nur einen geringen Grad von Selbstständigkeit erlangten.[359] Ähnlich skeptisch beurteilte Graser 1919 eine Schwester, die sich auch nach längerer Einarbeitungsphase als nicht für den Beruf geeignet erwiesen habe, da sie nicht in der Lage sei zu erkennen, was der Augenblick erfordere, während man mit einer tüchtigen Schwester darüber kein Wort zu verlieren brauche. Graser wünschte sich – in völliger Übereinstimmung mit den eingangs skizzierten ärztlichen Idealvorstellungen – für die Neubesetzung des Postens einen klugen Kopf mit guten Nerven, innerlicher Freudigkeit und selbstloser Pflichterfüllung.[360]

Bei aller Kritik an der Einsatzplanung und den Leistungen einzelner Schwestern waren die körperliche und seelische Gesundheit der Diakonissen ein wichtiges Anliegen für Graser. So plädierte er für längere Erholungsphasen nach Erkrankungen und setzte sich in den 1920er Jahren für die von den Schwestern und Brüdern erhoffte Erweiterung des Betsaals ein, um »einen brennend heißen Wunsch der Schwestern, zu dem sie selbst Opfer beisteuern, nach Kräften zu erfüllen«. Graser, der die Unterstützung des Anliegens der Pflegenden für »eine gebieterische Pflicht« hielt, wandte sich diesbezüglich persönlich an den Staatsminister.[361] Auch den anstehenden Jahresabschluss nutzte Graser regelmäßig, um sich beim Pflegepersonal für die treue und aufopfernde Hingabe an die oft recht schweren Berufspflichten zu bedanken: »Ich habe es oft genug betont, dass ich ihren und der Brüder Dienst an den Kranken höher einschätze als das, was wir Aerzte in menschlicher Hinsicht den Kranken sein können.«[362]

Auch die Korrespondenzen zwischen Mutterhaus und dem Nachfolger Grasers, Otto Goetze (1886–1955), weisen die Ambivalenzen von sich zumeist an fehlender organisatorischer, fachlicher oder persönlicher Eignung entzündender Kritik auf der einen und Anerkennung und Fürsorge für die Schwestern auf der anderen Seite auf. Begründet wird die in verschiedenen Zusammenhängen erhobene Forderung nach besserer Ausbildung der Schwestern u. a. mit dem spezifischen Profil der Universitätskliniken, denen die Fortschritte der Wissenschaft es »zu allererst zur Pflicht machen, neue Untersuchungs- und Behandlungsmethoden, die dem Wohl des Kranken dienen, auch anzuwenden«.[363]

In Goetzes Amtszeit fiel auch die offensichtlich für ihn überraschende Vertragskündigung des Mutterhauses zum 30. Juni 1937. Begründet wurde diese mit geringer Zeitverschiebung für alle Kliniken geltende Kündigung laut offizieller Sprachregelung des Mutterhauses mit der Mehrarbeit auf anderen Einsatzgebieten der Diakonissen. Dass die politischen Hintergründe, die geplante Durchsetzung der Pflege mit NS-Schwestern, dem Mutterhaus durchaus schon zwei Jahre vorher bekannt waren, zeigt der Kommentar zu einer anberaumten gemeinsamen Aussprache mit den Direktoren der Erlanger Kliniken. Der Rektor, Hans Lauerer (1884–1953), ließ seinen »Amtskollegen« des Augsburger Mutterhauses wissen, er habe noch nicht in Erfahrung bringen können, ob Vertreter der NSV, wie in Nürnberg der Fall, auch anwesend sein würden, »wodurch die Besprechung nicht gerade erquicklich wurde«.[364] Wie auch die leitende Diakonisse der Augenklinik war die verantwortliche Schwester der Chirurgischen Klinik strikt gehalten, die anderen

Schwestern auf den vom Rektor offiziell angegebenen Kündigungsgrund einzuschwören: »Solche Zeiten sind ja immer innerlich gefährlich und versuchungsreich für den natürlichen Menschen.«[365] Da Goetze einen störungsfreien Wechsel zum anvisierten Termin für unrealistisch hielt, akzeptierte das Mutterhaus nach einigen Verhandlungen das von Goetze vorgeschlagene stufenweise Ablösungsmodell.

Da die Diakonissen vielen Gemeindemitgliedern im Krankheitsfall leibliche und seelsorgerliche Hilfe hatten zukommen lassen, bedauerte auch die evangelische Kirche ihren Rückzug aus den Erlanger Kliniken. Die Bevölkerung Erlangens und darüber hinaus die »Volksgenossen« Nordbayerns wüssten ohne Unterschied der Konfessionen die langjährige Arbeit der Diakonissen zu schätzen und dankten für die Treue und Sorgfalt, für das persönliche Mitregen und Mitleiden, kurz »für die Herzen und Hände der Diakonissen«, so die »Alt- und Neustädter Kirchboten« vom Juli 1937.[366]

Wie sehr das Mutterhaus über die Jahre hinweg das Ausbildungspotenzial der Kliniken zu schätzen wusste, zeigen Bemühungen, möglichst viele junge Schwestern ab 1928 zum Besuch der Krankenpflegeschule anzumelden. Die 1916 eröffnete Ohrenklinik galt für »bildungsfähige« Schwestern »dank der gütigen Instruktion durch die Herrn Ärzte als ein vorzüglicher Lernposten […] Es liegt uns überaus viel daran, unsere jungen Schwestern tüchtig zu schulen und was die Kliniken in dieser Hinsicht leisten, ist uns mit das Wichtigste am Dienst der Schwestern in den Kliniken.«[367]

Kinderklinik

Seit 1904 waren die Diakonissen des Mutterhauses auch in der Kinderklinik tätig.[368] Die überlieferten Korrespondenzen zwischen Mutterhaus und dem Leiter der Kinderklinik Friedrich Jamin (1872–1946) zeichnen das auch an den anderen Kliniken zutage tretende Spannungsverhältnis von Wertschätzung des aufopferungsbereiten Pflegepersonals und Klagen über die weitreichenden Personalbefugnisse des Mutterhauses. Als 1919 die leitende Schwester der Kinderklinik abberufen werden sollte, protestierte Jamin heftig. Kriegsbedingt sei ein solcher Wechsel weder für die Pflege noch die Verwaltung zu verkraften, die Schwester verwahre einen »wertvollen und unersetzlichen Erinnerungsschatz« über das frühere »Krankenmaterial« und sei während der kriegsbedingten Abwesenheit der leitenden Ärzte der »gute Geist« der Klinik gewesen. Darüber stellte sie die »Beziehungen zum Publikum«, zu den Angehörigen der Kinder, sicher. Folglich führe ihre Abberufung zu einer schweren (Ruf-)Schädigung der Kinderklinik, für deren Folgen er die Verantwortung ablehne.[369]

Einen indirekten Hinweis auf die hohe Arbeitsbelastung der Schwestern in den Universitätskliniken enthält die Bitte des Mutterhauses, die Barbezüge zum 1. Juli 1926 von 40,40 auf 65,10 Reichsmark und damit um 40 Prozent des Durchschnitts zwischen Besoldungsgruppe II und III anzuheben. Der Dienst in den Unikliniken sei ausgesprochen anstrengend und verantwortungsvoll, sodass das Mutterhaus für Invalidität und Alter der stärker »abgebrauchten« Schwestern mehr Vorsorge zu treffen hätte, so die Begründung. Ergänzt wurde die Bitte durch den Hinweis auf die bessere »Zahlungsmoral«

der Stadt Nürnberg, die diese höheren Abgaben schon längst zahle. Trotz der Befürwortung des Antrags seitens der Klinik lehnte das zuständige Bayerische Staatsministerium die Erhöhung ab.[370]

Die Einsetzung der NSV-Schwestern 1937 wurde in der gleichgeschalteten Presse insofern besonders lobend hervorgehoben, da mit der Kinderklinik die erste Universitätsklinik in Erlangen und laut Zeitungsbericht die erste Universitätskinderklinik reichsweit mit NSV-Schwestern besetzt worden war. Der Gau Franken wie auch die Stadt Erlangen seien damit wieder einmal richtungsweisend hervorgetreten. Zwar seien die Aussichten zunächst nicht günstig gewesen, aber dank der guten Zusammenarbeit hätte alles zum Besten geregelt werden können.[371]

Medizinische Klinik

Diakonissen des 1855 gegründeten Augsburger Mutterhauses arbeiteten rund ein Jahrhundert in den Erlanger Kliniken, und zwar von 1867–1965 in der Medizinischen Klinik, vom 1885 bis 1965 in der Frauenklinik und von 1913 bis 1923 an der Zahnärztlichen Poliklinik. Außerdem wirkten sie an der Krankenpflegeschule bis 1965 als Unterrichtsschwestern. Die Tätigkeit der anfänglich zwei Augsburger Diakonissen war in einem 16 Paragrafen umfassenden Vertragswerk geregelt, das Leistungen und gegenseitige Ansprüche festhielt.[372] Ende der 1920 Jahre arbeiteten 28 Augsburger Diakonissen in der Medizinischen Klinik, deren Einsatz vom damaligen Leiter der Medizinischen Klinik, Ludwig Robert Müller (1870–1962), in seinen »Lebenserinnerungen« gewürdigt wurde: »Nicht genug kann ich den konfessionell gebundenen Krankenschwestern, den Diakonissen aus dem Augsburger Mutterhaus, für ihre treue Hilfe bei der Pflege und Betreuung der Kranken danken. Sie konnten einem wirklich ein Beispiel dafür geben, wie liebevolle und uneigennützige Fürsorge für die Kranken nicht nur für das Pflegepersonal, sondern auch für die Ärzte eine Selbstverständlichkeit sein soll.«[373]

Auch sein Amtsvorgänger, Adolf (von) Strümpell (1853–1925), hatte die Arbeit der Augsburger Diakonissen gewürdigt, die ihm »in bestem Angedenken« standen. Strümpell verband seine Anerkennung mit einer grundsätzlichen Reflexion über den Schwesternberuf, den zukünftig möglichst auch Mädchen aus den gebildeten Ständen ergreifen sollten: »Dadurch würden die ungeeigneten Elemente, die sich natürlich auch vielfach zu diesem Beruf drängen, immer mehr ausgeschaltet und der ganze Beruf der Krankenschwester immer mehr gehoben werden. Bei den sich immer steigernden Anforderungen, die jetzt an die Pflege gemacht werden, erfordert die Tätigkeit einer wirklich guten Krankenschwester so viel Intelligenz, Aufmerksamkeit und Hingebung, daß sie wirklich nur von gut geschulten und ausgebildeten Krankenschwestern ausgeübt werden kann […] Ich meine daher, daß alle Anstalten für eine tüchtige berufliche Ausbildung von Krankenschwestern die weitgehendste staatliche und städtische Unterstützung finden sollten, nicht nur im Interesse der Krankenanstalten, sondern bei der vielfältigen Verwertung tüchtiger Krankenschwestern auch für die gesamte Gesundheitspflege des Volkes.«[374]

Abb. 52 Zeitungsausschnitt *Der Gau Franken schreitet wieder einmal voran*, undatiert.

In den 1950er Jahren arbeiteten noch über dreißig Schwestern der Diakonissenanstalt Augsburg in der Medizinischen Klinik. Im Juni 1951 beantragte das Mutterhaus bei der Klinikleitung eine Erhöhung der für sie zu zahlenden Abgaben. Mit Bitte um Weiterleitung an das zuständige Bayerische Staatsministerium legte die Klinik der Universitätsleitung einen entsprechenden Antrag vor, dessen Bearbeitung und anschließende Bewilligung allerdings nur zögerlich erfolgten. Die Diakonissenanstalt Augsburg sah sich daher im September genötigt, ihre Forderungen gegenüber der Verwaltung des Universitätskrankenhauses und der Universitätskasse unter dem Hinweis auf die nicht anzuzweifelnde Berechtigung ihrer Bitte zu erneuern.[375] Inzwischen lag dem Staatsministerium auch der Antrag auf Erhöhung der Abgaben für die noch in der Frauenklinik arbeitenden Diakonissen vor.[376]

Die Vertragskündigung des Mutterhauses und der Rückzug der in der Klinik für Innere Medizin arbeitenden Diakonissen führten trotz zeitgleicher Beschäftigung von freien Krankenschwestern zu einer so massiven Beschränkung der Aufnahmekapazität, dass sich die Klinik genötigt sah, einen Aufnahmestopp anzukündigen.

Frauenklinik

Neben der Medizinischen Klinik war die Frauenklinik Haupteinsatzort der Augsburger Diakonissen. Die überlieferte Stationsordnung aus dem Jahr 1904 regelte die Stationsabläufe minutiös: »Morgens um 5 1/2 Uhr wird aufgestanden, um 6 Uhr ist allgemeine Morgenandacht […] Um 3 Uhr Kaffee für die Privatkranken.«[377] Der Umstand, dass die Schwestern »in allen Lagen und Verhältnissen treu zu der Universitätsfrauenklinik gestanden« hatten, wurde schon 1916 in einem Dankesschreiben der Direktion der Universitätsfrauenklinik hervorgehoben und zu gegebenen Anlässen immer wieder betont.[378] Die 1940 nach 42 Dienstjahren in der Frauenklinik erfolgte Verabschiedung der damaligen Oberschwester nutzte der langjährige Direktor der Frauenklinik, Hermann Wintz (1887–1947), der zudem seit 1938 Rektor der Universität war, zu einem »geschichtlichen Rückblick« auf die Erfolge der Frauenklinik. Dabei verteidigte er die schlechte Unterbringung der Schwestern, die sich mit bescheidenen Unterkünften hätten zufriedengeben müssen. Die Oberschwester habe immer verstanden, dass »die Klinik heute in erster Linie eine ›Verdienklinik‹ sein muss und dass daher die Teile des Hauses, die die Existenz der Klinik gewährleisten können, in erster Linie in einem tadellosen Zustand sein müssen«.[379] Wintz nutzte die Verabschiedung der Oberschwester auch zum Lob des Verzichts, den die Schwester traditionell zu leisten habe, »um sich ganz jenem idealen Aufgabenkreis hinzugeben, jener idealen Tätigkeit, die wir Krankenpflege heissen«. Wie der Mann für das Reich, für Haus und Hof kämpfe, so »führt die Schwester letzten Endes den Kampf um die Gesundung des Nächsten«. Dass Wintz abschließend der Oberschwester als Ausdruck seiner Würdigung ihrer Leistungen eine Bibel überreichte, wurde 1946 vom Rektor der Diakonissenanstalt Augsburg als Beweis seiner Distanz zum Nationalsozialismus fehlinterpretiert.[380]

Vergegenwärtigt man sich die zahllosen Zufriedenheitsbekundungen, scheint es nicht verwunderlich, dass die 1958 erstmalig von der Leitung der Diakonissenanstalt angekündigte Abberufung der Schwestern aus der Universitätsfrauenklinik beim amtierenden Direktor der Frauenklinik, Rudolf Dyroff (1893–1966), energischen Einspruch hervorrief. Ein plötzlicher Abruf der Diakonissen würde, so der den älteren Diakonissen besonders verbundene Dyroff, einen Masseneinsatz freier Schwestern »von heute auf morgen nötig machen, der betrieblich einfach nicht tragbar ist und letztlich an den Kranken hinausgeht, was weder Sie noch ich verantworten können«.[381] Als Dyroff Ende November 1958 nochmals dringend darum bat, zumindest für den verbleibenden Rest seiner Amtszeit wenigstens die drei älteren Diakonissen in der Klinik zu belassen, vor allem die Sekretariatsschwestern, stimmte das Mutterhaus zu. Während die meisten Schwestern die Frauenklinik somit 1959 verließen, blieben die von Dyroff als unersetzlich angesehenen Schwestern bis 1961 bzw. bis 1965. Warum der Einsatz freier Schwestern betrieblich nicht tragbar sei, wurde in dem Schreiben nicht weiter ausgeführt.

Hautklinik und Kieferklinik

Der Einsatz von Diakonissen des Mutterhauses Hensoltshöhe ist für die Haut- und die Kieferklinik belegt, allerdings nur auf der Verwaltungsebene. Über ihre konkrete Arbeit in den Kliniken und deren Verhältnis zum Mutterhaus können daher keine näheren Aussagen gemacht werden. Für die seit dem 1. Januar 1923 in der Hautklinik arbeitenden Diakonissen war laut Vereinbarung vom 1. November 1922 vorgesehen, dass die Klinik zusätzlich zu dem pro Jahr und Schwester zu zahlenden Stationsgeld die Kosten für deren Alters- und Invalidenversicherung zu übernehmen und zusätzlich Wohn- und Schlafraum zur Verfügung zu stellen hatte. Für den Krankheitsfall waren freie ärztliche Behandlung und Pflege sowie im Falle ihres Todes ein würdiges Begräbnis zu übernehmen. Infolge »betrübender Erfahrungen« war die Häufigkeit von Nachtwachen besonders geregelt. Disziplinarisch unterstanden die Diakonissen nicht den Kliniken, sondern dem Mutterhaus.[382]

Die 1939 für die Schwestern ausgehandelten Sätze galten bis 1951. Erst vor dem Hintergrund der tariflichen Erhöhung der Löhne und Gehälter ab April 1951 wandte sich der Rektor der Diakonissenanstalt Hensoltshöhe mit der Bitte um »gütiges Verständnis für die durch die Zeitverhältnisse bedingte notwendige Massnahme« an die Klinik und bat um höhere Zahlungen an das Mutterhaus. Für eine leitende Schwester waren jetzt 150 DM, für eine Vollschwester 110 DM zu zahlen.[383]

Auch die Universitätskieferklinik war von den durch die höheren Stationsgelder notwendig gewordenen Vertragsänderungen betroffen, da sie sieben Diakonissen des Mutterhauses Hensoltshöhe beschäftigte. Während die vom Mutterhaus vorgegebene Einteilung in Ober-, Voll- und Spezialschwestern sowie der Freizeitanspruch zunächst strittige Punkte darstellten, stimmte man der Forderung nach geldlicher Aufbesserung als »dem wesentlichsten Teil des Vertrages« zu. Am 15. Dezember 1951 wurde daher beim zuständigen Bayerischen Staatsministerium für Unterricht und Kultus ein Antrag der Erlanger Universität auf Erhöhung der Schwesternbezüge vorgelegt.[384]

In den 1950er Jahren arbeiteten neben den noch verbliebenen konfessionell gebundenen Diakonissen vor allem Schwestern des Agnes-Karll-Verbandes in den Kliniken. Auch ihr Einsatz ist nur zahlenmäßig und nur auf Verwaltungsebene belegt. Am stärksten waren die Schwestern in der Chirurgie vertreten, dort arbeiteten neben der Oberschwester 43 Schwestern. Darüber hinaus waren sie in der Kinderklinik, der Ohrenklinik, der Augenklinik sowie im Tuberkuloseheim Spardorf angestellt. Eine im Universitätsarchiv überlieferte Kostenaufstellung der Universitätskasse verzeichnet – nach Kliniken geordnet – Namen, Vergütungsgruppen und Zeitpunkt des Examens, lässt aber keine weiteren Rückschlüsse auf die Arbeitssituation zu.[385]

Die Durchsicht der einschlägigen Bestände hat gezeigt, dass vor allem die konfessionell gebundenen Schwestern für die Kliniken zwar aufgrund ihrer »Wirtschaftlichkeit« und Loyalität geschätzte Arbeitskräfte darstellten, die weitreichenden Entscheidungsbefugnisse der Mutterhäuser hinsichtlich des Personaleinsatzes und die daraus resultierenden häufigen Versetzungen von Diakonissen die jeweiligen Klinikleitungen jedoch vor erhebliche organisatorische Probleme stellten. Gerade diese Ambivalenz des schwierigen Verhältnisses scheint die erwähnte These von Pflege und ärztlichem Handeln als nicht voneinander trennbare Elemente eines gemeinsamen Handlungsfeldes zu bestätigen.

Die hohe Bedeutung, die man in Erlangen Ärzten und Pflegenden für die Durchsetzung des nationalsozialistischen Welt- und Menschenbildes zusprach, zeigt sich auch in der Tatsache, dass von 1933 bis 1945 die Funktion des Rektors als »Führers der Universität« stets von Medizinern ausgeübt wurde. Pflegende waren in Erlangen an den in der Frauenklinik vorgenommenen Zwangsabtreibungen bei Zwangsarbeiterinnen und Zwangssterilisierungen beteiligt und in die »Euthanasie« von Kindern und Erwachsenen verstrickt.[386] Die Beteiligung der Schwestern an den Schwangerschaftsabbrüchen bei Zwangsarbeiterinnen ist im Bericht der 1946 eingesetzten Untersuchungskommission dokumentiert. In seiner Funktion als Mitglied der Untersuchungskommission wies der Theologe Hermann Sasse im Zusammenhang mit den Schwangerschaftsabbrüchen in einem offiziellen Schreiben den Rektor der Universität auf die noch überaus enge Verbindung der Schwestern der Frauenklinik zu deren damaligem Leiter Hermann Wintz hin. Er hielt es für untragbar, dass das Personal, vor allem die Schwester, die das Sekretariat verwalte, Wintz weiterhin über alle möglichen Dinge informiere: »Die Schwestern, die so sehr an ihrem früheren Vorgesetzten hängen, dass sie sich mit seiner Entlassung

▸ **Kapitel** Erlanger Kliniker als Hochschulführer. Die Rektoren Reinmöller, Specht und Wintz, S. 234.

▸ **Exkurs** Schwangerschaftsabbrüche an NS-Zwangsarbeiterinnen, S. 274.

nicht abzufinden vermögen, müssen abgelöst werden.«³⁸⁷ Als Ausdruck der reibungslosen Zusammenarbeit zwischen der Evangelischen Diakonissenanstalt Augsburg und der Universitätsfrauenklinik im Zuge der Entnazifizierung 1946 kann eine Bestätigung des Augsburger Rektors gewertet werden, wonach Wintz kein überzeugter Nationalsozialist gewesen sein könne. Als Gründe für seine Einschätzung führte der Rektor u. a. an, dass Wintz Taufen und Andachten trotz des herrschenden Verbotes in der Klinik zugelassen habe und, wie bereits erwähnt, der langjährigen Oberschwester bei ihrem Ausscheiden eine Bibel mitgab. Die unter Wintz durchgeführten Zwangssterilisierungen und Zwangsabbrüche bei »Ostarbeiterinnen« scheinen dieser zum Ausdruck gebrachten Wertschätzung nicht im Wege gestanden zu haben.³⁸⁸

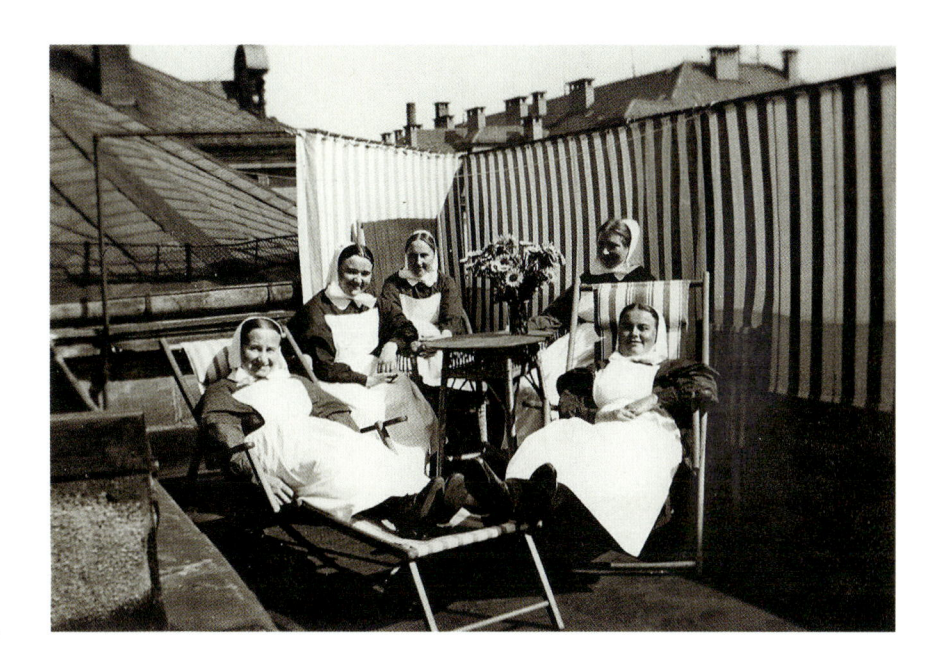

Abb. 53 Diakonissen vor dem Zweiten Weltkrieg, 1938.

Im Gegensatz zur Erlanger Frauenklinik hatte sich die Direktion der Staatlichen Entbindungsklinik und Frauenklinik Bamberg geweigert, Schwangerschaftsunterbrechungen bei »Ostarbeiterinnen« vorzunehmen. Die Ablehnung wurde mit einer notwendigen Rücksichtnahme auf die Hebammenschülerinnen und die katholische Schwesternschaft begründet. Da die Schülerinnen bei allen operativen Fällen anwesend seien, büße der Hebammenlehrer »jede Achtung ein, wenn die Schülerinnen merken, daß hier etwas vorgeht, das ihnen später streng verboten sein soll«. Außerdem eigne sich die Bamberger Klinik, »mit streng katholisch gläubigen Schwestern und den niemals abgenommenen Kruzifixen in den Zimmern« nicht.³⁸⁹

Erlanger Pflegende waren auch an der medizinischen Versorgung der 513 in Erlangen zwangssterilisierten Frauen und Männer beteiligt, die zwischen 1933 und 1945 nach dem Gesetz zur Verhütung erbkranken Nachwuchses (GzVeN) sterilisiert worden waren. Ein Jahr nach Inkrafttreten des Gesetzes, am 1. Januar 1934, waren in der Frauenklinik bereits hundert Frauen sterilisiert worden. Zur konsequenten und raschen Umsetzung des Programms waren die Eingriffe laut Anordnung des Reichsministers des Innern auch ohne endgültige Klärung der Kostenfrage durchzuführen. Auf entsprechende Nachfrage des Rektors der Universität konnte Wintz melden, dass »an der hiesigen Klinik die Sterilisationen stets sofort durchgeführt wurden«.³⁹⁰ Unter den Betroffenen waren auch Patienten der Erlanger Heil- und Pflegeanstalt. Oft wurden sie wegen »Unruhe« sofort nach der Operation wieder in die Heilanstalt verlegt, da eventuell auftretende Wundheilungsstörungen laut Meinung des leitenden Oberarztes Rudolf Dyroff von den tätigen, spezialisierten Pflegekräften besser versorgt werden könnten.³⁹¹

▸ **Kapitel** Die Durchführung der Zwangssterilisationen an der Erlanger Universitätsfrauenklinik, S. 272.

Die Beteiligung konfessioneller Schwestern an den »Unfruchtbarmachungsoperationen« war auch Thema einer Anordnung des Reichsministers des Innern. Sollten sich

Abb. 54 Gruppenfoto der Diakonissen, 1938.

konfessionelle Schwestern weigern, an den Sterilisationen »helfend mitzuwirken«, sei – so die Anordnung – weltliches Hilfspersonal hinzuzuziehen und Druck auf das konfessionelle Pflegepersonal zu unterlassen.[392] In diesem Zusammenhang konnte Dyroff den Rektor der Universität am 12. September 1934 dahin gehend beruhigen, »dass an der Universitäts-Frauenklinik vonseiten der konfessionellen Schwestern keine Schwierigkeiten bei Mitwirkung an Unfruchtbarmachungsoperationen gemacht werden«.[393] Wie viele der in Erlangen zwangssterilisierten Patienten später der »Euthanasie« zum Opfer fielen, ist Gegenstand eines gegenwärtig am Institut für Geschichte und Ethik der Medizin angesiedelten Forschungsprojektes.[394]

Die nationalsozialistische Durchdringung des Gesundheitssystems beeinflusste auch stark die Erlanger Ausbildungs- und Schulbelange. Der Forderung der NS-Volkswohlfahrt nach der Einrichtung qualifizierter Krankenpflegeschulen an den Erlanger Kliniken hielt man allerdings den in der (Bau-)Geschichte des Klinikums häufig zu findenden Hinweis auf eine schlechte personelle und räumliche Ausstattung entgegen: Diese verhinderten nach Meinung der Klinikleiter adäquate Ausbildungsmöglichkeiten im laufenden Betrieb der Kliniken. In diesem Sinne wandte sich auch der Leiter der Kinderklinik, Friedrich Jamin, Ende Oktober 1938 auf dem Dienstweg über den Dekan der Medizinischen Fakultät mit einem ausführlichen Schreiben an den Rektor der Universität. Sein Anliegen, die staatliche Anerkennung der Kinderklinik als Säuglings- und Kleinkinderpflegeschule, sei ganz im Sinne der NS-Volkswohlfahrt und ein »Gebot der Stunde«, da sich die Klinik den Bestrebungen, die Gesundheitsverhältnisse für Mutter und Kind zu verbessern, nicht länger entziehen könne. Voraussetzung für die wünschenswerte Einrichtung einer Schwesternschule sei allerdings eine durchgreifende Verbesserung der Bedingungen in der Klinik: »Keine Universitätskinderklinik in Deutschland hat den gleichen dürftigen Personalstand«, so Jamin. Auch bei früheren Gelegenheiten habe er mehrfach auf eine entsprechende Ausbildungspflicht der Kinderklinik hingewiesen, der man aber aufgrund der schlechten räumlichen und personellen Ausstattung schon damals nicht hätte nachkommen können.[395] Tatsächlich hatte Jamin mit der Begründung der schlechten räumlichen Bedingungen und der völligen Arbeitsüberlastung 1936 und 1937 eingebrachte Pläne zur Verlagerung von Ausbildungskursen in die Räume der Kinderklinik abgelehnt und sich insbesondere gegen das Vorhaben gewehrt, den Unterricht von Hebammenschülerinnen in Ernährungslehre in der Kinderklinik abhalten zu lassen. Den Krankenschwestern könne die damit verbundene Mehrarbeit nicht auferlegt werden, ohne sie in ihren Arbeitsmöglichkeiten und auch ihrer Gesundheit zu gefährden, da sich viele Tätigkeiten und Verrichtungen in allzu engen, zum Teil winzigen Räumen abspielen müssten.[396] Das gleiche Argumentationsmuster, Betonung des Ausbildungspotenzials für Pflegekräfte bei gleichzeitiger Betonung der fehlenden Ausstattung, kennzeichnet auch schon eine Denkschrift von 1929.[397]

Auch der weiteren Forderung der NS-Volkswohlfahrt nach einer Ausbildung von NS-Lernschwestern im Rahmen der bestehenden Krankenpflegeschule schienen die Kliniker skeptisch gegenüberzustehen. Sie verwiesen in diesem Zusammenhang auf die Mängel in der Versorgungslage und andere allgemeine Missstände, die eine Ausbildung im laufenden Betrieb nicht zuließen. Die Verhandlungen zwischen dem Universitätskrankenhaus und der NS-Volkswohlfahrt um die Ausbildung von NS-Lernschwestern hatten bereits 1938 begonnen, zogen sich aber über Jahre hin. Noch im Juni 1942 schienen strittige Punkte wie z. B. die endgültige Anzahl der aufzunehmenden Schülerinnen nicht geklärt zu sein. Zur Unterbringung der NS-Lernschwestern erstand die NSV das Gebäude des Verbindungshauses des studentischen Gesangsvereins Fridericiana in der Spardorfer Straße 32. Nach Ende des Zweiten Weltkrieges erhoben die Stadt, der Altherrenverband des Studentengesangsvereins und das Mutterhaus der katholischen Franziskusschwestern Ansprüche auf das Grundstück.[398]

Das Weiterbildungsangebot der Kliniken für Pflegekräfte wurde von den fachlichen Schulungskursen der Abteilung Volksgesundheit der Deutschen Arbeiterfront (DAF) dominiert und hatte der »weltanschaulichen Schulung« zu dienen. Die Referenten der im Festsaal der Heil- und Pflegeanstalt sowie im Hörsaal des Pathologischen Instituts angebotenen Schulungen waren »namhafte« Professoren und Ärzte, sodass »für die Kursteilnehmer ein voller Gewinn verbürgt« war. Die Vorstände der Kliniken und Institute waren aufgefordert, für das vollständige Erscheinen aller Mitarbeiter im Bereich der Pflege zu sorgen. Themen des Jahres 1937 waren beispielsweise die soziale Bedeutung der Erbbiologie, Fragen der Rassenhygiene, das Gesetz zum Schutz des Deutschen Blutes und der deutschen Ehre vom 15. September 1935 (»Blutschutzgesetz«) sowie das Ehegesundheitsgesetz vom 18. Oktober 1935, das »Erbkrankheiten« und »Infektionskrankheiten« als Ehehindernis einführte. Offensichtlich maßen die Verantwortlichen der Veranstaltungsreihe einen hohen Stellenwert bei, denn zum Eröffnungsvortrag eines hohen Parteimitgliedes der NSDAP aus Nürnberg wurden die Vorstände der Kliniken gesondert eingeladen.[399]

Die Einrichtung der Krankenpflegeschule 1928

Am 20. November 1928 hatte das Bayerische Staatsministeriums für Unterricht und Kultus dem Verwaltungsausschuss der Universität nach langen Verhandlungen mitgeteilt, dass gegen die Errichtung einer Krankenpflegeschule im Universitätskrankenhaus und in der Universitätsfrauenklinik grundsätzlich keine Einwände bestünden. Die Schülerinnen sollten für Unterbringung im Schwesterhaus und Verpflegung aus der Küche der Universitätsfrauenklinik zwei Fünftel des Verpflegungssatzes dritter Klasse sowie jährlich 40 Reichsmark Schulgeld zahlen.[400] Die Genehmigung erfolgte dann am 31. Dezember 1928.

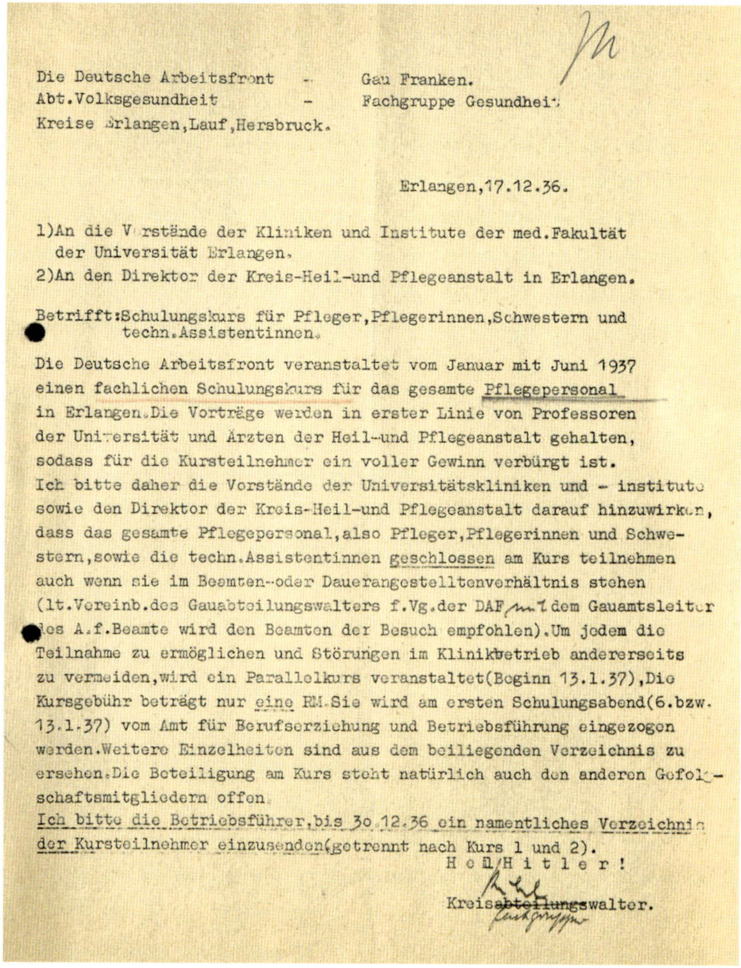

Die Deutsche Arbeitsfront - Gau Franken.
Abt.Volksgesundheit - Fachgruppe Gesundheit
Kreise Erlangen,Lauf,Hersbruck.

Erlangen,17.12.36.

1)An die Vorstände der Kliniken und Institute der med.Fakultät der Universität Erlangen.
2)An den Direktor der Kreis-Heil-und Pflegeanstalt in Erlangen.

Betrifft:Schulungskurs für Pfleger,Pflegerinnen,Schwestern und techn.Assistentinnen.

Die Deutsche Arbeitsfront veranstaltet vom Januar mit Juni 1937 einen fachlichen Schulungskurs für das gesamte Pflegepersonal in Erlangen.Die Vorträge werden in erster Linie von Professoren der Universität und Ärzten der Heil-und Pflegeanstalt gehalten, sodass für die Kursteilnehmer ein voller Gewinn verbürgt ist.
Ich bitte daher die Vorstände der Universitätskliniken und - institute sowie den Direktor der Kreis-Heil-und Pflegeanstalt darauf hinzuwirken, dass das gesamte Pflegepersonal,also Pfleger,Pflegerinnen und Schwestern,sowie die techn.Assistentinnen geschlossen am Kurs teilnehmen auch wenn sie im Beamten-oder Dauerangestelltenverhältnis stehen (lt.Vereinb.des Gauabteilungswalters f.Vg.der DAF mit dem Gauamtsleiter des A.f.Beamte wird den Beamten der Besuch empfohlen).Um jedem die Teilnahme zu ermöglichen und Störungen im Klinikbetrieb andererseits zu vermeiden,wird ein Parallelkurs veranstaltet(Beginn 13.1.37),Die Kursgebühr beträgt nur eine RM.Sie wird am ersten Schulungsabend(6.bzw. 13.1.37) vom Amt für Berufserziehung und Betriebsführung eingezogen werden.Weitere Einzelheiten sind aus dem beiliegenden Verzeichnis zu ersehen.Die Beteiligung am Kurs steht natürlich auch den anderen Gefolgschaftsmitgliedern offen.
Ich bitte die Betriebsführer,bis 30.12.36 ein namentliches Verzeichnis der Kursteilnehmer einzusenden(getrennt nach Kurs 1 und 2).

Heil Hitler!

Kreis~~abteilungs~~walter.

Abb. 55 Schreiben der Deutschen Arbeiterfront bezüglich »fachliche[m] Schulungskurs für das gesamte Pflegepersonal« vom 17. Dezember 1936.

Als Leiter der Schule wurde der ärztliche Leiter bestellt, wobei der eigentliche Unterricht von einem Arzt erteilt wurde. Die Kursinhalte wurden von den Unterrichtsschwestern, die über keine theoretische Ausbildung, aber zumeist langjährige Berufserfahrung verfügten, vertieft. Die Schwestern übernahmen auch die Betreuung der Schülerinnen.

Die Höchstzahl lag bei zwölf Schülerinnen, deren einjährige Ausbildung ausschließlich über das Schul- und Verpflegungsgeld zu finanzieren war, da staatliche Mittel nicht zur Verfügung standen.[401] Zu den Schülerinnen zählten auch Schwestern des Augsburger Mutterhauses. So legten 1929 fünf Schwestern das staatliche Krankenpflegeexamen mit gutem Erfolg ab.[402] Da die Eigenkosten der Schülerinnen Anfang der 1930er Jahre in Erlangen höher waren als im benachbarten Nürnberg, fürchtete man die »Abwanderung« der Schülerinnen und schlug eine Verringerung der Verpflegungskosten oder des Schulgeldes vor.[403]

Der Gründung der Krankenpflegeschule 1928 an der Medizinischen Klinik folgte dreißig Jahre später die Gründung der Schwesternschule an der Chirurgischen Klinik durch Gerd Hegemann (1912–1999). Zum Zeitpunkt der 25-Jahr-Feier der Staatlichen Berufsfachschule für Krankenpflege am 10. September 1983 waren 700 Schülerinnen ausgebildet worden.[404]

Durch Ministerialerlasse in den Jahren 1946 und 1947 waren die Krankenpflege- und die Kinderkrankenpflegeschule in Bayern offiziell wieder geöffnet, doch blieb die Situation in Erlangen wie andernorts nach Kriegsende lange durch räumliche, finanzielle und personelle Mängel gekennzeichnet. So waren die Schülerinnen der Erlanger Krankenpflegeschule seit 1946 behelfsmäßig in einer Baracke in der Östlichen Stadtmauerstraße untergebracht. Mehrere Versuche, sie anderweitig unterzubringen, waren stets daran gescheitert, dass die in Aussicht genommenen Räumlichkeiten jeweils dringender für andere Zwecke gebraucht wurden. Zwar lässt sich diese Hintansetzung als Hinweis auf den möglicherweise geringen Stellenwert der Pflege interpretieren, sie ist aber auch typisch für die desolate, durch eklatante Verknappung geprägte Nachkriegssituation des Klinikums.

▸ **Kapitel** »Wir sind hier in der Tat am Ende«: die Nachkriegszeit, S. 300.

Eine weitere Schwierigkeit ergab sich für das Universitätskrankenhaus durch die seitens des Bayerischen Staatsministeriums für Unterricht und Kultus für 1948 geplante Erhebung von Kursgebühren und Verpflegungsgeld. Der Vorstand der Medizinischen Klinik und Direktor des Universitätskrankenhauses, Karl Matthes (1905–1962), lehnte diese Maßnahme strikt ab. Da andere Ausbildungsstätten diese Gebühren nicht verlangten, fürchtete er um die Wettbewerbsfähigkeit, da mit einer Abwanderung der dringend benötigten Schülerinnen an andere Schulen zu rechnen sei.[405]

Ein undatierter, wohl aus der frühen Nachkriegszeit stammender Brief von Schülerinnen an den Rektor der Universität, mit dem sie gegen die Erhebung eines Schulgeldes in Höhe von 50 Mark protestieren, stellt ein seltenes Selbstzeugnis von Pflegeschülerinnen dar. Der laufende Betrieb der Kinderklinik wäre seit jeher auf die Dienstleistungen der Schülerinnen angewiesen, da ohne die Schülerinnen zwei weitere Vollschwestern notwendig gewesen wären. Die teilweise aus Flüchtlingsfamilien stammenden, namentlich unterzeichnenden Schülerinnen begründeten ihren Einspruch darüber hinaus mit der schlechten wirtschaftlichen Lage ihrer Eltern. Außerdem baten sie um eine Erhöhung der Unterrichtsstunden sowie deren Anrechnung auf die Arbeitszeit.[406]

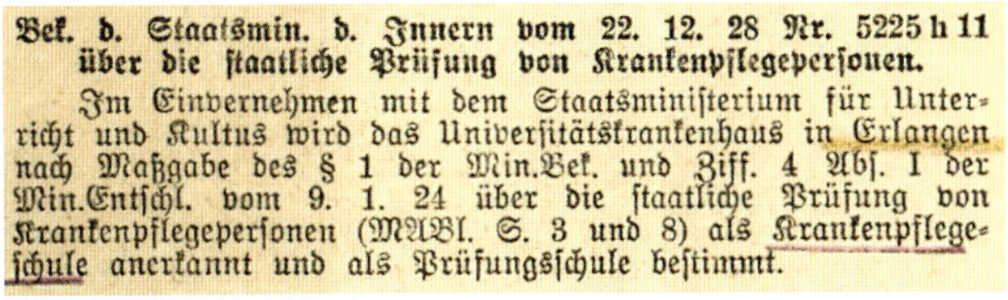

Bek. d. Staatsmin. d. Innern vom 22. 12. 28 Nr. 5225 h 11 über die staatliche Prüfung von Krankenpflegepersonen.

Im Einvernehmen mit dem Staatsministerium für Unterricht und Kultus wird das Universitätskrankenhaus in Erlangen nach Maßgabe des § 1 der Min.Bek. und Ziff. 4 Abs. I der Min.Entschl. vom 9. 1. 24 über die staatliche Prüfung von Krankenpflegepersonen (MABl. S. 3 und 8) als Krankenpflegeschule anerkannt und als Prüfungsschule bestimmt.

Abb. 56 Bekanntmachung des Staatsministeriums des Inneren vom 22. Dezember 1928.

Die strengen Reglements der Schul- und Hausordnungen führten häufig zu Auseinandersetzungen zwischen Schulleitung und Schülerinnen und Schülern. Während die im Mai 1968 für die Erlanger Bevölkerung ausgerichtete Informationsveranstaltung »Tag der Pflege«, verbunden mit Besichtigungsmöglichkeiten der Krankenpflegeschulen, für ein modernes und weltoffenes Berufsbild warb, wurden Regelverstöße seitens der Schulleitungen intern streng geahndet.[407] So beinhaltete die Hausordnung für die Schwesternunterkünfte der Chirurgischen Klinik noch in den späten 1960er Jahren ein weitgehendes Kontrollrecht der Oberschwester, die die Schwesternzimmer jederzeit betreten durfte. 1963 erhielt eine Schwesternschülerin der Chirurgischen Klinik einen strengen Verweis des ärztlichen Schulleiters Karl Heinz Hackethal (1921–1997), da sie das Wohnheim unentschuldigt verlassen hatte. Noch Mitte der 1970er Jahre wurde einem Pflegeschüler das Zimmer gekündigt, da sein Verhalten im Wohnheim in grober Weise gegen die Hausordnung verstoßen habe. Die »vermehrte Abnützung des Zimmers und der Einrichtung« wurde dem Schüler vom Leiter der Chirurgischen Krankenpflegeschule in Rechnung gestellt.

Die Teilnahme einiger Schüler an einem Boykott des Schulunterrichts im Frühjahr 1974 nahm die Schulleitung zum Anlass, dem gesamten Kurs »alle Vergünstigungen« bis zum Oktober 1974 zu streichen, außerdem verwies sie auf ihr Recht, bei Verweigerung des Unterrichts eine fristlose Kündigung auszusprechen. Auch die Sauberkeit des Unterrichtsraums der Schule hatte hohe Priorität. Diesbezügliches Fehlverhalten wurde als »gegen die Schule und die Klassengemeinschaft gerichtet« gewertet und mit einer Erziehungsmaßnahme, namentlich der Übernahme des Klassendienstes, sanktioniert.

Auch wenn die näheren Umstände und Motive der skizzierten »Verstöße« nicht bekannt und die Berechtigung der erhobenen Sanktionen im Einzelfall damit nicht überprüfbar sind, fällt die Kontinuität von langlebigen Denk- und Bewertungsmustern auf, die charakterliche Eigenschaften wie »Ordnungsliebe« und fachliche Eignung eng verknüpften. Pflicht- und Verantwortungsbewusstsein sowie Zuverlässigkeit

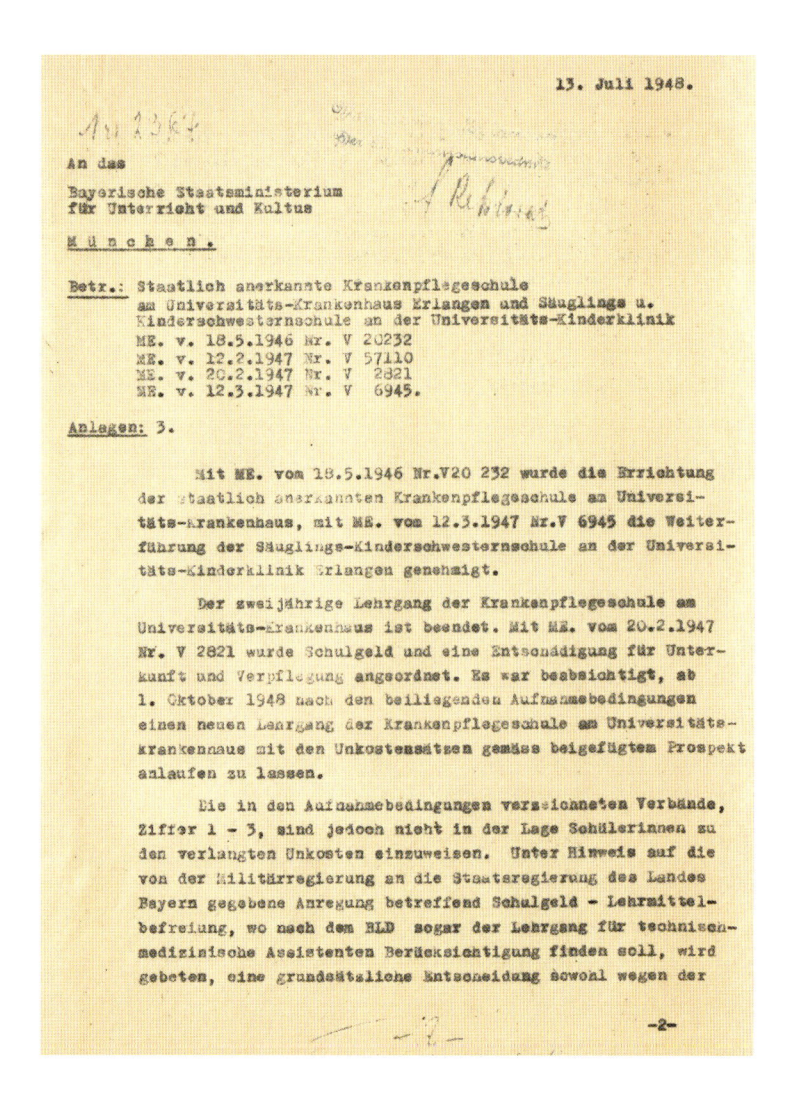

Abb. 57 Schreiben der Universität, in dem retrospektiv über die »Errichtung der staatlich anerkannten Krankenpflegeschule am Universitäts-Krankenhaus« mit Ministerialerlass 18. Mai 1946 berichtet wird, 1948.

der Schülerinnen ließen sich offensichtlich bis weit in die 1970er Jahre an der Sauberkeit der Wohn- und Unterrichtsräume ablesen. Dabei verdeutlicht ein umfangreicher, auf eine Verbesserung der Wohn- und Ausbildungssituation zielender Forderungskatalog aus dem Jahr 1970 den Wunsch nach mehr Eigenverantwortung auf der Station: »Es sieht so aus, als wäre es eine Gnade[,] hier Schülerin zu sein. Die Schule braucht auch uns.« Die Beurteilung des praktischen Stationseinsatzes sollte nicht der Stationsschwester allein, sondern auch Mitschwestern und Patienten obliegen. 1985 fand der Protest der Lernschwestern und Lernpfleger der Chirurgischen Krankenpflegeschule gegen eine geplante Kürzung ihrer Ausbildungsvergütung um 40 Prozent dann die volle Unterstützung der Schulleitung. Ihre gemeinsame Petition an den Landtagspräsidenten wurde als offener Brief auch an die Lokalpresse sowie die Süddeutsche Zeitung geschickt.

Die jüngere Entwicklung

Im Pflege- und Funktionsdienst des Universitätsklinikums Erlangen arbeiten 2015 rund 3000 Mitarbeiter. Laut des Zielsystems des Klinikums gehören eine qualitativ hochwertige Pflege durch Beachtung nationaler Expertenstandards und gezielte Personalentwicklung durch ein umfangreiches Fortbildungsprogramm zu den strategischen Zielen für den Zeitraum 2014–2017. Dabei werden aktuelle Modernisierungsbestrebungen in Erlangen in hohem Maße von Pflegenden selbst initiiert. So sieht sich der Pflegedienst am Klinikum Erlangen als »Motor der pflegerischen Entwicklung« in Bayern, der den Pflege- und Behandlungsprozess eigenverantwortlich und in Kooperation mit anderen Berufsgruppen gestaltet und in seinem Aktionsplan auf eine umfassende Weiterbildung und die Entwicklung und Implementierung von Pflegekonzepten setzt.[408] Zum Aktionsplan gehören u. a. die Festlegung einer einheitlichen Pflegedefinition sowie die Benennung zukünftiger Handlungsfelder der Pflege. Zur Qualitätsentwicklung und -sicherung in der Pflege liegt bereits seit 1998 ein von der damaligen Qualitätskommission Pflegedienst erarbeitetes, ständig aktualisiertes Qualitätshandbuch vor. Nach einer Festlegung des Pflegeleitziels und einer Pflegedefinition (»Pflegerisches Handeln erfolgt auf evidenzbasiertem Wissen und reflektierter Erfahrung. Sie bezieht physische, spirituelle, ethische, soziokulturelle, alters- und geschlechtsbezogene Aspekte ein.«) werden Vorgaben zur Qualitätssicherung in der direkten und indirekten Patientenversorgung beschrieben.

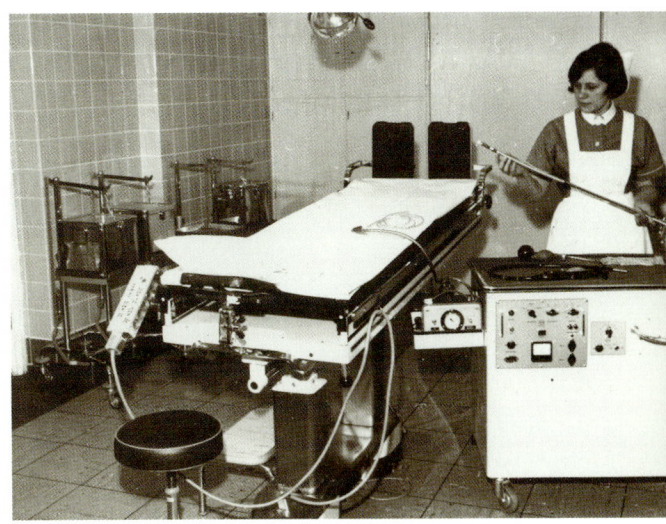

Die Gesundheitsreformen der letzten Jahrzehnte und die Umsetzung berufspolitischer Forderungen wie die Qualitätssicherung zur Sicherstellung, Transparenz und Dokumentation einer zweckmäßigen, wirtschaftlichen und ganzheitlichen Pflege oder die 1993 in Kraft getretene Pflegepersonalregelung (PPR) führten auch in Erlangen zu Veränderungen in der Pflegelandschaft. Darüber hinaus veränderten die medizinischen und medizintechnischen Entwicklungen sowie der demografische Wandel das Anforderungsprofil der Pflegenden. Vor allem die Vielzahl der angebotenen Fachweiterbildungen (Intensivmedizin und Anästhesie in der Chirurgie seit 1974, Operationsdienst seit 1987, pädiatrische Intensivpflege seit 1990, Intensivmedizin und Innere Medizin seit 1992, Intensivpflege und Anästhesie seit 2002, Rehabilitation seit 2008 und Onkologie seit 2010) sowie die berufliche Spezialisierung, zum Beispiel seit 2002 zur Operationstechnischen Assistentin (OTA), spiegeln diese starken Veränderungen wider. Unter den innerbetrieblichen Fort- und Fachweiterbildungen erlangten vor allem die zwischen 1977 und 1994 von Anneliese Eidner als erster Stomatherapeutin Deutschlands mitbegründeten Stomapflegekurse an der Chirurgischen Universitätsklinik Erlangen überregionale Bedeutung.[409] Bereits 1998 wurde ein Konzept zur Kinästhetik, ein Jahr später ein Konzept zur Einführung der Basalen Stimulation in der Pflege eingeführt.

Weitere Entwicklungsimpulse gingen von den landesweiten Bestrebungen zur Akademisierung der Pflege aus. Nachdem in anderen Bundesländern schon ab den späten 1980er Jahren Studiengänge für Pflegewissenschaften etabliert worden waren, wurden 1994 auch an bayerischen Hochschulen und Fachhochschulen die Fächer Pflegemanagement und Pflegepädagogik eingeführt. 1999 war Professor Christine Fiedler, Pflegedirektion, die erste Mitarbeiterin am Klinikum Erlangen mit einem internationalen Abschluss der Pflegewissenschaft. Den hohen Stellenwert des Pflegemanagements zeigen auch studentische Projektberichte, z. B. zur Evaluation des pflegerischen Erstgesprächs sowie die Diplomarbeiten zur Dokumentation und elektronischen Erfassung pflegerischer Leistungen. Gemessen werden u. a. der Grad der Pflegebedürftigkeit sowie die pflegerische ▸

Abb. 58 Gruppenfoto, um 1968.
Abb. 59 Endoskopie in der Medizinischen Klinik, 1965.

DIE HEBAMMENSCHULE: AUS BARACKEN IN DIE »ZAHNSCHE VILLA«

Die Hebammenschule ist die älteste der nunmehr neun staatlichen Berufsfachschulen, die aktuell unter dem Dach des Universitätsklinikums betrieben werden. Bemühungen zu ihrer Gründung reichen mindestens bis ins Jahr 1843/44 zurück: Aus dieser Zeit sind zwei Versuche des Senates der Universität dokumentiert, die bereits seit 1780 bestehende Bamberger Hebammenschule mit ihrer Entbindungsanstalt nach Erlangen zu holen. Dies scheiterte allerdings jeweils am erbitterten Widerstand der Betroffenen. Ebenso verhielt es sich 1869 mit einem entsprechenden Vorstoß von Karl Schroeder (1838–1887), der damals gerade zum Professor für Geburtshilfe in Erlangen berufen worden war.[1] Erst seinem Antrag auf Neuerrichtung einer eigenen Hebammenschule wurde im Jahr 1874 schließlich stattgegeben.[2]

Das lebhafte Erlanger Interesse an einer Hebammenschule war weniger dem Wunsch geschuldet, zur Verbesserung der Hebammenausbildung beizutragen. Es ging vielmehr stets in erster Linie darum, den geburtshilflichen Unterricht für Medizinstudenten sicherzustellen. Die örtliche Entbindungsklinik, damals noch im »Rosshirtschen Bau« auf dem Gelände der heutigen Pathologie untergebracht, litt seit ihrer Gründung 1828 unter dem in ihren Anfängen allgemein schlechten Ruf der universitären Gebärhäuser, die dafür berüchtigt waren, Schwangere als Demonstrationsobjekte zu missbrauchen.[3] Eine Liberalisierung in der Gesetzgebung, die den Druck auf unehelich Schwangere zur Entbindung in einem Gebärhaus milderte, trug in den 1860er Jahren dazu bei, dass die Zahl der Klinikgeburten nach vorübergehendem Anstieg sogar eine stark abnehmende Tendenz aufwies. Klinikdirektor Schröder sah in dieser Situation 1869 einen »schreienden Nothstand [...], dem auf irgend eine Weise abgeholfen werden muß«.[4]

In Konkurrenz zu Nürnberg und Fürth

Von der letztlich gescheiterten Verlegung der Bamberger Einrichtung nach Erlangen hatte sich Schröder zusätzliche Geburten erhofft. Mit der Neugründung wollte er nun offenbar in erster Linie ein Erstarken der klinischen Geburtshilfe in den Nachbarstätten Nürnberg und Fürth zulasten Erlangens vermeiden. So jedenfalls kann seine Warnung vor einer Ablehnung seines Antrages auf Errichtung einer eigenen Hebammenschule verstanden werden, die er unter anderem auch damit begründete, dass in diesem Falle »dieselbe in Nürnberg errichtet werden wird«.[5] Im Rosshirtschen Bau kamen zu Beginn der Amtszeit Schröders etwa 75 Frauen jährlich nieder. Die der Bamberger Hebammenschule assoziierte Entbindungsanstalt hatte dagegen zu dieser Zeit bereits über 200 Geburten im Jahr und genoss einen ausgezeichneten Ruf.

Bei der Gründung der Erlanger Hebammenschule am 3. März 1874 durch königliches Dekret wurde Schröder zum Direktor bestimmt – eine Verknüpfung mit dem Amt des Klinikdirektors, die auch heute noch gilt. Ihm zur Seite standen ein in der Stadt praktizierender Arzt für die Durchführung des theoretischen und praktischen Unterrichtes sowie eine Oberhebamme. Als Repetitor fungierte der Assistent der Entbindungsanstalt. Der erste Kurs mit 12 Schülerinnen begann noch im Gründungsjahr und dauerte vom 15. Juli bis zum 15. November. Den Termin in den Semesterferien hatte Schröder vorgeschlagen, um sicherzustellen, »daß [der Kurs] mit dem Universitätsunterricht so wenig als möglich kollidiert«.[6]

»Kollisionen« in der Ausbildung Die angesprochenen »Kollisionen« der Hebammenausbildung mit dem Studentenunterricht spielten in der Geschichte der Schule immer wieder eine Rolle. So machte es die Verlängerung der Kursdauer auf zunächst fünf (1879) und dann ab 1927 auf zwölf Monate zunehmend schwieriger, bei der praktischen Ausbildung am Kreißbett beiden Gruppen Rechnung zu tragen. Verschärfend wirkte sich die Tatsache aus, dass sowohl die Zahl der Medizinstudierenden als auch der Hebammenschülerinnen zunahm. Der gleichzeitige Anstieg der Geburtenzahlen konnte das Problem nicht lösen.

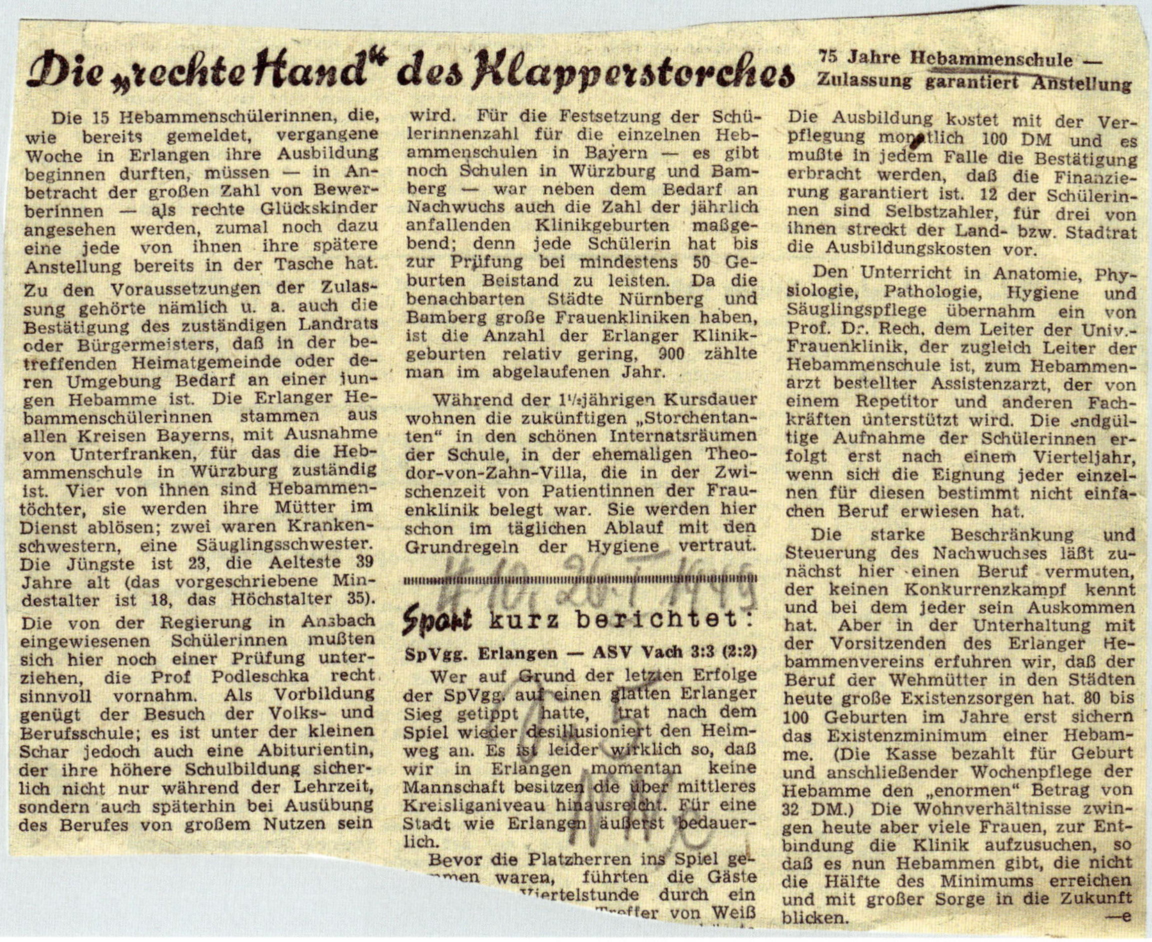

Die „rechte Hand" des Klapperstorches

75 Jahre Hebammenschule — Zulassung garantiert Anstellung

Die 15 Hebammenschülerinnen, die, wie bereits gemeldet, vergangene Woche in Erlangen ihre Ausbildung beginnen durften, müssen — in Anbetracht der großen Zahl von Bewerberinnen — als rechte Glückskinder angesehen werden, zumal noch dazu eine jede von ihnen ihre spätere Anstellung bereits in der Tasche hat. Zu den Voraussetzungen der Zulassung gehörte nämlich u. a. auch die Bestätigung des zuständigen Landrats oder Bürgermeisters, daß in der betreffenden Heimatgemeinde oder deren Umgebung Bedarf an einer jungen Hebamme ist. Die Erlanger Hebammenschülerinnen stammen aus allen Kreisen Bayerns, mit Ausnahme von Unterfranken, für das die Hebammenschule in Würzburg zuständig ist. Vier von ihnen sind Hebammentöchter, sie werden ihre Mütter im Dienst ablösen; zwei waren Krankenschwestern, eine Säuglingsschwester. Die Jüngste ist 23, die Aelteste 39 Jahre alt (das vorgeschriebene Mindestalter ist 18, das Höchstalter 35).

Die von der Regierung in Ansbach eingewiesenen Schülerinnen mußten sich hier noch einer Prüfung unterziehen, die Prof Podleschka recht sinnvoll vornahm. Als Vorbildung genügt der Besuch der Volks- und Berufsschule; es ist unter der kleinen Schar jedoch auch eine Abiturientin, der ihre höhere Schulbildung sicherlich nicht nur während der Lehrzeit, sondern auch späterhin bei Ausübung des Berufes von großem Nutzen sein wird. Für die Festsetzung der Schülerinnenzahl für die einzelnen Hebammenschulen in Bayern — es gibt noch Schulen in Würzburg und Bamberg — war neben dem Bedarf an Nachwuchs auch die Zahl der jährlich anfallenden Klinikgeburten maßgebend; denn jede Schülerin hat bis zur Prüfung bei mindestens 50 Geburten Beistand zu leisten. Da die benachbarten Städte Nürnberg und Bamberg große Frauenkliniken haben, ist die Anzahl der Erlanger Klinikgeburten relativ gering, 900 zählte man im abgelaufenen Jahr.

Während der 1½jährigen Kursdauer wohnen die zukünftigen „Storchentanten" in den schönen Internatsräumen der Schule, in der ehemaligen Theodor-von-Zahn-Villa, die in der Zwischenzeit von Patientinnen der Frauenklinik belegt war. Sie werden hier schon im täglichen Ablauf mit den Grundregeln der Hygiene vertraut.

Die Ausbildung kostet mit der Verpflegung monatlich 100 DM und es mußte in jedem Falle die Bestätigung erbracht werden, daß die Finanzierung garantiert ist. 12 der Schülerinnen sind Selbstzahler, für drei von ihnen streckt der Land- bzw. Stadtrat die Ausbildungskosten vor.

Den Unterricht in Anatomie, Physiologie, Pathologie, Hygiene und Säuglingspflege übernahm ein von Prof. Dr. Rech, dem Leiter der Univ.-Frauenklinik, der zugleich Leiter der Hebammenschule ist, zum Hebammenarzt bestellter Assistenzarzt, der von einem Repetitor und anderen Fachkräften unterstützt wird. Die endgültige Aufnahme der Schülerinnen erfolgt erst nach einem Vierteljahr, wenn sich die Eignung jeder einzelnen für diesen bestimmt nicht einfachen Beruf erwiesen hat.

Die starke Beschränkung und Steuerung des Nachwuchses läßt zunächst hier einen Beruf vermuten, der keinen Konkurrenzkampf kennt und bei dem jeder sein Auskommen hat. Aber in der Unterhaltung mit der Vorsitzenden des Erlanger Hebammenvereins erfuhren wir, daß der Beruf der Wehmütter in den Städten heute große Existenzsorgen hat. 80 bis 100 Geburten im Jahre erst sichern das Existenzminimum einer Hebamme. (Die Kasse bezahlt für Geburt und anschließender Wochenpflege der Hebamme den „enormen" Betrag von 32 DM.) Die Wohnverhältnisse zwingen heute aber viele Frauen, zur Entbindung die Klinik aufzusuchen, so daß es nun Hebammen gibt, die nicht die Hälfte des Minimums erreichen und mit großer Sorge in die Zukunft blicken. —e

Sport kurz berichtet:

SpVgg. Erlangen — ASV Vach 3:3 (2:2)

Wer auf Grund der letzten Erfolge der SpVgg. auf einen glatten Erlanger Sieg getippt hatte, trat nach dem Spiel wieder desillusioniert den Heimweg an. Es ist leider wirklich so, daß wir in Erlangen momentan keine Mannschaft besitzen die über mittleres Kreisliganiveau hinausreicht. Für eine Stadt wie Erlangen äußerst bedauerlich.

Bevor die Platzherren ins Spiel ge- …men waren, führten die Gäste … Viertelstunde durch ein … Treffer von Weiß

Abb. 1 In großer Aufmachung berichteten die *Nürnberger Nachrichten* 1949 über die Wiederaufnahme des Unterrichts in der Erlanger Hebammenschule. Nach mehrjähriger Zwangspause durch die Wirren der Nachkriegszeit hatte am 8. Januar mit 15 Schülerinnen der erste Kurs begonnen.

Die Hebammenschule wurde nun für die Medizinerausbildung als »zunehmende Belastung« empfunden, die aber aus Prestigegründen nicht verzichtbar sei. Bemerkenswert ist ein Schreiben der Fakultät aus dem Jahr 1932, in dem es hieß: »Hebammen und Ärzte können nicht an der gleichen [sic!] Kreissenden ausgebildet werden, weil es für das Ansehen des Ärztestandes abträglich wäre, wenn Medizinstudierende sich bei einer Entbindung ungeschickter anstellen würden als Hebammen-Schülerinnen.«[7] Der damalige Klinikdirektor Herman Wintz regte deshalb eine Kooperation mit der Hebammenschule in Bamberg an, die es Erlanger Studenten ermöglichen sollte, dort die für das Examen nötigen Geburten zu »heben«. Umgekehrt war auch ein Austausch von Hebammen zwischen den Schulen vorgesehen.

Diese Kooperation ist dann mit Zustimmung der Fakultät tatsächlich realisiert worden. Das Bayerische Kultusministerium erkannte die von Erlanger Medizinstudenten in Bamberg geleiteten Geburten für das Examen an.[8] Für das Gelingen nicht unwichtig dürfte die Tatsache gewesen sein, dass der damalige Erlanger Hebammenlehrer Werner Lüttge (1895–1979), der sich 1930 bei Wintz für Geburtshilfe, Frauenheilkunde und Röntgenologie habilitiert hatte (ao. Professor seit 1934), 1933 die Leitung der Staatlichen Bamberger Hebammenschule und Frauenklinik übernahm. Zu Einzelheiten dieser Zusammenarbeit ist bisher jedoch nichts bekannt, ebenso wenig dazu, wann und wie die Kooperation endete. Bei Wiederaufnahme des Hebammenschulbetriebes in Erlangen nach dem Zweiten Weltkrieg war davon jedenfalls nicht mehr die Rede.

NS-Aktivist als Hebammenlehrer

Mit Lüttges Wechsel war für die Hebammenschule in doppelter Hinsicht eine Zäsur verbunden, deren praktische Auswirkungen auf den Schulbetrieb allerdings bisher weitgehend unklar sind: Zum einen markierte die Machtübernahme der Nationalsozialisten den Beginn einer tief greifenden Veränderung im Status und Berufsbild der Hebammen, zum anderen wurde mit Hans Albrecht Molitoris ein ausgewiesener NS-Aktivist zum Hebammenlehrer ernannt. Molitoris, Sohn von Hans Molitoris (1874–1972), des Erlanger Ordinarius für Gerichtsmedizin, war Gaudozentenbundsführer und Assistent bei Wintz; er betreute die Hebammenschule bis zu seiner Einberufung zum Militär im Jahr 1939. Man liegt wahrscheinlich nicht völlig falsch in der Annahme, dass unter seiner Ägide das dem NS gemäße Bild von der Hebamme als bevölkerungspolitischer Propagandistin und Multiplikatorin der Erb- und Rassepflege-Ideologie in den Unterricht Eingang fand.[9] Die Ausbildungszeit betrug nunmehr 18 Monate.

Abb. 2 In der »Zahnschen Villa« fand die Hebammenschule erstmals eine eigene Unterkunft.

In der über 140-jährigen Geschichte der Hebammenschule sind nur in den Jahren 1923/24 auf dem Höhepunkt von Inflation und Wirtschaftskrise sowie nach dem Ende des Zweiten Weltkrieges zwischen 1946 und 1948 keine Kurse abgehalten worden. Die Zahl der Schülerinnen bewegte sich stets zwischen 12 und über 20. Der erste Kurs nach dem Zweiten Weltkrieg begann am 8. Januar 1949 mit 15 Schülerinnen, die im Gegensatz zu ihren Vorgängerinnen in der NS-Zeit das Schulgeld selbst aufbringen mussten. Mit dem Wiederbeginn des Unterrichtes fand die Schule endlich auch eine dauerhafte Unterkunft: Nach jahrzehntelanger Wanderung durch Baracken-Provisorien und häufig wechselnde Klinikgebäude konnte die extra neu hergerichtete »Zahnsche Villa« an der Östlichen Stadtmauerstraße direkt neben der Frauenklinik bezogen werden. Das Eckhaus zur Universitätsstraße steht genau gegenüber dem geburtshilflichen Neubau der Frauenklinik.

Heute bildet die Hebammenschule in dreijährigen Kursen jeweils 60 Schülerinnen bzw. angehende Entbindungspfleger aus. Nach der Ausbildungs- und Prüfungsordnung sind 1.600 Stunden Theorie und 3.000 Stunden Praxis vorgesehen. Der theoretische Unterricht wird in Unterrichtsblöcken abgehalten. Die praktische Ausbildung findet im Kreißsaal, auf der Wochenstation, im Kinderzimmer, in der Kinderklinik, auf gynäkologischen Stationen und im Operationssaal statt. Die Mitarbeit bei der Betreuung von Schwangeren, Kreißenden und Wöchnerinnen wird nicht nur vom Klinikpersonal, sondern vor allem von den Frauen sehr geschätzt. Wolfgang Frobenius

Abb. 3 Umbaupläne für die »Zahnsche Villa« zur Unterbringung der Hebammenschule, 1939.

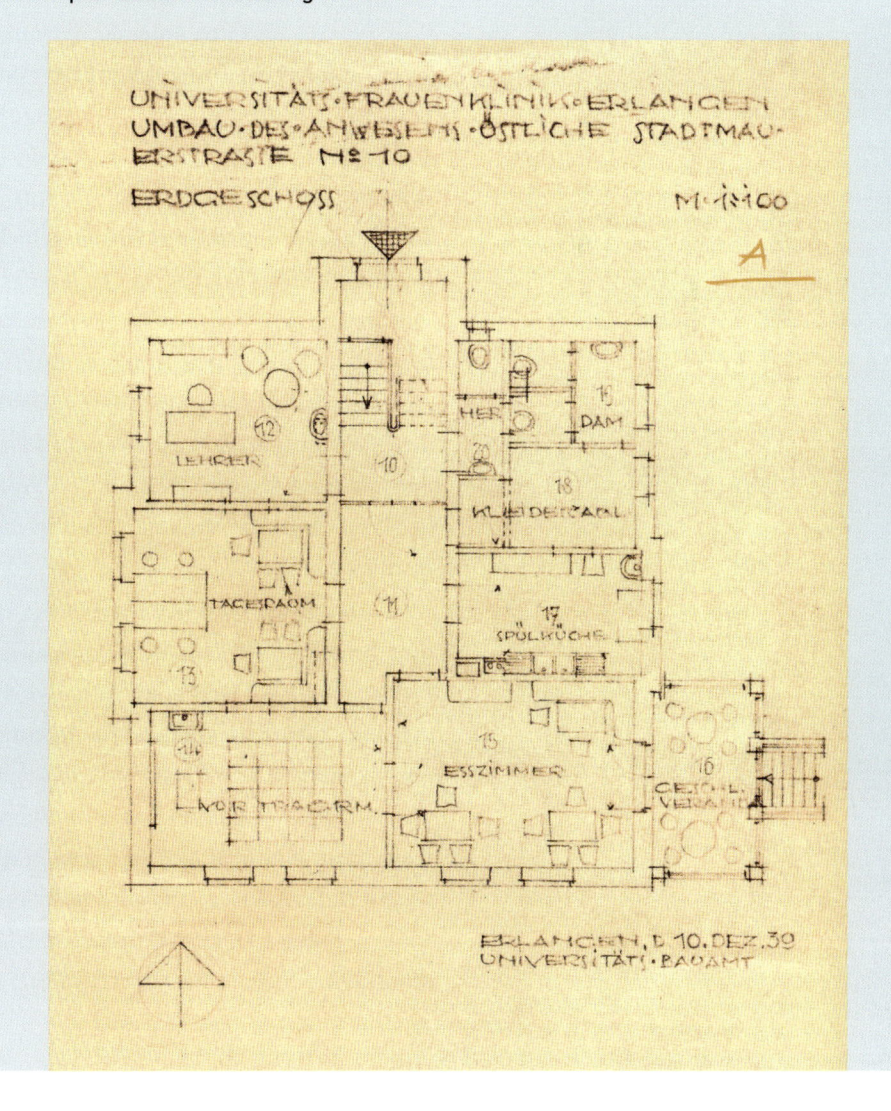

Abb. 60 Schulschwester Elisabeth Glaser, um 1965.

▸ Ergebnisqualität. Eine Dokumentation der erbrachten Pflegeleistungen ist auch insofern wichtig, als diese mittlerweile auch mithilfe des Operationen- und Prozedurenschlüssels OPS 9–20 im DRG-System (Diagnosis Related Groups) berücksichtigt werden.[410]

Als Ausdruck der gestiegenen Akademisierung der Pflege wurde am 1. März 1993 der Verein zur Förderung und Unterstützung der Pflege am Klinikum der FAU Erlangen-Nürnberg unter dem Vorsitz von Juliane Ries gegründet. Am 12. November 2001 folgte die Gründung der »Akademie für Pflegeberufe« (heute »Akademie für Gesundheits- und Pflegeberufe«), die als »Kompetenzzentrum in der regionalen Vernetzung der Gesundheits- und Pflegeberufe« im Rahmen einer strategischen Personalentwicklung umfassende interne Bildungsangebote bereitstellt. So werden zur Qualifikation der Pflegekräfte kontinuierlich Programme zur Aus-, Fort- und Weiterbildung angeboten, deren Themenspektrum sich auch in der Vielzahl der vorliegenden Facharbeiten widerspiegelt.[411]

Mit der am 1. April 1991 unter Berücksichtigung des Bayerischen Hochschulgesetzes erlassenen Neuordnung wurden die Pflegedienste aller Kliniken unter der Gesamtleitung der Pflegedienstdirektion zusammengefasst. Als Vorbereitung für das zu erstellende Gesamtkonzept wurde unter den Pflegenden eine Umfrage, u. a. zur Umsetzung der patientenorientierten Krankenpflege, durchgeführt. Dem mit über 93 Prozent sehr hohen Rücklauf der Fragebögen war zu entnehmen, dass zu diesem Zeitpunkt eine patientenorientierte Pflege aufgrund von Personalmangel oder auch baulichen Gegebenheiten mehrheitlich noch nicht in die Stationen integriert werden konnte. Auf knapp der Hälfte der befragten Stationen wurde an der Einführung des Pflegeprozesses gearbeitet. Die Auswertung zeigte auch den hohen Stellenwert der Pflegedokumentation. 83 Prozent hielten eine Pflegeplanung für notwendig. Als eine Pflegeplanung erschwerende Faktoren wurden mangelnder Bekanntheitsgrad der Pflegeplanung, zu kurze Verweildauer der Patienten und zu hoher Arbeitsanfall auf den Stationen genannt. Während 76 Prozent der Stationen Pflegestandards kannten, war der Prozentsatz der Stationen, die mit Pflegestandards bereits arbeiteten, mit 26 Prozent deutlich geringer.[412]

Anfang der 1990 Jahre waren der »Pflegenotstand« und der durch Arbeitsüberlastung ausgelöste »Personalschwund« auch in Erlangen massiv spürbar. So konnten offene Planstellen nicht besetzt und Intensivbetten wegen Personalmangels nicht belegt werden. Laut Einschätzung der Arbeitsgemeinschaft Krankenhaus in Bayern (AKB) waren die Bayerischen Krankenhäuser zu diesem Zeitpunkt dringend auf qualifizierte ausländische Pflegekräfte angewiesen. Im Rahmen einer von der Universität Erlangen geplanten Anwerbeaktion für Schwestern und Pfleger außerhalb der Europäischen Gemeinschaft sollten Anfang der 1990er Jahre vor allem jugoslawische Krankenschwestern angeworben werden. Eine bundesweite Pionierrolle nahm Erlangen 2012 mit der Einstellung spanischer Gesundheits- und Krankenpfleger ein.

Zum 1. August 1995 wurden die Berufsfachschule für Krankenpflege an der Chirurgischen Klinik und die Berufsfachschule für Krankenpflege an der Medizinischen Klinik als »Staatliche Berufsfachschule für Krankenpflege an der Universität Erlangen-Nürnberg«, später »Staatliche Berufsfachschule für Krankenpflege an der Universität Erlangen« mit 210 Ausbildungsplätzen zusammengefasst. Zu den Arbeitsschwerpunkten der damaligen Leiterin, Brigitte Bauer, gehörten die Einführung von heute als selbstverständlich geltenden Pflegestandards sowie Ansätze zum Aufbau eines Mentorensystems, mit dem seit 1992 auf den Stationen Bezugspersonen und Ansprechpartner für die Praxisanleitung der Krankenpflegeschülerinnen und -schüler benannt werden sollten. Berufspolitisch engagierte sich Brigitte Bauer bundesweit in der Arbeitsgemeinschaft für Lehrer und Lehrerinnen für Krankenpflege.[413] Unter ihrer Nachfolgerin, Gunda Kramer, richtete sich die Schule am heuristischen Modell multidimensionaler Patientenorientierung aus, das – von der Pflege- und Erziehungswissenschaftlerin Karin Wittneben entwickelt – auf eine krankheits-, verhaltens- und handlungsbezogene Patientenorientierung fokussiert.[414] Für Auszubildende der Gesundheits- und Krankenpflege werden in Erlangen zusätzlich der duale Studiengang Pflege für Gesundheits- und Krankenpflege an der Evangelischen Hochschule Nürnberg sowie die Doppelqualifizierung Berufsausbildung und Fachhochschulreife angeboten.

Das 1994 vom Pflegedienst in Erlangen selbst gesetzte, sich am Pflegemodell der englischen Pflegewissenschaftlerinnen Nany Roper, Winifred Logan und Alison Tierney orientierende Pflegeleitziel lautet: »Der Mensch steht im Mittelpunkt.«[415] Für den Pflegedienst bedeutet dies eine qualifizierte, den Menschen entsprechend seinen Bedürfnissen behandelnde, betreuende und begleitende Pflege, die Gestaltung eines den Heilungsprozess unterstützenden Umfeldes sowie die Ermöglichung eines würdigen Sterbens. Die angestrebte hochwertige Patientenversorgung hat allerdings zunehmend ökonomische Gesichtspunkte zu berücksichtigen, bei der geforderten Steigerung der Wirtschaftlichkeit und Optimierung von pflegerischen Strukturen und Abläufen steht die Pflege unter hohem »Effizienzdruck«. Darüber, was Effizienz in der Pflege ausmacht, dürfte es auch nach 200 Jahren Erlanger Pflegegeschichte sehr unterschiedliche Vorstellungen geben. Susanne Ude-Koeller

Abb. 61 Rektor Nikolaus Fiebiger ehrt zwei Schwestern »für ihre Dienste am kranken Mitmenschen«, 1970.

Abb. 62 Anneliese Eidner, die erste Stomatherapeutin der Bundesrepublik, undatiert.

Von Universitätskliniken zu Universitätsklinikum

»Das Universitätsklinikum Erlangen ist eine juristische Person mit unternehmerischer Zielsetzung, deren Wirtschaftsführung kaufmännischen Regeln unterworfen ist.«[416] Mit dem *Bayerischen Universitätsklinikagesetz* (BayUniKlinG) vom Mai 2006 ist das Universitätsklinikum Erlangen zu einer Anstalt des öffentlichen Rechts und damit auch rechtlich selbstständig von der Friedrich-Alexander-Universität geworden. Was zunächst als markante Zäsur erscheint, steht am Ende einer über mehrere Jahrzehnte vollzogenen, schrittweisen Verselbstständigung und strukturellen Integration der Kliniken und Institute, 1991 erst zum »Klinikum« der Universität unter Leitung einer vierköpfigen Direktion, 1999 dann zur wirtschaftlich selbstständigen Einheit innerhalb der Universität und 2006 schließlich der Übergang in eine eigene Rechtsform, mit der dieser Beitrag enden wird. Für diesen Beitrag habe ich eine Vielzahl veröffentlichter Quellen verwendet und unveröffentlichte Quellen soweit einbezogen, wie mir angesichts der Sperrfristen oder archivalischen Erschließung möglich war.[417]

Rahmenbedingungen und Ursachen des Wandels

Auch wenn die Kliniken im Gefüge der Universität immer schon eine Einrichtung besonderer Art darstellten, nahmen Ende der 1960er Jahre jene Prozesse ihren Anfang, aus denen jene Verselbstständigung resultieren sollte. Vor allem der Übernahme des »Nordgeländes« des früheren Bezirkskrankenhauses, auf dem Anfang der 1970er Jahre der Bau des Kopfklinikums begonnen hatte, kam eine Katalysatorfunktion zu, da diese eine umfangreichere Planung für die Zukunft der Medizinischen Fakultät nicht nur ermöglicht, sondern auch notwendig gemacht hatte. Der infolgedessen entwickelte *Generalplan für die Medizinische Fakultät* von 1973 und die darin umgesetzten Organisationsideen wirken bis in die Gegenwart nach.

Allgemein werden die 1970er Jahre in der Geschichtsschreibung der Bundesrepublik mittlerweile als »Vorgeschichte der Probleme unserer Gegenwart« verstanden, als vielschichtige Ab-, Um- und Aufbruchphase »nach dem Boom« der Nachkriegsjahrzehnte, was sich in vielerlei Hinsicht auch auf die Erlanger Kliniken übertragen lässt.[418] Die (west)deutschen Universitätskliniken waren und sind auch weiterhin strukturell Teil sowohl des Gesundheits- als auch des Bildungs-, Wissenschafts- und Hochschulsystems, weshalb sie von Veränderungen in und Wechselwirkungen zwischen jedem dieser gesellschaftlichen Teilsysteme und politischen Felder in besonderem Maße betroffen waren und sind. Im Zusammenspiel mit der späteren Debatte über die wirtschaftliche

Abb. 63 Organigramm des Pflegedienstes des Universitätsklinikums Erlangen, 2015.

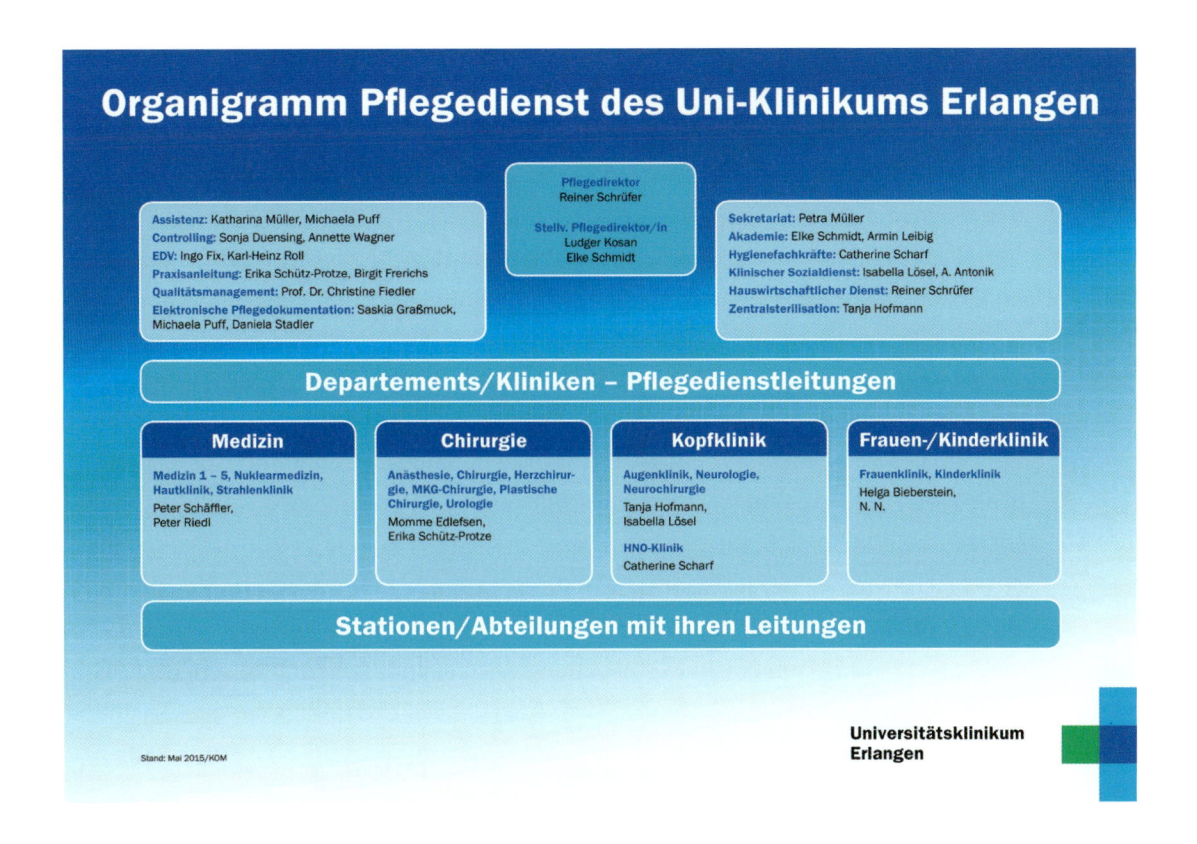

Zukunft staatlicher Betriebe, die vor allem seit Mitte der 1980er Jahre Fahrt aufnahm, führte diese Gleichzeitigkeit sehr unterschiedlicher systemischer Erwartungshaltungen, Aufträge und Zuständigkeiten zu Problemen nicht nur in der Koordination und Durchführung der Aufgaben der Kliniken, sondern auch der Kompatibilität der rechtlichen Rahmenbedingungen. Diese Entwicklungen waren Folgen von oder Reaktionen auf mindestens sechs große Problemfelder und Trends, die sich verstärkt seit den Jahren um 1970 wechselseitig dynamisierten:

Erstens kam es in den 1960er und 1970er Jahren zu einem Paradigmenwechsel hinsichtlich der Planung von Universitätskliniken, besonders anschaulich in der Diskussion über die Schaffung klinischer und interdisziplinärer Zentren, in denen die potenziell zentrifugal wirkenden Tendenzen der immer kleinteiligeren Spezialisierung und Ausdifferenzierung organisatorisch wie wirtschaftlich aufgefangen werden sollten.

Zweitens machte die zunehmende Komplexität der Abläufe in und zwischen den Kliniken eine Integration, Restrukturierung und technische Modernisierung der Verwaltung notwendig, was durch die neuen Möglichkeiten der Informations- und Kommunikationstechnologien nicht nur technisch machbar, sondern seitens der Universitätsleitung, in Erlangen vor allem durch Kanzler Kurt Köhler, auch politisch für die Verwaltung sowohl der Universität als auch der Kliniken forciert wurde. Dennoch musste die – nicht ohne innere Widerstände erfolgte – schrittweise administrative Integration und Zentralisierung, zum Beispiel durch die Einführung einer Zentralen Klinikverwaltung am 1. Oktober 1983, für sich genommen zunächst noch keine

▸ Exkurs Ein Vorbild für Bayern?
Das »Erlanger Modell«, S. 452.

organisatorische Zusammenfassung und Trennung der Kliniken von der Universität nach sich ziehen, zumal andere Entwicklungen, zum Beispiel die mit dem »Erlanger Modell« ermöglichte Übertragung von Haushaltsüberschüssen in ein neues Haushaltsjahr oder die Einführung der internen Leistungsverrechnung, die Position der einzelnen Einrichtungen und ihrer Leiter durchaus stärkten.

Drittens wurde seit 1973, deutlich verstärkt seit 1975/76 über eine »Kostenexplosion im Gesundheitswesen« diskutiert. Die Antwort darauf lautete »Kostendämpfung« und sollte zur Standardvokabel der gesundheitspolitischen Debatten werden.[419] Ursächlich für die Kostenexplosion waren (1.) die Folgen des demografischen Wandels, d. h. die Zunahme langlebiger multimorbider Patienten sowie (2.) die kostenintensive Hightech des höheren Anteils an aufwendigen Intensivbehandlungen und mitunter deutlich längerer Verweildauern in den Universitätskliniken gegenüber nichtuniversitären Krankenhäusern wirtschaftlich besonders bemerkbar. Verbunden mit dieser Entwicklung war (3.) ein Anschwellen der Behandlungskosten, während (4.) die Pflegesätze bei gleichzeitigem Kaufkraftverlust der Deutschen Mark keine nennenswerte Veränderung erfuhren.[420] Dem war zudem (5.) eine »Ausweitung des pflichtversicherten Personenkreises und des Leistungskatalogs der Gesetzlichen Krankenversicherung« unter der sozialliberalen Regierung vorausgegangen, was der Mittelverknappung weiter Vorschub leistete.[421] Um die Vielzahl der beteiligten Parteien untereinander besser zu koordinieren und gemeinsame Lösungen zu finden, wurde im Juni 1977 die »Konzertierte Aktion im Gesundheitswesen« ins Leben gerufen. Parallel wurde seit Beginn des Jahrzehnts vom Gesetzgeber eine Reihe neuer Maßnahmen auf den Weg gebracht, zum Beispiel das am 27. Juli 1972 verabschiedete *Krankenhausfinanzierungsgesetz* (KHG), das die Länder zur Aufstellung von Krankenhausplänen verpflichtete, das *Kostendämpfungsgesetz* (KAiG), Konzertierte Aktion im Gesundheitswesen vom 27. Juni 1977 oder die *Krankenhaus-Buchführungsverordnung* (KHBV) am 10. April 1978.

Viertens stiegen im Zuge der Bildungsexpansion die Ausgaben im Hochschulbereich einerseits durch das Wachstum der bestehenden Institutionen, andererseits infolge der in der deutschen Geschichte beispiellosen Gründungswelle neuer Universitäten. Bereits 1969 hatte der Oberste Rechnungshof Bayerns einen deutlichen Kostenanstieg im Hochschulbereich festgestellt. Vor dem Hintergrund der Bildungsexpansion und -reformen hatte auch die Erlanger Universität eine Entwicklung hin zum »schwer durchschaubare[n] Großbetrieb« durchlaufen.[422] Begleitet wurden die Bildungsexpansion und der Kostenanstieg von einer Mehrung gesetzgeberischer Maßnahmen seit den 1960er Jahren. Mit einer Grundgesetzänderung konnte der Bund seit 1969 im Hochschulbereich erstmals eine Rahmengesetzgebung im »kooperativen Kulturföderalismus« verabschieden,[423] was 1976 mit dem ersten hoch umstrittenen *Hochschulrahmengesetz* (HRG) umgesetzt wurde. 1974 war dem ein *Bayerisches Hochschulgesetz* (BayHSchG) mit der Neugliederung der Universitäten zur Gruppenuniversität und der Einführung einer Präsidialverfassung vorausgegangen. Der sich vertiefende Konflikt zwischen staatlichen Steuerungsversuchen und universitärer Selbstverwaltung, zwischen »Fremd- und Eigenplanung«,[424] schrieb sich zusammen mit der Kostenfrage und einem neuen gesellschaftlichen wie politischen Rechtfertigungsdruck auch in die Jahresberichte der Erlanger Universität ein: »Konsolidierung an der Schwelle zum Umbruch« (1972/73), »Kurs halten trotz Gegenwind« (1974/75), »Was leistet die Universität neben Forschung und Lehre?« (1976/77) oder »Die verplante Universität. Sinn und Grenzen der Hochschulplanung« (1978/79) veranschaulichen diese Umbruchstimmung. Erich Rügheimer sah als Dekan der Medizinischen Fakultät 1976 die »Gefahr einer Provinzialisierung« der Erlanger Medizin in der Konkurrenz mit anderen Universitäten um Geld und Personal.[425] Am 18. Dezember 1979 ging im Bayerischen Landtag ein Dringlichkeitsantrag für die Herstellung einer »menschenwürdige[n] und ausreichende[n] Versorgung« an den Kliniken der Universitäten Würzburg und Erlangen ein.[426] 1983 stellte der Dekan der Medizinischen Fakultät, der Pathologe Volker Becker, mit Blick auf die oben geschilderte Entwicklung in seinem Abschlussbericht kämpferisch fest, »daß aus der vita minima auch wieder eine Blüte entstehen« könne, was zugleich die Stabilität der Wahrnehmung eines als betrüblich empfundenen Gesamtzustandes bis in die 1980er Jahre illustriert.[427] 1984 schließlich wurde den Zuständen an den Kliniken und der »Bedeutung der Medizinischen Fakultät für die Region« der gesamte Jahresbericht gewidmet.[428]

Fünftens sind die sich seit den 1960er Jahren langsam verbreitende Informatisierung und Computerisierung in Verwaltung und Forschung zu nennen,[429] ohne die der zunehmende institutionelle Komplexitätsgrad und die steigenden Ansprüche auf Kosteneffizienz nicht zu bewältigen gewesen wären. Zugleich hatte diese Entwicklung wiederum selbst Anteil daran: Die neuen technischen Möglichkeiten der Datenerfassung und -prozessierung sollten mittelfristig Ansprüche auf immer umfassendere Dokumentation, Klassifikation und Vergleiche seitens Krankenversicherungen, Gesundheitsämtern, Ständeorganisationen, Forschungsinstituten oder der Gesetzgeber schaffen. Zudem machte die technologische Entwicklung die Anschaffung schnell überholter Soft- und Hardware notwendig. Die vielfältigen Möglichkeiten zur Speicherung, Bearbeitung und zum Austausch entkörperter, digital vorliegender Informationen in allen Arbeitsbereichen der Kliniken, aber auch des Gesundheitssystems als Ganzem setzten auch eine Tendenz zur informationellen Integration komplexer Organisationsstrukturen wie der Kliniken und Institute in Gang, stellten die technologische Dimension und zugleich Bedingung des Wandels dar. Seit den 1970er Jahren gab es von verschiedenen Seiten immer wieder Vorstöße zu klinikübergreifenden

Abb. 64 Steht für eine Zeitenwende: das in den 1970er Jahren errichtete Kopfklinikum.

Abb. 65 *Generalplan für die Medizinische Fakultät, Stufe A, 1973.*

▶ **Exkurs** Auftritt der Ökonomen, S. 448.

EDV-Strukturen, die in den 1980er Jahren mit dem Sammelbegriff »Klinikkommunikationssysteme« (KKS) belegt wurden, für deren notwendigen Umfang jedoch oft genug die angemessene personelle und materielle Ausstattung fehlte, was allgemein zu Improvisationen und Hauslösungen einlud. Trotz signifikanter Fortschritte in diesem Bereich mussten die Budgetierung und Erstellung der Haushaltspläne 1991 noch weitgehend manuell erfolgen, wie auch die Erfassung ambulanter Patienten weiter defizitär war.[430] Erlangen spielte in der Frühphase der Computerisierung der bayerischen Universitätskliniken in den 1970er Jahren eine wichtige Rolle, vor allem dank Lothar Horbach, dem in dieser Sache äußerst engagierten Inhaber des Lehrstuhls für Medizinische Dokumentation und Statistik.

An *sechster* und letzter Stelle stehen augenfällige Tendenzen der »Vermarktlichung«, die stark mit der »Kostenexplosion im Gesundheitswesen« und der Frage einer Verwaltungsreform der Universitätskliniken verbunden war.[431] Begrifflich ist Vermarktlichung für die historische Analyse tragfähiger als der normativ aufgeladene wie in vielerlei Hinsicht zu kurz greifende Begriff »Privatisierung«.[432] Ein wesentlicher Baustein dieser Entwicklung war der zunehmende Einfluss einer neuen sozial-, vor allem aber wirtschaftswissenschaftlichen Expertenkultur in Politik, Wirtschaft und Gesellschaft, was im Bezug auf die Erlanger Kliniken und deren Führung vor allem die Bedeutungszunahme der Kaufleute, Betriebs- und Verwaltungswirte betraf, aber auch den zunehmend aktiven Wissenstransfer aus den Wirtschafts- und Sozialwissenschaften.[433] Aus diesen kamen entweder direkt oder mittelbar über die Politik zwei Ansätze: (1.) ein struktureller Ansatz, der auf eine Strukturreform, d.h. Zentralisierung der Verwaltung, eine deutliche Reorganisation der Kliniken und klinischer Arbeitsabläufe, ausgerichtet an den Schlüsselbegriffen »Wirtschaftlichkeit« und »Effizienz«, sowie eine Veränderung wie auch die Bündelung von Entscheidungskompetenzen abzielte; (2.) ein handlungsorientierter Ansatz, der den Akteuren – zunächst waren dies Ärzte und Kaufleute, später dann auch Pflegende – in den Kliniken ein mangelndes Kosten- und Planungsbewusstsein attestierte und an diesem Punkt mit Planspielen oder Fortbildungen ansetzte. Eine wichtige Rolle kam in den Reformen den Kanzlern der Universitäten zu, die für deren Verwaltung und Haushalt zuständig waren und sind, wobei diese in ihrer Funktion die Interessen der Universitäten und der Landesregierung moderieren mussten. Befördert wurde die Vermarktlichung der hochschulpolitischen Diskurse zudem durch immer wieder aufflammende mediale Kritik an schwerfälligen wie ineffizienten, Geld verschwendenden öffentlichen Anstalten.

Schlüsselbegriffe

Die prominenten Stichworte »unternehmerische Zielsetzung« und »kaufmännische Regeln« in der eingangs zitierten Satzung des Universitätsklinikums von 2006 verwiesen bereits auf einen deutlichen Wandel im institutionellen Selbstverständnis und der Selbstbeschreibung, dessen Anfänge ebenfalls in den Jahren um 1970 zu finden sind. Selbstverständlich hatten Ärzte auch zuvor privat Erlöse an den Kliniken erwirtschaftet oder hatte der Staat ein ökonomisches Interesse am Erhalt und der Reproduktion von Arbeitskraft, ohne die Gesundheitssysteme ahistorisch allein auf diese Dimension verkürzen zu wollen.

Mit »rationellem«, das hieß zugleich »modernem« Planungsdenken wollten Politiker und Planer in den 1960er Jahren den wirtschaftlichen Herausforderungen der Zeit auf allen Ebenen begegnen – auch im Hochschul- oder Krankenhauswesen.

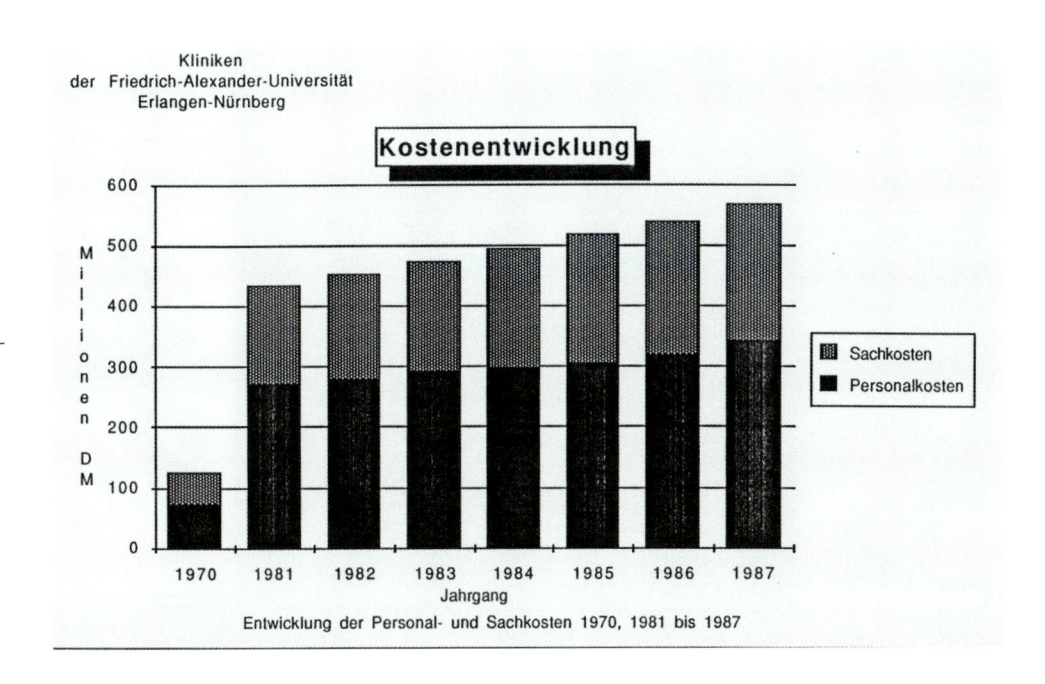

Abb. 66 Die »Kostenexplosion« im Bild: Personal- und Sachkosten 1970 (links) bis 1987, 1988.

Doch an die Seite einer anfänglichen »Planungseuphorie« im politischen Raum der 1960er Jahre waren in den 1970er Jahren die Idee von »Sachzwängen« und die deutlich nüchternere Notwendigkeit der technisch-rationalen Bewältigung makro- und mikroökonomischer Krisenerscheinungen getreten.[434] »Planung«, seit den 1970er Jahren vor allem auch »Management«, wurden zu Leitbegriffen, während mit »Wirtschaftlichkeit«, »Leistung« und »Effizienz« handlungsleitende Kategorien bereitstanden, die, wie bereits angedeutet, an die Universitäten, ihre Kliniken und andere staatliche Betriebe aus Politik, Öffentlichkeit, aber auch aus den Universitätsverwaltungen herangetragen wurden.[435] Wirtschaftlichkeit und ein emphatisch nach außen getragenes Planungsdenken waren für Erlanger Beobachter vor diesem Hintergrund in den 1970er und 1980er Jahren in der Rechtfertigung und Selbstdarstellung von Bedeutung.

Hinzu trat die neue Rahmung von Universitäten als »Standorte« im Sinne eines klar erkennbaren wissenschaftlichen Profils beispielsweise über DFG-Sonderforschungsbereiche und bewusste Schwerpunktsetzung in der Berufungspolitik und Förderung bestimmter Forschungsfelder, erweitert gegebenenfalls auch durch eine regionale wirtschaftliche Rückbindung. Dies war eine Konsequenz aus der zutreffenden Erkenntnis, dass nicht jede Universität alle Fächer in ihrer vollen Breite bedienen könne, da die simultane Einrichtung neuer Lehrstühle und Zentren an allen Universitäten finanziell nicht mehr zu stemmen war. Vor allem hatte die dramatisch zunehmende Investitionsmasse für Forschungseinrichtungen Schwerpunktbildungen und Ressourcenkonzentration erfordert, zu der auch der Wissenschaftsrat aufrief.[436] Nicht nur in Erlangen hatten die Universität und besonders ihre kostenintensive Medizinische Fakultät demnach nun auch mit anderen regionalen, nationalen und internationalen »Standorten« in verschiedenen Kategorien (z. B. »Leistung«, »Qualität«, »Effizienz«, »Elite«, »Spitzenmedizin«; seit den 2000er Jahren »Exzellenz«) um Mittelzuwendungen und (inter)nationale Aufmerksamkeit zu kämpfen,

Abb. 67 Die Titelblätter der Jahresberichte der FAU Erlangen-Nürnberg der 1970er und frühen 1980er Jahre zeigen die großen Herausforderungen, vor denen sich die Universitäten in dieser Zeit sahen.

wofür »Wettbwerb« eine seit 1985 vom Wissenschaftsrat für die Hochschulen geltend gemachte Schlüsselkategorie bildete.[437] Ermöglicht durch die neuen Technologien entstanden auch eine Vielzahl neuer nationaler und internationaler »Rankings« und Kennzahlensysteme, die für die Selbstbeobachtung vor Ort, aber auch für politische Entscheidungsträger von zunehmender Relevanz waren.[438]

Weichenstellungen

Den mehrfach verschränkten (wissenschafts)politischen, gesellschaftlichen und ökonomischen Erwartungshaltungen, Anforderungen und Maßnahmen konnten die von Einzelpersonen geführten Kliniken, Abteilungen und Institute der alten Ordinarien-Universität, in der Kliniken semiautonome Einheiten waren und Abstimmungen entweder informell kollektiv durch die Klinikleiter oder über die Organe der Medizinischen

Fakultät gegenüber der Universität und/oder Dritten erfolgt waren, mit den herkömmlichen Mitteln nicht mehr gerecht werden. Ein »weiter so« war nur schwer denkbar und politisch ohnehin nicht durchzusetzen.

Am 16. Februar 1970 wurde der Medizinischen Fakultät durch einen Vertreter der Zentralen Universitätsverwaltung (ZUV) der Vorschlag zur »Einrichtung einer getrennten Verwaltung für Kliniken und medizinische Institute der Universität mit einem Verwaltungsdirektor und eigenem Verwaltungspersonal« unterbreitet.[439] Die Fakultät lehnte dies geschlossen ab, womit die Einrichtung einer Zentralverwaltung der Kliniken bis in die zweite Hälfte des Jahrzehnts vom Tisch war. Die Verwaltungsaufgaben verblieben daher im Zuständigkeitsbereich einzelner Referate der ZUV und der Einzelkliniken.

Im Zuge der Übernahme des Nordgeländes in den 1960er Jahren waren bereits eine Bau- und eine Planungskommission damit beauftragt worden, Entwicklungsvorschläge für die künftige Struktur der Medizinischen Fakultät und ihrer Einrichtungen zu entwickeln. Dies war nicht zuletzt eine Reaktion auf die 1967 erhobenen Forderungen des bayerischen Staates nach einem Generalbebauungsplan für das neue Gelände und einer damit verbundenen Kritik an der mangelnden Zentralisierung der Klinikverwaltungen.

Auf einer Fakultätssitzung im Oktober 1970 schlug der Physiologe Wolf-Dieter Keidel als Vertreter der Baukommission vor, »erfahrene Experten« für die Krankenhausplanung zu konsultieren.[440] Die Wahl fiel 1972 schließlich auf das Kopenhagener Institute for the Analysis of Function in Hospital Planning (IFH) unter der Führung des Architekten Peter Lohfert, das damit beauftragt wurde, in den Folgemonaten mit Fakultätsvertretern einen *Generalplan für die Medizinische Fakultät, Stufe A* zu erstellen. Das Bemerkenswerteste an diesem »Lohfert-Gutachten« waren die Behandlung der Kliniken und Institute als Gesamtzusammenhang sowie Ansätze zur Bewältigung des Erlangen-Problems der »Verzweigung« durch die Schaffung (1.) von klinischen Zentren, (2.) eines »übergeordnete[n] Organisationsmodell[s] der Medizinischen Fakultät« und, innerhalb dieser, (3.) eines »Gesamtklinikums«.[441] Lohferts Ansatz lag auf einer Linie mit den *Empfehlungen des Wissenschaftsrates zur Struktur und zum Ausbau der medizinischen Forschungs- und Ausbildungsstätten* von 1968, hier nun angewandt auf die konkrete Situation in Erlangen. Die Kapazitäten für eine so grundlegende Umstrukturierung der Medizinischen Fakultät wurden nach 1974 allerdings durch die im *Bayerischen Hochschulgesetz* geforderte Neugliederung der Fakultät gebunden, die 1974–1979 »Fachbereich« heißen sollte und die bereits einen Konflikt zwischen Hochschul- und Klinikplanung aufzeigte.[442]

Neue Impulse zu einer Zentralisierung der Verwaltung gab es erst wieder 1977, und zwar erneut vonseiten der bayerischen Staatsregierung. Das Hauptaugenmerk lag weiterhin auf der Wirtschaftlichkeit und Rationalisierung der Verwaltung, den Koordinationsmöglichkeiten einer Zentralisierung sowie auf der besseren Bestandsübersicht und der daraus resultierenden Kosteneinsparung. Im gleichen Zeitraum wurde auch an der Wirtschafts- und Sozialwissenschaftlichen Fakultät (WiSo) in Zusammenarbeit mit der Medizinischen Fakultät eine Organisationsstudie »Zentrale Klinikverwaltung« geplant, deren Ergebnisse mir jedoch nicht vorliegen.[443]

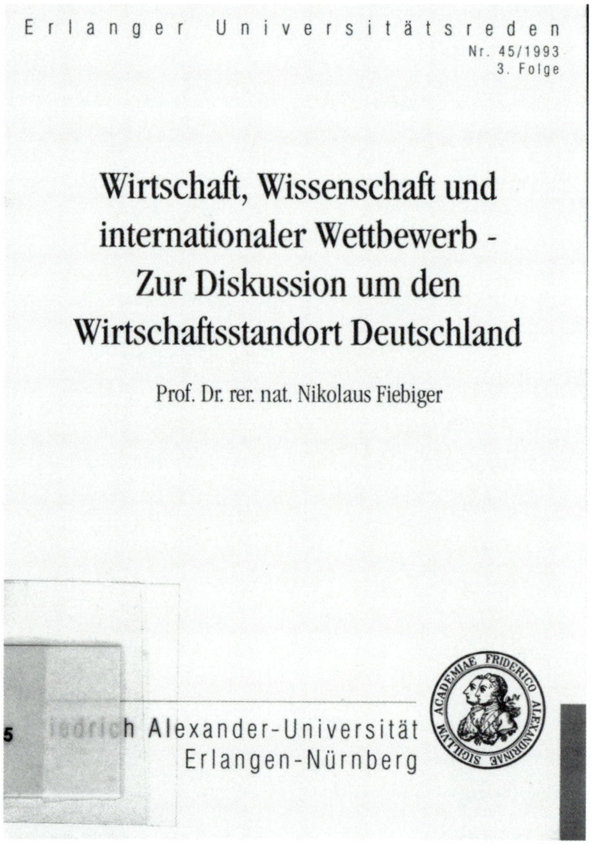
Erlanger Universitätsreden
Nr. 45/1993
3. Folge

Wirtschaft, Wissenschaft und internationaler Wettbewerb - Zur Diskussion um den Wirtschaftsstandort Deutschland

Prof. Dr. rer. nat. Nikolaus Fiebiger

Friedrich Alexander-Universität Erlangen-Nürnberg

Abb. 68 Alle Schlüsselbegriffe in einem: des früheren Universitätspräsidenten Nikolaus Fiebiger Rede über *Wirtschaft, Wissenschaft und internationaler Wettbewerb: Zur Diskussion um den Wissenschaftsstandort Deutschland*, 1993.

Im März 1978 wurden die Verwaltungen der Nerven- und Augenklinik aufgelöst und im Kopfklinikum zusammengeführt.[444] Im Jahresbericht des Fachbereichs Medizin von 1978 wurde die Bedeutung der Autonomie der Einzelkliniken unterstrichen, deren Verlust eben keineswegs mit einer Zentralisierung einhergehen musste; viel mehr galt für Dekan Erich Rügheimer das Kopfklinikum als »glückliche Kombination von technisch-organischer Zentralisation und Wahrung klinischer Eigenständigkeit«.[445]

Mit der Übertragung des kaufmännischen Rechnungswesens auf alle Kliniken infolge der im selben Jahr herausgegebenen *Krankenhaus-Buchführungsverordnung* und der Umsetzung der ex post »Erlanger Modell für ein modernes Klinikmanagement« genannten Strukturreform der Erlanger Kliniken 1981/82 waren die Weichen für die Einrichtung einer von der Universitätsverwaltung selbstständigen Zentralen Klinikverwaltung (ZKV) gestellt worden. Am 1. Oktober 1983 nahm diese ihre Arbeit auf und bezog das Empfangsgebäude des früheren Bezirkskrankenhauses, in dem heute noch die aus der Zentralen Klinikverwaltung hervorgegangene Kaufmännische Direktion ihren Sitz hat. Die neue Klinikverwaltung unterstand nun direkt Kanzler Köhler, gliederte sich in neun Referate und war neben den so zentralen Budget- und Finanzierungsfragen auch für die informationelle Integration der Kliniken und Institute zuständig, die seit den 1970er Jahren beispielsweise in Form eines gemeinsamen Patientenverwaltungssystems gefordert worden war.

Die Selbstständigkeit der Verwaltung war damit vollzogen. Dennoch blieben die Zentralisierung und Integration unvollständig, existierte bis in die 1990er Jahre doch neben der Zentralen auch die »Dezentrale Klinikverwaltung« fort. Gleichwohl war mit der zentralen Klinikverwaltung ein eigenes Gravitationszentrum im Gefüge der Universität entstanden, wie man aus der Gestaltung der zwischen 1987 und 1991 veröffentlichten Geschäftsberichte erkennen kann. Im damaligen Einheitsdesign der Universität gehalten, prangte dort, wo normalerweise das Erlanger Schloss als Sitz der Universitätsleitung zu sehen war, der frühere Kopfbau des Bezirkskrankenhauses.

Von »Kliniken« zu »Klinikum«

In den 1980er Jahren heizten zwei weitere Probleme die Debatte über Strukturreformen in der Hochschulmedizin weiter an. Zum einen offenbarten die anhaltenden Reformbemühungen in der Hochschulpolitik, dass die gesetzgeberischen Maßnahmen in vielerlei Hinsicht mit den gesonderten Bedürfnissen der Universitätskliniken in steigendem Maße »inkompatibel« waren, wie man 1983 in Erlangen nüchtern feststellte.[446] Universitätskliniken waren eben zugleich »Hochleistungskrankenhäuser«, zuständig für die »regionale Spitzenversorgung« und »Betriebseinheiten der Hochschulen«.[447]

```
                    Minister
            Prof. Dr. Wolfgang Wild
                        |
                   Präsident
            Prof. Dr. Nikolaus Fiebiger
                        |
                    Kanzler
                  Kurt Köhler
                        |
        ┌───────────────┴───────────────┐
    Zentrale                        Zentrale
 Klinikverwaltung              Universitätsverwaltung
        └───────────────┬───────────────┘
                        |
                Verwaltungsstellen
                      vor Ort
```

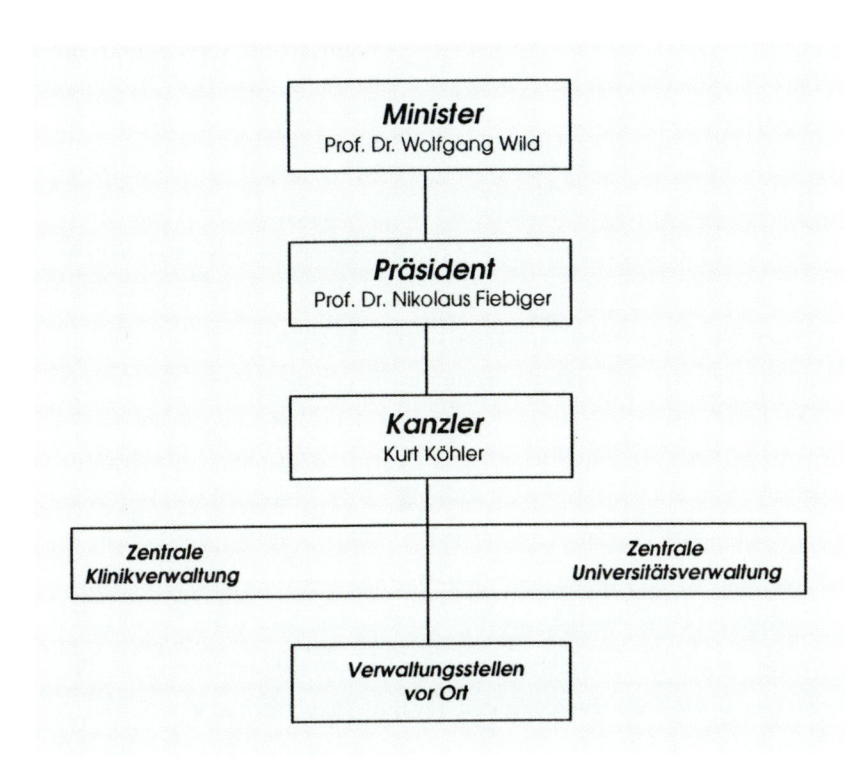

Zum anderen wurde das (Miss-)Verhältnis von Krankenversorgung zu Forschung und Lehre im Sinne der Aus- und Fortbildung von Ärzten und den medizinischen Berufsgruppen Gegenstand deutlicher Kritik seitens des Wissenschaftsrates. Dieser hatte schon seit den 1960er Jahren betont, dass der primäre Zweck von Universitätskliniken Forschung und Lehre seien, nicht aber die (regionale) Krankenversorgung.[448] Streitpunkte waren u. a. die Trennung des Budgets und das Missverhältnis im Zeitaufwand für die Krankenversorgung, das vom klinischen Forschen abhalte. In den Universitätskliniken habe dies gar zu einer Zweiklassengesellschaft von Forschern und Krankenversorgern geführt – ein Problemfeld, das auch in den Empfehlungen des Wissenschaftsrates für Erlangen von 2006 weiterhin präsent ist.[449] 1986 veröffentlichte der Wissenschaftsrat schließlich *Empfehlungen zur klinischen Forschung in den Hochschulen*, in dem neben einer Neugliederung der Kliniken und Institute die Einführung eines Ärztlichen Direktors vorgeschlagen wurde. Dieser sollte über einen längeren Zeitraum wichtige Entscheidungen und die Repräsentationsfunktion wie auch die ärztliche Verantwortung für die Organisation der Krankenversorgung übernehmen.[450] Im *Bayerischen Hochschulgesetz* blieb in der Fassung von 1988 die Möglichkeit einer gemeinsamen Leitung der Kliniken nach Art. 52 Abs. 7 offen. Dort hieß es: »Kliniken und sonstige medizinische Einrichtungen einer Hochschule können […] zu einem Klinikum zusammengefaßt werden, wenn und soweit dies aus organisatorischen Gründen zweckmäßig ist.«[451] Hierzu sollte es in Erlangen 1991 auch kommen.

Im Mai 1990 hatten sich in der Erlanger Medizinischen Fakultät die Bemühungen um eine Strukturreform mit der Einsetzung einer zu diesem Zweck ▸

Abb. 69 Die Struktur der Universitätsleitung nach Einrichtung einer eigenen Zentralen Klinikverwaltung 1983.
Abb. 70 Kurt Köhler.

Abb. 1   Die Zweitauflage des langlebigen Klinikmanagement-Planspiels *KLIMA*, entwickelt an der Wirtschafts- und Sozialwissenschaftlichen Fakultät der Friedrich-Alexander-Universität Erlangen-Nürnberg, 1977.

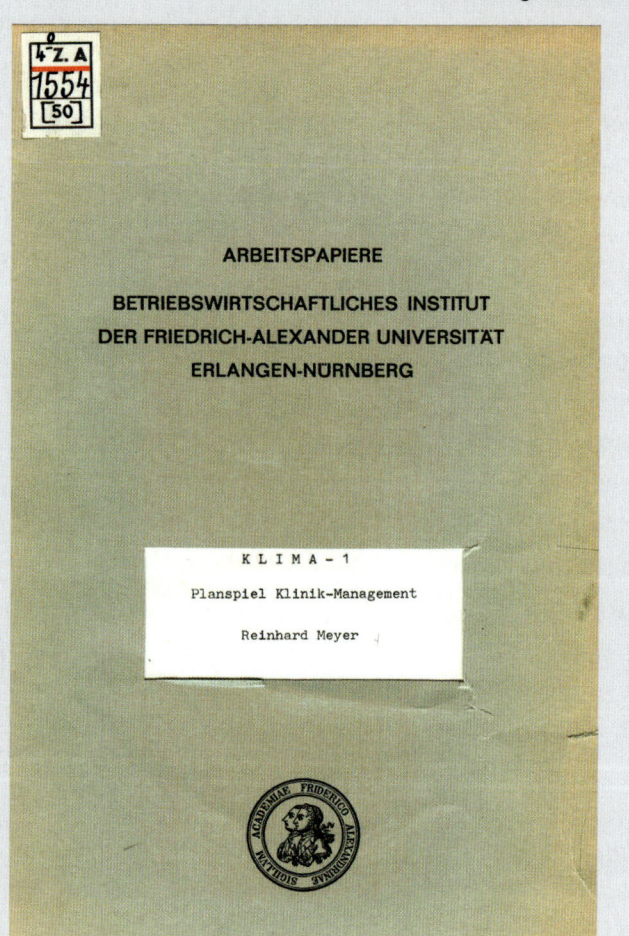

AUFTRITT DER ÖKONOMEN

Die heute so zentrale Rolle von Betriebswirten und wirtschaftswissenschaftlichen Konzepten im Gesundheitswesen nahm ihren Anfang in den 1970er Jahren. Die Dämpfung der Kostenexplosion und die Zwänge, welche die zunehmende Komplexität der Verwaltungsaufgaben mit sich brachte, veränderten die Stellung der Verwaltung und Kaufleute in den Gefügen der einzelnen Kliniken wie auch das Organisationsgefüge als Ganzes nachhaltig. Anfang der 1970er Jahre begann sich auch in der Bundesrepublik das Konzept des Klinikmanagements bzw. der »Krankenhausbetriebslehre« zu formieren, das sich von Anfang an im »Konfliktfeld zwischen medizinischen und wirtschaftlichen Zielen« befand.[1] Zur Kosteneinsparung und Verbesserung der Effizienz des Einsatzes von Ressourcen, also Zeit, Personal, Material und Geld, wurden strukturelle, prozessuale und handlungsorientierte Ansätze diskutiert. Erste einschlägige Handbücher und Abhandlungen wurden publiziert.[2] Im Kontrast zu den über lange Zeiträume gewachsenen Klinikstrukturen erschienen die Methoden der Betriebswirtschaftslehre als besonders rational und aufgrund der starken Verknüpfung mit der aufkommenden EDV als besonders modern.

1971 wurde an der Wirtschafts- und Sozialwissenschaftlichen Fakultät (WiSo) in Nürnberg Manfred Meyer auf den Lehrstuhl für »Betriebswirtschaftslehre, insbesondere Operations Research« berufen.[3] Heute trägt der Lehrstuhl die Schwerpunktbezeichnung »Gesundheitsmanagement« und ist zusammen mit der Medizininformatik am Masterprogramm »Medical Process Management« der Medizinischen Fakultät beteiligt. Meyer spezialisierte sich in seiner Arbeit auf computergestützte, prozessorientierte Verfahren für verschiedene Teilbereiche des Gesundheits- und vor allem Krankenhauswesens. Ab Mitte der 1970er Jahre wurden an seinem Lehrstuhl Studien u. a. zu Erlanger Kliniken und Instituten durchgeführt, beispielsweise zur Verwaltung der Aufnahme von Patienten an der Medizinischen Klinik oder zur Einrichtung einer zentralen Klinikverwaltung.[4] An diese Arbeiten knüpfte Meyer Anfang der 1980er Jahre mit der Gründung der Forschungsgruppe Medizinökonomie an, deren Arbeitsgebiet thematisch ausgeweitet wurde.[5]

Entwickelt wurden u. a. Planspiele wie ARKTIS oder ASTERIKS, die für den handlungsorientierten Ansatz standen.[6] Das langlebigste und erste dieser Spiele war KLIMA (»Klinikmanagement«) aus dem Jahr 1976. Zum Zeitpunkt seines Erscheinens war KLIMA deutschlandweit einmalig und sollte bis in die 1990er Jahre zehn Neuauflagen erleben.[7] Der Autor Reinhard Meyer führte die »Kostenexplosion« u. a. auf ein »mangelnde[s]

Kostenbewusstsein« in den Krankenhäusern zurück, was im öffentlichen Sektor durch Trainingsangebote wie KLIMA korrigiert werden sollte. Entscheidungsträgern im Krankenhausbereich, in den Augen des Autors waren das Mediziner *und* Ökonomen zu gleichen Teilen, sollten planvolles und wirtschaftliches Handeln in einer computergestützten Simulation anhand eines Modellkrankenhauses, bestehend aus Chirurgie, Innerer Medizin und Gynäkologie/Geburtshilfe, vermittelt werden. Dem Autor ging es darum, bei den Teilnehmern ein Komplexitätsbewusstsein zu schaffen. Die Auswirkungen von Ausgabenentscheidungen sollten sowohl auf der Ebene des Krankenhauses als auch der »Gesamtgesellschaft« sichtbar gemacht werden, was letztlich wesentliche Punkte der Reformdebatte des Krankenhauswesens und die Kritik am mangelnden Kostenbewusstsein im Kleinen widerspiegelt. Bei KLIMA war bereits die Aufwertung der kaufmännischen Verwaltung als integraler Teil der Klinikleitung zu erkennen. In späteren Auflagen wurde als dritte Säule der Klinikleitung neben Ärzten und Kaufleuten die Pflegeleitung miteinbezogen. KLIMA steht somit sinnbildlich für die oben skizzierte Bedeutung, die Ökonomen angesichts der finanziellen und organisatorischen Herausforderungen beigemessen wurde.

Noch zu klären bleibt, wie groß der konkrete Einfluss von WiSo-Vertretern jeweils tatsächlich war, sicher ist jedoch, dass die in Nürnberg gebildete Expertise seitens der Universitätsleitung zur Reform der Klinikstrukturen aktiv eingeholt wurde.[8] Auch bleibt zu fragen, ob und in welchen Punkten diese Entwicklung zu Konflikten mit den Klinikern geführt hat und wie diese gelöst bzw. moderiert wurden. 1979 betonte der amtierende Dekan der Medizinischen Fakultät, der Physiologe Walter Kersten beispielsweise, dass »[e]ine Rationalisierung der Krankenbehandlung und –betreuung« sich »nicht durchführen« ließe und lehnte die viel diskutierte Kostendämpfung ab.[9] Dieses Spannungsverhältnis zwischen medizinischen und ökonomischen Ansprüchen sollte sich Jahrzehnte später umso heftiger an den Diagnose-related Groups (DRGs) entladen und hält bis heute an. Andreas Plöger

Abb. 71 Hier der Kopfbau des früheren Bezirkskrankenhauses, dort das Erlanger Schloss: Geschäftsbericht der Zentralen Klinikverwaltung für das Jahr 1987 und ein Personenverzeichnis der Friedrich-Alexander-Universität Erlangen-Nürnberg von 1984/85.

gebildeten Strukturkommission weiter intensiviert. Im November desselben Jahres schlug Thomas Schöck, der seit 1988 amtierende Nachfolger Kurt Köhlers auf dem Kanzlerposten, zudem vor, eine »Klinikmanagement-Kommission« einzurichten und warb für einen »Intensivkurs Klinikmanagement« an der Wirtschafts- und Sozialwissenschaftlichen Fakultät, an dem alle Klinikleiter teilnehmen sollten.[452] Schöck sah seitens des Klinikums die ethische »Verpflichtung zum wirtschaftlichen Einsatz [der] öffentlichen Mittel«.[453] Parallel hatte das bayerische Kultusministerium eine Klinikordnung mit einem Ärztlichen Direktor und einem Verwaltungsdirektor an der Spitze eines Klinikums empfohlen.

Am 1. April 1991 war es dann schließlich soweit: Die Klinikordnung des »Klinikums« der Universität Erlangen, das mit diesem Akt vom Bayerischen Staatsministerium für Unterricht, Kultus, Wissenschaft und Kunst geschaffen worden war, trat in Kraft.[454] Was in der Rückschau als zentrale Zäsur erscheint, spielte damals in der Außendarstellung der Universität zwar eine Nebenrolle. Tatsächlich nahm die Klinikordnung von 1991 aber viele Strukturen des späteren »Universitätsklinikums Erlangen« vorweg, in dem sie zentrale Entscheidungskompetenzen in die Hand einer »Direktion« legte und somit die für einen Großteil des 20. Jahrhunderts so prägende Autonomie der von Ordinarien geführten Kliniken und Institute beschnitt. Die vierköpfige Direktion bestand aus einem Ärztlichen Direktor als Vorsitzendem, der zugleich der Repräsentant des Klinikums nach außen sein sollte, aber noch nicht den Dienstvorsitz über das ärztliche Personal hatte; ferner dem gewählten Stellvertreter, dem Verwaltungsdirektor, der »im Auftrag des Kanzlers der Universität« handeln sollte, worin die klare Kontinuität zur Zentralen Klinikverwaltung und weitere starke Bindung an die Universitätsleitung erkennbar wird, und dem Pflegedirektor, der »Vorgesetzter/e des im Pflegedienst (einschließlich Fort- und Weiterbildung) tätigen Personals« wurde. Da jedes Direktionsmitglied über das gleiche Stimmrecht verfügte, bedeutete dies eine massive Aufwertung der Verwaltung und Pflege im institutionellen Gefüge. Nur bei Stimmengleichstand entschied der Ärztliche Direktor als Vorsitzender. Der Dekan der Medizinischen Fakultät hatte das »Recht, an den Sitzungen der Direktion mit beratender Stimme teilzunehmen«. Außerdem wurde ein 18 Punkte umfassender Aufgabenkatalog festgelegt, in dem die Entwicklung des Klinikums und die Mehrheit der zentralen Entscheidungen in die Hände der Direktion gelegt wurden. Im Mai 1991 wurde der Pädiater und Leiter der Klinik mit Poliklinik für Kinder und Jugendliche, Klemens Stehr, zum ersten Ärztlichen Direktor des Klinikums der

Erlanger Universität gewählt. Als Stellvertreter fungierte der Direktor der Universitäts-Frauenklinik, Norbert Lang. Der ebenfalls neu geschaffene Posten der Pflegedirektorin ging an Juliane Ries, die dieses Amt bis 1999 ausübte. Mit der Ernennung Alfons Gebhards zum Verwaltungsdirektor blieb zumindest personell alles beim Alten, da dieser bereits seit 1984 Leiter der Zentralen Klinikverwaltung gewesen war.

Ärztliche Direktoren des Universitätsklinikums und Vorsitzende des Klinikumsvorstands

1991–1999	Klemens Stehr
1999–2006	Rolf Sauer
2006–2008	Werner Bautz
2008–	Heinrich Iro

Pflegedirektor/Innen

1991–1999	Juliane Ries
1999–2003	Alexander Schmidtke
2003–2007	Susanne Imhof
2008–	Reiner Schrüfer

Kaufmännischer Direktor

1983–2014	Alfons Gebhard (1983 Leiter der Zentralen Klinikverwaltung, 1991–1999 Verwaltungsdirektor, 1999–2014 Kaufmännischer Direktor)
2014–	Albrecht Bender

Die kaum 13 Jahre zuvor von Erich Rügheimer im Kopfklinikum gelobte »glückliche Kombination« von Zentralisierung auf der einen, weitgehender klinischer Autonomie auf der anderen Seite gehörte mit den gestiegenen Reform- und Rationalisierungserwartungen an die Universitätskliniken nun weitgehend der Vergangenheit an. Bedenkt man, dass im 19. Jahrhundert bereits der Posten des »Klinikdirektors« existiert hatte, handelte es sich mit Blick auf die gesamte Geschichte der Universitätskliniken um einen bedeutenden Schritt in der Rückkehr zu einer Gesamtleitung der Kliniken und Institute, wenn auch unter völlig anderen Bedingungen.

Der Weg zur wirtschaftlichen Selbstständigkeit: das »Universitätsklinikum Erlangen«

Neben die weiterhin vorhandenen Probleme, die am Anfang dieses Textes skizziert wurden, traten in den 1990er Jahren der »Pflegenotstand« und die Auswirkungen des *Gesundheitsstrukturgesetzes* (GSG), das 1993 in Kraft trat und neben einer umfangreichen Reform der gesetzlichen Krankenversicherung im Krankenhauswesen den Übergang vom Selbstkostendeckungsprinzip zur leistungsorientierten Finanzierung markierte. Zusammen mit dem *Krankenhausfinanzierungsgesetz* und der *Bundespflegesatzverordnung* von 1995 ebnete es den Weg für die Einführung der seit Mitte der 1980er Jahre diskutierten ▸

EIN VORBILD FÜR BAYERN? DAS »ERLANGER MODELL«

Ende der 1970er Jahre nahmen die finanziellen Probleme vieler Erlanger Kliniken deutlich zu, nachdem sich Personal- und Sachkosten innerhalb eines Jahrzehnts auf knapp 400 Millionen DM vervierfacht hatten.[1] Im Jahresbericht der Universität von 1980/81 drückte die ständige Kommission für Haushalts-, Raum- und Bauangelegenheiten zudem tiefe Sorge über »die defizitäre Entwicklung des Klinikhaushalts« aus.[2] Der Blick in das Folgejahr war in den Augen der Kommission »besorgniserregend«. Diese Probleme konnte man letztlich durch Einsparungen und Sonderzahlungen aus München in den Griff kriegen, was zu diesem Zeitpunkt jedoch nicht abzusehen war.[3] Infolge der schlechten Entwicklung und düsteren Prognosen führte Kurt Köhler, Kanzler der Universität, 1981 das Rezirkulationsmodell ein.[4]

Köhler nutzte in Absprache mit dem Obersten Rechnungshof Bayerns und dem Kultusministerium Spielräume des bayerischen Haushaltsrechts, um Anreize für die Klinikleitungen zu schaffen, ihre Einzelhaushalte bedachter einzusetzen und sich so mehr Spielraum angesichts andauernder Finanzierungsengpässe zu sichern. Klinikleiter konnten nun Überschüsse erwirtschaften, die in das neue Haushaltsjahr übertragen werden konnten. Über diese konnten sie frei verfügen. Mehr noch erhielten sie somit ein Stück der infolge verstärkter staatlicher Eingriffe verloren geglaubten Planungsautonomie zurück. Die Verwaltung wurde stärker in die Pflicht genommen und sollte auf Basis der EDV verantwortlich für die »Budgetkontrolle« sein und bessere Informationsflüsse sicherstellen, um schnelle Kurskorrekturen zu ermöglichen. Die Kliniken wurden also »nach kaufmännischen Grundsätzen als Wirtschaftsbetriebe« geführt, womit das sogenannte »Erlanger Modell« den ersten Schritt ihrer Vermarktlichung und einen Baustein der anhaltenden Reformbemühungen der Kliniken darstellte.[5]

Erklären lässt sich das Zustandekommen über das Zusammentreffen der richtigen Person auf dem richtigen Posten. Zum einen war die Besonderheit des Kanzlerpostens, dass er in doppelter Verantwortlichkeit gegenüber dem Bayerischen Staat und der Universität stand. Vor dem Schreibtisch des Kanzlers prallten daher zwangsläufig unterschiedliche Interessen und Erwartungshaltungen aufeinander. Zum anderen hatte sich Köhler selbst seit Beginn seiner

Abb. 1 Umkehr der Verhältnisse: Diagramm mit Auswirkungen des »Erlanger Modells« auf die Klinikhaushalte.

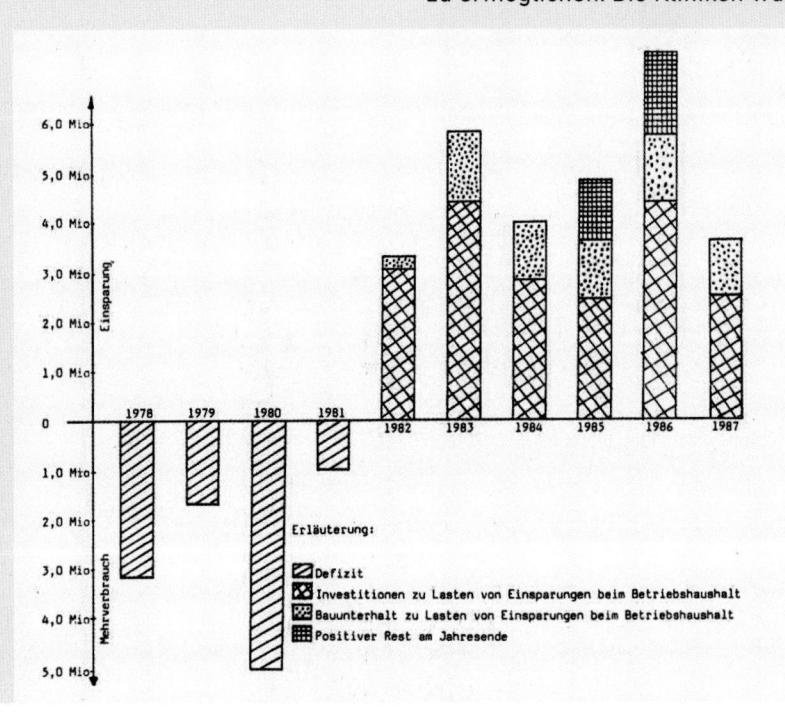

Dienstzeit um innovative technische und organisatorische Lösungsansätze bei einer grundsätzlichen Modernisierung der Universitätsverwaltung bemüht, die auf den Einsatz der EDV setzte, welche wiederum für die Durchsetzung des Rezirkulationsmodells unersetzlich war. Diese Offenheit gegenüber technischen Neuerungen war nur konsequent, bedenkt man, dass Köhler von Beginn an ein starker Förderer der Erlanger Informatik gewesen war. Mit dem Rezirkulationsmodell konnte er die offenkundig widersprüchlichen finanziellen Interessen beider Seiten moderieren, also einerseits ›Ausgabendämpfung‹ und andererseits ›mehr Investitionsspielräume‹.

Nachdem man schließlich das Rezirkulationsmodell eingeführt hatte, mussten binnen eines Jahres keine zusätzlichen staatlichen Haushaltsmittel mehr beantragt werden. Bemerkenswerterweise blieb das Modell in der Selbstdarstellung der Universität und ihrer Kommissionen bis zum Jahresbericht für die Jahre 1986–88 unerwähnt. Möglicherweise wurde erst dann endgültig klar, dass die Kliniken in Haushaltsfragen dank dieser Maßnahme bayernweit eine nachhaltig positive Sonderstellung einnahmen. Tatsächlich konnten zwischen 1982 und 1988 durch frei werdende Mittel Mehrinvestitionen für Geräte und kleinere Sanierungsarbeiten im Wert von 26 Millionen DM getätigt werden. Bei gleichzeitiger Senkung der Betriebskosten konnte zudem die Patientenbehandlung verbessert werden, so jedenfalls die Lesart der Universität.[6]

Die Fakultät dankte: 1988 wurde Köhler die Ehrendoktorwürde der Medizinischen Fakultät verliehen. Ein Jahr zuvor, 1987, hatte das bayerische Wissenschaftsministerium Weisung gegeben, das Modell auch an den anderen bayerischen Universitätskliniken anzuwenden. Auf diese Weise wurde ein lokaler Beitrag zur Beherrschung der dramatischen Kostenentwicklung auf Landesebene übertragen. Ein Allheilmittel war das »Erlanger Modell« selbstverständlich nicht. Obgleich nun Klinikleiter vor Ort ungleich effizienter haushalten konnten – notwendige staatliche Investitionen ersetzen konnte das »Erlanger Modell« keineswegs.[7] Andreas Plöger

Abb. 2 Würdigung Kurt Köhlers mit der Ehrendoktorwürde durch die Erlanger Medizinische Fakultät, 1988.

Abb. 72 Von »Kliniken« zu »Klinikum«: Der erste (und einzige) Geschäftsbericht des 1991 geschaffenen Klinikums, 1991.

▸ Fallkostenpauschalen (G-DRGs) im Jahr 2003, die im Folgejahr aufgrund »gravierende[r] Mängel« von der Kultusministerkonferenz als existenzielle Gefährdung der Hochschulmedizin eingestuft wurden.[455] Hinzu traten die gesamtwirtschaftlichen Folgen der Deutschen Vereinigung (1990) gekoppelt mit nun offen zutage tretenden Strukturproblemen der deutschen Wirtschaft – allein in Erlangen waren Anfang der 1990er Jahre 5000 Arbeitsplätze verloren gegangen – und einer hitzigen Diskussion über den »Standort Deutschland«, den »Reformstau« (1997 zum Wort des Jahres gewählt) von der Gesundheits- bis zur Arbeitsmarktpolitik und die Auswirkungen der Globalisierung. Privatisierung galt als probates politisches Mittel, um als ineffizient angesehene staatliche Betriebe zukunftsfähig zu machen und trotz wirtschaftlicher Probleme Spielraum für staatliche Investitionen in Zukunftstechnologien, Forschung und Entwicklung zu schaffen; beispielsweise in der 1994 ausgerufenen »Offensive Zukunft Bayern«, von der auch die Erlanger Universität und ihr Klinikum profitierten. Die »Standort«-Diskussion, in der Vertreter aus Politik, Medien und Wirtschaft die Bundesrepublik gegenüber den Referenzgesellschaften Japans und der USA gerade im Hochtechnologiesektor abgehängt sahen, dynamisierte und beschleunigte die Reformbemühungen im Hochschulsektor weiter.[456]

Vor diesem Hintergrund wurden die 1990er Jahre zu einer intensiven Experimentierphase bezüglich der Struktur und Finanzierung der Hochschulmedizin im gesamten Bundesgebiet. 1995 veröffentlichte der Wissenschaftsrat eine weitere Empfehlung, in der anhaltend dringender Reformbedarf in der Hochschulmedizin gesehen wurde.[457] Auch von der Kultusministerkonferenz wurden eine Arbeitsgruppe Hochschulmedizin und ein Hochschulausschuss eingerichtet. Diskutiert wurden ein Wandel der Rechtsform, die Selbstständigkeit der Universitätskliniken gegenüber den Landesregierungen und neue Finanzierungsformen. Zusammen mit der *Bundespflegesatzverordnung*, in der trotz Maximalversorgungsstatus keine eigens geregelten Pflegesätze für die Universitätskliniken vorgesehen waren, führte die Empfehlung zu einer Kritik seitens der *Arbeitsgemeinschaft der Wissenschaftlichen Medizinischen Fachgesellschaften* (AWMF), die eine »Qualitätsverschlechterung« und Umsetzungsprobleme der neuen Approbationsordnung fürchtete.[458] Auch in Bayern wurde Mitte der 1990er Jahre eine Kommission zur Strukturreform der Bayerischen Universitätskliniken eingerichtet, in deren Konzeptpapier der Wettbewerb zwischen den Universitätskliniken und nichtuniversitären Krankenhäusern einen zentralen Baustein darstellte, was zwingend die Frage der Chancengleichheit zwischen den einzelnen Universitätskliniken in Bayern aufwarf.[459]

1996 löste der Strahlenmediziner Rolf Sauer Klemens Stehr als Ärztlichen Direktor des Klinikums ab. Während Sauers Amtszeit wurde am 24. Juli 1998 im Bayerischen Landtag auch ein *Änderungsgesetz für das Bayerische Hochschulgesetz* verabschiedet, das die bayerischen Universitätskliniken wirtschaftlich selbstständig von den Universitäten

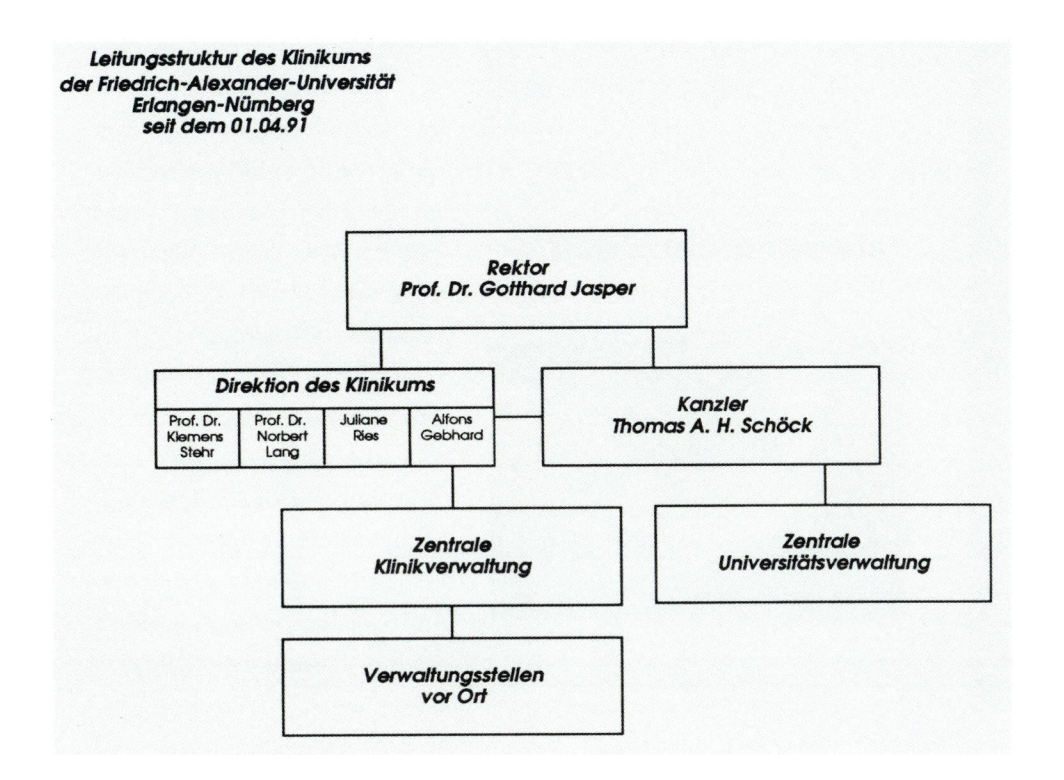

Leitungsstruktur des Klinikums der Friedrich-Alexander-Universität Erlangen-Nürnberg seit dem 01.04.91

Abb. 73 Organigramm der Universitätsleitung nach Einführung der Klinikordnung am 1. April 1991.

werden ließ. Im neuen Art. 52a Abs. 2 hieß es nun: »Das Klinikum ist ein organisatorisch, finanzwirtschaftlich und verwaltungsmäßig selbständiger Teil der Hochschule und wird als kaufmännisch eingerichteter Staatsbetrieb [...] geführt.«[460] Das zentrale Ergebnis dieses Gesetzes war daher die wirtschaftliche Selbstständigkeit des »Universitätsklinikums Erlangen« von der Universität.

Die Führung des »Universitätsklinikums Erlangen« bestand aus dem Aufsichtsrat und dem Klinikumsvorstand, der aus dem Ärztlichen Direktor, der nun dem gesamten ärztlichen Personal mit Ausnahme der Professoren vorstand, dem Verwaltungsdirektor, dem Pflegedirektor und einem stimmberechtigten Vertreter der Medizinischen Fakultät bestand. Ernannt werden sollten die Vorstandsmitglieder bis auf den Fakultätsvertreter vom Aufsichtsrat, der aus Mitgliedern der Landesregierung, dem Rektor der Friedrich-Alexander-Universität, dem Dekan der Medizinischen Fakultät, einem Ärztlichen Direktor einer anderen Hochschule und einem Wirtschaftsvertreter bestand.

Die Einbeziehung der Wirtschaft in den Hochschulbereich hatte seit den 1980er Jahren nicht nur in Erlangen stark zugenommen. Zwar waren vor allem in der Erlanger Medizin Kooperationen mit Unternehmen nichts Neues, erwähnt sei nur die Zusammenarbeit mit der Firma Reiniger, Gebbert & Schall AG in der Strahlentherapie in der ersten Hälfte des 20. Jahrhunderts, doch zielte Universitätspräsident Nikolaus Fiebiger 1981 nun auf eine Institutionalisierung mit der Einrichtung einer Kontaktstelle für Forschungs- und Technologietransfer (FTT) und engagierte sich dahin gehend auch in der 1990 gegründeten Bayerischen Forschungsstiftung. Einerseits sollten damit neue Geldquellen für die Forschung geschaffen, andererseits der Wissenstransfer zwischen Universität und

▶ **Kapitel** Medizin und Technik: ein sehr erfolgreiches Joint Venture, S. 184.

Abb. 74 Einführung des neuen Corporate Designs im Jahr 2003.

Unternehmen beschleunigt werden.[461] Die Kontaktstelle war somit gewissermaßen ein geistiger Vorläufer der im BMBF-Spitzencluster Medizintechnik angestoßenen Projekte unter der Beteiligung von Universität, Klinikum, Stadt und regionalen Wirtschaftsunternehmen oder Einrichtungen wie dem Imaging Science Institute (ISI), das 2005 von Siemens Health Care und dem Universitätsklinikum eingerichtet wurde.

Der Aufsichtsrat des neuen Universitätsklinikums Erlangen trat im November 1998 erstmals zusammen. Seine erste Aufgabe war die Ausschreibung der Vorstandsposten, die über eine Dauer von je fünf Jahren zu besetzen waren. Kaum überraschend überwogen bei der Besetzung die personellen Kontinuitäten: Rolf Sauer wurde im Amt des Ärztlichen Direktors bestätigt, wie auch Alfons Gebhard im Amt des Verwaltungsdirektors.[462] Zum Pflegedirektor wurde Alexander Schmidtke ernannt, der Juliane Ries nach achtjähriger Dienstzeit ablöste. Vertreter der Medizinischen Fakultät wurde der Nephrologe Ralf Sterzel, Vorstand der Medizinischen Klinik 4. Mit der Ernennung des Klinikumsvorstandes wurde die Verselbstständigung am 1. Oktober 1999 vollzogen.[463] Das Universitätsklinikum Erlangen war nun ein selbstständiger Teil der Universität, wobei auf einen Verweis auf deren Bilokalität im Namen verzichtet wurde.

Das Geschehen in Erlangen und Bayern fügte sich in einen 1997 einsetzenden bundesweiten Trend ein, beginnend in Sachsen-Anhalt, dann Rheinland-Pfalz und Baden-Württemberg, wo entsprechende Gesetze zum 1. Januar 1998 in Kraft getreten waren.[464] Die Kritik folgte auf dem Fuße. Auf einer Diskussionsveranstaltung in Bonn sprach man von der »amputierte[n] Universität«.[465] Tatsächlich sollte das Verhältnis zwischen Medizinischer Fakultät und Universität auf der einen und den nun selbstständigen Universitätskliniken auf der anderen Seite neue Probleme mit sich führen, was die Koordination, aber auch die Leistungsverrechnung und nicht zuletzt die Personalpolitik betraf. Auch auf der Ebene der Verbände spiegelte sich der erste entscheidende rechtliche Schritt zur institutionellen, aber nicht vollständigen Trennung der medizinischen Fakultäten von ihren Kliniken wider, als 1997 der Verband der Universitätsklinika Deutschlands e. V. (VUD) gegründet wurde. Erst 2008 wurde zusammen mit dem Medizinischen Fakultätentag (MFT) wieder ein gemeinsamer Dachverband mit dem Namen Deutsche Hochschulmedizin e. V. geschaffen.

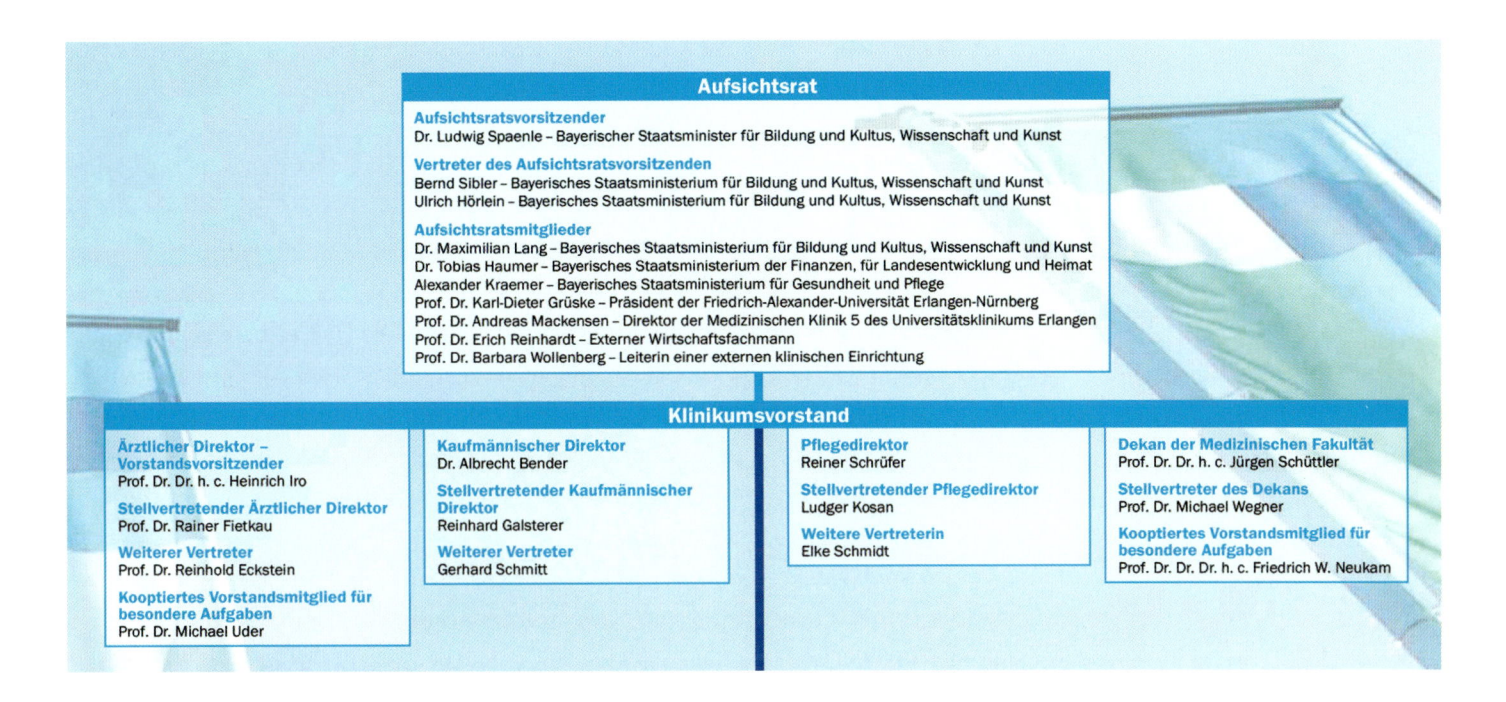

Aufsichtsrat

Aufsichtsratsvorsitzender
Dr. Ludwig Spaenle – Bayerischer Staatsminister für Bildung und Kultus, Wissenschaft und Kunst

Vertreter des Aufsichtsratsvorsitzenden
Bernd Sibler – Bayerisches Staatsministerium für Bildung und Kultus, Wissenschaft und Kunst
Ulrich Hörlein – Bayerisches Staatsministerium für Bildung und Kultus, Wissenschaft und Kunst

Aufsichtsratsmitglieder
Dr. Maximilian Lang – Bayerisches Staatsministerium für Bildung und Kultus, Wissenschaft und Kunst
Dr. Tobias Haumer – Bayerisches Staatsministerium der Finanzen, für Landesentwicklung und Heimat
Alexander Kraemer – Bayerisches Staatsministerium für Gesundheit und Pflege
Prof. Dr. Karl-Dieter Grüske – Präsident der Friedrich-Alexander-Universität Erlangen-Nürnberg
Prof. Dr. Andreas Mackensen – Direktor der Medizinischen Klinik 5 des Universitätsklinikums Erlangen
Prof. Dr. Erich Reinhardt – Externer Wirtschaftsfachmann
Prof. Dr. Barbara Wollenberg – Leiterin einer externen klinischen Einrichtung

Klinikumsvorstand

Ärztlicher Direktor – Vorstandsvorsitzender
Prof. Dr. Dr. h. c. Heinrich Iro

Stellvertretender Ärztlicher Direktor
Prof. Dr. Rainer Fietkau

Weiterer Vertreter
Prof. Dr. Reinhold Eckstein

Kooptiertes Vorstandsmitglied für besondere Aufgaben
Prof. Dr. Michael Uder

Kaufmännischer Direktor
Dr. Albrecht Bender

Stellvertretender Kaufmännischer Direktor
Reinhard Galsterer

Weiterer Vertreter
Gerhard Schmitt

Pflegedirektor
Reiner Schrüfer

Stellvertretender Pflegedirektor
Ludger Kosan

Weitere Vertreterin
Elke Schmidt

Dekan der Medizinischen Fakultät
Prof. Dr. Dr. h. c. Jürgen Schüttler

Stellvertreter des Dekans
Prof. Dr. Michael Wegner

Kooptiertes Vorstandsmitglied für besondere Aufgaben
Prof. Dr. Dr. Dr. h. c. Friedrich W. Neukam

In einer weiteren *Empfehlung des Wissenschaftsrates zur Struktur der Hochschulmedizin – Aufgaben, Organisation, Finanzierung* vom Juli 1999 wurde nicht nur weiterhin zur Schwerpunktbildung nachdrücklich aufgefordert, sondern es wurden auch Möglichkeiten für die künftige Entwicklung der Hochschulmedizin abgesteckt, wobei »Wettbewerb« und Wirtschaftlichkeit weiterhin zentrale Begründungsmomente waren.[466]

Abb. 75 Organigramm der Leitungsebenen des Universitätsklinikums Erlangen, 2014.

Durchtrennung der Nabelschnur

Im Jahr 2000 publizierte das Universitätsklinikum Erlangen erstmals einen eigenen Jahresbericht (für das Jahr 1999) und verabschiedete ein gemeinsames Leitbild: »Die Sorge um und für den Menschen: unsere Motivation bei der Krankenversorgung, Lehre und Forschung«.[467] Anhand der Jahresberichte lässt sich der langsame Loslösungsprozess des Klinikums von der Friedrich-Alexander-Universität mit der (gewollten) Entwicklung einer eigenen Identität nachvollziehen, die einen deutlichen Ausdruck in dem 2003 eingeführten Corporate Design fand. Anstelle des Logos der Universität und der Stadt Erlangen trat das blaugrüne Kreuz der »Wort-Bild-Marke« Universitätsklinikum Erlangen.

Im Inneren des Universitätsklinikums gingen die Zentralisierungs-, Integrations- und Umstrukturierungsprozesse weiter – von der Laborarbeit über die EDV-Infrastruktur hin zur Schaffung von vier »Departments« im Jahr 2005 aus Fächern mit fachlichen oder räumlichen Berührungspunkten, hier der Inneren Medizin, der Chirurgie sowie des Kopfklinikums und der Zahnklinik, in denen Aufgabenbereiche z. B. in der Krankenversorgung geteilt werden sollten, soweit dies nicht ohnehin schon der Fall war. Zudem wurden mehrere Zentren wie z. B. das Universitäts-Brust-Zentrum Franken oder das Interdisziplinäre Zentrum für Klinische Forschung eingerichtet, ▸

GRÖSSENVERHÄLTNISSE – DAS UNIVERSITÄTSKLINIKUM ERLANGEN IN ZAHLEN

24 Kliniken, 18 selbstständige Abteilungen und sieben Institute bilden gegenwärtig das Universitätsklinikum Erlangen als rechtsfähige Anstalt des öffentlichen Rechts. War bislang von der 200-jährigen historischen Entwicklung aus bescheidenen Anfängen, von Phasen der Dynamik, neuen medizinischen Konzepten, Theorien, Therapiemöglichkeiten, von persönlichen Karrieren, der Bauentwicklung und ethischen Grenzlinien die Rede, so sei hier ein Blick auf das Universitätsklinikum als Wirtschaftsmacht gerichtet.

Das Universitätsklinikum ist der zweitgrößte Arbeitgeber der Stadt. Über 7.400 Mitarbeiter sind am Klinikum beschäftigt, hiervon über 2.200 als Gesundheits- und Krankenpfleger bzw. -pflegerinnen. Im ärztlichen Dienst wirken nahezu 1.150 Ärztinnen und Ärzte, im medizinisch-technischen Dienst rund 2.300 Personen. Wissenschaftlich tätig sind aus den beiden letztgenannten Gruppen mehr als 1.400 Menschen. Neben 3.700 Studierenden in sechs Studiengängen absolvieren über 700 Jugendliche in Kooperation mit acht Fachschulen eine Ausbildung in 20 unterschiedlichen Berufen.

▶ **Exkurs** Medizinische Studiengänge, Fachschulen, Ausbildungsberufe, S. 372.

Im Berichtsjahr 2014 verzeichnete das Universitätsklinikum 60.000 Fälle stationär behandelter Patienten, zu denen über 470.000 ambulant behandelter Fälle kamen. Es liegt auf der Hand, dass ein Klinikum derartiger Größenordnung ein enormer Wirtschaftsfaktor in Stadt und Region ist. Zu über 150 Erlanger Firmen werden Geschäftsbeziehungen unterhalten.

Als Wirtschaftsunternehmen veröffentlicht das Universitätsklinikum seine Bilanz regelmäßig im Jahresbericht.[1] Die Dimensionen und Probleme, bezogen auf das Jahr 2014, sollen hier in ihren Größenordnungen skizziert werden, um einen Eindruck zu vermitteln. Die Bilanzsumme des Klinikums erreichte 2014 rund 740 Millionen Euro; die Einnahmen setzten sich hauptsächlich aus drei Posten zusammen: den Krankenhausleistungen (430 Mio.), sonstigen betrieblichen Erträgen (99 Mio.) und dem Landeszuschuss (82 Mio.). Zum Vergleich: Dieses Finanzvolumen entspricht größenordnungsmäßig dem Jahreshaushalt der UNESCO.[2] Den erwähnten Einnahmen gegenüber bestanden die Ausgaben des Klinikums 2014 aus den Personalkosten (354 Mio.), den Materialkosten (186 Mio.) und weiteren hier nicht einzeln aufzuführenden Posten. In der Bilanz ergab sich bei der gewaltigen Gesamtsumme von 740 Mio. ein positiver Überschuss von 824.000 €. So gering dieser Betrag in der Relation erscheinen mag, ist das Erlanger Klinikum doch damit eines der wenigen Universitätsklinika in Deutschland, das einen positiven Jahresabschluss erreicht hat.

Wie erwähnt, betrug der Landeszuschuss für Forschung und Lehre an das Universitätsklinikum rund 82 Mio.; allerdings hat sich seit Mitte der 1990er Jahre zunehmend herausgestellt, dass sich die stets kostenintensiver werdende Forschung eines Universitätsklinikums mit mehr oder weniger konstanten Landeszuschüssen nicht aufrechterhalten lässt. Daher kommt den sog. »Drittmitteln« erhebliche und immer mehr steigende Bedeutung zu: Es handelt sich um Forschungsgelder, die von Einrichtungen des Universitätsklinikums (Kliniken, Institute, selbstständige Abteilungen) in einem kompetitiven Verfahren beim Bund, dem Land Bayern, der Deutschen Forschungsgemeinschaft, der EU, bei Stiftungen und in der Wirtschaft/Industrie eingeworben werden. Die Gesamtsumme der Drittmittel machte im Jahr 2014 bereits 39 Mio. € aus und erreichte damit nahezu die Hälfte des Landeszuschusses. Die primär für die Forschung reservierten Drittmittel sind damit ein wesentlicher Beitrag zur Finanzierung des Erlanger Universitätsklinikums geworden. Karl-Heinz Leven

Abb. 1 Kaufmännische Direktion des Uni-Klinikums, Maximiliansplatz 2.

▸ **Exkurs** Ein »Generalplan« für die Kliniken, S. 490.

▸ definiert entweder nach räumlicher Nähe, gemeinsamen Aufgaben oder Interessen.[468] Mit der Zentrenbildung wurden nun Konzepte umgesetzt, die seit den 1960er Jahren diskutiert und im »Lohfert-Gutachten« von 1973 auch für Erlangen erstmals als Fernziel benannt worden waren.

Für die Strukturreform der bayerischen Universitätskliniken orientierte sich der Bayerische Landtag am 1998 beschlossenen Modellversuch am Klinikum rechts der Isar, als er am 23. Mai 2006 das *Bayerische Universitätsklinikagesetz* beschloss.[469] Auch in der Einführungsrede zur Ersten Lesung des Gesetzes im Landtag standen Wettbewerb, internationale Konkurrenz und Globalisierung Pate für die endgültige Eigenständigkeit der Universitätskliniken.[470] Das *Universitätsklinikagesetz* gehörte zu einem Maßnahmenpaket im Kontext des 2005 verabschiedeten »Innovationsbündnis Hochschule 2008« zwischen der bayerischen Landesregierung und den Rektoren der Universitäten und Hochschulen. Ebenfalls 2005 war in Baden-Württemberg bereits ein ähnliches *Universitätsklinika-Gesetz* (UKG) erlassen worden.

Im Vergleich zu 1998 war die Zeitverzögerung zur Umsetzung in Erlangen kurz, denn schon am 21. August 2006 wurde die neue Satzung des Universitätsklinikums verabschiedet. An der Spitze des Organigramms stand weiterhin der Aufsichtsrat unter dem Vorsitz des bayerischen Wissenschaftsministers. Auf dem Posten des Ärztlichen Direktors löste der Radiologe Werner Bautz Rolf Sauer ab; Alfons Gebhard blieb der Verwaltungsdirektor, der nun Kaufmännischer Direktor hieß und nicht mehr dem Kanzler der Universität unterstellt war; Pflegedirektorin blieb Susanne Imhof, die zuvor Alexander Schmidtkes Nachfolge angetreten hatte. Als Dekan der Medizinischen Fakultät, der im Rahmen des »neue[n] Modells der betrieblichen Steuerung« 2002 in den Klinikumsvorstand aufgenommen worden war, komplettierte der Anästhesiologe Jürgen Schüttler den Vorstand.[471] Das Universitätsklinikum war nicht mehr an das staatliche Haushaltsrecht gebunden und konnte zum Beispiel über »Bauvorhaben bis zu einem Volumen von drei Millionen Euro« nun selbst entscheiden.

Neben der rechtlichen Eigenständigkeit hatte das *Bayerische Universitätsklinikagesetz* die Zementierung einer Doppelstruktur von Fakultät und Klinikum nach sich gezogen.[472] Eine drängende Frage blieb vor diesem Hintergrund der Verbleib der klinisch-theoretischen Institute, von denen 2007 die Institute für Humangenetik, Mikrobiologie, Pathologie, Neuropathologie und Virologie in das Universitätsklinikum eingegliedert wurden.[473] Seitdem laufen Verhandlungen zwischen Universität und Universitätsklinikum auch über die Übernahme der vorklinischen und klinisch-theoretischen Fächer.

Wie gezeigt, haben unterschiedliche Faktoren und Entwicklungsstränge die Integration der Kliniken und gleichzeitig die schrittweise Verselbstständigung des Gesamtgefüges »Universitätsklinikum« hervorgebracht. Die Kliniken, die seit den bescheidenen Anfängen von Bernhard Schregers Institutum clinicum chirurgicum in einem kleinen Gebäude in der Wasserturmstraße über knapp zwei Jahrhunderte die Geschichte der Stadt und das Wohl ihrer Bürger entscheidend mitgeprägt haben und integraler Teil der Medizinischen Fakultät der Friedrich-Alexander-Universität gewesen waren, sind dieser 2006 in vielerlei Hinsicht entwachsen. Andreas Plöger

Baugeschichte

1815
2015

Alte Sandgruben
Werker
Windmühle
Regnitz
Schloss Garten
Kasernhof
Erlach
Am Erlanger Weg
München, November 1908.
Der Architekt:

1815

Zur Entwicklung der Klinikbauten

Die bauliche Entwicklung der Friedrich-Alexander-Universität mit ihren Kliniken aus bescheidenen Anfängen zum heutigen Großbetrieb vollzog sich über einen langen Zeitraum. (Abb. 1) Im Gegensatz zu vielen anderen Universitäten verfügte die Erlanger Gründung, die mit anfangs 64 Immatrikulationen zu den kleineren Einrichtungen ihrer Art zählte, nicht über einen für sie neu errichteten Gebäudekomplex. Vielmehr war sie seit ihrer Inauguration durch Markgraf Friedrich von Brandenburg-Bayreuth (1711–1763) am 4. November 1743 bis zum Jahr 1825 in einem Teil des Gebäudekomplexes der ehemaligen Ritterakademie an der Ostseite der Erlanger Hauptstraße zwischen Hugenottenplatz und Friedrichstraße untergebracht.[1] Im Wesentlichen wurde dieser Gebäudebestand zunächst auch nicht vermehrt. Es war die Klinik, die schließlich die entscheidenden Impulse zur Vergrößerung der akademischen Baulichkeiten geben sollte.

Die Anfänge der Erlanger Universitätsgebäude

Die Erlanger Universität war anfangs eine recht bescheidene Unternehmung, auch was die räumlichen Ressourcen für die medizinische Lehre betraf. Für die Leichen der Anatomie existierte zunächst nur ein Keller im Eckhaus des Hauptgebäudes. Nachdem ein 1745 gehegter Plan, im damals kurzzeitig zur Universität gehörenden, aber nie richtig genutzten Egloffsteinschen Palais in der Friedrichstraße ein Anatomisches Theater sowie ein chemisches Laboratorium und ein Observatorium einzurichten, gescheitert war, wurde 1754 immerhin ein Theatrum anatomicum an der Ostseite des Hauptgebäudes angebaut. Die finanziellen Voraussetzungen für die Universität änderten sich erst, als 1769 nach dem Erlöschen der Bayreuther Linie das Fürstentum Brandenburg-Bayreuth mit dem Fürstentum Brandenburg-Ansbach in Personalunion regiert wurde. Zu Ehren des nun herrschenden Markgrafen Alexander, der ihr erster großer Förderer werden sollte, erhielt die Universität auch im selben Jahr den Namen »Friedrich-Alexander(s)-Universität«.

Nachdem zu jener Zeit noch kein Klinikum mit stationärer Krankenversorgung mit gleichzeitigem praktischem Unterricht üblich war, begleiteten auch in Erlangen die Studenten ihre Professoren zu den jeweils zu versorgenden Patienten. Diesen Usus versuchte Friedrich (von) Wendt (1738–1818) zu verbessern mittels Errichtung seines »Institutum clinicum« als ambulante Sprechstunde, welches durch Markgraf Alexander ab 9. Februar 1779 finanziell unterstützt wurde.[2] Untergebracht war es zunächst in Wendts Privatwohnung, dann ab 1785 in Räumen im oberen Stockwerk des Gebäudes Südliche Stadtmauerstraße 28.

▸ **Kapitel** Vorgeschichte des Klinikums: ein verheißungsvoller Beginn mit Hindernissen, S. 27.

Abb. 1 Historischer Stadtplan Erlangens, 1908.

In der Folgezeit forcierte Friedrich Wendt den Gedanken zur Errichtung eines Krankenhauses, nachdem auch Pläne für eine Entbindungsanstalt, die damit in Verbindung gebracht werden konnten, aufgekommen waren. Unterdessen war Erlangen nach der Abdankung des letzten Markgrafen Alexander 1792 an das Königreich Preußen übergegangen. Durch den preußischen Staatsmann Karl August Freiherr von Hardenberg (1750–1822), der mit der Verwaltung der fränkischen Provinzen betraut war, sollte der Universität nun eine große Förderung zuteilwerden. Das gewünschte Krankenhaus konnte seiner Unterstützung sicher sein. Am 10. Oktober 1796 bestätigte von Hardenberg Friedrich Wendt, die »Anlegung eines solchen Hospitals [sei] unbezweifelt von dem größten Nutzen«, und befürwortete dessen bereits 1781 entworfenen Plan, da man in jeder größeren Stadt wenigstens ein solches Hospital errichtet sehen wolle.[3]

Erster Neubau für die Universität: das Krankenhaus

Als Bauplatz für das Krankenhaus einigte man sich 1803 auf den östlichen Teil des Schlossgartens, der eigentlich noch der in der Erlanger Residenz wohnenden letzten Markgräfinwitwe Sophie Caroline (1737–1817) zur Nutzung zugewiesen war. Damit hatte man sich gegen den Platz am Buckenhofer Tor als Alternativstandort entschieden, nachdem auch in anderen Städten wie beispielsweise in Berlin Krankenhäuser innerhalb der Stadt lagen, ohne dadurch Probleme hervorzurufen. Somit wurden 47.536 Quadratmeter Grund am Ostende des Schlossgartens abgetrennt und mit den Bauarbeiten für den zweigeschossigen Bau begonnen. Damit sollte auch nach Errichtung des Krankenhauses ein großer Garten für die Kranken einschließlich des barocken Naturtheaters aus markgräflicher Zeit erhalten bleiben. Es war das erste und lange Zeit einzige Gebäude, das speziell für die Universität errichtet wurde. Die finanziellen Mittel kamen aus der Provinzialkasse, sodass für die Universität nur die Leistung von Naturalbeiträgen vorgesehen war.

Am 16. Oktober 1801 hatte der Extraordinarius für Arzneikunde und Hebammenkunst, Christian Friedrich (von) Deutsch (1768–1843), beim akademischen Senat beantragt, mit dem neuen Krankenhausbau auch eine Entbindungsanstalt einzurichten. Zur Vermeidung von Ansteckungen wollte Deutsch jedoch ein räumlich selbstständiges Institut. Ungeachtet dieser Vorstellungen plante die preußische Regierung die Entbindungsanstalt im Obergeschoss des Krankenhauses ein. Mit dem Weggang Deutschs in das russische Zarenreich nach Dorpat (heute Tartu, Estland) im Jahr 1805 sollte das Projekt einer Entbindungsanstalt schließlich vorerst stagnieren.

In jenem Jahr fiel jedoch eine andere für das Klinikum wegweisende Entscheidung. Am 14. Oktober 1805 erging die Anordnung von Hardenbergs, der sich hierbei wieder einmal als Motor für die Erlanger akademischen Angelegenheiten erwies, dass der Universität das Haus Wasserturmstraße 14 im ehemals markgräflichen Bauhof überwiesen werde und die bestehenden Mietverhältnisse gekündigt würden, sodass die Universität das Haus für eigene Zwecke nutzen konnte. Zehn Jahre später sollte hier die Initialzündung für das Erlanger Klinikum erfolgen.[4]

Einige Zeit zuvor war auch von anderer Seite ein – bescheidener – Gebäudezuwachs der Universität erfolgt. Neben den bereits existenten kleineren Liegenschaften wie Reithalle und Fechtboden und der seit 1751 der Universität zugewiesenen, aber nicht recht nutzbaren ehemaligen Konkordienkirche im Schlossgarten wurde 1799 das Anwesen Untere Karlstraße 4 für den physikalischen und chemischen Apparat erworben. Auch der Krankenhausbau schien auf einem guten Weg und war 1806 bis einschließlich des Daches fertiggestellt. Mit dem Ausbruch des vierten Koalitionskrieges und der Besetzung Erlangens durch Truppen des französischen Kaiserreichs 1806, die eine vierjährige Phase der Stagnation einleiten sollte, kamen jedoch auch die akademischen Bauangelegenheiten ins Stocken. Der Ausbau des Krankenhauses musste in diesem Jahr eingestellt werden, und auch das im Vorjahr erworbene Altensteinsche Palais blieb ungenutzt. Dieses war 1827 durch den Ordinarius Johann Michael Leupoldt (1794–1874) vergeblich als Psychiatrische Klinik ins Auge gefasst worden, was die erste bauliche Manifestation einer Klinik nach der Medizin und Chirurgie im Krankenhaus bedeutet hätte. Letztlich wurde das Palais verkauft und 1843 für die Errichtung des Erlanger Bahnhofs abgebrochen.

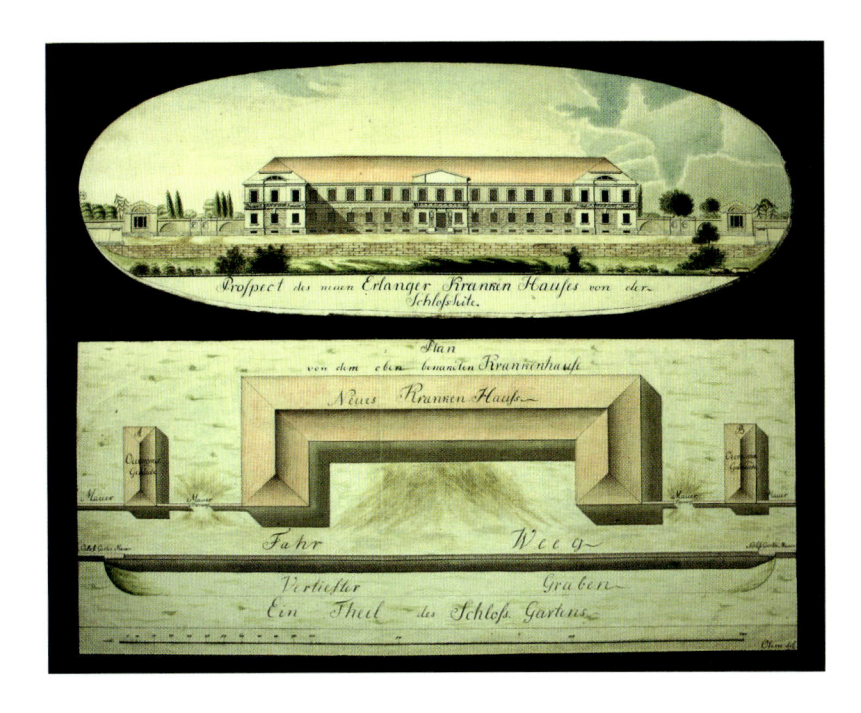

Abb. 2 Prospektzeichnung des Krankenhausbaus. Kolorierte Zeichnung von Georg Simon Ohm, um 1811.

Schwieriger Baufortschritt

Nach der Eingliederung Erlangens in das Königreich Bayern 1810 gingen die Bauarbeiten am Krankenhaus zunächst nicht weiter (Abb. 2). Noch 1814 wurden übrig gebliebene Baumaterialien verkauft, um Handwerker zu bezahlen, die seit Jahren auf ihren Lohn warteten, und der Rohbau notdürftig als Kriegslazarett verwendet. Am 25. Oktober 1815 wandte sich der Ordinarius Friedrich Heinrich Loschge (1755–1840) an den Rektor und akademischen Senat mit dem Ansinnen, wenigstens einen Teil des Krankenhaus-Rohbaus fertigzustellen. Die Initialzündung zum Weiterbau kam dann im Folgejahr: Nachdem Maximilian I. Joseph (1756–1825), seit 1806 erster König des Königreichs Bayern, der Stadt im Jahr 1816 eine Entschädigungssumme für die Kosten der russischen Einquartierungen in den Befreiungskriegen 1812–1814 in Höhe von 4.314 fl. 15 ½ kr. in Form verzinslicher Lotterielose zugebilligt hatte, beschloss die Erlanger Bürgerschaft, diese Gelder der Universität zum Ausbau des Krankenhauses zukommen zu lassen.[5] Dies entsprach immerhin einem Großteil der Summe von 5.247 fl. 26 ¼ kr., die allein für die Baumaterialien bis zur Fertigstellung aufzubringen war.[6]

Zwischenzeitlich bekam die Klinik an der Erlanger Universität an anderer Stelle eine erste Heimstatt: Am 20. November 1815 eröffnete Bernhard Nathanael Gottlob

Abb. 3 Gebäude des früheren »Clinicum Chirurgicum«, Wasserturmstraße 14. Aquarell (fotografische Reproduktion aus Privatbesitz, Kriegsverlust), um 1840.

▶ **Kapitel** Die Eröffnung des Universitätskrankenhauses und die ersten Jahre seines Bestehens, S. 47.

▶ **Kapitel** Von der Entbindungsanstalt zur Frauenklinik, S. 100.

Schreger (1766–1825) in der Wasserturmstraße 14 sein »Clinicum Chirurgicum« – in jenem Haus, das 1805 auf Initiative von Hardenbergs der Universität überwiesen worden war. Zunächst war für das Clinicum Chirurgicum ein Teil der Stallmeisterwohnung mit einem Zimmer, einer Küche und einer Kammer bewilligt worden, dann verlegte man sich auf die Wohnung des Bauvogts und eines anderen Hofbediensteten.[7] (Abb. 3)

1818 konnten die Eigentumsverhältnisse an den bislang existenten beziehungsweise in Bau befindlichen Erlanger klinischen Gebäuden letztendlich geregelt werden. Nachdem die seit 1764 in der Erlanger Nebenresidenz lebende Markgräfinwitwe Sophie Caroline, die zweite Gemahlin des Universitätsgründers, 1817 verstorben war, erhielt die Universität durch Entscheidung des Königs das – allerdings 1814 durch einen Brand zerstörte, dann bis 1825 wieder aufgebaute – Schloss, den Schlossgarten, die Orangerie und weitere ehemals markgräfliche Gebäude als Eigentum zugesprochen. Damit waren nun auch das 1803 herangezogene Gelände der Krankenhausbaustelle und das 1805 zugewiesene Gebäude des nachmaligen Clinicum Chirurgicum definitiv der Universität übereignet.[8]

Nach langjährigen Baumaßnahmen konnte 1823 das Krankenhausgebäude mit 25 Betten endlich fertiggestellt werden. Für den 18. Oktober 1823 ist die letzte Taglohnzahlung des Ausbaus aktenkundig.[9] Die Gesamtleitung des Krankenhauses wurde am 20. Mai 1824 dem Ordinarius Christian Heinrich Adolph Henke (1775–1843) übertragen, welcher gleichzeitig Leiter der medizinischen Abteilung war. Das Clinicum Chirurgicum wurde mit der neuen Chirurgischen Abteilung vereinigt und dessen vorheriges Gebäude Wasserturmstraße 14 im Jahr 1838 an den Kammfabrikanten und Magistratsrat Johann Georg Bücking veräußert.

Noch nicht vorangekommen war hingegen das Projekt der Entbindungsanstalt. König Maximilian I. Joseph stellte durch Reskript vom 27. September 1823 zwar die Mittel zur Errichtung zur Verfügung, realisiert wurde sie aber erst mit der Ernennung von Philipp Anton Bayer (1791–1832) zum Extraordinarius für Entbindungskunst und seiner Beauftragung mit der Direktion der Anstalt zum 30. März 1828. Die Entbindungsanstalt wurde in einer Anmietung untergebracht, da kein Universitätsgebäude zur Verfügung stand und eine Vereinigung mit den klinischen Instituten im Universitätskrankenhaus wegen der Infektionsgefahr unzweckmäßig erschien. Zudem wollte man heimliche Geburten ermöglichen und entbindende Prostituierte von den anderen Krankenhauspatienten trennen.[10] So wurde das der französisch-reformierten Kirche gehörende Haus des Großkaufmanns Abraham Marchand (1687–1763) in der Nürnberger Straße 36, das zu Beginn des 18. Jahrhunderts als Landsitz erbaut worden war, einschließlich Hof, Garten und Waschhaus in 10-jährigen Fristen angemietet. (Abb. 4) Das Einkommen der Entbindungsanstalt bestand aus einem Zuschuss aus der Quästoratskasse, der schon in preußischer Zeit angesetzt worden war, sowie von Geldbeträgen aus der Krankenhauskasse. Sie verfügte über neun Betten für finanziell Minderbemittelte und drei Betten für Zahlende. Erstere wurden hier wie auch im Universitätskrankenhaus unentgeltlich verpflegt, »die auf eigene Rechnung Aufgenommenen hingegen [mussten] nach ihren VermoegensVerhältnissen täglich 24–30 kr. bis 1 fl. bezahlen«.[11]

Abb. 4 Das Marchandsche Haus in der Nürnberger Straße 36, in dem die erste Entbindungsanstalt eröffnet wurde. Kolorierter Kupferstich, 1828.

Ausbau der Kliniken im 19. Jahrhundert

In der zweiten Hälfte des 19. Jahrhunderts führten die fortschreitende Fächerdifferenzierung und die neuen medizinischen und naturwissenschaftlichen Forschungsbereiche zur Errichtung zahlreicher neuer Gebäude, die am Schlossgarten und im Bereich der Universitätsstraße ein repräsentatives akademisches Gebäudeensemble entstehen ließen. Auch die Studentenzahlen erlebten in der zweiten Hälfte des 19. Jahrhunderts einen starken Anstieg, sodass im Sommersemester 1890 erstmals die Tausendermarke an Studierenden überschritten wurde.

In die Zeit nach 1850 fallen auch die Neubauten für die nichtklinischen medizinischen Institute: Das Anatomische Institut, das seit 1826 in der ehemals markgräflichen Orangerie untergebracht war, erhielt 1863 einen Bau im Schlossgarten und siedelte 1897 in das heute noch von ihm genutzte neue Gebäude in der Krankenhausstraße um.[12] Ebenfalls in mehreren Schritten vollzog sich der Ausbau des Pathologischen Instituts. Nachdem 1854 eine Pathologische Sammlung an das Anatomische Institut angeschlossen und ihr 1862 ein Raum im Krankenhaus und ein kleines Sektionshäuschen zur Verfügung gestellt worden war, erfolgte 1872 die Neuerrichtung eines Institutsgebäudes, welches 1906 durch einen abermaligen, heute noch durch das Institut genutzten Neubau in der Krankenhausstraße Ecke Universitätsstraße ersetzt wurde.[13]

▶ **Kapitel** Die Spezialisierung in den klinischen Fächern im 19. und frühen 20. Jahrhundert, S. 110.

Abb. 5 Die ehemalige Entbindungsanstalt an der Ostseite der Nürnberger Straße (auf Höhe des heutigen Neuen Marktes). Fotografie, um 1965.

Abb. 6 Die 1854 eröffnete Entbindungsanstalt in der (heutigen) Krankenhausstraße. Fotografie, undatiert.

▶ **Abb. 7** Schröder-Zweifel-Bau der Frauenklinik in der Universitätsstraße. Fotografie, undatiert.

Abb. 8 Umbauplan für die ehemalige Entbindungsanstalt in der Krankenhausstraße als Physiologisches Institut, 4. Juni 1878.

Abb. 9 Frommel-Geßner-Bau (links) und Schröder-Zweifel-Bau (rechts) der Frauenklinik in der Universitätsstraße. Fotografie, undatiert.

Abb. 10 Prinzregent Luitpold genehmigt den Neubau für die Gynäkologische Abteilung der Frauenklinik, 4. September 1906.

Abb. 11 Menge-Bau der Frauenklinik. Fotografie, undatiert.

Abb. 12 Der Schlossgarten mit Reiterdenkmal und Krankenhaus auf einem der Randbilder eines Erinnerungsblattes. Stahlstich von Ferdinand Wagner, 1843.

▶ **Kapitel** Von der Entbindungsanstalt zur Frauenklinik, S. 100.

Zunächst aber profitierte die Universität durch die am 1. August 1846 in der Trägerschaft des Kreises Mittelfranken eröffnete Kreisirrenanstalt: Am 10. Februar 1849 gestattete das Staatsministerium des Innern deren Vorstand Karl August (von) Solbrig (1809–1872), als Honorarprofessor dort eine Psychiatrische Klinik einzurichten, was auch von der Universität unterstützt wurde. Somit existierte in Erlangen eine Psychiatrische Klinik zwar nicht als eigenes Gebäude oder Institution, aber immerhin als Lehrfach.

Entbindungsanstalt

Vor allem beschäftigte die Universität die Entwicklung der Entbindungsanstalt. Am 3. Dezember 1853 wurde das Gesuch Johann Eugen Rosshirts (1795–1872), des Ordinarius für Geburtshilfe, um einen baulichen Ersatz für die immer noch genutzte Anmietung des Marchandschen Hauses genehmigt. Rosshirt tendierte zu einer Lage nahe dem Krankenhaus, vermutlich, damit die Studenten im Gegensatz zur abseitigen Lage des bisherigen Gebäudes an der Nürnberger Straße (Abb. 5) rechtzeitig den Geburten beiwohnen konnten.[14] Der zu Beginn des Wintersemesters 1854/55 bezogene Neubau südlich des Krankenhauses (Abb. 6) war das erste neue Gebäude nach langer Stagnation – wiederum für den klinischen Bereich. Das erste nicht für den medizinischen wissenschaftlichen Betrieb konzipierte Universitätsgebäude sollte erst 1858 das Chemische Institut werden. Diese neue Entbindungsanstalt für 24 Frauen war ein recht spartanisch konzipiertes Gebäude. Im Erdgeschoss befand sich ein Vorlesungssaal für gerade 20 Studenten, im oberen Stock der Kreißsaal und die Zimmer, sodass alsbald wiederum ein Neubau beantragt werden musste.

Am 9. Februar 1870 – inzwischen war zur Entlastung im Hof eine Baracke mit zwölf Betten errichtet worden – genehmigte man den Plan des soeben berufenen Ordinarius für Gynäkologie und Geburtshilfe Karl Schröder (1838–1887) für eine neue Entbindungsanstalt mit einer Gynäkologischen Poliklinik. Errichtet wurde diese unter Schröders

Entwicklung der Klinikbauten 469

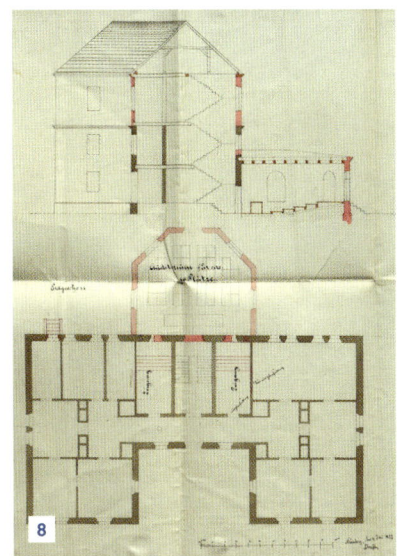

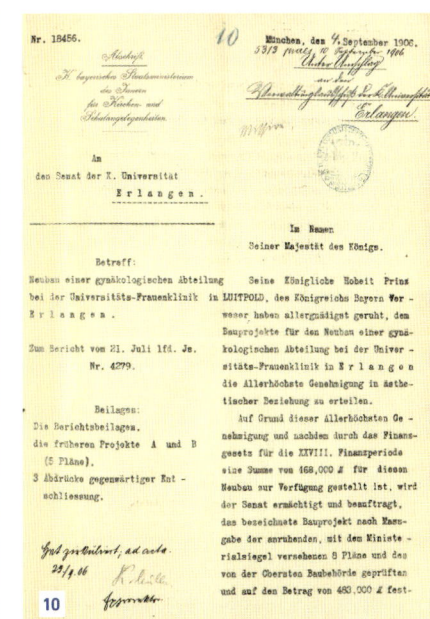

Abb. 13 Das Krankenhausgebäude in der Krankenhausstraße. Fotografie, undatiert.

Abb. 14 Der Erweiterungsbau des Krankenhauses 1900. Fotografie, undatiert.

▶ **Abb. 15** Der Hörsaal der Medizinischen Klinik. Fotografie, undatiert.

Abb. 16 Der Erweiterungsbau des Krankenhauses nach Anbau der Veranden. Fotografie, undatiert.

Abb. 17 Krankensaal Nummer 3 der Chirurgischen Klinik. Fotografie, undatiert.

Abb. 18 Situationsplan des Klinikums (gewestet) von Universitätsarchitekt Friedrich Wilhelm Scharff, Dezember 1893. Zu erkennen sind die Gebäude der Frauenklinik (links), der Altbau des Krankenhauses (oben) mit den Gebäudetrakten der Chirurgischen Klinik einschließlich des Ohrenärztlichen Instituts (rechts oben), das Pharmakologische Institut mit Medizinischer Poliklinik (rechts unten) und der (rot markierte) Erweiterungsbau für die Medizinische Klinik (Mitte), dessen Flügel an der Östlichen Stadtmauerstraße (unten) nicht realisiert wurde.

Abb. 19 Eines der zahlreichen Umbauprojekte für die Chirurgische Klinik: Einbau von Galerien im Operationssaal, 6. August 1887.

Abb. 20 Operationssaal der Chirurgischen Klinik. Fotografie, 1905.

Nachfolger Paul Zweifel (1848–1927) ab 1876 im Garten des Krankenhauses. Die Benennung der Universitätsstraße, über die man heute die Frauenklinik erreicht, erfolgte erst 1886. Dieses später »Schröder-Zweifel-Bau« genannte Gebäude wurde Ende des Jahres 1878 in Betrieb genommen.[15] (Abb. 7) In das alte Gebäude der Entbindungsanstalt zog zunächst das Physiologische Institut ein (Abb. 8), bis dieses 1903 für den (heutigen) Bau des Pathologischen Instituts abgebrochen wurde und die Physiologie in das vormalige Institutsgebäude der Anatomie wanderte.

Nachdem 1894 ein Hörsaal im Hof übergeben worden war, stellte Zweifels Nachfolger Richard Frommel (1854–1912) am 8. April 1899 wiederum einen Antrag auf Errichtung eines Erweiterungsbaus – mit der Verdoppelung der Einwohnerzahl Erlangens auf etwa 22.000 in den zurückliegenden 50 Jahren war auch die Frequenz der Patientinnen in der Frauenklinik stark angestiegen.[16] Bereits drei Jahre später, am 16. Juli 1902, konnte der – noch unter ihm begonnene und unter seinem Nachfolger Adolf Geßner (1864–1903) vollendete – »Frommel-Geßner-Bau« eingeweiht werden. (Abb. 9) Dieser enthielt nun die Geburtshilfliche Abteilung, während der östlich gelegene Schröder-Zweifel-Bau für die Gynäkologische Abteilung bestimmt war. Für Letztere genehmigte Prinzregent Luitpold am 4. September 1906 unter dem Ordinarius Karl Menge (1864–1945) einen abermaligen Neubau (Abb. 10), der – nach Abbruch des Hörsaalgebäudes – im Spätherbst 1908 als »Menge-Bau« an der Nordseite des Geländes mit einem Hörsaal und zwei Operationssälen fertiggestellt wurde.[17] (Abb. 11)

Krankenhaus mit Medizinischer und Chirurgischer Klinik

Dringend erweiterungsbedürftig geworden war im Laufe des 19. Jahrhunderts auch das Krankenhaus mit der Medizinischen Klinik. (Abb. 12) Am 27. August 1862 erhielt die Universität die Genehmigung zur Aufstockung um ein Geschoss,[18] welches allerdings am

Entwicklung der Klinikbauten   471

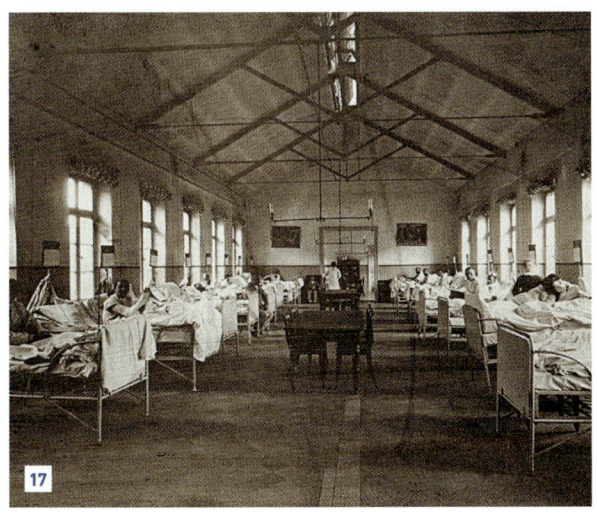

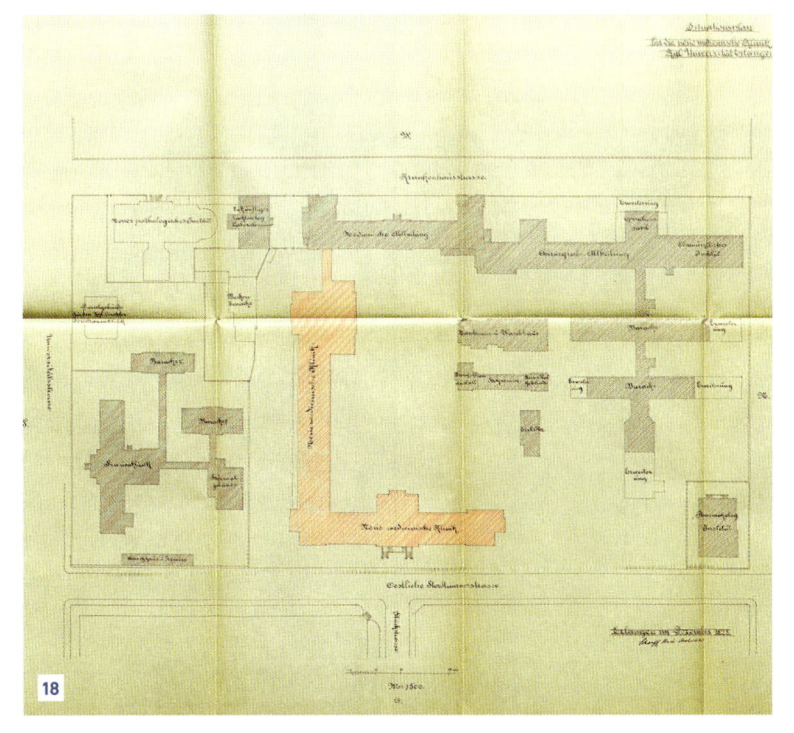

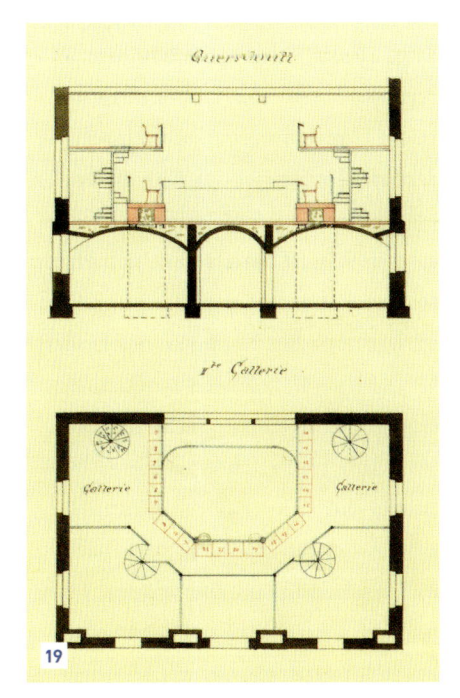

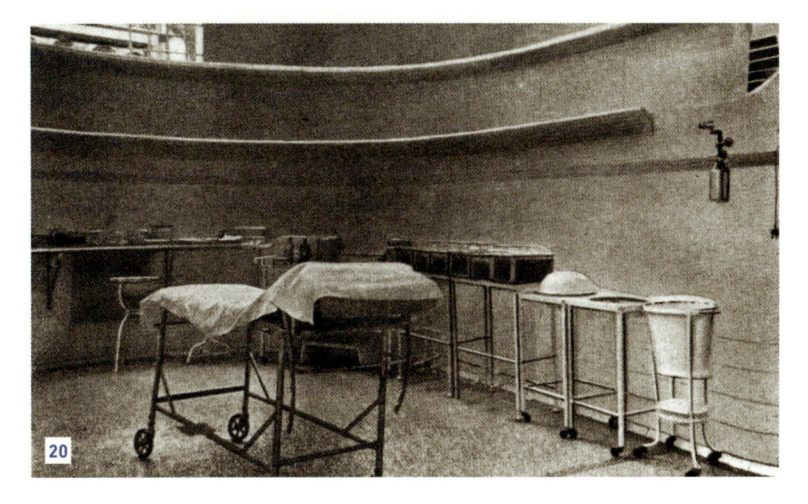

Abb. 21 Front der Chirurgischen Klinik mit Operationssaal an der Krankenhausstraße. Postkarte, gelaufen 8. Mai 1915.
Abb. 22 Medizinische Poliklinik mit Pharmakologischem Institut an der Östlichen Stadtmauerstraße. Fotografie, undatiert.

30. Dezember 1867 abbrannte und bis 1869 wiederhergestellt werden musste.[19] (Abb. 13) Erneute Schwierigkeiten brachte ein Dachstuhlbrand am 11. Oktober 1893, in dessen Nachgang Universitätsarchitekt Friedrich Wilhelm Scharff (1845–1917) erste Vorschläge für einen Klinikneubau erarbeitete.[20] Bis zu einer Konkretisierung der längst überfälligen Erweiterungspläne sollten aber noch Jahre vergehen. Nachdem man dann am 3. Juli 1897 den Bauzustand in Augenschein genommen hatte, informierte das offenkundig aufgerüttelte Staatsministerium des Innern bereits wenige Tage später die Universität darüber, dass man »von kurzer Hand« Scharff mit der Herstellung eines Plans für einen Erweiterungsbau mit Krankenzimmern und einem Hörsaal beauftragt habe.[21] Am 23. Oktober 1900 konnte dann der sich im Süden rechtwinklig an das bisherige Gebäude anschließende Erweiterungsbau seiner Bestimmung übergeben werden. (Abb. 14–15) Allerdings war die Freude nicht ungetrübt. Noch Jahre nach der Fertigstellung, Ende 1906, beschwerte sich der Direktor der Medizinischen Klinik, Franz Penzoldt (1849–1927), über dessen Fehlanlage: Alle Krankenzimmer lagen nach Norden, die Gänge hingegen auf der sonnigen Südseite und der Erweiterungsbau schirmte außerdem die Fenster des Altbaus von der Morgensonne ab. Sein Antrag auf Anbau von Veranden auf der Südseite des Erweiterungsbaus zur Freiluftbehandlung der Patienten – wie von Scharff bereits in seinen ersten Plänen 1893 vorgeschlagen – wurde jedoch erst am 29. Dezember 1913 genehmigt und im Folgejahr umgesetzt. (Abb. 16) Zwischenzeitlich, 1907, war auch der Neubau eines Isoliergebäudes vollendet worden.[22]

Die zunächst ebenfalls im Krankenhausbau untergebrachte Chirurgische Klinik konnte am 18. Juni 1877 ein eigenes Gebäude beziehen. (Abb. 17) Errichtet wurde es nach Plänen des städtischen Baurats Karl Söldner mit vier durch Korridore verbundene Pavillons in nördlicher Fortsetzung des Krankenhausbaus, der durch einen neu gebauten Verbindungsgang angeschlossen wurde. (Abb. 18) Dieser dann beinahe hundert Jahre genutzte Komplex erfuhr in den folgenden Jahren stete Um-, An- und Erweiterungsbauten. (Abb. 19) Am augenfälligsten war der 1905 fertiggestellte Operationssaal (Abb. 20)

Abb. 23 Das Gebäude der Medizinischen Poliklinik und des Pharmakologischen Instituts von Süden mit dem Anbau 1911 (linkes Gebäudedrittel). Fotografie, 2008.

nach Plänen Scharffs, der durch Umbau des bisherigen, bereits 1894 erweiterten Operationsgebäudes geschaffen wurde. (Abb. 21) 1909 kam ein Turnsaal für orthopädische Zwecke hinzu, und 1914 wurden, nachdem jahrelang die Errichtung von offenen Liegehallen zur Freiluftbehandlung angemahnt worden war, zwei Veranden genehmigt.[23]

Friedrich Wilhelm Scharff war hauptberuflich Lehrer an der Baugewerkschule in Nürnberg und seit 1889 nebenamtlich als Universitätsarchitekt beschäftigt. 1886–1889 war er für den Bau des Kollegienhauses und bis 1906 in der Regel für die Erlanger Universitätsneubauten verantwortlich. Er prägte das architektonische Erscheinungsbild der Universität um die vorletzte Jahrhundertwende nachhaltig.[24]

Eine Medizinische Poliklinik mit Pharmakologischem Institut konnte 1893 in der Östlichen Stadtmauerstraße 29 nach Plänen Scharffs fertiggestellt werden. (Abb. 22) Bereits wenige Jahre später, am 16. Dezember 1904, musste Direktor Fritz Voit (1863–1944) wieder einen Antrag auf Erweiterung des Gebäudes stellen, nachdem die Frequenz der Kranken in der Poliklinik, insbesondere die Patientenzahl in der Sprechstunde, stark angestiegen war, da diejenigen, die imstande waren, ihre Wohnung zu verlassen, nicht mehr zu Hause behandelt wurden. So erfolgte denn auch eine Erweiterung der Medizinischen Poliklinik durch einen Anbau nach Westen, und am 1. September 1910 erfolgte die organisatorische Trennung in zwei im gleichen Bau untergebrachte Institute: das Pharmakologische Institut und die Medizinische Poliklinik. (Abb. 23) Am 27. Mai 1911 wurden die neu geschaffenen Räume im Erweiterungsbau übergeben.[25]

Augenklinik und Kinderklinik

Die Augenklinik war nach Errichtung eines Ordinariats für Augenheilkunde am 1. Januar 1874 zunächst unter Julius (von) Michel (1843–1911) in gemieteten Räumen in der Sieglitzhoferstraße 6 und 8 untergebracht gewesen, bis nach schwieriger Suche durch die Hilfe des Erlanger Bürgermeisters Georg Ritter (von) Schuh ein Bauplatz

474 Clemens Wachter

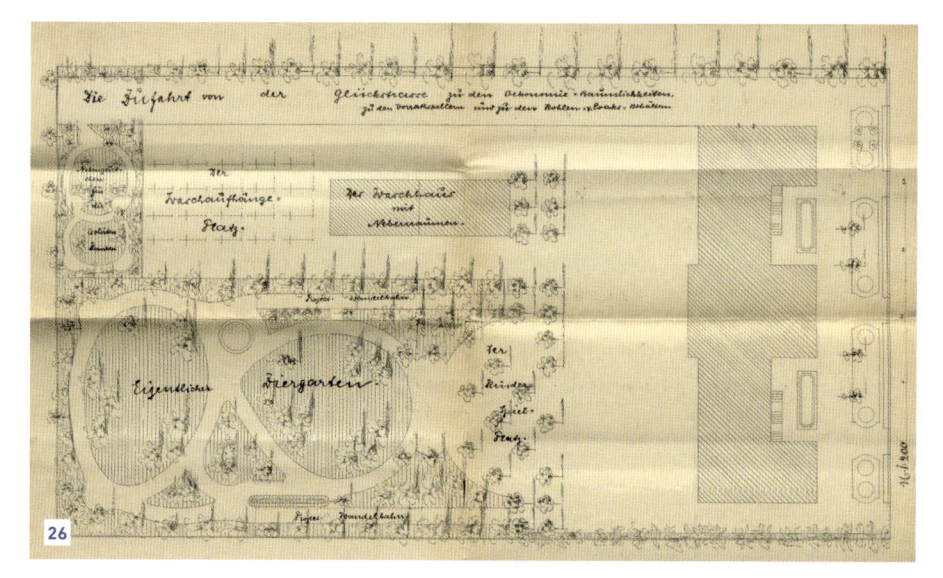

an der Universitätsstraße gefunden werden konnte. Zur Planung unternahm Oscar Eversbusch (1853–1912) gemeinsam mit Scharff eine Besichtigungsreise in verschiedene Städte, um andere Klinikgebäude zu vergleichen – zwar bevorzugte er den gleichen Baugrundsatz wie für medizinische und chirurgische Kliniken, forderte aber für den Unterricht insbesondere eine gute Beleuchtung durch Nordfenster.[26] Am 1. September 1890 begonnen, konnte die neue Augenklinik – mit einem großen Gartengelände nach Norden – am 20. Mai 1893 feierlich eröffnet werden.[27] (Abb. 24–26) Das Gebäude war vor Lärm und Erschütterungen geschützt, da es einen großzügigen Abstand zur Universitätsstraße aufwies, umgeben von einer Grünanlage, einem Vorgarten mit zwei kleinen Wasserspringbrunnen zur Abkühlung der Südseite und dem Krankengarten im Norden. Im Jahr 1900 wurde an der Ostseite eine durch alle Stockwerke gehende Veranda angebaut.

Bei dem nächsten Klinikprojekt handelte es sich um das einer Kinderklinik. Am 4. Februar 1901 legte der Dekan der Medizinischen Fakultät Richard Fleischer (1848–1909) dem akademischen Senat das (recht bescheidene) Bauprogramm Franz Penzoldts hierfür vor. Das Problem bestand nicht zuletzt darin, dass nicht genügend Kinder für den klinischen Unterricht vorhanden waren, da diese bei schlechtem Wetter nicht in die Poliklinik gebracht wurden, die neue Prüfungsordnung aber die semesterweise Abhaltung einer Kinderklinik notwendig machte. Der angedachte Neubau sollte südlich des Pharmakologisch-poliklinischen Instituts errichtet werden.[28] Letztlich war das tatsächlich umgesetzte Bauprogramm dann aber bescheidener: 1904 erwarb der Bayerische Staat das Wohnhaus von Karl (von) Hegel (1813–1901), dem verstorbenen Ordinarius für Geschichte, an der Ecke Krankenhausstraße/Loschgestraße, welches Hegel 1861 hatte erbauen lassen, und gestaltete es zur Kinderklinik um, die am 1. Februar 1905 eröffnet werden konnte.[29] (Abb. 27) 1909 erfolgte die Errichtung eines Isoliergebäudes mit 20 Betten und Waschräumen. (Abb. 28) Wegen der schlechten Lichtverhältnisse in den Klinikräumen kam 1914 eine Veranda am Hegelhaus hinzu.

Zahnklinik und Hals-Nasen-Ohren-Klinik

Ähnlich bescheiden waren die baulichen Anfänge der Zahnklinik. Der Zahnarzt Friedrich Wilhelm Schneider (1844–1899) hatte in Erlangen 1886 ein privates Lehrinstitut für Zahnheilkunde im Haus Theaterplatz 7 eingerichtet und las ab Wintersemester 1887/88 bis zu seinem Tod Zahnheilkunde, ohne aber dieses Fach als Klinik organisieren zu können. Zwischenzeitlich hatte man vergeblich eine Zahnklinik in der Orangerie einrichten wollen, doch erst Jahre später wurde tatsächlich eine Zahnärztliche Poliklinik zum 1. Mai 1911 institutionalisiert, indem ab 1. November 1910 der erste Stock des Hauses Turnstraße 5 und ab 1. April 1911 das ganze Anwesen durch die Universität angemietet wurde.[30]

Das augenfälligste Bauprojekt zu Beginn des 20. Jahrhunderts im Erlanger Klinikbereich war das der Hals-Nasen-Ohren-Klinik, die sich aus bescheidenen Anfängen entwickelte und sowohl baulich als auch institutionell anfänglich nicht selbstständig war. Ab

Abb. 24 Die neue Augenklinik an der Universitätsstraße. Fotografie, undatiert.
Abb. 25 Hörsaal der Augenklinik. Fotografie, undatiert.
Abb. 26 Die großzügig geplanten Außenanlagen der Augenklinik zwischen Universitätsstraße (rechts) und Glückstraße (links) mit eigenen Bereichen für Kinder und isolierte Patienten, 1890. Die Umsetzung war allerdings bescheidener, da auf dem Grund entlang der Glückstraße 1894 der Neubau des Physikalischen Instituts eröffnet wurde.
Abb. 27 Das zur Kinderklinik umgebaute Hegelhaus. Fotografie, undatiert.
Abb. 28 Isoliergebäude der Kinderklinik. Fotografie, undatiert.

Abb. 29 Operationszimmer der Oto-Laryngologischen Klinik in der Chirurgischen Klinik. Fotografie, 1904.

1877 wurden deren Kurse in Räumen der Chirurgischen Klinik abgehalten, und 1881 kam ein kleines Wartezimmer hinzu; 1887 überließ die Chirurgische Klinik einen Krankensaal als Auditorium und erhielt zur Kompensation zwei neu gebaute Räume. Eine Ohrenklinik als eigener Anbau wurde 1889 nördlich der Chirurgischen Klinik errichtet und 1902 ein Operationsraum eingerichtet. (Abb. 29) Trotzdem herrschte weiterhin großer Platzmangel, da das Operationszimmer zu klein war, als dass Studenten bei den Operationen hätten zusehen können, und die Abteilung über zu wenig Betten für Kranke verfügte. 1912 wurden schließlich Pläne für ein neues, eigenes Klinikgebäude ausgearbeitet. Angedacht war zunächst das Gelände der Brauerei Erlwein & Schultheiss zwischen Bohlenplatz und Universitätsstraße, dessen Erwerb aber zu teuer war. Daraufhin verfiel man auf das Grundstück an der Südostecke des Bohlenplatzes, außerdem wurde das westlich benachbarte Hausersche Grundstück angekauft. Am 3. Februar 1914 war Baubeginn, und mitten während des Krieges, am 6. Mai 1916, konnte die Hals-Nasen-Ohren-Klinik eröffnet werden. (Abb. 30) Sie war auf 44 Betten ausgelegt, im Erdgeschoss befanden sich die Poliklinik mit einem eigenen Eingang und einem Hörsaal mit der Sammlung, im ersten Stock die Operationsräume und die Abteilung für Frauen und Kinder, im zweiten Stock die Männerabteilung. Jedes Stockwerk verfügte außerdem über Isolierzimmer, und im Garten existierte ein Nebengebäude mit Infektionsabteilung.[31]

Der Erste Weltkrieg als Zäsur

Der Erste Weltkrieg bedeuteten einen großen und lange nachwirkenden Einschnitt für die bauliche Entwicklung der Erlanger Universität, nicht nur im klinischen Bereich.[32] Immerhin hatte die Hals-Nasen-Ohren-Klinik nicht das Schicksal eines anderen baulichen Großprojektes der Kriegsjahre ereilt, das des Neubaus des Instituts für Angewandte Chemie in der Schuhstraße 19, welches noch Ende 1914 begonnen worden war, dessen Fertigstellung sich aber aufgrund kriegsbedingter Schwierigkeiten fortwährend verzögerte, sodass der Rohbau zwar 1916 stand, das Gebäude aber erst 1920 bezogen werden konnte. Dem Architekten Friedrich Schmidt (1879–1951), Nachfolger von Universitätsarchitekt Scharff, boten diese Jahre keine weitreichenden Betätigungsfelder.[33] Am 1. März 1907 war Schmidt zum Universitätsbauinspektor und Vorstand der Erlanger Universitätsbauinspektion ernannt worden, die ab 1908 die Bezeichnung Universitätsbauamt führte. Abgesehen von der Hals-Nasen-Ohren-Klinik zeichnete er nur für zwei weitere größere Projekte verantwortlich: die Universitätsbibliothek 1913 und das erwähnte Institut für Angewandte Chemie. Jedoch entstanden unter seiner

Federführung zahlreiche kleinere Gebäude wie beispielsweise die Isoliergebäude der Kinderklinik und der Medizinischen Klinik 1909.

Da Friedrich Schmidt bereits 1914 zum Kriegsdienst eingezogen wurde, war er über lange Zeit nicht in Erlangen anwesend und deshalb nicht befasst mit den Plänen zu einer (in seiner Amtszeit auch nicht verwirklichten) Klinik für Haut- und Geschlechtskrankheiten. Ebenso ein Fehlschlag war in diesen Jahren das Projekt einer Psychiatrischen Klinik. Schmidt erarbeitete hierfür im Feld zwar einige Planskizzen, die aber durch den Ordinarius für Psychiatrie, Gustav Specht (1860–1940), als völlig unzureichend bewertet wurden – was nicht weiter verwundert, da Schmidt diese Zeichnungen an der Front ohne jedwede Unterlagen erarbeitet hatte. Syndikus Hans Rhomberg sah sich schließlich genötigt, für Schmidts Leistung einzutreten unter Verweis darauf, die Pläne seien nun einmal »in der Unruhe des Frontdienstes entworfen« worden.[34] Eine Umarbeitung scheiterte an der Nichtgenehmigung der Beurlaubung vom Heeresdienst. Nach Kriegsende verließ Friedrich Schmidt Erlangen 1920 und startete eine Karriere im Berliner Reichsarbeitsministerium.

Abb. 30   Die neue Hals-Nasen-Ohrenklinik an der Südostecke des Bohlenplatzes. Fotografie, um 1916; vgl. S. 124, Abb. 67.

Klinik für Haut- und Geschlechtskrankheiten

Nach dem Ende des Ersten Weltkriegs betraf die einzige größere Veränderung im Klinikbereich die Dermatologie. Haut- und Geschlechtskranke waren ursprünglich in der Medizinischen Klinik untergebracht gewesen, was aber durch deren Direktion bemängelt wurde. So beantragte Franz Penzoldt die Auslagerung in eine eigene Klinik mit sehr abschätzigen Worten: »Außerdem wäre es für die medizinische Klinik sehr erwünscht, wenn die Hautkranken nicht mehr in derselben verpflegt werden müssten, weil die ekelerregenden Hautkranken und die vielfach widerspenstigen Prostituierten die inneren Kranken, für die die Klinik doch eigentlich eingerichtet ist, stören«.[35]

Nachdem die Haut- und Geschlechtskrankheiten ab 1. August 1921 mit einem eigenen Extraordinariat vertreten und der Universität am 11. November 1921 das Areal des ehemaligen Garnisonslazaretts übergeben worden war, konnte hier am 2. Februar 1923 eine eigenständige Klinik für Haut- und Geschlechtskranke eröffnet werden.[36] Bei dem 1893–1898 errichteten Garnisonslazarett handelte es sich um zwei einstöckige und einige ebenerdige, aufgrund der medizinischen Quarantäne isoliert stehende Lazarettgebäude, die in den folgenden Jahren soweit als möglich an die neuen Erfordernisse angepasst wurden. 1926 folgte die Errichtung eines sogenannten Badehauses zur Behandlung von Patienten mit Verbrennungen und blasenbildenden Dermatosen. (Abb. 31) 1934–1935 wurden der noch aus Lazarettzeiten stammende große Krankensaal zur Trennung der

▸ **Exkurs**   Diskriminierung von Patienten, S. 185.

Krankenbehandlung unterteilt und 1937–1938 die Männerbaracke umgebaut sowie ein Verbindungsgang von der Frauenbaracke zum Badehaus geschaffen.

Stagnation beim Ausbau der Kliniken

Weiterhin ohne eigenes Gebäude und institutionelle Selbstständigkeit blieb die Psychiatrische Klinik, die in Erlangen zwar früh gelehrt, als Institution aber erst spät gegründet wurde. Sie hatte zum 1. Oktober 1903 ihren Betrieb aufgenommen mittels vertraglicher Vereinbarung zwischen der Kreisvertretung von Mittelfranken und der Universität Erlangen als Einrichtung innerhalb der – später Heil- und Pflegeanstalt genannten – Kreisirrenanstalt Erlangen. Immerhin war damit die bisherige Personalunion von Direktorat der Anstalt und Professur für Psychiatrie beendet, welche der Universität nur eine eigene psychiatrische Abteilung eingeräumt hatte. Baulich untergebracht wurde die neue Klinik in dem 1879 fertiggestellten Erweiterungsbau der Kreisirrenanstalt im Norden des Geländes.[37] (Abb. 32) 1910 wurde ihr eine Poliklinik für psychische und nervöse Leiden angegliedert. Allerdings stellte bereits zu dieser Zeit Gustav Specht fest, die Klinik befinde sich »in einem von Jahr zu Jahr unhaltbarer werdenden Zustand«, durch die Anbindung an die Kreisirrenanstalt fehlten fast vollständig »die leichten u[nd] acuten Psychosen, die Grenzzustände u[nd] die in das Gebiet der Nervositäten fallenden Gemütserkrankungen«, außerdem sei eine Beendigung des Vertrages wegen der immer stärker werdenden Überfüllung der Kreisirrenanstalt zu befürchten.[38] Für den von Specht ins Auge gefassten Klinikneubau am Puchtaplatz (heutiger Langemarckplatz) wurde 1917 zwar eine erste Rate durch den Landtag bewilligt, zur Ausführung dieses Vorhabens kam es jedoch nicht.

Kleinere Verbesserungen waren bei der Zahnklinik zu beobachten. Nach Ende des Ersten Weltkriegs erfolgten Umbau und Erweiterung des Gebäudes Turnstraße 5 um einen Nebentrakt zum Nachbarhaus und einen Hörsaal, der später unter Edwin Hauberrisser (1882–1964) durch einen Neubau ersetzt werden sollte, sodass am 11. Dezember 1921 das erweiterte Zahnärztliche Institut eröffnet werden konnte. (Abb. 33, 34) In den kommenden Jahren wurde es zusätzlich durch mehrere Fachwerkbauten ergänzt; 1928 folgte der Erwerb des Anwesens Turnstraße 7 und 1930 die Einrichtung einer Bettenstation mit zwölf Betten für die chirurgische Abteilung der Zahnärztlichen Poliklinik, nachdem die nicht ambulant zu behandelnden Kranken bislang in anderen Kliniken hatten untergebracht werden müssen.

Eine Ausnahme von der Stagnation der baulichen Tätigkeit in der ersten Hälfte des 20. Jahrhunderts bildete die Frauenklinik. Zunächst wurden 1919 Krankenräume an der Hofseite des Frommel-Gessner-Baus errichtet. (Abb. 35) Darauf folgten 1921–1922

Abb. 31 Badehaus in der Hautklinik. Fotografie, um 1926.

Entwicklung der Klinikbauten **479**

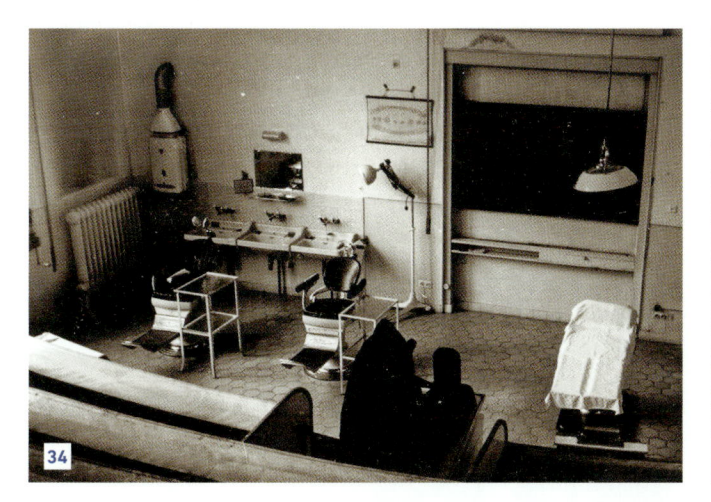

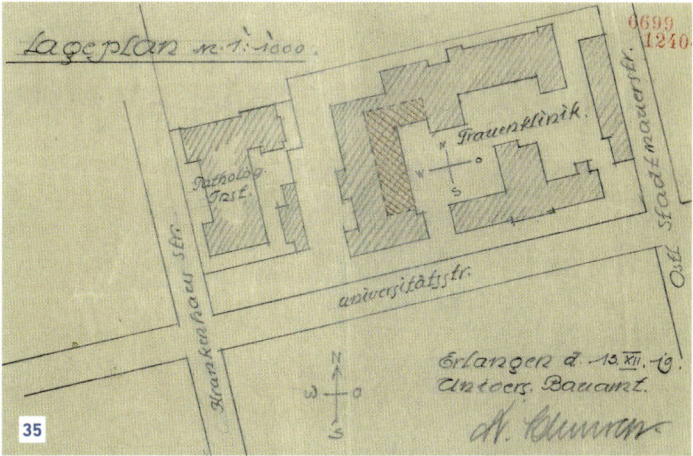

Abb. 32 Die Psychiatrische und Nervenklinik im nördlichen Kopfbau der Heil- und Pflegeanstalt. Fotografie, 1974.

Abb. 33 Erweiterungsbau der Zahnklinik in der Turnstraße. Fotografie, um 1920.

Abb. 34 Hörsaal der Zahnklinik. Fotografie, undatiert.

Abb. 35 Skizze zur Errichtung von Krankenräumen auf dem westlichen Flügel der Frauenklinik, 13. Dezember 1919.

Abb. 36 Forschungslaboratorium des Röntgeninstituts in der Frauenklinik. Postkarte, um 1925.

Abb. 37–39 Frauenklinik. Fotografien, um 1941.

Abb. 40 Der ehemalige Knabenhort Sonnenblume mit dem Denkmal Franz Xaver Schmid-Schwarzenbergs, im Hintergrund das Bettenhaus der Kinderklinik. Fotografie, um 1964.

bauliche Veränderungen für das Röntgen-Institut (Abb. 36), das im Wintersemester 1917/18 durch die Firma Reiniger, Gebbert & Schall gestiftet worden war. Der 1919 als Notstandsarbeit geplante Bau eines eigenen Röntgeninstitutes auf dem Grundstück der der Frauenklinik gegenüber gelegenen Hofbräu-Brauerei hatte aber unterbleiben müssen, da das gestiftete Kapital durch die Inflation aufgezehrt worden war. Am 9. November 1923 verselbstständigte sich das Röntgen-Institut institutionell unter dem Direktorat von Hermann Wintz (1887–1947), und am 28. November 1924 wurden diesem die umgestalteten Räume in der Frauenklinik zum Betrieb seines »Privatinstitutes für Strahlenbehandlung und Forschung (Röntgeninstitut Prof. Dr. Hermann Wintz R. W.)« zur Miete überlassen.[39] 1929 errichtete man im Hof der Frauenklinik den verglasten Verbindungsgang zwischen Schröder-Zweifel-Bau und Menge-Bau, und 1931 begann ein Umbau der Krankenzimmer, um diese auf die Höhe der Zeit zu bringen:[40] Die Zimmer der ersten Klasse erhielten ein eigenes Bad mit Klosett und Bidet, die Mehrbettzimmer der anderen Klassen eigene Waschgelegenheiten und ein Bad. Auf der Privatabteilung wurde jedes Bett mit einem Anschluss für Rundfunk und Staatstelefon versehen. Außerdem errichtete man zwei Wintergärten. 1934–1935 folgte an der Westseite der Anbau von Untersuchungsräumen. Damit verfügte die Frauenklinik im Gesamten gesehen zu jener Zeit wohl über den modernsten Baukomplex des Universitätsklinikums. (Abb. 37–39)

▶ **Kapitel** Innovativ und prosperierend: Reiniger, Gebbert & Schall, S. 186.

Der Bereich des Krankenhauses erhielt 1930 eine teilweise Aufstockung des Isoliergebäudes zur Erweiterung der Röntgenabteilung, 1932 wurden die noch aus der Erbauungszeit stammende Holztreppe von 1823 ersetzt und 1934–1935 das seit 1891 bestehende Wäschereigebäude für eine Großwäschereianlage abgebrochen. Eine besondere Fragestellung, die auf die seinerzeitige mangelhafte Finanzierung des Erlanger Klinikums hinweist, stellte sich bei der Chirurgischen Klinik. Hier hatte der Privatdozent und Begründer der Urologischen Abteilung Eduard Pflaumer (1872–1957) 1921 auf Grund und Boden der Universität aus Privatmitteln einen Anbau an die Chirurgische Klinik für die Urologische Abteilung errichten lassen. Als mit Vertrag vom 16. März 1924 das Binnenverhältnis zwischen Chirurgie und Urologie geregelt wurde, warf dies nicht unerhebliche eigentumsrechtliche Probleme auf – nicht nur hinsichtlich der Besitzverhältnisse an den Instrumentarien, sondern auch an den Baulichkeiten. Pflaumer musste schließlich auf Kostenersatz verzichten, da das Gebäude als mit seiner Errichtung im Eigentum der Universität befindlich eingestuft wurde.[41] 1929 folgte nochmals eine bauliche Erweiterung der Urologie.

Nur wenig tat sich bei den anderen Kliniken. Westlich der Hals-Nasen-Ohren-Klinik wurden am 30. Mai 1927 die Landesanstalt für Bienenzucht sowie im Nebengebäude der Klinik 1930 eine Isolierabteilung eröffnet. In der Augenklinik erfolgte 1927 der Ausbau des Dachgeschosses. Für die Kinderklinik wurde 1932 das Loschgestift, ein ehemaliges Altersheim an der gleichnamigen Straße, erworben, welches ab dem Folgejahr als Poliklinik und für Schwesternwohnungen diente. 1934–1935 wurde das Infektionsgebäude erweitert, und 1941 erhielt die Kinderklinik das Nutzungsrecht für das Haus des ehemaligen Knabenhortes Sonnenblume in der Loschgestraße. (Abb. 40)

Abb. 41 Offenkundiger Renovierungsstau: Hörsaal im Institut für Physiologie. Fotografie, um 1955.

Abb. 42 Labor im Institut für Physiologie. Fotografie, um 1955.

▶ **Abb. 43** Infektionsbau der Medizinischen Klinik. Fotografie, um 1957.

Abb. 44 Bettenhochhaus der Chirurgischen Klinik im Bau. Im Vordergrund die in den 1870er Jahren begonnenen Klinikbauten. Fotografie, um 1957.

Abb. 45 Die ruinösen Gebäude im Vordergrund waren immer noch Teil der Chirurgischen Klinik. Fotografie, um 1957.

Abb. 46 Das neue Bettenhochhaus der Chirurgie als architektonischer Anziehungspunkt. Fotografie, 20. Dezember 1958.

▶ **Kapitel** »Wir sind hier in der Tat am Ende«: die Nachkriegszeit, S. 300.

Aufbruch nach dem Zweiten Weltkrieg

Nach dem Zweiten Weltkrieg hatte die Stadt Erlangen die Besonderheit aufzuweisen, dass sie wie kaum eine andere Universitätsstadt keine großflächigen Kriegszerstörungen zu beklagen hatte. Somit war der Ansturm der Studierenden auf die Erlanger Universität zunächst groß, und auch im Klinikbereich herrschte große Platznot. So musste beispielsweise 1948 das Bubenreutherhaus als Hilfskrankenhaus herangezogen werden, da die Stadt mit Flüchtlingen überfüllt war.[42] Die Erlanger Universität wie auch ihre Kliniken waren zu jener Zeit geprägt durch einen unsäglichen Renovierungsstau, der erst ab den 1950er Jahren schrittweise behoben werden konnte. (Abb. 41) Die baulichen Verbesserungen kamen aber nur langsam voran, da die Mittel für den Hochschulbau zunächst vor allem an die zerstörten Universitäten flossen und man sich in Erlangen noch lange mit der überkommenen, veralteten Bausubstanz bescheiden musste.[43] (Abb. 42) So offenbart ein Bericht des Rektors Friedrich Baumgärtel (1888–1981) über die Lage der Universität aus dem Jahr 1949 horrende Zustände an den Kliniken: An der Medizinischen Poliklinik hatte es seit 1878 keine wesentlichen baulichen Veränderungen gegeben, an der Chirurgischen Klinik herrschte dramatischer Bettenmangel, die Kinderklinik war von totaler Raumnot gekennzeichnet und die Zahnklinik war wie die Psychiatrische und Nervenklinik als baulich vollkommen unzulänglich einzustufen. Als nach einer Besichtigung Letzterer der Leiter der Klinik ihn, den Rektor, gefragt habe, ob er »jemals fremde Fachvertreter durch diese Klinik führen dürfe«, habe er ihm »bekennen [müssen], daß das ganz unmöglich sei, er möchte bitte unsere Universität vor dieser Demütigung bewahren«.[44] Eine erste größere Baumaßnahme war für die Medizinische Klinik die Errichtung eines Infektionsgebäudes 1948–1950 an der Östlichen Stadtmauerstraße. (Abb. 43) 1953–1955 folgten ein drittes Obergeschoss für den Westflügel des Altbaus

Entwicklung der Klinikbauten **483**

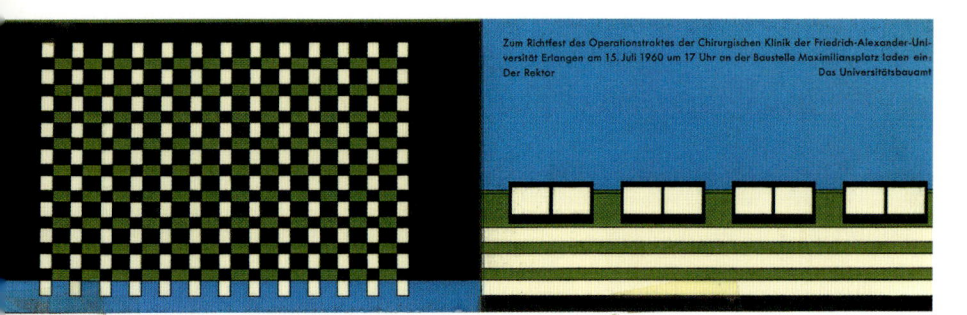

Abb. 47 Einladungskarte zum Richtfest für den Operationstrakt der Chirurgie, 15. Juli 1960.

Abb. 48 Das neu errichtete Gebäude Universitätsstraße 22 (in späteren Jahren aufgestockt) mit der Klinikapotheke. Fotografie, um 1957.

sowie die Aufstockung und Verbreiterung des Südflügels nach Süden zur Gewinnung weiterer Krankenzimmer, 1964–1966 ein gemeinsamer Hörsaal mit der Frauenklinik und 1974 ein Zentrallabor. Jahre später, im Juni 1990, konnte nach zweijähriger Bauzeit der Verbindungsbau zwischen Medizinischer und Chirurgischer Klinik an der Ostseite mit einer räumlichen Zusammenfassung des Instituts für Anästhesiologie sowie einzelner Abteilungen der Inneren Medizin eingeweiht werden.

Für die Chirurgische Klinik wurden 1952 ein moderner Operationssaal geschaffen und 1952 ein zweites Stockwerk auf den Verbindungsgang zur Medizinischen Klinik gesetzt. 1955 folgte der Abbruch von Teilen der Altbauten für ein Großprojekt des Erlanger Klinikbauwesens: das Bettenhaus der Chirurgie am Maximiliansplatz, (Abb. 44, 45) zu dem am 26. Oktober 1956 das Richtfest gefeiert werden konnte. Hier entstanden auf zwölf Geschossen über 300 Betten und neue Räume für die Chirurgische Poliklinik, sodass auch deren Zwangseinquartierung im Haus der Bubenreuther beendet werden konnte. 1958 war das Hochhaus bezugsfertig. (Abb. 46) In den Folgejahren wurden weitere Teile der Chirurgie-Altbauten abgebrochen und westlich an das Bettenhaus anschließend ein Hörsaaltrakt (1963), ein Operationstrakt mit der Poliklinik (1964) (Abb. 47) und ein Labortrakt mit der Intensivstation (1968) fertiggestellt. In jenen Jahren erhielt das Klinikum erstmals auch eine eigene Klinikapotheke. Am 30. September 1953 wurde das Grundstück der Hofbräu AG, ehemals Brauerei Erlwein & Schultheiss, zwischen Bohlenplatz und Universitätsstraße angekauft, das früher bereits als Objekt für eine Hals-Nasen-Ohren-Klinik sowie das Röntgen-Institut im Gespräch gewesen war.[45] Hier erstellte man einen Neubau für das Gerichtsmedizinische und das Pharmakologische Institut, in dem auch eine Klinik- und Lehrapotheke am 11. Juli 1957 eingerichtet werden konnte. (Abb. 48) Ferner wurden eine zentrale Wäschereianlage (1958) und verschiedene Schwesternwohnheime gebaut wie beispielsweise in der Östlichen Stadtmauerstraße (1953), Raumerstraße (1966) und Hindenburgstraße (1973).

Fortwährende Investitionsmaßnahmen

Wesentliche Verbesserungen gab es bald für die Zahnklinik. 1957 erwarb man ein Fabrikationsgelände an der Glückstraße von der Firma Gossen, nachdem die Alternativstandorte des Vermessungsamtes und der Kaserne an der Bismarckstraße verworfen worden waren. Im Oktober 1960 erfolgte der Bezug des fünfgeschossigen Behandlungsbaus mit allen Abteilungen, rechtwinklig abgesetzt davon der Betten- und Verwaltungsbau sowie der Hörsaaltrakt; der Altbau der Zahnklinik diente nun der Staatlichen Krankengymnastikschule. 1972–1975 erhielt die Zahnklinik einen weiteren Behandlungsbau sowie 1986 eine Erweiterung des Bettenhauses.

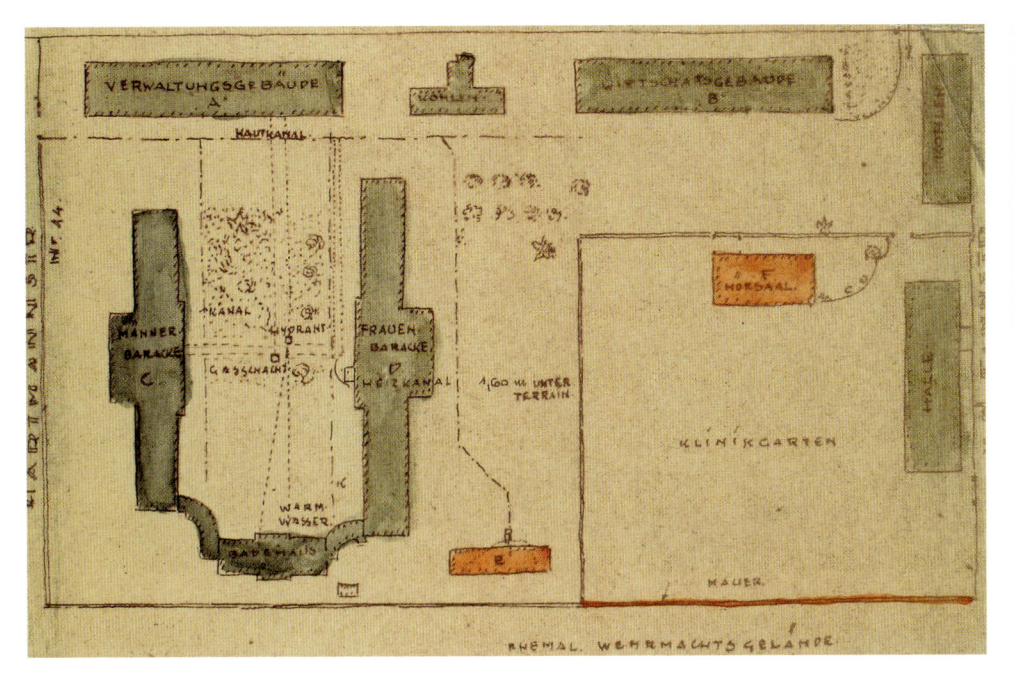

Weniger voran ging es bei der Klinik für Haut- und Geschlechtskrankheiten – vielmehr war der dortige Betrieb weitgehend von Provisorien geprägt. Zunächst hatten die Gebäude am 25. April 1945 auf Befehl der Militärregierung plötzlich geräumt werden müssen.[46] Während der bis 1948 dauernden Beschlagnahmung verteilte man die Patienten auf das (heutige) Volkshochschulgebäude, das Haus der Bubenreuther und die Firma Gossen. Ende 1948 wurden dann in einem Proviantlagerhaus der Rheinland-Kaserne neben dem Klinikgebäude ein neuer Hörsaal und Laboratorien eingebaut. (Abb. 49) Gleichzeitig musste die gesamte Hautklinik instand gesetzt und ein Teil der Patienten wiederum für einige Jahre ausgelagert werden, nämlich in das Obergeschoss des Garagenbaus der Firma Gossen an der Nägelsbachstraße, in das Uttenreuther Haus an der Friedrichstraße und in das ehemalige Arrestgebäude der Oberst-Drausnick-Kaserne. Ein bemerkenswerter Vorgang war die Auslagerung der Patienten in ein Zelt der Bundeswehr während einer erneuten Renovierung der Männerstation von Juli bis September 1968. Im September 1970 wurde ein Fertigbau-Hörsaal mit einer geplanten Nutzungsdauer von etwa zehn Jahren errichtet, der aber bis weit über die Jahrtausendwende existent war. (Abb. 50) Der unzulängliche Gebäudebestand wurde ab 1985 nochmals saniert und 1987 die Krankenstation im neuen Zwischenbau, 1991 der Laborneubau für die Analytische Mikromorphologie und Mykologie und 1992 die Dermatophysikalische Abteilung übergeben.

Abb. 49 Lageplan der Dermatologischen Klinik, 20. August 1948. Zu dem Verwaltungsgebäude, dem Wirtschaftsgebäude, der Männer- und Frauenbaracke und dem Badehaus kam nun noch ein Hörsaal hinzu.
Abb. 50 Der Fertigbau-Hörsaal der Dermatologischen Klinik von 1970 vor dem Abbruch. Fotografie, 2009.

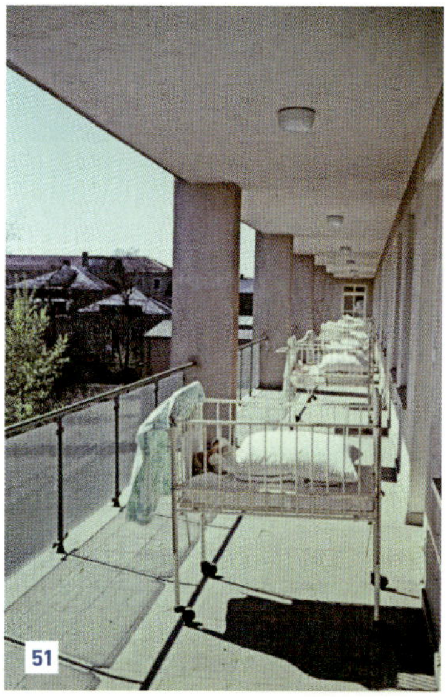
51

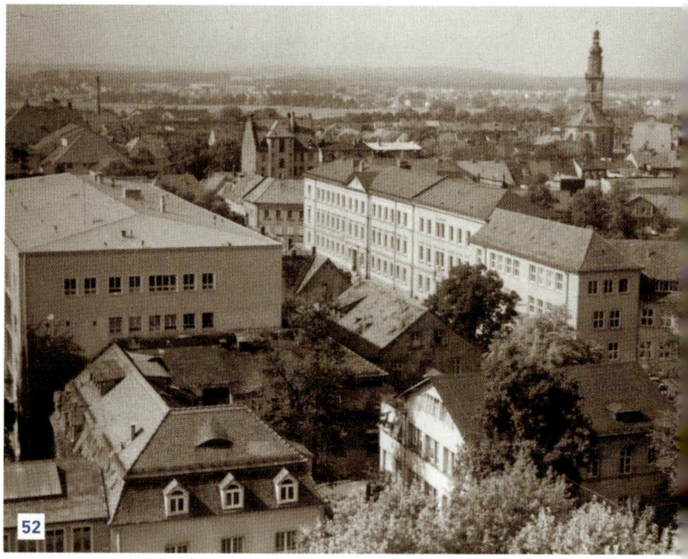
52

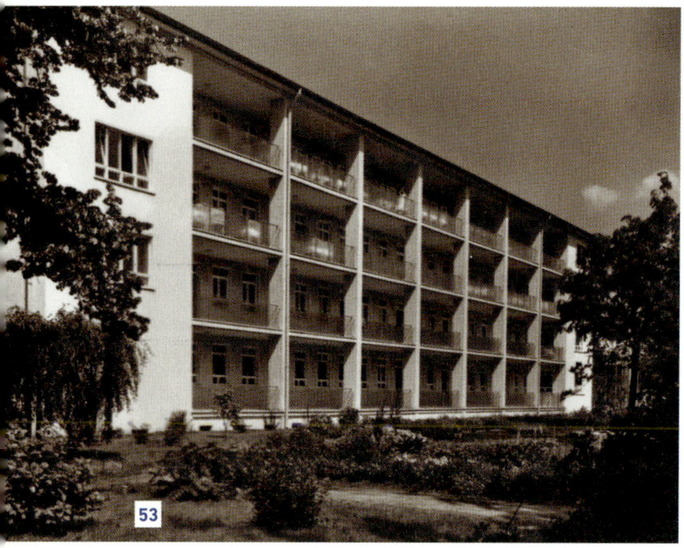
53

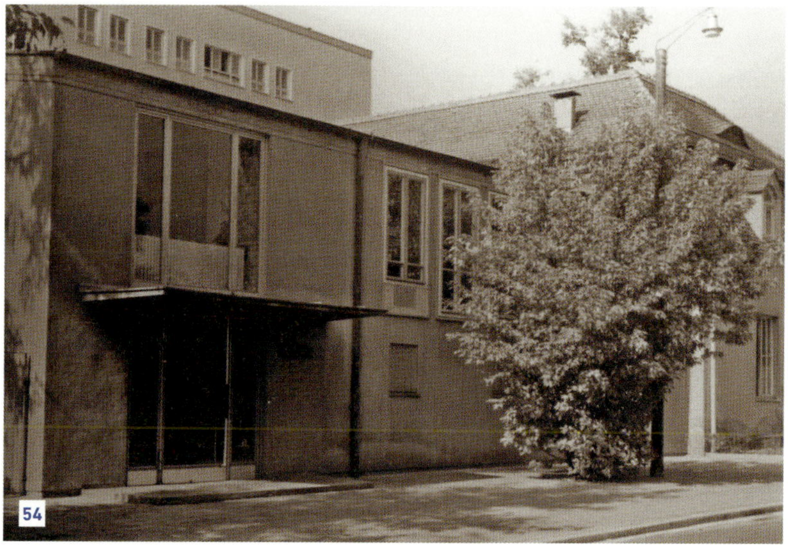
54

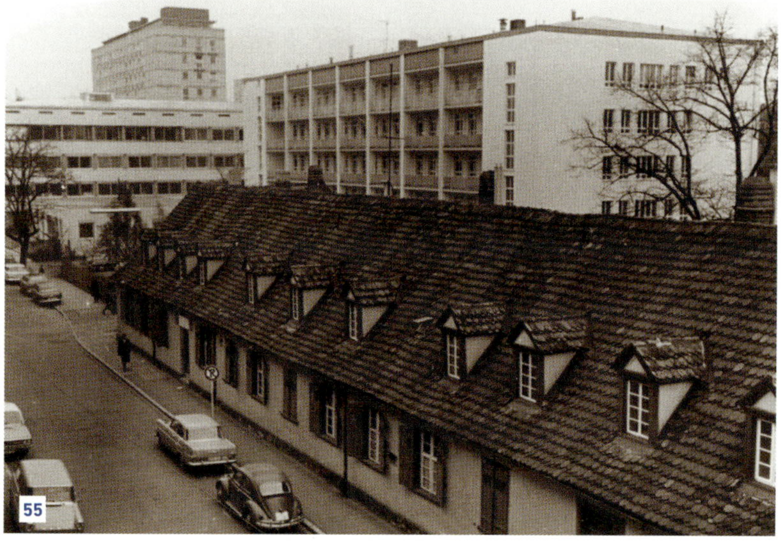
55

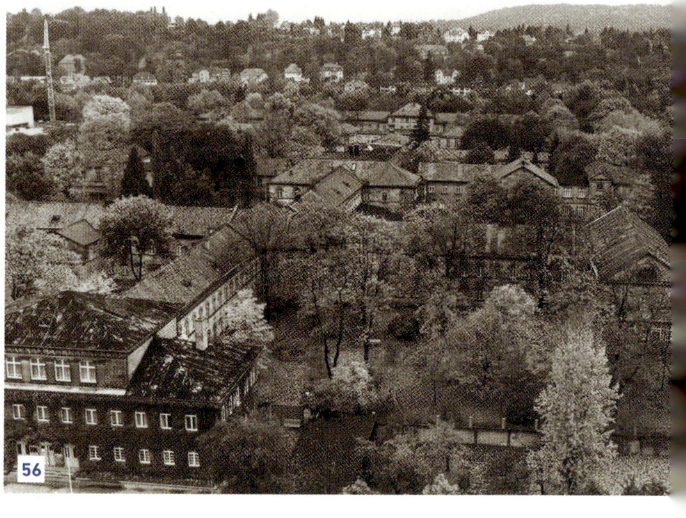
56

Die Frauenklinik erhielt 1948–1955 einen Zusatzbau an der West- und Nordseite als Erweiterung der Strahlenabteilung mit Schaffung einer neuen Abteilung für Geburtshilfe (Abb. 51) und einem zusätzlichen Kreißsaal. 1971 erfolgten ein Umbau des Operationstraktes und 1986 der der Geburtshilfeabteilung. Die 1874 gegründete Hebammenschule brachte man 1947 in der früheren Villa des Theologen Theodor (von) Zahn an der Universitätsstraße Ecke Östliche Stadtmauerstraße unter.

Für die Kinderklinik wurden am 7. Februar 1952 das Gebäude des ehemaligen Knabenhortes Sonnenblume in der Loschgestraße angekauft und in den folgenden Jahren der immer noch aus veralteten Einzelgebäuden bestehende Komplex, (Abb. 52) der nach dem Zweiten Weltkrieg infolge der Überbelegung durchschnittlich nur 1,3 qm pro Kind zur Verfügung stellen konnte, durch moderne Klinikbauten ersetzt.[47] Ein erster großer Schritt war die am 11. Juli 1954 erfolgte Übergabe des neuen Bettenhauses (Abb. 53) – wenn auch zunächst mit vermindertem Bauprogramm. Am 10. Januar 1956 schloss sich die Indienststellung eines eigenen Hörsaalbaus am Südende des Areals an, (Abb. 54) wodurch der bei jeder Witterung notwendige Transport der Kranken in den Hörsaal der Medizinischen Poliklinik der Vergangenheit angehörte. Es folgten als weiterer Bauabschnitt die Aufstockung des Bettenhauses (1963) und der Behandlungstrakt entlang der Krankenhausstraße (1966) mit einem neuen Haupteingang (Abb. 55) und schließlich am 16. Juli 1971 die Einweihung des Infektionsbaus mit Klinischer Virologie.

Im Bereich der Hals-Nasen-Ohren-Klinik ergab sich ein Platzgewinn durch den Auszug der Landesanstalt für Bienenzucht 1957 aus dem westlich benachbarten Gebäude.

Die Psychiatrische und Nervenklinik wurde 1952 von der Heil- und Pflegeanstalt baulich getrennt und 1954 mit einer eigenen Pforte am Nordrand des Geländes versehen.[48] Obwohl Mittel für deren Neubau bereits in den Haushalt 1959 aufgenommen worden waren, musste der Baubeginn auf dem dafür vorgesehenen Kasernengelände an der Bismarkstraße dann doch zurückstellt werden, da sich völlig neue Perspektiven für die Entwicklung der Liegenschaften der Universität boten. Mit der geplanten Verlegung der Heil- und Pflegeanstalt an den westlichen Stadtrand stand deren altes Areal als neues Nordgelände für die Erlanger Universitätskliniken zur Disposition. (Abb. 56) Diese Initiative Michael Poeschkes, des Bezirkstagspräsidenten von Mittelfranken und Erlanger Oberbürgermeisters, unterstützt durch die bayerische Staatsregierung wie den Wissenschaftsrat, war eine Chance für Universität und Stadt zugleich, bot sie doch die Möglichkeit, ein bislang streng abgeschirmtes innerstädtisches Areal städtebaulich zu integrieren. Angesichts der Tatsache, dass nach Einschätzung des Rektors Georg Nöbeling (1907–2008) von 1962 die Hautklinik, Augenklinik, Medizinische Poliklinik und Psychiatrische und Nervenklinik als baulich völlig veraltet neu errichtet werden müssten und eine Orthopädische Klinik und Neurochirurgische Klinik überhaupt noch nicht vorhanden waren, wurde der Erwerb des Geländes der Heil- und Pflegeanstalt als »absolute Lebensfrage für die Universität« verstanden.[49] Am 9. Juli 1962 fiel der Beschluss, die Heil- und Pflegeanstalt in den Erlanger Westen zu verlegen und am 14. Juli 1964 die Entscheidung des bayerischen Kultusministeriums, auf dem alten Areal ein neues Universitätsklinikum zu errichten.

◀ **Abb. 51** Loggia der Geburtshilflichen Abteilung der Frauenklinik. Fotografie, um 1957.

Abb. 52 Die zahlreichen Solitärbauten der Kinderklinik zwischen Aufstockung des Bettenhauses und Errichtung des Behandlungstraktes. Links im Vordergrund der Hörsaal- und der Infektionsbau, dahinter das Bettenhaus. Rechts im Vordergrund das Hegelhaus, dahinter das Loschgestift und das »Langer Walfisch« genannte Gebäude; zwischen letzteren beiden befand sich, hier der Perspektive geschuldet nicht sichtbar, das Häuschen des ehemaligen Knabenhortes Sonnenblume. Fotografie, um 1964.

Abb. 53 Südfront des neuen Bettenhauses der Kinderklinik. Fotografie, 1954.

Abb. 54 Der 1956 fertiggestellte Hörsaal der Kinderklinik an der Krankenhausstraße war nur wenige Jahre existent. Fotografie, um 1960.

Abb. 55 Das Areal der Kinderklinik nach Aufstockung des Bettenhauses um ein Geschoss 1963 (rechts) und Fertigstellung des Behandlungstraktes an der Krankenhausstraße 1966 (links); im Hintergrund das Bettenhochhaus der Chirurgie. Das ›Langer Walfisch‹ genannte Gebäude im Vordergrund wurde in der Folgezeit für die Errichtung des neuen Infektionsbaus abgebrochen (wie auch, rechts anschließend, Fechtboden und Reithalle der Universität). Fotografie, um 1967.

Abb. 56 Das alte Gelände der Heil- und Pflegeanstalt. Links der Kopfbau am Maximiliansplatz, heute Klinikumsverwaltung; in der Flucht des kreuzförmigen Grundrisses der nördliche Kopfbau mit der Psychiatrischen und Nervenklinik. Fotografie, 1974.

Abb. 57 Erster Bauabschnitt des Kopfklinikums. Fotografie, um 1978.

Abb. 58 Zweiter Bauabschnitt (links) des
Kopfklinikums. Fotografie, um 1985.

Abb. 59 Das Eingangsgebäude der
ehemaligen Heil- und Pflegeanstalt.
Fotografie, um 2002.

▸ **Abb. 60** Das Nikolaus-Fiebiger-Zentrum
für molekulare Medizin. Fotografie,
um 2000.

Abb. 61 Das 2004 fertiggestellte Gebäude
des Zentrums für Medizinische Physik und
Technik in Verbindung mit dem Innovationszentrum Medizin und Pharma (IZMP)
an der Henkestraße. Vor dem Gebäude sind
drei Skulpturen-Stelen des Bildhauers
Stephan Balkenhol platziert. Fotografie,
2006.

Abb. 62 Das Franz-Penzoldt-Zentrum für
experimentell-medizinische Forschung.
Fotografie, 2004.

Abb. 63 Der Neubau der Geburtshilfe
schließt an den Schröder-Zweifel-Bau von
1878 an. Fotografie, um 2005.

Abb. 64 Das ehemalige Gelände der
Heil- und Pflegeanstalt am Beginn des
21. Jahrhunderts. Im Hintergrund das
Kopfklinikum, links das Verwaltungsgebäude
am Maximiliansplatz, rechts der erste Bauabschnitt des Internistischen Zentrums.
Fotografie, um 2002.

Abb. 65 Das Internistische Zentrum (INZ).
Fotografie, 2012.

▸ **Exkurs** Ein »Generalplan« für die
Kliniken, S. 490.

Errichtung des Kopfklinikums

1969 erging der Planungsauftrag für den ersten Bauabschnitt des Kopfklinikums auf einem fast unbebauten Teil des Geländes der Heil- und Pflegeanstalt, welche zu diesem Zeitpunkt ja noch nicht verlegt war. Nach dem Baubeginn am 18. Dezember 1972 und einer fünfjährigen Bauzeit konnten zwischen Dezember 1977 und Februar 1978 die Nervenklinik mit Poliklinik (80 Betten), die Augenklinik mit Poliklinik und Seh- und Schielschule (100 Betten) und die Neurochirurgische Klinik mit Poliklinik (100 Betten) übersiedeln und am 13. April 1978 der gesamte erste Bauabschnitt des neuen Kopfklinikums eingeweiht werden. (Abb. 57) Die Errichtung des zweiten Bauabschnitts für die psychiatrischen Fachabteilungen der Nervenklinik (140 Betten) folgte 1981–1985. (Abb. 58) Durch den Umzug der Augenklinik war es schließlich möglich, deren ehemalige Gebäude an der Universitätsstraße 1983 der Strahlentherapeutischen Klinik mit 21 Betten und Medizinischen Poliklinik mit 29 Betten zur Verfügung zu stellen.

Die alten Gebäude der Heil- und Pflegeanstalt wurden nach deren Auszug 1977–1978 abgebrochen – mit Ausnahme des nördlichen Kopfbaus von 1879 sowie des Eingangsgebäudes am Maximiliansplatz von 1846, in das später die Verwaltung des Universitätsklinikums einzog. (Abb. 59) Damit stand eine große Erweiterungsfläche für die Klinikbauten der Universität zur Verfügung. Nach der Weiterentwicklung des ersten Preises des städtebaulichen Ideenwettbewerbs wurde 1988 der Planungsauftrag für das Versorgungszentrum mit Zentralküche, Speisesaal und Klinikapotheke erteilt, zu dem am 4. November 1993 im Rahmen des 250. Universitätsjubiläums am Dies academicus feierlich der Grundstein gelegt wurde. Am 18. April 1997 erfolgte die Einweihung. Das Innovationsprogramm »Offensive Zukunft Bayern« im Folgejahr ermöglichte der Friedrich-Alexander-Universität schließlich im Klinikbereich die ersten großen Neubauten des kommenden Jahrtausends: das Klinisch-Molekularbiologische Forschungszentrum und das Nichtoperative Zentrum (NOZ).

Entwicklung der Klinikbauten **489**

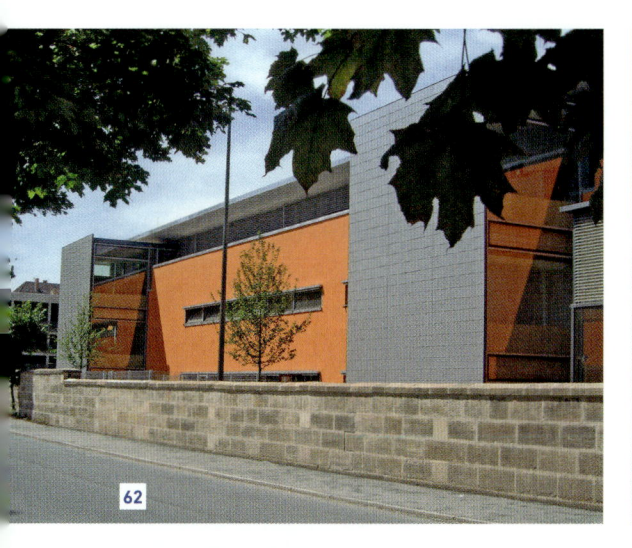

EIN »GENERALPLAN« FÜR DIE KLINIKEN

1972 beauftragten Fakultät und Freistaat das Kopenhagener Institute for the Analysis of Function in Hospital Planning (IFH) mit der Erstellung eines Plans für die bauliche und strukturelle Zukunft der Medizinischen Fakultät.[1] Dieses nach dem Leiter des IFH benannte »Lohfert-Gutachten« wurde zwischen Oktober 1972 und April 1973 in Zusammenarbeit mit einer Kommission bestehend aus Universitätsbauamt, Universitätsleitung und Vertretern der Fakultät erarbeitet. Der »Generalplan« stellte die erste Stufe eines »Gesamtplans« dar, dessen Ausgangspunkt die Zusammenfassung mehrerer Einzelkliniken in der Kopfklinik auf dem »Nordgelände« bildete.[2] Mit dem Gutachten reagierte man auf die 1967 vorgebrachte Forderung der Obersten Baubehörde nach einem »Generalbebauungsplan des Geländes des jetzigen Bezirkskrankenhauses«, bei deren Besprechung man bereits fünf »Blöcke« vorgesehen hatte.[3]

Anders als in den Jahrzehnten zuvor, in denen das Vorgehen am Bedarf einzelner Kliniken und Institute ausgerichtet war, wurden diese nun als Gesamtzusammenhang, der Plan als »übergeordnetes Organisationsmodell« verstanden.[4] Das Ziel war ein modernes Klinikum. Nach systematischen Gesichtspunkten sollten sämtliche Einrichtungen der Fakultät langfristig organisatorisch, funktional und baulich in Zentren zusammengeführt werden, ergänzt um interdisziplinäre Untersuchungs- und Behandlungszentren, ein »Zentrum klinische Grundlagenforschung« und dezentrale Einheiten. Diese Aufteilung war weitestgehend deckungsgleich mit einer Empfehlung des Wissenschaftsrates von 1968.[5] Gründe für die Notwendigkeit sah man in der historisch bedingten geographischen »Verzweigung« und besonders starken Dezentralisierung, der weitgehend überholten Bausubstanz, den Folgen der Spezialisierung und Ausdifferenzierung sowie der zu erwartenden Kosteneffizienz einer »betriebswirtschaftlich rationell« restrukturierten Fakultät.[6]

Zunächst haben kurzfristige und kleinteilige Investitionszwänge und finanzielle Engpässe den auf mittel- und langfristige Zeiträume angelegten Plan immer wieder unterlaufen.[7] Die Autoren sahen das Gutachten nicht an eine »praktische Realisierungsmöglichkeit« gebunden.[8] Tatsächlich hätte die Umsetzung in Folgegutachten geklärt werden sollen, wurde dann jedoch in den 1980er Jahren in Form eines städtebaulichen Ideenwettbewerbs angegangen, der 1987 abgeschlossen und 1988 in einem Plan für die »Generalsanierung« zusammengefasst wurde.[9] Auch wenn der »Generalplan« deutlich modifiziert wurde, markiert er zusammen mit dem Kopfklinikum den Anfang langfristiger räumlicher und struktureller Konzentrations-, Integrations- und Modernisierungsprozesse, die das Gesicht der Erlanger Kliniken auf dem Weg in das 21. Jahrhundert grundlegend und bis in die Gegenwart fortwirkend verändert haben.[10]

Andreas Plöger

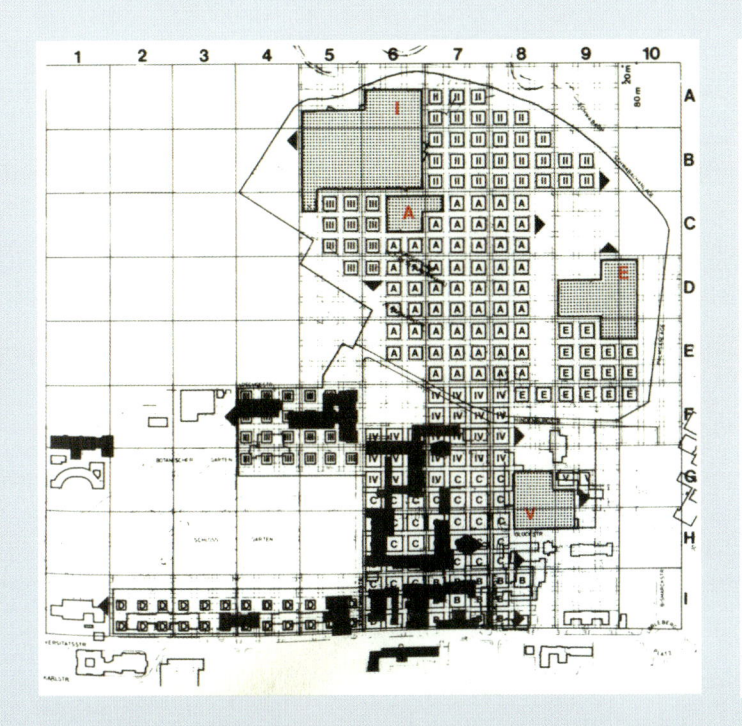

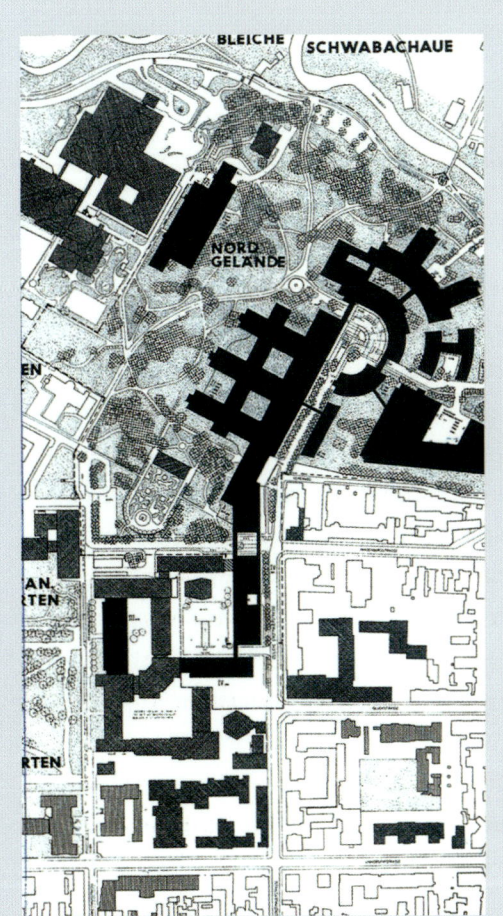

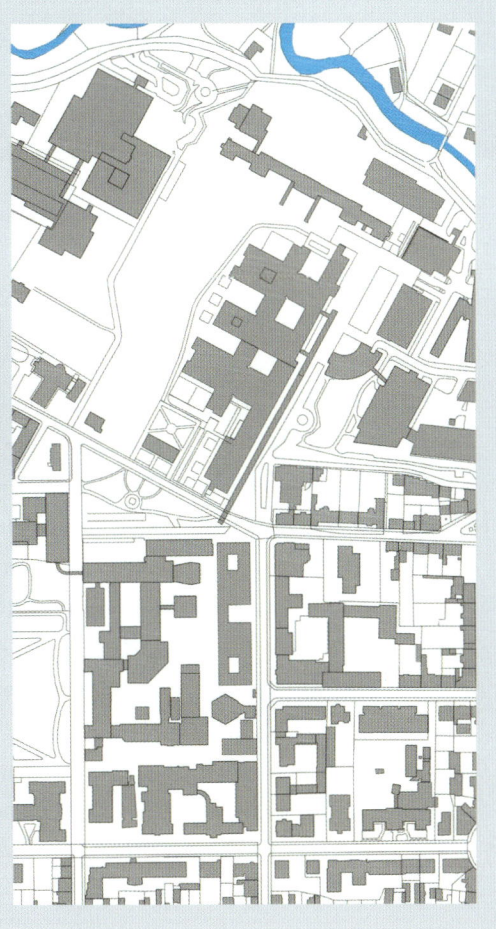

Abb. 1 | 2 Die Abschnitte I (links) und V (rechts) des Generalplans des IFH von 1973.

Abb. 3 Ergebnis des Städtebaulichen Wettbewerbs von 1988.

Abb. 4 Tatsächlicher Lageplan des Nordgeländes, 2012.

Legende **Klinische Zentren** Zentrum I: Neurologie, Neurochirurgie, Ophthalmologie, Psychiatrie (Kopfklinik) und Otorhinolaryngologie; Zentrum II: Medizinische Fächer (z. B. Kardiologie, Nephrologie, Endokrinologie, Gastroenterologie und Infektion) und Fachbereich Dermatologie; Zentrum III: Gynäkologie, Geburtshilfe und Pädiatrie; Zentrum IV: Alle chirurgischen Fächer sowie Urologie und Orthopädie; Zentrum V: Zahn-, Mund- und Kieferkrankheiten. **Zentren für Untersuchungs-/Behandlungseinrichtungen, gemeinsame Einrichtungen, Forschungseinrichtungen** Zentrum A: Interdisziplinäre Untersuchungs-/Behandlungs- und gemeinsame Einrichtungen; Zentrum B: Lehreinrichtungen; Zentrum C: Klinisch-theoretische Institute und Forschungseinrichtungen; Zentrum D: Vorklinisch-naturwissenschaftliche Einrichtungen; Zentrum E: Ver-/Entsorgungseinrichtungen.

Abb. 66 Das Nordgelände mit Blick auf einen Großteil der Klinikumsgebäude in der Erlanger Innenstadt. Luftaufnahme, 2011.

Am Beginn des 21. Jahrhunderts

Nach der Jahrtausendwende konnten einige wegweisende bauliche Großprojekte fertiggestellt werden. Am 2. Oktober 2000 wurde unter der Bezeichnung »Nikolaus-Fiebiger-Zentrum für molekulare Medizin« das Klinisch-Molekularbiologische Forschungszentrum in der Glückstraße eingeweiht. (Abb. 60) Die Strahlenklinik erhielt 2004 einen Ergänzungsbau für medizinische Großgeräte, der unterirdisch parallel zum Altbau liegt und durch einen gläsernen Erschließungsturm an der Oberfläche erkennbar ist. Ebenfalls 2004 fertiggestellt wurden das Zentrum für Medizinische Physik und Technik der Friedrich-Alexander-Universität (ZMPT) und das Innovationszentrum Medizintechnik und Pharma (IZMP) in der Henkestraße, ein Kompetenzzentrum für Medizintechnik. (Abb. 61) Im Jahr darauf konnte das Franz-Penzoldt-Zentrum für experimentell-medizinische Forschung mit Tierhaltung in Betrieb genommen werden. (Abb. 62) Als Anbau an die Frauenklinik in der Östlichen Stadtmauerstraße und erstem wesentlichen Neubau seit der Ära von Karl Menge (auf die rege Bautätigkeit an der Wende zum 20. Jahrhundert waren beinahe hundert Jahre weitgehender Stagnation gefolgt) wurde am 28. September 2005 der Neubau der Abteilung für Geburtshilfe mit 36 Betten für Patientinnen, 24 Betten für Neugeborene, vier Kreißsälen und einem Sectio-Operationssaal in Betrieb genommen. (Abb. 63)

Größte Baustelle dieser Jahre war der Neubau des Internistischen Zentrums (INZ) auf dem Gelände der ehemaligen Heil- und Pflegeanstalt, (Abb. 64) ursprünglich unter der Bezeichnung Nichtoperatives Zentrum, deren erster Bauabschnitt (Richtfest war im Jahr 1999) am 21. März 2002 eingeweiht werden konnte. Vom 17. bis 19. April bezogen die Medizinischen Kliniken 1 und 2 mit allen Patienten und dem gesamten Personal das neue Gebäude. Deren ehemalige Räumlichkeiten im Altbau des Krankenhauses wurden danach für die zwischenzeitliche Unterbringung der Medizinischen Kliniken 3 und 4 umgebaut. Nach dem Baubeginn 2003 weihte man dann auch am 28. Oktober 2011 den zweiten Bauabschnitt des Internistischen Zentrums ein (Abb. 65), in dem die Hautklinik aus der Hartmannstraße, die Ambulanz der Medizinischen Klinik 3 aus der Universitätsstraße und die Medizinischen Kliniken 4 und 5 und die Nuklearmedizinische Klinik aus der Krankenhausstraße sowie Hörsäle untergebracht wurden. (Abb. 66) Zwischenzeitlich konnte auch die Parkplatzsituation durch die Indienststellung des Parkhauses an der Palmsanlage 2010 verbessert werden.

Ebenso an die modernen Erfordernisse angepasst wurde die Kinder- und Jugendklinik. Am 19. April 2013 konnte das Richtfest für die Sanierung und Erweiterung des C-Baues gefeiert werden: Der grundlegend modernisierte Bau nimmt die kinderkardiologische Ambulanz und die onkologische Tagesklinik und Ambulanz auf, gefördert durch die Deutsche José-Carreras-Leukäme-Stiftung. Am 22. September 2015 wurde der fertiggestellte Bau schließlich dem Universitätsklinikum Erlangen übergeben. Am 14. Oktober 2013 erfolgte außerdem der Bezug der von der klinikumseigenen KlinikMedBau GmbH errichteten neuen Kindertagesstätte in der Palmsanlage mit 42 Betreuungsplätzen durch die ersten Kinder.

Nach sechsjähriger Planungs- und Bauphase wurde am 24. Oktober 2014 das Translational Research Center (TRC) der Medizinischen Fakultät und des Universitätsklinikums Erlangen feierlich eröffnet. Über 100 Wissenschaftler unterschiedlicher Disziplinen und Fachrichtungen entwickeln hier neue Ansätze für eine verbesserte Diagnostik und Therapie von Erkrankungen mit verschiedenen Aspekten der Entzündungs-, Tumor-, Nieren-, Herz- und Kreislaufforschung im Mittelpunkt.

Abb. 67 Die sogenannte Luftfahrtbaracke im Zentrum des unstrukturiert bebauten Areals an der Östlichen Stadtmauerstraße, heute erstreckt sich hier das neue Bettenhaus des Chirurgischen Zentrums. Rechts (gelbe Fassade) der Infektionsbau der Medizinischen Klinik von 1950, im Hintergrund die Rückseite des Menge-Baus der Frauenklinik. Fotografie, 2008.

Abb. 68 Über fünfzig Jahre städtebaulich unglücklich: dicht an dicht, das ehemalige Pharmakologische Institut von 1893 und das Bettenhochhaus von 1958. Fotografie, 2008.

Abb. 69 Das neue Bettenhaus des Chirurgischen Zentrums. Fotografie, 2015.

In Errichtung begriffen ist derzeit das Chirurgische Zentrum. Die erste Ausbaustufe war die Errichtung eines neuen Bettenhauses. Hierfür mussten zunächst an der Östlichen Stadtmauerstraße 2008 die Ende der 1960er Jahre aus Bundeswehrbeständen erworbene, so bezeichnete »Luftfahrtbaracke« des Lehrbereichs Luft- und Raumfahrtmedizin (Abb. 67) sowie 2009 das ehemalige Pharmakologisch-poliklinische Institut von 1893, später nach dem früheren Ordinarius der Medizinischen Klinik 2 umgangssprachlich »Bachmann-Villa« genannt, abgebrochen werden. (Abb. 68) Nachdem der erste Spatenstich am 6. August 2008 erfolgt war, konnten dann am 5. Juli 2013 die Patienten in das neue Bettenhaus des Chirurgischen Zentrums umziehen. (Abb. 69) Mit der zweiten Ausbaustufe des Chirurgischen Zentrums begann im Jahr 2014 die derzeit größte Baumaßnahme des Universitätsklinikums; im Jubiläumsjahr 2015 zeigt ein Blick in die Zukunft die imposanten Dimensionen dieses zukünftigen Zentralgebäudes des Universitätsklinikums. Clemens Wachter

Ein Blick in die Zukunft

Baumaßnahmen ab einer Million Euro Gesamtbauumfang gelten im Freistaat Bayern als sogenannte Große Baumaßnahmen. Für Große Bauvorhaben mit einem Gesamtvolumen bis fünf Millionen Euro hat das Universitätsklinikum die Bauherreneigenschaft. Für Baumaßnahmen größeren Umfangs übernimmt die Staatsbauverwaltung, in unserem Falle vertreten durch das Staatliche Bauamt Erlangen-Nürnberg, die Bauherrenfunktion einschließlich der Planung und Errichtung des gesamten Bauvorhabens.

Jedes Bauvorhaben stellt für das Universitätsklinikum immer wieder eine große Herausforderung dar: betriebsorganisatorisch, personell und nicht zuletzt finanziell. Um diesen Anforderungen gerecht zu werden, hat sich das Universitätsklinikum Erlangen für die Bauten, die gemeinsam mit der Staatsbauverwaltung errichtet werden, neu aufgestellt. Zunächst wurde 2009 die Stabsstelle Baukoordination geschaffen, die dem Ärztlichen Direktor und dem Klinikumsvorstand direkt berichtet. Die Funktion dieser Stelle ist der direkte Kontakt des Klinikumsvorstandes zur Staatsbauverwaltung und damit das Bindeglied zwischen den Errichtern eines Bauvorhabens und den künftigen Nutzern, mit dem Ziel, einerseits die für eine erfolgreiche Planung und Errichtung eines Bauvorhabens notwendigen nutzerspezifischen Anforderungen zur richtigen Zeit und in erforderlichem Umfang der Staatsbauverwaltung zur Verfügung zu stellen und andererseits die Planungen den vom Bau betroffenen Nutzern effektiv zugänglich zu machen.

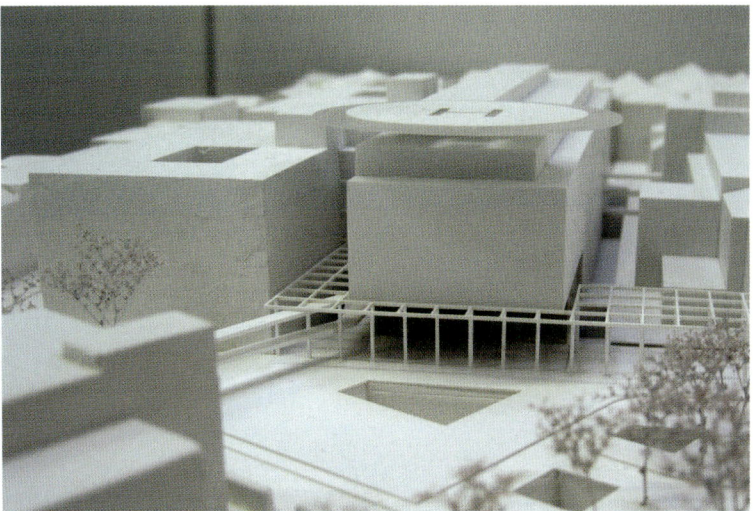

Der »Neubau Funktionsgebäude des Chirurgischen Zentrums«

Im Vorfeld der Planungen zum »Neubau Funktionsgebäude des Chirurgischen Zentrums« wurde 2011 eine »Betriebs- und Organisationsplanung« in Auftrag gegeben, noch vor der Durchführung des Architektenwettbewerbes. Die dafür vom Universitätsklinikum eigenfinanzierte Planung wurde 2011 durch das Büro Healthcompany Dresden GmbH erstellt und war später Teil der Auslobungsunterlagen für den Architektenwettbewerb. (Abb. 70, 71)

Eine Voraussetzung für den Planungserfolg einer Baumaßnahme stellt auch die Erarbeitung einer effektiven Organisationsstruktur der künftigen Nutzer des Bauwerkes für den Planungszeitraum dar. Für den »Neubau Funktionsgebäude des Chirurgischen Zentrums« wurde mit der Digitalisierung sämtlicher Projektdaten und der Einführung einer elektronischen Projektplattform am Universitätsklinikum (»Sharepoint«) ein neuer Weg begangen. Alle am Bauvorhaben beteiligten Nutzer sowie der Klinikumsvorstand haben Zugriff auf diese Plattform und damit stets auf den aktuellen Planungsstand. Dieses Vorgehen hat sich seit Juni 2013 erfolgreich etabliert und wird in Zukunft bei allen weiteren Bauvorhaben im Universitätsklinikum Anwendung finden.

Mit den Planungen zum »Neubau Funktionsgebäude des Chirurgischen Zentrums« wurde im Jahr 2008 begonnen. Im Juli 2014 wurde die Entwurfsplanung mit der Einreichung der »Haushaltsunterlage Bau« in den Haushaltsausschuss des Bayerischen Landtags abgeschlossen. Im Oktober 2014 wurde das Bauvorhaben mit einer Gesamtbausumme von 180 Mio. € vom Haushaltsausschuss des Bayerischen Landtags genehmigt. Mit einem Anteil von 4 Mio. € beteiligt sich das Universitätsklinikum an den Baukosten. Voraussetzung für einen Baubeginn ist die Freimachung des künftigen Baufeldes. Hierzu war es notwendig, veraltete Gebäude mitten im Klinikumsgelände abzureißen. Neben einem Hörsaalgebäude, einem OP-Container und dem ehemaligen Infektionsgebäude wurde auch das alte Chirurgische Bettenhaus abgetragen. Der knapp ein Jahr dauernde Gebäudeabriss konnte im Juli 2015 erfolgreich abgeschlossen werden. (Abb. 72) Das Staatliche

Abb. 70 Dekan Professor Jürgen Schüttler (re.), Dieter Maußner, Amtsleiter des Staatlichen Bauamts Erlangen-Nürnberg (li.) und Architekt Christian Hoffmann (Mitte) mit dem Modell zum »Neubau Funktionsgebäude des Chirurgischen Zentrums« des 1. Preisträgers des Wettbewerbs, Architekturbüro GMP Architekten von Gerkan, Marg und Partner Aachen.

Abb. 71 Nahaufnahme des Modells, Architekturbüro GMP Architekten von Gerkan, Marg und Partner Aachen.

Bauamt plant, im November 2015 mit der Baustelleneinrichtung für den Neubau des Funktionsgebäudes zu beginnen, ab Januar 2016 sollen die Verbauarbeiten für den Aushub der Baugrube erfolgen. Die feierliche Grundsteinlegung ist für Oktober 2016 terminiert.

Der Neubau »Funktionsgebäude des Chirurgischen Zentrums« wird die neue »Adresse« des Universitätsklinikums. Hier wird künftig der Haupteingang in das Universitätsklinikum sein, verbunden über Brücken- und Tunnelanlagen mit allen Gebäuden des umliegenden Bestandes. Zugleich wird der Neubau das neue Herzstück der Chirurgischen Kliniken und über 20 Operationssäle verfügen, davon drei sogenannte Hybrid-Operationssäle, in denen klassische Operationsmethoden mit bildgebenden Verfahren im Operationssaal kombiniert werden. Ferner wird er 42 Betten für die Intensivpflege, eine Zentralsterilisation, eine radiologische Diagnostik, die Chirurgische Poliklinik sowie die gesamte dafür notwendige Energie- und Gebäudeanlagentechnik beinhalten. Darüber hinaus wird auf diesem Gebäude und mit kürzester Verbindung zur Chirurgischen Notaufnahme der Landeplatz für Rettungshubschrauber errichtet. Geplant ist der Abschluss des Bauvorhabens für 2020, die medizinische Inbetriebnahme ist für 2021 vorgesehen.

Abb. 72 Eine Ära geht zu Ende: Abriss Chirurgisches Bettenhaus, 2015.

Abb. 73 Städtebaulicher Ideenteil aus dem Architektenwettbewerb zum »Neubau Funktionsgebäude des Chirurgischen Zentrums« des 1. Preisträgers, Architekturbüro GMP Architekten von Gerkan, Marg und Partner Aachen.

Ein neuer Masterplan

Mit dem Abschluss dieses Bauvorhabens wird die Bautätigkeit im Universitätsklinikum nicht beendet sein. Vielmehr ist es bereits jetzt notwendig, die Schritte zur weiteren baulichen Entwicklung und Erneuerung des Universitätsklinikums zu prüfen und eine Planung hierzu zu forcieren.

Aus diesem Grund hat der Klinikumsvorstand im Mai 2015 beschlossen, die aus den Jahren 1973, 1988 und 2000 stammenden und immer wieder weiterentwickelten Strukturplanungen in einer Masterplanung neu aufzusetzen. Gemeinsam mit dem Staatlichen Bauamt sowie der Universitätsverwaltung werden derzeit vom Universitätsklinikum die Grundlagen dafür erarbeitet. Ziel ist es, die Ergebnisse bis Mitte 2016 vorliegen zu haben, wobei das Universitätsklinikum auf eine externe Expertise zurückgreifen möchte.

Der Architektenwettbewerb zum »Neubau Funktionsgebäude des Chirurgischen Zentrums« enthielt neben der Gebäudeplanung auch einen Ideenteil mit einem städtebaulichen Realisierungsvorschlag, der im Wesentlichen einen Teil der mit der Inbetriebnahme des »Neubaus Funktionsgebäude des Chirurgischen Zentrums« frei werdenden Gebäude, durch einen Neubau ersetzt. Diese Konzeption wird ein Bestandteil der

▶ **Exkurs** Ein »Generalplan« für die Kliniken, S. 490.

Blick in die Zukunft **497**

neuen Strukturentwicklung sein (Abb. 73). Die Ergebnisse der Masterplanung werden in einen mittelfristigen und einen langfristigen Teil des Entwicklungsplans gegliedert sein. Im vorderen Fokus stehen dabei der zweite Bauabschnitt des Funktionsgebäudes des Chirurgischen Zentrums, mit der Zusammenführung der Transfusionsmedizin, der Errichtung der chirurgischen Liegendkrankenanfahrt sowie weiterer Funktions-, Lehr- und Forschungsflächen der Chirurgischen Kliniken, die im ersten Bauabschnitt aufgrund der Begrenztheit des Baufeldes nicht vollständig abgebildet werden konnten, sowie die Erneuerung von Teilbereichen der Kopfkliniken und die Neukonzeption der Frauenklinik mit Geburtshilfe.

Wesentliche Einflüsse auf die bauliche Bewertung in der Masterplanung werden neben medizinischen Entwicklungen und Trends Prognosen und Berechnungen zu den Behandlungs- und Patientenzahlen nehmen, u. a. über zu untersuchende Fallzahlszenarien, Bettenentwicklungsmodelle, kapazitive Modelle für Funktionsbereiche, idealtypische Betriebsmodelle und Logistikfragestellungen.

Für die weitere Entwicklung des Universitätsklinikums Erlangen, die in diesem Masterplan Ausdruck finden wird, sind sowohl die künftigen betrieblich-funktionalen Anforderungen an den Klinikbetrieb als auch die Tatsache von Priorität, dass die bauliche Entwicklung, aufgrund der Innenstadtlage und der natürlichen Begrenztheit durch die Schwabach im Norden, den Schlossgarten im Westen und den vorhandenen Städtebau im Süden und Westen, nur noch an wenigen potenziellen Baufeldern möglich ist. Die sich hieraus ergebende Herausforderung, die begrenzten Ressourcen verantwortungsvoll und zukunftsorientiert einzusetzen, begleitet die Geschichte der Erlanger Universitätskliniken seit Langem und ist auch für die zukünftige Planung und Ausführung der Bauvorhaben von entscheidender Bedeutung. Ramona Schuffenhauer

(K)ein Schlusswort

Zwei Jahrhunderte historischer Entwicklung lassen sich abschließend kaum »zusammenfassen«; in teils verschachtelter Weise hat dieser Band versucht, den chronologischen mit dem systematischen Blick zu verbinden. Zugleich wurden Problem- und Fortschrittsgeschichte gegeneinander austariert. Die offensichtlichen Fortschritte der Medizin in Diagnostik, Therapie und Prävention von Krankheiten wurden ebenso dargestellt wie die auch in der Erlanger Universitätsmedizin »dunkle« Epoche des Nationalsozialismus; erhellend wirkt jeweils der historische Grundsatz, die Ereignisse und Entwicklungen der Erlanger Medizin in den zeithistorischen Kontext von Medizin, Politik, Ideologie und Gesellschaft einzuordnen. Euphorie über die erreichte Leistungsfähigkeit der Medizin gehört ebenso wenig zur historischen Methodologie wie moralische Schuldzuweisungen wegen eines ideologisch bedingten Fehlverhaltens der Medizin. Historische Wertungen sind gleichwohl wichtig und auch notwendig.

Aus bescheidenen Anfängen in der Wasserturmstraße 14 hat sich in Erlangen seit 1815 eine universitäre Heilkunde entwickelt, die seit der Wende zur naturwissenschaftlichen Medizin im späten 19. Jahrhundert im Ensemble der deutschen Hochschulmedizin einen festen Stand hat. Die inhaltliche und strukturelle Ausdifferenzierung der klinischen Fächer verlief in Erlangen durchaus vergleichbar mit derjenigen in anderen Universitäten, gleichwohl gab und gibt es einige Besonderheiten, die in der Überschau über den langen Zeitraum hervortreten. Einige wenige Merkmale seien hier noch einmal erwähnt. Von seiner Gründung bis heute ist das Universitätsklinikum Erlangen auch Stadtkrankenhaus gewesen, in der Gegenwart allerdings weit in die Region und auch international ausstrahlend. Erlanger Kliniken waren seit der Aufbruchphase der naturwissenschaftlichen Medizin in der zweiten Hälfte des 19. Jahrhunderts häufig Wirkungsstätte von bedeutenden Medizinern, die hier die erste Station ihrer akademischen Karriere hatten. Viele gingen aus Erlangen an andere Hochschulen, an denen sie in späteren Jahren große Reputation erhielten, so etwa, um nur zwei Beispiele zu nennen, der berühmte Internist Adolf Kussmaul (1822–1902) und der Virologe Harald zur Hausen, Nobelpreisträger für Medizin 2008. Für beide gilt jedoch auch, dass sie die entscheidenden Grundlagen ihrer wissenschaftlichen Expertise in Erlangen legten.

Durchgängig in der 200-jährigen Geschichte der Erlanger Universitätsmedizin erscheint auch die Rolle als »beste Zweite«, die Erlangen innerhalb von Bayern zu spielen scheint. Die fränkische Landesuniversität sah sich wiederholt den mitunter robusten Eingriffen der Münchener Regierungen ausgesetzt, hatte jedoch als protestantische Bastion letztlich eine ungefährdete Stellung, die zwar nach München, aber eben direkt danach lag. Das Gefühl einer gewissen »Zurücksetzung« oder »Benachteiligung« gegenüber den Münchener Universitätskliniken prägt(e) gelegentlich das Selbstverständnis der Erlanger Hochschulmedizin. Gleichwohl ist solchen eher emotionalen Sichtweisen die objektive und in Zahlen messbare Leistungsfähigkeit der Erlanger Medizin entgegenzuhalten; hier ist die »beste Zweite« oft die Erste. Schließlich sind die in der jüngsten Vergangenheit errichteten bzw. die in Planung und Bau befindlichen Teile des Klinikums ein direktes Zeugnis für die Wertschätzung und Bedeutung Erlangens innerhalb der bayerischen Hochschulmedizin.

Wie auch immer man die (Universitäts-)Medizin der entwickelten westlichen Welt nennen möchte, ihr entscheidendes Wesensmerkmal ist die starke technische Komponente. Von der bildgebenden Diagnostik bis zur aufwendigen molekularmedizinisch fundierten Therapie ist »Technik« in vielerlei Spielarten entscheidend und oft auch entscheidend wirksam. Insofern ist der Begriff »Hightech-Medizin« für die gegenwärtige Heilkunde weder dämonisierend noch verherrlichend, sondern unvermeidlich und beschreibend. Die Dynamik dieser technisierten Hochleistungsmedizin hat sich in den letzten 40 Jahren enorm beschleunigt und in vielen Bereichen der klinischen Medizin reale Fortschritte bewirkt. Die hier exemplarisch und ausschnittsweise skizzierten Entwicklungen am Universitätsklinikum Erlangen sind für die Gesamtentwicklung der Hightech-Medizin repräsentativ. Spezifisch für Erlangen sind die seit nunmehr einigen Jahrzehnten bestehende interfakultäre Zusammenarbeit von Medizinern mit den naturwissenschaftlichen Fächern und die enge Kooperation mit der medizintechnischen Industrie, insbesondere der Siemens AG, die z. B. im Feld der Bildgebung zu spektakulären Erfolgen geführt hat. Die Forschungs- und Entwicklungsinitiativen des Universitätsklinikums sind folgerichtig auch in das »Medical Valley EMN« integriert worden. Das Profil der Forschung am Erlanger Universitätsklinikum ist in der jüngsten Vergangenheit noch einmal in Richtung einer »Translational Research«, die seit 2014 am gleichnamigen Zentrum auch einen konkreten Ort erhalten hat, geschärft worden. Schließlich sind nach Jahrzehnten einer Unterbringung in eher veralteter Bausubstanz durch die Einweihung des modernen Internistischen Zentrums und des Chirurgischen Bettenhauses, durch die Sanierung der Kinderklinik sowie durch die Planung und Ausführung des Neubaus des Chirurgischen Funktionsgebäudes günstige bauliche Verhältnisse gegeben bzw. in Reichweite.

Den unbezweifelbaren Erfolgen, diagnostischen und therapeutischen Durchbrüchen der Medizin standen und stehen auch in Erlangen weiterhin strukturelle und systemimmanente Probleme entgegen. Nur in Grundzügen konnte hier die in der jüngeren Geschichte immer dominanter werdende Ökonomisierung des Klinikumsbetriebs angedeutet werden. Universitätsmedizin war stets kostspielig, auch im 19. Jahrhundert; spezifisch für die jüngste Zeit ist eine »Kostenexplosion«, die durch eine »Leistungsexplosion« bedingt ist. Die Vielzahl der aufwendigen Hightech-Verfahren von Diagnostik und Therapie wird über nicht beliebig zu steigernde Budgets von Krankenkassen und der öffentlichen Hand erbracht. Hier stellen sich unausweichlich Fragen von Rationierung und Priorisierung.

Dass medizinischer Fortschritt viele Probleme lösen kann, hat die Geschichte der naturwissenschaftlichen Medizin seit der zweiten Hälfte des 19. Jahrhunderts eindrucksvoll bewiesen. Doch haben sich stets neue Probleme ergeben; das Spektrum der durch die Hightech-Medizin teils erst entstandenen Probleme und Fragestellungen ist weit und konnte hier an den Beispielen der Transplantations-, der Palliativ- und der Reproduktionsmedizin angerissen werden. Die von der Medizin angestrebten Ziele – Heilung von Krankheit, Verlängerung der (Über-)Lebenszeit, Linderung von Leid – werden oft erreicht, aber viele Krankheiten sind und bleiben unheilbar, und am Ende beträgt die Mortalität für alle immer 100 Prozent, woran keine Medizin je etwas ändern wird. Lebensende und Sterben fachkundig und mit Augenmaß auf dem Stand der Hightech-Medizin zu

Abb. 1 Logo des Universitätsklinikums Erlangen, vor dem Internistischen Zentrum Ulmenweg; das seit 2004 eingeführte markante Kreuz aus grünen und blauen Quadraten steht mit seiner Form für Menschlichkeit und Professionalität, mit seinen Farben für Vertrauen, Gesundheit, Erholung, Hygiene und Sympathie (Uni kurier aktuell 15 [2008], Nr. 73, S. 9).

begleiten, ist eine genuine Aufgabe der Heilkunde. In diesem Kontext ist die seit 2010 am Universitätsklinikum Erlangen entstandene und erstarkte Palliativmedizin zu sehen.

Die Erwartungen und Hoffnungen, die an die einmalig leistungsfähige Hightech-Medizin herangetragen werden, müssen stets die natürlich begrenzten Möglichkeiten im Blick behalten. Umgekehrt muss die Medizin vermeiden, übersteigerte Wünsche und Erwartungen aufseiten der (potenziellen) Patienten erst zu wecken. Dieser komplizierte Prozess setzt eine offene und authentische Kommunikation zwischen Medizin und Gesellschaft voraus, ein Projekt, das niemals abgeschlossen ist. Das traditionsreiche Universitätsklinikum Erlangen ist strukturell und personell, in Forschung, Lehre und Krankenversorgung am Beginn des dritten Jahrhunderts seiner Existenz in einer vielversprechenden Ausgangslage, alte und neue Herausforderungen erfolgreich zu meistern. Karl-Heinz Leven

Abb. 1 Das 1824 fertiggestellte Universitätskrankenhaus am östlichen Ende des Erlanger Schlossgartens, deutlich erkennbar die mehrfache Aufstockung; das Gebäude Krankenhausstraße 12 ist heute Sitz des Medizinischen Dekanats.

▶ **Kapitel** Chronologisches A–Z des Universitätsklinikums Erlangen, S. 504.

Dekane der Medizinischen Fakultät

Im Folgenden sind die Amtszeiten der Dekane seit dem Wintersemester 1835/36 angegeben. Die Amtszeit der Dekane, meistens zwei Semester, begann jeweils mit dem Wintersemester im Herbst eines Jahres und reichte bis zum Ende des folgenden Sommersemesters, daher schließen beispielsweise die Amtszeiten 1842/43 und 1843/44 nahtlos aneinander an. Bei mehrsemestrigen Amtszeiten bedeutet eine Angabe wie 1958/59–1960, dass der Betreffende vom Wintersemester 1958/59 bis zum Ende des Sommersemesters 1960, also für vier Semester, Dekan war. Gesondert angegeben sind Amtszeiten, die sich nur über ein Semester erstreckten. Die Lebensdaten der Amtsträger sind hier nicht angegeben; sie sind dem Chronologischen A–Z zu entnehmen.

In den ersten Jahrzehnten nach Gründung der Universität rotierte das Amt des Dekans unter den Ordinarien nach deren Hierarchie; der jeweils jüngstberufene wurde im ersten Turnus übergangen. Die Ämter des Dekans und des Prorektors durften nicht gleichzeitig von demselben Ordinarius bekleidet werden, sodass die erwähnte Regel auch Ausnahmen enthält (vgl. hierzu Beyer: 1992. S. 97–99 – freundlicher Hinweis von Herrn Dr. Clemens Wachter, Universitätsarchiv Erlangen-Nürnberg). Zahlreiche Professoren erhielten aufgrund ihrer Verdienste, meist in späteren Jahren ihrer Karriere, einen persönlichen Adelstitel; er ist an dem in Klammern gesetzten »(von)« erkennbar; eine Ausnahme bildete im Jahr 1844/45 Karl von Siebold, der adliger Geburt war.   Philipp Rath | Karl-Heinz Leven

1835/36	Johann Michael Leupoldt		1850/51	Johann Georg Friedrich Will
1836/37	Johann Eugen Rosshirt		1851/52	Johann Michael Leupoldt
1837/38	Adolph Christian Heinrich Henke		1852/53	Johann Eugen Rosshirt
1838/39	Johann Michael Leupoldt		1853/54	Johann Ferdinand Heyfelder
1839/40	Johann Eugen Rosshirt		1854/55	Johann Georg Friedrich Will
1840/41	Georg Friedrich Louis Stromeyer		1855/56	Joseph (von) Gerlach
1841/42	Adolph Christian Heinrich Henke		1856/57	Franz (von) Dittrich
1842/43	Johann Michael Leupoldt		1857/58	Carl Thiersch
1843/44	Johann Eugen Rosshirt		1858/59	Johann Michael Leupoldt
1844/45	Karl Theodor von Siebold		1859/60	Johann Eugen Rosshirt
1845/46	Johann Ferdinand Heyfelder		1860/61	Johann Georg Friedrich Will
1846/47	Johann Michael Leupoldt		1861/62	Joseph (von) Gerlach
1847/48	Johann Eugen Rosshirt		1862/63	Carl Thiersch
1848/49	Johann Ferdinand Heyfelder		1863/64	Johann Michael Leupoldt
1849/50	Carl Friedrich Canstatt		1864/65	Johann Eugen Rosshirt

Dekane der Medizinischen Fakultät

1865/66	Johann Georg Friedrich Will	1902/03	Adolf (von) Strümpell	1949/50	Karl Matthes
1866/67	Joseph (von) Gerlach	1903/04	Leo Martin Franz Gerlach	1950/51	Josef Beck
1867/68	Friedrich Albert (von) Zenker	1904/05	Franz Penzoldt	1951/52	Emil Weinig
1868/69	Hugo (von) Ziemssen	1905/06	Johann Nepomuk Oeller	1952/53	Erich Müller
1869/70	Johann Michael Leupoldt	1906/07	Gustav Hauser	1953/54	Fritz Flügel
1870/71	Joseph (von) Gerlach	1907/08	Ernst Heinrich Graser	1954/55	Otto Ranke
1871/72	Friedrich Albert (von) Zenker	1908/09	Ludwig Heim	1955–1957	Carl Korth
1872/73	Hugo (von) Ziemssen	1909/10	Gustav Specht	1957/58	Norbert Henning
1873/74	Walter Hermann (von) Heineke	WiSe 1910/11	Alfred Denker	1958/59–1960	Fritz Heim
1874/75	Karl Ludwig Ernst Schröder	SoSe 1911	Gustav Specht	1960/61	Eugen Schreck
1875/76	Isidor Rosenthal	1911/12	Friedrich Jamin	1961/62	Gerd Hegemann
1876/77	Wilhelm Olivier (von) Leube	1912/13	Ludwig Seitz	1962/63	Adolf Windorfer
1877/78	Julius (von) Michel	1913/14	Franz Penzoldt	1963/64	Gerhard Theissing
1878/79	Paul Zweifel	1914/15	Gustav Hauser	1964/65	Wolf-Dieter Keidel
1879/80	Joseph (von) Gerlach	1915/16	Johann Nepomuk Oeller	1965/66	Gerhard Steinhardt
1880/81	Friedrich Albert (von) Zenker	1916/17	Ernst Heinrich Graser	1966/67	Karl Günther Ober
1881/82	Walter Hermann (von) Heineke	1917/18	Gustav Specht	1967/68	Erik Wetterer
1882/83	Isidor Rosenthal	1918/19	Friedrich Jamin	1968/69	Adolf Kröncke
1883/84	Paul Zweifel	1919/20	Ludwig Heim	1969/70	Helmut Valentin
1884/85	Hubert Sattler	1920/21	Ernst Weinland	1970/71	Wolfgang Schiefer
1885/86	Friedrich Albert (von) Zenker	1921/22	Albert Hasselwander	1971/72	Gerhard Koch
1886/87	Walter Hermann (von) Heineke	1922/23	Bruno Fleischer	1972/73	Helmut Pauly
1887/88	Isidor Rosenthal	1923/24	Ludwig Robert Müller	1973/74	Ludwig Demling
1888/89	Adolf (von) Strümpell	1924/25	Hans Molitoris	1974/75–1979	Erich Rügheimer
1889/90	Oscar Eversbusch	1926/27	Leonhardt J. Ph. Hauck	1979/80–1981	Walter Kersten
1890/91	Richard Frommel	1927/28	Gustav Specht	1981/82–1983	Volker Becker
1891/92	Franz Penzoldt	1928/29	Arnold Spuler	1983/84–1985	Friedrich Wolf
1892/93	Friedrich Albert (von) Zenker	1929/30	Hermann Wintz	1985/86–1987	Manfred Hofmann
1893/94	Isidor Rosenthal	1930/31	Konrad Schübel	1987/88–1989	Johannes W. Rohen
1894/95	Adolf (von) Strümpell	1931/32	Eugen Kirch	1989/90–1991	Eberhard Lungershausen
1895/96	Oscar Eversbusch	1932/33	Otto Goetze	1991/92–1997	Gerhard Lehnert
1896/97	Franz Penzoldt	1933/34–1937	Friedrich Jamin	1997/98–2001	Bernhard Fleckenstein
1897/98	Richard Frommel	1937/38–1944	Richard Greving	2001/02–2005	Martin Röllinghoff
1898/99	Leo Martin Franz Gerlach	WiSe 1944/45	Albert Hasselwander	2005/06–2008	Bernhard Fleckenstein
1899/1900	Gustav Hauser	1945	Konrad Schübel	2008/09–	Jürgen Schüttler
1900/01	Richard Fleischer	SoSe 1948	Karl Thomas		
1901/02	Isidor Rosenthal	1948/49	Josef Beck		

Chronologisches A–Z des Universitätsklinikums Erlangen

Kliniken, Institute, selbstständige Abteilungen

Um einen chronologischen Gesamtüberblick über die Entwicklung der Medizin am Universitätsklinikum Erlangen bieten zu können, sind in der folgenden Aufstellung die klinischen Einrichtungen im Kontext *aller* Einrichtungen der Medizinischen Fakultät abgebildet. Farblich einheitlich (blau) hervorgehoben sind die der Klinikumsverwaltung unterstehenden Kliniken, selbstständigen Abteilungen und Institute. Daneben finden sich (farblich zurückgenommen) die übrigen medizinischen Institute und Kliniken, die nicht der Klinikumsverwaltung unterstehen.

Die alphabetische Aufstellung orientiert sich an dem im Jubiläumsjahr (2015) gültigen Organigramm des Universitätsklinikums Erlangen, d. h. den aufgeführten Instituten, selbstständigen Abteilungen und Kliniken; so findet sich die »Experimentell-Therapeutische Abteilung«, die zum Virologischen Institut gehört, konsequenterweise alphabetisch unter »E« eingeordnet, mit dem Zusatz, zu welchem Institut sie gehört.

Neben den im engeren Sinn klinischen Einrichtungen sind in der alphabetischen Ordnung auch diejenigen Einrichtungen berücksichtigt, die nicht zum Universitätsklinikum gehören, aber Teil der Medizinischen Fakultät sind. Diese Einrichtungen hier einzubeziehen, ist sowohl historisch als auch logisch begründet. Zugehörigkeit zum Universitätsklinikum bedeutet gegenwärtig in formaler Hinsicht, dass derartige Einrichtungen der Klinikumsverwaltung unterstehen. Dies gilt naturgemäß für die meisten Kliniken, die sich seit der Gründung 1815 entwickelt haben. Hinzu kommen jedoch Einrichtungen wie das Mikrobiologische, das Pathologische und das Virologische Institut, deren Tätigkeitsfelder einen eindeutigen klinischen Bezug haben, die jedoch selbst nicht direkt klinisch arbeiten. Sie sind erst in jüngster Vergangenheit unter die klinische Verwaltung gelangt. Alle genannten Einrichtungen sind in der folgenden Aufstellung als klinische Einrichtungen kenntlich gemacht.

Allerdings gibt es auch klinische Einrichtungen außerhalb des Universitätsklinikums, so das Institut für Biomedizin des Alterns und die Orthopädische Klinik. Nicht zum Klinikum gehören weiterhin eine größere Zahl medizinischer Institute, die im vorklinischen Bereich angesiedelt sind, so die Anatomie, Biochemie und Physiologie, ferner einige klinisch-theoretische Institute wie die Pharmakologie, die Geschichte und Ethik der Medizin und die Arbeitsmedizin. Inhaltlich sind die Handlungsfelder der genannten Institute klinisch orientiert, sie gehören zur Medizinischen Fakultät, unterstehen jedoch der Universitätsverwaltung.

Unter dem Namen der jeweiligen Einrichtung, der in der gegenwärtigen Form aufgeführt ist, finden sich, insbesondere bei traditionsreichen Einrichtungen, die historischen Bezeichnungen der Institute und Kliniken, deren Einführung mit Jahreszahlen kenntlich gemacht ist. Die Abfolge der Bezeichnungen gibt in einfacher, aber meist prägnanter Weise einen Eindruck von der Dynamik der Entwicklung, indem sie etwa den Weg eines Faches von der »Abteilung« über das »Institut« hin zur »Klinik« zeigt.

▶ **Abbildung** Organigramm des Universitätsklinikums Erlangen, 2015, S. 510.

Angegeben sind jeweils die Amtszeiten der Leiterinnen und Leiter der Kliniken, Institute und selbstständigen Abteilungen; die Namen der meisten Ärztinnen, Ärzte, Pflegenden und im Klinikum einst und jetzt Tätigen bleiben damit ungenannt. Die vorliegende Chronologie bietet daher nur ein Grundgerüst zur Orientierung. Für die Zeit von der Universitätsgründung 1743 bis 1960 liegt das von Renate Wittern 1999 herausgegebene Personenlexikon vor, in dem Biografie und akademischer Werdegang aller Professoren und Dozenten der Medizinischen Fakultät in diesem Zeitraum beschrieben sind (Wittern: 1999).

In der vorliegenden Chronologie finden sich zu (fast) allen Namen die Lebensdaten in Klammern, soweit diese zu ermitteln waren. Werden Personen mehrfach genannt, sind die Lebensdaten nur bei der ersten Nennung hinzugefügt. Bei lebenden Personen ist das Geburtsjahr angegeben. Hinter den Lebensdaten folgen abgekürzte Angaben zur akademischen Position der betreffenden Person.

Statusfragen spiel(t)en in der universitären Medizin keine geringe Rolle; insofern wurden hier die historisch wandelbaren Bezeichnungen (»Ordinarius« bzw. »Ordinaria«, »Extraordinarius«, »persönlicher Ordinarius«, C4- und C3-ProfessorInnen) und ebenso die in der Gegenwart, seit 2004 relevanten Besoldungsgruppen der berufenen ProfessorInnen (W3 und W2) berücksichtigt. Nach dem bayerischen Hochschulgesetz führen C4-ProfessorInnen, die von den 1970er Jahren bis Ende 2004 berufen wurden, den traditionellen Titel Ordinarius bzw. Ordinaria (abgekürzt o.); InhaberInnen von C4-Professuren, die über 2004 im Amt befindlich sind oder waren, sind weiterhin Ordinarius bzw. Ordinaria geblieben, während ProfessorInnen der nachfolgenden Besoldungsgruppe W3, die ebenfalls LehrstuhlinhaberInnen sind, den Titel »Ordinarius bzw. Ordinaria« nicht führen. In der vorliegenden Chronologie bezeichnet daher die Abkürzung »o.« InhaberInnen von C4-Professuren (bzw. vor den 1970er Jahren Angehörige anderer Besoldungsgruppen, die hier nicht im Einzelnen verzeichnet sind); entsprechend bezeichnet die Abkürzung »ao.« die »Extraordinarii/-iae« als Angehörige der Besoldungsgruppe C3.

Verwendete Abkürzungen

(alle Abkürzungen können auch Stelleninhaberinnen betreffen)

ao.	außerordentlicher Professor (= Extraordinarius)
apl.	außerplanmäßiger Professor
em.	emeritiert
hon.	Honorarprofessor
komm.	Kommissarischer Leiter
o.	Ordinarius
PD	Privatdozent
pers. o.	persönlicher Ordinarius
tit.	Titularprofessor

Autobahn A 73
AS Erlangen-Nord
»Uni-Kliniken«
Schützenweg
Bergstraße
Bayreuther Straße
Essenbacher Straße
Rathsberger Straße
Leo-Hauck-Str.
Spardorfer Straße
Jordanweg
Atzelsberger Steige
Haagstr.
Jahnstr.
Schwabach
Schwabachanlage
Ebrardstr.
Palmsanlage
Nördliche Stadtmauerstr.
Wöhrstr.
Hauptstr.
Cedernstr.
Vierzigmannstr.
Harfenstr.
Martin-Luther-Platz
Schulstr.
Fuchsengarten
Neue Straße
Altstädter Kirchenplatz
Katholischer Kirchenplatz
Ulmenweg
Hindenburgstr.
Theaterplatz
Engelstr.
Turnstr.
Loschgestr.
Maximiliansplatz
Theaterstr.
Glockenstr.
Wasserturmstr.
Krankenhausstr.
Östliche Stadtmauerstr.
Glückstr.
Bismarckstr.
Schillerstr.
Kochstr.
Westliche Stadtmauerstr.
Marktplatz
Schlossplatz
Schloss
Schlossgarten
Universitätsstr.
Lorlebergplatz
Fichtestr.
Loewenichstr.
Marquardsenstr.
Goethestr.
Obere Karlstr.
Bohlenplatz
Luitpoldstr.
Bahnhofplatz
DB
Hugenottenplatz
Untere Karlstr.
Neustädter Kirchenplatz
Schuhstr.
Fahrstr.
Friedrichstr.
Südliche Stadtmauerstr.
Anlagenstr.
Waldstr.
Stubenlohstr.
Gebbertstr.
Hartmannstr.
Artiller
Innere Brucker Str.
Nürnberger Str.
Raumerstr.
Henkestr.
Brucker Straße
Werner-von-Siemens-Str
Nürnberger Straße
Güterbahnhofstr.
Nägelsbachstr.
Sedanstr.
Rathausplatz
Bauhofstr.
Autobahn A 73
AS Erlangen-Zentrum
Flughafen Nürnberg
P
P 45
P 380
2
3
4
5
9
10
20
21
22
24
25
27
28
30
32
33
37
42
44
45
50
51
53

(44) **Allgemeinmedizin** Universitätsstr. 29, Direktor: Prof. Dr. T. Kühlein, Tel.: 85-31140

(28) **Altes Universitätskrankenhaus** Krankenhausstr. 12, Tel.: 85-0
    Laborgebäude Krankenhausstr. 12

(45) **Blutspende** (Transfusionsmedizin) Schillerstr. 8
    Leiter: Prof. Dr. R. Eckstein, Tel.: 85-36457

Chirurgisches Zentrum
(25) **Bettenhaus** Östliche Stadtmauerstr. 27, Tel.: 85-37000
(24) **Funktionsgebäude** Krankenhausstr. 12, Tel.: 85-33296 oder -33297
    Notaufnahme
    Anästhesie Direktor: Prof. Dr. Dr. h. c. J. Schüttler, Tel.: 85-33677
    Chirurgie Direktor: Prof. Dr. R. Grützmann, Tel.: 85-33201
    Gefäßchirurgie Leiter: Prof. Dr. W. Lang, Tel.: 85-32968
    Herzchirurgie Direktor: Prof. Dr. M. Weyand, Tel.: 85-33319
    Kinderchirurgie (Ambulanz) Leiter: Prof. Dr. R. Carbon, Tel.: 85-32923
    MKG-Chirurgie (Station)
    Direktor: Prof. Dr. Dr. Dr. h. c. F. W. Neukam, Tel.: 85-33616
    Plastische Chirurgie Direktor: Prof. Dr. Dr. h. c. R. E. Horch, Tel.: 85-33277
    Radiologie Direktor: Prof. Dr. M. Uder, Tel.: 85-36065
    Schmerzzentrum Sprecher: Prof. Dr. Dr. h. c. J. Schüttler,
        Prof. Dr. Dr. h. c. S. Schwab, Tel.: 85-33296
    Thoraxchirurgie Leiter: Prof. Dr. H. Sirbu, Tel.: 85-32047
    Transfusionsmedizin Leiter: Prof. Dr. R. Eckstein, Tel.: 85-36346
    Unfallchirurgie Leiter: Prof. Dr. F. Hennig, Tel.: 85-33272
    Urologie Direktor: Prof. Dr. B. Wullich, Tel.: 85-33683

(32) **Frauenklinik** Universitätsstr. 21/23, Tel.: 85-33553 oder -33554
    Direktor: Prof. Dr. M. W. Beckmann, Tel.: 85-33453

(51)(50) **HNO-Klinik** Waldstr. 1, Tel.: 85-33156
    mit Phoniatrie Bohlenplatz 21,
    Direktor: Prof. Dr. Dr. h. c. H. Iro, Tel.: 85-33141

(5) **Humangenetik** Schwabachanlage 10, Tel.: 85-22318
    Direktor: Prof. Dr. A. Reis, Tel.: 85-22318

(10) **Internistisches Zentrum** Ulmenweg 18, Tel.: 85-35000 oder -35001
    Notaufnahme
    Hautklinik
    Direktor: Prof. Dr. med. univ. G. Schuler, Tel.: 85-33661
    Medizin 1 – Gastroenterologie, Pneumologie und Endokrinologie
    Direktor: Prof. Dr. M. F. Neurath, Tel.: 85-35204
    Medizin 2 – Kardiologie und Angiologie
    Direktor: Prof. Dr. S. Achenbach, Tel.: 85-35301
    Medizin 3 – Rheumatologie und Immunologie
    Direktor: Prof. Dr. med. univ. G. Schett, Tel.: 85-33363
    Medizin 4 – Nephrologie und Hypertensiologie
    Direktor: Prof. Dr. K.-U. Eckardt, Tel.: 85-39002
    Medizin 5 – Hämatologie und Internistische Onkologie
    Direktor: Prof. Dr. A. Mackensen, Tel.: 85-35954
    Nuklearmedizin
    Direktor: Prof. Dr. T. Kuwert, Tel.: 85-33411
    Radiologie
    Direktor: Prof. Dr. M. Uder, Tel.: 85-36065

(2) **Kinderpsychiatrie** (Ambulanz) Harfenstr. 22
    Leiter: Prof. Dr. G. H. Moll, Tel.: 85-39123

(22) **Kinder- und Jugendklinik** Loschgestr. 15, Tel.: 85-33118 oder -33119
    Direktor: Prof. Dr. Dr. h. c. W. Rascher, Tel.: 85-33111
    Notaufnahme
    Kinderchirurgie (Station) Leiter: Prof. Dr. R. Carbon, Tel.: 85-32923
    Kinderherzchirurgie Leiter: Prof. Dr. R. Cesnjevar, Tel.: 85-34010
    Kinderkardiologie Leiter: Prof. Dr. S. Dittrich, Tel.: 85-33750

(3) **Kopfkliniken** Schwabachanlage 6, Tel.: 85-33001 oder -33002
    Notaufnahme
    Augenklinik Direktor: Prof. Dr. F. E. Kruse, Tel.: 85-34477
    Kinderpsychiatrie (Station) Leiter: Prof. Dr. G. H. Moll, Tel.: 85-39123
    Molekulare Neurologie Leiter: Prof. Dr. J. Winkler, Tel.: 85-39324
    Neurochirurgie Direktor: Prof. Dr. M. Buchfelder, Tel.: 85-34566
    Neurologie Direktor: Prof. Dr. Dr. h. c. S. Schwab, Tel.: 85-34563
    Neuropathologie Direktor: Prof. Dr. I. Blümcke, Tel.: 85-26031
    Neuroradiologie Leiter: Prof. Dr. A. Dörfler, Tel.: 85-34326
    Psychiatrie Direktor: Prof. Dr. J. Kornhuber, Tel.: 85-34597
    Psychosomatik (Station) Leiterin: Prof. Dr. (TR) Y. Erim, Tel.: 85-34596

(53) **Kussmaul-Forschungscampus** Hartmannstr. 14, Tel.: 85-33164
    Pforte: Mo. – Fr., 7.00 – 16.00 Uhr besetzt
    Psychosomatik (Ambulanz) Leiterin: Prof. Dr. (TR) Y. Erim, Tel.: 85-34899

(20) **Mikrobiologie** Wasserturmstr. 3/5, Direktor: Prof. Dr. C. Bogdan, Tel.: 85-22552
    Infektionsbiologie Leiter: Prof. Dr. D. Vöhringer, Tel.: 85-32735

(33) **Palliativmedizin** Krankenhausstr. 12, Tel.: 85-33553 oder -33554
    Leiter: Prof. Dr. C. Ostgathe, Tel.: 85-34064

(30) **Pathologie** Krankenhausstr. 8/10, Direktor: Prof. Dr. A. Hartmann, Tel.: 85-22287
    Nephropathologie Leiterin: Prof. Dr. K. Amann, Tel.: 85-22605

(4) **Stereotaktische Strahlentherapie** Schwabachanlage 10, Tel.: 85-32660

(42) **Strahlenklinik** Universitätsstr. 27, Direktor: Prof. Dr. R. Fietkau, Tel.: 85-34080

(21) **Virologie** Schlossgarten 4, Direktor: Prof. Dr. K. Überla, Tel.: 85-23563

(37) **Zahn-Mund-Kieferklinik** Glückstr. 11, Tel.: 85-34201
    Kieferorthopädie Direktorin: Prof. Dr. U. Hirschfelder, Tel.: 85-33643
    MKG-Chirurgie (Ambulanz)
    Direktor: Prof. Dr. Dr. Dr. h. c. F. W. Neukam, Tel.: 85-33616
    Zahnärztliche Prothetik Direktor: Prof. Dr. M. Wichmann, Tel.: 85-33604
    Zahnerhaltung Direktor: Prof. Dr. A. Petschelt, Tel.: 85-39293

Zentrale Einrichtungen (Vermittlung) Tel.: 85-0
(28) **Ärztliche Direktion** Krankenhausstr. 12
    Ärztlicher Direktor: Prof. Dr. Dr. h. c. H. Iro, Tel.: 85-35852
(9) **Kaufmännische Direktion** Maximiliansplatz 2
    Kaufmännischer Direktor: Dr. A. Bender, Tel.: 85-33171
(28) **Medizinische Fakultät** Krankenhausstr. 12
    Dekan: Prof. Dr. Dr. h. c. J. Schüttler, Tel.: 85-22262
(28) **Pflegedirektion** Krankenhausstr. 12, Pflegedirektor: R. Schrüfer, Tel.: 85-36761

Abb. 1 Lageplan und Struktur des Universitätsklinikums Erlangen, 2015.

Frühphase: von der Universitätsgründung bis zur Eröffnung der Klinik, 1743–1815

In den ersten Jahrzehnten nach 1743 existierten innerhalb der Medizinischen Fakultät keine medizinischen »Fächer«, wie sie seit dem 19. Jahrhundert und bis heute geläufig sind. Vielmehr gliederte sich der Lehrkörper der Fakultät in eine Stufenfolge einzelner Ordinariate, anfänglich (1743) fünf an der Zahl, die von den Stelleninhabern nacheinander durchlaufen werden konnten im Sinne einer aufwärts führenden Karriereleiter. Die »Erste Professur der Arzneikunde« nahm hierbei naturgemäß den ersten Rang ein. Wie eine solche Laufbahn aussehen konnte, erweist das Beispiel von Friedrich Heinrich Loschge (1755–1840). Er begann als »Fünfter Ordinarius« 1792, wurde »Vierter« (1793–1796), »Dritter« (1797–1810), »Zweiter« (1812–1818) und beendete seinen Weg als »Erster Professor« (1819–1823). Dies ergab im Fall Loschges eine lückenlose Karriere. Die scheinbar feste Zahl von fünf, später sechs »Professuren der Arzneikunde« darf jedoch nicht darüber hinwegtäuschen, dass über Jahrzehnte einige Professuren dieser Rangfolge für längere Zeit unbesetzt blieben.

Erster Professor der Arzneikunde

1743–1760	Johann Friedrich Weis(s)mann (1678–1760)
1761–1763	Casimir Christoph Schmi(e)del (1718–1792)
1764–1791	Heinrich Friedrich (von) Delius (1720–1791)
1792–1793	Jacob Friedrich Isenflamm (1726–1793)
1794–1810	Johann Christian Daniel (von) Schreber (1739–1810)
1811–1818	Friedrich (von) Wendt (1738–1818)
1819–1823	Friedrich Heinrich Loschge (1755–1840)

Zweiter Professor der Arzneikunde

1743–1760	Casimir Christoph Schmi(e)del (1718–1792)
1761–1763	Heinrich Friedrich (von) Delius (1720–1791)
1764–1791	Jacob Friedrich Isenflamm (1726–1793)
1792–1793	Johann Christian Daniel (von) Schreber (1739–1810)
1794–1796	Johann Philipp Julius Rudolph (1729–1797)
1797–1810	Friedrich (von) Wendt (1738–1818)
1812–1818	Friedrich Heinrich Loschge (1755–1840)

Dritter Professor der Arzneikunde

1743–1750	Matthias Georg Pfann (1719–1762)
1751–1760	Heinrich Friedrich (von) Delius (1720–1791)
1764	Jacob Friedrich Isenflamm (1726–1793)
1770–1791	Johann Christian Daniel (von) Schreber (1739–1810)
1792	Johann Philipp Julius Rudoph (1729–1797)
1793–1796	Friedrich (von) Wendt (1738–1818)
1797–1810	Friedrich Heinrich Loschge (1755–1840)

Vierter Professor der Arzneikunde

- 1743–1764 Christian Samuel Gebauer (1716–1764)
- 1774–1790 Johann Philipp Julius Rudoph (1729–1797)
- 1791–1792 Friedrich (von) Wendt (1738–1818)
- 1793–1796 Friedrich Heinrich Loschge (1755–1840)
- 1797–1816 Georg Friedrich Hildebrandt (1765–1816)

Fünfter Professor der Arzneikunde

- 1743–1748 Johann Adam Hoffmann (1707–1781)
- 1749 Heinrich Friedrich (von) Delius (1720–1791)
- 1778–1790 Friedrich (von) Wendt (1738–1818)
- 1792 Friedrich Heinrich Loschge (1755–1840)
- 1793–1795 Georg Friedrich Hildebrandt (1765–1816)
- 1796–1825 Bernhard Nathanael Gottlob Schreger (1766–1825)

Sechster Professor der Arzneikunde

- 1804–1806 Ernst Anton Ludwig Horn (1774–1848)

Kliniken/selbstständige Abteilungen/Institute

Allgemeinmedizinisches Institut
Prof. Dr. Thomas Kühlein
KD: Frank Pröschold

Anästhesiologische Klinik
Prof. Dr. Dr. h. c. Jürgen Schüttler
PDL: Momme Edlefsen
KD: Stefanie Frentz

Augenklinik
Prof. Dr. Friedrich E. Kruse
PDL: Tanja Hofmann
KD: Kathrin Claus

Chirurgische Klinik*
Prof. Dr. Dr. h. c. Werner Hohenberger
PDL: Momme Edlefsen
KD: Alfred Niedermeier

Experimentell-Therapeutische Abteilung
Prof. Dr. Stephan von Hörsten
KD: Frank Pröschold

Frauenklinik*
Prof. Dr. Matthias W. Beckmann
PDL: Helga Bieberstein
KD: Stefanie Frentz

Gefäßchirurgische Abteilung
Prof. Dr. Werner Lang
PDL: Momme Edlefsen
KD: Alfred Niedermeier

Hals-Nasen-Ohren-Klinik – Kopf- und Halschirurgie
Prof. Dr. Dr. h. c. Heinrich Iro
PDL: Catherine Scharf
KD: Frank Pröschold

Hautklinik
Prof. Dr. Gerold Schuler
PDL: Peter Schäffler
KD: Ulrike Kaufmann

Herzchirurgische Klinik
Prof. Dr. Michael Weyand
PDL: Momme Edlefsen
KD: Alfred Niedermeier

Humangenetisches Institut
Prof. Dr. André Reis
KD: Kathrin Claus

Immunmodulatorische Abteilung
Prof. Dr. Alexander Steinkasserer
PDL: Peter Schäffler
KD: Ulrike Kaufmann

Infektionsbiologische Abteilung
Prof. Dr. David Vöhringer
KD: Hubert Treske

Kinderchirurgische Abteilung
Prof. Dr. Roman Carbon
PDL: Helga Bieberstein
KD: Alfred Niedermeier

Kinderherzchirurgische Abteilung
Prof. Dr. Robert Cesnjevar
PDL: Helga Bieberstein
KD: Marion Büchler

Kinderkardiologische Abteilung
Prof. Dr. Sven Dittrich
PDL: Helga Bieberstein
KD: Marion Büchler

Kinder- und Jugendabteilung für Psychische Gesundheit
Prof. Dr. Gunther H. Moll
PDL: Tanja Hofmann
KD: Bernd Heilinger

Kinder- und Jugendklinik*
Prof. Dr. Dr. h. c. Wolfgang Rascher
PDL: Helga Bieberstein
KD: Marion Büchler

Medizinische Klinik 1 – Gastroenterologie, Pneumologie und Endokrinologie*
Prof. Dr. Markus F. Neurath
PDL: Peter Schäffler
KD: Gerd Nowak

Medizinische Klinik 2 – Kardiologie und Angiologie
Prof. Dr. Stephan Achenbach
PDL: Peter Schäffler
KD: Gerd Nowak

Medizinische Klinik 3 – Rheumatologie und Immunologie
Prof. Dr. Georg Schett
PDL: Peter Schäffler
KD: Gerd Nowak

Medizinische Klinik 4 – Nephrologie und Hypertensiologie
Prof. Dr. Kai-Uwe Eckardt
PDL: Peter Schäffler
KD: Ulrike Kaufmann

Medizinische Klinik 5 – Hämatologie und Internistische Onkologie
Prof. Dr. Andreas Mackensen
PDL: Peter Schäffler
KD: Ulrike Kaufmann

Mikrobiologisches Institut – Klinische Mikrobiologie, Immunologie und Hygiene*
Prof. Dr. Christian Bogdan
KD: Hubert Treske

Molekular-Immunologische Abteilung
Prof. Dr. Hans-Martin Jäck
PDL: Peter Schäffler
KD: Gerd Nowak

Molekular-Neurologische Abteilung
Prof. Dr. Jürgen Winkler
PDL: Tanja Hofmann
KD: Kathrin Claus

Molekular-Pneumologische Abteilung
Prof. Dr. Dr. Susetta Finotto
PDL: Momme Edlefsen
KD: Kathrin Claus

Mund-, Kiefer- und Gesichtschirurgische Klinik
Prof. Dr. Dr. Dr. h. c. Friedrich W. Neukam
PDL: Momme Edlefsen
KD: Hubert Treske

Nephropathologische Abteilung
Prof. Dr. Kerstin Amann
KD: Stefanie Frentz

Neurochirurgische Klinik
Prof. Dr. Michael Buchfelder
PDL: Tanja Hofmann
KD: Bernd Heilinger

Neurologische Klinik
Prof. Dr. Dr. h. c. Stefan Schwab
PDL: Tanja Hofmann
KD: Kathrin Claus

Neuropathologisches Institut
Prof. Dr. Ingmar Blümcke
KD: Bernd Heilinger

Neuroradiologische Abteilung
Prof. Dr. Arnd Dörfler
KD: Frank Pröschold

Nuklearmedizinische Klinik
Prof. Dr. Torsten Kuwert
PDL: Peter Schäffler
KD: Ulrike Kaufmann

Palliativmedizinische Abteilung
Prof. Dr. Christoph Ostgathe
PDL: Helga Bieberstein
KD: Stefanie Frentz

Pathologisches Institut
Prof. Dr. Arndt Hartmann
KD: Stefanie Frentz

Plastisch- und Handchirurgische Klinik
Prof. Dr. Dr. h. c. Raymund E. Horch
PDL: Momme Edlefsen
KD: Alfred Niedermeier

Psychiatrische und Psychotherapeutische Klinik
Prof. Dr. Johannes Kornhuber
PDL: Tanja Hofmann
KD: Bernd Heilinger

Psychosomatische und Psychotherapeutische Abteilung
Prof. Dr. (TR) Yesim Erim
PDL: Tanja Hofmann
KD: Bernd Heilinger

Radiologisches Institut
Prof. Dr. Michael Uder
KD: Frank Pröschold

Strahlenklinik
Prof. Dr. Rainer Fietkau
PDL: Peter Schäffler
KD: Frank Pröschold

Thoraxchirurgische Abteilung
Prof. Dr. Horia Sirbu
PDL: Momme Edlefsen
KD: Alfred Niedermeier

Transfusionsmedizinische und Hämostaseologische Abteilung
Prof. Dr. Reinhold Eckstein
PDL: Momme Edlefsen
KD: Alfred Niedermeier

Unfallchirurgische Abteilung*
Prof. Dr. Friedrich Hennig
PDL: Momme Edlefsen
KD: Alfred Niedermeier

Urologische Klinik
Prof. Dr. Bernd Wullich
PDL: Momme Edlefsen
KD: Alfred Niedermeier

Virologisches Institut – Klinische und Molekulare Virologie
Prof. Dr. Klaus Überla
KD: Hubert Treske

Zahnklinik 1 – Zahnerhaltung und Parodontologie
Prof. Dr. Anselm Petschelt
KD: Hubert Treske

Zahnklinik 2 – Zahnärztliche Prothetik
Prof. Dr. Manfred Wichmann
KD: Hubert Treske

Zahnklinik 3 – Kieferorthopädie
Prof. Dr. Ursula Hirschfelder
KD: Hubert Treske

Abb. 2 Organigramm des Universitätsklinikums Erlangen, 2015 (Abkürzungen: Prof. – Professor, PDL – Pflegedienstleitung, KD – Kaufmännische Direktion).

Kliniken, Institute, selbstständige Abteilungen, 1815–2015

Allgemeinmedizinisches Institut

2013– Thomas Kühlein (* 1962) W3

Anästhesiologische Klinik

1956 Abteilung für Anästhesiologie bei der Chirurgischen Universitäts-Klinik, 1974 Institut für Anästhesiologie der Universität, 1996 Klinik für Anästhesiologie, 2004 Anästhesiologische Klinik

1956 Heinz–Otto Silbersiepe (1924–2007)
1956–1957 Helmut Schaudig
1957–1958 Erich Kirchner (* 1928)
1958–1959 Erich Rügheimer (1926–2007)
1959 Karl-Hans Bräutigam (1924–1999)
1959–1994 Erich Rügheimer, 1966 ao., 1970 o.
1995– Jürgen Schüttler (* 1953) o.

Anatomie

Anatomisches Institut, 1824 Anatomisches Theater und Kabinett, 1863 Anatomisch-Physiologisches Institut, 1872 Anatomisches Institut, 2004 Institut für Anatomie

1824–1849 Gottfried Fleischmann (1777–1850) o.
1850–1890 Joseph (von) Gerlach (1820–1896) o.
1891–1917 Leo Gerlach (1851–1918) o.
1918–1945 Albert Hasselwander (1877–1954) o. (Entlassung durch die Militärregierung)
1945–1947 Johannes Hett (1894–1986) komm. (Entlassung durch die Militärregierung)
1948 Albert Hasselwander, komm. em. o.
1949–1974 Karl Friedrich Bauer (1904–1985) o., 1972 em. o.
1974–1991 Johannes W. Rohen (* 1921) o.

Anatomie I (1997 Lehrstuhl für Anatomie I)

1992– Winfried Neuhuber (* 1951) o.

Anatomie II (1997 Lehrstuhl für Anatomie II)

1984–2010 Elke Lütjen-Drecoll (* 1944) o.
2010– Friedrich Paulsen (* 1965) W3

Arbeitsmedizin

1965 Institut für Arbeits- und Sozialmedizin, 1971 Institut für Arbeits- und Sozialmedizin und Poliklinik für Berufskrankheiten, 1994 Institut und Poliklinik für Arbeits-, Sozial- und Umweltmedizin

1943–1960 Franz Koelsch (1876–1970), 1943 Lehrauftrag, 1953 hon.
1965–1989 Helmut Valentin (1919–2008) o.

1989–2000 Gerhard Lehnert (1930–2010) o.
2000– Hans Drexler (* 1955) o.

Augenklinik

1873 Augenheilkundlich-klinisches Institut an der Chirurgischen Abteilung, 1894 Augenärztliches Klinikum und Poliklinikum, 1907 Augenärztliche Klinik und Poliklinik, 1924 Augenklinik, 1931 Augenklinik und Ortsklinik, 1936 Augenklinik, 1951 Augenklinik mit Poliklinik, 2004 Augenklinik

1873–1879 Julius Michel (1843–1911) o.
1879–1886 Hubert Sattler (1844–1928) o.
1886–1900 Oscar Eversbusch (1853–1912) o.
1900–1920 Johann Nepomuk Oeller (1850–1932) o.
1920–1951 Bruno Fleischer (1874–1965) o., 1939 em. o.
1951–1980 Eugen Schreck (1911–1993) o.
1980–2003 Gottfried Otto Helmut Naumann (* 1935) o.
2004– Friedrich E. Kruse (* 1959) o.

Biochemie

1902 Physiologisch-chemische Abteilung des Physiologischen Instituts, 1940 Physiologisch-Chemisches Institut, 1949 Institut für Physiologische Chemie, 1987 Institut für Biochemie; vor 1935 gehörten alle Forschungseinrichtungen der Chemie zur Philosophischen Fakultät mit einer Ausnahme: Im Jahre 1854 wird einmalig ein Physiologisch-Chemisches Institut organisatorisch zur Medizinischen Fakultät gezählt, privat betrieben von Eugen Franz Freiherr von Gorup-Besánez (1817–1878); Gorup-Besánez selbst kehrte in den darauffolgenden Jahren in die Philosophische Fakultät zurück. Bis 1935 gehörte auch das Fach Organische Chemie zur Philosophischen Fakultät.

1902–1927 Oskar Schulz (1858–1944) PD, 1907 ao. , 1924 o.
1927–1945 Friedrich Julius May (1898–1969) apl., 1940 ao. (Entlassung durch die Militärregierung)
1946–1949 Karl Thomas (1883–1969) komm., 1947 ao.
1949–1968 Friedrich Julius May, apl., komm., 1950 ao., 1960 o., 1966 em. o.
1968–1993 Walter Kersten (1926–2011) o.

Lehrstuhl für Physiologische Chemie I, 2000 Lehrstuhl für Biochemie und Molekulare Medizin

1995–2014 Cord-Michael Becker (* 1957) o.
2014– Anja-Katrin Bosserhoff (* 1968) W3

Lehrstuhl für Biochemie und Pathobiochemie

1972–1999 Karl Brand (1931–2010) o.
2000– Michael Wegner (* 1964) o.

Chirurgische Klinik

20. November 1815 Gründung des Clinicum Chirurgicum, 1824 Chirurgische Abteilung im Universitätskrankenhaus, 1830 Chirurgisches Klinikum, 1873 Chirurgisches Klinikum und Poliklinikum, 1907 Chirurgische Klinik, 1960 Chirurgische Klinik mit Poliklinik, 2004 Chirurgische Klinik

1814–1825	Bernhard Nathanael Gottlob Schreger (1766–1825) o.
1826–1832, 1834–1836	Michael Jaeger (1795–1838) ao., 1831 o.
1838–1841	Georg Friedrich Louis Stromeyer (1804–1876) o.
1841–1854	Johann Ferdinand Heyfelder (1798–1869) o.
1854–1866	Carl (von) Thiersch (1822–1895) o.
1867–1901	Walter Hermann von Heineke (1834–1901) o.
1901–1929	Ernst Heinrich Graser (1860–1929) o., 1929 em. o.
1929–1955	Otto Goetze (1886–1955) o., 1954 em. o. (Entlassung durch Militärregierung Februar 1947–August 1948)
1955–1977	Gerd Hegemann (1912–1999) o.
1978–1994	Franz Paul Gall (* 1926) o.
1995–2015	Werner Hohenberger (* 1948) o.
2015–	Robert Grützmann (* 1970)

Experimentell-therapeutische Abteilung

2006 Abteilung für Experimentelle Therapie des Virologischen Instituts; 2010 Experimentell-Therapeutische Abteilung

2006–	Stephan von Hörsten (* 1966) W3

Frauenklinik

1796 Professur für Arzneikunde und Hebammenkunst, 1805 Lehrstuhl für Hebammenkunst, 1828 Geburtshülfliche Anstalt, 1876 Geburtshilflich-gynäkologisches Klinikum, 1880 Geburtshilflich-gynäkologisches Klinikum und Poliklinikum, 1907 Geburtshilflich-gynäkologische Klinik und Poliklinik, 1924 Frauenklinik und Poliklinik, 1931 Frauenklinik und Ortsklinik, 1936 Frauenklinik, 1958 Frauenklinik mit Poliklinik und Hebammenschule, 1975 Klinik für Frauenheilkunde mit Poliklinik u. Hebammenschule, 2004 Frauenklinik

1796–1805	Christian Friedrich (von) Deutsch (1768–1843) ao.
1805–1825	Bernhard Nathanael Gottlob Schreger (1797–1825) o.
1826–1832	Philipp Anton Bayer (1791–1832) ao.
1833–1868	Johann Eugen Rosshirt (1795–1872) o.
1868–1876	Karl Ludwig Ernst Friedrich Schröder (1838–1887) ao., 1869 o.
1876–1887	Paul Zweifel (1848–1927) o.
1887–1901	Richard Frommel (1854–1912) o.
1901–1903	Adolf Geßner (1864–1903) o.
1903–1904	Johann Friedrich Otto Veit (1852–1917) o.
1904–1908	Karl Gustav Menge (1864–1945) o.

1908–1910	Philipp Jacob Jung (1870–1918) o.
1910–1921	Ludwig Seitz (1872–1961) o.
1921–1945	Hermann Wintz (1887–1947) o. (Entlassung durch die Militärregierung)
1945 (Juni/August)	Rudolf Dyroff (1893–1966) komm. (Entlassung durch die Militärregierung)
1946–1947. 1947–1949	Walter Rech (1896–1975) komm. (zweimalige Entlassung durch die Militärregierung)
1950–1962	Rudolf Dyroff o., 1962 em. o.
1962–1983	Karl Günther Ober (1915–1999) o.
1983/84	Herwig Egger (* 1943) komm. ao.
1984–2001	Norbert Lang (1936–2015) o.
2001–	Matthias W. Beckmann (* 1960) o.

Gefäßchirurgische Abteilung

1977 Gefäßchirurgie in der Poliklinik der Chirurgischen Klinik,
1997 Gefäßchirurgische Abteilung

1977–1984	Dieter Raithel (* 1940) PD
1984–1988	Richard Meister, PD, 1986 apl.
1988–1995	Hansjosef Schweiger (* 1951) PD, 1995 apl.
1997–	Werner Lang (* 1957) ao.

Geriatrie

1973 Lehrstuhl für allgemeine Geriatrie, 1980 Institut für Gerontologie, 1989 Lehrstuhl für Innere Medizin – Gerontologie, 2001 Institut für Biomedizin des Alterns.
Die Inhaber des Erlanger Lehrstuhls waren bis vor wenigen Jahren jeweils auch Leiter der 2. Medizinischen Klinik der Städtischen Krankenanstalten Nürnberg, so René Schubert von 1963–1976, Dieter Platt 1979–2001, Cornel Sieber 2001–2012.

1973–1976	René Schubert (1910–1976) o.
1979–2001	Dieter Platt (1936–2012) o.
2001–	Cornel Sieber (* 1959) o.

Geschichte und Ethik der Medizin

1946 Honorarprofessur für Geschichte der Medizin, 1948 Seminar für Geschichte der Medizin, 1975 Institut für Geschichte der Medizin, 2001 Institut für Geschichte und Ethik der Medizin

1946–1953	Werner Leibbrand (1896–1974) hon.

Lehrstuhl für Geschichte der Medizin

1956–1974	Magnus Schmid (1918–1977) Diätendozentur, 1964 ao., 1967 o.
1974–1983	Hans H. Simmer (1926–2006) o.
1985–2009	Renate Wittern-Sterzel (* 1943) o.
2009–	Karl-Heinz Leven (* 1959) W3

Professur für Ethik in der Medizin

2001–2005 Jochen Vollmann (* 1963) ao.

2006– Andreas Frewer (* 1966) W2

Hals-Nasen-Ohren-Klinik – Kopf- und Halschirurgie

1888 Ohrenärztliches Institut an der Chirurgischen Klinik, 1902 Abteilung für Ohren-, Nasen-, und Kehlkopfkrankheiten an der Chirurgischen Klinik, 1924 Klinik und Ortsklinik für Ohren-, Nasen-, und Kehlkopfkrankheiten, 1936 Klinik und Poliklinik für Ohren-, Nasen-, und Kehlkopfkrankheiten, 1948 Klinik und Poliklinik für Hals-, Nasen- und Ohrenkrankheiten, 1952 Klinik und Poliklinik für Hals-, Nasen und Ohrenkranke mit Abteilung für Sprach- und Stimmstörungen, 1962 Klinik und Poliklinik für Hals-, Nasen- und Ohrenkranke, 2004 Hals-Nasen-Ohren-Klinik – Kopf- und Halschirurgie

1888-1902 Wilhelm Kiesselbach (1839–1902) ao.

1902-1911 Alfred F. A. Denker (1863–1941) ao., 1906 pers. o.

1911-1929 Arno Scheibe (1864–1937) ao., 1922 pers. o., 1923 o.

1929-1934 Wilhelm Christian Brock (1880–1934) o.

1935 Hellmuth W. L. K. Richter (1900–1958) PD, komm.

1935-1945 Fritz (Friedrich) Wilhelm Specht (1890–1972) o. (Entlassung durch die Militärregierung)

1946-1960 Josef Beck (1891–1966) komm., 1948 o., 1959 em. o.

1960-1972 Gerhard Theissing (1903–1987) o., 1971 em. o.

1972-2000 Malte Erik Wigand (* 1931) o.

2000– Heinrich Iro (*1956) o.

Phoniatrische und Pädaudiologische Abteilung

1952 Sprach- und Stimmabteilung, 1986 Abteilung für Phoniatrie und Pädaudiologie, 1987 Abteilung für Phoniatrie und Pädaudiologie mit Berufsfachschule für Logopäden, 1991 Abteilung für Phoniatrie und Pädaudiologie, 2004 Phoniatrische und Pädaudiologische Abteilung, 2014 Phoniatrie/Pädaudiologie der HNO-Klinik

1952-1964 Elimar Schönhärl (1916–1989) PD

1964-1990 Gerhard Kittel (1925–2011) PD, 1974 ao.

1990-2014 Ulrich Eysholdt (* 1949) ao.

2014– Christopher Bohr (* 1974) W2

Hautklinik

1906 Abteilung mit Ambulatorium für Haut- und Geschlechtskrankheiten an der Medizinischen Klinik, 1923 Klinik und Poliklinik für Haut- und Geschlechtskrankheiten, 1972 Dermatologische Universitätsklinik mit Poliklinik, 2004 Hautklinik

1906-1945 Leonhardt J. Ph. Hauck (1874–1945) PD, 1910 ao., 1921 ao., 1924 pers. o., 1939 em. o. komm.

1945-1947 Richard Richter (1906–1970) komm. (Entlassung durch die Militärregierung)

1947–1967 Carl Max Hasselmann (1897–1973) ao., 1948 pers. o., 1965 em. o.
1967–1992 Paul Otto Hornstein (* 1926) o.
1993–1995 Hermann Schell (* 1942) komm.
1995– Gerold Schuler (* 1951) o.

Herzchirurgische Klinik

1969 Kardiologische Abteilung an der Chirurgischen Klinik, 1970 Herz- und Gefäßchirurgie, 1979 Herzchirurgie in der Poliklinik der Chirurgischen Klinik, 1992 Abteilung für Chirurgie des Herzens und der thorakalen Gefäße, 1998 Herzzentrum Erlangen-Nürnberg (Standorte Erlangen und Klinikum Nürnberg-Süd, bis 2007), 2004 Herzchirurgische Klinik (Erlangen)

1969–1972 Roderich Leutschaft (1922–2006) ao.
1973–1999 Jürgen von der Emde (* 1933) ao.
1999– Michael Weyand (* 1957) o.

Humangenetisches Institut

1965 Institut für Humangenetik und Anthropologie, 1982 Institut für Humangenetik, 2006 Humangenetisches Institut

1965–1978 Gerhard Koch (1913–1999) o.
1978–1999 Rudolf Arthur Pfeiffer (1931–2012) o.
1999–2000 Erich Gebhart (* 1942) komm.
2000– André Reis (* 1960) o.

Immunmodulatorische Abteilung

Immunmodulatorische Abteilung der Hautklinik

2010– Alexander Steinkasserer (* 1958) W2

Infektionsbiologische Abteilung

Infektionsbiologische Abteilung am Mikrobiologischen Institut

2010– David Vöhringer (* 1970) W2

Kinderchirurgische Abteilung

1979 Kinderchirurgie in der Poliklinik der Chirurgischen Klinik, 1992 Kinderchirurgie in der Abteilung für Chirurgie des Herzens und der thorakalen Gefäße, 1997 Abteilung für Kinderchirurgie, 2004 Kinderchirurgische Abteilung

1979–1983 Günter Heinrich Willital (* 1939) apl.
1984–2010 Peter Hümmer (* 1943) ao.
2010– Roman Th. Carbon (* 1957) W2

Kinderherzchirurgische Abteilung

2008– Robert Cesnjevar (* 1965) W2

Kinderkardiologische Abteilung

2007– Sven Dittrich (* 1963) W2

Kinder- und Jugendabteilung für psychische Gesundheit

1989 Abteilung für Kinder- und Jugendpsychiatrie mit Poliklinik, 1993 Abteilung für Kinder- und Jugendpsychiatrie, 2001 Abteilung für Kinder- und Jugendpsychiatrie und -psychotherapie, 2004 Kinder- und Jugendabteilung für Psychische Gesundheit

1989–2002 Rolf Castell (* 1937) ao.
2002– Gunther H. Moll (* 1957) ao.

Kinder- und Jugendklinik

1905 Kinderabteilung, 1931 Kinderklinik und Ortsklinik, 1936 Kinderklinik und Kinderärztliche Poliklinik, 1950 Kinderklinik und Poliklinik für Kinderkrankheiten, 1952 Kinderklinik und Kinderärztliche Poliklinik, 1959 Kinderklinik mit Poliklinik, 1979 Klinik mit Poliklinik für Kinder und Jugendliche, 2004 Kinder- und Jugendklinik

1903–1906 Fritz Voit (1863–1944) o. [für Medizinische Poliklinik, Kinderheilkunde und Pharmakologie]
1906 Franz Penzoldt (1849–1927) o., komm.
1907–1939 Friedrich Wilhelm Jamin (1872–1951) o., 1938 em. o.
1940–1945 Albert Viethen (1897–1978) o. (Entlassung durch die Militärregierung)
1946–1956 Alfred Ludwig Friedrich Adam (1888–1956) o.
1956–1977 Adolf Windorfer (1909–1996) o.
1977–1997 Klemens Stehr (* 1930) o.
1998– Wolfgang Rascher (* 1950) o.

Institut für Medizininformatik, Biometrie und Epidemiologie

1972 Institut für Medizinische Statistik und Dokumentation, 1998 Institut für Medizininformatik, Biometrie und Epidemiologie

Lehrstuhl für Biometrie und Epidemiologie

1972–1996 Lothar Horbach (1927–1996) o.
1998 Peter Martus (* 1960) komm.
1998– Olaf Gefeller (* 1962) o.

Lehrstuhl für Medizinische Informatik

2003– Hans-Ulrich Prokosch (* 1958) o.

Medizinische Kliniken – Innere Medizin

Vorbemerkung: Die Namensgebungen der Medizinischen Klinik(en) sind vielgestaltig und wandelbar gewesen, die Strukturen und Zuordnungen von Tätigkeitsfeldern ebenso und nicht leicht zu durchschauen; die folgenden Aufstellungen schematisieren notwendigerweise die tatsächlichen Entwicklungen. Die heutige fünfgliedrige Struktur (Medizinische Klinik 1 bis 5) lässt sich nicht immer direkt auf »Vorläufer« zurückführen.

1780 Institutum clinicum, 1825 Medizinisches Klinikum und Poliklinikum, 1895 Medizinisches Klinikum und ambulatorisches Poliklinikum, 1900 Medizinisches Klinikum und Ambulatorium der Medizinischen Klinik, 1907 Medizinische Klinik und Ambulatorium, 1924 Innere Klinik und Sprechstunde für innere Krankheiten, 1936 Medizinische Klinik und Sprechstunde für innere Krankheiten, 1956 Medizinische Klinik mit Poliklinik

- 1778-1818 Friedrich (von) Wendt (1738–1818) o. [Beginn als »Fünfter Professor der Arzneikunde«]
- 1818-1843 Christian Heinrich Adolph Henke (1775–1843) o.
- 1843-1850 Carl Friedrich Canstatt (1807–1850) o.
- 1850-1858 Franz (von) Dittrich (1815–1858) o.
- 1859-1862 Adolf Kussmaul (1822–1902) o.
- 1863-1874 Hugo Wilhelm (von) Ziemssen (1829–1902) o.
- 1874-1885 Wilhelm Olivier (von) Leube (1842–1922) o.
- 1885/1886 Franz Penzoldt (1849–1927) ao., komm.
- 1886-1903 Adolf (von) Strümpell (1853–1925) o.
- 1903-1920 Franz Penzoldt o.
- 1920-1936 Ludwig Robert Müller (1870–1962) o., 1935 em. o.
- 1936 1945 Richard Wilhelm Greving (1887–1966) o. (Entlassung durch Militärregierung)
- Nov. 1945 Norbert Henning (1896–1985) ao., komm. (Entlassung durch die Militärregierung)
- 1945-1952 Karl Matthes (1905–1962) komm., 1946 ao., 1947 o.
- 1953-1966 Norbert Henning (1896–1985) o., 1964 em. o.
- 1966-1986 Ludwig Demling (1921–1995) o.

1893 Pharmakologisch-Poliklinisches Institut und Medizinische Poliklinik, 1910 Medizinische Poliklinik, 1924 Stadtklinik für innere Krankheiten (Poliklinik), 1931 Ortsklinik für innere Krankheiten (Poliklinik), 1936 Ortsklinik für innere Krankheiten (Medizinische Poliklinik), 1959 Medizinische Poliklinik

- 1893-1902 Franz Penzoldt (1849–1927) o.
- 1903-1906 Fritz Voit (1863–1944) o.
- 1907-1942 Friedrich Wilhelm Jamin (1872–1951) o., 1938 em. o.
- 1943-1945 Friedrich Karl Wilhelm Georg Meythaler (1898–1967) ao. (Entlassung durch die Militärregierung)
- 1945-1946 Friedrich Wilhelm Jamin (1872–1951) komm.
- 1946-1972 Carl Korth (1903–1972) komm., 1946 apl., 1947 ao., 1950 pers. o., 1963 o., 1971 em. o.
- 1972-1997 Kurt Bachmann (* 1929) o.

1966 Abteilung für Klinische Immunologie des Universitäts-Krankenhauses, 1975 Institut und Poliklinik für Klinische Immunologie, 1979 Institut und Poliklinik für Klinische Immunologie und Rheumatologie

- **1966-1977** Friedrich Scheiffarth (1908–1996) ao., 1969 o.
- **1977-1987** Joachim Robert Kalden (* 1937) o.

Institut für Nephrologie
- **1981-1987** Ulrich Gessler (1922–1990) o. (1965–1987 Direktor der 4. Medizinischen Klinik der Städtischen Krankenanstalten Nürnberg)

Medizinische Klinik 1 – Gastroenterologie, Pneumologie und Endokrinologie
Medizinische Klinik I mit Poliklinik, 2004 Medizinische Klinik 1 – Gastroenterologie, Pneumologie und Endokrinologie

- **1988-2009** Eckhart Georg Hahn (* 1943) o.
- **2009-** Markus F. Neurath (* 1965) W3

Medizinische Klinik 2 – Kardiologie und Angiologie
Medizinische Klinik II mit Poliklinik, 2004 Medizinische Klinik 2 – Kardiologie, Angiologie

- **1988-1997** Kurt Bachmann (* 1929) o.
- **1997-2012** Werner Günther Daniel (* 1947) o.
- **2013-** Stephan Achenbach (* 1965) W3

Medizinische Klinik 3 – Rheumatologie und Immunologie
Medizinische Klinik III mit Poliklinik und Institut für klinische Immunologie, 1992 Medizinische Klinik III mit Poliklinik, 2004 Medizinische Klinik 3 – Rheumatologie, Immunologie und Onkologie, 2008 Medizinische Klinik 3 – Rheumatologie und Immunologie

- **1988-2006** Joachim Robert Kalden (* 1937) o.
- **2006-** Georg Schett (* 1969) W3

Medizinische Klinik 4 – Nephrologie und Hypertensiologie
Medizinische Klinik IV mit Poliklinik, 2004 Medizinische Klinik 4 – Nephrologie und Hypertensiologie; der Lehrstuhlinhaber ist zugleich Direktor der Medizinischen Klinik 4, Schwerpunkt Nephrologie/Hypertensiologie des Klinikums Nürnberg

- **1988-2000** Ralf Bernd Sterzel (1940–2001) o.
- **2000-2003** Roland E. Schmieder (* 1954) komm.
- **2004-** Kai-Uwe Eckardt (* 1960) o.

Medizinische Klinik 5 – Hämatologie und internistische Onkologie
- **2007-** Andreas Mackensen (* 1959) W3

Medizinische Physik

1960 Institut für Physikalische und Medizinische Strahlenkunde (der Universität), 1965 Lehrstuhl für Medizinische Strahlenkunde, 1974 Institut für Radiologie, 1995 Institut für Medizinische Physik

- 1960–1964 Felix Wachsmann (1904–1995) ao.
- 1966–1988 Helmut Pauly (1925–1989) o.
- 1989–1995 Helga Schüßler (* 1931) apl., komm.
- 1995– Willi Kalender (* 1949) o.

Mikrobiologisches Institut – Klinische Mikrobiologie, Immunologie und Hygiene

1898 Hygienisch-bakteriologisches Institut, 1968 Institut für Hygiene und Medizinische Mikrobiologie, 1971 Institut für klinische Mikrobiologie und Infektionshygiene, 1987 Institut für Klinische Mikrobiologie, 1994 Institut für Klinische Mikrobiologie und Immunologie, 1997 Institut für Klinische Mikrobiologie, Immunologie und Hygiene, 2007 Mikrobiologisches Institut – Klinische Mikrobiologie, Immunologie und Hygiene

- 1898–1929 Ludwig Heinrich Wilhelm Heim (1857–1939) ao., 1902 o.
- 1929–1945 Karl Benno Friedrich von Angerer (1883–1945) o.
- 1946–1950 Friedrich Lentze (1900–1986) komm.
- 1950–1967 Maximilian Knorr (1895–1985) o., 1963 em. o.
- 1967–1982 Werner Knapp (1916–2002) o.
- 1983–2007 Martin Röllinghoff (* 1941) o.
- 2007– Christian Bogdan (* 1960) W3

1968 Abteilung für experimentelle Hygiene, 1971 Institut für Umwelthygiene und Präventivmedizin, 1987 Institut für Medizinische Hygiene

- 1971–1997 Walter Gräf (1929–2009) o.

Molekular-Immunologische Abteilung

1997 Abteilung für Immunologie in der Medizinischen Klinik III mit Poliklinik, 2004 Molekular-Immunologische Abteilung

- 1997– Hans-Martin Jäck (* 1955) ao.

Molekular-Neurologische Abteilung

1967 Abteilung für Experimentelle Neuropsychiatrie in der Psychiatrischen und Nervenklinik, 1979 selbstständige Abteilung für experimentelle Neuropsychiatrie in der neurologischen Klinik, 2004 Klinisch-Neurobiologische Abteilung in der Neurologischen Klinik, 2009 Molekular-Neurologische Abteilung

- 1967–1998 Jürgen Vieth (* 1932) 1970 PD, 1979 ao.
- 1998–2005 Bernhard Neundörfer (* 1937) komm.
- 2006–2009 Stefan Schwab (* 1961) komm.
- 2009– Jürgen Winkler (* 1958) W2

Molekular-Pneumologische Abteilung

2009 Abteilung Molekulare Pneumologie in der Anästhesiologischen Klinik

2009   Susetta Finotto (* 1957) W2

Mund- Kiefer- und Gesichtschirurgische Klinik

1924 Chirurgische Abteilung, 1929 Abteilung für Chirurgie und Zahnerhaltungskunde, 1936 Abteilung für Chirurgie, 1950 Abteilung für Kieferchirurgie, 1961 Abteilung für Kieferchirurgie und allgemeine Abteilung am Klinikum für Zahn-, Mund- und Kieferkranke, 1969 Abteilung für Kieferchirurgie, 1973 Abteilung für Mund- und Kieferchirurgie, 1986 Klinik und Poliklinik für Mund-, Kiefer- und Gesichtschirurgie, 2004 Mund-, Kiefer- und Gesichtschirurgische Klinik

▶ Zahnkliniken, S. 526.

1924-1927   Karl Johann Wilhelm Hauenstein (1887–1952) PD, 1926 ao.
1927-1935   Johannes Albert Reinmöller (1877–1955) pers. o.
1935-1945   Edwin Hauberrisser (1882–1964) o. (Entlassung durch die Militärregierung)
1961-1972   Gerhard Steinhardt (1904–1995) o.
1973-1995   Emil Walter Steinhäuser (* 1926) o.
1995-   Friedrich Wilhelm Neukam (* 1949) o.

Nephropathologische Abteilung

2008-   Kerstin U. Amann (* 1963) W2

Neurochirurgische Klinik

1952 Neurochirurgische Abteilung in der Chirurgischen Klinik, 1965 Neurochirurgische Klinik mit Poliklinik, 2004 Neurochirurgische Klinik

1952-1956   Willy Dreßler (1913–1996) PD
1958-1980   Wolfgang Peter Schiefer (1919–1980) PD, 1963 apl., 1965 o.
1981-1982   Stefan Kunze (* 1938) komm.
1984-2005   Rudolf Fahlbusch (* 1940) o.
2005-   Michael Buchfelder (* 1956) W3

Neurologische Klinik

1984 Neurologische Klinik mit Poliklinik, 2004 Neurologische Klinik

1984-2005   Bernhard Neundörfer (* 1937) o.
2006-   Stefan Schwab (* 1961) W3

▶ Zur Entwicklung vor 1984 siehe Psychiatrische Klinik, S. 524.

Neuropathologisches Institut

2002 Lehrstuhl für Neuropathologie, 2007 Neuropathologisches Institut

2002-   Ingmar Blümcke (* 1965) o.

Neuroradiologische Abteilung

1988 Abteilung der Neurochirurgie, 2004 Abteilung der Radiologie

- **1988–2004** Walter Huk (* 1939) ao.
- **2004–** Arnd Dörfler (* 1967) ao., 2014 W3

Nikolaus-Fiebiger-Zentrum für Molekulare Medizin

Lehrstuhl für Experimentelle Medizin I (1991 Bindegewebsforschung, 2011 Molekulare Pathogeneseforschung)

▸ Molekular-Immunologische Abteilung, S. 520.

- **1991–2008** Klaus von der Mark (* 1943) o.
- **2011–2012** Dominik N. Müller (* 1966) W3
- **2012–2014** Jürgen Behrens (* 1958), komm.
- **2014–** Thomas Brabletz (* 1962) W3

Lehrstuhl für Molekulare Medizin II (Molekulare Tumorforschung)

- **2000–** Jürgen Behrens (* 1958) o.

Nuklearmedizinische Klinik

1961 Abteilung für Nuklearmedizin an der Klinik für Innere Medizin, 1973 Institut und Poliklinik für Nuklearmedizin, 2004 Nuklearmedizinische Klinik

- **1961–1996** Friedrich Wolf (1930–2003) 1973 o.
- **1998–** Torsten Kuwert (* 1958) o.

Orthopädie

1952 Orthopädische Abteilung in der Chirurgischen Klinik, 1969 Lehrstuhl für Orthopädie und Orthopädische Klinik mit Poliklinik im Waldkrankenhaus St. Marien, 2004 Orthopädische Klinik im Waldkrankenhaus, 2012 Orthopädische Universitätsklinik der FAU Erlangen-Nürnberg im Waldkrankenhaus St. Marien

- **1952** Fritz Klopfer (1907–1993) PD
- **1952–1962** Hannes Schoberth (1922–1996), 1960 PD
- **1962–1969** Walter Mohing (1920–2005) 1969 apl.
- **1969–1998** Dietrich Hohmann (1930–2012) o.
- **1999–** Raimund Forst (* 1955) o.

Palliativmedizinische Abteilung

Begründet als Stiftungslehrstuhl der Deutschen Krebshilfe, 2015 regulärer Lehrstuhl

- **2010–** Christoph Ostgathe (* 1965) W3

Pathologisches Institut

1854 Museum Pathologico-Anatomicum, 1863 Pathologisch-Anatomisches Institut, 2004 Institut für Pathologie, 2006 Pathologisches Institut

- **1854–1858** Franz (von) Dittrich (1815–1858) o.
- **1859–1863** Adolf Kussmaul (1822–1902) o.

1863-1895 Friedrich Albert (von) Zenker (1825–1898) o.

1895-1928 Gustav Hauser (1856–1935) o.

1928-1945 Eugen Georg Wilhelm Kirch (1888–1973) o. (Entlassung durch die Militärregierung)

1949-1971 Erich Müller (1903–1984) o.

1971-1993 Volker Becker (1922–2008) o.

1993 Jürgen Pesch (1935–2010) komm.

1993-2005 Thomas Josef Georg Kirchner (* 1954) o.

2005-2007 Thomas Papadopoulos (* 1959) komm.

2007- Arndt Hartmann (* 1963) W3

Pharmakologie und Toxikologie

1906 Pharmakologisches Laboratorium am Pharmakologisch-Poliklinischen Institut (der Medizinischen Klinik), 1908 Pharmakologische Abteilung, 1910 Pharmakologisches Institut, 1978 Institut für Pharmakologie und Toxikologie, 1991 Institut für Experimentelle und Klinische Pharmakologie und Toxikologie

1904-1924 Robert Heinz (1865–1924) ao.

1924-1952 Konrad Schübel (1885–1978) ao., 1927 pers. o., 1929 o.

1953-1977 Fritz (Friedrich) Heim (1910–1979) o.

1. Lehrstuhl – Pharmakologie und Toxikologie

1977-1981 Claus-Jürgen Estler (* 1930), komm.

1981-2006 Kay Brune (* 1941) o.

2006- Andreas Ludwig (* 1964) W3

2. Lehrstuhl – Klinische Pharmakologie und Klinische Toxikologie

1976-1995 Claus-Jürgen Estler o.

1999-2002 Thomas Eschenhagen (* 1960) o.

2004- Martin Fromm (* 1965) o.

Physiologie

1872 Physiologische Abteilung am Anatomischen Institut, 1876 Physiologisches Institut, 1965 I. und II. Physiologisches Institut

1872-1913 Isidor Rosenthal (1836–1915) o.

1913-1932 Ernst Friedrich Weinland (1869–1932) o.

1932-1934 Richard Alfred Max Wagner (1893–1970) o.

1935-1945 Rupprecht Karl Adalbert Matthaei (1895–1976) o. (Entlassung durch die Militärregierung)

1946 (Jan. – Mai) Karl Thomas (1883–1969) komm.

1946 (Mai–August) Otto F. Ranke (1899–1959) komm. (Entlassung durch die Militärregierung)

1946-1947 Friedrich Julius May (1898–1969) komm.

1947-1959 Otto F. Ranke (1899–1959) o.

I. Physiologisches Institut, 1975 Institut für Physiologie und Biokybernetik, 1996 Institut für Physiologie und Experimentelle Pathophysiologie, 2009 Institut für Physiologie und Pathophysiologie

- 1960–1986 Wolf-Dieter Keidel (1917–2011) o.
- 1986–2006 Hermann O. Handwerker (* 1940) o.
- 2007–2008 Peter W. Reeh (* 1948) komm.
- 2008– Christian Alzheimer (* 1960) W3

II. Physiologisches Institut, 1975 Institut für Physiologie und Kardiologie, 2002 Institut für Zelluläre und Molekulare Physiologie

- 1965–1978 Erik Wetterer (1909–1990) o.
- 1979–2001 Manfred Kessler (1934–2013) o.
- 2002– Christoph Korbmacher (* 1958) o.

Plastisch- und Handchirurgische Klinik

1972 Handchirurgie und plastische Chirurgie in der Chirurgischen Klinik, 1997 Abteilung für Hand- und Plastische Chirurgie, 2003 Abteilung für Plastische und Handchirurgie, 2007 Plastisch- und Handchirurgische Klinik

- 1972–1994 Jürgen Geldmacher (1929–1994) ao.
- 1995–2001 Jörg Gerhard Grünert (* 1959) ao.
- 2003– Raymund Horch (* 1957) o.

Psychiatrische und Psychotherapeutische Klinik

Vorbemerkung: Die Entwicklung einer institutionalisierten Psychiatrie in Erlangen beginnt mit der 1846 eingeweihten »Kreis-Irren-Anstalt Erlangen« (seit ca. 1910 »Heil- und Pflegeanstalt« genannt), die zwar nicht zur Universität gehörte, jedoch mit dieser interagierte. Die in Klammern vorangestellten Jahreszahlen beziehen sich auf die Leitungsfunktion der Anstalt, die anderen Jahreszahlen auf die Funktion an der Universität.

- (1846) 1849–1859 Karl August Solbrig (1809–1872) hon.
- (1859) 1860–1887 Friedrich Wilhelm Hagen (1814–1888) 1862 ao.
- (1888) 1888–1896 Anton Bumm (1849–1903) ao.
- (1897–1911) (August Würschmidt, Direktor der Anstalt)

1903 Psychiatrische Klinik, 1927 Psychiatrische und Nervenklinik, 1947 Universitäts-Nervenklinik, 1951 Psychiatrische und Nervenklinik mit Poliklinik, 1959 Nervenklinik mit Poliklinik, 2004 Psychiatrische und Psychotherapeutische Klinik

- 1897–1934 Gustav Specht (1860–1940) ao., 1903 o.
- 1934–1945 Friedrich Meggendorfer (1880–1953) o. (Entlassung durch die Militärregierung)
- 1947–1951 Heinrich Scheller (1901–1972) o.
- 1951–1966 Fritz Eugen Flügel (1897–1971) o., 1965 em. o.
- 1967–1980 Hans-Heinrich Wieck (1918–1980) o.
- 1980–1982 Heribert Daun (1925–2004) komm., ao.

1982–1996   Eberhard Lungershausen (1931–2011) o.
1997–1999   Arndt Barocka (* 1952) komm.
2000–   Johannes Kornhuber (* 1959) o.

Psychosomatische und Psychotherapeutische Abteilung

1991 Abteilung für Psychosomatik und Psychotherapie in der Psychiatrischen Klinik, 2004 Psychosomatische und Psychotherapeutische Abteilung

1991–1997   Peter Joraschky (* 1947) ao.
1998–2002   Thomas H. Loew (* 1961) PD
2003–2011   Martina de Zwaan (* 1961) ao.
2013–   Yeşim Erim (* 1960) W2

Radiologisches Institut

1996–2008   Werner Bautz (1949–2008) o.
2008–   Michael Uder (* 1966) W3

Rechtsmedizin

1912 Gerichtlich-medizinische Abteilung im Pathologischen Institut, 1919 Gerichtsärztliches Institut, 1923 Gerichtsmedizinisches Institut, 1940 Institut für gerichtliche Medizin und Kriminalistik, 1971 Institut für Rechtsmedizin

1912–1914   Hermann K. Merkel (1873–1957) ao.
1914–1919   Martin H. O. Nippe (1883–1940) ao.
1919–1939, 1942–1945   Hans Molitoris (1874–1972) ao., 1922 pers. o., 1939 em. (Wiederindienststellung 1942, Entlassung durch die Militärregierung)
1946–1947   Heinrich Saar (1907–1961) komm. (Entlassung durch die Militärregierung)
1948–1971   Emil Weinig (1904–1979) ao., 1950 pers. o., 1962 o., 1972 em. o.
1974–1996   Hans-Bernhard Wuermeling (* 1927) o.
1996–   Peter Betz (* 1962) o.

Strahlenklinik

1977 Klinik und Poliklinik für Strahlentherapie, 2004 Strahlenklinik

1977–2007   Rolf Sauer (* 1939) o.
2008–   Rainer Fietkau (* 1957) W3

Thoraxchirurgische Abteilung

2008–   Horia Sirbu (* 1957) W2

Transfusionsmedizinische und Hämostaseologische Abteilung

1951 Blutbank in der Chirurgischen Klinik, 1953 Blutbank in der Medizinischen Klinik (K. Th. Schricker), 1967 zusammengelegt in Räumen der Chirurgischen Klinik, 1976 selbstständige Abteilung für Transfusionsmedizin und Hämostaseologie, 2005 Transfusionsmedizinische und Hämostaseologische Abteilung

1967–1992   Karl Theodor Schricker (* 1924), 1975 ao.
1992–   Reinhold Eckstein (* 1949) ao.

Unfallchirurgische Abteilung

1963 Unfallchirurgie in der Chirurgischen Klinik, 1994 Abteilung für Unfallchirurgie, 2004 Unfallchirurgische Abteilung

1970–1993   Heinrich Beck (1928–2006) ao.
1994–   Friedrich Hennig (* 1949) ao.

Urologische Klinik

1919 Urologische Abteilung an der Chirurgischen Klinik und Ambulatorium für Harnwegserkrankungen, 1949 Urologische Abteilung in der Chirurgischen Klinik, 1970 Urologische Klinik mit Poliklinik, 2004 Urologische Klinik

1919–1937   Eduard Pflaumer (1872–1957) PD, 1922 ao.
1936–1945, 1949–1957   Edmund Thiermann (1904–1966) 1940 PD (Entlassung durch die Militärregierung, Wiedereinstellung), 1951 apl.
1957–1988   Alfred Friedrich Sigel (* 1921), 1960 PD, 1966 apl., 1967 ao., 1970 o.
1988–2007   Karl Michael Schrott (* 1942) o.
2007–   Bernd Wullich (* 1960) W3

Virologisches Institut – Klinische und Molekulare Virologie

1972 Institut für Klinische Virologie, 1987 Institut für Klinische und Molekulare Virologie, 2006 Virologisches Institut – Klinische und Molekulare Virologie

1972–1977   Harald zur Hausen (* 1936) o.
1978–2015   Bernhard Fleckenstein (* 1944) o.
2015–   Klaus Überla (* 1965) W3

Zahnkliniken

Vorbemerkung: im Handlungsfeld »Zahnheilkunde« hat in der zweiten Hälfte des 20. Jahrhunderts eine enorme Differenzierung stattgefunden, sodass sich mehrere eigenständige zahnheilkundliche Fächer entwickelt haben; diese Entwicklung ist in der tabellarischen Übersicht stark vereinfacht.

▶ Mund-, Kiefer- und Gesichtschirurgische Klinik, S. 521.

1887 privates »Lehrinstitut für Zahnheilkunde« (mit Erlaubnis zur Lehre an der Universität), 1910 Zahnärztliche Poliklinik, 1924 Zahnärztliche Klinik und Ortsklinik, 1936 Klinik und Poliklinik für Mund-, Zahn- und Kieferkrankheiten, 1959 Klinik und Poliklinik für Zahn-, Mund- und Kieferkranke

1887–1899   Friedrich Wilhelm Schneider (1844–1899) Dr. phil.
1910–1921   Hermann Rudolf Euler (1878–1961) ao.
1921–1935   Johannes Reinmöller (1877–1955) pers. o.
1935–1945   Edwin Hauberrisser (1882–1964) o. (Entlassung durch die Militärregierung)

1945 (April–August) Heinrich Paschke (1901–1985), komm. PD (Entlassung durch die Militärregierung)

1945–1947 Julius Georg Bock (1878–1955), komm. ao.

1947–1958 Karl Hermann Peter (1896–1959) komm. PD, 1950 ao., 1952 pers. o.

1921 Abteilung für Konservierende Zahnheilkunde an der Zahnärztlichen Poliklinik, 1924 Abteilung für Zahnfüllung, Abteilung für Zahnerhaltung

1921–1923 Christian Greve (1870–1955) ao., 1924 ao.

1927–1928 Karl Hauenstein (1887–1952) ao.

Zahnklinik 1 – Zahnerhaltung und Parodontologie

1968 Poliklinik für Zahnerhaltung und Parodontologie, 2004 Zahnklinik 1 – Zahnerhaltung und Parodontologie

1964–1990 Adolf Kröncke (1922–2009) ao., 1968 o.

1990– Anselm Petschelt (* 1952) o.

1921 Zahnärztlich-Prothetische Abteilung, 1928 Abteilung für Zahnersatz und Kieferorthopädie, 1950 Prothetische und Kieferorthopädische Abteilung der Klinik und Poliklinik für Zahn-, Mund und Kieferkrankheiten

1921–1926 Paul Wustrow (1890–1945), PD, 1925 ao.

1928–1935 Christian Greve (1870–1955) pers. ao. 1931

1930–1936, 1950–1969 Heinrich Paschke (1901–1985) 1937 PD, 1953 apl., 1957 ao., 1962 pers. o.

Zahnklinik 2 – Zahnärztliche Prothetik

1969 Lehrstuhl für Zahnärztliche Prothetik, 2004 Zahnklinik 2 – Zahnärztliche Prothetik

1969–1997 Manfred Hofmann (* 1929) o.

2000– Manfred Wichmann (* 1961) o.

Zahnklinik 3 – Kieferorthopädie

1961 Abteilung für Prothetik und Kieferorthopädie, 1972 Lehrstuhl für Zahn-, Mund- und Kieferheilkunde, insbesondere Kieferorthopädie, Poliklinik für Kieferorthopädie, 2004 Zahnklinik 3 – Kieferorthopädie

1972–1997 Annette Fleischer-Peters (* 1929) o.

1997– Ursula Hirschfelder (* 1950) o.

Anmerkungen

Einleitung

1 Wittern: 1993 (a) S. 332.
2 Jütte/Eckart/Schmuhl/Süß: 2011. S. 110.

1743–1840   Die Anfänge

1 Zur Frühzeit der Medizinischen Fakultät Erlangens vgl. Engelhardt: 1843. S. 35–40 u. ö.; Wittern: 1993 (a). S. 315–339.
2 »Privatissime etiam plures ad praxin clinicam ducet provectiores«.
3 Zit. nach Neuhuber/Ruisinger: 2007. S. 71.
4 Fleischmann: 1830. S. 3.
5 Vgl. Röhrich: 1965.; Engelhardt: 1843. S. 140–144.
6 Vgl. Heidacher: 1960. S. 21–25.
7 Vgl. Karenberg: 1997. S. 29–34.
8 Vor Erlangen richteten die Universitäten von Erfurt (1754), Tübingen (1760) und Göttingen (1773) derartige Kliniken nach dem Beispiel Halles ein, vgl. ebd. S. 34.
9 Zu Wendts Verdiensten um die Arzneimittellehre, die durch seine poliklinische Tätigkeit gefördert wurde, vgl. Knevelkamp: 1990. S. 50–57.
10 UAE T. I, Pos. 11, Nr. 15, Nr. 122.

Friedrich von Wendt und sein Unterricht am Krankenbett

1 Wendt: 1780. S. 2.
2 Ebd. S. 8.
3 Wendt: 1778.
4 Ebd. [Blatt 3ᵛ].
5 Ebd. [Blatt 4ᵛ].

11 Ernst Wilhelm Martius (1756–1849) war seit 1791 Universitätsapotheker und seit 1796 Inhaber der Hof- und Universitäts-Apotheke. Er nahm bis zu seinem Tod regen Anteil am Leben der Erlanger Professoren und hat in seinen Erinnerungen zahlreiche anschauliche Schilderungen aus der fränkischen Universitätsstadt gegeben.

Samuel Hahnemann in Erlangen

1 Dross/Ruisinger: 2006. S. 181 f.; Wittern: 2010.
2 Hahnemann: 1779.
3 Ebd., deutsche Übersetzung zitiert nach Ruisinger: 2010. S. 79.
4 Haehl: 1922. S. 13 f.
5 Wittern: 1999. S. 173.
6 Deuerlein: 1929.
7 Brief Hahnemanns vom 23. April 1779 an einen ungenannten Adressaten. In: Germanisches Nationalmuseum Nürnberg, Archiv Autographen, K3.
8 Dross/Ruisinger: 2006. S. 186–192.
9 Dross/Ruisinger: 2006. S. 193.

12 Zu Schreger vgl. Schmidt: 2014; Wittern: 1999. S. 175; Rohlfs: 1883.
13 Vgl. Wittern: 1999. S. 156 f.; Ruisinger: 2003. S. 36–38.
14 Papst: 1791. S. 30.
15 Eine Würdigung seiner Schriften findet sich bei Rohlfs: 1883. Schregers Leistungen als Therapeut und Wissenschaftler sind beschrieben bei Schmidt: 2014. S. 34–163.
16 UAE A 6/3b, Nr. 1; dazu Schmidt: 2014. S. 180 f.
17 Zur Vorgeschichte und Gründung des Clinicum Chirurgicum vgl. Heidacher: 1960. S. 27–38; Schmidt: 2014.
18 Zur Ausstattung und zum Betrieb des Clinicums vgl. Heidacher: 1960. S. 29–38; Schmidt: 2014. S. 180–187.

Bernhard Schreger und seine Patienten

1 Schreger: 1817. Zu Leben und Werk Schregers vgl. Schmidt: 2014.
2 Schreger: 1818. S. 21 f.
3 Schreger: 1817. S. 74.
4 Ebd. S. 81.
5 Ebd. S. 100.
6 Ebd. S. 102.
7 Ebd. S. 103.

Chirurgische Instrumentensammlung

1 Zur Geschichte der Erlanger Universitätssammlungen s. Andraschke/Ruisinger: 2007.
2 Schreiben Supervilles an Markgraf Friedrich von Brandenburg-Bayreuth vom 23.8.1743, Konzept. In: UAE A1/15.
3 Protokoll des Treffens vom 17.9.1789 »Das Inventarium über die Chirurgischen Instrumente betr.«. In: UAE A6/3a Nr. 10.
4 Ebd.
5 Schreiben vom 19.2.1805. In: UAE A6/3b Nr. 1.
6 Loschge am 21.4.1806, Abschrift. In: UAE A6/3b Nr. 1.
7 »Catalog der chirurgischen Instrumenten-Bandagen- u. Maschinen Sammlung der chirurgisch-augenarztlichen Klinik des Kgl. Universitäts-Krankenhauses in Erlangen, systematisch geordnet und aufgenommen in den Jahren 1827–1832 von Dr. Mich. Jaeger, Professor der Chirurgie«. In: UAE A6/3a Nr. 40. 1r.
8 Hirsching: 1786. S. 7 f.
9 Catalog (wie Anm. 7).
10 Es handelte sich dabei um eine »Leitungssonde mit langhalsigem Knopfe« nach Fabricius Hildanus, eine »gefensterte Leitungssonde«, ein »altes convexes Skalpell zum Steinschnitt« sowie um »Perret's dilatatorium für die Vorhaut«. Catalog (wie Anm. 7).
19 Hufeland: 1809. S. 12.
20 Vgl. Rohlfs: 1883. S. 231–245; Heidacher: 1960. S. 33–38; Schmidt: 2014. S. 51–108.
21 Vgl. Ruisinger: 2014. S. 33–37.
22 Vgl. Knevelkamp: 1990. S. 61–64.
23 Loschges Schreiben an Rektor und Senat findet sich UAE T I, Pos, 11, Nr. 17, S. 30. – Zu Loschges Wirken in Erlangen s. Holinski: 2001; zu den im Folgenden genannten Erlanger Professoren und Dozenten vgl. Wittern: 1999.
24 UAE T. I, Pos, 11, Nr. 14.
25 Kolde: 1910. S. 245–258, bes. S. 254 f.
26 Vgl. ebd. S. 141 f.
27 Zu Henke vgl. Wagner: 1844; Bauer: 1960.
28 Zu Henkes Leistungen auf dem Gebiet der Kinderheilkunde vgl. Schamberger: 1964. S. 27–60.
29 Vgl. Wagner: 1844. S. 39 f.
30 So Eulner: 1970. S. 174.
31 Johann Christian Friedrich Harless war seit 1795 mit Unterbrechungen in unterschiedlichen Funktionen an der Erlanger medizinischen Fakultät tätig und hatte zwischen 1814 und 1818 interimistisch die ordentliche Professur für Spezielle und Generelle Therapie inne.
32 Zu Canstatts Leben und Werk vgl. die ausführliche, quellengesättigte Studie von Lukas: 2008.
33 Vgl. Bleker: 1981.
34 Zit. nach Lukas: 2008. S. 33 f.

Die Naturhistorische Schule Johann Lukas Schönleins

1 Vgl. Bleker: 1981; Wittern: 1991.
2 Cuvier: 1846. S. 33.
3 Die Vorlesung ist ediert von Klemmt: 1986.
4 Schönlein: 1816. S. 7.
5 Virchow: 1865. S. 31.
35 Vgl. Canstatts Briefe an seine Verlobte, abgedruckt in Lukas: 2008. S. 48–52.
36 Zit. nach Lukas: 2008. S. 101.
37 Bleker: 1981. S. 114.
38 Vgl. Lukas: 2008. S. 117.
39 Die Senatsrede trug den Titel »Quid physica aegrotorum thoracis organorum exploratio praxi attulerit«, vgl. ebd. S. 121.
40 Zu Wintrich vgl. Schlee: 2007.
41 Vgl. Gaal: 1846. S. 71–87. Zu Wintrichs verschiedenen Modellen des Perkussionshammers vgl. Schlee: 2007. S. 61–75.
42 Mayer: 1912. S. 2462.
43 Vgl. Lukas: 2008. S. 130.
44 Zur Würdigung seiner wissenschaftlichen Leistungen s. Lukas: 2008. S. 153–171.
45 Vgl. Brinkschulte: 1998. S. 88–103.
46 Zu diesen Turbulenzen vgl. Kolde: 1910. S. 306 f., S. 309–312; Heidacher: 1960. S. 43–57.
47 Zit. nach Heidacher: 1960. S. 45.

48 Zu Jaeger vgl. Räbel: 1951.
49 Einen guten Überblick über die chirurgischen Leistungen Jaegers gibt Heidacher: 1960. S. 47–50.
50 Eine weitgehend vollständige Bibliographie von Jaeger findet sich in Kaulbars-Sauer: 1969. S. 25–27.
51 Zu Dietz vgl. Heidacher: 1960. S. 58–66.
52 UAE PA Franz Ried, II, I, 24 (R).
53 Zit. nach Heidacher: 1960. S. 59.
54 Zu Stromeyer vgl. ebd. S. 58–66; eine besonders ergiebige Quelle zu seinem Leben und seiner chirurgischen Tätigkeit hat Stromeyer selbst mit seiner umfänglichen, zwei Bände umfassenden Autobiographie geschaffen. Stromeyer: 1875.

Die Gesellschaft Deutscher Naturforscher und Ärzte in Erlangen 1840

1 UAE A1/3a Nr. 403: Amtlicher Bericht über die achtzehnte Versammlung der Gesellschaft deutscher Naturforscher und Aerzte zu Erlangen im September 1840 erstattet von den Geschäftsführern derselben Dr. J. M. Leupoldt und Dr. L. Stromeyer. Erlangen 1841. S. IV.
2 Steif: 2003.
3 UAE A1/3a Nr. 403: Amtlicher Bericht über die achtzehnte Versammlung der Gesellschaft deutscher Naturforscher und Aerzte zu Erlangen im September 1840 erstattet von den Geschäftsführern derselben Dr. J. M. Leupoldt und Dr. L. Stromeyer. Erlangen 1841. S. 24.
4 UAE A1/3a Nr. 403: Tagblatt der achtzehnten Versammlung der Gesellschaft deutscher Naturforscher und Aerzte. Nr. 2. Erlangen 17.9.1840. S. 7.

55 Stromeyer: 1875, Bd. 2. S. 394.
56 Die näheren Umstände dieser Gründung und seine ersten Heilerfolge beschreibt Stromeyer selbst in seinen Erinnerungen. Ebd. S. 21–24.
57 Vgl. ebd. S. 55–57.
58 Band 39 (1833), S. 195.
59 Brief von Dieffenbach an Stromeyer vom 29. Mai 1836, abgedruckt in Valentin: 1934. S. 13.
60 Vgl. Stromeyer: 1875, Bd. 2. S. 59 f.
61 Ebd. S. 136.
62 UAE, PA Stromeyer, II, I, 24 (S).
63 Vgl. Heidacher: 1960. S. 140.
64 Ebd. S. 152–154.
65 Ebd. S. 154.
66 Kussmaul: 1903. S. 82.

1840–1900   Der Aufbruch in die Moderne

1 Einen kurzen Überblick über diese Zeit des Umbruchs gibt Rothschuh: 1978. S. 417–447.
2 Zu Müllers Schülern vgl. Otis: 2007.
3 Bois-Reymond: 1918. S. 108.
4 Rede vom 3. Mai 1845, gedruckt in Virchows Archiv 188 (1907). S. 1–21, hier: S. 8.
5 Zu Dittrichs Leben und Werk vgl. Gerlach: 1859; Nitzsche: 1937; Wittern: 1993 (a). S. 359 f.; zu allen im Folgenden genannten Erlanger Professoren und Dozenten vgl. Wittern: 1999.
6 Zit. in Nitzsche: 1937. S. 188 f.
7 Becker: 1977. S. XXI.
8 Vgl. hierzu Neuhuber/Ruisinger: 2007. S. 73; Rau/Ruisinger: 2007. S. 170–172.
9 Die Cellularpathologie erschien zuerst 1855 als Beitrag in Virchows Archiv, bevor Virchow diesem die ausführlichere und selbstständig im Druck erschienene Abhandlung folgen ließ: Die Cellularpathologie in ihrer Begründung auf physiologische und pathologische Gewebelehre. Berlin 1858.
10 Zu Zenkers Bedeutung als Pathologe vgl. Becker: 1977, S. XXIf.; vgl. ferner Heurich: 1938.
11 Vgl. Hauser: 1907. S. 5–13.
12 Zenker: 1860; vgl. dazu Schmidt: 1949; Wilkes: 2006. S. 95–108.
13 Zenker: 1867.
14 Zenker: 1874.
15 Personalakte A. Kußmaul, UAE T. II Pos. I Nr. 24 K.
16 Czerny: 1903. S. 83.
17 Ebd.
18 Vgl. Kußmaul: 1960. S. 146–149; dazu Münchow: 1984. S. 579 f.
19 Kußmaul: 1960. S. 245–247.
20 Brief Kußmauls an Karl Ewald Hasse vom 20. Febr. 1860, zit. nach Kluge: 2002. S. 117.
21 Die Studie erschien 1861 in Würzburg, vgl. dazu Kluge: 2002. S. 123–126; Buess: 1957.
22 Vgl. Pierson: 2006; Hoffmann: 1972; Neidhardt: 1985. S. 57–64.
23 Ziemssen: 1870. S. 106.
24 Ebd. S. 107.
25 Vgl. Dross: 2004. S. 95 f.
26 Vgl. Murken: 1988. S. 122–202.
27 Vgl. Neidhardt: 1985. S. 60.
28 Vgl. Schmid: 1899.
29 Vgl. Hess: 2000. S. 134.
30 Zit. nach Neidhardt: 1985. S. 61.
31 Zenker/Ziemssen: 1866. S. 11.
32 Zit. nach Hoffmann: 1972. S. 14.
33 Vgl. Wittern: 1999. S. 226.
34 UAE PA Ziemssen, II I, 7 (Z).
35 Becker: 1973.
36 Vgl. Penzoldt: 1922.

37 Zu Strümpells Leben und Werk vgl. Kolle: 1963. S. 184–190.
38 In seiner Autobiographie »Aus dem Leben eines deutschen Klinikers« (2. Aufl. Leipzig 1925) hat Strümpell seinen in Erlangen verbrachten Jahren ein längeres Kapitel gewidmet; der hier zitierte Abschnitt findet sich auf S. 156.
39 Ebd. S. 157.
40 Ebd. S. 190, 225.
41 Strümpell: 1925. S. 214.
42 Eine Auflistung seiner Veröffentlichungen findet sich in Schwartz: 1969. S. 96–108, 110f.
43 Strümpell: 1925. S. 207–209.
44 Ebd. S. 222.
45 Kolde: 1910. S. 357.
46 Vgl. Stromeyer: 1875. S. 156f.

Die Gorups-Kapelle
1 Vgl. Simmer: 1981; Büttner: 1983.

47 Das chirurgische und Augenkranken-Clinicum der Universität Erlangen vom 1. October 1841 bis zum 30. September 1842. In: Medicinische Annalen 8 (1842). S. 479f.
48 Zur Frühzeit der Narkose vgl. Petermann/Nemes: 2003.
49 Dieffenbach: 1847. S. 20.
50 Zit. nach Petermann: 1997. S. 191.
51 Ebd. S. 193
52 Vgl. Heyfelder: 1847. S. V.
53 Ebd. S. 8f.
54 Vgl. Hintzenstein/Schwarz: 1996.

Eine Intrige erschüttert die Universität
1 Killian: 1980. S. 309.
2 Kolde: 1910. S. 416.
3 Nitzsche: 1937. S. 145.
4 Otto Nitzsche war der Enkel einer Nichte Dittrichs und erhielt auf diesem Weg Einblick in Teile von Dittrichs persönlichem Nachlass. Vgl. Nitzsche: 1937. S. 250–252.
5 Alle folgenden Zitate stammen aus dem Personalakt Heyfelders in UAE Teil II Pos. 1 Nr. 36 Lit H (unpaginiert) bzw. aus der Schilderung des Vorgangs in Nitzsche: 1937. S. 168–175.
6 Nitzsche: 1937. S. 170.
7 Johannes Christian Konrad Hofmann (1810–1877) war seit 1845 Ordinarius für Theologische Enzyklopädie und Einleitende Wissenschaften, Christliche Sittenlehre und Neutestamentliche Exegese in Erlangen.
8 Eduard Joseph von Schmidtlein (1798–1875) war seit 1834 Ordinarius für Kriminalrecht und Kriminalprozess in Erlangen.

55 Ernst von Bibra (1806–1878) wurde vor allem durch sein Werk »Die narkotischen Genussmittel und der Mensch« (Nürnberg 1855) bekannt; Emil Harleß (1820–1862) war ab 1848 als Physiologe an der Universität München tätig.
56 Vgl Petermann: 1997. S. 194.
57 Heyfelder: 1847. S. 83: »Das neue Mittel, das die Chirurgie sich anzueignen im Begriff ist, ist sowohl wunderbar als auch schreckenerregend!« – Marie-Jean-Pierre Flourens (1794–1864) wurde vor allem berühmt durch seine Arbeiten zur Physiologie des Nervensystems der Wirbeltiere und war einer der ersten experimentell arbeitenden Gehirnphysiologen.
58 Vgl. Hefyelder: 1848. S. 95, 156–158; dazu Hintzenstein/Schwarz: 1996. S. 136–138.
59 Zu Thiersch vgl. die sehr lesenswerte Biographie seines Sohnes Justus Thiersch. Thiersch: 1922. Bes. S. 57–77 sowie die Arbeit seiner Ururenkelin Beatrice Hesse. Vgl. Hesse: 1998. ferner Heidacher: 1960. S. 85–94.
60 Thiersch: 1856.
61 Vgl. Heidacher: 1960. S. 90. – Diese Zahlen entsprechen den auch an anderen Krankenhäusern in der Mitte des 19. Jahrhunderts durchschnittlichen Verpflegungstagen, vgl. z.B. Dross: 2004. S. 345.
62 Thiersch: 1922. S. 59f.

Carl Thiersch und der Thiersch-Preis
1 Wittern: 1993 (a). S. 354. Biographischer Abriss bei Wittern: 1999. S. 199f.
2 Ebd. S. 355. Mehr zu Ehrungen und Mitgliedschaften Thierschs in ebd.: 1999. S. 200. Und bei Hesse: 1998.
3 Zitiert nach Thiersch: 1922. S. 77.
4 ADB 55 (1910). S. 255–263. Online unter GND 118757024.

63 Zu Heineke vgl. Heidacher: 1960. S. 97–109.
64 Zit. nach Heidacher: 1960. S. 143; weitere Auszüge der Denkschrift finden sich ebd. S. 99 f, 141–143.
65 Zur Pavillonbauweise vgl. Murken: 1988. S. 141–143 u. ö.
66 Vgl. ErSL: S. 778.
67 Kolde: 1910. S. 418.
68 Dazu Seidel: 1998. S. 86–89.
69 Vgl. Karenberg: 1997. S. 36–41.
70 Zit. nach ebd. S. 38.
71 Vgl. Seidel: 1998. S. 164–174.
72 Ebd. S. 286–291.
73 Vgl. z. B. Metz-Becker: 1998; Seidel: 1998. S. 189–200.
74 Vgl. Metz-Becker: 1977. S. 192.
75 Zur Frühzeit der Geburtshilfe in Erlangen vgl. Ruisinger: 2003; Frobenius: 1996 (b).
76 Vgl. Glaßer: 1967. S. 18–21.
77 Heidacher: 1960. S. 18.
78 Zu Delius' Tätigkeit in Erlangen vgl. Wittern: 1993 (b). S. 250–255.
79 Zit. nach Ruisinger: 2003. S. 35.
80 S. ebd. S. 37 f., 40 f.
81 Zur Vorgeschichte und den Hintergründen dieser Berufung s. Ruisinger: 2003. S. 38 f.
82 Vgl. Wittern: 1999. S. 29 f.
83 Zit. bei Ruisinger: 2003. S. 40.
84 Zit. in Kolde: 1910. S. 31.
85 Vgl. Ruisinger: 2003. S. 41.
86 Vgl. Paetzke: 1964. S. 111.
87 Vgl. Wittern: 1999. S. 86.
88 Zu Bayer vgl. Fritsch: 2006. S. 62 f.; Wittern: 1999. S. 10.
89 Gutachten der Medizinischen Fakultät vom 3. Sept. 1821, dazu Kolde: 1910. S. 307.
90 Zu Bayers Wirken in der Entbindungsanstalt vgl. Fritsch: 2006. S. 62–71; Meiler: 1941.
91 Bayer: 1828.
92 Vgl. Meiler: 1941. S. 31.
93 Bayer: 1828. S. 40.
94 Vgl. Fritsch: 2003. S. 54 f.
95 Seine Zangenfrequenz lag bei etwa 14 Prozent, während Osiander, der vehementeste Verfechter der Zange, auf etwa 54 Prozent kam, vgl. auch Meiler: 1941. S. 29.
96 Diese Diarien sind nicht mehr erhalten; sie standen aber Hans Meiler zur Erarbeitung seiner Dissertation im Jahre 1941 zur Verfügung.
97 Vgl. Meiler: 1941. S. 30.
98 Vgl. Wittern: 1999. S. 155 f.
99 Siebold war seit 1799 Extraordinarius für Geburtshilfe in Würzburg. Unter seiner Leitung entstand 1804/05 die dortige Gebäranstalt. 1816 ging er nach Berlin und eröffnete ein Jahr später an der Charité die neue Universitätsfrauenklinik.
100 Zu Rosshirt vgl. Fritsch: 2006. S. 72–75; Kurz: 1943.
101 Vgl. Kurz: 1943. S. 30–32.
102 Brief Rosshirts an den Senat vom 12. Juni 1836 (UAE, A6/3d, 7).
103 Vgl. Kurz: 1943. S. 47–49, 55.
104 Vgl. Wittern: 1999. S. 176.
105 Vgl. Schröder: 1873.
106 Vgl. Frobenius: 1996. S. 167.
107 Leyden: 1881. Zum Problem der Spezialisierung vgl. Eulner: 1970; ferner Wittern: 1993 (a). S. 366 f.; Wittern-Sterzel: 1999.
108 Wolff: 1896. S. 101.
109 Rohlfs: 1862. S. 84.
110 Zum Begriff der Medikalisierung vgl. Dross: 2004. S. 20–22 mit Literatur.
111 Du Bois-Reymond: 1869. S. 7.
112 Vgl. Münchow: 1984.
113 Vgl. Lesky: 1965. S. 81–86; Boecker-Reinartz: 1990. S. 25–27.
114 Vgl. Eulner: 1970, S. 322–346.
115 Helmholtz: 1851.
116 Vgl. Esser: 1957.
117 Vgl. hierzu bes. Eulner: 1970. S. 324–332.
118 Vgl. Heidacher: 1960. S. 34–36.
119 Vgl. Hirschberg: 1911. S. 357–359.
120 Vgl. Heidacher: 1960. S. 74, 81.
121 Vgl. Wittern: 1999. S. 132 f.
122 Vgl. Wessely: 1922. S. 288–297.
123 Eversbusch: 1893.
124 Vgl. Schnalke: 1989; ders.: 1990; Eulner: 1970. S. 347–384.
125 Vgl. Wahler: 1981. S. 42–46.
126 Vgl. Lesky: 1965. S. 421–435.
127 Vgl. Lampe: 1975. S. 266.
128 Vgl. Lesky: 1965. S. 191–195.
129 Vgl. Eulner: 1970. S. 347–373.
130 Vgl. Lampe: 1975. S. 266–270.
131 Zur Erlanger Klinik vgl. HNO-Klinik Erlangen: 2014; Watzek: 1987.
132 Vgl. Schlee: 2007. S. 101–109.
133 Vgl. Heidacher: 1960. S. 104 f.
134 Zur Biographie und wissenschaftlichen Laufbahn Kiesselbachs vgl. Wittern: 1999. S. 100.
135 Zit. nach Schnalke: 1989. S. 17.
136 UAE T II, Pos. 1, Nr. 29–Nr. 813.
137 Eicken: 1951. S. 14.
138 Zit. nach Schnalke: 1989. S. 33.
139 Vgl. Scheibe: 1917.
140 Zur Geschichte der Kinderheilkunde allgemein und ihrer Entwicklung in Erlangen vgl. Wittern-Sterzel: 2005; Zapf: 2003. S. 199–275; Windorfer: 1984.
141 Zu Murray als »Pädiater« und Multiplikator des Rosensteinschen Werks vgl. Radke: 1972.
142 Es handelt sich um den »Treatise on the diseases of children«, der 1784 in London herauskam und bis in die Mitte des 19. Jahrhunderts über 20 Auflagen bzw. Übersetzungen erlebte.
143 Vgl. Kunze: 1971.
144 Vgl. Oehme: 1986. S. 21–23.
145 Zur Situation des kranken Kindes im 18. Jahrhundert vgl. Ritzmann: 2008.
146 Vgl. Peiper: 1958. S. 278–314.
147 Ebd. S. 200.
148 Vgl. Karenberg: 1997. S. 210.
149 Vgl. Windorfer/Schlenk: 1978.
150 So Seidler: 1983. S. 22.
151 Steffen: 1885.
152 Vgl. Eulner: 1970. S. 206 f.
153 Vgl. Seidler: 1983. S. 54–57.
154 Harless: 1810. S. 25.
155 Vgl. Schamberger: 1964. S. 27–60.
156 Vgl. Schlee: 2007. S. 150–152.
157 So Windorfer: 1984. S. 1496.
158 Vgl. Liermann: 1977. S. 27.
159 Zu Wilhelm Filehne vgl. Knevelkamp: 1990. S. 78–96.
160 Vgl. ebd.

161 Vgl. Schamberger: 1964. S. 96–101.
162 Vgl. Zapf: 2005. S. 166.
163 Ebd. S. 43–124.
164 Ebd. S. 59–65.
165 Liermann: 1977. S. 27.
166 Zit. nach Zapf: 2005. S. 136.
167 Die Daten zu allen im folgenden Text genannten Erlanger Professoren und Dozenten finden sich in Wittern: 1999.
168 Zur Psychiatrie in Erlangen vgl. Lungershausen/Baer: 1985.
169 Zu Leupoldts Bemühungen und zur Erlanger Kreis-Irrenanstalt vgl. Braun/Kornhuber: 2013.
170 Vgl. Specht: 1921.
171 Vgl. Hagen: 1876. S. 80–84.
172 Vgl. Jetter: 1981. S. 55 f.
173 Zu Solbrigs Leben und Werk vgl. Rössler: 1985. S. 12–15; Vocke: 1921.
174 Insbesondere zu diesem Aspekt seiner Tätigkeit vgl. Eberstadt: 1946.
175 Zit. nach Rössler: 1985. S. 13.
176 Zit. nach Rössler: 1985. S. 15.
177 Vgl. Eulner: 1970. S. 261 f.
178 Vgl. Specht: 1921 (b). S. 254 f.
179 Ebd. S. 256.
180 Jetter: 1971. S. 119–170.
181 Vgl. Häfner: 2008.
182 Würschmidt: 1904.
183 Vgl. Rössler: 1985. S. 19–22.
184 UAE A 6/3i Nr. 1 (unpaginiert).
185 Vgl. Lampe: 1975. S. 278 f.
186 Strümpell: 1925. S. 222.
187 Ebd. S. 223.
188 Zit. nach Kolle: 1963. S. 188.
189 UAE A6/3i Nr. 1 (unpaginiert).
190 Vgl. Sandmeier: 2013. S. 51.

Von der Jahrhundertwende bis zum Ende der Weimarer Republik

1 Stadtmagistrat Erlangen: 1915. S. 319.
2 Engels zitiert nach Schubert: 2013. Zum Ersten Weltkrieg vgl. z. B. Rother: 2004. Der hundertste Jahrestag des Ausbruchs des Ersten Weltkriegs beförderte eine intensive Neubefassung der Wissenschaft mit dem Thema sowie eine breite mediale Auseinandersetzung, in deren Zentrum Christopher Clarks »Die Schlafwandler« stand. Ein auf den neuesten Stand der Forschung gebrachtes, wissenschaftlich fundiertes Nachschlagewerk bieten Hirschfeld/Krumeich/Renz: 2014. Aktuelle Überblicksdarstellungen bei Clark: 2013; Krumeich: 2014; Leonhardt: 2014. Zu soldatischen Egodokumenten vgl. Eckart: 2013. Die in Berlin 2015 gezeigte Ausstellung »Der gefühlte Krieg« nimmt mit dem Krieg verbundene Emotionen wie Hass, Mitleid, Schmerz und Trauer in den Blick und fokussiert auf die persönlichen Kriegserfahrungen von Soldaten und Zivilisten. Zu dieser »Nahsicht« vgl. Hirschfeld/Krumeich/Renz: 1993. Für neuere Arbeiten zur Geschichte des Ersten Weltkrieges allgemein vgl. den Überblick bei H-Soz-Kult. URL: http://hsozkult.geschichte.hu-berlin.de/rezensionen/2914-3-132 (5.6.2015). Eine Fotosammlung zum Ersten Weltkrieg bietet u. a. die Bilddatenbank »Europeana« unter http://www.europeana.eu/portal (5.6.2015). Eine nutzerfreundliche Gesamtschau mit Quellen und Beiträgen international renommierter Experten und Expertinnen bietet http://encyclopedia.1914–1918-online.net (5.6.2015).
3 Schuhmann: 2004; Eckart: 2014 (a). S. 65–87.
4 Leonhardt: 2014. S. 564; vgl. auch Löffelbein: 2013; Kienitz: 2003.
5 Schjerning: 1922–1934.
6 Vgl. Heeres-Sanitätsinspektion des Reichswehrministeriums: Bd. 3. S. 12. Zu militärischen und zivilen Verlusten vgl. Overmans: 2014; vgl. auch Scriba: 2014.
7 Bayerisches Hauptstaatsarchiv München, Kriegsarchiv (BayHStA/Abt. IV), Stv. Genkdo II. AK, San A, Nr. 66 Zusammenstellung der Kriegsverstümmelten 1915–1917. Vgl. auch Sanitätsbericht über das Deutsche Heer 1934–38: Bd. 3. S. 30. Vgl. auch Eckart: 2014 (c).
8 BayHStA/Abt. IV Stv. GenKdo II, AK, San-Amt 167.
9 Eckart: 1996.
10 Münchner Medizinische Wochenschriften (MMW) vom 30. März 1915. S. 447.
11 MMW vom 23. Februar 1915. S. 267.
12 Kleist: 1916. S. 43.
13 Kleist: 1922.
14 Vgl. zur Behandlung von »Kriegszitterern« im Ersten Weltkrieg Peckl: 2014; Rauh: 2013; Ulrich: 2014.
15 MMW vom 23. Februar 1915. S. 267.
16 MMW vom 30. März 1915. S. 446.
17 Zur Medizin im Ersten Weltkrieg vgl. auch das Schwerpunktheft der Wehrmedizinischen Monatsschrift »Erster Weltkrieg« Heft 7 Jg. 58 (2014) sowie Osten: 2015. Zu kürzlich erschienenen Arbeiten aus alltags- und mentalitätsgeschichtlichem Blickwinkel vgl. u. a.Hofer/Prüll/Eckart: 2011; Larner/Peto/Schmitz: 2009; Caumanns/Dross/Magowska: 2012.
18 Vgl. auch Gradmann: 2014; zum Soziotop der Lazarette vgl. Eckart 2014. S. 100–135.
19 Biesalski: 1915. S. 14.
20 Vgl. auch Schede: 1928.
21 Vgl. z. B. den umfangreichen Bericht des Stabsarztes des Reservelazaretts München, Dr. Scholl, zur praktischen Kriegsinvalidenfürsorge in der MMW vom 11. Januar 1916. S. 41–45.
22 Iwand: 1915. S. 14.
23 MMW vom 15. Dezember 1914. S. 2395.
24 Vgl. auch Leven: 2006. Bes. S. 131–133.
25 Bay HSTA/Abt. IV, Stv. GenKdo II AK

San-Amt Nr. 68, Der Stereoskiagraph (Sterioskiaplast) nach Professor A. Hasselwander (ohne Seitenzählung).
26 Reiniger, Gebbert & Schall: 1915. S. 5; vgl. auch dies.: 1914; Alraum: 2014.
27 Reiniger, Gebbert & Schall: 1915. S. 14 f.
28 Stadtmagistrat Erlangen: 1915. S. 29.
29 Brunstäd: 1916. S. 40; vgl. auch Alraum: 2014.
30 Für die Region Nürnberg vgl. Diefenbacher/Swoboda/Zahlaus: 2014, zur Medizin bes. Rauh/Ude-Koeller: 2014. Speziell zu Erlangen vgl. Blessing: 1993; Wahl: 1998; Hennig: 2002; Wachter: 2001; Wendehorst: 1993 (a). S. 145–178. Der Erste Weltkrieg in Erlangen war auch Thema mehrerer Ausstellungen in Erlangen: »Kriegs-Erklärungen. Erlangen im Ersten Weltkrieg 1914–1918«. Ausstellung im Stadtarchiv Erlangen vom 26. März bis 15. Mai 2015; »Erlangen im Ersten Weltkrieg«. Ausstellung im Stadtmuseum Erlangen vom 13. Juli bis 9. November 2014. Vgl. auch die Ausstellungsdokumentation »Krieg im Kopf. Sprache und Zeichen des Krieges Erlangen 1870–1945«. Ausstellung 14. Mai–30. Juli 1995 im Stadtmuseum Erlangen, ferner Stadtmuseum Erlangen/Stadtarchiv Erlangen: 1992.
31 N. N.: 1917. S. 77. Vgl. auch die Übersicht der kriegsteilnehmenden Hochschullehrer in N. N.: 1915. S. 31–33.
32 Stadtmagistrat Erlangen: 1915. S. 10.
33 Kübler: 1917.
34 Wachter: 2014 (a).
35 N. N.: 1916. S. 57.
36 Vgl. Wittern: 1993 (a). S. 384 f.
37 Stadtmagistrat Erlangen: 1916. S. 332.
38 Ehrenbuch der Burschenschaft Germania : 1927. S. 213. Vgl. Jordan: 1920; Göhring: 1924; Hanisch: 1994.
39 Corni: 2011; Jakob: 2014. Zu »Lebensmittelkrawallen« kam es in Erlangen anders als in Nürnberg allerdings nicht. Vgl. Beyerstedt: 2014. S. 649.
40 StAE, Erlanger Tagblatt, 10. August 1914, Nr. 185.
41 StAE ,Erlanger Tagblatt, 19. Dezember 1914, Nr. 298, Acta des Stadt-Magistrats Erlangen, Fach 93/60 (1915). Zur Kriegsfürsorge vgl. auch Frie: 1994.
42 Stadtmagistrat Erlangen: 1919. S. 27 f.
43 StAE Erlanger Tagblatt, 9. September 1914, Nr. 211.
44 Vgl. MMW vom 6. Oktober 1940. S. 2045–2045. Auf Anordnung des Generalarztes des deutschen Heeres, O. von Schjerning, wurde das Antitoxin den Sanitätskompanien in größerer Menge zur Verfügung gestellt. Seit dem Spätsommer 1916 konnten dann auch prophylaktische Impfungen vorgenommen und die Zahl der Tetanuserkrankungen deutlich gesenkt werden. Vgl. auch Eckart: 2014 (b).
45 MMW vom 17. November 1914. S. 2255–2257.
46 StAE, Erlanger Tagblatt, Donnerstag 1. Oktober 1914.
47 Zu Anna Rosenthal vgl. StAE III 72.R.1 Rosenthal, Isidor. Vgl. auch II.T 227 Sammlungen zugunsten der freiwilligen Krankenpflege im Kriege 1914.
48 Oertmann-Windscheid: 1915. S. 28.
49 Stadtmagistrat Erlangen: 1915. S. 24.
50 StAE Acta des Stadt-Magistrats Erlangen, Fach 93/60 (1915), Schreiben des Chefarztes des Reservelazaretts Erlangen vom 22. März 1915 an das Komitee für Krüppelfürsorge.
51 Specht: 1913. S. 1.
52 Die Krankenakten der verwundeten Soldaten des Ersten Weltkrieges liegen im Militärarchiv in Freiburg (Signatur Pers 9). Weitere einschlägige administrative Quellen zum damaligen Lazarettwesen finden sich im Stadtarchiv Erlangen sowie im Bay. Hauptstaatsarchiv in München, Abteilung IV Kriegsarchiv.
53 Vgl. Hauser: 1907.
54 BayHStA/Abt. IV, Stv Genkdo III, AK San-Amt 590, San-Amt III Reservelazarett Erlangen, Betreff Verwertung der Erfahrungen in der Kriegszeit.

»Krieg und Geistesstörung«. Eine Rede von 1913

1 Gaupp: 1922. S. 69.
2 Stier: 1922. S. 169.
3 Zu Specht vgl. Wittern: 1999. S. 187.
   Ley: 2002 (d).
4 Specht: 1913. S. 1.
5 Ebd. S. 10.
6 Ebd. S. 13.
7 Ebd. S. 14.

55 BayHStA/Abt. IV, Stv GenKdo III, AK San-Amt 590, San-Amt III, AK, Lazarettzüge, Nr. 41415 Kriegsministerium, Medizinalabteilung, Schreiben an das K. Sanitätsamt III Armeekorps und die Stellv. Generalkommando III A. K. München 27. 4. 1916.
56 Stadtmagistrat Erlangen: 1915. S. 320.
57 UAE A1/3a Nr. 1247, Akte 37 Krieg 1914/19 Reservelazarett.
58 UAE A1/3a Nr. 1247. Das Kollegienhaus als Militärlazarett von Stabsarzt Dr. Hetzel.
59 Bachmann: 1915. S. 6.
60 Penzoldt: 1915. S. 13.
61 Ebd. S. 14. In der 2015 gezeigten Ausstellung des Göttinger Stadtarchivs »Kriegs-Erklärungen. Erlangen im Ersten Weltkrieg 1914–1918« wurde exemplarisch für die Arbeit der Schwestern in den Erlanger Lazaretten das Tagebuch der 1894 in Bruck geborenen Schwester Babette Birnbaum vorgestellt.

62 UAE A1/3a Nr. 1247, Akte 37 Krieg 1914/19, Reservelazarette.
63 UAE A1/3a Nr. 1247, Akte 37 Krieg 1914/19, Änderung der ersten Lazarettverträge.
64 UAE A1/3a Nr. 1247, Akte 37 Krieg 1914/19, Reservelazarett, Vertrag zwischen Verwaltungsausschuss der K. Universität Erlangen und dem Reservelazarett Erlangen.
65 UAE A4/2 Nr. 208 d. Für das Vereins-Lazarett Logenhaus Nürnberg vgl. Ein Jahr Lazarettarbeit 1914–1915. Nürnberg.
66 UAE A1/3a Nr. 1247, Akte 37 Krieg 1914/19, Reservelazarett.
67 UAE A1/3a Nr. 1247, Akte 37 Krieg 1914/19, Änderung der ersten Lazarettverträge, Abschrift E. Nr. 3715.
68 UAE A1/3a Nr. 1247, Akte 37 Krieg 1914/19, Reservelazarette.
69 UAE A1/3a Nr. 1253, Betreff Akademikerlazarete: Specht an den Akademischen Senat am 19.2.1918 und Prorektor am 23.3.1918.

Die Behandlung psychisch kranker Soldaten in Erlangen

1 Vgl. Leed: 1979. S. 163–192; Ulrich/Ziemann: 1994.
2 Zur Militärpsychiatrie im Ersten Weltkrieg siehe Riedesser/Verderber: 1996; Lerner: 2003.
3 Vgl. allen voran Peckl: 2014.
4 Zu dieser Kontroverse siehe Rauh: 2013. S. 33–35.
5 S. Lerner: 1997.
6 Kaufmann: 1916.
7 Vgl. Michl: 2007. S. 219.
8 Vgl. Lerner: 2003. S. 106.
9 Muck: 1916. S. 441.
10 Siehe neben der Studie von Peckl auch Hermes: 2012.
11 Diese wie auch die folgenden Angaben zur Krankengeschichte Jakob D.s basieren auf seiner Lazarettakte, die sich unter der Signatur Pers 9/19312 im Bundesarchiv-Militärarchiv in Freiburg befindet. Zum Quellenbestand der Lazarettakten des Ersten Weltkriegs vgl. Prüll/Rauh: 2014. S. 9–12.
12 Zu Königer siehe Wittern: 1999. S. 107 f.
13 Die Angaben sind Spechts Personalakte entnommen. UAE A2–1/Nr. S 53.
14 Specht: 1919. Die folgenden Zitate beziehen sich auf diese Publikation.

70 UAE C 3/1 Nr. 352, Maßnahmen während des Krieges 1914 bis 1945, Schreiben an den Akademischen Senat der Universität Erlangen vom 19.2.1918. Die Frage der Anrechnung der Kriegsdienstzeit auf die Studiendauer wurde an der Erlanger Universität unter dem Stichwort »Maßnahmen für den kommenden Frieden« schon 1916 diskutiert. Vgl. N. N.: 1916. S. 55–58.
71 BayHSTA/Abt. IV, Stv Genkdo III, AK San-Amt 590, San-Amt III. Reservelazarett Erlangen, Betreff Verwertung der Erfahrungen in der Kriegszeit von Gustav Hauser 1917.
72 UAE A4/2 Nr. 208 a.
73 UAE A4/2 Nr. 208 a.
74 UAE A4/2 Nr. 208 a.
75 BayHSTA/Abt. IV, Stv Genkdo III, AK San-Amt 590, San-Amt III Reservelazarett Erlangen, Betreff Verwertung der Erfahrungen in der Kriegszeit.

Leichen für den medizinischen Unterricht

1 UAE A6/3 Nr. 51 1825–1919, 1937. Die für den anatomischen und chirurgischen Unterricht abzuliefernden Leichen betreffend (Staatsministerium des Inneren An das K. Staatsministerium des Inneren für Kirchen= und Schulangelegenheiten Betreff: Leichenmangel bei den anatomischen Instituten Zur Note vom 3. März 1910, Nr. 1777.
2 UAE A6/3 Nr. 51 1825–1919, 1937. Die für den anatomischen und chirurgischen Unterricht abzuliefernden Leichen betreffend (Staatsministerium des Inneren An die Kgl. Regierungen, Kammern des Inneren Betreffen Leichenmangel an den anatomischen Instituten, München den 18. April 1910; Nr. 5359a/26 K. Staatsministerium des Inneren An die K. Regierungen, Kammern des Inneren […], München, den 26. Nov. 1910 Betreff: Leichenmangel bei den Universitäten.
3 UAE A 6/3, Nr. 51, 1825–1919, 1937. Nr. 5359.
4 UAE A6/3 Nr. 70. Die für den anatomischen Unterricht abzuliefernden Leichen.
5 Stuiber: 2004; vgl. auch Waltenbacher: 2008.
6 Noack: 2012. Besonders S. 287, 290.
7 UAE C3/1 Nr. 282. Anatomisches Institut 1898–1946.
8 Wendehorst: 1993. S. 236 f.
9 http://anatomische-gesellschaft.de/ethik-ag3/geschichte-der-anatomie-im-3-reich.html.
10 Neuhuber/Ruisinger: 2007. S. 77 f.; Hildebrandt: 2013.

76 UAE C3/7d Nr. 1399–Nr. 1402, Aufnahmeregister des Reserve-Lazaretts-Frauenklinik für 1914 mit 1915, für 1916, für 1917–1918, für 1918–1919.
77 Vgl. Rudolff: 2002. Lag der Untersuchungsschwerpunkt zahlreicher Arbeiten auf der Wohlfahrtspflege in der Weimarer Republik, fokussierten andere Studien auf die öffentliche Gesundheitsversorgung in Industrie- und Großstädten. Zum Forschungsstand Ende der 1990er Jahre vgl. den Forschungsbericht Labisch/Vögele: 1997; Vögele: 2001; Hardy: 2005, Witzler: 1995; Zwingelberg: 2013.
78 Bußmann-Strehlow: 1997.
79 Krähwinkel: 2004.
80 Wendt: 1780. S. 19.
81 Rechnung über die in den zwei verflossenen Jahren vom 1. April 1801 bis 31. März 1803 gehabte Einnahme und Ausgabe des klinischen Instituts zu Erlangen. S. 7–8.
82 StAE III 72.R.1 Rosenthal, Isidor (mit Fotos und Porträtaufnahmen) vgl. Jakob/Hutterer: 2013.
83 StAE III.4.H.1 Heim, Ludwig.
84 Moser: 2002.
85 Zur Sozialgeschichte der Tuberkulose vgl. u. a. Hähner-Rombach: 2000; Condrau: 2000. Für den Untersuchungszeitraum vgl. u. a. Handbuch der Tuberkulose-Fürsorge: 1926. Zur aktuellen Situation vgl. World Health Organisation: 2014.
86 StAE Acta des Stadt-Magistrats Erlangen. Betreff: Die Errichtung einer Volksheilstätte. 1899–1910. Fach 150, Act Nr. 8, Erlanger Volksheilstätte für Lungenkranke. Gemeinnützige Anstalt Aufruf.
87 StAE Acta des Stadt-Magistrats Erlangen. Betreff: Die Errichtung einer Volksheilstätte. 1899–1910. Fach 150, Act Nr. 8, An den wohllöblichen Stadtmagistrat Erlangen, 5. Januar 1899.
88 Penzoldt: 1902, S. 356. Vgl. z. B. Hirsch: 1919. Hirsch war davon überzeugt, dass der »Kampf gegen die Tuberkulose zugleich ein Kampf gegen das soziale Elend« sei und vieles erreicht werden könne, »wenn im Interesse unseres ganzen Volkes Staat, Gemeinde, Kassen, Aerzte und private Wohltätigkeit Hand in Hand gehen« vgl. ebd. S. 31.
89 StAE Acta des Stadtrats zu Erlangen. Betreff: Bekämpfung der Tuberkulose 1. Band 1892–1926. Fach 154 Akt Nr. 25 b, Blatt 52 (Ausschnitt aus den Fränkischen Nachrichten vom 23. März 1908), Blatt 22. Zu Engelthal vgl. Heilstätten-Verein Nürnberg: 1902.
90 StAE XXXII. 208.T 1 Verein zur Bekämpfung der Tuberkulose (früher Volksheilstättenverein Erlangen).
91 Penzoldt: 1905. S. 68.
92 Jamin: 1927.
93 StAE Acta des Stadtrats zu Erlangen. Betreff: Bekämpfung der Tuberkulose 1. Band 1892–1926. Fach 154 Akt Nr. 25 b, Fragebogen vom 9.1.1911, Blatt 22–28. Zum Einsatz von Diakonissen aus Neuendettelsau in der Gemeindearbeit vgl. Weissner: 1980.
94 StAE Akt des Stadt-Rats Erlangen Betreff: Deutsches Zentralkomitee zur Bekämpfung der Tuberkulose in Berlin. Reichs-Tuberkulose Ausschuss 1925 Fach Nr. 406, Akt Nr. 129.
95 StAE Acta des Stadtrats zu Erlangen. Betreff: Bekämpfung der Tuberkulose 1. Band 1892–1926. Fach 154 Akt Nr. 25 b (ohne Zählung).
96 StAE Akt des Stadt-Rats Erlangen Betreff Bekämpfung der Tuberkulose. II. Band 1926 Fach 154, Akt 25 f (ohne Zählung).
97 StAE Acta des Stadt-Magistrats Erlangen. Betreff Bekämpfung der Tuberkulose, hier Erlassung einer ortspolizeilichen Vorschrift. 1920. Fach 154, Nr. 25 c (ohne Zählung), Schreiben von Oberbürgermeister Klippel am 14. April 1920 an Penzoldt und Antwortschreiben Penzoldts vom 18. April 1920.
98 Penzoldt: 1902. S. 329 f.
99 StAE Acta des Stadt-Magistrats Erlangen. Betreff Bekämpfung der Tuberkulose, hier Erlassung einer ortspolizeilichen Vorschrift. 1920. Fach 154, Nr. 25 c (ohne Zählung).
100 StAE Akt des Stadt-Rats Erlangen Betreff: Bekämpfung der Tuberkulose (Zuschüsse aus Landesmittel) 1926–1945, Fach 154, Akt 25 h (ohne Zählung).
101 StAE Akt des Stadt-Rats Erlangen Betreff: Bekämpfung der Tuberkulose (Zuschüsse aus Landesmittel) 1926–1945, Fach 154, Akt 25 h (ohne Zählung).
102 Vgl. z. B. Orth: 1905, Dercum: 1906; Seiler: 1924. Bereits um die Mitte des 19. Jahrhunderts waren an der Medizinischen Fakultät viele Dissertationen entstanden. Vgl. z. B. Martius: 1853; Schandein: 1860, Papellier: 1854. Geil/Leudet: 1851.
103 Koch: 1928.
104 Reineke: 1936.
105 Ebd. S. 37. Die Werker, ein ehemaliges frühindustrielles Gewerbezentrum in der Neustadt, galten als Hochburg der KPD. Vgl. Engelhardt: 1990; Jakob/Braun: 2002. In Nürnberg waren laut Wohnungserhebung von 1926 von 1340 Wohnungen »nur« 181 überfüllt, 1284 Personen verfügten zumindest über ein eigenes Bett. Vgl. 20. und 21. Jahresbericht über die Tätigkeit der Auskunfts- und Fürsorgestelle des Zweckverbandes zur Bekämpfung der Tuberkulose in Nürnberg für die Zeit vom 1. April 1925 bis 31. Dezember 1925 und vom 1. Januar 1926 bis 31. Dezember 1926. Nürnberg o. J., S. 12.
106 Reineke: 1936. S. 41. Die Vorrangigkeit der Bekämpfung der Kindertuberkulose war unter anderem vom Direktor der Chirurgischen Klinik München, Ferdinand Sauerbruch thematisiert worden, der sich in einer entsprechenden Umfrage zwecks Ausbau entsprechender Einrichtungen 1925 auch an die Stadt Erlangen wandte. Der Stadtrat signalisierte abwartendes

Interesse und behielt sich eine Stellungnahme für den Zeitpunkt vor, »wo nähere Klarheit herrscht«. Vgl. StAE Acta des Stadtrats zu Erlangen. Betreff: Bekämpfung der Tuberkulose. 1. Band 1892–1926. Fach 154 Akt Nr. 25 b (ohne Zählung).

107 Reineke: 1936. S. 42.
108 Ebd. S. 44–50, Zitat S. 44.
109 Ebd. S. 50.
110 Vgl. Fleßner: 2014; Wolters: 2011.
111 Vgl. StAE Erlangen III.24.J.1 Jamin.
112 StAE Akt der Stadt Erlangen Betreff: Bekämpfung der Tuberkulose Vollzugsakt 1936–1960, Fach 154, Akt 25 g (ohne Zählung).
113 StAE Akt der Stadt Erlangen Betreff: Bekämpfung der Tuberkulose Vollzugsakt 1936–1960, Fach 154, Akt 25 g (ohne Zählung).
114 StAE Akt der Stadt Erlangen Betreff: Verein zur Bekämpfung der Tuberkulose Erlangen 1937–1964 Fach Nr. 239 c, Nr. 41, Blatt 12.
115 StAE Akt der Stadt Erlangen Betreff: Arbeitsgemeinschaft zur Bekämpfung der Tuberkulose Fach Nr. 154, Akt Nr. 25 sp (ohne Zählung).
116 StAE Der Stand der Tuberkulosebekämpfung im Frühjahr 1933. Geschäftsbericht des Deutschen Zentralkomitees zur Bekämpfung der Tuberkulose. Berlin 1933.
117 StAE Akt des Stadt-Rats Erlangen Betreff: Deutsches Zentralkomitee zur Bekämpfung der Tuberkulose in Berlin. Reichs-Tuberkulose-Ausschuss 1925 Fach Nr. 406, Akt Nr. 129, Blatt 34.
118 StAE Akt des Stadtrats Erlangen betreff Bekämpfung der Tuberkulose (Generalia 1926–1963) Fach Nr. 154 Nr. 25 n (ohne Zählung).
119 StAE Akt des Stadtrats Erlangen betreff Bekämpfung der Tuberkulose (Generalia 1926–1963) Fach Nr. 154 Nr. 25 n (ohne Zählung).
120 StAE Akt des Stadtrats Erlangen betreff Bekämpfung der Tuberkulose (Generalia 1926–1963) Fach Nr. 154 Nr. 25 n (ohne Zählung).
121 Vgl. Uebelein: 1991; ders.: 2000.
122 StAE Akt des Stadtrats Erlangen betreff Bekämpfung der Tuberkulose (Generalia 1926–1963) Fach Nr. 154 Nr. 25 n (ohne Zählung).
123 StAE Akt des Stadtrats Erlangen betreff Bekämpfung der Tuberkulose (Generalia 1926–1963) Fach Nr. 154 Nr. 25 n (ohne Zählung). Zum Kolosseum vgl. Stadtlexikon, S. 429 f.
124 StAE XXXII. 208.T 1 (ohne Zählung). Vgl. auch Ibel: 1946; Seidl: 1946; Doberauer: 1946.
125 StAE Akt der Stadt Erlangen Betreff: Bekämpfung der Tuberkulose Vollzugsakt 1936–1960, Fach 154, Akt 25 g (ohne Zählung).
126 Zum Waldkrankenhaus St. Marien vgl. Beyer: 2002 (b); zum Marienhospital ders.: 2002 (a). Zur 1878 als Studentengesangsverein gegründeten akademisch-musikalischen Verbindung vgl. Hümmer: 2002.
127 StAE Akt der Stadt Erlangen Betreff Krankenhaus Erlangen Spardorfer Straße 32, 1946–1973 Fach Nr. 150 Akt Nr. 49 (ohne Zählung).
128 StAE Akt der Stadt Erlangen Betreff Krankenhaus Erlangen Spardorfer Straße 32, 1946–1973 Fach Nr. 150 Akt Nr. 49 (ohne Zählung).
129 StAE Akt der Stadt Erlangen Betr. Erholungsheim für Tbc gefährdete Kinder im Anwesen Spardorfer Straße 80 (früher Waldschießhaus) Fach Nr. 150 Akt Nr. 51 (ohne Zählung).
130 StAE XXXII. 208.T 1 (ohne Zählung); Akt der Stadt Erlangen Betreff: Verein zur Bekämpfung der Tuberkulose Erlangen 1937–1964 Fach Nr. 239 c, Nr. 41.
131 Akt der Stadt Erlangen Betreff: Bekämpfung der Tuberkulose Vollzugsakt 1936–1960, Fach 154, Akt 25 g.
132 UAE Tbc-Heim Spardorf A6 3a 116 [im Original ist »material« durchgestrichen und durch »gut« ersetzt].
133 UAE Tbc-Heim Spardorf A6 3a 116.
134 StAE Akt der Stadt Erlangen Betreff: Verein zur Bekämpfung der Tuberkulose Erlangen 1937–1964 Fach Nr. 239 c, Nr. 41.
135 StAE Akt der Stadt Erlangen Betreff: Verein zur Bekämpfung der Tuberkulose Erlangen 1937–1964 Fach Nr. 239 c, Nr. 41.
136 UAE Tbc-Heim Spardorf A6 3a 116, Ausschnitt aus Erlanger Nachrichten und Erlanger Tagblatt vom 27.10.50.
137 Zur Geschichte der Medizinischen Fakultät der FAU vgl. Wittern: 1993 (a).
138 Stoeckel: 1966. S. 123. Das Buch enthält auf den S. 124–134 eine sehr amüsante, ironisch gefärbte Schilderung der Verhältnisse, die Stoeckel während seines Erlanger Intermezzos antraf.

Diskriminierung von Patienten mit Haut- und Geschlechtskrankheiten

1 Michaelis: 1859. S. 323.
2 Vgl. Emmerling: 2013. S. 22.; Wittern: 1993 (a). S. 374 und den Originalbeleg in UAE 4/7 Nr. 74.

139 Goerke: 1980. S. 19. NDB: 1964. S. 492–493.
140 Kurzer Überblick zur Frühgeschichte der Strahlentherapie bei Frobenius: 2003. S. 32–92.
141 Schraudolph: 1992, 1994, 1995. Die Beiträge enthalten eine sehr genaue und ausführliche Aufarbeitung der Firmengeschichte von RGS, der hier gefolgt wird. Auf die Beziehungen zur radiologischen Forschung in der Frauenklinik geht der Autor allerdings nicht näher ein.

142 Zu Wehnelt vgl. Jaenicke: 1993: S. 662.
143 Zu Wehnelt vgl. ferner Frobenius: 2003 (b). S. 39–40, 43, 102.
144 Siemens MedArchiv, Akten wichtiger Persönlichkeiten, Anderlohr 1163.
145 Wittmann: 2003. S. 200–201.
146 Neidhardt: 1985. S. 19.
147 Wittern: 1993 (a). S. 372.
148 Klinikdirektor Menge nach seinem Amtsantritt (1. Oktober 1904) in einer Eingabe an das Kultusministerium. In: UAE A6/3d.
149 Frobenius: 2003 (b). S. 102–104. Die gesamte folgende Darstellung der Geschichte der Radiologie in Erlangen bis zum Ende der Weimarer Republik einschließlich der Rahmenbedingungen stützt sich im Wesentlichen auf die genannte Monografie. Es wird deshalb nur in besonderen Fällen speziell darauf verwiesen.
150 Wintz gehört zu den bedeutendsten, aber auch umstrittensten Persönlichkeiten Erlangens. Im Dritten Reich war er Rektor der Universität (1938–1944). Als Direktor der Frauenklinik hatte er Zwangssterilisationen und Zwangsabtreibungen zu verantworten. Zur Biografie von Wintz vgl. Frobenius: 2003 (b). S. 380–421.
151 Seitz/Wintz: 1920.
152 Stoeckel: 1966. S. 212.
153 Zu Wiedemann vgl. Jaenicke: 1993. S. 661–662.
154 Baumeister verstarb 1953 an den Folgen von Strahlenschäden, die er sich während seines Berufslebens zugezogen hatte. Weitere biografische Informationen in Frobenius: 2003 (b). S. 117–118.
155 Bumm: 1920. S. 10.
156 UAE C3/6d.
157 Frobenius: 2003 (b). S. 133–136.
158 Frobenius: 2003 (b). S. 126–130.
159 Wittmann: 2003. S. 200–202.
160 Jahresbericht der Klinik 1928/29. In: UAE C3/6d.
161 Dabei handelte es sich um eine der ersten Röhren, die mit einem einigermaßen wirksamen Strahlenschutz ausgestattet waren. Dieser Schutz verlieh der Röhre das Aussehen eines Kanonenrohrs.
162 Minkow: 1976. S. 20; Wittern: 1999. S. 196–197; Becker: 1965. S. 634–635; Teschendorf: 1927.
163 Minkow: 1976. S. 28–31.
164 Siemens MedArchiv, Akten wichtiger Persönlichkeiten, Rump, S. 4–5.
165 Scherer: 1994. S. 84–85.
166 Teschendorf: 1927. S. 720.
167 Becker: 1965. S. X.
168 Dessauer: 1962. S. 10.
169 Marcuse: 1896.
170 N. N.: 1906.
171 Ebd., Hervorhebung des Autors.
172 Siehe hierzu Flaskamp: 1930. Erläuterung zu Tafel XI bis XXII (np).
173 Siemens MedArchiv 256 (np).
174 Wittern: 1999. S. 60–61.
175 Stoeckel: 1939. S. 64.
176 Flaskamp: 1930. Vorwort (np).
177 Wittern: 1999. S. 41.
178 Siemens MedArchiv 256 (np).
179 Flaskamp: 1930. Tafeln XI–XXII.
180 Siemens MedArchiv 256 (np).
181 Ebd.
182 Siemens MedArchiv 256 (np).
183 Ebd.
184 Siemens MedArchiv 256 (np).
185 Holthusen et al.: 1959. S. 17–18, 56. Zur Zusammenarbeit von Wintz und Baumeister vgl. Frobenius: 2003. S. 117–118,165,168–172,179–183.
186 UAE C3/6d, Jahresberichte der Klinik 1920/21.
187 UAE C3/7d Nr. 1605 (1921).
188 Wolf: 2009. S. 116 f.
189 Flaskamp: 1930. S. 288.
190 Vgl. Breitländer: 1955.
191 Siehe Frobenius: 2003. S. 399.
192 UAE C3/7d Nr. 1608 (1924 I).
193 UAE C3/7d Nr. 1603 (1920 I); UAE C3/7d Nr. 1609 (1924 II).
194 UAE C3/7d Nr. 1609 (1924 II).
195 UAE C3/7d Nr. 1604 (1920 II).
196 UAE C3/7d Nr. 1603 (1920 I).
197 UAE C3/7d Nr. 1600 (1918 I).
198 Siehe Frobenius: 2003. S. 399–401.
199 Siehe Frobenius: 2003. S. 239–244.
200 Zu Alfred Kantorowicz siehe Gruner: 2006. Die nun folgenden Angaben und Zitate zu Kantorowicz sind, sofern nicht explizit anders vermerkt, dieser Biografie entnommen.
201 Zur völkischen Studentenbewegung siehe allen voran Herbert: 1991; weiterhin Schwarz: 1971; Bleuel/Klinnert: 1967.
202 Zur Erlanger Studentenschaft in Weimarer Republik und »Drittem Reich« siehe Franze: 1993. Zum Wahlerfolg des NSDStB vgl. ebd. S. 116 f.
203 Zur ökonomischen Situation der Studenten siehe Kater: 1975.
204 Vgl. Levsen: 2006. S. 361.
205 Vgl. Herbert: 1991. S. 119 bzw. 130.
206 Vgl. Grüttner: 1995. S. 19.
207 Siehe ebd. S. 60.
208 Zum NSDStB in der Weimarer Republik siehe ausführlich bei Faust: 1973.
209 Grundlegend hierzu Richarz: 1974.
210 Vgl. Kater: 1985. S. 95.
211 Einen konzisen Überblick über die mittlerweile reichhaltige Forschungsliteratur zur Geschichte von Rassenhygiene und Eugenik liefert Schmuhl: 2011.
212 Strahlman, F.: Die nationale Bedeutung biologischer Rassenhygiene. In: Akademische Blättern 32 (1917/1918). S. 44. Zit. n. Zirlewagen: 2014. S. 74.
213 Zit. n. Vieten: 1980. S. 221.
214 Siehe Herbert: 1996. S. 172 f.
215 Siehe Wittern: 1993 (a). S. 386 f.
216 Siehe hierzu im Detail Franze: 1993. Sofern nicht explizit anders vermerkt, basieren die folgenden Ausführungen zur völkischen Studentenbewegung auf dieser Studie.
217 Siehe Kittel: 2000. S. 586 ff.
218 Zit. n. ebd. S. 321.
219 Vgl. Kittel: 2000. S. 478.
220 Vgl. Roos: 2014. S. XYX.
221 Zit. n. Erlanger Tagblatt vom 12.5.1932. Zit. n. Franze: 1993. S. 160.
222 Zit. n. »Stellungnahme der medizinischen Fakultät vom 20.5.1932 zu dem Beschluss der medizinischen

223 Zit. n. Herbert: 1991. S. 134 f.
224 Kantorowicz: 1923.
225 Kihn: 1932. S. 389. Sofern nicht explizit anders vermerkt, beziehen sich die folgenden Zitate auf die publizierte Fassung des Vortrags.
226 Binding/Hoche: 1920.
227 Da die Nationalsozialisten in den Jahren 1933 bis 1939 keine öffentliche »Euthanasie«-Diskussion zuließen und die mit Beginn des Zweiten Weltkriegs einsetzenden Krankenmorde als »geheime Reichssache« firmierten, gilt dieser Befund prinzipiell sogar für die Zeit nach 1933.
228 Die nun folgenden Angaben zu Kihn sind seiner Personalakte entnommen, die sich im Universitätsarchiv Erlangen (UAE) unter der Signatur F2-1/Nr. 2323 befindet. An Forschungsliteratur zu Kihn existiert bisher lediglich eine kurze biografische Skizze bei Zimmermann: 1997.
229 Zur völkischen Studentenszene siehe Herbert: 1991.
230 Vgl. Wendehorst: 1993 (a). S. 168.
231 Zur Radikalisierung der DNVP ab 1928 siehe Mergel: 2003.
232 Zum psychiatrischen Hungersterben im Ersten Weltkrieg siehe ausführlich Faulstich:1998. S. 25 ff. sowie Siemen: 1987. S. 26 ff.
233 Vgl. Siemen: 1987. S. 32 sowie Faulstich: 1998. S. 67.
234 Nonne: 1922. S. 112.
235 Vgl. Herbert: 2010. S. 31.
236 Schmuhl: 2011.
237 Zum Forschungsstand vgl. Hofer: 2009.
238 Wolfgang U. Eckart hat in seiner Studie über die Medizin in der NS-Diktatur zwar einige ärztliche Gegenstimmen zur Schrift von Binding und Hoche ausgemacht, grundsätzlich vertritt er jedoch die Ansicht, »dass die befürwortenden Stimmen wenn auch nicht an Zahl so doch an Prominenz überwogen«; zit. n. Eckart: 2012. S. 74.
239 Lebenslauf von Berthold Kihn aus dem Jahre 1934. UAE, F2-1/Nr. 2323.

Medizin unter dem Hakenkreuz

1 Siehe hierzu die Standard- bzw. Überblickswerke von Kater: 2000 und Eckart: 2012.
2 Siehe Rüther: 2001.
3 Vgl. Süss: 2011. S. 179 ff.
4 Siehe hierzu Raphael: 2001.
5 Siehe Schmuhl: 1990.
6 Rauh/Leven: 2013. S. 16–19.
7 Zur NS-Vergangenheitspolitik der Universitätsmedizin siehe Oehler-Klein/Roelcke: 2007. Allgemein zur NS-Vergangenheitspolitik in der Bundesrepublik siehe Frei: 1996.
8 Erstmals mit der Publikation von Bleker/Jachertz: 1993. Zum diesbezüglichen Forschungsstand siehe Jütte /Eckart/Schmuhl/Süß: 2011. S. 311–323.

Ein Denkmal wird geschändet und zerstört

1 Stromeyer: 1875, 2. Bd., S. 137.
2 Gutachten von Gottfried Fleischmann, 21. August 1847. UAE A2/1 Nr. H37.
3 Zeitschrift »Israelit« vom 1. November 1871. URL: http://www.alemannia-judaica.de (letzter Zugriff: 15.05.2015).
4 Zu Leben und Werk von Jakob Herz vgl. Wittern-Sterzel: 2010.

9 Zit. n. Herbert: 2004. S. 35.
10 Siehe Herbert: 2004. S. 33 ff.
11 Einen fundierten Überblick zu nahezu allen relevanten Themenbereichen der Weimarer Republik bietet die als Nachschlagewerk konzipierte Gesamtdarstellung von Büttner: 2008.
12 Wirsching/Eder: 2008.
13 Siehe Wendehorst: 1993 (a). S. 164 bzw. 167 f.
14 Zit. n. Gay: 1970. S. 44.
15 Siehe Sontheimer: 1962.
16 Vgl. Willet: 2001 (b). S. 332. Zur DNVP siehe Ohnezeit: 2011. Den bayerischen Ableger der DNVP, die bayerische Mittelpartei, beleuchtet Kittel: 1996.
17 Vgl. Wendehorst: 1993 (a). S. 164 bzw. 179 f.
18 Die Angaben sind entnommen aus Bundesarchiv Berlin, Berlin Document Center (BAB, BDC): SA/4000003187: SA-Personalakte Johannes Reinmöller sowie Bayerisches Hauptstaatsarchiv München (BStAM), MK/35659: Akten des Staatsministeriums für Unterricht und Kultus: Personalakte Dr. Johannes Reinmöller.
19 Zit. n. UAE, C 3-5/66: Schreiben des Rostocker Chirurgen Kösner an den Erlanger Kollegen Graser vom 23.3.1921.
20 Zit. n. Wendehorst: 1993 (a). S. 163.
21 Zit. n. Franze: 1993. S. 49.
22 Vgl. Wendehorst: 1993 (a). S. 164.
23 Siehe hierzu Jasper: 1993. S. 769 ff. Zur generellen Ablehnung der Weimarer Republik durch die Professorenschaft siehe Heiber: 1991. S. 32 ff. Zum universitären Antisemitismus siehe Hammerstein: 1995.
24 Zit. n. Heiber: 1991. S. 37.
25 Vgl. Friederich: 1993. S. 332.

26 Vgl. Herbert: 2004. S. 33.
27 Zit. n. Wendehorst: 1993 (a). S. 180.
28 Vgl. ebd.
29 Zit. n. Heiber: 1992. S. 27.
30 Zit. n. Wendehorst: 1993 (a). S. 200.
31 Zu Goetzes Werdegang siehe Sommer: 2003.
32 Siehe hierzu Grüttner/Kinas: 2007.
33 Stellungnahme von Julius Schwemmle am 2. Januar 1934; zit. n. Franze: 1993. S. 343.
34 Vgl. Grüttner/Kinas: 2007. S. 127. Siehe auch Jasper: 1993. S. 829.
35 Vgl. Jasper: 1993. S. 815 f.
36 Vgl. Jasper: 1993. S. 815 f.; Sandweg: 1993 (a). S. 99.
37 Das Berufungsverfahren befindet sich in: UAE, A 2-1/Nr. S 53.
38 Zit. n. ebd.
39 Zu de Crinis siehe Jasper: 1991.
40 Siehe Grüttner: 2013.
41 Zit. n. einem Schreiben von Prof. Wirz, Referent für medizinische Hochschulangelegenheiten bei der Hochschulkommission der NSDAP, an das bayerische Kultusministerium am 6.6.1934, in: BHStAM, MK/72018: Akten des Staatsministeriums für Unterricht und Kultus: Universität Erlangen. Medizinische Fakultät. Ordentliche Professur für Psychiatrie.
42 Zit. n. ebd.
43 Zit. n. Prof. Wirz, Referent für medizinische Hochschulangelegenheiten bei der Hochschulkommission der NSDAP an das bayerische Kultusministerium am 14.6.1934, in: ebd.
44 Zit. n. ebd.
45 Diese wie auch die folgenden biografischen Angaben zu Hans Molitoris sind seiner Personalakte entnommen. Sie befindet sich in BHStA, MK/44039: Akten des Staatsministeriums für Unterricht und Kultus.
46 Vgl. Wendehorst: 1993 (a). S. 180 f.
47 Zur Vita von Hans Albrecht Molitoris siehe Friederich: 1993 (a). S. 343. Weiterhin Frobenius: 2003 (b). S. 396 ff.
48 Ähnlich argumentieren Sandweg: 1993 (a). S. 114 sowie Jasper: 1993. S. 833 f.
49 Vgl. Wendehorst: 1993 (a). S. 197.
50 Generell zum Einfluss der Gauleiter auf die NS-Hochschulpolitik siehe Grüttner: 2007.
51 Die nun folgenden Angaben zu Greving basieren auf seinen zwei Personalakten, BHStAM, MK/43666 sowie UAE, A 2/1 G, 38.
52 Siehe hierzu Weigel: 2009.
53 Siehe hierzu die Stellungnahme von Hans Albrecht Molitoris bzgl. »Wiederbesetzung des Lehrstuhles für Innere Medizin an der Universität Erlangen« vom 20.1.36, in: BHStAM, MK/72019: Universität Erlangen. Medizinische Fakultät. O. Professur für innere Medizin.
54 Siehe Wendehorst: 1993 (a). S. 200 ff. Vgl. auch Sandweg: 1993 (a). S. 112. Generell zur Medizinischen Fakultät im Nationalsozialismus siehe Wittern: 1993 (a). S. 380 ff.
55 Grundlegend hierzu Seier: 1964.
56 Vgl. Kater: 2000. S. 189.
57 Zit. n. Antrittsrede des neuen Rektors Reinmöller: 1934. S. 3 ff.
58 Vgl. Franze: 1993. S. 184.
59 Vgl. Sandweg: 1993 (a). S. 106 f.
60 Zit. aus dem Schreiben des bayerischen Kultusministeriums an das REM vom 1.3.1935, in: BHStAM, MK/35659: Akten des Staatsministeriums für Unterricht und Kultus: Personalakte Dr. Johannes Reinmöller.
61 Die Angaben zu Specht sind seinen universitären Personalakten entnommen. Sie befinden sich in BHStAM, MK/43531 und UAE, F2-1/2427.
62 Antrittsrede von Rektor Fritz Specht am 1.4.1935; zit. n. Wendehorst: 1993 (a). S. 195.
63 Siehe hierzu Jasper: 1993. S. 823 f.
64 Zit. n. Schreiben Fritz Specht an Gauleiter Julius Streicher vom 5.4.1935, in: UAE, F2-1/2427.
65 Zu Streicher siehe Roos: 2014.
66 Zur Auseinandersetzung um Höllfritsch siehe Franze: 1993. S. 302 ff.
67 Die Geschehnisse, die zur Demission Spechts und zur Ernennung von Wintz führten, beschreibt Heiber: 1993. S. 197 f. Das Zitat n. ebd. S. 198.
68 Zu Hermann Wintz siehe Frobenius: 2003 (b). S. 381 ff. Die nun folgenden biografischen Angaben folgen, sofern nicht anders vermerkt, der Darstellung von Frobenius.
69 Vgl. Sandweg: 1993 (a). S. 112 f. bzw. 117; Wendehorst: 1993 (a). S. 197 bzw. 202; Jasper: 1993. S. 828.
70 Zit. n. Wendehorst: 1993 (a). S. 202. Siehe auch Sandweg: 1993 (a). S. 112 f. sowie 117.

Erlangen und Nürnberg 1943/44 – Ein gescheitertes Projekt mit Folgen

1 Zum »Wintz-Projekt« und den Diskussionen darüber siehe Sandweg: 1993, S. 118; Jasper: 1993, S. 828 f.; Frobenius: 2003. S. 404 f.
2 Die Wintz-Denkschrift vom 12.12.1943 findet sich in: BHStAM, MK/40028. Sofern nicht anders vermerkt, sind die folgenden Zitate und Angaben dieser Quelle entnommen.
3 Siehe hierzu Süß: 2003. S. 192 ff.
4 Vgl. die der Denkschrift von Wintz beigefügte Stellungnahme des Ministerialrates von Jan aus dem bayerischen Kultusministerium (undatiert, wahrscheinlich vom Februar 1944), in: BHStAM, MK/40028.
5 Zit. n. UAE, A 2/1 G, 38: Personalakte Richard Greving.
6 Vgl. ebd.
7 Zit. n. BHStAM, MK/40028.
8 Vgl. Jasper: 1993. S. 828.
9 Siehe hierzu auch Sandweg: 1993. S. 118 bzw. 126.

71 Vgl. z. B. Eckart: 2012.
72 Vgl. z. B. Bussche: 2014. S. 198.
73 Vgl. Duckheim/Roelcke: 2014.
74 Jahres-Verzeichnis der an den deutschen Universitäten und Hochschulen erschienenen Schriften 1932–1935; danach: Jahresverzeichnis der deutschen Hochschulschriften. Zusammenfassung der in d. »Deutschen Nationalbibliographie« erschienenen Titel von Dissertationen, Hab.-Schriften, Rektoratsreden u. sonstigen akad. Veröff., 1936–1944/45 sowie 1945/48.
75 Siehe hierzu: Eckart: 2012. S. 294; Schleiermacher/Schagen: 2008. S. 255, Anm. 7.
76 Wittern: 1993 (a). S. 380–398.
77 Siehe hierzu Bussche: 2014 (a). S. 285.
78 Zu Liek vgl. Kater: 1990. S. 440.

(K)eine Naturheilklinik für Erlangen

1 UAE Medizinische Fakultät. No. 91. Naturheilkunde, f. 10–13. Im weiteren Zusammenhang vgl. Dross/Ruisinger: 2006.
2 Deutsches Ärzteblatt 65 (1935) Nr. 24, S. 594; Erlanger Zeitung, Fränkischer Kurier jeweils vom 27. Mai 1935. Vgl. UAE Medizinische Fakultät. No. 91. Naturheilkunde, Bl. 6.
3 UAE Medizinische Fakultät. No. 91. Naturheilkunde.
4 Fränkischer Kurier vom 28. Mai 1935.
5 UAE Medizinische Fakultät. Protokollbuch der engeren Fakultät, 4. Sitzung der engeren Fakultät im S.-S. 35, am 31.5.35 im Bibliothekszimmer des Pathol. Instituts, f. 153–156.
6 Ebd.
7 UAE, Dekanat Medizinische Fakultät, Nr. 109 »Neue Deutsche Heilkunde«, Bl. 23.
8 Ebd.; vgl. Wittern: 1993 (a). S. 397 f.
9 UAE, Dekanat Medizinische Fakultät, Nr. 109 »Neue Deutsche Heilkunde«.
10 Jungmann: 1972. Neben Kötschau wird auch auf den Leiter des Bundesgesundheitsamtes und zentralen Protagonisten der bundesrepublikanischen Sozialmedizin, Wilhelm Hagen, verwiesen. Hagen war als Amtsarzt 1941–1943 mit der Seuchenbekämpfung im Warschauer Ghetto befasst gewesen. Vgl. Esch/Caumanns: 2002.
11 Vgl. Kötschau: 1954.
12 Vgl. Kötschau: 1939.

79 Bussche: 2014 a.
80 Eckart: 2012. S. 164–171.
81 Streck, A: Nationalsozialistische Evolution und Arzttum. Rede anläßlich der Reichstagung der Deutschen Volksheilbewegung, Nürnberg 12.–26.5.1935. In: Deutsches Ärzteblatt 65 (1935). S. 535–567, hier: S. 536.
82 Wagner zit. nach Bussche: 1989. Umschlagseite.
83 Vgl. Braun: 2016.
84 Wittern führt als Beispiel das Angebot für das SoSe 1935 an: 1. Spuler: Die Abstammungslehre, ihre Entstehung und ihre Lehren für die Rassengesundung; 2. Pratje: Erblehre und Erbpflege; 3. Pratje: Die Menschenrassen und ihre Entstehung; 4. von Angerer: Rassenhygiene; 5. Greving: Erbkrankheiten der inneren Medizin; 6. Dyroff: Vererbungsbiologie und Fortpflanzungshygiene; 7. Meggendorfer: Rassenhygiene (bes. gesetzl. und andere Maßnahmen). Vgl. Wittern: 1993 (a). S. 388, Anm. 221. Bei anderen einschlägigen Veranstaltungen wirkten außerdem folgende Professoren mit: Fleischer, Goetze, Specht, Wintz, Schwemmle und Jamin. Vgl. ebd. S. 391, Anm. 231.
85 Ebd. S. 393. Die Autorin weist dazu auf van den Bussche hin (Bussche: 1989. S. 59), von dem sie den Begriff übernommen hat.
86 Zitiert aus einem Erlass zur »Wehrmedizin« nach Wittern: 2003. S. 395, Anm. 249.
87 Ebd. S. 398.
88 Die Daten wurden mit Angaben aus dem Universitätsarchiv Erlangen, den Personalstandsverzeichnissen (Studentenzahlen) und dem Hochschulschriftenverzeichnis 1932–1948 (Dissertationen) zusammengestellt.
89 Zu Mayer vgl. Universitätsarchiv Tübingen 150/33, Mappe 2, Brief vom 27.04.35. Zu Stoeckel: Zeitschrift für Geburtshilfe und Gynäkologie 114 (1937). S. 100. Diese Meinung wurde auch von anderen geteilt, vgl. Forsbach: 2006. S. 463; Eiberg/Funke/Lienkamp: 2002.
90 Baier, J.: Zur Sicherung des Schlafes innerhalb der Wehrmacht. Diss med. Erlangen 1945. Datum der mündlichen Prüfung: 28. April 1945.
91 Wendehorst: 1993 (a). S. 223–227.
92 Kley, W.: Zur Klinik des Mongolismus. Diss. med. Erlangen 1946.
93 Korb, H. G.: Beitrag zur Strahlenempfindlichkeit von Bakterien. Diss. med. Erlangen 1933; Graebner, H.: Über die Umwandlung von Carotin zu Vitamin A in der Säugetierleber. Diss. med. Erlangen 1939; Schieler, H.: Wert und Gefahr der Einrichtung von Bordellen. Diss. med. Erlangen 1946.
94 Braster, R: Hormonale und medikamentös-chemische Sterilisierung. Diss. med. Erlangen 1938.
95 Nagel, H.: Die Epilepsie in der Rechtsprechung eines Erbgesundheitsgerichtes. Diss. med. Erlangen 1938.; Schwarzkopf, K.: Diagnostische Schwierigkeiten bei Schizophrenie. Diss. med. Erlangen 1940; Weißmann, G.: Über diagnostische Schwierigkeiten bei der erbgesundheitlichen

Begutachtung des angeborenen Schwachsinns. Diss. med. Erlangen 1940; Rhomberg, G.: Über 185 Sterilisierungen wegen schwerem Alkoholismus. Diss. med Erlangen 1939.

96 Grimmt, E.: Das Rassenbild des mittelfränkischen Jurabauern im Bezirksamt Weißenburg i. B. Diss. med. Erlangen 1938; Firmenich, W.: Über Mißbildungen des Zungenbändchens; unter besonderer Berücksichtigung ihres Vorkommens bei Schwachsinnigen und Geisteskranken. Diss. med. Erlangen 1938; Bodenhausen, F.: Rassenkundliche Untersuchungen in der Erlanger SA (Sturmbann III/24). Diss. med. Erlangen 1938.
97 Koch, M.: Die Modifikation der Madlenerschen Tubensterilisierung nach Dyroff und ihre Ergebnisse. Diss. med. Erlangen 1940.
98 Vgl. Krüger: 2007.
99 Siehe hierzu Dyroff, R.: Tubenpassage bei intrauterinen Injektionen. Diss. med. München 1919.
100 Koch: 1940. S. 17–18.
101 Ebd. S. 17.
102 Eckart: 2012. S. 294.
103 Reger, W.: Zur experimentellen Auslösung epileptischer Anfälle. Diss. med. Erlangen 1937.
104 Siehe hierzu etwa: Schott/Tölle: 2006. S. 474–475. Cardiazol (chem. Tentretazol) war in den 1920er Jahren als Kreislaufmittel weit verbreitet. Für die Schocktherapie waren hohe Dosen erforderlich, die rasch intravenös gespritzt werden mussten. Zu den unerwünschten Wirkungen gehörten die beschriebenen Angstzustände, aber auch Knochenbrüche im Anfall. Nach Einführung der besser steuerbaren Elektrokrampftherapie wurde die Cardiazol-Schockbehandlung deshalb verlassen.
105 Meduna, L. J.: Versuche über die biologische Beeinflussung des Ablaufes der Schizophrenie. 1. Campher- und Cardiazolkrämpfe. In: Zeitschrift für die gesamte Neurologie und Psychiatrie 152 (1935). S. 235–262.
106 Wittern: 1999. S. 41–42.
107 Reger: 1937. S. 19.
108 Ebd. S. 22.
109 Ebd.
110 Eisen, K.: Zweckmäßige und unzweckmäßige Ernährung während der Schwangerschaft. Diss. med. Erlangen 1937; Schoebel E.: Über psychisch bedingte Menstruationsstörungen. Diss. med. Erlangen 1938; Brandl, M.: Für und Wider den Sport in der Pubertät der Mädchen. Diss. med. Erlangen 1938.
111 Brandl hat seine Dissertation in den Dienst des NS-Frauenbildes gestellt. Er musste sich deshalb später vorwerfen lassen, eine unwissenschaftliche »politisch-propagandistische Doktorarbeit« angefertigt zu haben. Spruchkammerakte Max Brandl, StANu, Spruchkammer Erlangen-Stadt, B 226.
112 Gemmer, E.: Das Problem der Geburteneinschränkung und Fehlgeburten vor und nach 1933. Diss. med. Erlangen 1937.

Entwicklung und Erprobung der Elektrokrampftherapie

1 Aktennotiz Betr. Elektroschocktherapie Dr. Pätzoldt am 6.12.1939, Siemens MedArchiv Zwischenarchiv, Ordner Elektroschock 1940 bis Februar 41.
2 Zur Vorgeschichte der Elektrokrampftherapie vgl. Nowak: 2000.
3 Vgl. auch Cooter/Pickstone: 2000. S. 334, 646–647.
4 Lang: 2013; Borck: 2005. S. 256. Vgl. auch Heintz: 2004.
5 Aktennotiz Dr. Pätzoldt, Betr. Elektroschocktherapie, Erlangen, 6. Dezember 1939, Siemens MedArchiv Zwischenarchiv, Ordner Technische Entwicklung.
6 Pätzoldt: 1940.
7 Meggendorfer: 1942. Siemens MedArchiv Zwischenarchiv, Ordner Physikalische Therapie.
8 Stockdreher: 2012.
9 Bericht Dr. Pätzold, Betr. Dienstreise nach München-Haar-Eglfing. Besprechungen mit Herrn Medizinalrath Dr. v. Braunmühl. Erlangen 24. Juni 1940, Siemens MedArchiv Zwischenarchiv, Ordner Technische Entwicklung.
10 Braunmühl: 1939. Dr. von Braunmühl, Insulinabteilung der Heilanstalt Eglfing Haar, an Siemens Reiniger Werke Erlangen, betr. Gebrauchsanleitung für den Elektrokrampfapparat, Siemens MedArchiv Zwischenarchiv, Ordner Elektroschock 1940 bis Dezember 41.
11 Borck: 2005. S. 253, Anm. 197.
12 Stellungnahme: 2003.
13 Zum Beispiel Stark: 2012.

113 Vgl. Bryant: 2010.
114 Offenbar musste das entnommene Material zur feingeweblichen Begutachtung an besonders qualifizierte Untersuchungsstellen geschickt werden. Dort konnte in der Regel erkannt werden, ob eine Schwangerschaft vorgelegen hatte.
115 Wie Anm. 21. S. 32–34.
116 Vgl. z. B. Eckart: 2012. S. 286–290; Proctor: 1999.
117 Thiem, K.: Die medikamentöse Behandlung des Krebses. Diss. med. Erlangen 1934; Kupec, W.: Die Vererbung des Karzinoms. Diss. med. Erlangen 1935; Dick, H.: Neoplastische Blutreaktion. Diss. med. Erlangen 1935.
118 Eckart: 2012. S. 286.
119 Proctor: 1999. S. 173–247.
120 Klarner, W.: Vom Rauchen. Eine Sucht und ihre Bekämpfung. Diss. med.

121 Proctor: 1999. S. 173.
122 Klarner: 1940 S. 46.
123 Ebd. S. 59.
124 Kranz, H.: Tabakgenuss und Krebsentstehung. Unter besonderer Berücksichtigung der Krebserkrankungen des Verdauungs- und Respirationstraktes. Diss. med. Erlangen 1946; Dischner, K.: Die Zigarettenraucherin. Diss. med. Erlangen 1946; Ehrle, E.: Der Tabakgenuss und seine Wirkung auf den Magen. Diss. med. Erlangen 1946.
125 Proctor: 1999. S. 227.
126 Biderl, E.: Inwieweit sind Maßnahmen der Naturheillehre in der Frauenheilkunde anwendbar? Diss. med. Erlangen 1942.
127 Ebd. S. 1.
128 Ebd. S. 55.
129 Ebd. S. 65.
130 Lutz, H.: Über die Wirkung von gelbkreuzlösenden und gelbkreuzerstörenden Stoffen auf das Kaninchenauge. Diss. med. Erlangen 1939.
131 Nagler, F: Die neuzeitliche Behandlung der Gonorrhoe in einem Kriegslazarett in Nordfrankreich. Diss. med. Erlangen 1942; Baier, J.: Die Sicherung des Schlafes innerhalb der Wehrmacht. Diss. med. Erlangen 1945, Tag der mündlichen Prüfung war der 28. April 1945.
132 Meidinger, O.: Versuche über den Tod des Erfrierens. Diss. med. Erlangen 1941.
133 Frisch, L.: Beitrag zur klinischen und eugenischen Beurteilung der Puerperalpsychosen. Diss. med. Erlangen 1946; Kraus, F.: Zur Frage des Zusammenhangs zwischen Geisteskrankheit und Verbrechen. Diss. med. Erlangen 1946; Kley, W.: Zur Klinik des Mongolismus. Diss. med. Erlangen 1946; Lippmann, J.: Der Mongolismus. Diss. med. Erlangen 1946.
134 Wittern: 1999. S. 128.
135 Frisch: 1946. S. 43.
136 Vgl. Kraus: 1946, Franz: 1946.
137 Ebd. S. 4.
138 Ebd. S. 32, 34–35.
139 Kammeier: 1996.
140 Ebd. S. VII.
141 Fuch, T.: Psychische Störungen nach Bombenangriffen. Diss. med. Erlangen 1944; Weyland, W.: Die Zunahme des Magengeschwürs in der Kriegs- und Nachkriegszeit in Abhängigkeit von äußeren, zeitbedingten Faktoren. Diss. med. Erlangen 1948; Lorbeer, G.: Menstruationsstörungen der arbeitenden Frau im Kriege. Diss. med. Erlangen; Pongratz, H.: Rauchvergiftung. Diss med. Erlangen 1946.
142 Krause: 1946. Zur Biografie Rosenthals vgl. Ritter: 2008.
143 Vgl. u. a. Eckart: 2012. S. 293–295.
144 Siehe Burleigh/Wippermann: 1991.
145 Einen konzisen Überblick über die Forschungsliteratur zu Rassenhygiene und Rassenanthropologie liefert Schmuhl: 2011 (a). Zur Geschichte der Rassenhygiene siehe im Detail Weindling: 1989 sowie Weingart/ Kroll/ Bayertz: 1992.
146 Vgl. Rickmann: 2002. S. 11.
147 Siehe Bruns: 2014.
148 Otmar Freiher von Verschuer, »Der Erbarzt«- Zur Einführung. In: Der Erbarzt 1 (1934), S. 1 f., hier: S. 2; zit. n. Rickmann: 2002. S. 88.
149 Vgl. Rauh: 2015. S. 40 f. Generell zur Verbindung von Rassenhygiene und NS-»Euthanasie« siehe Schmuhl: 1992.
150 Zur Bedeutung der Rassenhygiene während des Medizinstudiums im »Dritten Reich« siehe ausführlich Wittern: 1993 (a). S. 385 ff.
151 Vgl. Franze: 1993. S. 346; vgl. Braun: [erscheint demnächst].
152 Vgl. Wittern: 1993 (a). S. 386 bzw. 388.
153 Zu Friedrich Jamin siehe Zapf: 2003.
154 Friedrich Jamin, Wissenschaft und Kunst in der deutschen Heilkunde, Erlangen 1939; zit. n. ebd., S. 63.
155 Vgl. Wendehorst: 1993 (a). S. 203.
156 Siehe ebd., S. 392 f.
157 Zit. n. ebd.
158 Vgl. Wendehorst: 1993. S. 203; Braun: 2016.
159 Zit. n. Fränkischer Kurier vom 18./19. April 1935. Der Artikel findet sich in: UAE, A3–14/Nr. 77.
160 Siehe Franze: 1993. S. 204 f.
161 Vgl. UAE, A3–14/Nr. 77.
162 Das erste Wissenschaftslager der Erlanger Studentenschaft, in: Erlanger Hochschul-Blätter 6 (1935), S. 81–89, hier: S. 83; zit. n. Franze: 1993. S. 204 f.
163 Die Doktorarbeit Aschenbrenners findet sich in: UAE, Promotionsakte Alfred Aschenbrenner.
164 Eine Skizze des geplanten Forschungsprojektes befindet sich im Bundesarchiv Berlin (BAB), R 38/Nr. 2148. Daraus auch die weiteren Angaben und Zitate.
165 Siehe hierzu Aly/Roth: 2000.
166 Vgl. Rickmann: 2002. S. 86.
167 Siehe Roth: 1984.
168 »Dem Führer entgegenzuarbeiten«, also die Wünsche Hitlers antizipierend, eigenmächtig die Initiative zu ergreifen, war ein entscheidendes handlungsleitendes Prinzip im »Dritten Reich«, das sich auch gewinnbringend auf die NS-Erbgesundheitspolitik anwenden lässt. Siehe Kershaw: 1998. S. 663 ff.
169 Vgl. Rickmann: 2002. S. 92.
170 Vgl. Franze: 1993. S. 305.
171 Zum GzVeN grundlegend Bock: 1986. Eine Übersicht über den Forschungsstand liefert erneut Schmuhl: 2011 (b).
172 § 1 des GzVeN; zit. n. Link: 1999. S. 509.
173 Zum Verfahren des GzVeN siehe Ley: 2004. S. 67 ff.
174 Vgl. Schmuhl: 2011 (b). S. 204 f.
175 Siehe ausführlich Ley: 2004.
176 Schreiben von Gustav Specht an Friedrich Jamin vom 10.12.1936; zit. n. Zapf: 2003. S. 74.
177 Vgl. Roelcke: 2010. S: 53.
178 Zu Rüdin siehe Roelcke: 2012. Das vorangegangene Zitat n. ebd., S. 306.
179 Vgl. Roelcke: 2010. S. 53.
180 Robert Gaupp, Das Gesetz zur Verhütung erbkranken Nachwuchses und die Psychiatrie, in: Klinische Wochenschrift, 13 (1934), S.1–4, hier: S. 1 bzw. 4; zit. n. Rickmann: 2002.

S. 108.
181 Zit. n. Zapf: 2003. S. 74.
182 Schreiben Jamins an Specht vom 10.12.1936; vgl. ebd., S. 75.
183 Zu Meggendorfer siehe van den Bussche: 2014. S. 220 ff. Weiterhin Wittern: 1993 (a), S. 390 f.
184 Das Berufungsverfahren befindet sich in: UAE, A 2–1/Nr. S 53.
185 Siehe Roelcke: 2000.
186 Vgl. Roelcke: 2012. S. 304.
187 Vgl. Wittern: 1993 (a). S. 390.
188 Vgl. van den Bussche: 2014. S. 220.
189 Vgl. ebd. S. 220 f.
190 Vgl. ebd., S. 221.
191 Vgl. Friedrich Meggendorfer, Erfahrungsbericht über wichtige kriegsärztliche Beobachtungen auf psychiatrisch-neurologischem Fachgebiet für die Monate April, Mai und Juni 1943 vom 6.7.1943, in Bundesarchiv-Militärarchiv Freiburg (BA-MA), RH 12–23/Nr. 671.
192 Siehe Rüdin: 1934.
193 Vgl. Schmuhl: 2003. S. 12.
194 Siehe Meggendorfer: 1934.
195 Siehe van den Bussche: 2014. S. 221 f.
196 Meggendorfer: 1936. S. 221.
197 Zit. n. ebd. S. 221 f. [Hervorhebungen im Original]. Zur geschlechtsspezifischen Komponente der NS-Zwangssterilisationen siehe ausführlich Bock: 1986.
198 Vgl. Ley: 2004. S. 115.
199 Siehe ebd., S. 276 ff.
200 Brief von Robert Gaupp an den Tübinger Gynäkologen August Mayer vom November 1934; zit. n. Frobenius: 2012. S. 120.
201 Die Zitate sind entnommen aus: Friedrich Meggendorfer, Erfahrungsbericht vom 8.1.1944, in: BA-MA, RH 12–23/Nr. 671. Ich danke Dr. Florian Bruns (Berlin) sehr für diesen Hinweis.
202 Ernst Rüdin, Professor Friedrich Meggendorfer zum 60. Geburtstag, in: Allgemeine Zeitschrift für Psychiatrie und ihre Grenzgebiete 115 (1940), S. 207–211, hier: S. 209; zit. n. van den Bussche: 2014. S. 222.
203 Siehe u. a. Frobenius: 2003, Frobenius: 2004 und Frobenius: 2012 sowie Krüger: 2007. Die nachfolgenden Ausführungen basieren, soweit nicht anders vermerkt, auf den Arbeiten von Frobenius und Krüger.
204 Das Schreiben findet sich in: BAB, NS 19/Nr. 1579.
205 BHStAM, MK/Nr. 44531. Sofern nicht anders vermerkt, beziehen sich die folgenden Angaben und Zitate auf diesen Quellenbestand.
206 Zu den einzelnen Ausführungsverordnungen des GzVeN siehe im Detail Link: 1999.
207 Artikel 6 der 4. Verordnung zur Ausführung des GzVeN vom 18. Juli 1935; zit. nach Link: 1999. S. 388 bzw. 523.

Schwangerschaftsabbrüche an NS-Zwangsarbeiterinnen

1 Frobenius: 2004.
2 Ebd. S. 294.
3 UAE C3/7d/1664. Blatt 112–117. Hier: Blatt 112. Niederschrift über die Sitzung der Sonderkommission am 15.10.46.
4 UAE A6/3d Nr. 21. Bericht der Untersuchungskommission der Universität Erlangen zu den Abtreibungen an Ostarbeiterinnen vom 23.10.1946, Anlage 3: Nachtragsäußerung von Dyroff zu seiner Vernehmung.
5 UAE C3/7d/1664. Blatt 79. Eingabe Wintz.
6 Niederschrift über die Sitzung der Sonderkommission am 15.10.46. In: UAE C3/7d/1664. Blatt 112–117. Hier: Blatt 113.
7 UAE A6/3d Nr. 21. S. 14. Bericht der Untersuchungskommission der Universität Erlangen zu den Abtreibungen an Ostarbeiterinnen vom 23.10.1946.

208 Zu Dyroff siehe Krüger: 2007. S. 54 ff. sowie Frobenius: 2003. S. 425 ff.
209 Vgl. Topp: 2010. S. 189. Generell zur »Kindereuthanasie« siehe Topp: 2004 und Beddies: 2012.
210 Zur Aktion T4 nach wie vor grundlegend: Schmuhl: 1992. Weiterhin Rotzoll et. al.: 2010.
211 Das Faksimile des Erlasses findet sich in Klee: 1982. S. 100.
212 Zum Meldebogenverfahren der Aktion T4 siehe Rauh: 2010.
213 Siehe hierzu Faulstich: 1998.
214 Krankenakte von Ursula K. aus der Heil- und Pflegeanstalt Ansbach; zit. n. Bussiek: 2005. S. 193. Sofern nicht anders vermerkt, basieren alle weiteren Angaben zur Rolle Viethens im Kontext der NS-»Kindereuthanasie« auf Bussieks Aufsatz.
215 SS-Personalbogen Albert Viethens, in: BAB, BDC, VBS 283/Nr. 6060012578.
216 Anklage der Staatsanwaltschaft beim Landgericht Ansbach vom 12.7.1965 gegen Dr. Asam-Bruckmüller; zit. nach Nedoschill/Castell: 2001, S. 197.
217 Zur NS-»Euthanasie« in der Heil- und Pflegeanstalt Ansbach siehe Weisenseel: 1999. Zur Ansbacher »Kinderfachabteilung« siehe Nedoschill/Castell: 2001.
218 Hierzu minutiös Bussiek: 2005. S. 155–204.
219 Zit. n. Schreiben Meggendorfers an Dekan Greving und Rektor Wintz vom 17.1.39, in: UAE, A 6/3i Nr. 1.
220 Zit. n. ebd.
221 Zit. n. Schreiben Meggendorfers an Greving und Wintz vom 17.2.41, in: ebd.
222 Siehe Siemen: 2012 (a). S. 165 ff. Auch die folgenden Angaben zur NS-»Euthanasie« in der Erlanger Heil- und

Pflegeanstalt sind, sofern nicht anders vermerkt, dem Beitrag von Siemen entnommen.
223 Vgl. Siemen: 2012 (b). S. 441 f.
224 Zit. n. UAE, A 6/3i Nr. 1.
225 Siehe die Schreiben von Greving an Wintz vom 19.2.41 und den Brief von Wintz an das bayerische Kultusministerium vom 22.2.41, in: ebd.
226 Diese wie auch die folgenden Angaben zu Paul G. sind seiner Krankenakte entnommen. Sie befindet sich in BAB, R 179/Nr. 15281.
227 Angaben basieren auf Johann F.s Krankenakte, in: BAB, R 179/Nr. 15282.
228 Zur Rolle der psychiatrischen Universitätskliniken im Kontext der NS-»Euthanasie« siehe Roelcke: 2012. S. 306 f.
229 Diese wie auch die folgenden Angaben zu Hubert D. finden sich in seiner Krankenakte, die sich im Bundesarchiv Berlin, Bestand: R 179/Nr. 3631 befindet. Zu dem Krankenaktenbestand der »T4«-Opfer siehe Roelcke/Hohendorf: 1993; Sandner: 2003.
230 Methodische Überlegungen zur Krankenakte als medizinhistorische Quelle bietet Braun: 2009. S. 32 ff. Zur Rekonstruktion der Lebensgeschichten von Opfern der NS-»Euthanasie« anhand psychiatrischer Krankenakten siehe Fuchs u. a: 2007.
231 Vgl. Ley: 2004. S. 118.
232 Diese Vorgehensweise war nicht sonderlich ungewöhnlich, holte sich das EGG Erlangen doch bei 7 % aller Sterilisationsanträge wegen psychischer Erkrankung ein psychiatrisches Zusatzgutachten ein, bevor man letztlich über die Unfruchtbarmachung entschied (vgl. ebd. S. 288).
233 Diese wie die folgenden Angaben basieren auf dem Gutachten Strackes für das EGG Erlangen vom 16.1.1938, das sich ebenfalls in der Krankenakte von Hubert D. befindet.
234 Siehe Geyer: 1989.
235 Siehe Ayaß: 1995.
236 Vgl. ebd. S. 165.
237 Siehe Cranach/Siemen: 2012.
238 Siehe Siemen: 2012 (a). S. 161.
239 Vgl. ebd. S. 162.
240 Zum sozial disziplinierenden Charakter der Schocktherapien siehe Hohendorf: 2013. S. 297 ff.
241 Vgl. Siemen: 2012 (a). S. 162.
242 Zu den Selektionskriterien der »Aktion T4« siehe Rauh: 2010.

Zeitgeschichte der Universitätskliniken

1 Maßgeblich hierzu Schlich: 2007.
2 Vgl. z. B. Klinke: 2008; Vogd: 2006.
3 Hockerts: 1993.
4 Bericht Dr. Ohly. In: StAE 378/80/1. Zitiert nach Popp: 2006. S. 311. Zur Einnahme der Stadt Popp: 1995.
5 Zur Frage einer populärerweise als Bruch und Neuanfang verstandenen »Stunde Null« mit Blick auf die Friedrich-Alexander-Universität vgl. Wendehorst: 1993. S. 219. Eine knappe Problematisierung dieses schillernden Begriffs gibt Hobuß: 2007.
6 Jakob: 1993 (a). S. 90–98. Für die medizinische Wissenschaft als ganzes wurde eine Zäsur ebenfalls verneint. Schleiermacher: 2007. S. 41.
7 Die Nachkriegszeit wurde in allgemeinen Darstellungen zur Geschichte von Universität oder Fakultät meist nur kursorisch abgehandelt. (z. B. Jakob: 1993 (a), Wendehorst: 1993 (a), Wittern: 1993 (a), Müller: 1993, Müller 1997) Mehrheitlich wurden bisher in zeithistorischen Untersuchungen einzelne Kliniken, Personen und/oder Phänomene untersucht (z. B. Frobenius: 2012, Krüger: 2003, Rexroth: 2005, Sommer: 2003).
8 Außer Erlangen blieben auf dem Gebiet der späteren Bundesrepublik nur Göttingen, Heidelberg, Marburg und Tübingen von nennenswerten Kriegsschäden verschont. Jakob: 1993 (a). S. 96. Die Zerstörungsgrade an den anderen bayerischen Universitäten (Würzburg, München, TH München) lagen zwischen 80–90 %. Vgl. Müller: 1997. S. 54.
9 Für Konsolidierungsmaßnahmen wären, so eine Schätzung, mindestens 15 % Anteil am Etat notwendig gewesen. Jakob: 1993. S. 97.
10 Als Bezugsgröße nennt Liermann die »deutschen wissenschaftlichen Hochschulen«. In den 1950er Jahren war ein fächerübergreifender Rückgang immatrikulierter Studentinnen wie auch eine hohe geschlechtsspezifische Abbrecherquote zu verzeichnen. Ein deutlicher Wandel setzte erst Mitte der 1960er Jahre im Zuge von Wertewandel und Bildungsexpansion ein. Liermann: 1993. S. 493 f.; Wendehorst: 1993 (a). S. 223 f.
11 Rühl: 1969. S. 1078. Über vergleichbare Planungs- und Handlungsspielräume, die durch die Zerstörungen unfreiwillig eröffnet worden waren, verfügte Erlangen nicht. Zur Nachkriegszeit in München vgl. Präsidium: 2010. S. 164. Für Würzburg die Beiträge zur Medizin in Baumgart: 1982.
12 Jakob: 1993 (a). S. 101.
13 Zur medizinischen Versorgung Bayerns und dem bayerischen Gesundheitswesen nach 1945 vgl. Lindner: 2001. S. 205–210.
14 Patientenzahlen aus: Protokolle über die Sitzungen der Medizinischen Fakultät Erlangen 1943–1951. S. 14 [im Weiteren: Protokollbuch]. Zur Investitionsfrage vgl. Jakob: 1993 (a). S. 91–96.

15 Rexroth: 2005. S. 245 ff.
16 Einwohnerstatistik in ErSL. S. 778.
17 Wendehorst: 1993 (a). S. 129. Von der Militärregierung wurde das Ausweichquartier der Klinik als »adequate for the care of patients« angesehen, wenn auch nicht ausreichend Platz für Lehrtätigkeiten war. Reopening Medical School, University of Erlangen, 30.7.1945. In: OMGUS ECR Education Br 5/300–2/19. Nach dem Umzug wurden die zurückgelassenen Krankenakten von der US-Armee vernichtet. Hornstein: 1993. S. 8.
18 Vgl. dazu die ausführliche Darstellung bei Wittern/Frewer: 2008.
19 Müller: 1997. S. 55. Zum Verlauf an anderen Universitätsklinika vgl. Schleiermacher: 2007. S. 27–42.
20 Zu den bayerischen Universitäten vgl. ebd. S. 57 ff. Konkret zu Erlangen vgl. Popp: 1995, Sandweg: 1996 (a) u. ders.: 1996 (b). Ausführliche Aktenbestände der Militärverwaltung liegen im Archiv des Instituts für Zeitgeschichte, München, sowie im Bayerischen Hauptstaatsarchiv, ebenfalls in München.
21 Eine Übersicht zu Professoren und Dozenten findet sich hier: Protokollbuch: S. 16.
22 Wendehorst: 1993 (a). S. 221.
23 Reopening of Faculty of Medicine, University of Erlangen, 6.1.1946. In: OMGUS ECR Education Br 5/300–2/19.
24 Zu Verlauf, Folgen und Bewertung der »Niemöller-Affäre« vgl. die ausführliche Darstellung bei Wolbring: 2014. S. 43–74.
25 So hieß es in einer Besprechung des Bayerischen Ministerrates, »Erlangen sei nazistisch« und sämtliche Versammlungen würden von entsprechenden Umtrieben gestört werden. Sitzung Nr. 55, 4.12.1946. In: Gelberg, Karl-Ulrich (Bearb.): Die Protokolle des Bayerischen Ministerrats 1945–1954. Das Kabinett Hoegner I. 28. September 1945 bis 21. Dezember 1946, Bd. 1. München 1997. S. 1006–1027. Hier: S. 1018.
26 Protokollbuch: S. 23.
27 Memorandum for Report: Alleged Nazi Activity of Faculty and Students of Erlangen University, 20.09.1946. In: OMGUS AG 1945–47/17/7.
28 Besonders heftig wurden die früheren Rektoren Süß und Althaus kritisiert, die viele ehemalige Nationalsozialisten gedeckt haben sollen. Der auffällig harsche Duktus des nun zuständigen Offiziers unterscheidet sich stark von älteren Berichten. Weekly Denazification Field Inspection Report concerning Activities in Zone VI, 20.10.1946. In: OMGUS CAD PS Br 15/125–1/6–17/7. Der zunächst positive Eindruck wurde auf lückenhafte, nicht abgeschlossene Untersuchungen zurückgeführt. Report of Field Agent Majorg C. M. Emerick, Subj.: Denazification of Erlangen University, 6.12.1946. In: ebd.
29 In einem internen Monatsbericht heißt es, dass Erlangen lange als »the most nationalistic institution of higher learning« gewesen sei, die auch die Medizinische Fakultät und Kliniken erfassende Entlassungswelle, »so drastic a shake-up« sei aus dieser Perspektive notwendig gewesen, zumal die Demokratisierung von den an der Universität verbleibenden Hochschullehrern noch verinnerlicht werden müsse. Vgl. Monthly Report, 12.2.1947. In: OMGUS ECR Education Br 5/297–2/37.
30 76 Entlassungen an der Erlanger Universität. In: Neue Zeitung, 3.2.1947.
31 Sandweg: 1996. S. 382.
32 Wendehorst: 1993. S. 229–242. Allgemein: Niethammer: 1982.
33 Hervorhebung im Original. Ash: 2010. S. 225.
34 Zur Problematisierung des »Nazi«-Begriffes vgl. Steuwer/Leßau: 2014.
35 Vernichtet wurden die Akten jedoch durch den Strafrechtsprofessor Würtenberger. Weekly Denazification Field Inspection Report concerning Activities in Zone VI, 20.10.1946. In: OMGUS CAD PS Br /15/125–1/6–17/7.
36 Schrumpf: 1996. S. 169. Wendehorst spricht von einem »kaum noch zu entwirrende[n] Beziehungsgeflecht [...] zwischen Betroffenen und Nichtbetroffenen«. Wendehorst: 1993. S. 229.
37 Bittgesuch des Ausschusses der Universität Erlangen, 22. August 1945. In: OMGUS ECR Education Br 5/300–2/19.
38 Oehler-Klein/Roelcke: 2007 (b). S. 12 f.
39 So z. B. die von Hasselwander 1945 vor der Fakultät geäußerte Frage, »wie sich die Militärregierung das Schicksal der Entlassenen deutet« und die Fokussierung auf die sozialen Folgen der Entlassungen. Andere Erwägungen wurden nicht zu Protokoll gegeben. Angesichts ähnlich gelagerter Eingaben bei der Militärregierung spiegelt dieser Problemkreis also zumindest die Argumentationsstrategie der Betroffenen wider, die z. B. auf zu versorgende Familien oder Pflegefälle hinwiesen. Zum Pragmatismus außerdem für Erlangen Frobenius: 2012. S. 151 f. Allgemein Ash: 2010. S. 225.
40 Frobenius: 2012. S. 150. Ferner kam es mehrfach zu Konflikten mit dem Kultusministerium, das u. a. mit der Benennung Thiermanns zum Privatdozenten an der Chirurgischen Klinik in das Selbstverwaltungsrecht der Universität eingriff. Protokollbuch: S. 184.
41 So jedenfalls das Ergebnis der Auswertung der im Verzeichnis Erlanger Professoren und Dozenten erfassten Biografien von Klinikern, die nach 1945 noch in Erlangen tätig waren. Wittern: 1999.
42 Frobenius: 2012. S. 150 ff. Der Fall Dyroff zeigt zudem, wie persönliche Netzwerke mobilisiert wurden, um sich in alten Positionen zu halten oder an diese zurückzukehren. So verwendete sich Dyroffs Schwager, Bundesfinanzminister Schäffer (CSU), für dessen Wiedereinstellung bei seinem »Parteifreund«, dem bayerischen Kultusminister Hundhammer. Krüger: S. 123.

Zusammenprall der Biografien an der Kinderklinik

1 Einen Ruf nach Hamburg im gleichen Jahr hatte Adam abgelehnt. Wittern: 1999. S. 3.
2 Hier und im Weiteren nach Rexroth: 2005. S. 243–257.
3 Schreiben Adams an Rektor Baumgärtel vom 6. Februar 1950. In: UAE F2/1 Nr. 2494a. Zitiert nach: ebd. S. 249.
4 So jedenfalls Adam in einem Bericht für die Universitätsleitung. Ebd. S. 246–248.
5 Ebd. S. 248.
6 Schreiben Adams an Rektor Brenner, 1. September 1947. In: UAE F2/1 Nr. 2187. Zitiert nach: ebd. S. 248 f.
7 Ebd. S. 254.
8 Ebd. S. 255 ff. Viethen war 1945 verhaftet und seines Amtes enthoben worden; sein Einsatz für eine Wiedereinsetzung blieb zeitlebens erfolglos. Wittern: 1999. S. 206.

43 Wendehorst: S. 238 f.
44 Ebd.
45 Schrumpf: 1996. S. 182./Bussiek: 2005. S. 153 ff./Müller: 1997. S. 58 ff.
46 Wittern: 1999. S. 41 f.
47 Ebd. S. 146.
48 Der habilitierte Psychiater Adolf Abraham Gustav Bingel fällt aus dieser Rechnung heraus. Im Rahmen der »Operation Paperclip« ging Bingel, der nach seiner Entlassung 1945 luftfahrtmedizinisch für die US-Armee in Heidelberg tätig war, 1946 in die USA. Wittern: 1999. S. 12. Begünstigt wurde die Wiedereinstellung der anderen Mediziner zusätzlich durch »das 1951 vom Bundestag erlassene Ausführungsgesetz zu Artikel 131 des Grundgesetzes [...], das die Ergebnisse der politischen Säuberungen einebnete und bald vergessen machte [...]« und den von Entlassungen Betroffenen eine Vorzugsbehandlung garantierte. Wendehorst: 1993 (a). S. 239.
49 Vgl. die Sitzungsprotokolle der Medizinischen Fakultät im Protokollbuch ab 1948.
50 Bussiek: 2005. S. 160.
51 Beispielsweise in der Diskussion der Kandidaten für die Wiederbesetzung des Lehrstuhls für Psychiatrie am 31. Januar 1947: »Wissenschaftlich [unterstrichen] erscheint an erster Stelle Herr Mautz qualifiziert, ist jedoch politisch belastet.« Protokollbuch: S. 46. Gemeint war der bis 1945 in Königsberg arbeitende Psychiater Friedrich Mauz, der als Gutachter in der »Aktion T4« tätig gewesen war. Klee: 2001. S. 84.
52 Protokollbuch: S. 87 ff. Zu den Biografien von Hauberrisser und Molitoris Wittern: 1999. S. 66 f., 133.
53 Protokollbuch: S. 88.
54 Wittern: 1999. S. 66–67, 133.
55 Zu Adams Kämpfen vgl. Rexroth: 2005.

»Unhaltbare Zustände«: Konflikt um die Geburtshilfe und Frauenheilkunde

1 Ausführliche Darstellung in Frobenius: 2012. S. 151–164.
2 BHStA M MK 72015, Lehrstuhlakte, Baumgärtel an das Kultusministerium (3.11.1949).

56 Hinzu trat ein Verfahren wegen eines möglichen Mordes an einem polnischen Kriegsgefangenen im März 1944 zum Zweck anatomischer Forschung an »frische[n] körperwarme[n] Organen«, das jedoch eingestellt wurde. Der Angeklagte wurde später von einem Kollegen entlastet, da die Tötung des zum Tode verurteilten Kriegsgefangenen in Erlangen keineswegs auf sein Verlangen geschehen sei. Wendehorst: 1993 (a). S. 236–238.
57 Uebelein: 2007. S. 149 f.
58 Ebd.; Frobenius: 2012. S. 155. Sandweg: 1996. S. 382. Frobenius: 2012. S. 154 f. Eine politisch stark gefärbte Biografie Ganses wurde von DDR-Historikern vorgelegt. Kühn/Schneck: 1988. Zu Erlangen S. 100–129. Angesichts der Verquickung von Antikommunismus, Widerstand gegen eine Aufarbeitung von Medizinverbrechen und den allgemeinen Problemen der Nachkriegszeit wäre eine erneute Untersuchung von Ganses Person ein lohnenswertes Unterfangen.
59 So Frobenius: 2007. S. 204. Wendehorst: 1993 (a). S. 236. Frobenius unterstreicht anhand einer Mitteilung der Staatsanwaltschaft an Rektor Brenner, dass es sich formalrechtlich eben *nicht* um einen Freispruch gehandelt habe, wie bei Uebelein: 2007. S. 151 dargestellt, da es sich lediglich um einen Beschluss, nicht aber ein rechtskräftiges Urteil handelte. Laut Frobenius existieren die Verfahrensakten nicht mehr, was von Uebeleins Aussage gedeckt wird. Frobenius: 2007. S. 214. Anm. 59. Uebelein: 2007. S. 181. Anm. 312. Uebelein beruft sich jedoch auf das Nachrichtenmagazin DER SPIEGEL, in dem der Beschluss abgedruckt worden ist.
60 Uebelein: 2007. S. 151.
61 Frobenius: 2012. S. 162 f.
62 Protokollbuch: S. 164.
63 Vgl. Tümmers: 2011; Westermann: 2010.
64 Siemen: 2012 (a). S. 172 f.

65 Oehler-Klein/Roelcke: 2007 (b). S. 15. Schleiermacher: 2007.
66 Ebd.
67 Zum Prozessablauf, der Urteilsfindung und dem vorläufigen Zwischenstand der Forschung vgl. Bussiek: 2005. S. 161–205. Siemen: 2012 (a). S. 173.
68 Wendehorst: 1993 (a). S. 236 f.
69 Müller: 1997. S. 54. Wolbring: 2014. S. 11–34. Allgemein wurden anlässlich der Jubiläen von Universitäten, Fakultäten und/oder Klinika Gelder bewilligt, um die jeweilige Verstrickung in der Gesellschaft des Nationalsozialismus aufzuarbeiten.
70 Damit erst in der zweiten, intensiveren Aufarbeitungswelle, die Jürgen Pfeiffer 1990–2006 verortet. Eine gute Übersicht der Diskussion um die zeitliche Ordnung der Auseinandersetzung mit den als »Euthanasie« bezeichneten Krankenmorden im Nationalsozialismus bietet Topp: 2013. S. 48 ff. Hinsichtlich eines späteren vergangenheitspolitischen Schweigens der Akteure bildet Erlangen keine Ausnahme, folgt viel mehr den auch für andere Universitätsklinika beschriebenen Zeitlogiken. Oehler-Klein/Roelcke: 2007 (b). S. 12 f.
71 Baumgärtel: 1949. S. 8 ff. Der Theologe amtierte vom Wintersemester 1948 bis 1950 als Rektor.
72 So vermeldete der Syndikus, die Diakonissen müssten an manchen Kliniken 76 Wochenarbeitsstunden ableisten. Vgl. Aufstellung zur Arbeitszeit der Schwestern in den Universitätskliniken. In: UAE A6–3a Nr. 115. Offenbar gab es deutliche Unterschiede zwischen der Behandlung der sog. »Freien Schwestern« des Agnes-Karll-Verbandes und den von der Evangelischen Diakonissenanstalt Augsburg bereitgestellten Diakonissen. Zwischen Diakonissenanstalt und Kliniken kam es Anfang der 1950er zu einem Streit wegen der Überbelastung der Schwestern bei einer gleichzeitig viel zu dünnen Personaldecke. Dazu allgemein die Korrespondenzen in UAE A6–3a Nr. 115.
73 Amtliche Bekanntmachung des Erlanger Stadtrates, 21. November 1947. In: UAE A6–3a Nr. 105.
74 Kultusministerium an den Verwaltungsausschuss der Universitäts-Kliniken, 1. April 1948. In: UAE A6–3a Nr. 105. Der Vorgang ist im gleichen Bestand dokumentiert.
75 Protokollbuch. S. 18./UAE A6–3a Nr. 119. Zum Streitpunkt einer möglichen Abhängigkeit der Krankenanstalten von Ortsapotheken vgl. das Rundschreiben der Arbeitsgemeinschaft für das Krankenhauswesen in Bayern an die bayerischen Krankenanstalten, 22. Mai 1950. In: UAE A6–3a Nr. 118.
76 Redenbacher: 1959. S. 5 f.
77 Z.B. das Inventar des physikalisch-medizinischen Labors. Jakob: 1993 (a). S. 95.
78 Vgl. den Bestand UAE A6–3 Nr. 100 und die seit Anfang der 1950er Jahre wieder erscheinenden Sitzungsberichte der Physikalisch-Medizinischen Sozietät. Spätestens mit der Währungsreform verfügten Institutionen wie die Physio-Medica im Vergleich zu den Vorkriegsjahren allerdings über eine nur unwesentliche Kapitaldecke, so z.B. der Universitätsbund, der betonte, man sei »allein auf die laufenden Einnahmen angewiesen, um seine Aufgaben zu erfüllen«. Vgl. MBlUBE 1 (1950). S. 5.
79 Brief an den Rektor bezüglich Druckkostenzuschuss für die Physikalisch-medizinische Sozietät, 8. Januar 1950. In: UAE A6–3 Nr. 100.
80 Eine Drucklegung hätte sich die Physio-Medica in ihren Anfängen nicht leisten können. Vgl. Brief an den Rektor der Friedrich-Alexander-Universität für das Kultusministerium bezüglich Druckkostenzuschuss für die Physikalisch-Medizinische Sozietät, 8. Januar 1950. In: UAE A6–3 Nr. 100.
81 Müller: 1997. S. 76.
82 Dazu z.B. das Memorandum über die Errichtung von Ordinariaten für physikalische Medizin und Röntgenwissenschaft, 17. März 1950. In: UAE A6–3 Nr. 44./Protokollbuch: S. 208 ff.
83 Wintz war im Vorjahr gestorben. Zur Übernahme vgl. UAE A6–3 Nr. 99.
84 Sehen kann man diesen Trend mit sporadischen Ausnahmen in den Ende der 1960er Jahre zusammengestellten Personalbibliografien in Erlangen tätiger Kliniker. Vgl. Schmidt: 1967/Hagel: 1968/Opitz: 1968/Reichel: 1968/Weigand: 1968/Gerneth: 1969/Rollmann: 1969/Thuss: 1969/Fischbach: 1971/Sommer: 2003. S. 165. Eine Ausnahme bilden u.a. Aufsätze über Forschungen zur Strahlentherapie an der Medizinischen Klinik. Vgl. Hagel: 1968. Zudem wurden seit 1947 von der Fakultät wieder zunehmend Habilitationsprüfungen abgehalten.
85 Wittern: 1993 (a). S. 402–420.
86 Ebd. S. 399.
87 Rexroth: 2005. S. 245. Die Universität als Ganzes wurde jedoch offiziell erst am 5. März 1946 mit einem Festakt wiedereröffnet.
88 Bereits in der die Schließung anordnenden Direktive JCS 1067 war festgelegt worden, »daß nach rascher Entnazifizierung auf jeden Fall jene Einrichtungen wiedereröffnet werden sollten, deren Ausbildungsangebot im Rahmen der Arbeit der Militärregierung und der Besatzungspolitik als notwendig und nützlich erachtet wurde [...]«. Zunächst waren nur Übergangskurse geplant, was aber rasch aufgegeben worden war. Müller: 1997. S. 56.
89 Reopening of Medical School, University of Erlangen, 30.7.1945. In: OMGUS ECR Education Br 5/300–2/19./Reopening of the Universities in Bavaria, 5.10.1945. In: OMGUS ECR Education Br 5/300–2/19./Wiederaufnahme des Universitätsbetriebes, 24.7.1945. In: OMGUS ECR Education

Br 5/300–2/19.
90 Neben den durch das »Notabitur« in den Augen der Fakultät zu jungen Studenten wurde vor allem der gewaltige Zuwachs an medizinisch relevantem Wissen als Begründung angeführt. Vgl. Wiederaufnahme des Universitätsbetriebes, 24. 7. 1945. In: OMGUS ECR Education Br 5/300–2/19.
91 Erhebung zu Studierenden an den bayerischen Universitäten und den philosophisch-theologischen Hochschulen, 1. Dezember 1947. In: OMGUS ECR Education Br. 5/298–3/29. Nach 1945 wurde die in der NS-Zeit aus ideologischen Gründen gestoppte Ausweitung des Frauenstudiums weiter vorangetrieben. Im Wintersemester 1947/48 studierten insgesamt 1304 Frauen an der Erlanger Universität, die in dieser Frage damit an fünfter Stelle der deutschen Universitäten stand. 1950 organisierten sich Absolventinnen in einer Erlanger Vertretung des »Deutschen Akademikerinnenbundes«. Lehmann: 1993. S. 492 f.
92 Denkschrift über die Regelung der Immatrikulationsbedingungen und die Maßnahmen zur Einführung und Förderung der Studierenden, 24. 7. 1945. In: OMGUS ECR Education Br 5/297–2/11. Eine universitätsinterne, nach Geschlechtern aufgeschlüsselte Studentenstatistik wurde erst deutlich später eingeführt.
93 Zunächst mindestens für die nachträgliche Examinierung von Entnazifizierung Betroffener. Protokollbuch: S. 71.
94 Für eine wesentliche Veränderung wären ohnehin keine Kapazitäten verfügbar gewesen. Vgl. Personen- und Vorlesungs-Verzeichnis der Friedrich-Alexander Universität Erlangen für das Winter-Semester 1944/45. Erlangen 1944. S. 39–42. Hier: S. 41. Vorlesungs-Verzeichnis der Friedrich-Alexander-Universität Erlangen für das Sommersemester 1946. Erlangen 1946. S. 5–8. Erst seit den 1990er Jahren existiert eine universitätsinterne, durchgehend nach Geschlechtern aufgeschlüsselte Studierendenstatistik.
95 Ebd. S. 5. Leibbrand, der seit 1945 die Heil- und Pflegeanstalt leitete, war 1933 die Kassenzulassung entzogen worden, weil seine Frau Jüdin war. Vgl. Wittern: 1993 (a). S. 402. 1946 hatte Leibbrand ein Buch veröffentlicht, in dem er »die Vorgänge in der Erlanger Anstalt ungeschminkt darstellte«. Siemen: 2012 (a). S. 172. Leibbrand: 1946.
96 Reopening of Faculty of Medicine, University of Erlangen, 6. 1. 1946. In: OMGUS ECR Education Br 5/300–2/19.
97 Wendehorst: 1993 (a). S. 223 f. Zu den drastischen Zuständen an der Kinderklinik nach 1945 Rexroth: 2005. S. 245–248.
98 Protokollbuch: S. 71. Trotz seiner zentralen Stellung in nationalsozialistischer Ideologie und Propaganda wurde »Ausmerzung« »nach 1945 durchweg als nicht belastet wahrgenommen und in der Bedeutung ›tilgen, ausrotten, eliminieren‹ problemlos weiterverwendet«. Eitz/Stötzel: 2007. S. 101.
99 Protokollbuch: S. 34, 46. Die später zunächst aufgegebenen Pläne für eine vierte Landesuniversität führten zu teils heftigen Protesten auf allen Ebenen. Eindrücke zu Erlanger Protesten bei Sandweg: 1993 (b). S. 377.
100 Kultusministerium an die Universitäten Würzburg, München und Erlangen bezüglich Einwendungen gegen die medizinische Ausbildung in Bayern, 24. Juli 1950. In: UAE A6–3 Nr. 44.
101 Ebd./Protokollbuch: S. 214 f.
102 Mitteilungsblatt des Universitätsbundes Erlangen 3 (1951). S. 1. Sehen kann man diesen Rückgang um fast 50 % bis Mitte der 1950er Jahre bei Wendehorst: 1993 (a). S. 247 f.
103 Universitäts-Kasse an Rektor, 27. 10. 1951. In: UAE A6–3a Nr. 123.
104 Vgl. dazu die umfangreich überlieferten Korrespondenzen zwischen Kliniken und AOK sowie die detaillierten Aufschlüsselungen der Klinikausgaben und -einnahmen in UAE A6–3a Nr. 121.
105 Zum ersten Mal legten 1948 die Leiter der Chirurgischen und der Medizinischen Klinik, Otto Goetze und Karl Matthes, Protest gegen »die zur Zeit unzureichenden Verpflegungssätze der Kliniken« vor der Fakultät ein. Protokollbuch: S. 107. Der Streit spitzte sich in den Folgejahren zu.
106 Vgl. Lindner: 2001. S. 205.
107 Hinzu trat eine Auseinandersetzung mit der amerikanischen Militärregierung bezüglich der Übernahme der Behandlungskosten für Patienten der Internationalen Flüchtlingsorganisation (IRO). Vgl. die verschiedenen Korrespondenzen in UAE A6–3 Nr. 44.
108 Protokollbuch: S. 24.
109 Protokollbuch: S. 135. Die Währungsreform hatte sich universal negativ auf den bayerischen Haushalt und damit den Bauetat über Erlangen hinaus ausgewirkt. Sitzung 39, 2. August 1948. In: Gelberg, Karl-Ulrich (Bearb.): Die Protokolle des Bayerischen Ministerrats 1945–1954. Das Kabinett Erhard II. 20. September 1947 bis 18. Dezember 1950, Bd. 1. München 2003. S. 597–615. Hier: S. 615. Anm. 80.
110 Protokollbuch: S. 121.
111 Einerseits sollten Anschaffungen im Sinne des Marshall-Plans »möglichst bei amerikanischen Firmen« aus den zur Verfügung gestellten Dollar-Beträgen getätigt werden, andererseits ein DM-Betrag für Bauhaben Bauvorhaben zur Verfügung gestellt werden. Protokollbuch: S. 189, 193.
112 Mitteilungsblatt des Universitätsbundes Erlangen 2 (1950). S. 8.
113 Sommer: 2003. S. 52 f.
114 Vgl. die Korrespondenzen in UAE A6–3a Nr. 117.
115 Ebd. Beyer: 2002 (a). Urban: 2002.
116 Protokollbuch: S. 100 ff.
117 Tbc-Heim der Uni soll verschwinden. In: Erlanger Nachrichten, 27. 10. 1950.

118 Klagen über Tbc-Heim Spardorf. In: Erlanger Tagblatt, 27.10.1950.
119 Um die Wirtschaftlichkeit des Unterfangens zu sichern, hätte das Heim auf 100 Betten aufgestockt werden müssen, was angesichts der Realitäten vor Ort und der damit verbundenen Kosten illusorisch war. Vgl. die Korrespondenzen, Kostenaufstellungen und Baupläne in UAE A6–3a Nr. 116.
120 Protokollbuch: S. 205.
121 In der Auseinandersetzung um das Marien-Hospital schien der konfessionelle Konflikt durch die Konstellation zwischen der einzigen protestantischen Universität Bayerns, einem katholischen Erzbischof und einer katholisch dominierten Münchner Landeszentrale für einige geradezu ›objektiv‹ vorgegeben zu sein. Vgl. UAE A6–3a Nr. 117. Außerdem die diesbezügliche Diskussion im bayerischen Landtag über die »Frage einer Benachteiligung der protestantischen fränkischen Gebiete gegenüber dem katholischen Südbayern durch die bayerische Staatsregierung«. StBBd III Nr. 100, S. 577–587. In Erlangen selbst veränderte sich mit den Verwerfungen der Nachkriegszeit auch die konfessionelle Zusammensetzung an Universität und Kliniken. Alfred Wendehorst sprach von einer »starke[n] konfessionelle[n] Umschichtung der bisher überwiegend protestantischen Professorenschaft«, die zumindest in Teilen auch an der Medizinischen Fakultät zu beobachten war. Wendehorst: 1993 (b). S. 72. Vgl. die Zunahme von Katholiken nach 1945. Wittern: 1999.
122 Ebd. S. 25–27.
123 Kultusministerium an die Rektorate der Bayerischen Universitäten bezüglich Mitgliedschaft der Universitäts-Kliniken bei der Arbeitsgemeinschaft für das Krankenhauswesen in Bayern. In: UAE A6–3a Nr. 105. Die auffallend hohe Bettenzahl erklärt sich aus den Überresten der Lazarette.
124 Oehler-Klein/Roelcke: 2007 (b). S. 11. Schleiermacher: 2007. S. 36 ff. Die Kriegsschäden an den zwei anderen bayerischen Universitäten hatten zudem ein Ausmaß, das den Verteilungsschlüssel durchaus rechtfertigte, unbeschadet tatsächlicher Ungleichheiten der Vergangenheit. Es darf angesichts dessen auch nicht vergessen werden, dass die Universitätsetats keineswegs für die Kliniken allein gedacht waren. Vgl. dazu beispielsweise die Zuteilung für die Psychiatrien bei Rössler: 1985. S. 33.
125 Der Kassenaufsichtsbeamte der Universität an den Rektor bezüglich einer Tagung der Leiter der Verwaltungen der Universitäts-Kliniken in Heidelberg, 22.10.1951. In: UAE A6–3 Nr. 44.
126 Baumgärtel: 1949. 29 ff. Im gleichen Jahr hielt z.B. der CSU-Landtagsabgeordnete und in Erlangen studierte protestantische Theologe August Haußleiter eine Rede mit dem Titel »Die Erlanger Universität kämpft um ihre Existenz...«. Sandweg: 1993 (b). S. 376.
127 Mitteilungsblatt des Universitätsbundes Erlangen 1 (1950). S. 1.
128 Mit Sicherheit einen Extremfall bildete die dermatologische Klinik. Unterfüttert mit teils beißendem Sarkasmus (»Warten auf Godot, oder die Bürokratie läßt grüßen«, S. 28), zeichnet der Rückblick des früheren Klinikleiters Otto Hornstein zum 70. Jubiläum der Klinik 1993 ein verheerendes Bild und eine lange Auseinandersetzung mit administrativen Hindernissen. Vgl. Hornstein: 1993. S. 8–30.
129 Zitiert nach Müller: 1997. S. 75. Ab 1953 stieg der Bauetat der Universität merklich an. Das Zitat wird Kultusminister Schalber zugeschrieben. Ders.: 1993. S. 136, 138. Anm. 97. Rühl: 1969. S. 1077.
130 1951 erhielt Erlangen erstmals 15 % des Bauetats, zudem wurden verschiedene Renovierungsarbeiten und Geräteanschaffungen durchgeführt sowie neue Stellen geschaffen. So jedenfalls der verhalten optimistische Bericht von Rektor Pohle 1950 und eine Gesamtschau zu den aktuellen Bauvorhaben von 1951. Mitteilungsblatt des Universitätsbundes Erlangen 2 (1950). S. 2. Mitteilungsblatt des Universitätsbundes Erlangen 3 (1951). S. 1–6. In den Personalbibliografien machte sich diese Entspannung auch bemerkbar, die Zahl der Publikationen nahm ab 1950 wieder global zu.
131 Uni-K 11 (1985), Nr. 61/62, S. 34. Uni-K 12 (1986), Nr. 68/69, S. 10; vgl. Moll/Krischel: 2015.
132 Cooter/Pickstone: 2000. S. XIV.
133 Uni-K 9 (2002), Nr. 43, S. 7.

Der »Erlanger Professorenstreit« 1963/64

1 UAE F 2/3, Nr. 7.
2 UAE F 2/3, Nr. 7.
3 UAE C 3/5, Nr. 34a.
4 UAE C 3/5, Nr. 34 b; F 2/3, Nr. 9.
5 UAE F 2/3, Nr. 7; F 2/3, Nr. 8.
6 UAE F 2/3, Nr. 8.
7 UAE F 2/3, Nr. 8.
8 UAE F 2/3, Nr. 7; F 2/1, Nr. 2312.
9 UAE F 4/1/92.
10 UAE F 2/3, Nr. 9.
11 UAE C 3/5, Nr. 34e.
12 UAE F 2/3, Nr. 8.
13 UAE F 2/3, Nr. 9.
14 UAE F 2/3, Nr. 9.
15 UAE F 2/3, Nr. 9.
16 UAE F 2/3, Nr. 8.
17 UAE F 2/3, Nr. 9.
18 UAE F 2/3, Nr. 8.
19 UAE F 2/3, Nr. 7.
20 UAE F 2/3, Nr. 8.
21 UAE F 2/3, Nr. 7.
22 UAE F 2/3, Nr. 8.
23 UAE F 2/3, Nr. 9.
24 UAE C 3/5, Nr. 34d.
25 UAE C 3/5, Nr. 34d.

134 Cooter/Pickstone: 2000; Gross/Winckelmann: 2008; Leven: 2008; Eckart: 2011.
135 Cooter/Pickstone: 2000, S. xiii–xix.
136 Rothschuh: 1978. S. 417.
137 Stanton: 2000. S. 612.
138 Klinkhammer/Richter-Kuhlmann: 2015 (b).

Zur Frühgeschichte der Ethik-Kommission an der Universität Erlangen-Nürnberg

1 Die Kommission ist registriert nach § 28 Röntgenverordnung und nach § 92 Strahlenschutzverordnung. Erstmalig verabschiedet wurde die »Deklaration von Helsinki« 1964. Die neueste Fassung ist aus dem Jahr 2013 (Brasilien); vgl. http://www.wma.net (30.06.2015) sowie Toellner: 1990; Frewer u.a.: 1999; Frewer/Neumann: 2001; Wiesing: 2002; Frewer/Schmidt: 2007; Schmidt/Frewer: 2007 und Frewer/Schmidt: 2014.
2 Archiv der Ethik-Kommission (AEK), Schreiben von Valentin an den MFT-Vorstand vom 05.02.1979.
3 AEK. Schreiben von Maier-Leibnitz an Kersten vom 18.09.1979.
4 Die Ethik-Kommission der Bayerischen Landesärztekammer etwa war eine der frühen Gründungen und publizierte 2014: »Seit 26 Jahren setzt sich die Ethik-Kommission der Bayerischen Landesärztekammer (BLÄK) für den Schutz von Versuchspersonen und die Wahrung von deren Rechten ein.« Vgl. Pelzer: 2014 mit der Angabe von ca. »300 Sitzungen für angewandten Patientenschutz« im Gesamtzeitraum.
5 Schreiben von Kersten an die DFG (Leppien) mit »Betr. Sonderforschungsbereiche« vom 12.11.1979. Kersten war auch Sprecher des SFB 118 (»Früherkennung des Krebses«) an der FAU. Andernorts waren SFBs ebenfalls Impulse für die Einrichtung, so in Ulm und Göttingen, vgl. Toellner: 1990 und Wiesing: 2002.
6 Der Jurist Walther Weißauer (* 1921) erhielt 1975 die Ehrendoktorwürde der Erlanger Medizinischen Fakultät.
7 Vgl. Arbeitskreis Medizinischer Ethik-Kommissionen in der Bundesrepublik Deutschland e.V.: Homepage. URL: www.ak-med-ethik-komm.de (30.6.2015). Dem »Arbeitskreis Medizinischer Ethik-Kommissionen in der Bundesrepublik Deutschland e.V.« gehören aktuell 50 der 52 nach Landesrecht gebildeten Ethik-Kommissionen als Mitglieder an. Der Arbeitskreis möchte Patienten, Probanden und Forscher schützen sowie die Tätigkeit der Ethik-Kommissionen harmonisieren und unterstützen, insbesondere bei der Entscheidungsfindung und in Verfahrensfragen. Er bietet Fortbildungen zur Arbeit von Ethik-Kommissionen an und fördert den nationalen wie auch den internationalen Erfahrungsaustausch.
8 Ethik-Kommission der Friedrich-Alexander-Universität Erlangen-Nürnberg: Tätigkeitsbericht 2001. URL: http://www.ethik.med.uni-erlangen.de/allgemeine_informationen/taetigkeitsbericht_2001.pdf (30.06.2015). Die folgenden Zitate und Daten stammen aus diesem Text.
9 Vgl. Ethik-Kommission der Friedrich-Alexander-Universität Erlangen-Nürnberg: Homepage. URL: http://www.ethik.med.uni-erlangen.de (30.06.2015). Über die Tätigkeiten der Ethik-Kommissionen nach Einführung der 12. AMG-Novelle berichtet der Arbeitskreis Medizinischer Ethik-Kommissionen in Deutschland in den Protokollen zu seinen Sommertagungen und Jahresversammlungen. Siehe zur Entwicklung auch Toellner: 1990 und Hucklenbroich/Toellner: 2003.
10 Der Autor ist nach Mitgliedschaften in mehreren deutschen Ethikkommissionen seit 2006 an der Erlanger Fakultät und Mitglied der Ethikkommission. An die Kolleginnen und Kollegen sowie an die Mitarbeiter der Geschäftsstelle – insbesondere Frau Dr. Wilkes und Herrn Dr. Müller – ergeht Dank für die gute Zusammenarbeit wie auch für wichtige Hinweise und Archivalien aus der Geschichte der Erlanger Kommission.

139 Klinkhammer, G./Richter-Kuhlmann: 2015 (a).
140 Frankfurter Allgemeine Zeitung, 26. Mai 2015.
141 Bernhard: 2014. S. 354–369.
142 Frankfurter Allgemeine Zeitung, 7. März 2014.
143 Rauprich/Siegel: 2003; Bernard: 2014; Hornuff: 2014; Bachinger: 2015.
144 Uni-K, Jahresbericht 1983/84, Nr. 59, S. 7.
145 Uni-K Nr. 81 (1990), Sonderheft (»Die Ära Fiebiger«), S. 24.

Stichwort »Patientenfürsprecher«

1 Während im deutschsprachigen Raum Forschungslücken zu Patientenbeschwerdestellen und der Fürsprechertätigkeit zu verzeichnen sind, existiert auf internationaler Ebene eine Fülle wissenschaftlich fundierter Publikationen, z. B. Collyar: 2005; Dresser: 2001; Bateman/Kingsley: 2000; Mallik: 1997; Read/Wallcraft: 1995; Marks: 1986; Rogers: 1986.
2 Vgl. Klijnsma: 1993. S. 231.
3 Vgl. Kranich u. a.: 2002. S. 25.
4 Vgl. Sozialgesetzbuch Fünftes Buch Gesetzliche Krankenversicherung (2010). § 140h.
5 Alfred Sigel wurde 1968 Extraordinarius für Urologie in Erlangen. Von 1970 leitete er bis zu seiner Emeritierung 1988 als Ordinarius die Urologische Universitätsklinik Erlangen. Vgl. Sökeland: 2001.
6 Weiterführend zur Patientenzufriedenheit und Qualitätssicherung in Krankenhäusern: Emrich u. a.: 2014; Günther/Stahl: 2006; Applebaum u. a.: 2004 oder Görres: 2001.
7 Vgl. Ziesche: 2008. S. 101–102.
8 Vgl. Kranich/Vitt: 2003. S. 130.

146 Uni-K, Jahresbericht 1983/84, Nr. 59, S. 15.
147 Uni-K 13 (1987), Nr. 72/73, S. 20.
148 Balleis: 2002; Uni-K-akt 14 (2007), S. 13.
149 Uni-K-akt 5 (1998), Nr. 23, S. 7.
150 UK ER, Jb. 2009/2010, S. 49; das Kürzel EMN steht für »Europäische Metropolregion Nürnberg«.
151 Uni-K 1 (1975), Nr. 6, S. 8 f.
152 Uni-K 12 (1986), Nr. 68/69, S. 78.
153 Uni-K-akt 7 (2000), Nr. 30, S. 6.
154 Uni-K-akt 7 (2000), Nr. 30, S. 4.
155 Uni-K-akt 9 (2002), Nr. 41, S. 3; 7.
156 Uni-K-akt 10 (2003), Nr. 45, S. 2.
157 Uni-K-akt 11 (2004), Nr. 52, S. 4.
158 Uni-K-akt 12 (2005), Nr. 57, S. 6.
159 Uni-K 13 (1987), Nr. 72/73, S. 6–9.
160 Uni-K 13 (1987), Nr. 72/73, S. 7.
161 Uni-K-akt 9 (2002), Nr. 42, S. 7.
162 UK ER, Jb. 2013/2014, S. 36–39.
163 Uni-K-akt 8 (2001), Nr. 37, S. 4.
164 UK ER, Jb. 2013/2014, S. 13; Herrn Professor Dr. Hohenberger, Direktor der Chirurgischen Universitätsklinik, verdanke ich wichtige Hinweise zu dieser Thematik.

Die Ausdifferenzierung der klinischen Fächer nach dem Zweiten Weltkrieg

1 Vgl. zum Folgenden auch Wittern: 1993 (a). S. 398–420.
2 Zur Gründungsgeschichte des Wissenschaftsrats vgl. Bartz: 2006. S. 41–63.
3 Empfehlungen des Wissenschaftsrates zum Ausbau der wissenschaftlichen Einrichtungen. Teil I: Wissenschaftliche Hochschulen. Tübingen 1960.
4 Empfehlungen: 1960. S. 111.
5 Vgl. hierzu auch die Empfehlungen des Wissenschaftsrates zur Struktur und zum Ausbau der medizinischen Forschungs- und Ausbildungsstätten. 1968. S. 59–62.
6 Empfehlungen des Wissenschaftsrates zum Ausbau der wissenschaftlichen Hochschulen bis 1970. 1967. S. 126–143.

165 Uni-K 4 (1978), Nr. 19, S. 3 f.
166 Uni-K 11 (1985), Nr. 63/64, S. 9.
167 Uni-K-akt 13 (2006), Nr. 52, S. 6.
168 UK ER, Jb. 2013/2014, S. 48–51.
169 Uni-K 9 (1983), Nr. 47, S. 20.
170 UK ER, Jb. 2009/2010, S. 40–43; UK ER, Jb. 2011/2012, S. 44.
171 Uni-K, Jahresbericht 1983/84, Nr. 59, S. 39 f. http://www.zimt.uni-erlangen.de/zentralinstitut/; http://www.biomed.uni-erlangen.de/msbt/deu/1_0_d.html; http://www.medizintechnik.studium.uni-erlangen.de/ (8. 6. 2015).

Der Einzug der Computertechnologie

1 Zur Geschichte der Computerisierung in der Bundesrepublik vgl. einführend Schuhmann: 2012; Wirsching: 2010. S. 208 f.; Dangel: 2012. In den Sozialwissenschaften wird die Prägekraft neuer Technologien unter den Schlagworten der »Informatisierung« und der »Informationsgesellschaft« diskutiert.
2 Diese Datenbank wurde zusammen mit der DFG entwickelt. Zu den Hintergründen vgl. Fiebiger: 1980. S. 15 f.
3 So Dr. Franz Wolf, früherer Technischer Direktor des Erlanger Rechenzentrums und Leiter der Erlanger Informatiksammlung in einem Zeitzeugengespräch im April 2015, der mir zudem dankenswerterweise eine kurze chronologische Übersicht zur Verfügung gestellt hat. Angaben zu Rechnern beziehen sich im Weiteren, so nicht anders markiert, auf Gespräch und Chronologie.
4 Da sich die Beschreibung des Leis-

tungsumfanges dieses Rechensystems mit dem Modell deckt, das für das Universitätskrankenhaus beschrieben wurde, ist davon auszugehen, dass es sich um dasselbe handelt. Vgl. Gespräch mit Wolf, sowie Rettenmaier: 1969. S. 1217–1220. Die folgende Beschreibung der Funktion und Einschränkungen der Rechenanlage am Universitätskrankenhaus ist ebenfalls diesem Artikel entnommen.
5 Protokoll der Sitzung vom 12.6.1969. In: Protokolle über die Sitzungen der Medizinischen Fakultät Erlangen 1965–1971, UAE C3/1 Nr. 512. S. 4. Keidels Einkanal-Mittelungsanlage steht heute in der Informatiksammlung der FAU Erlangen-Nürnberg (Objektnummer ISER l1313).
6 1991 hat sich die GMDS in »Deutsche Gesellschaft für Medizinische Informatik, Biometrik und Epidemologie e.V.« umbenannt. Nach Eigenaussage handelt es sich um die »älteste Fachgesellschaft in Europa auf dem Gebiet der Medizinischen Dokumentation, Informatik und Statistik«. Vgl. Deutsche Gesellschaft für Medizinische Informatik, Biometrik und Epidemologie e.V.: Historie. URL: http://www.gmds.de/organisation/historie/historie.php (28.5.2015). 1946 war bereits eine interdisziplinäre Internationale Biometrische Gesellschaft gegründet worden.
7 Ein Ziel war neben der Einführung und Ermöglichung der doppelten Buchführung eine einheitliche Patientenverwaltung, die Verknüpfung von Verwaltungs- und Forschungsprozessen sowie die sinnige Integration zentraler und dezentraler Systeme (»Subsysteme«). Protokoll der Sitzung vom 17.2.1977. In: Protokolle über die Sitzungen der Medizinischen Fakultät Erlangen 1975–1977, UAE C3/1 Nr. 514. S. 6f. Seit 1967 wurde der Einsatz von EDV-Systemen von der Bundesregierung gefördert.
8 Protokoll der Sitzung vom 24.7.1975. In: Protokolle über die Sitzungen der Medizinischen Fakultät Erlangen 1975–1977, UAE C3/1 Nr. 514. S. 11.
9 Würzburg z.B. spielte in der Frühphase der Gesellschaft eine nicht unwichtige Rolle. Die einzigen bayerischen Vertreter im Präsidium nach 1970 stammten aus Münchner Einrichtungen, vgl. die Jahresberichte der GMDS für die 1960er, 70er und frühen 80er Jahre, die online unter http://gmds.de/publikationen/jahresberichte.php (19.5.2015) einzusehen sind.
10 Deutsche Gesellschaft für Medizinische Dokumentation, Informatik und Statistik e.V.: 1982 S. 4; dies.: 1984. S. 4.
11 1998 wurde es zum »Institut für Medizininformatik, Biometrie und Epidemiologie« umgewidmet und folgte mit sieben Jahren Abstand der Umbenennung der GMDS. »Mathematik/Datenverarbeitung« war einer der ersten vier Studiengänge der 1966 gegründeten Technischen Fakultät der FAU, der 1970 in »Informatik« umbenannt wurde.
12 Dokumentiert wurde die Arbeit des RZMF analog zum RRZE in einem hauseigenen Mitteilungsblatt, das in der Universitätsbibliothek Erlangen vorliegt. Zur Geschichte des RZMF vgl. Wolf: 1991 und die beiliegende Chronik: 1991.
13 Wenn auch mit Fokus auf die Technische Fakultät, bietet Mertens: 1989 einen Einblick in die Diskussion über die finanzielle, personelle und materielle Ausstattung des Rechenzentrums, das auch vorherige Einschätzungen widerspiegelt.
14 Z.B. diskutiert in der Sitzung vom 13.12.1973. In: Protokolle über die Sitzungen der Medizinischen Fakultät Erlangen 1971–1974, UAE C3/1 Nr. 513.
15 Protokoll der Sitzung vom 2.12.1976. In: Protokolle über die Sitzungen der Medizinischen Fakultät Erlangen 1975–1977, UAE C3/1 Nr. 514.
16 Zentrale Klinikverwaltung: 1987. S. 8.
17 Schöck: 1991; Hergenröder: 1991.

172 Uni-K-akt 1 (1994), Nr. 2, S. 9; Uni-K-akt 1 (1994), Nr. 3, S. 1. Uni-K-akt 7 (2009), Nr. 34, S. 2.
173 Uni-K-akt 6 (1999), Nr. 29, S. 11; Uni-K-akt 12 (2005), Nr. 57, S. 2.
174 UK ER, Jb. 2013/2014, S. 26 f.
175 Rügheimer: 1984. S. 1.
176 Thane: 1993. S. 1110.

Zum »Medical Valley – EMN« (Europäische Metropolregion Nürnberg)

1 Der »Standort Deutschland« als Gegenfolie zum einstmaligen »Modell Deutschland« ganz allgemein seit Mitte der 1980er Jahre, vor allem seit den 1990er Jahren ein politisches Sorgenkind, dessen Volkswirtschaft sowohl in Strukturfragen (z.B. Lohnnebenkosten) als auch Innovationsleistungen nicht mehr als konkurrenzfähig angesehen wurde. Neben die schon vor der deutschen Vereinigung offen zutage tretenden Strukturprobleme, d.h. Sockelarbeitslosigkeit, steigende Staatsschulden, sinkende Investitionsquoten, die Schließung von Werken und Abwanderung von Unternehmen, trat am 3. Oktober 1990 die Herausforderung der Integration der völlig maroden Volkswirtschaft der DDR (»Aufbau Ost«). Vgl. Wolfrum: 2007. S. 613; Liebermann: 2000.
2 Eine vollständige Liste der »Wörter des Jahres« ist unter http://gfds.de/aktionen/wort-des-jahres (31.7.2015)

3 Für diesen Beitrag gilt mein Dank Prof. Dr. Jürgen Schüttler, Dr. Siegfried Balleis und Jörg Trinkwalter, die mir zu Interviews zur Verfügung standen und mich mit zusätzlichem Material versorgt haben.
4 Auch im Hochschulsektor war eine Debatte über den »Wissenschaftsstandort Deutschland«, aber auch die einzelnen Universitäten als »Standorte« im Gange, in deren Kontext seit den 1980er Jahren verstärkt zur Profil- und Schwerpunktbildung angehalten worden war.
5 Zahlen nach Balleis: 2015.
6 So jedenfalls Hermann Franz, dem 2001 die Ehrendoktorwürde der Medizinischen Fakultät aufgrund seines Einsatzes für den Verbleib von Siemens, vor allem des UBmed, in Erlangen verliehen wurde. Vgl. Fleckenstein: 2002. Welche politischen und steuerlichen Konzessionen ferner mit der Standortentscheidung des UBmed verbunden waren, wird noch untersucht werden müssen.
7 Balleis: 1996. S. 7.
8 Ebd.
9 Ebenfalls 1997 und noch einmal 2005 wurde »Gesundheit« zum Stadtmotto erklärt. 1999 wurde Erlangen Teil des deutschen »Gesunde Städte Netzwerks«. Vgl. Balleis: 2015.
10 Die Urheberschaft des Begriffes ist nicht gänzlich geklärt. Auch in anderen Städten und Regionen mit medizintechnischem Schwerpunkt kursierte der Begriff, z. B. im Bezug auf das 2002 initiierte »Medical Valley Hechingen« in Baden-Württemberg. Im Ruhrgebiet wurde der Begriff »Medical Valley« ebenfalls mehrfach in die Diskussion für Standortprojekte eingebracht, wurde aber nicht weiter verfolgt. Vgl. z. B. http://www.wiwo.de/unternehmen/auto/zukunft-von-opel-bochum-groenemeyer-kontra-groenemeyer/6757064.html (15.5.2015).

177 Erlanger Nachrichten, 5. Mai 1965.
178 Hegemann: 1958.
179 Bünte: 1984, S. 51.
180 Schricker: 1984.
181 Eckstein/Strasser/Zimmermann: 2010, S. 43 f.
182 Uni-K 5 (1979), Nr. 23/24, S. 40 f.
183 Uni-K 15 (1989), Nr. 78, S. 36.
184 Erlanger Nachrichten, 5. Mai 1965.
185 Uni-K 4 (1978), Nr. 19, S. 44.
186 Avery Brundage (1887–1975), amerikanischer Sportler und Sportfunktionär, war und ist umstritten, weil er dafür sorgte, dass die USA die Olympischen Spiele in Berlin 1936 nicht boykottierten; 1972 ließ er als IOC-Präsident nach dem Terroranschlag auf die israelische Equipe die Olympischen Spiele in München 1972 weitergehen. Worin das Tertium Comparationis zwischen Hegemann und Brundage lag, mag hier offenbleiben.
187 Uni-K 4 (1978), Nr. 19, S. 44.
188 Eröffnungsansprache zum Chirurgenkongress 1958, zitiert nach Rügheimer: 1984. S. 7.
189 Wittern: 1993 (a). S. 416 f.

Chirurgie im Bild – Wendelin Kusches »Vor der großen Operation« 1974

1 Sonja Gabriel-Kusche, der Witwe des Künstlers, gebührt herzlicher Dank für Ihre freundlich erteilte Erlaubnis zur Abbildung des Gemäldes.
2 Öl auf Leinwand, ca. 87,6 x 178,5 cm, FAU Erlangen-Nürnberg, Kunstinventar-Nr. 524; der Nebentitel des Gemäldes ist: »Professor Hegemann mit Kollegen«.
3 Die Ausstellung von Bildern Wendelin Kusches, nach dem 4. November 1974, trug den Titel »Menschen, Szenen, Impressionen – ein Maler sieht die Universität«; zu dem Bild »Vor der großen Operation« verfasste der Erlanger Kunsthistoriker und Theologe Herbert Paulus (1913–1993) ein schwer verständliches zweiseitiges »Künstlerporträt«, das Stephanie Zeitelhack, M. A. (Erlangen), die gegenwärtig eine Dissertation über das Werk von Kusche schreibt, im Nachlass Kusches fand. Zum Autor Paulus ist anzumerken, dass er 1973 seiner staatlichen Bestallung als Kunstsachverständiger verlustig ging, weil er serienweise skandalöse Gutachten verfasst hatte (SPIEGEL Nr: 24/1973).
4 Kronmüller: 2012; ergänzende Angaben durch Sonja Gabriel-Kusche und Sigrid Kohlmann (Handschriftenabteilung der UB); Professor Dr. Werner Hohenberger, Direktor der Chirurgischen Universitätsklinik, teilte mir mit (28. März 2015), er habe als Assistent das Bild in den Jahren nach 1974 nie gesehen, in den 1990er Jahren habe er es im Keller vor der Endoskopie-Abteilung entdeckt und es nach seiner Berufung zum Direktor der Klinik 1995 an seinen jetzigen Ort in der Chirurgie verbracht. Zeitzeugen teilten mit, dass das Bild nach seiner Fertigstellung 1974 zunächst bei Gerd Hegemann gehangen habe; es habe jedoch nie eine offizielle Vorstellung, etwa im Kreis der dargestellten ärztlichen Kollegen, gegeben.
5 Alle bisherigen Betrachter haben 11 Ärzte gesehen; dass hier erstmals die richtige Zahl von 12 genannt werden kann, ist der scharfen Beobachtungsgabe von Dr. Nadine Metzger, Institut für Geschichte und Ethik der Medizin der FAU, zu verdanken. Professor Dr. Werner Hohenberger äußerte die

Vermutung, bei diesem bislang übersehenen Arzt handele es sich um den Chirurgen Dr. Rainer Decker. In dieser Frage hilfreich waren auch Rosemarie Tiefel (Erlangen), Professor Dr. Friedrich Franke (Erlangen/Möhrendorf), Christoph Matezky (Kulmbach), Professor Dr. Konrad Schwemmle (Gießen) und Professor Dr. Günter Willital (Greven).
6 Hierzu ausführlich Kronmüller: 2012, S. 78 f.
7 UBE, Handschriftenabteilung, Nachlass Wendelin Kusche, Ms. 2800 I 3.
8 Abgebildet, allerdings ohne eine entsprechende Deutung, bei Kronmüller: 2012, S. 76; zum Entstehungsprozess des Bildes steuerte Frau Gabriel-Kusche im Januar und im März 2015 gesprächsweise aus ihrer Erinnerung und aus dem Tagebuch von Wendelin Kusche wichtige Erkenntnisse bei.
9 Gerd Hegemann. 5. September 1982. Erlangen 1982 [Privatdruck; inoffizielle Festschrift zum 70. Geburtstag], hier benutzt in einem Exemplar der Bibliothek des Instituts für Geschichte und Ethik der Medizin der FAU; diesen wichtigen Fund verdanke ich Dr. Angelika Kretschmer, Bibliothekarin des Instituts.
10 Die Fotografie dürfte aus dem Besitz von Gerd Hegemann selbst stammen.
11 Wesentliche Anregungen verdanke ich dem Gedankenaustausch mit Professor Dr. Hans Dickel, Institut für Kunstgeschichte der FAU, Privatdozent Dr. Thomas Flum, Kunstgeschichte, Universität Freiburg/Universität Heidelberg), Professor Dr. Werner Hohenberger, Dr. Susanne Ude-Koeller, Institut für Geschichte und Ethik der Medizin der FAU und Dr. Clemens Wachter, Universitätsarchiv der FAU.

190 Eulner: 1970.
191 Goerig/Schulte am Esch: 2003. S. 27 ff.
192 Weißauer: 2003.
193 Van Ackern/Schwarz/Striebel: 2003.
194 Seidler/Leven: 2007. S. 525.
195 Van Ackern/Schwarz/Striebel: 2003. S. 81 f.
196 Zitiert nach Wittern: 1993 (a). S. 416.
197 Schwarz/Schwilden/Schüttler: 2003.
198 Van Ackern/Schwarz/Striebel: 2003. S. 94 f.
199 Schulte am Esch/Goerig: 2003. S. 182 ff.
200 Van Ackern/Schwarz/Striebel: 2003. S. 101 f.
201 UK ER, Jb. 2013/2014, S. 28–31.
202 Schüttler: 2003. S. 384 f.
203 UK ER, Jb. 2010/2011, S. 16–19.
204 UK ER, Jb. 2013/2014, S. 40–43; UK ER, Jb. 2007/2008, S. 30–35.
205 UK ER, Jb. 2012/2013, S. 24–27; Rau/Ruisinger: 2007.
206 Morton's Medical Bibliography: 1991. S. 479–487 (Nr. 3021–3047).
207 Ebd. S. 461-463 (Nr. 2884-2900)

Medizinische Studiengänge, Fachschulen, Ausbildungsberufe

1 Wittern: 1993 (a). S. 320.
2 Keunecke: 1993. S. 203.
3 Korber: 1993. S. 458.
4 Jasper: 1993. S. 154.
5 Medizinische Fakultät. Forschungsbericht 2015. S. 154–158; aktuelle Zahlen aus der Studierendenverwaltung der FAU (17. August 2015, freundliche Auskunft von Herrn Karl Louis).
6 Universitätsklinikum Erlangen, Jahresbericht 2014/2015. S. 56.

208 Westaby/Bosher: 1997. S. 187 ff.
209 Morton's Medical Bibliography: 1991. S. 481 (Nr. 3026-3028.01).
210 Groß/Winckelmann: 2008, S. 99.
211 Tröhler: 1993. S. 1020 f.
212 Kiessling: 2014.
213 Westaby/Bosher: 1997. S. 50 ff.
214 Westaby/Bosher: 1997. S. 140 f.
215 Westaby/Bosher: 1997. S. 62, 200-prozentige Mortalität im Falle, dass Kind und »Spender« beide stürben (was allerdings in keinem Fall auftrat).
216 Westaby/Bosher: 1997. S. 279–303.
217 Uni-K 8 (1982), Nr. 42, S. 12–18; vgl. von der Emde: 1977; von der Emde: 1984, S. 84–90; Herrn Professor Dr. Jürgen von der Emde, ehemals Leiter der Herzchirurgischen Abteilung, danke ich herzlich für seine stets hilfsbereite Auskunftsfreudigkeit.
218 Uni-K Nr. 50, Jahresbericht 1982/83, S. 62.
219 Uni-K 12 (1986), Nr. 65/66, S. 7.
220 Uni-K 8 (1982), Nr. 42, S. 17 f.
221 Uni-K 8 (1982), Nr. 42, S. 14.
222 Uni-K 12 (1986), Nr. 67, S. 10.
223 Herrn Privatdozent Dr. Christian Stumpf, Geschäftsführender Oberarzt der Medizinischen Klinik 2 – Kardiologie und Angiologie, danke ich für wertvolle Hinweise.
224 http://www.medizin2.uk-erlangen.de/aktuelles/nachrichten/detail/goldmedaille-fuer-prof-achenbach/ (26.6.2015).
225 UK ER, Jb. 2013/2014, S. 22–25.
226 UK ER, Jb. 2009/2010, S. 12–15; UK ER, Jb. 2011/2012, S. 44.
227 Rösch: 1984; Neidhardt: 1985. S. 104 f.; Uni-K 3 (1977), Nr. 15, S. 12 f.; 17 f.
228 Uni-K 4 (1978), Nr. 19, S. 56.
229 Uni-K 11 (1985), Nr. 63/64, S. 68.
230 Uni-K 8 (1982), Nr. 47, S. 18.
231 Uni-K 15 (1989), Nr. 78, S. 43.
232 UK ER, Jb. 2012/2013, S. 28–31.

233 http://www.efi.fau.de/projekte/ludwig-demling-center/ (10.08.2015); Herrn Professor Dr. Markus Neurath, Direktor der Medizinischen Klinik 1 – Gastroenterologie, Pneumologie, Endokrinologie, danke ich vielmals für Hintergrundinformationen.
234 Uni-K-akt 2 (1996), Nr. 10, S. 2.
235 Bünte: 1984. S. 51.
236 Uni-K 8 (1982), Nr. 42, S. 23 f.
237 Uni-K 4 (1978), Nr. 19, S. 32.
238 Uni-K 14 (1988), Nr. 74/75, S. 64 f.
239 Amelang: 2014. S. 23.
240 Schlich: 1998; Gross/Winckelmann: 2008. S. 49–59.
241 Diese Formulierung ist entlehnt Amelang: 2014. S. 5.
242 Dreikorn: 2007.
243 Uni-K 13 (1987), Nr. 70/71, S. 60–64.
244 Uni-K-akt 2 (1996), Nr. 10, S. 4.
245 Uni-K-akt 15 (2008), Nr. 70, S. 3.
246 Uni-K 7 (1981), Nr. 37/38, S. 61 f.
247 Sigel/Herrlinger: 1984. S. 121–127.
248 Uni-K 11 (1985), Nr. 61/62, S. 57.
249 Wissenschaftsrat. Stellungnahme zur Einrichtung von Transplantationszentren in Hochschulkliniken, 17. Juli 1987, Volltext unter: http://www.wissenschaftsrat.de/download/archiv/7754-87.pdf (14.7.2015).
250 Deutsche Stiftung Organtransplantation (DSO), http://www.dso.de/organspende-und-transplantation/transplantation/nierentransplantation.html (14.7.2015).
251 http://www.dso.de/organspende-und-transplantation/transplantation/lebertransplantation.html (14.7.2015).
252 Uni-K-akt 4 (1997), Nr. 16, S. 10.
253 UK ER, Jb. 2011/2012, S. 17 f.
254 Uni-K-akt 10 (2003), Nr. 49, S. 15; UK ER, Jb. 2009/2010, S. 48; https://www.fau.de/2014/11/news/panorama/3-000-niere-wurde-einem-kulmbacher-transplantiert/22/ (19.6.2015).
255 Uni-K-akt 7 (2000), Nr. 31, S. 12; die Gründung des Herzzentrums Erlangen-Nürnberg war 1998 erfolgt, die Trennung vollzog sich 2007, vgl. hierzu: http://www.presse.uni-erlangen.de/infocenter/presse/pressemitteilungen/2007/nachrichten_2007/03_07/36herzchirurgie.shtml (29.1.2015).
256 Gesammelte Presseberichte hierzu abrufbar unter http://www.herzchirurgie.uk-erlangen.de/e1852/e2872/e2873/index_ger.html (15.5.2015).
257 UK ER, Jb. 2007/2008, S. 58–63.
258 UK ER, Jb. 2008/2009, S. 57.
259 UK ER, Jb. 2012/2013, S. 11.
260 UK ER, Jb. 2009/2010, S. 48.
261 Herrn Professor Dr. Cesnjevar, Leiter der Kinderherzchirurgischen Abteilung, danke ich für einen interessanten Gedankenaustausch.
262 UK ER, Jb. 2012/2013, S. 48.
263 Wissenschaftsrat. Stellungnahme zur Einrichtung von Transplantationszentren in Hochschulkliniken, 17. Juli 1987, Volltext unter: http://www.wissenschaftsrat.de/download/archiv/7754-87.pdf (14.7.2015).

Pionier in Deutschland: zur Entwicklung des Ethikkomitees

1 Frewer: 2013.
2 Frewer: 2000.
3 Vgl. Quellen in der KEK-Geschäftsstelle, insbesondere den Bericht des Klinikpfarrers Eunicke: 2009, sowie generell Kettner/May: 2002 und Frewer u.a.: 2012 (b).
4 Ein Artikel in der Lokalpresse hatte über einen schwierigen Transplantationsfall berichtet (Erlanger Nachrichten 22.02.2001).
5 Sterbehilfe, Patientenverfügungen und der Verzicht auf Reanimation wurden als zentrale Themen gesehen.
6 Vgl. Frewer u.a.: 2012 (b) sowie Frewer u.a.: 2000 und Kettner/May: 2002.
7 Prof. Andreas Frewer, M.A. hat die Professur seit dem SoSe 2006 kommissarisch vertreten (parallel zur Leitung in Hannover). Seit 2007 ist er Stelleninhaber und Nachfolger von Prof. Jochen Vollmann (jetzt an der Universität Bochum).
8 Vollmann/Weidtmann: 2003, Wernstedt/Vollmann: 2005, Rascher: 2008 und Frewer u.a.: 2012 (a) sowie die Satzung des KEK im Internet.
9 In den letzten drei Jahren gab es dabei die folgenden Themen: »Warte-›Listen‹. Gerechtigkeit und Ethik in der Medizin« (2013), »Der überwachte Patient. Menschenrechte und Ethik der Medizintechnik« (2014) und »*Gewissenhaft* in der Klinik? Konflikte an Lebensgrenzen« (2015).
10 Vgl. Leonhardt: 2009.
11 Vgl. Frewer u.a.: 2009 und ders. u.a.: 2012.
12 Vgl. Frewer/Bruns: 2013 und Bruns/Frewer: 2010.

264 Herrn Privatdozent Dr. Richard Strauß, Stellvertretender Klinikdirektor der Medizin 1, danke ich vielmals für wichtige Hinweise.
265 Angermann/Mühe: 1984. S 58.
266 Uni-K 13 (1987), Nr. 72/73, S. 78.
267 Abendzeitung/8 Uhr-Blatt, 23. Nov. 1991: »Neue Leber: In Erlangen geht's«.
268 UK ER, Jb. 2013/2014, S. 5.
269 Nürnberger Zeitung/Stadt Erlangen, 10. März 1992: »Mit einer neuen Leber in ein ›neues Leben‹«.
270 Erlanger Nachrichten, 8. Juni 1994.
271 Erlanger Nachrichten, 30. Dez. 1994.
272 UK ER, Jb. 2013/2014, S. 9–13.
273 http://www.bundesaerztekammer.de/aerzte/medizin-ethik/transplanta-

274 Uni-K-akt 18 (2012), Nr. 87, S. 16.
275 Weiß/Breidenbach: 2015. S. 372.
276 Leven: 1997. S. 123–126; Berger: 2009.
277 Timmermann/Toon: 2012.
278 Proctor: 1995; Pinell: 2000, S. 684; Mukherjee 2012.
279 Uni-K 9 (1983), Nr. 48, S. 8–18.
280 Jahresbericht des Bevölkerungsbezogenen Krebsregisters Bayern. Erlangen 2009, S. 6.
281 UK ER, Jb. 2013/2014, S. 52.
282 Uni-K 11 (1985), Nr. 61/62, S. 12 f.
283 Herrn Professor Dr. Andreas Mackensen, Direktor der Klinik 5 – Hämatologie und Internistische Onkologie, tionsmedizin/pk-pruefungskommission/ (16.7.2015). verdanke ich wertvolle Hinweise und Anregungen.
284 Uni-K 12 (1986), Nr. 68/69, S. 69.
285 Uni-K 13 (1987), Nr. 72/73, S. 46–48.
286 Uni-K 7 (1981), Nr. 35/36, S. 71: »Kampf gegen Krebstod im Kindesalter«.
287 Uni-K 13 (1987), Nr. 72/73, S. 46.
288 Uni-K-akt 6 (1999), Nr. 25, S. 5; Uni-K-akt 12 (2005), Nr. 55, S. 8.
289 Herrn Professor Dr. Markus Metzler, Abteilungsleiter Onkologie und Hämatologie in der Kinder- und Jugendklinik, danke ich vielmals für wichtige Informationen und Hinweise.
290 Uni-K 15 (1989), Nr. 79, S. 23.
291 Uni-K 15 (1989), Nr. 78, S. 59 f.
292 UK ER, Jb. 2011/2011, S. 12–15.
293 Eckstein/Strasser/Zimmermann: 2010. S. 56–58; 62.
294 UK ER, Jb. 2013/2014, S. 17.
295 UK ER, Jb. 2009/2010, S. 8; 53; Uni-K-akt 19 (2013), Nr. 91, S. 16.
296 Ostgathe: 2013; Ostgathe: 2015; UK ER, Jb. 2010/2011, S. 28–31; Herrn Professor Dr. Ostgathe, Leiter der Palliativmedizinischen Abteilung, danke ich für wichtige Hinweise im Gespräch.
297 Stolberg: 2011.
298 Eine Internetsuche zum Stichwort »austherapiert« erbringt innerhalb von 0,18 Sekunden 53.000 Ergebnisse, angefangen vom Duden (10.08.2015).

»Erlanger Baby« und »Erlanger Junge« – Grenzfragen der Medizinethik

1 Bockenheimer-Lucius/Seidler: 1993, Wuermeling: 1993 und Eichinger: 2014 sowie allgemein Schäfer: 1999. Neben den hier diskutierten Fällen ist die erste deutsche In-vitro-Fertilisation in Erlangen im Jahr 1982 zu nennen.
2 Vgl. Frewer: 2009 und Eichinger: 2014.
3 Die BILD-Zeitung spielte eine heikle Rolle bei der Offenlegung der Umstände. Vgl. Das Wunder-Baby von Erlangen. Frau im Koma bringt diesen Jungen zur Welt. In: BILD vom 15. Oktober 2009. Titelseite.
4 Der Spiegel 48 (1992). S. 288.
5 Vgl. insbesondere Bockenheimer-Lucius/Seidler: 1993; Kiesecker: 1996.
6 Bockenheimer-Lucius/Seidler: 1993.
7 Vgl. auch Schöne-Seifert: 1993; Birnbacher: 1993; Hilgendorf: 1996; Gruber: 2001.
8 Vgl. Beckmann u.a.: 2009; Engel u.a.: 2009; Frewer: 2009.
9 Der anonymisierte Fall wurde nicht nur auf einer Pressekonferenz, sondern auch im Jahrbuch Ethik in der Klinik aus verschiedenen Perspektiven dargestellt, siehe insbesondere Beckmann u.a.: 2009; Frewer: 2009.
10 Focus, 19.10.2009.
11 Laut Leitung der Pressestelle der Universität Erlangen-Nürnberg war es die Meldung, die in der gesamten Geschichte der FAU die größte weltweite Resonanz erhielt.
12 Vgl. Frewer: 2009 und Eichinger: 2014 mit weiteren Hintergründen und Interviews.
13 Vgl. Deutscher Ethikrat: 2015.
14 Vgl. u.a. Frewer: 2013.

299 Pfeffer: 2000; Sieg: 1996.
300 Pfeffer: 2000. S. 277: »doctors laid claim to the female reproductive body.«
301 Uni-K 8 (1982), Nr. 41, S. 9.
302 Uni-K 8 (1982), Nr. 42, S. 21.
303 Uni-K 8 (1982), Nr. 43, S. 15.
304 Uni-K 9 (1983), Nr. 48, S. 40.
305 Uni-K 12 (1986), Nr. 65/66, S. 9.
306 Uni-K 12 (1986), Nr. 67, S. 13.
307 Uni-K 13 (1987), Nr. 70/71, S. 66 f.; Herrn Dr. Jan van Uem, Erlangen, danke ich für ein Gespräch am 20. Juli 2015.
308 Uni-K 15 (1989), Nr. 79, S. 70.

In-vitro-Fertilisation

1 Dieser Beitrag stützt sich auf folgende Texte, die im Zusammenhang mit dem 175-jährigen Bestehen der Universitäts-Frauenklinik Erlangen im Jahr 2003 entstanden sind: Rauprich/Siegel: 2003; Salisch: 2003/04 sowie die von Astrid Ley und Marion Maria Ruisinger erstellte Online-Präsentation, zu finden unter http://www.175jahrefrauenklinik.de. (15.2.2015)

309 UK ER, Jb. 2012/2013, S. 20–23; http://www.uk-erlangen.de/universitaetsmedizin/schwerpunkt-onkologie/kind-nach-krebs/ (13.7.2015).
310 Herrn Professor Dr. Ralf Dittrich, Leiter IVF- und Endokrinologisches Labor der Universitätsfrauenklinik, gilt ein herzlicher Dank für zahlreiche aufschlussreiche Gespräche im Juli 2015.
311 Dittrich et al.: 2015.
312 Seidler/Leven: 2003. S. 8.
313 Zum Forschungsstand sowie zu neuen Forschungsfeldern einer die Sozial-, Alltags-, und Geschlechtergeschichte umfassenden Pflegegeschichte vgl. Eckart/Jütte: 2014. S. 316–328. Wesentlich bereichert wurde die Forschungslandschaft insbesondere durch das 2004 aufgelegte, mehrjährige Förderprogramm »Beiträge zur Geschichte der Pflege« der Robert-Bosch-Stiftung und die daraus resultierenden Veröffentlichungen. Zu weiteren Aktivitäten des Förderprogramms vgl. auch Hähner-Rombach: 2009. S. 7–14. Zum Themenschwerpunkt Pflegegeschichte vgl. Jütte: 2014. Zum Genderaspekt vgl. Hähner-Rombach: 2014. S. 51 und Hähner-Rombach: 2008; Klindt: 1998.
314 Vgl. Schweikardt: 2008. Zum Pflegealltag der verschiedenen Pflegegruppierungen vgl. Faber: 2015.
315 Zu Mais Lehrbuch vgl. Hähner-Rombach: 2008. S. 191–197 (Kommentar S. Ude-Koeller).
316 Körtning: 1913. S. 2.
317 Vgl. Hähner-Rombach: 2008. S. 199–204 (Kommentar C. Schweikardt); Wolff: 1997. S. 39 f.
318 Wolff: 1997. S. 213.
319 Vgl. Hähner-Rombach: 2008. S. 342–366 (Kommentare C. Schweikardt).
320 Bei oft unzureichender Unterkunft und Ernährung des Pflegepersonals betrugen die täglichen Arbeitszeiten zwischen 14 und 18 Stunden. Zur Berufsorganisation B. O. K. D. vgl. Hähner-Rombach: 2008. S. 109–116 (Kommentar H. Recken).
321 Eschle: 1913.
322 Vgl. Rübenstahl: 1994; vgl. Hähner-Rombach: 2011.
323 Vgl. Stölzle: 2013 (a); Stölzle: 2013 (b); vgl. auch Nitschke: 2003; Panke-Kochinke/Schaidhammer-Placke: 2002.
324 Reichsausschuß: 1939. S. 5.
325 Eckart: 2012. S. 189–204.
326 Zu den amtlichen Krankenpflegelehrbüchern vgl. Schweikardt: 2009.
327 Vgl. Jütte/Eckart/Schmuhl/Süß: 2011, Benedict/Shields: 2014; Foth: 2013; Gaida: 2011; Steppe: 2013; Seidler/Leven: 2003. S. 251–255; Ulmer/Steppe: 2014; vgl. auch Hähner-Rombach: 2008. S. 554–564 (C. Schweikardt) und S. 531–543 (U. Gaida). Vgl. auch Bussche: 2014 (b). Bes. S. 145–194.
328 In der Heil- und Pflegeanstalt Meseritz-Obrawalde wurden zwischen 1942 und 1945 ca. 10.000 Menschen ermordet. Die von den Oberärzten zur Ermordung vorgesehenen Patienten wurden vom Pflegepersonal u. a. durch sogenannte Luftinjektionen getötet. Vgl. Ulmer/Steppe: 2014.
329 Atzel/Hess/Schnalke: 2005. S. 24–31.
330 Behnk: 2002.
331 Der Kodex 97 rekurriert in der Präambel explizit auf die Erfahrungen der NS-Vergangenheit (»Im Gedenken an die Opfer gewissenloser Menschenversuche, des Massenmordes [...] und anderer Verbrechen gegen die Menschlichkeit«]. Nürnberger Kodex: 1997. Vgl. auch Weindling: 2008.
332 Körtner: 2004. S. 55. Vgl. auch Sauer/May: 2011.
333 Vgl. Frewer u. a.: 2012. Bes. S. 74–87.
334 Vgl. Kreutzer: 2005.
335 Vgl. Moses: 2015 (a).
336 Vgl. Winkler: 2009; Hong: 2009; zur (wieder) aktuellen Anwerbung von ausländischen Pflegefachpersonen liegt ein Positionspapier des Deutschen Pflegerates vor. Vgl. Deutscher Pflegerat: 2014.
337 Vgl. Robert-Bosch-Stiftung: 2009; vgl. auch Moses: 2015 (b).
338 Bundesministerium für Justiz und Verbraucherschutz: 2014.
339 Wingenfeld: 2015. S. 36.
340 Vgl. auch Atzel: 2011. S. 18.
341 Für die freundliche Überlassung zahlreicher Materialien und die Expertengespräche danken wir der Pflegedirektion des Universitätsklinikums sowie der Schulleitung der Staatlichen Berufsfachschule für Krankenpflege sehr herzlich.
342 Becker: 2008.
343 Verein für Krankenpflege der Diakonissen zu Erlangen: 1892; ders: 1916.
344 Für die Bereitstellung von Archivalien des Mutterhauses der Evangelischen Diakonissenanstalt Augsburg sowie die Unterstützung der Archivarbeiten in der Diakonie Neuendettelsau danken wir sehr herzlich. Vgl. zu Neuendettelsau auch Schmuhl/Winkler: 2009; Schmuhl/Winkler: 2014.
345 Vgl. Zentralarchiv der Diakonissenanstalt Neuendettelsau (ZADN), Akta der Diakonissenanstalt Neuendettelsau Fasc 23, Repert.II Erlangen Augenklinik 1875–1901 und Chirurgische Klinik 1876–1901, Erlangen Augenklinik II (1902–1927), III (1928–1936), IV (1937–1938).
346 ZADN, Akta der Diakonissenanstalt Neuendettelsau Fasc 23, Repert.II Erlangen Augenklinik 1875–1901 und Chirurgische Klinik 1876–1901, Blatt 3, 4, 7, 8.
347 ZADN, Akta der Diakonissenanstalt Neuendettelsau Erlangen Augenklinik II (1902–1927), Blatt 166.
348 ZADN, Akta der Diakonissenanstalt Neuendettelsau Erlangen, chirurgische Universitätsklinik 1933 bis 1936, ohne Zählung.
349 ZADN, Akta der Diakonissenanstalt Neuendettelsau Erlangen Augenklinik III (1928–1936), Blatt 10.
350 ZADN, Akta der Diakonissenanstalt Neuendettelsau Erlangen Augenklinik III (1928–1936), Blatt 34.

351 ZADN, Akta der Diakonissenanstalt Neuendettelsau Erlangen Augenklinik III (1928–1936), Blatt 35.
352 ZADN, Akta der Diakonissenanstalt Neuendettelsau Erlangen Augenklinik III (1928–1936), Blatt 115.
353 ZADN, Akta der Diakonissenanstalt Neuendettelsau Erlangen Augenklinik II (1902–1927), Blatt 85, 95.
354 ZADN, Akta der Diakonissenanstalt Neuendettelsau Erlangen Augenklinik IV (1937–1938), Blatt 20.
355 ZADN, Akta der Diakonissenanstalt Neuendettelsau Fasc 23, Repert.II Erlangen Augenklinik 1875–1901 und Chirurgische Klinik 1876–1901, Blatt 187–193.
356 Wittmann: 2003. S. 86.
357 ZADN, Akta der Diakonissenanstalt Neuendettelsau, Erlangen chirurgische Universitätsklinik 1908.
358 ZADN, Akta der Diakonissenanstalt Neuendettelsau, Erlangen chirurgische Universitätsklinik 1911–1916, Blatt 90.
359 ZADN, Fasc. 85, Rep. III, Akta der Diakonissenanstalt ND Erlangen chirurgische Universitätsklinik 1917–1920, Blatt 27.
360 ZADN, Fasc.85, Rep.III, Akta der Diakonissenanstalt Neuendettelsau Erlangen chirurgische Universitätsklinik 1917–1920, Blatt 138–138.
361 Zitiert nach Wittmann: 2003. S. 83.
362 ZADN, Akta der Diakonissenanstalt Neuendettelsau Erlangen chirurgische Universitätsklinik 1928–1932, Blatt 43.
363 ZADN, Akta der Diakonissenanstalt Neuendettelsau Erlangen chirurgische Universitätsklinik 1928–1932, Blatt 166.
364 ZADN, Akta der Diakonissenanstalt Neuendettelsau Erlangen chirurgische Universitätsklinik 1933 bis 1936, Blatt 84.
365 ZADN, Akta der Diakonissenanstalt Neuendettelsau Erlangen chirurgische Universitätsklinik 1.11.1937–1.8.37, Blatt 8.
366 ZADN, Akta der Diakonissenanstalt Neuendettelsau Erlangen chirurgische Universitätsklinik 1.11.1937–1.8.37, ohne Zählung.
367 ZADN, Acta der Diakonissenanstalt Neuendettelsau Erlangen Ohrenklinik 1916–1927, Fasc. Rep.III, 16. Vgl. auch Akta der Diakonissenanstalt Neuendettelsau Erlangen Ohrenklinik II. 1928–1936 und Akta der Diakonissenanstalt Neuendettelsau Erlangen Universitäts-Ohrenklinik III. 1.1.1937–31.12.37.
368 ZADN, Acta der Diakonissenanstalt Neuendettelsau Erlangen Kinderklinik 1904–1913; II. 1913–1931, III. 1932–1937.
369 ZADN, Acta der Diakonissenanstalt Neuendettelsau Erlangen Kinderklinik II 1913–1931, Blatt 59.
370 ZADN, Acta der Diakonissenanstalt Neuendettelsau Erlangen Kinderklinik II 1913–1931, Blatt 61.
371 ZADN, Acta der Diakonissenanstalt Neuendettelsau Erlangen Kinderklinik III 1932–1937, Blatt 112.
372 Archiv der Evangelischen Diakonissenanstalt Augsburg, Vereinbarung zwischen der Verwaltung des evang. Diaconissenhauses zu Augsburg und der Kgl. Direktion der medicin. Klinik zu Erlangen, undatiert.
373 Müller: 1957 S. 43.
374 Strümpell: 1925. S. 160 f.
375 UAE A6 3a Nr. 115 1947–1951, Medizinische Universitäts-Klinik an den Herrn Rektor Universität Erlangen Betr. Antrag der Evangelischen Diakonissenanstalt Augsburg am 14.8.51, Diakonissenanstalt Augsburg an die Verwaltung des Universitätskrankenhauses und die Universitätskasse (beide Schreiben vom 7. September 1951).
376 UAE A6 3a Nr. 115 1947–1951, Bayerisches Staatsministerium für Unterricht und Kultus an das Rektorat der Universität Erlangen am 1. Dezember 1951.
377 Archiv der Evangelischen Diakonissenanstalt Augsburg, Stationsordnung in der Frauenklinik zu Erlangen, Januar 1904.
378 Archiv der Evangelischen Diakonissenanstalt Augsburg; K. Direktion der Universitätsfrauenklinik Erlangen, den 1. März 1916.
379 Archiv der Evangelischen Diakonissenanstalt Augsburg; Redemanuskript des Direktors der Frauenklinik.
380 Archiv der Evangelischen Diakonissenanstalt Augsburg, Bestätigung des Rektors vom 25. Juli 1946.
381 Archiv der Evangelischen Diakonissenanstalt Augsburg, Brief von Rudolff Dyroff an Rektor der Ev. Diakonissenanstalt am 22.11.1958.
382 UAE A6 3a Nr. 115 1947–1951 Schwesternpersonal Vereinbarung zwischen dem Vorstand der Hautklinik in Erlangen und dem Diakonissen-Mutterhaus Hensoltshöhe vom 6. November 1922.
383 UAE A6 3a Nr. 115 1947–1951, Mutterhaus Hensoltshöhe an die Direktion der Universitäts-Hautklinik am 23. Oktober 1951 Betr. Stationsgeld für die in der Universitäts-Hautklinik tätigen Schwestern.
384 UAE A6 3a Nr. 115 1947–1951, Universitäts-Kieferklinik an das Rektorat der Universität Erlangen 8.12.51 Betr. Vertrag Diakonissen Mutterhaus Hensoltshöhe/Univ. Kieferklinik; Rektor der Universität Erlangen an das Bayerische Staatsministerium für Unterricht und Kultus München, 15.12.1951.
385 UAE C3/1 Nr. 420 1938–1951 Errichtung einer Schwesternschule.
386 Cranach/Siemen: 2012; Bussiek: 2005; Bussiek/Castell/Rascher: 2004.
387 UAE A6/3d Nr. 21 Schwangerschaftsunterbrechungen bei »Ostarbeiterinnen« – Untersuchungskommission 1946, Schreiben von Hermann Sasse an Sr. Magnifizenz am 5. November 1946. Vgl. auch die einschlägigen Archivalien unter UAE C3/7d Nr. 1595 und UAE C3/7d Nr. 1664.
388 Archiv der Evangelischen Diakonissenanstalt Augsburg, Bestätigung des

389 UAE C3/7d 1664; Lüttge, Kampf gegen Reichsärzteführer und Gauleitung, Bamberg 14.11.1945.
390 UAE A1/3a 940, Allgemeine Akten Verhütung erbkranken Nachwuchses, Wintz an das Rektorat der Universität am 31.8.1934.
391 Vgl. Frobenius: 2003. S. 428f. Frobenius: 2004. Vgl. auch Krüger: 2007. S. 88f.; Krüger: 2003.
392 UAE A1/3a 940, Allgemeine Akten Verhütung erbkranken Nachwuchses, Reichsminister des Inneren am 14. August 1934. Betrifft: Beteiligung von konfessionellen Schwestern bei der Vornahme von Unfruchtbarmachungsoperationen.
393 UAE A1/3a 940, Allgemeine Akten Verhütung erbkranken Nachwuchses, Dyroff an Sr. Magnifizenz am 12.9.1934.
394 Vgl. http://www.gesch.med.uni-erlangen.de/medizingeschichte/forschung/details-forschungsprojekte.shtml#ns-euthanasie (14.7.2015).
395 UAE C3/1 Nr. 420 Errichtung einer Schwesternschule 1938–1951, Jamin am 31. Oktober 1938 an den Rektor.
396 UAE A6/3a Nr. 106 Errichtung einer Krankenpflege beim Universitäts-Krankenhaus, Jamin am 30. Januar 1937 an den Rektor. Vgl. auch Schreiben von Jamin am 9. Oktober 1936.
397 UAE A6/3a Nr. 106 Errichtung einer Krankenpflege beim Universitäts-Krankenhaus, Denkschrift 1929.
398 StAE Akt der Stadt Erlangen Betr. Krankenhaus Erlangen in der Spardorfer Straße 32, 1946–1973 Fach Nr. 150, Akt Nr. 49.
399 UAE A6 3a Nr. 106 Errichtung einer Krankenpflege beim Universitäts-Krankenhaus, Deutsche Arbeiterfront, Abteilung Volksgesundheit Gau Franken, Betr. Schulungskurse, Erlangen 17.12.36.
400 UAE A6 3a Nr. 106 Errichtung einer Krankenpflegeschule beim Universitäts-Krankenhaus, Bay. Staatsministerium für Unterricht und Kultus an Verwaltungsausschuss der Univ. Erlangen, München 16. November 1928.
401 UAE A6 3a Nr. 106 Errichtung einer Krankenpflegeschule beim Universitäts-Krankenhaus, 20. Nov., 31. Dezember 1928. Bay. Staatsministerium für Unterricht und Kultus an Verwaltungsausschuss der Univ. Erlangen.
402 Archiv der Evangelischen Diakonissenanstalt Augsburg.
403 UAE A6 3a Nr. 106 Errichtung einer Krankenpflegeschule beim Universitäts-Krankenhaus, 7. November 1933 und 8. April 1935, Direktion des Univ. Krankenhauses an Verwaltungsausschuss.
404 Uni-Kurier Nr. 51/52. Dezember 1983. S. 5.
405 UAE A6 3a Nr. 106 Errichtung einer Krankenpflege beim Universitäts-Krankenhaus, Direktion des Universitäts-Krankenhauses an den Herrn Rektor der Universität Erlangen am 5. November 1948.
406 UAE A6 3a Nr. 106 Errichtung einer Krankenpflege beim Universitäts-Krankenhaus, Die Schülerinnen der Universitäts-Kinderklinik Erlangen an den Rektor, undatiert.
407 Die folgenden Beispiele sind dem Archivordner »Schulversuch« der Krankenpflegeschule Erlangen entnommen. Der Schulleitung, Gundula Kramer, sei für die Überlassung sowie mündliche Informationen herzlich gedankt.
408 Universitätsklinikum Erlangen: 2015. Vgl. Fiedler: o. J.
409 Einblick-Durchblick 6,3 (1998) S. 7; Einblick-Durchblick 9,2 (2001) S. 12. Das zum 1. Juli 1993 gegründete Magazin für den Pflegedienst berichtete bis 2001 regelmäßig über die Pflegesituation vor Ort. Aktuell informiert die Mitarbeiter-Zeitung »amPuls« fünfmal im Jahr über aktuelle Themen aus dem Universitätsklinikum.

Die Hebammenschule: Aus Baracken in die »Zahnsche Villa«

1 Martin: 1936. S. 27–29.
2 UAE A6/3d Nr. 9. Erlass des Bayerischen Staatsministeriums des Inneren für Kirchen- und Schulangelegenheiten, 03.03.1874.
3 Siehe hierzu Metz-Becker: 1997; speziell für Erlangen vgl. Frobenius: 1996.
4 UAE A6/3d Nr. 9; Brief Schröders an den Senat der Universität vom 16. Juni 1869.
5 Ebd. Brief Schröders an die Medizinische Fakultät vom 27.12.1873.
6 Ebd. Brief von Schröder an den Senat der Universität vom 16. Juni 1869.
7 UAE C3/1 Nr. 452, Schreiben der Med. Fakultät vom 8. März 1932.
8 UAE A6/3d Nr. 9, Schreiben des Kultusministeriums vom 12.4.1937.
9 Zur Rolle der Hebammen im Nationalsozialismus vgl. Lisner: 2006.

410 Wieteck/Schmidpeter/Benthies: 2015.
411 Für die Arbeiten vgl. z.B. Becke: 2003; Sommer: 2014. Vgl. UK ER, Jb. 2001, S. 282–284; Jahresbericht 2002, S. 297–299; vgl. aktuell Akademie für Gesundheits- und Pflegeberufe: 2014. S. 6; die Homepage der Akademie ist unter http://www.akademie.uk-erlangen.de (9.7.2015) zu finden.
412 Vgl. Pflegedienstdirektion: 1992.
413 Einblick Durchblick 4,4 (1996) S. 1–2.
414 Die Homepage ist zu finden unter

http://www.krankenpflege-schule.uk-erlangen.de (9.7.2015); vgl. auch Einblick Durchblick 5,2 (1997) S. 1.
415 Einblick Durchblick 4,4 (1996) S. 4.
416 Universitätsklinikum Erlangen: Struktur, Auftrag, Satzungen. URL: http://www.uk-erlangen.de/organisation/struktur-auftrag-satzungen (12.10.2014).
417 Behandelte unveröffentlichte Quellen betreffen vor allem die Sitzungsprotokolle der Medizinischen Fakultät, die ich für den Zeitraum zwischen 1965 und 1991 bearbeitet habe. Unbefriedigend ist dies, da hier höchstens die Ergebnisse der Sitzungen der eingesetzten Kommissionen einsehbar waren, aber nicht der Entscheidungsprozess und die diskutierten Alternativen und Themen, wie auch die informellen und formellen Absprachen zwischen Klinikleitern, der Fakultät, der Universität oder dritten Akteuren auf diese Weise schlicht nicht greifbar waren. Dies ist künftigen Untersuchungen vorbehalten. Für diesen Beitrag habe ich folgende veröffentlichte Quelle verwendet: die Jahresberichte der Friedrich-Alexander-Universität (1972/73–2006, im weiteren Universität), des Universitätsklinikums Erlangen (1999–2014, im weiteren Universitätsklinikum), der einzelnen Kliniken und Institute, so sie vorlagen, ferner die Geschäftsberichte der Zentralen Klinikverwaltung des Universitätsklinikums Erlangen (1987–1991). Hinzu treten verschiedene veröffentlichte Gutachten über die Universität Erlangen und ihre Universitätskliniken, die Einrichtungs- und Personenverzeichnisse der Universität (1970–2007), Mitteilungen der Pressestelle der Universität Erlangen, kursorisch den Uni-Kurier bzw. Unikurier aktuell, die Erlanger Universitätsreden, die Mitteilungsblätter des Regionalen Rechenzentrums Erlangen (RRZE) und des kurzzeitig erschienenen Rechenzentrums der Medizinischen Fakultät (RZMF), die in der Nürnberger Forschungsgruppe Medizinökonomie entstandenen Arbeiten und Planspiele, die Untersuchungen der Hochschul-Informations-System GmbH (HIS) sowie die Veröffentlichungen des Wissenschaftsrates seit Mitte der 1960er Jahre, Protokolle des Bayerischen Landtages, die im Bundesgesetzblatt oder Bayerischen Gesetz- und Verordnungsblatt abgedruckten Gesetze und Gesetzesänderungen sowie Verordnungen, außerdem noch kursorisch die Veröffentlichungen der Kultusministerkonferenz, die Sammlung »Krankenhaus und Zeitgeist. Meinungen und Erfahrungen in vergleichender demoskopischer Analyse. 1970–1978« von Elisabeth Noelle-Neumann, ergänzt durch eine umfangreiche Stichwortsuche im Ärzteblatt und dem Bayerischen Ärzteblatt und Fachpublikationen zur Krankenhausplanung der 1970er und 1980er Jahre. Zum Nachvollziehen von Begriffskonjunkturen kamen verschiedene Korpora wie der Google-Ngram-Viewer oder der DWDS zum Einsatz.
418 Vgl. für die Bundesrepublik hier Doering-Manteuffel/Raphael: 2012; Jarausch: 2008.
419 Zur Entwicklung des Gesundheitswesens in Deutschland ist die Zusammenstellung historischer Statistiken des Mannheimer GESIS Leibniz-Instituts für Sozialwissenschaften sehr aufschlussreich; vgl. Sensch: 2015. Vgl. zudem die geraffte Darstellung bei Andreas: 1994. Zur Konjunktur der beiden Schlagwörter bietet der Google-Ngram-Viewer erste Hinweise. Den Höhepunkt der Diskussion um die »Kostenexplosion« war in den Jahren 1977/78 erreicht, während danach vor allem die »Kostendämpfung« im Vordergrund stand.
420 Wissenschaftsrat: 1986. S. 20.
421 Zimmermann: 2008. S. 102.
422 Wendehorst: 1993 (b). S. 269.
423 Peisert/Framheim: 1994. S. 8.
424 Kößler: 1979. S. 4.
425 Ilschner: 1976. S. 83; Rügheimer: 1976.
426 Dringlichkeitsantrag. Betreff: Universitätskliniken Erlangen/Nürnberg und Würzburg, 18. Dezember 1979. Bayerischer Landtag: Drucksache 9/3434.
427 Becker: 1983. S. 25.
428 Friedrich-Alexander-Universität Erlangen-Nürnberg: 1984. Bes. S. 6–16.
429 Vgl. die Überlegungen zur »Zeitgeschichte der Informationsgesellschaft« bei Dangel: 2012.
430 Schöck: 1991. S. 46.
431 Vermarktlichung bezeichnet die aktive Übertragung betriebswirtschaftlicher Instrumente, Konzepte, Praktiken und Denkweisen in staatliche Betriebe, was Formen der Privatisierung beispielsweise einzelner Dienstleistungsbereiche wie dem Wäscherei- oder Reinigungsbetrieb einschließen konnte, aber nicht musste. Als vergleichsweise offener Prozessbegriff ist Vermarktlichung den Alternativen »Ökonomisierung«, »Rationalisierung« und »Privatisierung« überlegen. Ökonomisierung und Rationalisierung sind begrifflich so voraussetzungsvoll wie unscharf und verweisen auf strukturgeschichtliche Großdeutungen, die zur Beschreibung konkreter Veränderungen vor Ort wenig nützen. Dem vielfach verbreiteten, linearen Narrativ einer »neoliberalen« Deregulierungs- und Privatisierungswut für die Bundesrepublik wird mittlerweile das differenziertere Konzept der »Wohlfahrtsmärkte« entgegengehalten, also gesetzgeberisch stark regulierte und überprägte Wettbewerbssituationen im Sozial- und Gesundheitssystem, in denen sich die polarisierte Gegenüberstellung von »Markt« und »Staat« auflöst, da der Staat weiterhin »gewährleistend« präsent sei. Unberührt von der analytischen Konzeption bleibt die Frage der mittel- und langfristigen Sinnhaftigkeit

432 1986 stellte Hans Roessels eine seit den 1970er Jahren anhaltende »Ökonomisierungsentwicklung« fest und Peter Eichhorn 1979 eine »Hinwendung öffentlicher Institutionen zu wirtschaftlichem Verhalten«. Vgl. Roessels: 1986. S. 15. Zitat von Eichhorn ebd. S. 14.
433 Universitäts-Vizepräsident Henning Kößler sprach 1979 von der »sozialwissenschaftlichen Weltbemächtigung«. Kößler: 1979. S. 5. Zum Bedeutungszuwachs einer wirtschafts- und sozialwissenschaftlichen Expertenkultur in der Bundesrepublik vgl. z.B. Schanetzky: 2007; Nützenadel: 2005; Metzler: 2002.
434 Nach Metzler: 2002 tobe seit Mitte der 1950er Jahre eine Verwaltungsreformdebatte, die ihre Vorläufer schon in einer Weimar Debatte über »Sparsamkeit« und »Effizienz« hatte. Im Zuge der Reformdebatte der 1950er Jahre kam es allmählich zu einer Hinwendung zu »Rationalisierung, d.h. [dem] Einsatz technischer Hilfsmittel«, die wiederum eine intellektuelle Kritik zunehmender Technisierung und Entmenschlichung provozierte. Nach langem Unbehagen mit den Folgen der technischen Moderne durch konservative Intellektuelle mehrheitlich zurückgewiesen, entwickelte sich seit den 1960er Jahren in der Bundesrepublik eine Strömung des technokratischen Konservatismus, dessen zentrales Merkmal Anerkennung und Behauptung von »Sachzwängen« und wissenschaftlich klar bestimmbaren Leitbildern für die Gestaltung von Gesellschaften war. Vgl. Wöhrle: 2013.
435 Zur Aneignung dieser Begriffe zum Beispiel durch den Wissenschaftsrat vgl. Bartz: 2007. S. 132 ff.
436 Wissenschaftsrat: 1968. S. 58 f.
437 Vgl. Bartz: 2007; Roessels: 1986. S. 14 ff.
438 Eine Interministerielle Kommission (IMK) der bayerischen Staatsregierung beauftragte zum Beispiel Anfang der 1970er Jahre die Hannoveraner Hochschulinformationssystem GmbH (HIS) mit einem Modellversuch *Periodisierter, standardisierter Wirtschaftlichkeitsreport* für die bayerischen Universitäten. Als Resultat der Reformen der Universitätsverwaltung unter Kurt Köhler, der seit 1966 Syndikus und seit 1968 Kanzler der Universität war, verfügte die Universität Erlangen nach Einschätzung der HIS in Bayern »noch am ehesten über das erforderliche Planungsinstrumentarium und notwendige Datenmaterial für eine Modelluntersuchung«. Lützau/Hopf/Küster/Peschke: 1981. S. 27. Im Modellversuch sollten Kriterien für Effizienz und gute Planung im Hochschulsektor gefunden und eine quantitative Vergleichsgrundlage geschaffen werden, wobei u.a. auch die vorklinischen Fächer an der Medizinischen Fakultät einbezogen wurden. Projektgruppe Erlangen: 1975.
439 Sitzung vom 19. Februar 1970. In: Protokolle über die Sitzungen der Medizinischen Fakultät Erlangen 1965–1971. UAE C3/1 Nr. 512.
440 Sitzung vom 29. Oktober 1970. In: Protokolle über die Sitzungen der Medizinischen Fakultät Erlangen 1965–1971. UAE C3/1 Nr. 512.
441 IFH: 1973. S. 37, 47.
442 Wendehorst: 1993 (a). S. 260 ff.
443 Sitzung vom 9. Mai 1978. In: Protokolle über die Sitzungen der Medizinischen Fakultät Erlangen 1977–1981. UAE C3/1 Nr. 515. S. 11.
444 Zentrale Klinikverwaltung: 1987. S. 9.
445 Rügheimer: 1978. S. 72.
446 Becker: 1983. S. 24.
447 Roessels: 1986 S. 15.
448 Wissenschaftsrat: 1999. S. 48.
449 Ders.: 1999. S. 37; ders.: 2006.
450 Ders.: 1986. S. 58 ff.
451 Bekanntmachung der Neufassung des Bayerischen Hochschulgesetzes. In: Bayerisches Gesetz- und Verordnungsblatt 28/1988. S. 399–448. Hier: S. 419.

Auftritt der Ökonomen

1 Vgl. Adam: 1971: Eichhorn: 1973, 1974. Bereits in den 1960er Jahren wurde im angelsächsischen Raum, aber auch in nordeuropäischen Staaten und den Niederlanden zu Klinikmanagement gearbeitet, es als Lehrinhalt in Studiengänge integriert oder spezifische Weiterbildungen und Abschlüsse geschaffen. Zum Bedeutungsgewinn der Ökonomie im politischen Diskurs vgl. Nützenadel: 2005.
2 Vgl. Andreas: 1994.
3 Im Jahr seiner Berufung veröffentlichte Meyer bereits einen Artikel zur »Ablaufplanung im Krankenhaus«. Meyer/Schläger: 1975.
4 Gierl: 1976; Schläger: 1976.
5 Die Angaben Meyers zur Gründung der Forschungsgruppe sind sehr widersprüchlich und reichen von 1971 über 1972 bis 1981. Am wahrscheinlichsten ist eine namentliche Gründung Anfang der 1980er Jahre, da der Begriff zuvor keine Verwendung in den von Meyer genannten Arbeiten findet. Zur Person Meyers vgl. Pressestelle der ZUV: 2005.
6 ARKTIS steht für »Arzneimittelversorgung im Krankenhaus, Training durch interaktive Simulation«, ASTERIKS für »Ablaufsteuerung im Krankenhaus«.
7 KLIMA wurde in der kommenden Dekade mehrfach modifiziert und neu aufgelegt, vgl. Meyer: 1977. Reinhard Meyer behauptete, dass KLIMA das Erste seiner Art in der Bundesrepublik gewesen sei. Als Vorbild nannte er das 1975 in den Niederlanden veröffentlichte »Tilburg Hospital Management

Game«. Meyer: 1978. S. 2 ff.
8 Ein Beispiel wäre die von Kanzler Kurt Köhler angeregte Studie »Eigenerzeugung oder Außenbezug von Wäschereileistungen? Untersuchungen für ein Universitätsklinikum zum Thema Privatisierung«. Meyer/Strickstrock/Strickstrock: 1981. S. 1. Anm. 1.
9 Kersten: 1979. S. 32.

452 Sitzungsprotokoll der Medizinischen Fakultät Erlangen vom 15. November 1991. S. 23.
453 Schöck: 1991. S. 42.
454 Alle weiteren Zitate aus der Klinikumsordnung sind Klinikumsordnung: 1991 entnommen; Schöck: 1992. S. 21.

Ein Vorbild für Bayern? Das »Erlanger Modell«

1 Zur Kostenentwicklung vgl. die Aufstellung in Zentrale Klinikverwaltung: 1987. S. 79.
2 Friedrich-Alexander-Universität Erlangen-Nürnberg (Hg.): Jahresbericht 1980/81. Erlangen 1981. 20 f.
3 Ebd./dies. (Hg.): Jahresbericht 81/82. S. 15.
4 Dazu grundlegend Köhlers Rede von 1988. Köhler: 1989. S. 15–27.
5 Ebd. S. 20. Köhler setzte sich prononciert für die Einführung »marktwirtschaftlicher Elemente« ein, da die bisherige »Planwirtschaft« und die Aufhebung der Konkursfähigkeit keinerlei Anreize zum Sparen geboten, sondern gegenteilige Effekte hervorgebracht habe. Ebd. S. 17 ff.
6 Friedrich-Alexander-Universität Erlangen-Nürnberg (Hg.): Jahresbericht 1986/88. Erlangen 1988. S. 18.
7 1982 kam es zu einem »Nullwachstum« des Klinikhaushalts und 1989/90 wurde weiterhin betont, dass ein vorbildliches Sparverhalten andere Maßnahmen keineswegs ersetze. Vgl. ebd. S. 14–15, 22. »Ein nachhaltiger Erfolg auch in Zukunft ist nur dann zu erwarten, wenn den Kliniken aus ihrem Sparverhalten bezüglich ihrer Betriebshaushalte keine Nachteile erwachsen.« Friedrich-Alexander-Universität Erlangen-Nürnberg (Hg.): 1990. S. 29. Zu überprüfen ist, ob sich Sparpolitik in den Mittelzuteilungen tatsächlich auch negativ auswirken konnte oder ob sie nicht im Gegenteil sogar dringend notwendiges soziales Kapital darstellte, aus dem sich haushaltspolitische Vorteile ergaben.

455 Kultusministerkonferenz: 2004. Zur Diskussion über die DRGs vgl. u. a. Klinke: 2008; Vogd: 2006.
456 Ein lokales Beispiel wäre die Rede des früheren Präsidenten der Universität, Nikolaus Fiebiger, über »Wirtschaft, Wissenschaft und internationaler Wettbewerb – Zur Diskussion um den Wirtschaftsstandort Deutschland«, die er auf der Jahresversammlung des Universitätsbundes am 27. April 1993 gehalten hat. Vgl. Fiebiger: 1993. Zur Debatte über den »Standort Deutschland« vgl. z. B. Liebermann: 2000. Zu dem »produktiven Blick« in die USA oder nach Japan vgl. Kleinschmidt: 2002.
457 Wissenschaftsrat: 1995; vgl. dazu auch Clade: 1995.
458 Arbeitsgemeinschaft der Wissenschaftlichen Medizinischen Fachgesellschaften: 1995.
459 Memorandum zur Standortbestimmung: 1997. In einem im Jahr 2000 von der Friedrich-Alexander-Universität und dem Universitätsklinikum Erlangen verabschiedeten *Struktur- und Entwicklungskonzept* für die Zeit 2000–2010 war die »Wettbewerbsfähigkeit« zu einer der klaren Zielvorgaben geworden. Vgl. Sauer: 2001.
460 Bayerisches Hochschulgesetz in der Fassung der Bekanntmachung vom 2. Oktober 1998. In: Bayerisches Gesetz- und Verordnungsblatt 20/1998. S. 740–792. Hier: S. 761.
461 Wendehorst: 1993 (a). S. 260.
462 Das Klinikum ist seit 1. Oktober selbständiger Teil der Hochschule. In: Unikurier aktuell 28 (1999). S. 10.
463 Uni-Kurier 103 (2002). S. 36.
464 Übersicht in Wissenschaftsrat: 1999. S. 24.
465 Rieser, S: Uniklinika müssen Neuland betreten. In: Deutsches Ärzteblatt 51–52/1997. S. A3457–A3458.
466 Wissenschaftsrat: 1999. S. 51.
467 Universitätsklinikum Erlangen (Hg.): Jahresbericht 1999. Erlangen 2000. S. 5.

Größenverhältnisse – das Universitätsklinikum Erlangen in Zahlen

1   Alle folgenden Angaben aus dem Jahresbericht des Universitätsklinikums Erlangen 2014/2015.
2   http://www.unesco.diplo.de/Vertretung/unesco/de/03-UNESCO/05-grundlagen/04-programm-haushaltseite.html (12.8.2015).

468 Wissenschaftsrat: 2006. S. 10 ff. Universität Erlangen-Nürnberg: Wechsel am Erlanger Universitätsklinikum, 29. September 2006. URL: http://www.pressrelations.de/new/standard/result_main.cfm?r=250199&aktion=jour_pm (26.6.2015).
469 Regierungserklärung des Staatsministers für Wissenschaft, Forschung und Kunst: 2005. S. 3136.
470 Ebd. S. 3130.
471 Universitätsklinikum Erlangen (Hg.): Jahresbericht 2002. Erlangen 2003. S. 3.
472 Diesen Hinweis verdanke ich Prof. Dr. Renate Wittern-Sterzel.
473 Universitätsklinikum Erlangen (Hg.): Der Mensch im Mittelpunkt. Rückblick 2007, Ausblick 2008. Erlangen 2008. S. 7.

Baugeschichte

1   Vgl. Wachter: 2012. Allgemein zur Geschichte der Universität Erlangen-Nürnberg vgl. Wendehorst: 1993 (a).
2   UAE A6/3a Nr. 4.
3   UAE C3/1 Nr. 149: Karl August Freiherr von Hardenberg an Friedrich (von) Wendt, 10.10.1796.
4   Nürmberger: 1993. S. 187–189.
5   UAE A6/3a Nr. 26.
6   UAE F3/25 Nr. 2.
7   Kolde: 1991. S. 140–141.
8   Jakob: 2002 f.
9   UAE F3/25 Nr. 2.
10 Frobenius: 2002.
11 UAE F3/31 Nr. 2: »Allgemeine Bemerkungen über die Entstehung und Dotation des hebaerztlichen Instituts der hiesigen Universität«, Oktober 1829.
12 Schöck/Wachter: 2012.
13 Nägelke: 2000. S. 303–307.
14 Fritsch: 2003. S. 51–52.
15 UAE A4/2 Nr. 161.
16 UAE A4/7 Nr. 33.
17 UAE A4/7 Nr. 66.
18 UAE A4/7 Nr. 24.
19 UAE F3/1 Nr. 180.
20 UAE A4/7 Nr. 55.
21 UAE A4/7 Nr. 52: Staatsministerium des Innern für Kirchen- und Schulangelegenheiten an den akademischen Senat, 28.7.1897.
22 UAE A4/7 Nr. 64.
23 UAE A4/7 Nr. 68.
24 UAE A2/2 Nr. S 29; Jakob: 2002 (e).
25 UAE A4/7 Nr. 50.
26 Eversbusch: 1893. S. 1–8.
27 UAE A4/7 Nr. 43.
28 UAE A4/7 Nr. 60.
29 UAE C3/1 Nr. 301; Neuhaus: 2001. S. 189 f., 244 f.
30 UAE F3/1 Nr. 364.
31 UAE A4/7 Nr. 63.
32 Wachter: 2014 (a). S. 716.
33 UAE A2/2 Nr. S 38; Wachter: 2014 (b).
34 UAE A4/7 Nr. 72: Prorektor Bernhard Kübler an das Staatsministerium des Innern für Kirchen- und Schulangelegenheiten, Notiz Hans Rhomberg, 3.1.1917.
35 UAE A4/7 Nr. 74: Franz Penzoldt an die Medizinische Fakultät, 30.1.1915.
36 UAE A6/3c Nr. 4; F3/1 Nr. 352.
37 Vgl. hierzu Sandmeier: 2012.
38 UAE A4/7 Nr. 72: Gustav Specht an den akademischen Senat, 26.4.1911.
39 UAE F3/1 Nr. 425.
40 Universitätsbund Erlangen: 1931. S. 20–24; Ders.: 1932. S. 28.
41 UAE F3/1 Nr. 368.
42 UAE F3/1 Nr. 421.
43 Rühl: 1969; Rühl: 1974.
44 Baumgärtel: 1949. S. 13–15. Zit.: S. 15.
45 UAE F3/1 Nr. 78.
46 UAE F3/1 Nr. 352.
47 UAE F3/1 Nr. 79; UAE C3/7 f Nr. 1: Denkschrift von Alfred Adam, Dezember 1954, S. 1.
48 UAE F3/1 Nr. 447.
49 Jahresbericht über das Rektoratsjahr 1961/62 von Rektor Professor Dr. Georg Nöbeling. In: Mitteilungsblatt des Universitätsbundes Erlangen e.V., N. F. Nr. 21, November 1962, S. 1–6. Zit.: S. 5.

Ein »Generalplan« für die Kliniken

1   Die volle Bezeichnung lautete »Gutachten für die bauliche Entwicklung der Medizinischen Fakultät Erlangen als Generalplan, Stufe A«. Vgl. IFH: 1973. Aus dem IFH ging nach mehreren Zwischenschritten und einer 1975 erfolgten Eröffnung eines zweiten Standortes in Hamburg 2002 schließlich die Lohfert & Lohfert AG hervor.
2   Die Zwischenberichte zum Stand des »Lohfert-Gutachtens« sind im Bestand Protokolle über die Sitzungen der

Medizinischen Fakultät Erlangen 1971–1974. UAE C3/1 Nr. 513 zu finden.
3 Als »Blöcke« angedacht waren Kopfklinik (A), Medizinische Klinik mit Infektionsgebäude (B), die Hautklinik, Orthopädie, Strahlen- und Nukleartherapie (C), das Institut für Mikrobiologie und Virologie mit dem Institut für öffentliches Gesundheitswesen (D) und eine Nachsorgeklinik (E). Sitzung vom 11.5.1967. In: Protokolle über die Sitzungen der Medizinischen Fakultät Erlangen 1965–1971. UAE C3/1 Nr. 512. S. 2 ff.
4 IFH: 1973. S. 37. Zuvor waren Baukommissionen vor allem dann gebildet worden, wenn es zu Verteilungskonflikten zwischen Kliniken oder Instituten kam. Sie sollten in der Regel eine nach Dringlichkeit von Baumaßnahmen bemessene Reihenfolge festlegen.
5 Wissenschaftsrat: 1968. S. 57 ff.
6 »Generell kann festgestellt werden, dass der grösste Teil der bestehenden Anlage nicht mehr den baulichen Anforderungen der medizinischen Forschung, Ausbildung und Krankenversorgung entspricht.« IFH: 1973. S. 34 ff., außerdem S. 24 ff.
7 Kanzler Köhler ging 1973 von jährlichen Investitionen in Höhe von 25 Millionen DM über einen Zeitraum von 20 Jahren aus. Der Universitätsleitung erschien der Plan »förderungswürdig«. Gleichzeitig verwies man jedoch auf die – verständliche – Notwendigkeit der »Koordination mit den [...] anderen Fakultäten«. Sitzung vom 1.2.1973. In: Protokolle über die Sitzungen der Medizinischen Fakultät Erlangen 1971–1974. UAE C3/1 Nr. 513. S. 3 f. Mitte 1980 sollte bereits ein Architektenwettbewerb für die Zentren II (Dermatologie und Radiologie), A (interdisziplinäre Untersuchungs- und Behandlungseinrichtungen) und E (Ver- und Entsorgungseinrichtungen) ausgeschrieben werden. Sitzung vom 21.6.1979. In: Protokolle über die Sitzungen der Medizinischen Fakultät Erlangen 1977–1981. UAE C3/1 Nr. 515. S. 13. Erweitert wurden die Ergebnisse des städtebaulichen Ideenwettbewerbs dann zur Grundlage für eine Generalsanierung. Vgl. Universität Erlangen-Nürnberg/Universitätsbauamt Erlangen: 1988. S. 4.
8 IFH: 1973. S. 2.
9 Universität Erlangen-Nürnberg/Universitätsbauamt Erlangen: 1988. S. 4. Die Sanierung der Altbestände der bayerischen Universitätskliniken waren auch auf Landesebene zum politischen Ziel erklärt worden.
10 Zu nennen wäre als weitere Stufe neben dem Ideenwettbewerb das Struktur- und Entwicklungskonzept der Medizinischen Fakultät von 1986. Staatliches Bauamt Erlangen-Nürnberg: 2012. S. 6.

Literaturverzeichnis

Vorbemerkung: Werden aus einem Sammelband mehrere Aufsätze unter den jeweiligen Autorennamen zitiert, so ist der Sammelband selbst an diesen Stellen mit einem Kurztitel angegeben (Beispiel: Ackern, K. van/Schwarz, W./Striebel, J.-P.: 50 Jahre Deutsche Gesellschaft für Anästhesiologie und Intensivmedizin. In: Schüttler: 2003. S. 79–119 weist auf den von J. Schüttler herausgegebenen Band, dessen vollen Titel man unter dem Herausgebernamen Schüttler findet). Falls zu einem Autorennamen aus demselben Erscheinungsjahr mehr als eine Publikation aufgeführt ist, so ist nach der Jahreszahl zur Unterscheidung ein Buchstabe in Klammer hinzugefügt, z. B. Jakob: 1993 (a) verweist auf den ersten von drei Beiträgen, die A. Jakob 1993 verfasst hat. Auf die alphabetisch nach Autoren geordnete Literatur folgt am Ende ein Verzeichnis der benutzten Internetquellen.

A

Abelshauser, Werner: Deutsche Wirtschaftsgeschichte. Von 1945 bis zur Gegenwart. Bonn ²2011.

Ackern, K. van/Schwarz, W./Striebel, J.-P.: 50 Jahre Deutsche Gesellschaft für Anästhesiologie und Intensivmedizin. In: Schüttler: 2003. S. 79–119.

Adam, D.: Krankenhausmanagement im Konfliktfeld zwischen medizinischen und wirtschaftlichen Zielen. Wiesbaden 1971.

Akademie für Gesundheits- und Pflegeberufe: Programm 2015. Marktoberdorf 2014.

Alraum, C.: Technik auf Rollen. Mobile medizintechnische Versorgung im Ersten Weltkrieg. In: Diefenbacher et al.: 2014. S. 179–187.

Aly, G./Roth, K. H.: Die restlose Erfassung. Volkszählen, Identifizieren, Aussondern im Nationalsozialismus. Frankfurt/M. 2000.

Amberg, P.: Studien zur regionalen und sozialen Herkunft der Studierenden an der Universität Erlangen von 1742/43–1843. Erlangen 1983.

Amelang, K.: Transplantierte Alltage. Zur Produktion von Normalität nach einer Organtransplantation. Bielefeld 2014.

Andraschke, U./Ruisinger, M. M. (Hg.): Die Sammlungen der Universität Erlangen-Nürnberg. Begleitband zur Ausstellung »Ausgepackt. Die Sammlungen der Universität Erlangen-Nurnberg« im Stadtmuseum Erlangen. Nürnberg 2007.

Andreas, H.: Problemgeschichte der Gesundheitsökonomik in der Bundesrepublik Deutschland. Die ökonomische Steuerung von Angebot und Nachfrage im Gesundheitswesen von der Kostenexplosion bis zum Gesundheitsstrukturgesetz. Köln 1994.

Angermann, B./Mühe, E.: Wandel der Operationsindikation in der Leberchirurgie. In: Gall/Hohenberger: 1984. S. 58–61.

Applebaum, R. A./Straker, J. K./Geron, S. M.: Patientenzufriedenheit. Benennen, bestimmen, beurteilen. Bern 2004.

Ash, M. G.: Konstruierte Kontinuitäten und divergierende Neuanfänge nach 1945. In: Ash, M. G../Grüttner, M. (Hg.): Gebrochene Wissenschaftskulturen. Universität und Politik im 20. Jahrhundert. Göttingen 2010. S. 215–246.

Atzel, I.: Who cares? Geschichte und Alltag der Krankenpflege. Frankfurt/M. 2011.

Atzel, I./Hess, V./Schnalke, T.: Zeitzeugen. Charité. Arbeitswelten der Psychiatrischen und Nervenklinik 1940–1999. Begleitbuch zur Ausstellung des Berliner Medizinhistorischen Museums der Charité. 3. März bis 12. Juni 2005. Münster 2005.

Aukamp, I.: Fränkische Universitätspolitik des Grafen Maximilian von Montgelas. Erlangen 1936.

Aumann, G.: Die Entwicklung der Kinderchirurgie in Erlangen. Erlangen 1975.

Ayaß, W.: »Asoziale« im Nationalsozialismus. Stuttgart 1995.

B

Bachinger, E. M.: Kind auf Bestellung. Ein Plädoyer für klare Grenzen. Wien 2015.

Bachmann, D.: Ein Blick ins Innerste. In: Erlangen in der Kriegszeit 1915. Ein Gruß der Universität an ihre Studenten. Erlangen 1915. S. 6–7.

Balleis, S.: Medizinstadt Erlangen – Eine Vision als Chance und Herausforderung. In: Erlanger Stadtlexikon: 2002. S. 98–101.

Bartz, O.: Wissenschaftsrat und Hochschulplanung. Leitbildwandel und Planungsprozesse in der Bundesrepublik Deutschland zwischen 1957 und 1975. Köln 2006.

Bartz, O.: Der Wissenschaftsrat. Entwicklungslinien der Wissenschaftspolitik in der Bundesrepublik Deutschland. 1957–2007. Stuttgart 2007.

Bateman, N./Kingsley, J. (Hg.): Advocacy Skills for Health and Social Care Professionals. London ²2000.

Bauer, M.: Studien über Leben und Werk Adolph Henkes. Diss. med. Erlangen 1960.

Baumgart, P. (Hg.): Vierhundert Jahre Universität Würzburg. Eine Festschrift. Neustadt an der Aisch 1982.

Baumgärtel, F.: Bericht Sr. Magnifizienz des Herrn Rektors Professor D. Friedrich Baumgärtel über die Lage der Universität Erlangen. In: Universitätsbund Erlangen e. V. (Hg.): Bericht über die Arbeitstagung des Erlanger Universitätsbundes am 24. Januar 1949. Erlangen 1949. S. 6–39.

Bayer, A.: Erste Nachricht von der Entbindungs-Anstalt der Königl. Universität Erlangen. Erlangen 1828.

Becke, H.: Das Erste Gespräch. Die Evaluation des pflegerischen Erstgesprächs am Universitätsklinikum Erlangen Pflegedienst. Nürnberg 2003 (unveröffentlicht).

Becker, A.: Die Kongregation der Barmherzigen Schwestern vom Heiligen Vinzenz von Paul an den klinischen Einrichtungen der Universität München und ihre Begegnung mit dem Nationalsozialismus. Diss. München (LMU) 2008.

Becker, J.: Professor Dr. Werner Teschendorf zum 70. Geburtstag. In: Strahlentherapie 127 (1965). S. 634–635.

Becker, V.: Genius loci gastroenterologicus Erlangensis. Zur Entwicklung der Gastroenterologie an der Universität Erlangen. In: Fortschritte der Medizin 91 (1973). S. 1028–1034.

Becker, V.: Die Pathologie in Erlangen. In: Verhandlungen der Deutschen Gesellschaft für Pathologie 61 (1977). S. XX–XXVII.

Becker, V.: Medizinische Fakultät. Bericht des Dekans. In: Friedrich-Alexander-Universität Erlangen-Nürnberg. Zur Lage der Friedrich-Alexander-Universität Erlangen-Nürnberg am 240. Jahrestag ihrer Gründung. Erlangen 1983. S. 24–25.

Beckmann, M. W.: Zukunft der Frauenheilkunde. Zu den Perspektiven des Faches und der Klinik. In: Ley/Ruisinger: 2003, S. 172–184.

Beckmann, M. W./Engel, J./Goecke, T. W./Faschingbauer, F./Oppelt, P./Flachskampf, F./Schellinger, P. D./Rascher, W./Schüttler, J./Frewer, A.: Schwangerschaft, Herzinfarkt, Hirnschädigung. Medizinische und ethische Fragen beim Umgang mit Mutter, Kind und sozialem Kontext. In: Jahrbuch Ethik in der Klinik 2 (2009). S. 215–225.

Beddies, Th. (Hg.): Im Gedenken der Kinder. Die Kinderärzte und die Verbrechen an Kindern in der NS-Zeit. Berlin 2012.

Behnk, A.: Ohne Liebe geht es nicht. Berufsbiographien Hebammen Kinder-Krankenschwestern. Berufsbiographien von Frauen in Ostfriesland. Leer 2002.

Benedict, S./Shields L. (Hg.): Nurses and Midwives in Nazi German. The »Euthanasia Programs«. New York, London 2014.

Berger, S.: Bakterien in Krieg und Frieden. Eine Geschichte der medizinischen Bakteriologie in Deutschland, 1890–1933. Göttingen 2009.

Bernhard, A.: Kinder machen. Neue Reproduktionstechnologien und die Ordnung der Familie. Samenspender, Leihmütter, Künstliche Befruchtung. Frankfurt/M. 2014.

Berwind, M.: Personalbibliographien von Professoren und Dozenten der Anatomie, Pathologie, Pharmakologie, Physiologie, Physiologische Chemie, Hygiene und Bakteriologie an der Medizinischen Fakultät der Universität Erlangen-Nürnberg im ungefähren Zeitraum von 1900–1965. Nürnberg 1968.

Beyer, A.: Die Verfassungsentwicklung der Universität Erlangen 1743–1810 (Erlanger Juristische Abhandlungen, 41). Köln u. a. 1992.

Beyer, J.: Marienhospital. In: Erlanger Stadtlexikon: 2002. S. 477 (a).

Beyer, J.: Waldkrankenhaus St. Marien. In: Erlanger Stadtlexikon: 2002. S. 733 (b).

Beyerstedt, H.-D.: Protestbewegungen gegen den Ersten Weltkrieg: Friedensbewegungen, Demonstrationen und Streiks. In: Diefenbacher et al.: 2014. S. 645–667.

Biesalski, K.: Die ethische und wirtschaftliche Bedeutung der Kriegskrüppelfürsorge und ihre Organisation im Zusammenhang mit der gesamten Kriegshilfe. Leipzig/Hamburg 1915.

Binding, K./Hoche, A.: Die Freigabe der Vernichtung lebensunwerten Lebens. Ihr Maß und ihre Form. Leipzig 1920.

Birkner, H.: Das Wichtigste aus der Geschichte der Stadt Erlangen, nach der Geschichte und Statistik derselben von Bürgermeister Dr. Lammers mit einigen Zusätzen. Erlangen 1863.

Birnbacher, D.: Erlaubt, aber nicht geboten. In: Universitas 48 (1993). S. 209–214.

Bleker, J.: Die Naturhistorische Schule, 1825–1845. Ein Beitrag zur Geschichte der klinischen Medizin in Deutschland. Stuttgart 1981.

Bleker, J./Jachertz, N. (Hg.): Medizin im »Dritten Reich«. Köln ²1993.

Blessing, W. K.: Die Universität Erlangen im Ersten Weltkrieg. In: Friederich: 1993. S. 87–98.

Bleuel, H. P./Klinnert, E.: Deutsche Studenten auf dem Weg ins Dritte Reich. Ideologien, Programme, Aktionen. 1918–1935. Gütersloh 1967.

Blüthgen, J.: Erlangen. Das geographische Gesicht einer expansiven Mittelstadt. Erlangen 1961.

Blüthgen, J.: Die Erlanger Stadtviertel. Versuch einer geographischen Gliederung der Stadt. Erlangen 1971.

Bock, G.: Zwangssterilisation im Nationalsozialismus. Studien zur Rassenpolitik und Frauenpolitik. Opladen 1986.

Bockenheimer-Lucius, G./Seidler, E. (Hg.): Hirntod und Schwangerschaft. Dokumentation einer Diskussionsveranstaltung der Akademie für Ethik in der Medizin zum Erlanger Fall. Baden-Baden 1993.

Boecker-Reinartz, A.: Die Augen-Kliniken der Universitäten des deutschen Sprachgebietes (1769–1914). Diss. med. Köln. 1990.

Borck, C.: Hirnströme. Eine Kulturgeschichte der Elektroenzephalographie. Göttingen 2005. S. 243–257.

Braun, B./Kornhuber, J.: Die einzige »panoptische« Anstalt Deutschlands: Eine Würdigung der »Kreis-Irrenanstalt Erlangen«. In: Fortschritte der Neurologischen Psychiatrie 81 (2013). S. 162–168.

Braun, I.: Andreas Pratje – Anatomie und Rassenhygiene in Erlangen. Diss. med. Erlangen [erscheint demnächst].

Braun, S.: Heilung mit Defekt. Psychiatrische Praxis in den Anstalten Hofheim und Siegburg 1820–1878. Göttingen 2009.

Braunmühl, A. von: Moderne Behandlungsmethoden in der Psychiatrie. Der Elektrokrampf. In: Die Umschau. Wochenschrift über Fortschritt in Wissenschaft und Technik 43 (1939), S. 513–515.

Braunwarth, M.: Das Bernhard-Rüther-Haus in Erlangen. Zur Rehabilitation chronisch psychisch Kranker in einem Langzeitwohnheim. Erlangen 1990.

Breitländer, K.: »Wider den Röntgen (Strahlen)-›Kater‹«. In: Strahlentherapie 97 (1955). S. 608–610.

Brinkschulte, E.: Krankenhaus und Krankenkassen. Soziale und ökonomische Faktoren der Entstehung des modernen Krankenhauses im frühen 19. Jahrhundert. Husum 1998.

Brune, K.: Knorr und Filehne in Erlangen. Die Erfindung des Antipyrin legt den Grundstein für eine Weltfirma. In: Das neue Erlangen 67 (1985). S. 16–21.

Bruns, F.: Den »Volkskörper« im Blick. Medizin und Moral im Nationalsozialismus. In: Bialas, W./Fritze, L. (Hg.): Ideologie und Moral im Nationalsozialismus. Göttingen 2014. S. 211–234.

Bruns, F./Frewer, A. (2010): Fallstudien im Vergleich. Ein Beitrag zur Standardisierung Klinischer Ethikberatung. In: Frewer, A./Bruns, F./Rascher, W. (Hg.): Hoffnung und Verantwortung. Herausforderungen für die Medizin. Jahrbuch Ethik in der Klinik, Bd. 3, Würzburg 2010. S. 301–310.

Brunstäd, F.: Der Erlanger Lazarettzug. In: N. N.: Erlanger im Kriege. Ein zweiter Gruß der Universität an ihre Studenten. Erlangen 1916. S. 39–40.

Bryant, T.: Friedrich Burgdörfer (1890–1967). Eine diskursbiographische Studie zur deutschen Demographie im 20. Jahrhundert. Stuttgart 2010.

Buess, H.: Adolf Kußmaul und die Gewerbemedizin. In: Sudhoffs Archiv 37 (1957). S. 214–218.

Buess, H.: Die Geburtshilfe des 19. Jahrhunderts im Zenit ihrer Entwicklung. Aufgezeigt am Beispiel des Deutschlandschweizers Paul Zweifel (1848–1927). In: Gesnerus 31 (1970). S. 163–180.

Bumm, Ernst: Eröffnungsrede. Verhandlungen der Deutschen Gesellschaft für Gynäkologie, 16. Versammlung, abgehalten zu Berlin am 26.–29. Mai 1920. II. Teil: Sitzungsbericht. Leipzig 1921.

Bünte, H.: Chirurgie des Magens. In: Gall/Hohenberger: 1984. S. 51–57.

Burgschweiger, B.: Humangenetische und anthropologische Arbeiten (Dissertationen) in der Medizinischen Fakultät der Universität Erlangen in den Jahren 1933–1945. Erlangen 1970.

Burleigh, M./Wippermann, W.: The racial state. Germany 1933–1945. Cambridge u. a. 1991.

Bussche, H. van den: Im Dienste der »Volksgemeinschaft«. Studienreform im Nationalsozialismus am Beispiel der ärztlichen Ausbildung. Berlin, Hamburg 1989.

Bussche, H. van den: Lehren und Lernen – Die ärztliche Ausbildung. In: Bussche, H. van den (Hg): Die Hamburger Universitätsmedizin im Nationalsozialismus. Forschung – Lehre –Krankenversorgung. Berlin, Hamburg 2014. S. 275–339. (a)

Bussche, H. van den (Hg.): Die Hamburger Universitätsmedizin im Nationalsozialismus. Forschung – Lehre – Krankenversorgung. Berlin, Hamburg 2014. (b)

Bussiek, D.: Albert Viethen. Direktor der Universitäts-Kinderklinik in Erlangen 1939–1945. In: Rascher/Wittern-Sterzel: 2005. S. 125–211.

Bussiek, D./Castell, R./Rascher, W.: »Wir Ärzte strebten nach Ruhe und schlängelten uns so durch.« Albert Viethen (1897-1978), Direktor der Universitätskinderklinik Erlangen 1939–1945. In: Monatsschrift für Kinderheilkunde 152 (2004), S. 992–1003.

Bußmann-Strehlow, G.: Kommunale Politik im Sozialstaat. Nürnberger Wohlfahrtspflege in der Weimarer Republik. Nürnberg 1997.

Büttner, J.: Wechselbeziehungen zwischen Chemie und Medizin im 19. Jahrhundert. In: Jahrbuch des Institutes für Geschichte der Medizin der Robert Bosch Stiftung 2 (1983). S. 7–24.

Büttner, U.: Weimar. Die überforderte Republik 1918–1933. Leistung und Versagen in Staat, Gesellschaft, Wirtschaft und Kultur. Stuttgart 2008.

Bynum, W./Porter, R. (Hg.): Companion Encyclopedia of the History of Medicine, Bd. 1.2. London, New York 1993.

C

Caumanns, U./Dross, F./Magowska, A. (Hg.): Medizin und Krieg in historischer Perspektive. Beiträge der XII. Tagung der Deutsch-Polnischen Gesellschaft für Geschichte der Medizin, Düsseldorf 18.–20. September 2009. Frankfurt/M. 2012.

Chronik. In: Mitteilungsblatt des Regionalen Rechenzentrums Erlangen 59 (1991). S. 82–83.

Clade, Harald: Für tiefgreifende Neustrukturierung. In: Deutsches Ärzteblatt 92 (1995). S. A 333–A 334.

Clark, Ch.: Die Schlafwandler. Wie Europa in den Ersten Weltkrieg zog (engl. Original: The Sleepwalkers. How Europe Went to War in 1914. London 2012). München 2013.

Collyar, D.: How Have Patient Advocates in the United States Benefited Cancer Research? In: Nature reviews. Cancer 5 (2005). S. 73–78.

Condrau, F.: Lungenheilanstalt und Patientenschicksal. Sozialgeschichte der Tuberkulose in Deutschland und England im späten und frühen 20. Jahrhundert. Göttingen 2000.

Cooter, R./Pickstone, J.: Companion to Medicine in the Twentieth Century. London/ New York 2000.

Corni, G.: Hunger. In: Hirschfeld: 2014. S. 565–567.

Cranach, M. von/Siemen, H.-L. (Hg.): Psychiatrie im Nationalsozialismus. Die Bayerischen Heil- und Pflegeanstalten zwischen 1933 und 1945. München ²2012.

Cuvier, G.: Das Thierreich, geordnet nach seiner Organisation als Grundlage der Naturgeschichte der Thiere und Einleitung in die vergleichende Anatomie. Berlin 1846.

Czerny, V. (Hg.): Adolf Kußmaul. Aus meiner Dozentenzeit in Heidelberg. Stuttgart 1903.

D

Dehler, H.: 100 Jahre Universitäts-Frauenklinik Erlangen. In: Münchener Medizinische Wochenschrift 75 (1928). S. 740–741.

Dercum, Th.: Statistisches über Tuberkulose aus der Erlanger medizinischen Poliklinik. Diss. med. Erlangen 1906.

Dessauer, F.: Kontrapunkte eines Forscherlebens. Erinnerungen, amerikanische Reisebriefe. Frankfurt/M. 1962.

Deuerlein, E.: Aus dem Heimatmuseum. Die drei Fakultätsfahnen. In: Erlanger Heimatblätter 7 (1924). S. 33.

Deuerlein, E.: Geschichte der Universität Erlangen in zeitlicher Übersicht. Erlangen 1927.

Deuerlein, E.: 100 Jahre Erlanger Frauenklinik. Erlangen 1928.

Deuerlein, E.: Christian Friedrich Samuel Hahnemann. In: Erlanger Heimatblätter 12 (1929). S. 54–66, 166 f.

Deuerlein, E.: Friedrich Wendt. (Zur Erinnerung an die vor 160 Jahren erfolgte Eröffnung des »Institutum Clinicum«). In: Erlanger Heimatblätter 22 (1939). S. 21–22.

Deutscher Ethikrat: Hirntod und Entscheidung zur Organspende. Stellungnahme. 24.02.2015. Berlin 2015.

Die behandelnden Ärzte (1993): Kontroverse Hirntod und Schwangerschaft. Abschließende Pressemitteilung der Chirurgischen Klinik mit Poliklinik und des Institutes für Anästhesiologie der Universität Erlangen-Nürnberg. In: Ethik in der Medizin 5 (1993). S. 24–28.

Diefenbacher, M./Swoboda, U./Zahlaus, S. M. (Hg.): Der Sprung ins Dunkle. Die Region Nürnberg im Ersten Weltkrieg. Nürnberg 2014.

Dieffenbach, J. F.: Der Äther gegen den Schmerz. Berlin 1847.

Dittrich, R. et al: Xenotransplantation of Cryopreserved Human Ovarian Tissue. A Systematic Review of MII Oocyte Maturation and Discussion of it as a Realistic Option for Restoring Fertility after Cancer Treatment. In: Fertility and Sterility 103 (2015). S. 1557–1565.

Doberauer, R.: Die Bewegung der Tuberkulose im Stadtkreis Erlangen von 1938–1943. Diss. med. Erlangen 1946.

Döderlein, A.: Zum Gedächtnis P. Zweifels. In: Archiv für Gynäkologie 131 (127). S. I–VIII.

Doering-Manteuffel, A./Raphael, L.: Nach dem Boom. Perspektiven auf die Zeitgeschichte nach 1970. Göttingen ³2012.

Dörfler, H.-D.: Die Entwicklung der Straßennamen Erlangens bis 1949. Erlangen 1997.

Dörfler, H.-D.: Die Entwicklung der Straßennamen Erlangens bis 1949. Onomastische und historische Grundlagen, Namengebung und Wörterbuch. Erlangen 2006.

Dörfler, H.-D.: Schildergeschichten. Das Lexikon aller Erlanger Straßennamen. Erlangen 2009.

Dreikorn, K.: Geschichte und Entwicklung der klinischen Nierentransplantation in Deutschland aus urologischer Sicht. In: Deutsche Gesellschaft für Urologie (Hg.): Urologie in Deutschland. Bilanz und Perspektiven. Berlin 2007. S. 151–159.

Dresser, R.: When Science offers Salvation. Patient Advocacy and Research Ethics. Oxford 2001.

Dritte Abteilung. Kriegsfürsorge. 1. Allgemeines und Organisation. In: Stadtmagistrat Erlangen (Hg.): Verwaltungsberichte der Universitätsstadt Erlangen für das Jahr 1914. Erlangen 1915. S. 9–33.

Dross, F.: Krankenhaus und lokale Politik 1770–1850. Das Beispiel Düsseldorf. Essen 2004.

Dross, F./Ruisinger, M. M.: Zur Geschichte der Homöopathie in Franken. In: Medizin, Gesellschaft und Geschichte 25 (2006). S. 181–227.

Du Bois-Reymond, E.: Über Universitäts-Einrichtungen. Rede bei Antritt des Rectorats der Königl. Friedrich-Wilhelms-Universität zu Berlin am 15. October 1869. Berlin 1869.

Du Bois-Reymond, E.: (Hg.): Jugendbriefe an Eduard Hallmann. Berlin 1918.

Duckheim, S./Roelcke, V.: Medizinische Dissertationen aus der Zeit des Nationalsozialismus: Potential eines Quellenbestandes und erste Ergebnisse zu »Alltag«, Ethik und Mentalität der universitären medizinischen Forschung bis (und ab) 1945. In: Medizinhistorisches Journal 49 (2014). S. 260–271.

E

Eberstadt, E.: K. A. von Solbrigs Liebe zu den Irren. In: Leibbrand, W. (Hg.): Um die Menschenrechte der Geisteskranken. Nürnberg 1946. S. 31–49.

Echinger, K.: Schwangerschaft in Grenzbereichen von Medizin und Ethik. Die »Erlanger Fälle« 1992 und 2007. Diss. med. Erlangen 2014.

Eckart, W. U.: »Der größte Versuch, den die Einbildungskraft ersinnen kann« – Der Krieg als hygienisch-bakteriologisches Laboratorium und Erfahrungsfeld. In: Eckart, W. U./Gradmann, Ch. (Hg.): Die Medizin und der Erste Weltkrieg. Pfaffenweiler 1996. S. 299–319.

Eckart, W. U.: Illustrierte Geschichte der Medizin. Von der französischen Revolution bis zur Gegenwart. Berlin, Heidelberg 2011.

Eckart, W. U.: Medizin in der NS-Diktatur. Ideologie, Praxis, Folgen. Wien/Köln/Weimar 2012.

Eckart, W. U.: Die Wunden heilen sehr schön. Feldpostkarten aus dem Lazarett. 1914–1918. Stuttgart 2013.

Eckart, W. U.: Medizin und Krieg. Deutschland 1914–1924. Paderborn 2014. (a)

Eckart, W. U.: Epidemien. In: Hirschfeld: 2014. S. 459f. (b)

Eckart, W. U.: Invalidität. In: Hirschfeld: 2014. S. 584–586. (c)

Eckart, W. U./Jütte, R.: Medizingeschichte. Eine Einführung. Köln/Weimar/Wien ²2014.

Eckart, W.U./Gradmann, C.: Medizin. In: Hirschfeld: 2014. S. 210–219.

Eckstein, R./Strasser, E./Zimmermann, R.: 70 Jahre Transfusionsmedizin Erlangen. Göttingen 2010.

Eheberg, K. T.: Die Königlich Bayerische Friedrich-Alexanders-Universität zu Erlangen. In: Lexis, W. (Hg.): Das Unterrichtswesen im Deutschen Reich, Bd. 12. Berlin 1904. S. 488–502.

Ehrenbuch der Burschenschaft Germania zu Erlangen den im Weltkrieg gefallenen Bundesbrüdern gewidmet. O. O. 1927.

Eiberg, C./Funke, A./Lienkamp, S: Studierende an der Medizinischen Fakultät in der Zeit des Nationalsozialismus. In: Grün, B./Hofer, H.-G./Leven, K.-H. (Hg.): Medizin und Nationalsozialismus. Die Freiburger Medizinische Fakultät und das Klinikum in der Weimarer Republik und im »Dritten Reich«. Frankfurt/M. 2002. S. 229–232.

Eichhorn, S.: Krankenhausbetriebslehre I. Stuttgart 1973.

Eichhorn, S.: Krankenhausbetriebslehre II. Stuttgart 1974.

Eicken, C. von: Der Werdegang der Oto-Rhino-Laryngologie. Sitzungsberichte der Deutschen Akademie der Wissenschaften. Berlin 1951.

Eissa, T.-L./Sorgner, S. L. (Hg.): Geschichte der Bioethik. Eine Einführung. Paderborn 2011.

Eitz, T./Stötzel, G.: Wörterbuch der »Vergangenheitsbewältigung«. Die NS-Vergangenheit im öffentlichen Sprachgebrauch. Hildesheim, Zürich, New York 2007.

Emmerling, J.: Geschichte der Moulagensammlung der Hautklinik Erlangen. Diss. med. Erlangen 2013. URN: urn:nbn:de:bvb:29-opus-48222.

Emrich, I./Fröhlich-Güzelsoy, L./Frewer, A. (Hg.): Ethik in der Medizin aus Patientensicht. Perspektivwechsel im Gesundheitswesen. Frankfurt/M. 2014.

Engel, J./Goecke, T. W./Frewer, A./Schellinger, P./Schild, R. L./Beckmann, M. W.: Maternaler hypoxischer Hirnschaden am Ende des 1. Trimenons. Ethische Entscheidungen und Verlauf über 22 Schwangerschaftswochen. In: Zeitschrift für Geburtshilfe und Neonatologie 213 (2009). S. 213.

Engelhardt, J. G. V.: Die Universität Erlangen von 1743–1843. Erlangen 1843 (Nachdruck 1991).

Engelhardt, T.: Die Spiegelfabrik auf den Werkern. Ein Beitrag zur Geschichte der Spiegelindustrie im fränkischen Raum. In: Erlanger Bausteine zur fränkischen Heimatforschung 38 (1990). S. 9–76.

Erlanger Stadtlexikon. Hg. von Friederich, C./Haller, B. Freiherr von/Jakob, A. Nürnberg 2002.

Esch, M. G./Caumanns, U.: Fleckfieber und Fleckfieberbekämpfung im Warschauer Ghetto und die Tätigkeit der deutschen Gesundheitsverwaltung 1941/42. In: Woelk, W./Vögele, J./Fehlemann, S. (Hg.): Geschichte der Gesundheitspolitik in Deutschland. Von der Weimarer Republik bis in die Frühgeschichte der »doppelten Staatsgründung«. Berlin 2002. S. 225–262.

Eschle, F. C. R.: Katechismus für »Helferinnen vom Roten Kreuz. München 1913.

Esser, A.: Geschichte der Deutschen Ophthalmologischen Gesellschaft. München 1957.

Eulner, H. H.: Die Entwicklung der medizinischen Spezialfächer an den Universitäten des deutschen Sprachgebietes. Stuttgart 1970.

Eunicke, J.: Die Vorgeschichte des Erlanger Klinischen Ethikkomitees (KEK) am UK Erlangen. Zusammengestellt von Pfarrer Johannes Eunicke, Evang. Klinikseelsorge. O. O. 2010 [unveröffentlicht, drei Seiten].

Eversbusch, O.: Die neue Universitäts-Heilanstalt für Augenkranke. Wiesbaden 1893.

F

Faber, A.: Pflegealltag im stationären Bereich zwischen 1880 und 1930. Stuttgart 2015.

Faulstich, H.: Hungersterben in der Psychiatrie 1914–1949. Mit einer Topographie der NS-Psychiatrie. Freiburg/Br. 1998.

Faust, A.: Der Nationalsozialistische Deutsche Studentenbund. Studenten und Nationalsozialismus in der Weimarer Republik, 2 Bde. Düsseldorf 1973.

Ferber, C. von: Die Entwicklung des Lehrkörpers der deutschen Universitäten und Hochschulen 1864–1954. O. O. 1956.

Fester, R.: Beiträge zur Geschichte der Universität Erlangen. Erlangen, Leipzig 1901.

Fester, R. (Hg.): »Der Universitätsbereiser« Friedrich Gedike und sein Bericht an Friedrich Wilhelm II. Archiv für Kulturgeschichte, Ergänzungsheft 1 (1905).

Fiebiger, N.: Zur Lage der Forschung an unserer Universität. In: Friedrich-Alexander-Universität Erlangen-Nürnberg (Hg.): Jahresbericht 1979/80. Erlangen 1980. S. 5–17.

Fiebiger, N.: Wirtschaft, Wissenschaft und internationaler Wettbewerb – Zur Diskussion um den Wirtschaftsstandort Deutschland. Festvortrag anläßlich der Jahresversammlung des Universitätsbundes am 27. April 1993. Erlangen 1993.

Fiedler, C: Abschlussbericht der Weiterbildungsstätte für Intensivpflegekräfte der Medizinischen Klinik mit Poliklinik am Klinikum der Friedrich- Alexander-Universität Erlangen-Nürnberg 1992–2000. Erlangen o. J.

Fikenscher, G. W. A.: Geschichte der Königlichen Preußischen Friederich-Alexanders-Universität zu Erlangen. Erlangen 1795.

Fikenscher, G. W. A.: Vollständige Akademische Gelehrten-Geschichte der königlich preussischen Friedrich-Alexanders-Universität zu Erlangen von ihrer Stiftung bis auf gegenwärtige Zeit, Bd. 2. Nürnberg 1806.

Fischbach, S.: Personalbibliographien von Professoren und Dozenten der Kinderklinik und Medizinischen Poliklinik der Universität Erlangen-Nürnberg im ungefähren Zeitraum von 1945–1970. Mit biographischen Angaben und Überblicken über die Sachgebiete. Erlangen 1971.

Fischer, A. W.: Otto Goetze zum Gedenken. In: Zentralblatt Für Chirurgie 46 (1955). S. 1849.

Fischer, A. W.: Otto Goetze. Nachruf. In: Der Chirurg 26 (1955). S. 565–566.

Flaskamp, W.: Über Röntgenschäden und Schäden durch radioaktive Substanzen. Ihre Symptome, Ursachen, Vermeidung und Behandlung. Berlin, Wien 1930.

Fleischmann, G.: Geschichtlicher Überblick der Königlich Anatomischen Anstalt zu Erlangen von Errichtung der Universität bis auf gegenwärtige Zeit. Erlangen 1830.

Fleßner, A.: Tuberkulose und Krankenmord in Oldenburg. In: Fleßner, A. (Hg.): Forschungen zur Medizin im Nationalsozialismus. Vorgeschichte-Verbrechen-Nachwirkungen. Göttingen 2014. S. 45–58.

Forsbach, R.: Die Medizinische Fakultät der Universität Bonn im »Dritten Reich«. München 2006.

Foth, T.: Caring and Killing, Nursing and Psychiatric Practice in Germany, 1931–1943. Göttingen 2013.

Franco, A./Cortés, J./Vidal, M. I./Rabanal, S.: Erste Abhandlung über Ätheranästhesie in Deutschland aus dem Jahre 1847. In: Der Anästhesist 42 (1993). S. 51.

Franze, M.: Die Erlanger Studentenschaft 1918–1945. Neustadt/Aisch ²1993.

Frei, N.: Vergangenheitspolitik. Die Anfänge der Bundesrepublik und die NS-Vergangenheit. München 1996.

Frewer, A.: Medizin und Moral in Weimarer Republik und Nationalsozialismus. Die Zeitschrift »Ethik« unter Emil Abderhalden. Frankfurt/M., New York 2000.

Frewer, A.: Kommentar. Medizinethik/Klinische Ethikberatung. In: Frewer/Fahr/Rascher 2009. S. 231–238.

Frewer, A.: Zur Geschichte der Bioethik im 20. Jahrhundert. Entwicklungen – Fragestellungen – Institutionen. In: Eissa, T.-L./Sorgner, S. L. (Hg.): Geschichte der Bioethik. Eine Einführung. Paderborn 2011. S. 415–437.

Frewer, A.: Klinische Ethik. Eine Übersicht zu Geschichte und Grundlagen. In: Frewer/Bruns/May: 2013. S. 17–38.

Frewer, A./Bruns, F./May, A.T. (Hg.): Klinische Ethik. Konzepte und Fallstudien. Freiburg/Br. 2013.

Frewer, A./Neumann, J. N. (Hg.): Medizingeschichte und Medizinethik. Kontroversen und Begründungsansätze 1900–1950. Frankfurt/M., New York 2001.

Frewer, A./Oppitz, U.-D. u. a. (Hg.): Medizinverbrechen vor Gericht. Das Urteil im Nürnberger Ärzteprozess gegen Karl Brandt und andere sowie aus dem Prozess gegen Generalfeldmarschall Erhard Milch. Erlangen, Jena 1999.

Frewer, A./Schmidt, U. (Hg.): Standards der Forschung. Historische und ethische Probleme klinischer Studien. Frankfurt/M. 2007.

Frewer, A./Schmidt, U. (Hg.): Forschung als Herausforderung für Ethik und Menschenrechte. 50 Jahre Deklaration von Helsinki (1964–2014). Köln 2014.

Frewer, A./Bruns, F./May, A. (Hg.): Ethikberatung in der Medizin. Heidelberg u. a. 2012.

Frewer, A./Bruns, F./Rascher, W. (Hg.): Gesundheit, Empathie und Ökonomie. Kostbare Werte in der Medizin. Jahrbuch Ethik in der Klinik, Bd. 4. Würzburg 2011.

Frewer, A./Bruns, F./Rascher, W.: Medizinethik an der Universität Erlangen-Nürnberg. Gründung und Aufgaben des Klinischen Ethikkomitees. In: Frewer, A./Bruns, F./May, A. (Hg.): Ethikberatung in der Medizin. Heidelberg u. a. 2012. S. 79–91.

Frewer, A./Fahr, U./Rascher, W. (Hg.): Klinische Ethikkomitees. Chancen, Risiken und Nebenwirkungen. Jahrbuch Ethik in der Klinik, Bd. 1. Würzburg 2008.

Frewer, A./Fahr, U./Rascher, W. (Hg.): Patientenverfügung und Ethik. Beiträge zur guten klinischen Praxis. Jahrbuch Ethik in der Klinik, Bd. 2, Würzburg 2009.

Frewer, A. u. a. (Hg.): Istanbul-Protokoll. Untersuchungen und Dokumentation von Folter und Menschenrechtsverletzungen. Göttingen 2012.

Frie, E.: Vorbild oder Spiegelbild? Kriegsbeschädigtenfürsorge in Deutschland 1914–1919. In: Michalka, W. (Hg.): Der Erste Weltkrieg. Wirkung, Wahrnehmung, Analyse. München 1994. S. 563–580.

Friederich, C. (Hg.): Die Friedrich-Alexander-Universität Erlangen-Nürnberg. 1743–1993. Geschichte einer deutschen Hochschule. Ausstellungskatalog. Erlangen 1993.

Friedrich-Alexander-Universität Erlangen-Nürnberg (Hg.): Die Bedeutung der Medizinischen Fakultät für die Region. Erlangen 1984.

Friedrich-Alexander-Universität Erlangen-Nürnberg (Hg.): Hochschulentwicklungsplan 1989/90. Erlangen 1990.

Friedrich-Alexander-Universität Erlangen-Nürnberg (Hg.): Die Professoren an der FAU. Biographisches Verzeichnis der hauptamtlichen Professorinnen und Professoren der Friedrich-Alexander-Universität Erlangen. Erlangen 1995.

Friedrich-Alexander-Universität Erlangen-Nürnberg (Hg.): Universitätsbericht 2009 bis 2011. Erlangen 2012.

Fritsch, E.: Ort für »gefallene Unglückliche«. Die Anfänge der Erlanger Entbindungsanstalt (1828–1854). In: Ley/Ruisinger: 2003. S. 48–62.

Fritsch, E.: Ein Ort für »gefallene Unglückliche«. Die Frühgeschichte der Erlanger Frauenklinik. Diss. med. Erlangen 2006.

Frobenius, W.: Beim Schein einer Petroleumlampe konnte die Operation beginnen. Richard Frommel (1854–1912). Pionier bei der Behandlung der rupturierten Extrauteringravidität. In: Geburtshilfe und Frauenheilkunde 52 (1992). S. 712–716.

Frobenius, W.: Bei Peritonitis nach Sektio Champagner löffelweise. Aus der Geschichte der Geburtshilfe in Erlangen – Daten von rund 60.000 Entbindungen in 100 Jahren. In: Gynäkologisch Geburtshilfliche Rundschau 36 (1996). S. 212–220. (a)

Frobenius, W.: Zimmer mit Aussicht für die »Schmerzenstöchter«: 1828 begann die klinische Geburtshilfe in Erlangen. In: Gynäkologisch Geburtshilfliche Rundschau 36 (1996). S. 163–168. (b)

Frobenius, W.: Karl Günther Ober. Begabter Operateur und leidenschaftlicher Gynäkopathologe. Zur Bilanz des Lebens für die klinische Hochschulmedizin. In: Sitzungsberichte der Physikalisch-Medizinischen Sozietät zu Erlangen. Arbeitsberichte, Nachrufe, Originalbeiträge 6 (1999), Heft 4. S. 44–73.

Frobenius, W.: Entbindungsanstalt. In: Erlanger Stadtlexikon: 2002. S. 229–230.

Frobenius, W.: Stichwort »Röntgen-Wertheim«. Gynäkologische Strahlentherapie in Erlangen (1914–1945). In: Ley/Ruisinger: 2003. S. 92–109. (a)

Frobenius, W.: Röntgenstrahlen statt Skalpell. Die Universitäts-Frauenklinik Erlangen und die Geschichte der gynäkologischen Radiologie von 1914–1945. Erlangen 2003. (b)

Frobenius, W.: Abtreibungen bei »Ostarbeiterinnen« in Erlangen. Hochschulmediziner als Helfershelfer des NS-Regimes. In: Frewer, A./Siedbürger, G. (Hg.): Medizin und Zwangsarbeit im Nationalsozialismus. Einsatz und Behandlung von »Ausländern« im Gesundheitswesen. Frankfurt/M., New York 2004. S. 283–307.

Frobenius, W.: BGGF-Ehrenmitglieder und das »Dritte Reich«. In: Anthuber, C./Beckmann, M. W./Diet, J./Dross, F./Frobenius, W. (Hg.): Herausforderungen. 100 Jahre Bayerische Gesellschaft für Geburtshilfe und Frauenheilkunde. Stuttgart/New York 2012. S. 115–137.

Frommel, R.: Die Entwicklung des geburtshilflich-gynäkologischen Unterrichts an der Universität Erlangen. In: Festschrift seiner Königlichen Hoheit dem Prinzregenten Luitpold von Bayern zum achtzigsten Geburtstag dargebracht von der Universität Erlangen, Bd. 3. Erlangen/Leipzig 1901. S. 65–92.

Fuchs, P./Rotzoll, M./Müller, U./Richter, P./Hohendorf, G. (Hg.): »Das Vergessen der Vernichtung ist Teil der Vernichtung selbst«. Lebensgeschichten von Opfern der nationalsozialistischen »Euthanasie«. Göttingen 2007.

G

Gaal, G. von: Physikalische Diagnostik und deren Anwendung in der Medicin, Chirurgie, Oculistik, Otiatrik und Geburtshilfe. Wien 1846.

Gaida, U.: »Zwischen Pflegen und Töten. Krankenschwestern im Nationalsozialismus. Einführung und Quellen für Unterricht und Selbststudium«. Frankfurt/M. ³2011.

Gall, F. P./Hohenberger, W. (Hg.): Aktuelle Chirurgie. Indikationen gestern und heute. München, Wien, Baltimore 1984.

Ganslandt, H. R.: Die '68er Jahre und die Friedrich-Alexander-Universität. In: Kössler: 1993. S. 839–870.

Gastauer, T.: Die Personalbibliographien des Lehrkörpers der philosophischen Fakultät zu Erlangen von 1743 bis 1806 mit biographischen Angaben, gesichtet im Hinblick auf die Beziehungen zur Lehre und Forschung in der Medizinischen Fakultät. Erlangen 1968.

Gaupp, R.: Schreckneurosen und Neurasthenie. In: Schjerning, O. von/Axenfeld, T./Bonhoeffer, K. (Hg.): Handbuch der Ärztlichen Erfahrungen im Weltkriege, Bd. 4. Leipzig 1922. S. 68–101.

Gay, P.: Die Republik der Außenseiter. Geist und Kultur in der Weimarer Zeit (1918–1933). Frankfurt/M. 1970.

Geil, W./Leudet, É.: Über die Tuberkulose der weiblichen Geschlechtsorgane. Diss. med. Erlangen 1851.

Geldmacher, J: Hand und Handchirurgie. In: Das neue Erlangen. Heft 23 (1971). S. 1730–1742.

Gerlach, J.: Franz von Dittrich. Eine Gedächtnisrede. Erlangen 1859.

Gerneth, G. M.: Personalbibliographien von Professoren und Dozenten der Neurologie und Psychiatrie, der Arbeitsmedizin und der physiologischen Chemie der Universität Erlangen-Nürnberg 1900–1968. Mit biographischen Angaben und Überblick über die Hauptarbeitsgebiete. Erlangen 1969.

Geyer, M. H.: Soziale Sicherheit und wirtschaftlicher Fortschritt. Überlegungen zum Verhältnis von Arbeitsideologie und Sozialpolitik im »Dritten Reich«. In: Geschichte und Gesellschaft 15 (1989). S. 382–406.

Gierl, L.: Partialmodelle der Ablaufplanung im Krankenhaus auf empirischer Grundlage. Nürnberg 1976.

Glaßer, L.: Personalbibliographien der Professoren der Medizinischen Fakultät der Universität Erlangen von 1743–1793. Erlangen 1967.

Goerig, M./Schulte am Esch, J.: Die Entwicklung der Anästhesie in der ersten Hälfte des 20. Jahrhunderts. In: Schüttler: 2003. S. 27–65.

Goerke, H.: Fünfundsiebzig Jahre Deutsche Röntgengesellschaft. Stuttgart 1980.

Göhring, L. (Hg.): Gedächtnisbuch der Stadt Erlangen. Dem Andenken ihrer dem Weltkrieg zum Opfer gefallenen Söhne gewidmet. Erlangen 1924.

Göhring, L.: Zur Entstehung der Erlanger Irrenanstalt. In: Erlanger Heimatblätter 15 (1932), S. 173–187.

Görres, S: Patient(innen)information und Patient(innen)schutz – wichtige Voraussetzungen für die Qualitätssicherung im Gesundheitswesen. In: Kolb, S./Härlein, J. (Hg.): Medizin und Gewissen. Wenn Würde ein Wert würde. Frankfurt/M. 2002. S. 100–105.

Gradmann, C.: Sanitätswesen. In: Hirschfeld: 2014. S. 812–813.

Gräf, W./Braun, D.: 120 Jahre Hygiene an der Friedrich-Alexander-Universität Erlangen-Nürnberg. Die Entwicklung des Faches Hygiene an der Medizinischen Fakultät der Universität Erlangen-Nürnberg 1866–1986. Erlangen 1986.

Grell, M.: Bilanz des In-vitro-Fertilisations-Programmes der Universitätsfrauenklinik Erlangen. Erlangen 1987.

Gross, D./Winckelmann, H. J. (Hg.): Medizin im 20. Jahrhundert. Fortschritte und Grenzen der Heilkunde seit 1900. München 2008.

Gross, J.: Die Universität Erlangen in Wort und Bild. Düsseldorf 1928.

Gruber, M.: Die strafrechtliche Problematik des »Erlanger-Baby-Falls«. In: Roxin, C. (Hg.): Medizinstrafrecht – im Spannungsfeld von Medizin, Ethik und Strafrecht. Stuttgart 2001. S. 175–198.

Gruner, W.: »Ein Schicksal, das ich mit sehr vielen anderen geteilt habe«. Alfred Kantorowicz – sein Leben und seine Zeit von 1899 bis 1935. Kassel 2006.

Grüttner, M.: Studenten im Dritten Reich. Paderborn u. a. 1995.

Grüttner, M.: Machtergreifung als Generationskonflikt. Die Krise der Hochschulen und der Aufstieg des Nationalsozialismus. In: Bruch, R. vom/Kaderas, B. (Hg.): Wissenschaften und Wissenschaftspolitik. Bestandsaufnahmen zu Formationen, Brüchen und

Kontinuitäten im Deutschland des 20. Jahrhunderts. Stuttgart 2002. S. 339–353.

Grüttner, M.: Hochschulpolitik zwischen Gau und Reich. In: John, J./Möller, H./Schaarschmidt, T. (Hg.): Die NS-Gaue. Regionale Mittelinstanzen im zentralistischen »Führerstaat«. München 2007. S. 177–193.

Grüttner, M.: Die Hochschulkommission der NSDAP. In: Ferdinand, U./Kröner, H.-P./Mamali, I. (Hg.): Medizinische Fakultäten in der deutschen Hochschullandschaft (1925–1950). Heidelberg 2013. S. 29–43.

Grüttner, M./Kinas, S.: Die Vertreibung von Wissenschaftlern aus den deutschen Universitäten (1933–1945). In: Vierteljahreshefte für Zeitgeschichte 55 (2007). S. 123–186.

Günther, W./Stahl, K.: Patientenbefragung. Beschwerdeverhalten von Patienten in deutschen Krankenhäusern. In: Das Krankenhaus 98 (2006). S. 1139–1141.

H

Haehl, R.: Samuel Hahnemann. Sein Leben und Schaffen, Bd. 1. Leipzig 1922.

Häfner, H.: Ein König wird beseitigt. Ludwig II. von Bayern. München 2008.

Hagel, K.-H.: Personalbibliographien von Professoren und Dozenten der Medizinischen Klinik und Poliklinik der Universität Erlangen-Nürnberg im ungefähren Zeitraum von 1900–1965. Erlangen 1968.

Hagen, F. W. (Hg.): Statistische Untersuchungen über Geisteskrankheiten nach den Ergebnissen der ersten fünfundzwanzig Jahre der Kreis-Irrenanstalt zu Erlangen. Erlangen 1876.

Hahnemann, S.: Conspectus adfectum spasmodicorum aetiologicus et therapeuticus. Diss. med. Erlangen 1779.

Hähner-Rombach, S.: Sozialgeschichte der Tuberkulose. Vom Kaiserreich bis zum Ende des Zweiten Weltkrieges unter besonderer Berücksichtigung Württembergs. Stuttgart 2000.

Hähner-Rombach, S.: Geschlechterverhältnisse in der Krankenpflege. In: Hähner-Rombach, S. (Hg.): Quellen zur Geschichte der Krankenpflege. Mit Einführungen und Kommentaren. Frankfurt/M. 2008. S. 479–499.

Hähner-Rombach, S. (Hg.): Alltag in der Krankenpflege. Geschichte und Gegenwart. Everyday Nursing Life. Past and Present. Stuttgart 2009.

Hähner-Rombach, S.: Warum Pflegegeschichte? In: Atzl, I. (Hg.): Who cares? Geschichte und Alltag der Krankenpflege. Frankfurt/M. 2011. S. 123–131.

Hähner-Rombach, S.: Geschlechterkampf in der Pflege. Ein historischer Blick auf den Beginn des 20. Jahrhunderts. In: Dr. med. Mabuse 210 (2014). S. 51.

Hammerstein, N.: Antisemitismus und deutsche Universitäten (1871–1933). Frankfurt/M. 1995.

Handbuch der Tuberkulose-Fürsorge/1. Geschichtliches, gesetzliches Handhaben, deutsche Tuberkulosestatistik und Leistungen in der Tuberkulosebekämpfung, Einrichtung und Betrieb sowie ärztliche Diagnostik in der Tuberkulose-Fürsorgestelle. München 1926.

Handwerker, H. O.: Reden über das Medizinstudium und die Physiologie, 2003–2006. In: Sitzungsberichte der Physikalisch-medizinischen Sozietät zu Erlangen. Neue Folge, Bd. 10, Heft 3. Erlangen/Jena 2007.

Hanisch, M.: Gefallen für das Vaterland. Erlangen 1994.

Hardy, A.: Ärzte, Ingenieure und städtische Gesundheit. Medizinische Theorien in der Hygienebewegung des 19. Jahrhunderts. Frankfurt/M. 2005.

Hardy, A./Tansey, A. M.: Medical Enterprise and Global Response, 1945–2000. In: Bynum, W. F./Hardy, A./Jacyna, S./Lawrence, C./Tansey, E. M.: The Western Medical Tradition, 1800–2000. Cambridge, New York u. a. 2006.

Harless, J. Chr. F.: Einige praktische Bemerkungen über innere Entzündungen bei Kindern. Nürnberg 1810.

Hauser, G.: Die Geschichte des Lehrstuhls für pathologische Anatomie und das neue pathologische Institut zu Erlangen. Jena 1907.

Heeres-Sanitätsinspektion des Reichswehrministeriums (Bearb.): Sanitätsbericht über das Deutsche Heer (Deutsches Feld- und Besatzungsheer) im Weltkriege 1914/18, 4 Bde. Berlin 1934–1938.

Hegemann, G.: Allgemeine Operationslehre. Berlin u. a. 1958.

Heiber, H. Universität unterm Hakenkreuz, Teil 1: Der Professor im Dritten Reich. Bilder aus der akademischen Provinz. München 1991.

Heiber, H.: Universität unterm Hakenkreuz, Teil 2, Bd. 1: Die Kapitulation der Hohen Schulen. München 1992.

Heiber, H.: Universität unterm Hakenkreuz, Teil 2, Bd. 2: Das Jahr 1933 und seine Themen. München 1994.

Heidacher, A.: Friedrich von Wendt. Ein Wegbereiter der deutschen Universitätsklinik. In: Medizinische Monatsschrift. Zeitschrift für allgemeine Medizin und Therapie 4 (1954). S. 265–266.

Heidacher, A.: Geschichte der chirurgischen Universitätsklinik Erlangen. Bonn 1960.

Heilstätten-Verein Nürnberg (Hg.): Beschreibung der Heilstätte für Lungen-Kranke bei Engelthal. Nürnberg 1902.

Heinemann, M./Schneider, U. (Hg.): Hochschuloffiziere und Wiederaufbau des Hochschulwesens in Westdeutschland 1945–1952, Bd. 2. Die US-Zone. o. O. 1990.

Heintz, E. R.: Die Einführung der Elektrokrampftherapie an der Psychiatrischen und Nervenklinik der Universität München, 1941 bis 1945. Diss. med. München 2004.

Helmholtz, H.: Beschreibung eines Augenspiegels zur Untersuchung der Netzhaut im lebenden Auge. Berlin 1851.

Hennig, D.: Erster Weltkrieg. In: Erlanger Stadtlexikon: 2002. S. 243–244.

Herbert, U.: »Generation der Sachlichkeit«. Die völkische Studentenbewegung der frühen zwanziger Jahre in Deutschland. In: Bajohr, F./Johe, W./Lohalm, U. (Hg.): Zivilisation und Barbarei. Die widersprüchlichen Potentiale der Moderne. Hamburg 1991. S. 115–144.

Herbert, U.: Best. Biographische Studien über Radikalismus, Weltanschauung und Vernunft 1903–1989. Bonn 1996.

Herbert, U.: Wer waren die Nationalsozialisten? Typologien des politischen Verhaltens im NS-Staat. In: Hirschfeld, G./Jersak, T. (Hg.): Karrieren im Nationalsozialismus zwischen Mitwirkung und Distanz. Frankfurt/M., New York 2004. S. 17–44.

Herbert, U.: Was haben die Nationalsozialisten aus dem Ersten Weltkrieg gelernt? In: Krumeich, G. (Hg.): Nationalsozialismus und Erster Weltkrieg. Essen 2010. S. 21–32.

Herder-Dorneich, P.: Problemgeschichte der Gesundheitsökonomik. In: Herder-Dorneich, P./Sieben, G./Thiemeyer, T. (Hg.): Wege zur Gesundheitsökonomie I. Stuttgart 1981. S. 11–62.

Hergenröder, G.: Konzept eines Klinikkommunikationssystem für die Friedrich-Alexander-Universität Erlangen-Nürnberg. In: Mitteilungsblatt des Regionalen Rechenzentrums Erlangen 59 (1991). S. 31–39.

Hermes, M.: Krankheit. Krieg. Psychiatrische Deutungen des Ersten Weltkrieges. Essen 2012.

Hess, B./Friederich, C.: Einwohnerzahlen 1497–2000. In: Erlanger Stadtlexikon: 2002. S. 778.

Hess, V.: Der wohltemperierte Mensch. Wissenschaft und Alltag des Fiebermessens (1850–1900). Frankfurt/M., New York 2000.

Hesse, B.: Lebenssituationen und wissenschaftliches Werk von Carl Thiersch. Diss. med. Leipzig 1998.

Heurich, J.: Das Leben und Wirken Friedrich Albert v. Zenkers. Diss. med. Düsseldorf 1938.

Heyfelder, J. F.: Die Versuche mit dem Schwefeläther und die daraus gewonnenen Resultate in der chirurgischen Klinik zu Erlangen. Erlangen 1847.

Heyfelder, J. F.: Die Versuche mit dem Schwefeläther, Salzäther und Chloroform und die daraus gewonnenen Resultate in der chirurgischen Klinik zu Erlangen. Erlangen 1848.

Hildebrandt, S.: Anatomie im Nationalsozialismus: Stufen einer ethischen Entgrenzung. In: Medizinhistorisches Journal 48 (2013). S. 153–185.

Hilgendorf, E.: Scheinargumente in der Abtreibungsdiskussion – am Beispiel des Erlanger Schwangerschaftsfalls. In: Neue Juristische Wochenschrift 49 (1996). S. 758–762.

Hintzenstein, U. von/Schwarz, W.: Frühe Erlanger Beiträge zur Theorie und Praxis der Äther- und Chloroformnarkose. In: Der Anaesthesist 45 (1996). S. 131–139.

Hirsch, C.: Wohnungselend und Tuberkulose. Ueber den Einfluss der Wohnung auf die Verbreitung der Tuberkulose. Tübingen 1919.

Hirschberg, J.: Geschichte der Augenheilkunde, Bd. 3. Leipzig 1911.

Hirschfeld, G./Krumeich, G./Renz, I. (Hg.): ›Keiner fühlt sich hier mehr als Mensch…‹. Erlebnisse und Wirkung des Ersten Weltkrieges. Essen 1993.

Hirschfeld, G./Krumeich, G./Renz, I. (Hg.): Enzyklopädie Erster Weltkrieg. Paderborn ²2014.

Hirsching, F. C. G.: Nachrichten von sehenswürdigen Gemälde- und Kupferstichsammlungen […] in Teutschland nach alphabetischer Ordnung, Bd. 1. Erlangen 1786.

HNO-Klinik Erlangen (Hg.): 125 Jahre HNO-Klinik Erlangen – Geschichte und Geschichten. Von A bis Z. Von 1889–2014. Erlangen 2014.

Hobuß, S.: Mythos »Stunde Null«. In: Fischer, T./Lorenz, M. N. (Hg.): Lexikon der »Vergangenheitsbewältigung« in Deutschland. Debatten- und

Diskursgeschichte des Nationalsozialismus nach 1945. Bielefeld ²2007. S. 42–43.

Hockerts, H. G.: Zeitgeschichte in Deutschland. Begriff, Methoden, Themenfelder. In: Historisches Jahrbuch 113 (1993). S. 98–127.

Hockerts, H. G.: Vom Wohlfahrtsstaat zum Wohlfahrtsmarkt? Privatisierungstendenzen im deutschen Nationalstaat. In: Frei, N./Süß, W. (Hg.): Privatisierung. Idee und Praxis seit den 1970er Jahren. Göttingen 2002. S. 70–87.

Hofer, H.-G.: Aus Krieg, Krise und Kälte. Alfred Hoche über »lebensunwertes Leben«. In: Gadebusch Bondio, M./Stamm-Kuhlmann, T. (Hg.): Wissen und Gewissen. Historische Untersuchungen zu den Zielen von Wissenschaft und Technik. Berlin, Hamburg 2009. S. 47–89.

Hofer, H.-G./Prüll, C.-R./Eckart, W. U. (Hg.): War, trauma and medicine in Germany and Central Europe (1914–1939). Freiburg/Br. 2011.

Hoffmann, B.: Hugo Wilhelm von Ziemssen (1829–1902). Eine Biobibliographie. Diss. med. München (LMU) 1972.

Hohendorf, G.: Die Schocktherapieverfahren und die Organisationszentrale der nationalsozialistischen »Euthanasie« in der Tiergartenstraße 4 (1939–1945). In: Schmuhl, H.-W./Roelcke, V. (Hg.): »Heroische Therapien«. Die deutsche Psychiatrie im internationalen Vergleich. Göttingen 2013. S. 287–307.

Holinski, C. M.: Friedrich Heinrich Loschge (1755–1840). Leben und Werk. Diss. med. Erlangen-Nürnberg 2011.

Holthusen, H./Mayer, H./Molineus W. (Hg.): Ehrenbuch der Röntgenologen und Radiologen aller Nationen. München/Berlin 1959.

Hong, Y.-S.: Germany's Forgotten Guestworkers. Korean Nurses and the (Re) production of the German Nursing Forces. In: Hähner-Rombach, S. (Hg.): Alltag in der Krankenpflege. Geschichte und Gegenwart. Everyday Nursing Life. Past and Present. Stuttgart 2009. S. 183–200.

Hornstein, O. P.: Metamorphosen eines alten Garnisonslazaretts. Die Dermatologische Klinik. In: Das neue Erlangen 2 (1990). S. 2–6.

Hornstein, O. P.: Ein »Provisorium« begeht sein 70jähriges Bestehen. Chronik der Dermatologischen Universitätsklinik Erlangen. Forchheim 1993.

Hucklenbroich, P./Toellner, R. (Hg.): Symposium 20 Jahre Ethikkommission Münster. 15 Jahre Arbeitskreis Medizinischer Ethikkommissionen. Erfahrungen – Probleme – Perspektiven. Münster 2003.

Hufeland, Chr. W.: Die Armenkrankenverpflegung zu Berlin, nebst dem Entwurfe einer Armenpharmakopöe. In: Journal der practischen Heilkunde 29 (1809). S. 12.

Huerkamp, C.: Die preußisch-deutsche Ärzteschaft als Teil des Bildungsbürgertums. Wandel in Lage und Selbstverständnis vom ausgehenden 18. Jahrhundert bis zum Kaiserreich. In: Conze, W./Kocka, J. (Hg.): Wege zur Geschichte des Bürgertums. Vierzehn Beiträge. Göttingen 1994. S. 273–288.

Hümmer, H. P.: Fridericiana Erlangen. In: Erlanger Stadtlexikon: 2002. S. 289.

I

Ibel, H.: Familienverhältnisse bei den Lungentuberkulösen. Diss. med. Erlangen 1946.

Institute for the Analysis of Function in Hospital Planning: Universität Erlangen-Nürnberg. Generalplan für die Medizinische Fakultät, Stufe A. Erlangen 1973.

Iwand, F.: Die Einarmigen. Ein Aufruf an Staat, Gemeinde, Industrie Handel und Gewerbe. Strassburg 1915. S. 14.

J

Jaenicke, W.: Naturwissenschaften und Naturwissenschaftler in Erlangen 1743–1993. In: Kössler: 1993. S. 629–681.

Jahn, C.: Klinikseelsorge. In: Erlanger Stadtlexikon: 2002. S. 422.

20. und 21. Jahresbericht über die Tätigkeit der Auskunfts- und Fürsorgestelle des Zweckverbandes zur Bekämpfung der Tuberkulose in Nürnberg für die Zeit vom 1. April 1925 bis 31. Dezember und vom 1. Januar 1926 bis 31. Dezember 1927 Nürnberg o. J.

Jaklin, H.: Die Wirtschaftsgeschichte der Universität Erlangen von ihrer Gründung bis zum Beginn des 19. Jahrhunderts (1742/43–1806). Erlangen 1970.

Jakob, A.: »... Erlangen aber ist eine Universität«. Die bauliche Entwicklung der Friedrich-Alexander-Universität. In: Kössler: 1993. S. 45–114. (a)

Jakob, A.: Vom Allzweckbau zum Institut. Die Erlanger Wissenschaftsarchitektur 1743–1918. In: Friederich: 1993. S. 215–221. (b)

Jakob, A.: Politische Betätigung Erlanger Studenten im 19. Jahrhundert. In: Friederich: 1993. S. 293–2099. (c)

Jakob, A.: Frauenklinik. In: Erlanger Stadtlexikon: 2002. S. 282. (a)

Jakob, A.: Klinikum der Universität Erlangen-Nürnberg. In: Erlanger Stadtlexikon: 2002. S. 423. (b)

Jakob, A.: Kopfklinikum. In: Erlanger Stadtlexikon: 2002. S. 432–433. (c)

Jakob, A.: Retorten-Baby, erstes deutsches. In: Erlanger Stadtlexikon: 2002. S. 585–586. (d)

Jakob, A.: Scharff, Friedrich Wilhelm. In: Erlanger Stadtlexikon: 2002. S. 606–607. (e)

Jakob, A.: Universitätskliniken. In: Erlanger Stadtlexikon: 2002. S. 713–714. (f)

Jakob, A.: Die Universität Erlangen als Erbin von Markgräfin Sophie Caroline. In: Hofmann-Randall, C. (Hg.): Das Erlanger Schloß als Witwensitz 1712–1817. Ausstellungskatalog (Schriften der Universitätsbibliothek Erlangen-Nürnberg, 41). Erlangen 2002. S. 183–205. (g)

Jakob, A.: Die Aufarbeitung des Unrechts an den Zwangsarbeitern. Erlangens Bemühungen um Wiedergutmachung. In: Friederich, Ch.: (Hg.): Zwangsarbeit in Erlangen während des Zweiten Weltkrieg. Erlangen 2007. S. 215–231.

Jakob, A.: Die Heimatfront im schwersten Aushungerungskrieg – Kommunale Verwaltung und Politik in Erlangen. In: Diefenbacher et al.: 2014. S. 237–273.

Jakob, A./Braun, B.: Werker. In: Erlanger Stadtlexikon: 2002. S. 744.

Jakob, A./Fleischmann, M.: Stadt und Universität Erlangen. In: Friederich: 1993. S. 215–221.

Jakob, A./Hutterer, B.: Sauberes Wasser! Erlangen. Der Entwässerungsbetrieb der Stadt Erlangen und seine Geschichte. Erlangen 2013.

Jakob, R.: Institute – Seminare – Disziplinen. Die Entstehung moderner Fachwissenschaften an der Universität Erlangen. In: Friederich: 1993. S. 229–235.

Jamin, F.: Franz Penzoldt (19. September 1927). Münchner Medizinische Wochenschrift 74 (1927). S. 1884.

Jamin, F.: Die klinischen Meister der Universität Erlangen. In: Deutschlands Erneuerung 27 (1943). S. 207–220.

Jansen, E.: Die soziale Herkunft der Studenten an den bayerischen Universitäten. In: Zeitschrift des Bayerischen Statistischen Landesamts 58 (1927). S. 449–484.

Jarausch, K. H.: Verkannter Strukturwandel. Die siebziger Jahre als Vorgeschichte der Probleme der Gegenwart. In: Jarausch, K. H. (Hg.): Das Ende der Zuversicht? Die siebziger Jahre als Geschichte. Göttingen 2008. S. 9–26.

Jasper, G.: Die Universität in der Weimarer Republik und im Dritten Reich. In: Kössler: 1993. S. 793–838. (a)

Jasper, G.: Die Friedrich-Alexander-Universität im Jahre 1993. In: Friederich: 1993. S. 153–162. (b)

Jasper, G.: 90 Jahre Universitätsbund Erlangen-Nürnberg. Erlangen 2007.

Jasper, G.: Paul Althaus (1888–1966). Professor, Prediger und Patriot seiner Zeit. Göttingen 2013.

Jasper, H.: Maximilian de Crinis (1889–1945). Eine Studie zur Psychiatrie im Nationalsozialismus. Husum 1991.

Jetter, D.: Zur Typologie des Irrenhauses in Frankreich und Deutschland (1780–1840). Wiesbaden 1971.

Jetter, D.: Grundzüge der Geschichte des Irrenhauses. Darmstadt 1981.

Jonsen, A. R.: The Birth of Bioethics. New York, Oxford 1998.

Jordan, H.: Blätter der Erinnerung an die im Kriege 1914–1919 Gefallenen der Universität Erlangen. Leipzig, Erlangen 1920.

Jungmann, G.: Von der Fürsorge zur Vorsorge. In: Deutsches Ärzteblatt 69 (1972). S. 831–835.

Jütte R. (Hg.): Medizin, Gesellschaft und Geschichte. Jahrbuch des Instituts für Geschichte der Medizin der Robert Bosch Stiftung Band 32. Stuttgart 2014.

Jütte, R./Eckart, W. U./Schmuhl, H.-W./Süß, W.: Medizin und Nationalsozialismus. Bilanz und Perspektiven der Forschung. Göttingen 2011.

K

Kahle, E./Stupp, J. A.: Hochschulschriften zur Geschichte der Medizin, Pharmazie und Naturwissenschaften der Friedrich-Alexander-Universität Erlangen-Nürnberg 1885–1975. Erlangen 1980.

Kaiser, W.: Heinrich Friedrich Delius (1720–1791). In: Harz-Zeitschrift 31 (1979). S. 64–82.

Kammeier, H.: Massregelrecht; Kriminalpolitik, Normgenese und systematische Struktur einer schuldunabhängigen Gefahrenabwehr. Berlin, New York 1996.

Kantorowicz, A.: Die völkerrechtlichen Grundlagen des national-jüdischen Heims in Palästina. Diss. jur. Erlangen 1923.

Karenberg, A.: Lernen am Bett der Kranken. Die frühen Universitätskliniken in Deutschland (1760–1840). Hürtgenwald 1997.

Kater, M. H.: Studentenschaft und Rechtsradikalismus. Eine sozialgeschichtliche Studie zur Bildungskrise in der Weimarer Republik. Hamburg 1975.

Kater, M. H.: Medizinische Fakultäten und Medizinstudenten. Eine Skizze. In: Kudlien, F. (Hg.): Ärzte im Nationalsozialismus. Köln 1985. S. 82–104.

Kater, M. H.: Die Medizin im nationalsozialistischen Deutschland und Erwin Liek. In: Geschichte und Gesellschaft 16 (1990). S. 440–463.

Kater, M. H.: Ärzte als Hitlers Helfer. Hamburg/Wien 2000.

Kaufmann, F.: Die planmäßige Heilung komplizierter psychogener Bewegungsstörungen bei Soldaten in einer Sitzung. In: Münchener Medizinische Wochenschrift 63 (1916). S. 802–804.

Kaulbars-Sauer, B.: Personalbibliographien der Professoren der Medizinischen Fakultät der Universität Erlangen von 1792–1850. Nürnberg 1969.

Kelz, H. M.: Zur Geschichte der gerichtlichen Medizin in Erlangen mit Personalbibliographien der Lehrer des Faches von 1903–1968. Erlangen 1968.

Kershaw, I.: Hitler. 1889–1936. Stuttgart 1998.

Kersten, W.: Bericht der Dekane. Medizinische Fakultät. In Friedrich-Alexander-Universität Erlangen-Nürnberg (Hg.): Die verplante Universität – Sinn und Grenzen der Hochschulplanung. Jahresbericht 1978/79. Erlangen 1979. S. 32–33.

Keßler, H.: Chirurgie an der Universität Erlangen. In: Deutsche Gesellschaft für Chirurgie. 109. Kongreß. 21. bis 25. April 1992. Gräfelfing 1992. S. 25–34.

Kettner, M./May, A.: Ethik-Komitees in Kliniken – Bestandsaufnahme und Zukunftsperspektiven. In: Ethik in der Medizin 14 (2002). S. 295–297.

Keunecke, H.-O.: Bibliographie zur Geschichte der Friedrich-Alexander-Universität Erlangen-Nürnberg. Erlangen 1993. (a)

Keunecke, H.-O.: 250 Jahre Erlanger Studentengeschichte. Soziale Bestimmung, politische Haltung und Lebensform im Wandel. In: Kössler: 1993. S. 153–203. (b)

Kienitz, S.: Beschädigte Helden. Kriegsinvalidität und Körperbilder 1913–1923. Paderborn u. a. 2003.

Kiesecker, R.: Die Schwangerschaft einer Toten. Strafrecht an der Grenze von Leben und Tod – der Erlanger und der Stuttgarter Baby-Fall. Frankfurt/M. 1996.

Kiessling, A.-H.: Die Entwicklung der modernen Medizintechnik in der Herzchirurgie. In: Technoseum. Landesmuseum für Technik und Arbeit in Mannheim (Hg.): Herzblut. Geschichte und Zukunft der Medizintechnik. Darmstadt 2014. S. 112–123.

Kihn, B.: Die Ausschaltung der Minderwertigen aus der Gesellschaft. Vortrag gehalten in der Erlanger-Universitäts-Vortragsgesellschaft 1932. In: Allgemeine Zeitschrift für Psychiatrie 98 (1932). S. 387–402.

Killian, H.: Meister der Chirurgie und die Chirurgenschulen im gesamten deutschen Sprachraum. Stuttgart ²1980.

Kirschner, S.: Die Lehrer der Heilkunde der Universität Erlangen 1819–1843 mit Wiedergabe der Vorlesungsverzeichnisse bis 1832. Erlangen 1967.

Kittel, M.: Zwischen völkischem Fundamentalismus und gouvernementaler Taktik. DNVP-Vorsitzender Hans Hilpert und die bayerischen Deutschnationalen. In: Zeitschrift für bayerische Landesgeschichte 59 (1996). S. 849–901.

Kittel, M.: Provinz zwischen Reich und Republik. Politische Mentalitäten in Deutschland und Frankreich 1918–1933/36. München 2000.

Klee, E.: »Euthanasie« im NS-Staat. Die »Vernichtung lebensunwerten Lebens«. Frankfurt/M. 1983.

Klee, E.: Deutsche Medizin im Dritten Reich. Karrieren vor und nach 1945. Frankfurt/M. ²2001.

Klee, E.: Das Personenlexikon zum Dritten Reich. Wer war was vor und nach 1945. Frankfurt/M. ²2007.

Kleinschmidt, C.: Der produktive Blick. Wahrnehmung amerikanischer und japanischer Management- und Produktionsmethoden durch deutsche Unternehmer. 1950–1985. Berlin 2002.

Kleist, K.: Nervenärztliche und psychiatrische Kriegstätigkeit. In: Erlanger im Kriege. Ein zweiter Gruß der Universität an ihre Studenten. Erlangen 1916. S. 42–45.

Kleist, K.: Kriegsverletzungen des Gehirns in ihrer Bedeutung für die Hirnlokalisation und Hirnpathologie. In: Schjerning, O. von (Hg.): Handbuch der ärztlichen Erfahrungen im Weltkriege 1914/18, Bd. IV. Geistes- und

Nervenkrankheiten, 2. Teil. Leipzig 1922. S. 334–1660.

Klemmt, G. (Bearb.): Johann Lukas Schönleins unveröffentlichtes Vorlesungsmanuskript über den »Keichhusten«. Husum 1986.

Klijnsma, M. P: Patient advocacy in the Netherlands. In: Psychiatric Bulletin 17 (1993). S. 230–231.

Klindt, K. M.: »Geschlecht« und »soziale Schichtung« als Kategorien der Pflegegeschichte. Männliche Pflegekräfte in der Verberuflichung der deutschen Krankenpflege um 1900. In: Pflege. Die wissenschaftliche Zeitschrift für Pflegeberufe 1 (1998). S. 35–42.

Klinikumsordnung für das Klinikum der Universität Erlangen-Nürnberg, gültig ab 1. April 1991. In: Universität Erlangen-Nürnberg, Zentrale Klinikumsverwaltung (Hg.): Geschäftsbericht 1990/1991. Erlangen 1991. S. 9–13.

Klinikumsvorstand des Universitätsklinikums Erlangen (Hg.): Medizin für morgen. Rückblick 2014. Ausblick 2015 (Jahresbericht 2014/2015). Erlangen 2015.

Klinke, S.: Ordnungspolitischer Wandel im stationären Sektor. 30 Jahre Gesundheitsreform, DRG-Fallpauschalensystem und ärztliches Handeln im Krankenhaus. Berlin 2008.

Klinkhammer, G./Richter-Kuhlmann, E.: Eine Frage des Gewissens. Sterbehilfe versus Suizidbeihilfe. 112 (2015), S. C-944-947. (a)

Klinkhammer, G./Richter-Kuhlmann, E.: Neuer Titel, präsiserte Regeln. Richtlinie zur Feststellung des Hirnfunktionsausfalls, Deutsches Ärzteblatt 112 (2015), S. C-1000 f. (b)

Kluge, F.: Adolf Kußmaul, 1822–1902. Arzt und Forscher, Lehrer der Heilkunst. Freiburg/Br. 2002.

Knevelkamp, W.: Die Entwicklung der Pharmakologie an der Friedrich-Alexander-Universität Erlangen. Erlangen 1990.

Koch, G.: Institut für Humangenetik und Anthropologie der Friedrich-Alexander-Universität Erlangen-Nürnberg in Erlangen. Erlangen ²1979. (a)

Koch, G.: Genetische Beratung und pränatale Diagnostik in Erlangen 1966–1977/78 mit einem kurzen Beitrag zur Geschichte der genetischen Beratung. Erlangen 1979. (b)

Koch, H.: Einfluss konstitutioneller Faktoren auf den Verlauf und die Gestaltung der Lungentuberculose. Diss. med. Erlangen 1928.

Köhler, K.: Das Erlanger Modell für ein modernes Klinikmanagement. Vortrag, gehalten am 10. Dezember 1988, anläßlich der Verleihung der Ehrendoktorwurde der Medizinischen Fakultät. In: Präsident der Friedrich-Alexander-Universität Erlangen-Nürnberg (Hg:): Das Erlanger Modell für ein modernes Klinikmanagement. Dr. med. h.c. Kurt Köhler. Erlanger Universitätsreden, Bd. 27. Erlangen 1989.

Kolde, T.: Die Universität Erlangen unter dem Hause Wittelsbach. 1810–1910. Festschrift zur Jahrhundertfeier der Verbindung der Friderico-Alexandrina mit der Krone Bayern. Erlangen 1910 (Nachdruck 1991).

Kolle, K.: Große Nervenärzte. Bd. 3. Stuttgart 1963.

Korber, T.: Studieren heute. Ein Erlebnisbericht. In: Friederich: 1993. S. 456–463.

Körtner, U: Grundkurs Pflegeethik. Wien 2004.

Körtning, G.: Unterrichtsbuch für die weibliche Krankenpflege. Im Auftrag des Zentralkomitees des Preußischen Landesvereins vom Roten Kreuz bearbeitet. Berlin ³1913.

Kössler, H.: Die verplante Universität. Anmerkungen zu Sinn und Grenzen der Hochschulplanung. In: Friedrich-Alexander-Universität Erlangen-Nürnberg: Die verplante Universität – Sinn und Grenzen der Hochschulplanung. Jahresbericht 1978/79. Erlangen 1979. S. 4–18.

Kössler, H. (Hg.): 250 Jahre Friedrich-Alexander-Universität Erlangen-Nürnberg. Festschrift. Erlangen 1993.

Kötschau, K.: Kämpferische Vorsorge statt karitative Fürsorge. Nürnberg 1939.

Kötschau; K.: Vorsorge oder Fürsorge? Auftakte einer Gesundheitslehre. Stuttgart 1954.

Kovacsics, H.: Personalbibliographien der Lehrer der Heilkunde der Universität Erlangen 1792–1900. Außerordentliche Professoren, Honorarprofessoren und Privatdozenten. Erlangen 1967.

Kraft, H.: Personalbibliographien von Professoren und Dozenten der Philosophischen Fakultät zu Erlangen im Zeitraum von 1806 bis 1856. Mit biographischen Angaben, gesichtet im Hinblick auf die Beziehung zur Lehre und Forschung in der Medizinischen Fakultät. Erlangen 1973.

Krähwinkel, E.: Volksgesundheit und Universitätsmedizin. Kommunale Gesundheitsfürsorge in Marburg als Handlungsfeld von Stadt und Hochschule 1918 bis 1935. Darmstadt/Marburg 2004.

Kranich, C./Vitt, K. D.: Das Gesundheitswesen am Patienten orientieren. Qualitätstransparenz und Beschwerdemanagement als Gradmesser für ein patientenfreundliches System. Frankfurt/M. 2003.

Krause, M.: Die Bedeutung Isidor Rosenthals für die Atmungsphysiologie. Diss. med. Erlangen 1946.

Kreutzer, S.: Vom »Liebensdienst« zum modernen Frauenberuf. Die Reform der Krankenpflege nach 1945. Frankfurt/M. 2005.

Kröncke, A.: Zur Geschichte der ZMK-Klinik Erlangen. In: Deutscher Zahnärztekalender 43 (1984). S. 145–157.

Kronmüller, A.-K.: Prof. Hegemann und die Chirurgie. In: Dickel, H. (Hg.): Wendelin Kusche. Die Moderne in Franken. Erlangen 2012. S. 75–79.

Krüger, D.: Zwangssterilisation. Zur Rolle der Frauenklinik Erlangen im »Dritten Reich«. In: Ley/Ruisinger: 2003. S. 110–126.

Krüger, D.: Zwangssterilisationen im Nationalsozialismus. Das »Gesetz zur Verhütung erbkranken Nachwuchses« vom 14. Juli 1933 und seine Durchführung an der Universitäts-Frauenklinik Erlangen. Diss. med. Erlangen 2007.

Krumeich, G.: Juli 1914. Eine Bilanz. Paderborn 2014.

Kübler, B.: Liebe Kommilitonen. In: Erlanger Aufsätze aus ernster Zeit. Ein dritter Gruß der Universität an ihre Studenten. 1917. Erlangen 1917. S. III.

Kühn, K./Schneck, P.: Robert Ganse. Das Schicksal eines Frauenarztes in den Kämpfen seiner Zeit. Leipzig 1988.

Kunze, L.: Die physische Erziehung der Kinder. Populäre Schriften zur Gesundheitserziehung in der Medizin der Aufklärung. Diss. med. Marburg 1971.

Kurz, W.: Geschichtliches und Medizinisches über die Entbindungsanstalt zu Erlangen zur Zeit Dr. Eugen Roßhirts 1833–1868. Erlangen 1943.

Kußmaul, A.: Jugenderinnerungen eines alten Arztes (1900). Nachdruck München 1960.

Küttlinger, A.: Zur Geschichte der physicalisch-medicinischen Societät. In: Gorup-Besánez, E./Gerlach, D. J./Pfaff, F. (Hg.): Wissenschaftliche Mittheilungen der physicalisch-medicinischen Societät zu Erlangen, Bd. 1. Erlangen 1859. S. 1–4.

L

Labisch, A./Vögele, J.: Stadt und Gesundheit. Anmerkungen zur neueren sozial- und medizinhistorischen Diskussion in Deutschland. In: Archiv für Sozialgeschichte 37 (1997). S. 396–424.

Labisch, A./Spree, R. (Hg.): Krankenhaus-Report 19. Jahrhundert. Krankenhausträger, Krankenhausfinanzierung, Krankenhauspatienten. Frankfurt/M. 2001.

Lampe, H.: Die Entwicklung und Differenzierung von Fachabteilungen auf den Versammlungen von 1828 bis 1913. Hildesheim 1975.

Lang, S.: Psychiatrie, technische Innovation und Industrie. Die Siemens-Reiniger-Werke und die Entwicklung des Elektrokrampftherapiegerätes »Konvulsator« im Zweiten Weltkrieg. In: Schmuhl, H.-W./Roelcke, V. (Hg.): »Heroische Therapien«. Die deutsche Psychiatrie im internationalen Vergleich, 1918–1945. Göttingen 2013. S. 216–232.

Lang, W.: Beiträge Erlanger Kliniker zur Entwicklung der Radiologie 1895–1930. Erlangen 1962.

Lang-Welzenbach, M.: Molitoris, Hans. In: Erlanger Stadtlexikon: 2002. S. 503–504.

Larner, M./Peto, J./Schmitz, C. M. (Hg.): Krieg und Medizin. Ausstellung »War and Medicine«, London. 22. November 2008–15. Februar 2009. Göttingen 2009.

Leed, E.: No Man's Land, Combat and Identity in World War I. Cambridge 1979.

Lehmann, G.: 90 Jahre Frauenstudium in Erlangen. In: Friederich: 1993. S. 486–511.

Lehmann, G.: Frauengesundheit in Frauenhand. Ein bleibender Erfolg der Protestbewegung von 1968. In: Ley/Ruisinger: 2003. S. 134–151.

Leibbrand, W.: Um die Menschenrechte der Geisteskranken. Gedenk- und Mahnworte der Ärzte der Erlanger Heil- und Pflegeanstalt aus Anlaß deren 100jährigen Bestehens. Nürnberg 1946.

Leibbrand, W.: Erste Narkoseversuche an der Universität Erlangen. In: Deutsche Medizinische Wochenschrift 72 (1947). S. 702–703.

Leonhardt, D.: Ethik im klinischen Alltag. Erste Öffentliche Sitzung eines Ethikkomitees. 7. Ethiktag des Klinischen Ethikkomitees in Erlangen (2008). In: Frewer/Fahr/Rascher: 2009. S. 309–312.

Leonhardt, J.: Die Büchse der Pandora, Geschichte des Ersten Weltkrieges. München ⁴2014.

Lerner, P: Nieder mit der traumatischen Neurose, hoch die Hysterie. Zum Niedergang und Fall des Hermann Oppenheim (1889–1919). In: Psychotherapie 2 (1997). S. 16–22.

Lerner, P.: Hysterical Men. War, Psychiatry, and the Politics of Trauma in Germany, 1890–1930. New York 2003.

Lesky, E.: Die Wiener Medizinische Schule im 19. Jahrhundert. Graz/Köln 1965.

Leven, K.-H.: Die Geschichte der Infektionskrankheiten. Von der Antike bis ins 20. Jahrhundert. Landsberg 1997.

Leven, K.-H.: »Eine höchst wohltätige Bereicherung unserer Kunst.« Plastische Chirurgie in medizinhistorischer Perspektive. In: Zeitschrift für medizinische Ethik 52 (2006). S. 127–137.

Leven, K.-H.: Geschichte der Medizin. Von der Antike bis zur Gegenwart. München 2008.

Leven, K.-H.: Werner Rosenthal (1870–1942) – Von Erlangen nach Indien. Ein deutsch-jüdisches Arztschicksal. In: Sitzungsberichte der Physikalisch-medizinischen Sozietät zu Erlangen. Neue Folge, Bd. 12, Heft 1. Erlangen, Jena 2015. S. 51–81.

Levsen, S.: Elite, Männlichkeit und Krieg. Tübinger und Cambridger Studenten, 1900–1929. Göttingen 2006.

Ley, A.: Zur Unfruchtbarkeit verurteilt. Nationalsozialistische Zwangssterilisation in Mittelfranken. In: Ruisinger, M. M. (Hg.): 50 Jahre jung! Das Erlanger Institut für Geschichte der Medizin (1948–1998). Erlangen 2002. S. 58–63. (a)

Ley, A.: Meggendorfer, Friedrich. In: Erlanger Stadtlexikon: 2002. S. 492. (b)

Ley, A.: Psychiatrische Klinik mit Poliklinik. In: Erlanger Stadtlexikon: 2002. S. 567–568. (c)

Ley, A.: Specht, Gustav. In: Erlanger Stadtlexikon: 2002. S. 646. (d)

Ley, A.: Zwangssterilisation und Ärzteschaft. Hintergründe und Ziele ärztlichen Handelns (1934–1945). Frankfurt/M., New York 2004.

Ley, A./Meyer, M.: Kreisirrenanstalt. In: Erlanger Stadtlexikon: 2002. S. 438.

Ley, A./Ruisinger, M. M. (Hg.): Von Gebärhaus und Retortenbaby. 175 Jahre Frauenklinik Erlangen. Nürnberg 2003.

Leyden, E. von: Über die Ziele und Aufgaben des Vereines für Innere Medizin. In: Deutsche medizinische Wochenschrift 7 (1881). S. 132.

Liermann, H.: Die Friedrich-Alexander-Universität Erlangen 1910–1920. Neustadt an der Aisch 1977.

Lindner, J.: Zeittafeln zur Geschichte der Pharmakologischen Institute des deutschen Sprachgebietes. Aulendorf 1957.

Lindner, U.: »Wir unterhalten uns ständig über den Milchpfennig, aber auf die Gesundheit wird sehr wenig geachtet.« Gesundheitspolitik und medizinische Versorgung 1945 bis 1972. In: Schlemmer, T./Woller, H. (Hg.): Bayern im Bund, Bd. 1. Die Erschließung des Landes 1949 bis 1973. München 2001. S. 205–272.

Link, G.: Eugenische Zwangssterilisation und Schwangerschaftsabbrüche im Nationalsozialismus. Dargestellt am Beispiel der Universitätsfrauenklinik Freiburg. Frankfurt/M., Berlin u. a. 1999.

Lisner, W.: »Hüterinnen der Nation«. Hebammen im Nationalsozialismus. Frankfurt/M. 2006.

Löffelbein, N.: Ehrenbürger der Nation. Die Kriegsbeschädigten des Ersten Weltkrieges und Politik und Propaganda des Nationalsozialismus. Essen 2013.

Lukas, A.: Carl Friedrich Canstatt (1807–1850). Ein Leben für den medizinischen Fortschritt. Sprakensehl-Hagen 2008.

Lungershausen, E./Baer, R. (Hg.): Psychiatrie in Erlangen. Festschrift zur Eröffnung des Neubaues der Psychiatrischen Universitätsklinik Erlangen. Erlangen 1985.

M

Mallik, M.: Advocacy in Nursing – a Review of the Literature. In: Journal of Advanced Nursing 25 (1997). S. 130–138.

Marcuse, W.: Dermatitis und Alopecie nach Durchleuchtungsversuchen mit Röntgenstrahlen. In: Deutsche Medicinische Wochenschrift 30 (1896). S. 481–482.

Marks, J. H. (Hg.): Advocacy in Health Care. The Power of a Silent Constituency. Clifton 1986.

Martin, R.: Geschichtliches und Medizinisches über die Anfänge der staatlichen Hebammenschule, Entbindungsanstalt und Frauenklinik zu Bamberg. Diss. med. Erlangen 1936.

Martius, C.: Die Combinationsverhältnisse des Krebses und der Tuberculose. Diss. med. Erlangen 1853.

Martius, E. W.: Erinnerungen aus meinem neunzigjährigen Leben. Leipzig 1847.

Mayer, W.: Max Anton Wintrich, geb. 5. November 1812. Zum Gedächtnis an seinen 100. Geburtstag. Münchener Medizinische Wochenschrift 59 (1912). S. 2462–2465.

Medizinische Fakultät (Hg.): Forschungsbericht 2015 (Berichtszeitraum 2013–2014). Erlangen 2015.

Meggendorfer, F.: Die erbbiologischen Ergebnisse in der übrigen Medizin. In: Rüdin, E. (Hg.): Erblehre und Rassenhygiene im völkischen Staat. München 1934. S. 230–256.

Meggendorfer, F.: Zur Klinik des Elektrokrampfes. In: Der Nervenarzt, 15 (1942). S. 49–53.

Meiler, H.: Aus den Anfängen der Frauenklinik in Erlangen. Erlangen 1941.

Memorandum zur Standortbestimmung des Klinikums der Friedrich-Alexander-Universität Erlangen-Nürnberg im Kontext der Reform der bayerischen Universitätsklinika. Erlangen o. J. [wahrscheinlich 1997].

Mergel, T.: Das Scheitern des deutschen Tory-Konservatismus. Die Umformung der DNVP zu einer rechtsradikalen Partei 1928–1932. In: Historische Zeitschrift 276 (2003). S. 323–368.

Mertens, P.: Rechenzentrum und Universitätsstrategie. In: Mitteilungsblatt des Regionalen Rechenzentrums Erlangen 50 (1989). S. 9–21.

Metz, B.: Universitäts-Kinderkliniken im deutschen Sprachgebiet (1830–1930). Köln 1988.

Metz-Becker, M.: Der verwaltete Körper. Die Medikalisierung schwangerer Frauen in den Gebärhäusern des frühen 19. Jahrhunderts. Frankfurt/M., New York 1997.

Metz-Becker, M.: Die Sicht der Frauen. Patientinnen in der Marburger Accouchieranstalt um die Mitte des 19. Jahrhunderts. In: Schlumbohm, J. u. a. (Hg.): Rituale der Geburt. Eine Kulturgeschichte. München 1998. S. 192–205.

Metzler, G.: Am Ende aller Krisen? Politisches Denken und Handeln in der Bundesrepublik der sechziger Jahre. In: Historische Zeitschrift 275 (2002). S. 57–103.

Meyer, M./Schläger, W.: Ablaufplanung im Krankenhaus mit Hilfe von Operations Research-Modellen. In: Mertens, P. (Hg.): Die Unternehmung in ihrer gesellschaftlichen Umwelt. Wiesbaden 1975. S. 121–135.

Meyer, M./Strickstrock, A./Strickstrock, S.: Eigenerzeugung oder Außenbezug von Wäschereileistungen? Untersuchungen für ein Universitätsklinikum zum Thema Privatisierung. Nürnberg 1981.

Meyer, R.: Spielerhandbuch zu KLIMA-1. Planspiel Klinik-Management. Nürnberg ²1977. S. A 3.

Meyer, R.: Entwicklungen und Testeinsätze eines Planspiels »Klinik-Management (KLIMA)«. Nürnberg 1978.

Michaelis, A. C. J.: Compendium der Lehre von der Syphilis und der damit zusammenhängenden ähnlichen Krankheiten und Folgezuständen. Wien 1859.

Michl, S.: Im Dienste des »Volkskörpers«. Deutsche und französische Ärzte im Ersten Weltkrieg. Göttingen 2007.

Minkow, L.: Zur Geschichte der Strahlentherapie bei der Universität Erlangen-Nürnberg 1905–1975. Erlangen 1976.

Missel, U. (Hg.): Die Friedrich-Alexander-Universität. Erlangen 2007.

Moll, F. H./Krischel, M.: Die Entwicklung der extrakorporalen Schockwellenlithotripsie (ESWL) – ein Beitrag zur Medizintechnikgeschichte. In: Halling, T./Moll, F.H., Fangerau, H. (Hg.): Urologie 1945–1990. Entwicklung und Vernetzung der Medizin in beiden deutschen Staaten. Berlin, Heidelberg 2015. S. 185–196.

Moser, G.: »Im Interesse der Volksgesundheit...«. Sozialhygiene und öffentliches Gesundheitswesen in der Weimarer Republik und der frühen SBZ/DDR. Ein Beitrag zur Sozialgeschichte des deutschen Gesundheitswesens im 20. Jahrhundert. Frankfurt/M. 2002.

Moses, S.: Die Entwicklung der Krankenpflegeausbildung in der DDR und der Bundesrepublik: Unterschiedliche Wege als Motor einer Akademisierung der Pflege im wiedervereinigten Deutschland? In: Medizin, Gesellschaft und Geschichte 33 (2015). S. 125–154. (a)

Moses, S.: Die Akademisierung der Pflege in Deutschland. Bern 2015. (b)

Muck, O.: Heilung von schwerer funktioneller Aphonie. In: Münchner Medizinische Wochenschrift 63 (1916). S. 441.

Mukherjee, S.: Der König aller Krankheiten. Krebs, eine Biografie (amerik. Orig.-Ausgabe: The Emperor of All Maladies. A Biography of Cancer, 2010). Köln 2012.

Müller, L. R.: Lebenserinnerungen. München 1957.

Müller, L. R.: In memoriam. Friedrich Jamin. In: Münchner Medizinische Wochenschrift 94 (1952). S. 1961–1964.

Müller, W.: Schließung und Wiedereröffnung der Universität Erlangen nach 1945. In: Friederich: 1993. S. 127–138.

Müller, W.: Die Universitäten München, Erlangen und Würzburg nach 1945. Zur Hochschulpolitik in der amerikanischen Besatzungszone. In: Langzinner, M./Henker, M. (Hg.): Landesgeschichte und Zeitgeschichte. Forschungsperspektiven zur Geschichte Bayerns nach 1945. Augsburg 1997. S. 53–87.

Münchhoff, U.: Die Professorenwitwenkasse der Friedrich-Alexander-Universität. Ein Beitrag zur Frauengeschichte in Erlangen. In: Erlanger Bausteine zur fränkischen Heimatforschung 41 (1993). S. 125–178.

Münchow, W.: Geschichte der Augenheilkunde. Stuttgart ²1984.

Murken, A. H.: Vom Armenhospital zum Großklinikum. Die Geschichte des Krankenhauses vom 18. Jahrhundert bis zur Gegenwart. Köln 1988.

N

N. N.: Wie viele auf der Universität zu Erlangen in Doctorem Medicinae sind promoviret worden. In: Journal von und für Deutschland 7 (1790). S. 351.

N. N.: Bericht vom Mittelfränkischen Ärztetag in Nürnberg am 3. Dezember. In: Münchner medizinische Wochenschrift 53a (1906). S. 188–190.

N. N.: Satzungen der Medizinischen Fakultät der Königlich Bayerischen Universität Erlangen. Erlangen 1914.

N. N.: Erlanger im Kriege. Ein zweiter Gruß der Universität an ihre Studenten. Erlangen 1916.

N. N.: Maßnahmen für den kommenden Frieden. In: Erlanger im Kriege. Ein zweiter Gruß der Universität an ihre Studenten. Erlangen 1916. S. 55–58.

N. N.: Frequenz der Universität Erlangen im Wintersemester 1916/17. In: Erlanger Aufsätze aus ernster Zeit. Ein dritter Gruß an die Studenten 1917. Erlangen 1917.

N. N.: Übersicht des Personal-Standes bei der Königlich Bayerischen Friedrich-Alexanders-Universität Erlangen nebst dem Verzeichnis der Studierenden von 1830 bis 1930. O. O. O. J.

N. N.: Verzeichnis der wissenschaftlichen Arbeiten aus dem Institut für gerichtliche Medizin und Kriminalistik der Universität Erlangen-Nürnberg vom 16. Juni 1948 bis 6. Juli 1964. Erlangen 1964.

N. N.: Das Seminar für Geschichte der Medizin der Friedrich-Alexander-Universität Erlangen-Nürnberg. Erlangen 1966.

N. N.: Medizinische Fakultät. In: Universitätsführer Erlangen-Nürnberg 1967/68. S. 181–198.

N. N.: 130 Jahre Physiologie in Erlangen. In: Uni-Kurier Nr. 30/31 (1980). S. 7–14.

N. N.: Erlanger Herzzentrum– Führende Rolle in der Bundesrepublik. 25 Jahre Kardiologie und Herzchirurgie an der FAU. In: Uni-Kurier Nr. 42 (1982). S. 12–18.

N. N.: Erlanger Krebszentrum. Verein zur Förderung der Krebsbehandlung im Universitätsklinikum Erlangen. In: Uni-Kurier 48 (1983). S. 8–17.

N. N.: 20 Jahre Erlanger Arbeits- und Sozialmedizin. In: Uni-Kurier Nr. 67 (1986). S. 38–45.

Nägelke, H.-D.: Hochschulbau im Kaiserreich. Historische Architektur im Prozess bürgerlicher Konsensbildung. Kiel 2000.

Nedoschill, J./Castell, R.: »Kindereuthanasie« während der nationalsozialistischen Diktatur. Die »Kinderfachabteilung« Ansbach in Mittelfranken. In: Praxis der Kinderpsychologie und Kinderpsychiatrie 50 (2001). S. 192–210.

Neidhardt, A.: Medizinische Universitätsklinik Erlangen. Sammlung von Daten und Ereignissen der Klinik im Zeitraum 1820–1980. Erlangen 1985.

Neubauer, W.: Die in den Vorlesungsverzeichnissen der Philosophischen Fakultät der Friedrich-Alexander-Universität Erlangen aufgeführten Autoritäten von 1743 bis 1780, gesichtet im Hinblick auf die Beziehungen zur Lehre und Forschung in der Medizinischen Fakultät. Erlangen 1974.

Neuhaus, H. (Hg.): Karl Hegel. Historiker im 19. Jahrhundert. Erlangen/Jena 2001.

Neuhuber, W./Ruisinger, M. M.: Anatomische Sammlung. In: Andraschke/Ruisinger: 2007. S. 71–82.

Nitschke, A.: Helfen im Menschenschlachthaus? Tätigkeit und Selbstverständnis des deutschen Sanitätspersonals im Ersten Weltkrieg. Berlin 2003.

Nitzsche, O.: Franz von Dittrich 1815–1859. Pathologischer Anatom in Prag und Kliniker in Erlangen. Ein Ausschnitt aus der Geschichte der deutschen Medizin in der Mitte des 19. Jahrhunderts. München/Berlin 1937.

Noack, T.: Anatomical Departments in Bavaria and the Corpses of Executed

Victims of National Socialism. In: Annals of Anatomy 194 (2012). S. 286–292.

Noether, M.: Geschichte der Physikalisch-Medizinischen Sozietät zu Erlangen im ersten Jahrhundert ihres Bestehens 1808–1908. In: Noether, M. et al. (Hg.): Festschrift der Physikalisch-Medizinischen Sozietät zu Erlangen zur Feier ihres 100-jährigen Bestehens. Erlangen 1908. S. 1–83.

O

Ober, K.-G.: Medizinstudium und Internat – eine neue Form der klinischen Ausbildung. In: Bayerland 67 (1965). S. 142–144.

Oehler-Klein, S./Roelcke, V. (Hg.): Vergangenheitspolitik in der universitären Medizin nach 1945. Institutionelle und individuelle Strategien im Umgang mit dem Nationalsozialismus. Stuttgart 2007. (a)

Oehler-Klein, S./Roelcke, V.: Das vergangenheitspolitische Handeln der medizinischen Eliten nach 1945. In: Oehler-Klein/Roelcke: 2007. S. 9–17. (b)

Oehme, J.: Medizin in der Zeit der Aufklärung unter besonderer Berücksichtigung von Kinderkrankheiten. Lübeck 1986.

Oertmann-Windscheid, L.: Die Frauen im Dienste des Vaterlandes. Eine Kriegsplauderei aus Erlangen. In: Erlangen in der Kriegszeit 1915. Ein Gruß der Universität an ihre Studenten. Erlangen 1915. S. 25–28.

Ohnezeit, M.: Zwischen »schärfster Opposition« und dem »Willen zur Macht« – Die Deutschnationale Volkspartei (DNVP) in der Weimarer Republik (1918–1928). Düsseldorf 2011.

Opitz, G.: Personalbibliographien der Professoren der Inneren Medizin an der Universität Erlangen-Nürnberg. Friedrich Meythaler, Carl Korth, Friedrich Scheiffarth, Siegfried Witte. Mit biographischen Angaben und Überblick über die Hauptarbeitsgebiete. Erlangen 1968.

Orth, H.: Die Erfolge bei der Freiluftliegekur bei der Behandlung von Lungentuberkulosen an der medizinischen Klinik der Universität Erlangen. Diss. med. Erlangen 1905.

Osten, P: Erster Weltkrieg 1914–1918. Militärmedizin unvorbereitet in die Krise. In: Deutsches Ärzteblatt 112 (2015). S. A 370–372.

Ostgathe, C.: Palliativmedizin. Überall, für alle, von allen. Der Anaesthesist 62 (2013), S. 593–594.

Ostgathe, C. (Hg.): 5 Jahre Lehrstuhl für Palliativmedizin, FAU Erlangen-Nürnberg. Palliativmedizinische Abteilung, Universitätsklinikum Erlangen, 2010–2015. Erlangen 2015.

Otis, L.: Müller's Lab. Oxford 2007.

Overmans, R.: Kriegsverluste. In: Hirschfeld: 2014. S. 663–666.

Nonne, M.: Therapeutische Erfahrungen an den Kriegsneurosen in den Jahren 1914 bis 1918. In: Bonhoeffer, K. (Hg.): Handbuch der ärztlichen Erfahrungen im Weltkriege 1914/1918, Bd. 4. Leipzig 1922. S. 102–121.

Norman, J. M. (Hg.): Morton's Medical Bibliography. An Annotated Check-List of Texts Illustrating the History of Medicine (Garrison and Morton). Cambridge ⁵1991.

Nowak, R.: Zur Frühgeschichte der Elektrokrampftherapie in der deutschen Psychiatrie. 1937 bis Anfang der fünfziger Jahre des 20. Jahrhunderts. Diss. med. Leipzig 2000.

Nürmberger, B.: Das Universitätsstallmeisterhaus Schiffstraße 2. In: Erlanger Bausteine zur fränkischen Heimatforschung 41 (1993). S. 179–206.

P

Paetzke, A.: Die Lehrer der Heilkunde der Universität Erlangen 1792–1818. Erlangen 1964.

Panke-Kochinke, B./Schaidhammer-Placke, M. (Hg.): Frontschwestern und Friedensengel. Kriegskrankenpflege im Ersten und Zweiten Weltkrieg. Ein Quellen- und Fotoband. Frankfurt/M. 2002.

Papellier, H: Ueber die Combination der Tuberculose mit dem runden Magengeschwür. Diss. med. Erlangen 1854.

Papst, J. G. F.: Gegenwärtiger Zustand der Friedrich Alexanders Universität zu Erlangen. Erlangen 1791.

Pätzoldt, J.: Das Gerät zur Elektrokrampferzeugung und seine physikalische Grundlagen. In: Deutsche Medizinische Wochenschrift 66/1940 (42. Jg.). S. 1155–1157.

Peckl, P.: Krank durch die »seelischen Einwirkungen des Feldzuges«? Psychische Erkrankungen der Soldaten im

Ersten Weltkrieg und ihre Behandlung. In: Prüll/Rauh: 2014. S. 30–89.

Peiper, A.: Chronik der Kinderheilkunde. Leipzig ³1958.

Pelzer, S.: Die Bayerische Landesärztekammer informiert. Seit 26 Jahren Patientenschutz. In: Bayerisches Ärzteblatt 12 (2014). S. 692.

Penzoldt, F.: Behandlung der Lungentuberkulose. Separatabdruck aus dem Handbuch der Therapie innerer Krankheiten. Dritter Band. Jena ³1902.

Penzoldt, F.: Über die Heilung des tuberkulösen Pneumothorax. Sonderabdruck aus dem Deutschen Archiv für Klinische Medizin Band 84. 1905. S. 57–68.

Penzoldt, F.: Die Beteiligung der Universität Erlangen an der Verwundeten- und Krankenpflege. In: Erlangen in der Kriegszeit 1915. Ein Gruß der Universität an ihre Studenten. Erlangen 1915. S. 12–14.

Penzoldt, F.: Wilhelm O. Leube zum Gedächtnis. In: Münchener Medizinische Wochenschrift 69 (1922). S. 937.

Petermann, H.: Die Einführung der Äthernarkose und die Obrigkeit in Bayern. In: Erlanger Bausteine 45 (1997). S. 189–200.

Petermann, H.: Gotthilf Heinrich Schubert. Die Naturgeschichte als bestimmendes Element. Erlangen 2008.

Petermann, H./Nemes, C.: Die Entdeckung und Entwicklung der Anästhesie im 19. Jahrhundert. In: Schüttler: 2003. S. 2–26.

Petermann, H./Schwarz, W.: Die Spezialisierung an den Universitäten unter dem Blickwinkel der Anästhesie. In: Schüttler: 2003. S. 298–307.

Pfeffer, N.: The Reproductive Body. In: Cooter/Pickstone: 2000. S. 277–290.

Pfeiffer, G.: Erlangens Universitätsbürgerschaft. In: Erlanger Bausteine 14 (1967). S. 97–107.

Pflegedienstdirektion: Zur Situation der Krankenpflege im Klinikum. Ergebnis einer Befragung im stationären Bereich aller Kliniken. Stand Mai 1992. Erlangen 1992 (unveröffentlicht).

Pickel, G.: Gestaltwandel in der Pathologie. 125 Jahre im Rückblick. In: Uni-Kurier Nr. 74/75 (1988). S. 34–35.

Pickstone, J.: Production, Community and Consumption. The Political Economy of Twentieth-Century Medicine. In: Cooter/Pickstone: 2000. S. 1–19.

Pierson, A.: Hugo Wilhelm von Ziemssen (1829–1902). Die wissenschaftlichen Arbeiten. Diss. med. München (LMU) 2006.

Pinell, P.: Cancer. In: Cooter/Pickstone: 2000. S. 671–686.

Pittroff, R.: Die Lehrer der Heilkunde der Universität Erlangen 1843–1943 und ihr Werdegang. Erlangen 1964.

Plattig, K.-H.: Physikalisch-Medizinische Sozietät zu Erlangen. In: Erlanger Stadtlexikon: 2002. S. 556.

Popp, H.: Erlangen in den letzten Wochen des Zweiten Weltkrieges. Die Einnahme der Stadt durch amerikanische Truppen. In: Erlanger Bausteine zur Fränkischen Heimatforschung 43 (1995). S. 9–72.

Popp, H.: Ein dankbarer Verwundeter in Erlangen 1945. In: Erlanger Bausteine zur Fränkischen Heimatforschung 51 (2006). S. 309–320.

Post, S. G. (Hg.): Encyclopedia of bioethics. New York ³2004.

Präsidium der Ludwig-Maximilians-Universität München (Hg.): Die Ludwig-Maximilians-Universität München in Geschichte und Gegenwart. Haar b. München ³2010.

Proctor, R. N.: Cancer Wars. How Politics Shapes What We Know and Don't Know About Cancer. New York 1995.

Proctor, R. N.: The Nazi War on Cancer. Princeton 1999.

Prüll, L./Rauh, P.: Militär und medikale Kultur in Deutschland 1914–1945. Eine Einleitung. In: Prüll/Rauh: 2014. S. 7–29. (a)

Prüll, L./Rauh, P. (Hg.): Krieg und medikale Kultur. Patientenschicksale und ärztliches Handeln in der Zeit der Weltkriege (1914–1945). Göttingen 2014. (b)

R

Räbel, B.: Michael Jäger. Diss. med. Erlangen 1951.

Radke, J.: Johann Andreas Murray als Lehrer der Kinderheilkunde in Göttingen. In: Medizinhistorisches Journal 7 (1972). S. 153–158.

Rajkoff, M.: Beitrag zur Geschichte der Gerichtlichen Medizin in Erlangen von 1743–1805. Erlangen 1958.

Raphael L.: Radikales Ordnungsdenken und die Organisation totalitärer Herrschaft. Weltanschauungseliten und Humanwissenschaftler im NS-Regime. In: Geschichte und Gesellschaft 27 (2001). S. 5–40.

Rascher, W.: Das Klinische Ethikkomitee am Universitätsklinikum Erlangen.

Rascher, W./Wittern-Sterzel, R. (Hg.): Geschichte der Universitäts-Kinderklinik Erlangen. Göttingen 2005.

Rau, T./Ruisinger, M. M.: Pathologische Sammlung. In: Andraschke/Ruisinger: 2007. S. 169–178.

Rauh, P.: Medizinische Selektionskriterien versus ökonomisch-utilitaristische Verwaltungsinteressen – Ergebnisse der Meldebogenauswertung. In: Rotzoll/Hohendorf/Fuchs et al.: 2010. S. 297–309.

Rauh, P.: Die militärpsychiatrischen Therapiemethoden im Ersten Weltkrieg – Diskurs und Praxis. In: Schmuhl, H.-W./Roelcke, V. (Hg.): »Heroische Therapien«. Die deutsche Psychiatrie im internationalen Vergleich, 1918–1945. Göttingen 2013. S. 31–49.

Rauh, P.: Der Krieg gegen die »nutzlosen Esser«. Psychiatriepatienten als Opfer der NS-»Euthanasie«. In: Dieckmann, C./Quinkert, B. (Hg.): Kriegführung und Hunger 1939–1945. Zum Verhältnis von militärischen, wirtschaftlichen und politischen Interessen. Göttingen 2015. S. 33–58.

Rauh, P./Leven, K.-H.: Ernst Wilhelm Bader und die Arbeitsmedizin im Nationalsozialismus (Medizingeschichte im Kontext, Bd. 18). Frankfurt/M. 2013.

Rauh, P./Ude-Koeller, S.: Die Medizin und der Erste Weltkrieg – Die Behandlung von »Kriegskrüppeln« und »Kriegsneurotikern« im Großraum Nürnberg. In: Diefenbacher et al.: 2014. S. 481–501.

Rauprich, O./Siegel, S.: Der Natur den Weg weisen. Ethische Aspekte der Reproduktionsmedizin. In: Ley/Ruisinger: 2003. S. 152–171.

Read, J./Wallcraft, J.: Guidelines on Advocacy for Mental Health Workers. London 1995.

Redl, C.: Student und Politik in Erlangen 1945–1948/49. Erlangen 1988.

Regierungserklärung des Staatsministers für Wissenschaft, Forschung und Kunst »Innovationsbündnis Hochschule 2008 zwischen den staatlichen Universitäten und Fachhochschulen und dem Freistaat Bayern zur Sicherung und Optimierung der Leistungsfähigkeit der bayerischen Hochschullandschaft«. In: Bayerischer Landtag (Hg.): Plenarprotokoll der 15. Wahlperiode. 43. Sitzung, 11. Mai 2005. S. 3130–3144.

Reichel, J.: Über die Entwicklung der gerichtsmedizinischen Vorlesungen an der Universität Erlangen von 1800 bis zur Gegenwart. Erlangen 1958.

Reichel, M.: Personalbibliographie von Professoren und Dozenten der Pathologie und Pädiatrie an der Medizinischen Fakultät der Universität Erlangen-Nürnberg im ungefähren Zeitraum von 1928–1967. Mit kurzen biographischen Angaben und Überblick über die Hauptarbeitsgebiete. Erlangen 1968.

Reichsausschuß für Volksgesundheitsdienst Berlin (Hg.): Krankenpflegelehrbuch. Leipzig 1939.

Reineke, E.-D.: Die Lungen-Tuberkulose und ihre Verbreitung in Erlangen in den Jahren 1920–1935. Diss. med. Erlangen 1936.

Reiniger, Gebbert & Schall A.-G.: Praktische Winke zur Anfertigung von Röntgen-Aufnahmen an Kriegsverwundeten. Berlin, Erlangen 1914.

Reiniger, Gebbert & Schall Aktiengesellschaft für ärztlich-technische Industrie (Hg.): Modernes Heilverfahren und Kriegsverwundete. Nürnberg o. J. [ca. 1915].

Reinmöller, J.: Professor Dr. Johannes Reinmöller am 4. November 1933. Erlanger Universitätsreden 16. Erlangen 1934.

Rettenmaier, G.: Computer in der klinischen Medizin. In: Das neue Erlangen 17 (1969). S. 1214–1221.

Rexroth, C.: Wachsam und wägend, mutig und hart – Prof. Dr. med. Alfred Adam (1888–1956). In: Rascher/Wittern-Sterzel: 2005. S. 213–298.

Richarz, R.: Der Eintritt der Juden in die akademischen Berufe. Jüdische Studenten und Akademiker in Deutschland 1678–1848. Tübingen 1974.

Rickmann, A. S.: Rassenpflege im völkischen Staat«. Vom Verhältnis der Rassenhygiene zur nationalsozialistischen Politik. Diss. phil. Bonn 2002.

Riedesser, P./Verderber, A.: »Maschinengewehre hinter der Front.« Zur Geschichte der deutschen Militärpsychiatrie. Frankfurt/M. 1996.

Rieser, S.: Uniklinika müssen Neuland betreten. In: Deutsches Ärzteblatt 94 (1997). S. A 3457–A 3458.

Ritter, M.: Isidor Rosenthal (1836–1915). Forscher – Arzt – Politiker; ein bedeutender Physiologe zwischen Emanzipation und Antisemitismus im 19. Jahrhundert. Festschrift der Physikalisch-Medizinischen Sozietät zu Erlangen zur Feier ihres 200-jährigen Bestehens im März 2008. Erlangen, Jena 2008.

Ritzmann, I.: Sorgenkinder. Kranke und behinderte Mädchen und Jungen im 18. Jahrhundert. Köln u. a. 2008.

Robert-Bosch-Stiftung (Hg.): Memorandum. Für eine Verankerung der Pflegewissenschaft und Pflegeforschung an Medizinischen Fakultäten und Universitätskliniken in Deutschland. Bremen 2009.

Roelcke, V.: Psychiatrische Wissenschaft im Kontext nationalsozialistischer Politik und »Euthanasie«. Zur Rolle Ernst Rüdins und der Deutschen Forschungsgesellschaft für Psychiatrie/Kaiser-Wilhelm-Institut für Psychiatrie. In: Kaufmann, D. (Hg.): Geschichte der Kaiser-Wilhelm-Gesellschaft im Nationalsozialismus. Bestandsaufnahme und Perspektiven der Forschung. Göttingen 2000. S. 112–150.

Roelcke, V.: Deutscher Sonderweg? Die eugenische Bewegung in europäischer Perspektive bis in die 1930er Jahre. In: Rotzoll/Hohendorf/Fuchs et al.: 2010. S. 45–55.

Roelcke, V.: Ernst Rüdin – Renommierter Wissenschaftler, radikaler Rassenhygieniker. In: Der Nervenarzt 3 (2012). S. 303–310.

Roelcke, V./Hohendorf, G.: Akten der ‚Euthanasie-Aktion T4 gefunden. In: Vierteljahreshefte für Zeitgeschichte 41 (1993). S. 479–481.

Roessels, H.: Planung in Universitätskliniken. Situation der Planung, Planungshemmnisse und Ansätze zur Überwindung von Planungshemmnissen. Köln 1986.

Rogers, P. G.: Milestones in Public Interest Advocacy. In: Marks, J. H. (Hg.): Advocacy in Health Care, The Power of a Silent Constitution. Clifton 1986. S. 2.

Rohlfs, H.: Über den Specialismus in der Medizin. In: Deutsche Klinik 14 (1862). S. 81–85, 93–97.

Rohlfs, H.: Bernhard Nathanael Gottlob Schreger. In: Deutsches Archiv für Geschichte der Medicin und medicinische Geographie 6 (1883). S. 177–250.

Röhrich, H.: Der Botanische Garten der Friedrich-Alexander-Universität Erlangen-Nürnberg (1743–1965). In: Erlanger Bausteine der fränkischen Heimatforschung 12 (1965). S. 43–54.

Rollmann, B.: Personalbibliographien von Professoren der Physiologie, Hygiene und Bakteriologie, Geburtshilfe und Frauenheilkunde, Röntgenologie und Strahlenheilkunde, Medizinischen Strahlenheilkunde, Medizinischen Strahlenkunde (Biophysik) sowie der Humangenetik und Anthropologie an der Medizinischen Fakultät der Universität Erlangen-Nürnberg im ungefähren Zeitraum von 1919–1967. Mit biographischen Angaben und Überblick über die Hauptarbeitsgebiete. Erlangen 1969.

Roos, D.: Julius Streicher und »Der Stürmer« (1923–1945). Paderborn 2014.

Rösch, W.: Diagnostische und operative Endoskopie. In: Gall/Hohenberger: 1984. S. 33–41.

Rössler, A.: Zur Geschichte der Universitäts-Nervenklinik Erlangen. In: Lungershausen, E./Baer, R. (Hg.): Psychiatrie in Erlangen. Festschrift zur Eröffnung des Neubaues der Psychiatrischen Universitätsklinik Erlangen. Erlangen 1985. S. 9–36.

Roth, K. H.: »Erbbiologische Bestandsaufnahme« – ein Aspekt »ausmerzender« Erfassung vor der Entfesselung des Zweiten Weltkrieges. In: Roth, K. H. (Hg.): Erfassung zur Vernichtung. Von der Sozialhygiene zum »Gesetz über Sterbehilfe«. Berlin 1984. S. 57–100.

Rother, R. (Hg.): Der Weltkrieg 1914–1918. Ereignis und Erinnerung. Berlin 2004.

Rothschuh, K. E.: Konzepte der Medizin in Vergangenheit und Gegenwart. Stuttgart 1978.

Rotzoll, M./Hohendorf, G./Fuchs, P./Richter, P./Mundt, C./Eckart, W. U. (Hg.): Die nationalsozialistische »Euthanasie«-Aktion T4. Geschichte und ethische Konsequenzen in der Gegenwart. Paderborn u. a. 2010.

Rübenstahl, M.: »Wilde Schwestern«. Krankenpflegereform um 1900. Frankfurt/M. 1994.

Rüdin, E. (Hg.): Erblehre und Rassenhygiene im völkischen Staat. München 1934.

Rudolff, W.: Im Souterrain des Sozialstaates: Neuere Forschungen zur Geschichte von Fürsorge und Wohlfahrtspflege im 20. Jahrhundert. In: Archiv für Sozialgeschichte 42 (2002). S. 474–520.

Rügheimer, E.: Bericht der Dekane. Fachbereich Medizin. In: Wozu die »Kleinen Fächer«? Jahresbericht 1977/1978. Erlangen 1978. S. 72.

Rügheimer, E.: Wandel der Indikationen zur Operation in der Chirurgie aus der Sicht des Anästhesisten. In: Gall/Hohenberger: 1984. S. 1–8.

Rühl, H.: Der Dynamik auf der Spur. Universitätsbau in drei Phasen. In: Das neue Erlangen 15 (1969). S. 1077–1089.

Rühl, H.: Von Provisorien zu den Großbaustellen. Rückblick auf die Tätigkeit des Universitätsbauamtes von 1945–1974. In: Das neue Erlangen 35 (1974). S. 2545–2555.

Ruisinger, M. M.: Clinicum Chirurgicum. In: Erlanger Stadtlexikon: 2002. S. 196. (a)

Ruisinger, M. M.: Schreger, Bernhard Nathanel Gottlob. In: Erlanger Stadtlexikon: 2002. S. 619. (b)

Ruisinger, M. M.: Wendt, Friedrich von. In: Erlanger Stadtlexikon: 2002. S. 743. (c)

Ruisinger, M. M.: Die Etablierung der Entbindungskunst an der Universität Erlangen (1743–1828). In: Ley/Ruisinger: 2003. S. 32–47.

Ruisinger, M. M. (Hg.): Homöopathie. 200 Jahre Organon. Ingolstadt 2010.

Ruisinger, M. M.: Injektionsspritze und Narkoseapparat. Zum Zusammenhang von Theorie und Praxis in der Medizin. In: Technoseum – Landesmuseum für Technik und Arbeit in Mannheim (Hg.): Herzblut. Geschichte und Zukunft der Medizintechnik. Darmstadt 2014. S. 24–39.

Rüther, M.: Ärzte im Nationalsozialismus. Neue Forschungen und Erkenntnisse zur Mitgliedschaft in der NSDAP. In: Deutsches Ärzteblatt 98 (2001). S. A 3264–A 3265.

Rutherford, J. C.: Interaction of the Social Forces Dominant in the Establishment of Friedrichs Universität 1793. Oklahoma 1970.

S

Sailer, K. L.: Die Innere Medizin an der Universität Erlangen-Nürnberg seit dem Bestehen der Medizinischen Klinik mit einem personalbibliographischen Anhang. Erlangen 1972.

Saint-Lôt, T.: Philosophie und Medizin in Erlangen. Auf der Grundlage der Vorlesungsverzeichnisse von 1760–1806. Erlangen 1976.

Salisch, N.: Die Entwicklung der In-vitro Fertilisation an der Erlanger Frauenklinik. Unveröffentlichte Hausarbeit im F1-Praktikum im Fach Geschichte der Medizin für Studenten der Molekularen Medizin. Erlangen WS 2003/04.

Sandmeier, J.: Die ehemalige Heil- und Pflegeanstalt Erlangen. In: Erlanger Bausteine zur fränkischen Heimatforschung 54 (2012). S. 163–172.

Sandmeier, J.: Die ehemalige Heil- und Pflegeanstalt Erlangen. In: Schnellhammer, R. (Hg.): Jenseits des Guten und Schönen. Unbequeme Baudenkmale? Erlangen 2013. S. 44–55.

Sandner, P.: Schlüsseldokumente zur Überlieferungsgeschichte der NS-»Euthanasie«-Akten gefunden. In: Vierteljahreshefte für Zeitgeschichte 51 (2003). S. 285–290.

Sandweg, J.: Der Verrat des Geistes: der Fall der Universität Erlangen im »Dritten Reich«. In: Friederich: 1993. S. 99–126. (a)

Sandweg, J.: Die Universität in Staat und Gesellschaft 1871–1950. In: Friederich: 1993. S. 310–377. (b)

Sandweg, J.: Die amerikanische Militärregierung. In: Sandweg/Lehmann: 1996. S. 90–119. (a)

Sandweg, J.: »My way to academic democracy«. Von Blumen-, Frucht- und Dornenstücken auf dem Weg des Rektors Brenner. In: Sandweg/Lehmann: 1996. S. 368–395. (b)

Sandweg, J./Lehmann, G. (Hg.): Hinter unzerstörten Fassaden. Erlangen 1945–1955. Erlangen 1996.

Sauer, R.: Vorwort. In: Universitätsklinikum Erlangen (Hg.): Jahresbericht 2000. Erlangen 2001. S. 2–3.

Sauer, T./May, A. T.: Ethik in der Pflege für die Ausbildung, Fortbildung und Weiterbildung. Berlin 2011.

Schäfer, D.: Geburt aus dem Tod. Der Kaiserschnitt an Verstorbenen in der abendländischen Kultur. Hürtgenwald 1999.

Schamberger, U.: Geschichte und Entwicklung der Kinderheilkunde an der Universität Erlangen. Erlangen 1964.

Schandein, C.: Über die Heilbarkeit der Tuberkulose. Diss. med. Erlangen 1860.

Schanetzky, T.: Die große Ernüchterung. Wirtschaftspolitik, Expertise und Gesellschaft in der Bundesrepublik. 1966 bis 1982. Berlin 2007.

Schede, F.: Krüppelfürsorge. In: Lange, F. (Hg.): Lehrbuch der Orthopädie. Jena ³1928. S. 673–680.

Scheibe, A.: Die neue Ohrenklinik. In: Erlangen in der Kriegszeit. 1915. Ein Gruß der Universität an ihre Studenten. Erlangen 1915. S. 18.

Scheibe, A.: Die neue Kgl. Universitätsklinik und Poliklinik für Ohren-, Nasen- und Kehlkopfkrankheiten in Erlangen. In: Gretzmacher, H. (Hg.): Archiv für Ohren-, Nasen- und Kehlkopfkunde sowie die angrenzenden Gebiete 100 (1916). S. 1–26.

Scherer, E.: Chronik der Strahlentherapie. Band 2: Der Zeitraum von 1926 bis 1936. München 1994.

Schilcher, C./Diekmann, J. (Hg.): Moderne Arbeitswelten. Die Macht der Informatisierung und die Bedeutung des Wissens. Wiesbaden 2014.

Schjerning, O. von (Hg): Handbuch der Ärztlichen Erfahrungen im Weltkriege 1914/1918. Leipzig 1922–1934.

Schläger, W.: Die Planung der Aufnahme stationärer Patienten in einem Krankenhaus, dargestellt am Beispiel der Medizinischen Klinik der Universität Erlangen, Diss. Nürnberg 1976.

Schlee, S.: Maximilian Anton Wintrich (1812–1882). Die Einführung der physikalischen Diagnostik an der Universität Erlangen im 19. Jahrhundert. Diss. med. Erlangen-Nürnberg 2007.

Schleiermacher, S.: Die universitäre Medizin nach dem Zweiten Weltkrieg. Institutionelle und persönliche Strategien im Umgang mit der Vergangenheit. In: Oehler-Klein/Roelcke: 2007. S. 21–42.

Schleiermacher S./Schagen, U.: Medizinische Forschung als Pseudowissenschaft. Selbstreinigungsrituale der Medizin nach dem Ärzteprozess, in: Lipphardt, V./Rupnow, D./Thiel, J./Wessely, C. (Hg.): Pseudowissenschaft. Konzeptionen von Nichtwissenschaftlichkeit in der Wissenschaftsgeschichte. Frankfurt/M. 2008. S. 251–278.

Schlich, T.: Transplantation. Geschichte, Medizin und Ethik der Organverpflanzung. München 1998.

Schlich, T.: Zeitgeschichte der Medizin. Herangehensweisen und Probleme. In: Medizinhistorisches Journal 42 (2007). S. 269–298.

Schmid, A.: Leben und Wirken Hugo von Ziemssen's. In: Deutsches Archiv für klinische Medizin 66 (1899). S. 10 f.

Schmid, M. (Hg.): Seminar für Geschichte der Medizin an der Friedrich-Alexander-Universität Erlangen-Nürnberg. Entwicklung und Arbeitsbericht. Erlangen 1972.

Schmidt, C. M.: Bernhard Nathanael Gottlob Schreger (1766–1825). Leben und Werk. Diss. med. Erlangen-Nürnberg 2014. URN: urn:nbn:de:bvb:29-opus4-42599.

Schmidt, H.: Über die Entdeckung der Trichinenkrankheit. Zum 50. Todestage Friedrich Albert Ritter v. Zenkers. Diss. med. Erlangen 1949.

Schmidt, I.: Personalbibliographien der Professoren und Dozenten der Chirurgie und Gynäkologie der Universität Erlangen-Nürnberg 1900–ca. 1960. Erlangen 1967.

Schmidt, U./Frewer, A. (Hg.): History and Theory of Human Experimentation. The Declaration of Helsinki and Modern Medical Ethics. Stuttgart 2007.

Schmidt-Herrling, E.: Unsere medizinische Fakultät vor 100 Jahren im Blick eines Franzosen. In: Erlanger Heimatblätter 40 (1957), Nr. 11.

Schmuhl, H.-W.: Die Selbstverständlichkeit des Tötens. Psychiater im Nationalsozialismus. In: Geschichte und Gesellschaft 16 (1990). S. 411–439.

Schmuhl, H.-W.: Rassenhygiene, Nationalsozialismus, Euthanasie. Von der Verhütung zur Vernichtung »lebensunwerten Lebens« (1890–1945). Göttingen 1992.

Schmuhl, H.-W.: Rasse, Rassenforschung, Rassenpolitik. Annäherungen an das Thema. In: Schmuhl, H.-W. (Hg.): Rassenforschung an Kaiser-Wilhelm-Instituten vor und nach 1933. Göttingen 2003. S. 7–37.

Schmuhl, H-W.: Eugenik und Rassenanthropologie. In: Jütte, R./Eckart, W. U./Schmuhl, H.-W./Süß, W.: Medizin und Nationalsozialismus. Bilanz und Perspektiven der Forschung. Göttingen 2011. S. 24–38. (a)

Schmuhl, H.-W.: Zwangssterilisation. In: Jütte, R./Eckart, W. U./Schmuhl, H.-W./Süß, W.: Medizin und Nationalsozialismus. Bilanz und Perspektiven der Forschung. Göttingen 2011. (b)

Schmuhl, H.-W./Winkler, U.: Auf dem Weg ins 20. Jahrhundert. Die Diakonissenanstalt Neuendettelsau unter den Rektoren Hermann Bezzel (1891–1909) und Wilhelm Eichhorn (1909–1918). Neuendettelsau 2009.

Schmuhl, H.-W./Winkler, U.: Im Zeitalter der Weltkriege. Die Diakonissenanstalt Neuendettelsau unter den Rektoren Hans Lauerer (1918–1953) und Hermann Dietzfelbinger (1953–1955). Neuendettelsau 2014.

Schnalke, T.: 100 Jahre Hals-Nasen-Ohrenklinik Erlangen 1889–1989. Hals-Nasen-Ohrenheilkunde in Erlangen. Festschrift aus Anlaß der 100-Jahrfeier der Hals-Nasen-Ohrenklinik der Universität Erlangen-Nürnberg. Gräfelfing 1989.

Schnalke, T.: 18 Quadratmeter Ohrenklinik. Die Hals-Nasen-Ohrenheilkunde in Erlangen ist 100 Jahre alt. In: Erlanger Bausteine zur fränkischen Heimatforschung 38 (1990). S. 189–200.

Schnalke, T.: Norbert Henning und die Entwicklung der modernen Gastroskopie. In: Internationale Nitze-Leiter-Forschungsgesellschaft für Endoskopie (Hg.): Meilensteine der Endoskopie. Wien 2000. S. 273–288.

Schneider, W.: Zur Geschichte des pharmazeutischen Unterrichts an der Universität Erlangen. In: Deutsche Apotheker-Zeitung 37 (1957). S. 533–536.

Schöck, T: Klinikmanagement und Datenverarbeitung am Beispiel der Friedrich-Alexander-Universität Erlangen-Nürnberg. In:

Mitteilungsblatt des Regionalen Rechenzentrums Erlangen 59 (1991). S. 41–49.

Schöck, T.: Bericht der Ständigen Kommission für Haushalts-, Raum und Bauangelegenheiten. In: Friedrich-Alexander-Universität Erlangen-Nürnberg: Bilanz, Standortdefinition und Konsequenzen für das kurzfristige Handeln. Jahresbericht 1990/91. Erlangen 1992. S. 20–21.

Schöck, T. A. H.: Klinikmanagement und Datenverarbeitung am Beispiel der Friedrich-Alexander-Universität Erlangen-Nürnberg. In: Mitteilungsblatt des Regionalen Rechenzentrums Erlangen 59 (1991). S. 41–49.

Schöck, T. A. H./Wachter, C.: Zur Nutzungsgeschichte der Erlanger Orangerie und ihres Wassersaals. In: Friedrich-Alexander-Universität Erlangen-Nürnberg (Hg.): Die Erlanger Orangerie. Restaurierung eines barocken Kleinods. Erlangen 2012. S. 18–47.

Schoeps, H. J.: Skizzen zur Erlanger Universitätsgeschichte. In: Jahrbuch für fränkische Landesforschung 25 (1965). S. 421–462.

Schön, W.: Erlangen wird Großstadt. Siemens-Aufbau in Erlangen 1945 bis 1968. Erlangen 1990.

Schöne-Seifert, B.: Der »Erlanger Fall« im Rückblick. Eine medizin-ethische Lektion? In: Ethik in der Medizin 5 (1993). S. 13–23.

Schönlein, J. L. : Von der Hirnmetamorphose. Diss. med. Würzburg 1816.

Schott, H./Tölle, R.: Geschichte der Psychiatrie. Krankheitslehren, Irrwege, Behandlungsformen. München 2006.

Schraudolph, E.: Reiniger, Gebbert und Schall und die Siemens-Reiniger-Werke. Zur Geschichte der elektromedizinischen Industrie in Erlangen. Teile I–III. In: Erlanger Bausteine zur fränkischen Heimatforschung 40 (1992). S. 263–299. 42 (1994). S. 169–214. 43 (1995). S. 145–180.

Schreger, B. N. G.: Annalen des chirurgischen Clinicum auf der Universität zu Erlangen. Erlangen 1817.

Schreger, B. N. G.: Chirurgische Versuche, Bd. 2. Nürnberg 1818.

Schricker, T.: Wandel der Indikationen zur Operation in der Chirurgie aus der Sicht des Transfusionsmediziners. In: Gall/Hohenberger: 1984. S. 9–15.

Schröder, K.: Promemoria den Neubau einer Entbindungsanstalt in Erlangen betreffend. Erlangen 1873.

Schrumpf, W.: Vom heiklen Umgang mit der Schuld. Die Entnazifizierung in Erlangen. In: Sandweg/Lehmann: 1996. S. 154–191.

Schübel, K.: Lehrer der Heilkunde und ihre Wirkungsstätten – Bayerische Friedrich-Alexander-Universität Erlangen. In: Münchner Medizinische Wochenschriften. Festbeilage. München 1933.

Schubert, D.: »Verreckt für den Kapitalismus«. Der Sterbende Soldat im Drahtverhau von Eugen Hoffmann. Dresden 1928. In: Hellinger, A./Waldkirch, B./Buchner, E./Batt, H. (Hg.): Die Politik in der Kunst und die Kunst in der Politik. Wiesbaden 2013. S. 13–36.

Schuhmann, A.: Der Traum vom perfekten Unternehmen. In: Zeithistorische Forschungen 2/2012.

Schuler, G.: Brauchen wir Wissenschaft im Medizinstudium? In: Sitzungsberichte der Physikalisch-medizinischen Sozietät zu Erlangen. Neue Folge, Bd. 7, Heft 2. Erlangen/Jena 2000. S. 15–19.

Schulte am Esch, J./Goerig, M.: Die Entwicklung der Anästhesie nach 1945. In: Schüttler: 2003. S. 182–231.

Schüttler, J. (Hg.): 50 Jahre Deutsche Gesellschaft für Anästhesiologie und Intensivmedizin. Tradition und Innovation. Berlin, Heidelberg 2003.

Schüttler, J.: Ein Ausblick auf die Zukunft der Anästhesiologie. In: Schüttler: 2003. S. 291–296.

Schwartz, C.: Personalbibliographien der Lehrstuhlinhaber der Fächer Anatomie, Physiologie und pathologische Anatomie, Pharmakologie, Innere Medizin, Chirurgie, Frauenheilkunde, Psychiatrie, Zahnheilkunde an der Medizinischen Fakultät der Universität Erlangen im Zeitraum von 1850–1900. Erlangen 1969.

Schwarz, J.: Studenten in der Weimarer Republik. Die deutsche Studentenschaft in der Zeit von 1918 bis 1923 und ihre Stellung zur Politik. Berlin 1971.

Schwarz, W./Schwilden, H./Schüttler J.: Friedrich-Alexander-Universität Erlangen-Nürnberg, Klinik für Anästhesiologie. In: Schüttler: 2003. S. 380–389.

Schwarzach, T.: Lehrer und Unterricht an der Medizinischen Fakultät Erlangen von 1743–1791. Erlangen 1966.

Schweikardt, C.: Die Entwicklung der Krankenpflege zur staatlich anerkannten Tätigkeit im 19. und frühen 20. Jahrhundert. Das Zusammenwirken von Modernisierungsbestrebungen, ärztlicher Dominanz, konfessioneller Selbstbehauptung und Vorgaben preußischer Regierungspolitik. München 2008.

Schweikardt, C.: Zur Popularisierung nationalsozialistischer Erb- und Rassenlehren in den amtlichen Krankenpflegelehrbüchern zwischen 1933 und 1945. In: Westermann, S./Kühl, R./Groß, D. (Hg.): Medizin im Dienst der »Erbgesundheit«. Beiträge zur Geschichte der Eugenik und »Rassenhygiene«. Berlin 2009. S. 127–141.

Seckendorf, E.: Die Orangerie in Erlangen als anatomisches Institut. In: Das Bayerland 42 (1931). S. 234–236.

Sehling, E.: Daniel von Superville. Das Kanzleramt an der Universität Erlangen. Ein Beitrag zur Universitätsgeschichte. Festschrift zum 150-jährigen Jubiläum der Universität Erlangen. Leipzig 1893.

Seidl, O.: Die Wohnverhältnisse der Tuberkulösen in Erlangen. Diss. med. Erlangen 1946.

Seidel, H.-C.: Eine neue »Kultur des Gebärens«. Die Medikalisierung von Geburt im 18. und 19. Jahrhundert in Deutschland. Stuttgart 1998.

Seidler, E.: Die Kinderheilkunde in Deutschland. In: Schweier, P./Seidler, E. (Hg.): Lebendige Pädiatrie. München 1983. S. 22.

Seidler, E./Leven, K.-H.: Geschichte der Medizin und der Krankenpflege. Stuttgart. ⁷2003.

Seidler, E./Leven, K.-H.: Geschichte der Medizinischen Fakultät der Universität Freiburg im Breisgau. Grundlagen und Entwicklungen. Freiburg i.Br. ²2007.

Seier, H.: Der Rektor als Führer. Zur Hochschulpolitik des Reichserziehungsministeriums (1934–1945). In: Vierteljahreshefte für Zeitgeschichte 12 (1964). S. 105–146.

Seiler, L.: Erfahrungen der medizinischen Poliklinik in der ambulanten Behandlung mit dem Tebeprotein Toenissen. Diss. med. Erlangen 1924.

Seitz, L./Wintz, H.: Unsere Methode der Röntgentherapie und ihre Erfolge. V. Sonderband zu »Strahlentherapie«. Berlin/Wien 1920.

Sieg, S.: »Anovlar« – die erste europäische Pille. Zur Geschichte eines Medikaments. In: Staupe, G./Vieth, L. (Hg.): Die Pille. Von der Lust und von der Liebe. Berlin 1996, S. 131–144.

Siemen, H.-L.: Menschen blieben auf der Strecke. Psychiatrie zwischen Reform und Nationalsozialismus. Gütersloh 1987.

Siemen, H.-L.: Heil- und Pflegeanstalt Erlangen. In: Cranach/Siemen: 2012. S. 159–174. (a)

Siemen, H.-L.: Die bayerischen Heil- und Pflegeanstalten während des Nationalsozialismus. In: Cranach/Siemen: 2012. S. 417–474. (b)

Sigel, A./Herrlinger, A.: Indikatorische, operative und komplikative Gesichtspunkte zur Nierentransplantation, in: Gall/Hohenberger (Hg.): 1984. S. 121–127.

Simmer, H.-H.: Medizin und Chemie um die Mitte des 19. Jahrhunderts in Erlangen. Eugen Franz Freiherr von Gorup-Besánez (1817–1878). In: Journal für clinische Chemie und clinische Biochemie 19 (1981). S. 497–509.

Simmer, H.-H.: Medizin an der Universität. In: Wendehorst, A. (Hg.): Erlangen. Geschichte der Stadt in Darstellung und Bilddokumenten. München 1984. S. 130–138.

Singer, F. W.: Das Erlanger »Theatrum anatomicum« von 1754. In: Zeitschrift für ärztliche Fortbildung 48 (1959). S. 785–786.

Sitzmann, F. C.: Adolf Windorfer (1909–1996). Sein Wirken, seine Persönlichkeit. In: Rascher/Wittern-Sterzel: 2005. S. 299–320.

Sökeland, J.: Zum 80. Geburtstag von Alfred Sigel. Die Höhen von Marloffstein: Urlaubsbetrachtung von Alfred Sigel. In: Der Urologe 41 (2001). S. 379–380.

Sommer, A. B.: Otto Goetze (1886–1955). Leben und Werk. Erlangen 2003.

Sommer, C.: Evaluierung der Auswirkungen der elektronischen Pflegedokumentation auf die Arbeits- und Dokumentationsprozesse. Erlangen-Nürnberg 2014 (unveröffentlicht).

Sontheimer, K.: Antidemokratisches Denken in der Weimarer Republik. Die politischen Ideen des deutschen Nationalismus zwischen 1918 und 1933. München 1962.

Specht, G.: Krieg und Geistesstörung. Rede beim Antritt des Prorektorates der Königlich Bayerischen Friedrich-Alexanders-Universität Erlangen am 4. November 1913 gehalten von Dr. Gustav Specht, o. Professor der Psychiatrie, Direktor der Psychiatrischen Klinik. Erlangen 1913.

Specht, G.: Einige historische und ästhetische Nebengedanken über die Erfahrungen mit den psychogenen Kriegsstörungen. In: Münchener Medizinische Wochenschrift 66 (1919). S. 1406–1407.

Specht, G.: Johann Michael Leupoldt. 1794–1874. In: Kirchhoff, T. (Hg.): Deutsche Irrenärzte. Einzelbilder ihres

Lebens und Wirkens, Bd. 1. Berlin 1921. S. 147–152. (a)

Specht, G.: Friedrich Wilhelm Hagen. 1814–1888. In: Kirchhoff, T. (Hg.): Deutsche Irrenärzte. Einzelbilder ihres Lebens und Wirkens, Bd. 1. Berlin 1921. S. 253–260. (b)

Sponsel, I.: »Nun gehört er uns allen«: Michael Poeschke. Oberbürgermeister 1946–1959. In: Sandweg/Lehmann: 1996. S. 48–89.

Staatliches Bauamt Erlangen-Nürnberg: Neubau des Internistischen Zentrums 2. BA für das Universitätsklinikum Erlangen. Erlangen 2012.

Stadtmagistrat Erlangen (Hg.): Verwaltungsberichte der Universitätsstadt Erlangen für das Jahr 1914. Erlangen 1915.

Stadtmagistrat Erlangen (Hg.): Verwaltungsberichte der Universitätsstadt Erlangen für das Jahr 1915. Erlangen 1916.

Stadtmagistrat Erlangen (Hg.): Verwaltungsberichte der Universitätsstadt Erlangen für das Jahr 1916. Erlangen 1919.

Stadtmuseum Erlangen/Stadtarchiv Erlangen (Hg.): Ernst Penzoldt, Kunst und Poesie. Ausstellung im Palais Stutterheim 3. Mai bis 14. Juni 1992. Erlangen 1992.

Stählin, O.: Die Notgemeinschaft der deutschen Wissenschaft und die Universität Erlangen. o. O. 1947.

Stahnisch, F.: Zwischen Laboratorium und OP. Paul Zweifel (1848–1927) und die chirurgische Gynäkologie. In: Ley/Ruisinger: 2003. S. 72–91.

Stanton, J.: Supported Lives. In: Cooter/Pickstone: 2000. S. 601–615.

Stark, C. U.: Untersuchungen zum Wirkmechanismus der Elektrokrampftherapie (EKT) bei Depressionen. Diss. med. Erlangen-Nürnberg 2012.

Steffen, A.: Über den heutigen Stand der Kinderheilkunde. In: Jahrbuch für Kinderheilkunde. N. F. 12 (1885). S. 295–299.

Steineck, V. F. D.: Philosophie und Medizin in Erlangen aufgrund der Vorlesungsverzeichnisse der Philosophischen Fakultät von 1806 bis 1830. Erlangen 1976.

Steinhäuser, E.: 100 Jahre zahnärztlicher Unterricht in Erlangen. Von der privaten Lehranstalt zum Universitätsinstitut. In: Uni-Kurier Nr. 74/75 (1988). S. 12–13.

Stellungnahme zur Elektrokrampftherapie (EKT) als psychiatrischer Behandlungsmaßnahme. In: Deutsches Ärzteblatt 100 (2003). S. A 504–506.

Stephan, U.: Die Kinderklinik der Universität Erlangen-Nürnberg. In: Der Kinderarzt 4 (1973). S. 572 f.

Steppe, H.: Krankenpflege im Nationalsozialismus. Frankfurt/M. ^{10}2013.

Steppe, H./Ulmer, E.-M. (Hg.): »ich war von jeher mit Leib und Seele gerne Pflegerin«. Über die Beteiligung von Krankenschwestern an den »Euthanasie«-Aktionen in Meseritz-Obrawalde. Frankfurt/M. 2014.

Steuwer, J./Leßau, H.: »Wer ist ein Nazi? Woran erkennt man ihn?«. Zur Unterscheidung von Nationalsozialisten und anderen Deutschen. In: Mittelweg 36, 1/2014. S. 30–51.

Stier, E.: Rentenversorgung bei nervösen und psychisch erkrankten Feldzugsteilnehmern. In: Schjerning, O. von/Axenfeld, T./Bonhoeffer, K. (Hg.): Handbuch der Ärztlichen Erfahrungen im Weltkriege, Bd. 4. Leipzig 1922. S. 168–193.

Stockdreher, P.: Heil- und Pflegeanstalt Eglfing-Haar. In: Cranach/Siemen: 2012. S. 327–362.

Stoeckel, W. (Hg.): Deutsches Gynäkologen-Verzeichnis. Wissenschaftlicher Werdegang und wissenschaftliches Schaffen deutscher Gynäkologen. Leipzig 1939.

Stoeckel, W.: Erinnerungen eines Frauenarztes. München 1966.

Stolberg, M.: Die Geschichte der Palliativmedizin. Medizinische Sterbebegleitung von 1500 bis heute. Frankfurt/M. 2011.

Stollberg, G./Tamm, I.: Die Binnendifferenzierung in deutschen Krankenhäusern bis zum Ersten Weltkrieg. Stuttgart 2001.

Stölzle, A.: Kriegskrankenpflege im Ersten Weltkrieg. Das Pflegepersonal der freiwilligen Krankenpflege in den Etappen des Deutschen Kaiserreichs. Stuttgart 2013. (a)

Stölzle, A.: Erlebnisse und Wahrnehmungen von Schwestern und Pflegern der freiwilligen Krankenpflege in den Etappen des Ersten Weltkrieges. In: Medizin, Gesellschaft und Geschichte 31 (2013). S. 119–144. (b)

Störmer, A.: Lehrstuhl für Geriatrie an der Universität Erlangen-Nürnberg. In: Aktuelle Gerontologie 4 (1974). S. 61 f.

Stromeyer, G. F. L.: Erinnerungen eines deutschen Arztes. 1. Leben und Lernen. 2. Leben und Lehren. Hannover 1875.

Strümpell, A. von: Aus dem Leben eines deutschen Klinikers. Leipzig ^{2}1925.

Stuiber, I.: Hingerichtet in München-Stadelheim. München 2004.

Stupp, J. A. (Bearb.): Medizin und Geschichte. Index der Erlanger medizingeschichtlichen Dissertationen 1956–1974. Erlangen 1974.

Stupp-Kuga, J.: Personalbibliographien von Professoren und Dozenten der Chemie an der Universität Erlangen im Zeitraum von 1851–1900, mit biographischen Angaben, gesichtet im Hinblick auf die Beziehung zu Lehre und Forschung in der medizinischen Fakultät. Erlangen 1971.

Süß, W.: Der »Volkskörper« im Krieg. Gesundheitspolitik, Gesundheitsverhältnisse und Krankenmord im nationalsozialistischen Deutschland 1939–1945. München 2003.

Süß, W.: Medizinische Praxis. In: Jütte, R./Eckart, W. U./Schmuhl, H.-W./Süß, W.: Medizin und Nationalsozialismus. Bilanz und Perspektiven der Forschung. Göttingen 2011. S. 179–255.

T

Teschendorf, W.: Die Bestrahlung des ganzen menschlichen Körpers bei Blutkrankheiten. In: Strahlentherapie 26 (1927). S. 720–728.

Thamer, U.: Der Wandel des Krankengutes der Universitäts-Kinderklinik Erlangen 1931 bis 1954 unter besonderer Berücksichtigung der Infektionskrankheiten und ihrer Epidemiologie. Erlangen 1991.

Thane, P.: Geriatrics. In: Bynum/Porter: 1993, Bd. 2. S. 1092–1115.

Thiersch, C.: Infektionsversuche an Tieren mit dem Inhalte des Choleradarms. München 1856.

Thiersch, J.: Carl Thiersch. Sein Leben. Leipzig 1922.

Thurau, R.: Professor Dr. Alfred Adam. Nachruf. In: Archiv für Kinderheilkunde 154 (1956). S. 105 f.

Thuss, S. U.: Personalbibliographien von Professoren und Dozenten der Augenklinik, Hautklinik und Kinderklinik der Universität Erlangen-Nürnberg im ungefähren Zeitraum von 1907–1960. Erlangen 1969.

Timmermann, C./Toon, E.: Cancer Patients, Cancer Pathways. Historical and Sociological Perspectives. Basingstoke 2012.

Toellner, R. (Hg.): Die Ethik-Kommissionen in der Medizin. Problemgeschichte, Aufgabenstellung, Arbeitsweise, Rechtsstellung und Organisationsformen medizinischer Ethik-Kommissionen. Stuttgart 1990.

Tolmein, O.: Tot, aber nicht gestorben? Marion P. und der Fortschritt der Medizin. In: Wann ist der Mensch ein Mensch? Ethik auf Abwegen. Wien 1993.

Topp, S.: »Meldung eines Falles von Idiotie Hydrocephalus«. Die NS-»Kindereuthanasie« am Beispiel der Krankengeschichte von Ilse Angelika S. In: Quinkert, B./Rauh, P./Winkler, U. (Hg.): Krieg und Psychiatrie 1914–1950 (Beiträge zur Geschichte des Nationalsozialismus, Bd. 26). Göttingen 2010. S. 189–205.

Topp, S.: Der »Reichsausschuss zur wissenschaftlichen Erfassung erb- und anlagebedingter schwerer Leiden«. Zur Organisation der Ermordung minderjähriger Kranker im Nationalsozialismus 1939–1945. In: Beddies, T./Hübener, K. (Hg.): Kinder in der NS-Psychiatrie. Berlin, Brandenburg 2004. S. 17–54.

Tröhler, U.: Surgery (Modern). In: Bynum/Porter: 1993, Bd. 2. S. 984–1028.

Tschakert, S.: Der Lehrer der Psychiatrie S. In: Leibbrand, W. (Hg.): Um die Menschenrechte der Geisteskranken. Nürnberg 1946. S. 103–109.

Tümmers, H.: Anerkennungskämpfe. Die Nachgeschichte der nationalsozialistischen Zwangssterilisationen in der Bundesrepublik. Göttingen 2011.

U

Uebelein, C.: »Fremdvölkische« Arbeitskräfte in Erlangen. In: Erlanger Bausteine zur fränkischen Heimatforschung 39 (1991). S. 9–78.

Uebelein, C.: Fremdarbeit in Erlangen. In: Erlanger Bausteine zur fränkischen Heimatforschung 48 (2000). S. 348–354.

Uebelein, C.: »Fremdvölkische« Arbeitskräfte in Erlangen. In: Friederich, Ch. (Hg.): Zwangsarbeit in Erlangen während des Zweiten Weltkrieges. Erlangen 2007. S. 103–190.

Ulrich, B.: Kriegsneurosen. In: Hirschfeld: 2014. S. 654–656.

Ulrich, B./Ziemann, B. (Hg.): Frontalltag im Ersten Weltkrieg. Wahn und Wirklichkeit. Quellen und Dokumente. Frankfurt/M. 1994. S. 102–109.

Universität Erlangen-Nürnberg/Universitätsbauamt Erlangen: Universität Erlangen-Nürnberg. Generalsanierung des Universitätsklinikums Erlangen. Erlangen 1988.

Universitätsbund Erlangen (Hg.): Jahresbericht. Erlangen 1931.

Universitätsbund Erlangen (Hg.): Jahresbericht. Erlangen 1932.

V

Valentin, B. (Hg.): Dieffenbach an Stromayer. Briefe aus den Jahren 1836–1846. Leipzig 1934.

Valentin, H.: Lehrstuhl und Institut für Arbeits- und Sozialmedizin und Poliklinik für Berufskrankheiten der Universität Erlangen-Nürnberg – 20 Jahre. Gründungsbedingungen und Bilanz, Probleme und Ausblick 18.3.1965–18.3.1985. In: Valentin, H. (Hg.): Aktuelle Aspekte in der Arbeits- und Sozialmedizin. Denkschrift zum 20-jährigen Bestehen des Institutes für Arbeits- und Sozialmedizin der Universität Erlangen-Nürnberg. Erlangen 1985. S. 7–19.

Verein für Krankenpflege der Diakonissen zu Erlangen: Satzungen des Vereins für Krankenpflege durch Diakonissinnen zu Erlangen. Erlangen 1892.

Verein für Krankenpflege der Diakonissen zu Erlangen: Bericht über das 25. Geschäftsjahr 1915 und Überblick über die Tätigkeit des Vereins von 1892–1917. Erlangen 1916.

Universitätsklinikum Erlangen: Pflegekonzept, Stand 06.03.2015. Erlangen 2015.

Universitätsklinikum Erlangen: Jahresberichte 1999–2014. Erlangen 1999–2014.

Vieten, B.: Vom Verband deutscher Medizinerschaften zur NS-Medizinerschaft. Medizinstudentische Politik 1918 bis 1933. In: Argument 53 (1980). S. 214–236.

Virchow, R.: Die Cellularpathologie in ihrer Begründung auf physiologische und pathologische Gewebelehre. Berlin 1858.

Virchow, R.: Gedächtnissrede auf Johann Lucas Schönlein, gehalten am 23. Januar 1865, dem ersten Jahrestag seines Todes, in der Aula der Berliner Universität. Berlin 1865.

Vocke, F.: August von Solbrig. 1809–1872. In: Kirchhoff, T. (Hg.): Deutsche Irrenärzte. Einzelbilder ihres Lebens und Wirkens, Bd. 1. Berlin 1921. S. 232–235.

Vogd, W.: Die Organisation Krankenhaus im Wandel. Eine dokumentarische Evaluation aus Sicht der ärztlichen Akteure. Bern 2006.

Vogel, E./Endriß, G.: 200 Jahre Universität Erlangen. Beiträge zur Geschichte der Universität, ihrer Lehrer und

Urban, J.: Kongregation der St. Franziskusschwestern. In: Erlanger Stadtlexikon: 2002. S. 431.

Forschungsstätten sowie der Studentenschaft. o. O. 1943.

Vögele, J.: Sozialgeschichte städtischer Gesundheitsverhältnisse während der Urbanisierung. Berlin 2001.

Voitl, H./Wendehorst, A.: Englische Briefe des Erlanger Studiosus William Miller an seinen Vater in Dalswinton (Schottland) 1789. In: Jahrbuch für fränkische Landesforschung 43 (1983). S. 141–170.

Vollmann, J./Weidtmann, A.: Das Klinische Ethikkomitee des Erlanger Universitätsklinikums. Institutionalisierung – Arbeitsweise – Perspektiven. In: Ethik in der Medizin 15 (2003). S. 229–238.

von der Emde, J.: 21 Jahre Herzchirurgie in Erlangen. In: Rügheimer, E. (Hg.): Aspekte moderner Chirurgie. Erlangen 1977. S. 70–85.

von der Emde, J.: Wandel der Indikation in der Herzchirurgie, in: Gall/Hohenberger: 1984. S. 84–90.

W

Wachter, C.: 75 Jahre Studentenwerk Erlangen-Nürnberg. 1922–1997. Eine Festschrift. Erlangen 1997.

Wachter, C.: »... Ich hatte mir die Stimmung im Heere anders gedacht...«. Feldpostbriefe Erlanger Studenten als literarische Zeugnisse des Ersten Weltkrieges und Instrument akademischen Gefallenengedenkens. In: Jahrbuch für Fränkische Landesforschung 61 (2001). S. 249–27.

Wachter, C.: Medizinalkomitee. In: Erlanger Stadtlexikon: 2002. S. 491. (a)

Wachter, C.: Universitätssammlungen. In: Erlanger Stadtlexikon: 2002. S. 715. (b)

Wachter, C.: Markgraf Friedrich von Brandenburg-Bayreuth als Universitätsgründer. In: Markgraf Friedrich von Brandenburg-Bayreuth. 1711–1763 (Franconia. Beihefte zum Jahrbuch für fränkische Landesforschung 5). Stegaurach 2012. S. 287–331.

Wachter, C.: »...einem Bankrott des Universitätsbetriebes nahe ...«. Die Friedrich-Alexander-Universität in den Jahren des Ersten Weltkriegs. In: Diefenbacher et al.: 2014. S. 707–733. (a)

Wachter, C.: Der Architekt Friedrich Schmidt und das Erlanger Universitätsbibliotheksgebäude von 1913. In: Söllner, K./Hennecke, J. (Hg.): Unternehmen Bibliothek. 100 Jahre Alte Universitätsbibliothek (Kleine Schriften zu Kultur und Geschichte der Friedrich-Alexander-Universität 8). Erlangen 2014. S. 33–56. (b)

Wagner, R.: Erinnerungen an Dr. Adolph Henke. Biographische Skizze. Erlangen 1844.

Wahl, M.: Erlangen als Garnison 1868–1914. In: Erlanger Bausteine zur fränkischen Heimatforschung 46 (1998). S. 9–100.

Wahler, R.: Der Westfälische Landarzt Friedrich Hofmann als Erfinder des Ohrenspiegels. Diss. med. dent. Würzburg 1981.

Waltenbacher, T.: Zentrale Hinrichtungsstätten. Der Vollzug der Todesstrafe in Deutschland von 1937–1945. Scharfrichter im Dritten Reich. Berlin 2008.

Watzek, J.: Die Geschichte der Hals-, Nasen- und Ohrenheilkunde an der Friedrich-Alexander-Universität von den Anfängen bis zum Jahre 1960. Erlangen 1987.

Weber, J.: Die Geschichte der Universitätsklinik und Poliklinik für Zahn-, Mund- und Kieferkranke Erlangen. Erlangen 1961.

Weidner, H.: Der anatomische Lehrgegenstand und seine Vertreter an der Erlanger Universität in der Zeit von 1743 bis 1850. Erlangen 1953.

Weigand, B.: Personalbibliographien von Professoren und Dozenten der Klinik und Poliklinik für Hals-, Nasen- und Ohrenkranke und der Klinik und Poliklinik für Zahn-, Mund- und Kieferkranke der Universität Erlangen-Nürnberg im ungefähren Zeitraum von 1900–1968. Mit biographischen Angaben und Überblicken über die Hauptarbeitsgebiete. Erlangen 1968.

Weigel, B.: »Märzgefallene« und Aufnahmestopp. Eine Studie über den Opportunismus. In: Benz, W. (Hg.): Wie wurde man Parteigenosse? Die NSDAP und ihre Mitglieder. Frankfurt/M. 2009. S. 91–109.

Weindling, P.: Health, Race and German Politics Between National Unification and Nazism 1870–1945. Cambridge 1989.

Weindling, P.: Die Wirkung des Nürnberger Ärzteprozesses auf die Medizin- und Pflegeethik. In: Gerhardt, M./Kolb, S. (Hg): Medizin und Gewissen. Im Streit zwischen Markt und Solidarität. Frankfurt/M. 2008. S. 43–54.

Weingart, P./Kroll, J./Bayertz, K.; Rasse, Blut und Gene. Geschichte der Eugenik und Rassenhygiene in Deutschland. Frankfurt/M. 1992.

Weisenseel, R.: Heil- und Pflegeanstalt Ansbach. In: Cranach/Siemen: 2012. S. 143–157.

Weiss, D.: Das Problem des Fortbestandes der Universität beim Übergang an die Krone Bayern. In: Kössler: 1993. S. 19–44.

Weiß, J./Breidenbach, Th.: Organspende aktuell. Sehen wir Licht am Ende des Tunnels? Bayerisches Ärzteblatt 7–8 (2015). S. 372 f.

Weißauer, W.: Ethikkommissionen und Recht. In: Münchener medizinische Wochenschrift 121 (1979). S. 551–556.

Weißauer, W.: Die Entwicklung zum selbständigen Fachgebiet. In: Schüttler: 2003. S. 68–78.

Weisser, U.: Die Geburt der Physico-medica aus dem Geist der Leopoldina? Zur Frühgeschichte der Erlanger Physikalisch-Medizinischen Sozietät und ihrer Entwicklung im ersten halben Jahrhundert ihres Bestehens (1808–1858). Erlangen 1986.

Weissner, W.: 100 Jahre Gemeindestation der Neuendettelsauer Schwestern in Erlangen. In: Erlanger Bausteine zur fränkischen Heimatforschung 27 (1980). S. 183–190.

Wendehorst, A.: Die Entwicklung des Bautenensembles der Universität. In: Wendehorst, A./Pfeiffer, G. (Hg.): Erlangen. Geschichte der Stadt in Darstellung und Bilddokumenten. München 1984. S. 69–75.

Wendehorst, A.: Aus der Geschichte der Friedrich-Alexander-Universität. Erlangen ⁴1986.

Wendehorst, A.: Geschichte der Friedrich-Alexander-Universität Erlangen-Nürnberg. 1743–1993. München 1993. (a)

Wendehorst, A.: Die Universität bis zur Gründung der Technischen Fakultät (1743–1966). In: Friederich: 1993. S. 73–74. (b)

Wendt, F.: Vorschläge zu künftig anzustellenden practischen Übungen an seine Herren Zuhörer gerichtet von D. Friedrich Wendt, Hochfürstl. Brandenburg-Anspach und Culmbachischen Hofrath und der Arzneigelahrtheit ordentlichen öffentlichen Lehrer auf der Hochfürstl. Friedrich-Alexander

Universität. Erlangen 1778 [Neuauflage von 1810].

Wendt, F.: Nachricht von der gegenwärtigen Einrichtung und dem Fortgang des Institvti Clinici gegeben von D. Friedrich Wendt, Hochfürstlicher öffentlicher Lehrer auf der Hochfürstlichen Friedrich Alexander Universität. Erlangen 1780.

Wendt, F.: Annalen des klinischen Instituts auf der Akademie zu Erlangen, Heft 1. Erlangen 1808.

Wendt, F.: Annalen des klinischen Instituts auf der Akademie zu Erlangen, Heft 2. Erlangen 1809.

Wenzel, M.: Die Wiederverwendung bayerischer Hochschullehrer nach dem Gesetz zu Artikel 131 GG. In: Monumentum Bambergense. Festgabe für Benedikt Kraft. o. O. 1955. S. 43–68.

Wernsdörfer, R./Dietel, F.: Die Universitäts-Hautklinik Erlangen bis 1945. In: Der Hautarzt 20 (1969). S. 518–521.

Wernstedt, T./Vollmann, J.: Das Erlanger Klinische Ethikkomitee. Organisationsethik an einem deutschen Universitätsklinikum. Ethik in der Medizin 17 (2005). S. 44–51.

Weschke, H.-G.: Nürnberg, Fürth und Erlangen in der Geschichte der Arbeitsmedizin. Erlangen 1949.

Wessely, K.: Michel, Julius von, Ophthalmologe und Professor der Universität Würzburg 1843–1911. In: Lebensläufe aus Franken, Bd. 2. Würzburg 1922.

Westaby, S./Bosher, C.: Landmarks in Cardiac Surgery. Oxford 1997.

Westermann, S.: Verschwiegenes Leid. Der Umgang mit den NS-Zwangssterilisationen in der Bundesrepublik Deutschland. Köln 2010.

Wiesemann, C.: Erlanger Baby. In: Erlanger Stadtlexikon: 2002. S. 235–236.

Wiesing, U. (Hg.): Die Ethik-Kommissionen. Neuere Entwicklungen und Richtlinien. Köln 2002.

Wieteck, P./ Schmidpeter, I./ Benthies, T. (Hg.): Handbuch 2015 für PKMS [Pflegekomplexmaßnahmen-Score]. Kodierrichtlinien und praktische Anwendung des OPS 9-20 Hochaufwendige Pflege von Patienten. Kassel, Stuttgart 2015.

Wilkes, J.: Erlanger Medizingeschichten. Erlangen 2006.

Willems, M.: Medizinische Universitätskliniken im deutschen Sprachgebiet (1753–1914). Köln 1983.

Willett, O.: Zwischen Adelswelt und Bürgertum. Der soziale Status des Professors 1743–1933. In: Friederich: 1993. S. 378–385. (a)

Willett, O.: »Brauchbare Subjekte« oder »Pflege echter Menschlichkeit«. Bildung und Ausbildung an der Universität Erlangen (1743–1933). In: Friederich: 1993. S. 278–283. (b)

Willett, O.: Vom Stubengelehrten zum Institutsdirektor. Die Berufsrolle des Professors im Wandel (1743–1933). In: Friederich: 1993. S. 236–241. (c)

Willett, O.: Die Verwaltung der Universität Erlangen 1743–1843. In: Erlanger Bausteine zur fränkischen Heimatforschung 41 (1993). S. 207–222. (d)

Willett, O.: Biographischer Apparat zur Sozialgeschichte Erlanger Professoren 1743–1933. Erlangen 2001. (a)

Willett, O.: Sozialgeschichte Erlanger Professoren. 1743–1933. Göttingen 2001. (b)

Windorfer, A.: Der Neubau der Universitäts-Kinderklinik Erlangen. In: Das Krankenhaus 49 (1957). S. 432–434.

Windorfer, A.: Die Entwicklung der Kinderheilkunde an der Universität Erlangen. In: Der Kinderarzt 15 (1984). S. 1491–1498.

Windorfer, A.: Universitäts-Kinderklinik Erlangen von 1907 bis 1977. In: Der Kinderarzt 16 (1985). S. 73–80.

Windorfer, A./Schlenk, R.: Die Deutsche Gesellschaft für Kinderheilkunde. Ihre Entstehung und historische Entwicklung. Berlin u. a. 1978.

Windsheimer, B.: 100 Jahre Klinikum Nürnberg. Die Geschichte des Nürnberger Gesundheitswesens im späten 19. und 20. Jahrhundert. Nürnberg 1997.

Wingenfeld, K.: Arbeitsbelastung und Gesundheitsprobleme in der Pflege. In: Zeitschrift für medizinische Ethik 61 (2015). S. 35–46.

Winkler, U.: »Koreas Not ist unser Nutzen«. Koreanische Krankenschwestern in westdeutschen Krankenhäusern während der 1960er Jahre. In: Hähner-Rombach, S. (Hg.): Alltag in der Krankenpflege: Geschichte und Gegenwart. Everyday Nursing Life: Past and Present. Stuttgart 2009. S. 169–182.

Wirsching, A.: Durchbruch des Fortschritts? Die Diskussion über die Computerisierung in der Bundesrepublik. In: Sabrow, M. (Hg.): ZeitRäume. Potsdamer Almanach des Zentrums für Zeithistorische Forschung 2009. Göttingen 2010. S. 207–218.

Wirsching, A./Eder, J. (Hg.): Vernunftrepublikanismus in der Weimarer Republik. Politik, Literatur, Wissenschaft. Stuttgart 2008.

Wissenschaftsrat: Empfehlungen des Wissenschaftsrates zur Struktur und zum Ausbau der medizinischen

Forschungs- und Ausbildungsstätten. Bonn 1968.

Wissenschaftsrat: Empfehlungen zur klinischen Forschung in den Hochschulen. Bonn 1986.

Wissenschaftsrat: Stellungnahme zum weiteren Ausbau der Medizinischen Fakultät der Universität Erlangen-Nürnberg, 1990. Dok 9792-90. Bonn 1990.

Wissenschaftsrat: Stellungnahme zur Entwicklung der Hochschulmedizin (Drs. 1842-95), Januar 1995. Bonn 1995.

Wissenschaftsrat: Empfehlungen zur Struktur der Hochschulmedizin – Aufgaben, Organisation, Finanzierung. Bonn 1999.

Wissenschaftsrat: Stellungnahme zu Leistungsfähigkeit, Ressourcen und Größe universitätsmedizinischer Einrichtungen (Drs. 6913-05), November 2005. Bonn 2005.

Wissenschaftsrat: Empfehlungen zu Public Private Partnerships (PPP) und Privatisierungen in der universitätsmedizinischen Krankenversorgung (Drs. 7063-06), Januar 2006. Bonn 2006.

Wissenschaftsrat: Stellungnahme zur weiteren Entwicklung der Medizinischen Einrichtungen der Friedrich-Alexander-Universität Erlangen-Nürnberg (Drs. 7244-06), Mai 2006. Bonn 2006.

Witschel, H.: Die Physiologie zu Erlangen. Von der Gründung der Universität bis zum Ausklang der Romantik. Erlangen 1964.

Wittern, R.: Johann Lukas Schoenlein und die Medizin seiner Zeit. In: Hornstein, O. P./Meinhof, W. (Hg.): Fortschritte der Mykologie. 150 Jahre nach Johann Lucas Schönlein. Erlangen 1991. S. 11–20.

Wittern, R.: Aus der Geschichte der Medizinischen Fakultät. In: Kössler: 1993. S. 315–420. (a)

Wittern, R.: Medizin und Aufklärung. In: Neuhaus, H. (Hg.): Aufbruch aus dem Ancien régime. Beiträge zur Geschichte des 18. Jahrhunderts. Köln u. a. 1993. S. 245–266. (b)

Wittern, R. (Hg.): Die Professoren und Dozenten der Friedrich-Alexander-Universität Erlangen 1793–1960, Bd. 2. Medizinische Fakultät. Unter Mitarbeit von Astrid Ley. Erlangen 1999.

Wittern, R.: Ausgangspunkt. Samuel Hahnemann und die Begründung der Homöopathie. In: Ruisinger, M. M. (Hg.): Homöopathie. 200 Jahre Organon. Ingolstadt 2010. S. 8–19.

Wittern, R./Frewer, A.: Aberkennungen der Doktorwürde im »Dritten Reich«. Depromotionen an der Medizinischen Fakultät der Friedrich-Alexander-Universität Erlangen. Erlangen 2008.

Wittern-Sterzel, R.: Wandel der Chirurgie aus medizinhistorischer Sicht. In: Deutsche Gesellschaft für Chirurgie. Mitteilungen. Beilage G 82. Stuttgart 1999. S. 46–50.

Wittern-Sterzel, R.: Zur Geschichte der Kinderheilkunde. In: Rascher/Wittern-Sterzel: 2005. S. 15–42.

Wittern-Sterzel, R.: Jakob Herz (1816–1871) – »Symbolgestalt der Hoffnung«? In: Medizinische Fakultät der FAU (Hg.): Jakob-Herz-Preis 2009. Festschrift. Erlangen 2010. S. 17–34.

Wittmann, G. M.: Ernst Graser (1860–1929). Ein Erlanger Chirurgenleben zwischen Katheder und Operationssaal. Frankfurt/M. 2003.

Witzler, B.: Großstadt und Hygiene. Kommunale Gesundheitspolitik in der Epoche der Urbanisierung. Stuttgart 1995.

Wöhrle, P.: Das Denken und die Dinge. Intellektuelle Selbst- und Fremdverortungen in den 1960er und 1970er Jahren am Beispiel der »Technokratie«-Debatte. In: Kroll, T./Reitz, T. (Hg.): Intellektuelle in der Bundesrepublik Deutschland. Verschiebungen im politischen Feld der 1960er und 1970er Jahre. Göttingen 2013. S. 55–69.

Wolbring, B.: Trümmerfeld der bürgerlichen Welt. Universität in den gesellschaftlichen Reformdiskursen der westlichen Besatzungszonen (1945–1949). Göttingen 2014.

Wolf, F.: Aufgaben und Ausstattung des Rechenzentrums der Medizinischen Fakultät (RZMF). In: Mitteilungsblatt des Regionalen Rechenzentrums Erlangen 59 (1991). S. 17–28.

Wolf, S.: Carl Joseph Gauß. Leben und Werk 1875–1957. Diss. med. Würzburg 2009.

Wolff, H.-P.: (Hg.): Biographisches Lexikon zur Pflegegeschichte. »Who was who in nursing history«. Berlin/Wiesbaden 1997.

Wolff, J.: Der praktische Arzt und sein Beruf. Vademecum für angehende Praktiker. Stuttgart 1896.

Wolters, Ch.: Tuberkulose und Menschenversuche im Nationalsozialismus. Das Netzwerk hinter den Tbc-Experimenten im Konzentrationslager Sachsenhausen. Stuttgart 2011.

Wuermeling, H.-B.: Fallbericht (Rechtsmedizin). In: Bockenheimer-Lucius, G./Seidler, E. (Hg.): Hirntod und Schwangerschaft. Dokumentation einer

Diskussionsveranstaltung der Akademie für Ethik in der Medizin zum Erlanger Fall. Baden-Baden 1993. S. 22–33.

Z

Zahlaus, S. M.: Medizintechnik. In: Erlanger Stadtlexikon: 2002. S. 491–492.

Zapf, M.: Friedrich Jamins (1872–1951) Leben und Werk unter der besonderen Berücksichtigung seiner Bedeutung für die Neurologie und Pädiatrie Erlangens in der ersten Hälfte des 20. Jahrhunderts. Diss. med. Erlangen 2003.

Zapf, M.: Friedrich Jamin (1872–1951) – Leben und Werk. In: Rascher/Wittern-Sterzel: 2005. S. 43–124.

Zenker, F. A.: Über die Trichinenkrankheit des Menschen. In: Virchows Archiv 18 (1860). S. 561–572.

Zenker, F. A.: Über Staubinhalationskrankheiten der Lungen. In: Deutsches Archiv für klinische Medizin 2 (1867). S. 116–171.

Zenker, F. A.: Ösophagusdivertikel. In: Ziemssen, H. von (Hg.): Handbuch der speziellen Pathologie und Therapie, Bd. 7. Leipzig 1874. Anhang. S. 50–87.

Zenker, F. A./Ziemssen, H.: Vorwort. In Deutsches Archiv für klinische Medicin 1 (1866). S. 11.

Zentrale Klinikumsverwaltung (Hg.): Geschäftsbericht 1990/1991. Erlangen 1991.

Zentrale Klinikverwaltung (Hg.): Geschäftsbericht 1987. Erlangen 1987.

Zentrale Klinikverwaltung (Hg.): Geschäftsbericht 1988. Erlangen 1988.

Ziemssen, H. von: Mittheilungen aus der medizinischen Klinik und Poliklinik zu Erlangen. In: Ärztliches Intelligenzblatt 17 (1870). S. 105–119.

Ziesche, A.: Patientenzufriedenheit im Krankenhaus. Maßnahmen zur Verbesserung. In: Kramer, J. W./Neumann-Szyszka, J./Nitsch, K. W./Prause, G./Weigand, A./Winkler, J. (Hg.): Würschmidt, A.: Die Kreisirrenanstalt Erlangen. In: Kreis Mittelfranken (Hg.): Denkschrift zur Errichtung der Kreis-Irrenanstalt Ansbach. Ansbach 1904. S. 24–72.

Wismarische Schriften zu Management und Recht. Paderborn 2008.

Zimmermann, S.: Bemerkungen zur Biographie von Berthold Kihn. In: Arbeitskreis zur Erforschung der Geschichte der »Euthanasie« und Zwangssterilisation (Hg.): Herbsttagung 1997 in Stadtroda. Stadtroda 1997. S. 83–88.

Zirlewagen, M.: »Unser Platz ist bei der großen völkischen Bewegung«. Der Kyffhäuser-Verband der Vereine Deutscher Studenten und der völkische Gedanke. Norderstedt 2014.

Zöbelein, H.: Die Psychiatrie in der Mitte des 19. Jahrhunderts im Spiegel Erlanger Krankengeschichten. Erlangen 1948.

Zwingelberg, T.: Medizinische Topographien, städtebauliche Entwicklungen und die Gesundheit der Einwohner urbaner Räume im 18. und 19. Jahrhundert. Göttingen 2013.

Internetquellen

Anatomische Gesellschaft: Stellungnahme der Anatomischen Gesellschaft zur Geschichte der Anatomie im Dritten Reich, 9. November 2013. URL: http://anatomische-gesellschaft.de/ethik-ag3/geschichte-der-anatomie-im-3-reich.html (15.4.2015).

Arbeitsgemeinschaft der Wissenschaftlichen Medizinischen Fachgesellschaften: Stellungnahme zur Neugestaltung von Struktur und Finanzierung der Hochschulmedizin, 6. Mai 1995. URL: http://www.awmf.org/forschung-lehre/stellungnahmen/forschung-lehre/struktur-und-finanzierung-der-hochschulmedizin.html (24.11.2014).

Bundesministerium für Justiz und Verbraucherschutz: Gesetz über die Berufe in der Krankenpflege (Krankenpflegegesetz – KrPflG) in der Fassung vom 21. Juli 2014. URL: http://www.gesetze-im-internet.de/krpflg_2004/BJNR144210003.html (8.7.2015).

Dangel, J.: Zeitgeschichte der Informationsgesellschaft. In: Zeithistorische Forschungen 2/2012. URL: http://www.zeithistorische-forschungen.de/2-2012/id=4441 (15.3.2015).

Deutsche Gesellschaft für Medizinische Dokumentation, Informatik und Statistik e.V. (Hg.): Jahresbericht 1984. Köln 1984. URL: http://gmds.de/pdf/organisation/jahresberichte/jb1984.pdf (19.5.2015).

Deutsche Gesellschaft für Medizinische Dokumentation, Informatik und Statistik e.V. (Hg.): Jahresbericht 1982. Köln 1982. URL: http://gmds.de/pdf/organisation/jahresberichte/jb1982.pdf (19.5.2015).

Deutscher Pflegerat (Hg.): Im Fokus. Migration ausländischer

Pflegefachpersonen. Berlin 2014. URL: http://www.deutscher-pflegerat.de/Downloads/Fokuspapiere/focus-dpr_position_auslaendische-Pflegefachpersonen-140318.pdf (8.7.2015).

Institut für Geschichte und Ethik der Medizin Erlangen (IGEM): Projekt NS-»Euthanasie« in Erlangen – T4-Aktion und B-Kost. URL: http://www.igem.med.uni-erlangen.de/medizingeschichte/forschung/details-forschungsprojekte.shtml#ns-euthansie (5.7.2015).

Kranich, C/Vitt, K. D./Berger, B./Pritzkuleit, R./Thorsen-Vitt, S./Leskinen, R.: Verbraucherinformation über Leistung und Qualität der Anbieter von Gesundheitsleistungen in Europa, Bd. 2. Die Länderberichte. 2002. S. 25–27. URL: http://www.patientennavigation.org/Endbericht2D.pdf (26.10.2012).

Kultusministerkonferenz: Positionspapier zur Einführung eines neuen Entgelt-/Vergütungssystems für den Krankenhausbereich, Weiterentwicklung der DRGs, 4. März 2004. URL: http://www.kmk.org/fileadmin/pdf/PresseUndAktuelles/Beschluesse_Veroeffentlichungen/Hochschule_Wissenschaft/Positionspapier_DRG.pdf (13.3.2015).

Nürnberger Kodex, 1997. URL: http://www.ippnw.de/der-verein/geschichte-der-ippnw/erklaerungen/artikel/a10ee23bfa/nuernberger-kodex-1997.html (8.7.2015).

Pressestelle der ZUV: Prof. Dr. Manfred Meyer zum 70. Geburtstag. In: Mediendienst FAU-Aktuell Nr.4168, 23.05.2005. URL: http://www.presse.uni-erlangen.de/infocenter/presse/pressemitteilungen/nachrichten_2005/05_05/4168meyer70.shtml (13.4.2015).

Schuhmann, D.: Gewalterfahrungen und ihre nicht zwangsläufigen Folgen. Der Erste Weltkrieg in der Gewaltgeschichte des 20. Jahrhunderts. In: Zeitgeschichte-online. Thema: Fronterlebnis und Nachkriegsordnung. Wirkung und Wahrnehmung des Ersten Weltkrieges. 2004. URL: http://www.zeitgeschichte-online.de/md=EWK-Schuhmann (12.4.2015).

Scriba, Arnulf: Tod und Verwundung. In: LEMO. Lebendiges Museum Online. 2014. URL: https://www.dhm.de/lemo/kapitel/erster-weltkrieg/kriegsverlauf/tod-und-verwundung.html (15.5.2015).

Sensch, J.: histat-Datenkompilation online: Grunddaten zur historischen Entwicklung des Gesundheitswesens in Deutschland von 1876 bis 1999. URL: http://www.gesis.org/histat/de/project/tables/02679D424BCC84A09BFB8EF727F40D5A (14.7.2015).

Universitätsklinikum Erlangen: Struktur, Auftrag, Satzungen. URL: http://www.uk-erlangen.de/organisation/struktur-auftrag-satzungen (12.10.2014).

World Health Organisation (Hg.): Global tuberculosis report 2014. URL: http://apps.who.int/iris/bitstream/10665/137094/1/9789241564809_eng.pdf?ua=1 (23.6.2015).

Abbildungsnachweis

Zu den verwendeten Abkürzungen siehe den Benutzungshinweis auf S. 19.

Einleitung

Abb. 1 Foto: Karl-Heinz Leven.

Abb. 2 Foto: UK Erlangen, Michael Rabenstein.

Abb. 3 Foto: Karl-Heinz Leven.

1743–1840 Die Anfänge

Abb. 1 Handschriftenabteilung der UBE.

Abb. 2 Portraitsammlung der Handschriftenabteilung der UBE.

Abb. 3 Singer, F. W.: Das Erlanger »Theatrum Anatomicum« von 1754. In: Neue Zeitschrift für ärztliche Fortbildung 2 (1959). S. 785.

Abb. 4 Portraitsammlung der Handschriftenabteilung der UBE.

Abb. 5 Deutsches Medizinhistorisches Museum Ingolstadt.

Abb. 6 Botanischer Garten der FAU.

Friedrich von Wendt und sein Unterricht am Krankenbett

Abb. 1–2 UBE.

Abb. 7 Portraitsammlung der Handschriftenabteilung der UBE.

Abb. 8 UAE.

Samuel Hahnemann in Erlangen

Abb. 1 Portraitsammlung der Handschriftenabteilung der UBE.

Abb. 2 Handschriftenabteilung der UBE.

Abb. 9 Portraitsammlung der Handschriftenabteilung der UBE.

Abb. 10–12 UBE.

Abb. 13 Portraitsammlung der Handschriftenabteilung der UBE.

Abb. 14 Sammlung Johann Georg Bücking, Erlangen.

Abb. 15 Foto: Karl-Heinz Leven.

Bernhard Schreger und seine Patienten

Abb. 1 UBE.

Abb. 16 Erlanger Intelligenzblatt. StAE.

Chirurgische Instrumentensammlung

Abb. 1 Deutsches Medizinhistorisches Museum Ingolstadt.

Abb. 2 Schäffer, J. G.: Der Nutzen und Gebrauch des Tabackrauchclystiers nebst zwoen dazu bequemen Maschinen. Regensburg ²1766. UBE.

Abb. 3 UAE.

Abb. 17 Portraitsammlung der Handschriftenabteilung der UBE.

Abb. 18 BHStA München.

Abb. 19 UAE.

Abb. 20 Erlanger Intelligenzblatt. StAE.

Abb. 21 Portraitsammlung der Handschriftenabteilung der UBE.

Abb. 22–24 UBE.

Abb. 25 Portraitsammlung der Handschriftenabteilung der UBE.

Die Naturhistorische Schule Johann Lukas Schönleins

Abb. 1 Deutsches Medizinhistorisches Museum Ingolstadt.

Abb. 26–28 UBE.

Abb. 29 Schlee: 2007. S. 66.

Abb. 30 UK Erlangen. Foto: Michael Rabenstein.

Abb. 31 Erlanger Intelligenzblatt. StAE.

Abb. 32–34 UAE.

Abb. 35 Portraitsammlung der Handschriftenabteilung der UBE.

Abb. 36 UAE.

Abb. 37 UK Erlangen. Foto: Michael Rabenstein.

Abb. 38 UAE.

Abb. 39 Deutsches Medizinhistorisches Museum Ingolstadt.

Abb. 40 Heilanstalt für Verkrümmte des Hofchirurgs Dr. Stromeyer zu Hannover. Hannover 1835.

Abb. 41–42 UBE.

Die Gesellschaft Deutscher Naturforscher und Ärzte in Erlangen 1840

Abb. 1 UAE.

Abb. 43 Erlanger Intelligenzblatt. StAE.

1840–1900 Der Aufbruch in die Moderne

Abb. 1 StAE, XIII.9.B.1.
Abb. 2 Portraitsammlung der Handschriftenabteilung der UBE.
Abb. 3 Pathologische Sammlung der FAU.
Abb. 4 Portraitsammlung der Handschriftenabteilung der UBE.
Abb. 5 Hauser: 1907.
Abb. 6 UBE.
Abb. 7 Pathologische Sammlung der FAU.
Abb. 8–9 UBE.
Abb. 10 Portraitsammlung der Handschriftenabteilung der UBE.
Abb. 11 UBE.
Abb. 12 Portraitsammlung der Handschriftenabteilung der UBE.
Abb. 13 StAE, VI.P.b.117.
Abb. 14–15 UBE.
Abb. 16 Portraitsammlung der Handschriftenabteilung der UBE.
Abb. 17 UAE.
Abb. 18 Becker: 1973.
Abb. 19–21 UBE.
Abb. 22 Münchener Medizinische Wochenschrift.
Abb. 23 UAE.
Abb. 24–27 UBE.
Abb. 28 Portraitsammlung der Handschriftenabteilung der UBE.
Abb. 29–31 UBE.

Die Gorups-Kapelle
Abb. 1 StAE, VI.P.b.125.
Abb. 2 Portraitsammlung der Handschriftenabteilung der UBE.
Abb. 32–33 UBE.

Abb. 34 StAE, V.A.b.3.

Eine Intrige erschüttert die Universität
Abb. 1 UAE.
Abb. 2 UAE.
Abb. 35 Portraitsammlung der Handschriftenabteilung der UBE.
Abb. 36–37 UBE.
Abb. 38 StAE, II.11.Z.1.

Carl Thiersch und der Thiersch-Preis
Abb. 1 UAE.
Abb. 39 Portraitsammlung der Handschriftenabteilung der UBE.
Abb. 40–41 UBE.
Abb. 42 StAE, III.31.H.1.
Abb. 43 Fotos: Michael Rabenstein. Collage: Andreas Plöger.
Abb. 44 Portraitsammlung der Handschriftenabteilung der UBE.
Abb. 45–47 UAE.
Abb. 48 UBE.
Abb. 49 Portraitsammlung der Handschriftenabteilung der UBE.
Abb. 50 Frauenklinik Erlangen.
Abb. 51 Portraitsammlung der Handschriftenabteilung der UBE.
Abb. 52 UBE.
Abb. 53 UAE.
Abb. 54 UBE.
Abb. 55–56 Deutsches Medizinhistorisches Museum Ingolstadt.
Abb. 57 Portraitsammlung der Handschriftenabteilung der UBE.
Abb. 58 Graefe-Saemisch, Th. (Begr.): Handbuch der gesamten Augenheilkunde, 2. Aufl., Berlin, Leipzig 1925, II., Teil XV. Bd. (2), XXIII. Kap., Tafel 11.
Abb. 59 UBE.
Abb. 60 StAE, XIII.5.W.1.
Abb. 61 Portraitsammlung der Handschriftenabteilung der UBE.
Abb. 62 Privatsammlung Jürgen Watzek. Aus: Schnalke: 1989. S. 15.
Abb. 63 UAE.
Abb. 64 Portraitsammlung der Handschriftenabteilung der UBE.
Abb. 65 UAE.
Abb. 66 FAU. Nekrologe 1935–1940. Erlangen 1941. S. 39.
Abb. 67 Privatbesitz Dr. med. Hanne Kittel.
Abb. 68 Windorfer/Schlenk: 1978. S. 4.
Abb. 69 StAE, 33. Nr. 10. Pff.
Abb. 70 UAE.
Abb. 71 Portraitsammlung der Handschriftenabteilung der UBE.
Abb. 72 Portraitsammlung der Handschriftenabteilung der UBE.
Abb. 73–74 UBE.
Abb. 75–76 Würschmidt: 1904. S. 34, 37.
Abb. 77–78 Portraitsammlung der Handschriftenabteilung der UBE.
Abb. 79 UBE.
Abb. 80–81 Würschmidt: 1904. S. 23, 64.
Abb. 82 Portraitsammlung der Handschriftenabteilung der UBE.
Abb. 83 UBE.
Abb. 84 Portraitsammlung der Handschriftenabteilung der UBE.
Abb. 85 UBE.

1900–1933 Von der Jahrhundertwende bis zum Ende der Weimarer Republik

Abb. 1 StAE, VI.P.b.117.
Abb. 2 StAE, VI.F.b.730.
Abb. 3 Siemens Med Archiv, A 75_4.
Abb. 4 UAE, E 8, 45.
Abb. 5 UBE, Handschriftenabteilung Hist. 525 c b (4).
Abb. 6 StAE, II.R.14_1.
Abb. 7 StAE, V.F.b.333.
Abb. 8 StAE, II.R.34_56.
Abb. 9 Siemens Med Archiv, I.1765.
Abb. 10 UAE
Abb. 11 StAE, XXXVIII.105.

Abb. 12   UAE.

Abb. 13   StAE, XIII.4.Y.64.

Abb. 14   StAE, 33.10.P.H.1_86.

Die Behandlung psychisch kranker Soldaten in Erlangen

Abb. 1   Bundesarchiv-Militärarchiv Freiburg, Bestand Pers 9/Nr. 19312.

Abb. 15   UAE.

Abb. 16   StAE. Acta des Stadt-Magistrats Erlangen. Betreff: Die Errichtung einer Volksheilstätte. 1899–1910. Fach 150, Act Nr. 8, Erlanger Volksheilstätte für Lungenkranke. Gemeinnützige Anstalt Aufruf.

Abb. 17   StAE. Anfrage des Stadtmagistrats Erlangen an Franz Penzoldt 1920, Acta des Stadt-Magistrats Erlangen betreff Bekämpfung der Tuberkulose, hier Erlassung einer ortspolizeilichen Vorschrift. 1920. Fach 154, Nr. 25c.

Abb. 18   Reineke, E.-D.: Die Lungen-Tuberkulose und ihre Verbreitung in Erlangen, 1920–1935. Erlangen 1936. Anhang.

Abb. 19   StAE. Deutsches Zentralkomitee zur Bekämpfung der Tuberkulose in Berlin. Reichs-Tuberkulose-Ausschuss 1925. Fach Nr. 406, Akt Nr. 129, S. 37.

Abb. 20   StAE. Akt des Stadtrats Erlangen betreff Bekämpfung der Tuberkulose (Generalia 1926–1963). Fach Nr. 154 Nr. 25.

Abb. 21–23   UAE.

Abb. 24   Deutsches Medizinhistorisches Museum Ingolstadt.

Abb. 25   Siemens Med Archiv.

Abb. 26   Frauenklinik Erlangen.

Abb. 27–29   (von li. nach re.) Siemens Med Archiv, AltSig A 78; Gross: 1928. S. 41; StAE, VI. P. b.1116.

Abb. 30   StAE, XIII.4.M.58a.

Abb. 31   Minkow: 1976. S. 42.

Abb. 32   Wintz, H.: Die Röntgenbehandlung des Uteruskarzinoms. Leipzig 1924.

Abb. 33   Archiv des Instituts für Geschichte und Ethik der Medizin Erlangen.

Abb. 34   Medizinische Sammlung der FAU

Abb. 35   Siemens Med Archiv.

Abb. 36   UBE.

Abb. 37   UAE.

Abb. 38   UAE C3/7d Nr. 1600–1918 (I).

Abb. 39   Frauenklinik Erlangen.

Abb. 40   Literaturport; http://www.literaturport.de/literaturlandschaft/autoren-berlin-brandenburg/autor/alfred-kantorowicz/ (10.8.2015).

Abb. 41–42   UAE.

Abb. 43   Thüringisches Hauptstaatsarchiv Weimar, Personalakte aus dem Bereich Inneres, Nr. 1476.

1933–1945 Medizin unter dem Hakenkreuz

Abb. 1   StAE, VI. N. b.271.

Abb. 2   Bundesarchiv Berlin.

Ein Denkmal wird geschändet und zerstört

Abb. 1   StAE, VI. N. b.23.

Abb. 2   StAE, VI. N. b.271.

Abb. 3   Plakatsammlung BHStA München.

Abb. 4   StAE, XIII.2.P.8a.

Abb. 5   StAE, VI. F. b. 260.

Abb. 6   StAE.

Abb. 7   StANu.

Abb. 8   StAE, VI. P.b/Nr. 136.

Erlangen und Nürnberg 1943

Abb. 1   BHStA München, MK 400028.

Abb. 9   UBE.

(K)eine Naturheilklinik für Erlangen

Abb. 1   Windsheimer: 1997.

Abb. 2–3   Erlanger Zeitung, Fränkischer Kurier, 27. und 28. Mai 1935. In: UAE, Medizinische Fakultät. No. 91. Naturheilkunde, Bl. 6.

Abb. 10   UBE.

Entwicklung und Erprobung der Elektrokrampftherapie

Abb. 1–2   Meggendorfer, F.: Allgemeine und spezielle Therapie der Geistes- und Nervenkrankheiten. Stuttgart 1950. S. 36, 38.

Abb. 11–13   Zeitschrift »Reine Luft«. UBE.

Abb. 14   UBE.

Abb. 15–17   Bildarchiv Preußischer Kulturbesitz.

Abb. 18   Alex. Historische Rechts- und Gesetzestexte online.

Abb. 19   Zeitschrift für die gesamte Neurologie und Psychiatrie, 171 (1941), S. 607.

Abb. 20   Allgemeine Zeitschrift für Psychiatrie und ihre Grenzgebiete, 115 (1940), S. 205.

Schwangerschaftsabbrüche an NS-Zwangsarbeiterinnen

Abb. 1   UAE, A6/3d Nr. 21.

Abb. 21   BHStA München.

Abb. 22   Foto: Karl-Heinz Leven, Juli 2015.

Abb. 23   Bundesarchiv Berlin.

NS-»Euthanasie« in Erlangen – T 4-Aktion und B-Kost

Abb. 1   Bundesarchiv Berlin, Bestand R 179, Nr. 15355.

Abb. 2   Foto: Karl-Heinz Leven, Juli 2015.

Abb. 24–25   Bundesarchiv Berlin, Bestand R 179/Nr. 3631.

1945–2015 Zeitgeschichte der Universitätskliniken

Abb. 1 StAE. Foto: Stümpel.VIII.7491.N4/3.
Abb. 2 UAE.
Abb. 3-4 UAE.
Abb. 5 Münchener Medizinische Wochenschrift 38. Foto: E. Ratzlaff.
Abb. 6 Bundesarchiv Koblenz, OMGUS ECR Education 5/300–2/19.
Abb. 7 UBE.

Zusammenprall der Biografien an der Kinderklinik

Abb. 1 Portraitsammlung der Handschriftenabteilung der UBE.
Abb. 8 UBE.
Abb. 9 StAE. Foto: Fr. Dr. Boehm-Aust/Fr. Waldmann (MTA). Aus: Adam, A.: Die neue Universitäts-Kinderklinik Erlangen. Erlangen 1954. XIV. 87. B. 1–9.

»Unhaltbare Zustände«: Konflikt um die Geburtshilfe und Frauenheilkunde

Abb. 1 Frauenklinik Erlangen.
Abb. 2 Kühn, K./Schneck, P.: Robert Ganse. Das Schicksal eines Frauenarztes in den Kämpfen seiner Zeit. Leipzig 1988. Abb. 31.
Abb. 3 XIII.6.YY.3. StAE.
Abb. 10 StAE. Foto: Fr. Dr. Boehm-Aust/Fr. Waldmann (MTA). Aus: Adam, A.: Die neue Universitäts-Kinderklinik Erlangen. Erlangen 1954. XIV.87.B.1–12.
Abb. 11 UAE.
Abb. 12 UAE.
Abb. 13 StAE. Foto: Stümpel.VIII.7473.N4/3.
Abb. 14 UAE.
Abb. 15 StAE. Foto: Stümpel. VIII.7337.N2/6.
Abb. 16 StAE. Foto: Fr. Dr. Boehm-Aust/Fr. Waldmann (MTA). Aus: Adam, A.: Die neue Universitäts-Kinderklinik Erlangen. Erlangen 1954. XIV.87.B.1–10.
Abb. 17 StAE. Foto: Stümpel.VIII.7267.N4/1.
Abb. 18 StAE. Foto: Stümpel.VIII.7442.N5/3.
Abb. 19 UAE. Foto: Karl Harren.
Abb. 20 StAE. Foto: Otto Paul.
Abb. 21 StAE. Foto: Stümpel.VI.P.b.P220.
Abb. 22 Unikurier 11 (1985), Nr. 61/62, S. 34. Foto: Erich Malter.
Abb. 23 http://www.uk-erlangen.de/organisation/ (26.3.2015).

Der »Erlanger Professorenstreit« 1963/64

Abb. 1 UAE.
Abb. 2 UAE. Foto: Karl-Heinz Leven.
Abb. 3-4 UAE.
Abb. 24 UK Erlangen.

Stichwort: Patientenfürsprecher

Abb. 1 UK Erlangen, Michael Rabenstein.
Abb. 25 UK Erlangen.
Abb. 26 UK Erlangen, Michael Rabenstein.
Abb. 27 StAE.
Abb. 28-29 Foto: Karl-Heinz Leven.

Zum »Medical Valley – EMN« (Europäische Metropolregion Nürnberg)

Abb. 1 Medical Valley Europäische Metropolregion Nürnberg.
Abb. 30 Rügheimer: 1984. S. 1, Abb. 1.
Abb. 31 Handschriftenabteilung der UBE.
Abb. 32 Archiv des Instituts für Geschichte und Ethik der Medizin.

Chirurgie im Bild – Wendelin Kusches »Vor der großen Operation« 1974

Abb. 1 FAU, Kunstinventar Nr. 524. Foto: UBE, Handschriftenabteilung.
Abb. 2 UBE, Handschriftenabteilung, Nachlass Wendelin Kusche, Ms. 2800 I 3.
Abb. 3 Gerd Hegemann. 5. September 1982. Erlangen 1982. Privatdruck; inoffizielle Festschrift zum 70. Geburtstag, Bibliothek des Instituts für Geschichte und Ethik der Medizin der FAU.
Abb. 4 Chirurgische Universitätsklinik. Foto: Karl-Heinz Leven.
Abb. 33 UBE.
Abb. 34-35 Foto: Karl-Heinz Leven.

Medizinische Studiengänge, Fachschulen, Ausbildungsberufe

Abb. 1 UBE, Handschriftenabteilung, Ms. 2328, fol. 125a.
Abb. 2 Foto: Karl-Heinz Leven.
Abb. 36 Unikurier 8 (1982), Nr. 42.
Abb. 37 Unikurier 8 (1982), Nr. 42, S. 14.
Abb. 38 von der Emde: 1984. S. 87.
Abb. 39 Unikurier Aktuell 2 (1996), Nr. 10, S. 2. Foto: Harald Sippel.
Abb. 40 Foto: Rudolf Contino/Nürnberger Nachrichten.
Abb. 41 http://www.medizin4.uk-erlangen.de/e759/e1782/e1845/index_ger.html (19.6.2015).
Abb. 42 http://www.medizin4.uk-erlangen.de/e759/e1782/e1845/index_ger.html (19.06.2015).

Pionier in Deutschland: Zur Entwicklung des Ethikkomitees

Abb. 1 UK Erlangen.
Abb. 43 Unikurier 13 (1987), Nr. 72/73, S. 48.
Abb. 44 Medizinische Fakultät der FAU.
Abb. 45 Palliativmedizinische Abteilung, Foto: Florian Brugger.

Erlanger Baby und Erlanger Junge

Abb. 1 BILD GmbH & Co. KG.
Abb. 2 www.emma.de.
Abb. 3 BILD GmbH & Co. KG.
Abb. 46 Foto: Karl-Heinz Leven.

In-vitro-Fertilisation

Abb. 1 Archiv des Instituts für Geschichte und Ethik der Medizin, FAU.
Abb. 47 Unikurier Aktuell 11 (2004), Nr. 52, S. 11. Foto: Universitätsfrauenklinik Erlangen.
Abb. 48 Unikurier 13 (1987), Nr. 70/71, S. 66. Foto: Kurt Fuchs.
Abb. 49-50 UK Erlangen, Michael Rabenstein.
Abb. 51 UBE.

Abb. 52 ZADN Acta der Diakonissenanstalt Neuendettelsau Erlangen Kinderklinik III 1932–1937.

Abb. 53-54 Pflegedirektion des UK Erlangen, bereitgestellt von Christine Fiedler.

Abb. 55-57 UAE.

Abb. 58-59 Pflegedirektion des UK Erlangen, bereitgestellt von Christine Fiedler.

Die Hebammenschule: Aus Baracken in die »Zahnsche Villa«

Abb. 1 Erlanger Tagblatt vom 5.11.1967. Foto: Stümpel, StAE.

Abb. 2 Frauenklinik Erlangen.

Abb. 3 Universitätsbauamt Erlangen.

Abb. 60 Pflegedirektion des UK Erlangen, bereitgestellt von Christine Fiedler.

Abb. 61 StAE, VI. P. b. 290.

Abb. 62 Pflegedirektion des UK Erlangen, bereitgestellt von Christine Fiedler.

Abb. 63 UK Erlangen.

Abb. 64 Universitätsbauamt Erlangen.

Abb. 65 UBE; Lohfert & Lohfert AG.

Abb. 66 Zentrale Klinikverwaltung: 1988. S. 79.

Abb. 67-70 UBE.

Auftritt der Ökonomen

Abb. 1 UBE.

Abb. 71 UBE

Ein Vorbild für Bayern? Das »Erlanger Modell«

Abb. 1 Universitätsbund Erlangen.

Abb. 2 Universitätsbund Erlangen.

Abb. 72 UBE

Abb. 73 Zentrale Klinikumsverwaltung: 1991. S. 7.

Abb. 74-75 UK Erlangen.

Größenverhältnisse – das UK Erlangen in Zahlen

Abb. 1 Foto: Karl-Heinz Leven.

1815 – 2015 Baugeschichte

Abb. 1 Staatliches Bauamt Erlangen-Nürnberg.

Abb. 2 UBE.

Abb. 3 Sammlung Bücking, Erlangen.

Abb. 4 UBE.

Abb. 5-8 UAE.

Abb. 9 Staatliches Bauamt Erlangen-Nürnberg.

Abb. 10-11 UAE.

Abb. 12 UBE.

Abb. 13-15 Staatliches Bauamt Erlangen-Nürnberg.

Abb. 16 UAE.

Abb. 17 Staatliches Bauamt Erlangen-Nürnberg.

Abb. 18-20 UAE.

Abb. 21 Haus der Geschichte Baden-Württemberg, Sammlung Metz.

Abb. 22 UBE.

Abb. 23 UAE. Foto: Clemens Wachter.

Abb. 24-25 Staatliches Bauamt Erlangen-Nürnberg.

Abb. 26-28 UAE.

Abb. 29 Staatliches Bauamt Erlangen-Nürnberg.

Abb. 30-31 UAE.

Abb. 32 Staatliches Bauamt Erlangen-Nürnberg.

Abb. 33 UAE.

Abb. 34 Staatliches Bauamt Erlangen-Nürnberg.

Abb. 35-36 UAE.

Abb. 37-38 Heimat- und Geschichtsverein Schalksmühle.

Abb. 39-45 UAE.

Abb. 46 StAE. VI. P. b. 220. Foto: Stümpel.

Abb. 47 Staatliches Bauamt Erlangen-Nürnberg.

Abb. 48-49 UAE.

Abb. 50 UAE. Foto: Clemens Wachter.

Abb. 51-52 UAE.

Abb. 53 Haus der Geschichte Baden-Württemberg, Sammlung Metz.

Abb. 54-55 UAE.

Abb. 56-58 Staatliches Bauamt Erlangen-Nürnberg.

Abb. 59-61 UAE. Fotos: Erich Malter.

Abb. 62 Staatliches Bauamt Erlangen-Nürnberg.

Abb. 63-64 UAE. Fotos: Erich Malter.

Abb. 65 Staatliches Bauamt Erlangen-Nürnberg. Foto: Marssimo Fiorito, München.

Ein Generalplan für die Kliniken

Abb. 1-2 IFH: 1973. Anhg. VII. Mit freundlicher Genehmigung der Lohfert & Lohfert AG.

Abb. 3-4 Staatliches Bauamt Erlangen-Nürnberg.

Abb. 66 Staatliches Bauamt Erlangen-Nürnberg. Foto: Kurt Fuchs, Erlangen.

Abb. 67-68 UAE. Foto: Clemens Wachter.

Abb. 69 UK Erlangen, Michael Rabenstein.

Abb. 70 UK Erlangen.

Abb. 71 Architekturbüro GMP Architekten von Gerkan, Marg und Partner Aachen.

Abb. 72 UK Erlangen. Foto: Michael Rabenstein.

Abb. 73 Architekturbüro GMP Architekten von Gerkan, Marg und Partner Aachen.

(K)ein Schlusswort

Abb. 1 Foto: Karl-Heinz Leven.

Dekane der Medizinischen Fakultät

Abb. 1 UK Erlangen, Michael Rabenstein.

Chronologisches A–Z

Abb. 1 und 2 UK Erlangen.

Sollten trotz ausgiebiger Bemühungen bei einigen Abbildungen Unstimmigkeiten hinsichtlich der Urheberrechte bestehen, wird um Mitteilung gebeten.

Autorinnen und Autoren

PD Dr. phil. Fritz Dross Medizinhistoriker, akademischer Oberrat am Lehrstuhl für Geschichte der Medizin, FAU Erlangen-Nürnberg.

Prof. Dr. med. Andreas Frewer, M. A. Medizinethiker, Inhaber der Professur für Ethik in der Medizin, FAU Erlangen-Nürnberg.

PD Dr. med. Wolfgang Frobenius Freier Mitarbeiter am Lehrstuhl für Geschichte der Medizin, FAU Erlangen-Nürnberg und früherer Oberarzt der Frauenklinik des Universitätsklinikums Erlangen.

Dr. med. Leyla Fröhlich-Güzelsoy Ärztin, wissenschaftliche Mitarbeiterin an der Professur für Ethik der Medizin, FAU Erlangen-Nürnberg.

Prof. Dr. med. Karl-Heinz Leven Medizinhistoriker, Direktor des Instituts für Geschichte und Ethik der Medizin und Inhaber des Lehrstuhls für Geschichte der Medizin, FAU Erlangen-Nürnberg.

Andreas Plöger, M. A. Zeithistoriker, projektbezogener wissenschaftlicher Angestellter am Universitätsklinikum Erlangen und Doktorand an der Katholischen Universität Eichstätt-Ingolstadt.

Philipp Rath Student der Medizin und Studentische Hilfskraft am Lehrstuhl für Geschichte der Medizin, FAU Erlangen-Nürnberg.

Philipp Rauh, M. A. Medizinhistoriker, wissenschaftlicher Mitarbeiter am Lehrstuhl für Geschichte der Medizin, FAU Erlangen-Nürnberg.

Prof. Dr. med. Marion Maria Ruisinger Medizinhistorikerin, Leiterin des Deutschen Medizinhistorischen Museums in Ingolstadt und außerplanmäßige Professorin am Institut für Geschichte und Ethik der Medizin, FAU Erlangen-Nürnberg.

Dipl.-Ing. Ramona Schuffenhauer Diplomingenieurin für Technische Gebäudeausrüstung; Leiterin der Stabsstelle Baukoordination des Klinikumsvorstandes des Universitätsklinikums Erlangen.

Dr. phil. Susanne Ude-Koeller Medizinhistorikerin, wissenschaftliche Mitarbeiterin am Lehrstuhl für Geschichte der Medizin, FAU Erlangen-Nürnberg.

Dr. phil. Clemens Wachter Historiker und Archivar, Leiter des Universitätsarchivs der FAU Erlangen-Nürnberg.

Prof. Dr. phil. Dr. med. habil. Renate Wittern-Sterzel Medizinhistorikerin, emeritierte Inhaberin des Lehrstuhls für Geschichte der Medizin und frühere Direktorin des Instituts für Geschichte und Ethik der Medizin, FAU Erlangen-Nürnberg.

Personenregister

A

Achenbach, Stephan 379, 519
Adam, Alfred 307, 309, 517
Adolph, Traugott 44, 45
Alexander, Markgraf von Brandenburg-Ansbach 25, 30, 103
Althoff, Friedrich 126
Alzheimer, Christian 524
Amann, Kerstin U. 521
Anderlohr, Franz 319
Angerer, Karl Benno Friedrich von 246, 264, 265, 520
Antrick, Otto Friedrich Wilhelm 411
Arzt, G. 337
Aschenbrenner, Alfred 265, 266
Astel, Karl 266

B

Bachmann, Kurt 518, 519
Balleis, Siegfried 345, 360
Bardeleben, Adolf 98
Barnard, Christiaan 375, 382
Barocka, Arndt 525
Bartels, Ernst Daniel August 104
Bartels, O. 337
Bartisch, Georg 114
Bauer, Brigitte 437
Bauer, Friedrich Karl 167, 511
Bauer, Karl Heinrich 363, 368
Bauer, Rudolf 380, 381
Bauereiß, Kurt 97
Baumeister, Leonhard 190, 203
Baumgärtel, Friedrich 312, 313, 317, 323, 324, 482
Bautz, Werner 346, 451, 460, 525
Bayer, Philipp Anton 49, 105–107, 466, 513
Beck, Heinrich 364, 526
Beck, Josef 503, 515
Becker, Cord-Michael 512
Becker, Volker 71, 78, 338, 441, 503, 523
Beckmann, Matthias W. 397, 402, 408, 514
Becquerel, Henry 186
Beers, Georg Joseph 116
Behrens, Jürgen 522
Bender, Albrecht 16, 451
Betz, Peter 525
Beyer, D. 40
Bezold, Friedrich 122
Bibra, Ernst von 92
Bichat, Marie François Xavier 69
Biesinger-Zwosta, Brigitte 97
Billard, Charles-Michel 125
Bindewald, Else 203, 204
Binding, Karl 214, 216, 217
Bingel, Adolf 254, 255
Bini, Lucio 254
Blümcke, Ingmar 521
Bock, Julius Georg 527
Bodemer, Walter 97
Bogdan, Christian 520
Bohr, Christopher 515
Bosserhof, Anja-Katrin 512
Bouhler, Philipp 277
Brabletz, Thomas 97, 522
Braga, Sevold 274
Brand, Annelise 414
Brandl, Max 274
Brandt, Karl 277
Braunmühl, Anton von 255
Bräutigam, Karl-Hans 511
Brecht, Bertold 15
Bregulla, Klaus-Georg 406
Breitländer, Kurt 204
Brenner, Eduard 274, 307, 311, 312, 314
Breuer, Georg 371
Brock, Wilhelm Christian 515
Brukenthal, Samuel von 32
Brune, Kay 523
Brunton, Thomas Lauder 371
Buchfelder, Michael 97, 521
Buchner, Johann Andreas 85
Bücking, Johann Georg 466
Bürklein, Georg Friedrich Christian 85
Bumm, Anton 137, 138, 524
Bumm, Ernst 137, 188
Burgdörfer, Friedrich 256
Busse, Rudi 97

C

Camp, Oskar de la 129
Canstatt, Carl Friedrich 50, 51, 53–57, 70, 89, 502, 518
Cantadori, Liliana 340
Carbon, Roman 516
Carrel, Alexis 375, 382
Castell, Rolf 517
Cerletti, Ugo 254
Cesnjevar, Robert 378, 516
Chain, Ernst Boris 334
Chopin, Frédéric 54
Conti, Leonardo 272, 274
Cooley, Denton Arthur 376
Coolidge, William David 187, 195
Coutard, Henri 198
Curie, Marie 186
Curie, Pierre 186
Cuvier, Georges 52

Crinis, Maximilian de   230, 231, 235

Czermak, Johann Nepomuk   118

D

D., Hubert   226, 285, 288–293
Daniel, Werner Günther   519
Daun, Heribert   524
David, Eduard   97
DeBakey, Michael   376
Decker, Rainer   365, 366, 554
Dehler, Hans   201
Delbrück, Hans   151
Delius, Heinrich Friedrich von   24, 25, 36, 42, 43, 45, 102, 103, 127, 508, 509
Demling, Ludwig   299, 380, 381, 503, 518

Demme, Hermann   87
Denker, Alfred   122, 123, 503, 515
Dessauer, Friedrich   199
Deutsch, Christian Friedrich von   103, 104, 106, 127, 464, 513
Dieffenbach, Johann Friedrich   64, 93, 95, 411
Dietz, Johann Simon   58, 60, 65
Dittrich, Franz von   70–74, 76, 78, 83, 89–91, 93, 225, 502, 518, 522
Dittrich, Ralf   408, 409

Dittrich, Sven   378, 517
Döderlein, Albert   188
Domschke, Wolfram   97
Donnez, Jacques   408
Dörfler, Arnd   522
Dötsch, Jörg   97
Drexler, Hans   512
Du Bois-Reymond, Emile   69, 70, 112
Dyroff, Rudolf   212, 250, 251, 264, 272–276, 306, 310–315, 423, 425, 426, 514

E

Eckardt, Kai-Uwe   383, 519
Eckl, Anton   58
Eckstein, Reinhold   397, 526
Egger, Herwig   514
Eichhorn, Michael   97
Eidner, Anneliese   431, 438
Einsle, Wilhelm   281, 282, 284

Eisenbarth, Johannes Andreas   114
Elert, Werner   241
Ell, Christian   97
Emde, Jürgen von der   364, 376, 516
Engelhorn, Ernst   189
Erb, Wilhelm   82, 139
Erim, Yeşim   525

Eschenhagen, Thomas   523
Estler, Claus-Jürgen   337, 523
Euler, Hermann   526
Eversbusch, Oscar   116, 117, 475, 503, 512
Ewald, Gottfried   230
Eysholdt, Ulrich   515

F

Fahlbusch, Rudolf   521
Fartasch, Manigé   97
Favaloro, René   375
Feistel, Herbert   97
Ferrier, David   254
Feustel, Herbert   97
Fiebiger, Nikolaus   341, 345, 346, 353, 358, 437, 446, 455
Fiedler, Christine   431
Fietkau, Rainer   525
Filehne, Wilhelm   128
Finotto, Susetta   521
Flaskamp, Wilhelm   201, 202, 204

Fleck, Ulrich Konrad   252, 308
Fleckenstein, Bernhard   503, 526
Fleischer, Bruno   503, 512
Fleischer, Richard   475, 503
Fleischer-Peters, Annette   527
Fleischmann, Friedrich Ludwig   33
Fleischmann, Gottfried   33, 224, 511
Fleming, Alexander   334
Flesch, Reinhard   365
Florey, Howard Walter   334
Flügel, Fritz Eugen   140, 141, 503, 524
Flügel, Kurt Alexander   97
Forst, Raimund   522

Frank, Rudolf   343
Frerichs, Friedrich Theodor von   78
Freudel, Gottlieb Albrecht   47, 105
Freund, Leopold   186
Frewer, Andreas   515
Fried, Johann Jakob   101
Friedrich III., Markgraf von Brandenburg-Bayreuth   23, 24, 42, 463
Friedrich Wilhelm I., König von Preußen   114
Friedrich Wilhelm II., König von Preußen   30
Fritsch, Gustav Theodor   254
Fromm, Martin   523
Frommel, Richard   470, 503

G

G., Sandra   409
Gaal, Gustav von   56

Gall, Franz Paul   362, 393, 395, 513
Gall-Kayser, Claudia   343

Gallmeier, Walther M.   395
Gammert, Christian   97

Ganse, Robert 274, 310, 311, 314
Garcia, Manuel 118
Garrett, Edward 375
Gauß, Carl Joseph 204, 249
Gebauer, Christian Samuel 24, 102, 509
Gebbert, Max 186
Gebhard, Alfons 451, 456, 460
Gefeller, Olaf 517
Geldmacher, Jürgen 364, 365, 524
Geldmacher-von Mallinckrodt, Marika 337
Gerlach, Joseph von 71, 73, 74, 90, 225, 502, 503, 511
Gerlach, Leo 503, 511
Gessler, Ullrich 350, 383, 384, 519
Geßner, Adolf 470
Gibbon, John Heysham 375
Gocht, Hermann 186
Goetze, Otto 194, 229, 230, 323, 368, 369, 419, 420, 503, 513
Gorup-Besánez, Eugen Freiherr von 85, 88, 512
Gosden, Roger 408
Gräf, Walter 520
Graefe, Albrecht von 115, 117
Graser, Ernst 193, 418, 419, 503, 513
Greve, Christian 527
Greving, Richard 233, 240, 241, 245, 264, 282, 283, 303, 503, 518
Griesinger, Wilhelm 78, 132, 139
Gruber, Josef 120
Grünert, Jörg Gerhard 524
Grüntzig, Andreas 375
Grützmann, Robert 513
Gudden, Bernhard von 137

H

Haas, Willy 201
Hackethal, Karl Heinz (später Julius) 328–332, 400, 429
Hagen, Friedrich Wilhelm 136, 137, 524
Hahn, Eckhart Georg 519
Hahn, Otto 186
Hahnemann, Samuel 32, 33
Haller, Abrecht von 111
Hallmann, Eduard 69
Händler, Wolfgang 356
Handwerker, Hermann Otto 524
Hardenberg, Freiherr Karl August von 30, 31, 34, 37, 49, 103, 464, 466
Harless, Emil 92
Harless, Johann Christian Friedrich 50, 62, 127, 133
Harnack, Adolf von 151
Hartmann, Arndt 523
Hasse, Karl Ewald 74
Hasselmann, Carl Max 516
Hasselwander, Albert 148, 167, 232, 503, 511
Hauberrisser, Edwin 308, 309, 478, 521, 526
Hauck, Leonhardt J. Ph. 185, 503, 515
Hauenstein, Karl 521, 527
Hausen, Harald zur 499, 526
Hauser, Gustav 146, 151, 153, 155, 164, 165, 232, 503, 523
Hegel, Karl von 128, 129, 475
Hegemann, Gerd Hermann 328–332, 359, 362–369, 376, 428, 503, 513
Heim, Fritz 503, 523
Heim, Ludwig Heinrich Wilhelm 171, 503, 520
Heine, Bernhard 45, 65
Heineke, Walter Hermann von 98–100, 116, 120, 121, 503, 513
Heinz, Robert 130, 523
Helmholtz, Hermann von 114, 115, 184
Henke, Christian Heinrich Adolph 48–51, 55–58, 127, 466, 502, 518
Hennig, Friedrich 526
Henning, Norbert 503, 518
Hermanek, Paul 362, 365, 380
Herz, Jakob 87, 88, 93, 221, 224, 225
Hesiod 392
Hess, Rudolf 206, 237
Hett, Johannes 167, 168, 511
Heubner, Otto 126
Heyfelder, Johann Ferdinand 71, 83, 84, 86–93, 116, 184, 224, 502, 513
Heyfelder, Oskar 116, 184
Hildebrandt, Georg Friedrich 115, 119, 509
Hilgenfeldt, Erich 413
Himly, Karl Gustav 116
Hirschfelder, Ursula 527
Hitler, Adolf 208, 215, 222, 229, 234, 235, 237, 263, 277, 289, 308
Hitzig, Julius Eduard 254
Hoche, Alfred 214, 216, 217
Hoffmann, Carl Richard 105
Hoffmann, Johann Adam 24, 509
Hofmann, Friedrich 118
Hofmann, Johann 90, 91
Hofmann, Manfred 503, 527
Hohenberger, Werner 369, 393, 513
Hohenner, Karl 180
Hohmann, Dietrich 337, 522
Höllfritsch, Erich 236
Holz, Karl 206, 233, 236–238, 242
Homer 326
Horbach, Lothar 337, 356, 442, 517
Horch, Raymund 524
Horn, Ernst Anton Ludwig 509
Hornstein, Paul Otto 356, 516
Hörsten, Stephan von 513
Hufeland, Christoph Wilhelm 40
Huk, Walter 522
Hümmer, Peter 516
Hundhammer, Alois 310, 312, 313

I

Ideler, Karl Wilhelm 134
Imhof, Susanne 451, 460
Iro, Heinrich 451, 515
Isenflamm, Jacob Friedrich 25, 33, 127, 508

J

Jäck, Hans-Martin 520
Jacobi, Johannes 97
Jäger, Michael 44, 45, 58–61, 83, 105, 107, 116, 119
Jamin, Friedrich 129, 130, 173–175, 177, 178, 244, 264, 268, 269, 420, 426, 503, 517, 518
Jan, Siegfried von 240, 273, 276
Jarvik, Robert 376
Jaxtthal, Friedrich Jäger von 51
Joest, Wilfried 337
Joraschky, Peter 525
Juncker, Johann 27
Jung, Philipp Jacob 514
Jungmann, Gerhard 245

K

K., Friedrich 279
K., Ingeborg 279, 280
K. Ursula 279, 280
Kalb, Roland 97
Kalden, Joachim Robert 337, 395, 519
Kalender, Willi 345, 520
Karll, Agnes 411
Kaschka-Dierich, Christine 97
Kaufmann, Fritz 147, 161
Kehrer, Ferdinand 147
Keidel, Wolf-Dieter 353, 356, 445, 503, 524
Kennedy, John Fitzgerald 331
Kersten, Walter 336, 337, 449, 503, 512
Kessler, Manfred 524
Ketzinger, Walter J. 343
Kiesselbach, Wilhelm 119–122, 515
Kihn, Berthold Franz 214–218, 316
Killian, Hans 89, 368
Kirch, Eugen 213, 503, 523
Kirchhoff, Frank 97
Kirchner, Erich 511
Kirchner, Thomas Josef Georg 523
Kittel, Gerhard 515
Kleist, Karl 146
Kley, Walter 249, 259
Klinger, Margareta 343, 344
Klippel, Theodor 152
Klopfer, Fritz 522
Knapp, Werner 520
Kniewald, Tatjana 406
Knilling, Eugen von 151
Knorr, Maximilian 520
Koch, Gerhard 503, 516
Koch, Hans 175
Kocher, Theodor 382
Koelsch, Franz 319, 511
Köhler, Kurt 341, 439, 446, 447, 450, 452, 453
Kolde, Theodor 83, 89, 99
Königer, Hermann Ludwig 162
Korbmacher, Christoph 524
Kornhuber, Johannes 525
Korth, Carl 503, 518
Korth, Matthias 97
Kötschau, Karl 244, 245
Kraepelin, Emil 269
Kramer, Gunda 437
Kröncke, Adolf 503, 527
Krönig, Bernhard 188, 191, 195
Krüger, Dorothea 272, 273
Kruse, Friedrich E. 512
Kunze, Stefan 521
Kühlein, Thomas 511
Küppers, Egon 230
Kusche, Wendelin 359, 362, 364–367
Kußmaul, Adolf 73–79
Kuwert, Torsten 522

L

Lampert, Fritz 97
Landry, Jean Baptiste 75
Lang, Gerhard 97
Lang, Norbert 451, 514
Lang, Werner 514
Langenbeck, Bernhard 65, 84
Lara, Patientin der Kinderherzchirurgie 387
Lauerer, Hans 419
Lehnert, Gerhard 503, 512
Leibbrand, Werner 274, 275, 320, 514
Lentze, Friedrich 520
Leube, Wilhelm Olivier von 77–79, 120, 128, 503, 518
Leupoldt, Johann Michael 63, 90, 132–134, 136, 465, 502, 503
Leutschaft, Roderich 365, 516
Leven, Karl-Heinz 514
Lewitscharoff, Sibylle 340
Leyden, Ernst von 110
Liebel, Willy 238
Liebig, Justus von 62, 78
Liek, Erwin 243
Linker, Ralf 97
Liszt, Franz 54

Loew, Thomas H. 525
Logan, Winifred 437
Löhe, Wilhelm 416
Lohfert, Peter 445
Lorleberg, Werner 300

Loschge, Friedrich Heinrich 43, 44, 46, 47, 127, 465, 508, 509
Ludwig, Andreas 523
Ludwig, Carl 69
Ludwig, Christian Friedrich 35
Ludwig, Peter 97

Luitpold Karl Joseph Wilhelm, Prinzregent von Bayern 470
Lungershausen, Eberhard 141, 503, 525
Lütjen-Drecoll, Elke 511
Lüttge, Werner 434
Lux, Gerd 97

M

Mackensen, Andreas 397, 519
Magendie, François 69
Mai, Franz Anton 410, 411
Maier, Hans 325, 326
Maier-Leibnitz, Heinz 336
Malgaigne, Joseph François 86
Marchand, Abraham 467
Mark, Klaus von der 522
Martus, Peter 517
Matthaei, Rupprecht 303, 306, 308, 523
Matthes, Karl 184, 317, 323, 428, 503, 518
Maximilian I. Joseph, König von Bayern 465, 466
Maximilian II., König von Bayern 89, 93
May, Friedrich Julius 512, 523
Mayer, August 248

Meduna, Ladislas Joseph 252–254
Meggendorfer, Friedrich 140, 222, 223, 230, 231, 233, 246, 254, 255, 259, 264, 269–271, 281–285, 289, 290, 293, 315, 524
Meinecke, Friedrich 227
Meister, Richard 514
Mendelssohn-Bartholdy, Felix 54
Menge, Karl Gustav 470, 492, 513
Merk, Joseph 51
Merkel, Hermann 525
Messmer, Franz Anton 254
Metzler, Markus 97, 397
Meyer, Manfred 448, 562
Meythaler, Friedrich Karl Wilhelm Georg 518

Michel, Julius von 116, 117, 416, 473, 503, 512
Mohing, Walter 522
Molitoris, Hans 232, 233, 308, 309, 434, 503, 525
Molitoris, Hans Albrecht 177, 231–233, 240, 264, 306, 434
Moll, Gunther H. 517
Mottel, Erich 236
Muck, Otto 161
Müller, Dominik N. 522
Müller, Erich 503, 523
Müller, Johannes 69
Müller, Ludwig Robert 180, 181, 421, 503, 518
Murray, Johann Andreas 124
Murray, Joseph Edward 382

N

Napoleon 12, 30
Nau, Carla 97
Naumann, Gottfried Otto Helmut 512
Neuhuber, Winfried 511
Neukam, Friedrich Wilhelm 521

Neundörfer, Ambros 312
Neundörfer, Bernhard 141, 520, 521
Neurath, Markus Friedrich 380, 519
Niemeyer, Felix 75
Niemöller, Martin 304

Nippe, Martin H. O. 525
Nitze, Max 184
Nixon, Richard 395
Nöbeling, Georg 487
Nonne, Max 269

O

Obenaus, Carl 87
Ober, Karl Günther 337, 406, 503, 514
Oeller, Johannes Nepomuk 503, 512
Oertel, Joseph 122

Ohm, Georg Simon 62, 465
Ohm, Martin 62
Oken, Lorenz 62, 65
Oppenheim, Max 160

Osiander, Friedrich Benjamin 102
Osiander, Johann Friedrich 107
Ostgathe, Christoph 398, 522

P

P., Marion 400–403
Paganini, Niccolò 54
Papadopoulos, Thomas 523

Paschke, Heinrich 527
Pätzoldt, Johannes 255
Paulsen, Friedrich 511

Pauly, Helmut 503, 520

Penzoldt, Franz   128, 129, 151, 152, 157, 172–175, 182, 184, 185, 228, 358, 416, 472, 475, 477, 503, 517, 518
Pesch, Jürgen   523
Peter, Karl Hermann   527
Petschelt, Anselm   527

Pettenkofer, Max von   93
Pfann, Matthias Georg   24, 102, 115, 508
Pfannmüller, Hermann   255
Pfeiffer, Rudolf Arthur   516
Pfeufer, Karl von   78, 93
Pflaumer, Eduard   481, 526

Platt, Dieter   514
Platzer, Erich   97
Poeschke, Georg Michael   180, 324, 487
Politzer, Adam   118, 120
Pratje, Andreas   246, 264, 265, 308
Prokosch, Hans Ulrich   517

Q
Quarin, Joseph von   32

R
Raithel, Dieter   514
Ranke, Otto   503
Rascher, Wolfgang   397, 517
Rauch, Anita   97
Rech, Walter   306, 310, 311, 313, 314, 514
Reeh, Peter Werner   524
Rehn, Ludwig   375
Reinmöller, Johannes   227, 228, 230–232, 234, 235, 424, 521, 526
Reis, André   516
Reisinger, Franz   58, 105
Rhomberg, Hans   477
Richter, Helmut   515

Richter, Klaus   97
Richter, Richard   515
Ried, Franz Jordan von   59, 61
Ries, Juliane   436, 451, 456
Rohen, Johannes Wolfgang   503, 511
Rokitansky, Carl   70, 74
Röllinghoff, Martin   503, 520
Röntgen, Conrad Wilhelm   186, 199
Roper, Nany   437
Rosenstein, Nils Rosen von   124, 125
Rosenthal, Anna   153
Rosenthal, Isidor   153, 171, 261, 503, 523

Rosshirt, Johann Eugen   107–109, 468, 502, 503, 513
Rothmund, August von   117
Rothschuh, Karl Eduard   334
Rousseau, Jean-Jacques   125
Rüdin, Ernst   268–271
Rudolph, Johann Philipp Julius sen.   35, 36, 42, 103, 115, 508
Ruete, Christian Georg Theodor   114
Ruisinger, Marion Maria   97
Rügheimer, Erich   337, 345, 359, 365–367, 369, 441, 446, 451, 503, 511

S
Saar, Heinrich   525
Sakel, Manfred   254
Sasse, Hermann   274, 424
Sattler, Hubert   117, 503, 512
Sauer, Rolf   352, 395, 451, 454, 456, 460, 525
Schäfer, Dietrich   150
Schaldach, Max   353
Scharff, Friedrich Wilhelm   117, 472, 473, 475, 476
Schaudig, Helmut   511
Schauta, Friedrich   189
Schech, Philipp   122
Scheele, Johannes   393, 399
Scheibe, Arno   123, 515
Scheiffarth, Friedrich   519
Schell, Hermann   516

Scheller, Heinrich   140, 524
Schelling, Friedrich Wilhelm Joseph von   62
Schemm, Hans   229
Schett, Georg   519
Schiefer, Wolfgang   503, 521
Schilling, Theodor   200
Schlötzer-Schrehardt, Ursula   97
Schmid, Magnus   514
Schmidt, Friedrich   476, 477
Schmidt, Johann Adam   116
Schmidtke, Alexander   451, 456, 460
Schmidtlein, Eduard Joseph von   91, 531
Schmi(e)del, Casimir Christoph   23–26
Schmieder, Roland Erich   519
Schnalke, Thomas   97
Schneider, Friedrich Wilhelm   475, 526

Schneller, Dr.   289
Schoberth, Hannes   522
Schöck, Thomas   450
Schoenerer, Georg Ritter von   232
Schönhärl, Elimar   515
Schönlein, Johann Lucas   51–56, 93
Schreber, Johann Christian Daniel von   26, 27, 33, 508
Schreger, Bernhard Nathanael Gottlob   12, 34–41, 43–47, 49, 57, 58, 98, 103–105, 115, 116, 119, 460, 466, 509, 513
Schreiber, Otto   201–204
Schricker, Karl Theodor   97, 362, 365, 366, 525, 526
Schröder, Karl Ludwig Ernst Friedrich   108, 109, 432, 433, 468, 503, 513

Schrott, Karl Michael 384, 385, 526
Schrüfer, Reiner 451
Schübel, Konrad 303, 308, 503, 523
Schubert, René 350, 514
Schuch, Hubert 280, 289
Schuh, Georg Ritter von 473
Schuler, Gerold 516
Schuler, Werner 230
Schulte-Holthausen, Heinrich 97
Schulz, Oskar 512
Schüßler, Helga 520
Schüttler, Jürgen 369, 460, 495, 503, 511
Schwab, Stefan 520, 521
Schwann, Theodor 69
Schwartze, Hermann 118, 120
Schwarzer, Alice 400
Schweiger, Hansjosef 514
Schwemmle, Julius 230, 241
Schwemmle, Konrad 365
Schwilden, Helmut 369
Seidel, Hanns 319

Seitz, Ludwig 188–191, 196–198, 207, 503, 514
Shirey, E. K. 371
Sieber, Cornel 514
Siebold, Karl Theodor von 107, 502, 532
Sigel, Alfred 342, 364, 365, 383, 384, 526
Silbersiepe, Heinz-Otto 511
Simmer, Hans H. 514
Simpson, James Young 92
Sirbu, Horia 525
Skoda, Joseph 74
Solbrig, Karl August von 133–136, 468, 524
Sones, Frank Mason 371
Sophie Caroline, Markgräfin von Brandenburg-Bayreuth 30, 464, 466
Specht, Fritz 234–237, 240, 244, 267, 515
Specht, Gustav 131, 138–140, 145, 147, 153, 154, 156, 159, 160, 162, 163, 215, 230, 268, 269, 282, 477, 478, 503, 524
Spreng, Manfred 97
Spriewald, Bernd Michael 97

Spuler, Arnold 503
Steffen, August 125, 126
Stehr, Klemens 450, 451, 454, 517
Steinhardt, Gerhard 503, 521
Steinhäuser, Emil Walter 521
Steinkasserer, Alexander 516
Stenger, Steffen 97
Sterzel, Ralf Bernd 383, 385, 456, 519
Stettner, Ernst Melchior 130
Stoeckel, Walter 184, 189, 248, 258
Stracke, Hans 289, 290
Streck, Arnulf 246
Streicher, Julius 178, 206, 212, 233, 235–237, 244, 265
Stromeyer, Georg Friedrich Louis 60–62, 64, 65, 83, 84, 86, 93, 119, 224, 502, 513
Strümpell, Adolf von 79–83, 129, 139, 140, 421, 503, 518
Superville, Daniel de 42, 45
Szasz, Thomas 255

T

Teschendorf, Werner 194, 198, 199
Textor, Cajetan 59, 60, 65
Theissing, Gerhard 503, 515
Thiel, Christian 97
Thiermann, Edmund 526

Thiersch, Carl 81, 93–96, 98, 502, 513
Thomas, Karl 503, 512, 523
Thoma-Uszynski, Sybille 97
Tiefel, Rosemarie 364, 367
Tierney, Alison 437

Tröltsch, Anton von 118
Trotnow, Siegfried 338, 404–406
Trott, Friedrich 41
Tschaikowsky, Klaus 97
Türck, Ludwig 118

U

Überla, Klaus 526
Uem, Jan van 408

Underwood, Michael 125
Uder, Michael 525

V

Valentin, Helmut 336, 503, 511
Veit, Johann 513
Verschuer, Otmar Freiherr von 262
Vieth, Jürgen 520

Viethen, Albert 130, 223, 279–281, 303, 307, 308, 315, 517
Vineberg, Arthur 371
Virchow, Rudolf 53, 55, 69, 72, 75, 78, 96, 110, 115, 411

Vogel, Alfred 78
Vöhringer, David 516
Voit, Fritz 129, 473, 517, 518

W

Wachsmann, Felix 520
Wagner, Gerhard 231, 244, 246, 273, 413
Wagner, Richard 523
Walden, Kurt 179
Warnatz, Hermut 97
Wedel, Wolfgang 127
Wegner, Michael 512
Wehnelt, Arthur 187
Weigel, Helmut 228
Weikert, Heinrich 87
Weinig, Emil 503, 525
Weinland, Ernst 503, 523
Weise, Emil 244
Weis(s)mann, Johann Friedrich 23, 127, 508
Weißauer, Walther 551
Wendt, Friedrich von 27–31, 33, 34, 37, 40, 46, 47, 49, 50, 105, 127, 171, 184, 463, 464, 508, 509, 518
Wertheim, Ernst 189
Wetterer, Erik 503, 524
Weyand, Michael 387, 516
Wichmann, Manfred 527
Wieck, Hans-Heinrich 141, 524
Wiedemann, Eilhard 190
Wigand, Malte Erik 515
Wilhelmine, Markgräfin von Brandenburg-Bayreuth 23, 42
Will, Johann Georg Friedrich 178, 502, 503
Willital, Günter Heinrich 516
Windorfer, Adolf 503, 517
Winkler, Jürgen 520
Wintrich, Anton 56, 119, 127
Wintz, Hermann 189–198, 201, 203–207, 222, 232, 234, 236–242, 258, 265, 272–277, 282, 283, 303, 310, 314, 319, 422–425, 434, 481, 503, 514
Wittern-Sterzel, Renate 243, 246, 247, 505, 514
Wittmann, Michael 188
Wöhler, Friedrich 85
Wolf, Friedrich 503, 522
Wolff, Jacob 110
Wuermeling, Hans-Bernhard 337, 525
Wullich, Bernd 526
Würschmidt, August 138, 524
Wustrow, Paul 527

Z

Zahn, Theodor von 487
Zehetmair, Hans 353
Zenker, Friedrich Albert von 72, 73, 77, 80, 503, 523
Ziemssen, Hugo von 75–79, 98, 99, 184, 503, 518
Zimmermann, Jacob 133
Zimmermann, Katharina 97
Zitzmann, Karl 193
Zolk, Oliver 97
Zwaan, Martina de 525
Zweier, Christiane 97
Zweifel, Paul 109, 470, 503, 513

WOLFGANG UWE ECKART
ROBERT JÜTTE
MEDIZINGESCHICHTE
EINE EINFÜHRUNG
(UTB 3927 M)

Medizingeschichte ist nicht nur Pflichtfach im Medizinstudium, sie hat mittlerweile auch Eingang in die Geschichts- und Sozialwissenschaften gefunden. Das Studienbuch bietet einen Überblick über die Medizingeschichtsschreibung der letzten 200 Jahre. Der Bogen wird gespannt von der Ideen- und Sozialgeschichte über die Geschlechter- und Körpergeschichte bis zu den Teil- und Nachbardisziplinen – etwa die Pharmaziegeschichte, die Pflegegeschichte, die Geschichte der Alternativen Medizin oder die Geschichte der Zahnmedizin. Auch werden die wichtigsten Grundbegriffe und forschungsleitenden Theoreme wie Medikalisierung, Volksmedizin, Schulmedizin oder hier neu Biopolitik erläutert.

Das Studienbuch, das hier in einer zweiten, überarbeiteten und ergänzten Auflage vorgelegt wird, bietet eine systematische, methodische und informative Einführung in die gesamte Bandbreite der Medizingeschichte. Es richtet sich an Studierende der Human- und Zahnmedizin, der Pharmazie sowie der Geschichts-, Kultur- und Sozialwissenschaften.

2. ÜBERARBEITETE UND ERGÄNZTE AUFLAGE 2014, 432 S. BR. 150 X 215 MM.
PRINT-ISBN 978-3-8252-3927-5 | E-BOOK-ISBN 978-3-8436-3927-5

BÖHLAU VERLAG, URSULAPLATZ 1, D-50668 KÖLN, T:+49 221 913 90-0
INFO@BOEHLAU-VERLAG.COM, WWW.BOEHLAU-VERLAG.COM
WIEN KÖLN WEIMAR